热烈祝贺

2022全国水泥熟料产能50强

TO BUILD A WORLD-CLASS CEMENT COMPANY
WITH CHINESE CHARACTERISTICS

打造具有中国特色的世界一流水泥公司

新天山水泥

亚洲水泥（中国）控股公司

ASIA CEMENT(CHINA)HOLDING CORPORATION

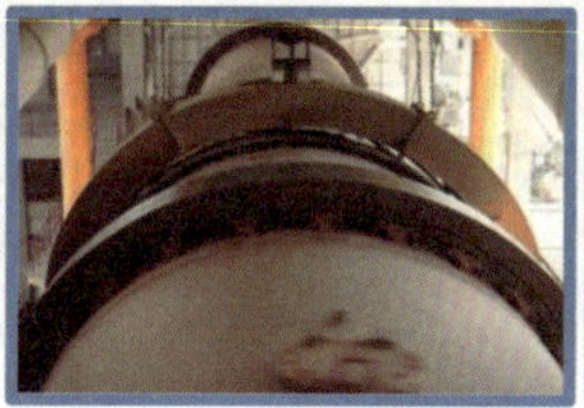

亚洲水泥（中国）控股公司简介

亚洲水泥（中国）控股公司（以下简称公司）系由台湾地区远东集团于 2004 年 4 月在开曼群岛注册成立，公司下辖一贯化水泥制造厂、研磨厂、水泥制品厂、运输公司及投资公司五大类型合计共二十一家公司及三家策略合作伙伴公司，资产总额近 220 亿人民币。2008 年 5 月 20 日，公司成功于香港地区主板上市，代号 00743。

自辖下江西亚东水泥公司第一条日产熟料5000吨新型干法水泥生产线于 2000 年 7 月成功点火投产以来，陆续在江西九江、四川成都、湖北武汉及黄冈等地共有九条自行建设的同型生产线竣工投产，2013 年 9 月及 2014 年 1 月，江西亚东二条日产熟料 6000 吨之新型干法水泥生产线也加入运营，加上 2010 年收购的武汉亚鑫水泥公司及 2014 年收购的四川兰丰水泥公司，目前公司合计有 15 条从 3000 吨到 6000 吨熟料的各类新型干法水泥生产线同步运行，年产水泥达 3500 万吨，2018 年经水泥协会评核，国内熟料产能位列第 10 名，2022 年评核水泥业上市公司综合实力第 11 名。

本公司秉持远东集团“诚、勤、朴、慎·创新”的企业精神，传承台湾地区经验，致力在大陆建造高环保、高品质、高效率、低成本之“三高一低”的大型现代化模范水泥厂，为企业永续发展奠定良好基础。一直以来，公司均以“工业发展与环境保护可并行不的理念，采用最先进的预热预煅式旋窑设备，配合废热回收发术，有效节约能源，除引进最先进的收尘设备，有效控制落尘之远低于国家标准外，每单位产品综合能耗亦处于水泥企业能先进行列，至于利用电厂、钢厂的废弃物如水渣、各类矿渣、石膏、粉煤灰等每年亦高达数百万吨。公司还投入大量的人力力，致力于污水处理、矿山复育和环境绿美化，尽量保留各种植物，厂区矿山绿化成果绩效卓著，广受政府及社会专业机构定，多次获颁能源节约及矿山开采先进企业和环境保护模范企奖项，誉满海内外。

展望未来，本公司下辖之江西亚东、湖北亚东、武汉亚东冈亚东、扬州亚东均临江而建，并沿长江向外辐射，而位于四都之四川亚东与四川兰丰，则拥有都会地利之便，配合政府开西部之政策，使本公司已然成为长江中下游及西南（成都）地要的大型水泥企业集团，在武汉、九江、南昌、扬州、上海、等地，本公司产品—洋房牌水泥，已系高品质水泥的代表，今将继续选择合适机会，扩充产能，经由自建、并购或策略合作力达成 5000 万吨的最终目标产能，作为中国前十大水泥集团之为国内大力推进的城镇化和各项建设作出水泥企业应有的贡献。

地址：江西省瑞昌市码头镇亚东大道 6 号
联系方式：0792-4888999
邮箱：achc@achc.com.cn
邮编：332207
传真：0792-4886998
品质服务电话：4008871700

亚洲水泥（中国）控股公司
ASIA CEMENT(CHINA)HOLDINGS CORPORATION
WWW.achc.comcn

MRO
元器件
品牌厂商
商品
数字化
采购
数字化
京东工业品
履约
数字化
运营
数字化
提升工业产业协同效率
企业客户
大型企业
中小微企业
中小微企业

郑州商品交易所（以下简称郑商所）成立于1990年10月，是国务院批准成立的首批期货市场试点单位，由中国证监会管理。

郑商所目前上市交易普通小麦、优质强筋小麦、早籼稻、晚籼稻、粳稻、棉花、棉纱、油菜籽、菜籽油、菜籽粕、白糖、苹果、红枣、动力煤、甲醇、精对苯二甲酸（PTA）、玻璃、硅铁、锰硅、尿素、纯碱、短纤、花生等**23**个期货品种和白糖、棉花、PTA、甲醇、菜粕、动力煤、菜籽油、花生等**8**个期权，范围覆盖粮、棉、油、糖、果和能源、化工、纺织、冶金、建材等多个国民经济重要领域。

2021年，郑商所累计成交量为**25.8**亿手，成交金额为**108.0**万亿元，同比分别增长**51.7%**和**79.7%**；成交量在全球交易所的排名由2020年第12位提升至第7位。

郑州商品交易所（以下简称郑商所）成立于1990年10月，是国务院批准成立的首批期货市场试点单位，由中国证监会管理。

郑商所目前上市交易

普通小麦、优质强筋小麦、早籼稻、晚籼稻、粳稻、棉花、棉纱、油菜籽、菜籽油、菜籽粕、白糖、苹果、红枣、动力煤、甲醇、精对苯二甲酸（PTA）、玻璃、硅铁、锰硅、尿素、纯碱、短纤、花生	白糖、棉花、PTA、甲醇、菜粕、动力煤、菜籽油、花生
23个期货	**8个期权**

范围覆盖粮、棉、油、糖、果和能源、化工、纺织、冶金、建材等多个国民经济重要领域。2021年，郑商所累计成交量为25.8亿手，成交金额为108.0万亿元，同比分别增长51.7%和79.7%。

成交量

全球交易所排名

2020年 **第12位** 2021年 **第7位**

郑商所微信公众号

郑商所官方微博

中国水泥行业发展报告蓝皮书

（2021—2022）

孔祥忠　肖家祥　王郁涛　　　　主编

中国水泥协会
新天山水泥股份有限公司　　　　联合编著
安徽容知日新科技股份有限公司

中国建材工业出版社

图书在版编目（CIP）数据

中国水泥行业发展报告蓝皮书．2021—2022/孔祥忠，肖家祥，王郁涛主编．--北京：中国建材工业出版社，2022.9

ISBN 978-7-5160-3569-6

Ⅰ．①中… Ⅱ．①孔… ②肖… ③王… Ⅲ．①水泥工业—工业发展—研究报告—中国—2021—2022 Ⅳ．①F426.7

中国版本图书馆 CIP 数据核字（2022）第 154110 号

中国水泥行业发展报告蓝皮书（2021—2022）

Zhongguo Shuini Hangye Fazhan Baogao Lanpishu（2021—2022）

孔祥忠　肖家祥　王郁涛　主编

出版发行：中国建材工业出版社

地　　址：北京市海淀区三里河路 11 号

邮　　编：100831

经　　销：全国各地新华书店

印　　刷：北京博海升彩色印刷有限公司

开　　本：880mm×1230mm　1/16

印　　张：42.25

字　　数：1120 千字

版　　次：2022 年 9 月第 1 版

印　　次：2022 年 9 月第 1 次

定　　价：300.00 元

本社网址：www.jccbs.com，微信公众号：zgjcgycbs

《中国水泥行业发展报告蓝皮书（2021—2022）》

编 辑 委 员 会

目　录

综合篇

政策法规篇

权威论坛篇

行业分析篇

区域发展篇

低碳技术篇

企业发展篇

经典案例篇

装备服务篇

综合篇

中共中央国务院关于完整准确全面贯彻新发展理念做好碳达峰碳中和工作的意见

（2021年9月22日）

实现碳达峰、碳中和，是以习近平同志为核心的党中央统筹国内国际两个大局作出的重大战略决策，是着力解决资源环境约束突出问题、实现中华民族永续发展的必然选择，是构建人类命运共同体的庄严承诺。为完整、准确、全面贯彻新发展理念，做好碳达峰、碳中和工作，现提出如下意见。

一、总体要求

（一）指导思想

以习近平新时代中国特色社会主义思想为指导，全面贯彻党的十九大和十九届二中、三中、四中、五中全会精神，深入贯彻习近平生态文明思想，立足新发展阶段，贯彻新发展理念，构建新发展格局，坚持系统观念，处理好发展和减排、整体和局部、短期和中长期的关系，把碳达峰、碳中和纳入经济社会发展全局，以经济社会发展全面绿色转型为引领，以能源绿色低碳发展为关键，加快形成节约资源和保护环境的产业结构、生产方式、生活方式、空间格局，坚定不移走生态优先、绿色低碳的高质量发展道路，确保如期实现碳达峰、碳中和。

（二）工作原则

实现碳达峰、碳中和目标，要坚持“全国统筹、节约优先、双轮驱动、内外畅通、防范风险”原则。

——全国统筹。全国一盘棋，强化顶层设计，发挥制度优势，实行党政同责，压实各方责任。根据各地实际分类施策，鼓励主动作为、率先达峰。

——节约优先。把节约能源资源放在首位，实行全面节约战略，持续降低单位产出能源资源消耗和碳排放，提高投入产出效率，倡导简约适度、绿色低碳生活方式，从源头和入口形成有效的碳排放控制阀门。

——双轮驱动。政府和市场两手发力，构建新型举国体制，强化科技和制度创新，加快绿色低碳科技革命。深化能源和相关领域改革，发挥市场机制作用，形成有效激励约束机制。

——内外畅通。立足国情实际，统筹国内国际能源资源，推广先进绿色低碳技术和经验。统筹做好应对气候变化对外斗争与合作，不断增强国际影响力和话语权，坚决维护我国发展权益。

——防范风险。处理好减污降碳和能源安全、产业链供应链安全、粮食安全、群众正常生活的关系，有效应对绿色低碳转型可能伴随的经济、金融、社会风险，防止过度反应，确保安全降碳。

二、主要目标

到2025年，绿色低碳循环发展的经济体系初步形成，重点行业能源利用效率大幅提升。单位国内生产总值能耗比2020年下降13.5%；单位国内生产总值二氧化碳排放比2020年下降18%；非化石能源消费比重达到20%左右；森林覆盖率达到24.1%，森林蓄积量达到180亿立方米，为实现碳达峰、碳中和奠定坚实基础。

到2030年，经济社会发展全面绿色转型取得显著成效，重点耗能行业能源利用效率达到国际先进水平。单位国内生产总值能耗大幅下降；单位国内生产总值二氧化碳排放比2005年下降65%以上；非化石能源消费比重达到25%左右，风电、太阳能发电总装机容量达到12亿千瓦以上；森林覆盖率达到25%左右，森林蓄积量达到190亿立方米，二氧化碳排放量达到峰值并实现稳中有降。

到2060年，绿色低碳循环发展的经济体系和清洁低碳安全高效的能源体系全面建立，能源利用效率达到国际先进水平，非化石能源消费比重达到80%以上，碳中和目标顺利实现，生态文明建设取得丰硕成果，开创人与自然和谐共生新境界。

三、推进经济社会发展全面绿色转型

（三）强化绿色低碳发展规划引领

将碳达峰、碳中和目标要求全面融入经济社会发展中长期规划，强化国家发展规划、国土空间规划、专项规划、区域规划和地方各级规划的支撑保障。加强各级各类规划间衔接协调，确保各地区各领域落实碳达峰、碳中和的主要目标、发展方向、重大政策、重大工程等协调一致。

（四）优化绿色低碳发展区域布局

持续优化重大基础设施、重大生产力和公共资源布局，构建有利于碳达峰、碳中和的国土空间开发保护新格局。在京津冀协同发展、长江经济带发展、粤港澳大湾区建设、长三角一体化发展、黄河流域生态保护和高质量发展等区域重大战略实施中，强化绿色低碳发展导向和任务要求。

（五）加快形成绿色生产生活方式

大力推动节能减排，全面推进清洁生产，加快发展循环经济，加强资源综合利用，不断提升绿色低碳发展水平。扩大绿色低碳产品供给和消费，倡导绿色低碳生活方式。把绿色低碳发展纳入国民教育体系。开展绿色低碳社会行动示范创建。凝聚全社会共识，加快形成全民参与的良好格局。

四、深度调整产业结构

（六）推动产业结构优化升级

加快推进农业绿色发展，促进农业固碳增效。制定能源、钢铁、有色金属、石化化工、建材、交通、建筑等行业和领域碳达峰实施方案。以节能降碳为导向，修订产业结构调整指导目录。开展钢铁、煤炭去产能“回头看”，巩固去产能成果。加快推进工业领域低碳工艺革新和数字化转型。

开展碳达峰试点园区建设。加快商贸流通、信息服务等绿色转型，提升服务业低碳发展水平。

（七）坚决遏制高耗能高排放项目盲目发展

新建、扩建钢铁、水泥、平板玻璃、电解铝等高耗能高排放项目严格落实产能等量或减量置换，出台煤电、石化、煤化工等产能控制政策。未纳入国家有关领域产业规划的，一律不得新建改扩建炼油和新建乙烯、对二甲苯、煤制烯烃项目。合理控制煤制油气产能规模。提升高耗能高排放项目能耗准入标准。加强产能过剩分析预警和窗口指导。

（八）大力发展绿色低碳产业

加快发展新一代信息技术、生物技术、新能源、新材料、高端装备、新能源汽车、绿色环保以及航空航天、海洋装备等战略性新兴产业。建设绿色制造体系。推动互联网、大数据、人工智能、第五代移动通信（5G）等新兴技术与绿色低碳产业深度融合。

五、加快构建清洁低碳安全高效能源体系

（九）强化能源消费强度和总量双控

坚持节能优先的能源发展战略，严格控制能耗和二氧化碳排放强度，合理控制能源消费总量，统筹建立二氧化碳排放总量控制制度。做好产业布局、结构调整、节能审查与能耗双控的衔接，对能耗强度下降目标完成形势严峻的地区实行项目缓批限批、能耗等量或减量替代。强化节能监察和执法，加强能耗及二氧化碳排放控制目标分析预警，严格责任落实和评价考核。加强甲烷等非二氧化碳温室气体管控。

（十）大幅提升能源利用效率

把节能贯穿于经济社会发展全过程和各领域，持续深化工业、建筑、交通运输、公共机构等重点领域节能，提升数据中心、新型通信等信息化基础设施能效水平。健全能源管理体系，强化重点用能单位节能管理和目标责任。瞄准国际先进水平，加快实施节能降碳改造升级，打造能效“领跑者”。

（十一）严格控制化石能源消费

加快煤炭减量步伐，“十四五”时期严控煤炭消费增长，“十五五”时期逐步减少。石油消费“十五五”时期进入峰值平台期。统筹煤电发展和保供调峰，严控煤电装机规模，加快现役煤电机组节能升级和灵活性改造。逐步减少直至禁止煤炭散烧。加快推进页岩气、煤层气、致密油气等非常规油气资源规模化开发。强化风险管控，确保能源安全稳定供应和平稳过渡。

（十二）积极发展非化石能源

实施可再生能源替代行动，大力发展风能、太阳能、生物质能、海洋能、地热能等，不断提高非化石能源消费比重。坚持集中式与分布式并举，优先推动风能、太阳能就地就近开发利用。因地制宜开发水能。积极安全有序发展核电。合理利用生物质能。加快推进抽水蓄能和新型储能规模化应用。统筹推进氢能“制储输用”全链条发展。构建以新能源为主体的新型电力系统，提高电网对高比例可再生能源的消纳和调控能力。

（十三）深化能源体制机制改革

全面推进电力市场化改革，加快培育发展配售电环节独立市场主体，完善中长期市场、现货市场和辅助服务市场衔接机制，扩大市场化交易规模。推进电网体制改革，明确以消纳可再生能源为主的增量配电网、微电网和分布式电源的市场主体地位。加快形成以储能和调峰能力为基础支撑的新增电力装机发展机制。完善电力等能源品种价格市场化形成机制。从有利于节能的角度深化电价改革，理顺输配电价结构，全面放开竞争性环节电价。推进煤炭、油气等市场化改革，加快完善能源统一市场。

六、加快推进低碳交通运输体系建设

（十四）优化交通运输结构

加快建设综合立体交通网，大力发展多式联运，提高铁路、水路在综合运输中的承运比重，持续降低运输能耗和二氧化碳排放强度。优化客运组织，引导客运企业规模化、集约化经营。加快发展绿色物流，整合运输资源，提高利用效率。

（十五）推广节能低碳型交通工具

加快发展新能源和清洁能源车船，推广智能交通，推进铁路电气化改造，推动加氢站建设，促进船舶靠港使用岸电常态化。加快构建便利高效、适度超前的充换电网络体系。提高燃油车船能效标准，健全交通运输装备能效标识制度，加快淘汰高耗能高排放老旧车船。

（十六）积极引导低碳出行

加快城市轨道交通、公交专用道、快速公交系统等大容量公共交通基础设施建设，加强自行车专用道和行人步道等城市慢行系统建设。综合运用法律、经济、技术、行政等多种手段，加大城市交通拥堵治理力度。

七、提升城乡建设绿色低碳发展质量

（十七）推进城乡建设和管理模式低碳转型

在城乡规划建设管理各环节全面落实绿色低碳要求。推动城市组团式发展，建设城市生态和通风廊道，提升城市绿化水平。合理规划城镇建筑面积发展目标，严格管控高能耗公共建筑建设。实施工程建设全过程绿色建造，健全建筑拆除管理制度，杜绝大拆大建。加快推进绿色社区建设。结合实施乡村建设行动，推进县城和农村绿色低碳发展。

（十八）大力发展节能低碳建筑

持续提高新建建筑节能标准，加快推进超低能耗、近零能耗、低碳建筑规模化发展。大力推进城镇既有建筑和市政基础设施节能改造，提升建筑节能低碳水平。逐步开展建筑能耗限额管理，推行建筑能效测评标识，开展建筑领域低碳发展绩效评估。全面推广绿色低碳建材，推动建筑材料循环利用。发展绿色农房。

（十九）加快优化建筑用能结构

深化可再生能源建筑应用，加快推动建筑用能电气化和低碳化。开展建筑屋顶光伏行动，大幅提高建筑采暖、生活热水、炊事等电气化普及率。在北方城镇加快推进热电联产集中供暖，加快工业余热供暖规模化发展，积极稳妥推进核电余热供暖，因地制宜推进热泵、燃气、生物质能、地热能等清洁低碳供暖。

八、加强绿色低碳重大科技攻关和推广应用

（二十）强化基础研究和前沿技术布局

制定科技支撑碳达峰、碳中和行动方案，编制碳中和技术发展路线图。采用“揭榜挂帅”机制，开展低碳零碳负碳和储能新材料、新技术、新装备攻关。加强气候变化成因及影响、生态系统碳汇等基础理论和方法研究。推进高效率太阳能电池、可再生能源制氢、可控核聚变、零碳工业流程再造等低碳前沿技术攻关。培育一批节能降碳和新能源技术产品研发国家重点实验室、国家技术创新中心、重大科技创新平台。建设碳达峰、碳中和人才体系，鼓励高等学校增设碳达峰、碳中和相关学科专业。

（二十一）加快先进适用技术研发和推广

深入研究支撑风电、太阳能发电大规模友好并网的智能电网技术。加强电化学、压缩空气等新型储能技术攻关、示范和产业化应用。加强氢能生产、储存、应用关键技术研发、示范和规模化应用。推广园区能源梯级利用等节能低碳技术。推动气凝胶等新型材料研发应用。推进规模化碳捕集利用与封存技术研发、示范和产业化应用。建立完善绿色低碳技术评估、交易体系和科技创新服务平台。

九、持续巩固提升碳汇能力

（二十二）巩固生态系统碳汇能力

强化国土空间规划和用途管控，严守生态保护红线，严控生态空间占用，稳定现有森林、草原、湿地、海洋、土壤、冻土、岩溶等固碳作用。严格控制新增建设用地规模，推动城乡存量建设用地盘活利用。严格执行土地使用标准，加强节约集约用地评价，推广节地技术和节地模式。

（二十三）提升生态系统碳汇增量

实施生态保护修复重大工程，开展山水林田湖草沙一体化保护和修复。深入推进大规模国土绿化行动，巩固退耕还林还草成果，实施森林质量精准提升工程，持续增加森林面积和蓄积量。加强草原生态保护修复。强化湿地保护。整体推进海洋生态系统保护和修复，提升红树林、海草床、盐沼等固碳能力。开展耕地质量提升行动，实施国家黑土地保护工程，提升生态农业碳汇。积极推动岩溶碳汇开发利用。

十、提高对外开放绿色低碳发展水平

（二十四）加快建立绿色贸易体系

持续优化贸易结构，大力发展高质量、高技术、高附加值绿色产品贸易。完善出口政策，严格

管理高耗能高排放产品出口。积极扩大绿色低碳产品、节能环保服务、环境服务等进口。

（二十五）推进绿色“一带一路”建设

加快“一带一路”投资合作绿色转型。支持共建“一带一路”国家开展清洁能源开发利用。大力推动南南合作，帮助发展中国家提高应对气候变化能力。深化与各国在绿色技术、绿色装备、绿色服务、绿色基础设施建设等方面的交流与合作，积极推动我国新能源等绿色低碳技术和产品走出去，让绿色成为共建“一带一路”的底色。

（二十六）加强国际交流与合作

积极参与应对气候变化国际谈判，坚持我国发展中国家定位，坚持共同但有区别的责任原则、公平原则和各自能力原则，维护我国发展权益。履行《联合国气候变化框架公约》及其《巴黎协定》，发布我国长期温室气体低排放发展战略，积极参与国际规则和标准制定，推动建立公平合理、合作共赢的全球气候治理体系。加强应对气候变化国际交流合作，统筹国内外工作，主动参与全球气候和环境治理。

十一、健全法律法规标准和统计监测体系

（二十七）健全法律法规

全面清理现行法律法规中与碳达峰、碳中和工作不相适应的内容，加强法律法规间的衔接协调。研究制定碳中和专项法律，抓紧修订节约能源法、电力法、煤炭法、可再生能源法、循环经济促进法等，增强相关法律法规的针对性和有效性。

（二十八）完善标准计量体系

建立健全碳达峰、碳中和标准计量体系。加快节能标准更新升级，抓紧修订一批能耗限额、产品设备能效强制性国家标准和工程建设标准，提升重点产品能耗限额要求，扩大能耗限额标准覆盖范围，完善能源核算、检测认证、评估、审计等配套标准。加快完善地区、行业、企业、产品等碳排放核查核算报告标准，建立统一规范的碳核算体系。制定重点行业和产品温室气体排放标准，完善低碳产品标准标识制度。积极参与相关国际标准制定，加强标准国际衔接。

（二十九）提升统计监测能力

健全电力、钢铁、建筑等行业领域能耗统计监测和计量体系，加强重点用能单位能耗在线监测系统建设。加强二氧化碳排放统计核算能力建设，提升信息化实测水平。依托和拓展自然资源调查监测体系，建立生态系统碳汇监测核算体系，开展森林、草原、湿地、海洋、土壤、冻土、岩溶等碳汇本底调查和碳储量评估，实施生态保护修复碳汇成效监测评估。

十二、完善政策机制

（三十）完善投资政策

充分发挥政府投资引导作用，构建与碳达峰、碳中和相适应的投融资体系，严控煤电、钢铁、

电解铝、水泥、石化等高碳项目投资，加大对节能环保、新能源、低碳交通运输装备和组织方式、碳捕集利用与封存等项目的支持力度。完善支持社会资本参与政策，激发市场主体绿色低碳投资活力。国有企业要加大绿色低碳投资，积极开展低碳零碳负碳技术研发应用。

（三十一）积极发展绿色金融

有序推进绿色低碳金融产品和服务开发，设立碳减排货币政策工具，将绿色信贷纳入宏观审慎评估框架，引导银行等金融机构为绿色低碳项目提供长期限、低成本资金。鼓励开发性政策性金融机构按照市场化法治化原则为实现碳达峰、碳中和提供长期稳定融资支持。支持符合条件的企业上市融资和再融资用于绿色低碳项目建设运营，扩大绿色债券规模。研究设立国家低碳转型基金。鼓励社会资本设立绿色低碳产业投资基金。建立健全绿色金融标准体系。

（三十二）完善财税价格政策

各级财政要加大对绿色低碳产业发展、技术研发等的支持力度。完善政府绿色采购标准，加大绿色低碳产品采购力度。落实环境保护、节能节水、新能源和清洁能源车船税收优惠。研究碳减排相关税收政策。建立健全促进可再生能源规模化发展的价格机制。完善差别化电价、分时电价和居民阶梯电价政策。严禁对高耗能、高排放、资源型行业实施电价优惠。加快推进供热计量改革和按供热量收费。加快形成具有合理约束力的碳价机制。

（三十三）推进市场化机制建设

依托公共资源交易平台，加快建设完善全国碳排放权交易市场，逐步扩大市场覆盖范围，丰富交易品种和交易方式，完善配额分配管理。将碳汇交易纳入全国碳排放权交易市场，建立健全能够体现碳汇价值的生态保护补偿机制。健全企业、金融机构等碳排放报告和信息披露制度。完善用能权有偿使用和交易制度，加快建设全国用能权交易市场。加强电力交易、用能权交易和碳排放权交易的统筹衔接。发展市场化节能方式，推行合同能源管理，推广节能综合服务。

十三、切实加强组织实施

（三十四）加强组织领导

加强党中央对碳达峰、碳中和工作的集中统一领导，碳达峰碳中和工作领导小组指导和统筹做好碳达峰、碳中和工作。支持有条件的地方和重点行业、重点企业率先实现碳达峰，组织开展碳达峰、碳中和先行示范，探索有效模式和有益经验。将碳达峰、碳中和作为干部教育培训体系重要内容，增强各级领导干部推动绿色低碳发展的本领。

（三十五）强化统筹协调

国家发展改革委要加强统筹，组织落实 2030 年前碳达峰行动方案，加强碳中和工作谋划，定期调度各地区各有关部门落实碳达峰、碳中和目标任务进展情况，加强跟踪评估和督促检查，协调解决实施中遇到的重大问题。各有关部门要加强协调配合，形成工作合力，确保政策取向一致、步骤力度衔接。

（三十六）压实地方责任

落实领导干部生态文明建设责任制，地方各级党委和政府要坚决扛起碳达峰、碳中和责任，明确目标任务，制定落实举措，自觉为实现碳达峰、碳中和作出贡献。

（三十七）严格监督考核

各地区要将碳达峰、碳中和相关指标纳入经济社会发展综合评价体系，增加考核权重，加强指标约束。强化碳达峰、碳中和目标任务落实情况考核，对工作突出的地区、单位和个人按规定给予表彰奖励，对未完成目标任务的地区、部门依规依法实行通报批评和约谈问责，有关落实情况纳入中央生态环境保护督察。各地区各有关部门贯彻落实情况每年向党中央、国务院报告。

（资料来源：新华社授权发布，2021 年 10 月 24 日）

中共中央 国务院关于深入打好污染防治攻坚战的意见

（2021年11月2日）

良好生态环境是实现中华民族永续发展的内在要求，是增进民生福祉的优先领域，是建设美丽中国的重要基础。党的十八大以来，以习近平同志为核心的党中央全面加强对生态文明建设和生态环境保护的领导，开展了一系列根本性、开创性、长远性工作，推动污染防治的措施之实、力度之大、成效之显著前所未有，污染防治攻坚战阶段性目标任务圆满完成，生态环境明显改善，人民群众获得感显著增强，厚植了全面建成小康社会的绿色底色和质量成色。同时应该看到，我国生态环境保护结构性、根源性、趋势性压力总体上尚未根本缓解，重点区域、重点行业污染问题仍然突出，实现碳达峰、碳中和任务艰巨，生态环境保护任重道远。为进一步加强生态环境保护，深入打好污染防治攻坚战，现提出如下意见。

一、总体要求

（一）指导思想

以习近平新时代中国特色社会主义思想为指导，全面贯彻党的十九大和十九届二中、三中、四中、五中全会精神，深入贯彻习近平生态文明思想，坚持以人民为中心的发展思想，立足新发展阶段，完整、准确、全面贯彻新发展理念，构建新发展格局，以实现减污降碳协同增效为总抓手，以改善生态环境质量为核心，以精准治污、科学治污、依法治污为工作方针，统筹污染治理、生态保护、应对气候变化，保持力度、延伸深度、拓宽广度，以更高标准打好蓝天、碧水、净土保卫战，以高水平保护推动高质量发展、创造高品质生活，努力建设人与自然和谐共生的美丽中国。

（二）工作原则

——坚持方向不变、力度不减。保持战略定力，坚定不移走生态优先、绿色发展之路，巩固拓展“十三五”时期污染防治攻坚成果，继续打好一批标志性战役，接续攻坚、久久为功。

——坚持问题导向、环保为民。把人民群众反映强烈的突出生态环境问题摆上重要议事日程，不断加以解决，增强广大人民群众的获得感、幸福感、安全感，以生态环境保护实际成效取信于民。

——坚持精准科学、依法治污。遵循客观规律，抓住主要矛盾和矛盾的主要方面，因地制宜、科学施策，落实最严格制度，加强全过程监管，提高污染治理的针对性、科学性、有效性。

——坚持系统观念、协同增效。推进山水林田湖草沙一体化保护和修复，强化多污染物协同控制和区域协同治理，注重综合治理、系统治理、源头治理，保障国家重大战略实施。

——坚持改革引领、创新驱动。深入推进生态文明体制改革，完善生态环境保护领导体制和工作机制，加大技术、政策、管理创新力度，加快构建现代环境治理体系。

（三）主要目标

到2025年，生态环境持续改善，主要污染物排放总量持续下降，单位国内生产总值二氧化碳排放比2020年下降18%，地级及以上城市细颗粒物（$PM_{2.5}$）浓度下降10%，空气质量优良天数比率达到87.5%，地表水Ⅰ－Ⅲ类水体比例达到85%，近岸海域水质优良（一、二类）比例达到79%左右，重污染天气、城市黑臭水体基本消除，土壤污染风险得到有效管控，固体废物和新污染物治理能力明显增强，生态系统质量和稳定性持续提升，生态环境治理体系更加完善，生态文明建设实现新进步。

到2035年，广泛形成绿色生产生活方式，碳排放达峰后稳中有降，生态环境根本好转，美丽中国建设目标基本实现。

二、加快推动绿色低碳发展

（四）深入推进碳达峰行动

处理好减污降碳和能源安全、产业链供应链安全、粮食安全、群众正常生活的关系，落实2030年应对气候变化国家自主贡献目标，以能源、工业、城乡建设、交通运输等领域和钢铁、有色金属、建材、石化化工等行业为重点，深入开展碳达峰行动。在国家统一规划的前提下，支持有条件的地方和重点行业、重点企业率先达峰。统筹建立二氧化碳排放总量控制制度。建设完善全国碳排放权交易市场，有序扩大覆盖范围，丰富交易品种和交易方式，并纳入全国统一公共资源交易平台。加强甲烷等非二氧化碳温室气体排放管控。制定国家适应气候变化战略2035。大力推进低碳和适应气候变化试点工作。健全排放源统计调查、核算核查、监管制度，将温室气体管控纳入环评管理。

（五）聚焦国家重大战略打造绿色发展高地

强化京津冀协同发展生态环境联建联防联治，打造雄安新区绿色高质量发展“样板之城”。积极推动长江经济带成为我国生态优先绿色发展主战场，深化长三角地区生态环境共保联治。扎实推动黄河流域生态保护和高质量发展。加快建设美丽粤港澳大湾区。加强海南自由贸易港生态环境保护和建设。

（六）推动能源清洁低碳转型

在保障能源安全的前提下，加快煤炭减量步伐，实施可再生能源替代行动。“十四五”时期，严控煤炭消费增长，非化石能源消费比重提高到20%左右，京津冀及周边地区、长三角地区煤炭消费量分别下降10%、5%左右，汾渭平原煤炭消费量实现负增长。原则上不再新增自备燃煤机组，支持自备燃煤机组实施清洁能源替代，鼓励自备电厂转为公用电厂。坚持“增气减煤”同步，新增天然气优先保障居民生活和清洁取暖需求。提高电能占终端能源消费比重。重点区域的平原地区散煤基本清零。有序扩大清洁取暖试点城市范围，稳步提升北方地区清洁取暖水平。

（七）坚决遏制高耗能高排放项目盲目发展

严把高耗能高排放项目准入关口，严格落实污染物排放区域削减要求，对不符合规定的项目坚

决停批停建。依法依规淘汰落后产能和化解过剩产能。推动高炉-转炉长流程炼钢转型为电炉短流程炼钢。重点区域严禁新增钢铁、焦化、水泥熟料、平板玻璃、电解铝、氧化铝、煤化工产能，合理控制煤制油气产能规模，严控新增炼油产能。

（八）推进清洁生产和能源资源节约高效利用

引导重点行业深入实施清洁生产改造，依法开展自愿性清洁生产评价认证。大力推行绿色制造，构建资源循环利用体系。推动煤炭等化石能源清洁高效利用。加强重点领域节能，提高能源使用效率。实施国家节水行动，强化农业节水增效、工业节水减排、城镇节水降损。推进污水资源化利用和海水淡化规模化利用。

（九）加强生态环境分区管控

衔接国土空间规划分区和用途管制要求，将生态保护红线、环境质量底线、资源利用上线的硬约束落实到环境管控单元，建立差别化的生态环境准入清单，加强“三线一单”成果在政策制定、环境准入、园区管理、执法监管等方面的应用。健全以环评制度为主体的源头预防体系，严格规划环评审查和项目环评准入，开展重大经济技术政策的生态环境影响分析和重大生态环境政策的社会经济影响评估。

（十）加快形成绿色低碳生活方式

把生态文明教育纳入国民教育体系，增强全民节约意识、环保意识、生态意识。因地制宜推行垃圾分类制度，加快快递包装绿色转型，加强塑料污染全链条防治。深入开展绿色生活创建行动。建立绿色消费激励机制，推进绿色产品认证、标识体系建设，营造绿色低碳生活新时尚。

三、深入打好蓝天保卫战

（十一）着力打好重污染天气消除攻坚战

聚焦秋冬季细颗粒物污染，加大重点区域、重点行业结构调整和污染治理力度。京津冀及周边地区、汾渭平原持续开展秋冬季大气污染综合治理专项行动。东北地区加强秸秆禁烧管控和采暖燃煤污染治理。天山北坡城市群加强兵地协作，钢铁、有色金属、化工等行业参照重点区域执行重污染天气应急减排措施。科学调整大气污染防治重点区域范围，构建省市县三级重污染天气应急预案体系，实施重点行业企业绩效分级管理，依法严厉打击不落实应急减排措施行为。到2025年，全国重度及以上污染天数比率控制在1%以内。

（十二）着力打好臭氧污染防治攻坚战

聚焦夏秋季臭氧污染，大力推进挥发性有机物和氮氧化物协同减排。以石化、化工、涂装、医药、包装印刷、油品储运销等行业领域为重点，安全高效推进挥发性有机物综合治理，实施原辅材料和产品源头替代工程。完善挥发性有机物产品标准体系，建立低挥发性有机物含量产品标识制度。完善挥发性有机物监测技术和排放量计算方法，在相关条件成熟后，研究适时将挥发性有机物纳入环境保护税征收范围。推进钢铁、水泥、焦化行业企业超低排放改造，重点区域钢铁、燃煤机组、燃煤锅炉实现超低排放。开展涉气产业集群排查及分类治理，推进企业升级改造和区域环境综合整治。到2025年，挥发性有机物、氮氧化物排放总量比2020年分别下降10%以上，臭氧浓度增长趋势得到有效遏制，实现细颗粒物和臭氧协同控制。

（十三）持续打好柴油货车污染治理攻坚战

深入实施清洁柴油车（机）行动，全国基本淘汰国三及以下排放标准汽车，推动氢燃料电池汽车示范应用，有序推广清洁能源汽车。进一步推进大中城市公共交通、公务用车电动化进程。不断提高船舶靠港岸电使用率。实施更加严格的车用汽油质量标准。加快大宗货物和中长途货物运输“公转铁”、“公转水”，大力发展公铁、铁水等多式联运。“十四五”时期，铁路货运量占比提高 0.5 个百分点，水路货运量年均增速超过 2%。

（十四）加强大气面源和噪声污染治理

强化施工、道路、堆场、裸露地面等扬尘管控，加强城市保洁和清扫。加大餐饮油烟污染、恶臭异味治理力度。强化秸秆综合利用和禁烧管控。到 2025 年，京津冀及周边地区大型规模化养殖场氨排放总量比 2020 年下降 5%。深化消耗臭氧层物质和氢氟碳化物环境管理。实施噪声污染防治行动，加快解决群众关心的突出噪声问题。到 2025 年，地级及以上城市全面实现功能区声环境质量自动监测，全国声环境功能区夜间达标率达到 85%。

四、深入打好碧水保卫战

（十五）持续打好城市黑臭水体治理攻坚战

统筹好上下游、左右岸、干支流、城市和乡村，系统推进城市黑臭水体治理。加强农业农村和工业企业污染防治，有效控制入河污染物排放。强化溯源整治，杜绝污水直接排入雨水管网。推进城镇污水管网全覆盖，对进水情况出现明显异常的污水处理厂，开展片区管网系统化整治。因地制宜开展水体内源污染治理和生态修复，增强河湖自净功能。充分发挥河长制、湖长制作用，巩固城市黑臭水体治理成效，建立防止返黑返臭的长效机制。2022 年 6 月底前，县级城市政府完成建成区内黑臭水体排查并制定整治方案，统一公布黑臭水体清单及达标期限。到 2025 年，县级城市建成区基本消除黑臭水体，京津冀、长三角、珠三角等区域力争提前 1 年完成。

（十六）持续打好长江保护修复攻坚战

推动长江全流域按单元精细化分区管控。狠抓突出生态环境问题整改，扎实推进城镇污水垃圾处理和工业、农业面源、船舶、尾矿库等污染治理工程。加强渝湘黔交界武陵山区“锰三角”污染综合整治。持续开展工业园区污染治理、“三磷”行业整治等专项行动。推进长江岸线生态修复，巩固小水电清理整改成果。实施好长江流域重点水域十年禁渔，有效恢复长江水生生物多样性。建立健全长江流域水生态环境考核评价制度并抓好组织实施。加强太湖、巢湖、滇池等重要湖泊蓝藻水华防控，开展河湖水生植被恢复、氮磷通量监测等试点。到 2025 年，长江流域总体水质保持为优，干流水质稳定达到Ⅱ类，重要河湖生态用水得到有效保障，水生态质量明显提升。

（十七）着力打好黄河生态保护治理攻坚战

全面落实以水定城、以水定地、以水定人、以水定产要求，实施深度节水控水行动，严控高耗水行业发展。维护上游水源涵养功能，推动以草定畜、定牧。加强中游水土流失治理，开展汾渭平原、河套灌区等农业面源污染治理。实施黄河三角洲湿地保护修复，强化黄河河口综合治理。加强沿黄河城镇污水处理设施及配套管网建设，开展黄河流域“清废行动”，基本完成尾矿库污染治理。到 2025 年，黄河干流上中游（花园口以上）水质达到Ⅱ类，干流及主要支流生态流量得到有效保障。

（十八）巩固提升饮用水安全保障水平

加快推进城市水源地规范化建设，加强农村水源地保护。基本完成乡镇级水源保护区划定、立标并开展环境问题排查整治。保障南水北调等重大输水工程水质安全。到 2025 年，全国县级及以上城市集中式饮用水水源水质达到或优于Ⅲ类比例总体高于 93%。

（十九）着力打好重点海域综合治理攻坚战

巩固深化渤海综合治理成果，实施长江口-杭州湾、珠江口邻近海域污染防治行动，“一湾一策”实施重点海湾综合治理。深入推进入海河流断面水质改善、沿岸直排海污染源整治、海水养殖环境治理，加强船舶港口、海洋垃圾等污染防治。推进重点海域生态系统保护修复，加强海洋伏季休渔监管执法。推进海洋环境风险排查整治和应急能力建设。到 2025 年，重点海域水质优良比例比 2020 年提升 2 个百分点左右，省控及以上河流入海断面基本消除劣Ⅴ类，滨海湿地和岸线得到有效保护。

（二十）强化陆域海域污染协同治理

持续开展入河入海排污口“查、测、溯、治”，到 2025 年，基本完成长江、黄河、渤海及赤水河等长江重要支流排污口整治。完善水污染防治流域协同机制，深化海河、辽河、淮河、松花江、珠江等重点流域综合治理，推进重要湖泊污染防治和生态修复。沿海城市加强固定污染源总氮排放控制和面源污染治理，实施入海河流总氮削减工程。建成一批具有全国示范价值的美丽河湖、美丽海湾。

五、深入打好净土保卫战

（二十一）持续打好农业农村污染治理攻坚战

注重统筹规划、有效衔接，因地制宜推进农村厕所革命、生活污水治理、生活垃圾治理，基本消除较大面积的农村黑臭水体，改善农村人居环境。实施化肥农药减量增效行动和农膜回收行动。加强种养结合，整县推进畜禽粪污资源化利用。规范工厂化水产养殖尾水排污口设置，在水产养殖主产区推进养殖尾水治理。到 2025 年，农村生活污水治理率达到 40%，化肥农药利用率达到 43%，全国畜禽粪污综合利用率达到 80%以上。

（二十二）深入推进农用地土壤污染防治和安全利用

实施农用地土壤镉等重金属污染源头防治行动。依法推行农用地分类管理制度，强化受污染耕地安全利用和风险管控，受污染耕地集中的县级行政区开展污染溯源，因地制宜制定实施安全利用方案。在土壤污染面积较大的 100 个县级行政区推进农用地安全利用示范。严格落实粮食收购和销售出库质量安全检验制度和追溯制度。到 2025 年，受污染耕地安全利用率达到 93%左右。

（二十三）有效管控建设用地土壤污染风险

严格建设用地土壤污染风险管控和修复名录内地块的准入管理。未依法完成土壤污染状况调查和风险评估的地块，不得开工建设与风险管控和修复无关的项目。从严管控农药、化工等行业的重度污染地块规划用途，确需开发利用的，鼓励用于拓展生态空间。完成重点地区危险化学品生产企业搬迁改造，推进腾退地块风险管控和修复。

（二十四）稳步推进“无废城市”建设

健全“无废城市”建设相关制度、技术、市场、监管体系，推进城市固体废物精细化管理。“十四五”时期，推进100个左右地级及以上城市开展“无废城市”建设，鼓励有条件的省份全域推进“无废城市”建设。

（二十五）加强新污染物治理

制定实施新污染物治理行动方案。针对持久性有机污染物、内分泌干扰物等新污染物，实施调查监测和环境风险评估，建立健全有毒有害化学物质环境风险管理制度，强化源头准入，动态发布重点管控新污染物清单及其禁止、限制、限排等环境风险管控措施。

（二十六）强化地下水污染协同防治

持续开展地下水环境状况调查评估，划定地下水型饮用水水源补给区并强化保护措施，开展地下水污染防治重点区划定及污染风险管控。健全分级分类的地下水环境监测评价体系。实施水土环境风险协同防控。在地表水、地下水交互密切的典型地区开展污染综合防治试点。

六、切实维护生态环境安全

（二十七）持续提升生态系统质量

实施重要生态系统保护和修复重大工程、山水林田湖草沙一体化保护和修复工程。科学推进荒漠化、石漠化、水土流失综合治理和历史遗留矿山生态修复，开展大规模国土绿化行动，实施河口、海湾、滨海湿地、典型海洋生态系统保护修复。推行草原森林河流湖泊休养生息，加强黑土地保护。有效应对气候变化对冰冻圈融化的影响。推进城市生态修复。加强生态保护修复监督评估。到2025年，森林覆盖率达到24.1%，草原综合植被盖度稳定在57%左右，湿地保护率达到55%。

（二十八）实施生物多样性保护重大工程

加快推进生物多样性保护优先区域和国家重大战略区域调查、观测、评估。完善以国家公园为主体的自然保护地体系，构筑生物多样性保护网络。加大珍稀濒危野生动植物保护拯救力度。加强生物遗传资源保护和管理，严格外来入侵物种防控。

（二十九）强化生态保护监管

用好第三次全国国土调查成果，构建完善生态监测网络，建立全国生态状况评估报告制度，加强重点区域流域海域、生态保护红线、自然保护地、县域重点生态功能区等生态状况监测评估。加强自然保护地和生态保护红线监管，依法加大生态破坏问题监督和查处力度，持续推进“绿盾”自然保护地强化监督专项行动。深入推动生态文明建设示范创建、“绿水青山就是金山银山”实践创新基地建设和美丽中国地方实践。

（三十）确保核与辐射安全

坚持安全第一、质量第一，实行最严格的安全标准和最严格的监管，持续强化在建和运行核电厂安全监管，加强核安全监管制度、队伍、能力建设，督促营运单位落实全面核安全责任。严格研究堆、核燃料循环设施、核技术利用等安全监管，积极稳妥推进放射性废物、伴生放射性废物处置，加强电磁辐射污染防治。强化风险预警监测和应急响应，不断提升核与辐射安全保障能力。

（三十一）严密防控环境风险

开展涉危险废物涉重金属企业、化工园区等重点领域环境风险调查评估，完成重点河流突发水污染事件“一河一策一图”全覆盖。开展涉铊企业排查整治行动。加强重金属污染防控，到2025年，全国重点行业重点重金属污染物排放量比2020年下降5%。强化生态环境与健康管理。健全国家环境应急指挥平台，推进流域及地方环境应急物资库建设，完善环境应急管理体系。

七、提高生态环境治理现代化水平

（三十二）全面强化生态环境法治保障

完善生态环境保护法律法规和适用规则，在法治轨道上推进生态环境治理，依法对生态环境违法犯罪行为严惩重罚。推进重点区域协同立法，探索深化区域执法协作。完善生态环境标准体系，鼓励有条件的地方制定出台更加严格的标准。健全生态环境损害赔偿制度。深化环境信息依法披露制度改革。加强生态环境保护法律宣传普及。强化生态环境行政执法与刑事司法衔接，联合开展专项行动。

（三十三）健全生态环境经济政策

扩大环境保护、节能节水等企业所得税优惠目录范围，完善绿色电价政策。大力发展绿色信贷、绿色债券、绿色基金，加快发展气候投融资，在环境高风险领域依法推行环境污染强制责任保险，强化对金融机构的绿色金融业绩评价。加快推进排污权、用能权、碳排放权市场化交易。全面实施环保信用评价，发挥环境保护综合名录的引导作用。完善市场化多元化生态保护补偿，推动长江、黄河等重要流域建立全流域生态保护补偿机制，建立健全森林、草原、湿地、沙化土地、海洋、水流、耕地等领域生态保护补偿制度。

（三十四）完善生态环境资金投入机制

各级政府要把生态环境作为财政支出的重点领域，把生态环境资金投入作为基础性、战略性投入予以重点保障，确保与污染防治攻坚任务相匹配。加快生态环境领域省以下财政事权和支出责任划分改革。加强有关转移支付分配与生态环境质量改善相衔接。综合运用土地、规划、金融、税收、价格等政策，引导和鼓励更多社会资本投入生态环境领域。

（三十五）实施环境基础设施补短板行动

构建集污水、垃圾、固体废物、危险废物、医疗废物处理处置设施和监测监管能力于一体的环境基础设施体系，形成由城市向建制镇和乡村延伸覆盖的环境基础设施网络。开展污水处理厂差别化精准提标。优先推广运行费用低、管护简便的农村生活污水治理技术，加强农村生活污水处理设施长效化运行维护。推动省域内危险废物处置能力与产废情况总体匹配，加快完善医疗废物收集转运处置体系。

（三十六）提升生态环境监管执法效能

全面推行排污许可“一证式”管理，建立基于排污许可证的排污单位监管执法体系和自行监测监管机制。建立健全以污染源自动监控为主的非现场监管执法体系，强化关键工况参数和用水用电等控制参数自动监测。加强移动源监管能力建设。深入开展生活垃圾焚烧发电行业达标排放专项整治。全面禁止进口“洋垃圾”。依法严厉打击危险废物非法转移、倾倒、处置等环境违法犯罪，严肃查处环评、监测等领域弄虚作假行为。

（三十七）建立完善现代化生态环境监测体系

构建政府主导、部门协同、企业履责、社会参与、公众监督的生态环境监测格局，建立健全基于现代感知技术和大数据技术的生态环境监测网络，优化监测站网布局，实现环境质量、生态质量、污染源监测全覆盖。提升国家、区域流域海域和地方生态环境监测基础能力，补齐细颗粒物和臭氧协同控制、水生态环境、温室气体排放等监测短板。加强监测质量监督检查，确保数据真实、准确、全面。

（三十八）构建服务型科技创新体系

组织开展生态环境领域科技攻关和技术创新，规范布局建设各类创新平台。加快发展节能环保产业，推广生态环境整体解决方案、托管服务和第三方治理。构建智慧高效的生态环境管理信息化体系。加强生态环境科技成果转化服务，组织开展百城千县万名专家生态环境科技帮扶行动。

八、加强组织实施

（三十九）加强组织领导

全面加强党对生态环境保护工作的领导，进一步完善中央统筹、省负总责、市县抓落实的攻坚机制。强化地方各级生态环境保护议事协调机制作用，研究推动解决本地区生态环境保护重要问题，加强统筹协调，形成工作合力，确保日常工作机构有场所、有人员、有经费。加快构建减污降碳一体谋划、一体部署、一体推进、一体考核的制度机制。研究制定强化地方党政领导干部生态环境保护责任有关措施。

（四十）强化责任落实

地方各级党委和政府要坚决扛起生态文明建设政治责任，深入打好污染防治攻坚战，把解决群众身边的生态环境问题作为“我为群众办实事”实践活动的重要内容，列出清单、建立台账，长期坚持、确保实效。各有关部门要全面落实生态环境保护责任，细化实化污染防治攻坚政策措施，分工协作、共同发力。各级人大及其常委会加强生态环境保护立法和监督。各级政协加大生态环境保护专题协商和民主监督力度。各级法院和检察院加强环境司法。生态环境部要做好任务分解，加强调度评估，重大情况及时向党中央、国务院报告。

（四十一）强化监督考核

完善中央生态环境保护督察制度，健全中央和省级两级生态环境保护督察体制，将污染防治攻

坚战任务落实情况作为重点，深化例行督察，强化专项督察。深入开展重点区域、重点领域、重点行业监督帮扶。继续开展污染防治攻坚战成效考核，完善相关考核措施，强化考核结果运用。

（四十二）强化宣传引导

创新生态环境宣传方式方法，广泛传播生态文明理念。构建生态环境治理全民行动体系，发展壮大生态环境志愿服务力量，深入推动环保设施向公众开放，完善生态环境信息公开和有奖举报机制。积极参与生态环境保护国际合作，讲好生态文明建设“中国故事”。

（四十三）强化队伍建设

完善省以下生态环境机构监测监察执法垂直管理制度，全面推进生态环境监测监察执法机构能力标准化建设。将生态环境保护综合执法机构列入政府行政执法机构序列，统一保障执法用车和装备。持续加强生态环境保护铁军建设，锤炼过硬作风，严格对监督者的监督管理。注重选拔在生态文明建设和生态环境保护工作中敢于负责、勇于担当、善于作为、实绩突出的干部。按照有关规定表彰在污染防治攻坚战中成绩显著、贡献突出的先进单位和个人。

（资料来源：新华社，2021 年 11 月 7 日）

国务院关于印发 2030 年前碳达峰行动方案的通知

国发〔2021〕23 号

各省、自治区、直辖市人民政府，国务院各部委、各直属机构：

现将《2030 年前碳达峰行动方案》印发给你们，请认真贯彻执行。

中华人民共和国国务院

2021 年 10 月 24 日

2030 年前碳达峰行动方案

为深入贯彻落实党中央、国务院关于碳达峰、碳中和的重大战略决策，扎实推进碳达峰行动，制定本方案。

一、总体要求

（一）指导思想

以习近平新时代中国特色社会主义思想为指导，全面贯彻党的十九大和十九届二中、三中、四中、五中全会精神，深入贯彻习近平生态文明思想，立足新发展阶段，完整、准确、全面贯彻新发展理念，构建新发展格局，坚持系统观念，处理好发展和减排、整体和局部、短期和中长期的关系，统筹稳增长和调结构，把碳达峰、碳中和纳入经济社会发展全局，坚持“全国统筹、节约优先、双轮驱动、内外畅通、防范风险”的总方针，有力有序有效做好碳达峰工作，明确各地区、各领域、各行业目标任务，加快实现生产生活方式绿色变革，推动经济社会发展建立在资源高效利用和绿色低碳发展的基础之上，确保如期实现 2030 年前碳达峰目标。

（二）工作原则

——总体部署、分类施策。坚持全国一盘棋，强化顶层设计和各方统筹。各地区、各领域、各行业因地制宜、分类施策，明确既符合自身实际又满足总体要求的目标任务。

——系统推进、重点突破。全面准确认识碳达峰行动对经济社会发展的深远影响，加强政策的系统性、协同性。抓住主要矛盾和矛盾的主要方面，推动重点领域、重点行业和有条件的地方率先达峰。

——双轮驱动、两手发力。更好发挥政府作用，构建新型举国体制，充分发挥市场机制作用，大力推进绿色低碳科技创新，深化能源和相关领域改革，形成有效激励约束机制。

——稳妥有序、安全降碳。立足我国富煤贫油少气的能源资源禀赋，坚持先立后破，稳住存量，拓展增量，以保障国家能源安全和经济发展为底线，争取时间实现新能源的逐渐替代，推动能源低碳转型平稳过渡，切实保障国家能源安全、产业链供应链安全、粮食安全和群众正常生产生活，着力化解各类风险隐患，防止过度反应，稳妥有序、循序渐进推进碳达峰行动，确保安全降碳。

二、主要目标

“十四五”期间，产业结构和能源结构调整优化取得明显进展，重点行业能源利用效率大幅提升，煤炭消费增长得到严格控制，新型电力系统加快构建，绿色低碳技术研发和推广应用取得新进展，绿色生产生活方式得到普遍推行，有利于绿色低碳循环发展的政策体系进一步完善。到2025年，非化石能源消费比重达到20%左右，单位国内生产总值能源消耗比2020年下降13.5%，单位国内生产总值二氧化碳排放比2020年下降18%，为实现碳达峰奠定坚实基础。

“十五五”期间，产业结构调整取得重大进展，清洁低碳安全高效的能源体系初步建立，重点领域低碳发展模式基本形成，重点耗能行业能源利用效率达到国际先进水平，非化石能源消费比重进一步提高，煤炭消费逐步减少，绿色低碳技术取得关键突破，绿色生活方式成为公众自觉选择，绿色低碳循环发展政策体系基本健全。到2030年，非化石能源消费比重达到25%左右，单位国内生产总值二氧化碳排放比2005年下降65%以上，顺利实现2030年前碳达峰目标。

三、重点任务

将碳达峰贯穿于经济社会发展全过程和各方面，重点实施能源绿色低碳转型行动、节能降碳增效行动、工业领域碳达峰行动、城乡建设碳达峰行动、交通运输绿色低碳行动、循环经济助力降碳行动、绿色低碳科技创新行动、碳汇能力巩固提升行动、绿色低碳全民行动、各地区梯次有序碳达峰行动等“碳达峰十大行动”。

（一）能源绿色低碳转型行动

能源是经济社会发展的重要物质基础，也是碳排放的最主要来源。要坚持安全降碳，在保障能源安全的前提下，大力实施可再生能源替代，加快构建清洁低碳安全高效的能源体系。

1. 推进煤炭消费替代和转型升级。加快煤炭减量步伐，“十四五”时期严格合理控制煤炭消费增长，“十五五”时期逐步减少。严格控制新增煤电项目，新建机组煤耗标准达到国际先进水平，有序淘汰煤电落后产能，加快现役机组节能升级和灵活性改造，积极推进供热改造，推动煤电向基础保障性和系统调节性电源并重转型。严控跨区外送可再生能源电力配套煤电规模，新建通道可再生能源电量比例原则上不低于50%。推动重点用煤行业减煤限煤。大力推动煤炭清洁利用，合理划定禁止散烧区域，多措并举、积极有序推进散煤替代，逐步减少直至禁止煤炭散烧。

2. 大力发展新能源。全面推进风电、太阳能发电大规模开发和高质量发展，坚持集中式与分布式并举，加快建设风电和光伏发电基地。加快智能光伏产业创新升级和特色应用，创新“光伏+”模式，推进光伏发电多元布局。坚持陆海并重，推动风电协调快速发展，完善海上风电产业链，鼓励建设海上风电基地。积极发展太阳能光热发电，推动建立光热发电与光伏发电、风电互补调节的风光热综合可再生能源发电基地。因地制宜发展生物质发电、生物质能清洁供暖和生物天然气。探索深化地热能以及波浪能、潮流能、温差能等海洋新能源开发利用。进一步完善可再生能源电力消纳保障机制。到2030年，风电、太阳能发电总装机容量达到12亿千瓦以上。

3. 因地制宜开发水电。积极推进水电基地建设，推动金沙江上游、澜沧江上游、雅砻江中游、黄河上游等已纳入规划、符合生态保护要求的水电项目开工建设，推进雅鲁藏布江下游水电开发，推动小水电绿色发展。推动西南地区水电与风电、太阳能发电协同互补。统筹水电开发和生态保护，探索建立水能资源开发生态保护补偿机制。“十四五”、“十五五”期间分别新增水电装机容量4000万千瓦左右，西南地区以水电为主的可再生能源体系基本建立。

4. 积极安全有序发展核电。合理确定核电站布局和开发时序，在确保安全的前提下有序发展核电，保持平稳建设节奏。积极推动高温气冷堆、快堆、模块化小型堆、海上浮动堆等先进堆型示范工程，开展核能综合利用示范。加大核电标准化、自主化力度，加快关键技术装备攻关，培育高端核电装备制造产业集群。实行最严格的安全标准和最严格的监管，持续提升核安全监管能力。

5. 合理调控油气消费。保持石油消费处于合理区间，逐步调整汽油消费规模，大力推进先进生物液体燃料、可持续航空燃料等替代传统燃油，提升终端燃油产品能效。加快推进页岩气、煤层气、致密油（气）等非常规油气资源规模化开发。有序引导天然气消费，优化利用结构，优先保障民生用气，大力推动天然气与多种能源融合发展，因地制宜建设天然气调峰电站，合理引导工业用气和化工原料用气。支持车船使用液化天然气作为燃料。

6. 加快建设新型电力系统。构建新能源占比逐渐提高的新型电力系统，推动清洁电力资源大范围优化配置。大力提升电力系统综合调节能力，加快灵活调节电源建设，引导自备电厂、传统高载能工业负荷、工商业可中断负荷、电动汽车充电网络、虚拟电厂等参与系统调节，建设坚强智能电网，提升电网安全保障水平。积极发展“新能源+储能”、源网荷储一体化和多能互补，支持分布式新能源合理配置储能系统。制定新一轮抽水蓄能电站中长期发展规划，完善促进抽水蓄能发展的政策机制。加快新型储能示范推广应用。深化电力体制改革，加快构建全国统一电力市场体系。到2025年，新型储能装机容量达到3000万千瓦以上。到2030年，抽水蓄能电站装机容量达到1.2亿千瓦左右，省级电网基本具备5%以上的尖峰负荷响应能力。

（二）节能降碳增效行动

落实节约优先方针，完善能源消费强度和总量双控制度，严格控制能耗强度，合理控制能源消费总量，推动能源消费革命，建设能源节约型社会。

1. 全面提升节能管理能力。推行用能预算管理，强化固定资产投资项目节能审查，对项目用能和碳排放情况进行综合评价，从源头推进节能降碳。提高节能管理信息化水平，完善重点用能单位能耗在线监测系统，建立全国性、行业性节能技术推广服务平台，推动高耗能企业建立能源管理中心。完善能源计量体系，鼓励采用认证手段提升节能管理水平。加强节能监察能力建设，健全省、市、县三级节能监察体系，建立跨部门联动机制，综合运用行政处罚、信用监管、绿色电价等手段，增强节能监察约束力。

2. 实施节能降碳重点工程。实施城市节能降碳工程，开展建筑、交通、照明、供热等基础设施节能升级改造，推进先进绿色建筑技术示范应用，推动城市综合能效提升。实施园区节能降碳工程，以高耗能高排放项目（以下称“两高”项目）集聚度高的园区为重点，推动能源系统优化和梯级利用，打造一批达到国际先进水平的节能低碳园区。实施重点行业节能降碳工程，推动电力、钢铁、有色金属、建材、石化化工等行业开展节能降碳改造，提升能源资源利用效率。实施重大节能降碳技术示范工程，支持已取得突破的绿色低碳关键技术开展产业化示范应用。

3. 推进重点用能设备节能增效。以电机、风机、泵、压缩机、变压器、换热器、工业锅炉等设

备为重点，全面提升能效标准。建立以能效为导向的激励约束机制，推广先进高效产品设备，加快淘汰落后低效设备。加强重点用能设备节能审查和日常监管，强化生产、经营、销售、使用、报废全链条管理，严厉打击违法违规行为，确保能效标准和节能要求全面落实。

4. 加强新型基础设施节能降碳。优化新型基础设施空间布局，统筹谋划、科学配置数据中心等新型基础设施，避免低水平重复建设。优化新型基础设施用能结构，采用直流供电、分布式储能、“光伏+储能”等模式，探索多样化能源供应，提高非化石能源消费比重。对标国际先进水平，加快完善通信、运算、存储、传输等设备能效标准，提升准入门槛，淘汰落后设备和技术。加强新型基础设施用能管理，将年综合能耗超过1万吨标准煤的数据中心全部纳入重点用能单位能耗在线监测系统，开展能源计量审查。推动既有设施绿色升级改造，积极推广使用高效制冷、先进通风、余热利用、智能化用能控制等技术，提高设施能效水平。

（三）工业领域碳达峰行动

工业是产生碳排放的主要领域之一，对全国整体实现碳达峰具有重要影响。工业领域要加快绿色低碳转型和高质量发展，力争率先实现碳达峰。

1. 推动工业领域绿色低碳发展。优化产业结构，加快退出落后产能，大力发展战略性新兴产业，加快传统产业绿色低碳改造。促进工业能源消费低碳化，推动化石能源清洁高效利用，提高可再生能源应用比重，加强电力需求侧管理，提升工业电气化水平。深入实施绿色制造工程，大力推行绿色设计，完善绿色制造体系，建设绿色工厂和绿色工业园区。推进工业领域数字化智能化绿色化融合发展，加强重点行业和领域技术改造。

2. 推动钢铁行业碳达峰。深化钢铁行业供给侧结构性改革，严格执行产能置换，严禁新增产能，推进存量优化，淘汰落后产能。推进钢铁企业跨地区、跨所有制兼并重组，提高行业集中度。优化生产力布局，以京津冀及周边地区为重点，继续压减钢铁产能。促进钢铁行业结构优化和清洁能源替代，大力推进非高炉炼铁技术示范，提升废钢资源回收利用水平，推行全废钢电炉工艺。推广先进适用技术，深挖节能降碳潜力，鼓励钢化联产，探索开展氢冶金、二氧化碳捕集利用一体化等试点示范，推动低品位余热供暖发展。

3. 推动有色金属行业碳达峰。巩固化解电解铝过剩产能成果，严格执行产能置换，严控新增产能。推进清洁能源替代，提高水电、风电、太阳能发电等应用比重。加快再生有色金属产业发展，完善废弃有色金属资源回收、分选和加工网络，提高再生有色金属产量。加快推广应用先进适用绿色低碳技术，提升有色金属生产过程余热回收水平，推动单位产品能耗持续下降。

4. 推动建材行业碳达峰。加强产能置换监管，加快低效产能退出，严禁新增水泥熟料、平板玻璃产能，引导建材行业向轻型化、集约化、制品化转型。推动水泥错峰生产常态化，合理缩短水泥熟料装置运转时间。因地制宜利用风能、太阳能等可再生能源，逐步提高电力、天然气应用比重。鼓励建材企业使用粉煤灰、工业废渣、尾矿渣等作为原料或水泥混合材。加快推进绿色建材产品认证和应用推广，加强新型胶凝材料、低碳混凝土、木竹建材等低碳建材产品研发应用。推广节能技术设备，开展能源管理体系建设，实现节能增效。

5. 推动石化化工行业碳达峰。优化产能规模和布局，加大落后产能淘汰力度，有效化解结构性过剩矛盾。严格项目准入，合理安排建设时序，严控新增炼油和传统煤化工生产能力，稳妥有序发展现代煤化工。引导企业转变用能方式，鼓励以电力、天然气等替代煤炭。调整原料结构，控制新增原料用煤，拓展富氢原料进口来源，推动石化化工原料轻质化。优化产品结构，促进石化化工与煤炭开采、冶金、建材、化纤等产业协同发展，加强炼厂干气、液化气等副产气体高效利用。鼓励企业节能升级改造，推动能量梯级利用、物料循环利用。到 2025 年，国内原油一次加工能力控制在 10 亿吨以内，主要产品产能利用率提升至 80%以上。

6. 坚决遏制“两高”项目盲目发展。采取强有力措施，对“两高”项目实行清单管理、分类处置、动态监控。全面排查在建项目，对能效水平低于本行业能耗限额准入值的，按有关规定停工整改，推动能效水平应提尽提，力争全面达到国内乃至国际先进水平。科学评估拟建项目，对产能已饱和的行业，按照“减量替代”原则压减产能；对产能尚未饱和的行业，按照国家布局和审批备案等要求，对标国际先进水平提高准入门槛；对能耗量较大的新兴产业，支持引导企业应用绿色低碳技术，提高能效水平。深入挖潜存量项目，加快淘汰落后产能，通过改造升级挖掘节能减排潜力。强化常态化监管，坚决拿下不符合要求的“两高”项目。

（四）城乡建设碳达峰行动

加快推进城乡建设绿色低碳发展，城市更新和乡村振兴都要落实绿色低碳要求。

1. 推进城乡建设绿色低碳转型。推动城市组团式发展，科学确定建设规模，控制新增建设用地过快增长。倡导绿色低碳规划设计理念，增强城乡气候韧性，建设海绵城市。推广绿色低碳建材和绿色建造方式，加快推进新型建筑工业化，大力发展装配式建筑，推广钢结构住宅，推动建材循环利用，强化绿色设计和绿色施工管理。加强县城绿色低碳建设。推动建立以绿色低碳为导向的城乡规划建设管理机制，制定建筑拆除管理办法，杜绝大拆大建。建设绿色城镇、绿色社区。

2. 加快提升建筑能效水平。加快更新建筑节能、市政基础设施等标准，提高节能降碳要求。加强适用于不同气候区、不同建筑类型的节能低碳技术研发和推广，推动超低能耗建筑、低碳建筑规模化发展。加快推进居住建筑和公共建筑节能改造，持续推动老旧供热管网等市政基础设施节能降碳改造。提升城镇建筑和基础设施运行管理智能化水平，加快推广供热计量收费和合同能源管理，逐步开展公共建筑能耗限额管理。到 2025 年，城镇新建建筑全面执行绿色建筑标准。

3. 加快优化建筑用能结构。深化可再生能源建筑应用，推广光伏发电与建筑一体化应用。积极推动严寒、寒冷地区清洁取暖，推进热电联产集中供暖，加快工业余热供暖规模化应用，积极稳妥开展核能供热示范，因地制宜推行热泵、生物质能、地热能、太阳能等清洁低碳供暖。引导夏热冬冷地区科学取暖，因地制宜采用清洁高效取暖方式。提高建筑终端电气化水平，建设集光伏发电、储能、直流配电、柔性用电于一体的“光储直柔”建筑。到 2025 年，城镇建筑可再生能源替代率达到 8%，新建公共机构建筑、新建厂房屋顶光伏覆盖率力争达到 50%。

4. 推进农村建设和用能低碳转型。推进绿色农房建设，加快农房节能改造。持续推进农村地区清洁取暖，因地制宜选择适宜取暖方式。发展节能低碳农业大棚。推广节能环保灶具、电动农用车辆、节能环保农机和渔船。加快生物质能、太阳能等可再生能源在农业生产和农村生活中的应用。加强农村电网建设，提升农村用能电气化水平。

（五）交通运输绿色低碳行动

加快形成绿色低碳运输方式，确保交通运输领域碳排放增长保持在合理区间。

1. 推动运输工具装备低碳转型。积极扩大电力、氢能、天然气、先进生物液体燃料等新能源、清洁能源在交通运输领域应用。大力推广新能源汽车，逐步降低传统燃油汽车在新车产销和汽车保有量中的占比，推动城市公共服务车辆电动化替代，推广电力、氢燃料、液化天然气动力重型货运车辆。提升铁路系统电气化水平。加快老旧船舶更新改造，发展电动、液化天然气动力船舶，深入推进船舶靠港使用岸电，因地制宜开展沿海、内河绿色智能船舶示范应用。提升机场运行电动化智能化水平，发展新能源航空器。到 2030 年，当年新增新能源、清洁能源动力的交通工具比例达到 40%左右，营运交通工具单位换算周转量碳排放强度比 2020 年下降 9.5%左右，国家铁路单位换算周转量综合能耗比 2020 年下降 10%。陆路交通运输石油消费力争 2030 年前达到峰值。

2. 构建绿色高效交通运输体系。发展智能交通，推动不同运输方式合理分工、有效衔接，降低空载率和不合理客货运周转量。大力发展以铁路、水路为骨干的多式联运，推进工矿企业、港口、物流园区等铁路专用线建设，加快内河高等级航道网建设，加快大宗货物和中长距离货物运输“公转铁”“公转水”。加快先进适用技术应用，提升民航运行管理效率，引导航空企业加强智慧运行，实现系统化节能降碳。加快城乡物流配送体系建设，创新绿色低碳、集约高效的配送模式。打造高效衔接、快捷舒适的公共交通服务体系，积极引导公众选择绿色低碳交通方式。“十四五”期间，集装箱铁水联运量年均增长 15%以上。到 2030 年，城区常住人口 100 万以上的城市绿色出行比例不低于 70%。

3. 加快绿色交通基础设施建设。将绿色低碳理念贯穿于交通基础设施规划、建设、运营和维护全过程，降低全生命周期能耗和碳排放。开展交通基础设施绿色化提升改造，统筹利用综合运输通道线位、土地、空域等资源，加大岸线、锚地等资源整合力度，提高利用效率。有序推进充电桩、配套电网、加注（气）站、加氢站等基础设施建设，提升城市公共交通基础设施水平。到 2030 年，民用运输机场场内车辆装备等力争全面实现电动化。

（六）循环经济助力降碳行动

抓住资源利用这个源头，大力发展循环经济，全面提高资源利用效率，充分发挥减少资源消耗和降碳的协同作用。

1. 推进产业园区循环化发展。以提升资源产出率和循环利用率为目标，优化园区空间布局，开展园区循环化改造。推动园区企业循环式生产、产业循环式组合，组织企业实施清洁生产改造，促进废物综合利用、能量梯级利用、水资源循环利用，推进工业余压余热、废气废液废渣资源化利用，积极推广集中供气供热。搭建基础设施和公共服务共享平台，加强园区物质流管理。到 2030 年，省级以上重点产业园区全部实施循环化改造。

2. 加强大宗固废综合利用。提高矿产资源综合开发利用水平和综合利用率，以煤矸石、粉煤灰、尾矿、共伴生矿、冶炼渣、工业副产石膏、建筑垃圾、农作物秸秆等大宗固废为重点，支持大掺量、规模化、高值化利用，鼓励应用于替代原生非金属矿、砂石等资源。在确保安全环保前提下，探索将磷石膏应用于土壤改良、井下充填、路基修筑等。推动建筑垃圾资源化利用，推广废弃路面材料原地再生利用。加快推进秸秆高值化利用，完善收储运体系，严格禁烧管控。加快大宗固废综合利用示范建设。到 2025 年，大宗固废年利用量达到 40 亿吨左右；到 2030 年，年利用量达到 45 亿吨左右。

3. 健全资源循环利用体系。完善废旧物资回收网络，推行“互联网+”回收模式，实现再生资源应收尽收。加强再生资源综合利用行业规范管理，促进产业集聚发展。高水平建设现代化“城市矿产”基地，推动再生资源规范化、规模化、清洁化利用。推进退役动力电池、光伏组件、风电机组叶片等新兴产业废物循环利用。促进汽车零部件、工程机械、文办设备等再制造产业高质量发展。加强资源再生产品和再制造产品推广应用。到 2025 年，废钢铁、废铜、废铝、废铅、废锌、废纸、废塑料、废橡胶、废玻璃等 9 种主要再生资源循环利用量达到 4.5 亿吨，到 2030 年达到 5.1 亿吨。

4. 大力推进生活垃圾减量化资源化。扎实推进生活垃圾分类，加快建立覆盖全社会的生活垃圾收运处置体系，全面实现分类投放、分类收集、分类运输、分类处理。加强塑料污染全链条治理，整治过度包装，推动生活垃圾源头减量。推进生活垃圾焚烧处理，降低填埋比例，探索适合我国厨余垃圾特性的资源化利用技术。推进污水资源化利用。到2025年，城市生活垃圾分类体系基本健全，生活垃圾资源化利用比例提升至60%左右。到2030年，城市生活垃圾分类实现全覆盖，生活垃圾资源化利用比例提升至65%。

（七）绿色低碳科技创新行动

发挥科技创新的支撑引领作用，完善科技创新体制机制，强化创新能力，加快绿色低碳科技革命。

1. 完善创新体制机制。制定科技支撑碳达峰碳中和行动方案，在国家重点研发计划中设立碳达峰碳中和关键技术研究与示范等重点专项，采取“揭榜挂帅”机制，开展低碳零碳负碳关键核心技术攻关。将绿色低碳技术创新成果纳入高等学校、科研单位、国有企业有关绩效考核。强化企业创新主体地位，支持企业承担国家绿色低碳重大科技项目，鼓励设施、数据等资源开放共享。推进国家绿色技术交易中心建设，加快创新成果转化。加强绿色低碳技术和产品知识产权保护。完善绿色低碳技术和产品检测、评估、认证体系。

2. 加强创新能力建设和人才培养。组建碳达峰碳中和相关国家实验室、国家重点实验室和国家技术创新中心，适度超前布局国家重大科技基础设施，引导企业、高等学校、科研单位共建一批国家绿色低碳产业创新中心。创新人才培养模式，鼓励高等学校加快新能源、储能、氢能、碳减排、碳汇、碳排放权交易等学科建设和人才培养，建设一批绿色低碳领域未来技术学院、现代产业学院和示范性能源学院。深化产教融合，鼓励校企联合开展产学合作协同育人项目，组建碳达峰碳中和产教融合发展联盟，建设一批国家储能技术产教融合创新平台。

3. 强化应用基础研究。实施一批具有前瞻性、战略性的国家重大前沿科技项目，推动低碳零碳负碳技术装备研发取得突破性进展。聚焦化石能源绿色智能开发和清洁低碳利用、可再生能源大规模利用、新型电力系统、节能、氢能、储能、动力电池、二氧化碳捕集利用与封存等重点，深化应用基础研究。积极研发先进核电技术，加强可控核聚变等前沿颠覆性技术研究。

4. 加快先进适用技术研发和推广应用。集中力量开展复杂大电网安全稳定运行和控制、大容量风电、高效光伏、大功率液化天然气发动机、大容量储能、低成本可再生能源制氢、低成本二氧化碳捕集利用与封存等技术创新，加快碳纤维、气凝胶、特种钢材等基础材料研发，补齐关键零部件、元器件、软件等短板。推广先进成熟绿色低碳技术，开展示范应用。建设全流程、集成化、规模化二氧化碳捕集利用与封存示范项目。推进熔盐储能供热和发电示范应用。加快氢能技术研发和示范应用，探索在工业、交通运输、建筑等领域规模化应用。

（八）碳汇能力巩固提升行动

坚持系统观念，推进山水林田湖草沙一体化保护和修复，提高生态系统质量和稳定性，提升生态系统碳汇增量。

1. 巩固生态系统固碳作用。结合国土空间规划编制和实施，构建有利于碳达峰、碳中和的国土空间开发保护格局。严守生态保护红线，严控生态空间占用，建立以国家公园为主体的自然保护地体系，稳定现有森林、草原、湿地、海洋、土壤、冻土、岩溶等固碳作用。严格执行土地使用标准，加强节约集约用地评价，推广节地技术和节地模式。

2. 提升生态系统碳汇能力。实施生态保护修复重大工程。深入推进大规模国土绿化行动，巩固退耕还林还草成果，扩大林草资源总量。强化森林资源保护，实施森林质量精准提升工程，提高森林质量和稳定性。加强草原生态保护修复，提高草原综合植被盖度。加强河湖、湿地保护修复。整体推进海洋生态系统保护和修复，提升红树林、海草床、盐沼等固碳能力。加强退化土地修复治理，开展荒漠化、石漠化、水土流失综合治理，实施历史遗留矿山生态修复工程。到2030年，全国森林覆盖率达到25%左右，森林蓄积量达到190亿立方米。

3. 加强生态系统碳汇基础支撑。依托和拓展自然资源调查监测体系，利用好国家林草生态综合监测评价成果，建立生态系统碳汇监测核算体系，开展森林、草原、湿地、海洋、土壤、冻土、岩溶等碳汇本底调查、碳储量评估、潜力分析，实施生态保护修复碳汇成效监测评估。加强陆地和海洋生态系统碳汇基础理论、基础方法、前沿颠覆性技术研究。建立健全能够体现碳汇价值的生态保护补偿机制，研究制定碳汇项目参与全国碳排放权交易相关规则。

4. 推进农业农村减排固碳。大力发展绿色低碳循环农业，推进农光互补、“光伏+设施农业”、“海上风电+海洋牧场”等低碳农业模式。研发应用增汇型农业技术。开展耕地质量提升行动，实施国家黑土地保护工程，提升土壤有机碳储量。合理控制化肥、农药、地膜使用量，实施化肥农药减量替代计划，加强农作物秸秆综合利用和畜禽粪污资源化利用。

（九）绿色低碳全民行动

增强全民节约意识、环保意识、生态意识，倡导简约适度、绿色低碳、文明健康的生活方式，把绿色理念转化为全体人民的自觉行动。

1. 加强生态文明宣传教育。将生态文明教育纳入国民教育体系，开展多种形式的资源环境国情教育，普及碳达峰、碳中和基础知识。加强对公众的生态文明科普教育，将绿色低碳理念有机融入文艺作品，制作文创产品和公益广告，持续开展世界地球日、世界环境日、全国节能宣传周、全国低碳日等主题宣传活动，增强社会公众绿色低碳意识，推动生态文明理念更加深入人心。

2. 推广绿色低碳生活方式。坚决遏制奢侈浪费和不合理消费，着力破除奢靡铺张的歪风陋习，坚决制止餐饮浪费行为。在全社会倡导节约用能，开展绿色低碳社会行动示范创建，深入推进绿色生活创建行动，评选宣传一批优秀示范典型，营造绿色低碳生活新风尚。大力发展绿色消费，推广绿色低碳产品，完善绿色产品认证与标识制度。提升绿色产品在政府采购中的比例。

3. 引导企业履行社会责任。引导企业主动适应绿色低碳发展要求，强化环境责任意识，加强能源资源节约，提升绿色创新水平。重点领域国有企业特别是中央企业要制定实施企业碳达峰行动方案，发挥示范引领作用。重点用能单位要梳理核算自身碳排放情况，深入研究碳减排路径，“一企一策”制定专项工作方案，推进节能降碳。相关上市公司和发债企业要按照环境信息依法披露要求，定期公布企业碳排放信息。充分发挥行业协会等社会团体作用，督促企业自觉履行社会责任。

4. 强化领导干部培训。将学习贯彻习近平生态文明思想作为干部教育培训的重要内容，各级党校（行政学院）要把碳达峰、碳中和相关内容列入教学计划，分阶段、多层次对各级领导干部开展培训，普及科学知识，宣讲政策要点，强化法治意识，深化各级领导干部对碳达峰、碳中和工作重要性、紧迫性、科学性、系统性的认识。从事绿色低碳发展相关工作的领导干部要尽快提升专业素养和业务能力，切实增强推动绿色低碳发展的本领。

（十）各地区梯次有序碳达峰行动

各地区要准确把握自身发展定位，结合本地区经济社会发展实际和资源环境禀赋，坚持分类施策、因地制宜、上下联动，梯次有序推进碳达峰。

1. 科学合理确定有序达峰目标。碳排放已经基本稳定的地区要巩固减排成果，在率先实现碳达峰的基础上进一步降低碳排放。产业结构较轻、能源结构较优的地区要坚持绿色低碳发展，坚决不走依靠“两高”项目拉动经济增长的老路，力争率先实现碳达峰。产业结构偏重、能源结构偏煤的地区和资源型地区要把节能降碳摆在突出位置，大力优化调整产业结构和能源结构，逐步实现碳排放增长与经济增长脱钩，力争与全国同步实现碳达峰。

2. 因地制宜推进绿色低碳发展。各地区要结合区域重大战略、区域协调发展战略和主体功能区战略，从实际出发推进本地区绿色低碳发展。京津冀、长三角、粤港澳大湾区等区域要发挥高质量发展动力源和增长极作用，率先推动经济社会发展全面绿色转型。长江经济带、黄河流域和国家生态文明试验区要严格落实生态优先、绿色发展战略导向，在绿色低碳发展方面走在全国前列。中西部和东北地区要着力优化能源结构，按照产业政策和能耗双控要求，有序推动高耗能行业向清洁能源优势地区集中，积极培育绿色发展动能。

3. 上下联动制定地方达峰方案。各省、自治区、直辖市人民政府要按照国家总体部署，结合本地区资源环境禀赋、产业布局、发展阶段等，坚持全国一盘棋，不抢跑，科学制定本地区碳达峰行动方案，提出符合实际、切实可行的碳达峰时间表、路线图、施工图，避免“一刀切”限电限产或运动式“减碳”。各地区碳达峰行动方案经碳达峰碳中和工作领导小组综合平衡、审核通过后，由地方自行印发实施。

4. 组织开展碳达峰试点建设。加大中央对地方推进碳达峰的支持力度，选择100个具有典型代表性的城市和园区开展碳达峰试点建设，在政策、资金、技术等方面对试点城市和园区给予支持，加快实现绿色低碳转型，为全国提供可操作、可复制、可推广的经验做法。

四、国际合作

（一）深度参与全球气候治理

大力宣传习近平生态文明思想，分享中国生态文明、绿色发展理念与实践经验，为建设清洁美丽世界贡献中国智慧、中国方案、中国力量，共同构建人与自然生命共同体。主动参与全球绿色治理体系建设，坚持共同但有区别的责任原则、公平原则和各自能力原则，坚持多边主义，维护以联合国为核心的国际体系，推动各方全面履行《联合国气候变化框架公约》及其《巴黎协定》。积极参与国际航运、航空减排谈判。

（二）开展绿色经贸、技术与金融合作

优化贸易结构，大力发展高质量、高技术、高附加值绿色产品贸易。加强绿色标准国际合作，推动落实合格评定合作和互认机制，做好绿色贸易规则与进出口政策的衔接。加强节能环保产品和服务进出口。加大绿色技术合作力度，推动开展可再生能源、储能、氢能、二氧化碳捕集利用与封存等领域科研合作和技术交流，积极参与国际热核聚变实验堆计划等国际大科学工程。深化绿色金融国际合作，积极参与碳定价机制和绿色金融标准体系国际宏观协调，与有关各方共同推动绿色低碳转型。

（三）推进绿色“一带一路”建设

秉持共商共建共享原则，弘扬开放、绿色、廉洁理念，加强与共建“一带一路”国家的绿色基建、绿色能源、绿色金融等领域合作，提高境外项目环境可持续性，打造绿色、包容的“一带一路”能源合作伙伴关系，扩大新能源技术和产品出口。发挥“一带一路”绿色发展国际联盟等合作平台作用，推动实施《“一带一路”绿色投资原则》，推进“一带一路”应对气候变化南南合作计

划和“一带一路”科技创新行动计划。

五、政策保障

（一）建立统一规范的碳排放统计核算体系

加强碳排放统计核算能力建设，深化核算方法研究，加快建立统一规范的碳排放统计核算体系。支持行业、企业依据自身特点开展碳排放核算方法学研究，建立健全碳排放计量体系。推进碳排放实测技术发展，加快遥感测量、大数据、云计算等新兴技术在碳排放实测技术领域的应用，提高统计核算水平。积极参与国际碳排放核算方法研究，推动建立更为公平合理的碳排放核算方法体系。

（二）健全法律法规标准

构建有利于绿色低碳发展的法律体系，推动能源法、节约能源法、电力法、煤炭法、可再生能源法、循环经济促进法、清洁生产促进法等制定修订。加快节能标准更新，修订一批能耗限额、产品设备能效强制性国家标准和工程建设标准，提高节能降碳要求。健全可再生能源标准体系，加快相关领域标准制定修订。建立健全氢制、储、输、用标准。完善工业绿色低碳标准体系。建立重点企业碳排放核算、报告、核查等标准，探索建立重点产品全生命周期碳足迹标准。积极参与国际能效、低碳等标准制定修订，加强国际标准协调。

（三）完善经济政策

各级人民政府要加大对碳达峰、碳中和工作的支持力度。建立健全有利于绿色低碳发展的税收政策体系，落实和完善节能节水、资源综合利用等税收优惠政策，更好发挥税收对市场主体绿色低碳发展的促进作用。完善绿色电价政策，健全居民阶梯电价制度和分时电价政策，探索建立分时电价动态调整机制。完善绿色金融评价机制，建立健全绿色金融标准体系。大力发展绿色贷款、绿色股权、绿色债券、绿色保险、绿色基金等金融工具，设立碳减排支持工具，引导金融机构为绿色低碳项目提供长期限、低成本资金，鼓励开发性政策性金融机构按照市场化法治化原则为碳达峰行动提供长期稳定融资支持。拓展绿色债券市场的深度和广度，支持符合条件的绿色企业上市融资、挂牌融资和再融资。研究设立国家低碳转型基金，支持传统产业和资源富集地区绿色转型。鼓励社会资本以市场化方式设立绿色低碳产业投资基金。

（四）建立健全市场化机制

发挥全国碳排放权交易市场作用，进一步完善配套制度，逐步扩大交易行业范围。建设全国用能权交易市场，完善用能权有偿使用和交易制度，做好与能耗双控制度的衔接。统筹推进碳排放权、用能权、电力交易等市场建设，加强市场机制间的衔接与协调，将碳排放权、用能权交易纳入公共资源交易平台。积极推行合同能源管理，推广节能咨询、诊断、设计、融资、改造、托管等“一站式”综合服务模式。

六、组织实施

（一）加强统筹协调

加强党中央对碳达峰、碳中和工作的集中统一领导，碳达峰碳中和工作领导小组对碳达峰相关工作进行整体部署和系统推进，统筹研究重要事项、制定重大政策。碳达峰碳中和工作领导小组成员单位要按照党中央、国务院决策部署和领导小组工作要求，扎实推进相关工作。碳达峰碳中和工作领导小组办公室要加强统筹协调，定期对各地区和重点领域、重点行业工作进展情况进行调度，科学提出碳达峰分步骤的时间表、路线图，督促将各项目标任务落实落细。

（二）强化责任落实

各地区各有关部门要深刻认识碳达峰、碳中和工作的重要性、紧迫性、复杂性，切实扛起责任，按照《中共中央　国务院关于完整准确全面贯彻新发展理念做好碳达峰碳中和工作的意见》和本方案确定的主要目标和重点任务，着力抓好各项任务落实，确保政策到位、措施到位、成效到位，落实情况纳入中央和省级生态环境保护督察。各相关单位、人民团体、社会组织要按照国家有关部署，积极发挥自身作用，推进绿色低碳发展。

（三）严格监督考核

实施以碳强度控制为主、碳排放总量控制为辅的制度，对能源消费和碳排放指标实行协同管理、协同分解、协同考核，逐步建立系统完善的碳达峰碳中和综合评价考核制度。加强监督考核结果应用，对碳达峰工作成效突出的地区、单位和个人按规定给予表彰奖励，对未完成目标任务的地区、部门依规依法实行通报批评和约谈问责。各省、自治区、直辖市人民政府要组织开展碳达峰目标任务年度评估，有关工作进展和重大问题要及时向碳达峰碳中和工作领导小组报告。

（资料来源：中华人民共和国中央人民政府网站，2021 年 10 月 26 日）

国务院关于印发“十四五”节能减排综合工作方案的通知

国发〔2021〕33号

各省、自治区、直辖市人民政府，国务院各部委、各直属机构：

现将《“十四五”节能减排综合工作方案》印发给你们，请结合本地区、本部门实际，认真贯彻落实。

中华人民共和国国务院

2021年12月28日

（本文有删减）

“十四五”节能减排综合工作方案

为认真贯彻落实党中央、国务院重大决策部署，大力推动节能减排，深入打好污染防治攻坚战，加快建立健全绿色低碳循环发展经济体系，推进经济社会发展全面绿色转型，助力实现碳达峰、碳中和目标，制定本方案。

一、总体要求

以习近平新时代中国特色社会主义思想为指导，全面贯彻党的十九大和十九届历次全会精神，深入贯彻习近平生态文明思想，坚持稳中求进工作总基调，立足新发展阶段，完整、准确、全面贯彻新发展理念，构建新发展格局，推动高质量发展，完善实施能源消费强度和总量双控（以下称能耗双控）、主要污染物排放总量控制制度，组织实施节能减排重点工程，进一步健全节能减排政策机制，推动能源利用效率大幅提高、主要污染物排放总量持续减少，实现节能降碳减污协同增效、生态环境质量持续改善，确保完成“十四五”节能减排目标，为实现碳达峰、碳中和目标奠定坚实基础。

二、主要目标

到2025年，全国单位国内生产总值能源消耗比2020年下降13.5%，能源消费总量得到合理控制，化学需氧量、氨氮、氮氧化物、挥发性有机物排放总量比2020年分别下降8%、8%、10%以上、10%以上。节能减排政策机制更加健全，重点行业能源利用效率和主要污染物排放控制水平基本达到国际先进水平，经济社会发展绿色转型取得显著成效。

三、实施节能减排重点工程

（一）重点行业绿色升级工程

以钢铁、有色金属、建材、石化化工等行业为重点，推进节能改造和污染物深度治理。推广高效精馏系统、高温高压干熄焦、富氧强化熔炼等节能技术，鼓励将高炉—转炉长流程炼钢转型为电炉短流程炼钢。推进钢铁、水泥、焦化行业及燃煤锅炉超低排放改造，到2025年，完成5.3亿吨钢铁产能超低排放改造，大气污染防治重点区域燃煤锅炉全面实现超低排放。加强行业工艺革新，实施涂装类、化工类等产业集群分类治理，开展重点行业清洁生产和工业废水资源化利用改造。推进新型基础设施能效提升，加快绿色数据中心建设。“十四五”时期，规模以上工业单位增加值能耗下降13.5%，万元工业增加值用水量下降16%。到2025年，通过实施节能降碳行动，钢铁、电解铝、水泥、平板玻璃、炼油、乙烯、合成氨、电石等重点行业产能和数据中心达到能效标杆水平的比例超过30%。（工业和信息化部、国家发展改革委、生态环境部、市场监管总局、国家能源局等按职责分工负责，地方各级人民政府负责落实。以下均需地方各级人民政府落实，不再列出）

（二）园区节能环保提升工程

引导工业企业向园区集聚，推动工业园区能源系统整体优化和污染综合整治，鼓励工业企业、园区优先利用可再生能源。以省级以上工业园区为重点，推进供热、供电、污水处理、中水回用等公共基础设施共建共享，对进水浓度异常的污水处理厂开展片区管网系统化整治，加强一般固体废物、危险废物集中贮存和处置，推动挥发性有机物、电镀废水及特征污染物集中治理等“绿岛”项目建设。到2025年，建成一批节能环保示范园区。（国家发展改革委、工业和信息化部、生态环境部等按职责分工负责）

（三）城镇绿色节能改造工程

全面推进城镇绿色规划、绿色建设、绿色运行管理，推动低碳城市、韧性城市、海绵城市、“无废城市”建设。全面提高建筑节能标准，加快发展超低能耗建筑，积极推进既有建筑节能改造、建筑光伏一体化建设。因地制宜推动北方地区清洁取暖，加快工业余热、可再生能源等在城镇供热中的规模化应用。实施绿色高效制冷行动，以建筑中央空调、数据中心、商务产业园区、冷链物流等为重点，更新升级制冷技术、设备，优化负荷供需匹配，大幅提升制冷系统能效水平。实施公共供水管网漏损治理工程。到2025年，城镇新建建筑全面执行绿色建筑标准，城镇清洁取暖比例和绿色高效制冷产品市场占有率大幅提升。（住房城乡建设部、生态环境部、国家发展改革委、自然资源部、交通运输部、市场监管总局、国家能源局等按职责分工负责）

（四）交通物流节能减排工程

推动绿色铁路、绿色公路、绿色港口、绿色航道、绿色机场建设，有序推进充换电、加注（气）、加氢、港口机场岸电等基础设施建设。提高城市公交、出租、物流、环卫清扫等车辆使用新能源汽车的比例。加快大宗货物和中长途货物运输“公转铁”“公转水”，大力发展铁水、公铁、公水等多式联运。全面实施汽车国六排放标准和非道路移动柴油机械国四排放标准，基本淘汰国三及以下排放标准汽车。深入实施清洁柴油机行动，鼓励重型柴油货车更新替代。实施汽车排放检验与维护制度，加强机动车排放召回管理。加强船舶清洁能源动力推广应用，推动船舶岸电受电设施改造。提升铁路电气化水平，推广低能耗运输装备，推动实施铁路内燃机车国一排放标准。大力发展智能交通，积极运用大数据优化运输组织模式。加快绿色仓储建设，鼓励建设绿色物流园区。加快标准化物流周转箱推广应用。全面推广绿色快递包装，引导电商企业、邮政快递企业选购使用获得绿色认证的快递包装产品。到2025年，新能源汽车新车销售量达到汽车新车销售总量的20%左右，铁路、水路货运量占比进一步提升。（交通运输部、国家发展改革委牵头，工业和信息化部、公安部、财政部、生态环境部、住房城乡建设部、商务部、市场监管总局、国家能源局、国家铁路局、中国民航局、国家邮政局、中国国家铁路集团有限公司等按职责分工负责）

（五）农业农村节能减排工程

加快风能、太阳能、生物质能等可再生能源在农业生产和农村生活中的应用，有序推进农村清洁取暖。推广应用农用电动车辆、节能环保农机和渔船，发展节能农业大棚，推进农房节能改造和绿色农房建设。强化农业面源污染防治，推进农药化肥减量增效、秸秆综合利用，加快农膜和农药包装废弃物回收处理。深入推进规模养殖场污染治理，整县推进畜禽粪污资源化利用。整治提升农村人居环境，提高农村污水垃圾处理能力，基本消除较大面积的农村黑臭水体。到2025年，农村生活污水治理率达到40%，秸秆综合利用率稳定在86%以上，主要农作物化肥、农药利用率均达到43%以上，畜禽粪污综合利用率达到80%以上，绿色防控、统防统治覆盖率分别达到55%、45%，京津冀及周边地区大型规模化养殖场氨排放总量削减5%。（农业农村部、生态环境部、国家能源局、国家乡村振兴局牵头，国家发展改革委、工业和信息化部、住房城乡建设部、水利部、市场监管总局等按职责分工负责）

（六）公共机构能效提升工程

加快公共机构既有建筑围护结构、供热、制冷、照明等设施设备节能改造，鼓励采用能源费用托管等合同能源管理模式。率先淘汰老旧车，率先采购使用节能和新能源汽车，新建和既有停车场要配备电动汽车充电设施或预留充电设施安装条件。推行能耗定额管理，全面开展节约型机关创建行动。到2025年，创建2000家节约型公共机构示范单位，遴选200家公共机构能效领跑者。（国管局、中直管理局等按职责分工负责）

（七）重点区域污染物减排工程

持续推进大气污染防治重点区域秋冬季攻坚行动，加大重点行业结构调整和污染治理力度。以大气污染防治重点区域及珠三角地区、成渝地区等为重点，推进挥发性有机物和氮氧化物协同减排，加强细颗粒物和臭氧协同控制。持续打好长江保护修复攻坚战，扎实推进城镇污水垃圾处理和工业、农业面源、船舶、尾矿库等污染治理工程，到2025年，长江流域总体水质保持为优，干流水质稳定达到Ⅱ类。着力打好黄河生态保护治理攻坚战，实施深度节水控水行动，加强重要支流污染治理，开展入河排污口排查整治，到2025年，黄河干流上中游（花园口以上）水质达到Ⅱ类。（国家发展改革委、生态环境部、工业和信息化部、水利部牵头，住房城乡建设部、交通运输部、国家能源局等按职责分工负责）

（八）煤炭清洁高效利用工程

要立足以煤为主的基本国情，坚持先立后破，严格合理控制煤炭消费增长，抓好煤炭清洁高效利用，推进存量煤电机组节煤降耗改造、供热改造、灵活性改造“三改联动”，持续推动煤电机组超低排放改造。稳妥有序推进大气污染防治重点区域燃料类煤气发生炉、燃煤热风炉、加热炉、热处理炉、干燥炉（窑）以及建材行业煤炭减量，实施清洁电力和天然气替代。推广大型燃煤电厂热电联产改造，充分挖掘供热潜力，推动淘汰供热管网覆盖范围内的燃煤锅炉和散煤。加大落后燃煤锅炉和燃煤小热电退出力度，推动以工业余热、电厂余热、清洁能源等替代煤炭供热（蒸汽）。到2025年，非化石能源占能源消费总量比重达到20%左右。“十四五”时期，京津冀及周边地区、长三角地区煤炭消费量分别下降10%、5%左右，汾渭平原煤炭消费量实现负增长。（国家发展改革委、生态环境部、工业和信息化部、住房城乡建设部、市场监管总局、国家能源局等按职责分工负责）

（九）挥发性有机物综合整治工程

推进原辅材料和产品源头替代工程，实施全过程污染物治理。以工业涂装、包装印刷等行业为重点，推动使用低挥发性有机物含量的涂料、油墨、胶粘剂、清洗剂。深化石化化工等行业挥发性有机物污染治理，全面提升废气收集率、治理设施同步运行率和去除率。对易挥发有机液体储罐实施改造，对浮顶罐推广采用全接液浮盘和高效双重密封技术，对废水系统高浓度废气实施单独收集处理。加强油船和原油、成品油码头油气回收治理。到2025年，溶剂型工业涂料、油墨使用比例分别降低20个百分点、10个百分点，溶剂型胶粘剂使用量降低20%。（工业和信息化部、生态环境部等按职责分工负责）

（十）环境基础设施水平提升工程

加快构建集污水、垃圾、固体废物、危险废物、医疗废物处理处置设施和监测监管能力于一体的环境基础设施体系，推动形成由城市向建制镇和乡村延伸覆盖的环境基础设施网络。推进城市生活污水管网建设和改造，实施混错接管网改造、老旧破损管网更新修复，加快补齐处理能力缺口，推行污水资源化利用和污泥无害化处置。建设分类投放、分类收集、分类运输、分类处理的生活垃圾处理系统。到2025年，新增和改造污水收集管网8万公里，新增污水处理能力2000万立方米/日，城市污泥无害化处置率达到90%，城镇生活垃圾焚烧处理能力达到80万吨/日左右，城市生活垃圾焚烧处理能力占比65%左右。（国家发展改革委、住房城乡建设部、生态环境部等按职责分工负责）

四、健全节能减排政策机制

（一）优化完善能耗双控制度

坚持节能优先，强化能耗强度降低约束性指标管理，有效增强能源消费总量管理弹性，加强能耗双控政策与碳达峰、碳中和目标任务的衔接。以能源产出率为重要依据，综合考虑发展阶段等因素，合理确定各地区能耗强度降低目标。国家对各省（自治区、直辖市）“十四五”能耗强度降低实行基本目标和激励目标双目标管理，由各省（自治区、直辖市）分解到每年。完善能源消费总量指标确定方式，各省（自治区、直辖市）根据地区生产总值增速目标和能耗强度降低基本目标确定年度能源消费总量目标，经济增速超过预期目标的地区可相应调整能源消费总量目标。对能耗强度降低达到国家下达的激励目标的地区，其能源消费总量在当期能耗双控考核中免予考核。各地区“十四五”时期新增可再生能源电力消费量不纳入地方能源消费总量考核。原料用能不纳入全国及地方能耗双控考核。有序实施国家重大项目能耗单列，支持国家重大项目建设。加强节能形势分析预警，对高预警等级地区加强工作指导。推动科学有序实行用能预算管理，优化能源要素合理配置。（国家发展改革委牵头，国家统计局、国家能源局等按职责分工负责）

（二）健全污染物排放总量控制制度

坚持精准治污、科学治污、依法治污，把污染物排放总量控制制度作为加快绿色低碳发展、推动结构优化调整、提升环境治理水平的重要抓手，推进实施重点减排工程，形成有效减排能力。优化总量减排指标分解方式，按照可监测、可核查、可考核的原则，将重点工程减排量下达地方，污染治理任务较重的地方承担相对较多的减排任务。改进总量减排核算方法，制定核算技术指南，加强与排污许可、环境影响评价审批等制度衔接，提升总量减排核算信息化水平。完善总量减排考核体系，健全激励约束机制，强化总量减排监督管理，重点核查重复计算、弄虚作假特别是不如实填报削减量和削减来源等问题。（生态环境部负责）

（三）坚决遏制高耗能高排放项目盲目发展

根据国家产业规划、产业政策、节能审查、环境影响评价审批等政策规定，对在建、拟建、建成的高耗能高排放项目（以下称“两高”项目）开展评估检查，建立工作清单，明确处置意见，严禁违规“两高”项目建设、运行，坚决拿下不符合要求的“两高”项目。加强对“两高”项目节能审查、环境影响评价审批程序和结果执行的监督评估，对审批能力不适应的依法依规调整上收审批权。对年综合能耗5万吨标准煤及以上的“两高”项目加强工作指导。严肃财经纪律，指导金融机构完善“两高”项目融资政策。（国家发展改革委、工业和信息化部、生态环境部牵头，人民银行、市场监管总局、银保监会、国家能源局等按职责分工负责）

（四）健全法规标准

推动制定修订资源综合利用法、节约能源法、循环经济促进法、清洁生产促进法、环境影响评价法及生态环境监测条例、民用建筑节能条例、公共机构节能条例等法律法规，完善固定资产投资项目节能审查、电力需求侧管理、非道路移动机械污染防治管理等办法。对标国际先进水平制定修订一批强制性节能标准，深入开展能效、水效领跑者引领行动。制定修订居民消费品挥发性有机物含量限制标准和涉挥发性有机物重点行业大气污染物排放标准，进口非道路移动机械执行国内排放标准。研究制定下一阶段轻型车、重型车排放标准和油品质量标准。（国家发展改革委、生态环境部、司法部、工业和信息化部、财政部、住房城乡建设部、交通运输部、市场监管总局、国管局等按职责分工负责）

（五）完善经济政策

各级财政加大节能减排支持力度，统筹安排相关专项资金支持节能减排重点工程建设，研究对节能目标责任评价考核结果为超额完成等级的地区给予奖励。逐步规范和取消低效化石能源补贴。扩大中央财政北方地区冬季清洁取暖政策支持范围。建立农村生活污水处理设施运维费用地方各级财政投入分担机制。扩大政府绿色采购覆盖范围。健全绿色金融体系，大力发展绿色信贷，支持重点行业领域节能减排，用好碳减排支持工具和支持煤炭清洁高效利用专项再贷款，加强环境和社会风险管理。鼓励有条件的地区探索建立绿色贷款财政贴息、奖补、风险补偿、信用担保等配套支持政策。加快绿色债券发展，支持符合条件的节能减排企业上市融资和再融资。积极推进环境高风险领域企业投保环境污染责任保险。落实环境保护、节能节水、资源综合利用税收优惠政策。完善挥发性有机物监测技术和排放量计算方法，在相关条件成熟后，研究适时将挥发性有机物纳入环境保护税征收范围。强化电价政策与节能减排政策协同，持续完善高耗能行业阶梯电价等绿色电价机制，扩大实施范围、加大实施力度，落实落后“两高”企业的电价上浮政策。深化供热体制改革，完善城镇供热价格机制。建立健全城镇污水处理费征收标准动态调整机制，具备条件的东部地区、中西部城市近郊区探索建立受益农户污水处理付费机制。（国家发展改革委、财政部、人民银行、银保监会、证监会、工业和信息化部、生态环境部、住房城乡建设部、税务总局、国家能源局等按职责分工负责）

（六）完善市场化机制

深化用能权有偿使用和交易试点，加强用能权交易与碳排放权交易的统筹衔接，推动能源要素向优质项目、企业、产业及经济发展条件好的地区流动和集聚。培育和发展排污权交易市场，鼓励有条件的地区扩大排污权交易试点范围。推广绿色电力证书交易。全面推进电力需求侧管理。推行合同能源管理，积极推广节能咨询、诊断、设计、融资、改造、托管等“一站式”综合服务模式。规范开放环境治理市场，推行环境污染第三方治理，探索推广生态环境导向的开发、环境托管服务等新模式。强化能效标识管理制度，扩大实施范围。健全统一的绿色产品标准、认证、标识体系，推行节能低碳环保产品认证。（国家发展改革委、生态环境部、工业和信息化部、财政部、市场监管总局、国家能源局等按职责分工负责）

（七）加强统计监测能力建设

严格实施重点用能单位能源利用状况报告制度，健全能源计量体系，加强重点用能单位能耗在线监测系统建设和应用。完善工业、建筑、交通运输等领域能源消费统计制度和指标体系，探索建立城市基础设施能源消费统计制度。优化污染源统计调查范围，调整污染物统计调查指标和排放计算方法。构建覆盖排污许可持证单位的固定污染源监测体系，加强工业园区污染源监测，推动涉挥发性有机物排放的重点排污单位安装在线监控监测设施。加强统计基层队伍建设，强化统计数据审核，防范统计造假、弄虚作假，提升统计数据质量。（国家统计局、国家发展改革委、生态环境部、工业和信息化部、住房城乡建设部、交通运输部、市场监管总局等按职责分工负责）

（八）壮大节能减排人才队伍

健全省、市、县三级节能监察体系，加强节能监察能力建设。重点用能单位按要求设置能源管理岗位和负责人。加强县级及乡镇基层生态环境监管队伍建设，重点排污单位设置专职环保人员。加大政府有关部门及监察执法机构、企业等节能减排工作人员培训力度，通过业务培训、比赛竞赛、经验交流等方式提高业务水平。开发节能环保领域新职业，组织制定相应职业标准。（国家发展改革委、生态环境部、工业和信息化部、人力资源社会保障部等按职责分工负责）

五、强化工作落实

（一）加强组织领导

各地区、各部门和各有关单位要充分认识节能减排工作的重要性和紧迫性，把思想和行动统一到党中央、国务院关于节能减排的决策部署上来，立足经济社会发展大局，坚持系统观念，明确目标责任，制定实施方案，狠抓工作落实，确保完成“十四五”节能减排各项任务。地方各级人民政府对本行政区域节能减排工作负总责，主要负责同志是第一责任人，要切实加强组织领导和部署推进，将本地区节能减排目标与国民经济和社会发展五年规划及年度计划充分衔接，科学明确下一级政府、有关部门和重点单位责任。要科学考核，防止简单层层分解。中央企业要带头落实节能减排目标责任，鼓励实行更严格的目标管理。国家发展改革委、生态环境部要加强统筹协调，做好工作指导，推动任务有序有效落实，及时防范化解风险，重大情况及时向国务院报告。（国家发展改革委、生态环境部牵头，各有关部门按职责分工负责）

（二）强化监督考核

开展“十四五”省级人民政府节能减排目标责任评价考核，科学运用考核结果，对工作成效显著的地区加强激励，对工作不力的地区加强督促指导，考核结果经国务院审定后，交由干部主管部门作为对省级人民政府领导班子和领导干部综合考核评价的重要依据。完善能耗双控考核措施，增加能耗强度降低约束性指标考核权重，加大对坚决遏制“两高”项目盲目发展、推动能源资源优化配置措施落实情况的考核力度，统筹目标完成进展、经济形势及跨周期因素，优化考核频次。继续开展污染防治攻坚战成效考核，把总量减排目标任务完成情况作为重要考核内容，压实减排工作责任。完善中央生态环境保护督察制度，深化例行督察，强化专项督察。（国家发展改革委、生态环境部牵头，中央组织部等按职责分工负责）

（三）开展全民行动

深入开展绿色生活创建行动，增强全民节约意识，倡导简约适度、绿色低碳、文明健康的生活方式，坚决抵制和反对各种形式的奢侈浪费，营造绿色低碳社会风尚。推行绿色消费，加大绿色低碳产品推广力度，组织开展全国节能宣传周、世界环境日等主题宣传活动，通过多种传播渠道和方式广泛宣传节能减排法规、标准和知识。加大先进节能减排技术研发和推广力度。发挥行业协会、商业团体、公益组织的作用，支持节能减排公益事业。畅通群众参与生态环境监督渠道。开展节能减排自愿承诺，引导市场主体、社会公众自觉履行节能减排责任。（中央宣传部、中直管理局、国家发展改革委、科技部、生态环境部、国管局、全国妇联等按职责分工负责）

（资料来源：中华人民共和国中央人民政府网，2022 年 1 月 24 日）

政策法规篇

关于印发水泥玻璃行业产能置换实施办法的通知

工信部原〔2021〕80号

各省、自治区、直辖市及新疆生产建设兵团工业和信息化主管部门：

现将修订后的《水泥玻璃行业产能置换实施办法》印发给你们，自2021年8月1日起施行，请认真抓好贯彻落实。

工业和信息化部

2021年7月2日

水泥玻璃行业产能置换实施办法

第一条 为深入推进供给侧结构性改革，严控“两高”项目建设，进一步巩固水泥、玻璃行业去产能成果，依据《国务院关于化解产能严重过剩矛盾的指导意见》（国发〔2013〕41号）和《国务院办公厅关于促进建材工业稳增长调结构增效益的指导意见》（国办发〔2016〕34号），制定本办法。

第二条 本办法适用于中华人民共和国境内各类所有制水泥、玻璃企业新建水泥熟料、平板玻璃项目，以及《工业和信息化部 国家发展改革委关于印发水泥行业部分项目处理意见的通知》（工信部联原〔2016〕118号）明确由地方视情处理、但尚未开展产能置换的在建项目。

第三条 严禁备案和新建扩大产能的水泥熟料、平板玻璃项目。确有必要新建的，必须制定产能置换方案，实施产能置换。

第四条 下列情形可不制定产能置换方案：

（一）依托现有水泥窑和玻璃熔窑实施治污减排、节能降耗、协同处置、提升装备水平等不扩大产能的技术改造项目。

（二）确因当地发展规划调整，导致不属于国家明令淘汰的落后产能的生产装置迁建的（水泥项目严格限制在同一地市州范围内），企业搬迁又未享受退出产能的资金奖补（因员工安置、土地回收的补偿和奖励除外）和政策支持的项目，可不制定产能置换方案，但应公示、公告项目迁建情况，主动接受监督。

（三）熔窑能力不超过150吨/天的新建工业用平板玻璃项目。

（四）光伏压延玻璃项目可不制定产能置换方案，但要建立产能风险预警机制，规定新建项目由省级工业和信息化主管部门委托全国性的行业组织或中介机构召开听证会，论证项目建设的必要性、技术先进性、能耗水平、环保水平等，并公告项目信息，项目建成投产后企业履行承诺不生产建筑玻璃。（具体文件另发）。

第五条 企业开展产能置换，应切实贯彻落实国家关于化解过剩产能的精神和要求，有利于推动产业结构调整和布局优化，统筹考虑项目建设所在区域环境容量、资源禀赋、市场需求、物流运输等因素，诚实守信，慎重决策，做好可行性研究，制定好产能置换方案。

第六条 用于置换的水泥熟料、平板玻璃生产线产能必须是合规的有效产能（含经省级工业和信息化主管部门审批已实施窑炉技术改造，并经省级行业协会等组织鉴定过的JT窑），且在各省级工业和信息化主管部门每年公告的本地区合规水泥熟料、平板玻璃生产线清单内（包括企业名称、生产线名称、窑径、备案或核准产能、实际产能、建成投产日期等）。

第七条 存在下列情形之一的，不能用于产能置换：

（一）已超过国家明令淘汰期限的落后产能，已享受产能退出补贴的生产线，无水泥产品生产许可证或许可证过期，未依法取得排污许可证或许可证过期的水泥熟料产能。

（二）违反错峰生产规定被省级及以上工业和信息化主管部门或环保部门约谈后拒不改正的水泥企业所涉及的熟料产能。

（三）2013年以来，连续停产两年及以上的水泥熟料、平板玻璃生产线产能（因省级主管部门制定或同意的错峰生产方案以及因地方规划调整导致此情况的除外）。

（四）光伏压延玻璃产能。

第八条 用于置换的水泥熟料、平板玻璃生产线产能拆分转让不能超过两个项目。

第九条 非新型干法工艺的特种水泥产能指标只能置换为特种水泥项目。

第十条 用于置换的产能指标，依据项目备案或核准文件上的设计产能确定。实际产能小于备案或核准产能的，按实际产能确定，实际产能大于备案或核准产能的，按备案或核准产能确定。项目实际产能按照相关要求推算确定。

第十一条 产能置换比例：

（一）位于国家规定的大气污染防治重点区域实施产能置换的水泥熟料和平板玻璃建设项目，产能置换比例分别不低于2∶1和1.25∶1；位于非大气污染防治重点区域的水泥熟料和平板玻璃建设项目，产能置换比例分别不低于1.5∶1和1∶1。大气污染防治重点区域依据《中共中央国务院关于全面加强生态环境保护坚决打好污染防治攻坚战的意见》以及生态环境部相关文件界定。

（二）使用国家产业结构调整目录限制类水泥熟料生产线作为置换指标和跨省置换水泥熟料指标，产能置换比例不低于2∶1。

第十二条 为支持重点地区水泥企业和磷化工企业联合开展磷石膏资源化利用，对于湖北、云南、贵州、四川、安徽五个省份，新建水泥窑生产线处置磷（钛、氟）石膏，且替代石灰石原料70%以上的，可以在省内水泥熟料产能总量不增加的条件下，由本省统筹调节全省产能指标，根据磷（钛、氟）石膏的处置量，科学合理确定新上项目数量和布局，实施等量置换。未经产能置换的新建磷石膏生产水泥熟料生产线不得再用于产能置换，通过产能置换或以产能入股的生产线，可按照置换办法继续用于产能置换。新建项目建成后，必须由省级工业和信息化主管部门会同有关部门组织验收合格后方可投入生产，并做好事中、事后监管，防止弄虚作假。

第十三条 新建白色硅酸盐水泥熟料项目，其产能指标可减半，但新建白色硅酸盐水泥熟料项目产能不能再置换为通用水泥和其他特种水泥熟料。其他特种水泥产能置换比例与通用水泥相同。

第十四条 建设项目产能置换方案由项目建设企业制定，报项目建设地省级工业和信息化主管部门审核后公示、公告。

跨省产能置换，须由出让产能企业制定产能出让方案，报出让地省级工业和信息化主管部门公示、公告。

第十五条 产能置换方案主要包括建设项目和出让产能情况，须包括但不限于以下内容：

（一）建设项目所属企业的名称，设计产能，主体设备（生产线）拟建的具体位置、规格型号及数量，计划点火投产时间。

（二）出让产能企业名称，统一社会信用代码，主体设备（生产线）所在的具体位置，水泥回转窑外径或平板玻璃熔窑日熔化量，备案或核准文件上的设计产能，核定产能，计划关停时间和计划拆除时间，企业的水泥生产许可证等。

（三）跨省产能置换，须附产能出让地省级工业和信息化主管部门出让公告。

第十六条 项目建设地省级工业和信息化主管部门负责核实确认产能置换方案的真实性、合规性，在门户网站上公示不少于10个工作日，产能指标真实有效无异议后予以公告。

跨省置换的，出让地省级工业和信息化主管部门核实确认产能指标，并将企业提供的拟建设项目基本情况，一并在门户网站上公告，项目建设地省级工业和信息化主管部门在公示产能置换方案前，应委托全国性的行业组织或中介机构召开置换听证会。跨省置换听证会应充分论证产能置换方案是否符合国家相关政策要求，发挥好政府、协会、专家、企业、公众、媒体等社会各界的作用。

第十七条 用于产能置换的生产线，必须在建设项目投产前关停并完成拆除退出，用于分拆的置换指标项目，按最先建成投产的建设项目时间计算。因债务纠纷、法院查封设备等原因导致暂时无法拆除的，视同已拆除，但不得恢复生产，待具备拆除条件后立即拆除。

产能置换方案未实施或内容发生重大变更的，经指标出让企业和受让企业协商一致，省级工业和信息化主管部门核实确认后对方案予以撤销或变更，并向社会公告，跨省置换的根据方案实施进度分别由出让地、转入地予以公告。方案予以变更或撤销的，符合要求的产能指标可以继续转让。

第十八条 项目建设地省级工业和信息化主管部门负责监督新建项目方案的落实，督促组织查验并公布装置的实际生产能力，如存在弄虚作假、“批小建大”等行为，依照《企业投资项目核准和备案管理条例》有关要求处罚，整改到位前不得点火投产。

产能指标所属地省级工业和信息化主管部门督促指标出让企业按承诺时间要求关停和拆除用于产能置换的生产线，并组织实地核查，将关停和拆除情况向社会公告。跨省置换的，项目建设地省级工业和信息化主管部门应在项目投产前函告产能指标出让地省级工业和信息化主管部门。

第十九条 各地工业和信息化主管部门要进一步畅通举报渠道，及时在门户网站上向社会公开电话、传真、电子邮箱、网络等多种举报形式，接受社会监督。鼓励行业协会、媒体和公众对产能置换方案执行情况和建设项目情况开展监督。

第二十条 工业和信息化部负责组织抽查省级工业和信息化主管部门公告的产能置换方案执行情况。对产能置换方案核实把关不严、监督落实不到位的地区，责令限期整改，并依照法律法规追究相关人员责任。

第二十一条 各省级工业和信息化主管部门可以根据本办法，结合本地实际情况进一步明确细化程序和严格有关要求。

第二十二条 本办法自2021年8月1日起施行。《水泥玻璃行业产能置换实施办法》（工信部原〔2017〕337号）同时废止。

附件（略）

关于振作工业经济运行推动工业高质量发展的实施方案的通知

发改产业〔2021〕1780号

科技部、财政部、人力资源社会保障部、商务部、人民银行、国资委、税务总局、市场监管总局、银保监会、证监会、国家能源局、全国工商联，各省、自治区、直辖市及计划单列市、新疆生产建设兵团发展改革委、工业和信息化主管部门：

工业是国民经济的主体，工业稳则经济稳。为深入贯彻习近平新时代中国特色社会主义思想，认真落实党中央、国务院决策部署，坚持稳中求进工作总基调，立足新发展阶段，完整、准确、全面贯彻新发展理念，加快构建新发展格局，推动高质量发展，坚持以深化供给侧结构性改革为主线，统筹疫情防控和经济社会发展，坚持目标导向、问题导向，做好宏观政策预调微调和跨周期调节，精准打通产业链供应链堵点卡点，挖掘市场需求潜力，强化政策扶持，优化发展环境，保持良好增长预期，激发市场主体活力，振作工业经济运行，推动工业高质量发展，国家发展改革委、工业和信息化部会同有关方面制定了本实施方案。

一、打通堵点卡点，确保工业经济循环畅通

（一）扎实推进能源安全保供

充分发挥煤电油气运保障工作部际协调机制作用，加强资源统筹调度，推进煤炭优质产能充分释放，提高发电供热化肥用煤中长期合同履约水平，推动煤电企业提高发电出力。制定好能源保供应急预案，做实做细能源电力保供工作，保障民生和重点用户用能需求。对煤电和供热企业今年四季度的应缴税款全部暂缓缴纳。完善能耗双控有关政策，严格能耗强度管控，多措并举有效增强能源消费总量管理弹性，保障工业发展合理用能。严厉打击散布虚假信息、哄抬价格等各类违法行为和资本无序炒作。（发展改革委、工业和信息化部、财政部、国资委、税务总局、市场监管总局、能源局按职责分工负责）

（二）做好大宗原材料保供稳价

持续密切监测大宗原材料市场供需和价格变化，大力增加大宗原材料市场有效供给，灵活运用国家储备开展市场调节。实施好《重要商品和服务价格指数行为管理办法（试行）》，加强信息发布解读，促进规范运行。进一步强化大宗商品期现货市场监管，坚决遏制过度投机炒作。（发展改革委、工业和信息化部、商务部、国资委、市场监管总局、证监会按职责分工负责）

（三）保持重点产业链供应链顺畅

强化对重点行业的运行监测，建立完善产业链供应链苗头性问题预警机制，加强问题分析研判，积极应对突发情况，及时处置潜在风险。加快关键核心技术创新和迭代应用，加大“首台套”“首批次”应用政策支持力度。发挥“链主”企业作用，优化产业链资源配置。聚焦新能源汽车、医疗装备等重点领域，实施重点领域“1+N”产业链供应链贯通工程，推动产业链上中下游、大中小企业融通创新，促进产业链供应链贯通发展。深入开展全国供应链创新与应用示范创建。完善国家质量基础设施，推行一站式服务，深入开展质量提升行动。（发展改革委、科技部、工业和信息化部、商务部、国资委、市场监管总局按职责分工负责）

二、挖掘需求潜力，拓展工业经济市场空间

（四）促进重大项目落地见效

加快“十四五”规划重大工程、区域重大战略规划及年度工作安排明确的重大项目实施，推进具备条件的重大项目抓紧上马，能开工的项目尽快开工建设，在建项目加快建设进度，争取早日竣工投产。在5G、千兆光网等领域布局一批新型基础设施项目。尽快启动一体化大数据中心枢纽节点建设工程和中西部中小城市基础网络完善工程。发挥国家和地方重大外资项目专班作用，加快推动先进制造业等领域重大外资项目落地实施。（发展改革委、工业和信息化部、商务部、国资委按职责分工负责）

（五）大力推动企业技术改造

修订产业结构调整指导目录，引导企业加快技术改造和设备更新。实施工业企业技术改造投资升级导向计划。在钢铁、有色、建材、石化、煤电等重点领域组织开展技术改造，推动智能制造示范工厂建设，实施生产线和工业母机改造，补齐关键技术短板，提高产品供给质量。加快工业互联网建设和普及应用，促进传统产业企业依托工业互联网开展数字化转型。开展质量技术帮扶“巡回问诊”，鼓励企业建立质量追溯机制，有效落实企业质量主体责任。（发展改革委、工业和信息化部、市场监管总局、能源局按职责分工负责）

（六）培育新业态新模式

深入推进国家战略性新兴产业集群发展工程，构建一批各具特色、优势互补、结构合理的战略性新兴产业增长引擎。前瞻谋划未来产业，组织实施未来产业孵化与加速计划，推动建设一批国家未来产业先导试验区。支持制造业大型企业为产业链上下游企业提供研发设计、创业孵化、计量测试、检验检测等服务。深化新一代信息技术与制造业融合应用。深入开展科创服务领域标准化建设行动，推动制造服务业标准体系逐步完善。（发展改革委、科技部、工业和信息化部、市场监管总局按职责分工负责）

（七）释放重点领域消费潜力

加快新能源汽车推广应用，加快充电桩、换电站等配套设施建设。健全家电回收处理体系，实施家电生产者回收目标责任制。鼓励有条件的地方在家电等领域推出新一轮以旧换新行动。鼓励开展新能源汽车、智能家电、绿色建材下乡行动。面向北京冬奥会转播等重大场景促进超高清视频落

地推广。推动传统线下业态供应链和运营管理数字化改造，发展新型信息消费。加大线上线下融合力度，扩大自主品牌消费和线上新型消费，促进老字号创新发展，高水平办好中国品牌日活动。（发展改革委、工业和信息化部、财政部、商务部、国资委、能源局按职责分工负责）

（八）提高外资利用水平

出台2021年版外资准入负面清单，进一步放宽制造业等领域限制。开展国际产业投资合作系列活动，搭建外资企业和地方沟通交流平台。适时修订《鼓励外商投资产业目录》，鼓励外商投资制造业。（发展改革委、商务部按职责分工负责）

（九）推动外贸稳定发展

落实好稳外贸政策措施，巩固提升出口信用保险作用，抓实抓好外贸信贷投放。依托国家物流枢纽，拓展海运、空运、铁路国际运输线路，推动构建支撑“全球采购、全球生产、全球销售”的国际物流服务网络，推动国际物流降本增效。（发展改革委、商务部、银保监会按职责分工负责）

三、强化政策扶持，健全工业经济保障措施

（十）完善重点行业发展政策

持续巩固提升钢铁化解过剩产能工作成果，对违法违规问题保持零容忍高压态势。完善汽车产业投资管理，统筹优化产业布局，支持新能源汽车加快发展。优化石化产业规划布局，有序推进炼化一体化项目建设。积极推动绿色智能船舶示范应用，加快推进沿海、内河老旧船舶更新改造。实施5G应用“扬帆”行动计划（2021—2023年）。组织开展先进制造业和现代服务业融合发展试点，探索推广“两业融合”新路径新模式。（发展改革委、工业和信息化部、国资委按职责分工负责）

（十一）优化重点区域政策体系

聚焦粤港澳大湾区、长三角、京津冀等重点区域产业发展重大任务，落实长江经济带、黄河流域等区域发展有关重大部署，结合区域特点制定完善当地发展规划、产业政策以及优化营商环境行动方案，加大精准支持力度，提升产业支撑能力。发挥国家级新区、承接产业转移示范区等作用，有序承接国内外产业转移。鼓励地方立足自身特色和优势，打造战略性新兴产业集群，培育发展先进制造业集群，构建各具特色、优势互补、结构合理的集群发展格局。不断总结和宣传推广地方和企业振作工业经济好经验好做法。（发展改革委、工业和信息化部、全国工商联按职责分工负责）

（十二）强化能效标准引领

科学确定石化、有色、建材等重点领域能效标杆水平和基准水平，明确目标方向，突出标准引领，严格能效约束，组织一批节能降碳技术改造项目，开展节能降碳技术示范应用，提高行业节能降碳水平。推动钢铁、电解铝、水泥、平板玻璃等重点行业和数据中心加大节能力度，加快工业节能减碳技术装备推广应用。加大能耗标准制修订、宣贯推广工作力度，建立动态提高能效标杆水平和基准水平机制，完善能源核算、检测认证、评估、审计等配套标准。（发展改革委、工业和信息化部、市场监管总局按职责分工负责）

（十三）加大制造业融资支持

紧密结合制造业企业生产经营周期，合理确定融资期限，增加制造业中长期贷款投放，提升融

资支持的精准性和有效性。完善制造业中长期融资考核评价机制。开展“补贷保”联动试点。支持符合条件的企业发行公司信用类债券，推广以信息共享为基础的“信易贷”模式。稳妥推进基础设施领域不动产投资信托基金（REITs）试点，完善配套支持机制。深化产融合作，完善绿色金融标准体系和评价机制，落实产融合作推动工业绿色发展专项政策，建立工业绿色发展指导目录和项目库，发挥国家产融合作平台作用，引导金融资源向工业绿色低碳领域汇聚。（发展改革委、工业和信息化部、人民银行、银保监会、证监会按职责分工负责）

（十四）破解企业用工难题

开展大规模多层次职业技能培训，促进产业用工需求和职业技能培训有效衔接，提高劳动者适应产业转型升级能力。提升公共就业服务质量，完善劳动力供需双方信息发布和对接机制，大力发展人力资源服务业，严厉打击侵害劳动者就业权益行为，规范用工市场，提高人力资源配置效率。加快完善中西部和东北地区基础设施，提升产业集聚区公共服务效能，引导制造业向中西部和东北地区有序梯度转移，吸纳当地劳动力就业。（发展改革委、人力资源社会保障部按职责分工负责）

四、优化发展环境，促进工业经济行稳致远

（十五）减轻中小企业负担

落实好支持制造业中小企业的助企纾困政策，加大对涉企违规收费的整治力度。加大保障中小企业款项支付条例落实力度，运用市场化法治化手段规范款项支付秩序，健全防范和化解拖欠账款长效机制。鼓励地方安排中小企业纾困专项资金，对符合条件的中小企业给予资金等支持。用好直达实体经济货币政策工具和支小再贷款，加大普惠小微企业信用贷款投放。鼓励有条件的地方建立支持小微企业的贷款风险分担补偿机制。用好小微企业融资担保降费奖补资金，促进扩大小微企业担保业务规模，降低融资担保成本。落实减税降费政策，对制造业中小微企业延缓缴纳今年四季度部分税费。研究并适时出台部分惠企政策到期后的接续政策，鼓励地方有针对性出台帮扶措施。对确有困难的纳税人，地方可按现行规定减免房产税、城镇土地使用税。（发展改革委、工业和信息化部、财政部、人力资源社会保障部、人民银行、国资委、税务总局、市场监管总局按职责分工负责）

（十六）优化市场环境

建立完善《优化营商环境条例》专项执法检查常态化机制，督促各地区严格落实条例规定。建立健全制度化的政企互动机制，落实好企业家参与涉企政策制定机制，推动构建亲清政商关系。加强制定政策的事先评估和事后评价。鼓励和支持各地区结合本地产业发展特点，在保护市场主体权益、完善政务服务等方面出台更为有力有效的改革举措，分批复制推广。大力弘扬工业经济优秀企业家精神。（发展改革委、全国工商联按职责分工负责）

各有关方面要切实把思想和行动统一到党中央、国务院决策部署上来，进一步提高站位、坚定信心，统筹发展和安全，强化责任担当、主动作为，以高度的责任感和使命感，抓好政策落地落细落实，同时加强对工业经济运行态势的跟踪监测，深入分析研判苗头性倾向性潜在性问题，强化预研预判，做好政策储备，全力以赴振作工业经济运行，推动工业高质量发展。

国家发展改革委
工业和信息化部
2021 年 12 月 8 日

关于印发加快推动工业资源综合利用实施方案的通知

工信部联节〔2022〕9号

各省、自治区、直辖市及计划单列市、新疆生产建设兵团工业和信息化主管部门、发展改革委、科技厅（委、局）、财政厅（局）、自然资源主管部门、生态环境厅（局）、商务主管部门；国家税务总局各省、自治区、直辖市、计划单列市税务局：

现将《关于加快推动工业资源综合利用的实施方案》印发给你们，请认真贯彻落实。

工业和信息化部

国家发展和改革委员会

科技部

财政部

自然资源部

生态环境部

商务部

国家税务总局

2022年2月10日

关于加快推动工业资源综合利用的实施方案

工业资源综合利用是构建新发展格局、建设生态文明的重要内容。为贯彻《中华人民共和国固体废物污染环境防治法》，落实《中华人民共和国国民经济和社会发展第十四个五年规划和2035年远景目标纲要》和《“十四五”工业绿色发展规划》，大力推动工业资源综合利用，促进工业高质量发展，制定本方案。

一、总体要求

（一）指导思想

坚持以习近平新时代中国特色社会主义思想为指导，全面贯彻党的十九大和十九届历次全会精神，深入贯彻习近平生态文明思想，立足新发展阶段，完整、准确、全面贯彻新发展理念，构建新发展格局，以技术创新为引领，以供给侧结构性改革为主线，大力推动重点行业工业固废源头减量和规模化高效综合利用，加快推进再生资源高值化循环利用，促进工业资源协同利用，着力提升工业资源利用效率，促进经济社会发展全面绿色转型，助力如期实现碳达峰碳中和目标。

（二）基本原则

坚持统筹发展。围绕资源利用效率提升与工业绿色转型需求，结合工业固废和再生资源产业结构、空间分布特点，统筹构建跨产业协同、上下游协同、区域间协同的工业资源综合利用格局。

坚持问题导向。聚焦重点固废品种和产业链薄弱环节，瞄准工业固废减量化痛点、再生资源高值化难点、工业资源协同利用堵点，精准施策、靶向发力，切实提高工业资源综合利用产业发展的质量和效益。

坚持创新引领。强化企业创新主体地位，拓展产学研用融合通道，着力突破工业固废和再生资源综合利用的关键共性技术，加快先进适用技术装备的产业化应用推广，提高数字化水平，推动政策、管理等体制机制创新。

坚持市场主导。充分发挥市场在资源配置中的决定性作用，更好发挥政府作用，以需求、供给、价格等市场手段为主，以规划、政策等行政手段为辅，激发产废企业、综合利用企业等各类市场主体对固废减量和利用、再生资源增值增效的积极性。

（三）主要目标

到2025年，钢铁、有色、化工等重点行业工业固废产生强度下降，大宗工业固废的综合利用水平显著提升，再生资源行业持续健康发展，工业资源综合利用效率明显提升。力争大宗工业固废综合利用率达到57%，其中，冶炼渣达到73%，工业副产石膏达到73%，赤泥综合利用水平有效提高。主要再生资源品种利用量超过4.8亿吨，其中废钢铁3.2亿吨，废有色金属2000万吨，废纸6000万吨。工业资源综合利用法规政策标准体系日益完善，技术装备水平显著提升，产业集中度和协同发展能力大幅提高，努力构建创新驱动的规模化与高值化并行、产业循环链接明显增强、协同耦合活力显著激发的工业资源综合利用产业生态。

二、工业固废综合利用提质增效工程

（四）推动技术升级降低固废产生强度

加大技术改造力度，推动工业数字化智能化绿色化融合发展。推广非高炉炼铁、有色金属短流程冶炼、非硫酸法分解中低品位磷矿、铬盐液相氧化、冷冻硝酸法、尾矿和煤矸石原位井下充填等先进工艺。强化生产过程资源的高效利用、梯级利用和循环利用，降低固废产生强度。鼓励产废企业加强生产过程管理、优化固废处理工艺，提高固废资源品质，降低综合利用难度。

（五）加快工业固废规模化高效利用

推动工业固废按元素价值综合开发利用，加快推进尾矿（共伴生矿）、粉煤灰、煤矸石、冶炼渣、工业副产石膏、赤泥、化工废渣等工业固废在有价组分提取、建材生产、市政设施建设、井下充填、生态修复、土壤治理等领域的规模化利用。着力提升工业固废在生产纤维材料、微晶玻璃、超细化填料、低碳水泥、固废基高性能混凝土、预制件、节能型建筑材料等领域的高值化利用水平。组织开展工业固废资源综合利用评价，推动有条件地区率先实现新增工业固废能用尽用、存量工业固废有序减少。

（六）提升复杂难用固废综合利用能力

针对部分固废成分复杂、有害物质含量多、性质不稳定等问题，分类施策，稳步提高综合利用能力。积极开展钢渣分级分质利用，扩大钢渣在低碳水泥等绿色建材和路基材料中的应用，提升钢渣综合利用规模。加快推动锰渣、镁渣综合利用，鼓励建设锰渣生产活性微粉等规模化利用项目。探索碱渣高效综合利用技术。积极推进气化渣高效综合利用，加大规模化利用技术装备开发力度，建设一批气化渣生产胶凝材料等高效利用项目。

（七）推动磷石膏综合利用量效齐增

推动磷肥生产企业强化过程管理，从源头提高磷石膏可资源化品质。突破磷石膏无害化处理瓶颈，因地制宜制定磷石膏无害化处理方案。加快磷石膏在制硫酸联产水泥和碱性肥料、生产高强石膏粉及其制品等领域的应用。在保证安全环保的前提下，探索磷石膏用于地下采空区充填、道路材料等方面的应用。支持在湖北、四川、贵州、云南等地建设磷石膏规模化高效利用示范工程，鼓励有条件地区推行“以渣定产”。

（八）提高赤泥综合利用水平

按照无害化、资源化原则，攻克赤泥改性分质利用、低成本脱碱等关键技术，推进赤泥在陶粒、新型胶凝材料、装配式建材、道路材料生产和选铁等领域的产业化应用。鼓励山西、山东、河南、广西、贵州、云南等地建设赤泥综合利用示范工程，引领带动赤泥综合利用产业和氧化铝行业绿色协同发展。

（九）优化产业结构推动固废源头减量

严控新增钢铁、电解铝等相关行业产能规模。适时修订限期淘汰产生严重污染环境的工业固废的落后生产工艺设备名录，综合运用环保、节能、质量、安全、技术等措施，依法依规推动落后产能退出。钢铁行业科学有序推进废钢铁先进电炉短流程工艺；有色行业着力提高再生铜、铝、锌等供给；能源（电力、热力）行业稳步扩大水力、风能、太阳能、地热能等清洁能源利用，减少固废产生源。

三、再生资源高效循环利用工程

（十）推进再生资源规范化利用

实施废钢铁、废有色金属、废塑料、废旧轮胎、废纸、废旧动力电池、废旧手机等再生资源综合利用行业规范管理。鼓励大型钢铁、有色金属、造纸、塑料聚合加工等企业与再生资源加工企业合作，建设一体化大型废钢铁、废有色金属、废纸、废塑料等绿色加工配送中心。推动再生资源产业集聚发展，鼓励再生资源领域小微企业入园进区。鼓励废旧纺织品、废玻璃等低值再生资源综合利用。推进电器电子、汽车等产品生产者责任延伸试点，鼓励建立生产企业自建、委托建设、合作共建等多方联动的产品规范化回收体系，提升资源综合利用水平。

（十一）提升再生资源利用价值

加强大数据、区块链等互联网技术在再生资源领域的应用，助力构建线上线下相结合的高效再生资源回收体系。着力延伸再生资源精深加工产业链条，促进钢铁、铜、铝、锌、镍、钴、锂等战略性金属废碎料的高效再生利用，提升再生资源高值化利用水平。有序推进高端智能装备再制造。积极引导符合产品标准的再生原料进口。

（十二）完善废旧动力电池回收利用体系

完善管理制度，强化新能源汽车动力电池全生命周期溯源管理。推动产业链上下游合作共建回收渠道，构建跨区域回收利用体系。推进废旧动力电池在备电、充换电等领域安全梯次应用。在京津冀、长三角、粤港澳大湾区等重点区域建设一批梯次和再生利用示范工程。培育一批梯次和再生利用骨干企业，加大动力电池无损检测、自动化拆解、有价金属高效提取等技术的研发推广力度。

（十三）深化废塑料循环利用

加快废弃饮料瓶、塑料快递包装等产生量大的主要废塑料品种回收利用，培育一批龙头骨干企业，提高产业集中度。推动废塑料高附加值利用。鼓励企业开展废塑料综合利用产品绿色设计认证，提高再生塑料在汽车、电器电子、建筑、纺织等领域的使用比例。科学稳妥推进塑料替代制品应用推广，助力塑料污染治理。

（十四）探索新兴固废综合利用路径

研究制定船舶安全与环境无害化循环利用方案，加强船舶设计、建造、配套、检验、营运以及维修、改造、拆解、利用等全生命周期管理，促进相关企业与机构信息共享，促进船舶废旧材料再生利用。推动废旧光伏组件、风电叶片等新兴固废综合利用技术研发及产业化应用，加大综合利用成套技术设备研发推广力度，探索新兴固废综合利用技术路线。

四、工业资源综合利用能力提升工程

（十五）强化跨产业协同利用

加强产业间合作，促进煤炭开采、冶金、建材、石化化工等产业协同耦合发展，促进固废资源跨产业协同利用。鼓励有条件的地区开展“无废城市”建设，有条件的工业园区和企业创建“无废工业园区”“无废企业”，推动固废在地区内、园区内、厂区内的协同循环利用，提高固废就地资源化效率。

（十六）加强跨区域协同利用

在京津冀及周边地区，建设一批全固废胶凝材料示范项目和大型尾矿、废石生产砂石骨料基地。在黄河流域，着力促进煤矸石、粉煤灰等固废通过多式联运跨区域协同利用。在长江经济带，利用水运优势，拓宽磷石膏、锰渣综合利用产品销售半径。在京津冀、长三角、粤港澳大湾区等再生资源产生量大地区，建设一批大型跨区域再生资源回收利用集聚区，构建跨地区跨产业循环链接、耦合共生的绿色化高值化再生资源综合利用产业体系。

（十七）推动工业装置协同处理城镇固废

加快工业装置协同处置技术升级改造，支持水泥、钢铁、火电等工业窑炉以及炼油、煤气化、烧碱等石化化工装置协同处置固体废物。在符合安全环保等前提下，依托现有设备装置基础，因地制宜建设改造一批工业设施协同处理生活垃圾、市政污泥、危险废物、医疗废物等项目，探索形成工业窑炉协同处置固废技术路径及商业模式。

（十八）加强数字化赋能

结合钢铁、石化、建材等重点行业特点，推动新一代信息技术与制造全过程、全要素深度融合，改进产品设计，创新生产工艺，推行精益管理，实现资源利用效率最大化，最大限度减少固废产生。鼓励利用人工智能、大数据、区块链、云计算、工业互联网、5G等数字化技术，加强资源全生命周期管理。围绕工业固废生产建筑材料、再生资源分拣加工、高价值废旧物资精细化拆解等重点领域，突破一批智能制造关键技术。鼓励有能力的大型龙头企业或第三方机构建设行业互联网大数据平台，推动上下游信息共享、资源共享、利益共赢。

（十九）推进关键技术研发示范推广

支持龙头骨干企业与科研院校、行业机构、产业链上下游企业等合作，创建工业资源综合利用创新平台。突破一批复杂难用固废无害化利用、再生资源高效高值化利用、自动化智能化柔性改造等共性关键技术及大型成套装备，推动首台（套）装备示范应用。动态发布工业资源综合利用先进适用工艺技术设备目录，加快先进技术装备推广。

（二十）强化行业标杆引领

深入推进工业资源综合利用基地建设，选择工业固废或再生资源集聚、产业基础良好的地区，新建50家工业资源综合利用基地，探索形成基于区域和固废特点的产业发展路径。培育工业资源综合利用“领跑者”企业、“专精特新”中小企业、制造业单项冠军，带动全行业创新、发展、服务能力提升。

五、保障措施

（二十一）加强组织领导

创新工作方式方法，发挥各级各职能部门的作用，建立责任明确、上下一体、协同推进的工作机制。各地区结合自身条件和特点研究提出适用于本地区的“十四五”工业资源综合利用工作方案，明确目标、任务及措施，加大对重点区域和薄弱环节的指导力度，强化过程监督，加强政策联动，抓实抓好方案落实。

（二十二）完善法规标准体系

研究制定工业资源综合利用管理办法，鼓励出台地方性法规，建立激励和约束机制。设立工业资源综合利用行业标准化技术组织，加快推进工业资源综合利用产品、评价、检测等标准制修订，强化与下游应用领域标准间的衔接，鼓励制定具有行业引领作用的企业标准。

（二十三）加大政策支持力度

利用现有资金渠道，支持工业资源综合利用项目建设。对符合条件的工业资源综合利用项目给予用地支持。建立工业绿色发展指导目录和项目库，支持符合条件的工业资源综合利用项目纳入项目库。发挥国家产融合作平台作用，开展“补贷保”联动试点，鼓励银行等金融机构按照市场化和商业可持续原则给予工业资源综合利用项目多元化信贷支持，支持符合条件的工业资源综合利用项目申请绿色信贷和发行绿色债券，创新金融产品和服务，完善担保方式。充分发挥社会资本作用，鼓励社会资本出资设立工业资源综合利用产业发展基金。按规定落实资源综合利用增值税、企业所得税和环境保护税等优惠政策。

（二十四）深化合作交流和宣传引导

加强国内外交流合作，推进资源、技术、资金、人才等资源要素向工业资源综合利用产业集聚。创新宣传方式，丰富宣传手段，总结推广一批工业资源综合利用经验做法、典型模式，发挥示范带动作用。提高工业资源综合利用产品的市场接受度，引导促进绿色消费。鼓励利用自媒体、互联网等信息化平台，开展多渠道、多形式宣传培训，努力营造全社会共同参与的良好氛围。

关于印发《“十四五”智能制造发展规划》的通知

工信部联规〔2021〕207号

各省、自治区、直辖市、计划单列市及新疆生产建设兵团工业和信息化、发展改革、教育、科技、财政、人力资源社会保障、市场监管、国资主管部门，各中央企业，各有关单位：

现将《“十四五”智能制造发展规划》印发给你们，请结合实际，认真贯彻实施。

工业和信息化部
国家发展和改革委员会
教育部
科技部
财政部
人力资源和社会保障部
国家市场监督管理总局
国务院国有资产监督管理委员会
2021年12月21日

“十四五”智能制造发展规划

智能制造是制造强国建设的主攻方向，其发展程度直接关乎我国制造业质量水平。发展智能制造对于巩固实体经济根基、建成现代产业体系、实现新型工业化具有重要作用。为贯彻落实《中华人民共和国国民经济和社会发展第十四个五年规划和2035年远景目标纲要》，加快推动智能制造发展，编制本规划。

一、现状与形势

近十年来，通过产学研用协同创新、行业企业示范应用、央地联合统筹推进，我国智能制造发展取得长足进步。供给能力不断提升，智能制造装备市场满足率超过50%，主营业务收入超10亿元的系统解决方案供应商达40余家。支撑体系逐步完善，构建了国际先行的标准体系，发布国家标准285项，牵头制定国际标准28项；培育具有行业和区域影响力的工业互联网平台近80个。推广应用成效明显，试点示范项目生产效率平均提高45%、产品研制周期平均缩短35%、产品不良品率平均降低35%，涌现出离散型智能制造、流程型智能制造、网络协同制造、大规模个性化定制、远程运维服务等新模式新业态。但与高质量发展的要求相比，智能制造发展仍存在供给适配性不

高、创新能力不强、应用深度广度不够、专业人才缺乏等问题。

随着全球新一轮科技革命和产业变革突飞猛进，新一代信息通信、生物、新材料、新能源等技术不断突破，并与先进制造技术加速融合，为制造业高端化、智能化、绿色化发展提供了历史机遇。同时，世界处于百年未有之大变局，国际环境日趋复杂，全球科技和产业竞争更趋激烈，大国战略博弈进一步聚焦制造业，美国“先进制造业领导力战略”、德国“国家工业战略2030”、日本“社会5.0”等以重振制造业为核心的发展战略，均以智能制造为主要抓手，力图抢占全球制造业新一轮竞争制高点。

当前，我国已转向高质量发展阶段，正处于转变发展方式、优化经济结构、转换增长动力的攻关期，但制造业供给与市场需求适配性不高、产业链供应链稳定面临挑战、资源环境要素约束趋紧等问题凸显。站在新一轮科技革命和产业变革与我国加快高质量发展的历史性交汇点，要坚定不移地以智能制造为主攻方向，推动产业技术变革和优化升级，推动制造业产业模式和企业形态根本性转变，以“鼎新”带动“革故”，提高质量、效率效益，减少资源能源消耗，畅通产业链供应链，助力碳达峰碳中和，促进我国制造业迈向全球价值链中高端。

二、总体思路

（一）指导思想

以习近平新时代中国特色社会主义思想为指导，全面贯彻党的十九大和十九届二中、三中、四中、五中、六中全会精神，立足新发展阶段，完整、准确、全面贯彻新发展理念，构建新发展格局，深化改革开放，统筹发展和安全，以新一代信息技术与先进制造技术深度融合为主线，深入实施智能制造工程，着力提升创新能力、供给能力、支撑能力和应用水平，加快构建智能制造发展生态，持续推进制造业数字化转型、网络化协同、智能化变革，为促进制造业高质量发展、加快制造强国建设、发展数字经济、构筑国际竞争新优势提供有力支撑。

（二）基本原则

坚持创新驱动。把科技自立自强作为智能制造发展的战略支撑，加强用产学研协同创新，着力突破关键核心技术和系统集成技术。支持企业、高校、科研院所等组建联合体，开展技术、工艺、装备、软件和管理、模式创新，提升核心竞争力。

坚持市场主导。充分发挥市场在资源配置中的决定性作用，强化企业在发展智能制造中的主体地位。更好发挥政府在战略规划引导、标准法规制定、公共服务供给等方面作用，营造良好环境，激发各类市场主体内生动力。

坚持融合发展。加强跨学科、跨领域合作，推动新一代信息技术与先进制造技术深度融合。发挥龙头企业牵引作用，推动产业链供应链深度互联和协同响应，带动上下游企业智能制造水平同步提升，实现大中小企业融通发展。

坚持安全可控。强化底线思维，将安全可控贯穿智能制造创新发展全过程。加强安全风险研判与应对，加快提升智能制造数据安全、网络安全、功能安全保障能力，着力防范化解产业链供应链风险，实现发展与安全相统一。

坚持系统推进。聚焦新阶段新要求，立足我国实际，统筹考虑区域、行业发展差异，加强前瞻性思考、全局性谋划、战略性布局、整体性推进，充分发挥地方、行业和企业积极性，分层分类系统推动智能制造创新发展。

（三）发展路径和目标

“十四五”及未来相当长一段时期，推进智能制造，要立足制造本质，紧扣智能特征，以工艺、装备为核心，以数据为基础，依托制造单元、车间、工厂、供应链等载体，构建虚实融合、知识驱动、动态优化、安全高效、绿色低碳的智能制造系统，推动制造业实现数字化转型、网络化协同、智能化变革。

到 2025 年，规模以上制造业企业大部分实现数字化网络化，重点行业骨干企业初步应用智能化；到 2035 年，规模以上制造业企业全面普及数字化网络化，重点行业骨干企业基本实现智能化。

2025 年的主要目标是：

——**转型升级成效显著**。70%的规模以上制造业企业基本实现数字化网络化，建成 500 个以上引领行业发展的智能制造示范工厂。制造业企业生产效率、产品良品率、能源资源利用率等显著提升，智能制造能力成熟度水平明显提升。

——**供给能力明显增强**。智能制造装备和工业软件技术水平和市场竞争力显著提升，市场满足率分别超过 70%和 50%。培育 150 家以上专业水平高、服务能力强的智能制造系统解决方案供应商。

——**基础支撑更加坚实**。建设一批智能制造创新载体和公共服务平台。构建适应智能制造发展的标准体系和网络基础设施，完成 200 项以上国家、行业标准的制修订，建成 120 个以上具有行业和区域影响力的工业互联网平台。

三、重点任务

（一）加快系统创新，增强融合发展新动能

强化科技支撑引领作用，推动跨学科、跨领域融合创新，打好关键核心和系统集成技术攻坚战，构建完善创新网络，持续提升创新效能。

加强关键核心技术攻关。聚焦设计、生产、管理、服务等制造全过程，突破设计仿真、混合建模、协同优化等基础技术，开发应用增材制造、超精密加工等先进工艺技术，攻克智能感知、人机协作、供应链协同等共性技术，研发人工智能、5G、大数据、边缘计算等在工业领域的适用性技术。加速系统集成技术开发。面向装备、单元、车间、工厂等制造载体，构建制造装备、生产过程相关数据字典和信息模型，开发生产过程通用数据集成和跨平台、跨领域业务互联技术。面向产业链供应链，开发跨企业多源信息交互和全链条协同优化技术。面向制造全过程，突破智能制造系统规划设计、建模仿真、分析优化等技术。

推进新型创新网络建设。围绕关键工艺、工业母机、数字孪生、工业智能等重点领域，支持行业龙头企业联合高校、科研院所和上下游企业建设一批制造业创新载体。鼓励研发机构创新发展机制，加强数据共享和平台共建，开展协同创新。推动产业化促进组织建设，加快创新成果转移转化。建设一批试验验证平台，加速智能制造装备和系统推广应用。

专栏 1　智能制造技术攻关行动

01　关键核心技术

突破产品优化设计与全流程仿真、基于机理和数据驱动的混合建模、多目标协同优化等基础技术；增材制造、超精密加工、近净成形、分子级物性表征等先进工艺技术；工业现场多维智能感知、基于人机协作的生产过程优化、装备与生产过程数字孪生、质量在线精密检测、生产过程精益管控、装备故障诊断与预测性维护、复杂环境动态生产计划与调度、生产全流程智能决策、供应链协同优化等共性技术；5G、人工智能、大数据、边缘计算等新技术在典型行业质量检测、过程控制、工艺优化、计划调度、设备运维、管理决策等方面的适用性技术。

02　系统集成技术

开发基于信息模型和标准接口的可复用数据集成技术；制造装备、产品殴计软件、管控软件、业务管理软件等之间的业务互联技术；而向产业链供应链协同的包含订单、质量、生产实绩等内容的企业信息交互技术；公有云、混合云和边云协同的灵活云化部署技术；涵盖设计、生产、管理、服务等制造全过程的复杂系统建模技术；基于模型的价值流分析和优化技术。

（二）深化推广应用，开拓转型升级新路径

聚焦企业、行业、区域转型升级需要，围绕车间、工厂、供应链构建智能制造系统，开展多场景、全链条、多层次应用示范，培育推广智能制造新模式。

建设智能制造示范工厂。加快新一代信息技术与制造全过程、全要素深度融合，推进制造技术突破和工艺创新，推行精益管理和业务流程再造，实现泛在感知、数据贯通、集成互联、人机协作和分析优化，建设智能场景、智能车间和智能工厂。引导龙头企业建设协同平台，带动上下游企业同步实施智能制造，打造智慧供应链。鼓励各地方、行业开展多场景、多层级应用示范，培育推广智能化设计、网络协同制造、大规模定制、共享制造、智能运维服务等新模式。

专栏 2　智能制造示范工厂建设行动

01　智能场景

推动数字孪生、人工智能、5G、大数据、区块链、虚拟现实（VR）/增强现实（AR）/混合现实（MR）等新技术在制造环节的深度应用，探索形成一批“数字孪生+”“人工智能+”“虚拟/增强/混合现实（XR）+”等智能场景。

02　智能车间

覆盖加工、检测、物流等环节，开展工艺改进和革新，推动设备联网和生产环节数字化连接，强化标准作业、可视管控、精准配送、最优库存，打造一批智能车间，实现生产数据贯通化、制造柔性化和管理智能化。

03　智能工厂

支持基础条件好的企业，同绕设计、生产、管理、服务等制造全过程开展智能化升级，优化组织结构和业务流程，强化精益生产，打造一批智能工厂，推动跨业务活动的数据共享和深度挖掘，实现对核心业务的精准预测、管理优化和自丰决策。

04　智慧供应链

面向汽车、工程机械、轨道交通装备、航空航天装备、船舶与海洋工程装备、电力装备、医疗装备、家用电器、集成电路等行业，支持智能制造应用水平高、核心竞争优势突出、资源配置能力强的龙头企业建设供应链协同平台，打造数据互联互通、信息可信交互、生产深度协同、资源柔性配置的供应链。

推进中小企业数字化转型。加快实施中小企业数字化促进工程，针对中小企业典型应用场景，推广一批符合中小企业需求的数字化产品和服务。支持专精特新“小巨人”企业发挥示范引领作用，开展装备联网、关键工序数控化、业务系统云化等改造，推动中小企业工艺流程优化、技术装备升级。依托数字化服务商，提供数字化咨询诊断、智能化改造、上云用云等服务。

拓展智能制造行业应用。针对装备制造、电子信息、原材料、消费品等领域细分行业特点和痛点，制定智能制造实施路线图，分步骤、分阶段推进。支持有条件有基础的企业加大技术改造投入，持续推动工艺革新、装备升级、管理优化和生产过程智能化。建设行业转型促进机构，加快数据、标准和解决方案深化应用。组织开展经验交流、供需对接活动，总结推广智能制造新技术、新装备和新模式。

专栏3　行业智能化改造升级行动

01　装备制造领域

满足提高产品可靠性和高端化发展等需要，开发面向特定场景的智能成套生产线以及新技术与工艺结合的模块化生产单元；建设基于精益生产、柔性生产的智能车间和工厂；大力发展数字化设计、远程运维服务、个性化定制等模式。

02　电子信息领域

满足提高生产效率和产品良率、缩短研制周期等需要，建立复杂电磁环境下的企业通信网络和主动安全防护系统，实现企业内数据可靠传输；推进电子产品专用智能制造装备与自动化装配线的集成应用；开发智能检测设备与产品一体化测试平台；建设智能物流配送系统，优化生产经营决策系统。

03　原材料领域

满足安全生产、降耗减碳、提质降本等需要，实施大集团统一管理下的多基地协同制造；探索人工智能技术应用，实现工艺流程优化、工序动态协同、资源高效配置和智慧决策支持；针对民爆、矿山、危化品等危险性较大企业推广少人无人作业，实施安全一体化监控；实施大型制造设备健康监测和远程运维，保证流程安全运行；打造全生命周期数据共享平台，实现全产业链优化。

04　消费品领域

提高产品质量和安全性，满足多样化、高品质需求，大力推广面向工序的专用制造装备和专用机器人；支持供应链协同和用户交互平台建设，发展大规模定制；促进全产业链解决方案服务平台建设。

促进区域智能制造发展。鼓励地方创新完善政策体系，探索各具特色的区域智能制造发展路径。推动跨地区开展智能制造关键技术创新、供需对接、人才培养等合作。鼓励地方、行业组织、龙头企业等联合推广先进技术、装备、标准和解决方案，加快智能制造进园区，提升产业集群智能化水平。支持产业特色鲜明、转型需求迫切、基础条件好的地区建设智能制造先行区，打造智能制造技术创新策源地、示范应用集聚区、关键装备和解决方案输出地。

（三）加强自主供给，壮大产业体系新优势

依托强大国内市场，加快发展装备、软件和系统解决方案，培育发展智能制造新兴产业，加速提升供给体系适配性，引领带动产业体系优化升级。

大力发展智能制造装备。针对感知、控制、决策、执行等环节的短板弱项，加强用产学研联合创新，突破一批“卡脖子”基础零部件和装置。推动先进工艺、信息技术与制造装备深度融合，通过智能车间/工厂建设，带动通用、专用智能制造装备加速研制和迭代升级。推动数字孪生、人工智能等新技术创新应用，研制一批国际先进的新型智能制造装备。

专栏 4　智能制造装备创新发展行动
01　基础零部件和装置 研发微纳位移传感器、柔性触觉传感器、高分辨率视觉传感器、成分在线检测仪器、先进控制器、高精度伺服驱动系统、高性能高可靠减速器、可穿戴人机交互设备、工业现场定位设备、智能数控系统等。
02　通用智能制造装备 研发智能立/卧式五轴加工中心、车铣复合加工中心、高精度数控磨床等工作母机；智能焊接机器人、智能移动机器人、半导体（洁净）机器人等工业机器人；激光/电子束高效选区熔化装备、激光选区烧结成形装备等增材制造装备；超快激光等先进激光加工装备；高端分布式控制系统、可编程逻辑控制器、监视控制和数据采集系统等工业控制装备；数字化非接触精密测量、在线无损检测、激光跟踪测量等智能检测装备和仪器；智能多层多向穿梭车、智能大型立体仓库等智能物流装备。
03　专用智能制造装备 研发汽车发动机、变速箱等高效加工与近净成形成套装备，航空航天大型复合材料智能铺放、成形、加工和检测成套装备，航空航天智能装配装备，船舶板材激光焊接成套装备，高精度智能化热/冷连轧成套装备，百万吨以上智能化乙烯成套装备，新型干法水泥全流程智能化生产线，食品高黏度流体灌装智能成套装备，连续式针织物/纯涤纶织物印染成套装备，满足 GMP 要求的无菌原料药智能成套装备，极大规模集成电路制造成套装备，新型平板显示制造成套装备等。
04　新型智能制造装备 研发融合数字孪生、大数据、人工智能、边缘计算、虚拟现实/增强现实（VR/AR）、5G、北斗、卫星互联网等新技术的智能工控系统、智能工作母机、协作机器人、自适应机器人等新型装备。

聚力研发工业软件产品。推动装备制造商、高校、科研院所、用户企业、软件企业强化协同，联合开发面向产品全生命周期和制造全过程的核心软件，研发嵌入式工业软件及集成开发环境，研制面向细分行业的集成化工业软件平台。推动工业知识软件化和架构开源化，加快推进工业软件云化部署。依托重大项目和骨干企业，开展安全可控工业软件应用示范。

专栏 5　工业软件突破提升行动
01　研发设计类软件 开发计算机辅助设计（CAD）、计算机辅助工程（CAE）、计算机辅助工艺计划（CAPP）、计算机辅助制造（CAM）、流程工艺仿真、电子设计自动化（EDA）、产品数据管理（PDM）等。
02　生产制造类软件 开发制造执行系统（MES）、高级计划排程系统（APS）、工厂物料配送管控系统（TMS）、能源管理系统（EMS）、故障预测与健康管理软件（PHM）、运维综合保障管理（MRO）、安全管理系统、环境和碳排放管理系统等。
03　经营管理类软件 开发企业资源计划系统（ERP）、供应链管理系统（SCM）、客户关系管理系统（CRM）、人力资源管理（HRM）、质量管理系统（QMS）、资产绩效管理系统（APM）等。
04　控制执行类软件 开发工业操作系统、工业控制软件、组态编程软件等嵌入式工业软件及集成开发环境。
05　行业专用软件 开发面向特定行业、特定环节的模型库、工艺库等基础知识库，面向石化、冶金等行业的全流程一体化优化软件，面向大型装备的设计/生产/运维一体化平台软件，面向中小企业的综合管控平台软件等。
06　新型软件 开发工业 APP、云化软件、云原生软件等。

着力打造系统解决方案。鼓励智能制造系统解决方案供应商与用户加强供需互动、联合创新，

推进工艺、装备、软件、网络的系统集成和深度融合，开发面向典型场景和细分行业的解决方案。聚焦中小微企业特点和需求，开发轻量化、易维护、低成本的解决方案。加快系统解决方案供应商培育，推动规范发展，引导提供专业化、高水平、一站式的集成服务。

（四）夯实基础支撑，构筑智能制造新保障

瞄准智能制造发展趋势，健全完善计量、标准、信息基础设施、安全保障等发展基础，着力构建完备可靠、先进适用、安全自主的支撑体系。

深入推进标准化工作。持续优化标准顶层设计，统筹推进国家智能制造标准体系和行业应用标准体系建设。加快基础共性和关键技术标准制修订，加强现有标准的优化与协同，在智能装备、智能工厂等方面推动形成国家标准、行业标准、团体标准、企业标准相互协调、互为补充的标准群。加快标准的贯彻执行，支持企业依托标准开展智能车间/工厂建设。积极参与国际标准化工作，推动技术成熟度高的国家标准与国际标准同步发展。

专栏6　智能制造标准领航行动
01　标准体系建设
定期修订《国家智能制造标准体系建设指南》，建设纺织、石化、建材、汽车、航空、船舶、电力装备、轨道交通装备、家电、食品、钢铁、有色金属、新能源等细分领域的行业应用标准体系。
02　标准研制
加大标准试验验证力度，推动数字孪生、数据字典、人机协作、智慧供应链、系统可靠性、信息安全与功能安全一体化等基础共性和关键技术标准制修订，满足技术演进和产业发展需求，加快开展行业应用标准研制。
03　标准推广应用
围绕智能车间/工厂建设、新模式应用、供应链协同、新技术应用等方面，开展智能制造标准应用试点，形成国家标准、行业标准、团体标准协调配套的标准群，推进试点成果在中小企业和同行业企业的应用。
04　标准国际合作
继续加强中德智能制造/工业4.0标准合作，拓展中日、中英等合作，积极参与国际标准化活动，持续提升中国方案在国际标准中的贡献度，深化双边、多边标准化交流机制，形成一批标准化成果。

完善信息基础设施。加快工业互联网、物联网、5G、千兆光网等新型网络基础设施规模化部署，鼓励企业开展内外网升级改造，提升现场感知和数据传输能力。加强工业数据中心、智能计算中心等算力基础设施建设，支撑人工智能等新技术应用。支持大型集团企业、工业园区，围绕内部资源整合、产品全生命周期管理、产业链供应链协同、中小企业服务、工业数据处理分析，建立各具特色的工业互联网平台，实现全要素、全产业链数据的有效集成和管理。

加强安全保障。加强智能制造安全风险研判，同步推进网络安全、数据安全和功能安全，推动密码技术深入应用。实施企业网络安全分类分级管理，督促企业落实网络安全主体责任。完善国家、地方、企业多级工控信息安全监测预警网络，加快建设工业互联网安全技术监测服务体系。探索建立数据跨境传输备案与监管机制。建立符合政策标准要求的技术防护体系和安全管理制度。培育安全服务机构，加大网络安全技术产品推广应用，提升诊断、咨询、设计、实施等服务能力。

强化人才培养。定期编制智能制造人才需求预测报告和紧缺人才需求目录，研究制定智能制造领域职业标准。依托高技能人才培训基地等机构，开展大规模职业培训。加强应届毕业生、在职人员、转岗人员数字化技能培训，推进产教融合型企业建设，促进智能制造企业与职业院校深度合作，探索中国特色学徒制。深化新工科建设，在智能制造领域建设一批现代产业学院和特色化示范

性软件学院，优化学科专业和课程体系设置，加快高端人才培养。弘扬企业家精神和工匠精神，鼓励开展智能制造创新创业大赛、技能竞赛。

四、保障措施

（一）强化统筹协调

加强部门协同，统筹实施智能制造工程，深入开展技术攻关、装备创新、示范应用、标准化、人才培养等。加强央地协作，鼓励地方出台配套政策和法律法规，引导各类社会资源聚集，形成系统推进工作格局。充分发挥智能制造专家咨询委员会及相关高校、科研机构、专业智库作用，开展智能制造前瞻性、战略性重大问题研究。鼓励企业结合自身实际加快实施智能制造，持续做好安全生产和环境保护工作。

（二）加大财政金融支持

加强国家重大科技项目、国家重点研发计划等对智能制造领域的支持。落实首台套重大技术装备和研发费用加计扣除等支持政策。鼓励国家相关产业基金、社会资本加大对智能制造的投资力度。发挥国家产融合作平台作用，引导金融机构为企业智能化改造提供中长期贷款支持，开发符合智能制造特点的供应链金融、融资租赁等金融产品。鼓励符合条件的企业通过股权、债权等方式开展直接融资。

（三）提升公共服务能力

鼓励行业组织、地方政府、产业园区、高校、科研院所、龙头企业等建设智能制造公共服务平台，支持标准试验验证平台和现有服务机构提升检验检测、咨询诊断、计量测试、安全评估、培训推广等服务能力。制定智能制造公共服务平台规范，构建优势互补、协同发展的服务网络。建立长效评价机制，鼓励第三方机构开展智能制造能力成熟度评估，研究发布行业和区域智能制造发展指数。

（四）深化开放合作

加强与相关国家、地区及国际组织的交流，开展智能制造技术、标准、人才等合作。鼓励跨国公司、国外科研机构等在华建设智能制造研发中心、示范工厂、培训中心等。加强知识产权保护，推动建立数据资源产权、交易流通、跨境传输和安全保护等基础制度和标准规范。依托共建“一带一路”倡议、金砖国家合作机制、区域全面经济伙伴关系协定（RCEP）等，鼓励智能制造装备、软件、标准和解决方案“走出去”。

五、组织实施

工业和信息化部会同有关部门做好规划的组织实施，各有关部门按照职责分工，采取切实有效的政策措施，抓好重点任务落实。各地要结合本地实际，落实相关配套政策，做好信息反馈工作。相关行业组织要充分发挥桥梁和纽带作用，协同推动规划的贯彻落实。有关部门、各地方、相关行业组织要加强智能制造经验模式总结和宣传推广。

关于印发“十四五”原材料工业发展规划的通知

工信部联规〔2021〕212号

各省、自治区、直辖市、计划单列市及新疆生产建设兵团工业和信息化、科技、自然资源主管部门：

现将《“十四五”原材料工业发展规划》印发给你们，请结合实际，认真贯彻实施。

工业和信息化部
科学技术部
自然资源部
2021年12月21日

“十四五”原材料工业发展规划

原材料工业是实体经济的根基，是支撑国民经济发展的基础性产业和赢得国际竞争优势的关键领域，是产业基础再造的主力军和工业绿色发展的主战场。为贯彻《中华人民共和国国民经济和社会发展第十四个五年规划和2035年远景目标纲要》，提高原材料工业发展质量和效益，制定本规划。

一、发展形势

（一）发展基础

原材料工业包括石化化工、钢铁、有色金属、建材等行业。“十三五”以来，原材料工业转型升级成效显著，综合实力稳步增长，国际竞争力持续增强。**规模优势得到新提升。**2020年我国原材料工业增加值占规模以上工业的27.4%，粗钢、精炼铜、电解铝、甲醇、尿素、水泥、平板玻璃等产量连续多年保持世界第一。材料种类更加丰富，钢材、铝材、光伏玻璃等自给率超过98%，基本满足了国民经济和国防军工需求。**结构调整取得新进展。**产能严重过剩行业总量供需基本恢复平衡，1.5亿吨钢铁去产能目标提前完成，严控电解铝、水泥产能取得明显成效。前10家水泥企业集团产业集中度达到58%。企业实力加快提升，2020年我国（不含港澳台）入围世界500强原材料工业企业34家，占入围企业数量的29.1%。**创新能力迈上新台阶。**研发投入强度由2015年的0.76%提高到2020年的0.9%左右。重点企业主体装备总体达到国际先进水平，建成了170余家国家重点实验室和工程（技术）研究中心、26家国家新材料重点平台。**绿色转型呈现新面貌。**重点大中型企业吨钢综合能耗较2015年下降4.7%，原铝综合交流电耗比世界平均水平低6.9%，吨钢二氧化硫排放量、建材工业万元工业增加值二氧化碳排放量较2015年分别下降46%、16.5%，总体达到世界先进水平。资源综合利用水平稳步提高，水泥窑协同处置系统已投入运行168套。电石渣实现全部利用，磷石膏综合利用率达到40%。**智能制造达到新水平。**通过两化融合管理体系评定的原材料企业2200余家，大型原材料企业两化融合水平61.1，高于全国平均水平9.1%。原材料工业关键工序数控化率65.7%，其中石化企业73.8%，高出全国平均水平21.7个百分点。建成了60个智能制造工厂、数字化车间。

（二）发展环境

“十四五”时期，原材料工业进入高质量发展新阶段，机遇前所未有，挑战更加严峻，机遇和挑战呈现许多新变化。**从机遇看，**新发展格局加快构建，国内超大规模市场优势进一步发挥，特别是新兴领域和消费升级对高端材料的需求，为原材料工业持续健康发展提供了广阔空间。我国公平竞争的市场体系日趋完善，特别是各种资源要素向优势领域、企业集聚，为原材料工业强化产业链韧性提供了基础支撑。新一轮科技革命和产业变革重塑全球经济结构，特别是新一代信息技术和制造业深度融合，为原材料工业转型升级锻造新优势提供了动力源泉。**从挑战看，**面对经济全球化逆流和新冠肺炎疫情广泛影响，产业链供应链安全风险凸显，拓展国际市场难度明显增加。面对高质量发展新阶段的新形势，钢铁、电解铝、水泥等主要大宗原材料产品需求将陆续达到或接近峰值平台期，规模数量型需求扩张动力趋于减弱。面对资源能源和生态环境的强约束，碳达峰碳中和的硬任务，人民群众对安全生产的新期盼，原材料工业绿色和安全发展的任务更加紧迫。

当前，原材料工业存在的短板和瓶颈依然突出，中低端产品严重过剩与高端产品供给不足并存，关键材料核心工艺技术与装备自主可控水平不高，绿色低碳发展任重道远，数字化水平难以有效支撑高质量发展，关键战略资源保障能力不强等问题亟待加快解决。面对新形势、新要求，要保持战略定力，增强底线思维，坚持系统观念，加速推动原材料工业体系优化开放与高质量发展。

二、总体要求

（一）指导思想

坚持以习近平新时代中国特色社会主义思想为指导，全面贯彻党的十九大和十九届历次全会精神，立足新发展阶段，完整、准确、全面贯彻新发展理念，加快构建新发展格局，以推动高质量发展为主题，以深化供给侧结构性改革为主线，以改革创新为根本动力，以满足人民日益增长的美好生活需要为根本目的，统筹发展和安全，着眼提升产业基础高级化和产业链现代化水平，着力优化传统产业和产品结构，培育壮大新材料产业，加速信息技术赋能，补齐产业链短板，实现低碳可循环，促进产业供给高端化、结构合理化、发展绿色化、转型数字化、体系安全化，为推动制造强国建设再上新台阶，为全面建设社会主义现代化国家开好局、起好步提供有力支撑。

（二）基本原则

——**创新引领。**把技术创新作为第一动力，促进各类创新要素向企业集聚，加强产学研用横向合作，强化工艺技术、加工装备和信息化技术的纵向协同，健全产业创新生态，强化共性基础技术供给，突破战略关键技术，推动技术创新和产业发展融合，加快成果产业化规模化应用。

——**市场主导。**把尊重市场规律作为基本遵循，充分发挥市场在资源配置中的决定性作用，强化企业在投资决策、技术选择等方面的主体地位。遵循原材料工业发展规律，更好发挥政府作用，注重战略规划引导、标准法规制定、市场秩序维护、产业安全保障等，营造良好发展环境。

——供需协调。把满足内需作为优先任务，立足新发展格局新要求，稳定原材料工业合理比重，强化资源保障，提高供给质量，促进原材料工业耦合发展，强化上下游衔接，形成需求牵引供给、供给创造需求的高水平动态平衡。

——绿色安全。把绿色安全作为发展底线，围绕碳达峰碳中和目标，提高能源资源节约和环境保护水平，强化全产业链、全生命周期绿色低碳安全发展，着力提升重点行业本质安全水平，实现经济效益与生态效益、社会效益的有机统一。

（三）发展目标

到2025年，原材料工业保障和引领制造业高质量发展的能力明显增强；增加值增速保持合理水平，在制造业中比重基本稳定；新材料产业规模持续提升，占原材料工业比重明显提高；初步形成更高质量、更好效益、更优布局、更加绿色、更为安全的产业发展格局。

——供给高端化水平不断提高。先进基础材料高端产品质量稳定性可靠性适用性明显提升。部分前沿新材料品种实现量产和典型应用。突破一批重点战略领域关键基础材料。协同创新体系更加高效完善，国家新材料平台体系初步建成。新材料产业创新能力明显提升，重点行业研发投入强度达到1.5%以上，掌握一批具有自主知识产权的关键共性核心技术。

——结构合理化水平持续改善。粗钢、水泥等重点原材料大宗产品产能只减不增，产能利用率保持在合理水平。重点领域产业集中度进一步提升，形成5~10家具有生态主导力和核心竞争力的产业链领航企业。产业布局与生产要素更加协同，在原材料领域形成5个以上世界级先进制造业集群。化工园区集约水平显著提升，形成一批石化产业基地。

——发展绿色化水平大幅提升。钢铁、有色金属、建材等重点行业能源消耗总量、碳排放总量控制取得阶段性成果。钢铁行业吨钢综合能耗降低2%，水泥产品单位熟料能耗水平降低3.7%，电解铝碳排放下降5%。重点行业单位产值污染物排放强度、总量实现双下降，各行业实现稳定达标排放，新建项目满足超低排放标准。工业废渣等固体废物综合利用率进一步提高。

——产业数字化转型效应凸显。智能制造能力成熟度3级及以上企业20%以上，关键工序数控化率70%以上，钢铁等重点领域关键工序数控化水平进一步提升。重点行业数字化、网络化、智能化水平显著提高，企业网络安全防护能力加快建设，建设100个以上智能制造示范工厂，10家以上工业互联网平台。

——体系安全化基础更加扎实。战略资源保障能力大幅提升，形成基本稳定的资源保障体系。重点行业关键生产工艺技术及装备自主可控水平大幅提高，产业链断点堵点显著减少。重点行业本质安全水平大幅提升。城镇人口密集区危险化学品生产企业搬迁改造任务全面完成。到2035年，成为世界重要原材料产品的研发、生产、应用高地，新材料产业竞争力全面提升，绿色低碳发展水平世界先进，产业体系安全自主可控。

三、促进产业供给高端化

（一）健全创新体系

强化创新平台载体支撑。鼓励优势企业积极参与国家重点实验室建设及体系重组，建设重点领域国家制造业创新中心，支持建立省级创新中心。支持转制院所整合产业链和创新链，组建产业共性技术研究平台，提升绿色选冶、高端加工、稳定制备等工程化能力。支持地方结合本地实际采取多种形式建设国家重点新材料中试平台。加大新材料产业计量测试中心、平台和联盟建设。继续组织国家新材料生产应用示范、测试评价等平台建设，协同推进产品设计、研制生产、系统验证、批量应用。完善创新服务支撑体系，建立国家新材料科研设施公用平台。建立新材料数据中心，提高数据服务产业发展的能力。

优化完善创新机制生态。支持原材料企业加大投入，联合下游企业、高校、科研院所，围绕工艺、装备、产品等方面，开展基础研究和应用创新。制定国有企业科技人才薪酬激励政策，在业绩考核、研发投入、工资总额、人才待遇等方面给予激励政策支持。选择一批创新基础好的企业，试行享受高校及科研院所同等科技成果转化政策，放开员工持股限制，在绩效考核中调高创新成果转化等相关指标权重，对作出突出贡献的核心骨干人员给予倾斜。加强国际交流合作，吸引国外重点企业、研究机构来华投资建厂和设立研发中心，鼓励中外机构合作开展材料技术创新研究。支持企业设立境外材料技术和装备研发机构，开展国际技术创新合作。

（二）攻克关键技术

加强产学研用深度融合，推进科研院所、高校、企业科研力量优化配置和资源共享，攻克复杂矿床及超深井矿山安全高效开采等矿山工艺技术；攻克成分组织均匀性控制、原料均化提纯等工艺装备技术，提高产品性能及其稳定性；攻克电石法聚氯乙烯生产无汞化、低温低浓度烟气脱硫脱硝、细颗粒物化学团聚强化除尘、固废（危废）协同处置及资源化利用等污染物防治和资源综合利用技术，提高资源能源利用率和超低排放水平；攻克在线检测调控、原料物性快速识别和评价、设备全生命周期管理、故障诊断与预测性维护等智能制造技术，提升全要素生产率。组织先进适用技术推广，滚动制定发布重点行业先进适用技术目录。

专栏1　技术创新重点方向

建材行业。推动水泥深度脱硫脱硝、化学团聚强化除尘、高效低碳节能等新技术研发。推进非金属矿分级提纯、晶形保护、粒形粒貌控制技术，特种玻璃熔化成型技术，先进陶瓷粉体制备技术、高温固体氧化物燃料电池粉体及其组件共烧成技术、成型烧结技术，大尺寸人工晶体制备技术，结构功能一体化耐火材料集成制造及在役诊断维护等技术的工程化。推动地下矿山全工序无人化作业，露天矿山三维仿真、无人爆破、矿石在线监测，石墨高效解离、大鳞片保护、无氟化提纯，特种玻璃纤维、玄武岩纤维等高性能纤维智能化池窑连续拉丝等矿山采选及材料深加工技术产业化应用。

（已删除与水泥行业无关内容。）

（三）突破关键材料

坚持材料先行和需求牵引并重，聚焦国防建设、民生短板和制造强国建设重大需求，滚动制定关键材料产品目录，制定发布技术路线图。实施关键短板材料攻关行动，采用“揭榜挂帅”“赛马”等方式，支持材料生产、应用企业联合科研单位，开展宽禁带半导体及显示材料、集成电路关键材料、生物基材料、碳基材料、生物医用材料等协同攻关。实施大宗基础材料巩固提升行动，引导企业在优化生产工艺的基础上，利用工业互联网等新一代信息技术，提升先进制造基础零部件用钢、高强铝合金、稀有稀贵金属材料、特种工程塑料、高性能膜材料、纤维新材料、复合材料等综合竞争力。实施前沿材料前瞻布局行动，支持科研单位联合企业，把握新材料技术与信息技术、纳米技术、智能技术等融合发展趋势，发展超导材料、智能仿生、增材制造材料等，推动新的主干材料体系化发展，强化应用领域的支持和引导。实施材料基因工程计划，探索材料研发新模式的试点应用。实施关键材料应用推广行动，优化重点新材料首批次应用保险补偿机制，通过首台（套）、绿色建材推广等措施促进新材料应用。

专栏 2　新材料创新发展工程

突破重点品种。围绕大飞机、航空发动机、集成电路、信息通信、生物产业和能源产业等重点应用领域，攻克高温合金、航空轻合金材料、超高纯稀土金属及化合物、高性能特种钢、可降解生物材料、特种涂层、光刻胶、靶材、抛光液、工业气体、仿生合成橡胶、人工晶体、高性能功能玻璃、先进陶瓷材料、特种分离膜以及高性能稀土磁性、催化、光功能、储氢材料等一批关键材料。

提升公共平台。建设高端聚烯烃、稀有金属、粉末冶金、先进玻璃、先进陶瓷等制造业创新中心。建设信息通信设备、节能环保、机器人装备材料等生产应用示范平台。建设新材料测试评价平台区域中心、新材料数据中心。

到 2025 年，关键材料保障能力得到提升，公共服务能力得到明显改善，新建 10 个以上新材料平台。

（四）提高产品质量

加强质量管理和过程管控。持续开展原材料工业质量提升行动，提高产品质量的稳定性、可靠性和适用性。推广普及卓越绩效、质量诊断、质量持续改进等先进生产管理模式。引导企业加强全面质量管理，加大产品测试评价、设备维修保障、人员岗位培训、供应商质量管控、用户投诉反馈、制造风险分析等环节工作力度。加强质量管理数字化创新与应用，引导企业充分利用云计算、大数据、区块链、人工智能、工业互联网等新一代信息技术手段，推广先进成型和加工方法、在线检测、智能制造等，建立满足应用需求的生产过程控制及质量管控体系，健全化肥、水泥、防水材料、隔热保温材料等产品全生命周期质量控制和追溯机制。

推进产品标准和品牌建设。以国际先进质量标准为标杆，加强材料标准体系化建设，完善和修订“十四五”原材料工业标准体系，建立覆盖产品全生命周期、上下游协同的标准体系，促进资源节约和材料合理应用。聚焦重大技术装备、重大工程等需要，培育一批耐候钢、轴承钢、航空铝材、高性能混凝土、人工晶体、复合材料等高端材料团体标准。围绕消费升级、绿色发展等方向，修订和提升建筑用钢、铜水（气）管、防水保温材料、装饰装修材料、生物基材料等大宗材料及产品标准。深度参与国际标准化工作，牵头制定优势行业国际标准。引导企业强化品牌发展战略，鼓励企业制定高于推荐性标准相关技术要求的企业标准。鼓励石化化工、钢铁、有色金属、建材等行业协会及专业机构开展品牌培育管理体系行业标准宣贯、质量标杆和品牌评价活动，加强行业自律，加大产业集群质量品牌、企业品牌等培育和宣传力度，提高品牌影响力。

健全质量评价和认证体系。组建质量提升技术基础公共服务平台，提升矿产品、冶炼产品、烧结产品、加工材等产品稳定性试验验证、环境适应性评价、故障与缺陷分析、计量认证等质量评价能力，完善质量评价体系，推动过程能力评价。开展原材料工业企业计量能力提升行动，鼓励企业完善测量管理体系，加强测量设备确认和测量过程控制，建立企业计量保障体系。推动钢铁、有色金属、建材等行业开展质量分级评价，加强与产品标准、计量、检测技术的有效衔接。持续开展绿色建材认证。建立新材料认证体系，支持市场化、专业化第三方高端质量认证机构建设，推进质量符合性、工艺稳定性、服役适用性的全产业链、全生命周期、全域评价示范，打造国际化认证品牌，积极推进国际认证机构间认证结果与评价标准互认。

四、推动产业结构合理化

（一）巩固去产能成果

严控新增产能。完善并严格落实钢铁、水泥、平板玻璃、电解铝行业产能置换相关政策，防止铜冶炼、氧化铝等盲目无序发展，新建、改扩建项目必须达到能耗限额标准先进值、污染物超低排放值。严控尿素、磷铵、电石、烧碱、黄磷等行业新增产能，新建项目应实施产能等量或减量置换。鼓励各地区扩大原材料行业产能置换实施范围，提高淘汰落后标准，利用综合标准依法依规推动落后产能退出。严禁新建《产业结构调整指导目录》中限制类和淘汰类项目。

健全长效机制。研究建立运用碳排放、污染物排放、能耗总量等手段遏制过剩产能扩张的约束机制。对达不到超低排放要求、竞争力弱的城市钢厂以及大气污染防治重点区域城市钢厂采取彻底关停、转型发展、就地改造、搬迁改造等方式，推动转型升级。实施水泥常态化错峰生产，探索建立钢铁等行业错峰生产机制。强化石化、现代煤化工产业规划和规划环境影响评价，结合“十三五”实施效果和碳达峰碳中和要求，科学确定行业发展合理规模。实施节能审查，严格控制石化化工、钢铁、建材等主要耗煤行业的燃料煤耗量。健全防范产能过剩长效工作机制，畅通举报渠道，强化联合执法，加强行业预警，充分利用卫星监测、大数据等技术手段，加大违法违规新增产能行为的查处力度，持续保持高压打击态势。

（二）引导合理布局

优化新建产能布局。贯彻国家区域重大战略、区域协调发展战略、主体功能区战略，依据国土空间规划，推动原材料工业空间布局调整优化。落实石化产业规划布局方案，严禁新建规划外对二甲苯和乙烯项目。优化危险化学品生产布局，禁止在化工园区外新建、扩建危险化学品生产项目，危险化学品生产项目外部安全防护距离要符合相关要求。推进重点流域化工企业搬迁改造，进入合规的化工园区。鼓励钢铁冶炼项目依托具备条件的现有钢铁冶炼生产厂区集聚建设。沿海地区有序布局利用境外资源的氧化铝等项目。科学投放砂石资源采矿权，合理布局一批大型机制砂石生产基地。支持地方结合自身优势和产业基础，合理布局符合战略性新兴产业分类目录的新材料项目。

推进规范化集群化发展。制定化工园区认定条件，指导地方认定一批化工园区，引导化工企业集聚规范化发展。推动石化化工行业探索现代煤化工与传统炼化产业、可再生能源发电制氢产业互补发展，引导钢铁行业依托城市矿山建设分布式短流程钢厂，促进电解铝行业布局由“煤—电—铝”向“水电、风电等清洁能源—铝”转移，推动建材行业向协同处置废弃物的循环经济发展模式转变。推动原材料领域国家新型工业化产业示范基地建设，促进产业集聚向集群转型提升。聚焦产业基础好、比较优势突出、技术领先的行业细分领域或重点产品，发挥产业链龙头企业引领带头作用，推动要素聚集和价值提升，强化专业化协作和配套能力，打造一批石化化工、钢铁、有色金属、稀土、绿色建材、新材料产业集群。及时发布产能预警，防止地方盲目重复建设。

（三）优化组织结构

做大做强龙头企业。坚持市场主导和政府推动相结合，清除跨地区兼并重组障碍，清理市场分割、地区封锁等限制，协调解决企业跨地区兼并重组重大问题，支持企业加快跨区域、跨所有制兼并重组，提高产业集中度，开展国际化经营。在石化化工、钢铁、有色金属、建材等行业，培育一批具有生态主导力和核心竞争力的产业链领航企业，做强做大稀土企业集团，鼓励稀有金属企业加快整合。发挥化工、建材行业龙头企业引领作用，推动企业改组改制。对于完成实质性兼并重组的钢铁等行业企业给予产能置换支持政策。完善行业规范管理，促进市场要素向优势企业集中。鼓励金融机构按照风险可控、商业可持续原则，向实施兼并重组、转型升级的原材料企业提供综合性金融服务。

培育壮大中小企业。提高原材料行业中小企业创新能力和专业化水平，鼓励龙头企业将配套中小企业纳入共同的产业链管理、质量管理、标准管理、合作研发管理等，建立稳定的供应、生产、销售等协作配套关系，实现大中小企业融通发展。重点围绕原材料产业链先进基础工艺、核心基础零部件等方面，培育一批专精特新“小巨人”企业、制造业单项冠军企业。

（四）推进产业协同

扩大中高端材料内需。面向新型基础设施建设、高端装备、新型城镇化建设、交通水利等重大工程建设和人民美好生活要求，加快传统材料升级换代，破除制约材料应用的隐形壁垒和不合理规定。修订完善设计和应用规范，拓展绿色建材等成熟产品内需市场，推动绿色建材应用及试点城市建设，推广装配式建筑和钢结构住宅，挖掘高性能铝材等高端材料消费潜能。大力开拓传统产品新市场、新用途，不断提升传统产业竞争优势和竞争效率。强化原材料工业供需结构匹配，减少无效供给，扩大有效供给，提高供给结构对需求结构的适应性，推动形成需求牵引供给、供给创造需求的高水平动态平衡。

加强上下游衔接联动。原材料企业加强与上下游企业协同共生、耦合发展，向生产零部件、部品化延伸，向提供一体化的材料系统化解决方案转变。采用研发早期介入、后期持续改进的合作模式，推动商业模式创新和业态创新，促进生产型制造向服务型制造转变。支持行业协会搭建供需衔接平台。建立健全航空材料、重型燃气轮机材料、集成电路材料、新能源汽车驱动电机用稀土永磁材料、生物医用材料、建筑用热轧型钢等上下游合作机制。发挥龙头企业对新材料创新应用带动作用。支持第三方机构组织开展重点材料“一条龙”应用示范推进工作。

五、加快产业发展绿色化

（一）积极实施节能低碳行动

围绕碳达峰、碳中和目标节点，强化碳效率发展理念，全面实施碳减排行动，将碳排放纳入环境影响评价，发挥减污降碳协同效应。制定石化化工、钢铁、有色金属、建材等重点行业碳达峰实施方案，确保 2030 年前实现达峰，鼓励有条件的行业、企业率先达峰。支持企业实施原料、燃料替代，加快推进工业煤改电、煤改气，提高可再生资源和清洁能源使用比例。支持企业利用余热余压发电、并网。支持钢铁、水泥等重点行业构建生产全过程碳排放统计核算、监测与评估体系。加快推进原材料企业节能低碳改造升级，鼓励企业建设能源管理中心，深入实施能源梯级利用。优化产品贸易结构，鼓励增加初级加工产品进口，严格控制高耗能、低附加值产品出口。加强重点行业节能监察，贯彻强制性单位产品能耗限额标准。开展工业节能诊断服务。严格落实钢铁、水泥、电解铝等重点行业阶梯电价政策，完善有利于绿色低碳发展的差别化电价政策。

专栏3　低碳制造试点工程
实施技术攻关。组织研发重质劣质油加工及高效转化利用、大型高效节能先进煤气化、二氧化碳为原料生产化工产品、富氢碳循环高炉、氢能窑炉、氢基直接还原等技术。 **推广先进技术。**石化化工行业推广原油直接生产化学品、精细化工产品智能化微反应和连续化生产、含一氧化碳工业尾气生物发酵制乙醇等低碳技术。钢铁行业推广钢铁循环材料使用、近终形短流程铸轧、低品位资源生物冶金等低碳技术。有色金属行业推广高电流密度低能耗铝电解、热态铜锍连续吹炼、低碳原料替代等低碳技术。建材行业推广协同处置、低碳及高性能水泥、碳捕捉纯化、全氧富氧燃烧、全电熔及电助熔、原燃料替代、成型烧结等低碳技术。 **建设试点项目。**组织实施氢冶金、非高炉炼铁等低碳冶炼试点项目，开展水泥、煤化工等行业二氧化碳捕集、封存技术推广应用试点，推进二氧化碳在驱油、合成有机化学品等方面应用，开展低碳水泥、氢能窑炉及固碳建材试点。 到2025年，钢铁、有色金属、建材等重点行业碳排放总量控制取得阶段性成果。

（二）推进超低排放和清洁生产

推进实施钢铁行业超低排放改造，研究推动化工、焦化、电解铝、铜冶炼、铅锌冶炼、水泥、玻璃、耐火材料、石墨深加工、陶瓷等重点行业实施超低排放。鼓励石化化工企业开展初期雨水收集处理，石化化工、钢铁等行业组织企业开展内部节水改造。对生产、使用、排放优先控制化学品的企业，实施强制性清洁生产审核，推动石化化工、有色金属、建材等重点行业制定清洁生产改造提升计划，创新原材料重点行业清洁生产推行模式。加强工业园区尾气资源集中规划管理和水梯次利用、集中处理，推进工业尾气循环化、清洁化、高值化利用。加强有色金属行业重金属污染治理，无害化处理含砷冶炼渣、铝灰等危险废物。限制和逐步淘汰高毒、高污染、高环境风险化工产品和工艺技术，禁止非法生产、使用持久性有机污染物，禁止非法生产添汞产品。支持企业研究开发、推广应用减少工业固废产生量和降低工业固废危害性的生产工艺和设备。强化产品全生命周期绿色发展理念，大力推广绿色工艺和绿色产品。引导企业和园区开展卓越环保绩效管理，加强智能管控一体化治理，全面建设绿色工厂和绿色园区。加强矿山生态修复，建设绿色矿山。制修订一批环保排放、节水等重点标准。

（三）提升资源综合利用水平

支持资源高效利用，持续提升关键工艺和过程管理水平，提高一次资源利用效率，从源头上减少资源能源消耗。全面推进原材料工业固废综合利用，重点围绕尾矿、废石、粉煤灰、赤泥、冶炼渣、电解锰渣、工业副产石膏、化工废渣、废弃纤维及复合材料等，建设一批工业资源综合利用基地，在重点地区建设尾矿废渣、磷石膏、电解锰渣等综合利用和钢铁有色协同处置含锌二次资源项目，以及煤气化炉、水泥窑、大型烧结砖隧道窑协同处置废弃物等示范线，加快实现无害化、减量化、资源化处置。鼓励在全国范围内实施磷石膏“以渣定产”。加快塑料污染治理和塑料循环利用，推进生物降解塑料的产业化与应用。发展提升资源综合利用效率的建材联产系统。推进原材料工业生产过程中优先使用再生水、海水等非常规水，减少新水取用量。推动石化化工、钢铁等行业废水深度处理与循环利用，创建一批工业废水循环利用示范企业、园区。鼓励有条件的地区推进石化化工、钢铁、有色金属、建材、电力等产业耦合发展，建立原材料工业耦合发展园区，实现能源资源梯级利用和产业循环衔接。完善资源价格形成机制。

六、加速产业转型数字化

（一）加快制造过程智能化

推进数字化基础设施建设。鼓励企业结合生产工艺条件改造，加快智能传感器、处理器、网关、仪器仪表等数字化工具和设备部署，提升矿石采选、冶炼加工、化工反应等生产现场的实时感知和数据采集能力。建立统一的数据集成和管理平台，实现对研发、生产、经营、运维等全流程数据集中管理。鼓励有条件的企业应用5G等新一代信息技术对网络进行升级，建设泛在感知互联的工厂运行环境。

提高生产智能化水平。鼓励企业开发应用基于数据驱动、机理模型、经验模型、仿真模型的先进工艺控制系统，优化生产作业设备运行参数。建立面向原料进料、反应过程、冶炼过程、质量控制、污染物排放、能源消耗等重点环节的实时监控、异常工况预警、全流程动态调度、智能处置。构建面向主要生产场景、工艺流程、关键核心设备的数字孪生模型。鼓励劳动强度大、作业环境恶劣、安全风险较大、精度要求高的岗位应用机器人。建立集成客户服务、经营管理、生产执行和过程控制等信息的企业管理与经营决策系统。

加快企业管理体系变革。支持企业开展两化融合管理体系贯标试点示范与分级贯标评定。组织开展两化融合度评估，明确不同融合度企业的发展重点和提升路径，引导企业逐级或跨级提升信息技术融合应用水平。支持优势企业两化融合先进实践经验的推广复制，将配套企业纳入共同的供应链协同、质量管控、合作研发等管理体系中，带动产业链上下游企业智能化水平提升，增强产业链供应链安全。支持中小企业加快转型升级，推动新一代信息技术在研发设计、生产制造、经营管理、产品服务等环节的普及应用和协同创新。

（二）推动工业互联网赋能

加快原材料工业互联网标识解析二级节点建设，推动标识解析在供应链协同、产品追踪溯源、库存管理等方面的探索应用。鼓励龙头企业打造和各企业之间的网络化协作平台，实现多生产基地的资源共享与协同制造。鼓励产业链龙头企业打造企业级工业互联网平台，实现产业链供应链一体化，构建面向特定行业和区域的特色型工业互联网平台以及专业技术型工业互联网平台。鼓励企业基于平台打通企业端与用户端数据，以下游客户需求为导向，对产品结构和制造流程进行重构，实现从大规模批量生产向大规模定制化生产转变。打造跨行业跨领域工业互联网平台，探索原材料行业与物流、城建、能源等行业的跨领域融通。鼓励原材料细分行业龙头企业、第三方机构等牵头打造专业化、特色化的原材料工业互联网平台，推动关键设备的数字化改造和上云上平台。聚焦重点环节培育和推广一批流程管理工业APP和解决方案，为中小企业提供研发设计、软件使用、生产制造、设备运维、经营管理、仓储物流等服务。加快探索原材料工业与“5G+工业互联网”融合发展，打造更多典型应用场景，赋能企业提质降本增效。

（三）夯实数字化支撑基础

分行业推进智能制造标准体系建设。搭建智能制造标准试验验证平台，在重点行业与领域加快开展标准试点与推广。支持组建行业智能制造联盟、设立专家委员会。分行业、分场景培育一批原材料智能制造系统解决方案供应商、工业互联网服务供应商，遴选、发布供应商名录。针对原材料工业特点，形成一批数字化智能化系统解决方案。加大信息化与专业化结合的复合型人才、团队培

养力度，形成一批原材料工业数字化智能化发展领军队伍。深化实施原材料生产企业工业互联网网络安全分类分级管理，推动商用密码技术应用，提升重点行业企业工业互联网安全防护能力。

专栏4　数字化赋能工程
开展试点示范。制定重点行业智能制造数字化转型指南、行动计划，推进集智能生产、智能运维、智能管理于一体的智能矿山和智能工厂（车间）试点示范。推动矿山工业互联网及智能装备研发和应用，鼓励5G、大数据等在矿山和工厂中的推广应用，为企业数字化建设提供安全便捷的网络连接。 **构建服务平台。**制定"工业互联网+重点行业"行动方案，支持行业龙头企业、数字化服务商建设贯通消费与生产、供应与制造、产品与服务、具有原材料行业特色的工业互联网平台。支持地方政府、园区管理部门建设本区域工业互联网平台，推动治理体系和行业管理手段的现代化。 **完善标准体系。**围绕智能工厂参考架构、数据交换技术规范、数据采集规范等，制定一批智能制造相关标准。 到2025年，在原材料领域建设100个以上智能制造示范工厂，10家以上重点行业工业互联网平台。

七、保障产业体系安全化

（一）提高资源保障能力

合理开发国内矿产资源。加大铁矿石、铜、钾等紧缺性矿产资源探矿力度，积极开展现有矿山深部及外围找矿。落实税收优惠政策，鼓励采取减少矿业固体废物产生的先进工艺和设备，高效集约利用低品位矿，鼓励综合利用复杂共伴生矿及矿山固废。划定生态保护红线等控制线时，与战略性矿产资源区域充分衔接。适当新建高标准矿山，强化国内矿产资源"压舱石"作用和基础保障能力。优化年度开采总量控制指标管理机制，科学调控稀土、钨等矿产资源的开采规模。完善矿产资源权益金政策。

拓展多元化资源供给渠道。开发"城市矿山"资源，支持优势企业建立大型废钢及再生铝、铜、锂、镍、钴、钨、钼等回收基地和产业集聚区，推进再生金属回收、拆解、加工、分类、配送一体化发展。构建国家和企业共同参与，产品储备和资源地储备相结合的矿产资源储备体系。完善矿石交易市场体系，形成公开透明、公正合理的定价机制。推进矿产资源领域国际合作，按照平等互利、合作共赢原则，优化境外投资结构和布局，规范有序参与境外资源开发，增强矿产资源全球经略能力。鼓励轻烃等低碳石化原料进口。严格执行再生资源进口标准，推进优质再生资源进口。

专栏5　战略资源安全保障工程
落实战略性矿产资源有关规划要求，实施战略性矿产国内找矿行动，实现找22矿增储。支持铁矿石、铜矿、稀土等国内重点矿山建设，遴选建设一批重要无机非金属矿产资源高效开发利用基地。建设符合产业政策的再生资源回收利用项目。鼓励企业规范开展境外资源勘探开发，建设采选冶一体化等综合性资源基地。 到2025年，资源保障能力明显提升，构建稳定开放的资源保障体系，形成一批国内一流的大型重点矿产开发企业，建设15个以上重点非金属矿高效开发利用基地。大幅提高铁金属国内自给率，废钢比达到30%以上，再生铜、铝产量比例分别达到35%、20%。

（二）增强配套支撑能力

拓展配套供应渠道。梳理原材料重点行业产业链供应链短板，开展关键设备、零部件、仪器仪表、原辅料等供应安全评估，制定配套供应保障工作预案。推动建立重点行业领域产业链供应链信息共享平台，加强关键配套产品的供需对接。支持企业建立应对产业链供应链安全的工作机制，建立健全储备体系，提高应急保供能力。鼓励企业制定实施“备胎”计划，推动供应渠道多元化布局。支持产业集聚区开展第三方备品备件原辅料供应服务。

强化短板装备开发应用。围绕地压监测装备、协同熔炼技术装备、大型熔铸设备、新型速凝冶炼设备等专用生产装备，高精密轴承、特种阀门、高压泵等关键零部件，无损检测设备等精密仪器仪表，支持上下游企业、科研院所与配套企业开展联合攻关，加快突破瓶颈制约，增强产业链供应链自主可控能力。利用首台（套）重大技术装备保险补偿机制，鼓励企业积极开发使用创新装备。适时调整重大技术装备和产品进口关键零部件、原材料商品目录，营造公平竞争的市场环境。

专栏 6　补链强链工程

组织协同攻关。鼓励产业链上中下游、大中小企业融通创新，组织高端专用生产装备、核心零部件、测试用精密仪器、核心原辅料、工业基础软件等协同攻关，打通供应链堵点断点。

拓展配套渠道。推动建立重点行业领域产业链供应链信息共享平台，加强关键配套产品的供需对接，建立关键领域产业链供应链联盟，支持企业间组建联合体，通过产业协同构建自主可控的生态体系。研究建立统筹兼顾战略储备和商业储备的储备体系，支持企业制定应对重大突发事件的重要物资、关键装备、备品备件等应急储备制度与工作预案，合理规划储备品种与储备周期，提升企业抗风险能力。

到 2025 年，主要产业链供应链断点堵点得到有效疏解，安全水平明显提升。

（三）提升安全生产水平

强化企业本质安全。坚持人民至上、生命至上，加大安全技术改造力度，淘汰达不到安全生产要求的技术装备。推动企业源头治理，降低安全风险，提高企业本质安全水平。落实好工业互联网+安全生产行动计划，利用信息化手段，构建基于工业互联网的安全生产感知、监测、预警、处置和评估体系，研究制定重点行业工业互联网+安全生产实施指南，开展试点示范。推进化工园区智慧化建设，推动城镇人口密集区危险化学品生产企业搬迁改造。

推动企业落实主体责任。指导企业落实安全生产法律法规标准体系，强化安全风险防范意识，履行安全生产主体责任，提升安全生产管理水平。支持、鼓励企业推进安全生产标准化建设，强化安全技术和管理团队作用，做好安全生产培训。指导企业完善重点部位、关键环节和重大危险源的监测预警机制，建立健全安全生产风险分级管控和隐患排查治理体系。

八、保障措施

（一）强化规划实施

加强部门协同和上下联动。国家有关部门按照职责分工，抓好相关工作落实。各地加强与本规划的衔接，将规划主要内容和重大工程纳入本地区重点工作安排。石化化工、钢铁等重点行业围绕规划目标任务，结合行业实际制定具体实施意见。建立中期评估机制，对规划的完成情况及落实过程中出现的新问题、新情况加强动态跟踪，必要时按程序对规划内容进行调整。行业组织充分发挥连接企业与政府的桥梁作用，及时反馈规划实施问题和建议。

（二）加强政策协同

充分发挥规划引领作用，加强财税、金融、投资、进出口、能源、生态环境、自然资源、价格等政策与产业政策的协同配合。各级投资主管部门、自然资源主管部门把规划作为投资项目核准、备案以及用地用海审批的重要依据。对规划涉及的化工园区、基地、示范项目、重大工程等布局建设应落实区域“三线一单”生态环境分区管控要求，相关开发建设规划和建设项目应依法开展环境影响评价。充分利用现有资金渠道，支持规划涉及的重大工程。深化产融合作，发挥国家产融合作平台作用，通过金融服务、股权投资等方式，积极支持符合规划的项目。积极运用国际通行规则，营造公平竞争市场环境。加强知识产权保护和服务。

（三）强化人才保障

引导高校根据原材料工业发展需要优化学科专业布局，扩大矿山开采、冶金、材料、化学等学科专业人才培养规模。深化新工科建设，优化相关领域专业结构。开展原材料工业重点领域人才需求摸底，建设产业人才大数据平台和专家信息库。加强急需紧缺工程师和技术技能人才培养，实施职业教育提质培优计划。加大海外高层次团队、人才引进和服务保障力度。实施新材料人才培养计划，持续组织新材料领域人才出国（境）、国内培训。

（四）加大宣传引导

充分利用各种媒介，采取多种形式，加强对规划内容、实施进展和典型经验的宣传报道。制定精细化产业政策，消除社会将原材料工业“一刀切”列入“两高一资”行业的误区，切实增强行业自信，引导产城共融发展，为原材料工业高质量发展营造良好舆论氛围。充分发挥行业协会、专业机构作用，加强规划的宣贯、落实。

关于印发《“十四五”工业绿色发展规划》的通知

工信部规〔2021〕178号

各省、自治区、直辖市及计划单列市、新疆生产建设兵团工业和信息化主管部门，各省、自治区、直辖市通信管理局，有关中央企业，部属有关单位，部机关各司局：

现将《“十四五”工业绿色发展规划》印发给你们，请结合实际，认真贯彻实施。

工业和信息化部

2021年11月15日

“十四五”工业绿色发展规划

一、面临形势

（一）发展基础

“十三五”以来，工业领域以传统行业绿色化改造为重点，以绿色科技创新为支撑，以法规标准制度建设为保障，大力实施绿色制造工程，工业绿色发展取得明显成效。

产业结构不断优化。初步建立落后产能退出长效机制，钢铁行业提前完成1.5亿吨去产能目标，电解铝、水泥行业落后产能已基本退出。高技术制造业、装备制造业增加值占规模以上工业增加值比重分别达到15.1%、33.7%，分别提高了3.3和1.9个百分点。

能源资源利用效率显著提升。规模以上工业单位增加值能耗降低约16%，单位工业增加值用水量降低约40%。重点大中型企业吨钢综合能耗水耗、原铝综合交流电耗等已达到世界先进水平。2020年，十种主要品种再生资源回收利用量达到3.8亿吨，工业固废综合利用量约20亿吨。

清洁生产水平明显提高。燃煤机组全面完成超低排放改造，6.2亿吨粗钢产能开展超低排放改造。重点行业主要污染物排放强度降低20%以上。

绿色低碳产业初具规模。截至2020年底，我国节能环保产业产值约7.5万亿元。新能源汽车累计推广量超过550万辆，连续多年位居全球第一。太阳能电池组件在全球市场份额占比达71%。

绿色制造体系基本构建。研究制定468项节能与绿色发展行业标准，建设2121家绿色工厂、171家绿色工业园区、189家绿色供应链企业，推广近2万种绿色产品，绿色制造体系建设已成为绿色转型的重要支撑。

（二）发展环境

我国力争2030年前实现碳达峰、2060年前实现碳中和，是以习近平同志为核心的党中央经过深思熟虑作出的重大战略决策。“十四五”时期，是我国应对气候变化、实现碳达峰目标的关键期和窗口期，也是工业实现绿色低碳转型的关键五年。

当前，我国仍处于工业化、城镇化深入发展的历史阶段，传统行业所占比重依然较高，战略性新兴产业、高技术产业尚未成为经济增长的主导力量，能源结构偏煤、能源效率偏低的状况没有得到根本性改变，重点区域、重点行业污染问题没有得到根本解决，资源环境约束加剧，碳达峰、碳中和时间窗口偏紧，技术储备不足，推动工业绿色低碳转型任务艰巨。同时，绿色低碳发展是当今时代科技革命和产业变革的方向，绿色经济已成为全球产业竞争重点。一些发达经济体正在谋划或推行碳边境调节机制等绿色贸易制度，提高技术要求，实施优惠贷款、补贴关税等鼓励政策，对经贸合作和产业竞争提出新的挑战，增加了我国绿色低碳转型的成本和难度。

面对新形势、新任务、新要求，要提高政治站位，迎难而上，攻坚克难，坚定不移走生态优先、绿色低碳的高质量发展道路。

二、总体思路

（一）指导思想

以习近平新时代中国特色社会主义思想为指导，全面贯彻党的十九大和十九届二中、三中、四中、五中、六中全会精神，深入贯彻习近平生态文明思想，立足新发展阶段，完整、准确、全面贯彻新发展理念，构建新发展格局，落实制造强国、网络强国战略，以推动高质量发展为主题，以供给侧结构性改革为主线，以碳达峰碳中和目标为引领，以减污降碳协同增效为总抓手，统筹发展与绿色低碳转型，深入实施绿色制造，加快产业结构优化升级，大力推进工业节能降碳，全面提高资源利用效率，积极推行清洁生产改造，提升绿色低碳技术、绿色产品、服务供给能力，构建工业绿色低碳转型与工业赋能绿色发展相互促进、深度融合的现代化产业格局，支撑碳达峰碳中和目标任务如期实现。

（二）基本原则

目标导向。坚持把推动碳达峰碳中和目标如期实现作为产业结构调整、促进工业全面绿色低碳转型的总体导向，全面统领减污降碳和能源资源高效利用。

效率优先。坚持把提高能源资源利用效率放在首位，推进能源资源科学配置、高效利用，优化生产流程和工艺，提高单位能源资源产出效率，促进节能降耗、提质增效。

创新驱动。坚持把创新作为第一驱动力，强化科技创新和制度创新，优化创新体系，激发创新活力，加快绿色低碳科技革命，培育壮大工业绿色发展新动能。

市场主导。坚持有效市场和有为政府相结合，发挥企业主体作用，发挥市场机制配置资源的决定性作用，以高质量的绿色供给激发绿色新需求，引导绿色新消费。

系统推进。坚持把绿色低碳发展作为一项多维、立体、系统工程，统筹工业经济增长和低碳转型、绿色生产和绿色消费的关系，协同推进各行业、各地区绿色发展。

（三）主要目标

到2025年，工业产业结构、生产方式绿色低碳转型取得显著成效，绿色低碳技术装备广泛应用，能源资源利用效率大幅提高，绿色制造水平全面提升，为 2030 年工业领域碳达峰奠定坚实基础。

碳排放强度持续下降。单位工业增加值二氧化碳排放降低 18%，钢铁、有色金属、建材等重点行业碳排放总量控制取得阶段性成果。

污染物排放强度显著下降。有害物质源头管控能力持续加强，清洁生产水平显著提高，重点行业主要污染物排放强度降低 10%。

能源效率稳步提升。规模以上工业单位增加值能耗降低 13.5%，粗钢、水泥、乙烯等重点工业产品单耗达到世界先进水平。

资源利用水平明显提高。重点行业资源产出率持续提升，大宗工业固废综合利用率达到 57%，主要再生资源回收利用量达到 4.8 亿吨。单位工业增加值用水量降低 16%。

绿色制造体系日趋完善。重点行业和重点区域绿色制造体系基本建成，完善工业绿色低碳标准体系，推广万种绿色产品，绿色环保产业产值达到 11 万亿元。布局建设一批标准、技术公共服务平台。

三、主要任务

（一）实施工业领域碳达峰行动

加强工业领域碳达峰顶层设计，提出工业整体和重点行业碳达峰路线图、时间表，明确实施路径，推进各行业落实碳达峰目标任务、实行梯次达峰。

制定工业碳达峰路线图。深入落实《2030 年前碳达峰行动方案》，制定工业领域和钢铁、石化化工、有色金属、建材等重点行业碳达峰实施方案，统筹谋划碳达峰路线图和时间表。强化标准、统计、核算和信息系统建设，提升降碳基础能力。结合不同行业技术现状和发展趋势，力争有条件的行业率先实现碳达峰。

明确工业降碳实施路径。基于流程型、离散型制造的不同特点，明确钢铁、石化化工、有色金属、建材等行业的主要碳排放生产工序或子行业，提出降碳和碳达峰实施路径。推动煤炭等化石能源清洁高效利用，提高可再生能源应用比重。加快氢能技术创新和基础设施建设，推动氢能多元利用。支持企业实施燃料替代，加快推进工业煤改电、煤改气。对以煤、石油焦、渣油、重油等为燃料的锅炉和工业窑炉，采用清洁低碳能源替代。通过流程降碳、工艺降碳、原料替代，实现生产过程降碳。发展绿色低碳材料，推动产品全生命周期减碳。探索低成本二氧化碳捕集、资源化转化利用、封存等主动降碳路径。

开展降碳重大工程示范。发挥中央企业、大型企业集团示范引领作用，在主要碳排放行业以及绿色氢能与可再生能源应用、新型储能、碳捕集利用与封存等领域，实施一批降碳效果突出、带动性强的重大工程。推动低碳工艺革新，实施降碳升级改造，支持取得突破的低碳零碳负碳关键技术开展产业化示范应用，形成一批可复制、可推广的技术和经验。

加强非二氧化碳温室气体管控。有序开展对氧化亚氮、氢氟碳化物、全氟化碳、六氟化硫等其他温室气体排放的管控。落实《〈蒙特利尔议定书〉基加利修正案》，启动聚氨酯泡沫、挤出基苯乙烯泡沫、工商制冷空调等重点领域含氢氯氟烃淘汰管理计划，加强生产线改造、替代技术研究和替代路线选择，推动含氢氯氟烃削减。

专栏1　工业碳达峰推进工程

降碳重大工程示范。开展非高炉炼铁、水泥窑高比例燃料替代、二氧化碳耦合制化学品、可再生能源电解制氢、百万吨级二氧化碳捕集利用与封存等重大降碳工程示范。

绿色低碳材料推广。推广低碳胶凝、节能门窗、环保涂料、全铝家具等绿色建材和生活用品，发展聚乳酸、聚丁二酸丁二醇酯、聚羟基烷酸、聚有机酸复合材料、椰油酰氨基酸等生物基材料。

降碳基础能力建设。制修订重点行业碳排放核算标准，推动建立工业碳排放核算体系，加强碳排放数据统计分析，建立碳排放管理信息系统，培育一批碳排放核算专业化机构。

（二）推进产业结构高端化转型

加快推进产业结构调整，坚决遏制"两高"项目盲目发展，依法依规推动落后产能退出，发展战略性新兴产业、高技术产业，持续优化重点区域、流域产业布局，全面推进产业绿色低碳转型。

推动传统行业绿色低碳发展。加快钢铁、有色金属、石化化工、建材、纺织、轻工、机械等行业实施绿色化升级改造，推进城镇人口密集区危险化学品生产企业搬迁改造。落实能耗"双控"目标和碳排放强度控制要求，推动重化工业减量化、集约化、绿色化发展。对于市场已饱和的"两高"项目，主要产品设计能效水平要对标行业能耗限额先进值或国际先进水平。严格执行钢铁、水泥、平板玻璃、电解铝等行业产能置换政策，严控尿素、磷铵、电石、烧碱、黄磷等行业新增产能，新建项目应实施产能等量或减量置换。强化环保、能耗、水耗等要素约束，依法依规推动落后产能退出。

壮大绿色环保战略性新兴产业。着力打造能源资源消耗低、环境污染少、附加值高、市场需求旺盛的产业发展新引擎，加快发展新能源、新材料、新能源汽车、绿色智能船舶、绿色环保、高端装备、能源电子等战略性新兴产业，带动整个经济社会的绿色低碳发展。推动绿色制造领域战略性新兴产业融合化、集群化、生态化发展，做大做强一批龙头骨干企业，培育一批专精特新"小巨人"企业和制造业单项冠军企业。

优化重点区域绿色低碳布局。在严格保护生态环境前提下，提升能源资源富集地区能源资源的绿色供给能力，推动重点开发地区提高清洁能源利用比重和资源循环利用水平，引导生态脆弱地区发展与资源环境相适宜的特色产业和生态产业，鼓励生态产品资源丰富地区实现生态优势向产业优势转化。加快打造以京津冀、长三角、粤港澳大湾区等区域为重点的绿色低碳发展高地，积极推动长江经济带成为我国生态优先绿色发展主战场，扎实推进黄河流域生态保护和高质量发展。

专栏2　重点区域绿色转型升级工程

京津冀地区。推动区域资源综合利用协同发展，建设大规模尾矿和废石生产砂石骨料等项目。加强高耗水行业废水、海水和再生水等非常规水高效利用。鼓励龙头企业开展绿色伙伴供应商管理，整合优化区域绿色产业链。

长三角。推进生态环境共保联治，统筹区域产业结构调整，促进传统行业绿色升级改造、产业转移、产业链跨地区协同、产业高效聚集，推进区域能源资源优化配置，高水平建设长三角生态绿色一体化发展示范区。

粤港澳大湾区。推动粤港澳大湾区炼化、造纸、建材等传统行业绿色改造，实施大湾区"清洁生产伙伴计划"，加大再生资源回收利用。推动建设绿色发展示范区，开展绿色低碳发展评价，加强绿色低碳技术交流合作。

长江经济带。加强化工园区整治提升和污染治理，长江干支流1公里范围内严禁新建扩建化工项目，开展沿江工业节水减污。中上游地区加强磷石膏、冶炼渣、粉煤灰、废旧金属、废塑料、废轮胎等资源综合利用。

黄河流域。按照以水定产原则，严控煤化工、有色金属、钢铁等行业盲目扩张。引导新型煤化工产业与石化化工、钢铁、建材等产业耦合发展。推动钢铁、煤化工等行业水资源循环利用，充分利用市政污水和再生水等。

（三）加快能源消费低碳化转型

着力提高能源利用效率，构建清洁高效低碳的工业用能结构，将节能降碳增效作为控制工业领域二氧化碳排放的关键措施，持续提升能源消费低碳化水平。

提升清洁能源消费比重。鼓励氢能、生物燃料、垃圾衍生燃料等替代能源在钢铁、水泥、化工等行业的应用。严格控制钢铁、煤化工、水泥等主要用煤行业煤炭消费，鼓励有条件地区新建、改扩建项目实行用煤减量替代。提升工业终端用能电气化水平，在具备条件的行业和地区加快推广应用电窑炉、电锅炉、电动力设备。鼓励工厂、园区开展工业绿色低碳微电网建设，发展屋顶光伏、分散式风电、多元储能、高效热泵等，推进多能高效互补利用。

提高能源利用效率。加快重点用能行业的节能技术装备创新和应用，持续推进典型流程工业能量系统优化。推动工业窑炉、锅炉、电机、泵、风机、压缩机等重点用能设备系统的节能改造。加强高温散料与液态熔渣余热、含尘废气余热、低品位余能等的回收利用，对重点工艺流程、用能设备实施信息化数字化改造升级。鼓励企业、园区建设能源综合管理系统，实现能效优化调控。积极推进网络和通信等新型基础设施绿色升级，降低数据中心、移动基站功耗。

完善能源管理和服务机制。加快节能标准更新，强化新建项目能源评估审查。依据节能法律法规和强制性节能标准，定期对各类项目特别是“两高”项目进行监督检查。规范节能监察执法、创新监察方式、强化结果应用，探索开展跨地区节能监察，实现重点用能行业企业、重点用能设备节能监察全覆盖。强化以电为核心的能源需求侧管理，引导企业提高用能效率和需求响应能力。开展节能诊断，为企业节能管理提供服务。

专栏3　工业节能与能效提升工程

先进工艺流程节能。重点推广钢铁行业铁水一罐到底、近终形连铸直接轧制，石化化工行业原油直接生产化学品、先进煤气化，建材行业水泥流化床悬浮煅烧与流程再造技术、玻璃熔窑全氧燃烧，有色金属行业高电流效率低能耗铝电解、钛合金等离子冷床炉半连续铸造等先进节能工艺流程。

重点用能设备节能。重点推广特大功率高压变频变压器、可控热管式节能热处理炉、三角形立体卷铁芯结构变压器、稀土永磁无铁芯电机、变频无极变速风机、磁悬浮离心风机、电缸抽油机、新一代高效内燃机、高效蓄热式烧嘴等新型节能设备。

数据中心和基站节能。推动数据中心建设全模块化、预制化，加快发展液冷系统、高密度集成IT设备，提升间接式蒸发冷却系统、列间空调等高效制冷系统应用水平。强化数据中心运维与环境调控，通过智能化手段实现机械制冷与自然制冷协同。探索依托河湖、海洋、地热等优势资源建设全时自然冷数据中心。构建基站设备、站点和网络三级节能体系，结合人工智能、深度休眠、下行功率优化、错峰用电等技术，实现基站节能。

（四）促进资源利用循环化转型

坚持总量控制、科学配置、全面节约、循环利用原则，强化资源在生产过程的高效利用，削减工业固废、废水产生量，加强工业资源综合利用，促进生产与生活系统绿色循环链接，大幅提高资源利用效率。

推进原生资源高效化协同利用。统筹国际国内两大资源来源，加强资源跨区域跨产业优化配置，全面合理开发铁矿石、磷矿石、有色金属等矿产资源，加强钒钛磁铁矿中钒钛资源、磷矿石中氟资源等共伴生矿产资源的开发。加强钢铁、有色金属、建材、化工企业间原材料供需结构匹配，促进有效、协同供给，强化企业、园区、产业集群之间的循环链接，提高资源利用水平。

推进再生资源高值化循环利用。培育废钢铁、废有色金属、废塑料、废旧轮胎、废纸、废弃电器电子产品、废旧动力电池、废油、废旧纺织品等主要再生资源循环利用龙头骨干企业，推动资源要素向优势企业集聚，依托优势企业技术装备，推动再生资源高值化利用。统筹用好国内国际两种资源，依托互联网、区块链、大数据等信息化技术，构建国内国际双轨、线上线下并行的再生资源供应链。鼓励建设再生资源高值化利用产业园区，推动企业聚集化、资源循环化、产业高端化发展。统筹布局退役光伏、风力发电装置、海洋工程装备等新兴固废综合利用。积极推广再制造产品，大力发展高端智能再制造。

推进工业固废规模化综合利用。推进尾矿、粉煤灰、煤矸石、冶炼渣、工业副产石膏、赤泥、化工渣等大宗工业固废规模化综合利用。推动钢铁窑炉、水泥窑、化工装置等协同处置固废。以工业资源综合利用基地为依托，在固废集中产生区、煤炭主产区、基础原材料产业集聚区探索建立基于区域特点的工业固废综合利用产业发展模式。鼓励有条件的园区和企业加强资源耦合和循环利用，创建“无废园区”和“无废企业”。实施工业固体废物资源综合利用评价，通过以评促用，推动有条件的地区率先实现新增工业固废能用尽用、存量工业固废有序减少。

专栏 4　资源高效利用促进工程

再生资源回收利用。建设一批大型一体化废钢铁、废有色金属、废纸等绿色分拣加工配送中心。提升再生铜、铝、钴、锂等战略金属资源回收利用比例，推动多种有价组分综合回收。落实塑料污染治理要求，实施废塑料综合利用行业规范条件，鼓励开展废塑料化学循环利用。到 2025 年，力争废钢、废纸、废有色金属回收利用量分别达到 3.2 亿吨、6000 万吨、2000 万吨，其中，再生铜、再生铝、再生铅产量达到 400 万吨、1150 万吨、290 万吨。

工业固废综合利用。推动大宗工业固废在建筑材料生产、基础设施建设、地下采空区充填等领域的规模化应用。提取固废中有价元素，生产纤维材料、白炭黑、微晶玻璃、超细填料、节能建材等。到 2025 年，冶炼渣（不含赤泥）、工业副产石膏综合利用率分别达到 73%、73%。

废旧动力电池回收利用。完善动力电池回收利用法规制度，探索推广“互联网+回收”等新型商业模式，强化溯源管理，鼓励产业链上下游企业共建共用回收渠道，建设一批集中型回收服务网点。推动废旧动力电池在储能、备电、充换电等领域的规模化梯次应用，建设一批梯次利用和再生利用项目。到 2025 年，建成较为完善的动力电池回收利用体系。

高端智能再制造。修订再制造产品认定管理办法，建立自愿认证和自我声明相结合的产品合格评定制度，规范发展再制造产业。推动在国家自由贸易试验区开展境外高技术含量、高附加值产品的再制造。

培育行业标杆。遴选发布一批符合行业规范条件的再生资源回收利用企业名单，建设 50 个工业资源综合利用基地，培育一批工业资源综合利用“领跑者”企业。推进电器电子、汽车等产品生产者责任延伸试点，强化示范引领。

推进水资源节约利用。按照以水定产的原则，加强对高耗水行业的定额管理，开展水效对标达标。推进企业、园区用水系统集成优化，实现串联用水、分质用水、一水多用和梯级利用。鼓励重点行业加大对市政污水及再生水、海水、雨水、矿井水等非常规水的利用，减少新水取用量。推动企业建立完善节水管理制度，建立智慧用水管理平台，实现水资源高效利用。开展工业废水循环利用试点示范，引导重点行业、重点地区加强工业废水处理后回用。

专栏 5　工业节水增效工程

优化取水结构。引导企业、园区与市政开展合作，加大应用市政生活污水、再生水。鼓励沿海地区直接利用海水作为循环冷却水，建设海水淡化设施。鼓励建设雨水收集、储存和综合利用设施。鼓励宁东、蒙西、陕北、晋西等能源基地煤炭矿井水分级处理、分质利用。

强化过程管理。鼓励年用水量超过10万立方米的企业或园区设立水务经理，定期接受节水技术、标准、管理规范等方面培训。开展工业节水诊断，培育一批专业第三方工业节水及水处理服务机构。在重点行业建设一批智慧用水管理云平台。

加大废水循环利用。推动炼油污水集成再生回用、钢铁废水和市政污水联合再生回用、焦化废水电磁强氧化深度处理，煤化工浓盐废水深度处理和回用，纺织印染废水深度处理和回用，食品发酵有机废水生物处理和回用。在严重缺水地区创建产城融合废水高效循环利用试点。建设一批废水循环利用示范企业和园区。

开展节水评价。加强工业节水标准制修订，开展水效对标达标，树立工业节水典范。到2025年，在钢铁、炼化、煤化工、造纸、食品、纺织印染等高耗水行业，遴选50家水效“领跑者”企业，创建节水标杆。

（五）推动生产过程清洁化转型

强化源头减量、过程控制和末端高效治理相结合的系统减污理念，大力推行绿色设计，引领增量企业高起点打造更清洁的生产方式，推动存量企业持续实施清洁生产技术改造，引导企业主动提升清洁生产水平。

健全绿色设计推行机制。强化全生命周期理念，全方位全过程推行工业产品绿色设计。在生态环境影响大、产品涉及面广、产业关联度高的行业，创建绿色设计示范企业，探索行业绿色设计路径，带动产业链、供应链绿色协同提升。构建基于大数据和云计算等技术的绿色设计平台，强化绿色设计与绿色制造协同关键技术供给，加大绿色设计应用。聚焦绿色属性突出、消费量大的工业产品，制定绿色设计评价标准，完善标准采信机制。引导企业采取自我声明或自愿认证的方式，开展绿色设计评价。

减少有害物质源头使用。严格落实电器电子、汽车、船舶等产品有害物质限制使用管控要求，减少铅、汞、镉、六价铬、多溴联苯、多溴二苯醚等使用。研究制定道路机动车辆有害物质限制使用管理办法，更新电器电子产品管控范围的目录，制修订电器电子、汽车产品有害物质含量限值强制性标准，编制船舶有害物质清单及检验指南，持续推进有害物质管控要求与国际接轨。强化强制性标准约束作用，大力推广低（无）挥发性有机物含量的涂料、油墨、胶黏剂、清洗剂等产品。推动建立部门联动的监管机制，建立覆盖产业链上下游的有害物质数据库，充分发挥电商平台作用，创新开展大数据监管。

削减生产过程污染排放。针对重点行业、重点污染物排放量大的工艺环节，研发推广过程减污工艺和设备，开展应用示范。聚焦京津冀及周边地区、汾渭平原、长三角地区等重点区域，加大氮氧化物、挥发性有机物排放重点行业清洁生产改造力度，实现细颗粒物（$PM_{2.5}$）和臭氧协同控制。聚焦长江、黄河等重点流域以及涉重金属行业集聚区，实施清洁生产水平提升工程，削减化学需氧量、氨氮、重金属等污染物排放。严格履行国际环境公约和有关标准要求，推动重点行业减少持久性有机污染物、有毒有害化学物质等新污染物产生和排放。制定限期淘汰产生严重环境污染的工业固体废物的落后生产工艺设备名录。

升级改造末端治理设施。在重点行业推广先进适用环保治理装备，推动形成稳定、高效的治理能力。在大气污染防治领域，聚焦烟气排放量大、成分复杂、治理难度大的重点行业，开展多污染物协同治理应用示范。深入推进钢铁行业超低排放改造，稳步实施水泥、焦化等行业超低排放改造。加快推进有机废气（VOCs）回收和处理，鼓励选取低耗高效组合工艺进行治理。在水污染防治重点领域，聚焦涉重金属、高盐、高有机物等高难度废水，开展深度高效治理应用示范，逐步提升印染、造纸、化学原料药、煤化工、有色金属等行业废水治理水平。

专栏6 重点行业清洁生产改造工程
钢铁行业。实施焦炉煤气精脱硫、高比例球团冶炼、焦化负压蒸馏、焦化全流程优化等技术和装备改造。到2025年，完成5.3亿吨钢铁产能超低排放改造、4.6亿吨焦化产能清洁生产改造。
石化化工行业。实施高效催化、过程强化、高效精馏等工艺技术改造，以及废盐焚烧精制、废硫酸高温裂解、高级氧化、微反应、煤气化等装备改造。
有色金属行业。实施氧化铝行业高效溶出及降低赤泥技术，铜冶炼行业短流程冶炼、连续熔炼，锌冶炼行业高效清洁化电解、氧压浸出，镁冶炼行业竖式还原炼镁等技术和装备改造。到2025年，完成4000台左右有色金属窑炉清洁生产改造。
建材行业。实施水泥行业脱硫脱硝除尘超低排放，玻璃行业熔窑烟气除尘、脱硫脱硝、余热利用（发电）"一体化"工艺技术和成套设备改造。
纺织行业。实施小浴比染色、无聚乙烯醇上浆织造、再生纤维素纤维绿色制浆、超临界二氧化碳流体染色、针织物平幅染色、涤纶织物少水连续式染色等技术和装备改造。
轻工行业。实施短流程低水耗离型纸节约型合成革制造、皮革浸灰与铬鞣废液封闭循环、生物制革、大宗发酵制品高效生产菌种和绿色提取精制等技术和装备改造。
机械行业。持续推进基础制造工艺绿色优化升级，实施绿色工艺材料制备，清洁铸造、精密锻造、绿色热处理、先进焊接、低碳减污表面工程、高效切削加工等工艺技术和装备改造。

（六）引导产品供给绿色化转型

增加绿色低碳产品、绿色环保装备供给，引导绿色消费，创造新需求，培育新模式，构建绿色增长新引擎，为经济社会各领域绿色低碳转型提供坚实保障。

加大绿色低碳产品供给。构建工业领域从基础原材料到终端消费品全链条的绿色产品供给体系，鼓励企业运用绿色设计方法与工具，开发推广一批高性能、高质量、轻量化、低碳环保产品。打造绿色消费场景，扩大新能源汽车、光伏光热产品、绿色消费类电器电子产品、绿色建材等消费。倡导绿色生活方式，继续推广节能、节水、高效、安全的绿色智能家电产品。推动电商平台设立绿色低碳产品销售专区，建立销售激励约束机制，支持绿色积分等"消费即生产"新业态。

大力发展绿色环保装备。研发和推广应用高效加热、节能动力、余热余压回收利用等工业节能装备，低能耗、模块化、智能化污水、烟气、固废处理等工业环保装备，源头分类、过程管控、末端治理等工艺技术装备。加快农作物秸秆、畜禽粪污等生物质供气、供电及农膜污染治理等农村节能环保装备推广应用。发展新型墙体材料一体化成型、铜铝废碎料等工业固废智能化破碎分选及综合利用成套装备，退役动力电池智能化拆解及高值化回收利用装备。发展工程机械、重型机床、内燃机等再制造装备。

创新绿色服务供给模式。打造一批重点行业碳达峰碳中和公共服务平台，面向企业、园区提供低碳规划和低碳方案设计、低碳技术验证和碳排放、碳足迹核算等服务。建立重点工业产品碳排放基础数据库，完善碳排放数据计量、收集、监测、分析体系。推广合同能源管理、合同节水管理、环境污染第三方治理等服务模式。积极培育绿色制造系统解决方案、第三方评价、城市环境服务等专业化绿色服务机构，提供绿色诊断、研发设计、集成应用、运营管理、评价认证、培训等服务，积极参与绿色服务国际标准体系和服务贸易规则制定。

专栏 7　绿色产品和节能环保装备供给工程

绿色产品。大力发展和推广新能源汽车，促进甲醇汽车等替代燃料汽车推广。利用“以旧换新”等方式，继续推广高效照明、节能空调、节能冰箱、节水洗衣机等绿色智能家电产品。鼓励使用低挥发性有机物含量的涂料、清洗剂，加快发展生物质、木制、石膏等新型建材。提高再生材料消费占比。到 2025 年，开发推广万种绿色产品。

绿色环保装备。重点发展污染治理机器人、基于机器视觉的智能垃圾分选技术装备、干式厌氧有机废物处理技术装备、高效低耗难处理废水资源化技术装备、非电领域烟气多污染物协同深度治理技术装备、高效连续的挥发性有机物吸附-脱附、蓄热式热氧化/催化燃烧技术装备。

新能源装备。发展大尺寸高效光伏组件、大功率海上风电装备、氢燃料燃气轮机、超高压氢气压缩机、高效氢燃料电池、一体化商用小型反应堆等新能源装备。推动智能光伏创新升级和行业特色应用。积极参与绿色服务国际标准体系和服务贸易规则制定。

（七）加速生产方式数字化转型

以数字化转型驱动生产方式变革，采用工业互联网、大数据、5G 等新一代信息技术提升能源、资源、环境管理水平，深化生产制造过程的数字化应用，赋能绿色制造。

建立绿色低碳基础数据平台。加快制定涵盖能源、资源、碳排放、污染物排放等数据信息的绿色低碳基础数据标准。分行业建立产品全生命周期绿色低碳基础数据平台，统筹绿色低碳基础数据和工业大数据资源，建立数据共享机制，推动数据汇聚、共享和应用。基于平台数据，开展碳足迹、水足迹、环境影响分析评价。

推动数字化智能化绿色化融合发展。深化产品研发设计、生产制造、应用服役、回收利用等环节的数字化应用，加快人工智能、物联网、云计算、数字孪生、区块链等信息技术在绿色制造领域的应用，提高绿色转型发展效率和效益。推动制造过程的关键工艺装备智能感知和控制系统、过程多目标优化、经营决策优化等，实现生产过程物质流、能量流等信息采集监控、智能分析和精细管理。打造面向产品全生命周期的数字孪生系统，以数据为驱动提升行业绿色低碳技术创新、绿色制造和运维服务水平。推进绿色技术软件化封装，推动成熟绿色制造技术的创新应用。

实施“工业互联网+绿色制造”。鼓励企业、园区开展能源资源信息化管控、污染物排放在线监测、地下管网漏水检测等系统建设，实现动态监测、精准控制和优化管理。加强对再生资源全生命周期数据的智能化采集、管理与应用。推动主要用能设备、工序等数字化改造和上云用云。支持采用物联网、大数据等信息化手段开展信息采集、数据分析、流向监测、财务管理，推广“工业互联网+再生资源回收利用”新模式。

（八）构建绿色低碳技术体系

推动新技术快速大规模应用和迭代升级，抓紧部署前沿技术研究，完善产业技术创新体系，强化科技创新对工业绿色低碳转型的支撑作用。

加快关键共性技术攻关突破。针对基础元器件和零部件、基础工艺、关键基础材料等实施一批节能减碳研究项目。集中优势资源开展减碳零碳负碳技术、碳捕集利用与封存技术、零碳工业流程再造技术、复杂难用固废无害化利用技术、新型节能及新能源材料技术、高效储能材料技术等关键核心技术攻关，形成一批原创性科技成果。开展化石能源清洁高效利用技术、再生资源分质分级利用技术、高端智能装备再制造技术、高效节能环保装备技术等共性技术研发，强化绿色低碳技术供给。

加强产业基础研究和前沿技术布局。 加强基础理论、基础方法、前沿颠覆性技术布局，推进碳中和、二氧化碳移除与低成本利用等前沿绿色低碳技术研究。开展智能光伏、钙钛矿太阳能电池、绿氢开发利用、一氧化碳发酵制酒精、二氧化碳负排放技术以及臭氧污染、持久性有机污染物、微塑料、游离态污染物等新型污染物治理技术装备基础研究，稳步推进团聚、微波除尘等技术集成创新。

加大先进适用技术推广应用。 定期编制发布低碳、节能、节水、清洁生产和资源综合利用等绿色技术、装备、产品目录，遴选一批水平先进、经济性好、推广潜力大、市场亟需的工艺装备技术，鼓励企业加强设备更新和新产品规模化应用。重点推广全废钢电弧炉短流程炼钢、高选择性催化、余热高效回收利用、多污染物协同治理超低排放、加热炉低氮燃烧、干法粒化除尘、工业废水深度治理回用、高效提取分离、高效膜分离等工艺装备技术。组织制定重大技术推广方案和供需对接指南。优化完善首台（套）重大技术装备、重点新材料首批次应用保险补偿机制，支持符合条件的绿色低碳技术装备、绿色材料应用。鼓励各地方、各行业探索绿色低碳技术推广新机制。

专栏 8　绿色低碳技术推广应用工程

降碳技术。 推进低碳冶金、洁净钢冶炼、绿氢炼化、新型低碳胶凝材料、二氧化碳耦合制甲醇、高效低碳铝电解、高参数煤气发电、二氧化碳驱油、超低氮多孔介质无焰燃烧等技术的推广应用。

减污技术。 推进离子交换法脱硫脱硝、无磷水处理剂循环冷却水处理、纳米陶瓷膜污水处理、工业窑炉协同处置、原位热脱附土壤修复、污泥低温真空干化处理、高盐废水催化氧化处理等技术的推广应用。

节能技术。 推进铸轧一体化无头轧制、中低温余热利用、清洁高效水煤浆气化、高热值固体废物燃料替代、微电网储能、间接冷凝蒸发（数据中心）、铁合金冶炼专用炭电极替代电极糊等技术推广应用。

节水技术。 推进循环冷却水空冷节水、高含盐水淡化管式膜、余能低温多效海水淡化、焦化废水高级催化氧化深度处理回用、固碱蒸发碱性冷凝水处理回用、MBR+反渗透印染废水回用等技术推广应用。

资源高效利用技术。 推进全固废免烧胶凝材料、全固废生产绿色混凝土、钢渣高效蒸汽粉磨、赤泥无害化制环保砖、工业副产石膏生产高强石膏粉及其制品、低值废塑料热裂解、退役动力电池精细化自动拆解等技术推广应用。

激发各类市场主体创新活力。 以市场为导向，鼓励绿色低碳技术研发，实施绿色技术创新攻关行动，在绿色低碳领域培育建设一批制造业创新中心、产业创新中心、工程研究中心、技术创新中心等创新平台，着力解决跨行业、跨领域关键共性技术问题。强化企业创新主体地位，支持企业整合科研院所、高校、产业园区等力量建立市场化运行的绿色技术创新联合体。加速科技成果转化，支持建立绿色技术创新项目孵化器、创新创业基地。加快绿色低碳技术工程化产业化突破，发挥大企业支撑引领作用，培育制造业绿色竞争新优势。支持创新型中小微企业成长为创新重要发源地。

（九）完善绿色制造支撑体系

健全绿色低碳标准体系，完善绿色评价和公共服务体系，强化绿色服务保障，构建完整贯通的绿色供应链，全面提升绿色发展基础能力。

健全绿色低碳标准体系。 立足产业结构调整、绿色低碳技术发展需求，完善绿色产品、绿色工厂、绿色工业园区和绿色供应链评价标准体系，制修订一批低碳、节能、节水、资源综合利用等重点领域标准及关键工艺技术装备标准。鼓励制定高于现行标准的地方标准、团体标准和企业标准。强化先进适用标准的贯彻落实，扩大标准有效供给。推动建立绿色低碳标准采信机制，推进重点标准技术水平评价和实施效果评估，畅通迭代优化渠道。推进绿色设计、产品碳足迹、绿色制造、新能源、新能源汽车等重点领域标准国际化工作。

打造绿色公共服务平台。优化自我评价、社会评价与政府引导相结合的绿色制造评价机制，强化对社会评价机构的监督管理。培育一批绿色制造服务供应商，提供产品绿色设计与制造一体化、工厂数字化绿色提升、服务其他产业绿色化等系统解决方案。完善绿色制造公共服务平台，创新服务模式，面向重点领域提供咨询、检测、评估、认定、审计、培训等一揽子服务。

强化绿色制造标杆引领。围绕重点行业和重要领域，持续推进绿色产品、绿色工厂、绿色工业园区和绿色供应链管理企业建设，遴选发布绿色制造名单。鼓励地方、行业创建本区域、本行业的绿色制造标杆企业名单。实施对绿色制造名单的动态化管理，探索开展绿色认证和星级评价，强化效果评估，建立有进有出的动态调整机制。将环境信息强制性披露纳入绿色制造评价体系，鼓励绿色制造企业编制绿色低碳发展年度报告。

贯通绿色供应链管理。鼓励工业企业开展绿色制造承诺机制，倡导供应商生产绿色产品，创建绿色工厂，打造绿色制造工艺、推行绿色包装、开展绿色运输、做好废弃产品回收处理，形成绿色供应链。推动绿色产业链与绿色供应链协同发展，鼓励汽车、家电、机械等生产企业构建数据支撑、网络共享、智能协作的绿色供应链管理体系，提升资源利用效率及供应链绿色化水平。

打造绿色低碳人才队伍。推进相关专业学科与产业学院建设，强化专业型和跨领域复合型人才培养。充分发挥企业、科研机构、高校、行业协会、培训机构等各方作用，建立完善多层次人才合作培养模式。依托各类引知引智计划，构筑集聚国内外科技领军人才和创新团队的绿色低碳科研创新高地。

建立多元化人才评价和激励机制。推动国家人才发展重大项目对绿色低碳人才队伍建设支持。完善绿色政策和市场机制。建立与绿色低碳发展相适应的投融资政策，严格控制“两高”项目投资，加大对节能环保、新能源、碳捕集利用与封存等的投融资支持力度。发挥国家产融合作平台作用，建设工业绿色发展项目库，推动绿色金融产品服务创新。推动运用定向降准、专项再贷款、抵押补充贷款等政策工具，引导金融机构扩大绿色信贷投放。健全政府绿色采购政策，加大绿色低碳产品采购力度。进一步完善惩罚性电价、差别电价、差别水价等政策。推进全国碳排放权和全国用能权交易市场建设，加强碳排放权和用能权交易的统筹衔接。

四、保障措施

（一）加强规划组织实施

强化部际、部省、央地间协同合作，建立责任明确、协调有序、监管有力的工作体系。加强沟通协调，强化跨部门、跨区域协作，各地要结合实际制定出台配套政策，落实规划总体要求、目标和任务，打好政策“组合拳”。开展规划实施情况的动态监测和评估，推进规划落实。发挥行业协会、智库、第三方机构等的桥梁纽带作用，助力重点行业和重要领域绿色低碳发展。组织开展全国节能宣传周、全国低碳日、中国水周等活动，加强各类媒体、公益组织舆论引导，宣传工业绿色发展政策法规、典型案例、先进技术。

（二）健全法律法规政策

推动修订《中华人民共和国节约能源法》《中华人民共和国循环经济促进法》《中华人民共和国清洁生产促进法》等法律法规。贯彻落实《中华人民共和国固体废物污染环境防治法》，健全配套政策。制定工业节能监察、工业资源综合利用、新能源汽车动力电池回收利用、绿色制造体系建设等管理办法。完善节能减排约束性指标管理。建立企业绿色信用等级评定机制，加大评定结果在财政、信贷、试点示范等方面的应用。完善企业信息披露制度，促进企业更好履行节能节水、减污降碳和职工责任关怀等社会责任。

（三）加大财税金融支持

鼓励地方财政加大对绿色低碳产业发展、技术研发等的支持力度，创新支持方式，引导更多社会资源投入工业绿色发展项目。扩大环境保护、节能节水等企业所得税优惠目录范围。开展绿色金融产品和工具创新，完善绿色金融激励机制，有序推进绿色保险。加强产融合作，出台推动工业绿色发展的产融合作专项政策，推动完善支持工业绿色发展的绿色金融标准体系和信息披露机制，支持绿色企业上市融资和再融资，降低融资费用，研究建立绿色科创属性判定机制。

（四）深化绿色国际合作

推动建立绿色制造国际伙伴关系，进一步拓展多边和双边合作机制建设，加强与有关国际组织在绿色制造领域的合作交流。鼓励有条件的地方建设中外合作绿色工业园区，推动绿色技术创新成果在国内转化落地。大力建设绿色“一带一路”，扩大绿色贸易，共建一批绿色工厂和绿色供应链，加快绿色产品标准、认证、标识国际化步伐。依托重点科研院所、高校、企业，探索建立国际绿色低碳技术创新合作平台和培训基地。鼓励以绿色低碳技术装备为依托进行境外工程承包和劳务输出。

关于印发“十四五”信息化和工业化深度融合发展规划的通知

工信部规〔2021〕182号

各省、自治区、直辖市及计划单列市、副省级省会城市、新疆生产建设兵团工业和信息化主管部门，有关中央企业、行业协会，有关单位：

现将《“十四五”信息化和工业化深度融合发展规划》印发给你们，请结合实际，认真贯彻实施。

工业和信息化部

2021年11月17日

“十四五”信息化和工业化深度融合发展规划

工业和信息化部

信息化和工业化深度融合（以下简称两化深度融合）是信息化和工业化两个历史进程的交汇与创新，是中国特色新型工业化道路的集中体现，是新发展阶段制造业数字化、网络化、智能化发展的必由之路，是数字经济时代建设制造强国、网络强国和数字中国的扣合点。信息化是信息技术在国民经济各领域的应用，既是发展过程也是发展目的，信息化和工业化的融合既加速了工业化进程，也拉动了信息技术的进步。信息世界与物理世界的深度融合是未来世界发展的总趋势，两化深度融合顺应这一趋势，正在全面加速数字化转型，推动制造业企业形态、生产方式、业务模式和就业方式根本性变革。为深入贯彻落实党中央、国务院关于深化新一代信息技术与制造业融合发展的决策部署，持续做好两化深度融合这篇大文章，根据《中华人民共和国国民经济和社会发展第十四个五年规划和2035年远景目标纲要》，编制本规划。

一、发展形势

“十三五”期间，通过政策制定、标准推广、工程实施、试点示范等系列举措，两化深度融合既推动了信息技术在制造业的广泛应用，也带动了信息技术产业的系统创新和蓬勃发展。两化深度融合“十三五”规划主要目标任务全面完成，以两化深度融合为本质特征的中国特色新型工业化道路更加宽广，步伐更加坚定，成效更加显著。**一是融合发展政策体系不断健全。**党中央、国务院先后出台《关于深化“互联2网+先进制造业”发展工业互联网的指导意见》《关于深化新一代信息技术与制造业融合发展的指导意见》等系列文件，融合发展顶层设计持续加强，推进机制日益完善。**二是两化深度融合对传统产业提升作用显著。**两化融合管理体系贯标持续推进，信息技术在制造业研发设计、生产制造、经营管理、运维服务等关键业务环节广泛应用，全国工业企业关键工序数控化率、经营管理数字化普及率和数字化研发设计工具普及率分别达 52.1%、68.1%和 73.0%，五年内分别增加 6.7、13.2 和 11 个百分点，制造业数字化转型不断加速。**三是基于工业互联网的融合发展生态加速构建。**我国工业互联网发展水平与发达国家基本同步，网络基础设施持续升级，标识解析体系基本建成，注册总量突破 94 亿，平台资源配置能力显著增强，设备连接数量超过 7000 万，行业赋能效果日益凸显，数字化管理、个性化定制、网络化协同、服务化延伸等融合发展新模式新业态蓬勃发展。**四是融合发展基础设施不断夯实。**建成全球规模最大的信息通信网络，开通 5G 基站超过 70 万个，5G 商用部署初见成效，互联网协议第六版（IPv6）基础设施全面就绪，"蛟龙"下水、大飞机上天、北斗组网、高铁出海，关键领域核心技术、高端装备和重大短板攻关取得新进展。

"十四五"时期是建设制造强国、构建现代化产业体系和实现经济高质量发展的重要阶段，两化深度融合面临新的机遇和挑战。**一是新一代信息技术处于加速创新的爆发期，两化深度融合面临新形势。**新一代信息技术催生第四次工业革命，互联网、大数据、人工智能、区块链等新技术加速融合应用，数据要素赋能作用持续显现，正在引发系统性、革命性、群体性的技术突破和产业变革，不断催生融合发展新技术、新产业、新模式、新业态。**二是全面建设社会主义现代化国家开启新征程，两化深度融合面临新任务。**党的十九届五中全会提出 2035 年基本实现社会主义现代化的远景目标，并将"基本实现新型工业化、信息化、城镇化、农业现代化"（新四化）作为重要发展目标。"十四五"时期亟需通过两化深度融合，推动产业数字化和数字产业化，加快质量变革、效率变革和动力变革，赋能传统产业转型升级，壮大经济发展新引擎，为实现"新四化"提供有力支撑。**三是世界正经历百年未有之大变局，两化深度融合面临新挑战。**当前全球经贸环境日趋复杂，新冠疫情影响广泛深远，高端制造回流和中低端制造外迁对我国形成"双向挤压"。我国制造业仍面临低端供给过剩、高端供给不足、创新能力不适应高质量发展要求等诸多挑战，亟需深化新一代信息技术与制造业全要素、全产业链、全价值链融合发展，推进产业基础高级化、产业链现代化，促进国内国际双循环。

综合判断，我国两化深度融合发展仍处于走深向实的战略机遇期，正步入深化应用、加速创新、引领变革的快速发展轨道。"十四五"时期，要深刻认识并顺应当前国际国内形势，瞄准构建现代化产业体系的新目标，持续做好两化深度融合这篇大文章。

二、总体要求

（一）指导思想

坚持以习近平新时代中国特色社会主义思想为指导，深入贯彻党的十九大和十九届二中、三中、四中、五中、六中全会精神，立足新发展阶段，完整、准确、全面贯彻新发展理念，构建新发展格局，紧扣制造业高质量发展要求，以供给侧结构性改革为主线，以智能制造为主攻方向，以数字化转型为主要抓手，推动工业互联网创新发展，培育融合发展新模式新业态，加快重点行业领域数字化转型，激发企业融合发展活力，打造数据驱动、软件定义、平台支撑、服务增值、智能主导的现代化产业体系，全面推进产业基础高级化、产业链现代化，为实现"新四化"的战略目标奠定坚实基础。

（二）基本原则

坚持市场主导。发挥好市场在资源配置中的决定性作用，更好发挥政府在环境营造、生态构建中的政策引导作用，破解融合发展的体制机制约束，形成融合发展的市场化模式，促进供给和需求在更高水平上实现动态平衡。

坚持创新驱动。发挥新一代信息技术的创新活力，激发数据要素的转型动力，按照问题导向、应用牵引、系统突破的思路，着力补短板、锻长板，以集成创新加速产业变革、管理优化和战略转型，促进质量变革、效率变革和动力变革。

坚持系统推进。充分释放各方主体活力，发挥大型企业、龙头企业的标杆引领作用，打造资源富集、应用繁荣、产业进步、治理有序的平台化共建共享新生态，促进大中小企业、产业链上下游、跨行业跨领域融通发展。坚持开放合作。通过新一代信息技术融合应用推动生产、分配、流通、消费各环节在国内市场实现良性循环，形成对全球资源要素的引力场，深化国际合作，构建互利共赢的开放合作新格局。

（三）发展目标

到 2025 年，信息化和工业化在更广范围、更深程度、更高水平上实现融合发展，新一代信息技术向制造业各领域加速渗透，范围显著扩展、程度持续深化、质量大幅提升，制造业数字化转型步伐明显加快，全国两化融合发展指数达到 105。

——**新模式新业态广泛普及**。企业经营管理数字化普及率达 80%，企业形态加速向扁平化、平台化、生态化转变。数字化研发设计工具普及率达 85%，平台化设计得到规模化推广。关键工序数控化率达 68%，网络化、智能化、个性化生产方式在重点领域得到深度应用。

——**产业数字化转型成效显著**。原材料、装备制造、消费品、电子信息、绿色制造、安全生产等重点行业领域数字化转型步伐加快，数字化、网络化、智能化整体水平持续提高。

——**融合支撑体系持续完善**。新型信息基础设施建设提 6 档升级，数字化技术快速进步，工业大数据产业蓬勃发展，工业互联网应用成效进一步显现，两化融合标准体系持续完善，产业基础迈向高级化。

——**企业融合发展活力全面激发**。工业互联网平台普及率达 45%，系统解决方案服务能力明显增强，形成平台企业赋能、大中小企业融通发展新格局。

——**融合生态体系繁荣发展**。制造业“双创”体系持续完善，产业链供应链数字化水平持续提升，带动产业链、创新链、人才链、价值链加速融合，涌现出一批数字化水平较高的产业集群，融合发展生态快速形成。

三、主要任务

（一）培育新产品新模式新业态

1. 新型智能产品

支持制造企业与信息技术企业联合攻关，推动人工智能、5G、先进传感等技术的融合应用，培育工业级智能硬件、智能机器人、智能网联汽车、智能船舶、无人机、智能可穿戴设备、智能家居等新型智能产品。发展基于智能产品的场景化应用，加快智能产品在工业、交通、医疗、教育、国防科工、健康养老等重点行业领域应用推广，服务支撑产业转型升级和居民消费升级。

2. 数字化管理

打通企业数据链，通过智能传感、物联网等技术推动全业务链数据的实时采集和全面贯通，构建数字化供应链管理体系，引导企业打造数字化驾驶舱，实现经营管理的可视化和透明化。鼓励企业基于生产运营数据重构战略布局、运营管理和市场服务，形成数据驱动的高效运营管理模式，提升智能决策、精益制造和精准服务能力。

3. 平台化设计

依托工业互联网平台，实现高水平高效率的轻量化设计、并行设计、敏捷设计、交互设计和基于模型的设计，变革传统设计方式，提升研发质量和效率。发展平台化、虚拟化仿真设计工具，培育平台化设计新模式，推动设计和工艺、制造、运维的一体化，实现无实物样机生产，缩短新产品研发周期，提升产品竞争力。

4. 智能化制造

提升企业信息技术应用能力，加快生产制造全过程数字化改造，推动智能制造单元、智能产线、智能车间建设，实现全要素全环节的动态感知、互联互通、数据集成和智能管控。推动先进过程控制系统在企业的深化应用，加快制造执行系统的云化部署和优化升级，深化人工智能融合应用，通过全面感知、实时分析、科学决策和精准执行，提升生产效率、产品质量和安全水平，降低生产成本和能源资源消耗。

5. 网络化协同

促进企业间的数据互通和业务互联，推动供应链上下游企业与合作伙伴共享各类资源，实现网络化的协同设计、协同生产和协同服务。推广云化设计软件（CAX）、云化企业资源计划系统（ERP）、云化制造执行系统（MES）、云化供应链管理系统（SCM）等新型软件工具，共享设计模型、生产数据、用户使用信息、产品数据库等，基于工业互联网提升制造资源配置效率。

6. 个性化定制

面向消费者个性化需求，发展客户需求分析、敏捷产品开发设计、柔性智能生产、精准交付服务等系统，增强用户在产品全生命周期中的参与度，实现供需精准对接和高效匹配。鼓励具有成熟经验和服务模式的个性化定制企业，基于自身个性化定制平台及模型库，培育形成一批集用户需求获取、研发设计、柔性生产、交付服务于一体的系统解决方案，加快大规模个性化定制模式的示范推广。

7. 服务化延伸

推动工业企业产品供应和服务链条的数字化升级，从原有制造业务向价值链两端高附加值环节延伸，发展设备健康管理、产品远程运维、设备融资租赁、共享制造、供应链金融、总集成总承包等新型服务，实现从单纯出售产品向出售“产品+服务”转变。鼓励工业领域工程服务商深化数字仿真、制造信息建模（MIM）等新技术应用，提升工厂建设和运维的数字化水平，实现从交钥匙工程向“工程建设+运维服务”转变。

（二）推进行业领域数字化转型

1. 原材料

面向石化化工、钢铁、有色、建材、能源等行业，推进生产过程数字化监控及管理，加速业务系统互联互通和工业数据集成共享，实现生产管控一体化。支持构建行业生产全流程运行数据模型，基于数据分析实现工艺改进、运行优化和质量管控，提升全要素生产率。建设和推广行业工业互联网平台，推动关键设备上云上平台，聚焦能源管理、预测性维护、安环预警等重点环节，培育和推广一批流程管理工业 APP 和解决方案。

2. 装备制造

提升智能制造供给支撑能力，开展设计、工艺、试验、生产加工等过程中关键共性技术攻关和集成应用，加速工业技术软件化，攻克一批重大短板装备和重大技术装备。围绕机械、汽车、航空、航天、船舶、兵器、电子、电力等重点装备领域，建设数字化车间和智能工厂，构建面向装备全生命周期的数字孪生系统，推进基于模型的系统工程（MBSE）规模应用，依托工业互联网平台实现装备的预测性维护与健康管理。

3. 消费品

实施“超高清视频+5G+AI+VR”融合创新应用工程，推动新技术产品在工业可视化、缺陷检测、产品组装定位引导、机器人巡检等消费品行业典型场景的创新应用。推动纺织服装、家具、家电等行业建设自动化、连续化、柔性化生产系统，支持食品、药品等行业建设产品信息追溯系统，基于工 10 业互联网平台实现消费品行业的柔性生产和产需对接。开展基于消费数据的用户需求挖掘、产品研发、智能生产和数据增值等服务创新，推广大规模个性化定制、共享制造等新模式新业态，满足多样化、个性化消费升级需求。

4. 电子信息

引导电子行业企业深化 5G、大数据、人工智能、边缘计算等技术的创新应用，提升软硬协同水平，加快发展人机协同装配、质量智能检测等新应用新模式。支持企业加强基于工业互联网平台的供应链协同管理，实现电子元器件采购、生产、库存、质量、物流等环节动态精准协同，优化全供应链资源配置效率，强化产业链上下游协同管控水平。面向电子信息产业集聚区，推动设计、制造、检测等设备和能力的平台化汇聚与共享，提升产业集群的协同发展和风险防范能力。

5. 绿色制造

实施“互联网+”绿色制造行动，引导企业应用新一代信息技术建设污染物排放在线监测系统、地下管网漏水检测系统、工业废水循环利用智慧管理平台和能源管理中心，开展资源能源和污染物全过程动态监测、精准控制和优化管理，推动碳减排，助力实现碳达峰、碳中和。加快绿色制造体系数字化，推进绿色技术软件化封装，培育一批数字化、模块化的绿色制造解决方案，推动成熟绿色制造技术的创新应用。建立工业领域生态环境保护信息化工程平台，聚焦重点 11 行业重点产品全生命周期，加强部门间数据共享共治，构建资源能源和污染物公共数据库，提升资源能源管理水平。

6. 安全生产

协同开展“工业互联网+安全生产”行动，推动重点行业开展工业互联网改造，加快安全生产要素的网络化连接、平台化汇聚和智能化分析。建设国家工业互联网大数据中心安全生产行业分中心和数据支撑平台，分行业开发安全生产模型库、工具集，推进安全生产管理知识和经验的软件化沉淀。深化工业互联网融合应用，引导工业企业加快构建安全生产快速感知、全面监测、超前预警、联动处置、系统评估的新型能力体系。

（三）筑牢融合发展新基础

1. 建设新型信息基础设施

加快 5G 规模组网建设及应用，制定重点行业 5G 发展计划，加快建成覆盖全国、品质优良、高效运行、全球领先的 5G 基础网络。完善工业互联网标识解析体系，推动 5G、千兆光纤网络、IPv6、时间敏感网络（TSN）、软件定义网络（SDN）等新型网络技术在工业领域中的应用，加快工业企业内外网改造。构建工业互联网安全监测体系，实施工业互联网企业网络安全分类分级管理和贯标行动。建设国家工业互联网大数据中心体系，推动工业数据资源采集、传输、加工、存储和共享，构建跨区域、跨行业的工业大数据支撑服务体系。

2. 提升关键核心技术支撑能力

通过融合应用带动技术进步，建设产学研用一体化平台和共性技术公共服务平台，开展人工智能、区块链、数字孪生等前沿关键技术攻关，突破核心电子元器件、基础软件等核心技术瓶颈，加快数字产业化进程。通过产品试验、市场化和产业化引导，加快工业芯片、智能传感器、工业控制系统、工业软件等融合支撑产业培育和发展壮大，增强工业基础支撑能力。支持企业构建具有自主知识产权的基础产品体系，利用好首台（套）重大技术装备保险补偿政策促进创新产品的规模化应用，发挥好税收优惠政策作用，加大信息技术创新产品推广力度，迭代提升软硬件产品和系统的就绪度、成熟度，提高产业链完整性和竞争力。

3. 推动工业大数据创新发展

加快工业数据汇聚，开展工业数据资源调查，建立多级联动的国家工业基础大数据库和原材料、装备制造、消费品、电子信息等行业数据库。落实《工业数据分类分级指南（试行）》，开展企业数据管理能力成熟度评估国家标准贯标，提升企业数据管理水平。支持产业链上下游企业共建安全可信的工业数据共享空间，深化工业数据应用，激活数据要素潜能，发展数据驱动的新模式新业态，促进工业数据的价值提升。

4. 完善两化深度融合标准体系

建立健全两化深度融合标准体系，依托全国两化融合管 13 理标委会（TC573）、科研院所、联盟团体等各类专业技术组织，开展两化融合度、两化融合管理体系、数字化转型、工业互联网、信息物理系统（CPS）、数字孪生、数字化供应链、设备上云、数据字典、制造业数字化仿真、工业信息安全等重点领域国家标准、行业标准和团体标准制修订工作。加强两化融合度等关键标准的宣贯推广，组织开展两化融合度评估，明确不同融合度企业的发展重点和提升路径，引导企业逐级或跨级提升信息技术融合应用水平。

（四）激发企业主体新活力

1. 培育生态聚合型平台企业

培育具有竞争力的工业互联网平台企业，建设一批跨行业跨领域的综合型平台、面向重点行业和区域的特色型平台以及面向特定技术和场景的专业型平台，强化工业大数据开发、制造资源配置和解决方案汇聚能力，加快工业知识的沉淀、传播和复用，打造基于平台的制造业新生态。促进平台间互联互通，通过制定平台间数据迁移标准，探索工业机理模型、微服务、工业 APP 的跨平台部署和调用机制，实现平台间的数据互通、能力协同与服务共享。

专栏 1　工业互联网平台体系建设

发展跨行业跨领域综合型平台：建设覆盖原材料、装备制造、消费品、电子信息等多个行业以及研发设计、生产制造、运维服务等多个领域的综合型平台，提供工业资源集聚共享、工业数据集成利用、工业生产与服务优化创新等服务。

建设面向重点行业和区域的特色型平台：聚焦数字基础好、带动效应强的重点行业，面向制造资源集聚程度高、产业转型需求迫切的区域，建设面向重点行业和区域的特色型平台，发挥平台的知识沉淀转化和资源协同配置作用，为行业转型升级和区域协调发展提供带动作用。

培育特定技术领域的专业型平台：围绕特定工业场景，聚焦云仿真、设备上云、大数据建模等特定技术领域建设专业型平台，开展前沿技术与工业机理模型融合创新应用。

2. 打造示范引领型骨干企业

支持企业利用新技术新应用进行全方位、全角度、全链条改造，培育一批创新能力强、品牌影响力突出的融合应用领军企业。充分发挥行业骨干企业的标杆引领作用，鼓励企业基于技术和产业优势，开展新技术新产品新模式先行先试，培育先进的行业系统解决方案，提升专业化服务能力。支持骨干企业建立技术开发与创新应用的紧密协作关系，推动行业系统解决方案复制推广，引领行业整体转型升级。

3. 壮大“专精特新”中小企业

实施中小企业创新能力和专业化水平提升工程，孵化百万家创新型中小企业，培育十万家省级“专精特新”中小企业、万家专精特新“小巨人”企业。开展中小企业数字化赋能专项行动，培育推广一批符合中小企业需求的数字化产品和服务，降低中小企业数字化转型成本。鼓励大型企业通过开放平台等多种形式与中小企业开展互利合作，聚焦产业优势领域和产业链关键环节精耕细作，推动产业链上中下游、大中小企业融通创新。

4. 发展专业化系统解决方案提供商

面向制造业数字化、网络化、智能化转型需求，培育系统解决方案提供商，提供规划设计、开发实施、集成应用、诊断咨询、运行维护等服务。聚焦新技术应用、特定场景优化、企业整体提升等需求，培育技术型、专业型、综合型等系统解决方案提供商。鼓励地方建设解决方案资源池，通过服务券等方式加速优质解决方案的应用推广，降低企业数字化转型门槛。

（五）培育跨界融合新生态

1. 推动产业链供应链升级

推动数据赋能全产业链协同转型，深化应用5G、互联网、大数据、区块链等新一代信息技术，重构产业链的结构、流程与模式，强化产业链全渠道智能管控和动态优化，促进产业链向产业网络转型，增强产业链的自适应、自修复能力，提升产业链稳定性和竞争力。推动供应链全链条云端协同，引导上下游企业加强供应链数字化管理和一体化协同，基于平台开展协同采购、协同制造和协同配送，推动企业健全供应链安全管理体系，打造敏捷高效、安全稳定的数字化供应链和供应链网络。深化互联网、区块链等新技术应用，推动国际产能合作，加快重点企业产业链国际化，助力我国企业深度融入全球产业体系。

2. 推进产业集群数字化转型

支持产业集群加快通信网络、数据中心、能源管控中心等数字化基础设施的建设完善和共建共享，实现资源在线化、产能柔性化和产业链协同化，提升产业集群综合竞争力。引导集群企业“上云上平台”，依托工业互联网平台实现制造能力的在线发布、协同和交易，优化制造资源配置效率，促进集群企业高端化、智能化、绿色化改造转型。创建一批工业互联网示范区，打造工业互联网产业示范基地和应用创新推广中心，加速工业互联网技术攻关和成果推广，打造工业互联网发展高地。

3. 深化产学研用合作

加强产学研用合作，健全以企业为主体、产学研用协同的创新体系，支持企业牵头建设国家制造业创新中心，培育一批具有原始创新能力的技术策源地，加速科技研发与科技成果应用的双向迭代。完善产业与金融合作机制，探索建立基于生产运营数据的征信机制和融资模式，引导资本市场加大对数字化转型、工业互联网等领域的投资力度。夯实产教融合基础，支持信息技术“新工科”建设，完善校企合作机制，鼓励通过开展联合办学、建设实训基地等方式加强两化深度融合领域人才培养，依托国家重大人才工程加大对融合发展领军人才支持力度。

4. 提升制造业

"双创"水平推进制造业"双创"与工业互联网协同发展，打造基于工 17 业互联网平台的"双创"体系，加快研发、制造、管理、商务、物流、孵化等创业创新资源数字化改造、在线化汇聚和平台化共享，发展平台经济、零工经济等新业态，打造制造业"双创"升级版。坚持以人为本，鼓励企业建立以贡献为标准的薪酬制度和绩效考核机制，充分激发员工的积极性、主动性和创造性，增强企业创新活力。

四、重点工程

（一）制造业数字化转型行动

制定制造业数字化转型行动计划。建立健全部际协同、部省联动的工作推进机制，推动形成市场主导、政府引导、行业参与、企业主体、产学研用协同推进的制造业数字化转型工作格局。**制定重点行业领域数字化转型路线图**。构建制造业数字化转型评估评价体系，制定推广企业数字化转型系列实施指南和工具集，推动原材料、装备制造、消费品、电子信息、绿色制造、安全生产等重点行业领域加快数字化转型。**构建制造企业数字化转型能力体系**。组织开展新一代信息技术与制造业融合发展试点示范，重点提升融合管理、数据贯通、软件开发、智能应用和安全防护等新型能力，引导企业发展数字化管理、平台化设计、智能化制造、网络化协同、个性化定制、服务化延伸等新模式。

专栏 2 重点行业数字化转型重点（与水泥工业无关，略）

（二）两化融合标准引领行动

开展两化融合度标准制定与评估推广工作。组织制定两化融合度标准，明确企业在不同融合度等级下信息技术融合应用的准则和水平，组织开展企业两化融合度贯标，通过融合度对企业自动化、数字化、网络化、智能化水平进行评估，引领企业形成两化融合能力，拉动企业提高融合度等级。**打造两化融合管理体系贯标升级版**。引导地方政府、央企集团、行业组织等创新开展两化融合管理体系试点示范与分级贯标评定，加快两化融合管理体系在重点领域和优势产业全覆盖，以及在中小企业集群的规模化普及。**健全标准应用推广的市场化服务体系**。建设完善两化融合标准化公共服务平台，开发两化融合自动化贯标工具，提供贯标全流程服务，持续提升贯标的市场化服务能力与质量。

（三）工业互联网平台推广工程

完善工业互联网平台体系。培育综合型、特色型、专业型平台，引导跨行业跨领域平台汇聚更广范围生产要素资源，面向原材料、装备制造、消费品、电子信息等重点行业及产业集聚区建设行业和区域特色平台，建设云仿真、数字孪生、数据加工等技术专业型平台。**加快工业互联网平台融合应用**。围绕技术融合、集成应用、模式创新等重点方向，遴选优秀试点示范项目，组织开展工业互联网平台赋能深度行、"工业互联网+园区"等宣贯活动，培育和推广"平台+产品""平台+模式""平台+行业/区域"等创新解决方案。**组织开展平台监测分析**。完善平台数据字典，开展平台基础能力、运营服务、产业支撑等数据自动化采集，研发平台监测分析模型，编制发布工业互联网平台发展指数和工业互联网平台应用数据地图。加强对重点工业互联网平台、APP 的安全检测评估，开展监测预警、信息共享和协同处置，提升工业互联网平台安全防护能力。

（四）系统解决方案能力提升行动

打造系统解决方案资源池。分行业、分环节培育形成设备监测预警、精益研发、精益生产、产业链协同等一批高价值行业解决方案，支持打造解决方案资源池，有效提升行业系统解决方案专业化、集成化水平。**培育推广工业设备上云解决方案**。聚焦高耗能设备、通用动力设备、新能源设备、智能化设备等重点设备，加快优质设备上云解决方案培育，持续完善设备上云标准体系和评估指标，探索发布设备上云绩效榜单和相关指数，引导企业有序规范推动设备上云。**健全完善解决方案应用推广生态**。围绕规划设计、开发实施、集成应用、诊断咨询、运行维护等综合服务需求，加快打造一批系统解决方案提供商，推动解决方案提供商与工业软件、智能装备企业融通发展，打造供需精准对接、各方协同共赢的良好生态。

专栏3　重点工业设备上云

重点工业设备	痛点问题	潜在应用场景
炼铁高炉	设备管理低效、环保管理粗放、生产过程不透明、设备互联水平低	健康管理、绿色生产、生产工艺优化、产线协同管控
工业锅炉	锅炉能效管理粗放、燃烧状态不透明、安全隐患高	能效管理、燃烧管控、健康管理
石化化工设备	设备能耗高、安全风险高、停机损失大、操作难度大	节能降耗、安全预警、预测维护、模拟操作
柴油发电机	核心设备依赖进口、设备服役工况复杂、设备易故障、污染排放	智能研发、在线管理、智能维修、智能生产
大中型电机	利用效率低、维护成本高、安全风险大、能耗成本高	状态监测、故障预警、智能运维、能耗优化
大型空压机	运行监控困难、能耗管理粗放、隐患后果巨大	运维管控、设备节能优化、后市场服务运维
风电设备	风电数据采集困难、设备运维成本高昂、风场管理效率低下	虚拟风场设计、设备预测维护、风场管理优化
光伏设备	运营效率低成本高、能源利用率不稳定、安全运行隐患巨大	全景式监控、智能化分析、数字化管理
工程机械	设备故障情况多发、施工效率低下、金融体系不完善	远程运维、智慧施工、融资租赁
数控机床	设备运维成本高、设备利用效率低、生产管理即时性差、设备改造升级困难	生产能力共享、刀具智能运维、企业运营决策

（五）产业链供应链数字化升级行动

制定和推广供应链数字化管理标准。组织制定供应链数字化管理指南等关键亟需标准，面向航空、电子、汽车等重点行业开展贯标试点，以标准引领企业导入供应链数字化工具和解决方案，**提升供应链数字化管理能力**。提升重点领域产业链供应链数字化水平。面向电子、医疗、工程机械等重点产业，引导行业组织、科研院所、龙头企业等深化大数据、区块链、工业互联网等技术应用，提升产业链供应链数字化水平，增强产业链供应链协同运作的精准性和敏捷性。**加快发展工业电子商务**。引导大型制造企业采购销售平台向行业电子商务平台转型，提高企业供应链协同水平。引导第三方工业电子商务平台向网上交易、支付结算、供应链金融、大数据分析等综合服务延伸，提升平台运营服务能力。

五、保障措施

（一）健全组织实施机制

强化部际、部省、央地间协同合作，统筹推进工业互联网创新发展、制造业数字化转型、智能制造、工业大数据发展等重点工程和行动计划。各地要结合实际制定出台配套政策规划，落实规划总体要求、目标和任务，打好政策“组合拳”。发挥科研院所、行业组织、产业联盟等多元主体的桥梁作用，明确职责分工，强化协同联动。优化完善两化深度融合发展监测分析、绩效评估和监督考核机制，定期开展规划实施的跟踪评估工作，确保规划有效落实。

（二）加大财税资金支持

充分利用重大专项、制造业转型升级基金等机制，加大对数字“新基建”、工业互联网平台建设推广、两化深度融合共性技术研发及产业化等工作的财政支持。鼓励有条件的地方按照规定设立专项资金，探索建立多元化、多渠道社会投入机制，加强对中小企业数字化转型的资金扶持。落实好税收优惠政策，为制造企业创造良好发展环境。

（三）加快人才队伍培养

会同研究院所、行业组织协同推动两化深度融合、工业互联网、数字化转型等领域国家人才的培养，加快建立多层次、体系化、高水平的人才队伍。依托工业互联网平台工程实训基地、应用创新推广中心和创新合作中心等创新载体，打造产学研融合、区域协调联动和公益商业配合的人才培养模式。鼓励企业创新激励机制，建立适应两化深度融合发展需求的人事制度、薪酬制度和评价机制，完善技术入股、期权激励等人力资本收益分配机制，充分激发人力资本的创新潜能。

（四）优化融合发展环境

建立部门间高效联动机制，依托互联网平台、大数据平台等，推动跨部门、跨层级、跨区域的数据共享和流程互通，持续强化融合发展推进合力。放宽新产品、新模式、新业态的市场准入限制，清理制约人才、资本、技术、数据等要素自由流动的制度障碍，强化竞争政策的基础性地位。推动相关行业在技术、标准、政策等方面充分对接，强化知识产权保护，打造有利于两化深度融合的外部环境。多形式开展宣传推广和培训交流，提升政府、企业、行业组织、科研院所等各类参与主体对两化深度融合的认识水平，强化互联网思维、大数据思维，增强利用新一代信息技术创新各项工作的本领。

（五）加强国际交流合作

充分利用双多边国际交流合作机制，深化两化深度融合、工业互联网、开源软件、供应链金融等领域的国际合作，加强国际标准化工作，开展知识产权海外布局。扩大制造业对外开放，鼓励外资企业在境内设立研发机构。落实“一带一路”倡议，支持优秀企业、产品、技术全球化协作，加强融合发展“中国方案”的国际推广。

关于印发《“十四五”全国清洁生产推行方案》的通知

发改环资〔2021〕1524号

各省、自治区、直辖市人民政府，国务院有关部门：

《“十四五”全国清洁生产推行方案》已经国务院同意，现印发给你们，请结合实际抓好贯彻落实。

国家发展改革委　生态环境部
工业和信息化部　科技部
财政部　住房城乡建设部
交通运输部　农业农村部
商务部　市场监管总局
2021年10月29日

“十四五”全国清洁生产推行方案

推行清洁生产是贯彻落实节约资源和保护环境基本国策的重要举措，是实现减污降碳协同增效的重要手段，是加快形成绿色生产方式、促进经济社会发展全面绿色转型的有效途径。为贯彻落实清洁生产促进法、“十四五”规划和2035年远景目标纲要，加快推行清洁生产，制定本方案。

一、总体要求

（一）指导思想

以习近平新时代中国特色社会主义思想为指导，全面贯彻党的十九大和十九届二中、三中、四中、五中全会精神，深入贯彻习近平生态文明思想，按照党中央、国务院决策部署，立足新发展阶段，完整、准确、全面贯彻新发展理念，构建新发展格局，推动高质量发展，以节约资源、降低能耗、减污降碳、提质增效为目标，以清洁生产审核为抓手，系统推进工业、农业、建筑业、服务业等领域清洁生产，积极实施清洁生产改造，探索清洁生产区域协同推进模式，培育壮大清洁生产产业，促进实现碳达峰、碳中和目标，助力美丽中国建设。

（二）主要目标

到2025年，清洁生产推行制度体系基本建立，工业领域清洁生产全面推行，农业、服务业、建筑业、交通运输业等领域清洁生产进一步深化，清洁生产整体水平大幅提升，能源资源利用效率显著提高，重点行业主要污染物和二氧化碳排放强度明显降低，清洁生产产业不断壮大。到2025年，工业能效、水效较2020年大幅提升，新增高效节水灌溉面积6000万亩。化学需氧量、氨氮、氮氧化物、挥发性有机物（VOCs）排放总量比2020年分别下降8%、8%、10%、10%以上。全国废旧农膜回收率达85%，秸秆综合利用率稳定在86%以上，畜禽粪污综合利用率达到80%以上。城镇新建建筑全面达到绿色建筑标准。

二、突出抓好工业清洁生产

（三）加强高耗能高排放项目清洁生产评价

对标节能减排和碳达峰、碳中和目标，严格高耗能高排放项目准入，新建、改建、扩建项目应采取先进适用的工艺技术和装备，单位产品能耗、物耗和水耗等达到清洁生产先进水平。钢铁、水泥熟料、平板玻璃、炼油、焦化、电解铝等行业新建项目严格实施产能等量或减量置换。对不符合所在地区能耗强度和总量控制相关要求、不符合煤炭消费减量替代或污染物排放区域削减等要求的高耗能高排放项目予以停批、停建，坚决遏制高耗能高排放项目盲目发展。

（四）推行工业产品绿色设计

健全工业产品绿色设计推行机制。引导企业改进和优化产品和包装物的设计方案，减少产品和包装物在整个生命周期对环境的影响。在生态环境影响大、产品涉及面广、行业关联度高的行业，创建工业产品生态（绿色）设计示范企业，探索行业绿色设计路径。健全绿色设计评价标准体系。鼓励行业协会发布产品绿色设计指南，推广绿色设计案例。

专栏1　工业产品生态（绿色）设计示范企业工程
重点实施轻量化、无害化、节能降耗、资源节约、易制造、易回收、高可靠性和长寿命等关键绿色设计技术应用示范，培育发展100家工业产品生态（绿色）设计示范企业，制修订100项绿色设计评价标准，推广万种绿色产品。

（五）加快燃料原材料清洁替代

加大清洁能源推广应用，提高工业领域非化石能源利用比重。对以煤炭、石油焦、重油、渣油、兰炭等为燃料的工业炉窑、自备燃煤电厂及燃煤锅炉，积极推进清洁低碳能源、工业余热等替代。因地制宜推行热电联产"一区一热源"等园区集中供能模式，替代小散工业燃煤锅炉，减少煤炭用量，实现大气污染和二氧化碳排放源头削减。推进原辅材料无害化替代，围绕企业生产所需原辅材料及最终产品，减少优先控制化学品名录所列化学物质及持久性有机污染物等有毒有害物质的使用，促进生产过程中使用低毒低害和无毒无害原料，降低产品中有毒有害物质含量，大力推广低（无）挥发性有机物含量的油墨、涂料、胶粘剂、清洗剂等使用。

（六）大力推进重点行业清洁低碳改造

严格执行质量、环保、能耗、安全等法律法规标准，加快淘汰落后产能。全面开展清洁生产审核和评价认证，推动能源、钢铁、焦化、建材、有色金属、石化化工、印染、造纸、化学原料药、电镀、农副食品加工、工业涂装、包装印刷等重点行业“一行一策”绿色转型升级，加快存量企业及园区实施节能、节水、节材、减污、降碳等系统性清洁生产改造。在国家统一规划的前提下，支持有条件的重点行业二氧化碳排放率先达峰。在钢铁、焦化、建材、有色金属、石化化工等行业选择100家企业实施清洁生产改造工程建设，推动一批重点企业达到国际清洁生产领先水平。

三、加快推行农业清洁生产

专栏2　重点行业清洁生产改造工程
钢铁行业。大力推进非高炉炼铁技术示范，推进全废钢电炉工艺。推广钢铁工业废水联合再生回用、焦化废水电磁强氧化深度处理工艺。完成53亿吨钢铁产能超低排放改造、4.6亿吨焦化产能清洁生产改造。
石化化工行业。开展高效催化、过程强化、高效精馏等工艺技术改造。推进炼油污水集成再生、煤化工浓盐废水深度处理及回用、精细化工微反应、化工废盐无害化制碱等工艺。实施绿氢炼化、二氧化碳耦合制甲醇等降碳工程。
有色金属行业。电解铝行业推广高效低碳铝电解技术。铜冶炼行业推广短流程冶炼、连续熔炼技术。铅冶炼行业推广富氧底吹熔炼、液态铅渣直接还原炼铅工艺。锌冶炼行业推广高效清洁化电解技术、氧压浸出工艺。完成4000台左右有色窑炉清洁生产改造。
建材行业。推动使用粉煤灰、工业废渣、尾矿渣等作为原料或水泥混合材料。推广水泥窑高能效低氮预热预分解先进烧成等技术。完成8.5亿吨水泥熟料清洁生产改造。

（七）推动农业生产投入品减量

加强农业投入品生产、经营、使用等各环节的监督管理，科学、高效地使用农药、化肥、农用薄膜和饲料添加剂，消除有害物质的流失和残留，减少农业生产资料的投入。组织农业生产大县大市开展果菜茶病虫全程绿色防控试点，不断提高主要农作物病虫绿色防控覆盖率。

（八）提升农业生产过程清洁化水平

改进农业生产技术，形成高效、清洁的农业生产模式。严格灌溉取水计划管理，大力发展旱作农业，全面推广节水技术，不断提高农业用水效率。深化测土配方施肥，推广水稻侧深施肥等高效施肥方式。全面推广健康养殖技术，推动兽用抗菌药使用减量。加快构建种植业、畜禽养殖业、水产养殖业清洁生产技术体系，大力推广种养加一体化发展模式。

（九）加强农业废弃物资源化利用

完善秸秆收储运服务体系，积极推动秸秆综合利用。加强农膜管理，推广普及标准地膜，推动机械化捡拾、专业化回收和资源化利用，有效防治农田白色污染。因地制宜采取堆沤腐熟还田、生产有机肥、生产沼气和生物天然气等方式，加大畜禽粪污资源化利用力度。在粮食主产区、畜禽水产养殖优势区、设施农业重点区和特色农产品生产区等农业废弃物资源丰富区域，以及洞庭湖、丹江口水库、太湖、乌梁素海等重点流域湖泊水库周边区域，深入推行农业清洁生产，形成一批可推广、可复制的典型案例。

专栏3　农业清洁生产提升工程

实施节水灌溉。以粮食主产区、生态环境脆弱区、水资源开发过度区等地区为重点，推进高效节水灌溉工程建设。

化肥减量替代。集成推广测土配方施肥、水肥一体化、化肥机械深施、增施有机肥等技术。在粮食和蔬菜主产区重点推广堆肥还田、商品有机肥使用、沼渣沼液还田等技术模式。

农药减量增效。支持一批有条件的县，重点推进绿色防控，推广物理、生物等农药减量技术模式。实施农作物病虫害统防统治，培育一批社会化服务组织和专业合作社。

秸秆综合利用。坚持整县推进、农用优先，发挥秸秆还田耕地保育功能、秸秆饲料种养结合功能、秸秆燃料节能减排功能。

农膜回收处理。以西北地区为重点，支持一批用膜大县推进农膜回收处理，探索农膜回收利用有效机制。

四、积极推动其他领域清洁生产

（十）推动建筑业清洁生产

持续提高新建建筑节能标准，加快推进超低能耗、近零能耗、低碳建筑规模化发展，推进城镇既有建筑和市政基础设施节能改造。推广可再生能源建筑，推动建筑用能电气化和低碳化。加强建筑垃圾源头管控，实施工程建设全过程绿色建造。推广使用再生骨料及再生建材，促进建筑垃圾资源化利用。将房屋建筑和市政工程施工工地扬尘污染防治纳入建筑业清洁生产管理范畴。

（十一）推进服务业清洁生产

以清洁生产为重要抓手，着力提升城市服务业绿色化水平。餐饮、娱乐、住宿、仓储、批发、零售等服务性企业要坚持清洁生产理念，应当采用节能、节水和其他有利于环境保护的技术和设备，改善服务规程，减少一次性物品的使用。推进宾馆、酒店等场所一次性塑料用品禁限工作。从严控制洗浴、高尔夫球场、人工滑雪场等高耗水服务业用水，推动高耗水服务业优先利用再生水、雨水等非常规水源，全面推广循环用水技术工艺。推进餐饮油烟治理、厨余垃圾资源化利用。

（十二）加强交通运输领域清洁生产

持续优化运输结构，加快建设综合立体交通网，提高铁路、水路在综合运输中的承运比重，持续降低运输能耗和二氧化碳排放强度。大力发展多式联运、甩挂运输和共同配送等高效运输组织模式，提升交通运输运行效率。推进智慧交通发展，推广低碳出行方式。加大新能源和清洁能源在交通运输领域的应用力度，加快内河船舶绿色升级，以饮用水水源地周边水域为重点，推动使用液化天然气动力、纯电动等新能源和清洁能源船舶。积极推广应用温拌沥青、智能通风、辅助动力替代和节能灯具、隔声屏障等节能环保技术和产品。

五、加强清洁生产科技创新和产业培育

（十三）加强科技创新引领

加强清洁生产领域基础研究和应用技术创新性研究。围绕工业产品绿色设计、能源清洁高效低碳安全利用、污水资源化、农业节水灌溉控制、多污染物协同减排、固体废弃物资源化等方向，突

破一批核心关键技术，研制一批重大技术装备。

（十四）推动清洁生产技术装备产业化

积极引导、支持企业开发具有自主知识产权的清洁生产技术和装备，着力提高供给能力。发挥清洁生产相关协会和联盟等平台作用，大力推进源头减量、过程控制、末端治理等清洁生产技术装备应用，加快清洁生产关键共性技术装备的产业化发展。

（十五）大力发展清洁生产服务业

创新清洁生产服务模式，探索构建以绩效为核心的清洁生产服务支付机制。加快建立规范的清洁生产咨询服务市场，鼓励具有竞争力的第三方清洁生产服务企业为用户提供咨询、审核、评价、认证、设计、改造等“一站式”综合服务。探索建立第三方服务机构责任追溯机制，健全清洁生产技术服务体系。

专栏 4　清洁生产产业培育工程
支持开展煤炭清洁高效利用、氢能冶金、涉挥发性有机物行业原料替代、聚氯乙烯行业无汞化、磷石膏和电解锰渣资源化利用等领域清洁生产技术集成应用示范。培育一批拥有自主知识产权、掌握清洁生产核心技术装备的企业和一批高水平、专业化的清洁生产服务机构。

六、深化清洁生产推行模式创新

（十六）创新清洁生产审核管理模式

鼓励各地探索推行企业清洁生产审核分级管理模式，对高耗能、高耗水、高排放的企业以及生产、使用、排放涉及优先控制化学品名录中所列化学物质的企业严格实施清洁生产审核，对其他企业可适当简化审核工作程序。鼓励企业开展自愿性清洁生产评价认证，对通过评价认证且满足清洁生产审核要求的，视同开展清洁生产审核。积极推动清洁生产审核与节能审查、节能监察、环境影响评价和排污许可等管理制度有效衔接。鼓励有条件的地区开展行业、园区和产业集群整体审核试点。研究将碳排放指标纳入清洁生产审核。

专栏 5　清洁生产审核创新试点工程
以钢铁、焦化、建材、有色金属、石化化工、印染、造纸、化学原料药、电镀、农副食品加工、工业涂装、包装印刷等行业为重点，选取 100 个园区或产业集群开展整体清洁生产审核创新试点，探索建立具有引领示范作用的审核新模式，形成可复制、可推广的先进经验和典型案例。

（十七）探索清洁生产区域协同推进

在实施京津冀协同发展等区域发展重大战略中，探索建立清洁生产协同推进机制，统一清洁生产评价认证和审核要求，联合开展技术推广，协同推进重点行业清洁生产改造。京津冀及周边地区、汾渭平原、长三角地区、珠三角地区、成渝地区等区域重点实施钢铁、石化化工、焦化、包装印刷、工业涂装等行业清洁生产改造，推动细颗粒物（$PM_{2.5}$）和臭氧（O_3）协同控制。长江、黄河等流域重点实施造纸、印染、化学原料药、农副食品加工等行业清洁生产改造，减少氨氮和磷污染物排放。

七、组织保障

（十八）加强组织实施

国家发展改革委加强组织协调，充分发挥清洁生产促进工作部门协调机制作用，推动本方案实施，生态环境部、工业和信息化部、科技部、财政部、住房城乡建设部、交通运输部、农业农村部、商务部、市场监管总局等部门按照职能分工抓好重点任务落实。地方政府要落实主体责任，加大力度鼓励和促进清洁生产，结合实际确定本地区清洁生产重点任务，制定具体实施措施。

（十九）完善法律法规标准

推动修订清洁生产促进法，加强与相关法律法规的衔接协调，强化相关主体权利义务。鼓励各地结合实际制定促进清洁生产的地方性法规。建立健全清洁生产标准体系，组织修订清洁生产评价指标体系编制通则，研究制定清洁生产团体标准管理办法。编制发布清洁生产先进技术目录。

（二十）强化政策激励

各级财政积极探索有效方式，支持清洁生产工作。依法落实和完善节能节水、环境保护、资源综合利用相关税收优惠政策，强化绿色金融支持，引导企业扩大清洁生产投资。加强清洁生产审核和评价认证结果应用，将其作为阶梯电价、用水定额、重污染天气绩效分级管控等差异化政策制定和实施的重要依据。建立健全清洁生产激励制度，按照国家有关规定对工作成效突出的单位和个人依法给予表彰和奖励。

（二十一）加强基础能力建设

推动建设清洁生产信息化公共服务平台。依托省级清洁生产中心或相关社会组织加强地方清洁生产能力建设。鼓励组建清洁生产专家库，开展多层次的清洁生产培训。深入开展清洁生产宣传教育活动，积极营造全社会共同推行清洁生产的良好氛围，推动形成绿色生产生活方式。

关于印发《“十四五”现代能源体系规划》的通知

发改能源〔2022〕210号

各省、自治区、直辖市人民政府，新疆生产建设兵团，中央和国家机关有关部门，中央军委后勤保障部，有关中央企业：

《“十四五”现代能源体系规划》已经国务院批复同意，现印发给你们，请认真贯彻实施。

国家发展改革委

国家能源局

2022年1月29日

“十四五”现代能源体系规划

能源是人类文明进步的重要物质基础和动力，攸关国计民生和国家安全。当今世界，新冠肺炎疫情影响广泛深远，百年未有之大变局加速演进，新一轮科技革命和产业变革深入发展，全球气候治理呈现新局面，新能源和信息技术紧密融合，生产生活方式加快转向低碳化、智能化，能源体系和发展模式正在进入非化石能源主导的崭新阶段。加快构建现代能源体系是保障国家能源安全，力争如期实现碳达峰、碳中和的内在要求，也是推动实现经济社会高质量发展的重要支撑。本规划根据《中华人民共和国国民经济和社会发展第十四个五年规划和2035年远景目标纲要》编制，主要阐明我国能源发展方针、主要目标和任务举措，是“十四五”时期加快构建现代能源体系、推动能源高质量发展的总体蓝图和行动纲领。

第一章 发展环境与形势

经过多年发展，世界能源转型已由起步蓄力期转向全面加速期，正在推动全球能源和工业体系加快演变重构。我国能源革命方兴未艾，能源结构持续优化，形成了多轮驱动的供应体系，核电和可再生能源发展处于世界前列，具备加快能源转型发展的基础和优势；但发展不平衡不充分问题仍然突出，供应链安全和产业链现代化水平有待提升，构建现代能源体系面临新的机遇和挑战。

一、全球能源体系深刻变革

能源结构低碳化转型加速推进。本世纪以来，全球能源结构加快调整，新能源技术水平和经济性大幅提升，风能和太阳能利用实现跃升发展，规模增长了数十倍。全球应对气候变化开启新征程，《巴黎协定》得到国际社会广泛支持和参与，近五年来可再生能源提供了全球新增发电量的约

60%。中国、欧盟、美国、日本等130多个国家和地区提出了碳中和目标，世界主要经济体积极推动经济绿色复苏，绿色产业已成为重要投资领域，清洁低碳能源发展迎来新机遇。

能源系统多元化迭代蓬勃演进。能源系统形态加速变革，分散化、扁平化、去中心化的趋势特征日益明显，分布式能源快速发展，能源生产逐步向集中式与分散式并重转变，系统模式由大基地大网络为主逐步向与微电网、智能微网并行转变，推动新能源利用效率提升和经济成本下降。新型储能和氢能有望规模化发展并带动能源系统形态根本性变革，构建新能源占比逐渐提高的新型电力系统蓄势待发，能源转型技术路线和发展模式趋于多元化。

能源产业智能化升级进程加快。互联网、大数据、人工智能等现代信息技术加快与能源产业深度融合。智慧电厂、智能电网、智能机器人勘探开采等应用快速推广，无人值守、故障诊断等能源生产运行技术信息化智能化水平持续提升。工业园区、城镇社区、公共建筑等领域综合能源服务、智慧用能模式大量涌现，能源系统向智能灵活调节、供需实时互动方向发展，推动能源生产消费方式深刻变革。

能源供需多极化格局深入演变。全球能源供需版图深度调整，进一步呈现消费重心东倾、生产重心西移的态势，近十年来亚太地区能源消费占全球的比重不断提高，北美地区原油、天然气生产增量分别达到全球增量的80%和30%以上。能源低碳转型推动全球能源格局重塑，众多国家积极发展新能源，加快化石能源清洁替代，带来全球能源供需新变化。

二、我国步入构建现代能源体系的新阶段

能源安全保障进入关键攻坚期。能源供应保障基础不断夯实，资源配置能力明显提升，连续多年保持供需总体平衡有余。“十三五”以来，国内原油产量稳步回升，天然气产量较快增长，年均增量超过100亿立方米，油气管道总里程达到17.5万公里，发电装机容量达到22亿千瓦，西电东送能力达到2.7亿千瓦，有力保障了经济社会发展和民生用能需求。但同时，能源安全新旧风险交织，“十四五”时期能源安全保障将进入固根基、扬优势、补短板、强弱项的新阶段。

能源低碳转型进入重要窗口期。“十三五”时期，我国能源结构持续优化，低碳转型成效显著，非化石能源消费比重达到15.9%，煤炭消费比重下降至56.8%，常规水电、风电、太阳能发电、核电装机容量分别达到3.4亿千瓦、2.8亿千瓦、2.5亿千瓦、0.5亿千瓦，非化石能源发电装机容量稳居世界第一。“十四五”时期是为力争在2030年前实现碳达峰、2060年前实现碳中和打好基础的关键时期，必须协同推进能源低碳转型与供给保障，加快能源系统调整以适应新能源大规模发展，推动形成绿色发展方式和生活方式。

现代能源产业进入创新升级期。能源科技创新能力显著提升，产业发展能力持续增强，新能源和电力装备制造能力全球领先，低风速风力发电技术、光伏电池转换效率等不断取得新突破，全面掌握三代核电技术，煤制油气、中俄东线天然气管道、±500千伏柔性直流电网、±1100千伏直流输电等重大项目投产，超大规模电网运行控制实践经验不断丰富，总体看，我国能源技术装备形成了一定优势。围绕做好碳达峰、碳中和工作，能源系统面临全新变革需要，迫切要求进一步增强科技创新引领和战略支撑作用，全面提高能源产业基础高级化和产业链现代化水平。

能源普遍服务进入巩固提升期。“十三五”时期，能源惠民利民成果丰硕，能源普遍服务水平显著提升，“人人享有电力”得到有力保障，全面完成新一轮农网改造升级，大电网覆盖范围内贫困村通动力电比例达到100%，农网供电可靠率总体达到99.8%，建成光伏扶贫电站装机约2600万千瓦，“获得电力”服务水平大幅提升，用能成本持续降低，营商环境不断优化。北方地区清洁取暖率达到65%以上。但同时，能源基础设施和服务水平的城乡差距依然明显，供能品质有待进一步

提高。要聚焦更好满足人民日益增长的美好生活需要，助力巩固拓展脱贫攻坚成果同乡村振兴有效衔接，进一步提升能源发展共享水平。

专栏1　“十三五”能源发展主要成就

指标	2015年	2020年	年均（累计）
能源消费总量（亿吨标准煤）	43.4	49.8	2.8%
能源消费结构占比 其中：煤炭（%）	63.8	56.8	〔-7.0〕
石油（%）	18.3	18.9	〔0.6〕
天然气（%）	5.9	8.4	〔2.5〕
非化石能源（%）	12.0	15.9	〔3.9〕
一次能源生产量（亿吨标准煤）	36.1	40.8	2.5%
发电装机容量（亿千瓦）	15.3	22.0	7.5%
其中：水电（亿千瓦）	3.2	3.7	2.9%
煤电（亿千瓦）	9.0	10.8	3.7%
气电（亿千瓦）	0.7	1.0	8.2%
核电（亿千瓦）	0.3	0.5	13.0%
风电（亿千瓦）	1.3	2.8	16.6%
太阳能发电（亿千瓦）	0.4	2.5	44.3%
生物质发电（亿千瓦）	0.1	0.3	23.4%
西电东送能力（亿千瓦）	1.4	2.7	13.2%
油气管网总里程（万公里）	11.2	17.5	9.3%

注：1.〔〕内为五年累计数。

2. 水电包含常规水电和抽水蓄能电站。

第二章　指导方针和主要目标

三、指导思想

以习近平新时代中国特色社会主义思想为指导，全面贯彻党的十九大和十九届历次全会精神，深入贯彻习近平生态文明思想，坚持稳中求进工作总基调，立足新发展阶段，完整、准确、全面贯彻新发展理念，加快构建新发展格局，以推动高质量发展为主题，以深化供给侧结构性改革为主线，以改革创新为根本动力，以满足经济社会发展和人民日益增长的美好生活需要为根本目的，深入推动能源消费革命、供给革命、技术革命、体制革命，全方位加强国际合作，做好碳达峰、碳中和工作，统筹稳增长和调结构，处理好发展和减排、整体和局部、长远目标和短期目标、政府和市场的关系，着力增强能源供应链安全性和稳定性，着力推动能源生产消费方式绿色低碳变革，着力提升能源产业链现代化水平，加快构建清洁低碳、安全高效的能源体系，加快建设能源强国，为全面建设社会主义现代化国家提供坚实可靠的能源保障。

四、基本原则

保障安全，绿色低碳。统筹发展和安全，坚持先立后破、通盘谋划，以保障安全为前提构建现代能源体系，不断增强风险应对能力，确保国家能源安全。践行绿水青山就是金山银山理念，坚持走生态优先、绿色低碳的发展道路，加快调整能源结构，协同推进能源供给保障与低碳转型。

创新驱动，智能高效。坚持把创新作为引领发展的第一动力，着力增强能源科技创新能力，加快能源产业数字化和智能化升级，推动质量变革、效率变革、动力变革，推进产业链现代化。

深化改革，扩大开放。充分发挥市场在资源配置中的决定性作用，更好发挥政府作用，破除制约能源高质量发展的体制机制障碍，坚持实施更大范围、更宽领域、更深层次的对外开放，开拓能源国际合作新局面。

民生优先，共享发展。坚持以人民为中心的发展思想，持续提升能源普遍服务水平，强化民生领域能源需求保障，推动能源发展成果更多更好惠及广大人民群众，为实现人民对美好生活的向往提供坚强能源保障。

五、发展目标

"十四五"时期现代能源体系建设的主要目标是：

——能源保障更加安全有力。到2025年，国内能源年综合生产能力达到46亿吨标准煤以上，原油年产量回升并稳定在2亿吨水平，天然气年产量达到2300亿立方米以上，发电装机总容量达到约30亿千瓦，能源储备体系更加完善，能源自主供给能力进一步增强。重点城市、核心区域、重要用户电力应急安全保障能力明显提升。

——能源低碳转型成效显著。单位GDP二氧化碳排放五年累计下降18%。到2025年，非化石能源消费比重提高到20%左右，非化石能源发电量比重达到39%左右，电气化水平持续提升，电能占终端用能比重达到30%左右。

——能源系统效率大幅提高。节能降耗成效显著，单位GDP能耗五年累计下降13.5%。能源资源配置更加合理，就近高效开发利用规模进一步扩大，输配效率明显提升。电力协调运行能力不断加强，到2025年，灵活调节电源占比达到24%左右，电力需求侧响应能力达到最大用电负荷的3%~5%。

——创新发展能力显著增强。新能源技术水平持续提升，新型电力系统建设取得阶段性进展，安全高效储能、氢能技术创新能力显著提高，减污降碳技术加快推广应用。能源产业数字化初具成效，智慧能源系统建设取得重要进展。"十四五"期间能源研发经费投入年均增长7%以上，新增关键技术突破领域达到50个左右。

——普遍服务水平持续提升。人民生产生活用能便利度和保障能力进一步增强，电、气、冷、热等多样化清洁能源可获得率显著提升，人均年生活用电量达到1000千瓦时左右，天然气管网覆盖范围进一步扩大。城乡供能基础设施均衡发展，乡村清洁能源供应能力不断增强，城乡供电质量差距明显缩小。

展望2035年，能源高质量发展取得决定性进展，基本建成现代能源体系。能源安全保障能力大幅提升，绿色生产和消费模式广泛形成，非化石能源消费比重在2030年达到25%的基础上进一步大幅提高，可再生能源发电成为主体电源，新型电力系统建设取得实质性成效，碳排放总量达峰后稳中有降。

第三章 增强能源供应链稳定性和安全性

强化底线思维，坚持立足国内、补齐短板、多元保障、强化储备，完善产供储销体系，不断增强风险应对能力，保障产业链供应链稳定和经济平稳发展。

六、强化战略安全保障

增强油气供应能力。加大国内油气勘探开发，坚持常非并举、海陆并重，强化重点盆地和海域油气基础地质调查和勘探，夯实资源接续基础。加快推进储量动用，抓好已开发油田“控递减”和“提高采收率”，推动老油气田稳产，加大新区产能建设力度，保障持续稳产增产。积极扩大非常规资源勘探开发，加快页岩油、页岩气、煤层气开发力度。石油产量稳中有升，力争2022年回升到2亿吨水平并较长时期稳产。天然气产量快速增长，力争2025年达到2300亿立方米以上。

加强安全战略技术储备。做好煤制油气战略基地规划布局和管控，在统筹考虑环境承载能力等前提下，稳妥推进已列入规划项目有序实施，建立产能和技术储备，研究推进内蒙古鄂尔多斯、陕西榆林、山西晋北、新疆准东、新疆哈密等煤制油气战略基地建设。按照不与粮争地、不与人争粮的原则，提升燃料乙醇综合效益，大力发展纤维素燃料乙醇、生物柴油、生物航空煤油等非粮生物燃料。

七、提升运行安全水平

加强煤炭安全托底保障。优化煤炭产能布局，建设山西、蒙西、蒙东、陕北、新疆五大煤炭供应保障基地，完善煤炭跨区域运输通道和集疏运体系，增强煤炭跨区域供应保障能力。持续优化煤炭生产结构，以发展先进产能为重点，布局一批资源条件好、竞争能力强、安全保障程度高的大型现代化煤矿，强化智能化和安全高效矿井建设，禁止建设高危矿井，加快推动落后产能、无效产能和不具备安全生产条件的煤矿关闭退出。建立健全以企业社会责任储备为主体、地方政府储备为补充、产品储备与产能储备有机结合的煤炭储备体系。

发挥煤电支撑性调节性作用。统筹电力保供和减污降碳，根据发展需要合理建设先进煤电，保持系统安全稳定运行必需的合理裕度，加快推进煤电由主体性电源向提供可靠容量、调峰调频等辅助服务的基础保障性和系统调节性电源转型，充分发挥现有煤电机组应急调峰能力，有序推进支撑性、调节性电源建设。

提升天然气储备和调节能力。统筹推进地下储气库、液化天然气（LNG）接收站等储气设施建设。构建供气企业、国家管网、城镇燃气企业和地方政府四方协同履约新机制，推动各方落实储气责任。同步提高管存调节能力、地下储气库采气调节能力和LNG气化外输调节能力，提升天然气管网保供季调峰水平。全面实行天然气购销合同管理，坚持合同化保供，加强供需市场调节，强化居民用气保障力度，优化天然气使用方向，新增天然气量优先保障居民生活需要和北方地区冬季清洁取暖。到2025年，全国集约布局的储气能力达到550亿～600亿立方米，占天然气消费量的比重约13%。

维护能源基础设施安全。加强重要能源设施安全防护和保护，完善联防联控机制，重点确保核电站、水电站、枢纽变电站、重要换流站、重要输电通道、大型能源化工项目等设施安全，加强油气管道保护。全面加强核电安全管理，实行最严格的安全标准和最严格的监管，始终把“安全第一、质量第一”的方针贯穿于核电建设、运行、退役的各个环节，将全链条安全责任落实到人，持续提升在运在建机组安全水平，确保万无一失。继续通过中央预算内投资专项支持煤矿安全改造，提升煤矿安全保障能力。

八、加强应急安全管控

强化重点区域电力安全保障。按照“重点保障、局部坚韧、快速恢复”的原则，以直辖市、省会城市、计划单列市为重点，提升电力应急供应和事故恢复能力。统筹本地电网结构优化和互联输电通道建设，合理提高核心区域和重要用户的相关线路、变电站建设标准，加强事故状态下的电网互济支撑。推进本地应急保障电源建设，鼓励具备条件的重要用户发展分布式电源和微电网，完善

用户应急自备电源配置，统筹安排城市黑启动电源和公用应急移动电源建设。“十四五”期间，在重点城市布局一批坚强局部电网。

提升能源网络安全管控水平。完善电力监控系统安全防控体系，加强电力、油气行业关键信息基础设施安全保护能力建设。推进北斗全球卫星导航系统等在能源行业的应用。加强网络安全关键技术研究，推动建立能源行业、企业网络安全态势感知和监测预警平台，提高风险分析研判和预警能力。

加强风险隐患治理和应急管控。开展重要设施、重点环节隐患排查治理，强化设备监测和巡视维护，提高对地震地质灾害、极端天气、火灾等安全风险的预测预警和防御应对能力。推进电力应急体系建设，强化地方政府、企业的主体责任，建立电力安全应急指挥平台、培训演练基地、抢险救援队伍和专家库。完善应急预案体系，编制紧急情况下应急处置方案，开展实战型应急演练，提高快速响应能力。建立健全电化学储能、氢能等建设标准，强化重点监管，提升产品本质安全水平和应急处置能力。合理提升能源领域安全防御标准，健全电力设施保护、安全防护和反恐怖防范等制度标准。

专栏2　能源安全保障重点工程
油气勘探开发。立足四川盆地、塔里木盆地、鄂尔多斯盆地、准噶尔盆地、松辽盆地、渤海湾盆地、柴达木盆地等重点盆地，加强中西部地区和海域风险勘探，强化东部老区精细勘探。推动准噶尔盆地玛湖、吉木萨尔页岩油，鄂尔多斯盆地页岩油、致密气，松辽盆地大庆古龙页岩油，四川盆地川中古隆起、川南页岩气，塔里木盆地顺北、富满、博孜—大北，鄂西、陕南、滇黔北页岩气，海域渤中、垦利、恩平等油气上产工程。加快推进四川盆地“气大庆”、塔里木盆地“深层油气大庆”、鄂尔多斯亿吨级“油气超级盆地”等标志性工程。加强沁水盆地、鄂尔多斯盆地东缘煤层气勘探开发。开展南海等地区天然气水合物试采。
储气库及LNG接收站。打造华北、东北、西南、西北等数个百亿方级地下储气库群。优先推进重要港址已建、在建和规划的LNG接收站项目。 **煤炭储备。**支持符合条件的企业履行社会责任，在煤炭生产地、消费地、铁路交通枢纽、主要中转港口建设煤炭储备。
网络安全管控。加快推进电力监控系统安全防护体系完善工程、电力信息系统密码基础设施建设工程、北斗时空基础设施应用及智能化运营体系工程建设，开展北斗时频网建设，推进重点企业电力北斗综合服务平台建设和终端应用试点。建成电力行业网络安全态势感知平台和全业务、分布式、高仿真的电力行业网络安全仿真验证环境。 **风险与应急管控。**初步建成流域水电安全与应急管理信息平台、水电站（大坝）安全和应急管理平台。建设电力安全应急指挥平台。

第四章　加快推动能源绿色低碳转型

坚持生态优先、绿色发展，壮大清洁能源产业，实施可再生能源替代行动，推动构建新型电力系统，促进新能源占比逐渐提高，推动煤炭和新能源优化组合。坚持全国一盘棋，科学有序推进实现碳达峰、碳中和目标，不断提升绿色发展能力。

九、大力发展非化石能源

加快发展风电、太阳能发电。全面推进风电和太阳能发电大规模开发和高质量发展，优先就地就近开发利用，加快负荷中心及周边地区分散式风电和分布式光伏建设，推广应用低风速风电技术。在风能和太阳能资源禀赋较好、建设条件优越、具备持续整装开发条件、符合区域生态环境保护等要求的地区，有序推进风电和光伏发电集中式开发，加快推进以沙漠、戈壁、荒漠地区为重点的大型风电光伏基地项目建设，积极推进黄河上游、新疆、冀北等多能互补清洁能源基地建设。积极推动工业园区、经济开发区等屋顶光伏开发利用，推广光伏发电与建筑一体化应用。开展风电、光伏发电制氢示范。鼓励建设海上风电基地，推进海上风电向深水远岸区域布局。积极发展太阳能热发电。

因地制宜开发水电。坚持生态优先、统筹考虑、适度开发、确保底线，积极推进水电基地建设，推动金沙江上游、雅砻江中游、黄河上游等河段水电项目开工建设。实施雅鲁藏布江下游水电开发等重大工程。实施小水电清理整改，推进绿色改造和现代化提升。推动西南地区水电与风电、太阳能发电协同互补。到 2025 年，常规水电装机容量达到 3.8 亿千瓦左右。

积极安全有序发展核电。在确保安全的前提下，积极有序推动沿海核电项目建设，保持平稳建设节奏，合理布局新增沿海核电项目。开展核能综合利用示范，积极推动高温气冷堆、快堆、模块化小型堆、海上浮动堆等先进堆型示范工程，推动核能在清洁供暖、工业供热、海水淡化等领域的综合利用。切实做好核电厂址资源保护。到 2025 年，核电运行装机容量达到 7000 万千瓦左右。

因地制宜发展其他可再生能源。推进生物质能多元化利用，稳步发展城镇生活垃圾焚烧发电，有序发展农林生物质发电和沼气发电，因地制宜发展生物质能清洁供暖，在粮食主产区和畜禽养殖集中区统筹规划建设生物天然气工程，促进先进生物液体燃料产业化发展。积极推进地热能供热制冷，在具备高温地热资源条件的地区有序开展地热能发电示范。因地制宜开发利用海洋能，推动海洋能发电在近海岛屿供电、深远海开发、海上能源补给等领域应用。

十、推动构建新型电力系统

推动电力系统向适应大规模高比例新能源方向演进。统筹高比例新能源发展和电力安全稳定运行，加快电力系统数字化升级和新型电力系统建设迭代发展，全面推动新型电力技术应用和运行模式创新，深化电力体制改革。以电网为基础平台，增强电力系统资源优化配置能力，提升电网智能化水平，推动电网主动适应大规模集中式新能源和量大面广的分布式能源发展。加大力度规划建设以大型风光电基地为基础、以其周边清洁高效先进节能的煤电为支撑、以稳定安全可靠的特高压输变电线路为载体的新能源供给消纳体系。建设智能高效的调度运行体系，探索电力、热力、天然气等多种能源联合调度机制，促进协调运行。以用户为中心，加强供需双向互动，积极推动源网荷储一体化发展。

创新电网结构形态和运行模式。加快配电网改造升级，推动智能配电网、主动配电网建设，提高配电网接纳新能源和多元化负荷的承载力和灵活性，促进新能源优先就地就近开发利用。积极发展以消纳新能源为主的智能微电网，实现与大电网兼容互补。完善区域电网主网架结构，推动电网之间柔性可控互联，构建规模合理、分层分区、安全可靠的电力系统，提升电网适应新能源的动态稳定水平。科学推进新能源电力跨省跨区输送，稳步推广柔性直流输电，优化输电曲线和价格机制，加强送受端电网协同调峰运行，提高全网消纳新能源能力。

增强电源协调优化运行能力。提高风电和光伏发电功率预测水平，完善并网标准体系，建设系统友好型新能源场站。全面实施煤电机组灵活性改造，优先提升 30 万千瓦级煤电机组深度调峰能力，推进企业燃煤自备电厂参与系统调峰。因地制宜建设天然气调峰电站和发展储热型太阳能热发电，推动气电、太阳能热发电与风电、光伏发电融合发展、联合运行。加快推进抽水蓄能电站建设，实施全国新一轮抽水蓄能中长期发展规划，推动已纳入规划、条件成熟的大型抽水蓄能电站开工建设。优化电源侧多能互补调度运行方式，充分挖掘电源调峰潜力。力争到 2025 年，煤电机组灵活性改造规模累计超过2亿千瓦，抽水蓄能装机容量达到6200万千瓦以上、在建装机容量达到6000万千瓦左右。

加快新型储能技术规模化应用。大力推进电源侧储能发展，合理配置储能规模，改善新能源场站出力特性，支持分布式新能源合理配置储能系统。优化布局电网侧储能，发挥储能消纳新能源、削峰填谷、增强电网稳定性和应急供电等多重作用。积极支持用户侧储能多元化发展，提高用户供电可靠性，鼓励电动汽车、不间断电源等用户侧储能参与系统调峰调频。拓宽储能应用场景，推动电化学储能、梯级电站储能、压缩空气储能、飞轮储能等技术多元化应用，探索储能聚合利用、共享利用等新模式新业态。

大力提升电力负荷弹性。加强电力需求侧响应能力建设，整合分散需求响应资源，引导用户优化储用电模式，高比例释放居民、一般工商业用电负荷的弹性。引导大工业负荷参与辅助服务市场，鼓励电解铝、铁合金、多晶硅等电价敏感型高载能负荷改善生产工艺和流程，发挥可中断负荷、可控负荷等功能。开展工业可调节负荷、楼宇空调负荷、大数据中心负荷、用户侧储能、新能源汽车与电网（V2G）能量互动等各类资源聚合的虚拟电厂示范。力争到2025年，电力需求侧响应能力达到最大负荷的3%~5%，其中华东、华中、南方等地区达到最大负荷的5%左右。

专栏3　能源绿色低碳转型工程
水电。建成投产金沙江乌东德（已建成投产）、白鹤滩（部分机组已建成投产），雅砻江两河口（部分机组已建成投产）等水电站。推进金沙江拉哇、大渡河双江口等水电站建设。力争开工金沙江岗托、旭龙，雅砻江牙根二级、孟底沟（已核准开工），大渡河丹巴，黄河羊曲（已核准开工）等水电站。深入开展奔子栏、龙盘、古学等水电站前期论证。实施雅鲁藏布江下游水电开发等重大工程。
核电。建成投产辽宁红沿河5、6号（5号已建成投产）；山东石岛湾高温气冷堆、“国和一号”示范项目；江苏田湾6号（已建成投产）；福建福清5、6号（5号已建成投产），漳州一期1、2号；广东太平岭一期1、2号；广西防城港3、4号等核电机组。
风电和光伏发电。积极推进东部和中部等地区分散式风电和分布式光伏建设，优化推进新疆、青海、甘肃、内蒙古、宁夏、陕北、晋北、冀北、辽宁、吉林、黑龙江等地区陆上风电和光伏发电基地化开发，重点建设广东、福建、浙江、江苏、山东等海上风电基地。
生物质能和地热能。稳步发展城镇生活垃圾焚烧发电，有序发展农林生物质发电和沼气发电，建设千万立方米级生物天然气工程。在京津冀、山西、陕西、河南、湖北等区域大力推进中深层地热能供暖制冷，在西藏、川西、青海等高温地热资源丰富地区建设一批地热能发电示范项目。
灵活调节电源。推进桐城、磐安、泰安二期、浑源等抽水蓄能电站建设，开工大雅河、尚志、滦平、徐水、灵寿、美岱、乌海、泰顺（已核准开工）、天台（已核准开工）、建德、桐庐、宁国、岳西、石台、霍山、连云港、洪屏二期、大幕山、平坦原（已核准开工）、紫云山、安化、栗子湾（已核准开工）、哇让、牛首山（已核准开工）、贵阳（石厂坝）、南宁（已核准开工）、黔南（黄丝）、羊林等抽水蓄能电站。开展黄河上游梯级电站大型储能项目研究。在青海、新疆、甘肃、内蒙古等地区推动太阳能热发电与风电、光伏发电配套发展。重点对30万千瓦及以下煤电机组进行灵活性改造，对于调峰困难地区研究推动60万千瓦亚临界煤电机组灵活性改造。

十一、减少能源产业碳足迹

推进化石能源开发生产环节碳减排。推动化石能源绿色低碳开采，强化煤炭绿色开采和洗选加工，加大油气田甲烷采收利用力度，加快二氧化碳驱油技术推广应用。到2025年，煤矿瓦斯利用量达到60亿立方米，原煤入选率达到80%。推广能源开采先进技术装备，加快对燃油、燃气、燃煤设备的电气化改造，提高海上油气平台供能中的电力占比。

促进能源加工储运环节提效降碳。推进炼化产业转型升级，严控新增炼油产能，有序推动落后和低效产能退出，延伸产业链，增加高附加值产品比重，提升资源综合利用水平，加快绿色炼厂、智能炼厂建设。推进煤炭分质分级梯级利用。有序淘汰煤电落后产能，“十四五”期间淘汰（含到期退役机组）3000万千瓦。新建煤矿项目优先采用铁路、水运等清洁化煤炭运输方式。加强能源加工储运设施节能及余能回收利用，推广余热余压、LNG冷能等余能综合利用技术。

推动能源产业和生态治理协同发展。加强矿区生态环境治理修复，开展煤矸石综合利用。创新矿区循环经济发展模式，探索利用采煤沉陷区、露天矿排土场、废弃露天矿坑、关停高污染矿区发展风电、光伏发电、生态碳汇等产业。因地制宜发展“光伏+”综合利用模式，推动光伏治沙、林光互补、农光互补、牧光互补、渔光互补，实现太阳能发电与生态修复、农林牧渔业等协同发展。

十二、更大力度强化节能降碳

完善能耗“双控”与碳排放控制制度。严格控制能耗强度，能耗强度目标在“十四五”规划期内统筹考核，并留有适当弹性，新增可再生能源和原料用能不纳入能源消费总量控制。加强产业布局和能耗“双控”政策衔接，推动地方落实用能预算管理制度，严格实施节能评估和审查制度，坚决遏制高耗能高排放低水平项目盲目发展，优先保障居民生活、现代服务业、高技术产业和先进制造业等用能需求。加快全国碳排放权交易市场建设，推动能耗“双控”向碳排放总量和强度“双控”转变。

大力推动煤炭清洁高效利用。“十四五”时期严格合理控制煤炭消费增长。严格控制钢铁、化工、水泥等主要用煤行业煤炭消费。大力推动煤电节能降碳改造、灵活性改造、供热改造“三改联动”，“十四五”期间节能改造规模不低于3.5亿千瓦。新增煤电机组全部按照超低排放标准建设、煤耗标准达到国际先进水平。持续推进北方地区冬季清洁取暖，推广热电联产改造和工业余热余压综合利用，逐步淘汰供热管网覆盖范围内的燃煤小锅炉和散煤，鼓励公共机构、居民使用非燃煤高效供暖产品。力争到2025年，大气污染防治重点区域散煤基本清零，基本淘汰35蒸吨/小时以下燃煤锅炉。

实施重点行业领域节能降碳行动。加强工业领域节能和能效提升，深入实施节能监察、节能诊断，推广节能低碳工艺技术装备，推动重点行业节能改造，加快工业节能与绿色制造标准制修订，开展能效对标达标和能效“领跑者”行动，推进绿色制造。持续提高新建建筑节能标准，加快推进超低能耗、近零能耗、低碳建筑规模化发展，大力推进城镇既有建筑和市政基础设施节能改造。加快推进建筑用能电气化和低碳化，推进太阳能、地热能、空气能、生物质能等可再生能源应用。构建绿色低碳交通运输体系，优化调整运输结构，大力发展多式联运，推动大宗货物中长距离运输“公转铁”“公转水”，鼓励重载卡车、船舶领域使用LNG等清洁燃料替代，加强交通运输行业清洁能源供应保障。实施公共机构能效提升工程。推进数据中心、5G通信基站等新型基础设施领域节能和能效提升，推动绿色数据中心建设。积极推进南方地区集中供冷、长江流域冷热联供。避免“一刀切”限电限产或运动式“减碳”。

提升终端用能低碳化电气化水平。全面深入拓展电能替代，推动工业生产领域扩大电锅炉、电窑炉、电动力等应用，加强与落后产能置换的衔接。积极发展电力排灌、农产品加工、养殖等农业生产加工方式。因地制宜推广空气源热泵、水源热泵、蓄热电锅炉等新型电采暖设备。推广商用电炊具、智能家电等设施，提高餐饮服务业、居民生活等终端用能领域电气化水平。实施港口岸电、空港陆电改造。积极推动新能源汽车在城市公交等领域应用，到2025年，新能源汽车新车销量占比达到20%左右。优化充电基础设施布局，全面推动车桩协同发展，推进电动汽车与智能电网间的

能量和信息双向互动，开展光、储、充、换相结合的新型充换电场站试点示范。

实施绿色低碳全民行动。在全社会倡导节约用能，增强全民节约意识、环保意识、生态意识，引导形成简约适度、绿色低碳的生活方式，坚决遏制不合理能源消费。深入开展绿色低碳社会行动示范创建，营造绿色低碳生活新时尚。大力倡导自行车、公共交通工具等绿色出行方式。大力发展绿色消费，推广绿色低碳产品，完善节能低碳产品认证与标识制度。完善节能家电、高效照明产品等推广机制，以京津冀、长三角、粤港澳等区域为重点，鼓励建立家庭用能智慧化管理系统。

第五章　优化能源发展布局

统筹生态保护和高质量发展，加强区域能源供需衔接，优化能源开发利用布局，提高资源配置效率，推动农村能源转型变革，促进乡村振兴。

十三、合理配置能源资源

完善能源生产供应格局。发挥能源富集地区战略安全支撑作用，加强能源资源综合开发利用基地建设，提升国内能源供给保障水平。加大能源就近开发利用力度，积极发展分布式能源，鼓励风电和太阳能发电优先本地消纳。优化能源输送格局，减少能源流向交叉和迂回，提高输送通道利用率。有序推进大型清洁能源基地电力外送，提高存量通道输送可再生能源电量比例，新建通道输送可再生能源电量比例原则上不低于50%，优先规划输送可再生能源电量比例更高的通道。加强重点区域能源供给保障和互济能力建设，着力解决东北和"两湖一江"（湖北、湖南、江西）等地区煤炭、电力时段性供需紧张问题。

加强电力和油气跨省跨区输送通道建设。稳步推进资源富集区电力外送，加快已建通道的配套电源投产，重点建设金沙江上下游、雅砻江流域、黄河上游和"几"字弯、新疆、河西走廊等清洁能源基地输电通道，完善送受端电网结构，提高交流电网对直流输电通道的支撑。"十四五"期间，存量通道输电能力提升4000万千瓦以上，新增开工建设跨省跨区输电通道6000万千瓦以上，跨省跨区直流输电通道平均利用小时数力争达到4500小时以上。完善原油和成品油长输管道建设，优化东部沿海地区炼厂原油供应，完善成品油管道布局，提高成品油管输比例。加快天然气长输管道及区域天然气管网建设，推进管网互联互通，完善LNG储运体系。到2025年，全国油气管网规模达到21万公里左右。

十四、统筹提升区域能源发展水平

推进西部清洁能源基地绿色高效开发。推动黄河流域和新疆等资源富集区煤炭、油气绿色开采和清洁高效利用，合理控制黄河流域煤炭开发强度与规模。以长江经济带上游四川、云南和西藏等地区为重点，坚持生态优先，优化大型水电开发布局，推进西电东送接续水电项目建设。积极推进多能互补的清洁能源基地建设，科学优化电源规模配比，优先利用存量常规电源实施"风光水（储）""风光火（储）"等多能互补工程，大力发展风电、太阳能发电等新能源，最大化利用可再生能源。"十四五"期间，西部清洁能源基地年综合生产能力增加3.5亿吨标准煤以上。

提升东部和中部地区能源清洁低碳发展水平。以京津冀及周边地区、长三角、粤港澳大湾区等为重点，充分发挥区域比较优势，加快调整能源结构，开展能源生产消费绿色转型示范。安全有序推动沿海地区核电项目建设，统筹推动海上风电规模化开发，积极发展风能、太阳能、生物质能、地热能等新能源。大力发展源网荷储一体化。加强电力、天然气等清洁能源供应保障，稳步扩大区外输入规模。严格控制大气污染防治重点区域煤炭消费，在严控炼油产能规模基础上优化产能结构。“十四五”期间，东部和中部地区新增非化石能源年生产能力1.5亿吨标准煤以上。

专栏4　区域能源发展重点及基础设施工程

大型清洁能源基地。统筹推进云贵川藏、青海水风光综合开发，重点建设金沙江上下游、雅砻江流域、黄河上游等清洁能源基地，实施雅鲁藏布江下游水电开发等重大工程。依托存量和新增跨省跨区输电通道、火电“点对网”外送通道，推动风光水火储多能互补开发，重点建设黄河“几”字弯、河西走廊、新疆等清洁能源基地。以就地消纳为主，推进松辽、冀北清洁能源基地建设。积极推进东南部沿海地区海上风电集群化开发。

能源低碳转型引领区。京津冀及周边地区，大力发展分布式光伏，推动地热能资源绿色开发利用，增加由蒙西、山西等地区送入的清洁电力规模，完善环渤海地区LNG储运体系，推进低碳冬奥示范区、雄安智慧能源城市等绿色低碳发展试点示范。**长三角地区，**稳步推进田湾、三澳等核电建设，大力开发陆上分散式风电和分布式光伏发电，积极发展海上风电，推进沿海LNG接收站扩大规模，加强浙沪、浙苏、苏皖等天然气管道联通。**粤港澳大湾区及周边地区，**稳步推进惠州核电建设，积极开发海上风电，探索开发海洋能，加快阳江、梅州等抽蓄电站建设，鼓励增加天然气发电规模，完善LNG储运和天然气管网体系，积极推动储能电池应用示范。**其他地区，**推动中部地区加大可再生能源开发力度和外部引入规模，开展小水电清理整改，推进绿色小水电改造，因地制宜发展分布式光伏发电，建设黄河中下游绿色能源廊道，支持各地区因地制宜开展绿色低碳转型示范。

能源供应保障重点区域。“两湖一江”地区，优先发展本地可再生能源，有序扩大能源调入规模，建设陕北至湖北（已建成投产）、雅中至江西（已建成投产）、金沙江上游至湖北等输电通道，依托浩吉铁路及其疏运系统合理布局路口煤电，增强能源安全储备能力，建设一批煤炭储备基地。**东北地区，**积极推进非化石能源开发和多元化利用，完善中俄东线配套支线管网，减缓东北三省煤炭产量下降速度，建设蒙东煤炭供应保障基地，提高滨洲线、集通线运煤能力，结合电力、热力需求有序安排煤电项目建设，加强冬季用煤用电保障。**其他地区，**加强能源供需衔接，有效解决区域性、时段性供需紧张等问题。

输电通道。结合清洁能源基地开发和中东部地区电力供需形势，建成投产一批、开工建设一批、研究论证一批多能互补输电通道。

电网主网架。完善华北、华东、华中区域内特高压交流网架结构，为特高压直流送入电力提供支撑，建设川渝特高压主网架，完善南方电网主网架。

天然气管网。建设中俄东线管道南段、川气东送二线、西气东输三线中段、西气东输四线、山东龙口—中原文23储气库管道等工程。

十五、积极推动乡村能源变革

加快完善农村和边远地区能源基础设施。提升农村能源基础设施和公共服务水平，实施农村电网巩固提升工程，持续加强脱贫地区农村电网建设，提高农村电力保障水平，推动农村用能电气化升级。提升向边远地区输配电能力，在具备条件的农村地区、边远地区探索建设高可靠性可再生能源微电网。在气源有保障、经济可承受的情况下，有序推动供气设施向农村延伸。支持革命老区重大能源基础设施项目具备条件后按程序尽快启动建设。

加强乡村清洁能源保障。提高农村绿电供应能力，实施千家万户沐光行动、千乡万村驭风行动，积极推动屋顶光伏、农光互补、渔光互补等分布式光伏和分散式风电建设，因地制宜开发利用生物质能和地热能，推动形成新能源富民产业。坚持因地制宜推进北方地区农村冬季清洁取暖，加大电、气、生物质锅炉等清洁供暖方式推广应用力度，在分散供暖的农村地区，就地取材推广户用生物成型燃料炉具供暖。

实施乡村减污降碳行动。积极推动农村生产生活方式绿色转型，推广农用节能技术和产品，加快农业生产、农产品加工、生活取暖、炊事等领域用能的清洁替代。加强农村生产生活垃圾、畜禽粪污的资源化利用，全面实施秸秆综合利用，改善农村人居环境和生态空间。积极稳妥推进散煤治理，加强煤炭清洁化利用。以县域为单位开展绿色低碳发展示范区建设，探索建设“零碳村庄”等示范工程。

第六章　提升能源产业链现代化水平

加快能源领域关键核心技术和装备攻关，推动绿色低碳技术重大突破，加快能源全产业链数字化智能化升级，统筹推进补短板和锻长板，加快构筑支撑能源转型变革的先发优势。

十六、增强能源科技创新能力

锻造能源创新优势长板。巩固非化石能源领域技术装备优势，持续提升风电、太阳能发电、生物质能、地热能、海洋能等开发利用的技术水平和经济性，开展三代核电技术优化研究，加强高比例可再生能源系统技术创新和应用。立足绿色低碳技术发展基础和优势，加快推动新型电力系统、新一代先进核能等方面技术突破。提高化石能源清洁高效利用技术水平，加强煤炭智能绿色开采、灵活高效燃煤发电、现代煤化工和生态环境保护技术研究，实施陆上常规油气高效勘探开发和炼化技术攻关。

强化储能、氢能等前沿科技攻关。开展新型储能关键技术集中攻关，加快实现储能核心技术自主化，推动储能成本持续下降和规模化应用，完善储能技术标准和管理体系，提升安全运行水平。适度超前部署一批氢能项目，着力攻克可再生能源制氢和氢能储运、应用及燃料电池等核心技术，力争氢能全产业链关键技术取得突破，推动氢能技术发展和示范应用。加强前沿技术研究，加快推广应用减污降碳技术。

实施科技创新示范工程。依托我国能源市场空间大、工程实践机会多等优势，加大资金和政策扶持力度，重点在先进可再生能源发电和综合利用、小堆及核能综合利用、陆上常规和非常规及海洋油气高效勘探开发、燃气轮机、煤炭清洁高效开发利用等关键核心技术领域建设一批创新示范工程。瞄准新型电力系统、安全高效储能、氢能、新一代核能体系、二氧化碳捕集利用与封存、天然气水合物等前沿领域，实施一批具有前瞻性、战略性的国家重大科技示范项目。

专栏5　科技创新示范工程
先进可再生能源发电及综合利用技术。深远海域海上风电开发、高效光伏电池、光伏建筑一体化（BIPV）、先进生物质燃料、地热能、大型变速抽水蓄能及海水蓄能、海洋能规模化开发利用等技术研发及示范应用，新能源生态环境保护技术。
先进核能技术。三代核电关键技术优化升级示范应用，模块式小型堆、（超）高温气冷堆、低温供热堆、快堆、熔盐堆、海上浮动式核动力平台等技术攻关及示范应用。支持新燃料、新材料等新技术研发应用。支持受控核聚变的前期研发，积极开展国际合作。 **新型电力系统技术。**新能源发电并网及主动支撑、大容量远海风电友好送出、柔性直流、直流配电网、煤电机组灵活性改造、V2G、虚拟电厂、微电网等技术研发及示范应用。 **安全高效储能。**电化学储能、梯级电站储能、飞轮储能、压缩空气储能和蓄热蓄冷等技术攻关及规模化示范应用，新型储能安全防范技术攻关及示范应用。 **氢能。**高效可再生能源氢气制备、储运、应用和燃料电池等关键技术攻关及多元化示范应用。氢能在可再生能源消纳、电网调峰等场景示范应用。氢能、电能、热能等异质能源互联互通示范。 **油气勘探开发技术。**深层页岩气、页岩油、海洋深水油气、煤层气勘探开发及示范应用，提升陆上油气采收率。 **燃气轮机。**燃气轮机设计、试验、制造、运维检修等关键技术攻关及示范应用。

煤炭清洁高效开发利用技术。煤炭绿色智能开采、先进燃煤发电、超临界二氧化碳发电、老旧煤电机组延寿升级改造、煤制油、煤制气、先进煤化工等技术研发及示范应用，在晋陕蒙新等地区建设二氧化碳捕集利用与封存示范工程。

十七、加快能源产业数字化智能化升级

推动能源基础设施数字化。加快信息技术和能源产业融合发展，推动能源产业数字化升级，加强新一代信息技术、人工智能、云计算、区块链、物联网、大数据等新技术在能源领域的推广应用。积极开展电厂、电网、油气田、油气管网、油气储备库、煤矿、终端用能等领域设备设施、工艺流程的智能化升级，提高能源系统灵活感知和高效生产运行能力。适应数字化、自动化、网络化能源基础设施发展要求，建设智能调度体系，实现源网荷储互动、多能协同互补及用能需求智能调控。

建设智慧能源平台和数据中心。面向能源供需衔接、生产服务等业务，支持各类市场主体发展企业级平台，因地制宜推进园区级、城市级、行业级平台建设，强化共性技术的平台化服务及商业模式创新，促进各级各类平台融合发展。鼓励建设各级各类能源数据中心，制定数据资源确权、开放、流通、交易相关制度，完善数据产权保护制度，加强能源数据资源开放共享，发挥能源大数据在行业管理和社会治理中的服务支撑作用。

实施智慧能源示范工程。以多能互补的清洁能源基地、源网荷储一体化项目、综合能源服务、智能微网、虚拟电厂等新模式新业态为依托，开展智能调度、能效管理、负荷智能调控等智慧能源系统技术示范。推广电力设备状态检修、厂站智能运行、作业机器人替代、大数据辅助决策等技术应用，加快“智能风机”“智能光伏”等产业创新升级和行业特色应用，推进“智慧风电”“智慧光伏”建设，推进电站数字化与无人化管理，开展新一代调度自动化系统示范。实施煤矿系统优化工程，因地制宜开展煤矿智能化示范工程建设，建设一批少人、无人示范煤矿。加强油气智能完井工艺攻关，加快智能地震解释、智能地质建模与油藏模拟等关键场景核心技术开发与应用示范。建设能源大数据、数字化管理示范平台。

专栏6 智慧能源示范工程

智慧能源新模式新业态。区域（省）级、市（县）级、园区（居民区）级源网荷储一体化示范，多能互补建设风光储、风光水（储）、风光火（储）一体化示范，智慧城市、智慧园区、美丽乡村等智慧用能示范。

智慧能源平台和数据中心。多能互补集成与智能优化、用能需求智能调控、智慧能源生产服务、智慧能源系统数字孪生等平台和数据中心示范。

智慧风电。风电智能化运维、故障预警、精细化控制、场群控制等示范应用。

智慧光伏。光伏电站数字化、无人化管理，设备间互联互感、协同优化，光伏电站智能化调度、运维等示范应用。

智慧水电。水电智能化建造、多目标运行管理、智能监测和巡查、流域水电综合智慧管理等示范应用。

智慧电厂。数字化三维协同设计、智能施工管控、数字化移交、先进控制策略、大数据、云计算、物联网、人工智能、5G通信等示范应用。

智能电网。新一代调度自动化系统、配电网改造和智能化升级等示范应用。

智能油气管网。油气管网全数字化移交、全智能化运营、全生命周期管理等示范应用。

智慧油气田。勘探开发一体化智能云网平台、地上地下一体化智能生产管控平台、油气田地面绿色工艺与智能建设优化平台等技术装备及示范应用。

智能化煤矿。煤矿智能化高效开采、智能化选煤、矿山物联网、危险岗位机器人替代等示范应用。

十八、完善能源科技和产业创新体系

整合优化科技资源配置。以国家战略性需求为导向推进创新体系优化组合，加强能源技术创新平台建设，加快构建能源领域国家实验室，重组国家重点实验室，优化国家能源研发创新平台建设管理。推进科研院所、高等院校和企业科研力量优化配置和资源共享，深化军民科技协同创新。充分发挥社会主义市场经济条件下的新型举国体制优势，深入落实攻关任务“揭榜挂帅”等机制。提升能源核心关键技术产品产业化能力，完善技术要素市场，加强创新链和产业链对接，完善重大自主可控核心技术成果推广应用机制，推动首台（套）重大技术装备示范和推广，促进能源新技术产业化规模化应用。

激发企业和人才创新活力。完善能源技术创新市场导向机制，强化企业创新主体地位，发挥大企业引领支撑作用，构建以企业为主体、市场为导向、产学研用深度融合的技术创新体系。健全知识产权保护运用体制，实施严格的知识产权保护制度。健全能源领域科技人才评价体系，完善充分体现创新要素价值的收益分配机制，全方位为科研人员松绑，优化能源创新创业生态，激发能源行业创新活力。

第七章　增强能源治理效能

深化电力、油气体制机制改革，持续深化能源领域“放管服”改革，加强事中事后监管，加快现代能源市场建设，完善能源法律法规和政策，更多依靠市场机制促进节能减排降碳，提升能源服务水平。

十九、激发能源市场主体活力

放宽能源市场准入。落实外商投资法律法规和市场准入负面清单制度，修订能源领域相关法规文件。支持各类市场主体依法平等进入负面清单以外的能源领域。推进油气勘探开发领域市场化，实行勘查区块竞争出让制度和更加严格的区块退出机制，加快油田服务市场建设。积极稳妥深化能源领域国有企业混合所有制改革，进一步吸引社会投资进入能源领域。

优化能源产业组织结构。建设具有创造创新活力的能源企业。进一步深化电网企业主辅分离、厂网分离改革，推进抽水蓄能电站投资主体多元化。推进油气领域装备制造、工程建设、技术研发、信息服务等竞争性业务市场化改革。深化油气管网建设运营机制改革，引导地方管网以市场化方式融入国家管网公司，支持各类社会资本投资油气管网等基础设施，制定完善管网运行调度规则，促进形成全国“一张网”。推进油气管网设施向第三方市场主体公平开放，提高油气集约输送和公平服务能力，压实各方保供责任。

支持新模式新业态发展。健全分布式电源发展新机制，推动电网公平接入。培育壮大综合能源服务商、电储能企业、负荷集成商等新兴市场主体。破除能源新模式新业态在市场准入、投资运营、参与市场交易等方面存在的体制机制壁垒。创新电力源网荷储一体化和多能互补项目规划建设管理机制，推动项目规划、建设实施、运行调节和管理一体化。培育发展二氧化碳捕集利用与封存新模式。

二十、建设现代能源市场

优化能源资源市场化配置。深化电力体制改革，加快构建和完善中长期市场、现货市场和辅助服务市场有机衔接的电力市场体系。按照支持省域、鼓励区域、推动构建全国统一市场体系的方向推动电力市场建设。深化配售电改革，进一步向社会资本放开售电和增量配电业务，激发存量供电企业活力。创新有利于非化石能源发电消纳的电力调度和交易机制，推动非化石能源发电有序参与

电力市场交易，通过市场化方式拓展消纳空间，试点开展绿色电力交易。引导支持储能设施、需求侧资源参与电力市场交易，促进提升系统灵活性。加快完善天然气市场顶层设计，构建有序竞争、高效保供的天然气市场体系，完善天然气交易平台。完善原油期货市场，适时推动成品油、天然气等期货交易。推动全国性和区域性煤炭交易中心协调发展，加快建设统一开放、层次分明、功能齐全、竞争有序的现代煤炭市场体系。

深化价格形成机制市场化改革。进一步完善省级电网、区域电网、跨省跨区专项工程、增量配电网价格形成机制，加快理顺输配电价结构。持续深化燃煤发电、燃气发电、水电、核电等上网电价市场化改革，完善风电、光伏发电、抽水蓄能价格形成机制，建立新型储能价格机制。建立健全电网企业代理购电机制，有序推动工商业用户直接参与电力市场，完善居民阶梯电价制度。研究完善成品油价格形成机制。稳步推进天然气价格市场化改革，减少配气层级。落实清洁取暖电价、气价、热价等政策。

二十一、加强能源治理制度建设

依法推进能源治理。健全能源法律法规体系，建立以能源法为统领，以煤炭、电力、石油天然气、可再生能源等领域单项法律法规为支撑，以相关配套规章为补充的能源法律法规体系。加强能源新型标准体系建设，制修订支撑引领能源低碳转型的重点领域标准和技术规范，提升能源标准国际化水平，组织开展能源资源计量及其碳排放核算服务示范。深化能源行业执法体制改革，进一步整合执法队伍，创新执法方式，规范自由裁量权，提高执法效能和水平。

强化政策协同保障。立足推动能源绿色低碳发展、安全保障、科技创新等重点任务实施，健全政策制定和实施机制，完善和落实财税、金融等支持政策。落实相关税收优惠政策，加大对可再生能源和节能降碳、创新技术研发应用、低品位难动用油气储量、致密油气田、页岩油、尾矿勘探开发利用等支持力度。落实重大技术装备进口免税政策。构建绿色金融体系，加大对节能环保、新能源、二氧化碳捕集利用与封存等的金融支持力度，完善绿色金融激励机制。加强能源生态环境保护政策引领，依法开展能源基地开发建设规划、重点项目等环境影响评价，完善用地用海政策，严格落实区域“三线一单”（生态保护红线、环境质量底线、资源利用上线和环境准入负面清单）生态环境分区管控要求。建立可再生能源消纳责任权重引导机制，实行消纳责任考核，研究制定可再生能源消纳增量激励政策，推广绿色电力证书交易，加强可再生能源电力消纳保障。

加强能源监管。优化能源市场监管，加大行政执法力度，维护市场主体合法权益，促进市场竞争公平、交易规范和信息公开，持续优化营商环境。强化能源行业监管，保障国家能源规划、政策、标准和项目有效落地。健全电力安全监管执法体系，推进理顺监管体制，构建监管长效机制，加强项目建设施工和运行安全监管。健全能源行业自然垄断环节监管体制机制，加强公平开放、运行调度、服务价格、社会责任等方面的监管。创新监管方式，构建统一规范、信息共享、协同联动的监管体系，全面实施“双随机、一公开”监管模式，推动构建以信用为基础的新型监管机制。

专栏7　电力和油气领域重点改革任务
持续深化电力中长期交易机制建设。推动各地制修订电力中长期交易规则。推动符合条件的各类市场主体参与交易。丰富交易品种，优化交易组织流程，缩短交易周期，增加交易频次，建立分时段签约交易机制，健全偏差考核机制。稳妥推进电力现货市场建设。推动具备条件的试点地区转入长周期运行，有序扩大现货试点范围。鼓励电网连接紧密的相邻省（区、市）现货市场融合发展。完善电力辅助服务市场机制。丰富辅助服务交易品种，推动储能设施、虚拟电厂、用户可中断负荷等灵活性资源参与辅助服务，研究爬坡等交易品种。建立源网荷储一体化和多能互补项目协调运营和利益共享机制。建立健全跨省跨区辅助服务市场机制，推动送受两端辅助服务资源共享。

加快建设全国统一电力市场体系。优化电力市场总体设计，健全多层次统一电力市场体系，探索在南方、长三角、京津冀、东北等地区开展区域电力市场建设试点。分步放开跨省跨区发用电计划，探索非化石能源发电企业与售电公司或大用户开展跨省跨区点对点交易。 **积极推进分布式发电市场化交易。**支持分布式发电与同一配电网区域的电力用户就近交易，完善支持分布式发电市场化交易的价格政策及市场规则。深化配售电改革。推动落实增量配电企业在配电区域内拥有与电网企业同等的权利和义务，研究完善增量配电网配电价格形成机制。完善售电主体准入和退出机制，推动售电主体参与各类市场交易，理顺购售电电费结算关系。
放开上游勘查开采市场。全面实施矿业权竞争性出让。严格区块退出。推动油气地质资料汇交利用。推动工程技术、工程建设和装备制造业务专业化重组，作为独立市场主体参与竞争。 **深化油气管网改革。**推进省级管网运销分离。完善管网调度运营规则，建立健全管容分配、托运商等制度。推动城镇燃气压缩管输和供气层级。 **推进下游竞争性环节改革。**支持大用户与气源企业签订直供或直销合同，降低用气成本。

第八章　构建开放共赢能源国际合作新格局

以共建"一带一路"为引领，积极参与全球能源治理，坚持绿色低碳转型发展，加强应对气候变化国际合作，实施更大范围、更宽领域、更深层次能源开放合作，实现开放条件下的能源安全。

二十二、拓展多元合作新局面

巩固拓展海外能源资源保障能力。完善海外主要油气产区合作，优化资产配置。持续巩固推动与重点油气资源国的合作，加强与重点油气消费国的交流，促进海外油气项目健康可持续发展，以油气领域务实合作促进与资源国共同发展。

增强进口多元化和安全保障能力。巩固和拓展与油气等能源资源出口大国互利共赢合作。增强油气国际贸易运营能力。加强跨国油气通道运营与设施联通，确保油气安全稳定供应与平稳运行。与相关国家加强沟通协调，共同维护能源市场安全。

二十三、深度参与全球能源转型变革

推进能源变革与低碳合作。建设绿色丝绸之路，深化与发展中国家绿色产能合作，积极推动风电、太阳能发电、储能、智慧电网等领域合作。与周边国家和地区在电网互联及升级改造方面加强合作。推动核电国际合作。大力支持发展中国家能源绿色低碳发展，不再新建境外煤电项目。积极探索与发达国家、东道国和跨国公司开展三方、多方合作的有效途径，建成一批经济效益好、示范效应强的绿色能源最佳实践项目。

加强科技创新合作。加强与有关国家在先进能源技术和解决方案等方面的务实合作，重点在高效低成本新能源发电、先进核电、氢能、储能、节能、二氧化碳捕集利用与封存等先进技术领域开展合作。积极参与能源国际标准制定，加快我国能源技术、标准的国际融合。

二十四、积极参与全球能源治理体系改革和建设

推动完善全球能源治理体系。运营好"一带一路"能源合作伙伴关系合作平台，办好国际能源变革论坛。在中国—阿盟、中国—非盟、中国—中东欧、中国—东盟等相关能源合作平台和亚太经合组织（APEC）可持续能源中心指导下，加强联合研究，拓展培训交流。加强与国际能源署、国际可再生能源署、石油输出国组织（OPEC）、国际能源论坛、清洁能源部长会议等国际组织和机制

合作，积极参与并引导在联合国、二十国集团（G20）、APEC、金砖国家、上合组织等多边框架下的能源合作。

加强能源领域应对气候变化国际合作。坚持共同但有区别的责任原则，推动中美清洁能源合作，深化中欧能源技术创新合作，形成能源领域应对气候变化和推动绿色发展合力，推动落实《联合国气候变化框架公约》及其《巴黎协定》。积极开展能源领域气候变化南南合作，进一步加强与其他发展中国家能源绿色发展合作，支持发展中国家落实联合国2030年可持续发展议程，提升能源领域应对气候变化能力，彰显我积极参与全球气候治理的大国担当。

第九章　加强规划实施与管理

加强对本规划实施的组织、协调和督导，建立健全规划实施监测评估、考核监督机制。

二十五、加强组织领导

加强党的全面领导，增强“四个意识”、坚定“四个自信”、做到“两个维护”，全面贯彻落实党中央、国务院决策部署，强化督导落实、工作统筹和协同联动。加强能源规划与经济社会发展及其他规划的衔接，统筹自然保护地、生态保护红线与能源开发布局，切实发挥国家能源规划对全国能源发展、重大项目布局、公共资源配置、社会资本投向的战略导向作用，完善规划引导约束机制。

二十六、落实责任分工

按照党中央、国务院统一部署，建立健全国家能源委员会统筹协调、有关部门协同推动、各省级政府和重点能源企业细化落实的规划实施工作机制。国家发展改革委、国家能源局要制定本规划实施方案，确定年度目标并加强年度综合平衡。各地区要根据国家规划确定的重要目标、重点任务、重大工程、重点项目，制定具体工作方案，细化时间表、路线图、优先序，提出分年滚动工作计划安排。各有关部门要根据职责分工细化任务举措，加强资金、用地等对重大能源项目的支持保障力度，及时研究解决实施中遇到的问题。国家能源委员会办公室要切实履行职责，确保规划有力推进、有效实施。

二十七、加强监测评估

国家发展改革委、国家能源局牵头组织开展规划实施情况的年度监测分析、中期评估和总结评估。建立规划动态评估机制和重大情况报告制度，严格评估程序，通过委托第三方机构开展评估等方式，对规划滚动实施提出建议，及时总结经验、分析问题、制定对策。加强规划实施情况评估成果应用，健全规划调整修订机制。重要情况及时向国务院报告。

关于印发制造业质量管理数字化实施指南（试行）的通知

工信厅科〔2021〕59号

各省、自治区、直辖市及计划单列市、新疆生产建设兵团工业和信息化主管部门，中国质量协会、有关行业协会，部属有关单位：

为进一步引导制造业企业深化新一代信息技术与质量管理融合，以数字化赋能企业全员全过程全方位质量管理，提升产业链供应链质量协同水平，我部组织编制了《制造业质量管理数字化实施指南（试行）》。现印发给你们，请推动企业组织实施。

工业和信息化部办公厅

2021年12月30日

制造业质量管理数字化实施指南（试行）

制造业质量管理数字化是通过新一代信息技术与全面质量管理融合应用，推动质量管理活动数字化、网络化、智能化升级，增强产品全生命周期、全价值链、全产业链质量管理能力，提高产品和服务质量，促进制造业高质量发展的过程。为推动制造业质量管理升级，以数字化赋能企业质量管理，强化产业链质量协同，优化质量创新生态，特制定本指南。

一、总体要求

推进制造业质量管理数字化是一项系统性工程，要以提高质量和效益、推动质量变革为目标，按照“围绕一条主线、加快三大转变、把握四项原则”进行布局。企业要发挥主体作用，强化数字化思维，持续深化数字技术在制造业质量管理中的应用，创新开展质量管理活动。专业机构要以提升服务为重点，加快质量管理数字化工具和方法研发与应用，提供软件平台等公共服务。各地工业和信息化主管部门要以完善政策保障和支撑环境为重点，做好组织实施。

（一）围绕一条主线

把数字能力建设作为推进质量管理数字化发展的主线，加快数字技术在质量管理中的创新应用，优化重构质量管理业务流程，打破不同管理层级、职能部门以及企业间的合作壁垒，赋能企业多样化产品创新、精细化生产管控、高附加值服务开发、个性化体验提升，快速有效应对不确定性变化，不断构建差异化竞争优势。

（二）加快三大转变

加快重塑数字时代质量发展理念，推动质量管理范围从企业质量管控向生态圈协作转变，加强对产品全生命周期、产业链供应链乃至生态圈协作质量的管理；推动质量管理重点环节从以制造过程为主向研发、设计、制造、服务等多环节并重转变，深化质量数据跨部门跨环节跨企业采集、集成和共享利用，促进质量协同和质量管理创新；推动质量管理关注焦点从规模化生产为主向规模化生产与个性化、差异化、精细化并重转变，积极协同生产模式和组织方式创新，主动适应动态市场变化需求。

（三）把握四项原则

注重价值牵引和数据驱动。把提升发展质量与效益作为出发点和落脚点，深化全过程全链条数据挖掘，驱动质量变革。**注重深化实践和创新应用。**发挥数字化系统作用，深化推广质量管理理论方法和实践活动，依托信息化平台在全产业链、价值链推动质量管理创新应用。**注重分类引导和示范带动。**引导企业结合自身条件制定方法路径，通过树立一批典型场景、质量标杆企业加强方向指引。**注重开放合作和安全可控。**完善覆盖全产业链、生态圈的质量协作机制，把握安全和发展的关系，加强企业信息安全保护。

二、明确质量管理数字化关键场景

（四）面向企业重点业务环节的质量管理数字化

处于数字化起步期的企业要根据实际需求，选择研发、设计、采购、生产、检测、仓储、物流、销售、服务中的重点业务环节，着力推进数字技术应用。充分运用数字化工具加强对业务环节质量信息的采集、分析和利用，开展数字化设计验证、质量控制、质量检验、质量分析和质量改进，提升质量过程控制的精细化、智能化水平，提高企业质量管理的效率和效益。

（五）面向产品全生命周期和全产业链的质量协同

已较好实现数字化并实现业务集成运作的企业，要推进基于数字化产品模型的研发、设计、生产、服务一体化，加强产品全生命周期的质量信息追溯，提升产业链供应链各环节质量数据共享与开发利用，推进数据模型驱动的产品全生命周期、全产业链的质量策划、质量控制和质量改进，加强产业链供应链上下游质量管理联动，促进多样化、高附加值产品服务创新。

（六）面向社会化协作的质量生态建设与知识分享

具备平台化运行和社会化协作能力的企业，要推进质量管理相关资源、能力、业务的在线化、模块化和平台化，与生态圈合作伙伴共建质量管理平台，加强质量生态数据的收集整理、共享流通和开发利用，推动质量管理知识经验对外输出和迭代优化，构建客户导向、数据驱动、生态共赢的质量管理体系和商业模式，逐步打造形成质量共生共赢新生态。

重点行业质量管理数字化关键场景
原材料行业。面向钢铁、石化、化工、建材等行业，推进生产制造数字化质量管控。基于传感器、机器视觉、自动化控制、先进测量仪器等技术在生产环节深度应用，加强企业内部管控精细化程度，推进生产环节质量数据自动采集与处理，开展全流程质量在线监测、诊断与优化，以市场、过程质量指标为牵引设置智能预警的管控限制，持续提升质量控制水平。**强化供应链上下游质量管理联动，**联合上下游企业共建供应链管理系统及平台，打通供应链上下游企业间质量信息传递渠道，基于数据互联互通与有序流通共享，提升从采购寻源到生产销售的全过程质量协同管控、全生命周期质量追溯管理等水平。 **装备制造行业。面向机械、交通设备制造等行业，推进基于数字模型的产品质量设计。**推进人工智能、仿真等技术在产品研发设计环节应用，搭建产品级、部件级数字仿真模型，开展失效模式分析预防、装配及物流仿真，识别最优设计方案，通过智能化质量策划提升质量设计水平，降低质量损失风险。**推进生产制造数字化管控，**基于传感器、机器视觉、自动化控制、先进测量仪器等技术在生产环节深度应用，提升精益生产过程质量控制水平。**推进基于产品全生命周期管理的服务质量提升。**基于线上平台连接实现整机及零部件状态识别与跟踪，开展产品故障预警预测，保养服务预警提示等延伸服务，促进产品高端化。 **消费品行业。面向轻工、纺织行业推进生产制造环节数字化质量管控。**推广传感器、机器视觉、自动化控制技术等在轻纺生产环节广泛应用，提高在线监控水平。**面向医药、食品等行业，推进产品全生命周期质量追溯。**联合上下游共建产品唯一标识规范，开展质量追溯体系建设，提供信息实时追溯和查询服务，强化全生命周期质量协同管控，让消费者放心消费。

三、完善企业质量管理数字化工作机制

（七）加强质量管理数字化组织领导

企业应结合两化融合的发展目标和规划部署，优化质量方针、质量目标，制定质量管理数字化的提升路径。明确推进质量管理数字化工作的责任部门、职责和权限，创新质量部门与业务部门协同推进组织模式，统筹规划并选择质量管理数字化关键场景，确定资源保障，分步推动实施。在质量管理体系运行管理中应定期评估数字化能力的提升效果，并向最高管理者报告。

（八）加强质量管理数字化活动策划

企业应以用户需求为导向，梳理关键场景的质量管理要求，运用两化融合管理体系等方法，开展包括流程优化、装备升级、信息系统集成、数据资源利用、操作规程更新在内的质量管理数字化活动策划，运用数字技术打通流程断点，加强业务流程状态跟踪、在线监控和动态优化，强化质量目标和质量活动的闭环管控。

（九）推动质量管理数字化资源整合

鼓励企业依托工业互联网平台、数据集成平台等，建设统一质量管理平台，实现质量管理知识、方法、经验等模型化、平台化。加强数字设计工具的开发利用，运用数字分析建模、数字孪生、可靠性设计与仿真、质量波动分析等技术提高产品用户体验和质量设计水平。鼓励龙头企业建设产业链质量协同平台，推动企业间质量信息共享与知识共创，探索产业链质量管理联动新模式，提升产业链质量协同发展水平。

四、增强企业质量管理数字化运行能力

（十）提高岗位数字化作业技能

企业应加强质量管理数字化活动的全员参与，完善评价和激励机制，将推进质量管理数字化转变为员工主动创新、有能力创新的现实行动。结合数字化转型的发展需要，对影响质量的相关岗位人员制定数字化技能提升计划，提高运用信息化系统以及在数字化条件下应用质量管理技术方法的能力。对有重要影响的岗位人员实施适当的考核评价，以确保相关人员具有在数字化条件下履行质量职责的能力。

（十一）推进装备数字化改造升级

企业应按照质量管理数字化核心能力建设需求，加强必要的生产制造装备改造，提高工艺控制自动化、智能化、精准化水平，保证工艺稳定，减少质量波动。结合装备数字化改造过程，设计开发相应的质量管理系统平台，形成以数据为驱动的在线质量控制和自主决策能力，为工艺改进和产品创新夯实基础。

（十二）实施全流程物料数字化管理

企业应建立与数字化制造相适应的仓储物流系统，在采购、生产、仓储、物流、交付及售后服务全过程提高物料数字化追溯管理水平。与重要供应商建立协同的数字化管理系统，共享采购产品质量、批次、交期等信息。有条件的企业应对关键物料实施一物一码管理，实现全流程质量追溯。

（十三）强化检验测试数字化管理

企业应根据质量管理数字化要求，完善检验测试的方法和程序。推动在线检测、计量等仪器仪表升级，促进制造装备与检验测试设备互联互通，提高质量检验效率，提升测量精密度和动态感知水平。运用机器视觉、人工智能等技术，提升生产质量检测全面性、精准性和预判预警水平。

五、加强产品全生命周期质量数据开发利用

（十四）加强质量数据管理

企业应将质量数据纳入数据资产管理范畴，加强质量数据标准化管理，开展企业数据管理能力建设。加强质量数据采集、管理、处理、分析、应用等全过程管理，明确各环节的职责和权限，强化跨部门及部门内数据管理机制建设。完善数据架构设计，促进质量数据在业务活动之间高效率交换共享。

（十五）深化质量数据建模分析

企业应基于质量知识库的质量管控模型，开展基于大数据的全过程、全生命周期、全价值链质量分析、控制与改进，推进数据模型驱动的产业链供应链质量协同，深入挖掘质量数据价值，及时洞察质量风险和机遇。开发部署基于数据的质量控制和质量决策模型，提高质量响应和处理的及时性，降低质量业务决策风险，实施更加有效的质量预防和改进，提升用户体验，强化对不确定性的

柔性响应能力和水平。

（十六）提升质量数据安全管理水平

企业应落实《中华人民共和国数据安全法》和有关行政法规要求，强化数据安全意识，履行数据安全保护义务。加强态势感知、测试评估、预警处置、灾难备份等安全能力建设，保障企业自身和用户的质量数据安全，构筑涵盖网络安全、系统安全、业务安全等的多方位质量数据安全保护屏障。

六、创新质量管理数字化公共服务

（十七）培育推广系统解决方案

鼓励装备制造商、软件服务商、企业、科研院所等围绕质量管理数字化发展需求，联合研制推广关键亟需的方法和工具，分行业、分场景开展联合攻关和测试验证，形成集架构设计、方案咨询、关键装备、核心软件、数据集成、流程优化、运营评估于一体的系统性解决方案并进行推广。鼓励各地工业和信息化主管部门组织开展质量管理数字化系统解决方案试点示范，分行业、分场景遴选和支持一批解决方案最佳应用实践，建设解决方案体验和推广中心，促进市场服务资源与企业需求精准对接。

（十八）探索平台化数据共享服务

在生物医药、新材料、航空航天、船舶与海洋工程、电子制造、新能源与智能网联汽车等领域，鼓励相关行业协会和龙头企业建设产品质量大数据公共服务平台，提供质量信息在线查询、质量风险分析、质量成本分析和质量追溯等服务。鼓励专业机构基于平台提供质量管理数字化水平测评、诊断等服务，不断构建和完善诊断对标模型，加强对中小企业质量管理数字化的诊断、培训和辅导，提升质量管理整体绩效。

（十九）完善标准和检测认证服务

在现有领域已发布的相关标准规范基础上，鼓励标准化组织、行业协会、社会团体、重点企业围绕质量管理数字化建立标准和规范，加强标准宣贯、应用服务和实施效果评估。面向产业集聚区，推动建立和完善面向质量管理数字化的标准研制、产业计量、检测认证等公共服务体系，培育提供咨询诊断、项目实施和运行维护等全流程质量管理数字化提升服务的专业机构。

七、完善政策保障和支撑环境

（二十）加强组织落实

各地工业和信息化主管部门要结合本地区实际，加强与市场监管等相关部门在质量管理数字化发展中重大问题、重大政策和重大工程等方面的协调配合，建立健全政府、行业、企业、科研院所和专业机构的协同推进机制。充分利用现有财政资金、产业投资基金，加大对制造业质量管理数字化薄弱环节和公共服务平台的支持力度。

（二十一）强化宣贯引导

鼓励各地工业和信息化主管部门加大质量管理数字化推进力度，加强政策宣贯解读，普及质量管理数字化知识，提高企业推进质量管理数字化的意识和实践能力，持续扩大企业质量管理数字化的影响力。支持行业协会、产业联盟与企业共同推广质量管理数字化相关产品、技术、标准、服务，推动系统解决方案对外输出。

（二十二）创建标杆示范

鼓励产业联盟、行业协会、专业机构等分行业建设质量管理数字化场景清单，持续开展质量管理数字化新模式遴选。总结提炼质量管理数字化的典型案例，培育和发现一批带动性强、可复制可推广的典型经验。加强交流推广，以成效显著的企业标杆引领推动行业整体质量水平提升，营造良好质量管理数字化发展氛围。

（二十三）加强人才培养

推动产业联盟、行业协会与高校、科研院所等深化合作，共建质量管理数字化创新联合实验室，开展数字化质量先进方法体系培训。鼓励校企联合建设一批数字技能实训基地，培养知识型、技能型、创新型的质量管理人才。

关于印发《建材行业智能制造标准体系建设指南（2021版）》的通知

工信厅科〔2021〕58号

各省、自治区、直辖市工业和信息化主管部门，有关行业协会、标准化技术组织和专业机构：

为贯彻落实《国家标准化发展纲要》，加强智能制造标准的统筹规划，切实发挥标准对推动建材行业智能制造发展的支撑和引领作用，工业和信息化部依据《建材工业智能制造数字转型行动计划（2021—2023年）》和《国家智能制造标准体系建设指南（2021版）》，组织编制了《建材行业智能制造标准体系建设指南（2021版）》。现印发给你们，请结合本行业（领域）、本地区实际，在标准化工作中贯彻执行。

工业和信息化部办公厅

2021年12月28日

《建材行业智能制造标准体系建设指南（2021版）》

前言

建材工业是我国国民经济和社会发展的基础性行业，是战略性新兴产业发展的重要保障，是改善人居条件、治理生态环境和发展循环经济的重要支撑。为促进建材工业与新一代信息技术在更广范围、更深程度、更高水平上实现融合发展，推动建材工业转方式、调结构、增动力，加快实现高质量发展，充分发挥标准在智能制造发展过程中的支撑和引领作用，工业和信息化部依据《建材工业智能制造数字转型行动计划（2021—2023年）》和《国家智能制造标准体系建设指南（2021版）》，组织编制了《建材行业智能制造标准体系建设指南（2021版）》。

一、总体要求

（一）指导思想

坚持以习近平新时代中国特色社会主义思想为指导，全面贯彻党的十九大和十九届历次全会精神，全面落实《建材工业智能制造数字转型行动计划（2021—2023年）》和《国家智能制造标准体系建设指南（2021版）》，以加快推进建材行业高质量发展、实现关键环节和流程的智能化改造升级为重点，结合建材行业智能制造发展现状及标准化需求，建立涵盖基础共性、关键技术的智能制造标准体系，充分发挥标准的支撑和引领作用，保障建材行业智能制造健康有序发展，推动建材行业数字化转型。

（二）基本原则

坚持统筹规划、动态更新。与国家智能制造标准体系协调配套，重点研制具备行业特色的关键技术标准，配套发展先进适用的团体标准，建立国家标准、行业标准与团体标准相互补充动态发展，能够满足建材行业智能制造不同阶段标准化需求的标准体系。坚持共性先立、急用先行。针对建材各细分领域特点，结合智能化程度，区分不同领域标准的需求，优先制定行业通用基础类标准，以及水泥、玻璃、陶瓷、无机纤维及制品、混凝土及水泥制品、墙体材料、非金属矿、防水材料等智能化水平较高、需求迫切的细分领域关键技术标准。

（三）建设目标

到2023年，初步建立建材行业智能制造标准体系，制定不少于20项相关标准；对于智能化水平较高的细分领域，实现智能装备、智能矿山、智能工厂标准基本覆盖，重要的智能服务、智能赋能技术、集成互联标准有所覆盖；其他细分领域优先制定智能工厂标准；实现重要关键技术标准在行业示范应用。到2025年，建立较为完善的建材行业智能制造标准体系，制定不少于40项相关标准；智能化水平较高的细分领域智能制造标准较完善；其他细分领域智能工厂标准全面覆盖，重点智能服务、智能赋能技术、集成互联标准有所覆盖；实现智能制造标准在行业广泛应用。

二、建设内容

（一）建材行业智能制造标准体系结构

建材行业智能制造标准体系结构包括基础共性、关键技术两部分，如图1所示。其中关键技术标准涵盖了建材行业智能制造核心标准，适用于指导水泥、玻璃、陶瓷、无机纤维及制品、混凝土及水泥制品、墙体材料、非金属矿及制品、防水材料等细分领域开展智能制造标准研制工作。具体内容如下：

1. 基础共性标准包括能力评价、参考模型、安全、标识四个部分，属于通用性标准，适用于整个建材行业。

2. 关键技术标准包括智能装备、智能矿山、智能工厂、智能服务、智能赋能技术、集成互联六部分，是建材行业智能制造标准体系结构的核心组成部分

（二）建材行业智能制造标准体系框架

结合《国家智能制造标准体系建设指南》建设内容，建材行业智能制造标准体系框架由“基础共性”“关键技术”两部分组成，如图2所示。

（三）基础共性标准

基础共性标准用于统一行业通用技术与要求，解决行业智能制造共性关键问题，参照国家智能制造标准体系，包括能力评价、参考模型、安全、标识等四类标准。

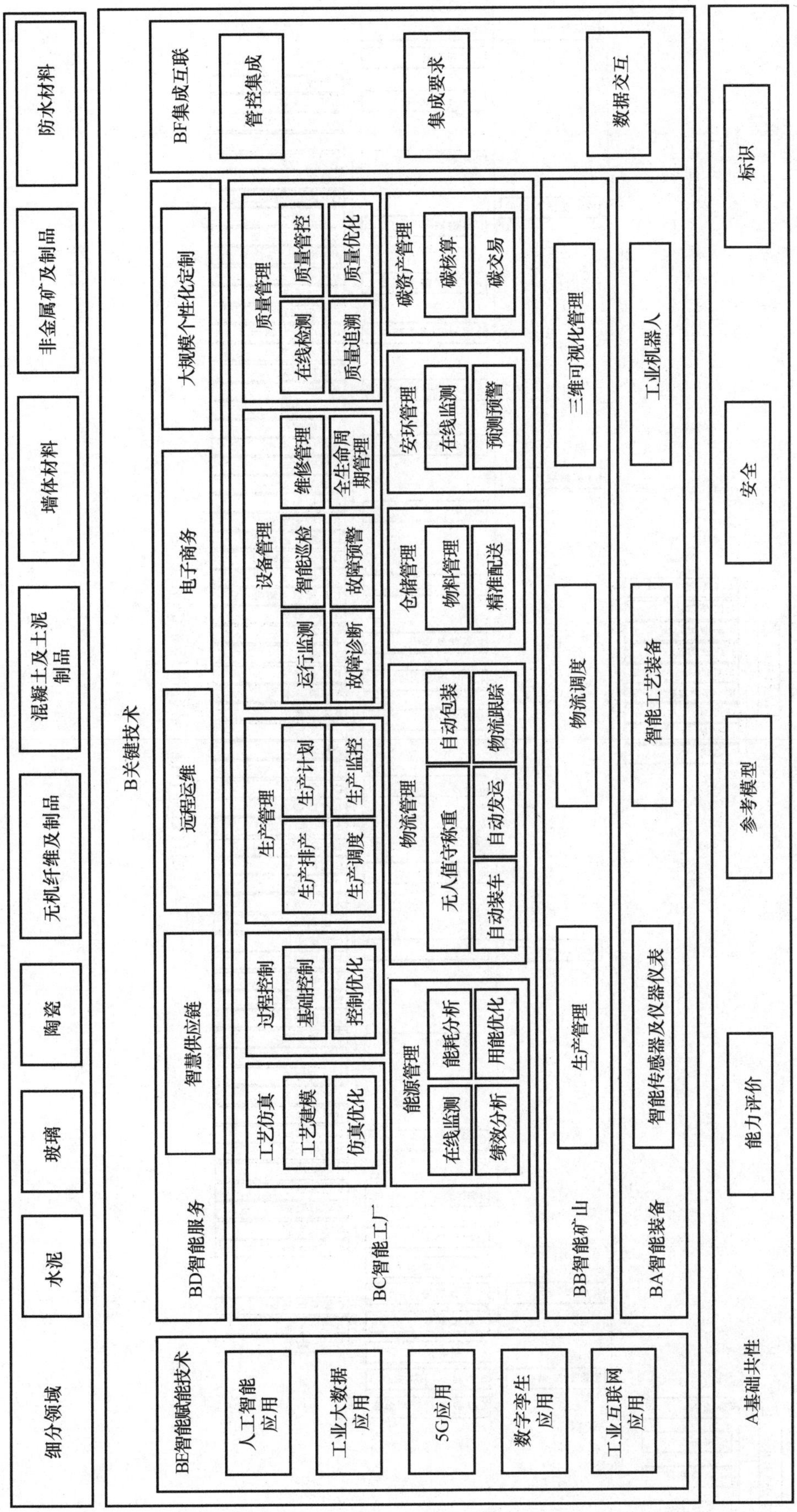

细分领域
水泥
玻璃
陶瓷
无机纤维及制品
混凝土及土泥制品
墙体材料
非金属矿及制品
防水材料

B关键技术

BE智能赋能技术
人工智能应用
工业大数据应用
5G应用
数字孪生应用
工业互联网应用

BD智能服务
智慧供应链
远程运维
电子商务
大规模个性化定制

BC智能工厂
工艺仿真
工艺建模
仿真优化
过程控制
基础控制
控制优化
生产管理
生产排产
生产计划
生产调度
生产监控
设备管理
运行监测
智能巡检
维修管理
故障诊断
故障预警
全生命周期管理
质量管理
在线检测
质量管控
质量追溯
质量优化
能源管理
在线监测
能耗分析
绩效分析
用能优化
物流管理
无人值守称重
自动包装
自动装车
自动发运
物流跟踪
仓储管理
物料管理
精准配送
安环管理
在线监测
预测预警
碳资产管理
碳核算
碳交易

BB智能矿山
生产管理
物流调度
三维可视化管理

BA智能装备
智能传感器及仪器仪表
智能工艺装备
工业机器人

BF集成互联
管控集成
集成要求
数据交互

A基础共性
能力评价
参考模型
安全
标识

图1　建材行业智能制造标准体系结构图

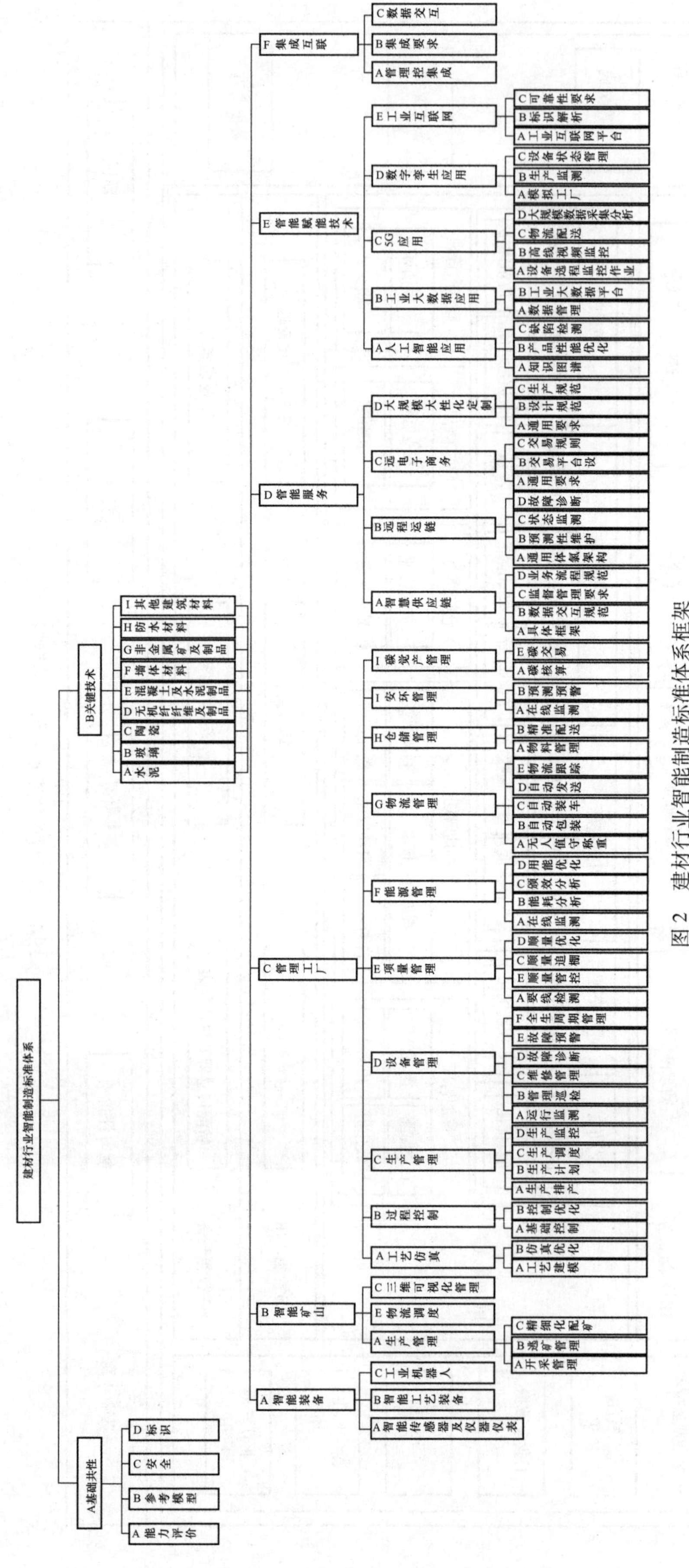

图2　建材行业智能制造标准体系框架

其中：

（1）能力评价标准用于规范行业依据智能制造能力成熟度模型开展评价过程的行为，指导相关方开展智能制造评价活动；

（2）参考模型标准用于规范行业智能制造标准化的对象、边界、各部分的层级关系和内在联系，包括参考模型、系统架构等标准；

（3）安全标准包括功能安全与网络安全等2个部分。其中功能安全用于保障控制系统正常稳定运行，避免发生安全事故，包括面向功能安全系统设计和实施、功能安全测试和评估、功能安全管理等标准；网络安全用于保障智能制造领域中信息系统的可用性、机密性和完整性，包括联网设备安全、控制系统安全、信息系统安全、数据安全等标准；

（4）标识标准用于规范标识编码规则、编码生成、编码管理、解析技术、标识数据管理等，包括标识编码、编码传输规则、对象元数据、解析系统等标准。

（四）关键技术标准

关键技术标准用于规范建材行业智能制造建设相关的核心技术，包括智能装备、智能矿山、智能工厂、智能服务、智能赋能技术、集成互联六部分。水泥、玻璃、陶瓷、无机纤维及制品、混凝土及水泥制品、墙体材料、非金属矿及制品、防水材料等建材行业主要细分领域，应结合智能制造发展现状及实际需求，逐步开展智能制造标准研制工作。根据未来发展规划要求和行业特性，重点细分领域未来三年需制定的关键技术标准如表1所示。

表1　细分领域重点关键技术标准[⊖]

标准／领域	智能装备			智能矿山			智能工厂										智能服务				智能赋能技术					集成互联		
	智能传感器及仪器仪表	智能工艺装备	工业机器人	生产管理	物流调度	三维可视化管理	工艺仿真	过程控制	生产管理	设备管理	质量管理	能源管理	物流管理	仓储管理	安环管理	碳资产管理	智慧供应链	远程运维	电子商务	大规模个性化定制	人工智能应用	工业大数据应用	5G应用	数字孪生应用	工业互联网应用	管控集成	集成要求	数据交互
水泥	●	●	●	●	●	●	●	●	●	●	●	●	●	●	●	●	●	●	●	●	●	●	●	●	●	●	●	●
玻璃			●				●	●	●	●	●	●	●	●	●						●						●	
陶瓷	●								●	●	●	●			●			●	●	●	●				●		●	
无机纤维及制品			●						●	●	●	●		●			●	●			●			●		●		
混凝土及水泥制品		●							●	●	●	●	●										●		●			
墙体材料			●						●	●	●	●			●							●			●			
非金属矿及制品		●	●	●	●	●				●	●		●					●					●				●	
防水材料		●							●	●	●		●	●													●	

1. 水泥领域。

本部分标准适用于水泥生产及矿山的智能化升级改造，制定的智能制造标准可包括：

⊖　细分领域重点关键技术标准已删除与水泥行业无关内容

（1）智能装备：规范自动取样器及样品输送、激光粒度分析仪、衍射分析仪等智能检测及计量装备的功能、数据传输、状态监控、运维参数、接口、与其他软件系统集成等技术标准；规范搬运机器人、插袋机器人、包装机器人、巡检机器人、联合储库智能行车、无人驾驶堆取料机等工业机器人的数据格式、数据字典、通信接口等技术标准。

（2）智能矿山：规范水泥行业三维矿山模型、运矿道路实时监控、无人驾驶矿车、矿车实时调度系统、质量检测与分析、成分分析及配矿等矿山智能化管理技术标准。

（3）智能工厂：规范分散控制系统、数据采集与监视控制系统等自动控制系统的数据采集、通信网络、输入输出模件等技术标准；规范配料系统、粉磨系统、烧成系统、制备系统等关键工艺环节先进过程控制系统的信息模型、数据交换以及功能要求等技术标准；规范水泥生产数字化管理、数据分析可视化、管理平台功能要求、数据交互、接口规范等技术标准；规范水泥工厂设备实时监测、智能巡检、维修、故障预警等设备管理技术标准；规范原材料堆场、取料机等设备无人值守技术标准；规范生料磨、煤磨、水泥磨机等设备智能运行技术标准；规范全自动试验室、水泥生产全过程质量管控、产品质量追溯、数据交互等质量管理技术标准；规范水泥生产过程能耗实时监控、能源优化调度、能耗数据管理等能源管理技术标准；规范水泥生产线安全实时监测等安全管理技术标准；规范水泥生产线排放预测预警等环保管理技术标准；规范进出厂管控、智能称重、自动装车、车辆调度等物流管理技术标准；规范煤、矿石、生料、熟料等原10材料、半成品、备品备件仓储管理功能要求、数据交互、接口规范等技术标准；规范碳足迹追踪、碳资产核查、碳资产监控等数据采集及平台建设等技术标准。

（4）智能服务：规范水泥行业设备状态远程监测、故障诊断、预测性维护管理等技术标准。

（5）智能赋能技术：规范数字孪生技术应用于水泥虚拟工厂建设场景、5G技术应用于矿区车辆智能调度、工业大数据平台、工业互联网平台等智能赋能技术应用标准。

（6）集成互联：规范ERP系统与生产管理系统、设备管理系统、质量管理系统等信息化系统间接口规范标准；规范数据命名规则、描述与表达、管理维护要求、数据字典、数据管理体系等技术标准。

2. 墙体材料领域

本部分标准适用于砖瓦、砌块、石膏建筑材料等墙体材料（包括屋面及道路用建筑材料）的智能化升级改造，制定的智能制造标准可包括：

（1）智能装备：规范烧结、蒸养、切坯、码坯、质检、搬运、包装、装车等环节工业机器人的数据格式、数据字典、通信接口等技术标准。

（2）智能工厂：规范涵盖窑温、送气量及窑车速度等关键参数窑炉控制系统的数据采集、通信网络、输入输出模件等技术标准；规范生产计划管理、生产过程监控等生产管理技术标准；规范墙材工厂设备巡检、实时监测、故障报警等设备管理技术标准；规范生产全流程质量管控、产品质量追溯等质量管理技术标准；规范生产过程能耗实时监控、能源优化调度、能耗数据采集分析等能源管理技术标准。

（3）智能赋能技术：规范墙材行业工业大数据平台、工业互联网平台等智能赋能技术应用标准。

3. 非金属矿及制品领域

本部分标准适用于石灰石矿、石墨矿、石英矿、高岭土、砂石骨料、石材、耐火黏土矿、菱镁矿、耐火材料制品等智能化升级改造，制定的智能制造标准可包括：

（1）智能装备：规范凿岩机器人、智能巡检机器人、智能潜孔钻机、智能牙轮钻机、智能装药车、智能挖掘机、智能卡车、输送机巡检机器人等智能设备的通信接口、统一标识、数据接口和数据字典等技术标准。

规范砂石骨料领域破碎筛分设备、智能铲运机、智能卡车等智能工艺装备的功能、数据传输、状态监控、运维参数、与其他软件系统集成等技术标准。

规范石材领域自动开采、智能锯解、研磨抛光、自动裁切、异型加工等环节智能工艺装备的功能、数据传输、运维参数、与其他软件系统集成等技术标准；规范智能桥切机、智能抛光定厚机器人等工业机器人的数据格式、数据字典、通信接口等技术标准。

规范耐火材料领域全自动液压制砖机、自动化配料设备、自动化混料设备、无人驾驶车、搬运码垛机器人、智能工业窑炉、耐火固废处理设备等智能装备的功能、数据传输、运维参数、与其他软件系统集成等技术标准。

(2) 智能矿山：规范数字化地质资源管理系统的功能要求、通信规范、数据交互等技术标准；规范实时监控、动态调度、资源优化等采矿管理技术标准；规范采矿装备高精度定位系统、采矿装备远程操控系统、采矿装备精细化管理系统、固定式作业装备远程控制系统等采矿装备控制系统的数据采集、通信网络、输入输出模件等技术标准；规范精细化配矿系统、矿石质量检测系统、矿区卡车智能调度系统的功能要求、数据采集、系统集成等技术标准；规范矿区设备实时监测、智能检维修、故障预警等设备管理技术标准；规范矿山生产实时监控等安全管理技术标准；规范矿山环境在线监测等环保管理技术标准。

(3) 智能工厂：规范 DCS 及上位机监控系统、FCS 控制系统、智能电气控制系统等控制系统的数据采集、通信网络、输入输出模件等技术标准；规范砂石骨料分析与监测、生产调度、能源管理、环保监控、安全防控等环节的数据采集、功能要求、数据交互、接口规范等技术标准。规范石材领域生产调度、质量管控、自动包装、环保管理等业务的数据采集、功能要求、数据交互、接口规范等技术标准。

规范耐火材料领域涵盖窑温、窑压、送气量及窑车速度等关键技术参数窑炉控制系统，生产资源优化调度、质量管控、能源管理、物流管理、安环管理等环节的数据采集、功能要求、数据交互、接口规范等技术标准。

(4) 智能赋能技术：规范数字孪生技术应用于矿山仿真建模场景、5G 技术应用于采矿车辆调度场景等智能赋能技术应用标准。

4. 防水材料

本部分标准适用于防水材料的智能化升级改造，制定的智能制造标准可包括：

(1) 智能装备：规范智能型自动摊铺防水卷材机车、码垛机械手、捆扎机械手、自动插管收卷机、自动测厚仪、包装机器人、智能质量检测设备等智能装备与数字化计量装置的通信接口、统一标识、数据接口和数据字典等技术标准。

(2) 智能工厂：规范防水材料生产过程监管、智能排产、生产资源优化调度、数据分析可视化、数据交互、接口规范等生产管理技术标准；规范重大设备实时监测、智能检维修、故障预警等设备管理技术标准；规范生产全流程质量管控、产品质量追溯、数据交互等质量管理技术标准；规范能耗实时监控、能源优化调度、能耗数据管理等能源管理技术标准；规范 AGV 运输车、立体仓库等仓储管理功能要求、数据交互、接口规范等技术标准。

(3) 智能服务：规范重大设备远程状态监测、故障诊断、预测性维护管理等技术标准。

(4) 集成互联：规范 ERP 系统与控制系统、生产管理系统、设备管理系统、质量管理系统等信息化系统间接口规范标准。

三、实施路径

（一）加强组织协调

强化部门统筹协同，凝聚各类资源，引导行业内龙头企业、科研院所、社会团体、检测认证机构等积极参与标准化工作，形成技术研发、标准制定、产业发展、应用推广协同推进的工作格局。充分发挥专业机构和行业专家的智库作用，加强对建材行业智能制造标准化重大问题研究。

（二）加快任务落实

相关行业协会、标准化技术委员会和标准化专业机构等按照建材行业智能制造标准体系指南的建设目标和重点方向，推动建设一批国家标准、行业标准与团体标准协调配套的标准群，相关标准制定和实施情况应及时向工业和信息化部报告。建立标准体系动态更新机制，定期修订《建材行业智能制造标准体系建设指南》，实现标准体系与行业数字化转型发展同步适应。

（三）推进宣贯实施

各地主管部门、行业协会、标准化技术委员会和标准化专业机构等组织要积极开展建材智能制造标准的宣传、培训、推广等工作。充分发挥企业在标准化工作中的重要作用，引导企业实施智能制造标准，推进智能制造标准应用。建立智能制造标准实施效果评估制度，根据评估结果及时修订完善相关标准，保证标准的实用性和时效性。

（四）强化国际合作

鼓励企业深度参与国际标准化组织的智能制造相关标准化活动，紧跟国际智能制造发展新技术、新趋势，积极参加建材行业相关的智能装备、智能矿山、智能工厂、智能服务、智能赋能技术应用等重点关键技术标准的研究与制定，助力建材行业的国际化发展。

附件

建材行业智能制造标准拟制定清单

序号	标准名称	标准体系编号
1	智能制造 建材行业智能制造能力成熟度模型实施指南	AA
2	智能制造 建材行业智能制造参考模型	AB
3	智能制造 建材行业智能工厂安全控制要求	AC
4	智能制造 建材行业标识编码规范	AD
5	智能制造 水泥矿山 无人驾驶矿车及智能调度通用技术要求	BABB
6	智能制造 水泥矿山 二维模型建设技术指南	BABC
7	智能制造 水泥行业应用 智能工厂建设评价标准	BAC
8	智能制造 水泥行业应用 智能工厂网络系统架构标准	BAC
9	智能制造 水泥行业应用 先进过程控制系统技术要求	BACBB
10	智能制造 水泥行业应用 制造运行管理系统通用技术规范	BACC
11	智能制造 水泥行业应用 设备监测及维护管理技术规范	BACDA
12	智能制造 水泥行业应用 设备巡检管理技术要求	BACDB
13	智能制造 水泥行业应用 全自动化试验室技术标准	BACE
14	智能制造 水泥行业应用 全过程质量管控通用技术要求	BACEB
15	智能制造 水泥行业应用 产品质量追溯体系通用要求	BACEC
16	智能制造 水泥行业应用 能耗实时监测技术要求	BACFA
17	智能制造 水泥行业应用 能源优化与调度方法	BACFD
18	智能制造 水泥行业应用 装车智能化技术规范	BACGC
19	智能制造 水泥行业应用 运输车辆厂内智能调度技术要求	BACGD
20	智能制造 水泥行业应用 智能仓储管理技术规范	BACH
21	智能制造 水泥行业应用 生产排放监测通用要求	BACIA
22	智能制造 水泥行业应用 设备远程运维系统建设规范	BADBA
23	智能制造 水泥行业应用 设备预测性维护技术规范	BADBB
24	智能制造 水泥行业应用 基于数字孪生技术的虚拟工厂建设技术规范	BAEDA
25	智能制造 玻璃行业应用 智能工厂通用技术要求	BBC
26	智能制造 玻璃行业应用 制造运行管理系统通用技术规范	BBCC
27	智能制造 玻璃行业应用 智能生产调度技术规范	BBCDA
28	智能制造 玻璃行业应用 设备实时监测通用技术规范	BBCEC
29	智能制造 玻璃行业应用 产品质量追溯体系通用要求	BBCEC
30	智能制造 玻璃行业应用 能源管理系统通用技术规范	BBCF
31	智能制造 玻璃行业应用 智能仓储管理通用技术规范	BBCH
32	智能制造 玻璃行业应用 环保管理系统技术规范	BBCI
33	智能制造 玻璃行业应用 基于机器视觉技术的产品缺陷检测技术规范	BBEAC
34	智能制造 玻璃行业应用 ERP、MES 与 DCS、PLM 系统间系统集成要求	BBFB
35	智能制造 陶瓷行业应用 智能工厂通用技术要求	BCC
36	智能制造 陶瓷行业应用 工艺仿真过程技术规范	BCCA
37	智能制造 陶瓷行业应用 制造运行管理系统通用技术规范	BCCC
38	智能制造 陶瓷行业应用 质量检测管理系统技术规范	BCCE
39	智能制造 陶瓷行业应用 产品质量追溯体系通用要求	BCCEC

续表

序号	标准名称	标准体系编号
40	智能制造 陶瓷行业应用 能源绩效优化技术规范	BCCFC
41	智能制造 陶瓷行业应用 仓储管理适用技术要求	BCCH
42	智能制造 陶瓷行业应用 大规模个性化定制通用要求	BCDDA
43	智能制造 陶瓷行业应用 基于视觉识别技术的产品缺陷自动检测技术规范	BCEAC
44	智能制造 无机纤维及制品行业应用 制造运行管理系统通用技术规范	BDCC
45	智能制造 无机纤维及制品行业应用 设备管理系统通用技术规范	BDCD
46	智能制造 无机纤维及制品行业应用 能源管理系统通用技术规范	BDCF
47	智能制造 无机纤维及制品行业应用 物流管理系统通用技术规范	BDCG
48	智能制造 无机纤维及制品行业应用 仓储管理通用技术要求	BDCH
49	智能制造 无机纤维及制品行业应用 基于机器视觉技术的产品质量检测技术规范	BDEA
50	智能制造 混凝土及水泥制品行业应用 数字化搅拌运输车通用技术要求	BEAB
51	智能制造 混凝土及水泥制品行业应用 先进控制与实时优化系统技术规范	BECBB
52	智能制造 混凝土及水泥制品行业应用 数字化生产通用技术规范	BECC
53	智能制造 混凝土及水泥制品行业应用 质量管理系统通用技术规范	BECE
54	智能制造 混凝土及水泥制品行业应用 能源管理系统通用技术规范	BECF
55	智能制造 混凝土及水泥制品行业应用 物流管理系统通用技术规范	BECG
56	智能制造 墙体材料行业应用 窑炉关键参数控制系统技术规范	BCBA
57	智能制造 墙体材料行业应用 数字化生产管理技术要求	BFCC
58	智能制造 墙体材料行业应用 设备管理系统技术要求	BFCD
59	智能制造 墙体材料行业应用 能源管理系统技术规范	BFCF
60	智能制造 墙体材料行业应用 环保管理系统技术规范	BFCI
61	智能制造 墙体材料行业应用 安全管理系统技术规范	BFCI
62	智能制造 非金属矿及制品行业应用 智能矿山技术要求	BGB
63	智能制造 非金属矿及制品行业应用 智能检测装备技术要求	BGAA
64	智能制造 非金属矿及制品行业应用 数字化采矿技术通用技术要求	BGBAA
65	智能制造 非金属矿及制品行业应用 矿卡智能调度管理适用技术要求	BGBB
66	智能制造 非金属矿及制品行业应用 矿山三维仿真建模技术要求	BGBC
67	智能制造 非金属矿及制品行业应用 地质资源管理系统通用技术要求	BGBC
68	智能制造 非金属矿及制品行业应用 砂石骨料智能工厂通用技术要求	BGC
69	智能制造 非金属矿及制品行业应用 设备监测及维护管理技术规范	BGCDA
70	智能制造 非金属矿及制品行业应用 设备巡检管理技术要求	BGCDB
71	智能制造 非金属矿及制品行业应用 智能化质量检测技术要求	BGCEA
72	智能制造 非金属矿及制品行业应用 砂石骨料智能物流管理技术规范	BGCG
73	智能制造 非金属矿及制品行业应用 安全生产数字化管理规范	BGCI
74	智能制造 非金属矿及制品行业应用 设备远程状态监测及故障诊断技术规范	BGDBC
75	智能制造 非金属矿及制品行业应用 基于5G的矿区车辆智能调度系统通用要求	BGEC
76	智能制造 防水材料行业应用 智能工厂通用技术要求	BHC
77	智能制造 防水材料行业应用 产品质量追溯体系通用要求	BHCEC
78	智能制造 防水材料行业应用 自动化物流配送通用技术要求	BHCG

权威论坛篇

大企业的市场主导作用和社会责任感

——在2021年南昌水泥50强论坛的致辞

中国水泥协会会长　高登榜

在这秋风送爽，丹桂飘香的季节，2021年中国水泥50强论坛暨协会八届三次理事大会在美丽的南昌召开了，我代表中国水泥协会向参会的各位领导、50强企业领导人、各省协会负责人，以及参会的所有代表们和新闻媒体表示热烈的欢迎！

“十四五”的开局之年，经济形势与政策导向都出现了较大的变化，环境和能源的约束力在加大，疫情和原燃材料涨价造成水泥企业成本大幅上涨，自然灾害和微通胀造成水泥市场非寻常的波动。要实现2021年行业效益稳增长，积极应对能源双控的约束，大企业的市场主导作用和社会责任感尤为重要。本次召开的行业50强论坛主题是：凝心聚力谋发展，务实笃行开新篇，突显了2021年行业发展的关键内容。

2020年底，水泥50强企业熟料设计产能达14亿吨，占全国总产能的76%，其中，前十家大企业集团熟料产能占全国总产能的57%。但全国水泥产能利用率还没有达到合理区间，不同区域市场产能利用率差异很大，不同省份经济发展水平不同，也使得区域市场需求相差甚远。只有抓住供给侧结构性改革主线，严肃执行常态化错峰生产政策，强化行业自律诚信，在保障市场供给的基础上，围绕市场供需动态平衡，遏制严重过剩产能和反对不正当竞争的经营行为，这样才能为行业效益稳增长营造良好的市场环境。

科技创新是水泥行业的使命。要同时在环境保护、能效利用、资源利用、品种质量、健康安全、协同处置、数字智能化、碳达峰碳中和等全方位地开展科技创新活动。要探索行业科技创新的市场化机制，尤其要加快双碳的科技创新。大企业要做行业科技创新的主力军。

在中国特色社会主义制度建设过程中，行业协会的地位和作用越发重要。支持行业协会工作，发挥协会对行业发展的引领服务作用，对市场协调监督作用，这也是行业高质量发展的重要内容。本次论坛的理事大会我们将履行协会章程程序，不断完善和提升协会职能，推进协会的企业化管理，让协会更好地服务政府，贯彻落实党和政府的方针政策。让协会更好地服务企业和行业，为企业成长和行业发展搭建共享平台。让协会更好地服务社会，不断提升水泥行业在社会上的美誉度。

多措并举　精准施策　促进建材工业经济平稳增长

——《关于促进工业经济平稳增长的若干政策》解读

中国建筑材料联合会党委书记、会长　阎晓峰

为贯彻落实中共中央、国务院决策部署，进一步巩固工业经济增长势头，近期国家发展改革委、工业和信息化部等12部门联合印发《关于促进工业经济平稳增长的若干政策》（以下简称“《若干政策》”），从财税、金融、保供稳价、投资外贸、用地用能和环境政策等5个方面出台了18条具体政策，多措并举、精准施策，全力促进工业经济平稳增长。

一、保持建材工业平稳增长具有重要意义

中央经济工作会议指出，2022年经济工作要坚持稳字当头、稳中求进。建材工业是我国工业经济的重要组成部分，是国民经济的重要基础原材料产业，是改善民生、满足人民日益增长的美好生活需要所不可或缺的基础制品和消费品产业，也是支撑国防军工、航空航天以及节能环保、新能源、新材料、信息产业等战略性新兴产业发展的重要产业。建材工业全社会产值近7万亿元，从业人员860余万人，牵动上下游国民经济诸多领域，广泛服务于建筑业及汽车、电子、电器、医疗、水利等150多个行业，带动电力、煤炭、石化等工业及商务、金融、批发零售等服务业共110多个行业，建材工业保持平稳增长是实现工业稳增长的重要支撑和关键环节。因此，全行业要提高政治站位，深入贯彻落实党中央、国务院决策部署，把稳增长放在更加突出的位置，把深化供给侧结构性改革和扩大内需有机结合起来，多措并举、主动作为，全力促进建材工业平稳增长。

二、多措并举优化要素配置，为建材工业稳增长提供有力保障

当前建材工业仍然面临融资难、生产成本高、能源供给存在不稳定性等问题，经济运行的波动性和下行压力加大。《若干政策》多措并举，通过有效的财政政策、金融政策进一步降低企业生产经营成本，缓解资金压力，优化要素配置，为建材工业稳增长营造了良好稳定的运行环境，提供了有力的政策保障。

一是降低税费和增加融资。建材行业中小企业居多。在需求收缩、供给冲击、预期转弱三重压力下，经济下行压力加大，特别是部分中小微企业面临较大生产经营困难，税费负担较重，融资难融资贵问题并未根本缓解，需要进一步加大政策力度，降低企业税费成本，扩大信贷支持规模，减轻企业资金压力，支持企业纾困发展。《若干政策》把降低企业税费负担放在首位，从加大中小微企业设备器具税前扣除力度、延长阶段性税费缓缴政策、扩大地方“六税两费”减免政策适用主体范围等方面加大减税降费力度，政策适用范围基本覆盖了所有建材中小微企业。同时，通过考核约束继续引导金融系统向实体经济让利，推动制造业中长期贷款继续保持较快增长，通过激励机制提

高金融机构服务中小微工业企业的积极性，鼓励金融机构对碳减排相关重大项目提供金融支持。一系列组合政策服务面广、作用力大，对降低企业税费负担、缓解资金压力、激发市场活力将起到重要作用。

二是降低用工和用地成本。近年来，随着我国人口增速放缓和人口结构变化，劳动力出现局部区域短缺，导致建材行业用工成本持续上升。随着城镇化步伐加快，土地资源的稀缺性日益显现，工业企业用地出现供给量不足、用地紧张、配置效率不高、成本升高等问题。对此，《若干政策》提出延续实施阶段性降低失业保险、工伤保险费率政策，继续在保市场主体、稳就业、保民生上发力，降低企业社保负担。同时从保障土地供应、提高配置效率、破除转换障碍、扩展供应方式等方面，加强重大项目土地供应保障，挖掘工业用地潜力，提高用地效率。这些政策对降低工业企业用工和用地成本，增加工业要素供给，培育工业经济增长发挥重要作用。

三是稳定能源和资源供给。建材行业是典型的以大宗物料进行生产为特征的高资源能源承载型产业。去年以来大宗商品价格大幅波动，煤炭、天然气、重油等燃料以及纯碱、石油沥青、环氧树脂等原料价格仍处于高位，建材企业生产经营承受较大压力。《若干政策》提出，要做好重要原材料和初级产品保供稳价，进一步强化大宗商品期现货市场监管，加强大宗商品价格监测预警，同时落实好新增可再生能源和原料用能消费不纳入能源消费总量控制政策，推动用能结构优化，尤其是明确提出统筹规划“十四五”时期能耗指标，避免因能耗指标完成进度问题限制企业正常用能等，将有利于稳定大宗原材料价格，保障能源要素供应，为工业平稳运行提供重要保障。

三、精准施策增加发展动力，推动建材工业稳增长、快转型

2022年以来市场启动缓慢，需求不足成为建材工业面临的突出问题。目前建材工业市场结构仍以投资需求市场为主，但工业消费领域市场需求占比不断扩大，出口金额稳中有增，绿色低碳转型稳步推进，正处于发展转型的关键阶段。《若干意见》从工业发展实际出发，注重统筹协调，坚持系统观念，不仅通过扩大精准有效投资为工业经济稳增长提供基础支撑，更是注重发挥工业投资对绿色低碳转型的带动作用。

一是扩大精准有效投资。投资是提振工业经济运行的“牛鼻子”，既要切实发挥好投资引领作用，又不搞大水漫灌、避免一哄而上，防止出现新的重复建设和产能过剩，实现高质量发展。《若干政策》提出，组织实施光伏产业创新发展专项行动，实施大型风电光伏基地建设，鼓励中东部地区发展分布式光伏，推进海上风电发展，带动太阳能电池、风电装备产业链投资，将对建材行业的光伏玻璃和风电叶片等产业形成拉动作用；启动实施钢铁、有色、建材、石化等重点领域企业节能降碳技术改造工程，将增加建材重点领域投资，促进行业发展提升；加快新型基础设施重大项目建设，推动基础设施领域不动产投资信托基金健康发展，将增添建材行业发展动力，发挥投资对建材行业平稳增长的支撑作用。

二是加快产业高端化发展。当前，面对产业竞争新变局，我国建材工业企业技术创新能力偏弱、根基不牢的问题正在凸显，影响行业持续稳定增长。《若干政策》提出，要加快实施制造业核心竞争力提升五年行动计划和制造业领域国家专项规划重大工程，启动一批产业基础再造工程项目，推进制造业强链补链，加快培育一批先进制造业集群，加大“专精特新”中小企业培育力度，将促进建材行业不断提升发展质量，提高产业整体竞争力，迈向高端化发展。

三是加快产业数字化升级。当前，以智能制造为代表的新一轮科技革命和产业变革迅猛发展，信息化、数字化、网络化、智能化已成为制造业的发展趋势。《若干政策》提出，要加快新型基础设施重大项目建设，引导电信运营商加快5G建设进度，支持工业企业加快数字化改造升级，推进

制造业数字化转型，启动实施北斗产业化重大工程，加快实施大数据中心建设专项行动，实施“东数西算”工程。这些重大工程落地实施将为工业企业数字化转型提供重要支撑和保障，有助于建材行业加快智能制造数字转型，实现建材工业与新一代信息技术在更广范围、更深程度、更高水平上实现融合发展，提高生产效率和管理水平，促进建材工业发展转变方式、调结构、增动力。

四是统筹推进产业绿色低碳转型。为贯彻落实党中央、国务院关于碳达峰碳中和重大战略部署，建材工业正加快推进绿色低碳转型升级，《若干政策》进一步提出支持行业绿色低碳发展的政策举措，助力实现碳达峰碳中和。其中，启动实施钢铁、有色、建材、石化等重点领域企业节能降碳技术改造工程，建立统一的高耗能行业阶梯电价制度，支持企业节能减污降碳技术改造，将大幅提升建材行业节能减碳水平；落实好新增可再生能源和原料用能消费不纳入能源消费总量控制政策，将促进建材行业加快绿能应用，提高原燃料替代水平，优化能源结构和产业结构；完善重污染天气应对分级分区管理，坚持精准实施企业生产调控措施，将促进建材企业压减终端排放，推动节能减污降碳协同增效，加快实现绿色低碳高质量发展。

当前，我国工业正处于加速迈向高质量发展的重要机遇期。工业经济长期向好的基本面没有变，实现平稳增长具有很多有利因素和支撑条件。2021 年底中国建筑材料联合会发布 2022 年建筑材料工业景气指数（MPI）为 106.0，预计全年建材工业运行将总体处于景气区间，全年稳增长可期。全行业要进一步提高站位，把稳增长放在更加突出的位置，坚定发展信心，充分用好《若干政策》红利，有力有效推进建材工业经济平稳运行和提质增效。中国建筑材料联合会将深入贯彻落实党中央、国务院决策部署，协助政府部门推动工业稳增长系列政策措施，加强政策宣传和引导，确保各项政策措施在建材工业落地见效。同时，将坚持问题导向和目标导向，结合建材工业实际，组织开展绿色低碳建材进万家活动，促进绿色低碳建材消费，推进行业“六零”示范工厂建设，加快节能降碳改造升级，推动行业绿色低碳转型，团结全行业坚决打赢建材工业稳增长攻坚战，以优异成绩迎接党的二十大胜利召开。

发挥建材优势　构筑一流基建

中国建材集团有限公司党委书记、董事长　周育先

习近平总书记在主持召开中央财经委员会第十一次会议时强调，全面加强基础设施建设，构建现代化基础设施体系，为全面建设社会主义现代化国家打下坚实基础。作为我国建材工业唯一央企，中国建材集团认真学习习近平新时代中国特色社会主义思想，坚决贯彻党中央决策部署，立足“三新一高”下苦功夫、做足文章，以打造“国之大材”的担当践行“国之大者”，推动服务基础设施建设高质量发展，助力中国经济行稳致远。

一、稳固压舱石地位，推进基础建材优化升级

万丈高楼平地起，任何基础设施建设都离不开基础建材。中国建材集团是全球最大的建材制造商，是重要的制造业央企之一，拥有先进的建筑材料制造技术。在中国制造迈向高质量发展的历史性变革过程中，集团弘扬伟大建党精神，将党史学习教育和回顾集团企业发展史相结合，深刻认识中国水泥制造工业的发展是一部自主创新攻坚、从追赶到超越的奋斗史，更加深刻认识产业转型升级是中国基础建材迈向高质量发展的必由之路。

以“国之大材”服务“国之重器”。作为行业领军企业，中国建材集团提高站位，不断推动以水泥工业为基础的技术推广及集成应用，持续提升生产线装备水平，提升产品质量和稳定性。加大高性能产品、个性化产品研发制造，为国家重大工程、关键领域提供高端化产品、个性化服务。研发制造低热水泥、油井水泥、核电水泥、交通水泥等60余种特种水泥，满足了我国重大工程建设迫切需要。低热硅酸盐水泥解决了大型水利工程最担心的开裂问题，应用于乌东德、白鹤滩两座世界级特高拱坝水电站，打造“无缝大坝”建筑奇迹。油井水泥助力大庆油田、胜利油田、塔里木油田等国家油气资源开发。核电水泥广泛用于岭澳、大亚湾、阳江等多个核电工程，协助核电站安全运行。

以生态增值落实绿色发展。中国建材集团坚持贯彻新发展理念，努力打造环境友好型产业，建设美丽中国。大力推动各级企业发展绿色制造，实现“两个转换、两个替代”，即产品低碳化、工艺绿色化转换，生产上提高原料替代和能源替代比例。建成48家国家级绿色工厂、45家国家级绿色矿山，打造了一批“花园中的工厂、森林中的工厂、草原上的工厂”，探索工业与自然和谐共处的生产方式。推动生态化增值服务，积极推广余热发电，利用水泥窑炉无害化处置废弃物，在全国各地建成协同处置生产线44条，帮助解决城市生态治理的“老大难”问题，将水泥工厂化身城市标配。

以稳中求进响应疫情防控。中国建材集团积极落实党中央关于统筹疫情防控和经济社会发展的决策部署，充分发挥综合性建材和全国性布局的优势，鼎力驰援了武汉、香港、上海等全国40个城市86家抗疫医院。同时精准复工复产，加快数字化、智能化生产线转型改造，以24小时全天候

快速反应供货服务，将世界一流的高品质节能环保抗菌建材综合解决方案及时送到医院快速建设和改造扩建工程，以优质建材产品有力保障了62项国家重大工程和基础设施建设。

二、突出先锋队作用，加快新材料业务产业布局

新材料是新基建的重要构件，作为世界领先的新材料开发商和综合服务商，中国建材集团加快布局新材料研发与产业化发展，保持战略理性和经济理性平衡统一，加大新材料领域“卡脖子”技术攻关和研发投入，紧密结合集团和行业发展遇到的瓶颈制约，既为实现关键核心材料自主可控、增强我国产业链安全稳固起到重要作用，也成为集团发展的新增长点。

以高精尖材料助力新基建。中国建材强化关键基础材料自主保障，助力增强国家制造业核心竞争力，满足新基建领域对关键材料的技术需求。在航空领域，瞄准国产大飞机，推进大飞机复合材料专项，获得CR929大飞机三个机身部段供应商资格。在信息通信领域，集团开发的低介电玻璃纤维、复合材料屋顶站等新材料，攻克复合材料连接技术瓶颈、实现在5G通信基站上的应用，综合技术达到世界先进水平，保障我国网络电路信号传输和基站建设。进入万物互联时代，智慧显示终端必不可少。特别是在疫情影响下，智能屏幕远程在线等应用进一步普及，集团攻克8.5代TFT-LCD玻璃基板关键技术并稳定量产，实现了我国高世代液晶玻璃基板“零”的突破；研制开发的液晶显示模组广泛应用于平板电脑、智能手机、智能穿戴、智慧城市等领域。在特高压领域，研发国家特高压工程急需的瓷支柱绝缘子，率先研发成功了全球电压等级最高的直流±1100kV用瓷支柱绝缘子和交流1100kV、直流±800kV系列特高压用支柱绝缘子，支持多项国家特高压输电工程。

以节能环保材料建设“绿色冬奥”。中国建材集团充分发挥在新型建材、新材料领域的综合优势，为2022年北京冬奥会各类项目建设提供从原料生产到建造运行再到回收处置的全周期绿色产品。石膏板、轻钢龙骨、矿棉吸声板等系列产品满足了北京冬奥会奥运村对建筑耐久、安全、低碳、可回收、可持续的高品质要求。储氢材料批量用于冬奥会多种新能源车辆，设计续航里程可达630km。钢结构装配式房屋用于北京冬奥会特许商品零售店建设，新一代干法阻燃环保优质板材用于延庆赛区冬奥场馆和山地新闻中心建设。碲化镉发电玻璃用于建设奥运走廊（张家口赤城县大型山地修复电站项目）、绿色冬奥示范工程（张家口帝达世博广场改造项目）和冬奥赛区发电玻璃装饰工程。

以开放联合开展协同创新。中国建材集团坚持创新驱动的新发展理念，整合创新要素，推动央企、央地协同创新，打造联合攻关和科研转化新模式。把集团自主研发的科技成果分为服务国家战略形成的A类成果、围绕集团主业形成的B类成果和对外转化的C类成果，分类实施激励，加快科研成果转化步伐。集团发起设立国内规模最大的新材料产业基金，带动金融资本和社会资本向优质新材料科技成果转化集聚。集团联合多个央企、科研机构打造首个国家原材料行业双碳公共服务平台。与高校合作打造国家级人工晶体“双创”基地，已入驻上下游20多家企业，形成了产业链协同发展体系。

三、当好排头兵，推动工程服务板块深耕“一带一路”

新发展格局不是封闭的国内循环，而是更加开放的国内国际双循环。对外开放也是打造世界一流企业的必由之路。中国建材集团作为建材工业“走出去”的排头兵，深入贯彻落实习近平总书记在第三次“一带一路”建设座谈会上的重要讲话精神，树立全球视野，对标世界一流企业，积极参与高质量建设“一带一路”、构建人类命运共同体。在全球投资40个重要基础建材与新材料项目，

高水平建设了496个水泥和玻璃工程项目，连续14年保持全球水泥玻璃工程服务市场占有率第一，主持制定27项国际标准。

以品质取胜推动产品国际化。中国建材集团在巩固国际水泥玻璃工程市场占有率全球第一的基础上，进一步整合和共享优势资源，强化工程技术综合服务能力，以“一带一路”倡议为重点，大力参与沿线国家基础设施互联互通、能源资源开发、国际产能和装备制造，积极开拓海外市场，致力于推广中国制造、中国服务的良好口碑。集团承接的埃及6条日产6000吨熟料生产线，是世界水泥行业迄今为止在同一地点、同一时间、同时建设的最大规模的水泥项目，被誉为世界水泥的“金字塔”，荣获国家工程建设领域最高奖“鲁班奖”以及国家优质工程金奖。

以合理布局推动资本国际化。中国建材集团在稳固技术服务输出和产品出口优势的基础上，做好全球布局规划，在具有市场、资源和成本优势的国家和地区积极推进绿地新建，充分发挥制造企业大规模生产优势、管理优势与工程公司国际资源优势的有效嫁接，推动优势基础建材产业“走出去”。与建材行业兄弟企业、产业链上下游企业联合“走出去”，和跨国公司联合开发“第三方市场”，把“走出去”“请进来”相结合，在绿色建材、智能制造、节能环保等领域深化国际合作交流。集团在非洲深耕20余年，有效带动中国先进的建材技术、装备与标准服务于非洲的基础设施建设，用“跨境电商+海外仓”模式构建完善中非全流程供应链体系。

以属地融入推动人才国际化。中国建材集团在进军海外市场30余年的过程中，逐渐形成“真、实、亲、诚”理念与“为当地经济作贡献、和当地企业合作、和当地人民友好相处”三原则，身体力行体现“材料创造美好世界”的企业使命、共建人类命运共同体的美好心愿。在巴布亚新几内亚、瓦努阿图、坦桑尼亚、赞比亚等国家建成18家建材家居连锁超市，在阿联酋、坦桑、津巴布韦、南非等国布局14家海外仓，属地化雇员比例超过90%，在巴布亚新几内亚工作时间最长的员工工龄达到28年。在“一带一路”倡议的沿线国家及发达国家建设或改建的水泥、玻璃工程项目，与当地人民生活息息相关，将现代供应链体系植根于当地，在方便当地民众生活的同时，解决了大量劳动就业，拉近了与当地的民心相通。

必须正确理解并严格执行分级减排措施和水泥常态化错峰生产

中国水泥协会执行会长　孔祥忠

一、“重污染天气重点行业绩效分级及减排措施”与“水泥常态化错峰生产”是国务院规定的行政措施

国务院“根据宪法和法律，规定行政措施，制定行政法规，发布决定和命令”，其中“规定行政措施”是国务院十八项职能中第一项职能的第一种类型，行政措施是国家行政机关在进行行政管理活动时，针对具体的实际问题，所施行的单方面的决定和处理。它是应用最为广泛的一种国家行政管理手段，也是实施法律行政法规的重要方式。党中央与国务院联合发布或国务院办公厅（国务院的日常办事机构）发布的行政规范性文件，均为国务院发布的典型的行政措施，在全国范围内普遍发生效力。

具体而言，根据《中共中央国务院关于全面加强生态环境保护坚决打好污染防治攻坚战的意见》（2018 年 6 月 16 日），其中“六、坚决打赢蓝天保卫战”中关于“有效应对重污染天气”的核心内容，重污染天气重点行业绩效分级及减排措施，以及重点区域采暖季节重点行业企业错峰生产，均作为有效应对重污染天气的两项重点行政措施。此前，《国务院办公厅关于促进建材工业稳增长调结构增效益的指导意见》（国办发〔2016〕34 号），其中“（七）推行错峰生产”内容中，明确了错峰生产既是减轻采暖期大气污染的环保措施，同时还是调结构增效益的生产措施。

可见，错峰生产不仅仅与分级管控同是环保行政措施，还是具有化解产能严重过剩的宏观调控措施。

二、“重污染天气重点行业绩效分级及减排措施”是关于大气污染防治的一般性行政措施；“水泥常态化错峰生产”是行业领域关于大气污染防治的专门行政措施

生态环境部发布的《重点污染天气重点行业绩效分级实施细则》及《重污染天气重点行业应急减排措施制定技术指南》等相关规范性文件，是在实施《中华人民共和国大气污染防治法》相关规定，以及直接执行《中共中央国务院关于全面加强生态环境保护坚决打好污染防治攻坚战的意见》关于“重污染天气重点行业绩效分级及减排措施”原则性规定基础上发布的大气污染防治一般行政措施；而工业和信息化部、生态环境部联合发布的《关于进一步做好水泥常态化错峰生产的通知》，则是两部门具体实施上述法律和国务院规范性文件的专门行政措施。

具体而言，根据《中华人民共和国大气污染防治法》相关规定，生态环境部对大气污染防治实施统一监督管理，工业和信息化部等其他有关部委在各自职责范围内对大气污染防治实施监督管

理。生态环境部具有建立重点区域大气污染联防联控机制、统筹协调重点大气污染防治工作的职责，工业和信息化部作为建材行业的主管部门，法律明确其具有行业管理职责范围内，单独或者与生态环境部共同实施对大气污染防治的监督管理职责，可以会同生态环境主管部门，结合产业实际进一步发布专门的环保行政措施。其中“重污染天气重点行业绩效分级及减排措施”是生态环境部针对重点行业大气污染防治发布的一般性行政措施，“水泥常态化错峰生产”是工业和信息化部、生态环境部联合发布的，专门防治大气污染与化解水泥行业化解产能过剩并举的行政措施，且是在生态环境部一般性大气污染防治措施的基础上，结合行业特点采取的专门行政措施。

三、各相关部门和企业既要执行“重污染天气重点行业绩效分级及减排措施”，也必须严格执行“水泥常态化错峰生产”，不可陷入选择性执行前述两项措施的误区

“重污染天气重点行业绩效分级及减排措施”是生态环境部针对重点行业发布的防治大气污染的行政措施，“水泥常态化错峰生产”是工业和信息化部和生态环境部共同发布的，专门防治大气污染与化解水泥行业化解产能过剩并举的行政措施，两项措施均为国务院的组成部门代表国务院依法履行职责、实施《中华人民共和国大气污染防治法》而规定的行政措施，具有同等的法律性质、地位和效力。

生态环境部大气污染防治一般性行政措施在各行业领域的具体实施，同时还依赖于包括工业和信息化部在内的各行业在实施大气污染防治的法律、国务院及其组成部门的行政措施中，各行业结合实际制定和采取更为严格的专门行政措施，或者同时依法采取差异化的大气污染防治专门行政措施，均具有合法性与合理性。

四、必须正确理解和严格执行分级减排措施和水泥常态化错峰生产，持续推进水泥行业大气污染防治和供给侧结构性改革

就水泥行业本身而言，分级减排措施是针对局部地区重污染时段的分级管控措施，重污染发生的时间不确定，企业停产时间长短不确定；常态化错峰生产是根据各省熟料产能过剩程度、有规律的季节性污染物集中排放程度，以及企业库存率变化，总体有计划、各地有差异的事前制订停窑减排和限产的措施。

《关于进一步做好水泥常态化错峰生产的通知》中明确规定，“所有水泥熟料生产线都应进行错峰生产”。当一个省水泥企业都在执行错峰生产时段内，又同时出现局部重污染天气实施分级减排措施，则重污染区域内水泥企业应该优先执行错峰生产，除了继续停窑，必要时还要按分级减排措施规定关停其他生产设施。错峰生产期间，任何企业都不可以用取得的各种资质理由，或者其他任何理由拒绝执行错峰生产。

在非错峰生产时段，遇重污染天气时严格按照绩效分级实施执行。因重污染天气部分企业按照分级减排措施停窑的天数，可以在下次错峰生产时间内予以一次或分次扣除。

对于有全年协同处置城市生活垃圾及有毒有害废弃物等任务的生产线，要根据实际处置量，科学界定降低生产负荷的时间，不可以拿到处置资质就绝对拒绝错峰生产。

各省级行业协会要及时上报不执行或少执行错峰生产的企业名单，中国水泥协会将按时在媒体上公开曝光不执行行规行约、不守信、不开展错峰生产的企业名单，并督促省级主管部门进行约谈，要求限制其生产线作为产能置换指标交易。

五、结语

生态文明建设和供给侧改革是水泥行业当前和今后长期的任务，是衡量行业高质量发展的两大标准。水泥企业环境生态的优劣，可以在生产线上和厂容厂貌里看得见，可以用科学检测数据来比较；而水泥行业发展生态的好坏则在于企业领导人内心格局大小，一个受人尊重的企业中，必定矗立着一个对社会责任有担当，对行业发展有贡献的领导人。正确理解和严格执行好这两项对环境保护降污染有利，对企业效益稳增长有利，对行业高质量发展有利的利好政策，是我们每一个企业领导人应有的政治站位，也是衡量水泥企业环境生态和行业发展生态的试金石。

（注：本文发表于《中国水泥》2021 年 7 月）

坚定不移深化供给侧结构性改革
努力维护水泥行业健康生态

中国建材集团副总经理　中国建材股份总裁　常张利

一、供给侧结构性改革是水泥行业健康发展的关键

水泥行业是国民经济重要的基础产业。过去多年来，在工信部支持下，在水泥协会的带领下，水泥行业认真贯彻落实国家产业政策，以高质量发展为主题、以供给侧结构性改革为主线，深入开展技术创新、结构调整、错峰生产、节能减排等工作，取得了长足进步，为国家经济建设、社会发展起到了重要的保障和支撑作用。“十五”期间，水泥行业利润实现了从百亿级到千亿级的历史跨越。

2021年以来，水泥行业外部环境复杂多变，是经营形势最复杂的一年，水泥同仁们付出了极为艰辛的努力，面对六七月份水泥价格的严重下跌，在行业协会的带领下，在大企业的引领和各企业的共同努力下，行业信心得到了重塑，扭转了不利局面。中国建材集团围绕年初制定的稳华东、推东北、抓贵州三大重点战役，深入践行“价本利”理念，与兄弟企业深化合作，取得了积极成效。

实践证明，水泥行业要实现健康发展，需要三方面的共同努力：一是政府支持、协会带领；二是大企业引领，三是全行业自律。越是环境复杂，越要坚持战略定力，越要坚持供给侧结构性改革，越要坚持自律经营、错峰生产、价本利等行之有效的做法。大家认识一致，行动坚决，互利互信，行业就能做好。

二、积极审慎看待水泥行业形势

当前水泥行业正经历近年来最为严峻的形势，存在诸多挑战。从需求端看，水泥行业处于需求平台期。2021年以来全国水泥产量1—4月同比增长30%，5—9月连续同比下降（分别同比下降3.17%、2.93%、6.5%、5.2%），水泥产销压力较大。从供给端看，产能全面过剩局面没有改善、区域发展不平衡，同时拉闸限电、煤价上涨、能耗双控等因素叠加，对行业供给造成多方位的影响。特别是煤炭价格大幅上涨，水泥企业生产成本不断攀高。同时，我们也要看到，行业也面临机遇：

第一，中国经济长期向好的基本面、发展的强大韧性是水泥行业长期稳定发展的强大支撑。第二，2021年是“十四五”规划开局的第一年，重大项目开工建设、重要区域规划政策出台，利好水泥行业发展。第三，水泥优化升级处在爬坡期，高端化、绿色化、智能化转型是发展的重大机遇。第四，水泥行业共识不断增多。总体来说，机遇与挑战并存，我们要坚定信心、积极审慎乐观。

三、携手共创水泥行业健康生态

习近平总书记在2021中关村论坛上指出，当前，世界百年未有之大变局加速演进，新冠肺炎疫情影响广泛深远，世界经济复苏、面临严峻挑战，世界各国更加需要加强科技开放合作，通过科技创新共同探索解决重要全球性问题的途径和方法，共同应对时代挑战，共同促进人类和平与发展的崇高事业。水泥行业面对复杂多变的外部环境，水泥企业也要在水泥协会的领导下，坚定不移深化供给侧结构性改革，加强企业间开放合作、绿色合作、创新合作、资本合作推动互惠互利、共享共赢，携手共创水泥行业健康生态。

一是加强开放合作。效益是水泥行业健康发展的基础而稳定效益最重要的是求同存异、开放合作。中国建材一直倡导“行业利益高于企业利益，企业利益孕育于行业利益之中”“价本利”“自律经营”“开放共享”等理念。水泥行业的健康发展靠大家、靠每一个企业。作为行业一份子，我们的水泥企业应统一思想认识科学研判形势，严格遵守减量置换、错峰生产等国家产业政策，遵循基本的经济规律，避免过度竞争、恶性竞争，共同提升行业价值。中国建材始终带头开展错峰生产、减量置换、淘汰落后等工作，做推动市场健康的先锋队和主力军。

二是加强绿色合作。水泥企业是碳排大户，实现绿色低碳发展任重道远。在落实“双碳”目标的大背景下，水泥企业应聚焦减碳、固碳、管碳，在提高能源利用效率、原料燃料替代以及碳捕集、利用和封存技术研究、开展碳交易等方面加强合作交流，共同探索解决行业面临的共性问题。中国建材将坚决践行央企的使命和责任，坚持走生态优先、绿色低碳的发展道路，以绿色制造、绿色服务引领和推动行业绿色转型，为建立美丽中国、推动生态文明建设不懈努力。

三是加强创新合作。即围绕水泥产业的技术进步、模式创新、优化升级等开展全面合作。例如，科技创新方面，加快特种胶凝材料、高性能混凝土等高端产品研发，不断提高水泥工程技术服务水平。商业模式创新方面，以“水泥+”模式延伸产业链，加快光伏一体化发展；中国建材的“我找车”平台，为水泥企业等提供物流服务，截至2021年9月底注册车辆已近60万辆。管理创新方面，加快数字化变革，提高智能制造水平。这些方面都蕴藏着广泛的合作机会。

四是加强资本合作。中国建材这些年大力推进水泥联合重组：2006—2012年进行了大规模市场化重组，2016年以来深入推动“两材重组”，目前正在实施水泥板块业务整合。中国建材愿继续加强与兄弟企业间的资本合作，以市场化方式和创新模式发市场活力，推动行业高质量发展。

（注：本文为2021年作者在中国水泥行业50强高层论坛上的演讲）

顺应潮流　坚持创新　共推行业高质量发展

中国水泥协会执行副会长　海螺水泥副董事长　王建超

一、对行业发展的体会

首先，很幸运从事水泥行业并和大家一起经历、见证中国水泥行业从小到大、从弱到强的全过程。中国水泥行业在历届行业主管部门领导的关心、指导和帮助下，在行业领军人物的带领下，通过引进、消化、吸收、再创新，基本实现了国产化，投资成本大幅降低，用短短二十年时间完成了产业结构调整，中国水泥装备、技术服务、工程建设等在国际市场占了近三分之二的份额，实现了从资本输入到资本输出的华丽转变，一批中国水泥企业扬帆出海，并且取得了不俗的业绩。

其次，这些年中国水泥行业的飞速发展，得益于我国经济的高增长，基建、房地产、新农村建设有力拉动了水泥需求，为行业发展提供了广阔空间。在这个阶段，各水泥企业抢抓机遇谋发展，成就了今天的50强。这个阶段市场竞争比较激烈，倒逼水泥企业不断提升管理水平和技术创新能力，但由于引领力不强，行业盈利水平不高。如何破解这一难题？在工业和信息化部、水泥协会的指导下，推进行业供给侧结构性改革，实行错峰生产，淘汰落后产能，实施节能减排，行业实现了健康发展，特别是“十三五”的成绩单分外亮丽。

第三，在推动行业经营环境不断改善的同时，认真贯彻落实中央绿色发展、高质量发展要求，持续加大研发投入，大力开展技术改造，行业污染物排放指标、能耗不断降低，达到了世界最先进的水平，水泥工厂不仅实现了绿化更实现了美化，山更绿，水更清，空气更清新，习近平总书记“绿水青山就是金山银山”的理念在水泥行业得到了很好的诠释。

二、对行业当下形势的思考

随着我国经济进入新发展阶段，水泥行业面临的形势发生了深刻变化，面对新形势、新问题、新挑战，未来行业怎么走？如何实现水泥行业高质量发展？又一次考验着水泥人，需要水泥人有新担当，大家群策群力、凝聚共识，以更高的站位、更大的格局，务实笃行引领行业继续健康前行。

当前，水泥行业面临着几个突出问题。一是新增产能不断增加，技改提产热度不减，进口产品逐年增多，供给过剩压力不断加大。二是随着脱贫攻坚任务的圆满完成，房地产行业的深度调整，基建投资也因地方债务过高、防范金融风险管控更加严格，市场需求逐年减弱。这一点，2021年四季度大家应该都或多或少有旺季不旺的感受了。三是碳达峰、碳中和的要求，能耗管控更加严格，特别是对“双高”的水泥行业来说形势更加严峻。同时，落实“双碳”要求会催生一系列减碳降碳政策的出台，势必会对行业产生深远影响。四是环保要求越来越高，环保管控趋紧趋严，企业环保成本提高。五是能源成本居高不下，特别是2021年是过去的3倍，四季度预计还会更高。六是行业企业主动落实错峰生产有弱化倾向，争抢市场的苗头有所上升，而且有些企业投资新增的欲望还在增强。

三、海螺水泥的实践和个人的建议

针对行业存在的这些问题，应该如何有效应对，以保证行业健康有序发展，结合海螺多年的实践和个人的思考，提四点意见。

一要持续创新，加大投入，推动行业转型升级。十九届五中全会鲜明提出，把科技自立自强作为国家发展的战略支撑。海螺要为国家战略实施贡献水泥人的力量。在这一方面，海螺率先做了一些探索：成立了“三碳”研究院，着力攻关行业碳减排、碳收集和应用，并建成了行业首个水泥窑烟气二氧化碳捕集纯化项目；聚焦替代燃料、替代原料和新型燃烧技术，建成了生物质替代燃料项目，正在实施水泥富氧燃烧技术进一步降低能耗；聚焦清洁能源开发应用，大力发展新能源业务；聚焦数字化、智能化，借助物联网、大数据、5G 等技术，改造提升传统产业，建成了水泥全流程智能工厂，并开发应用露天水泥矿山无人驾驶矿车、机器人自动装车、供应链智慧物流等技术，为实现水泥产业从“灰色制造”向绿色“智”造转型做出了有益尝试。

二是严控增量，优化存量，推进行业有序发展。要严格控制新增水泥产能，避免盲目上马新项目，产能置换要与优化产业布局结合起来统筹考虑。行业企业要超前考虑即将出台的“碳”指标、“碳”交易政策的影响，谨慎实施提产技改，理性发挥产能，杜绝恶性竞争。

三是着眼全局，加强合作，构建行业良性格局。坚持行业利益大于企业利益，大企业间要加强务实合作，积极探索股权合作等新路径，构筑新型战略合作关系。要加强沟通交流，相互关照彼此关切，进一步提高行业集中度，构建良性市场格局。

四是积极履责，主动担当，共建行业健康生态。大企业要发挥大企业作用、履行大企业担当，要大力支持协会开展工作，带头推动行业供给侧结构性改革，带头执行错峰生产要求，带头落实协会有关倡议，致力改善行业供求关系，努力实现行业投资有收益、政府有税收、企业有效益、员工增收入，共建共享行业健康生态。

（注：本文为 2021 年 10 月作者在中国水泥行业 50 强高层论坛的演讲）

稳市场、稳价格、稳增长是水泥行业的首要任务

中国水泥协会执行副会长　新天山水泥总裁　肖家祥

当前，国际格局复杂多变，国内经济结构调整加速，民生建设发展迅猛，经济运行态势总体良好，水泥行业机遇和挑战并存，特别是双碳政策、能源双控对行业影响深远，行业供给侧结构性改革势在必行。我们应认真总结“十三五”时期水泥行业供给侧结构性改革的经验，认清当前及未来一段时期的行业形势和任务，积极主动应对挑战，坚定引领行业健康可持续发展。

一、认清行业形势和面临的主要任务

1. 能源双控严重影响当前生产经营

当前来看，水泥行业所处的经营和发展形势是历年来最复杂的，甚至比 2010 年还要复杂的多，能源双控对正常的生产、经营带来严重的挑战，无论是对企业的产量、供应、安全，还是效益都带来全方位的冲击和挑战。此外，煤炭价格也上升到了历史的高位，为企业的成本带来了压力。

“十四五”是实现碳达峰的关键期和窗口期，而能源双控是实现碳达峰的重要举措，各地域的能源双控政策均把水泥行业作为重点，广西、湖南、江苏等地大幅度限电，水泥企业大面积停产，加上煤炭成本飙升和供应紧张，严重影响了水泥生产，也大幅推涨了水泥生产成本，造成多地水泥市场保供困难。

总体来看，今年四季度的水泥行业仍将面临能源双控、限电限产、煤炭成本暴增等压力，同时还将面临旺季不旺，部分地区的需求将严重下滑；同时，部分地区还将有新增产能释放等问题。如何积极有效应对能源双控，如何稳市场、稳价格、稳增长是当前水泥行业的首要任务。

2. 水泥行业双碳工作任务极其艰巨

水泥工业属于高碳排放而又难减排的行业，减排任务十分艰巨。当前水泥行业即将纳入碳交易，首当其冲的是要合理制订碳排放指标分配方案、碳排放的计量、核算及碳交易规则，形成科学规范兼顾公平和效率的的碳管理、碳交易政策和机制。我们自身还要大力推进节能减排，加大清洁能源、替代燃料应用，加快碳捕碳及碳资源综合利用技术的研究开发，引领水泥行业绿色低碳转型。

水泥行业碳交易是公认的双碳目标任务实现最大最艰难的一个行业，单纯的依靠技术手段没有办法实现碳中和。广大水泥行业同仁，一定要高度重视双碳的政策研究。

3. 行业供给侧结构性改革任重道远，要坚持去产能和优化升级

长期发展来看，水泥行业目前最大的挑战仍是产能严重过剩。同时，随着城市化进程放缓和基础建设逐步完善，水泥需求在平台期后将进入下行通道，去产能、淘汰落后实现绿色低碳转型和提高行业集中度是水泥行业健康可持续发展的必然选择。水泥行业的大企业一定要肩负起供给侧结构性改革的任务，坚决推进去产能的重任。同时，建议行业要借鉴日本欧美国家地区水泥行业做法，

在需求下滑期坚决推进去产能，行业一定会走上健康发展道路。

二、强化大企业共同引领

我们认为行业要持续健康发展，大企业的引领极为重要。水泥行业的命运是掌握在企业家的手里，是50强企业自己决定的。因此我们呼吁，大企业一定要进一步凝聚共识、协调行动，增强大企业的责任担当，在行业自律、错峰生产维护行业生态、去产能、减碳减排、技术创新等方面充分发挥引领作用，共同维护行业利益，共同促进行业健康可持续发展。

1. 全力应对好限电停产限产，稳市稳价

各大企业要认真研究所在省市的能源双控政策和进展情况，千方百计协调所在地方政府争取有序用电，切实制定好各企业保供方案，全力以赴稳市稳价。同时，建议行业推进能源双控与错峰生产计划的对接，因为很多大企业还肩负着全力以赴保重点工程、民生项目水泥供应的重任。

2. 带头坚定推行行业自律、错峰生产

共同维护行业生态，在去产能尚无实质性进展的情况下，行业生态依然脆弱，稳增长压力依然很大。各大企业要支持和发挥好各地水泥协会作用，坚定落实中央两部委文件精神，研究制定好今冬明春及明年各省错峰生产方案，并带头执行各地政府要求的错峰生产政策，共同维护好行业健康生态。

3. 带头坚定执行减量置换、淘汰落后和产能合作

东北、内蒙、贵州、广西、云南等地区严重过剩所带来的深刻教训已经足够给我们敲响警钟，化解产能严重过剩始终是水泥行业面临的最突出的问题。工业和信息化部关于水泥行业新的产能置换新实施办法已出台，力度进一步加大，50强企业要带头坚决执行。当前，还要积极推进水泥产业结构调整，重点推进日产2500t及以下水泥熟料生产线整合，进一步提高行业集中度和促进行业技术升级。

4. 主动应对，积极备战碳达峰、碳中和

当务之急是要研究碳减排、碳交易政策。充分发挥建材联合会、中国水泥协会的牵头作用和科研院所及大企业引领作用，一方面促成国家层面根据水泥行业特点，研究制定有利于水泥行业碳中和和可持续发展的政策、机制（碳权、碳交易、碳税和超额减碳的奖励政策等）；另一方面要积极主动地研究推广应用各类节能减排减碳技术，加快绿色低碳转型，努力实现碳达峰、碳中和目标。

三、充分发挥各级协会作用，进一步完善工作机制

各级水泥协会在组织行业自律、引领供给侧结构性改革和绿色低碳转型进程中具有不可替代的作用，各大水泥企业要继续支持各级水泥协会发挥好组织协调作用，完善工作机制，加强组织协调，共同促进行业健康可持续发展。南方水泥将继续秉承中国建材的发展和经营理念，时时处处维护行业利益，带头错峰生产、淘汰落后、减量优化和绿色低碳转型，努力为行业健康可持续发展作出应有的贡献！

（注：本文为2021年作者在水泥行业50强高层论坛上的讲话摘要）

水泥行业可持续发展的核心是减量发展

中国水泥协会执行副会长　北京金隅集团副总经理　姜长禄

面对世界百年变局和世纪疫情交织叠加带来的复杂严峻形势，水泥行业在政府部门的大力指导和行业协会的科学引导下，统筹推进常态化疫情防控和生产经营，积极应对国内经济恢复不平衡、煤炭等大宗商品价格暴涨等不利形势，在震荡和波折中奋力前行，为国民经济健康运行发挥了重要保障作用。当前，经济形势依然错综复杂，我们要坚定信心，凝聚力量，深入贯彻新发展理念，用务实行动回答好行业课题，为“十四五”良好开局和经济社会发展作出更大贡献。借此机会，谈几点认识和体会与大家共勉。

一、坚定信心决心，推动行业稳增长是目前行业的首要任务

稳增长既关系着行业的持续健康发展，也关系着国民经济的平稳运行。我们要坚定信心，主动应对煤价暴涨、能耗双控、限电限产、市场需求不足等一系列挑战，奋力实现行业“十四五”良好开局。

一是增强行业命运共同体意识，抢抓机遇，共克时艰。秉承“行业利益大于企业利益，企业利于孕于行业利益之中”的共识，迎难而上，强化自律，抢抓机遇，用信心、耐心和智慧共同做好供给端，巩固好市场态势，为行业效益稳定创造空间。

二是着力构建良好行业生态，开放包容，平衡共赢。行业稳健发展离不开良好的生态，金隅集团愿和各大企业一起，发挥引领示范作用带头落实好国家产业政策和协会的指导措施，深化沟通合作，做好行业自律，推动行业形成高质量的供给、动态平衡的供需关系。

三是牢记“国之大者”，担当使命责任，自融入新发展格局。畅通水泥相关的产业链供应链，激发全链条发展活力，增强行业抗风险能，助力构建以国内经济大循环为主体的新发展格局。

二、加快转变发展方式，推动行业高质量发展

水泥行业已进入新发展阶段，面临的市场环境、政策环境、科技环境等都发生了深刻变化，迫切需要加快转变发展方式。我们要围绕“宜业尚品、造福人类”的目标，契合国家战略和时代大势，坚定不移走高质量发展之路，推动行业向绿色化、智能化、高端化发展。

一是不断提高行业绿色发展水平。主动落实“碳达峰、碳中和”战略，通过科技创新、管理创新，持续提高资源、能源利用效率，开展原料、燃料替代，降低能源消耗和污染排放。支持政府部门从能耗、质量排放等多角度提高行业准入门槛，倒逼落后低效产能退出。积极探索碳捕集、利用和封存技术，为节能降碳贡献力量。

二是不断提高行业数智化水平。坚持创新驱动发展，主动适应科技革命和产业变革的形势，推

动水泥制造与工业互联网的深度融合，使5G、大数据、智能化真正转化为推动行业迭代升级的强大动力，提高生产效率。

三是不断提高行业价值创造水平。强化技术的创新和集成，推动水泥行业由传统制造业向制造型服务业、服务型制造业转型，向价值链中高端迈进。金隅集团目前正在北京、天津实施静脉产业园项目，致力于深度融入地方发展，为生态文明和社会发展贡献力量，塑造水泥行业绿色化、智能化、高端化的新形象。

三、着力化解主要矛盾，推动行业行稳致远

近年来，水泥行业实现了平稳较快增长但产能过剩依然是制约行业发展的主要矛盾，深入推进供给侧结构性改革是行业可持续发展的关键之举。其中核心是做好减量发展。

一是坚定不移去产能。发挥大企业引领作用，用市场化、法治化方式加快淘汰落后产能。支持政府部门从严限制新增产能，严肃产能置换，杜绝变相新增。

二是调整优化产业结构。推进大企业联合重组，持续优化产业结构和空间布局。金隅集团愿同各大水泥集团加强合作，对供需失衡地区的产能和市场进行整合优化，提高优质产能集中度和区域市场集中度，使供给侧更加集约高效。

三是坚决执行常态化错峰生产。支持政府部门完善相关政策法规和强制标准，遏制低效生产，实现环境保护和行业供需平衡的双赢。总之，金隅集团对行业“十四五”良好开局和持续健康发展充满信心，在政府部门的指导和协会坚强有力的引导下，愿同各位同仁携手并进，坚持整合发展、契合发展、创新发展、高质量发展，深化供给侧结构性改革，助力行业实现更高质量、更好效益更可持续的发展。

（注：本文为2021年10月10日作者在中国水泥产能50强高层论坛上的演讲）

按照全生命周期设计建筑材料碳减排方案

华新水泥总裁　李叶青

华新水泥股份有限公司（以下简称“华新水泥”或“华新”）始创于1907年，被誉为中国水泥工业的摇篮。华新水泥在20世纪就开始关注碳排放问题，并坚持低碳化绿色可持续发展路线，通过技术攻关，不断降低碳排放强度。1990年以来，水泥熟料产能增加100倍以上，而单位产品产值碳排放下降了69.5%。2018年，华新水泥制定了“传统工业+数字化创新”的企业战略，业内首创以建设数字化生产运营体系的方式加速低碳化进程。

为响应国家碳达峰碳中和号召，2021年，华新水泥在全国建材行业中率先发布《低碳发展白皮书》，确定了公司的低碳发展目标：到2030年，华新水泥单位产品产值的二氧化碳排放量将比2005年下降70%以上，替代燃料能源占一次能源消费比重将达到25%以上；到2060年，最终实现净零排放。

水泥从矿山开采到建筑工程应用，每个阶段都有碳排放，所以，华新的碳减排方案要按照全生命周期来设计。

华新水泥把全生命周期的绿色低碳建筑材料核心减碳重点分为五个阶段。

第一阶段是矿山原料和二次资源制备（废弃物），减碳攻关重点是大规模大型矿山开采生产装备的能耗碳排放控制及优化；二次资源原燃材料（废弃物）的寻源及大规模废料预处理的工艺及优化。

第二阶段是生产过程的碳排放。减碳攻关重点是二次资源（替代燃料减碳、替代原料减碳）大规模应用的生产过程控制及优化。

第三阶段是物流运输中的碳排放。减碳攻关重点是水泥及原料大规模运输的能耗碳排放控制及优化；运输综合调度、路径规划及寻优的减碳应用。

第四阶段是混凝土制品及深加工的碳排放。减碳攻关重点是吸碳建材制品的研发及大规模推广；混凝土制品生产低碳胶凝材料配比调整对能耗碳排放控制及优化；水泥、墙材等一体化项目的热联产降碳控制及优化；水泥“分别粉磨”在下游低碳混凝土中的控制及优化。

第五阶段是建筑工程的寿命及回收利用。减碳攻关重点是延长建筑的寿命、控制建筑在使用过程中的能耗以及报废建材合理处置再利用过程管控；建筑工程的回收生产装备的能耗碳排放控制及优化。

根据这一理念和对市场的判断，华新水泥结合自身的实际发展情况，分2020年以前、2021—2025年、2026—2030年、2031—2035年以及2035年以后五个阶段，制定了逐年的碳减排计划和路线图。

大力发展替代原燃料，持续降低熟料系数、提升水泥中混合材掺比，开发低碳熟料产品，开发碳中和混凝土，进一步提高能效水平，开展富氧燃烧项目试点热联产降碳、林业碳汇等CCER项目开发，这些是华新水泥未来五年要做的碳减排方面的工作。

2026—2030 年，华新预测我国水泥的总体需求会下降，所以在这一阶段要开始工业化低碳熟料生产，提高水泥厂能源利用率，开展 BECCS 试点项目。到 2031 年以后，华新将在具备条件的地区开展二代 CCUS 的试点运行，大规模生产低碳熟料，进行适合 CCUS 开发背景下的装备、工艺改进。

当前，对于水泥企业来说最重要的碳减排方式应该是降低熟料生产环节的化石燃料碳排放。在水泥生产过程中，熟料生产排放占到80%以上，水泥粉磨过程的碳排放只占到10%左右。而在熟料生产环节当中，化石燃料的排放占 34.9%~36%，碳酸盐的分解排放占 61%~63.2%，购入电力的碳排放只占 1.9%~2.4%。所以说在目前不能解决碳酸盐排放问题的情况下，重点要解决的是化石燃料的排放问题。

降低化石燃料的碳排放目前最重要的方式就是替代燃料。我国替代燃料的比例非常低，全国只有 2%，华新水泥大概是 10%。2022 年华新水泥的目标是替代燃料的比例达到 15%，到 2025 年目标是突破 30%。

氢能源和其他能源的使用现在还处于研发阶段。在最近几年能够大幅度减碳的核心还是化石燃料的减少。

基于目前行业现状，我对建材和建筑领域协同降碳提出五点建议。

一是加快水泥行业纳入到全国的碳交易市场。电力系统已经纳入碳交易系统中，水泥行业也应该加快纳入碳交易系统的步伐。这对水泥行业的碳减排和供给调整都将起到非常积极的作用。

二是按照已经制定的碳排放标准，由国家或行业认可的第三方专业机构对现有项目补充能源审计和碳核查，将水泥工厂上一年的能源消耗和碳排放的强度和总量进行认定，认定值作为下一年的标准；推广实施水泥产品的碳足迹核定。

三是建材产品的碳足迹决定了建筑业的碳排放水平，建筑业推进碳达峰碳中和的路径中应加大对低碳建材产品的应用。尝试将单位建材产品的碳排放强度作为建筑业采购建材产品的“强制”指标和价格调整因素。从需求端倒逼建材企业节能降碳。

四是依据颁布的能效水平的基准水平和标杆水平，制定水泥行业的三级标准，对于能效水泥达到标杆水平的，应纳入鼓励类，不受“两高”政策和错峰生产限制；对能效水平位于基准和标杆之间的生产线，严格按“两高”项目管理，执行错峰生产和差别电价管理政策；对能效水平未达到基准水平的，必须停产改造升级（不超过三年），改造后不能达到标杆水平的，应予以淘汰关停。这样能够控制不同标准工厂的生产节奏，保持供需动态平衡，提升企业经济效益，降低整个社会的能源消耗和碳排放。

五是将工业窑炉协同处置固废（包含水泥窑协同）技术纳入垃圾分类工作评估办法的资源化利用率计算公式中，并列入卫生城市评价标准释义内。以华新水泥为例，公司每年大概要处理 400 多万吨的城市生活垃圾，但是很多地方在卫生城市评比评优时，没有把水泥窑这种工业锅炉处置生活垃圾的方式列入评分当中。这对水泥窑协同处置生活垃圾技术的推广和使用应该说是一个非常不好的限制条件。希望工业和信息化部和住房城乡建设部能够尽快把这项技术纳入各地垃圾无害化率考核及卫生城市评价的鼓励项目当中，促进水泥企业加大对生活垃圾等替代燃料的使用，将消纳城乡一般固废作为水泥企业的标配，实现绿色低碳发展。

（注：本文为 2022 年 3 月 15 日作者在建材建筑协同碳达峰研讨会上演讲）

水泥行业碳达峰，不远处便是一道崭新的地平线

台泥集团董事长　张安平

最近，国家及地方层面的能耗双控政策执行力度不断加强，造成多个区域的停电限产，随之而来的是，水泥行业供求关系的平衡被打破，一方面是奇货可居价格飙涨，一方面是产能受限供应不足。这种难得一见的景象，足以引发水泥业者的深思。我认为，水泥行业谋求可持续的高质量发展，一定不能再把扩大产能和产量放在重要位置，而是以控总量、降能耗、提能效，提升整体运营效率作为发展内核。

能耗双控的背后就是碳中和。身为中国水泥工业人的一份子，我真切看见一项可行的合作计划：全行业、所有企业，以及每一个人，携手瞭望，不远处便是一道崭新的地平线。

地平线，是一段航行中远远眺望的一条线，通常预示一个美好世界的诞生、一种生活的实践和一系列永续发展的原则。历数人类历史的重大转折，往往始于思维的转向。二十一世纪，《巴黎协定》便是工业人也是所有人类的新的地平线。

《巴黎协定》可谓是有史以来极少数可说服全世界共同参与的协议。175 国的共同签署，有一份摆在眼前的、明确的时程表。协定的内容可以规格化，可以换算，可以经营，可以按部就班地承诺与攻克，一步一步，往碳中和的方向实现。

2020 年 12 月，在纪念《巴黎协定》达成五周年气候雄心峰会上，中国进一步承诺更新后的国家自主贡献目标及举措：碳达峰时间目标从“2030 年”变为“2030 年前”，碳强度下降目标从“60%”提高到“65%以上”，非化石能源比重目标从“20%左右”提高到“25%左右”。

承诺的可贵，其实也包含实践的困难。碳达峰、碳中和是一场广泛而深刻的经济社会系统性变革。中国从碳达峰到碳中和的时间，远远短于发达国家所用的时间，并且一方面要兼顾经济发展的增速，另一方面也要积极推动巴黎协定所提出的减碳目标。

碳中和绝对不是简单的事，巴黎协议的 2050 年目标，如同攀登珠穆朗玛峰，更是水泥业脱胎换骨的苦行之旅。细究碳中和的任务，难度非常之高，包含道德，科技，政策，认知和文化，包含减排目标，检讨机制，分摊负担，保持生活质量，以及增加世界贸易上制定碳税、碳交易等。

当我们认识到碳中和的目标，是人类为了永续生存所必要完成的任务，所有的生产方法、贸易行为、商业活动、资金流向，都必须紧盯着，要以改善气候变迁、减低温室气体排放为前提。

一个新型的水泥业必须要挺身而出！水泥业自身，就是二氧化碳的制造者。水泥的制造过程，本身就是二氧化碳的释放点。水泥业者没有回避的空间。我们必须以最有责任，最直接的声音说：“我们带头做，我们愿意做，我们必须做，我们做得到！”

思想要改变，行动要改变，不是一个简单的工作。不是单靠一个国家、一个产业、一个团体就能完成，而是每一个人都要完成的任务。台泥希望与中国水泥同业共同完成的是真正的碳中和，而不仅仅是数据上的碳中和。

与人类文明与大自然息息相关的水泥业必须觉悟，站在生命的第一现场，尽力修补与大自然之间的失衡关系。当有一天水泥业能证明做得到时，那么，全世界都应该做得到。

航向未来的地平线，没有前后左右，没有航标，没有留下前人走过的痕迹。开阔、无限，而且无法像治理一道河流般占领它，就像沧海一粟，时时迷失航道，百转千折，极尽曲折，能指引我们前行的，只剩人心。

每一个世代都有各自要回应的生命处境，都有各自要背负的道德义务。两百年前，水泥响应了人类基础建设的需求，让生活更安全，更有质量。两百年后，水泥背负的，是当代迫在眉睫的减碳义务，水泥承诺的，是《巴黎协定》的碳中和目标。

失控的碳排放，是当今世代的大洪水。我们这一代人必须写下面对它的故事。要实现碳达峰和碳中和的目标，意味着全社会、所有行业和每一个人都必须付出艰苦努力。

坚定的行动，才是唯一的回答！

我坚信，作为目前世界上人口最多的国家和第二大经济体，中国“双碳”行动的成功，不仅对全球碳中和起到至关重要的作用，也将为众多发展中国家未来的减碳行动作出表率和示范。

（注：本文为2021年10月作者在中国水泥行业50强高层论坛作者的书面演讲稿）

贯彻新版两大产业政策　探索行业创新发展模式

中国水泥协会秘书长　王郁涛

2021年是不平凡的一年，它既是中国共产党成立100周年，又是“十四五”规划开局之年，还是全面建设社会主义现代化国家新征程起步之年。2020年9月16日，“2020年中国水泥协会八届二次理事会”在合肥召开。一年来，协会坚持以习近平新时代中国特色社会主义思想为指引，深入贯彻党的十九大和历次中央全会的精神，牢固树立和落实新发展理念，坚持创新驱动，实现新旧动能转换，绿色转型发展，坚持合作共赢、稳定的高质量发展，全面推进中国水泥工业由高速增长转向高质量发展。

一年来，中国水泥协会深入贯彻“错峰生产、产能置换”两大产业政策，继续围绕“去产能、补短板、稳效益”，全面推进水泥行业供给侧结构性改革，锁定行业高质量发展的目标，提升行业科技创新水平，探索行业结构调整新模式，力求行业效益持续稳定，取得了较好成绩。

一、行业经济运行基本情况

根国家统计局数据显示，2020年全国水泥产量24亿吨，同比增长2.5%，其中水泥熟料产量达到15.79亿吨，同比增长3.07%。2020年全年实现水泥销售收入9960亿元，水泥行业利润1833亿元，在疫情背景下，取得如此成绩，实属不易。

2021年1—8月，全国累计水泥产量15.73亿吨，同比增长8.3%，较2019年1—8月增长约6.03%；8月份，全国单月水泥产量2.15亿吨。1—4月份全国水泥产量同比增长30%，5—8月份连续4个月水泥产量同比下降（分别同比下降3.17%、2.93%、6.5%、5.2%），企业水泥产销量压力逐月增大，企业2021年初制定销售量任务完成困难。

国家统计局数据显示，2021年1—7月份全国水泥行业实现销售收入5641亿元，同比增长9.9%，实现利润829亿元，同比下降12.8%，原燃材料和环境成本大幅上升，导致企业增收不增利。1—4月份，水泥行业延续了上年四季度较好的态势，诸多利好因素叠加，水泥市场需求表现旺盛，价格总体稳定在430~460元/t区间。进入5月份，市场需求明显降温，供需关系逐步恶化，价格陡降，南方主流市场大部分地区水泥价格累计跌幅超过100元/t以上，局部区域出厂价陆续跌破300元/t。8月份中下旬后，价格出现逐步回升。尤其是以前期跌幅较大的长三角地区，涨幅也是最大，价格补涨80~100元/t。进入9月市场回归销售旺季，全国水泥价格继续出现看涨行情，部分区域如广东、广西、江苏、浙江、云南出现涨幅扩大行情。

根据协会信息研究中心监测，9月中旬，全国水泥价格（P·O42.5散）时点到位价已经达到506元/t，比5月份价格高点的468元/t，高出38元/t，涨幅8.12%。9月份到四季度本身处于全年水泥最旺季，能耗双控、限电导致部分区域供给收缩导致供给短缺，全国库存比已经降至50%以下的中低位，长三角和珠三角主要消费区域，库容比已经到30%~40%的历史低位，区域内部分企业开始控制发货量。为弥补亏损，低价区也出现价格恢复性上涨。2021 年 1—8 月份云南一直处于全国低价区，一直面临亏损的境地，加之云南省煤炭持续走高，生产成本进一步增大，9 月份出现阶段性恢复性的较大幅度的上涨也是为了弥补前期亏损。

在政府“双碳”“双控”的大背景下，8 月水泥行业处于淡季向旺季过渡阶段，水泥价格率先触底回升。9 月份是传统需求旺季，随着下游需求的释放，预计 2021 年第四季度将维持量价齐升态势。行业利润保持上涨的同时，涨幅或将收窄，行业形势喜忧参半。

二、协会重点工作推进情况

（一）坚持党建引领行业　凝聚合力创新发展

协会始终把党建工作摆在首位，形成党的领导纵到底、横到边，全覆盖的格局。经中国建筑材料联合会推荐，中国水泥协会被选为“国资委系统行业协会标准化、规范化建设试点单位”。

协会把党建融入协会工作运行和发展全过程。带领行业贯彻产业政策，优化产业结构，引导自律协调，推动错峰生产，开展公平竞争，减量置换去产能，推动行业高质量发展。把思想建设作为抓好党建的“根”和“魂”。着力推动党组织标准化、规范化建设，组织开展民主评议和组织生活会，充分发挥战斗堡垒作用和党员先锋模范作用。把组织建设从“有形覆盖”向“有效覆盖”转变。展现出协会的动员力、战斗力，为实现协会的引领、协调、服务工作奠定扎实的基础。

1. 圆桌会议形共识，引领行业谋发展

2021 年 4 月 28 日，协会在四川成都召开中国大型水泥企业领导人圆桌会议（C12+3 峰会）。“C12+3 峰会”发挥了行业“领跑者”、市场“压舱石”的作用，圆桌峰会是宣贯中央经济工作会议精神的工作抓手，是探讨交流行业供给侧改革的论坛，也是协会服务行业服务企业的精彩亮点，是彰显大企业承担社会责任的舞台。大企业的带头作用和市场的主导作用，是行业高质量发展的“定海神针”。“C12+3 峰会”共识意见发挥的作用有目共睹，中国水泥协会的服务能力明显提升，所做的工作，得到了企业的认可，政府的好评，行业的赞誉。

2. 与政府主管部门建立密切的沟通渠道

协会与工业和信息化部原材料司、国家发展改革委产业司、环境保护部大气司、国家质检总局反垄断局、民政部社团管理局、国资委行业协会工作局、总工会中国机冶建材工会等政府主管部门保持密切联系，采取上门请示，请来指导和邀请参加协会各种会议的形式，与政府部门保持沟通渠道畅通，及时传达国家有关要求部署，同时也及时反映行业企业的诉求。例如我们与原材料司建立了 45 天会晤一次的定期交流制度。

3. 与水泥企业、科研院所开展共建活动

以党组织共建为抓手，协会与金隅鼎鑫公司、北京工业大学等单位开展 3 次“主题党日”共建活动，通过工厂、工业博物馆实地参观、红色教育基地学习、现场实地党课等形式，把党建工作和业务工作有机融合到一起。

4. 与水泥企业联手，精准扶贫、支持新农村建设

2020 年协会应民政部社团管理局的邀请精准扶贫，与江西南方联手向江西萍乡坑口村捐赠批量水泥，支持新农村建设，为萍乡市农民做实事收实效，受到当地政府和农民的欢迎与赞誉。

5. 组织“党百年华诞主题征文”，宣传行业改革发展成就

2021 年是中国共产党百年华诞，6 月协会内部组织了“征文活动”各部门、分支机构踊跃参与，撰写了《回顾“十三五”党建引领协会高质量发展》《从“C12+3 峰会”看水泥协会贯彻落实

党中央决策的执行力》《十三五时期水泥行业治理体系和治理能力现代化显成效》《十三五期间水泥行业科技创新成效显著》等11篇专题文章，全方位地反映了在党的领导下，“十三五”期间中国水泥行业取得的成就与业绩。我们还编辑出版了《中国水泥行业发展报告蓝皮书》（2021版），全书125万字，在行业和社会上产生了良好的宣传效果。

（二）深入开展调查研究，不断提升服务能力

协会从“站位高、格局大、做实事”，来谋划推进全国水泥行业改革发展工作。围绕党和国家的工作大局，协会充分利用自身优势，坚持以“去产能、强自律、增效益”为主攻方向，以“错峰生产”和“产能置换”为抓手，深入开展调查研究，如实反映会员企业诉求，深化市场诚信自律，取得行业公认的业绩。始终把工作的落脚点放在党和国家的利益、行业和企业利益上，坚持做行业的引领者、协调者、服务者，在推动行业发展中发挥出色作用。

一年来，协会领导与员工组织开展全国水泥行业调研工作。利用开会、走访、座谈，采取线上线下相结合、以函调为主的方式，调研了24个省市自治区，280多家（次）水泥企事业单位，形成了26多份调研报告，为政府部门和企业研究决策提供了参考。

1. 结合行业情况开展产业政策研究，为政府决策做好服务

协会牵头与玻璃、陶瓷、耐材协会共同承担工业和信息化部《建材行业（水泥玻璃陶瓷耐火材料）碳达峰目标和路径研究》课题，该项目已经结题。协会完成《“十三五”水泥行业科技发展报告》编制并发表，完成《水泥行业“十四五”煤控目标预测、措施及重点技术研究》《水行业碳达峰行动方案》《水泥行业碳排放现状与达峰路径研究》《水泥行业“一带一路”绿色发展规划研究》《全国水泥企业石灰石矿山资源调查报告》；并对《吉林省冶金建材及新材料产业“十四五”规划》提供书面修改意见；提交这些报告、建议、修改意见，得到政府有关部门领导的重视和认可，为水泥行业创造了良好营商环境。

2. 开展碳达峰、碳中和以及能源双控工作研究

协会积极参加环境保护部、环境规划院牵头的“工业碳达峰、碳中和”项目研究工作，项目已于今年5月份完成，中国水泥行业协会，拟以此次研究工作为基础，发布《水泥行业碳达峰蓝皮书》。积极参与《建材行业碳达峰实施方案》编制的座谈会、论证会。按照碳达峰碳中和“1+N”政策体系编制工作部署，工业和信息化部负责牵头编制《建材行业碳达峰实施方案》，协会积极参与该方案的政策建议与论证工作，在8月27日召开的专家论证会上，协会强烈建议删除“鼓励水泥进口”等内容被采纳，并提出进一步完善水泥错峰生产。目前工业和信息化部已完成报批稿，转至国家发展和改革委员会。协会全程密切关注并参与《水泥玻璃行业产能置换实施办法》的出台，前期汇总各地方协会、理事单位水泥企业意见，对工业和信息化部《水泥玻璃行业产能置换实施办法（修订稿）》进行意见反馈。新的产能置换政策加大置换比例，对跨省置换有了更加严格的要求，并加强新建项目的事中事后监察。协会以行业效益稳增长为目标，推行全国性的常态化错峰生产；协调跨区域的错峰生产协同推进，联合地方政府主管部门共同加强监督力度，达到有效化解产能严重过剩和供需动态平衡。

3. 开展企业急需的课题研究，做好企业特色咨询服务

协会完成《宁波科环云南水泥产业投资建议报告》《葛洲坝水泥关于产能指标价格分析报告》；跟进海螺水泥商用密码应用与智能化数字转型项目，并完成标书相关内容的撰写、预算编制及资料提供工作；编制《水泥行业企业节能诊断技术服务指南》、JC/T 2648—2021《水泥行业节能监察技术规范》行业标准、T/CCAS 022—2022《水泥工业大气污染物超低排放标准》团体编制、启动水

泥行业碳排放相关团体标准研制工作及《晋中同力达水泥有限责任公司技术政策咨询报告》《高平市维高水泥制造有限公司技术咨询报告》。组织参与 GB 175—2007《通用硅酸盐水泥产》品标准、GB 16780《水泥单位产品能源消耗限额》标准修订，并开展就行业标准热点问题进行研讨。协会发布 T/CCAS 017—2021《水泥水化热测定方法（等温传导量热法）》等 2 项团体标准，立项 T/CCAS 022—2022《水泥工业大气污染物超低排放标准》等 10 项团体标准。组织完成技术鉴定：济南秋淇激光粒度仪评估，西矿高温 SCR 脱硝技术项目评估，福建远志高温低尘 SCR 脱硝技术项目评估。协会还编制撰写了《2020 年越南水泥工业发展分析报告》《2020 年缅甸水泥工业现状分析报告》《2020 年埃塞俄比亚水泥行业分析报告》《2020 年中国水泥行业“走出去”调研报告》并公开发表，为水泥企业走出去提供了重要参考信息。

4. 开展质量监测和分析，为社会提供技术支撑

协会标准质量专委会持续对水泥产品质量问题和社会舆情进行监测，并对国家、地方监督抽查及机构委托检测数据进行研判分析，撰写并发布了《2020 年全国水泥质量分析报告》《2020 年全国水溶性六价铬风险监测报告》《2020 年全国水泥产品氯离子风险监测报告》和《2019—2020 年全国水泥熟料重金属风险监测报告》等一系列风险监测报告，开展水泥产品市场秩序治理，向政府主管部门及水泥行业通报水泥质量安全情况、质量风险存在的情况和相关的技术分析，并提出风险处置建议及措施建议，为行业主管部门制定产品质量管理政策提供支持。组织行业专家积极推进 GB/T 12960—2019《水泥组分的定量测定》等新标准的宣贯工作，在广东、山西、河北等省市举办标准宣贯培训班，共培训上千余人次，并以“空中课堂”的方式，针对行业关心的标准更新、检测技巧、仪器操作等内容举办免费网络培训，帮助水泥行业同仁提高检测技术和质量控制管理水平，获得了业内的积极响应和一致好评。

（三）推动错峰生产常态化，维护市场生态营商环境

1. 整顿治理泛东北水泥市场，引导熟料南北有序对接

2020 年 10 月成立了“推进泛东北水泥产业结构调整领导小组”，该小组为中国水泥协会协调泛东北地区水泥企业高质量发展的指导机构，并下设泛东北结构调整办公室，负责贯彻执行政府文件及会议精神，协助做好宏观调控工作情况，落实常态化错峰生产执行工作，监督开大票、卖冬储，控制低价倾销扰乱市场工作。“东北办”积极开展对冬销预售的监督、引导工作和水泥熟料南北市场有序对接工作，为今年泛东北地区水泥行业及建筑产业价格运行稳定奠定坚实基础。目前，东北水泥企业行业自律观念显著提高，错峰生产组织、执行情况好于历年。

2. 注重结合实际，保障市场公平竞争

工业和信息化部、生态环境部在《关于进一步做好水泥常态化错峰生产的通知》（以下简称“《通知》”）中强调“所有水泥熟料生产线都应进行错峰生产”。对电石渣生产水泥熟料线给出了“错峰置换”的方式，按照“谁产生、谁治理、谁付费”原则，电石渣水泥企业应向传统水泥企业给予适当补偿，有利于保障公平公正，避免垄断和市场扭曲。“承担居民供暖任务的生产线”要求“在非采暖季、非错峰生产期间补足错峰时间”，明确了承担供暖任务的水泥企业应当补足错峰生产天数，这一要求解决之前有些水泥企业以供暖任务为由逃避错峰生产的问题。《通知》也对承担协同处置任务的生产线予以考虑，“有全年协同处置城市生活垃圾及有毒有害废弃物等任务的生产线可以不进行错峰生产，但要适当降低水泥生产负荷”。

《通知》特别提出“分类指导、差异管控”“支持中国水泥协会组织制修订行规行约，强化行业自律”“各地区水泥协会要大力引导和协调督促相关企业加强自律”，这给协会发挥专业优势，牵

头制定行规行约留出空间。针对玻璃行业协会垄断调查事件，协会及时向全行业发出自查、对标、严防的工作通知，狠抓行业自律和反垄断以及反不正当竞争工作。

协会广泛听取广大水泥企业意见，把企业的诉求，行业的实际情况如实反映给政府，政府采纳了协会的意见，把建议变成了具体的产业政策，受到了企业拥护支持。

3. 错峰生产政策是水泥行业改革的成功实践

错峰生产政策将化解产能严重过剩矛盾与防治环境污染相结合，是我国是行业深化供给侧结构性改革的大胆创新，为行业结构调整、企业转型升级和推进行业高质量发展创造了有利条件，为水泥行业发展做出了历史性贡献。错峰生产政策是现行的国家各类产业政策中广受企业欢迎、能够充分有效调动企业积极性的亮点政策，水泥企业从“要我错峰”转变为“我要错峰”。较多大企业逐渐改变了全年满负荷甚至过载生产的传统经营模式，通过协调生产运营、物流等方式，根据市场需求、环保要求和按照年度公布的错峰生产方案提前谋划、科学合理安排生产计划，保障水泥、熟料产品市场稳定供应。协会积极参加推动晋冀鲁豫地区、泛东北地区的错峰生产的活动，动员企业发挥了市场主体和带头示范作用，树立典范，表彰先进，鼓励企业互相监督、行业自律，共同严格执行错峰生产政策。“错峰生产”工作已经升为国家产业政策，取得了巨大的社会与经济效益，受到了人大、政协会议的热议，国务院主要领导也给予肯定赞许。

4. 加强经济预测与分析，改善区域市场环境

协会注重加强经济预测与和分析力建设，及时提供行业重大政策、重大事件信息，每月提供行业经济运行分析及走势走向和预警预报；开展行业信息采集，将数据变信息，将信息变产品，提升服务功能，推出包括水泥行业景气指数在内的预警等市场化、动态化的报告。

利润是企业家的经营成果，是企业经营效果的综合反映。利润是行业可持续发展的基本源泉。我们积极支持各地水泥协会，持续改善区域市场环境，保障行业利润稳定增长。行业效益转好，企业才有条件逐年加大在环境保护、只会物流、智能化建设、科技创新、强链补链等方面的投资，加快行业高质量发展步伐。据统计，近两年开工的水泥重大关键项目，超过 200 个，总投资额约 590 亿元，超过 2016 年全行业利润。

（四）发挥媒体正面宣传作用，推进行业文化建设

充分发挥《中国水泥》杂志与数字水泥网及协会微信公众号、抖音、快手视频号等媒体的作用，传播正能量，提升行业良好社会形象，为行业转型升级创造良好氛围。开启协会增强新媒体宣传力度工作。重点突破视频媒体及时深入反映企业、行业、政府最新动态；以各部门发布短视频反映部门工作动态，同时开拓新媒体中英文发布短视频和展播企业宣传片，向国内外展示中国水泥行业高质量发展动态；行业主流媒体是行业的“软实力”，在结构调整、错峰生产、行业自律、诚信建设、重组联合、区域协调、科技创新、市场营销等方面发挥着重要作用，已经逐渐成为水泥行业综合实力的重要组成部分。

为加强行业正面宣传，提升行业的社会美誉度，宣传先进的行业文化，协会启动“中建材杯”行业文学奖评选工作，同时组织出版长篇小说《水泥春秋》（暂定书名，30 万字）、《水泥圈子》（15 万字），2021 年底成稿出版。我们坚持社会主义核心价值观教育，开展水泥行业文化建设，通过榜样引领、示范带动、宣传教育、文化熏陶等多种形式，积极培育良好行业风气，引导水泥企业诚信自律，唱响行业主旋律、弘扬行业正能量。我们还根据工信部等部委印发的《推进工业文化发展实施方案（2021—2025 年）》精神，以党建特色工作和企业厂史馆建设为切入点，调研东华水泥、重山集团等相关工作，探索开展行业博物馆评定工作。“中国水泥协会技术讲堂”线上直播，

已经播出 14 期，取得良好效果。

（五）推进协会自身建设，做行业发展的“服务者”

开展了协会内部机构的“三定”工作、不断优化部门职责，定员、定编、定岗，每个职位都编制了岗位职责说明书，工作有计划，月度有总结，同时，定期开展员工业务培训，不断提升协会员工把方向、谋大局、定政策、促改革的服务能力。

加强协会制度建设，着力构建科学的管理体系。协会先后修订完善制订了 14 项管理制度。通过制度强化了协会企业化管理发展要求，使薪酬的激励作用与员工业绩、团队绩效紧密结合，与协会发展结合，通过全面管理、规范管理、科学管理，激发了员工的工作积极性、创新性，提升员工的素质。服务政府、服务行业、服务企业的能力。

适应新形势要求，努力提升协会服务能力。协会按照新时代、新要求，开展创新思维，以问题为导向，着眼行业发展和企业需要，开展水泥行业战略性、前瞻性重大课题研究；注重人才培养，加强队伍建设，提升专业功底；为提升协会政策建议的影响力，科技创新引领的推动力，自律协调组织的执行力，行业开展工作的号召力，奠定了重要基础。

（注：本文为 2021 年 12 月作者在海南全国水泥行业协会会长秘书长联席会议上的工作报告）

对我国水泥工业减碳技术措施及其效果的分析与建议

高长明

一、我国水泥工业碳排放现状

水泥工业的碳排放占全球人为二氧化碳排放总量的7.5%，而在我国其占比却高达13.75%。为了履行我国实现“3060”的庄严承诺，水泥工业的减碳任务面临严峻挑战。水泥工业是我国实现碳达峰碳中和目标中的重要行业，具有全局性的影响。我们必须坚决圆满地完成这个光荣而艰巨的历史使命。

2020年，我国人为二氧化碳排放总量102亿吨，水泥产量23.8亿吨，熟料产量15.8亿吨，熟料系数为0.66，水泥工业二氧化碳排放量13.75亿吨，单位水泥碳足迹578kgCO_2/t水泥。

借鉴德国和欧盟等国家的经验和实际数据，从水泥工业自力更生自身努力减碳的使命感出发，针对我国普通硅酸盐水泥的三大排碳源头行之有效的减碳途径和技术措施共有7项，详见表1中所列。

表1　我国普通硅酸盐水泥的减碳措施、潜力与效果分析

普通硅酸盐水泥的碳源	减碳措施与潜力	减碳量/（kgCO_2/t水泥）
原料带入-工艺排放占62%	1. 降低*CF*由0.66达0.56 2. 提高P·C32.5及其他32.5水泥用量达55% 3. 提高SCM用量达6%	合计128
燃料带入-燃烧排放占29%	4. 提升*TSR*由5%达100%	40
	5. 降低熟料热耗 由750kcal/kg达650kcal/kg	38
电能消耗-间接排放占9%	6. 降低水泥电耗由88kWh/t水泥达70kWh/t水泥	10
	7. 提高余热发电效率由净值26（kW·h）/t水泥达36（kW·h）/t水泥	6
总计减碳量		222
2020年水泥单位碳足迹		578
2050年水泥单位碳足迹		578-222=356
2050年最终水泥单位碳足迹		356-115=241
（扣除自然碳汇和CCUS后达到碳中和）		241-0

搜索分析国内外的有关资料数据，按照我国现今水泥碳足迹578kgCO_2/t水泥的实际数据，笔者对我国水泥工业在未来30年（即2021—2050年）各项减碳技术措施的潜力和效果进行了研究分析和预测（见表1）。

所谓减碳潜力是指在上述规定期限内，各项减碳指标可能达到的最佳水平或理论极限值。例如减碳措施的第4~第7项：TSR达100%，熟料热耗达650kcal/kg，水泥电耗达70（kW·h）/t水泥，以及余热发电净值达36（kW·h）/t水泥等。可以看出，这些减碳措施均已使出了“洪荒之力”，几乎用尽了。计算得知，第4~第7的减碳效果，即各项的减碳量分别为40、38、10和6kgCO_2/t水泥，这就是各项减碳技术措施可以贡献出的最大减碳量，共计94kgCO_2/t水泥。

实际上，因为水泥碳足迹主要源于原料带入的工艺排放，所以其减碳的主力必将由降低熟料系数，少用熟料；提高低熟料含量水泥LCC和P·C32.5水泥用量占比；以及开拓提高新型低碳胶凝材料SCM用量占比等三项减碳措施来承担。这第1、2、3三项的减碳数据是相互关联的，相辅相成的，故将其减碳潜力与效果（减碳量）一并综合考虑计算。我国现今的情况大致是CF为0.66，32.5水泥用量占比约45%（包括P·S32.5，P·F32.5，P·P32.5和M32.5），LCC和SCM用量占比约0.5%。预计到2050年，熟料系数将降低到0.56，P·C32.5水泥和其他32.5等级水泥的用量占比将上升到55%以上，而且以P·C32.5水泥为主，LCC和SCM用量占比上升到6%以上。这样措施1~3项的减碳能力可达128kgCO_2/t水泥。7项减碳措施的能力合计为222kgCO_2/t水泥。我国水泥工业有望在2050年达到碳中和。

二、P·C32.5水泥对水泥工业实现碳中和的重要意义

国内外的长期实践业已证实，P·C32.5水泥与其他32.5水泥（包括P·S32.5，P·F32.5，P·P32.5和M32.5等）相比具有三方面的优势：①对各种工程需求的适应性较好，生产过程中便于适当调节性能，利于应用。②可以对不同品种混合材采用不同程度的深加工，更好地激发各种混合材的活性，更多地发挥其对熟料的部分替代作用。③采用混合材深加工技术和混凝土外加剂技术后，P·C32.5水泥制备的C30混凝土各方面的性能均足以与等量的P·O42.5水泥制备的相媲美。在这一应用领域P·C32.5水泥对P·O42.5水泥的取代效能优于其他32.5水泥。但是应该看到，其他32.5水泥对有些工程应用也是很适宜的，所以采取以P·C32.5水泥为主，其他32.5水泥为辅的策略是符合我国工程实际需求的。

现今欧洲市场上LCC和SCM的应用情况大致如下。所谓低熟料含量水泥LCC，完整地讲包括两个部分。一是现有的欧盟水泥标准中近年新增的EN197CEM Ⅱ/C-M，CEM Ⅴ，CEM Ⅵ等32.5复合水泥（与我国原有的P·C32.5水泥相当），其熟料系数可以低到0.31~0.49，市场占有率22%左右。另一部分是正在大力开拓创新的熟料系数为0.20或更低的水泥，正在试验研发阶段。

另外，新型低碳胶凝材料SCM目前在欧洲市场上的产品主要有：硫（铁）铝酸盐水泥（GSA），高贝利特低碳水泥，煅烧黏土LC3水泥，硅酸钙（镁）制成的SOLIDIA水泥，硅酸钙和石英制成的CELITEMENT水泥，PORSAL水泥（BCSA），AETHER低碳水泥，地矿胶凝材料（GEOPOLYMERS），等等。其中除了前三种有少量应用以外（市场占有率约1%~2%），其余的均在开拓创新之中，处于研发试验初期。当然也不排斥还有一些新类型新品种的SCM也有出现的可能。但是总的来说，SCM要达到实际应用的程度，例如市场占有率达10%左右，估计可能要到2030年以后了。

事实表明，我国经过了7~8年前发动的一场淘汰低强度水泥的“运动”以来，市场已经给出了明确的回答：这种做法不科学，不可行。笔者认为，我们现在应该反省，纠错止损该到时候了。必须尽快恢复被“修改单”取消了许多年的P·C32.5水泥标准。

同时还应大力开拓研发创新LCC和SCM的应用，提高其用量占比达6%以上。这样我国减少水泥工艺碳排放的潜力才能得以应有的发挥，综合减碳量达128kgCO_2/t水泥左右。

反之，如果我国水泥工业仍坚持所谓“水泥高强度化，低强度水泥必须淘汰”的主张。那么，届时其熟料系数值非但不可能下降，反而还会上升到 0.70 以上。最终的效果不是减碳反而是增碳！一进一出，实际上无形中给我国水泥工业达到碳中和目标增加了将近 200kgCO_2/t 水泥的减碳负担。不言而喻，两种抉择两个结果，P·C32.5 水泥标准的恢复与否，对我国水泥工业实现碳中和的质量良莠具有决定性的影响。

时至今日我国水泥界应该可以，而且必须做出正确的判断，当机立断，纠错止损，不能再延误了。为了我国整个水泥工业长远的根本利益，笔者恳请呼吁广大有识之士，打消顾虑解脱羁绊（如果有的话），畅所欲言，为我国恢复 P·C32.5 水泥标准做出自己应有的贡献。

三、对我国水泥工业减碳措施布局的建议

德国和欧盟各国以及世界著名的老牌水泥企业集团在 2012 年前后纷纷承诺 2050 年实碳中和以后，2020 年又达成了一个共同的中期目标，2030 年要将各自水泥的碳足迹降到 475kgCO_2/t 水泥以下。如果从 2000 年算起，大概是前 30 年（2000—2030 年）削减 250kgCO_2/t 水泥（725~475），后 20 年（2030—2050 年）再削减 250kgCO_2/t 水泥（475~225）。这样 2050 年水泥碳足迹将达 225kgCO_2/t 水泥左右，届时扣除自然碳汇和 CCUS 分别为 115 和 110kgCO_2/t 水泥，就可以比较理想地实现碳中和了。

经过前 20 年（2000—2020 年）的实践表明，预计前 250kgCO_2/t 水泥（725~475）的减碳都可以通过减碳措施 1~6 共同发挥作用来完成，后 250kgCO_2/t 水泥（475~225）必将需要更多地依赖减碳措施 1~3 的主力作用了，如图 1 所示。

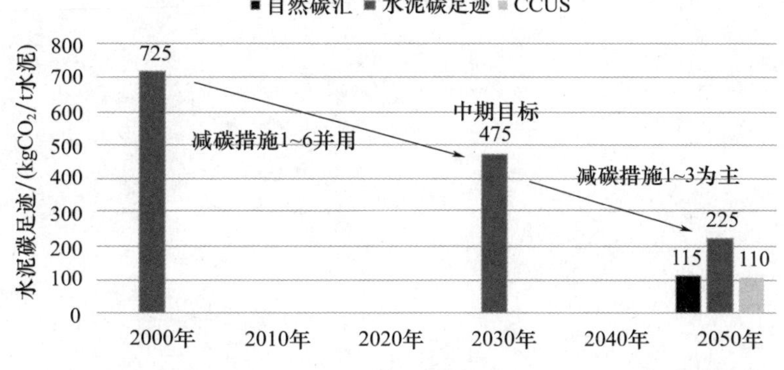

图 1　欧洲和世界著名水泥企业集团对实现碳中和的承诺及减碳措施

应该指出，表 1 是在我国尽快恢复 P·C32.5 水泥标准的前提下，2050 年我国水泥碳足迹预测可达 356kgCO_2/t 水泥。这与届时德国的 225kgCO_2/t 水泥还有不小的差距。我国尚需减碳措施 1~3 项继续努力（最好能再减碳 100kgCO_2/t 水泥左右），作出更多的贡献。因为我国近 10 年来在这三项措施方面走上了一段弯路，耽误了 10 多年的时间。实际上我国至今都还没有摆脱自己挖的“坑”。表 1 中减碳措施 1~3 项的数据，只不过是笔者个人的“美好愿望”而已。说来似乎有点伤感。但是我坚信：尊重科学，锲而不舍，我国水泥工业一定会走上正确发展的道路。

根据德国水泥工厂联合会 VDZ 的最新资料，现今德国水泥工业生产技术指标平均数据大致为：熟料系数为 0.68，32.5 复合水泥用量占比约 23%，LCC 和 SCM 用量占比约 1%~2%，TSR 为 72%，熟料热耗 780kcal/kg，水泥电耗 90（kW·h）/t 水泥。他们认为采用持续提高 TSR，降低熟料热耗和水泥电耗三项技术措施的减碳量可达约 70kgCO_2/t 水泥。暂不考虑余热发电的因素，因其对减碳量的影响甚微。

2020 年 11 月 VDZ 发布的《德国水泥工业碳中和路线图》中明确指出，2030 年后水泥减碳的重点在于二氧化碳的工艺排放。要将熟料系数降到 0.53，32.5 复合水泥用量占比提高到 45%，LCC 和 SCM 用量占比提高到 10%，这样将可再减少二氧化碳的工艺排放约 100kgCO_2/t 水泥，对水泥工业碳中和的高质量实现具有决定性的作用。

得悉德国最新的上述动态后，确实再一次给我国极大的启迪和鼓励。笔者深刻体验到，即使在我国尽快恢复 P·C32.5 水泥标准的条件下，我国水泥工业迟早也会面对德国现今的局面的。他们现今所采取的应对之策，非常值得我国学习借鉴。这就更增强了本人坚决建议我国早日恢复 P·C32.5 水泥标准的信心和决心。甚至可以说，恢复 P·C32.5 水泥标准是我国水泥工业圆满实现碳中和不可或缺的必要措施。笔者这个发自心底的呼吁乃良苦之心，肺腑之言，应举之义也！恳请国家主管部门和水泥标准化技术委员会理解支持。

行业分析篇

水泥行业碳排放现状与达峰路径

中国水泥协会

中国建筑材料科学研究总院有限公司
生态环境部环境规划院

报告主要编写人员：
中国建筑材料科学研究总院有限公司
何　捷　聂　卿　萧　瑛　崔敬轩
中国水泥协会　范永斌　王郁涛
生态环境部环境规划院　贺晋瑜　陈潇君　严　刚

报告审定：王郁涛　严　刚

前言

为应对气候变化，我国在第75届联合国大会上庄严提出“二氧化碳排放力争于2030年前达到峰值，努力争取2060年前实现碳中和”的目标承诺。2021年的政府工作报告中，“做好碳达峰、碳中和工作”被列为年度重点任务之一；“十四五”规划也将加快推动绿色低碳发展列入其中。

水泥行业是国民经济重要基础行业，也是二氧化碳排放的重点行业之一。2020年，我国水泥行业二氧化碳排放量13.7亿吨，其中直接排放13.0亿吨，占全国总排放（含工艺过程排放）的12%；能源活动的二氧化碳排放量4.7亿吨，占全国能源活动排放的5%。近年来，水泥行业坚持创新、协调、开放、共享的新发展理念，以推动清洁、绿色、低碳、高质量发展为主题，实施创新驱动发展战略，面对气候变化、环境风险挑战、能源资源约束等日益严峻的全球问题，在努力推动行业清洁低碳发展的同时，为新时代经济社会持续健康发展提供有力支撑。研究并提出水泥行业碳达峰路径，对实施减污、降碳、协同增效，以及对推动产业结构调整和行业绿色低碳高质量发展具有重要意义。

本报告统筹考虑水泥熟料消费需求、技术进步等因素，在2030年前国家碳排放达峰目标约束下，核算包括水泥熟料、水泥产品生产工艺过程、燃料燃烧过程二氧化碳排放及生产企业净购入电力对应的二氧化碳排放量，以2020年为基准年，预测未来15年行业发展和碳排放趋势。同时，根据国家总体碳达峰要求，综合研判水泥行业碳达峰的具体路径，确定碳达峰时间和峰值。并在此基础上，提出行业碳达峰和减排的主要措施及配套政策建议。

一、水泥行业发展现状及挑战

（一）水泥行业支撑强国梦实现

新中国成立，特别是党的“十八大”召开以来，几代水泥人奋发图强、不懈努力，通过跨越式发展，取得辉煌成就。水泥工业为国家建设提供了重要的原材料保障，在我国工业化、城镇化、现代化进程中发挥了重要作用。

我国水泥工业成功实现了从小到大，由弱变强的历史性转变；从产品严重短缺到产量、消费量均居世界第一；从主要生产技术和装备依赖进口，到国产新型干法技术装备出口并占据国际水泥工程市场份额70%；从引进消化吸收、跟跑并跑，到创新发展超越、引领。我国已经成为世界水泥生产大国，正向世界水泥强国迈进。我国自主研发的60余种水泥品种，广泛应用于水电、核电、煤炭、交通、石油、海工、国防等特殊工程领域。通过多年科技创新和绿色发展的持续投入，今天的中国水泥行业已经走上了先进制造业和环保型产业的高质量发展之路，在产能规模、效益贡献、能效环保、资源利用等方面处于世界先进行列。

“十八大”以来，水泥行业科技研发投入不断增加，企业向装备大型化、生产集约化、智能化、清洁化方向转变。目前，我国5000t/d及以上生产线占比超过60%，10000t/d及以上生产线有14条，2021年7月又有两条万吨级生产线建成投产，成为全球拥有万吨级水泥熟料生产线最多的国家。

水泥行业站在全社会的高度，注重发挥企业社会责任，充分利用水泥窑协同处置优势，发展循环经济，提高资源综合利用水平，协同处置生产线达150余条，每年消纳生活垃圾、工业固废等各种危废、固废6亿吨以上，能耗指标达到了世界先进水平。部分重点地区水泥企业实现大气污染物

控制超低排放，水泥窑废气颗粒物、二氧化硫、氮氧化物排放指标分别低于 10mg/m^3、35mg/m^3、100mg/m^3，环保指标世界领先。水泥行业有 1065 条熟料生产线装备余热发电装置，总装机容量 7472MW，发电能力达 483 亿千瓦时/年。中国建材、海螺水泥、金隅冀东、华润水泥、华新水泥集团水泥熟料年产能分别达到 3.9 亿吨、2.1 亿吨、1.1 亿吨、0.7 亿吨和 0.3 亿吨。而上述各集团在世界水泥产量排名中名列第一、第三、第五、第十和第八。其中，中国建材、海螺集团进入世界 500 强之列。

（二）新时代面临的新挑战

1. 水泥产量处于高位平台期，水泥熟料产量仍有增长态势

自 1985 年以来，我国水泥产量已连续 35 年稳居世界第一，目前产量占世界水泥总产量的 57% 左右。2014 年我国水泥产量达到阶段性高点 24.8 亿吨；2015—2020 年，全国水泥产量基本在 22~24 亿吨波动。2020 年水泥产量为 23.8 亿吨，人均水泥消费量约 1700kg，远高于西方国家人均 600~700kg 的水泥消费峰值。

近年来，我国水泥产品结构发生了变化，高标号水泥使用比例增长，在水泥消费量进入平台期的同时，水泥熟料消费量仍持续增加。2020 年全国水泥熟料产量创历史新高，达到 15.8 亿吨，较 2010 年增长约 37.1%，总体呈年均 3%的增长态势，水泥与水泥熟料产量（2010—2020 年）如图 1 所示。

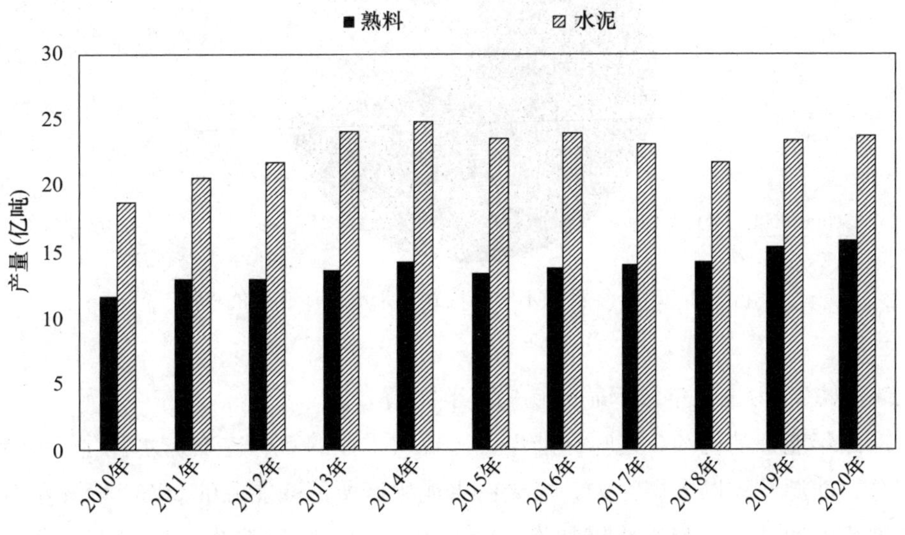

图 1　2010—2020 年中国水泥与水泥熟料产量

2. 水泥熟料进口量有所上升，对部分区域冲击不可避免

2017 年以前，我国一直是水泥出口远高于进口的国家，水泥和水泥熟料进口量一直保持在 300 万吨以下。自 2018 年以来，水泥行业实施“错峰生产”“停窑限产”等政策措施，造成了水泥区域性、阶段性短缺和价格高位运行，为水泥产能过剩的东南亚国家向中国出口水泥创造了契机。2019 年，我国水泥和熟料进口量达到 2475 万吨，其中水泥熟料进口量 2274 万吨；2020 年水泥熟料进口规模进一步上升至 3400 万吨，占全国水泥熟料消费量的 2.1%。在国内产能全面过剩的情况下，熟料进口对部分区域市场的冲击不可避免。

3. 未来国家投资需求调整将给行业发展带来较大不确定性

水泥消费领域几乎遍布 20 个国民经济行业门类，房地产（40%~45%）和基础设施建设（35%~40%）是水泥消费的最重要领域。其中，房地产投资与水泥消费呈正相关关系，其对水泥消费的影

响更加直接，甚至成为部分地区影响水泥消费需求的主导因素。未来国家投资需求的调整将是影响行业发展的主要不确定因素。

4. 水泥熟料产能过剩局面仍未改变，区域差异较大

2019 年底，我国设计水泥熟料产能约 18.2 亿吨，实际年产能超过 20 亿吨。从区域分布来看，水泥熟料产能排名前五的省份为安徽省、山东省、四川省、广东省、河南省，其中安徽省、山东省、四川省的产能均大于 1 亿吨。水泥熟料产能利用率的区域差异较大，2019 年全国产能利用率约为 75%，其中华东、中南、西南地区产能利用率在 80%左右，而西北、华北、东北不足 50%，产能过剩局面依然没有改变。

5. 规模结构仍有提升空间

我国水泥熟料生产线单线规模逐年上升，平均规模从 2013 年的 3205t/d 提升至 2019 年的 3610t/d。目前，2500t/d（含）以下水泥熟料生产线产能占总产能的 28.4%，2019 年我国不同规模新型干法生产线产能占比如图 2 所示。从行业结构调整和技术发展预测，“十四五”期间仍有进一步提升的空间。

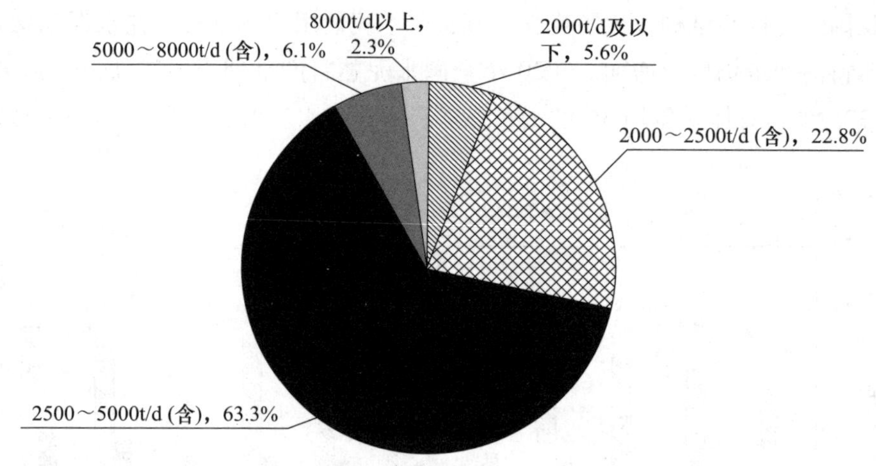

图 2　2019 年我国不同规模新型干法生产线产能占比

6. 能源结构以燃煤为主，单位产品能耗仍有节约潜力

我国水泥产品年能源消耗约 2 亿吨标准煤，占建材工业的 60%左右。水泥生产能耗主要包括热耗和电耗两部分，能源结构以燃煤为主。煤炭占水泥生产所消耗能源的 80%~85%左右。根据统计，正常运行的熟料生产线单位熟料烧成煤耗在 92~128kgce/t；熟料综合电耗在 45~66（kW·h）/t；熟料综合能耗在 98~136kgce/t。2019 年虽已有 26 家水泥企业获得能效领跑者，熟料综合能耗在 100kgce/t 及以下，达到世界先进水平，但行业内也存在部分能耗较高的企业急需技术改造。综合考虑窑系统余热发电折算对单位产品煤耗的影响，目前仍有 20%左右的水泥熟料产能达不到《水泥单位产品能源消耗限额》（GB 16780—2012）中现有企业可比熟料综合煤耗限定值，仍需挖潜改造。

7. 水泥行业碳排放仍处于上升通道

水泥生产过程中的二氧化碳排放来源主要包括：工艺过程导致的二氧化碳直接排放、燃料燃烧导致二氧化碳直接排放、外购电力消耗引起的二氧化碳间接排放等。其中，工艺过程二氧化碳排放占到 60%以上，主要是石灰质原料在熟料煅烧过程中受热分解产生的二氧化碳；燃料燃烧排放次之，外购电力消耗的排放最小。水泥行业二氧化碳主要排放环节如图 3 所示。

随着水泥熟料产量的增加，我国水泥行业二氧化碳排放量持续增长。由 2010 年的 10.6 亿吨增加到 2020 年的 13.7 亿吨，增长了 29.2%。2020 年全国水泥熟料直接排放为 13.0 亿吨，其中能源

活动（燃料燃烧）碳排放为 4.7 亿吨，占 36.2%。2010—2020 年中国水泥行业二氧化碳排放情况如图 4 所示。

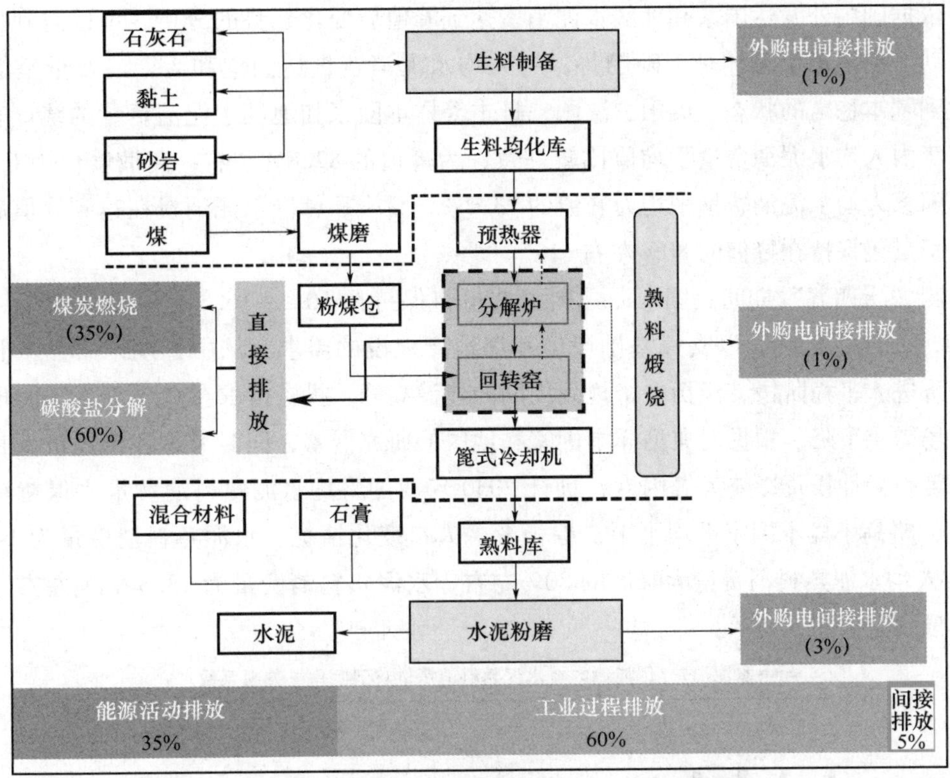

图 3　水泥行业二氧化碳主要排放环节（2020 年）

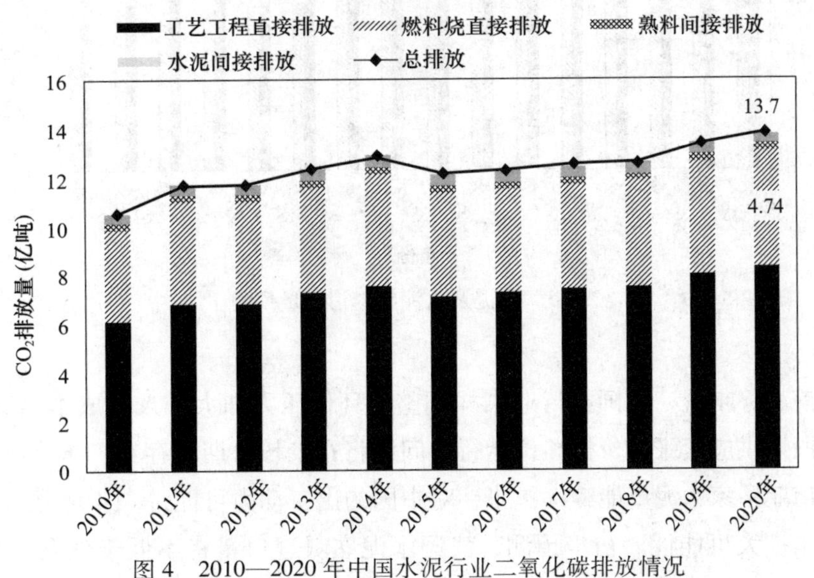

图 4　2010—2020 年中国水泥行业二氧化碳排放情况

二、水泥行业绿色低碳发展分析

（一）水泥及水泥熟料产量预测

经济发展模式和结构变化对水泥熟料需求会产生很大影响，主要的影响因素包括：城镇化率、人均 GDP、固定资产形成总额、三次产业结构、固定资产投资结构等。依据对上述因素发展趋势的分析，并通过所建立的多因素拟合分析模型，预测我国水泥熟料消费量。

此外，依据国内外发达国家和地区水泥消费达到峰值后变化趋势的分析，可以看到虽然会有不同程度的波动，但消费量总体呈下降趋势，年人均水泥消费量达到饱和后，消费量呈缓慢减少趋势，直至达到基本稳定的状态。英国、法国、日本等样本国家和地区水泥消费量的统计表明，峰值后第一个 5 年内人均水泥消费量平均值比较一致，为峰值的 82.8%左右，离散度仅为 6.6%。第二个 5 年样本国家人均水泥消费量平均为峰值的 73.2%，日本、韩国水泥消费在达到峰值后 10 年间，人均水泥消费量仍保持在峰值的 80%左右。

据此预测“十四五”期间我国水泥熟料消费量将保持在 16.5~16.8 亿吨的平台期，折合水泥消费量约 22.8~24.2 亿吨，以支撑基础设施和房地产建设的需求。从中长期来看，“十四五”之后，我国经济进入平稳阶段，经历一个规划周期的建设高峰，投资需求在“十五五”时期将趋于平缓，水泥市场需求下降。根据对典型样本国家和地区的研究借鉴，同时考虑我国经济增长中投资贡献率高、政策引导性投资影响大等因素，预计 2030 年我国人均水泥熟料消费量将保持在消费峰值的 86%以上，略高于样本国家平均水平，综合考虑人口变化情况，水泥熟料消费量为 14.5 亿吨左右；2035 年人均水泥熟料消费量为峰值的 80%左右，水泥熟料消费量为 13.3 亿吨左右。水泥及水泥熟料消费量预测如图 5 所示。

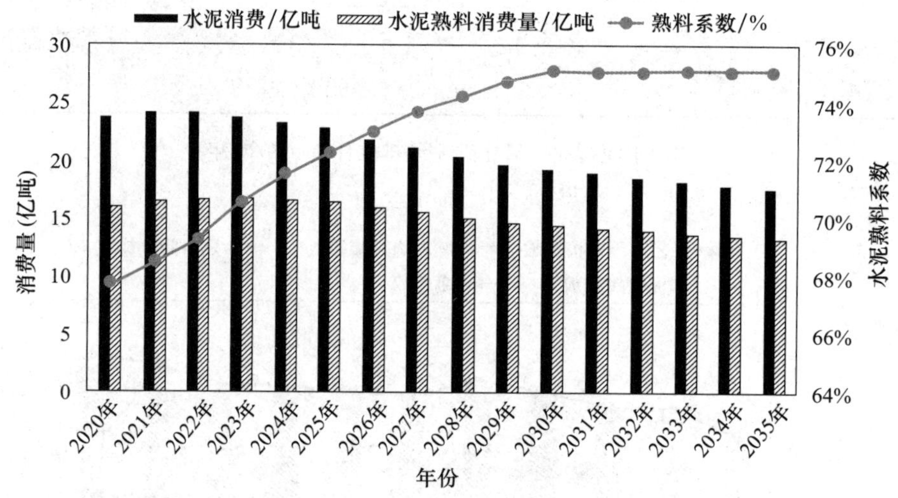

图 5　水泥及水泥熟料消费量预测

此外，从目前趋势来看，我国在行业结构调整、环保压力加大、人员成本增高等因素影响下，水泥区域性、阶段性供应紧张和价格高位运行的问题将在较长时期内存在。未来随着包括越南、印尼、菲律宾等东南亚国家水泥产能继续扩张，对中国的出口动力可能进一步增强，我国水泥熟料进口规模还有进一步扩大可能性。初步预测，我国水泥熟料进口量将不低于现有水平，维持在 3000 万吨以上。

（二）能效水平分析

水泥熟料和水泥产品的能耗是影响水泥行业碳排放的主要因素之一。综合考虑行业发展阶段，实际能效水平及可预期的各种节能措施，预计我国水泥行业能源消费仍有一定幅度的下降空间。

《水泥单位产品能源消耗限额》（GB 16780—2007）作为第一批高能耗产品限额标准发布，并在 2012 年修订，2019 年再次开展修订工作，2021 年 10 月已发布，2022 年 11 月开始实施。根据能

耗限额标准的修订情况，2007—2019 年我国现有水泥企业单位熟料煤耗限定值（对应 2019 版修订报批稿中 3 级能耗指标）从 125kgce/t 下降到 109kgce/t，下降了 12.8%；现有水泥企业单位熟料电耗限定值从 73（kW · h）/t 下降至 61（kW · h）/t，下降了 16.4%；现有水泥企业单位水泥电耗限定值从 45（kW · h）/t 下降至 34（kW · h）/t，下降了 24.4%。

1. 单位熟料煤耗分析

以 2018—2019 年水泥企业熟料煤耗调研数据为基础，依据《水泥单位产品能源消耗限额》（GB 16780—2012），“十四五”“十五五”“十六五”期间，分别对单位熟料实际煤耗（包括统计过程中余热发电折减的煤耗）大于 112kgce/t、109kgce/t 和 105kgce/t 的生产线进行淘汰或技术改造，预计实施淘汰或技术改造的生产线比例（按产能计）分别达到 30%、50%和 70%。据此估算，2025、2030、2035 年水泥行业平均单位熟料煤耗分别为 108kgce/t、105kgce/t、102kgce/t，较 2020 年下降了 4.4%、7.1%和 9.7%。单位熟料产品能耗分布如图 6 所示。

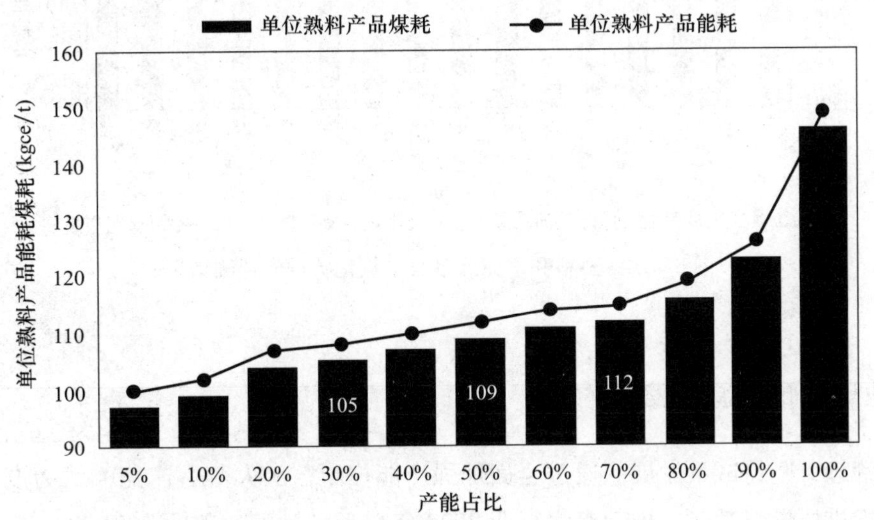

图 6　2018—2019 年单位熟料产品能耗分布

2. 单位产品电耗分析

依据熟料电耗、水泥电耗的变化趋势，参考《水泥单位产品能源消耗限额》（GB 16780—2012），对重点年份单位熟料电耗、单位水泥电耗进行了预测。2020—2035 年单位产品能耗估算如图 7 所示。

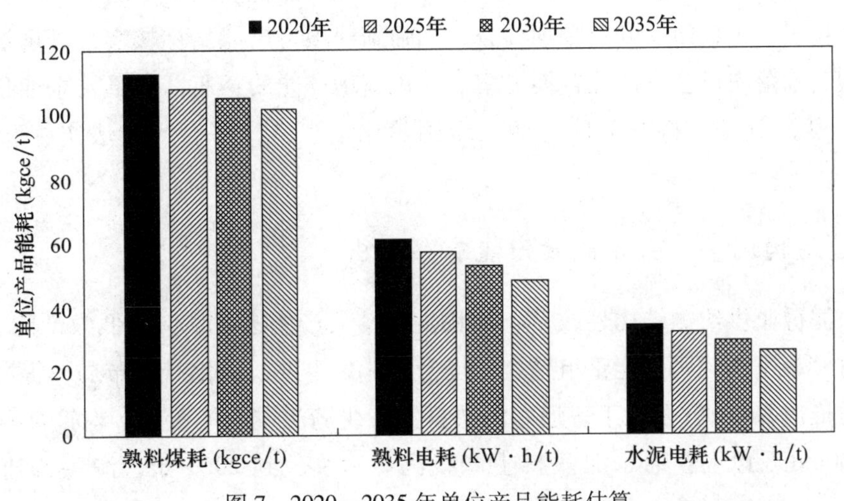

图 7　2020—2035 年单位产品能耗估算

（三）行业碳排放趋势分析

根据水泥熟料及水泥产量的预测，考虑结构调整、节能技术改造等措施，测算水泥行业碳排放达峰年为2023年，峰值量为14.2亿吨；能源活动碳排放峰值量为4.9亿吨。水泥熟料和水泥产量及二氧化碳排放预测结果如图8所示。

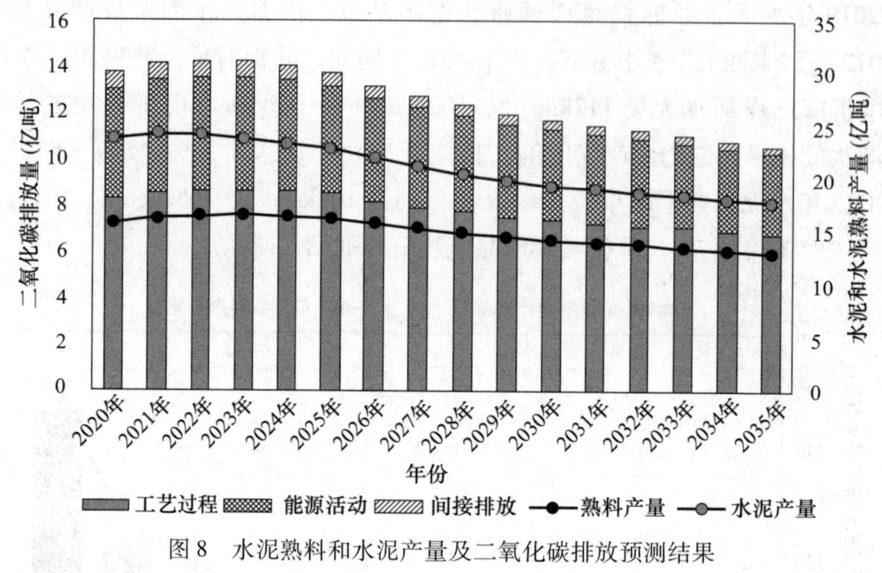

图8　水泥熟料和水泥产量及二氧化碳排放预测结果

三、行业碳达峰及减碳路径

强化需求管理，坚持减量发展。通过全面加强产能控制，加大落后产能淘汰力度，推广高效节能技术，积极推进原燃料替代，推动水泥行业2023年前后碳达峰；努力实现2030年碳排放量较峰值下降2亿吨左右目标。

（一）严控新增产能，加强产能置换监管

严格执行水泥熟料产能减量置换，大气污染防治重点区域严禁新增产能，新、改、扩建项目产能和碳排放指标置换比例不低于2：1；其他地区不低于1.5：1，在保证产能总量逐年减少的前提下，实现碳排放量的下降。跨省置换水泥熟料指标，建议产能置换比例不低于2：1。全过程监管产能减量置换落实情况，定期组织开展专项检查，加强新建项目产能指标核实，开展退出产能淘汰检查。对弄虚作假、不落实已公告产能置换方案、违规新增产能的企业，依照《企业投资项目核准和备案管理条例》从严处罚，将有关信息纳入全国信用信息共享平台，依法实施联合惩戒和信用约束。

（二）推进结构调整，引导低效产能有序退出

全面推进水泥行业供给侧结构性改革，加快淘汰落后产能进程，引导低效产能有序退出。“十四五”期间，继续推进和鼓励产能重组整合，提升产业集中度，优化产业布局，提高产业整体生产技术水平。大力推进2000t/d及以下普通水泥熟料生产线淘汰或产能置换；对产能利用率较低的省（区），加大2500t/d及以下普通水泥熟料生产线淘汰力度。到2025年，淘汰普通水泥熟料产能5000万吨以上。

（三）推广高效节能技术，提升能效水平

建立企业能源使用管理体系，加强定额计量，利用信息化、数字化和智能化技术加强能耗的控制和监管，进一步提高能效水平。对超过《水泥单位产品能源消耗限额》（GB 16780—2012）标准的企业实行高效节能技术改造。推广六级预热预分解、两挡式短窑、第四代冷却机等先进烧成系统技术；配备低一次风量新型燃烧器，推进现有炉窑系统辅助技术改造；推广使用新型隔热、保温耐火材料及回转窑高效密封技术，减少散热损失；改造升级余热发电系统，更换带独立蒸汽过热器的窑头余热锅炉、冷却机采用部分循环风，提高余热发电量10%~25%。到2030年单位熟料平均煤耗较2020年下降7%。

加快推广立磨、辊压机终粉磨以及联合粉磨等高效粉磨技术。到2025年，采用高效粉磨技术的粉磨站企业占比提高到40%，到2030年提高到60%，减少外购电带来的二氧化碳排放。

（四）积极推进原燃料替代，加强低碳技术研发、示范与推广

1. 积极推进燃料替代，加大清洁能源使用

替代燃料经预处理后投入水泥回转窑中，可实现煤的替代。要大力开展水泥窑协同处置，利用废轮胎、生活垃圾、污泥等固体废物替代燃料，加强相关燃料替代技术的研发和应用，提升关键技术和装备的国产化水平。2025年水泥行业使用替代燃料技术的生产线数量占比达到20%，2030年达到40%。逐步加大清洁能源的使用，鼓励烘干等工序以及生产辅助系统使用余热或电能。

2. 鼓励工业废料替代原料

加大对电石渣、白泥、粉煤灰、钢渣、硅钙渣，矿渣等氧化钙含量较高的大宗工业固体废物的规模化应用研究，替代石灰质原料，在保障水泥产品质量的基础上，有效降低碳酸盐分解系数。力争电石渣、白泥全部用于水泥熟料生产过程的原料替代，到2030年粉煤灰和钢渣在原料中的替代比例达到5%。推广使用以高炉废渣、电厂粉煤灰、煤矸石等废渣为主要原料的超细粉替代普通混合材，超细粉掺加量增加5%，力争减少水泥熟料消耗量。

3. 开展低碳技术研发、示范与推广

加大清洁燃料替代技术研发力度，对窑炉全氧电熔辅助煅烧技术、生物质能技术等开展研发。加强对提高水泥熟料强度技术的研发和推广，降低熟料在水泥及水泥在混凝土中的掺加量。鼓励研发推广新一代“超细粉磨”技术与装备，进一步增加废渣在水泥中的用量。鼓励研发新品种低碳水泥，加快推广、示范高贝利特水泥，硫铝酸盐水泥等低碳水泥新产品的工程化应用。研究水泥行业低碳排放的新途径，优化工艺技术，研发新型胶凝材料技术、低碳混凝土技术、吸碳技术等。

（五）提升建造施工水平，减少水泥用量

在大中型城市积极发展装配式混凝土结构、钢结构和现代木结构等装配式建筑，到2025年，装配式建筑达到新建建筑面积的30%以上。在保证混凝土性能的基础上，对有关混凝土标准规范、建筑设计规范、施工规范等进行完善和修订，依据标准科学规范使用水泥产品，提升水泥产品使用效率。量化绿色建筑、低碳建筑水泥及混凝土消耗标准，通过更优、更细的工程管理，促使水泥用量科学合理下降。

（六）加大资金配套支持，推动低碳技术应用

根据测算，重点考虑对淘汰落后产能、水泥熟料先进烧成系统技术、高效粉磨技术、原燃料替

代技术等达峰及减碳关键措施进行投资①，预计我国水泥行业至2035年，需累计投入5000亿元。建议国家和地方各级财政部门积极统筹安排财力，切实保证水泥行业碳达峰和减排投资项目配套资金及时落实到位。

四、政策与保障措施建议

（一）完善相关产业政策

研究修订《产业结构调整指导目录》，提高水泥熟料落后产能和过剩产能淘汰标准，将2000t/d及以下普通水泥熟料、1000t/d及以下特种水泥（不含硫铝和铝酸盐水泥）生产线列入“淘汰类”。鼓励大型骨干水泥企业联合设立产业结构调整专项资金，通过以奖代补的方式促进水泥熟料过剩产能的退出。支持各类社会资本参与水泥企业并购重组，提升水泥产业集中度，提高企业管控水平，有效保障减碳措施的实施。

（二）健全水泥行业低碳标准体系

推动制定水泥行业碳排放限值标准、监测方法及低碳改造技术指南等基础标准；引导社会团体研究制定一批水泥行业先进低碳技术和低碳装备的团体标准。建议《水泥单位产品能源消耗限额》（GB 16780—2012）修订版尽早实施，推动行业能效水平提升。制定低碳“领跑者”企业评选标准，树立行业标杆，引领行业低碳发展。

（三）强化节能约束机制

建议相关部门加强节能执法监管，开展水泥单位产品能耗限额标准执行情况的专项节能监察。依据企业能效水平实施差别电价政策，对单位水泥熟料生产煤耗大于2级能耗指标的用电加价，促进企业技术进步和绿色发展。建议将水泥企业单位产品能耗纳入重污染天气行业绩效分级管控体系，实施差别化低碳环保管理，全面加强对单位熟料生产煤耗大于3级能耗指标的水泥熟料生产企业，按照环保分级管控要求实施最严格等级管理。

（四）加大税收金融政策支持力度

建议研究调整资源综合利用税目录，将生活垃圾或生活垃圾预处理可燃物纳入资源综合利用水泥产品的废渣目录范围，对协同处置量占当期水泥熟料产量比例达到5%以上的，享受增值税即征即退70%的优惠政策；对水泥窑协同处置工业固体废物企业减征所得税，推动提高行业原燃料替代比例。鼓励金融机构出台政策对水泥企业低碳技术研发及低碳改造项目给予优惠信贷支持。行业支持水泥企业发行企业债券进行直接融资，募集资金用于实施低碳技术改造。建议地方政府固定资产投资项目优先选用低碳水泥产品。

---

① 投资是指水泥行业碳达峰及减排措施投资，其估算范围包括：淘汰落后产能投入为水泥熟料生产线的财政补贴成本；水泥熟料先进烧成系统技术改造包括预热器或两挡式短窑改造、第四代冷却机，配备各类减风、密封、助燃等提高热效率技术，更换新型隔热、保温耐火材料，升级改造余热发电系统等五项节能措施的投资；高效粉磨技术应用投入包括使用立磨、辊压机终粉磨以及联合粉磨等技术的投资；原燃料替代投入包含电石渣、白泥、钢渣、粉煤灰等废渣废料替代石灰石、水泥窑协同处置生活垃圾等技术改造的投资。

（五）推动实施行业碳排放控制及碳排放权交易

建议政府制订“十四五”“十五五”水泥行业碳排放总量控制目标，对大气污染重点区域，水泥碳排放大省，积极实施行业碳排放减量控制试点。推动行业2025年前全面进入碳排放权交易市场，充分发挥市场机制，开展水泥行业碳盘查，推进企业碳减排。

结束语

我国已开启全面建设社会主义现代化国家的新征程。进入新的发展阶段，我国将继续坚定不移推进低碳革命，加快构建清洁低碳、安全高效的工业体系，为实现碳达峰碳中和目标，为全面建成社会主义现代化强国提供坚强保障。

水泥行业正经历百年未有之大变局。低碳发展技术路径事关行业生存和持续发展，需要行业内外团结合作，共同应对挑战。中国水泥行业将秉持人类命运共同体理念，引导行业深化低碳、减排治理工作，推动全行业可持续发展，努力实现更加均衡、平等的发展，为建设更加清洁、美丽、低碳、宜居的世界做出贡献。

坚持常态化错峰生产保障有效供给实现效益稳增长

中国水泥协会执行会长　孔祥忠

根据国家统计局统计，2022 年一季度全国水泥产量同比大幅下降 12. 1%，连续三年的新冠肺炎疫情，让每年冬春本是淡季的水泥市场显得更加低迷。企业期盼市场需求回升，股民梦想股市反弹，政府力推经济增长，所有人都期待经济发展向好。近日，网上披露福建省工业主管部门“为统筹做好疫情防控和经济社会发展工作，支持水泥企业稳生产、多生产、增效益，决定立即暂停 2022 年度水泥行业错峰生产工作”。消息一出，行业一片哗然。可以理解，政府部门的初衷是好的，企业长期停产，流动资金短缺，尽快投入生产，让机器转起来，让资金流动起来，工业用电量上升了，统计数据也亮丽了。但是，问题就出在产能严重过剩的水泥行业并非是多生产就能增效益，只有坚持错峰生产才能保障有效供给，实现效益稳增长。

一、错峰生产并非水泥企业都停产

熟料只是水泥的半成品，水泥错峰生产仅限于煅烧熟料的窑炉进行阶段性停产，而水泥粉磨企业一直利用库存熟料正常生产水泥，也就是说错峰生产并非是所有水泥企业都停产，水泥窑错峰生产期间水泥产品是确保市场上供给的。停窑是为了降库存降成本，减轻季节性或某个时段的大气污染。同时，供给端的理性调控有利于实现供需动态平衡，减少价格波动幅度。水泥产量高低取决于市场需求，生产时限取决于季节变化，水泥的保质期一般只有 3 个月，超需求多生产只会造成低价倾销，资源浪费，企业效益下滑。在熟料库存难以消化期间要求企业暂停错峰生产，会使得企业很快再次库满停窑。用电量低了就要求企业多生产，能耗“双控”时又要求企业限电限产，无视市场需求变化来“调度”企业生产，要尊重市场的客观规律，要从长远和全局的站位上，统筹处理好经济社会发展与能耗“双控”工作的关系。

二、福建省水泥行业错峰生产成效显著

在福建省政府主管部门的支持下，福建省水泥行业从 2018 年推行错峰生产，尤其是省内大企业和中小企业领导不断认知和主动参加错峰生产，行业协会充分发挥了市场协调作用，错峰生产工作一年比一年做得好。从执行错峰生产四年的行业统计数据来看，在全省水泥产量年增加 15%的情况下，行业利润实现了接近翻两番，并连续四年效益数据稳定，企业节能减排技术改造积极性大增，效果明显，真正实现了稳生产、增效益、良性发展，整个行业自律诚信不断强化，省内外企业合作共赢。这说明好的产业政策可以给企业增加利润，给行业带来效益，给政府增加税收，坚定不移地执行错峰生产才能够“稳生产、增效益”。水泥企业已充分认识到，从过去政府要我们错峰生

产，到今天我们要错峰生产。

三、抓需求端增量才能带动制造业稳增长

2021 年年底中央经济工作会议指出“必须看到我国经济发展面临需求收缩、供给冲击、预期转弱三重压力”。会议强调“坚持以供给侧结构性改革为主线，统筹疫情防控和经济社会发展”。会议要求“政策发力适当靠前”“实施好扩大内需战略，增强发展内生动力”。2022 年一季度全国水泥产量同比下降 12. 1%，四月份按常年是进入市场旺季，但新冠肺炎疫情下水泥市场旺季不旺，说明水泥的市场需求没有启动，政策发力靠前，项目资金到位情况不佳。促使水泥企业“稳生产、多生产、增效益”的源头在基础设施和重点项目的开工率和工程量。福建省现有水泥总产能是可以保供给、保福建省经济建设需求的，更何况周边省份也是随时向福建市场输入。从保供给角度讲，错峰生产起到了适应市场变化和符合环境要求，力求保障有效供给，实现效益稳增长的目的。

四、引导行业高质量发展和改善市场环境

政府对制造业的管理不能仅限于生产的运转率、企业的用电量这些简单的指标考核，应更多从宏观的行业效益增长、能源利用效率、创新投入和新技术应用、行业结构调整、减污降碳成绩等绿色低碳生态建设方面来推动行业高质量发展。这几年，水泥行业面临着重污染天气预警停产、能耗“双控”限电限产、煤炭价格一路飙升、物流运费不断加码等多重压力和挑战，企业的生产经营也是困难重重。好不容易行业供给侧结构性改革找到点突破口，政府出台了常态化错峰生产和产能减量置换产业政策，行业改革和效益增长出现了稳定的现象，希望政府主管部门继续正确引导和支持水泥行业的高质量发展，不出现执行错峰生产产业政策动摇的尴尬局面，市场的问题应让市场主体来解决。

五、水泥错峰生产是有效市场制度建设的成功实践

近日发布的《中共中央国务院关于加快建设全国统一大市场的意见》的指导思想也提到“加快建立全国统一的市场制度规则”。错峰生产是不断探索水泥市场经济的预期管理机制，实践证明，有助于稳定和强化市场长期和理性预期的管理。错峰生产政策充分发挥有效市场和有为政府的双重机制和作用，克服了市场非理性预期的缺陷，推动有效市场与有为政府相结合。错峰生产政策不仅在水泥行业，也在其他行业开始推行，并作为污染防治攻坚战和行业供给侧结构性改革的重要保障措施。随着水泥市场需求呈现长期下降趋势，产能严重过剩将一直伴随着行业的发展，建立供需动态平衡、市场竞争有序的有效市场制度十分重要，在全国推行水泥行业常态化错峰生产，是保障行业绿色低碳高质量发展的重要制度安排。

六、结语

对于上游产能过剩的行业，复工复产要从下游开始，将需求传导到上游。对于下游供不应求的行业，才应该从上游开始复工复产。按照市场供求关系理顺产业链复工复产顺序，是每个宏观经济工作者的必修课。水泥作为原材料工业，是产能严重过剩的上游行业，要等下游有了需求才能传导到上游，复工复产顺序不能错。虽然经济发展困难重重，但我们坚信，梦想和目标不变，市场会很快出现拐点，行业改革和创新力度不减，实现全年稳增长、增效益是我们共同努力的方向。

保持理性坚定信心　齐心协力摆脱困境

中国水泥协会执行副会长　新天山水泥总裁　肖家祥

一、坚定信心，在认识上要保持理性

我们要理性地分析和判断形势，不要误判，无论是企业、行业，还是政府，做任何事情，尤其是在困难的时候，对形势的判断一定要客观、理性。

2022 年这半年，水泥行业经历了近 6 年以来最困难的上半年，导致这种局面的主要原因，是不可抗力的客观因素——新冠肺炎疫情。通过行业的共同努力，2022 年一季度的行业形势还是稳定的，错峰生产也是历年来做得最好的，如果不受疫情的影响，一定会是丰收的上半年。但进入三月下旬后，突如其来的疫情，打乱了我们行业的工作节奏，造成需求大幅下滑，造成旺季不旺、价格不升反降，严重挫伤了行业的信心。上半年行业效益下滑是客观因素造成的，主观上有一定的原因，但不是主要原因。

对 2022 年下半年行业的形势行业也应该客观理性地看待。我们的基本判断是，下半年需求会增长，大概率可能会恢复到 2021 年下半年的水平。但是 7、8、9 月，还是十分困难的，需求有个恢复的过程，因此，今年四季度市场行情也不会特别旺，因为支撑水泥行业需求的一些基本的要素在短时间之内难以有改观，因此对于需求的提升不要寄希望太高。2022 年下半年的供给将会进一步增加，因为部分地区的新增产能还在投放。下半年的成本或维持高位，所以下半年行业要想实现中央提出的稳增长的目标，难度很大，挑战很大，要想短时间之内，跳出全行业亏损的坑底，必须付出艰辛的努力。

要想实现行业稳增长的目标，必须拿出十分过硬的措施，必须靠政府强力的支持、政策的推动，更要靠大企业的引领，以及全部水泥企业的共同努力，缺一而不可。对于未来水泥行业的形势，也要有理性的判断。未来的水泥行业需求，从中期来看，会继续保持稳定，进入平台期，总体趋势稳中趋降。

从供给侧来看，增长会趋缓。从产能过剩的情况来看，水泥行业产能过剩的矛盾会进一步加剧；从成本来看，水泥行业已经进入了高成本时代，燃料成本、原料成本、环保成本、低碳转型的成本、智能化数字化转型的成本、淘汰落后的成本，此外还包括变动成本、固定成本以及隐性成本，这些成本将极大地提高水泥的制造成本。

另外，水泥行业的绿色低碳的转型，任务十分艰巨，时间十分紧迫，所以未来水泥行业面临的挑战是巨大的。我们既要看到困难和挑战的一面，也要坚定信心，所以要保持理性。信心在哪里？

第一，中国经济发展的总体的趋势是好的。中国的宏观经济政策，将会继续支撑水泥行业的平稳健康发展。第二，水泥行业的供给侧结构性改革政策，也会进一步有利于水泥行业的健康发展。第三，过去十几年来，水泥行业企业对于如何在产能严重过剩的情况下，实现行业的高质量发展，积累了宝贵经验。

同时，也可以学习和借鉴西方发达国家，它们如何从高需求到需求大幅下滑的过程中，实现水泥行业平稳健康发展的经验。此外，行业协会的组织协调作用，大企业的引领作用，也将为行业的健康发展提供坚强的保障。所以概括而言，对形势的判断一定要理性，既要看到形势复杂严峻的一面，也应该看到有利的一面，要坚定信心。

二、坚守“价本利”的理念，在行为上要理性

对形势判断清楚了，在行为就要理性。行为理性主要体现在以下几个方面：

第一，企业与行业。在水泥行业的发展进程中，面对如此复杂严峻的形势，任何一家企业不可能独善其身，企业的利益孕育于行业之中，行业的利益高于企业的利益，这是反复验证过的。每家企业在做好自身的同时，一定要维护行业的利益。

第二，在销售的过程中，对于销量和份额，也要保持理性。如今，需求在下滑，产能在增加，在这种情况下，如果企业单纯地追求销量增长，是不可取的，必然导致恶性竞争，低价竞争。我们要追求产能份额的稳定，销量份额和产能份额要匹配。

第三，价格、成本和利润的关系。水泥行业已经进入高成本时代。2022 年二季度，行业多少地区的水泥价格已经跌破成本线？做企业的目的是为了赚钱，为社会、为政府、为股东、为职工都应该赚钱。水泥产品的定价如果是为了追求销量的增长，有何意义？

在产能过剩的情况下，一定要坚守“价本利”的经营理念，价格必须覆盖成本，必须有合理的利润，可以说，五六月份的状态是不正常的，全行业亏损，是极其不理性的。

此外，要处理好局部和全局的关系。这些年来，有部分区域想舍近求远，或者是希望外地消化本地的水泥和熟料。“全国市场一盘棋”，全局乱了，局部好不了。

以贵州为例，前两三年贵州不停窑，跨省支援广西、广东，结果，自己一团糟，全国一团糟。东北的辽宁也曾谋求向南部地区输送过剩的水泥和熟料。前几年行业形势好的时候，南部地区有接纳的能力，应该主动去接纳，配合东北的振兴。但现在华东地区的市场需求，也大幅下滑，自身难保，如何再去消化东北的水泥和熟料。

所以每家企业都要树立全局意识，每个地区也要树立全局意识，把企业做好，保住应有的本地市场份额，把各省级市场做好，各区域市场做好，共同维护全国水泥市场的稳定，这样才能走出困境，实现稳增长目标。概括而言，行为要理性，按行业规律办事，做正确的事。

三、同舟共济，齐心协力，共度难关

在形势严峻、挑战众多的当下，既然认定水泥行业的繁荣要靠全行业的共同努力，就一定要树立同舟共济的意识。企业，协会，政府，要同舟共济共渡难关，齐心协力应对挑战。

首先，要齐心协力摆脱困境，迅速地跳出亏损的泥潭。执行好工业和信息化部、生态环境部的文件，落实好全国统一分省操作的刚性统一停窑政策，抓好七八月份的全国统筹的区域统一的刚性错峰停窑，这是响应国家号召，也是摆脱行业困境的唯一措施。

其次，齐心协力稳市场，稳增长。稳增长是中央的要求，稳市场则是稳增长的根本措施。以省级为单位，以地区为单位，由大企业牵头，所有企业都参与，稳住市场，拒绝超低价，保持合理利润，这不是垄断，这是在反对恶性竞争。

再次，未来中长期都要控制新增产能，淘汰落后，去产能。落实好国家发展改革委和工业和信

息化部颁发的产能置换政策；积极争取修订完善产能置换政策，现在的矛盾在于产能严重过剩，各企业对产能置换的问题应该要慎之又慎。在没有市场、没有资源、产能已经严重过剩的地区，要从严把关；积极推动落后产能的淘汰，要提高集中度还是要去产能，关于这点水泥行业已经在长三角地区已经取得了宝贵经验，值得其他地区借鉴。

最后，我代表中国建材，新天山水泥，也作为中国水泥协会执行副会长在此表态，中国建材和新天山水泥一定会以行业利益为重，继续肩负起行业的引领作用，在推动行业健康发展，实现行业稳增长方面，发挥好引领作用。此外，我们也愿意，与同行一道同舟共济、齐心协力、共渡难关。

作为水泥协会的执行副会长，我愿意在任何场合，任何地区，跟各水泥同行一起，竭尽全力地去稳增长，去摆脱困境。

2021年水泥行业清洁生产发展报告

中国水泥协会秘书长　王郁涛

一、水泥行业发展现状和趋势

（一）水泥行业经济运行形势

水泥行业积极实施创新驱动，加快淘汰落后产能，产业结构进一步得到优化。水泥行业新型干法水泥生产线从“十三五”初期的1769条降到2021年底的1594条，平均单线熟料生产规模从约3300t/d提升到3700t/d，2000t/d及以下生产线从281条减少171条。水泥产品结构显著调整，取消P·C32.5水泥，42.5级水泥占比提升至约60%。技术结构的调整促进了水泥行业能耗显著下降，水泥单位熟料煤耗从119kgce/t降到约108kgce/t，降幅接近10%。“十三五”水泥、熟料消费量及产能利用率趋势如图1所示。

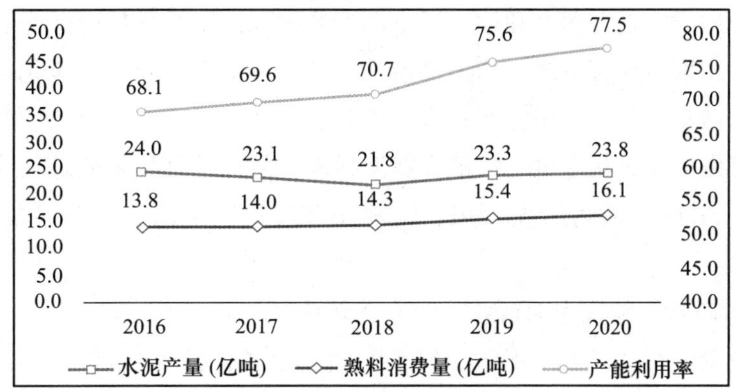

图1　“十三五”水泥、熟料消费量及产能利用率趋势

2021年面临原煤价格快速上涨、严格能耗双控、大面积停限产和需求收缩的严峻形势，中国水泥行业仍实现了产量、效益的双平稳，2021年全国水泥产量23.8亿吨，同比下降1.2%。2021年全年需求虽略有下降，但水泥行业价格持续高位运行，且对成本传导能力不减，使得2021年水泥行业利润的维持较好水平，根据工业和信息化部发布数据，2021年水泥行业营业收入10754亿元，同比增长7.3%，利润总额1694亿元，同比下降10.0%。利润结构有所优化，北部区域利润贡献有所增加，尤其是长期处于亏损的泛东北地区实现全面好转。

（二）中国水泥行业技术发展现状

中国水泥工业经过近二十年的高速发展，新型干法水泥生产工艺技术与装备已经实现了系列化、大型化，正在向智能化、生态化方向全面发展。通过近些年的技术创新，建立起了“创新的新型干法水泥技术指标体系”，进一步提升了中国水泥生产技术装备水平，基本实现引领世界水泥工业的发展水平。

1. 新型干法水泥技术装备实现系列化、大型化发展

新型干法生产工艺覆盖从 1000～12000t/d 全系列生产线技术与装备，主要设备全面实现国产化，技术经济指标达到世界先进水平。目前国内已建成的万吨级以上生产线共有 17 条，占全球万吨线一半。同时国内在建的万吨线还有 2 条，建设标准均按照先进的新型干法水泥技术标准建设。

2. 打造智能化水泥工厂，产业升级取得新突破

智能制造引领水泥生产方式深刻变革。水泥工业大力运用移动物联、传感监测、三维仿真、人工智能等先进技术，推动信息化、数字化、智能化和水泥制造深度融合，实现全流程信息化、数字化、智能管理、全要素协同运作、全系统智慧决策，保证水泥生产始终最优运行，劳动生产率大大提高，能源资源消耗、污染排放大幅降低。中国水泥工业在水泥制造全流程认知方法、技术、多目标协同优化方面达到国际领先水平，是中国水泥工业技术进步的重大突破，对世界水泥工业发展起到示范引领作用。

3. 推进绿色发展，技术装备生态化

中国水泥工业积极落实绿色发展要求，致力实现生态发展。海螺水泥投资 6000 多万元，在白马山水厂建成了世界首条水泥窑烟气 CO_2 捕集示范项目，每年可生产 5 万吨工业 CO_2，3 万吨食品级 CO_2，捕集生产的液体 CO_2 纯度可达 99.99%。该项目的建成投产，开创了中国水泥行业 CO_2 捕集的先河，突破了水泥行业 CO_2 捕集与封存技术“零”应用，标志着水泥工业减碳技术取得新的巨大进步，对控制和减缓全国乃至全球水泥行业 CO_2 排放具有很强的示范引领作用，为水泥行业碳减排提供了新的技术途径。随着国家和地方对水泥工业大气污染物排放的严格管控和指标收紧，水泥工业污染物减排工作取得显著成绩，污染物治理技术取得重大突破，氮氧化物催化还原治理技术应用研究取得进展，截至目前，中国已有超过 20 套工业化应用的 SCR 系统，位列世界第一。

水泥工业积极开发应用光伏发电、风能等新源技术，使用秸秆、稻壳等作为替代燃料，原煤消耗可降低 20%左右，实现了废物回收利用，实现循环发展，走出了一条节能降耗、绿色发展的新路。

4. 推进创新技术改造，加快水泥行业新旧动能转换

水泥工业企业紧紧围绕“降本、增效、绿色”这个主题，抓住节能、环保“两条主线”，积极采用创新标准的技术装备，实施水泥窑系统改造（高能效预热分解技术、高效隔热保温技术、第四代篦冷机等），实施高效粉磨系统改造（辊压机、立磨等技改技措），开发应用水泥立磨和辊压机生料终粉磨等新型粉磨系统，推进大型风机变频节能改造，单位产品能耗下降明显。

5. 推广水泥窑协同处置项目，促进行业绿色转型发展

当前，全国共有近 1600 条新型干法熟料生产线，如果符合条件的熟料生产线都配套协同处置垃圾系统，每年的处理能力可达 1.2 亿吨，是潜力巨大的环保项目。而且，利用水泥窑协同处理垃圾，可有效解决垃圾焚烧填埋带来的土地占用和环境污染问题，实现变废为宝，具有较好的经济效益和社会效益。中国水泥工业协同处置污泥（含工业污泥、泥饼）生产线 81 条，处置能力大约 442.8 万吨；生活垃圾处置线 68 条，处置能力 691.1 万吨；危废处置线 119 条，处置能力 872 万吨；处置一般固废、工业固废、酒糟、长江漂浮物、污染土等 17 条，处置能力约 130 万吨。共约 258 条生产线。协同处置生产线约占全部新型干法水泥的 16%。

二、水泥行业发展面临的问题

当前影响我国水泥行业高质量发展的一些结构性矛盾、技术性难题仍然存在，制约行业进一步绿色低碳转型发展的一些深层次问题仍未解决。

（一）水泥产能严重过剩问题依然严重

1. 产能过剩情况依然存在

一是去产能政策执行不到位，熟料产能总量下降不明显。一些2017年以前已批复但尚未开工的项目随着市场行情的好转陆续开工建设，不断有新型干法熟料生产线投产。截至2021年底，我国共有新型干法水泥生产线1594条，熟料设计生产能力为18.3亿吨，实际熟料年产能超过20亿吨。二是2016—2020年我国水泥行业熟料产量与产能的平均比值为72.3%，低于国际公认的80%合理线，水泥行业产能全局过剩状况依然存在。

2. 产能过剩区域不平衡的状况愈加显现

我国不同区域水泥过剩状况差别较大。其中，华东、中南、华南区域产能利用率已经达到80%的合理水平，华北、东北、西北三个区域熟料产能利用率2016—2018年均在55%以下，但产能过剩情况仍旧较为突出。

3. 行业结构矛盾突出

一是产品结构不合理，我国水泥强度为32.5级的低强度等级水泥占比大，接近40%，全世界平均约16%；特种水泥占比仅1.5%，发达国家占比达5%；低碳水泥发展水平不高，仍处于起步阶段。二是行业集中度依旧不足，国内前十大水泥企业的产能占比为58%，与美国74%、日本85%仍旧差距较大。三是局部地区产能规模不合理，小规模生产线仍旧过多。

（二）绿色低碳转型与环境治理水平有待提升

1. 节能减碳任务艰巨

一是行业碳排放量持续增加。“十三五”期间我国水泥行业碳排放增长1.45亿吨，2020年同比2016年增长约12%。二是行业能耗降低仍有空间。行业内企业间能耗差异水平大，能耗管理与控制水平差异大。就水泥粉磨站而言，水泥企业粉磨单位能耗平均水平在33（kW·h）左右，落后水平可以高达40多千瓦时，但是部分先进企业已经可以将水泥单位粉磨能耗降低到20（kW·h）以内。水泥行业仍然存在巨大的节能潜力。三是市场需求导致熟料产量居高不下，我国水泥产品取消低强度等级水泥与发展高标号水泥将会提升水泥行业的熟料使用比例，增加碳排放。四是行业60%以上的碳排放来自于石灰石，而石灰石碳排放相对固定，且原材料替代物较少。行业资源消耗量大，以2020年生产15.8亿吨熟料计算，消耗石灰石矿产资源高达24亿吨左右。

2. 大气污染物排放量仍旧处在相对高的水平

一是行业污染物排放贡献率持续增加。2019年，水泥行业颗粒物、二氧化硫和氮氧化物排放量占工业排放总量的8.56%、4.16%和16.62%，其中氮氧化物相比2015年排放贡献率增加了3.01%。二是执行标准限值相对宽松是行业污染物排放量大的一个重要因素。以氮氧化物为例，《水泥工业大气污染物排放标准》（GB 4915—2013）确定的特别排放限值为320mg/m^3、正常排放限值为400mg/m^3，相对国内其他行业，水泥工业限值相对较低。水泥行业大气污染物国家标准及地方标准见表1。

表 1　水泥行业大气污染物国家标准及地方标准情况

地区	生产设备	颗粒物	二氧化硫	氮氧化物（以二氧化氮计）	氨
国家标准	水泥窑及窑尾余热利用系统	20/30	100/200	320/400	8/10
河北	水泥窑及窑尾余热利用系统	10	30	100	8
河南	水泥窑及窑尾余热利用系统	10	35	100	5
安徽	水泥窑及窑尾余热利用系统	10	50	100	8
山东	水泥窑及窑尾余热利用系统	10/20	50/100	100/200/300	8
海南	水泥窑及窑尾余热利用系统	10	100	200	8
四川	水泥窑及窑尾余热利用系统	10	35	100	8
重庆	水泥窑及窑尾余热利用系统	15/30	100/200	250/350	8/10

3. 氮氧化物深度治理带来氨逃逸等新环境影响

水泥行业 90%以上的氮氧化物治理是采用选择性非催化还原技术（SNCR）进行脱氮。实施严格地标的河北、河南、安徽、四川等省份，为实现达标要求大部分采用 SNCR 脱氮技术的水泥企业会大量喷氨水，这就导致氮氧化物治理过程中的“氨逃逸”问题突出。

（三）减污降碳技术支持不够

1. 节能减排技术水平需进一步提高

一是落后生产工艺仍未全面淘汰，粉磨站企业仍旧存在较为落后的生产工艺设计。二是替代原燃料使用起来仍有技术上的困难，如部分工业固废中含有一定比例的金属成分或者氯离子等对生产过程和水泥性能有害。三是相比国外发达国家普遍采用的分散式预处理运营模式不同，我国与水泥窑协同处置危险废物配套的专业化替代原燃料预处理中心很少，关键或特殊的预处理和协同处置技术水平较低，难以确保均匀的化学成分和最佳燃烧。

2. 治理技术还需进一步提升

一是智能化技术在水泥行业应用不足。二是水泥行业超低排放面临的最大技术难题是氮氧化物控制。在其他行业应用比较成熟的选择性催化还原法（SCR）脱硝技术，目前只有二十多套在水泥行业中运行，稳定性和效果还有待进一步验证。

（四）行业发展政策有待完善

1. 政策针对性不够

一是目前实施的产能置换政策仅考虑的是项目是否位于环境敏感区，针对东北、西北、华北等区域产能严重过剩的实际情况，缺乏针对性的区域去产能淘汰政策。二是低碳水泥尚未形成明确的标准规范，对含碳量、种类等均未作出明确要求。

2. 政策激励性不足

一是水泥行业未进入碳市场交易，缺乏市场化促进产业减排的手段。二是缺乏对超低排放改造、综合节能减排技术应用等环保投资的税收、价格、金融等优惠政策。三是水泥窑协同处置生活垃圾和污泥缺乏相应的国家补贴政策，此外地方政府补贴标准不一，水泥企业处置生活垃圾和污泥积极性不高。我国水泥窑协同处置替代燃料的水泥线占比不超过 3%，燃料替代率约 2%。四是水泥行业获得金融机构支持难度大。由于水泥属于“两高”（高耗能、高排放）行业，金融机构支持水泥企业技术改造和环境治理的积极性不高。

三、水泥行业清洁生产进展

工业和信息化部《工业绿色发展规划（2016—2020）》中提出“绿色发展理念成为工业全领域全过程的普遍要求，工业绿色发展推进机制基本形成，绿色制造产业成为经济增长新引擎和国际竞争新优势，工业绿色发展整体水平显著提升”。中国建材工业和水泥工业“十三五”发展规划也明确提出水泥行业要持续推进转型升级，大力推动水泥行业绿色发展和智能制造，走清洁生产的高质量发展道路。水泥工业绿色发展聚焦于提高水泥行业全产业链节能减排水平，建立与各类固体废弃物及危险废弃物排放紧密衔接的循环经济生产体系，提高综合处置能力和利用效率，推进绿色矿山建设，全面推进水泥智能制造数字转型等。截至目前，水泥行业共创建国家级绿色工厂180家，绿色供应链企业6家。通过实施绿色工厂、绿色供应链的创建，促进了行业绿色转型，水泥行业绿色发展的积极性空前高涨。

（一）水泥行业节能减排效果显著

“十三五”以来，水泥工业能耗与污染物排放呈逐年下降趋势，据估算，单位熟料煤耗由2016年的119kgce下降到2020年的108kgce；氮氧化物排放强度从2016年的1.01kg/t.cl降到2020年的0.63kg/t.cl，下降0.38kg/t.cl，降幅37.6%；烟粉尘从2016年的0.27kg/t.cl降到0.19kg/t.cl，下降0.08kg/t.cl，降幅30%；二氧化硫从2016年的0.13kg/t.cl降到0.11kg/t.cl，下降0.02kg/t.cl，降幅15%。

（二）先进、适用水泥企业节能减排技术研发应用加速

高能效烧成技术（分级燃烧、低氮燃烧器、四代篦冷机、高效隔热保温材料）、水泥窑协同处置技术（替代燃料技术）、高效节电料床粉磨技术等得到广泛推广应用。富氧燃烧技术、替代燃料技术、高效脱硝、脱硫治理技术、二氧化碳捕集利用技术等研发应用快速推进。

（三）水泥行业碳捕集、利用与封存（CCUS）

中国水泥行业CO_2捕集应用肇始于蒙西水泥集团二氧化碳聚合物生产线，设计能力为3000吨/年，该项目从水泥窑废气中提取CO_2达到食品级纯度，作为全降解塑料生产的原料。近年来，海螺、金隅冀东、福建龙麟等为代表的水泥企业积极开展碳捕集研究和应用。北京金隅琉水公司捕集CO_2应用于协同处置垃圾焚烧飞灰水洗工艺；福建龙麟水泥在建的“新型干法旋窑CO_2碳捕集纯化示范项目（一期）”设计年液化CO_2能力6.2万吨，形成产品为3.5万吨/年食品级液态CO_2、1.842万吨/年食品级固态CO_2（干冰）。项目建设内容包括煤气制备、外燃式旋窑生产线、液态二氧化碳及干冰生产装置和与之配套的其他生产辅助设施。海螺水泥“白马山水泥厂水泥窑烟气CO_2捕集纯化项目”，该项目于2018年正式投运，设计能力为工业级液体二氧化碳2万吨/年，食品级液体二氧化碳3万吨/年。以海螺水泥为例，CO_2捕集纯化主要流程示意如图2所示。

（四）水泥窑协同处置/替代燃料技术

新型干法水泥工艺本身具有温度高、热惯量大、工况稳定、气（料）流在窑系统滞留时间长，湍流强烈、碱性气氛等特点，以及最终水泥熟料产品的有效固化作用，使得水泥窑协同处置技术具有得天独厚的明显优势。国家出台相关政策引导和支持水泥行业开展水泥窑协同处置，对于水泥行

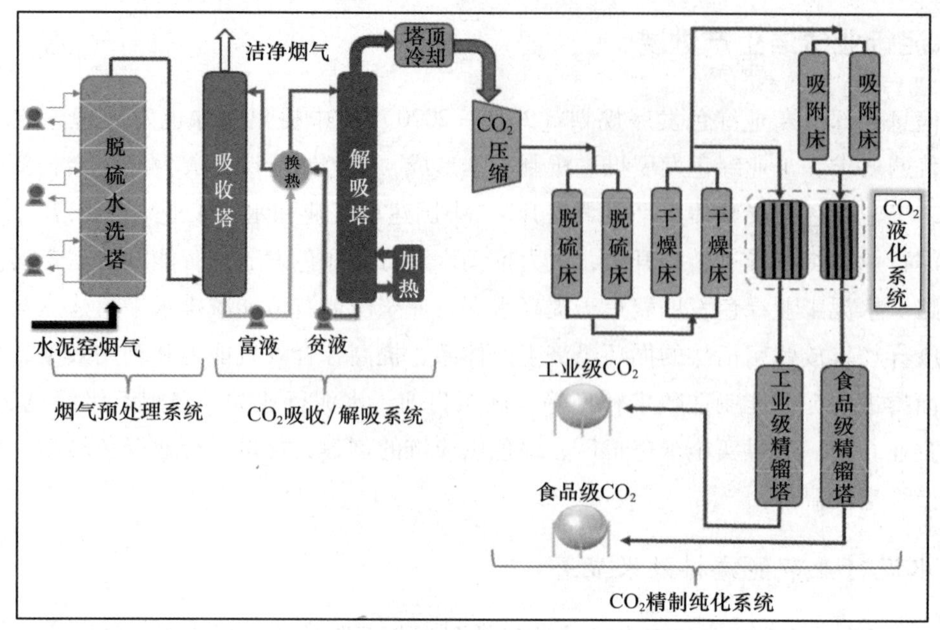

图 2　海螺水泥 CO_2 捕集纯化主要流程示意

业协同处置技术发展起到巨大推动作用。中国建材集团、海螺水泥、金隅冀东水泥、华润水泥、华新水泥、红狮水泥、台泥等水泥企业（集团）积极探索协同处置技术研发应用。华新水泥“水泥窑高效生态化协同处置固体废弃物成套技术与应用”成果，荣获 2016 年国家科学技术进步奖二等奖。武安市新峰水泥有限责任公司打造成全国首家城乡生活垃圾一体化处置模式，打通农村生活垃圾从回收到处理的全链条，通过“农户分类—乡村收集—统一转运—集中处理—循环利用”的模式，确保武安市城乡生活垃圾 100%无害化处置。华新水泥协同处置生产线如图 3 所示。

图 3　华新水泥协同处置生产线

水泥行业除协同处置生活垃圾替代燃料外，枞阳海螺、吉林金隅冀东等水泥企业也开展了生物质替代燃料研究应用。枞阳海螺生物质替代燃料项目一期正常运行后预计每年可节省原煤约 4.9 万吨，同时可处理掉秸秆等生物质“废物”约 15 万吨/年，全部正常运行后将实现生物质替代燃料替代率超过 40%。

（五）氮氧化物深度治理技术

清华大学、北京工业大学、合肥水泥设计研究院、海螺水泥、新峰水泥、福建远致、西矿环保等产学研相关主体单位就 SCR 设计、工程应用、脱硝催化剂等进行了深入研究和应用。对于水泥工业 SCR 应用，催化剂寿命和含尘浓度、烟气中的碱金属、硫以及重金属等元素是关键因素。目前海螺水泥采用的高温高尘布置，新峰水泥采用高温中尘布置，对于高尘和中尘布置，清灰系统对于催化剂寿命非常关键。福建远致采用高温微尘技术，则能有效避免催化剂磨损，延长使用寿命。据初步统计，截至2021年全国水泥行业建成投用的SCR脱硝系统已超过20套，在建超过50套，水泥企业正在积极开展氮氧化物深度减排工作。水泥行业SCR脱硝系统应用情况见表2。

表2　水泥行业SCR脱硝系统应用情况

企业名称	SCR系统（套）	合计
安徽海螺水泥	4	22
河北武安新峰水泥	3	
郑州嵩基水泥	1	
郑州宏昌水泥	1	
河南登电集团水泥厂	1	
中铝集团长城水泥	1	
章丘华明水泥有限公司	1	
凯诺斯（中国）铝酸盐技术有限公司	1	
长兴南方水泥	1	
河南大地水泥	1	
河北鹿泉曲寨水泥有限公司	1	
河北曲寨矿峰水泥股份有限公司	1	
江西万年青水泥有限公司	2	
唐山北极熊建材有限公司	1	
河南大地水泥	1	
安阳湖波水泥	1	

四、建议

（一）持续推动产业布局结构优化调整

一是科学调整水泥行业产业布局。加强水泥行业规划环评，深入论证行业规划确定的发展规模、布局的合理性。二是引导落后过剩产能有序退出。适时修订《产业结构调整指导目录》，通过市场化、法治化等综合手段依法依规推动落后产能退出，严格执行有关标准、政策，加强监督检查，防止落后产能死灰复燃。因时因地制宜实施水泥错峰生产，合理压缩水泥熟料装置运转时间，有效压减过剩产能。三是加强产能置换监管。依法依规严格新建、改建、扩建水泥项目环评审核，严格落实产能淘汰置换要求，严禁新增产能，根据大气污染防治要求调整加大置换比例，对于华北、西北、东北等重点区域。全过程监管产能置换落实情况，加强新建项目产能核实。鼓励粉磨企业按照减量置换原则实施转型升级。四是推动产业集中集聚发展。优先支持有核心竞争优势的企业以资本为纽带，通过联合、兼并、重组等方式，大力推进资源整合集聚，依法提高水泥产业集中度。

（二）加快推动绿色低碳转型

一是推进行业绿色升级。加快实施水泥行业绿色化改造。扎实推进清洁生产，依法实施强制性清洁生产审核，推动制定水泥行业清洁生产改造提升计划，加快推广应用先进成熟的清洁生产技术工艺。二是推动能源清洁低碳利用。新建、改扩建项目实行用煤减量替代，积极促进替代燃料广泛利用，推进水泥窑协同处置、余热利用等燃料替代和节能技术应用。因地制宜利用风能、太阳能等可再生能源，逐步提高电力、天然气消费比重。加强监督新修订水泥单位产品能耗限额标准执行，树立行业先进能效标杆企业。三是做好水泥行业进入碳市场的准备工作。加快推动水泥行业纳入碳排放权交易市场，提前谋划和组织好有关企业参与碳交易方案制定、碳交易模拟试算、运行测试等前期工作。

（三）提高生态环境综合治理水平

一是加强水泥原料矿山生态环境保护。鼓励新建、改扩建水泥原料矿山按照绿色矿山标准建设。鼓励生产水泥原料矿山根据绿色矿山建设标准加快绿色改造升级。积极探索通过 EOD 模式等方式开展历史遗留水泥原料矿山地质环境保护与治理。二是持续推进污染物减排。推动水泥行业实施污染物有组织、无组织排放深度治理，有条件的地区开展超低排放改造。继续实施水泥行业重污染天气绩效分级，落实差异化减排措施。做好环境权益交易与水泥行业相关污染物减排指标的对接协调，加快推进行业排污权交易。三是加大对大宗固废、生活垃圾和城市污泥、有毒有害废弃物的协同处置力度。研发水泥窑协同处置工艺技术及装备，完善和推广水泥窑协同处置生活垃圾、污泥技术，加大水泥窑协同处置污泥、危险废弃物和生活垃圾的推广力度。四是严格水泥行业排污许可管理。加大水泥企业依证排污以及环境信息披露情况检查力度。

（四）加强科技创新应用。

一是加大清洁燃料替代技术研发力度，探索采取高效预热分解、高效优化粉磨、窑系统节能监控、余热利用等节能技术研发，提高替代燃料或废弃物使用比例。二是开发高固废掺量生料的水泥生产技术，加快全固废免烧胶凝材料技术开发应用和推广，减少水泥熟料生产对石灰石原料的依赖。三是开发和挖掘技术性减排路径和空间，推广应用数字化智能型控制技术，研发新型胶凝材料技术，以及高贝利特水泥、硫铝酸盐水泥等低碳水泥等低碳建材新产品。四是加快碳捕集与利用技术研究。全烟气二氧化碳高效捕集、复合碱液吸附、浓缩纯化技术，探索水泥捕集二氧化碳联产制备碳酸钙、纯碱、甲醛等技术。五是发挥大型龙头企业在科技创新中的引领带动作用。以中国建材、海螺水泥、金隅冀东等行业优势企业为引领，组建行业内、区域内品牌联盟，推动联盟内资源共享，加速生态环境科技成果市场转化，解决大气污染物和温室气体协同控制领域重大共性问题，促进产学研深度融合。

（五）健全激励约束机制

一是研究制定水泥行业超低排放改造相关技术指导文件，加快制定协同处置固废伴生水泥产品污染控制标准。制定低碳水泥标准，开展低碳水泥评价，发布低碳水泥产品目录。加强水泥行业环境标志产品和低碳产品认证和管理。二是进一步完善基于污染物、能耗水平和二氧化碳排放绩效水平的差别电价、水价等绿色低碳价格政策，优化机制设计，加强与产业政策和环保政策的协同。三是继续落实节能节水环保、资源综合利用以及合同能源管理、环境污染第三方治理等方面的所得税、增值税等优惠政策，将生活垃圾预处理可燃物纳入资源综合利用水泥产品的废渣目录范围。四是落实有保有控的金融政策，对化解过剩产能、实施兼并重组以及积极应对气候变化、践行绿色发展的水泥企业，按照风险可控、商业可持续原则加大信贷支持力度。

全国水泥行业协会组织发展现状、存在问题及工作建议

中国水泥协会　张建新

党和政府非常重视行业协会在推进国家治理体系和治理能力现代化中的重要作用。长期以来，特别是党的“十八大”以来，全国水泥行业协会组织系统，在为各级政府提供产业咨询、协助主管部门开展行业管理；为水泥企业服务，反映行业诉求；推动行业节能减排、科技创新；履行社会责任，加强行业诚信自律、维护市场公平竞争等方面发挥了积极作用，成为推进水泥行业治体理系和治理能力参与者，保持供需动态平衡和营造良好市场营商环境实践者，是促进水泥行业高质量发展的重要推动力量和组织保障。随着新时期供给侧结构性改革的推进，水泥行业协会组织必将发挥越来越重要的作用。

一、全国水泥行业协会组织的定义与定位

本文所称“全国水泥行业协会组织”，主要是指由中国水泥协会、各省级水泥协会（包括没有独立水泥协会的建材行业协会）和区域水泥行业自律协调小组组成的工作体系。全国水泥行业协会组织是一个大家庭，历史的沿革，相同的业务，一致的目标，利益的所系，使大家庭成员之间，你中有我，我中有你，唇齿依存、休戚与共，携手共进，合作共赢。

（一）从党的组织关系角度看

中共中央组织部印发《关于全国性行业协会商会与行政机关脱钩后党建工作管理体制调整的办法（试行）》的通知（中组发〔2015〕16号）规定，“原由国务院国资委管理的全国性行业协会商会，国务院国资委党委可领导其中的行业联合会（协会）党委，由行业联合会（协会）党委具体负责其代管的行业协会商会党建工作”。中国水泥协会党的组织关系隶属中国建筑材料联合会党委，自然归属其领导。

（二）从社团管理的角度看

中国水泥协会是全国性的行业协会，其会员分布和活动地域为全国；同时也是中国建筑材料联合会的会员和副会长单位，因此接受中国建筑材料联合会、国务院国资委、民政部管理与指导。省级水泥（建材）协会是地方性的行业协会，归省级民政厅管理，其会员分布和活动地域为本行政区域。各方都是具有独立社团法人资质，但工作业务各有侧重，互相协调，互为补充，优势互补。

（三）从会员管理的角度看

各省级水泥（建材）协会是以常务理事（团体会员）的身份，自愿加入中国水泥协会，按照

《协会章程》双方形成领导与被领导，指导与被指导的关系。

（四）从行业命运共同体的角度看

区域市场诚信自律组织（泛东北办公室、晋冀鲁豫、西北、西南、珠三角、长三角市场协调小组）是中国水泥协会、省级协会、属地大企业共同组建的办事机构，自然接受全国水泥行业协会系统的工作部署和业务指导。

"拧成一股绳，集中力量办大事"。根据上述分析，水泥行业协会组织成员之间定位与关系，清晰明确，顺理成章。历史的使命、行业的前途压在了中国水泥协会的身上。全国水泥行业组织的成员，要自觉加强建设，提高服务能力，接受中国水泥协会的工作领导和业务指导，完成委托的各项具体工作，及时上报年度工作总结和计划、以及各种重要活动和重大事项等。多年来，中国水泥协会一直积极培育和扶持水泥行业协会系统的建设和发展，将协会系统组织规范化建设纳入行业整体发展规划。

二、行业协会的发展历史

（一）发育阶段

20 世纪 80 年代中期，以国务院提出的"按行业组织、按行业管理、按行业规划"思路为标志，当时的国家建筑材料工业局也提出了"大家办建材"的方针，打破部门管理的分割，按照行业分门别类相继成立众多行业协会，比如：中国建材工业协会、中国水泥协会、中国石材协会、中国水泥制品与混凝土协会等，各省市区的建材协会和专业协会组织也相继成立，按照事业单位的体制，根据"政府管理体制改革，政府转变职能、部门管理转变为行业管理"的要求，由此，行业协会应运而生，协会在市场经济中的作用和地位逐步开始被重视。

（二）探索阶段

20 世纪 90 年代初期，党的"十四大"对加快经济发展作出了战略部署，确立了社会主义市场经济体制的改革目标。十四届三中全会提出了"发挥行业协会、等组织的作用"的要求，"十五大"再次提出要培育和发展社会中介组织。在此阶段中，中国水泥工业高速发展，新型干法水泥和立窑水泥同步发展，全国的水泥企业数量犹如雨后春笋，高达 8000 多家。企业迫切需要行业协会的政策引导、反映诉求，技术服务、协调关系。

（三）成长阶段

进入 21 世纪，随着政策的进一步明晰和新型干法水泥的蓬勃发展，立窑水泥被逐步淘汰，行业协会也进入了全面发展时期。国家经贸委印发了《关于加快培育和发展工商领域协会的若干意见》（以下简称《意见》），《意见》重新为行业协会进行了定位，并明确其宗旨是服务于企业、行业、社会和政府。2002 年党的"十六大"以及其后的"十七大""十八大"均将政府职能定位于经济调节、市场监管、社会管理和公共服务，充分体现出了中央对于社会组织协助政府职能转移重视程度的加深。2013 年《中共中央关于全面深化改革若干重大问题的决定》明确提出："适合由社会组织提供的公共服务和解决的事项，交由社会组织承担"。

（四）规范阶段

2015年7月中共中央办公厅、国务院办公厅印发的《行业协会商会与行政机关脱钩总体方案》明确要求“按照去行政化的要求，切断行政机关和行业协会之间的利益链条”“加快形成政社分开、权责明确、依法自治的现代社会组织体制”。并在此后，先后开展三批行业协会与行政机关脱钩试点。2019年6月17日，国家发展改革委、民政部、中央组织部等在内的10部门发布了《关于全面推开行业协会与行政机关脱钩改革的实施意见》，其中明确提出要全面实施行业协会脱钩改革，并要求在2020年底前基本完成。中国水泥协会及各省水泥（建材）行业协会全部与政府脱钩，由此全国水泥行业协会组织也进入一个全新的规范发展阶段。

三、行业协会组织的发展现状

目前，在全国31个省市自治区中（不含港澳台），全部建立了建材行业协会（联合会）组织。省级水泥协会（独立法人）有19家，其中省级建材协会中设有水泥专委会或分会的5个（辽宁、河南、江苏、福建、新疆），还有8个省市（天津、河北、山西、海南、福建、甘肃、青海、西藏）水泥业务由建材协会承担。在省级协会组织中，2000年之前成立的16家，2000年之后成立的15家。截至2020年，所有协会全部与政府办理了脱钩手续。

中国水泥协会成立于1987年。省级水泥行业协会组织成立较早的有上海市（1985年），浙江省（1985年），重庆市（1985年），北京市（1986年），湖北省（1986年），广东省（1989年），宁夏回族自治区（1992年），广西壮族自治区（1999年）；省级建材协会成立较早的有山西省（1986年），福建省（1987年），河北省（1989年），江苏省（1989年）；成立较晚的是2017年成立的西藏自治区建材工业协会和山东省水泥行业协会。

省级水泥行业协会中，部分协会是原省级建材局或行政管理机关下属的事业单位，由政府机构改革转化而来。这类行业协会的特点是，组织基础相对扎实，工作能力较强，善于与政府主管部门“打交道”，撰写行业经济运行分析报告“轻车熟路”，行业管理能力较强。比如：广东省水泥行业协会、上海市水泥行业协会、河南省建材工业协会、河北省建材工业协会、新疆建材行业协会等。

有一部分协会是水泥企业主导创办的协会。这类协会特点是，伴随水泥行业迅速发展应运而生，能够直接反映企业的意愿和诉求，在行业达成共识下，行动迅速，执行力强。比如：山东省水泥行业协会、陕西省水泥协会、四川省水泥协会等。

还有部分行业协会是依托于设计院、研究院、质监站等机构，这些协会服务水泥企业能力强，在宣标贯标、质量检查、人员培训、技术服务等方面有较大优势，受到企业欢迎。比如：广西水泥协会、山西省建材工业协会、安徽省水泥协会等。

四、“企业家办会”的探索与尝试

2015年9月7日，民政部印发的《全国性行业协会商会负责人任职管理办法（试行）》明确规定，“理事长（会长）、秘书长不得兼任其他社会团体理事长（会长）、秘书长。理事长（会长）和秘书长不得由同一人兼任，并不得来自于同一会员单位”“实行理事长（会长）轮值制的全国性行业协会商会法定代表人，可由副理事长（副会长）或者选举产生的秘书长担任”“秘书长为专职，可以通过选举、聘任或者向社会公开招聘产生，但聘任（含向社会公开招聘）的秘书长不得担任本会法定代表人”。省级民政主管部门根据民政部的上述精神，也都制定了省级行业协会负责人任职管理办法，其要求是一致的。

2019 年 7 月，中国水泥协会换届代表大会召开，以安徽海螺集团时任董事长高登榜当选会长为标志，全国水泥行业协会组织进入了“企业家办会”的新阶段。特别是水泥大型企业领导人积极担当负责，海螺、新天山、金隅、华润、红狮的“一把手”亲自出任中国水泥协会的执行副会长，直接布置检查协会工作计划与任务目标，对行业协会工作发挥了积极推动作用，形成了行业协会的“一把手”工程。据不完全统计，截至目前，31 个省级水泥（建材）行业协会中，在职企业家担任会长有 25 名，企业家退休后担任会长的有 4 名；公务员退休后担任会长的 2 名，80%以上已经由现职企业的领导人担任。目前在全国水泥行业协会领导中，有 4 名女性担任领导，其中两名会长，两名秘书长。

所谓“企业家办会”，就是以企业家为主导，以众多会员企业为基础，自筹经费，自我协调，自我管理，自我约束、自我教育的办会方式。行业协会组织建设需要一批有经济实力和社会威望、热心协会工作的企业家担任协会的主要领导，充分发挥核心骨干企业在协会工作运行中的带头作用，改变原有协会领导构成模式。“企业家办会”能够真正体现企业的利益，代表行业的利益，以崭新的面貌，推动水泥行业高质量、可持续发展。“企业家办会”是行业协会为了适应社会主义市场经济新形势，与时俱进而做出的一种探索和尝试。“企业家办会”不仅应体现在协会的组织形式上，更重要的是要体现在协会的宗旨上。在探索“企业家办会”的道路上，全国水泥行业协会组织正在向前稳步推进。

当然，倡导“企业家办会”，并不要排斥非企业家参与协会的领导。许多老领导、老同志都是本行业的行家里手，他们对整个行业的发展方向、生产情况、经济运行、产业政策、组织管理都相当熟悉。因此，要把提倡“企业家办会”和发挥“职业经理人”的积极性有机地结合起来。

五、行业协会的基本职能

中国水泥协会与省级水泥行业协会的职能大同小异，协会的《章程》基本按照民政主管部门的标准模板制定的，只是活动的区域不同而已；除此之外，行业协会工作人员数量、服务能力，也决定了其业务开展的范围和工作量。行业协会职能主要包括以下几个方面：

第一，积极推进行业结构调整，围绕行业发展的战略性、前瞻性、共性的重大问题和瓶颈问题，开展行业调查研究，向政府部门提出行业技术进步、发展规划及技术经济、政策法规等方面的建议；参与制订、修订行业有关技术、经济、管理等标准、规范，组织推进会员贯彻实施。

第二，为会员或社会机构提供行业咨询报告；接受政府或企业专项委托，就专题项目组织专家论证，出具企业战略发展规划和市场分析报告；反映会员单位的愿望和诉求，维护会员单位和行业的合法权益。组织行业协商订立行规行约，建立行业自律机制，维护行业合法、公平竞争的秩序。

第三，代表中国水泥行业参加国际同业组织有关活动，建立与国际有关水泥同业组织联系，促进对外经济技术交流与合作。在会员对外出口、利用外资、引进技术以及开拓国际市场、瑞外投资等方面进行协调帮助。

第四，指导和支持各地区行业协会开展工作，共同组织行业的重大活动，共同完成行业有关数据、市场动态、企业情况的调研、统计、信息发布、交流等活动；根据有关规定，编辑出版协会刊物和有关行业技术进步和发展的资料，开办协会网站，反映会员单位动态，提供本行业信息咨询。

第五，受政府委托承办或根据市场和行业发展需要，组织国际国内会议、会展活动、项目听证；开展科技创新和企业节能减排的技术交流会议、推广推介活动；参加政府组织的行业调研和国际交流活动，配合政府有关部门共同开展行业评比、竞赛、培训工作；承接有关部门、社会组织委托的其他工作。根据行业发展需要，开展有利于行业的其他活动和公益事业。

六、存在的问题和面临的挑战

行业协会与行政机关脱钩，是党中央、国务院作出的重大改革部署，是理顺政社关系、转变政府职能的创新举措，是关系国家治理体系和治理能力现代化的一场深刻变革，也是行业协会的一场自我革命。脱钩后行业协会新的社会业态逐步形成，这种新的转变对行业协会原有的组织运行模式带来严峻挑战。目前水泥行业协会组织体系主要存在以下问题：

一是，协会组织发展不平衡，内部治理能力相对薄弱，协会运作不规范。少数协会组织机构不健全，缺乏规范的做作规程，协会大多是兼职，民政主管部门要求的“规定动作”，不能按时圆满完成；“自选动作”很少或没有，更多的是存在“不能提高”“不愿提高”“不会提高”等问题。

二是，少数行业协会工作单调，只重视眼前效益，忽视长远利益，只偏重抓“错峰生产”，忽略协会的其他重要服务功能发挥，很难提出本地区发展规划、去产能的措施、有深度的行业调研报告，很难中标政府购买服务的项目。

三是，协会功能发育不完善，难以适应新时期的要求。个别协会的组织建设、能力建设，明显不适应当前行业新时期对协会的要求，协会承担的服务、沟通、监督、自律、协调、引领等职能，不能得到充分的发挥。

四是，不少省级协会因缺乏相应的资源支持而发展缓慢。政府购买服务工作虽有进展，但总体状况并不乐观。这其中既有外因，也有内因。少数协会没有统计资料基础，缺乏合作单位的支持帮助，没有上级机构的引导指导，甚至连本地区的水泥经济运行报告也难以形成，很难发挥服务政府服务企业的功能，难以起到桥梁纽带的作用。

七、工作建议

“全国水泥一家人，行业统筹一盘棋”。历史的延续与工作的传承，使水泥行业协会系统自然形成一个同舟共济的“命运共同体”。相同使命与一致目标，使这个“命运共同体”成员资源共享、优势互补、荣辱与共、携手共进。“行业利益大于企业利益，企业利益孕育于行业利益之中”是中国水泥行业协会系统坚守的行业文化理念和经营理念。

由此建议，中国水泥协会要站位要高，要有大局观，敢于担当、善于担当，及时发布《全国水泥行业协会组织体系组织建设指导意见》，进一步加强全国水泥行业系统规范化建设工作，全面提升其服务能力水平。按照民政部、国资委党建局及省级民政主管部门的有关要求，根据水泥行业实际情况，提出水泥行业组织的规范化建设指导意见。规范化建设主要包括六个方面：

（一）党的建设

发挥协会系统党组织的核心领导作用，引领水泥行业正确发展方向，激发协会系统组织活力，促进协会系统在行业治理体系和治理能力过程中更好发挥作用，推进协会系统党的组织和党的工作有效覆盖。这是规范化建设的核心。

（二）组织建设

规范协会决策机构，严格按照《协会章程》办事，定期召开理事会或会长会议，报告协会年度工作情况、通报财务预算和决算收支情况，规范协会收取会费，并严格按照《民间非营利组织会计制度》的规定进行会计核算，编制财务会计报告。泛东北办公室、晋冀鲁豫、西北、西南、珠三角、长三角市场协调自律小组要根据工作需要，加强增补工作人员，定期召开协调会议，分析研究区域市场的情况，及时解决市场出现的问题，抓好错峰生产、产能置换工作，做到有规范的组织在做事，不断提升行业协会的行业影响力和社会影响力。这是规范化建设的基础。

（三）制度建设

规范健全协会工作制度。完善各项管理制度和协会工作标准和工作规范，用制度指导工作，规范职工的行为。坚持规范用制度管权管事管人。财务管理制度健全。独立社团组织要建立和完善内部财务管理制度，依法合理筹集、管理和使用资金。强化岗位职责管理，完善领导班子任期目标管理。协会要进行年度工作目标管理，建立机构设置合理、分工明确、责任到人的工作责任体系，充分发挥领导班子整体作用。这是规范化建设的手段。

（四）文化建设

强化水泥行业社会责任行业责任，承担“行业利益大于企业利益，企业利益孕育行业利益之中”的价值引领和文化担当。推进行业自律与诚信建设，规范行业发展秩序。制订有文化特色的行规行约，把牢方向导向，规范会员单位和从业人员行为。把诚信自律建设内容纳入行业组织章程，制订诚信守则，建立失信惩戒机制。充分发挥行业媒体作用，通过《中国水泥》杂志、数字水泥网、《水泥蓝皮书》全力做好行业的宣传报道和舆论引导等工作，使水泥行业取得的业绩，做出的贡献，让政府和社会看得到、听得到，不断提升水泥行业在社会中的地位。这是规范化建设的内涵。

（五）能力建设

不断提升政策研究能力，围绕行业改革发展需要，聚焦行业热点难点，站位高、敢担当，主动参与水泥行业治理工作，深入调研，摸清家底，掌握行业第一手数据资料，制订行业发展规划，与会员单位共同参与行业宏观调控和管理，积极为行业发展争取有利环境。积极介入政府购买服务，以及政府履职所需的辅助性事项等服务。不断提升参政议政能力，关注行业发展中的痛点，倾听企业意见，向政府主管部门反映诉求，代表市场主体向政府表达需求和愿望，同时帮助政府向广大水泥企业宣传贯彻主管部门的部署与工安排，并将其具体化可操作化，使产业政策得以落实。不断提升维护水泥市场平稳运行能力，进一步加强行业市场信息预测分析，向行业和政府主管部门提供详实的市场分析报告；组织错峰生产、产能置换，推进供给侧结构性改革，降低成本，提高效益，保持动态供需平衡。不断提升协调组织能力，按照国家既定的产业政策“错峰生产”“产能置换”的要求，积极组织水泥企业贯彻执行落实到位，开展行业自律，维护公平竞争，促进资源的高效、优化配置，有效弥补市场失灵和政府失灵情况。不断提升综合服务能力，为会员企业提供市场分析、技术创新、标准规范以及行业发展整体状况等信息；为会员提供会议展览、经验交流、企业文化、技术推广、国际合作等服务的平台。能力建设非常重要！

（六）引领价值建设

行业协会价值的最高层次是推动企业家思维方式的转变，通过宣导行业文化理念、发展理念、合作理念、共赢理念，推动行业内在技术、资本、市场、人才等方面全方位的合作。行业协会积极推动会员之间的合作形成“诚信自律、公平竞争、合作共赢”的市场氛围，行业拥有一片生机勃勃、生生不息的产业生态。这是行业协会的最高层次。

八、结束语

全国水泥行业协会组织是水泥行业的“命运共同体”，因此大家要形成合力，心往一处想，劲往一处使。

首先，要建立互惠互利互通共享信息的渠道。明确各方之间相互提供有关信息、数据及行业动态分析等资料，做到行业资源共享，提高资源利用率和工作效率。既发挥中国水泥协会接近行业主管部门和拥有的权威统计渠道的优势，也发挥地方协会熟悉所在地行业实际情况，借助会员企业的渠道，共同拓展资源、信息资源，共享共赢，为行业发展提供信息服务支撑。

然后，要将政府政策转变为协会的服务资源，协助政府实现服务落地。政府资源和精力有限，面对复杂的微观经济管理，难以对企业形成精准服务。要坚持中国水泥协会与地方协会之间的会长秘书长联席会议制度与协调机制，相互通报情况、交流信息，对行业面对的形势和主要问题形成共识，共同讨论对策。相关各方就各个产业的发展态势和出现的共性、倾向性等行业发展和经济运行中的重大问题进行共同协商，联手解决。

最后，要将企业需求变为协会的效能资源，服务企业获取精准帮助。企业的认知与能力有限，难以精准捕捉政府政策和制度流程。要联手合作，在科技创新、政策法规、标准质量、节能低碳、企业管理、市场营销、采购供应、国际交流等方面召开各类会议、论坛。定期和不定期地根据行业发展突出问题和广大会员要求，组织各类活动，奠定全国水泥行业协会系统为行业服务的有效机制。

全国水泥行业协会组织——“广阔天地，大有可为”！

2021年水泥行业结构调整发展报告

中国水泥协会　李　琛

水泥是建筑材料中最重要的基础原材料，对国民经济和社会发展有着重要的战略保障作用。水泥广泛应用于工业民用建筑、公路铁路、机场港口、水库大坝、石油、电力、海洋工程等领域。专用水泥在抗震救灾、防洪防汛、工程抢险、边防军事工程等方面发挥了作用。在未来相当长的时期内，水泥仍将是人类社会不可替代的主要建筑材料。

我国是世界上水泥产能和产量最大的国家。据中国水泥协会统计，截止到2020年底，全国新型干法水泥生产线累计共有1609条（注：不包括700t/d以下规模生产线），水泥熟料设计年产能（以备案或核准文件统计）18.3亿吨，水泥熟料实际年产能（以关键生产设备回转窑窑径换算统计）超过20亿吨，水泥熟料产量15.8亿吨，水泥产量23.77亿吨，自1985年以来中国水泥产量一直稳居世界第一。

当前，水泥行业最主要的矛盾是提升先进产能比例的迫切需要和总体产能依然严重过剩之间的矛盾。行业供给侧结构性改革任务愈发艰巨，既要显著提升先进产能比例，又要加快推动低效产能退出。

“十四五”开局之年，因宏观经济中的投资波动与能源供应链的形态变化等因素，2021年水泥企业成本大幅上升，市场需求明显下降，水泥上市公司的市盈率五年来降至谷底。面对绿色能源革命、能耗双控工作、推进“碳达峰”“碳中和”和实现减污降碳协同增效的要求，面临总体水泥产能严重过剩矛盾没有明显改善的严峻局面，行业供给侧结构性改革任务愈发艰巨，水泥行业绿色低碳转型发展面临极大的挑战。当前市场需求遇冷，政策法规趋严，水泥行业要坚持执行常态化错峰生产和产能减量置换产业政策，坚定不移地推进行业供给侧结构性改革，以减污降碳为总抓手，提升先进产能比例，化解产能严重过剩矛盾。

一、水泥行业发展现状

（一）运行总体平稳

“十三五”期间水泥行业效益持续稳增长，行业运行平稳。2019年主营业务收入破万亿元大关，水泥产值占建材行业总产值的40%，资产负债率企稳，投资回报率高于其他制造业，水泥熟料和水泥产量在“十三五”期间双双首增。2020年面对突如其来的新冠肺炎疫情，水泥行业运行短期受到较大影响，但在党中央、国务院统筹新冠肺炎疫情防控和经济社会发展的决策部署下，水泥行业有序推进复工复产，认真做好“六稳”工作、落实“六保”任务，实现销售收入9960亿元，利润1833亿元，与2019年相比基本持平。

（二）第四季度波动较大转折升温

2021年四季度，水泥需求骤降，同比跌幅创历史之最。市场需求下滑幅度和速度远远超出预期。影响水泥需求超跌的主要原因是宏观经济波动与微观关联市场行为产生联动。宏观经济中的投资波动与能源供应链的形态变化，造成一定量的工程项目处于停工、待工状态，这是影响水泥需求短期超跌的主要原因。具体表现为：首先，房地产新开工和销售持续下降；其次，专项债发放尚未落到新项目上；再次，资金短缺及原材料价格暴涨，工地提前停工；最后，“能耗双控”和电力短缺，企业被迫减产。

预判水泥行业2021年底景气度有望提升，主要基于以下三点：第一，临近年底，各地大型基建有完工、完成结算的需求；第二，各地政府债券资金有望在短期内得到落实，为前期延期开工的项目助力；第三，随着原材料成本下降，下游开工意愿得到提升。复工项目增多，对水泥用量产生利好。预计东部及东南沿海的开工率和水泥使用量将获明显提振。而东北、京津冀地区受到气温下降、冬季限产影响较大，很难形成规模性的冬季复工潮。

（三）上市公司尚未达到市值高峰

在2021年中国水泥熟料产能规模十强中的上市公司分别有中国建材股份、海螺水泥、冀东水泥、华润水泥、华新水泥、山水水泥、天瑞水泥、亚洲水泥，红狮控股和台湾水泥除外。2021年上半年，中国建材股份营业收入超过1200亿元，位居行业首位；海螺水泥营业收入达800亿元以上，位居行业第二位；华润水泥、冀东水泥和华新水泥营业收入约为140~170亿元，分别列入营收排行第三位至第五位；山水水泥的营收达到100亿元以上，天瑞水泥和亚洲水泥的营收约为50~60亿元。上述水泥上市公司营业收入与2020年同期相比均有不同程度的增长，其中，亚洲水泥的营收同比增加在20%以上，华润水泥、山水水泥、华新水泥、冀东水泥、中国建材股份的营收同比增速为14%~20%，天瑞水泥、海螺水泥营收同比增长为8%~10%。上述水泥上市公司中，海螺水泥是唯一归母净利润超百亿元的公司，归母净利润约达150亿元，稳居水泥上市公司归母净利润排行第一位；中国建材股份归母净利润接近80亿元，居第二位；华润水泥和华新水泥归母净利润分别约为30.2亿元和24.4亿元，居第三位和第四位，冀东水泥、山水水泥、亚泥水泥归母净利润为10~13亿元，天瑞水泥归母净利润接近8亿元。中国建材股份归母净利润同比增长达40%以上，居归母净利润同比增长排行第一位；冀东水泥、亚洲水泥归母净利润同比增速约为22%~23%；华新水泥和天瑞水泥归母净利润同比增长分别在8%和4%以上。华润水泥归母净利润同比下降约13%；海螺水泥和山水水泥归母净利润同比下降约7%。水泥集团目前估值整体水平不高，存在较大恢复空间。

二、水泥行业结构调整有序推进

“十三五”期间，水泥行业加大科技创新力度，在环境保护和智能制造数字转型方面取得显著成果；实施产能减量置换政策，有效遏制新增产能，引导一批不具备竞争优势的小规模生产线退出市场，大企业集团加大市场整合；坚持执行常态化错峰生产，有效地化解产能严重过剩矛盾，强化行业自律诚信，实现行业效益持续稳增长。

（一）先进产能总量和比例逐步提高

1. 产能布局不断优化

“十三五”期间，大型水泥企业集团通过联合重组、整合产权或经营权等手段提升产业集中度，产能集中度有所提升。截止到2020年底，中国前50家大企业集团的水泥熟料设计产能占全国总产能的76%，其中，前10家大企业集团的水泥熟料产能占全国总产能的57%，基本达到《国务院办公厅关于促进建材工业稳增长调结构增效益的指导意见》（国办发〔2016〕34号）"水泥熟料、平板玻璃产量排名前10家企业的生产集中度达60%左右"目标。在供给侧结构性改革和国企改革的双重推动下，水泥行业加快兼并重组，提高区域产业集中度开始布局。有18个省（市）前3家大企业集团产业集中度超过60%。

2. 总体产能依然过剩

水泥熟料产能利用率由2015年的66.9%提高至2020年的77.5%，限于市场需求低于产能发挥，这远低于国家强制性标准GB 50295—2016《水泥工厂设计规范》规定的水泥回转窑运转率至少85%。

3. 规模化大型化现状凸显

2019—2020年水泥行业共公告产能置换项目59个，压减产能约1828万吨，2020年公告的新型干法建设项目平均单线规模约4900t/d。2021年56个项目公告了产能置换方案，如果项目全部落地，预计将压减产能1164万吨。近三年来，新建水泥项目平均单线规模近5000t/d，通过产能置换淘汰日产2500t及以下规模生产线约342条。按照生产许可证统计，目前除特种水泥熟料生产线和少许JT窑外，新型干法水泥产量比重已接近100%，实际产能在2500t/d及以下的产能约占总产能的28%，2500t/d至8000t/d（含）约占70%，8000t/d以上产能约占2%，生产通用水泥的新型干法窑单线平均规模提升至3605t/d以上。

（二）先进产能的投资结构优化

1. 投资结构延伸，加大产业链多维投资

资本市场助力产业链延伸。水泥企业集团逐渐向上下游延伸拓展产业链，加大对矿山、砂石骨料、混凝土、预制件加工、装配式建筑、水泥外加剂等投资力度。2020年中国砂石行业产能20强中水泥企业有7家，5强中水泥企业有4家。

中国建材集团发起设立新材料产业投资基金，聚焦新材料产业科研扶持和市场转化，构建新材料产业生态体系。

2. "一带一路"倡议布局

水泥企业集团继续在国外以投资建厂等形式进行国际产能合作。"十三五"期间，中国企业在海外投资合计投产23条水泥熟料生产线，合计熟料产能2688万吨，水泥产能3965万吨。

3. 水泥产品结构性调整加快，特种水泥市场升温

目前，抗硫酸盐硅酸盐水泥、核电工程用硅酸盐水泥、油井水泥、中热硅酸盐水泥、低热硅酸盐水泥、道路硅酸盐水泥、海工硅酸盐水泥等十余种专用水泥得到应用和推广。其中，"硫（铁）铝酸盐水泥、铝酸盐水泥、白色硅酸盐水泥等特种水泥工艺技术及产品的研发与应用"写入《产业结构调整指导目录》（2019年本）。目前特种水泥只有国家推荐性标准或行业标准，市场规模较小，今后可能针对军工领域和市场规模相对较大、出口份额较多的特种水泥出台国家强制性标准。

熟料与水泥产品系数比将有所上升。2013—2020年熟料与水泥系数比由0.56上升至0.66，主要是因为GB 175—2007《通用硅酸盐水泥》修改单取消了P·C32.5和取消P·C32.5（R）。今后熟料与水泥系数比可能将稳步上升至0.70，熟料产量增幅要略大于水泥产量增幅。这一是为了满足GB 175—2007《通用硅酸盐水泥》标准要求增加水泥中熟料的用量，更好地发挥高标号水泥的结构承重功能；二是市场已经习惯并认可日益增长的熟料与水泥系数比。

（三）先进产能创新能力提升

我国水泥行业是二氧化碳排放重点行业，占全国二氧化碳排放的13%左右。水泥行业碳排放与熟料产量密切相关。中国水泥行业2009—2020年，十多年来，随着水泥熟料产量增加，中国水泥行业碳排放从9.71亿吨逐步达到13.75亿吨。

1. 能源结构低碳化，能效水平提高

“十三五”以来，水泥行业加大科技创新力度，科技创新能力不断增强，数字化智能化赋能绿色发展。2020年熟料产能排名前2家企业集团（中国建材集团、海螺水泥股份）的研发费用都同比增加超过40%。先进产能的科技成果转化加强。与2015年相比，2020年规模以上企业吨水泥熟料综合能耗下降3.6%。根据工业和信息化部2020年重点用能行业能效“领跑者”统计，水泥企业可比熟料综合能耗最低为91.75kgce/t，上榜企业的可比熟料综合能耗基本在100kgce/t之内。

2. 应用新能源比例提升

我国“十四五”时期严格合理控制煤炭消费增长、“十五五”时期逐步减少。2021年12月8—10日的中央经济工作会议指出，要科学考核，新增可再生能源和原料用能不纳入能源消费总量控制。对于水泥行业，节煤节电、煤炭清洁利用依然重要。要进一步适应煤电减量的能源结构调整，大幅度提高绿色能源、可替代能源的使用比例，推动能源清洁低碳安全高效利用。太阳能、风电、生物质能、高效储能技术等零碳绿色能源应用技术有较大空间。目前水泥窑利用生物质燃料技术开始推广，燃煤替代率可达40%以上。我国大规模水泥熟料生产线一般都配备自有矿山，水泥厂区面积较大，同时光伏建设技术日趋成熟，这是实现开发建设屋顶分布式光伏的有利条件。目前新能源光储一体化项目投资约10亿元以上，采取“自发自用，余电上网”的模式，整个工程可光伏发电15亿兆瓦左右的，实现4兆瓦光储，年发电量至少在2千万千瓦时以上，满足水泥厂20%以上用电需求。对于水泥行业，光伏发电将成为继大规模成熟运用余热发电技术之后的新增长极，也将成为应用新能源的较优选择。

3. 能耗双控日趋严格，煤炭减量替代工作加强

2021年8月12日，国家发展改革委办公厅印发《2021年上半年各地区能耗双控目标完成情况晴雨表》，能耗强度降低预警等级为一级的省（区），根据《固定资产投资项目节能审查办法》（国家发展改革委令第44号），对能耗强度不降反升的地区（地级市、州、盟），2021年暂停“两高”项目节能审查（国家规划布局的重大项目除外）。《中共中央 国务院关于深入打好污染防治攻坚战的意见》要求京津冀及周边地区、长三角地区煤炭消费量分别下降10%、5%左右，汾渭平原煤炭消费量实现负增长。前期《中共中央 国务院关于全面加强生态环境保护 坚决打好污染防治攻坚战的意见》要求到2020年，北京、天津、河北、山东、河南及珠三角区域煤炭消费总量比2015年均下降10%左右，上海、江苏、浙江、安徽及汾渭平原煤炭消费总量均下降5%左右。国家发展改革委等六部门曾联合发布公告，安徽、山东两省及晋中、运城、吕梁等城市2019年煤炭消费量不降反增，给予通报批评。目前能耗强度降低预警等级为一级以及煤炭减量替代工作无法达标的地区，基本缓建或停建水泥项目。

（四）先进产能资源管控力度增强

1. 资源结构整合，注重核心生产要素

目前水泥能耗进一步降低的潜力有限，需要进一步鼓励能够有效提高资源综合利用水平、加大替代原燃料比例的手段。矿山资源稀缺，采矿权价格高涨，有的超过20元/t。资源综合利用水平不

断提升，水泥行业每年可消纳工业废渣约 8 亿吨。160 余条生产线配套水泥窑协同处置生活垃圾、污泥、危险废弃物等装备。今后水泥窑协同处置覆盖率将大幅度提升，这种提升资源综合利用水平、替代原燃料成熟技术将成为水泥行业新的增长点。

2. 顺应交通运输和用地结构调整

《中共中央 国务院关于深入打好污染防治攻坚战的意见》提出“全国基本淘汰国三及以下排放标准汽车，推动氢燃料电池汽车示范应用，有序推广清洁能源汽车”。《关于加强高耗能、高排放建设项目生态环境源头防控的指导意见》指出“大宗物料优先采用铁路、管道或水路运输，短途接驳优先使用新能源车辆运输”。目前污染防治重点区域尤其是河北、河南等地，积极推动新能源车辆运输水泥产品。与此同时，大集团逐步建立智慧物流体系，进一步降低运营成本和流通过程碳排放。

山东省新旧动能转换综合试验区建设领导小组印发《全省落实“三个坚决”行动方案（2021—2022 年）》（鲁动能〔2021〕3 号）提出，水泥行业效益标准为单位用地税收 0.075 万元/亩、单位能耗税收 0.042 万元/吨标煤、人均主营业务收入 118.1 万元/人（省定标准）。《中共中央 国务院发布关于支持浙江高质量发展建设共同富裕示范区的意见》指出“坚持最严格的耕地保护制度和最严格的节约用地制度”。

山东省是国务院批复的新旧动能转换综合试验区，浙江是中共中央支持的高质量发展建设共同富裕示范区，分别提出了单位用地税收和坚持亩均论英雄的措施。单位用地税收和坚持“亩均论英雄”的措施经过实践和总结后可能会在全国范围内推广。土地这一生产要素对于水泥工业来说约束性极强，今后用地结构调整这一措施将不断加快水泥行业产能布局优化、产业集中度提升、规模化大型化等产业结构调整的步伐，推动水泥工业的高质量发展。

（五）先进产能的市场综合竞争能力提升

市场结构优化，市场空间结构延展。在推行错峰生产过程中，水泥行业自律意识增强，北方地区水泥企业错峰生产停窑时间达到 160~180 天，产业政策为保障供应链稳定和供需动态平衡创造了条件。大集团发挥产能布局优化和供应链优势主动承担社会责任，为南北地区市场均衡发展作出贡献。

三、科技创新能力明显增强，智能制造领航

“十三五”期间，水泥企业在科技创新方面的投资力度明显加大，创新能力明显提升，获得“建筑材料科学技术奖”53 项，其中，基础研究类获一等奖 7 项，二等奖 9 项；技术发明类一等奖 1 项，二等奖 3 项；科技进步类一等奖 10 项，二等奖 20 项，三等奖 3 项。

目前，水泥排放限值和能耗限额标准均已达到国际先进甚至领先水平。水泥行业在引进、消化、吸收先进技术工艺等方面有了长足发展，新型干法窑系统、分解炉、预热器、粉磨设备、辊压机、篦冷机等设备能够实现百分百国产化，大型水泥企业越来越重视智能控制系统技术的应用，持续投资节能环保降碳、矿山智能钻爆、水泥窑协同处置危废、智能工厂、智慧物流、二氧化碳捕集等技术改造项目。

“十三五”期间，特种水泥成功应用于乌东德和白鹤滩水电站，为国内外首次将低热硅酸盐水泥全坝应用于 300m 级特高拱坝。海螺集团二氧化碳捕集纯化项目建成年产 5 万吨水泥窑烟气 CO_2 捕集纯化生产示范线，开创了水泥工业成熟回收利用 CO_2 的先河。

四、产业政策发力提升先进产能比例

传统产业焕发新活力，水泥行业先进产能比例和绿色低碳发展水平显著提升。国务院《2030年前碳达峰行动方案》（国发〔2021〕23号）给出了两个时期的任务，“十四五”期间，产业结构和能源结构调整优化取得明显进展，“十五五”期间，产业结构调整取得重大进展。

水泥是“重载短腿”区域性产品，在政策推动下，地方政府利用产能置换、兼并重组等产业政策提高区域产业集中度，扶持优势企业集团，加大有序退出低效水泥产能力度，给配套先进工艺和高水平装备的大型化规模化水泥项目腾出足够的环境和能耗容量，留出长远发展空间，优化产能布局，完善产业链，将成为“十四五”时期水泥产业结构调整的主要模式。在不新增产能前提下，以提高区域产业集中度、新建规模化智能化水泥项目为标志的新一轮水泥行业产业结构调整已经在“政策组合拳”的推动下拉开序幕。新建水泥熟料项目前置条件的产能置换政策不断加严，有效遏制了新建项目盲目上马的苗头。工业和信息化部联合生态环境部出台并升级了常态化水泥错峰生产政策，压减过剩产能、减轻污染物叠加排放，缓解用能高峰。常态化错峰生产还写入了《2030年前碳达峰行动方案》（国发〔2021〕23号）。国务院授权、国家发展改革委颁布的《产业结构调整指导目录》（2019年本）将2000t/d（不含）以下新型干法水泥熟料生产线（特种水泥生产线除外）和60万吨/年（不含）以下水泥粉磨站列为限制类，不得新建并限期改造，将直径3m（不含）以下水泥粉磨设备（生产特种水泥除外）列为淘汰类，限期关停退出。

对于水泥行业来说，进行节能改造达到基准水平、争取标杆水平，是推进产业结构调整的重要衡量指标。

《冶金、建材重点行业严格能效约束推动节能降碳行动方案（2021—2025年）》对水泥行业又提出了更加严格的要求，到2025年水泥行业能效达到标杆水平的产能比例超过30%，行业整体能效水平明显提升，碳排放强度明显下降，绿色低碳发展能力显著增强。标杆水平为水泥熟料单位产品综合能耗100kgce/t，基准水平为水泥熟料单位产品综合能耗117kgce/t。目前的能效要求对照十年前水泥行业的整体水平，技术指标大约提高了5%~7%。

2021年10月新修订发布的GB 16780—2021《水泥单位产品能源消耗限额》（以下简称新版GB 16780）将于2022年11月1日起实施。新版GB 16780将熟料综合能耗3级（即能耗限定值/基准值）指标确定为不大于117kgce/t，等同于《节能降碳行动方案》中的基准水平。结合近三年调研测算的数据，约75%的水泥产能可以达到限定值要求，其余约25%产能尚无法达标。如果不及时进行技术改造，将有25%产能也就是4亿多吨水泥熟料产能面临淘汰退出的风险。

2021年5月30日，生态环境部印发的《关于加强高耗能、高排放建设项目生态环境源头防控的指导意见》（环评〔2021〕45号）要求新建、扩建“两高”项目应采用先进适用的工艺技术和装备，单位产品物耗、能耗、水耗等达到清洁生产先进水平。《节能降碳行动方案》又再次提高了新建项目的能耗准入条件，相当于将新建和改扩建水泥项目的能耗限额提升到标杆水平，也是新版GB 16780水泥熟料单位产品综合能耗1级（先进值）即100kgce/t。目前全国约有5%的产能可以满足这一要求。

随着资源日趋紧张、能耗双控不断加强、双碳目标不断推进，不具备规模优势的低效水泥产能，如果改造后仍达不到环保、能效、质量等约束标准，退出已成为趋势。今后新建水泥项目的能效应当至少要达到标杆水平。

五、水泥行业发展趋势

目前双碳和能耗双控等政策陆续出台，为企业兼并重组创造了条件，地方政府利用产能置换、兼并重组等产业政策提高产业集中度，扶持优势企业集团，加大退出低效水泥产能力度，优化产能布局。

在都市圈等市场需求较好的区域，整合 2500t/d 及以下生产线，建设 4000t 日产及以上甚至日产 8000t 及以上的超大规模水泥熟料项目，依托水泥熟料智能工厂，集聚形成绿色矿山开采修复—水泥/砂石骨料基地—高品质商品混凝土站—装配式建筑绿色低碳产业园—数智物流园区完整的产业链，促进能效提升至标杆水平，不断提高全员劳动生产率。

六、政策建议

水泥行业是基础原材料行业，是用能和排放大户，目前最紧迫的任务就是落实好碳达峰工作，把生态文明理念深刻融入行业发展的全过程。落实好碳达峰工作要以节能降碳为重点战略方向，实现减污降碳协同增效。实现减污降碳协同增效的关键就是持续提升先进产能比例，以兼并重组和能效达标为重点，充分发挥资源循环利用优势，加大力度实施节能降耗改造和原燃料替代，实现碳减排重大突破。

为此，提出以下政策建议。

（一）加快低效产能退出

坚决依法依规关停退出低效产能。鼓励不具备规模效益、能效水平达不到基准水平的、污染物排放达不到清洁生产要求的、水耗超标的低效水泥生产线，有序开展节能减排技术改造，整改后仍不合格的在 2024 年底前淘汰。

（二）严禁新增产能

保持全国水泥熟料产能只减不增。鼓励强化相关规划支撑，将水泥熟料产能控制目标等纳入地方“十四五”材料行业高质量发展规划，确保区域水泥熟料产能不再增加，严格落实水泥产能置换政策。对拟建、在建项目，应对照能效标杆水平或以上建设实施，推动能效水平应提尽提，全面达到标杆水平。

（三）推进常态化水泥错峰生产

精准施策安排好错峰生产。鼓励形成跨区域联防联控错峰生产机制。对错峰生产实施不力的采取限制产能置换、加大有序用电压减力度、减少能耗指标和碳排放配额等措施。加大监督落实和检查力度，合理缩短水泥熟料装置运转时间，有效避免水泥生产排放与燃煤、电力高峰消费排放叠加，降低二氧化碳排放量。

（四）优化产业布局，进一步提高区域产业集中度

推动联合重组和强链补链，提高产业集中度，实现资源优化配置。建设高水平水泥熟料基地。合理布局散装水泥设施，加强散装水泥物流装备建设，鼓励优势水泥企业自建中转库，提高散装水泥及预拌制品清洁运输水平。推进产业链、价值链向高质高端发展，加大对绿色矿山、精

品骨料、高性能混凝土、部品部件、装配式建筑等投资力度，积极培育建设装配式建筑全产业链园区。

（五）应用节能降碳技术

加快水泥熟料高效能低碳烧成装备和技术的应用，提升能源资源利用效率。鼓励高效低阻预热预分解系统、分解炉分级燃烧改造、多通道高效低氮燃烧器、节能风机电机、高效熟料篦冷机、节能辊压机终粉磨系统、外循环生料立磨等高效节能粉磨技术装备的推广应用。加快水泥窑新型耐火材料和成套技术、高效脱氮脱硫除尘一体化技术等推广应用。

（六）构建高效清洁生产体系

强化水泥企业全生命周期绿色管理，大力推行绿色设计，加快实施超低排放改造，全面实现清洁生产，鼓励创建绿色矿山、绿色工厂、绿色园区，构建绿色供应链。完善绿色低碳技术和产品检测、评估、认证体系，扩大绿色建材产品供给，提升绿色建材产品质量。

（七）推进智能制造，加强商用密码应用

推进数字化、信息化、智能化技术与制造技术融合发展，提升工业生产效率和能耗效率。鼓励建设高标准数字车间。提高节能管理信息化水平，鼓励建设能源管控中心，利用信息化、数字化和智能化技术完善重点用能单位能耗在线监测系统，建立节能技术推广服务平台。落实《中华人民共和国密码法》，加强商用密码在生产流程、协同处置危险废弃物和无人驾驶等方面的应用。

（八）科技创新引领行业绿色低碳

探索天然气、太阳能、风能、氢能等清洁能源技术应用，加快新型干法水泥窑替代燃料等技术研发，减少煤炭消费。加大水泥窑烟气碳捕集纯化等建材行业窑炉碳捕集技术、二氧化碳资源化利用和封存技术的研发和推广应用，加快降低生产运行成本。采用超前的均化配料（原料、燃料）控制技术方案与措施，调控影响水泥熟料矿物晶体结构的微量元素含量等方法提高水泥熟料质量，延长使用寿命。

（九）研发水泥基新材料

发挥重点水泥企业引领作用，发展高品质水泥和特种专用水泥，加快发展快凝快硬水泥、道路水泥、预拌砂浆、高性能混凝土、装配式混凝土建筑构配件及水泥制品。重点发展满足海洋、港口、核电站、隧道、高速公路等特殊工程、特种环境和新领域的高端特种水泥、高性能混凝土（UHPC）、大口径混凝土供排水管、城市地下管廊、混凝土管桩等混凝土制品，以及叠合楼板、楼梯阳台、空调板、承重保温装饰复合外墙板、轻质隔墙板等混凝土装配式建筑部品部件。

（十）加强固废综合利用

加快非碳酸盐原料替代，提高水泥原料含钙固废资源替代石灰石比重，全面降低二氧化碳过程排放量。支持垃圾衍生燃料、塑料、橡胶、生物质燃料等可燃废弃物高比例替代燃煤，推动替代燃料高热值、低成本、标准化预处理。鼓励水泥窑协同处置磷石膏、赤泥、电解锰渣等固体废物和垃圾焚烧飞灰等危险废弃物。

为了完成上述任务，就要注重如何保障提升先进产能比例。首要解决的问题就是加强政策衔接和统筹协调，保证能耗指标、污染排放许可跟随产能指标转移，实现各项生产要素流向先进产能。为此，提出以下保障措施的建议。

要全面统筹推进水泥行业碳达峰各项工作。应衔接好产能置换、能效约束、排污许可、碳排放配额等各项政策，鼓励行业企业兼并重组，开展省内置换的，支持退出产能对应的能耗指标和排污许可等随产能指标转移至先进产能。涉及区域内增加产能的水泥项目，应组织专业机构对项目必要性和可行性如市场因素、资源禀赋、交通运输、环境影响等进行前期论证。充分发挥好行业协会作用，做好各项工作支撑。

2021年中国水泥经济运行及2022年展望

中国水泥协会　陈柏林

2021年是“十四五”开局之年，也是我国开启“双碳”行动的元年，水泥行业面对“需求减弱、环保能效加码、成本大幅上升、减碳创新投入”等诸多挑战，水泥市场经历了数次“急转弯”，全国水泥需求和供给均出现异常波动。一方面，全国水泥市场需求受固定资产投资、房地产和基建投资增速大幅趋降影响，呈现出“需求减弱，前高后低，压力加剧”的特征。另一方面，供给端受“能耗双控、限电限产、煤价飙升”的影响，供给不足，成本大幅上涨，使得全国水泥市场价格出现“先抑后扬”的“V”型大幅波动走势。全年水泥行业效益总体水平同比虽有减弱，韧性犹在，行业利润依旧处于历史较好水平。

2022年预计水泥需求依旧处于平台期，总体平稳，稳中趋降。同时，受政策影响，低碳要求，用能限制，供给偏弱，产能总量发挥继续受控，主流市场价格有望保持坚挺，行业效益或继续保持稳定。

一、水泥相关宏观经济环境：主要投资指标减弱

固定资产投资、房地产投资、基建投资大幅减弱。根据国家统计局统计，2021年全国固定资产投资（不含农户）544547亿元，比上年增长4.9%；比2019年1—12月份增长8.0%，两年平均增长3.9%。基础设施投资同比增长0.4%，全国房地产开发投资147602亿元，比上年增长4.4%；比2019年增长11.7%，两年平均增长5.7%。12月份地产投资、新开工和竣工数据依旧较差。短期“房住不炒”仍为地产行业政策的主基调。

二、水泥产销：需求减弱，高开低走

2021年水泥需求总体表现为“需求减弱，前高后低”的特征。根据国家统计局统计，2021年全国水泥产量23.63亿吨，同比下降1.2%。2015年以来全国月度累计水泥产量增速如图1所示。

分区域看，全国六大区域中，华东和中南地区产量保持低速增长，分别为2.9%和0.3%；其余地区均明显下降，尤其是东北、西南水泥产量同比降幅最大，分别达到8.6%和8.5%。31省份中，18省市同比下降，其中，云、贵、藏下滑幅度最大，呈两位数下降。

三、水泥价格：价位创新高，呈现出“先抑后扬”走势

根据中国水泥协会数字水泥网监测，2021年全国水泥市场平均价格486元/吨，比2020年增长10.7%，在生产成本大幅上涨和供给收缩的背景下，水泥价格整体上移，价位创历史新高。从全年来看，水泥价格呈现出“先抑后扬”的走势。全国近五年P·O42.5水泥市场价格走势如图2所示。

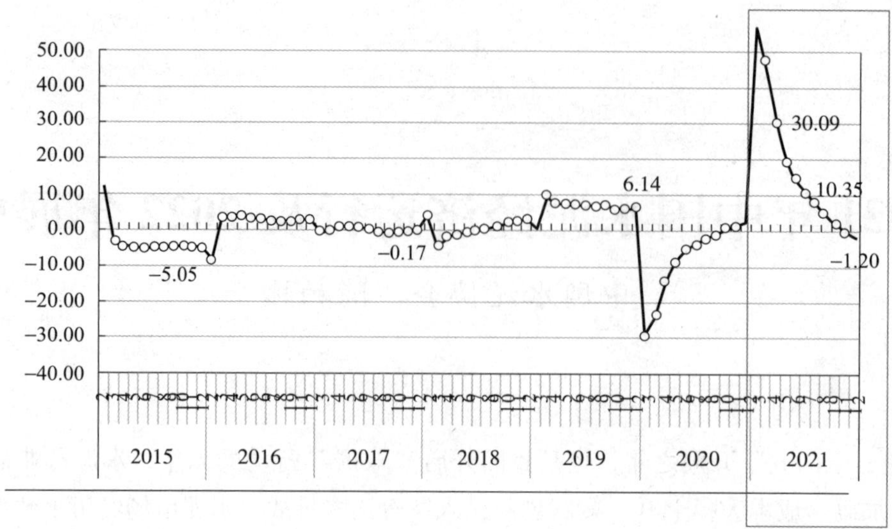

（来源：国家统计局、CCA数字水泥网）

图1　2015年以来全国月度累计水泥产量增速（单位:%）

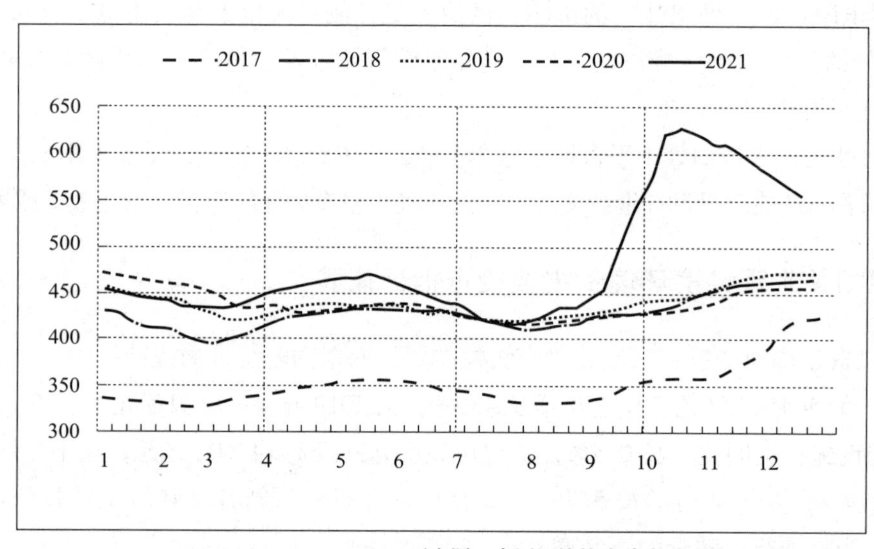

（来源：中国泥协协会信息研究中心、数字水泥）

图2　全国近五年水泥市场价格（P·O42.5）走势图（单位：元/吨）

价格大幅度上涨的主要原因：①能耗双控力度突然收紧。进入8月中下旬，广西、广东、江苏、云南等地，能耗双控、限电程度有所加剧，企业无法正常生产，导致水泥供应出现短缺。从跟踪情况看，能耗双控和电力供应短缺针对水泥企业限产范围达到20多个省份，且限产地区多为我国水泥主要生产基地，导致水泥生产供应不足，库存快速下降。②原燃材料上涨推高水泥成本大幅增长。煤炭价格不断上升，企业生产成本大幅度增加。促使全国大多数地区水泥价格出现大幅度上涨。年初以来煤炭价格高企，煤炭价格更是出现了暴涨，10月南部多个省份企业煤炭进厂价格达到2500元/吨甚至更高，比2020年同期增长三倍以上，支撑了水泥价格的跳涨。

分区域来看：全年价位最高的是中南地区，2021年均价533元/吨，其次是华东地区，2021年均价526元/吨，价位最低的是西南地区，421元/吨。

东北地区价格涨幅最大，2021年均价同比上涨38.9%。其次是西南和中南地区，涨幅9.5%和9.2%，涨幅最低的是西北地区，同比涨幅5.5%。2021年和2020年我国大区价格对比见表1，六大区P·O42.5水泥市场价格如图3所示。

表 1　2021 年和 2020 年我国大区水泥价格对比（单位：元/吨，%）

地区	2021 年	2020 年	比较	同比
全国	486	439	47.1	10.7
华北	461	424	36.5	8.6
东北	476	343	133.4	38.9
华东	526	484	42.3	8.7
中南	533	488	45.0	9.5
西南	421	385	36.4	9.5
西北	458	434	23.9	5.5

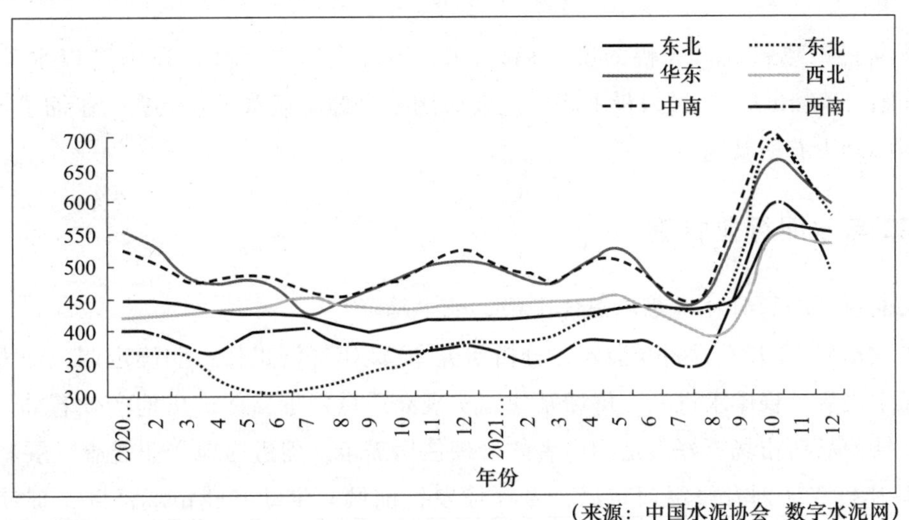

（来源：中国水泥协会　数字水泥网）

图 3　六大区 P · O42.5 水泥市场价格（单位：元/吨）

从数字水泥网监测的 31 个省会城市 P · O42.5 水泥市场价位来看，昆明价格最低，其次是太原，市场到位价均低于 400 元/吨，属于低价位区域。位于 400~450 元/吨的中低价位省会有 5 个，位于 450~500 元/吨的中价位的省会有 12 个，位于 500~550 元/吨的中高价位的省会有 9 个，位于高价位 550 元/吨以上的省会有 3 个，分别是广州、杭州、海口。

从全年价格同比涨幅来看，涨幅最大的区域是，长春、哈尔滨、沈阳，同比涨幅分别达到了 43%、39%和 34%，有 4 个区域同比出现下降，主要是拉萨、乌鲁木齐、郑州和昆明，分别下降 8%、7%、7%和 6%。2021 年 31 个省会 P · O42.5 水泥市场价位如图 4 所示。

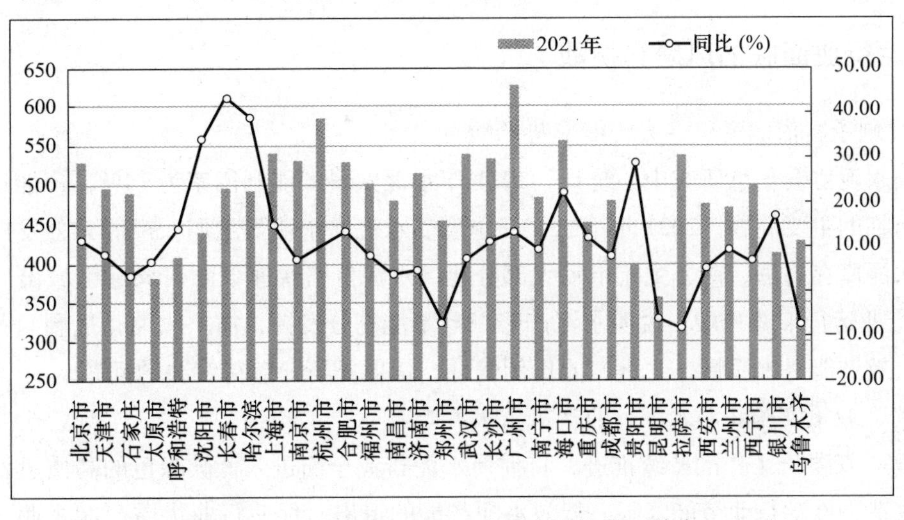

图 4　2021 年 31 个省会 P · O42.5 水泥市场价位（单位：元/吨）

四、效益情况：效益有所收缩，但依旧保持较好水平

2021 年全年需求虽略有下降，但水泥行业价格持续高位运行，且对成本传导能力不减，使得 2021 年水泥行业利润维持较好水平，根据工业和信息化部发布数据，2021 年水泥行业营业收入 10754 亿元，同比增长 7.3%，利润总额 1694 亿元，同比下降 10.0%。利润结构有所优化，北部区域利润贡献有所增加，尤其是长期处于亏损的泛东北地区实现全面好转。

五、进出口：进口量首次下降

中国在连续三年熟料进口大幅的增长后，2021 年首次出现下降，我国进口水泥熟料总量为 2772 万吨，同比下降 16.9%。进口量下降的主要原因是全球海运费大幅上涨，压缩了贸易利润，贸易商进口中国的动力有所减弱。

六、2022 年水泥行业展望

从需求层面看，2022 年水泥需求总体平稳，稳中趋降。

中共中央政治局 12 月 6 日召开会议，分析研究 2022 年经济工作：明确定调，加大宏观政策跨周期调节，稳字当头，稳中求进。支持新基建以实现高质量发展，促进房地产软着陆。推进保障性住房建设，支持商品房市场更好满足购房者的合理住房需求，促进房地产业健康发展和良性循环”。2022 年全年基建投资计划有望提前布局，专项债发行前倾，带动基建市场活跃，促使水泥需求回升，地产政策边际会放松，但考虑基建领域需求无法弥补地产领域水泥需求损失，预计全年需求稳中趋降，降幅约为 2%~3%。全年水泥需求同比增速将呈现出先抑后扬，前弱后强的特点。

从供给层面看，环保低碳预期依旧保持“持续加码”态势，“错峰生产常态化”“碳达峰”“限电”等因素对大部分区域水泥供给压缩产生明显制约。此外，政府对包括水泥在内“两高”新增项目进行严格的管控，产能结构将进一步优化，节能挖潜增效将迈出新的步伐。

从价格和效益角度看，2022 年行业效益水平将持续保持稳定局面，主流市场价格有望在高位保持震荡调整走势。在认真执行产能减量置换和常态化错峰生产产业政策的前提下，提高产业集中度，延伸水泥产业链，强化产业供给链，有政策的支持和大企业领导人的信心，相信 2022 年，全行业经济效益仍然会出现稳增长局面。

七、水泥行业面临的风险和挑战

1. 产能过剩矛盾依旧突出，去产能形势严峻

根据中国水泥协会信息研究中心统计，2021 年水泥熟料产能利用率为 74%，产能过剩依旧是当前水泥行业面临的主要问题。2021 年第二、三季度受水泥需求明显趋弱，产能充分发挥、供给不减的推动下，水泥库存高涨，南方主流市场大部分地区水泥价格快速下降，局部区域出厂价陆续跌破 300 元/吨，行业运行形势严峻。说明水泥产能一旦不能充分发挥，需求收缩，过剩问题凸显。产能总体过剩，低效产能退出缓慢，先进产能比例偏低，依旧是行业急待解决的问题。

2. “双碳”政策实施将对水泥行业产生重大影响

随着我国“双碳”工作的持续推进，将促使水泥行业全面进入低碳绿色的高质量发展阶段，促进产业升级改造，推动行业节能降碳，低效水泥产能的退出，促使行业优质产能企业、龙头企业竞

争优势凸显，并有望通过兼并重组进一步提高产业集中度。“双碳”推进，将促进水泥企业产业链延伸，推进行业协同处置、智能化和布局新能源，同时，也必然将推高水泥企业综合成本。

要加大减碳技术创新的投入，构建行业碳减排的协同机制。要加快行业率先碳达峰的步伐，做好完成碳配额指标情况下的产能和产量输出，研究和积极参与碳交易市场。

3. 需求走弱、成本持续提升，效益稳增长面临挑战

2022 年全球的经济形势依旧复杂，国内经济的压力和风险依然存在，在水泥需求上，行业要做好应对需求较大下滑的预案。唯有加大执行常态化错峰生产，调节好供需动态平衡，强化行业自律诚信，依靠大企业集团的市场主动作用，发挥省级协会的协调服务能力，借助能源双控和减污降碳政策，有效控制供给端的过剩产能，才能应对市场风险。

水泥行业是能源依赖性产业，煤炭和电价的大幅上涨，将大幅度增加水泥生产成本。同时，能耗、安全、环保要求不断提高，也导致水泥企业不断加大技改投入，致使企业各种生产要素成本增加，将对水泥行业效益稳增长提出挑战。中国水泥的市场越来越成熟，企业家越来越理性，行业协会的服务能力越来越增强，这都是化解行业面临发展风险和挑战有利条件。

2021年中国水泥产品质量分析报告

中国水泥协会标准和质量专业委员会
张庆华　戴　平　崔　健　王长安　于克孝

水泥是重要的基础原材料，广泛应用于土木建筑、水利、国防等工程，为改善民生、促进国家经济建设和国防安全起到了重要作用。水泥产品的质量与工程质量特别是人民群众的生命安全密切相关。2021年是“十四五”开局之年，也是我国开启“双碳”行动的元年，水泥行业在面临需求减弱、环保能效加码、成本大幅上升、减碳创新投入等诸多挑战下，实现全年水泥产量23.63亿吨，同比下降1.2%。

从近几年的情况来看，水泥行业总体发展良好，但产能过剩矛盾依旧没有根本解决，据中国水泥协会统计，2021年我国水泥熟料产能利用率为74%；除此以外，还存在批小建大、假冒伪劣、山寨名牌、工程检验报告造假等非法行为，扰乱了市场秩序；部分地区存在的产业政策执行不到位、相关单位责任意识不强、监管存在薄弱环节等问题，在一定程度上也制约了水泥行业的高质量发展。面对当下水泥行业的发展现状，如何推动高质量发展，强化水泥市场秩序治理，保障人民生命安全，是需要全行业重点关注的问题。

一、水泥产品质量相关标准发展情况

2021水泥行业发布实施多项国家标准、行业标准和团体标准，主要涉及水泥及原、燃材料检测方法，对于保障水泥行业检测方法标准的有效供给，推动水泥行业检测技术发展和产品质量提升具有重要的意义，具体详见表1。

表1　2021年水泥行业制修订的相关国家、行业、团体标准清单

序号	标准名称	标准号	发布日期	实施日期
1	《水泥胶砂强度检验方法（ISO法）》	GB/T 17671—2021	2021年12月31日	2022年7月1日
2	《水泥窑协同处置污泥及污染土中重金属的检测方法》	GB/T 41058—2021	2021年12月31日	2022年7月1日
3	《硅酸盐水泥熟料矿相X射线衍射分析方法》	GB/T 40407—2021	2021年8月20日	2022年3月1日
4	《水泥胶砂抗冻性试验方法》	GB/T 41060—2021	2021年12月31日	2022年7月1日
5	《黏土化学分析方法》	GB/T 16399—2021	2021年10月11日	2022年5月1日
6	《明矾石膨胀水泥化学分析方法》	JC/T 312—2021	2021年3月5日	2021年7月1日
7	《水泥用铁质原料化学分析方法》	JC/T 850—2021	2021年3月5日	2021年7月1日
8	《水泥用硅质原料化学分析方法》	JC/T 874—2021	2021年3月5日	2021年7月1日
9	《建材用萤石化学分析方法》	JC/T 911—2021	2021年3月5日	2021年7月1日
10	《水泥及熟料中重金属ICP-OES检测方法》	T/CCAS 019—2021	2021年12月1日	2022年3月1日
11	《水泥水化热测定方法（等温传导量热法）》	T/CCAS 017—2021	2021年3月30日	2021年6月30日
12	《水泥用低热值原燃料发热量的测定方法》	T/CCAS 018—2021	2021年3月30日	2021年6月30日

二、2021 年全国各地水泥产品质量监督抽查情况

2021 年 3 月 31 日，国家市场监督管理总局发布《市场监管总局关于印发〈全国重点工业产品质量安全监管目录（2021 年版）〉的通知》（以下简称《通知》），水泥产品继续作为质量安全监管重点产品，《通知》要求各省、自治区、直辖市及新疆生产建设兵团市场监管局（厅、委）要加强监管合力，要根据产品质量安全风险高低，分类采取监督抽查、生产许可、风险监测、执法打假、认证认可、缺陷产品召回等措施，多措并举、综合施策，推动产品质量安全监管协同化。

根据国家市场监督管理总局公告，2021 年对水泥产品质量进行了监督抽查，抽查了 26 个省（区、市）468 家企业生产的 468 批次产品，发现 21 批次产品不合格，抽查不合格率为 4.5%，较上次抽查下降 1.0 个百分点。重点对三氧化硫、氧化镁、烧失量、不溶物、氯离子、凝结时间、安定性、强度、放射性、水溶性铬（Ⅵ）、细度、保水率等 12 个项目进行了检验。不合格项目涉及水溶性铬（Ⅵ）、氯离子、胶砂强度。该产品近 3 年抽查不合格率分别为 8.6%、5.5%、4.5%。

除水泥产品国家质量监督抽查外，2021 年中心共收集和统计到全国 20 个省开展的 42 次省市级水泥产品质量监督抽查结果，共计抽查产品 1856 批次，1792 批次产品合格，平均合格率为 96.55%，较去年监测到的各省市水泥产品监督抽查 95.04%的合格率略有增长。氯离子、水溶性铬（Ⅵ）、强度为抽查发现的主要不合格项目，详见表 2。

表 2　2021 年各省市地区水泥质量监督抽查情况

序号	地区	抽样数量	不合格数量	合格率	不合格项目
1	安徽（1）	31	2	93.5%	净含量
2	安徽（2）	5	0	100.0%	—
3	福建	1	0	100.0%	—
4	广西（1）	2	2	0.0	氯离子，水溶性铬（Ⅵ）
5	广西（2）	6	0	100.0%	—
6	贵州	130	1	99.2%	烧失量
7	河北（1）	3	3	0.0	水溶性铬（Ⅵ），氯离子
8	河北（2）	33	1	97.0%	氯离子
9	河北（3）	11	0	100.0%	—
10	河南（1）	17	2	88.2%	28 天抗压强度
11	河南（2）	61	0	100%	—
12	黑龙江	90	2	97.8%	初凝时间、28 天抗压强度
13	湖北（1）	120	2	98.3%	28 天抗压强度、水溶性铬（Ⅵ）
14	湖北（2）	3	3	0.0	28 天抗压强度、水溶性铬（Ⅵ）
15	湖北（3）	20	0	100.0%	—
16	江苏（1）	5	5	0.0	氯离子
17	江苏（2）	10	0	100.0%	—
18	江苏（3）	15	0	100.0%	—
19	江西（1）	19	0	100.0%	—
20	江西（2）	50	1	98.0%	28 天强度
21	江西（3）	9	0	100.0%	—
22	辽宁（1）	210	6	97.1%	3 天抗折强度、3 天抗压强度、水溶性铬（Ⅵ）

续表

序号	地区	抽样数量	不合格数量	合格率	不合格项目
23	辽宁（2）	130	6	95.4%	3天抗折强度、3天抗压强度、水溶性铬（Ⅵ）
24	内蒙古	190	6	96.8%	氯离子
25	山东（1）	3	3	0.0	氯离子
26	山东（2）	3	3	0.0	氯离子
27	山东（3）	70	2	97.1%	氯离子
28	山东（4）	15	0	100.0%	—
29	山东（5）	1	0	100.0%	—
30	山东（6）	68	0	100.0%	—
31	山东（7）	26	0	100.0%	—
32	陕西（1）	2	2	0.0	28天抗压强度、水溶性铬（Ⅵ）
33	陕西（2）	92	1	98.9%	水溶性铬（Ⅵ）
34	陕西（3）	132	2	98.5%	28天抗压强度、水溶性铬（Ⅵ）
35	陕西（4）	83	1	98.8%	净含量
36	四川	60	0	100.0%	—
37	天津	20	0	100.0%	—
38	浙江（1）	10	0	100.0%	—
39	浙江（2）	22	3	86.4%	氯离子、28天抗压强度
40	广东	3	0	100.0%	—
41	贵州	12	0	100.0%	—
42	重庆	63	5	92.1%	28天抗压强度、水溶性铬（Ⅵ）
总计		1856	64	96.55%	—

数据来源：各省市地区市场监督管理局网站。

三、水泥产品日常委托检验结果综述

随机抽取国家水泥质量检验检测中心受理的1158组通用水泥样品检测结果，包括硅酸盐水泥样品80组，普通硅酸盐水泥样品825组，复合硅酸盐水泥样品71组，矿渣硅酸盐水泥样品103组，粉煤灰硅酸盐水泥样品9组，火山灰质硅酸盐水泥样品6组，砌筑水泥64组。其中27组样品不合格，合格率为97.67%，不合格项目主要有水溶性铬（Ⅵ）、氯离子、游离氧化钙、胶砂强度、三氧化硫、凝结时间、氧化镁、比表面积及细度等。其中水溶性铬（Ⅵ）不合格问题最为严重，27组不合格样品中有10组样品水溶性铬（Ⅵ）不合格。

从水泥品种来看，复合硅酸盐水泥、粉煤灰硅酸盐水泥、火山灰质硅酸盐和砌筑水泥合格率为100%，硅酸盐水泥合格率为98.75%，普通硅酸盐水泥合格率为97.33%，矿渣硅酸盐水泥合格率96.12%，详见表3。

表3　2021年国家水泥质检中心通用水泥产品委托检验结果

序号	水泥品种	样品数量	合格率	不合格项目
1	硅酸盐水泥	80	98.75%	水溶性铬（Ⅵ）
2	普通硅酸盐水泥	825	97.33%	水溶性铬（Ⅵ）、游离氧化钙、强度、三氧化硫、凝结时间、氧化镁、比表面积、细度
3	复合硅酸盐水泥	71	100%	—

续表

序号	水泥品种	样品数量	合格率	不合格项目
4	矿渣硅酸盐水泥	103	96.12%	强度、氯离子
5	粉煤灰硅酸盐水泥	9	100%	—
6	火山灰质硅酸盐水泥	6	100%	—
7	砌筑水泥	64	100%	—
合计		1158	97.67%	—

四、全国水泥大对比结果分析

根据工业和信息化部《关于提升水泥质量保障能力的通知》（工信部原〔2017〕290号）文件要求，按照T/CBMF 17—2017《水泥生产企业质量管理规程》和GB/T 27043—2012《合格评定能力验证的通用要求》规定，国家水泥质量检验检测中心于2021年3—10月组织开展了“全国第十八次水泥品质指标检验大对比”工作。本次大对比在样品设计上做了重要调整：设置了三种外观一致、特征量值不同的样品，调整了对比检验参数和允许误差。本次大对比共有1331家单位参加，总体合格率为89.03%，较2019年的第十七次水泥品质指标检验大对比94.43%的总体合格率，降低了5.4个百分点。建议不合格企业需查找原因，加强质量意识和质量管理，提高检测水平。

五、水泥中水溶性铬（Ⅵ）风险提示

水泥中水溶性铬（Ⅵ）会对人的健康及环境产生不可逆转的伤害，为系统和持续地对我国水泥中水溶性铬（Ⅵ）的含量进行数据的收集和分析，掌握变化趋势、地域差别等信息，做好相关地区水泥产品质量安全管理，国家水泥质量检验检测中心于2021年继续对我国通用硅酸盐水泥和砌筑水泥产品中水溶性铬（Ⅵ）的含量进行风险监测，本年度共监测1343组水泥样品，其中，生产领域1232组，工程领域76组，流通领域35组，样品覆盖全国31个省。检测结果表明，样品的合格率为97.86%，其中，生产领域水泥样品的合格率为98.05%，工程领域的样品合格率为96.05%，流通领域的样品为94.29%。

自2016年水泥中心开展全国水泥中水溶性铬（Ⅵ）风险监测工作以来，随着我国水泥行业监管部门对水溶性铬（Ⅵ）监测重视程度不断提高，水泥生产企业产品质量控制水平不断提升，我国水泥产品水溶性铬（Ⅵ）含量超标情况在逐步好转，水溶性铬（Ⅵ）监测合格率已从2016年的84%提高到2021年98%以上，总体平均值从2016年的7.3mg/kg降低到2021年的3.8mg/kg。但是按照欧盟的标准来判定的话，仅有24.72%的水泥样品中的Cr（Ⅵ）含量符合欧盟限量值［欧盟Reach法规2006-1907中规定水泥Cr（Ⅵ）含量不高于2mg/kg］。从近几年国家、地方水泥产品质量监督抽查结果以及中心委托检测结果来看，水溶性铬（Ⅵ）依然为主要不合格项。相关管理部门及水泥企业仍需高度重视。

六、水泥中氯离子风险提示

国家标准GB 175—2007《通用硅酸盐水泥》中规定了六类通用硅酸盐水泥氯离子含量不大于0.06%。为系统和持续地对我国水泥中氯离子含量进行监测数据收集和综合分析，国家水泥质量检验检测中心对2021年我国水泥产品氯离子含量进行风险监测，以通用硅酸盐水泥为监测目标，共监测2683组样品。其中，生产领域样品2586组，工程领域样品71组，流通领域样品26组，样品覆盖全国 31 个省。监测结果表明，样品的合格率为 98.89%，其中生产领域的样品合格率为 99.73%。工程领域的样品合格率为 67.61%，流通领域的样品合格率为 100%。从监测结果可以看到，工程领域水泥中氯离子含量超标现象非常严重，而氯离子含量超标会引起混凝土钢筋锈蚀，影响到建筑物的寿命和安全，因此，水泥产品氯离子含量情况需引起相关部门的重视，保证建筑工程质量安全。

七、2021 年全国水泥产品质量舆情综述

2021 年共监测到水泥产品质量相关舆情 30 余起，涉及产品质量问题包括假冒伪劣、质量不合格、无证生产、无证经营、伪造化验报告等情况，还包括产品误用给消费者造成损失。此类产品质量问题不仅给建筑施工企业带来巨大的隐患，而且严重破坏了市场的健康发展和社会的稳定。

目前产能过剩依然是水泥行业的主要矛盾，部分不法企业或个人为追求利益，违法违规生产，多掺乱掺混合材，不注意控制产品指标，靠低成本追求高利润，甚至出现无证生产、假冒名牌水泥产品的情况。在给消费者造成了财产损失同时，也给人民的生命财产安全埋下了隐患。对此，行业主管部门需要加大监管力度、强化行业质量管理，严厉打击假冒伪劣，严厉查处不具备生产许可证生产要求的水泥产品，强化行业质量监督与管理。

八、总结及建议

2021 年我国水泥质量情况总体平稳，但仍存在一定的质量问题和质量风险。水泥产品作为关乎国计民生的大宗原材料，其质量直接影响人民的生命财产安全，因此，在水泥产品生产过程中必须要对其质量进行严格控制和管理，保证水泥产品符合国家相关标准。针对目前水泥行业存在的质量问题和质量风险，提出如下建议：

1. 强化生产企业主体责任意识，加强产品质量管控

质量是企业永恒的主题，水泥生产企业作为产品质量责任主体，要强化质量意识，加强质量教育宣传，落实质量目标考核，建立质量激励竞争机制，加强质量监督与跟踪落实，认真解读并严格执行由国家市场监督管理总局等七部委联合发布的《关于提升水泥产品质量规范水泥市场秩序的意见》（国市监质监发〔2021〕30 号）相关要求，保证出厂水泥符合相关标准要求。

2. 打击违法行为，营造有序的市场环境

各地有关部门要加大对《中华人民共和国商标法》《中华人民共和国反垄断法》等法律法规的宣传解读力度，加大对商标、专利侵权的打击力度，充分运用驰名商标保护手段加大对知名品牌合法权益的保护。严厉查处无证生产、生产销售假冒伪劣水泥、工程检验报告造假等违法违规行为，涉嫌犯罪的依法追究刑事责任，相关执法查处信息要记入信用记录，纳入全国信用信息共享平台和国家企业信用信息系统，对企业和企业负责人实施联合惩戒。畅通投诉举报通道，公布投诉举报电话，扩展相关案件来源，打击违法行为。

3. 加强质量安全监管，强化水泥产品质量监管精度

建议有关部门加大水泥产品质量监督抽查力度，尤其是对城乡结合部、农村建材市场和商店的监督抽查，扩大覆盖面、增加频次，对不合格产品和企业要实施跟踪抽查，重点抽查氯离子、强度、水溶性铬（Ⅵ）等安全指标。对检查中发现的不合格产品，要依法责令企业停止生产、销售，并限期整改；对涉嫌犯罪的，及时移送司法机关。除通用水泥产品外，建议开展特种水泥产品质量监督抽查，确保各类建筑工程质量安全可靠。

4. 追踪产品流通，逐步建立完善水泥产品质量可溯源体系

针对水泥行业假冒伪劣、无证生产难以取证、难以追溯的问题，需运用数字化、智能化、物联网等手段建立产品质量追溯体系与信用评价管理相结合的“一体两翼”监管模式，对水泥及熟料从生产到消费市场实施精细化管理，跟踪、记录水泥及熟料生产、流通、使用全链条质量安全信息，守住质量安全底线。

5. 加强标准引领，深入开展水泥产品标准和质量宣传培训

充分发挥标准对于行业的引领作用，逐步完善水泥行业国家标准、行业标准体系，不断推动产品质量控制和检测手段发展；大力发展水泥行业团体标准，快速推广先进技术、确保落实产业政策、有效规范市场秩序。近几年水泥产品标准及生产许可证政策变化较大，水泥生产企业应及时跟踪水泥产品相关标准的变化，形成层层追溯、全员相互监督的机制，根据标准的变化及时调整生产工艺，合法合规生产经营。

6. 加快产业升级，积极推动智能制造数字化、自动化转型

贯彻落实工业和信息化部印发的《建材工业智能制造数字转型行动计划（2021—2023 年）》，开展建材工业信息化生态体系构建行动、建材工业智能制造技术创新行动，促进水泥行业生产方式的自动化、智能化、无人化变革。建议企业采用智能制造生产模式，推广使用水泥产品质量在线监测等智能化手段以及企业集团内部的产品质量管理信息化系统，切实提高产品质量智能化管控水平。

综上，水泥产品的质量保证和质量提升是政府机构会同行业部门以及生产、流通各领域各主体共同努力、自律维护的责任和义务，行业主管部门应坚持放管结合、并重，在开展一站式服务、生产许可证下放等为企业减负的措施下，加强质量安全风险监测，分类分级进行监督和整治，保障行业质量安全底线。各质检机构和各大企业集团要发挥第三方检测机构和龙头生产企业优势，强化质量诚信意识，深入开展水泥产品标准和质量宣传培训，狠抓生产过程管理，积极推动我国水泥产品高质量发展。

推动水泥工业“两能融合”，促进行业高质量发展

中国水泥协会　高旭东

2020 年 9 月，中国在第七十五届联合国大会上向国际社会作出“中国将力争 2030 年前达到二氧化碳排放峰值，努力争取 2060 年前实现碳中和”的郑重承诺。随后，这一“3060 目标”被纳入《中华人民共和国国民经济和社会发展第十四个五年规划和 2035 年远景目标纲要》。同年在十九届五中全会上对加快推动绿色低碳发展做了决策部署，要求坚决遏制高耗能、高排放项目盲目发展，推动绿色转型和高质量发展。因此，水泥工业的绿色低碳、高质量发展将是水泥行业发展道路上关键里程碑。

对于水泥工业绿色低碳发展的重要环节之一即是节能工作。据粗略统计，2020 年中国水泥行业电力消耗占全社会用电总量超过 2%，约 2000 亿千瓦时；煤炭消费总量约 1. 7 亿吨标准煤；2020 年水泥工业能源活动直接碳排放约 4. 52 亿吨，因此实现双碳目标任重而道远。

智能制造是基于新一代信息技术与先进制造技术深度融合，是一种面向未来的先进生产方式。“十三五”期间，水泥工业在智能制造领域做了大量卓有成效的工作，智能制造技术在水泥行业应用的广度和深度都有明显的提升。“十四五”期间，在水泥行业绿色转型和高质量发展的新形势下，推动水泥工业“两能融合”尤为必要。

一、“两能融合”的含义及特征

“两能融合”，顾名思义指的是“节能”与“智能”的融合发展，其中节能是目的，智能是手段。智能技术促进节能技术创新和能效提升，节能的深入和推广加速智能技术应用的深度和广度。水泥行业“两能融合”的最终目标是促进和加速实现行业发展的绿色转型和高质量发展。水泥行业“两能融合”具有如下特征：

1. 相互支撑与促进

水泥行业的节能低碳绿色发展需要智能化作为深入发展的技术支撑；同样低碳绿色发展的高层次要求反向促进智能化技术应用的深度和广度。

2. 多层次融合

水泥工业节能低碳绿色转型涉及水泥工业设计、装备、工艺、管理等各个方面，智能制造技术需要从多角度、多层次深入融合。同样，智能制造领域的工业互联网、大数据、云计算、人工智能等也需要在水泥工业各层次上发挥作用。

3. 创新与提升

“两能融合”不仅仅是节能和智能技术的叠加，更是在两者融合基础上的创新和提升。创新和提升是相互促进，智能制造技术使传统节能技术和应用推陈出新，节能潜力的深度挖掘促使智能化领域新应用的创新和开拓。

二、水泥行业“两能融合”的实施范畴

水泥行业绿色转型发展，节能低碳是重要一环。如上所述，水泥工业节能低碳绿色转型涉及水泥工业设计、装备、工艺、管理等各个方面。

1. 工业设计

水泥企业的节能低碳从最开始的设计阶段就已经融入。设计阶段两者的融合主要是工艺选型、装备匹配和节能潜力计算，在此过程中应全面介入信息化技术手段，以使设计更准确、可靠和高效。

2. 仪表与装备

装备尤其大型装备是水泥企业生产活动中最重要的耗能载体，节能潜力多来自于此。仪表则是生产线和装备的眼睛和耳朵，是智能化实施的基础。通过部署更多先进、智能的自动化仪表，提升装备的智能化水平，有助于发挥装备的节能潜力。

3. 工艺技术

当前主要为新型干法水泥生产工艺，工艺技术的优化和调整是重要的节能手段。现在已经在分解炉煅烧精细控制、回转窑优化控制、在线监测自动控制等方面开展了一系列工作，通过应用模糊数学、灰色系统理论和人工神经网络等智能化技术对水泥生产工艺数据建立自学习、自反馈模型，实现工艺节能的深度挖潜。

4. 管理节能

“十三五”期间，水泥行业在管理节能方面取得了快速的进展，能源管控中心建设如火如荼，有超过30%的生产线上线了在线能源管控系统。能源管控系统能够对水泥厂生产过程中涉及的水、电、煤、气等能源、资源的消耗和使用实时监测和统计，是“两能融合”在实践中的典范。

三、水泥行业“两能融合”的实施路径

1. 统筹和规划

水泥行业实施推进“两能融合”需要全面地统筹和规划。宏观层面需要建立水泥工业“两能融合”的技术和管理标准体系，奠定发展基础条件；梳理“两能融合”专项技术目录和应用指南，在行业内广泛公布；开展企业（集团）级“两能融合”技术应用；产业链层面，利用物联网、大数据等技术发展能源综合与循环利用，实施推进链上企业综合节能。“两能融合”实施路径如图所示。

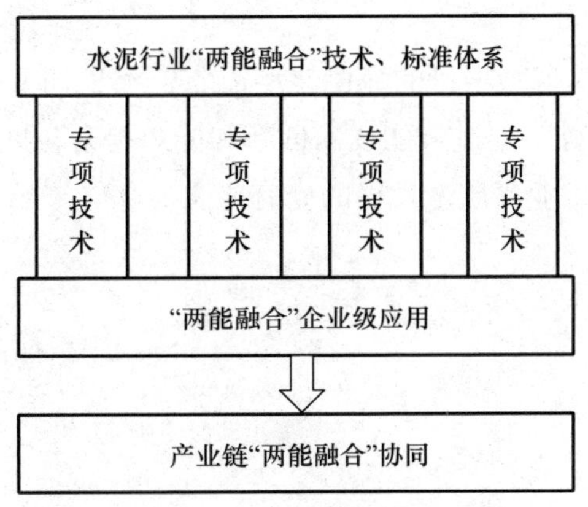

图　水泥行业“两能融合”实施路径

2. 实施方法论

“两能融合”技术推动水泥企业节能减碳、绿色转型，体现了一种持续性、周期性的系统寻优理念，以“发现问题、分析问题、解决问题、评估成效”为一个周期，对水泥企业生产资源的配置和运行进行系统性、持续性优化，从原辅料及能源、工艺技术、过程控制、设备、管理、员工等各个方面寻找节能减碳途径和方案。采用持续不断的系统寻优理念实施“两能融合”促进企业节能减碳，其核心是运用一套基于模型的“建模、仿真、评估、优化”的方法体系。因此，围绕水泥企业节能降碳所开展的技术改造、生产管控、工艺优化、设备管理、能源管理、在线监测等各项业务，都需要基于模型的分析与优化方法的支撑。对“两能融合”的实践应用，这是一项基础工程，是企业节能工作与智能化应用相互融合的前提。

3. 技术实施路径

水泥企业“两能融合”实施一般分为三个阶段：基础发展阶段、初步融合阶段和高度融合阶段。

（1）基础发展阶段。该阶段是“两能融合”促进企业节能减碳、绿色发展的初级阶段。主要任务是运用数字化技术手段在水泥工业设计、装备、工艺、管理等各个方面奠定基础；搭建不同层级网络基础设施、生产操控的自动化、基础信息化应用等。这一阶段的发展成果为“两能融合”推动企业节能减排提供了基本的软硬件环境。

（2）初步融合阶段。该阶段是“两能融合”促进企业节能减碳、绿色发展的中级阶段。在实施“两能融合”的基础条件具备之后，随着智能技术在企业应用的逐步增多，针对水泥工业不同层次、不同管理单元的节能减碳潜力挖掘更加深入，水泥工业可以从能源管理信息化、生产工艺优化、过程管控节能、设备精细化管理等各项关键环节为能源优化目标，逐渐强化智能化手段对节能减碳应用目标的覆盖和渗透。但此时“两能融合”的支撑面和覆盖面仍不完全，需要进一步加强。

（3）高度融合阶段。该阶段水泥工业“两能融合”逐步从单一环节向集成、综合的方向转变，从单元节能减碳向系统节能减排技术转变。经过基础发展阶段以及初步融合阶段的建设工作，水泥工业实施“两能融合”推动水泥企业节能减碳、绿色转型的基础建设趋于完备，“两能融合”的工作重点已经进入协同与综合集成业务领域，面向全过程、产业链的节能减碳。节能与智能的深度融合、能源管控体系的综合集成、跨产业链的能源协同等技术领域成为该阶段的重要技术组成部分。

上述三个阶段相辅相成，上一个阶段是下一个阶段的基础，不能孤立分割。三个阶段的逐步推进过程体现出“两能融合”的程度由浅到深，水泥工业绿色发展水平由低到高。

四、结语

“双碳”目标的提出和“双高”项目的绿色转型需求，都迫切要求水泥工业在节能、低碳领域发生重大改变，实施“两能融合”促进节能技术创新和能效提升，推动水泥行业节能低碳发展水平提高和绿色转型加速，是水泥工业高质量发展的应有之义。

水泥行业设备智能运维平台发展趋势探讨

安徽容知日新科技股份有限公司

近年来，随着动设备预测性维护技术的逐渐成熟，采购成本的降低，越来越多的企业开始开展设备预测性维护系统建设，经过近几年的实践，设备预测性维护系统能够实现设备状态数据实时在线及预警，能及时发现设备隐患，减少非计划停机，为设备检修提供决策依据，并能有效帮助现场运维人员减负增效。在此基础上，通过融合更多的数据、打通企业各类业务，智能运维平台目前也在许多企业落地，帮助企业以数据为基础驱动运维业务变革，实现智能运维转型。

一、成效与投入不成正比，智能运维亟需解决的四大问题

近年来我们惊喜地看到越来越多企业实践预测性维护甚至建成智能运维平台，但是我们也遗憾地发现在快速普及和推广的同时也存在诸多问题：许多企业投入了大量资金和时间，但是最终效果不及预期，即使部分系统使用效果良好，但是由于缺乏长期规划性、灵活性和兼容性，也导致了严重的信息孤岛，无法满足未来长期使用的需求的各类问题。安徽容知日新科技股份有限公司（以下简称“容知日新”）通过多年的行业实践和调查，发现当前智能运维建设主要存在以下四大问题。

（一）问题一：技术质量参差不齐，基础不牢

目前的预测性维护系统，数据采集手段多种多样，各厂家传感器、数据采集器等产品技术水平参差不齐采集、传输的数据准确性、及时性、完整性存在较大差异。

多数设备仍以离线监测为主，具备自动上传、智能分析等功能的仪器配备不足，多数监测系统数据仍需手动记录和上传，人为因素干扰较大，同样无法保证数据准确性和及时性。

除以上问题，目前的预测性维护厂家许多以软件起家，不具备传感器自主研发生产的能力，软件公司贴牌传感器，价格昂贵，售后难保障。没有根据水泥行业应用场景定制开发，不符合现场实际使用需求。

（二）问题二：缺乏顶层整体规划，导致信息孤岛，无法满足未来需求

随着国家政策收紧与经济形势的下滑，水泥行业近年加快了智能化转型步伐，智能运维作为智能工厂三大环节中见效最快的一环，许多企业从多年前就开始快速推进智能运维建设，然而由于缺乏顶层整体规划、行业本身前些年技术不够成熟，企业通过多个独立的一揽子工程去招标，缺乏统一的规划，最后建成了一批使用方式不一、技术手段不一、应用效果参差不齐的项目，项目各有利弊，难以取舍，难以在集团进行大面积推广，无法形成高效的标注化覆盖，智能化数字化转型如果没有一定数量的覆盖就无法体现其价值，最后形成了多个信息孤岛。

为了打破孤岛，可能又要花掉数倍于原计划的资金来连通所有的孤岛，不仅浪费了大量资金，

更耽误了企业宝贵的数字化转型时间，最后项目越做越乱，智能运维越规划越难落地。

（三）问题三：智能化水平不足，无法实现真正智能运维

智能，作为智能运维的核心，目前的智能运维平台能实现高度智能的并不多。工业生产不容有失，基于预测性维护的智能运维需要从感知、传输、计算分析的每一个环节进行智能化改造，需要能够精准地判断设备状态、给出结论建议并智能推动业务开展。

以目前的技术水平，想要实现以上应用场景几乎是不可能的，究其原因主要是因为工业不像ToC行业，有着大量的样本数据，工业行业千差万别，设备种类丰富多样，即使是同类型设备，在不同的工况环境下其运行状态也相差甚远。

除此之外，设备运维必须要可解释，我们不仅要能够精准预知设备缺陷，还需要了解设备缺陷的原因，否则无法以数据推动业务智能流转，无法积累运维经验并实现整体运维水平的长期提升。传统智能算法训练方式能做到智能化判断，但是并没有办法给出判断的依据和解释，这就注定智能运维必须采用“数据+机理+经验”相结合的开发模式才能满足智能运维的需求。

因此在现有的技术条件下，要实现运维的完全智能化还需要一定时间，当前不能盲目地追求纯粹的智能化，依托“智能+人工”相结合的方式合理地建设智能运维项目，通过做好长期规划，分步实施，通过智能、人工、体制同时成长的方式才更加合理和高效。

（四）问题四：没有结合企业业务实际，系统用不起来，无法实现自主可控

随着智能传感、物联网、大数据、AI人工智能等技术的飞速发展，这些技术目前也被融入智能运维平台，平台的技术越来越先进，许多企业也的确建成了技术架构极其先进的平台。然而平台好不是真的好，用得好才是真的好。

许多企业在建成先进的智能运维平台之后，企业运维效率、运维费用不降反升；许多企业的运维人员都反馈新的平台不会用、用不惯。一个好的智能运维平台不应只有先进的技术，不仅懂行业、懂企业，而且能完美结合企业实际业务需求，才能让运维人员主动用、反复用、灵活用，才能实现业务的变革。除此之外，对于运维人员而言，一个好的平台应该简单易懂，高度的技术不代表着高度复杂，真正的智能是傻瓜式的，一切的复杂都应该由平台自己来消化，能让企业根据自己在使用过程中的感受，快速且灵活地进行自主定制化开发，让企业实现自主可控才能发挥平台的最大价值。

二、更好的平台承载智能运维未来

智能运维不是简单的技术堆叠，智能运维的核心是要从认知、技术、组织流程三大方面进行全面变革，智能运维平台作为智能运维的核心，作为信息化时代变革的核心载体，一个好的平台是未来实现智能运维转型的关键，什么样的平台才能够承载智能运维的未来，实现三大变革呢？

基于以上对智能运维存在的问题及核心要素的探讨，智能运维最终形态应该是一个跨业务领域甚至是跨企业的智能运维生态。平台要首先通过预测性维护实现设备上云，再通过各类集成，将机、电、液、视频、机器人等全设备数据接入平台，建立数字标准，实现全面掌控设备状态；在此基础上，以全设备数据流驱动设备管理业务流，形成以数据、模型为核心的智能决策体系，重构企业运维模式与组织流程；最后，通过引入设备运维、备件供应、再制造、专项监测等专业力量，以设备智能运维平台为基础，以数字化资产管理为依托，发挥生态各自优势，将检修、备件等流程在智能运维平台上实现智能化，形成设备全生命周期的智能化管控，构建生态，实现企业资源高效协同与利用。

基于以上的构想和需求，对于未来智能运维平台的构想，其整体架构如下：

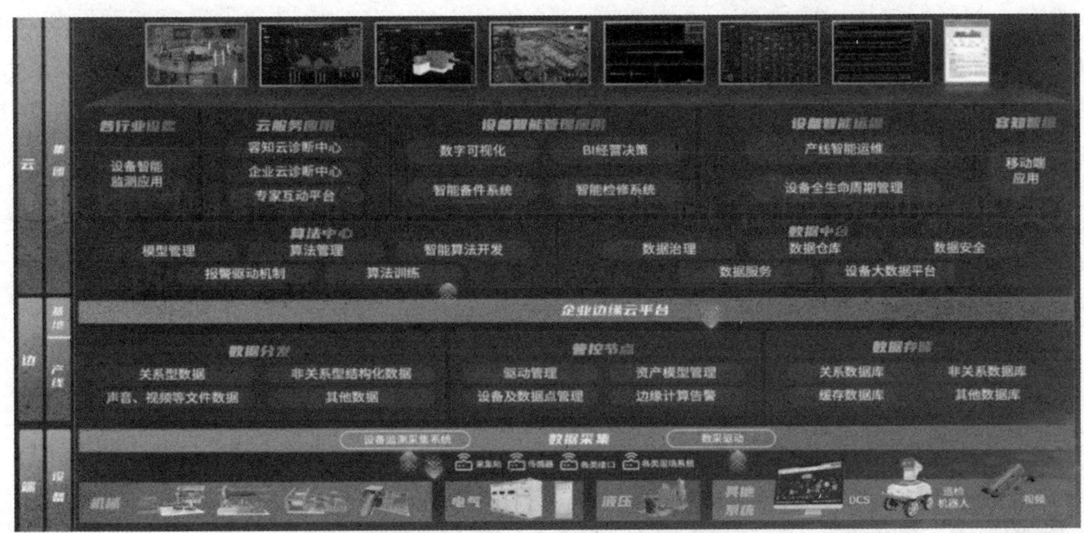

图 1　容知日新灵芝 SuperCare 设备智能运维平台

从端侧开始，平台通过各类传感器和采集站构成的物联网系统，实时采集机、电、液各类设备的状态数据。与此同时，系统还可以兼容现场已有的各类数据接口，实现巡检机器人、视频监控及其他各类系统的数据融合，由此达到全面掌控设备状态。

边侧通过构建各类数据存储与管控工具，从而建立数字标准，由此可以实现高效标准化的云边协同联动，以统一要求汇聚平台所需数据，以高效标准指令下达平台数据采集、管理、存储要求。

云端平台作为架构核心，整体需要采用最先进的大数据架构，其业务中台要进行前后端分离，使用微服务的架构方式来提供各类业务组件，由此可以满足未来应用平台长期的业务开发需求，其数据中台需要采用各类分布式存储工具和先进的消息队列，以此满足智能计算的庞大数据基础，而基于 Spark 的算法引擎不仅可以承载目前已有的多类算法模型，更能够实现灵活自主的算法编辑、开发与管理，实现 AI 模型长期成长优化。最上层的应用平台通过 BFF 的大前端架构风格，可以根据业务需要进行二次开发，从而支持未来企业开发各类 App 应用、web 应用、小程序等智能应用的需求。

由此，容知日新灵芝 SuperCare 设备智能运维平台应运而生。“灵芝”是一味知名中药，如果将容知日新喻为“设备医生”，灵芝平台就是一味名贵的“中药”，作为水泥行业的设备医生，容知日新也希望借助“灵芝”在未来帮助水泥行业实现设备智能运维转型。

三、“智能、自主、多元、协同”的应用理念

有了好的架构体系，平台还需更进一步，为企业打造自主可控、先进智能、云边联动、业务贯通的智能运维生态平台才是的终极目标，结合企业现实需求和未来发展规划，“智能、自主，多元、协同”的应用理念应运而生，在完成顶层规划和平台架构定义之后，还需再融入以上四点应用理念来确保平台落地。

（一）智能

智能运维，智能是核心。“灵芝”平台的智能从底层的一只只传感器开始就在施展智能的魔力。长波型、阶次跟踪、多源数据同步采集，高质量的数据获取，给予了容知智能硬件强大的边缘计算

基础，多源数据时序对齐，工况关联识别，门限自适应，智能指标快速提取。通过 5G 技术的应用，边缘计算在大幅降低数据传输负荷、无用数据占存的前提下，进一步提高了报警准确性和及时性，借助报警加密采集和绿色通道快速回传，数据传输的过程中可以实现出现故障之后能够快速报警并有足够的波形频谱供平台智能分析，最终，在云端平台，借助强大的算法引擎，“灵芝”可以对故障特征、故障类型进行快速定位并给出诊断结论，同时自动截取故障波形供现场专家快速比对。就这样，科学而完整的智能化能力布局为设备智能运维插上了腾飞的翅膀。

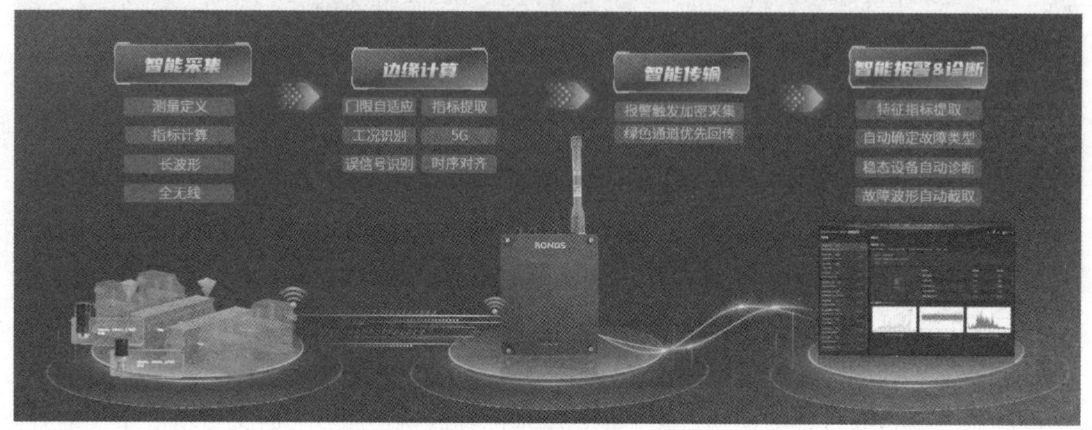

图 2　智能化实现路径

（二）自主

通过对智能运维四大问题的探讨，如何实现把平台交给业主，“教会”业主至关重要。工业场景各不相同，生产环境千差万别，每个企业对于设备运维都有着自己的理念，平台只有当企业实现自主可控的时候才能完美契合，因为只有企业自己知道自己的鞋穿着合不合脚。于是，为了真正让企业自主可控，灵芝平台提供简单易懂但又功能强大的低代码开发工具供企业结合自身实际需求快速掌控。

首先，平台开创地为提供设备可视化建模功能，企业可通过可视化的模型，定制化创建，既节省工程实施配置时间，也为算法模型提供可靠的定制化输入。

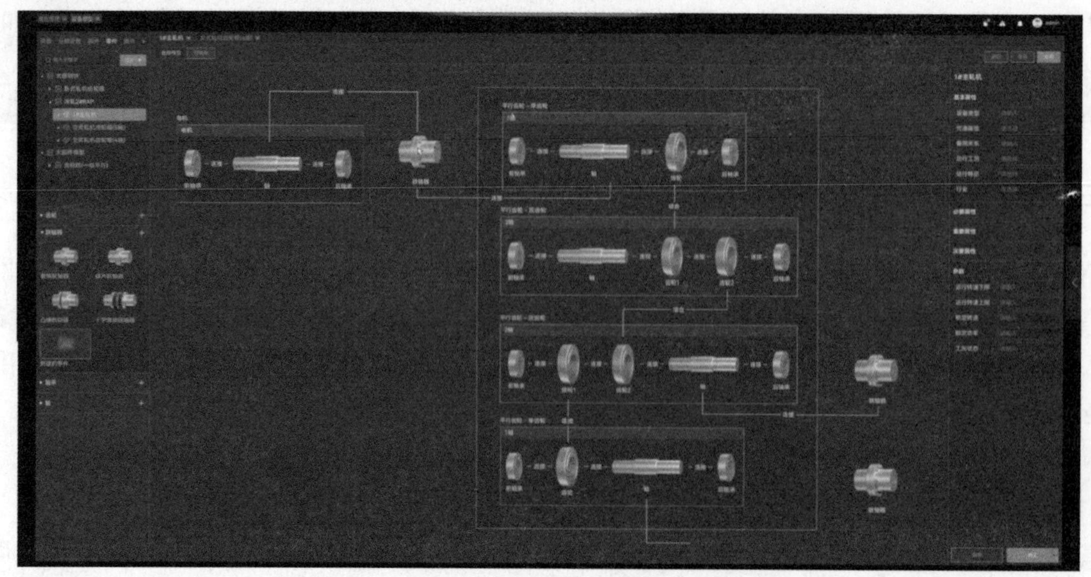

图 3　设备可视化建模功能

进一步，依托于强大的算法引擎，企业可以实现对封装好的算法模块通过拖拉拽的方式快速编辑新的算法，对于没有的算法模块，企业在有一定算法编写能力的基础上，也可以上传自己的代码封装成特定模块，从而实现快速的自定义，实现算法快速自主开发，设备“千机千策”的定制化效果。

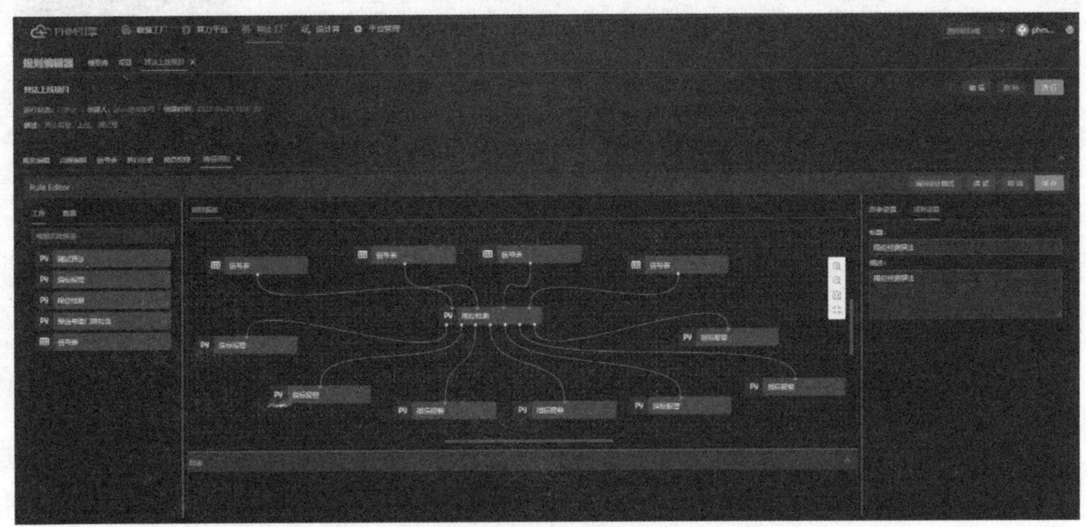

图 4　算法编辑器

如果说算法灵活多变，那么运维业务各个企业更是不尽相同了，“灵芝”平台给与企业多样化的业务设置，可以通过自定义报警策略、报警等级、报警处理模式来完美契合企业习惯和业务逻辑。

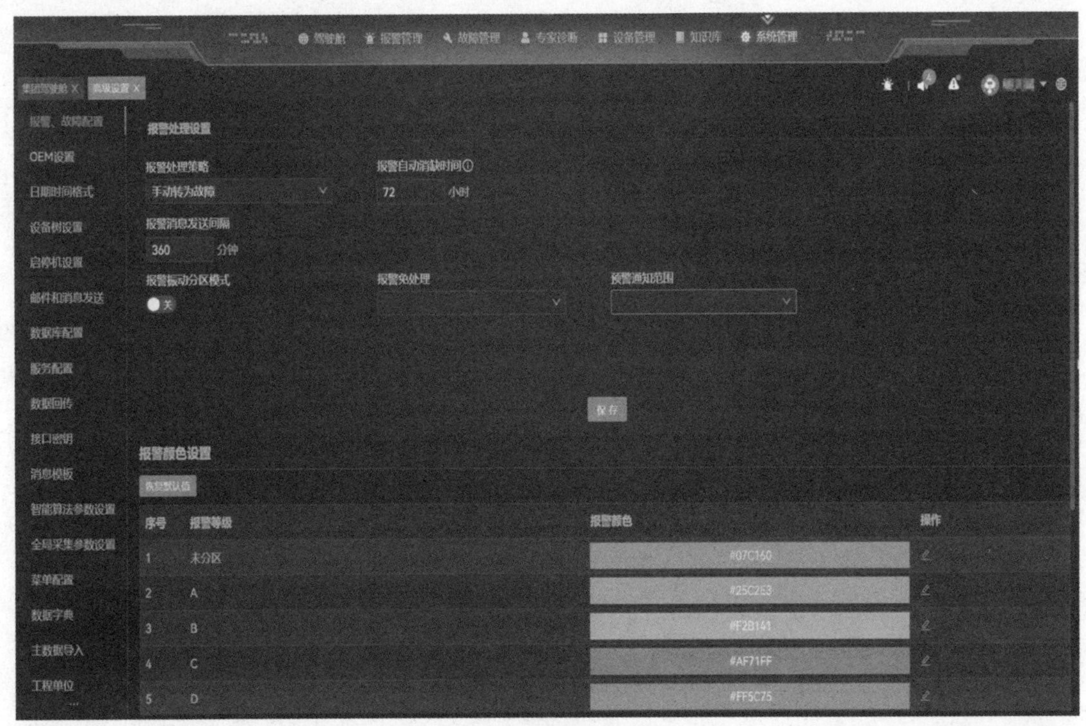

图 5　多样化设置

报表作为运维业务重要的统计分析工具，合理高效使用报表，根据企业实际需求灵活定制化各类报表可以有效帮助企业分析各类数据、总结运维方法、提高管理效率。因此平台集成了成熟的报表开发工具，通过自带的配置工具，可以让企业简单快捷的报表的自主设计与开发。

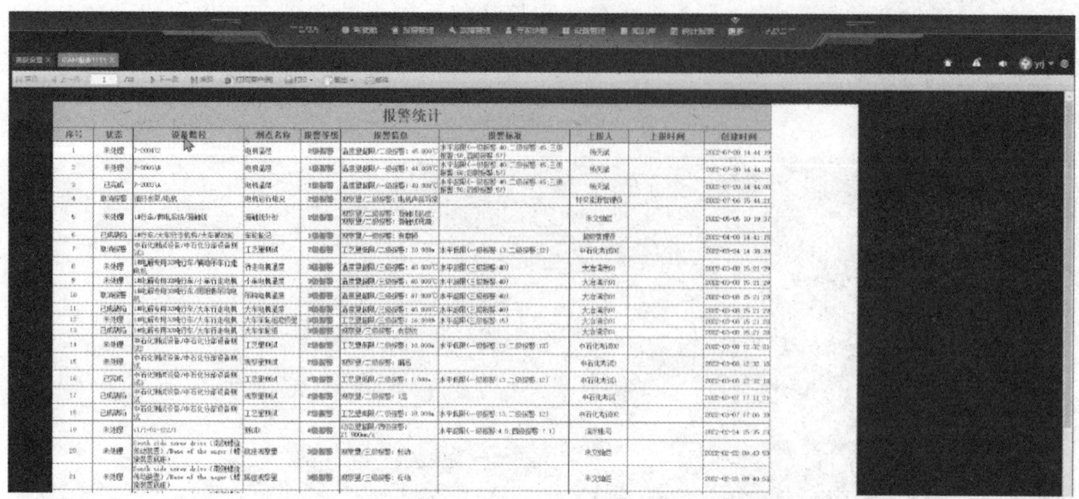

图 6　报表自主开发工具

（三）多元

为了能够实现机、电、液等各类数据的全面接入，打破信息孤岛，实现以数据为驱动的业务变革，平台需要具备强大且灵活的兼容能力，“灵芝”平台采用微服务架构，前后端分离，OPC、API、Kafka 等丰富的接口可让灵芝平台灵活的向上兼容或向下兼容，并支持个性化二次开发，帮助企业有效打破信息孤岛，实现业务贯通，并且，各类接口工具也被直接集成到平台功能当中，灵活配置，高效使用。

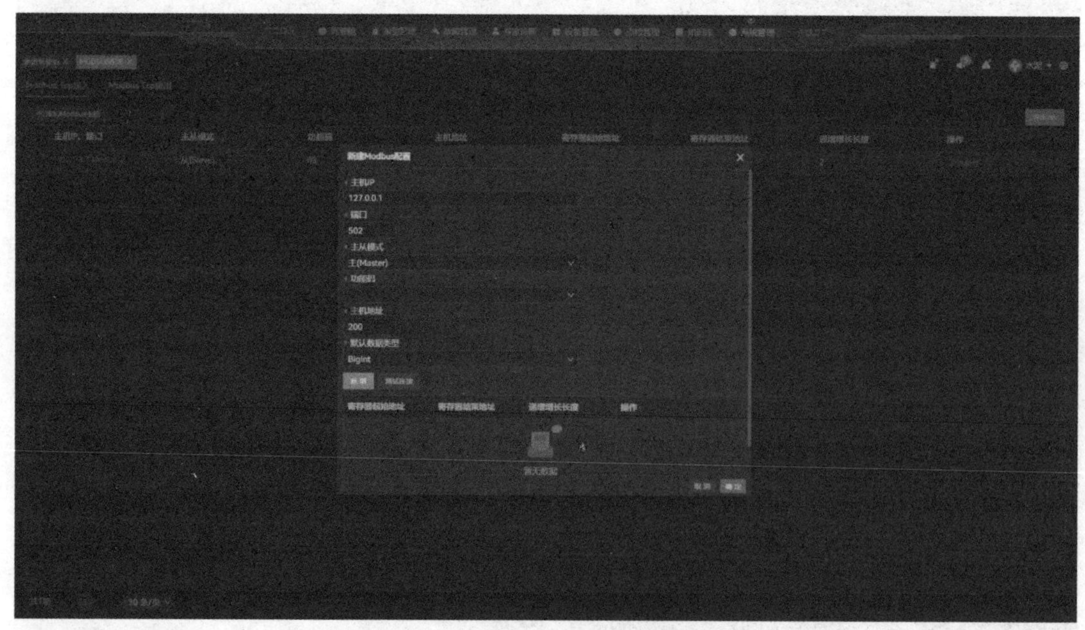

图 7　数据接入/接处配置工具

（四）协同

运维是各项业务的联动，以数据驱动业务，以平台聚合资源，平台最终目的就是通过精准的数

据来高效的闭环业务，这就要求平台必须得懂行业、懂企业，能够根据水泥业务需求来驱动企业业务闭环。

“灵芝”在通过技术手段贯通了点巡检、远程诊断、专家分析、检修指导、检修评估、案例闭环、数字知识资产沉淀等环节，实现专家资源与现场经验优势互补，云边真正协同。同时，灵芝平台也通过多年积累，积淀了一套高效的专家诊断协同运维的体系，在建设灵芝平台的同时，这一整套完整体系也会自动赋能到企业，实现平台与专家的同步成长，赋能理念与构建体系同步进行，最终通过各环节的标准联动，实现云边充分协同的效果。

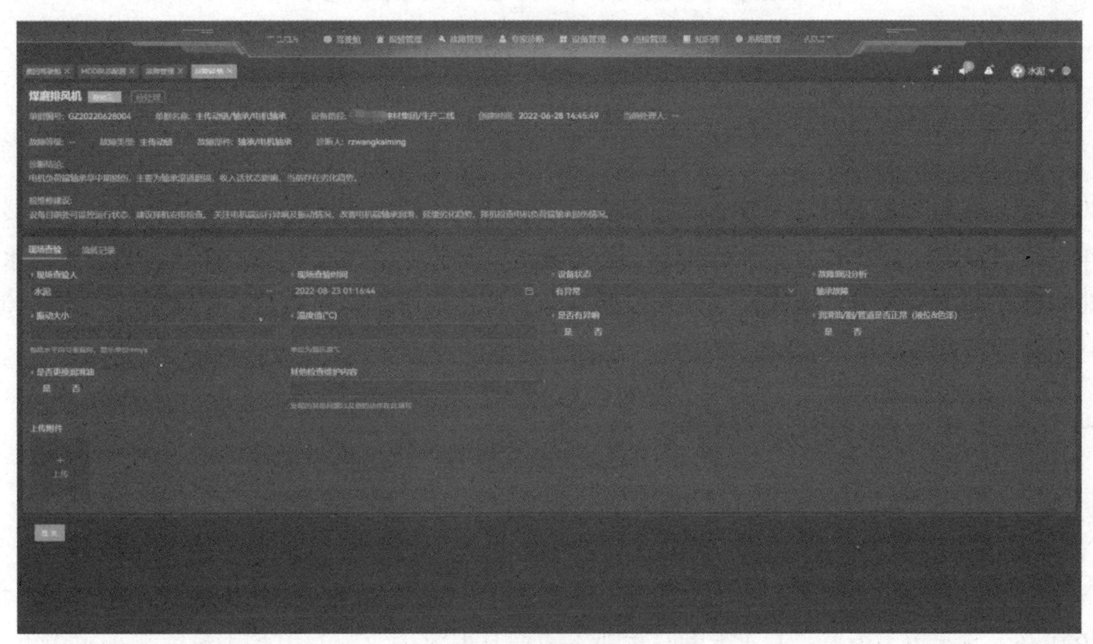

图 8　故障处理功能

四、深度合作，共建共赢

智能运维是一项复杂的系统性工程，想要实现未来的智能运维生态落地，智能运维供应商与企业必须深度合作，共创、共建。

基于先进的智能运维平台为基础，想要构建“智能、自主、多元、协同”的智能运维平台就需要通过深度合作来共建符合企业自身规划的定制化平台。智能运维的路上，没有甲方与乙方，而是深度合作，是共建共赢的伙伴。

基于平台，先又快又好地制定好顶层规划，再通过将以往单个项目分解成多次长期的深度合作，切合实际的一步步扎实地共建智能算法、业务、体系等来实现平台和企业稳步成长，最终真正落地智能运维。

2021年中国混凝土与水泥制品行业经济运行回顾与展望

中国混凝土与水泥制品协会

2021年，在以习近平同志为核心的党中央坚强领导下，统筹推进疫情防控和经济社会发展的各项工作，我国经济社会发展主要预期目标全面实现，实现了“十四五”良好开局。混凝土与水泥制品行业积极贯彻落实国家“十四五”规划发展目标，构建行业新发展格局，克服重重困难，踔厉奋发，坚定推动行业高质量发展向纵深迈进，总体上行业经济实现稳定运行和增长。

一、2021年行业经济运行回顾

（一）主要产品产量和经济指标概述

1. 主要产品产量

2021年，规模以上混凝土与水泥制品工业企业商品混凝土、预制混凝土桩产量创下历史新高；但是，除商品混凝土、预制混凝土桩等产品产量增速同口径同比实现增长外，混凝土排水管、混凝土压力管、混凝土电杆等产品产量增速同口径同比均出现了不同程度降低。规模以上企业主要产量及同比增减（同口径）情况见表1。

表1　2021年规模以上企业主要产品产量及同比增减（同口径）情况

主要产品	2021年产量	同比增减（同口径）
商品混凝土（万立方米）	329330	6.9%
混凝土排水管（千米）	79427	-21.3%
混凝土压力管（千米）	8339	-3.3%
混凝土电杆（万根）	1652	-1.9%
预制混凝土桩（万米）	48628	2.3%

说明：由于规模以上工业企业范围每年发生变化，为保证本年（2021）数据与上年可比，产品产量指标同比增长速度所采用的同期数与本期的企业统计范围相一致，和上年的数据存在口径差异。

2. 主要经济指标

2021年，规模以上混凝土与水泥制品工业企业主营业务收入累计20996.85亿元，同口径同比增速比上一年增长9.2%，行业经济总量再创新高；利润总额累计853.58亿元，同口径同比增速比上一年下降6.42%，首度出现年度负增长。说明：第一，规模以上工业企业为年主营业务收入在2000万元及以上的工业法人单位。第二，规模以上工业企业利润总额、主营业务收入等指标的增速均按可比口径计算，报告期数据与上年所公布的同指标数据之间有不可比因素，不能直接相比计算增速。

（二）2021 年行业经济运行特点

1. 行业主要产品产量增速高开低走，两大主要产品产量保持增长但增速放缓

2020 年下半年，行业生产和经济运行稳步恢复并逐月提高，体现了行业供给侧的有效发力，保障了国家和地方工程建设进度快速恢复。

2021 年，行业主要产品产量增速呈现高开低走且与以往完全不同的走势。在 2020 年全面实现复工复产的基础上，2021 年开年延续了上年的运行态势，行业主要产品产量增速在年初高位后逐月下行，只有预拌混凝土和混凝土预制桩保持增长，但增速逐月减缓；混凝土排水管、混凝土压力管产量增速由上年的放缓到 2021 年降低；混凝土电杆增速则连续两年降低。

2021 年是“十四五”规划开局之年，为确保经济增长目标，促进区域协调发展的重大工程建设及涉及民生领域的水利、交通、老旧小区改造、新城镇化建设、乡村振兴建设及新基建投资力度预期加大，国家积极推动形成以国内大循环为主体、国内国际双循环相互促进的新发展格局，受益于这些利好的拉动，行业需求进一步反弹，一度呈现供需两旺。下半年由于金融政策、环保政策收紧，上游原材料大幅涨价，叠加新冠疫情多点散发，市场需求下降，行业生产经营承压。

以预制混凝土桩行业为例，2021 年一季度市场反弹、需求激增，尤其是华东、华南沿海地区，预制混凝土桩供不应求，延续了上年下半年供不应求的市场行情。但是二季度以后，受房地产投资放缓、国内疫情多点散发、汛情及自然灾害、原辅材料涨价、限电、能耗“双控”等多重因素叠加影响，预制混凝土桩市场需求减少，企业生产经营受到制约，预制混凝土桩产量增长持续下滑。

预制混凝土构件行业延续前几年国家出台推进装配式建筑发展的政策推动，已经出现供大于需的局面。2021 年主要着力点是在装配式建筑的高质量建造、建筑工业化和钢结构建筑等方面的提升，上半年工程项目建设以稳健为主；下半年原材料市场价格持续上涨居高不下，各大项目存在资金周转困难、应收账款攀升，工期推延等问题，导致企业生产经营、提质增效受到影响。2021 年装配式建筑总体规模会和 2020 年持平，保持在 6.0~6.6 亿平方米之间，占新建建筑面积的比例约为 20%~22%。在区域规模化发展方面，上海、北京、广东、江苏、四川等地仍排在全国前列，但各地占比方面相比 2020 年没有显著提升。

2. 行业经济增速趋缓增收不增利，经济效益首现负增长

2021 年，规模以上混凝土与水泥制品工业企业主营业务收入累计 20996.85 亿元，比上年同期增长 9.2%，增速较上半年放缓 13.7 个百分点，较 2019 年同期放缓 12.4 个百分点；利润总额累计 853.58 亿元，比上年同期下降 6.42%，增速较上半年放缓 15.23 个百分点，较 2019 年同期放缓 31.52 个百分点。

2021 年行业经济收入和利润走势与行业生产吻合，都是高开低走态势。全年主营业务收入保持增长，但增速逐月放缓；行业利润总额是“十五”以来的首次年利润负增长。1—12 月，规模以上混凝土与水泥制品工业销售利润率 4.07%，比上年同期减少 0.68 个百分点。年末亏损企业面 17.08%，比去年同期增加 4.1 个百分点，亏损企业年累计亏损额比上年同期增长 61.90%。主营业务收入与利润总额增长呈剪刀差，全年行业经济增收不增利。

3. 应收账款占比攀升、周转率下降，企业经营风险加大

近年来行业应收账款占比逐年攀升，周转率逐年下降，资金压力逐年加大；2021 年行业期末应收账款净额 9119.93 亿元，比去年同期增长 22.43%；应收账款周转率 2.5 次，资金周转、回款压力达到近年来顶点，预示行业企业经营风险在增加（见图1、图2）。

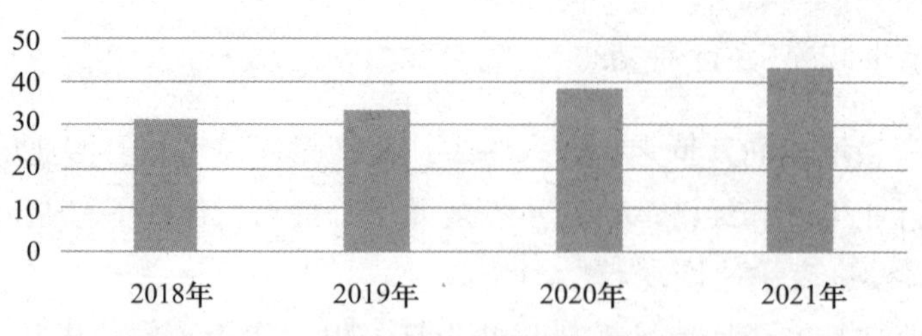

图 1　2018—2021 年行业应收账款占比情况（单位:%）

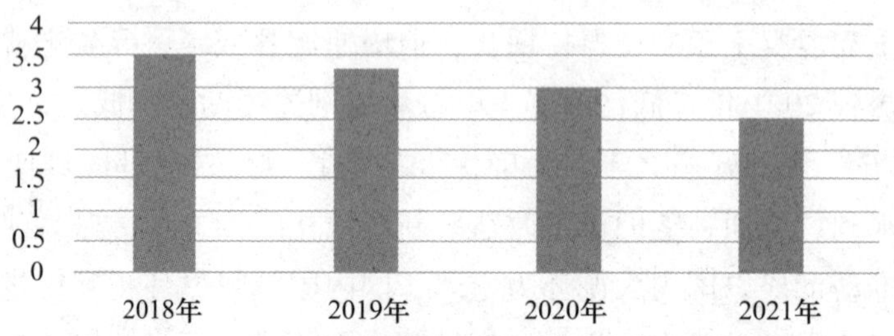

图 2　2018—2021 年行业应收账款周转率情况（单位：次）

根据 2020 年协会对重点产业重点企业的监测，PCCP 企业应收账款占比高达 55. 2%；其次为房屋建筑预制混凝土构件企业应收账款占比达[illegible]6%，预拌混凝土企业应收账款占比为 42. 2%；混凝土电杆企业应收账款占比为 25%；预制混[illegible]企业应收账款占比最低，仅为 10. 9%。

4. 行业经济运行长期增长趋势或将改变

长期以来，行业经济收入和利润增长趋势与国家宏观经济发展高度相关。“十二五”以来，其趋势性变动经历了两个阶段。

（1）2012—2015 年：此阶段行业主营业务收入和利润总额呈现同步中低速增长，利润增速大体上低于主营业务收入增速。

（2）2016—2020 年：此阶段行业经济收入增长和利润增长同步呈现前升后降，但是利润增速大体上经历了前两年低于主营业务收入增速，后三年高于主营业务收入增速的走势。

2012—2021 年，行业经济增长出现几个低点年份及其影响因素：

（1）2012 年，全球经济低迷调整，我国经济增长速度首度降到 7%以内，动能转换，经历着由依靠投资和外需拉动向扩大消费和内需上的艰难转型。

2012 年混凝土与水泥制品行业实现利润增长，经济效益继续提高，但是增速大幅下降，上半年首次跌破两位数。2012 年是 2008 年金融危机以来，利润增长同期最低水平。

（2）2016 年，我国经济进入新常态，去产能、去库存、去杠杆、降成本、补短板“五大任务”的落实，国民经济运行缓中趋稳、稳中向好，全年 GDP 保持 6. 7%中高速增长，2016 年行业运行呈现低速平稳增长态势。行业实现主营业务收入 11905. 1 亿元，同比增长 8. 9%；混凝土与水泥制品行业实现利润总额 658 亿元，同比增长 4. 1%，增速同比降低 1. 2%。

（3）2020—2021 年，新冠疫情和百年之未有大变局（复杂严峻的国际、国内环境），全球政治经济不确定因素凸显，我国社会经济发展底层逻辑巨变，行业经济发展趋势已随之改变。

2020 年在国家统筹疫情防控和保障经济社会发展工作的政策下，各地区各部门扎实做好“六稳”工作、全面落实“六保”任务，经济运行实现稳定恢复，有效疫情防控的同时实现了有序地复工复产，保障行业运行恢复正常，全年规模以上混凝土与水泥制品工业主营业务收入 1. 79 万亿元，比上年同期增长 3. 8%；规模以上混凝土与水泥制品工业利润总额累计 873. 33 亿元，比去年同期增长 6. 67%。

2021 年，世界政治、经济格局加剧演变、重构，全球经济增长的底层逻辑正在被颠覆，而中国

经济由于体量巨大、人口红利拐点出现、资源环境承载力受限以及国际环境复杂多变的影响，经济增速放缓是一个必然的长期趋势。为应对国际国内巨变，我国正在着力构建以国内大循环为主体、国际国内双循环相互促进新发展格局，围绕“双碳”目标，推进绿色高质量发展，加速实施“科技强国”“制造强国”“交通强国”和“区域协调发展”等“十四五”发展战略。

2021 年混凝土与水泥制品行业经济总量进一步增加但趋势显著放缓，是近年来（除去 2020 年）的较低增长；产业升级发展中叠加新冠疫情呈现多地散发，全球大宗商品涨价导致上游原辅材料大幅涨价，能耗政策约束（能耗双控）等对企业生产经营产生较大影响，大幅挤压着行业中小企业的利润空间。行业经济运行在经历了长期增收增利发展后，2021 年首次出现增收不增利的局面。这种趋势性变化将使得行业经济增长面临着严峻的挑战，行业企业要积极面对，苦练内功，按照党中央部署和习近平总书记指示精神，“准确识变，科学应变，主动求变”。

5. 产品价格略有上涨，不及成本上涨幅度

2021 年，全国商品混凝土（C30）年度均价为 433. 5 元/立方米，较上年均价略高 2. 2 元/立方米（见图 3）；协会监测的重点产业重点产品的价格数据也显示出略高于上年价格水平：如混凝土电杆行业 19 家重点企业调查数据显示，2021 年［190m×12m（M 级）］混凝土电杆平均售价为 2698 元/根，比上年增长 12. 3%；房屋建筑行业 23 家重点企业调查数据显示，2021 年房屋建筑混凝土预制构件平均售价为 2923. 3 元/平方米，比上年增长 3. 54%。

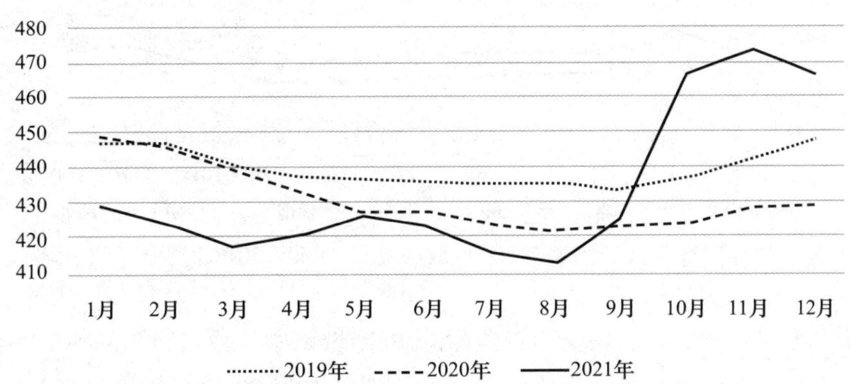

图 3　2019—2021 年全国商品混凝土（C30）年度均价走势（单位：元/立方米）

2021 年中国水泥协会（以下简称“协会”）重点监测的全国 36 个重点城市商品混凝土（C30）年度均价为 432. 4 元/立方米，微略低于全国商品混凝土年度均价 0. 9 元/立方米。

协会监测数据显示，2021 年全年混凝土（C30）平均价格呈前低后高走势（见图 4）。前三季度商混价格变化较为平缓，呈小幅下降趋势。自 9 月开始，全国重点监测城市混凝土均价从 410 元左右开始，至 11 月中旬已达全年最高点 470 元左右，涨幅接近 15%。出现这种价格快速上涨的原因，一方面是因为 2021 年全球大宗商品如煤炭等持续涨价，造成上游产业如水泥等原、辅材料价格飙升，并向混凝土等中下游传，且在国内“能耗双控”的背景下，9 月初全国各地开始的限电、限产举措，导致产量大幅下滑，供不应求；而另一方面，因传统建筑相关行业“金九银十”处在三季度，各地施工生产活动较为活跃，需求强劲。而自 11 月中旬以后，混凝土价格又开始进入新一轮下跌，因进入冬季以来，北方多数地区天气寒冷、需求减少，因而很多企业进入冬歇期，陆续停工停产。

分区域来看（见图 5），全国 7 大区域全年走势在 4 月前南北方差异较大，4 月以后走势较为接近，华南地区全年均价始终位于较高水平，华东紧随其后。华中、西南、西北及华北全年价格相对平稳，而东北地区全年均价波动较大。从图中可以看出，受经济发展影响，大部分南方地区城市商混价格始终高于北方。

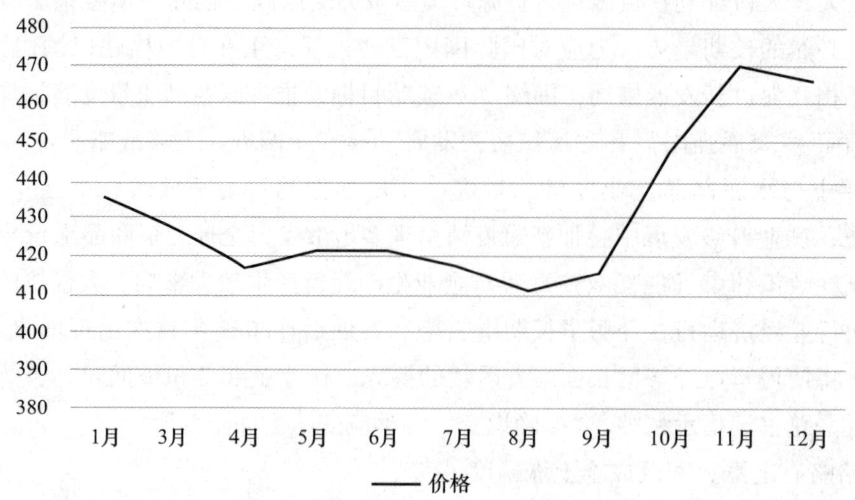

图 4　2021 年协会监测 36 个重点城市混凝土（C30）平均价格走势（单位：元/立方米）

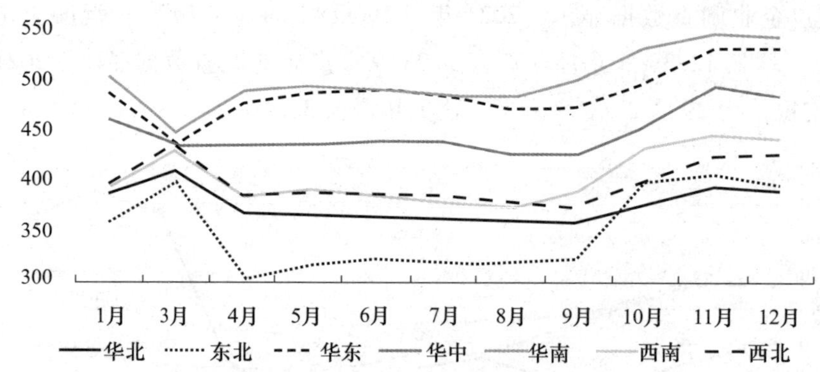

图 5　2021 年协会监测 36 个重点城市所在区域混凝土（C30）均价走势（单位：元/立方米）

分城市来看（见图 6、表 2），协会重点监测的 36 个城市中，价格最高的前 20 个城市中，有 15 个为南方城市，北方价格最高的地区为雄安新区，北京排在第 20 位。价格最高的前 10 个城市中，全部为南方城市。深圳、广州及上海包揽 2021 年平均价格最高的城市前三，全年来看，价格最高的深圳和最低的呼和浩特，价格相差 315 元，比例高达 113%。由此可见，我国南北方地区混凝土价格相差较大。

协会监测数据显示，2021 年末全国商品混凝土（C30）均价为 466 元/立方米，较年初增长 31 元/立方米，全国各省会城市、直辖市年末市场均价与年初价格比较见表 2。

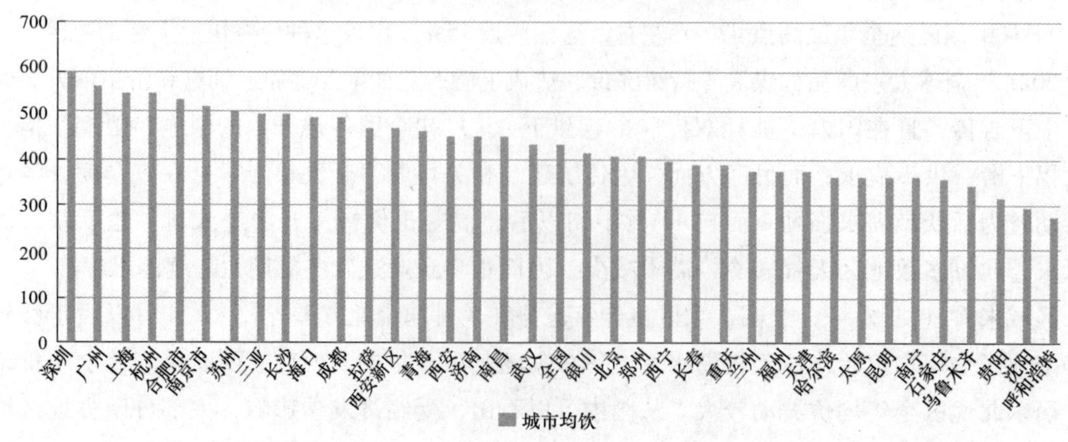

图 6　2021 年协会监测 36 个重点城市混凝土（C30）均价情况（单位：元/立方米）

表 2　2021 年末重点城市与地区商品混凝土均价及与年初对比（单位：元/立方米）

城市	2021 年末价格	较年初增减	城市	2021 年末价格	较年初增减
全国	466	31	郑州	422	-32
北京	419	-3	武汉	481	44
天津	388	-10	长沙	547	56
石家庄	395	40	广州	617	13
雄安新区	484	-16	深圳	642	42
太原	373	-5	南宁	381	26
呼和浩特	280	5	海口	547	81
沈阳	321	28	三亚	536	48
长春	438	18	重庆	419	30
哈尔滨	427	62	成都	581	128
上海	602	66	贵阳	344	47
南京	562	44	昆明	372	35
苏州	554	72	拉萨	485	5
杭州	593	40	西安	491	41
合肥市	585	58	兰州	410	49
福州	374	-1	西宁	435	44
南昌	486	22	银川	470	67
济南	519	62	乌鲁木齐	320	-63
青岛	495	26			

（三）行业经济运行面临的主要问题

2021 年我国宏观经济面临需求收缩、供给冲击、预期转弱三重压力；新冠疫情反复出现，全球经济复苏再添变数；地缘政治与产业链重构等多重复杂因素所构成的叠加影响。受此大环境影响，行业经济运行面临以下突出问题：

一是能源、原材料价格大涨（9 月水泥价格大幅飙升，见图 7、图 8），且能源、原材料有效供给不足（砂石短缺，保供问题凸显；但价格运行相对平稳，见图 8），导致行业生产经营成本大幅飙升且原材料保供问题加大。

据协会分析，2021 年水泥行业经历了两次突如其来的变动，水泥行情大起大落。一季度迫于市场竞争压力下，水泥价格先抑后扬，5 月中旬水泥价格迎来第一次“冲高回落”，水泥行业整体经历了三个多月的超长淡季以后，9 月初在“能耗双控”、煤价疯长、电价上浮的背景下，水泥行业迎来第二次高峰，水泥价格在短期内快速冲高至历史最高水平，但此时水泥行业供需两弱。而四季度随动力煤等原材价格逐渐回归正常水平后，水泥价格开始加速回落，但整体仍高于 2020 年同期水平。

二是需求端疲软。有效需求不足（房地产调控加码、投资下降，市场销售遇冷，基建增速下滑），工程开工延迟或开工不足，生产订单减少（见图 9）。

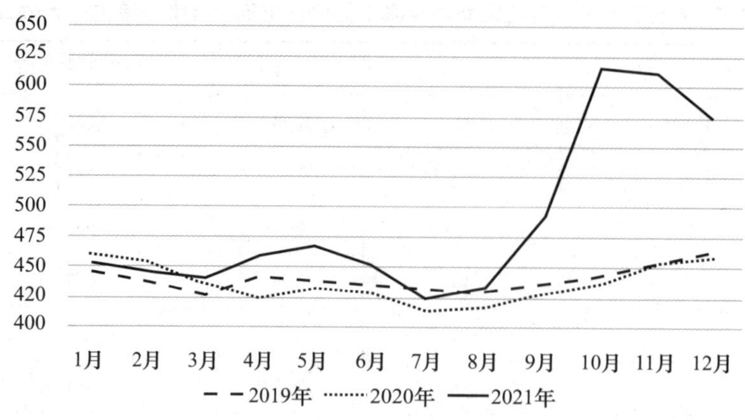

图7　2019—2021年水泥价格走势（单位：元/吨）

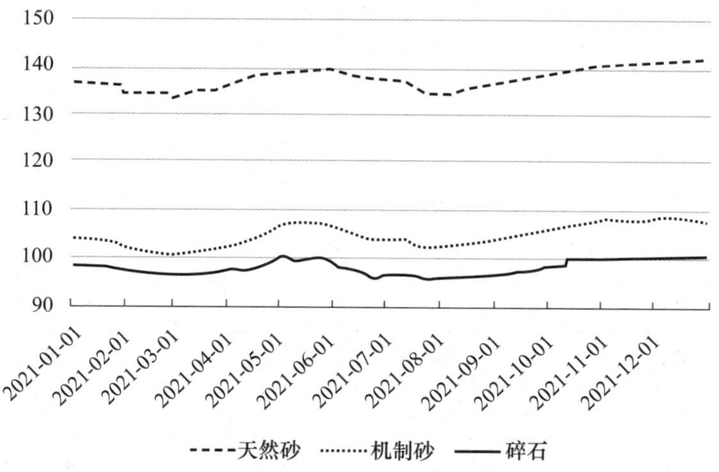

图8　2021年砂石、骨料价格走势（单位：元/吨）

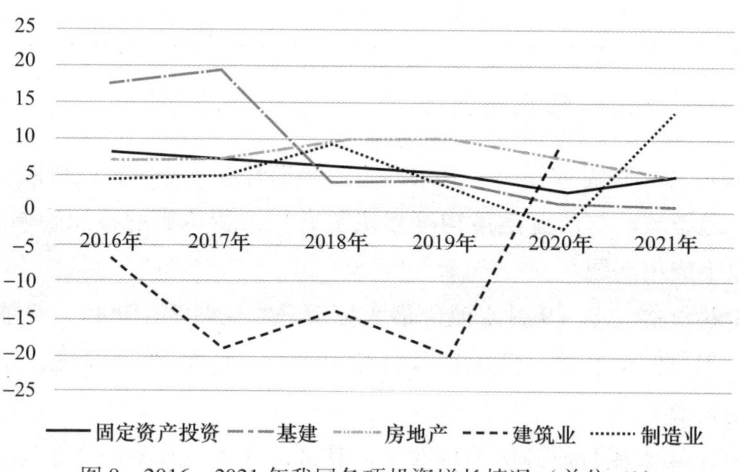

图9　2016—2021年我国各项投资增长情况（单位:%）

2021年我国各项投资增速集体回落，基建和房地产投资下滑最快；只有制造业投资增速保持增长。

2021年房地产投资和销售连续十个月回落，“金九银十”呈现不足，9月、10月房地产销售面积和销售金额同比分别下滑21.7%和22.6%，带来了开发商资金链的紧张，也带来了地方大量土地的流拍；同时，全年房地产房屋新开工面积下降11.4%。其中，住宅新开工面积下降10.9%，意味着未来房地产投资面临继续下滑的压力。

2021 年制造业投资回升明显，有利于推动企业技术升级改造，利好行业可持续发展。2020 年制造业投资增长为-2.2%，增加值增长 3.4%，高于整体规模以上工业增加值增长率 0.6 个百分点；2021 年制造业投资增长为 13.5%，增加值增长为 9.8%，高于整体规上工业增加值增长率 0.2 个百分点。

三是供给侧承压。“双碳”、环保政策加码、金融信用政策收紧，环保设备改造更新，资金压力显著增大，行业企业生产经营成本显著增加。

2021 年 9 月 11 日国家发展改革委印发《完善能源消费强度和总量双控制度方案》（发改环资〔2021〕1310 号），实行能源消费强度和总量双控（以下简称“能耗双控”）是落实生态文明建设要求、促进节能降耗、推动高质量发展的一项重要制度性安排。个别地区在政策执行中，将预拌混凝土企业和混凝土制品企业列入高能耗、高排放清单中，也一定程度影响了企业生产和经营。

综上因素，导致行业企业生产经营越来越困难，生产成本持续加大，行业经济增长势头放缓，经济效益显著下降。

二、2022 年行业经济运行展望

（一）宏观环境与政策

1. 中央经济工作会议确定“稳字当头、稳中求进”政策基调

2021 年 12 月 8 日至 10 日，中央经济工作会议在京举行。这是判断 2021 年经济形势、定调 2022 年宏观政策的“风向标”，会议明确提出“稳字当头、稳中求进”，稳增长被提升到新高度，“稳增长、打造新增长点”将成为 2022 年的政策主线。

此次中央经济工作会议要求，各地区各部门要担负起稳定宏观经济的责任，各方面要积极推出有利于经济稳定的政策，政策发力适当靠前：要保证财政支出强度，加快支出进度。实施新的减税降费政策，强化对中小微企业、个体工商户、制造业、风险化解等的支持力度，适度超前开展基础设施投资。

2. 两部委联手发布振作工业经济运行政策举措

2021 年 12 月 14 日，国家发改委、工业和信息化部发布《关于振作工业经济运行 推动工业高质量发展的实施方案的通知》（以下简称《通知》）。《通知》要求，做好宏观政策预调微调和跨周期调节，精准打通产业链供应链堵点卡点，挖掘市场需求潜力，强化政策扶持，优化发展环境，保持良好增长预期，激发市场主体活力，振作工业经济运行，推动工业高质量发展。

通知提出四个方面共计 16 条举措振作工业经济运行，明确将工业经济增长作为稳定国家经济增长的重点，将适度超前开展基础设施投资、大力推动企业技术改造作为增强发展的内生动力，增强了各行业对未来发展的信心。

其中，与行业经济运行密切相关的内容梳理如下：

（1）打通堵点卡点，确保工业经济循环畅通。包括扎实推进能源安全保供、做好大宗原材料保供稳价、保持重点产业链供应链顺畅三条举措。

（2）挖掘需求潜力，拓展工业经济市场空间。两条举措对行业运行影响较大：

一是促进重大项目落地见效、加快“十四五”规划重大工程、区域重大战略规划及年度工作安排明确的重大项目实施，推进具备条件的重大项目抓紧上马，能开工的项目尽快开工建设，在建项目加快建设进度，争取早日竣工投产。在 5G、千兆光网等领域布局一批新型基础设施项目。尽快启动一体化大数据中心枢纽节点建设工程和中西部中小城市基础网络完善工程。发挥国家和地方重

大外资项目专班作用，加快推动先进制造业等领域重大外资项目落地实施。

二是大力推动企业技术改造。包括修订产业结构调整指导目录，引导企业加快技术改造和设备更新。实施工业企业技术改造投资升级导向计划。在钢铁、有色、建材、石化、煤电等重点领域组织开展技术改造，推动智能制造示范工厂建设，实施生产线和工业母机改造，补齐关键技术短板，提高产品供给质量。加快工业互联网建设和普及应用，促进传统产业企业依托工业互联网开展数字化转型。开展质量技术帮扶“巡回问诊”，鼓励企业建立质量追溯机制，有效落实企业质量主体责任。

（3）强化政策扶持，健全工业经济保障措施。包括完善重点行业发展政策、优化重点区域政策体系、强化能效标准引领、加大制造业融资支持。破解企业用工难题五条举措。

3. 靠前发力稳投资促基建增长

（1）2021 年中央经济工作会议要求，政策发力适当靠前。

2022 年 1 月 18 日，国家发展改革委召开的 2022 年首场新闻发布会上，国家发展改革委国民经济综合司司长袁达表示：“适度超前开展基础设施投资，继续推进交通、能源、水利、农业、环保、物流等传统基础设施建设、扎实推动‘十四五’规划 102 项重大工程项目实施、着力扩大制造业有效投资。”截至目前，部分 2022 年专项债券额度已经提前下达地方，各地正在陆续组织发行。此外，2021 年发行的专项债券还有相当一部分资金结转到 2022 年使用。推动这些专项债券资金尽快形成实物工作量，将对 2022 年一季度和上半年投资增长起到重要的支撑作用。

此前，国家发展改革委副主任兼国家统计局局长宁吉喆表示：政策发力适当靠前，一是靠前加强基础设施。适度超前开展基础设施投资，支持水利、交通、生态环保、农业农村、市政和新型基础设施建设。二是靠前下达资金。加快中央预算内投资下达进度，加快地方政府专项债券发行节奏。三是靠前安排项目。坚持项目跟着规划走、资金要素跟着项目走，尽快形成实物工作量，拉动有效投资。

2021 年底，财政部已向各地提前下达 2022 年新增专项债务限额 1. 46 万亿元，继续重点用于交通基础设施、能源、农林水利、生态环保、社会事业、城乡冷链等物流基础设施、市政和产业园区基础设施、国家重大战略项目、保障性安居工程 9 个大方向。

（2）2022 年初基建投资增长迎来“开门红”，重大项目挑起稳投资大梁，混凝土与水泥制品等基础建材行业迎来利好。

据统计，截止到 2022 年 1 月 25 日，全国各地合计开工重大项目已经达到 5608 个，投资总额达到 4. 2 万亿元。其中，开年第一周内就有河南、安徽、上海、江苏、浙江、四川、云南等省份在内相继落实重大项目集中开工，涉及投资总额超过 2 万亿。据报道，仍有众多重大项目在路上，投资规模还在不断地增加。

（3）各部门密集出台“十四五规划”夯实当前稳增长及中长期发展目标。

2022 年是实施国家“十四五”规划发力之年，经济工作以稳增长为重。各地区各部门加紧落实《国民经济和社会发展第十四个五年规划和 2035 年远景目标纲要》，近期国家和有关政府部门密集发布重点行业发展规划，如《“十四五”原材料工业发展规划》《“十四五”水安全保障规划》《“十四五”现代综合交通运输体系发展规划》《“十四五”数字经济发展规划》《“十四五”工业绿色发展规划》《“十四五”建筑业发展规划》等等。建筑、水利、交通等行业作为重要的基建领域，具备社会效益强、吸纳投资大、拉动产业链长等特性，其规划的发布为“十四五”时期基建建设提供保障，为经济稳增长保驾护航，也为混凝土与水泥制品可持续发展、服务基础设施建设领域提供了发展空间。

（二）推动行业构建新发展格局实现高质量发展

2021年12月28日，中国混凝土与水泥制品协会发布了《混凝土与水泥制品行业“十四五”发展指南》（以下简称《行业发展指南》）。

《行业发展指南》概括总结了“十三五”以来中国混凝土与水泥制品行业发展取得的成绩和存在的主要问题；阐释了行业“十四五”期间面临的形势和机遇，《行业发展指南》指出，新发展格局中，国家实施科技强国战略、制造强国战略、交通强国战略、区域协调发展战略，以“两新一重”为标志的庞大基础设施体系建设、交通体系建设、都市圈、城市群建设等，为混凝土与水泥制品行业带来了新的巨大的市场需求，同时也对混凝土与水泥制品的绿色、低碳、质量、性能、功能、保障能力等提出了更高要求。以5G、人工智能、云计算、大数据、新能源、数字经济、共享经济等为代表的新一轮科技革命和商业模式创新不断出新，为混凝土与水泥制品行业转型升级、向高端制造发展提供了技术支撑和发展环境。

《行业发展指南》将引导行业以技术创新驱动为前提，以国家重大需求、市场发展需求为导向，推动行业以科技创新和产业发展模式变革实现高质量发展。在“十四五”期间，将“强化基础科学研究、打造技术创新制高点”作为第一要务，提出了11个基础科研重点方向，15项工艺技术装备重点研发方向，19项新材料、新技术、新产品、新场景创新，5项绿色低碳混凝土技术创新重点领域，6项信息化智能化重点工程。

《行业发展指南》针对混凝土与水泥制品行业“十四五”期间的绿色低碳、高质量发展提出了总体思路、发展目标、实施路径和重点工作，既是推动行业发展的顶层设计，也是落实行业发展目标的具体措施。

（三）2022年行业经济运行预测

大宗商品价格飙升、能耗双控、限电、砂石断供、新冠肺炎疫情……挑战重重的2021年，混凝土与水泥制品行业经济运行整体表现并不乐观。行业主营业务收入与利润总额出现剪刀差，经济效益首次出现负增长，企业增收难增利；行业经济运行质量面临严重挑战。

进入2022年，“稳经济、稳增长”大背景下，基建发力在即，市场有望逐步复苏。预计全年混凝土与水泥制品行业经济运行总体呈低开高走的趋势，而行业中小企业生产经营承压状态短期不会改变。

1. 一季度市场需求依然疲软

北方地区迎接冬奥会及冬季供暖阶段，非疫情地区70%以上企业进入停止施工休假模式，整体来看行业市场需求启动会在二季度，南方地区春节前市场需求虽会有小幅提升，但全国混凝土需求仍不及去年同期。

2. 上游原材料价格依旧保持高位运行

疫情防控形势依然非常复杂，相关地区的建筑材料生产和运输存在问题，供应存在困难；混凝土企业面临水泥企业秋冬季错峰生产、能耗双控及淘汰落后产能政策影响，部分地区生产经营依旧面临困难。

3. 绿色低碳、高质量发展倒逼企业加速绿色生产、信息化、固废利用及产业链延伸全面发展，相关技术、标准、装备都会加速制定与研发

2021年10月26日，国务院发布了《2030年前碳达峰行动方案》（以下简称《行动方案》）。在《行动方案》的“推动建材行业碳达峰”章节中，关于“加强新型胶凝材料、低碳混凝土、木

竹建材等低碳建材产品研发应用”的要求引发全行业热议。“低碳混凝土”的概念首次出现在了国务院颁发的重磅文件中，意味着“低碳混凝土”将在国家“双碳”推动的历史性进程中，成为行业转型升级的一个重要引擎和推手，成为行业高质量发展的重要内涵。

综上，2022 年及“十四五”期间，围绕“双碳”目标，混凝土与水泥制品行业将加快转型升级，加快构建新发展格局；行业经济运行将在行业以国家重大需求、市场发展需求为导向，以科技创新和产业发展模式变革中逐步建立新的周期性趋势，逐步实现以绿色低碳、生态保护、环保利废、应急抢险等重要社会保障功能为内涵的高质量的经济运行与经济增长。

2021年中国砂石行业运行报告

中国砂石协会

砂石是我国基础设施建设用量最大、不可或缺、不可替代的原材料，年消耗量约200亿吨，是全球最大的矿产品、原材料和大宗商品。我国砂石年产值2万多亿元，运输费用高达5000多亿元。据不完全统计，截止到2021年底，人均砂石13.9吨，砂石矿山约1.5万个，相关企业超过3万家，从业人员近百万人。我国砂石年产量和消费量已跃居世界首位，是经济发展和“大国基石”的重要支撑。

砂石工业已全面进入以绿色低碳为标志的高质量发展新阶段，以“绿色矿山、绿色工厂、绿色基地”为鲜明特色的中国砂石行业绿色低碳管理体系正在快速构建。

砂石行业综述

2021年，砂石行业供应受碳达峰、能耗双控、疫情防控常态化、局部地区砂石运力紧张等因素影响，需求端基础设施建设和房地产投资保持增长，全年砂石行业经济运行呈平稳较好发展态势。

2021年，全国砂石产量197亿吨，较2020年略有下降，降幅为1%。2021年砂石行业受到基建和房地产增速放缓影响，砂石需求量增速放缓，加之疫情防控常态化、碳达峰、能耗双控对砂石矿山开工时间的影响，砂石产量有小幅收缩。

2021年上半年全国砂石价格相对平稳，下半年随着工程旺季的到来，全国砂石需求量上升，但是供给方面，砂石企业受到能耗双控等影响，供应持续吃紧，导致下半年砂石价格持续上扬。

据国家统计局数据，2021年，全国采矿业固定资产投资同比增长10.9%。而砂石行业在局部地区紧缺导致价格持续上扬的背景下，砂石矿山固定资产投资明显高于其他矿种，初步统计全年增速在15%左右。

近年来，小型砂石矿权快速整合，全国砂石矿山数量呈下降趋势，砂石矿山规模化、集约化初见成效，截至2021年底，砂石矿山数量约1.5万个。

一、砂石行业运行情况

（一）产量略有下降

2021年，全国砂石产量197亿吨，较2020年略有下降，降幅为1.0%（图1）。2021年受基建和房地产投资增速放缓影响，砂石需求量增速放缓，加之疫情防控常态化、环保督察对砂石矿山开工时间的影响，砂石产量有小幅收缩。

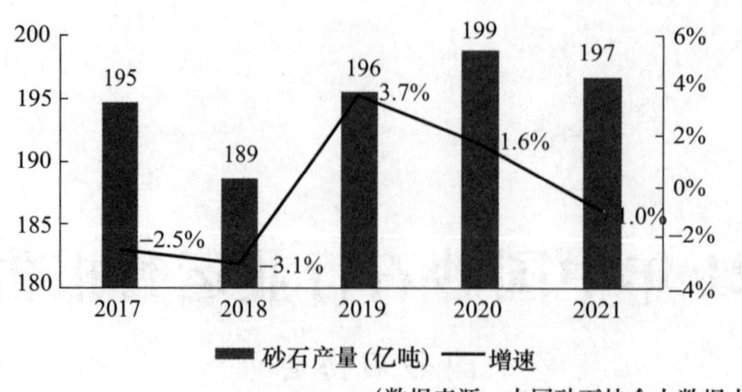

图 1　近五年中国砂石产量变化情况

（二）价格前低后高

据中国砂石协会大数据中心显示，2021 年全国砂石综合均价为 113 元/吨，同比上涨 2.2%（图 2）。

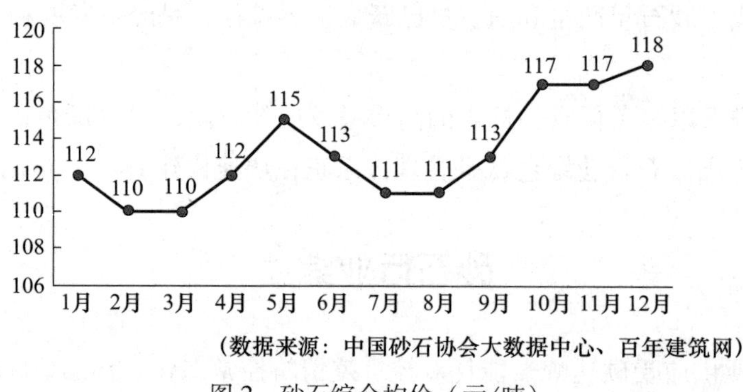

图 2　砂石综合均价（元/吨）

2021 年上半年，天然砂石、机制砂石均价受需求端施工市场工期进度及供应端砂石矿山产量波动、运输端长江中下游船运吃紧等因素的影响，上半年价格波动较大；进入下半年，随着工程旺季的到来，砂石需求稳步提升，随之也推高了天然砂石的价格。天然砂石、机制砂石价格下半年以来持续上扬（图 3、图 4）。

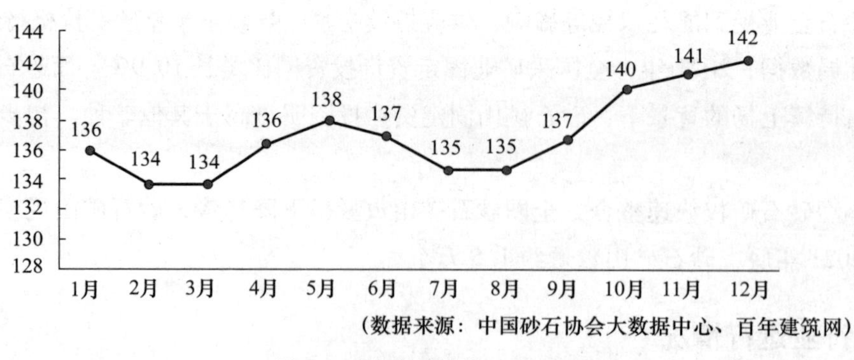

图 3　天然砂石均价（元/吨）

截至 2021 年 12 月 31 日，全国机制砂均价 102 元/吨，环比持平；天然砂均价 142 元/吨，环比上涨 0.7%。

2021 年下半年，碎石随着砂石市场的供需变化，价格一路上扬。截至 12 月 31 日，碎石均价 102 元/吨，环比持平（图 5）。

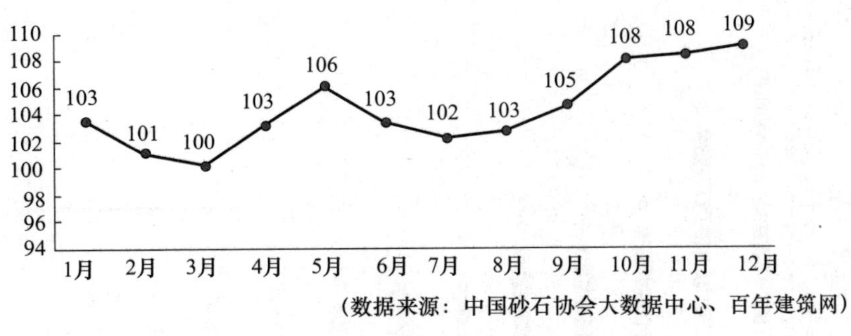

（数据来源：中国砂石协会大数据中心、百年建筑网）

图4 机制砂均价（元/吨）

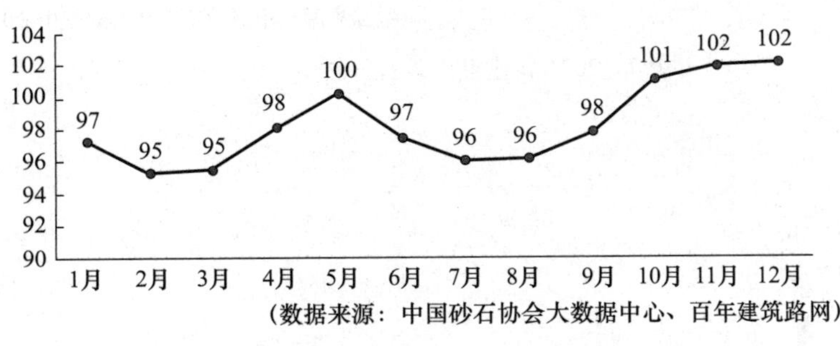

（数据来源：中国砂石协会大数据中心、百年建筑路网）

图5 建设用石均价（元/吨）

（三）砂石矿山概况

截至2020年底，从各省区市砂石矿山的分布情况来看，贵州、云南砂石矿山数量最多，分别为1632个、1049个；新疆、四川、湖南、广西、江西砂石矿山数量均在500~800个；内蒙古、甘肃、黑龙江、广东、山西、重庆、湖北砂石矿山数量在300~500个；浙江、吉林、陕西、福建、河北、河南、安徽、辽宁、青海、山东、宁夏、海南、西藏、江苏砂石矿山数量在200个以下；另外，北京、天津、上海砂石矿山数量为零。

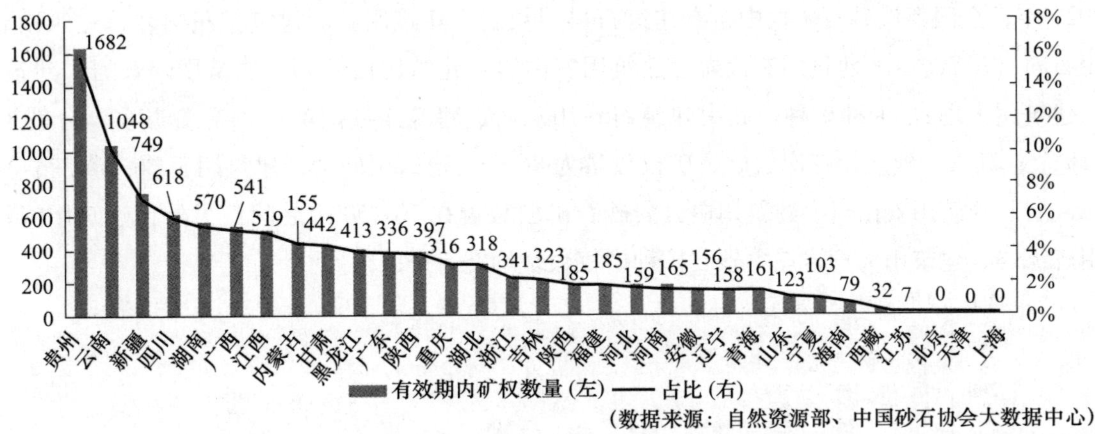

（数据来源：自然资源部、中国砂石协会大数据中心）

图6 各省砂石矿分布

2021年，从各省新建重大骨料生产线的情况来看，福建、山西新建骨料生产线超过10个；河南、广西、辽宁、贵州、安徽、湖南新建重点骨料生产线数量分别为6个、5个、5个、4个、3个、2个；四川、重庆、湖北、陕西、山东数量均为1个（图7）。

2021年，全国新设砂石矿权数量805个，其中云南、新疆新设砂石矿权数量居全国前两位，分别为166个、156个；黑龙江、贵州两省新设砂石矿权数量在50~100个之间；吉林、广西、甘肃、湖北、四川、重庆、广东、浙江、陕西、安徽、山东新设砂石矿权数量在10个以内。

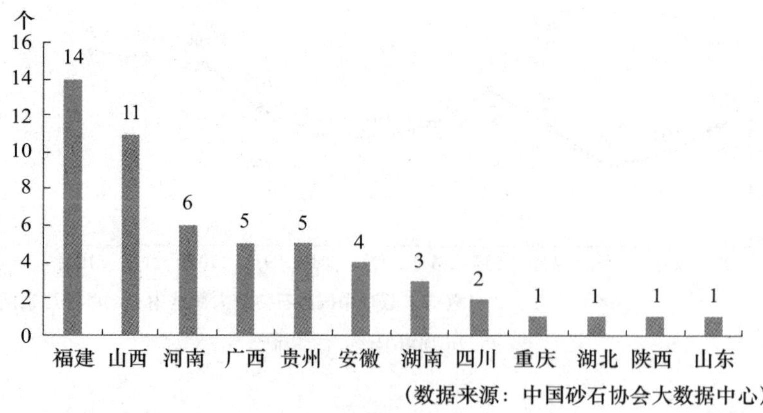

图 7　2021 新建重点砂石骨料生产线情况

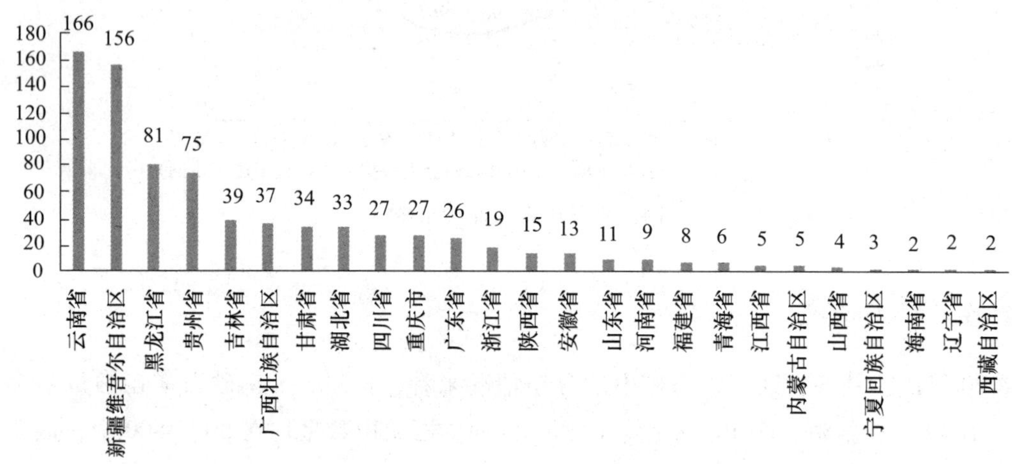

图 8　2021 年新设砂石矿权情况

2021 年，全国新设砂石矿权中，有建筑石料用灰岩、建筑用砂、建筑用花岗岩、建筑用砂岩、建筑用石料（凝灰岩）、建筑用玄武岩、建筑用安山岩、建筑用白云岩、建筑用闪长岩、建筑用辉绿岩、建筑用大理岩 11 种矿种。其中建筑石料用灰岩、建筑用砂两类矿种数量最多，分别为 346 个、215 个；其次，建筑用花岗岩砂石矿权数量为 86 个，建筑用砂岩、建筑用石料（凝灰岩）、建筑用玄武岩、建筑用安山岩、建筑用白云岩砂石矿权数量在 10~50 个之间；另外，建筑用闪长岩、建筑用辉绿岩、建筑用大理岩三类砂石矿种矿权数量均在 5 个以内。

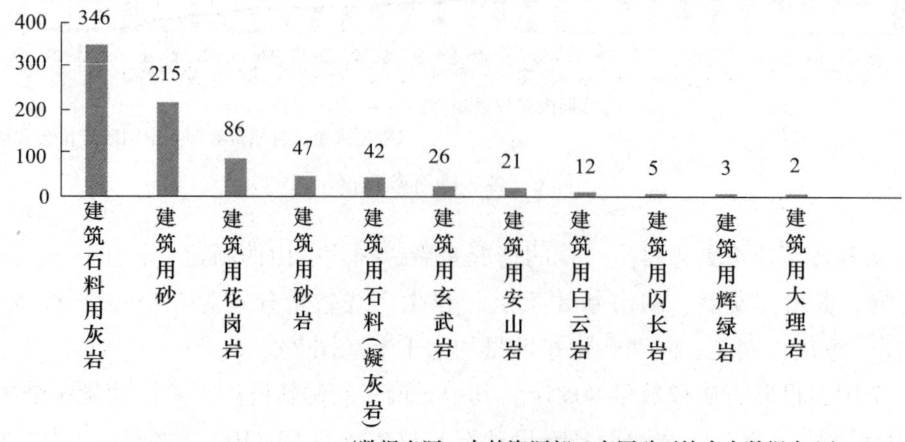

图 9　2021 年新批砂石矿权矿种分布

2021 年砂石行业规模化发展已经取得了一定成效，0. 1～1 平方公里矿权取代 0～0. 1 平方公里矿权，成为 2021 年新设矿权的主流。2021 年，新设砂石矿权中，矿区面积在 0～0. 1 平方公里之间的有 365 个，占比为 45. 3%，占比较 2020 年已有 0～0. 1 平方公里砂石矿权（62. 5%）有所下降；矿区面积在 0. 1～1 平方公里之间的砂石矿权有 422 个，占比超过一半；1～10 平方公里之间的有 18 个，占比为 2. 2%（图 10、表 1）。

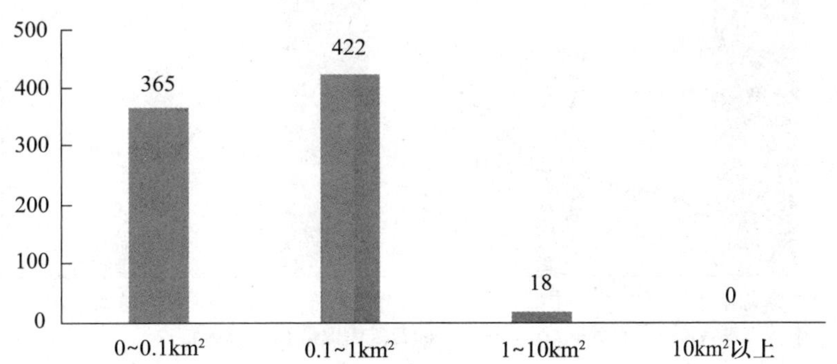

（数据来源：自然资源部、中国砂石协会大数据中心）

图 10　2021 年新批砂石矿权矿区面积分布

表 1　2021 年新设砂石矿权矿区面积情况

	2021 年新设砂石矿权各矿区面积区间占比	2020 年新设砂石矿权各矿区面积区间占比
0～0. 1km^2	45. 3%	62. 5%
0. 1～1km^2	52. 4%	35. 5%
1～10km^2	2. 2%	2. 0%

数据来源：自然资源部、中国砂石协会大数据中心

（四）重点区域分析

东部地区：砂石矿数量约为 1200 个，砂石需求量 67 亿吨。目前我国东部地区需求旺盛、供给短缺，亟需扩大砂石矿权投放。其中山东、江苏、广东三省的砂石缺口较大，缺口分布达到 65. 5%、40%、17. 1%；河北作为砂石资源大省，又处在京津冀协同发展的重点区域，自产砂石不仅能满足本省需求，还肩负向北京、天津保供的重任。

在东部地区的重点省份中，广东砂石供需严重不足，自产碎石为 3. 5 亿吨，机制砂每年产量约 1 亿吨，年需 15 亿吨；山东高品质砂石普遍比较短缺，年需求量约 12 亿吨；江苏砂石总缺口高达 40%，年需求量约 11. 5 亿吨；河北保证北京 40% 供给，每年向市场提供近 10 亿吨建筑砂石材料，本省年需求量为 6. 5 亿吨。

中部地区：砂石矿数量为 2107 个，砂石需求量超 50 亿吨。其中，湖南总体来看，砂石供应缺口达 2 亿吨，砂石骨料消耗量稳定在 9 亿吨/年左右，全省砂石矿山实际总产量 7 亿吨左右。

河南省砂石供需总量基本平衡。全省砂石需求量为 9～10 亿吨。从总量来看，河南省砂石矿权基本能满足河南省对砂石的总体需求。

西部地区：砂石矿数量为 6288 个，砂石需求量超 70 亿吨。其中，贵州目前规划产能超 15 亿吨，全省普遍存在产能过剩的问题。甘肃砂石需求量约 3 亿吨，每年自产砂石（包括河砂及砂夹石）约 3. 4 亿吨，供需平衡。重庆目前砂石需求约 4 亿吨，供需基本平衡。

东北地区：砂石矿数量为 789 个，砂石需求量超 8 亿吨。其中，辽宁砂石目前需求量每年 2. 4 亿吨左右，自产砂石产量 4 亿吨左右，能满足市场需求，但供大于求日趋明显。碎石出厂价在 22～

28 元/吨，机制砂出厂价在 30~36 元/吨。

随着价格的上涨，“北砂南运”应运而生，辽宁砂石“北砂南运”居多，少量北运到吉林、内蒙古地区。

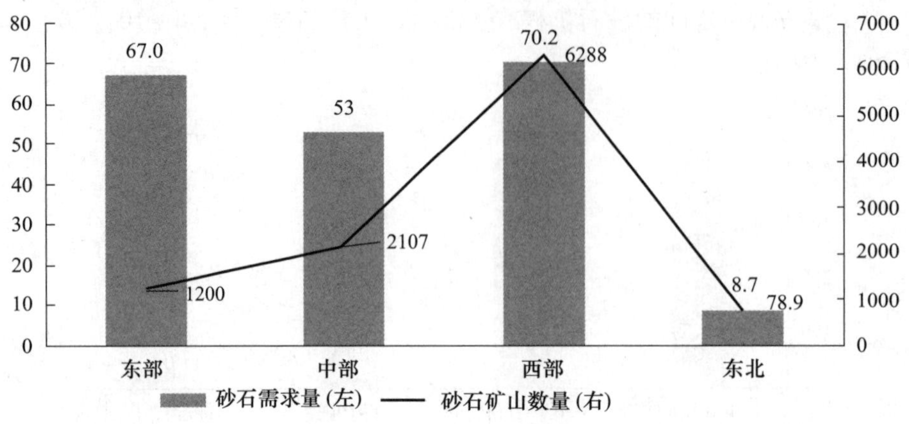

（数据来源：中国砂石协会大数据中心）

图 11　各区域砂石年需求量与目前砂石矿山数量

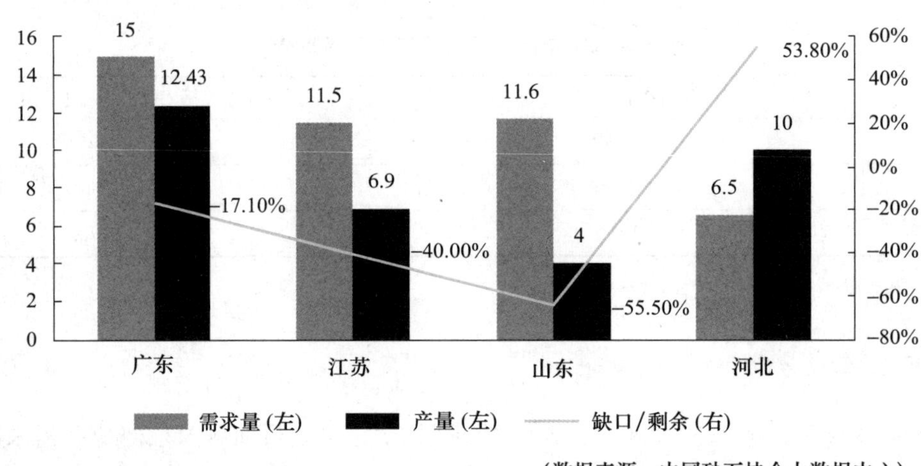

（数据来源：中国砂石协会大数据中心）

图 12　东部重点省份砂石产量缺口/剩余

二、砂石行业发展趋势

党的十八大以来，砂石行业受到党中央、国务院的高度重视。2018 年 6 月 22 日，自然资源部发布《砂石行业绿色矿山建设规范》，砂石上升到国家九大矿业之一。2019 年 11 月 4 日，国家十部门联合发布《关于推进机制砂石行业高质量发展的若干意见》；2020 年 3 月 25 日，国家十五部门联合印发《关于促进砂石行业健康有序发展的指导意见》；2021 年《全国矿产资源规划（2021—2025 年）》编制完成。按照以上相关产业政策和规划要求，砂石行业未来发展趋势为智能化、绿色化、质量高、管理好、效益佳、规模化。砂石工业已全面进入以绿色低碳为标志的高质量发展新阶段。

三、2022 年发展展望

（一）供给：供应或出现收窄

碳达峰、能耗双控、环保能效持续加码、疫情防控的常态化，以及砂石矿山行业规模化、绿色化的发展趋势，这些因素都将导致2022年砂石供应收窄，预计全年建筑用砂石供应量195亿吨左右。

（二）需求：2022年砂石需求总体平稳，稳中趋降

基础设施和房地产建设作为砂石行业的两大需求端，对砂石的总体需求或继续收缩。2022年基建投资计划有望提前布局，专项债发行前倾，带动基建市场活跃，刺激砂石需求，房地产投资有望平稳健康发展，但基建领域需求提升无法弥补地产领域对砂石需求的减少，预计全年砂石需求会稳中有降，降幅约为1%~2%。

（三）价格：整体微幅上涨

2022年，砂石供需均或出现小幅收缩的产业背景下，对砂石价格波动影响较大的交通运输因素，在2022年也会在一定程度上得到改善，缓解局部地区的供应紧张，基本实现供需均衡的态势，2022年建筑用砂石供需依旧呈现趋势性回落。结合产业数据来看，全年均价较2021年或将整体上涨1%~2%。

2021—2022 年环保产业发展述评及展望

中国环保产业协会

历史的画卷，在砥砺前行中铺展；时代的华章，在接续奋斗里书写。在刚过去的这一年，我们顺利开启全面建设社会主义现代化国家、向第二个百年奋斗目标新征程进军。

在这一年，国民经济和社会发展计划中生态环境领域 8 项约束性指标顺利完成，污染物排放持续下降，生态环境质量明显改善，“十四五”起步之年实现良好开局。在这一年，我国环保产业取得长足的发展和显著成效，有力地支撑了污染防治攻坚战，产业服务体系不断完善，污染防治工艺和技术装备水平不断提高。回顾总结 2021 年的发展状况，展望 2022 年的前景和挑战，希望推动环保产业再上新台阶。

一、政策发力，拓展市场空间

“十四五”时期是我国深入推进生态文明建设的关键期、是促进经济社会全面绿色发展的转型期、是持续打好污染防治攻坚战的窗口期、也是向第二个百年奋斗目标进军、实现“碳中和”宏伟目标的建设期。在“十四五”的开局之年，相关政策措施密集出台，谋划碳达峰碳中和大局，部署深入打好污染防治攻坚战，也为环保产业发展创造了更加广阔的空间。围绕“减污降碳协同增效”的总要求，多项利好环保产业发展的政策法规相继出台，利用市场机制统筹推进“减污、降碳、强生态”，支持提升生态环境治理体系和治理能力现代化。

2021 年 3 月，国务院印发《中华人民共和国国民经济和社会发展第十四个五年规划和 2035 年远景目标纲要》；10 月，《中共中央 国务院关于完整准确全面贯彻新发展理念做好碳达峰碳中和工作的意见》和《2030 年前碳达峰行动方案》发布；11 月，中共中央、国务院发布《关于深入打好污染防治攻坚战的意见》；11 月，生态环境部等 17 部门联合发布《2021—2022 年秋冬季大气污染综合治理攻坚方案》，环保产业迎来强政策周期。

水污染治理行业是环保领域最成熟的板块，这一年在水生态环境保护上的谋篇布局更加成熟，对相关规律性认识更加深化。《中华人民共和国国民经济和社会发展第十四个五年规划和 2035 年远景目标纲要》《重点流域水生态环境保护规划（2021—2025 年）》等文件相继出台，对生态环境的持续改善及行业未来的发展方向做出重要部署，标志着我国进入了从水污染防治向水环境、水生态、水资源“三水”统筹转变的新时代。《长江三角洲区域生态环境共同保护规划》《黄河流域生态保护和高质量发展规划纲要》《地下水管理条例》相继出台，使水污染协同治理理念更加明确，流域治理战略布局更加清晰。

《国民经济和社会发展第十四个五年规划和 2035 年远景目标纲要》提出，要推进 $PM_{2.5}$ 和 O_3 协同控制，有效遏制 O_3 浓度增长趋势，加快挥发性有机物排放综合整治，挥发性有机物排放总量“十四五”期间降低 10%以上。双碳目标下，在 VOCs 高效治理的同时必须兼顾碳减排，重点发展绿色低碳治理技术。在这方面，实施源头替代与清洁生产、降低过程泄漏、进行高效末端治理等方面都有很大发展。第三方服务工作得到快速发展，咨询和培训业务量增长迅速，“一市一策”“一行一策”“一厂一策”等治理方案的编制需求成为VOCs治理行业的有效支撑，检测与数据管理、治理设施运营服务成为行业发展趋势。国家政策鼓励积极推进工业园区和企业集群建设涉VOCs“绿岛”项目，统筹规划建设一批集中涂装中心、活性炭集中处理中心、溶剂集中提纯回收中心等，实现VOCs集中高效处理。

随着国家“十四五”发展目标及相关政策标准的相继出台，“无废城市”试点建设工作持续推进，“大宗固体废弃物综合利用示范”有序开展，“生活垃圾分类处理”“塑料污染治理”等工作扎实推进，固体废物处理利用行业和市场得到进一步规范化发展，固体废物减量化和循环利用水平得到进一步提高。尽管如此，通过全国人大常委会《中华人民共和国固体废物污染环境防治法》执法检查及中央生态环境保护督察等工作的开展，仍反映出我国固体废物处理利用行业存在着配套政策标准名录制修订工作相对滞后，部分固体废物分类模糊、收集转运困难、处置利用能力和技术存在短板，污染防治和规范化环境管理工作急待加强等问题。

二、补齐短板，提高质效，保持稳中求进工作基调

从“坚决打好”到“深入打好”，意味着污染防治触及的矛盾问题层次更深、领域更广，要求也更高，减污与降碳、城市与农村、$PM_{2.5}$与O_3、水环境治理与水生态保护、新污染物治理与传统污染物防治等工作交织，问题更加复杂，难度和挑战前所未有。2022年全国生态环境保护工作会议强调，必须保持稳字当头、稳中求进的工作基调。既要坚持环境质量持续改善，又要考虑内涵发展、提质增效，不鼓励设定过高的目标，将工作重心放在巩固工作成果、提升工作质效上。

“十四五”是我国水生态环境保护的关键时期，不鼓励各地追求过高的优良水体比例，而希望把工作重点放在夯实工作基础、补齐工作短板、提高工作质效上。在城镇污水处理行业，加强污水处理厂污泥处理处置的同时，逐步重视雨污水管网和下水道沟泥的处理处置，促进下水道沟泥有机物、溢流污染的控制，及管网甲烷气体的减量排放。目前全国的污泥处理处置设施建设仍显不足，资源化处置将是未来重要发展方向，污泥处理处置产能提升将是今后投资热点，污泥无害化与资源化处置设施建设将提速。江苏、广东省份部分发达城市开始推进排水管网养护进小区活动，力争解决最后一公里服务和污水提质增效问题。

固体废物量大面广、利用前景广阔，是资源综合利用的核心领域，推进固体废物综合利用是实现“双碳”目标的重要抓手。但在大宗固体废物综合利用、建筑垃圾和农业废弃物污染防治、危险废物安全处置等方面仍存在短板。比如，建筑垃圾领域仍存在产生量大，末端处理能力不足，建筑垃圾乱堆乱放，综合利用率不高，资源化利用产品相关政策体系不健全、市场出路不畅等问题。危险废物处置管理方面仍存在违规贮存、随意堆放倾倒、非法处置等情况。在生活垃圾处理处置方面，存在农村生活垃圾收运处置体系不完善，垃圾填埋场渗滤液积存，垃圾无害化处置能力缺口大，垃圾焚烧处置、资源化设施建设推进滞后等情况。随着“十四五”规划的实施、“无废城市”建设的持续推进，我国固体废物减量化和循环利用也将加速推进，市场也会向着规范化和良性化发展，并倒逼出更大的市场空间。

从2007年开始至今，土壤修复行业得到快速地发展，但也暴露了一些问题，有些问题已通过从业单位和专家的共同努力得到解决，如污染场地的环境影响评价问题，但有些问题依然存在。比如，修复过程中各方责任有待进一步明晰，修复及风险管控质量控制有待加强，修复技术创新能力有待提升，专家评审机制需要进一步完善。

近年来，燃煤烟气脱硫脱硝工艺中氨的使用与排放现状一直是行业关注焦点。据《中国环保产业》2021年第5期，全国氨法SCR脱硝存在不容忽视的氨逃逸现象，解决SNCR/SCR脱硝氨逃逸问题，需要提升催化剂性能，发展各种精准喷氨技术，强化氨的排放监督和标准体系的建立。无论是氨法脱硫还是SCR脱硝，需要从技术、政策、标准和管理等方面加强对氨排放控制的管理。

三、市场热度不减，环保产业受资本追捧

2022年全国生态环境保护工作会议强调，发挥环保投资对经济拉动作用，全面推进清洁生产，积极培育和发展环保产业。

据中国环境保护产业协会测算，2020年我国环境治理营收总额1.95万亿元，全国环境治理营收近十年的年均复合增速约20%，“十三五”期间的年均复合增速仍保持在13%以上。据中国环境保护产业协会对15556家环保企业的调查数据显示，2020年，统计范围内广东、北京、湖北、浙江、江苏、山东6省（市）的企业营收均超过1000亿元，6省市合计占全国的2/3以上；固废处理与资源化板块成为生态环保产业中营收规模最大、利润率最高、增长最快的细分领域，其次是水污染防治、大气污染防治领域，3个领域营收占比之和近90%。近年来生态环保产业结构快速优化，以第三方治理、综合环境服务、环保管家、“互联网+”等新模式新业态为核心的现代环境服务体系加速形成，环境服务营收占比超过60%。目前，A股上市环保公司总数近180家，全国环保产业从业人员超过300万人。

政策的持续加码和需求的稳定增长吸引了众多企业布局环境产业。近年来，央企加大进入生态环保领域步伐，越来越多的地方综合性环保产业集团相继出现，正在成为环保产业的“新兴势力”，行业竞争加剧，环保产业格局的演变正步入行业巨头联合的新阶段。据公开信息统计，46家央企的112家下属企业有环境业务，包括中节能、中国建筑、中电建、中交、中车等。除此之外，具有国资背景的地方环保集团也纷纷组建，进入环保市场。据不完全统计，截至2021年底，已有27家省级环保集团成立，包括浙江省环保集团、辽宁省环保集团、陕西环境产业集团等。同时，众多地产企业跨界环保，万科、雅居乐、首创股份、美的地产等公司布局环境修复，引发行业新变局。这一方面反映出市场对环保产业的高度关注和追捧，另一方面也加剧了市场竞争。

但受多种因素影响，环保企业应收账款回款问题较突出，项目拖欠款现象比较普遍。而且，我国环保企业数量多、规模普遍较小、竞争力较弱，规模化、实力强的龙头企业较少。

以袋式除尘行业为例，2021年尽管市场需求量持续走高，企业订单稳中有升，但受到钢材和滤料等原材料涨价影响，行业利润空间有限，市场竞争激烈，企业一方面须进行生产工艺优化、进一步降低成本，另一方面也必须进行有选择的订单筛选，最大限度避免呆账、坏账的风险。同时，企业资金普遍紧张，货款难以回笼依然是突出问题。中小企业相对更侧重于市场的订单，技术创新能力不足，产品的技术含量和附加值较低，核心竞争力不足。

随着2020年以来钢材等原材料价格大幅上涨，极大地挤压了电除尘企业的利润空间，企业经常面对的是一个低价的订单和一个高价的钢材价格，在项目实施中被动应对钢材等原材料价格上涨，对其引发的价值损益、利润指标的应对保障及对冲措施不及时，造成电除尘企业“增量不增利”现象突出。

四、进入减污降碳协同治理新阶段

“十四五”时期，我国进入减污降碳协同治理的新阶段。在“双碳”目标下，减碳问题受到各

个行业的高度关注。

“双碳”对各个行业提出了高质量化发展的要求，如何科学地实现碳减排、碳中和是摆在各行业面前的一个重大课题，电力产业更是首当其冲。在“双碳”背景的新形势下，要运用系统思维，统筹考虑多行业可持续发展、高质量发展，从而科学地而不是“运动式地”达成“双碳”目标。近30年来，我国火电产业发展经历了超低排放改造以及发电煤耗的大幅降低，我国已建成世界最大的清洁高效燃煤体系，这一阶段火电高质量发展的特征是“清洁高效”。在当前“双碳”背景下，火电产业跨进“协同共享”转型发展阶段，减污降碳增效协同，火电产业以共享为思路融入社会，打开“院墙”，主动发挥城市“静脉”和“动脉”作用。未来，火电产业将跨入“智能智慧”阶段，这将是“协同共享”阶段系统思维运用的进一步扩充，能源行业将进一步地与其他行业发生互联互通。

2021年3月，《排污许可管理条例》正式实施，钢铁企业依法依规落实许可证“一证式”管理要求，有了明确的罚则与执行要求，并将固危废与碳排放管理要求一并纳入排污许可一证式管理范围，体现未来环保管理全覆盖与精细化并重的新时期监管思路。随着国家层面“双碳”政策的快速推行落地，作为“两高”重点行业的钢铁工业成为国家与地方推行碳排放约束管理的重中之重，宝武、河钢、包钢等几大钢铁集团纷纷出台“双碳”目标，履行社会责任。钢铁行业进入超低排放评估提速与动态调整新阶段，但超低排放改造绝不是一味堆砌末端治理设施，否则不仅难以取得预期效果，还会增加无效成本与碳排放量。新形势下的超低排放改造应当强化源头消减、严格过程控制，优化末端治理，从而实现常规大气污染物与碳的协同减排。

在环境监测领域，加强细颗粒物与臭氧污染协同控制仍是2022年重要的市场动向。在政策指引下，作为O_3前体物的VOCs组分监测及一般地市的光化学污染监测等得到了明显增长。在“双碳”背景下，环境及污染源排放的二氧化碳等温室气体的直接测量是核算和评估等工作的基础和数据支撑。为进一步提升温室气体监测与评估能力，实现温室气体的可测量、可报告、可核查，生态环境部积极部署碳监测评估体系建设，目前已着手在电力、钢铁等十大行业开展碳排放在线监测试点工作，未来温室气体排放的在线监测有可能覆盖重点行业数十万家重点企业，包括排放源监测、城市环境监测、背景监测等，都有非常好的市场前景。

“关山初度尘未洗，策马扬鞭再奋蹄”。我国生态文明建设进入了以降碳为重点战略方向、推动减污降碳协同增效、促进经济社会发展全面绿色转型、实现生态环境质量改善由量变到质变的关键时期。推动生态环保产业高质量发展既是加强生态环境保护、深入打好污染防治攻坚战的客观需要，也是培育绿色发展新动能、做好碳达峰、碳中和工作的必然要求。练好内功、抢抓机遇、积极创新、主动转型，中国环保产业必将为生态文明建设和美丽中国贡献更大力量，以更优异的成绩迎接党的二十大召开。

混凝土与水泥制品行业“十四五”发展指南

中国混凝土与水泥制品协会

混凝土与水泥制品产业是建材工业重要组成部分，是基础设施和工程建设最大宗使用的材料和构件部品，在房屋建筑、桥梁、机场、公路、铁路和各类工业矿业、军事国防工程的建设中广泛使用，不可或缺，是“中国建造”品牌的重要支撑。此外，混凝土与水泥制品产业也是生态保护、环保利废、应急抢险等重要的社会保障性产业。

在以习近平同志为核心的党中央坚强领导下，中国特色社会主义进入新时代，开启了全面建设社会主义现代化国家新征程。《国民经济和社会发展第十四个五年规划和2035年远景目标纲要》以及《“十四五”循环经济发展规划》等相关专项规划文件，为混凝土与水泥制品行业在“十四五”时期创新发展、绿色低碳发展、高质量发展提供了指导。为贯彻落实国家“十四五”规划发展目标，推动行业创新发展、绿色低碳发展和高质量发展，制定本指南。

一、发展环境

（一）现状与问题

“十三五”以来，我国混凝土与水泥制品行业持续稳定较快发展，成效显著。

1. 行业规模不断壮大

全行业规模以上企业总产值由2016年的11905亿元增长至2020年17906亿元，年均增速10.74%；主要产品产量稳步增长，其中规模以上企业的商品混凝土产量由2016年的17.90亿立方米增至2020年的28.42亿立方米，年均增速12.25%。

2. 产业结构更加优化

在预拌混凝土、预制混凝土各个产业领域，规模以上企业数量持续增长，骨干企业规模不断做大，产业集中度逐步提高，行业科技创新能力不断提升，产业绿色环保功能逐步增强，高端智能制造迈上新台阶，产业生态和价值链整合呈现多元化发展趋势。

3. 国际化发展步伐加快

预拌混凝土、预制混凝土桩、混凝土电杆、房屋建筑预制构件、预应力钢筒混凝土管（PCCP）、硅酸钙板等重点产业中，已有超过40家企业通过海外投资建厂和国际贸易，实现国际化发展。

但是，行业总体上产能严重过剩、产业结构不合理、企业发展理念相对落后、创新能力较低、产品同质化竞争、市场无序竞争、信息化和智能制造水平不高等突出问题普遍存在，严重制约着行业的转型升级和向产业链高端发展。

（二）机遇与挑战

“十四五”时期是我国由全面建成小康社会向全面建设社会主义现代化国家迈进的第一个五年，世界正在经历百年未有之大变局，新一轮科技革命和产业变革深入发展，我国已进入高质量发展阶段，以国内大循环为主体、国内国际双循环相互促进的新发展格局正在形成。在新发展理念指导下，“双碳目标”正在全面融入社会经济发展的各个方面，供给侧结构性改革继续向纵深发展，制造强国战略深入实施，新型城镇化发展不断升级，经济结构调整、产业结构转型、绿色低碳发展以及“一带一路”高质量发展正在有力推动和引领创新驱动发展，混凝土与水泥制品行业面临新的重要历史发展机遇。

在新发展格局中，国家实施科技强国战略、制造强国战略，交通强国战略、区域协调发展战略，以“两新一重”（新型基础设施建设，新型城镇化建设，交通、水利等重大工程建设）为标志的庞大基础设施体系建设、交通体系建设、都市圈、城市群建设等，为混凝土与水泥制品行业带来了新的巨大的市场需求，同时也对混凝土与水泥制品的绿色、低碳、质量、性能、功能、保障能力等提出了更高要求。以5G、人工智能、云计算、大数据、新能源、数字经济、共享经济等为代表的新一轮科技革命和商业模式创新不断出新，为混凝土与水泥制品行业转型升级、向高端制造发展提供了技术支撑和发展环境。

但是，挑战与机遇并存。当前国际环境日趋复杂，新冠肺炎疫情下不稳定性不确定性增加，世界经济跌宕起伏难以预测，碳达峰碳中和压力越来越大。中国混凝土与水泥制品行业企业必须准确识变、科学应变、主动求变，紧紧把握历史机遇，坚持创新发展，下大力气突破一批关键共性、变革性、战略性技术，加快绿色低碳高性能新材料、新技术、新装备、新产品的开发与应用，加快推进绿色低碳、高端智能制造发展，加快“一带一路”高质量发展步伐，为中国制造、中国建造强国战略的实施提供坚实支撑。

二、指导方针

（一）指导思想

以习近平新时代中国特色社会主义思想为指导，高举中国特色社会主义伟大旗帜，坚定不移贯彻创新、协调、绿色、开放、共享的新发展理念，以改革创新为根本动力，深化供给侧结构性改革，强化科技创新引领，坚持绿色低碳、高端制造转型发展导向，聚焦科技发展前沿、国家重大需求、市场发展需求，推动行业以科技创新和产业发展模式变革实现高质量发展。

（二）基本原则

1. 坚持新发展理念

全面贯彻新发展理念，敢于开拓创新，着力破除在科技创新、转型升级、绿色低碳、可持续发展中的因循守旧观念，深入研究行业创新发展和高质量发展中亟待解决的问题，着力解决技术进步中的痛点、重点和突出问题，攻坚克难，砥砺前行。

2. 坚持需求导向

以城市群、都市圈、城乡一体化、绿色低碳、循环经济、高端制造、“两新一重”、美丽中国建设等国家重大发展战略需求为导向推动行业创新发展，推动行业结构优化，强化企业创新主体，主动拓展市场需求和应用场景，满足社会经济发展和生态文明建设不断提升和发展的需求。

3. 坚持目标导向

以“十四五”国家重大战略发展目标为指引，聚焦产业结构调整、绿色低碳环保、产品升级换代、高端智能制造等重要方向，明确行业企业重点创新发展目标，笃定目标、扎实推进，达到预期效果。

4. 坚持底线思维

牢记“国之大者”增强大局意识，积极应对和防控各种风险与挑战。在错综复杂的市场环境中居安思危，未雨绸缪，牢牢把握产业企业发展的资源承载底线、生态环境底线、安全质量底线，确保行业发展行稳致远。

（三）发展目标

1. 建立健全自立自强技术创新体系

到2025年，形成比较完善的不同层级、不同领域、各种创新主体主导、相互融合的行业科技创新平台体系。建成以企业为主体的材料、制品和工程施工专项技术创新中心不少于20个，以各级科研院所为主体的行业共性关键技术研发中心不少于30个，以大学和国家重点实验室为支撑建设科学研究和基础性技术创新服务平台，打造不少于20个行业科技创新策源地。行业企业创新能力大幅提升，承担国家重点科技创新项目不少于5项，在水泥混凝土材料、制品、工程科技领域不断形成新方向、新领域。

2. 建立健全标准质量创新体系

大力发展团体标准，在各产业和技术领域培育企业标准“领跑者”群体，形成先进的市场主导制定的标准体系与政府主导制定的标准体系相互补充、相互支撑的行业标准化工作体系，引领和规范行业创新发展。建立行业标准化创新专家服务体系，建立科技成果通过标准化创新向生产力转化、标准创新促进科技创新的互动机制，科技创新成果转化率大幅提高，新技术、新产品、新装备、新应用场景对行业企业发展的贡献率达到30%以上。建立基于先进标准的质量信用体系，引领和规范行业企业健康发展。

3. 形成先进的产业结构和商业模式

在预拌混凝土和各个预制水泥混凝土制品等产业领域形成头部企业，引领行业发展。鼓励和培育企业通过兼并重组和产业链延伸做大做强。“十四五”期末，行业规模以上企业主营业务收入规模达到2万亿元以上；以混凝土与水泥制品为主业、年销售收入300亿元以上的龙头企业不少于5家；不少于20家骨干企业实现产品、技术和产业国际化发展，海外建成不少于5家混凝土与水泥制品产业园区。

4. 绿色低碳环保利废成为产业特色

在国家“双碳目标”指导下，2025年行业提前实现碳排放达峰，成为“无废城市”中环保利废、循环经济和应急保障的支撑产业，工厂环境实现净化、绿化、美化、亮化，骨干企业全面达到绿色低碳发展国际先进水平。

5. 建立专业教育与高技能人才培训体系

推动“混凝土工程技术人员”进入国家职业大典；建立以大学为主体的全国性混凝土材料、制品、工程专业领域高层次专业人才教育体系，在条件合适的大学恢复设立专业课程与学科；建立高教和职教相融合、学位与职业技能水平“双证书”的大学生工程师教育体系；建立以企业为主体的高技能人才专业培训基地体系；建立行业职业工程师水平评价体系；建立国际化的混凝土与水泥制品专业工程师水平评价与高技能人才培训基地，为行业的可持续发展提供人才保障。

三、重点工作

（一）强化基础科学研究、打造技术创新制高点

1. 加强低碳硅酸盐胶凝材料基础理论研究

深入研究低碳节能的普通硅酸盐熟料、低钙硅酸盐熟料体系，发展环保利废的水泥性能调节型矿物材料体系和功能性化学外加剂体系，形成具有水化动力学可调控、强度和耐久性可设计的各种高性能低碳混凝土材料设计理论体系。

2. 发展硫铝酸盐水泥混凝土材料科学理论

建立和完善具有中国特色优势的高铁硫铝酸盐、高贝利特硫铝酸盐等系列硫铝酸盐基熟料基础理论，开发可全部采用各种低品质矿物和工业固废作为原料的生产制造技术，开发各种高性能、超高性能的特种硫铝酸盐水泥基混凝土、特种功能砂浆材料体系及其配套的外加剂材料体系。

3. 发展各种高强和功能性人造轻骨料的材料设计和制备理论

深入研究环保利废轻骨料原料体系和烧结机理，建立不同轻骨料对各类混凝土的结构和功能性能的影响机理，形成各种结构和功能谱系的轻骨料体系。建立各种新型结构与功能一体化的高性能轻骨料混凝土及其制品的设计理论，拓展轻骨料混凝土在各类预制装配式建筑和土木工程结构中的应用领域。研究各类非烧结型环保利废轻骨料混凝土的耐久性及其适用的工程应用场景。

4. 建设一批国际先进水平的科研基地和技术创新平台

在无机非金属材料领域、工程建设领域的大学和国家级研究院所、国家重点实验室建设不少于5个国际一流的水泥基材料基础科学研发平台，以企业为主体建设行业技术创新平台，打造一支国际知名的水泥与混凝土材料科学家队伍，形成一批原创性基础性科学技术成果、引领国际水泥混凝土材料与工程技术的发展。

专栏1　基础科研重点方向
（1）研究开发水泥各组分水化热力学和及其对水泥水化动力学调控机理，建立水泥、外加剂和性能调节型矿物掺合料组分优化设计理论，实现对混凝土工作性、强度发展、抗裂和耐久性等性能的协同优化。
（2）研究开发早期强度正常发展的低热水泥熟料体系，降低水化热和温差开裂敏感性，满足结构水泥混凝土正常施工要求。
（3）研发水化和膨胀动力学可设计、可调控的膨胀剂，建立与不同水泥混凝土配合比相匹配的，与混凝土结构、施工成型技术和环境条件相适应的收缩补偿理论以及不开裂混凝土技术体系。
（4）研究开发混凝土用纤维、聚合物、微生物等功能复合材料及其载体技术，开发损伤自诊断、裂缝自修复和使钢筋长效钝化的自防护混凝土功能材料。
（5）研究开发硅酸盐、硫铝酸盐水泥等品种系列超高性能水泥基材料，以及与之配套的减水、降粘、收缩补偿等外加剂和矿物材料技术，确保常压养护条件下超高性能混凝土不开裂。
（6）研究开发性能调节型矿物材料和工业固废材料，通过提纯、超细、复合等材料技术制备单一或复合组分的矿物掺合料，提高水化活性和性能协同性，满足水泥混凝土绿色低碳和各种高性能需求。
（7）研究轻骨料材料组分、结构与性能关系，建立轻骨料强度和孔结构设计理论，实现轻骨料表面改性和作为功能材料载体技术理论，建立和完善烧结型和非烧结型轻骨料结构混凝土理论基础，建立轻骨料混凝土结构与功能一体化设计理论，开发自防护混凝土和其他功能性混凝土。
（8）研究并建立低钙硅酸盐熟料碳化胶凝机制，为混凝土二氧化碳气体养护、混凝土固碳存储技术提供理论和技术支撑。

（9）研究并建立健全各类纤维材料（金属纤维、聚合物纤维、玻璃纤维、玄武岩纤维等）对超高性能水泥基材料的增强增韧改性、协同机理，为发展系列超高性能混凝土提供理论基础。

（10）研发可在混凝土中原位聚合并耐碱的新型高分子单体材料，发展新型网络互穿型高性能聚合物混凝土制备工艺技术，为混凝土自粘硬化、抗渗、抗裂、自防护等功能特性开发提供理论和技术支撑。

（11）深化海洋工程钢筋混凝土防腐蚀基础理论研究，建立复合硅酸盐和硫铝酸盐水泥耐海水腐蚀理论、水泥中氯离子固化机理及混凝土中抑制钢筋锈蚀电化学反应的协同理论，为开发新型氯离子固化矿物材料，利用海洋砂石和提高海洋混凝土耐久性提供坚实理论支撑。

（二）砥砺科技创新发展，塑造产业竞争优势

1. 构建以企业为主体、市场为导向、产学研用深度融合的创新生态

以行业头部企业、骨干企业和具有“专精特新”优势的中小企业为支撑，在各个产业和专业技术领域建设产业技术创新平台，鼓励开放式协同创新，支持创新型企业、大学、研究设计院建设开放型、跨学科、上下游、跨行业、国际化的产学研用合作协同创新的新型科研机构和产业技术创新联盟，加快提升行业企业技术创新能力。

2. 组织开展行业共性关键技术攻关

以头部企业和骨干企业为主体，以技术创新平台为支撑，推动产学研用协同创新，聚焦低碳技术、环保利废、绿色制造、智能制造以及发展超高性能材料和工程应用技术等重点领域和重大技术需求，争取国家重点科技项目支持，突破一批制约产业发展的共性关键技术瓶颈。加快推进企业设备更新和技术改造，提升产品的性能、品质、档次和技术附加值，降低成本，提质增效。加快淘汰落后，促进传统产业高端化、智能化、绿色化发展，塑造产业竞争新优势。

专栏2　工艺技术装备重点研发方向

（1）开发具有高效率、柔性化、多品种的预拌混凝土智能化工厂。

（2）开发粉体均化工艺与装备，提高不同材性、不同密度、不同掺量粉体复合材料的微均化水平，提高超高性能混凝土预混料的匀质性。

（3）开发超高性能混凝土各种工厂制备和现场施工的搅拌、成型、养护工艺技术和装备，满足超高性能混凝土不同密度、粒度的粉体材料和增强纤维的搅拌均化要求，以及不同产品和工程施工制造的需求。

（4）开发具有信息化、智能化监控和调控功能的混凝土搅拌运输车，解决预拌混凝土工作性和质量控制“最后一公里”的问题。

（5）进一步提升建筑工程固废的深度分类、破碎、筛分工艺技术和成套装备，研究开发利用尾矿与工业固废制备砂石骨料的深加工精加工生产装备，提高利废再生骨料的品质和利用价值。

（6）研究开发预制混凝土桩智能化成型技术、免蒸压免蒸养材料和工艺技术、利用可再生能源低碳养护技术，提升预制混凝土桩产业低碳节能高端制造水平。

（7）研究开发新型复合结构桩设计技术、桩基础组合配桩设计技术，新型植桩施工技术与装备、预制桩成品可视化无损检测技术和设备，开发标准化、信息化、智能化质量检测和品质管理技术。

（8）研发混凝土管涵生产自动化、智能化工艺技术和成套装备，开发纵筋连续输送、自动变径、内外层钢筋骨架同时滚焊技术装备．开发各种高精度、模块化预制拼装模具，降低模具成本、提高生产效率。

（9）研发预应力钢筒混凝土管（PCCP）用高性能外防护材料、高性能轻量化材料与结构，先进施工材料技术、PCCP 在线修补技术。

（10）研发超薄（板厚 3mm 以下）和超厚（板厚 30mm 以上）纤维水泥板/硅酸钙板基板成型工艺技术，提高基板的表面涂装深加工和建筑部品结构复合性能，拓展新的工程应用领域。

(11) 开发通用型、标准化、模块化、系列化预制装配式构件部品的高精度模具技术，利用新材料和3D打印技术开发个性化模具定制技术，提高预制混凝土制品尺寸精度，降低制造成本。

(12) 开发超高性能混凝土湿连接接缝的节点设计和建造技术，实现更高的连接节点强度、抗裂能力、抗震性能，开发更先进的“等同现浇”的装配式建筑和土木工程结构体系。

(13) 研发模块化、便携式、可三维拓展、打印精度高的混凝土3D打印装备，研发3D打印混凝土构件配筋技术，开发适应不同纤维增强混凝土的挤出打印头. 开发多任务协调打印以及施工建造过程可智能控制的3D打印建造系统。

(14) 研究开发超高性能GRC材料与制品，开发自动化喷射与浇注成型设备与生产线。

(15) 研究开发多组分原生态固废预处理与均化、造粒、干燥、烧结等节能减排工艺技术与装备，开发环保利废、绿色低碳生产制造轻骨料技术装备。

3. 大力推进科研成果应用示范与转化

在高校、研究院所、创新型企业建设一批行业新技术、新产品、新工艺、新材料、新装备和新应用场景示范基地、文化创意园、工业设计众创平台。加快科技成果产品化、工程化、产业化进程。

专栏3　新材料、新技术、新产品、新场景创新

(1) 研究开发超大体积、超深地下空间、超深水下工程、严酷环境条件下的高性能特性混凝土及其工程应用技术。

(2) 研以各类预制装配式建筑用轻质高强混凝土，保温与结构一体化复合外墙板，标准化、通用型、易拆卸、可重复使用的隔墙板、屋面板、楼面板、楼梯及其节点设计与结构构造。

(3) 研究开发高性能聚合物混凝土和砂浆、FRP纤维增强混凝土、混凝土表面防护无机和有机聚合物材料技术，提高混凝土工程结构服役寿命。

(4) 研究开发以轻骨料为载体，各种功能材料预组装技术，提高混凝土对开裂、氯离子渗透、钢筋锈蚀的自防护能力，发展自感应，自诊断、自防护混凝土技术。

(5) 开发结构混凝土用高强度轻骨料，发展高强轻骨料结构混凝土，促进轻骨料混凝土在高层建筑、装配式建筑、桥梁、土木工程结构、海洋漂浮建筑等工程推广应用。

(6) 利用超高性能水泥混凝土开发轻型凝土管涵、建筑构件、电杆、风电塔架等大型预制品，不断拓展水泥混凝土制品的应用领域。

(7) 研究开发超高性能喷射混凝土关键制备技术，化学外加剂及功能复合材料，包括无碱无氯液体速凝剂，促凝早强增强材料，拓展喷射混凝土在建筑结构增强、隧道支护及桥梁修补等工程中的应用技术。

(8) 研究开发绿植一体化生态混凝土，满足山体修复与治理，建筑立体绿化、海洋生态环境、沙漠与荒漠化治理等生态修复工程需求：开发具有生态功能的构筑物，如生态护岸、边坡，挡墙、地面透水，城市生态景观，人工鱼礁与生态岛礁等与自然环境融合的建构筑物等，实现混凝土结构与生态功能一体化。

(9) 研究开发超大口径钢筋混凝土排水蓄水管，高性能钢筋混凝土顶管，拓展在综合管廊工程、地下蓄水工程、城市深隧工程、电力电缆隧道工程等应用场景，大力推广预制装配式混凝土箱涵。

(10) 研发推广用于架空线路、铁路接触网、通信等领域的耐腐蚀、高强度、轻体化、装配式、易连接、造型美观的混凝土电杆和输电塔基座。

(11) 研发高性能泡沫混凝土在机场跑道阻滞系统，公路隔声结构、建筑吸声、轻质屋面以及军事工程中的应用技术，研发泡沫混凝土在各种土木工程中的填筑应用技术，开发轻骨料泡沫混凝土在墙体、楼面和屋面结构工程中的应用。

(12) 研发用于公路、铁路、水利、市政、电力等行业大型工程构筑物的轻量化装配式预制构造技术，满足重大工程项目高效率、高质量、低环境负荷等建设要求。

（13）开发各类纤维水泥涂装板，造型装饰板、结构用超厚板以及保温装饰、抗爆防火等各种建筑功能复合一体板、不断拓展在工业与民用建筑和装饰工程中的应用领域。

（14）充分利用混凝土材料性能与质感特色，模塑与构造优势，开发各种石材质感和肌理的装饰混凝土建筑制品，拓展在建筑造型艺术、景观造型艺术、室内装饰艺术中的应用，成就建筑师、室内设计师的创新创意。

（15）研究开发用于混凝土的导电、发光、吸波、吸声、光催化、防辐射、热相变以及各种健康功能的材料及其载体，开发以各类功能性混凝土的应用场景。

（16）研究开发具有良好的挤出性、粘结性和塑性强度的 3D 打印混凝土拌合物以及高强度、高韧性、高抗裂性的 3D 打印混凝土材料，开发钢筋混凝土 3D 打印技术，进一步提升混凝土 3D 打印表观效果和尺寸精度。

（17）开发超高性能混凝土、轻质高强混凝土、聚合物混凝土在海洋工程中的应用技术，满足各类海工混凝土构筑物包括漂浮式、半潜式、沉管式隧道等钢筋混凝土箱体结构等的高强、抗冲撞、抗裂、抗渗、耐腐蚀等要求。

（18）研发推广各类预制桩杆构件在深基坑、地基处理、护岸边坡、公路桥梁、建筑雕塑立柱等工程中的成套应用技术。

（19）研究开发超高性能混凝土轻量化薄壁建筑构件（如楼板、楼梯、阳台、外挂装饰面板、屋面板等）及其节点设计和安装技术，开发超高性能混凝土在各类预制轻量化市政桥梁构件，铁路桥梁构件上的应用。

（三）加快低碳环保转型，培育创新创意新产业

1. 打造行业绿色环保低碳底色

鼓励企业发展尾矿、建筑固废再生骨料和辅助型胶凝材料加工产业。充分发挥水泥混凝土材料与制品的生产和应用在环保利废、发展循环经济、建设生态文明中的重要作用。建立规模化、高值化利用固废矿物材料技术和标准体系，最大限度降低水泥熟料用量、提高固废利用率。

2. 发展高性能通用型部品化预制构件

树立循环利用低碳理念，以绿色低碳设计为引领，以高强高性能混凝土技术为支撑，向高性能、干法连接、易拆卸、可多次重复使用的标准化建筑部品发展，在装配式建筑、市政工程以及土木工程全生命周期内能最大限度多次重复利用通用型部品，通过节约实现低碳节能和资源利用最大化，为“无废城市”“无废社会”建设做出应有贡献。

3. 加快开发低碳固碳混凝土材料与制品技术

在各类素混凝土和非金属纤维增强水泥制品的设计和生产中充分发挥硅酸盐水泥水化硬化过程中的固碳作用，开发高效二氧化碳气体养护技术。加快制修订重点产品单位能耗、物耗及排放绿色标准，加快推进绿色工厂、绿色产品、低碳产品认证工作，开展行业“绿色低碳零碳混凝土技术推荐目录”工作。“十四五”期末，通过绿色评价的企业占比超过 20%，代表行业产能规模超过 30%。

4. 大力发展生态功能混凝土材料与制品

以创造绿色生态景观、健康环境功能为目标，持续开展以“绿色结构化、结构生态化、健康环境化”为主题的全国生态混凝土设计创新与工程应用大赛，研究开发具有健康功能、改善人居环境的生态功能混凝土材料与制品，开发各种生态、节能、环保、健康功能与结构一体化混凝土材料与制品，为生态城市和生态环境保护做出重要贡献。

专栏 4　绿色低碳混凝土技术创新重点领域

（1）研究开发低品位原材料、尾矿及其他工业固废深加工、精加工技术和复配技术，提升固废在水泥混凝土中作为骨料、性能调节型材料的利用价值。

(2) 研究开发利用适宜的工业固废、尾矿、建筑弃土、城市污泥和工业污泥等制造高强度结构混凝土用轻骨料；开发具有环保、保温、功能材料载体等功能的轻骨料，及其作为污水过滤材料、保温墙体、绿植肥料和农药缓释载体、混凝土自防护功能材料载体等新型材料。

(3) 研究开发可全资源化重复利用的混凝土，包括作为水泥生料、混凝土掺合料、再生骨料等，实现水泥和混凝土原材料资源的可持续发展。

(4) 发展生态混凝土，开发纤维增强和FRP筋增强植生混凝土和混凝土构筑物生态功能化技术，在解决荒漠化、石漠化和河道整治、农田水利建设、建筑绿植化、水环境生态修复等方面开展生态混凝土材料创新、设计创新、应用创新。

(5) 以设计为引领，开发可拆卸、可多次重复使用、高性能和超高性能预制混凝土建筑部品和工程构件，进一步提升混凝土对装配式建筑工程绿色低碳的贡献。

5. 发展水泥基材料艺术与文化创意产业

着力推动文化创意、工业设计、艺术雕塑、建筑景观等与混凝土制品产业深度融合，充分利用数字化建模、3D打印、模塑和石材加工等技术开发具有文化内涵和艺术价值的城市家具、市政景观、建筑艺术与家居装饰混凝土制品，促进水泥混凝土从单纯的结构材料向结构与功能一体化材料发展，充分展示混凝土的“文化艺术自信”。

(四) 加快信息化智能化，向先进高端制造转型

1. 加快向先进制造、服务型制造转型升级

主动融入国家数字经济和数字社会建设，以人工智能、大数据、云计算、物联网等新一代信息技术为支撑，加快推进管理信息化、生产智能化，通过重构生产和业务流程，延伸产业链，推动企业从单一的预拌混凝土或预制混凝土产品制造、标准化同质化的传统产品生产销售，向材料与工程设计、产品定制、柔性生产制造、施工技术服务、工程运维于一体的集成服务商和方案解决者转型发展，实现质量、效率和效益的全面提升。

2. 加快生产、运输、施工过程数字化技术研发

组织以企业为主体的联合攻关，开发预拌混凝土在途性能监控和调控的信息化智能化技术，实现混凝土质量“最后一公里”的精确管理。加快混凝土构件的数字化建模、3D打印模具、现场3D打印钢筋混凝土结构的软件硬件开发。

3. 全面采用信息技术重构企业生产管理体系

大力推广“5G+工业互联网”融合创新，加快提升原材料供应链、生产流程管理和工程应用与服务信息化管理水平。配合质量信用体系建设，构建原材料和产品集采平台，在危险、繁重工序广泛采用机械手、机器人替代，打造“智慧工厂”“黑灯车间”，实现生产过程可视化和远程控制、远程运维，在预制构件生产、存储和施工管理中融合BIM技术，促进建筑设计、建造施工与预制混凝土生产、构件运输、装配化施工等深度融合。

4. 发展各类混凝土性能变化传感器技术

针对水泥水化动力学过程、混凝土干湿、温差、强度变化、混凝土裂缝扩展、预应力钢丝断裂、钢筋腐蚀、混凝土碳化和氯离子渗透等影响混凝土耐久性和安全性的因素，开发传感器和数据采集分析软件，建立可远程监控、可量化分析、可诊断预警的信息化智能化监控体系，提高对混凝土工程质量和运维安全的保障水平。

专栏 5　信息化智能化重点工程

（1）开展“智慧工厂”示范，在劳动强度大、安全保护要求高的岗位率先采用机械手和机器人替代，对混凝土生产的流程工序实施自动化和信息化改造，在预拌混凝土、预制建筑构件和管涵等产业打造自动化智能化示范线，并复制推广。

（2）以大企业为主体，发展行业原材料、通用型产品部件互联网集采平台和互联网金融服务，加强和改善行业供应链管理，降低企业生产成本。

（3）加强预制混凝土设计仿真软件的开发，实现 3D 打印混凝土模具，降低钢制模具的消耗，减少模具材料消耗产生的能耗和碳排放。

（4）开展 3D 打印钢筋增强混凝土结构的成型工艺、装备和材料创新，突破 3D 打印钢筋混凝土瓶颈。

（5）开展混凝土各种性能检测传感器的开发研究，对影响混凝土结构耐久性的温度、湿度、荷载、开裂、腐蚀性离子等因素变化进行远程监控、预警。

（6）加快 BIM 技术和数值化、信息化技术在预制混凝土行业中的应用，提高混凝土构件深化设计和企业精细化管理水平。

（五）鼓励商业模式创新，加快企业做大做强

1. 鼓励围绕产业链、生态圈开展兼并重组，做大做强

要敢于突破思维惯性和发展路径依赖，根据混凝土制品生产技术的通用性、产品标准化、市场区域性、客户相对稳定等特点，支持龙头企业发挥品牌优势、技术优势、资本优势，因地制宜开展商业模式创新，跨地域产业扩张，提高区域市场集中度和核心竞争力。鼓励资源优势企业改变单一产品生产销售模式，通过向上游骨料、矿物掺合料等资源性原材料产业延伸，向下游工程建设设计、施工领域延伸，提高自主配套能力，形成产业链一体化生产销售与工程服务的商业模式，打造行业竞争优势。鼓励具有渠道优势企业利用市场资源整合相关生产企业，向综合混凝土制品供应商发展，通过产品和市场多元化做大企业规模。

2. 以先进标准主导规范市场竞争

支持创新型企业将绿色低碳高端新技术、新产品、新装备和新应用快速转化为团体标准和行业标准，快速转化为国家产业技术政策要求，将竞争从传统市场引向新兴应用场景，从低中端引向中高端，加快淘汰落后产品技术，不断适应和满足高性能、高品质、绿色低碳的市场需求。

3. 全面建立行业质量信用评价体系

积极响应国家“质量中国”建设要求，在已有的企业商业信誉评价工作基础上，重点开展预拌混凝土和预制建筑构件行业质量信用评价体系建设，建立以先进企业为主体的质量信用体系建设联盟，打造行业企业质量品牌，彻底改变目前市场优劣不分，优质不优价，劣币驱逐良币的不正常现象。

4. 探索建立行业新科技产业投资基金

加强与资本市场的合作，在环保利废、绿色低碳、智能制造、超高性能材料等前沿领域支持新技术、新产业的发展，在产业结构调整方面支持优势企业实施联合重组，提高产业集中度，推动高端制造、服务型制造发展，支持新型科研机构、行业互联网集采平台、混凝土艺术与文创平台等新业态创业发展。

（六）发挥市场技术优势开启国际化新征程

1. 依托国内市场优势打造国际合作平台

在绿色低碳、节能环保领域充分发挥国内超大市场和国家开放政策优势发展国际合作的新模

式，打造合作平台，实施资金、信息、技术、人才等要素资源全球配置，鼓励企业在高新材料、高端装备和智能化、信息化领域，积极引进国际先进技术和产业投资，不拘一格实现合作共赢。

2. 发挥先进适用技术优势开拓国际市场

积极参与国家高质量共建“一带一路”倡议实施，充分发挥我国混凝土与制品技术在先进性和经济性方面适应“一带一路”沿线国家发展需求的竞争优势，支持和有序引导预拌混凝土、预制混凝土桩、电杆、管道、砌块、纤维水泥板等行业的优势企业开展国际合作和对外产业投资，加强与国内已“走出去”的建筑和工程建设领域的大企业合作，共建海外建材工业园。

3. 加强与国际同行组织和企业的交流与合作

充分发挥国内混凝土材料、制品与建筑工程不断发展积累的技术创新优势，与大学和企业合作打造1-3个具有国际影响力的国际技术创新论坛，发布行业“一带一路”推介技术产品目录，促进国内先进企业和技术产品国际化发展。

4. 开展混凝土专业和职业教育，培养国际化人才

依托行业重点院校建立不少于2个大学国际混凝土专业教育基地，依托职业院校和企业建立不少于4个职业技能培训基地，为“走出去”企业培养本土化专业技术人才，促进中国技术、中国标准的国际化。

四、支撑和保障措施

1. 加强和完善协会服务资源建设

进一步提升协会在行业经济运行分析报告、科技成果评价、科学技术奖励、团体标准制修订、C10+等各类高层论坛、各类职业技能大赛、各类设计创新大赛、行业年度大会等服务品牌水平，打造国际合作中心，加强国际合作交流，全面提升面向政府、社会和企业的服务水平，当好行业发展的引领者和服务者。

2. 开展行业自律，促进创新发展

协会将建立行业质量信用评价工作体系，建立健全各类信用评价体系和评价标准，开展企业信用评价，打造行业高度自律、企业创新发展和有序竞争、良性竞争、向上竞争的市场环境，促进企业创新发展、健康发展。

3. 建立行业人力资源建设工作体系

向国家申报增设混凝土工程技术人员职业系列，组织开展行业高等教育、职业技能培训、职业技能水平评价等工作，与大学和企业通力合作，建设一批高教基地、职教基地、培训基地，培育大国专家、大国工匠。

4. 加强行业相关政策法规研究与服务

深刻解读和全面贯彻国家相关产业经济技术政策，在“双碳目标”下全面推进行业绿色发展、低碳发展、可持续发展，利用各种渠道积极向政府主管部门提出政策建议，为行业营造健康有利发展环境。

5. 加强和完善协会标准化工作创新体系

在各主要产业领域建立“领跑者标准”，支持先进企业组建质量标准创新联盟，建立和完善从产品到工程应用的绿色、低碳技术标准体系。开展标准先进性适用性评价，全面对标国际先进标准，及时更新团体标准，编制中国先进技术产品标准英文版，支撑企业“走出去”和中国标准国际化。

6. 创新发展中国混凝土展

以国内混凝土材料与工程技术创新发展和国内巨大市场为支撑，整合相关国内国际会展资源，打造最具国际影响力的中国混凝土展。

2021年中国水泥行业十大新闻事件

中国水泥协会

一、双碳目标　协会发布《水泥行业碳排放与碳达峰路径》蓝皮书

2021年10月，中共中央、国务院先后印发《关于完整准确全面贯彻新发展理念做好碳达峰碳中和工作的意见》和《2030年前碳达峰行动方案的通知》，要求“制定能源、钢铁、有色金属、石化化工、建材、交通、建筑等行业和领域碳达峰实施方案。以节能降碳为导向，修订产业结构调整指导目录”。同月，国家发改委印发《冶金、建材重点行业严格能效约束推动节能降碳行动方案（2021—2025年）》，国家市场监督管理总局、国家标准化管理委员会批准发布《水泥单位产品能源消耗限额》（GB 16780—2021），“能源双控”和“双碳”目标，促使水泥行业加快绿色低碳发展。在11月召开的中国水泥行业50强高层论坛上，高登榜会长提出：“积极探索大集团联手成立行业碳减排科技创新平台，设立行业碳减排基金，引领行业在能源双控和碳达峰、碳中和背景下的高质量发展。”

2021年初，中国水泥协会受工信部原材料工业司委托，主持召开水泥行业碳达峰行动方案和路线图视频座谈会。12月，中国水泥协会发布《中国水泥行业碳排放与碳达峰路径》蓝皮书，蓝皮书是中国水泥协会、中国建筑材料研究总院和生态环境部环境规划院共同完成的研究报告。

二、因业施策　水泥错峰生产和产能置换两大产业政策修订发布

2020年12月底，工业和信息化部、生态环境部联合发文《关于进一步做好水泥常态化错峰生产的通知》，为“进一步巩固去产能成果，促进水泥行业绿色低碳发展和质量效益提升”，将错峰生产常态化，以应对“水泥产能严重过剩的结构性矛盾依然存在，大气污染防治攻坚战任务仍然艰巨”。

2021年7月，工业和信息化部发布《水泥玻璃行业产能置换实施办法》（工信部原〔2021〕80号），修订后的办法提高了水泥项目产能置换比例，大气污染防治重点区域水泥项目由1.5∶1调整至2∶1，非大气污染防治重点区域由1.25∶1调整至1.5∶1。对产业结构调整目录限制类的水泥产能以及跨省置换水泥项目，产能置换比例一律不低于2∶1。

三、坚定信心　2021年水泥行业效益依旧处于历史较好水平

2021年水泥行业面对“需求减弱、环保低碳加码、成本大幅上升”等诸多挑战，水泥需求和供给均出现大幅波动，但在大企业集团引导下，大多数企业对市场表现较为理性，尤其在推行常态

化错峰生产过程中，大集团主动承担社会责任，行业自律意识增强，协会发挥服务协调能力，产业政策为保障供应链稳定和供需动态平衡创造了条件。全年行业效益水平总体表现出了一定韧性，行业利润依旧处于历史较好水平。

据中国水泥协会数字水泥网监测分析，预计2021年全年水泥销售收入同比保持增长，行业利润略有收缩，全行业利润预计在1680亿元以上。行业利润结构有所优化，北部区域利润贡献有所增加，尤其是长期处于亏损的泛东北地区实现全面好转。

四、减污降碳　水泥行业重大科技成果获奖和创新能力提升

11月3日，国家科学技术奖励大会在北京人民大会堂隆重举行。由清华大学和中材科技南京玻纤院、中建材环保研究院（江苏）有限公司等单位共同完成的“工业烟气多污染物协同深度治理技术及应用”项目，获得2020年度国家科技进步一等奖。该项目在烟气常规、非常规多污染物协同控制理论、核心功能材料、深度治理技术及装备、标准化评价体系等方面取得了重大创新突破，取得了多项创新成果，引领了工业烟气深度治理技术与产业进步。同时，由东华大学与中材科技南京玻纤院等单位共同完成的“高曲率液面静电纺非织造材料宏量制备关键技术与产业化”项目，也获得2020年度国家技术发明二等奖。赵谦、费传军作为项目完成人代表，受邀参加颁奖大会。

10月，在国家“十三五”科技创新成就展会上，海螺集团“水泥窑烟气二氧化碳捕集纯化技术示范项目”作为材料领域十二个参展项目之一参展。11月25日，海螺集团在总部举行海螺集团三碳（安徽）科技研究院有限公司、水泥行业低碳技术中试基地、水泥行业绿色低碳循环发展技术应用产业园、中碳（安徽）环境科技有限公司揭牌仪式，以及全国碳市场能力建设（上海）中心建材行业培训基地、碳管理体系（建材行业）服务中心授牌仪式。同月，海螺集团与武汉理工大学碳中和技术创新中心揭牌。

五、整合资源　完成总资产3000亿元的新天山水泥业务板块整合

整合后的中国建材集团新天山水泥股份公司拥有533家法人企业，其中，南方水泥239户、中联水泥129户、西南水泥104户、中材水泥21户、天山水泥40户。重组后新天山股份公司总资产接近3000亿元、年营收达1700亿元。

完成整合后的新天山水泥市值约1200亿元，拥有熟料产能约3亿吨、商品混凝土产能约4亿立方米、骨料产能约1.5亿吨，下属法人单位540家、员工约7.2万人，市场范围覆盖华北、华东、华中、华南、西南、西北地区20余个省、自治区、直辖市。设有10个水泥、商混及骨料业务一体化公司，4个商混骨料和特种水泥业务专业化公司，是全球业务规模最大、产业链完整、全国性布局的水泥公司。

新天山水泥业务板块的整合将带来全国各大区域水泥市场格局变化，将有利于大企业集团之间协作推进行业供给侧结构性改革，有利于产业链和供应链的供需平衡，对行业效益稳增长意义重大。

六、继往开来　行业三大集团水泥板块完成重大人事调整

2021年9月，李群峰担任安徽海螺水泥股份有限公司党委书记、总经理。

2021年12月，中建材集团副总常张利任新天山水泥股份公司董事长，肖家祥任公司党委书记、

总裁，赵新军任常务副总裁，赵旭飞任副总裁、总会计师，白彦、满高鹏、王鲁岩、刘宗虎任公司副总裁，李雪芹担任公司总法律顾问。

在 2020 年 1 月，金隅集团所属的金隅冀东水泥孔庆辉任公司党委书记、董事长；2021 年 3 月，李衍任总经理。

至此，全国熟料产能规模前三大集团的水泥板块领导人完成调整，这将在“十三五”行业已取得供给侧结构性改革成果基础上，“十四五”时期进一步加速行业绿色低碳高质量发展的步伐。

七、标准创新　新标准体系支撑水泥行业绿色低碳高质量发展

“十三五”期间，水泥行业共完成国家标准制修订计划 14 项，行业标准制修订计划 17 项。在研国家标准制修订计划 15 项，行业标准计划 5 项。中国水泥协会发布团体标准 24 项，新立项在研团体标准 10 项。标准涵盖了水泥产品、原燃材料、检测方法、水泥窑协同处置、水泥工艺、热工、环保、安全、企业社会责任、仪器设备等多方面，为水泥行业化解产能严重过剩、淘汰落后产能、环保、特种水泥、新技术检测、新工艺等相关技术推广，以及碳达峰、碳中和的理论路线规划上起到了重要的作用。

12 月，工信部下达了工业领域首批 110 项碳达峰碳中和专项行业标准制修订项目计划。其中，水泥领域包括：《基于项目的二氧化碳减排量评估技术规范生产水泥熟料的燃料替代项目》《基于项目的二氧化碳减排量评估技术规范水泥窑烟气碳捕集项目》《水泥制造碳排放核查技术规范》《水泥熟料替代原料应用技术规范电石渣》《水泥熟料替代原料应用技术规范煤矸石》《水泥制品养护固碳技术规范》《水泥烟气二氧化碳捕集技术规范》《水泥窑协同处置技术规范生活垃圾预处理可燃物》《水泥窑用生活垃圾预处理可燃物制备技术规范》《钢渣脱硫副产石膏在水泥企业应用技术规范》《建材行业固定源二氧化碳排放在线监测技术要求》《低碳产品评价技术规范通用硅酸盐水泥》等多项标准。

八、绿色工厂　67 家水泥厂拟入选工业和信息化部《2021 年度绿色制造名单》

12 月 10 日，工业和信息化部节能与综合利用司发布拟入选的 2021 年度绿色制造名单公示，海螺水泥、金隅冀东、华润水泥、华新水泥、红狮水泥、山水水泥、台泥水泥、天瑞水泥、天山水泥、中联水泥、西南水泥、祁连山水泥、宁夏建材、万年青水泥、尧柏水泥等集团旗下企业，以及重庆东方希望、陕西声威、福建龙麟、威顿水泥、双鸭山新时代水泥、安阳湖波、大连水泥、江西银杉白水泥等企业共有 67 家水泥工厂位列其中。本年度（2021）拟入选企业 673 家，水泥企业占比 9.96%。至此，在工业和信息化部已开展的六次绿色制造企业名单评选中，共有 180 家水泥企业获此殊荣，约占水泥熟料生产线总数的 11%以上。

九、成功超越　中国建材集团、海螺集团持续刷新世界 500 强排名

8 月 2 日，2021 年《财富》世界 500 强排行榜发布。中国建材集团以 571.15 亿美元连续 11 年入围榜单，2021 年排名 177 位，较上年提升 10 位，继续稳坐全球建材企业榜首位置。海螺集团以 379.29 亿美元的营业收入位居第 315 位，连续三年进入世界 500 强，排名较上年大幅提升 52 位。同时上榜的建材企业还有法国圣戈班集团排名 266 位，爱尔兰 CRH 公司排名 441 位，霍尔希姆公司（HOLCIM，原拉法基豪瑞）排名 492 位。

表 1 《财富》世界 500 强 2021 排行榜（含水泥业务集团）

排名	公司名	营业收入（亿美元）	国家	上年排名
69	中国华润有限公司 （CHINA RESOURCES）	994.38	中国	79
177	中国建材集团 （CHINA NATIONAL BUILDING MATERIAL GROUP）	571.15	中国	187
266	圣戈班集团 （SAINT-GOBAIN）	434.45	法国	244
301	中国能源建设集团有限公司 （CHINA ENERGY ENGINEERING GROUP）	394.39	中国	353
315	安徽海螺集团 （ANHUI CONCH GROUP）	379.30	中国	367
441	CRH 公司（CRH）	275.87	爱尔兰	397
492	霍尔希姆公司（HOLCIM）	246.54	瑞士	447

同时，海螺集团还荣获“2021 中国企业 500 强”，名列第 90 位；荣列“2021 中国制造业企业 500 强”第 32 位；荣列“2021 中国跨国公司 100 大”第 89 位，比 2020 年上升 7 位；首次登上“中国 2021 大企业创新 100 强榜单”，名列第 89 位。

十、工业文化　中国水泥协会公布首届水泥行业文学奖获奖作品

11 月 10 日，中国水泥协会公布“中国建材杯”首届水泥行业文学奖获奖作品，共 28 篇（部）诗歌、小说、散文、影像及剧本被评为优秀作品。为贯彻工业和信息化部等八部委《推进工业文化发展实施方案（2021—2025 年）》，落实“坚持以社会主义核心价值观引领文化建设，把工业文化建设作为推动制造业高质量发展的重要内容”的指导思想，中国水泥协会坚持以弘扬水泥工业文化价值内涵为己任，对“十三五”期间，水泥职工在数字水泥网、《中国水泥》杂志、《水泥圈子》《水泥工匠》等行业媒体上发表的文学作品，组织专家进行评审，并在 2022 年初春即将召开的“2021 年中国水泥企业文化研讨会”上，对获奖作品作者颁发奖杯、荣誉证书及奖金以示表彰。

区域发展篇

2021年31个省市自治区工信主管部门公示的水泥熟料生产线清单

中国水泥协会汇总

北京市水泥生产企业产能现状

（发布日期：2019年11月18日）

序号	企业名称	所在区	回转窑型号	熟料产能（万吨/年）
1	北京金隅北水环保科技有限公司	昌平	ϕ4.3m×66m×1台 ϕ4.0m×60m×1台	165
2	北京金隅琉水环保科技有限公司	房山	ϕ4.0m×60m×2台	150

天津市水泥熟料生产线清单（截至2021年12月31日）

序号	企业名称	生产线名称	建设地址	建成投产时间	设计产能（万吨/年）	实际产能（万吨/年）	与2019年相比生产线、装备是否有变化	备注
1	天津金隅振兴环保科技有限公司	一线回转窑	天津市北辰区引河桥北辰经济开发区	1998.6	60	77.5	无	ϕ4×60m新型干法回转窑。该产线于2021年7月产能公示，出让至广东肇庆华润水泥（封开）有限公司，计划建设项目投产前关停
		二线回转窑		2004.5	62	77.5	无	ϕ4m×60m新型干法回转窑
3	凯诺斯（中国）铝酸盐技术有限公司	铝酸盐水泥生产线	天津经济技术开发区睦宁路86号	2002.4	3	3	无	窑径ϕ1.6m；SCR脱硝+小苏打脱硫+布袋收尘脱灰

河北省水泥熟料生产线清单

序号	企业名称	建设地址	生产线名称	建成投产时间	设计产能	水泥窑（直径×长度）
1	石家庄嘉华特种工程材料有限公司	石家庄市平山县光禄山宋家峪村	回转窑生产线	2005	1000t/d	ϕ3.2m×45m
2	灵寿中山水泥集团有限公司	石家庄市灵寿县青铜镇南青同村	4500t/d熟料新型干法水泥生产线	2011.6	4500t/d	ϕ4.8m×72m
3	河北鼎星水泥有限公司	石家庄市井陉县孙庄乡东白花村	4000t/d新型干法水泥熟料生产线	2011.4	4000t/d	ϕ4.7m×74m

续表

序号	企业名称	建设地址	生产线名称	建成投产时间	设计产能	水泥窑（直径×长度）
4	石家庄市曲寨水泥有限公司	石家庄市鹿泉区大河镇曲寨村	2000t/d 旋窑水泥熟料生产线	2003. 6	2000t/d	ϕ4. 0m×60m
			4000t/d 新型干法水泥生产线	2011	4000t/d	ϕ4. 8m×74m
			2000t/d 水泥熟料回转窑生产线	2006	2000t/d	ϕ4. 0m×60m
5	河北兴华特种水泥有限公司	石家庄市鹿泉区获鹿镇环山路 3 号	特种水泥熟料生产线	1980. 5		ϕ1. 9m/1. 6m×39m
			特种水泥熟料生产线	1980. 5		ϕ1. 9m/1. 6m×39m
			特种水泥熟料生产线	1993. 6		ϕ1. 9m/1. 6m×39m
			特种水泥熟料生产线	1993. 6		ϕ1. 9m/1. 6m×39m
6	河北金隅鼎鑫水泥有限公司	石家庄市鹿泉区宜安镇	2000t/d 水泥熟料生产线	2000. 12	2000t/d	ϕ4. 0m×60m
			4000t/d 水泥熟料生产线	2002. 12	4000t/d	ϕ4. 8m×72m
			4000t/d 新型干法水泥熟料生产线	2009. 4	4000t/d	ϕ4. 8m×72m
			2000t/d 新型干法水泥生产线	2001. 12	2000t/d	ϕ4. 0m×60m
			4000t/d 新型干法水泥熟料生产线	2009. 4	4000t/d	ϕ5. 0m×60m
7	河北铁狮建材有限责任公司	石家庄市鹿泉区宜安镇	旋窑生产线	1984	330t/d	ϕ2. 4m×40m
8	石家庄迅塔特种水泥有限公司	石家庄市鹿泉区宜安镇南鲍庄村南	300t/d 回转窑生产线	1989	300t/d	ϕ3. 0m×48m
9	石家庄天键水泥有限公司	石家庄市鹿泉区宜安镇王屋村	1000t/d 水泥回转窑熟料生产线	2000. 9	1000t/d	ϕ3. 5m×60m
10	藁城市太行建材厂（中通）	石家庄市藁城区南孟镇只甲村	2000t/d 特种水泥熟料生产线	2011. 5	2000t/d	ϕ4. 0m×60m
11	赞皇金隅水泥有限公司	石家庄市赞皇县王家洞村东南	4000t/d 新型干法熟料水泥生产线	2010. 6	4000t/d	ϕ4. 8m×74m
			2000t/d 新型干法水泥熟料生产线	2008. 6	2000t/d	ϕ4. 0m×56m
			2000t/d 新型干法水泥熟料生产线	2012. 10	2000t/d	ϕ4. 4m×52m
12	河北曲寨矿峰水泥股份有限公司	石家庄市矿区贾庄镇南寨村村北	4000t/d 新型干法水泥熟料生产线	2011. 2	4000t/d	ϕ4. 8m×72m
			4000t/d 新型干法水泥熟料生产线	2012. 5	4000t/d	ϕ4. 8m×72m
13	河北乾宝特种水泥有限公司	石家庄市井陉县天长镇霍家庄村东 南	1000t/d 白水泥熟料生产线	2019. 4 试生产	1000t/d	ϕ4. 0m×60m

续表

序号	企业名称	建设地址	生产线名称	建成投产时间	设计产能	水泥窑（直径×长度）
14	承德喜上喜水泥有限责任公司	隆化县中关镇中关村	2500t/d 新型干法水泥熟料生产线	2009. 10	2500t/d	ϕ4. 0m×60m
15	承德冀东水泥有限责任公司	承德县甲山镇富台子村	4000t/d 新型干法水泥熟料生产线	2010. 8	4000t/d	ϕ4. 2m×66m
16	承德天宝水泥有限公司	宽城满族自治县龙须门镇骆驼厂村	4500t/d 新型干法水泥生产线	2012. 4	4500t/d	ϕ4. 8m×72m
17	平泉冀东水泥有限责任公司	平泉县杨树岭镇耿家沟村	2500t/d 特种水泥熟料生产线	2013. 1	2500t/d	ϕ4. 0m×60m
18	兴隆县福成水泥有限公司	兴隆县李家营栾家店村	2500t/d 新型干法水泥熟料生产线	2010. 5	2500t/d	ϕ4. 0m×60m
19	承德金隅水泥有限责任公司	承德鹰手营子矿区北马圈子镇御马街 2 号	4000t/d 熟料新型干法水泥生产线	2014. 3	4000t/d	ϕ4. 8m×74m
20	河北承大建材有限公司	兴隆县北营房镇北营房村	3200t/d 新型干法熟料水泥生产线	2015. 10	3200t/d	ϕ4. 8m×72m
21	兴隆县福成新型建材泥有限公司	兴隆县李家营乡苗家营村	4000t/d 熟料新型干法水泥生产线	2018. 6	4000t/d	ϕ4. 6m×68m
22	涿鹿金隅水泥有限公司	河北省涿鹿县卧佛寺乡大斜阳村	4000t/d 新型干法熟料水泥生产线	2010. 5	4000t/d	ϕ4. 8m×74m
23	张家口金隅水泥有限公司	张家口宣化区幸福街 147 号	窑外分解回转窑生产线	1990. 5	800t/d	ϕ3. 0m×48m
24	宣化金隅水泥有限公司	张家口市宣化县梅家营村	2500t/d 新型干法水泥生产线	2012. 5	2500t/d	ϕ4. 0m×60m
25	河北省基弘水泥有限公司	张家口市蔚县南杨庄乡九辛庄村北	2000t/d 新型干法水泥熟料生产线	2009. 12	2000t/d	ϕ4. 0m×60m
26	昌黎县冀东水泥有限责任公司	昌黎县朱各庄火车站西 205 国道北	2000t/d 新型干法水泥熟料生产线	2013. 9	2000t/d	ϕ4. 0m×60m
27	秦皇岛市信合水泥有限公司	海港区石门寨镇北斜街村	2500t/d 新型干法熟料水泥生产线	2008. 11	2500t/d	ϕ4. 0m×60m
			2500t/d 新型干法水泥熟料生产线	2009. 8	2500t/d	ϕ4. 0m×60m
28	秦皇岛浅野水泥有限公司	秦皇岛市海港区杜庄南	4000t/d 水泥熟料新型窑外分解生产线	1997. 3	4000t/d	ϕ4. 6m×72m
29	河北武山水泥有限公司	秦皇岛市卢龙县石门镇北	1000t/d 新型干法水泥熟料生产线	2003. 10	1000t/d	ϕ3. 2m×50m
			2000t/d 新型干法水泥熟料生产线	2011. 12	2000t/d	ϕ4. 0m×60m
30	河北曙光强兴水泥有限公司	唐山市滦县杨柳庄镇南	2000t/d 新型干法水泥熟料生产线	2005. 11	2000t/d	ϕ4. 0m×60m
31	滦县磐石水泥有限公司	唐山市滦县杨柳庄镇	4000t/d 新型干法水泥生产线	2013. 3	4000t/d	ϕ4. 8m×74m

续表

序号	企业名称	建设地址	生产线名称	建成投产时间	设计产能	水泥窑（直径×长度）
32	唐山北极熊建材有限公司	唐山市滦县雷庄镇招商路174号	特种水泥生产线	1991.1		φ3m（2.5m）×40m
33	唐山弘也水泥有限公司	唐山市玉田县孤树镇	1500t/d新型干法水泥熟料生产线	2003.6	1500t/d	φ3.2m×52m
			2500t/d新型干法水泥熟料生产线	2009.9	2500t/d	φ4.0m×60m
34	唐山六九水泥有限公司	唐山市古冶区卑家店北	五级旋风预热器回转窑生产线	2003.4	1000t/d	φ3.2m×48m
35	唐山市燕南水泥有限公司	唐山市古冶区卑家店镇枣园村北	4000t/d新型干法水泥熟料生产线	2012.10	4000t/d	φ4.8m×74m
36	唐山耀东水泥有限公司	滦南县扒齿港镇养马庄村南	4000t/d新型干法水泥熟料生产线	2010.6	4000t/d	φ4.6m×68m
37	唐山圣龙水泥有限公司	遵化市党峪镇金山工业园区	4000t/d新型干法水泥生产线	2012.8	4000t/d	φ4.8m×72m
38	冀东水泥丰润有限责任公司	唐山市丰润区杨官林镇豆各庄村东	2000t/d新型干法水泥熟料生产线	2005.3	2000t/d	φ4.0m×56m
39	金隅冀东滦州环保科技有限公司	唐山市滦县杨柳庄镇	4000t/d新型干法水泥生产线	2004.3	4000t/d	φ4.8m×72m
			4000t/d新型干法水泥生产线	2011.4	4000t/d	φ4.8m×72m
40	唐山冀东启新水泥有限责任公司	唐山古冶区卑家店乡	4000t/d新型干法水泥生产线	2010.9	4000t/d	φ4.8m×72m
41	唐山冀东水泥三友有限公司	唐山市古冶区赵各庄西	4000t/d新型干法熟料水泥生产线	2010.6	4000t/d	φ4.6m×68m
			2500t/d水泥熟料生产线	2002.4	2500t/d	φ4.3m×64m
42	金隅冀东水泥（唐山）有限责任公司 唐山分公司	唐山市丰润区王官营镇焦家村村西	4500t/d新型干法熟料水泥生产线	2008.9	4500t/d	φ4.8m×72m
			4500t/d新型干法熟料水泥生产线	2008.11	4500t/d	φ4.8m×72m
			4500t/d新型干法熟料水泥生产线	2009.2	4500t/d	φ4.8m×72m
		唐山市丰润区林荫路	4000t/d水泥熟料窑外分解生产线	1983.12	4000t/d	φ4.7m×74m
			4000t/d水泥熟料窑外分解生产线	1996.7	4000t/d	φ4.7m×75m
43	迁安市宏丰水泥厂	迁安市大崔庄镇商庄子村北	水泥熟料生产线	1988.5		φ3.0m/2.5m×40m
44	唐山泓泰水泥有限公司	唐山市丰润区沙流河镇沙流河村	4000t/d新型干法熟料水泥生产线	2010.8	4000t/d	φ4.4m×52m

续表

序号	企业名称	建设地址	生产线名称	建成投产时间	设计产能	水泥窑（直径×长度）
45	唐山燕东水泥股份有限公司	唐山市丰润区泉河头镇吴事庄村南	4000t/d新型干法水泥生产线	2010.8	4000t/d	ϕ4.6m×68m
46	唐山飞龙水泥有限责任公司	唐山市丰润区泉河头镇亢各庄村东	4000t/d新型干法熟料水泥生产线	2009.11	4000t/d	ϕ4.5m×66m
47	河北燕新建材有限公司	三河市高楼镇孤山	2000t/d新型干法熟料水泥生产线	2008.7	2000t/d	ϕ4.0m×60m
			2500t/d新型干法熟料水泥生产线	2012.6	2500t/d	ϕ4.0m×60m
48	唐县冀东水泥有限责任公司	河北省保定市唐县白合镇	4500t/d新型干法水泥熟料生产线	2010.4	4500t/d	ϕ4.8m×72m
49	保定中联水泥有限公司	保定市顺平县安阳乡贾各庄村	4000t/d新型干法水泥生产线	2013.3	4000t/d	ϕ4.8m×72m
50	曲阳金隅水泥有限公司	河北省曲阳县灵山镇野北村村北	4000t/d新型干法水泥熟料生产线	2010.5	4000t/d	ϕ4.8m×72m
51	河北京兰水泥有限公司	易县高村乡西水冶村	4000t/d新型干法水泥生产线	2012.3	4000t/d	ϕ4.8m×72m
52	保定太行和益水泥有限公司	河北省保定市易县高村乡八里庄村	2000t/d新型干法熟料生产线	2003.10	2000t/d	ϕ4.3m×66m
53	易县华宇大地水泥制造有限公司	易县西陵镇南大地村	年产20万吨白色硅酸盐水泥生产线	1994.2		ϕ2.5m×42m
54	涞水金隅冀东环保科技有限公司	保定市涞水县永阳镇丛西村	4000t/d新型干法水泥生产线	2012.1	4000t/d	ϕ4.8m×72m
55	沧州聚隆化工有限公司	沧州渤海新区临港经济技术开发区	年产39万吨水泥生产线	2001.12		ϕ3.3m×110m、ϕ3m×110m
56	奎山水泥有限公司	河北省隆尧县山口镇建材工业区	2000t/d熟料水泥生产线	2002.5	2000t/d	ϕ4.0m×60m
57	河北金隆水泥集团有限公司	隆尧县山口镇山口西	2000t/d新型干法水泥熟料生产线	2004.12	2000t/d	ϕ4.0m×60m
58	邢台建德水泥有限公司	邢台县南石门镇皇台底村	2500t/d新型干法水泥熟料生产线	2011.3	2500t/d	ϕ4.0m×60m
59	邢台金隅冀东水泥有限公司	邢台市临城县临城镇南盘石村北	4000t/d新型干法水泥熟料生产线	2008.5	4000t/d	ϕ4.8m×72m
	邢台金隅冀东水泥有限公司牛山分公司	河北省临城县黑城乡南牛山前	4000t/d新型干法水泥熟料生产线	2013.12	4000t/d	ϕ4.8m×72m
60	临城中联福石水泥有限公司	临城县黑城乡祁村北	2000t/d水泥熟料旋窑生产线	2011.10	2000t/d	ϕ4.3m×64m
61	临城中联水泥有限公司	河北省邢台市临城县澄底村西	2500t/d新型干法水泥熟料生产线	2013.8	2500t/d	ϕ4.0m×60m
62	河北中达集团有限责任公司	邢台市内邱县内临路5号	2000t/d新型干法水泥熟料生产线	2011.1	2000t/d	ϕ4.0m×60m

续表

序号	企业名称	建设地址	生产线名称	建成投产时间	设计产能	水泥窑（直径×长度）
63	邢台中联水泥有限公司	河北省内邱县城鑫磊路1号	1000t/d水泥熟料回转窑生产线	1999.12	1000t/d	ϕ3.2m×50m
			2500t/d水泥熟料生产线	2003.6	2500t/d	ϕ4.0m×56m
64	沙河市双基水泥有限公司	纬三路与邢峰路交叉口	4000t/d新型干法水泥生产线	2013.3	4000t/d	ϕ4.6m×68m
65	邢台金隅咏宁水泥有限公司	河北省邢台市沙河市章村村东	2000t/d新型干法水泥熟料生产线	2003.1	2000t/d	ϕ4.0m×60m
			2000t/d新型干法水泥熟料生产线	2005.1	2000t/d	ϕ4.0m×60m
66	邯郸金隅太行水泥有限责任公司	邯郸市峰峰矿区建国路2号	2000t/d新型干法熟料生产线	1993.12	2000t/d	ϕ4.0m×60m
			2500t/d新型干法水泥熟料生产线	2003.6	2500t/d	ϕ4.0m×60m
			4500t/d新型干法水泥生产线	2010.10	4500t/d	ϕ4.8m×74m
67	武安市新峰水泥有限责任公司	武安市午汲镇籍北白石村	4800t/d新型干法熟料水泥生产线（一线）	2010.10	4800t/d	ϕ4.8m×72m
			4800t/d新型干法熟料水泥生产线（二线）	2011.6	4800t/d	ϕ4.8m×72m
			2500t/d新型干法水泥熟料生产线	2006.04	2500t/d	ϕ4.2m×62m
68	邯郸市大桥水泥有限公司	武安市热电厂东500米	2500t/d新型干法水泥熟料生产线	2012.7	2500t/d	ϕ4.0m×60m
69	邯郸涉县金隅水泥有限公司	邯郸涉县神头乡（东罗沟）	4500t/d新型干法水泥熟料生产线	2009.5	4500t/d	ϕ4.8m×72m
70	河北省涉县第三水泥厂	河北省涉县更乐镇	年产20万吨熟料生产线	1976.8	800t/d	ϕ3m×45m

山西省水泥熟料生产线清单（2020年12月）

序号	地市	企业名称	建成投产日期	设计产能（t/d）	实际产能（t/d）	水泥窑（直径×长度）	企业地址	备注
1	太原	太原狮头中联水泥有限公司	2014.7	4500	5000	ϕ4.8m×72m	太原市万柏林区开城里104省道西铭收费站旁	
2	太原	太原山水水泥有限公司	2014.12	2000	2500	ϕ4m×60m	太原市阳曲县高村乡辛庄村	
3	太原	山西双良鼎新水泥有限公司	2009.12	2500	3000	ϕ4.3m×66m	太原市杏花岭区太钢东山石灰石矿区	
4	太原	太原北白水泥制造有限公司	2012.5	3200	3000	ϕ4.3m×62m	太原市阳曲县高村乡北白村	

续表

序号	地市	企业名称	建成投产日期	设计产能（t/d）	实际产能（t/d）	水泥窑（直径×长度）	企业地址	备注
5	太原	山西西山华通水泥有限公司	2018.12	5000	5000	ϕ4.8m×72m	太原市古交市马兰镇营立村	
6	太原	太原金圆水泥有限公司	2010.1	4000	3000	ϕ4.3m×60m	太原市阳曲县东黄水镇故县村	
7	大同	大同市云中水泥有限责任公司	2011.3	4500	3000	ϕ4.3m×66m	大同市云冈区口泉乡上窝寨村南	
8	大同	大同七峰山水泥有限公司	2007.12	1000	1000	ϕ3.2m×50m	大同市云冈区口泉乡郊城村西	停产，2019年10月产能出让
9	大同	大同冀东水泥有限责任公司	2009.12	4500	5000	ϕ4.8m×72m	大同市云冈区口泉新东街	
			2010.8	4500	5000	ϕ4.8m×72m		
10	大同	广灵金隅水泥有限公司	2013.1	3000	3000	ϕ4.3m×64m	大同市广灵县蕉山乡杜庄村西	
11	阳泉	山西亚美建筑工程材料有限责任公司	2006.9	2500	2500	ϕ4m×60m	阳泉市经济技术开发区驼岭头村（白泉工业园）	
12	阳泉	山西南娄集团水泥有限公司	2013.1	2500	2500	ϕ4m×60m	阳泉市盂县南娄镇南娄村	
13	阳泉	阳泉冀东水泥有限责任公司	2012.3	4500	5000	ϕ4.8m×72m	阳泉市郊区杨家庄乡黑土岩村	
14	阳泉	阳泉天隆工程材料有限公司	2002.12	90	90	ϕ1.9m×39m	阳泉市郊区河底工业园区	特种水泥
15	阳泉	阳泉狮头特种水泥有限公司	1999.3	200	200	ϕ2.5m×42m	阳泉市城区义井镇小河村西	特种水泥
16	长治	长治县三元王庄华泰水泥有限公司	2006	1500	1500	ϕ3.5m×54m	长治市长治县西池乡北仙泉村西	2020年1月产能出让
17	长治	潞城市卓越水泥有限公司	2011.6	4000	3000	ϕ4.3m×62m	长治市潞城市史回乡闫李庄村北	
18	长治	山西晋牌水泥集团公司	1995.12	2000	2000	ϕ3.962m×42.672m	长治市潞城市西郊	
19	长治	华润水泥（长治）公司	2013.1	4500	5000	ϕ4.8m×72m	长治市潞城市翟店镇崇道村西	
20	长治	长治市中宝建材股份有限公司	2004.1	270	260	ϕ2.5m×40m	长治市潞城市微子镇漫流河村	特种水泥
21	长治	武乡山水水泥有限公司	2013.3	3000	2833	ϕ4.2m×62m	长治市武乡县盘龙镇小曲滩	
22	长治	长治市瑞丰水泥有限公司	2010.1	220	220	ϕ2.8m×35m	长治市郊区八一南路	停产，许可证过期
23	晋城	陵川金隅冀东环保科技有限公司	2008	3000	2833	ϕ4.2m×60m	晋城市陵川县平城镇北召村	
24	晋城	高平市维高水泥制造有限公司	2010.12	2500	2500	ϕ4m×60m	晋城市高平市马村镇康营村	

续表

序号	地市	企业名称	建成投产日期	设计产能（t/d）	实际产能（t/d）	水泥窑（直径×长度）	企业地址	备注
25	晋城	晋城山水水泥有限公司	2012.3	2500	3000	ϕ4.3m×64m	晋城市阳城县蟒河镇风门村	
26	晋城	晋城山水合聚水泥有限公司	2013.9	4500	5000	ϕ4.8m×72m	晋城市泽州县金村镇司家掌村	
27	朔州	山阴炫昂建材有限公司	2013	2500	2500	ϕ4m×60m	朔州山阴北周庄镇村西	
28	朔州	大同煤矿集团建材有限责任公司	2010.1	4500	5000	ϕ4.8m×72m	朔州市怀仁县何家堡乡悟道村	
29	朔州	朔州山水新时代水泥有限公司	2014	4500	5000	ϕ4.8m×74m	朔州市朔城区神头镇吉庄村北	
30	朔州	朔州中联水泥有限公司	2010.8	2500	2500	ϕ4m×60m	朔州市右玉县高家堡乡西窑头村	停产，2020年4月产能出让
31	朔州	朔州金圆水泥有限公司	2011.12	5000	5000	ϕ4.8m×74m	朔州市朔城区神头镇	
32	朔州	太原狮头水泥股份有限公司朔州分公司	2005	1600	1600	ϕ3.57m×54m	朔城区神头镇毛道村	停产，2019年8月产能出让
33	忻州	山西吉港冠宇水泥有限公司	2012.1	2500	2500	ϕ4m×60m	忻州市保德县窑洼乡孙家卯村	
			2012.1	2500	2500	ϕ4m×60m		
34	忻州	代县宏威水泥有限公司	2017.5	4500	5000	ϕ4.8m×72m	忻州市代县雁门关乡西瓦窑村	
35	忻州	河曲县中天隆水泥有限公司	2012.3	2500	2500	ϕ4m×56m	忻州市河曲县沙泉乡双神堂村	
36	忻州	山西泰达矿业有限公司		4500	5500	ϕ5m×74m	忻州市神池县东湖乡九姑村	未投产
37	忻州	山西晋兴奥隆建材有限责任公司	2018.8	4500	5000	ϕ4.8m×72m	忻州市岢岚县岢猗镇下石沟村	
38	忻州	晋汇南白水泥有限责任公司	2011.9	2000	2000	ϕ4m×52m	太原市阳曲县高村乡南白村	停产，许可证过期
39	吕梁	山西吉港水泥有限公司	2008.6	2500	2500	ϕ4m×60m	吕梁市文水县开栅镇北峪口村	
			2008.6	2500	2500	ϕ4m×60m		
40	吕梁	山西华润福龙水泥有限公司	2010.8	4000	5000	ϕ4.8m×72m	柳林县柳林镇雅沟村	
			2011.5	4800	5000	ϕ4.8m×72m		
41	吕梁	山西桃园东义水泥有限公司	2014.6	4000	5000	ϕ4.8m×72m	吕梁市中阳县枝柯镇南大井村	
42	吕梁	山西中兴水泥有限责任公司	2013.4	2500	2500	ϕ4m×60m	山西省吕梁孝义市南阳乡上义棠下义棠	
43	吕梁	山西国金电力有限公司	2020.7	4500	5000	ϕ4.8m×72m	吕梁市文水经济开发区	

续表

序号	地市	企业名称	建成投产日期	设计产能（t/d）	实际产能（t/d）	水泥窑（直径×长度）	企业地址	备注
44	吕梁	山西金虎水泥有限责任公司	2012. 12	4000	4000	ϕ4. 6m×68m	吕梁市交城县西社镇横岭村	
45	吕梁	吕梁山水水泥有限公司	2013. 6	4000	5000	ϕ4. 8m×72m	吕梁市离石区枣林乡刘家舍窠村	
46	吕梁	岚县金隅水泥有限公司	2013. 4	2500	2500	ϕ4m×60m	吕梁市岚县普明工业园	
47	吕梁	山西卦山水泥有限公司		2500	2500	ϕ4m×60m	吕梁市交城县覃村北	未投产
48	吕梁	山西新星特种水泥厂	2009. 3	1100	1000	ϕ3. 2m×50m	吕梁市方山县峪口镇南村	停产，许可证过期
49	吕梁	山西东义集团特种水泥有限公司	2005. 5	620	620	ϕ3. 2m×52m	吕梁市孝义市中阳楼街办桥北村	停产，许可证过期
50	吕梁	中阳县桃园水泥有限责任公司	2002. 1	700	1000	ϕ3. 2m×50m	吕梁市中阳县城南口头坪	停产，许可证过期
51	吕梁	山西川东水泥有限公司	2005. 5	1500	1500	ϕ3. 5m×52m	吕梁市离石区田家会义居村	停产，2019年4月产能出让
52	晋中	山西汾西矿业（集团）有限责任公司水泥厂	2006	1000	1000	ϕ3. 3m×50m	晋中市介休市龙凤镇	2021年4月产能出让
53	晋中	智海企业集团榆次水泥有限公司	2004. 8	2500	2500	ϕ4m×60m	晋中市榆次区乌金山镇小峪口村	已完成产能置换
			2007. 6	2500	2500	ϕ4m×60m		
54	晋中	山西太谷恒达煤气化有限公司	2013. 3	2000	2500	ϕ4m×60m	晋中市太谷县桃园堡	
55	晋中	左权金隅水泥有限公司	2013. 1	2500	3333	ϕ4. 4m×52m	晋中市左权县辽阳镇五里垢前村	
56	晋中	晋中同力达水泥有限责任公司		4800	5000	ϕ4. 8m×74m	晋中市寿阳县平头镇北张芹村	未投产
57	临汾	山西中条山新型建材有限公司	2007. 6	2500	2500	ϕ4m×60m	临汾市曲沃县里村镇石滩村	
58	临汾	襄汾县星原集团水泥建材有限公司	2013. 3	3000	3000	ϕ4. 3m×64m	临汾市襄汾县景毛乡北高村	
59	临汾	侯马市汇丰建材有限责任公司	2013. 11	2500	2500	ϕ4m×60m	临汾市侯马市张村办大南庄村南	
60	临汾	临汾山水水泥有限公司	2017. 1	4000	4000	ϕ4. 6m×72m	临汾市洪洞县明姜镇	
61	临汾	襄汾县鸿达集团水泥建材有限公司	2007. 3	2000	2000	ϕ4m×50m	临汾市襄汾县景毛乡北高村	

续表

序号	地市	企业名称	建成投产日期	设计产能（t/d）	实际产能（t/d）	水泥窑（直径×长度）	企业地址	备注
62	临汾	蒲县龙祥建材有限公司		5000	5000	ϕ4.8m×74m	临汾市蒲县黑龙关镇店上村	未投产，根据工信部联原函〔2016〕65号文件认定在建项目5000t/d
63	运城	山西龙门五色石建材有限公司	2013.3	2500	2500	ϕ4m×60m	运城市河津市清涧街道办事处龙门村	
64	运城	冀东海天水泥闻喜有限责任公司	2009.8	4500	5000	ϕ4.8m×72m	运城市闻喜县侯村乡西阳村村西	
65	运城	威顿水泥集团有限责任公司	2001.8	1000	1000	ϕ3.2m×50m	运城市新绛县泽掌镇	已完成产能置换
			2008.8	2500	2500	ϕ4m×60m		
			2010.6	2500	2500	ϕ4m×60m		
66	运城	山西天石建材有限公司	2010.4	1600	1167	ϕ3.3m×50m	运城市临猗西郊大庆路25号	
67	运城	运城中联水泥有限公司		4400		ϕ4.68m×72m	运城市芮城县陌南镇	已完成产能置换方案及备案手续，购买大同七峰山、太原狮头朔州分公司、长治三元王庄华泰、朔州中联4户企业产能

注：1. 所列产能信息不作为其他证明材料，若申请产能退出或置换公示公告，具体产能数据须以现场核实查验为准。

2. 相关企业对照《产业结构调整指导目录》（2019本）及《关于提升水泥产品质量规范水泥市场秩序的意见》国市监质监发〔2021〕30号，尽快完善有关手续。

内蒙古自治区水泥熟料生产线清单（截至2021年12月31日）

盟市	序号	企业名称	生产线名称	建设地址	建成投产日期	设计产能（t/d）	窑规格（直径×长度）	备注
呼伦贝尔市	1	阿荣旗蒙西水泥有限公司	1#线	内蒙古呼伦贝尔岭东农畜林产品开发区阿荣旗产业园	2008.09	4000	ϕ4.8m×74m	
			2#线		2010.10	4800	ϕ4.8m×74m	
	2	鄂伦春旗鑫昌泰吉文水泥有限公司		呼伦贝尔市鄂伦春自治旗	2012.12	5000	ϕ4.8m×74m	
	3	海拉尔蒙西水泥有限公司		呼伦贝尔市海拉尔区海通路30号	2005.8	2000	ϕ4.0m×60m	
	4	扎兰屯市龙北水泥有限公司		呼伦贝尔扎兰屯市新发街2号	2012.6	2500	ϕ4.0m×60m	
兴安盟	5	扎赉特旗山水水泥有限公司	2#线	兴安盟扎赉特旗巴达尔湖镇	2015.1	4000	ϕ4.8m×74m	

续表

盟市	序号	企业名称	生产线名称	建设地址	建成投产日期	设计产能(t/d)	窑规格(直径×长度)	备注
赤峰市	6	喀喇沁草原水泥有限责任公司		赤峰市喀喇沁旗十家乡头道营子村	2014.9	4500	φ4.8m×74m	
	7	内蒙古鑫鸿裕水泥有限责任公司		赤峰市林西县新城子镇下场村	2005.1	1000	φ3.2m×50m	
	8	阿鲁科尔沁旗山水水泥有限公司	1#线	赤峰市阿鲁科尔沁旗双胜镇	2010.1	2500	φ4.0m×60m	
			2#线		2013.11	4800	φ4.3m×64m	
	9	阿鲁科尔沁旗鑫天山水泥集团有限公司	2#线	赤峰市阿鲁科尔沁旗天山镇	2009.12	2500	φ4.0m×60m	
	10	赤峰山水远航水泥有限公司	1#线	赤峰市喀喇沁旗牛家营子镇陈营子村5-149号	2004.11	2000	φ4.0m×60m	已于2021年3月12日对4500t/d水泥熟料生产线退城搬迁项目产能置换方案进行公告，建成投产前关停并拆除退出
			2#线		2010.6	2500	φ4.0m×60m	
	11	赤峰鲁蒙特种水泥有限公司		赤峰市巴林左旗白音诺尔镇	2013.5	2000	φ4.2m×50m	
通辽市	12	奈曼旗宏基水泥有限公司		通辽市奈曼旗大沁他拉镇工业东区辽河大街南(金园路西)	2013.9	4000	φ4.5m×64m	协同处置危废
	13	通辽中联水泥有限公司	1#线	通辽市奈曼旗大沁他拉镇工业园区	2008.1	2500	φ4.0m×60m	
			2#线		2013.7	2500	φ4.0m×60m	
	14	内蒙古东蒙水泥有限公司	2#线	通辽市库伦旗三家子镇镇北	2007.1	4800	φ4.0m×60m	协同处置危废
			3#线	通辽市三家子镇扣河子	2010.1	4500	φ4.3m×64m	
锡林郭勒盟	15	西乌珠穆沁旗哈达图水泥有限责任公司		锡林郭勒盟西乌珠穆沁旗巴拉噶尔高勒镇扎那胡硕街	2010.3	2500	φ4.0m×60m	
	16	冀东水泥阿巴嘎旗有限责任公司		锡林郭勒盟阿巴嘎旗洪格尔高勒镇萨茹拉希里嘎查	2009.8	2500	φ4.3m×66m	
	17	内蒙古泰高水泥有限公司		锡林郭勒盟东苏旗	2014.5	4000	φ4.0m×60m	
乌兰察布市	18	乌兰察布中联水泥有限公司	3#线	乌兰察布市察右后旗红格尔图乡	2005.1	2500	φ4.0m×60m	
			4#线		2008.9	5000	φ5.0m×68m	
	19	商都县民宇水泥有限责任公司	1#线	乌兰察布市商都县七台镇工业园区	2011.12	2500	φ4.0m×60m	
	20	商都县井山水泥有限责任公司（原民宇二期）		乌兰察布市商都县七台镇工业园区	2016.6	2500	φ4.0m×60m	

续表

盟市	序号	企业名称	生产线名称	建设地址	建成投产日期	设计产能（t/d）	窑规格（直径×长度）	备注
乌兰察布市	21	内蒙古伊东冀东水泥有限公司		乌兰察布市卓资县旗下营工业区	2012. 9	2500	ϕ4. 3m×64m	电石渣生产线
	22	内蒙古世纪恒生矿业有限责任公司		乌兰察布察右中旗库伦苏木	2013. 8	4800	ϕ4. 8m×74m	
	23	内蒙古蒙维科技有限公司		乌兰察布市察右后旗蒙维新材料产业园	2017. 1	3000	ϕ4. 3m×62m	电石渣生产线
呼和浩特市	24	内蒙古天皓水泥集团有限公司	1#线	呼和浩特市清水河县城关镇	2008. 11	2500	ϕ4. 0m×60m	
			2#线		2012. 1	4500	ϕ5. 0m×74m	
	25	清水河县蒙西水泥有限公司		呼和浩特市清水河县城关镇木匠窑村	2011. 2	4500	ϕ4. 8m×74m	
	26	内蒙古武兰水泥有限公司		呼和浩特市武川经济开发区鑫川大道5号	2014. 1	2500	ϕ4. 3m×64m	
	27	内蒙古冀东水泥有限责任公司	1#线	呼和浩特市武川县鑫川工业园区	2006. 9	4000	ϕ4. 8m×74m	
			2#线		2009. 11	4000	ϕ4. 8m×74m	
包头市	28	包头冀东水泥有限公司		包头市达茂旗百灵庙镇巴音敖包苏木	2011. 10	4500	ϕ4. 8m×72m	
	29	包头海平面金属科技有限公司		包头市固阳县金山镇工业园区	2011. 12	4800	ϕ5. 0m×74m	协同处置危废
巴彦淖尔市	30	巴彦淖尔中联水泥有限公司	1#线	巴彦淖尔市乌拉特前旗大佘太镇白彦花村	1999. 8	1000	ϕ3m×48m	产能指标已出让
			2#线		2011. 5	4500	ϕ4. 8m×72m	协同处置危废
鄂尔多斯市	31	内蒙古亿利冀东水泥有限责任公司		鄂尔多斯市达拉特旗树林召镇亿利化学工业园区	2008. 1	2500	ϕ4. 3m×64m	电石渣生产线
	32	内蒙古蒙西水泥股份有限公司	2#线	鄂尔多斯市鄂托克旗蒙西镇	2010. 6	4000	ϕ4. 8m×74m	
	33	鄂尔多斯市清能新材料有限公司（原鄂尔多斯电力冶金股份公司）		鄂尔多斯市鄂托克旗棋盘井工业园区内	2011. 2	2500	ϕ4. 3m×64m	电石渣生产线
	34	准格尔旗铸城水泥有限责任公司		鄂尔多斯市准格尔旗龙口镇壕米圪圪村	2016. 5	2500	ϕ4. 3m×64m	
	35	鄂尔多斯市双欣化学工业有限责任公司		鄂尔多斯市鄂托克旗蒙西镇高新技术工业园区	2015. 5	3000	ϕ4. 0m×60m	电石渣生产线
	36	内蒙古君正能源化工有限责任公司		鄂尔多斯市鄂托克旗蒙西镇高新技术工业园区	2015. 6	2500	ϕ4. 2m×50m	电石渣生产线
乌海市	37	乌海市西水水泥有限责任公司	2#线	乌海市海南区西卓子山街	2008. 3	5000	ϕ4. 8m×74m	
	38	乌海赛马水泥有限责任公司		乌海市海南区老石旦工业园区	2010. 8	2500	ϕ4. 0m×60m	协同处置危废
	39	内蒙古君正化工有限责任公司		乌海市乌达区工业园区	2010. 1	2500	ϕ4. 3m×64m	电石渣生产线

续表

盟市	序号	企业名称	生产线名称	建设地址	建成投产日期	设计产能（t/d）	窑规格（直径×长度）	备注
乌海市	40	乌海华源水泥有限公司		乌海市海勃湾区卡布其包钢乌海矿业公司院内	2010.8	4000	ϕ4.5m×66m	停产
	41	内蒙古万晨能源股份有限公司	1#线	乌海市海勃湾区千里山	2011.10	4800	ϕ4.8m×74m	
	42	西部环保有限公司（海化）		乌海市海南区海化工业园区	2016.5	2500	ϕ4.0m×60m	电石渣生产线
阿拉善盟	43	阿拉善盟吉盐化建材有限公司	1#线	阿拉善盟阿拉善经济开发区乌兰布和街北侧	2018.6	2500	ϕ4.3m×64m	电石渣生产线
	44	内蒙古松塔水泥有限责任公司		阿拉善左旗巴润别立镇上海嘎查牛石头山南侧	2010.10	2500	ϕ4.0m×60m	
	45	阿拉善左旗瀛海建材有限责任公司		阿拉善盟阿拉善左旗巴润别立镇上海嘎查（厢根达来）	2014.1	2500	ϕ4.3m×64m	

辽宁省水泥熟料生产线清单（截至2021年4月）

序号	企业名称	生产线名称	建设地址	投产时间	设计产能（t/d）	水泥窑（直径×长度）	备注
1	大连天瑞水泥有限公司	一线	大连长兴岛经济区南山街100号	2007年5月	4000	ϕ4.8m×72m	
2		二线	大连长兴岛经济区南山街100号	2008年6月	4000	ϕ4.8m×72m	
3		三线	大连长兴岛经济区南山街100号	2010年5月	4000	ϕ4.8m×72m	
4	大连永盛水泥制造有限公司	1#新型干法熟料水泥生产线	大连瓦房店市元台镇后元村	2009年	4000	ϕ4.3m×60m	
5		2#新型干法熟料水泥生产线	大连瓦房店市元台镇后元村	2011年5月	4000	ϕ4.3m×60m	
6	大连新虎水泥企业集团有限公司	特种水泥回转窑生产线	大连瓦房店市老虎屯镇后三十里堡村	2004年6月	1000	ϕ3.2m×50m	
7	大连小野田水泥有限公司	5级RSP塔+回转窑	大连市甘井子区新水泥路5号	1992年5月	4000	ϕ4.6m×72m	
8	大连水泥集团有限公司大连水泥厂	新型干法水泥熟料生产线	大连市金州新区七顶山街道金七路一号	2008年3月	5000	ϕ4.8m×74m	
9	大连金山水泥制造有限公司	南线	辽宁省大连市金州新区七顶山乡大朱家村	2003年	1000	ϕ3.2m×50m	
10		北线		2007年	4000	ϕ4.0m×60m	
11	大连水泥集团特种水泥有限公司	新型干法回转窑生产线	大连市金州区七顶山乡大建泡村	2010年11月	1000	ϕ3.2m×50m	
12	大连金刚天马水泥有限公司	4000t新型干法	大连普湾经济区炮台街道马炉村	2008年4月	4000	ϕ4.3m×64m	

续表

序号	企业名称	生产线名称	建设地址	投产时间	设计产能（t/d）	水泥窑（直径×长度）	备注
13	大连山水水泥有限公司	新型干法水泥生产线(含9MW余热发电配套工程)	大连金普新区复州湾镇山河村	2009年3月	4000	φ4.8m×74m	
14	海城市第一水泥有限公司	新型干法熟料生产线	海城市毛祁镇小河村	2012年	2500	φ4.0m×60m	
15	鞍山冀东水泥有限责任公司	熟料生产线	鞍山市立山区红塔街18号	2004年5月	4500	φ4.7m×74m	
16	岫岩满族自治县赛雪白水泥制造有限公司	白水泥回转窑生产线	鞍山市岫岩清凉山镇	1993年	150	φ2.6m变φ2.8m×42m回转窑	
17	抚顺水泥股份有限公司	新型干法熟料水泥窑	抚顺市新抚区华山街2号	2012年2月	2000	φ3.7m×54m	
18	抚顺大伙房水泥有限责任公司	新型干法熟料生产线	抚顺市东洲区章党街道阜宁北四街5号	2007年7月	2500	φ4.0m×60m	
19	桓仁白水泥厂	白色硅酸盐特种水泥生产线	本溪市桓仁满族自治县五里甸子镇	1998年	55	φ1.9m×39m	
20		白色硅酸盐特种水泥生产线		1998年	55	φ1.9m×39m	
21	辽宁山水工源水泥有限公司	日产2500吨熟料生产	本溪市溪湖区火连寨镇	2004年	2500	φ4.0m×60m	
22		日产5000吨熟料生产		2009年	5000	φ4.8m×74m	
23	辽宁交通水泥有限责任公司	日产5000吨水泥熟料生产线	本溪市溪湖区火连寨营子新村	2007年	5000	φ4.8m×72m	
24	丹东凤凰山水泥制造有限公司	新型干法水泥熟料生产线	辽宁省凤城市通远堡镇通庄街1号	2013年1月	5000	φ4.8m×74m	
25	锦州三鸽水泥制造有限公司	锦州三鸽水泥制造有限公司	锦州市凌海市班吉塔镇快手沟村	2010年12月	4000	φ4.3m×64m	
26	辽宁大鹰水泥集团有限公司	日产4000吨新型干法水泥熟料生产线	阜新市阜蒙县东扣莫村	2008年9月	4000	φ4.3m×74m	
27		粉煤灰综合利用带余热发电4000t/d熟料生产线		2010年5月	4000	φ4.7m×70m	
28	辽宁富山水泥有限公司	新型干法水泥生产线	辽阳灯塔市西大窑镇上缸窑村	2008年9月	4000	φ4.6m×72m	
29	台泥（辽宁）水泥有限公司	新型干法水泥熟料生产线	辽阳灯塔市西大窑镇东大窑村	2010年5月	4000	φ4.8m×72m	

续表

序号	企业名称	生产线名称	建设地址	投产时间	设计产能（t/d）	水泥窑（直径×长度）	备注
30	辽宁银盛水泥集团有限公司	熟料生产线1#线	辽阳灯塔市锋子镇张海村	2008年8月	4000	φ4.7m×74m	
31		熟料生产线2#线		2010年12月	4000	φ4.7m×74m	列入国家工业和信息化部和发展改革委2015年36号公告，未提供备案等合规性文件
32	辽阳冀东水泥有限公司	1#回转窑	辽阳市文圣区罗大台青峰村	2005年	2500	φ4.0m×60m	
33	辽阳天瑞水泥有限公司	新型干法水泥生产一线	辽阳市文圣区高山街9号	2010年4月	4000	φ4.8m×72m	
34		新型干法水泥生产二线		2012年4月	4000	φ4.8m×72m	列入国家工业和信息化部和发展改革委2015年36号公告，备案文件正在办理
35	辽宁恒威水泥集团有限公司	2#回转窑	辽阳市文圣区罗大台镇陆甲村	2012年1月	4000	φ4.6m×72m	
36	辽阳千山水泥有限责任公司	日产4000吨熟料生产线	辽阳市文圣区小屯镇	2008年9月	4000	φ4.8m×74m	
37	亚泰集团铁岭水泥有限公司	2000t/d熟料生产线	铁岭县新台子工业园区	2004年9月	2000	φ4.0m×60m	
38		2500t/d熟料生产线	铁岭县新台子工业园区	2007年12月	2500	φ4.0m×60m	
39		4500t/d水泥熟料生产线	铁岭县新台子工业园区	2009年8月	4500	φ4.8m×74m	
40	辽宁省森泉水泥有限公司	新型干法带余热发电回转窑	铁岭市昌图县泉头镇	2005年	2000	φ3.5m×60m	仅有大修技改备案，未提供初始项目备案等合规性文件
41	辽宁大鹰水泥制造有限公司	4500t/d新型干法水泥熟料生产线	铁岭市昌图县昌图镇关山街	2017年6月	4500	φ4.7m×72m	
42	铁岭大伙房水泥有限责任公司	5000t/d新型干法水泥熟料生产线	铁岭县横道河子镇	2018年12月	5000	φ4.8m×74m	
43	金刚水泥（铁岭）有限公司	4000t/d新型干法水泥熟料生产线	铁岭经济开发区官台工业园区（八家子村）	2018年11月	4000	φ4.8m×72m	
44	朝阳兰陵水泥有限公司	干法水泥熟料生产线	朝阳市双塔区长宝乡长宝村	2002年6月	1000	φ3.2m×50m	
45	喀左丛元号水泥有限责任公司	水泥熟料生产线	喀左县中三家镇丛元号村	2014年8月	5000	φ4.7m×74m	

续表

序号	企业名称	生产线名称	建设地址	投产时间	设计产能（t/d）	水泥窑（直径×长度）	备注
46	喀左恒基水泥制造有限公司	新型干法水泥孰料生产线	朝阳市喀左县南哨工业园区	2007年12月	2500	ϕ3.2m×50m	
47	凌源市富源矿业有限责任公司	新型干法水泥孰料生产线	朝阳市凌源市四合当镇楼上村	2010年12月	4000	ϕ4.3m×66m	
48	朝阳山水东鑫水泥有限公司	熟料新型干法水泥生产线	朝阳市朝阳县东大道乡东大道村	2007年5月	4000	ϕ4.0m×60m	
49	渤海水泥（葫芦岛）有限公司	日产4000吨新型干法水泥生产线	葫芦岛市连山区寺儿堡镇寺北村	2007年12月	4000	ϕ4.8m×74m	

注：本表所列产能信息不可作为其他证明材料，若申请产能退出公示公告，具体产能数据须以现场核实查验为准。如需对公开的信息内容进行调整，请及时通过市工业和信息化部门申请。

吉林省水泥熟料生产线清单（截至2021年12月31日）

序号	企业名称	生产线名称	建设地址	窑径（外直径米）	备案或核准产能	实际产能（t/d）	建成投产时间	备注
1	亚泰集团伊通水泥有限公司	水泥熟料生产线	伊通满族自治县经济开发区	4.0	2500	2500	2006年7月	产能指标已出让，置换项目建成前关停
2	四平金隅水泥有限公司	水泥熟料生产线	四平市铁东区北二经街936号	4.0	2500	2500	2010年6月	产能指标已出让，置换项目建成前关停
3	四平市北方水泥有限公司	水泥熟料生产线	四平市铁西区四梨公路一公里处	4.0	2500	2500	2005年7月	
4	吉林省天茂特种水泥有限公司	水泥熟料生产线	四平市梨树县郭家店镇	5.0	4000	5500	2015年6月	
5	汪清北方水泥有限公司	熟料线1	汪清县大兴沟镇庙岭村	4.8	4000	5000	2009年6月	
6	汪清北方水泥有限公司	熟料线2	汪清县大兴沟镇庙岭村	3.2	1000	1000	2007年7月	产能指标已出让，置换项目建成前关停
7	汪清北方水泥有限公司	熟料线3	汪清县大兴沟镇庙岭村	3.0	800	800	1984年6月	产能指标已出让，置换项目建成前关停
8	辽源渭津金刚水泥有限公司	1号线	东辽县渭津镇渭滨村一组	4.8	4000	5000	2005年6月	
9	辽源渭津金刚水泥有限公司	2号线	东辽县渭津镇渭滨村一组	4.8	4000	5000	2006年5月	
10	亚泰集团通化水泥股份有限公司	水泥熟料生产线	通化市二道江区五道江镇	4.0	4000	2500	2010年9月	

续表

序号	企业名称	生产线名称	建设地址	窑径（外直径米）	备案或核准产能	实际产能（t/d）	建成投产时间	备注
11	临江市宏大水泥有限责任公司	水泥熟料生产线	白山市临江市台兴村	4.0	2500	2500	2008年12月	产能指标已出让，置换项目建成前关停
12	金刚（集团）白山水泥有限公司	水泥熟料生产线	白山市八道江镇江沿村	4.3	4000	3000	2007年8月	
13	白山山水水泥有限公司	熟料线	白山市江源区石人镇	4.8	5000	5000	2013年12月	
14	吉林金隅冀东环保科技有限公司	水泥熟料生产线	永吉县西阳镇黑山村	4.8	4500	5000	2012年3月	
15	冀东水泥磐石有限责任公司	熟料线1	磐石市牛心镇牛心村	4.3	2500	3000	2003年4月	产能指标已出让，置换项目建成前关停
16	冀东水泥磐石有限责任公司	熟料线2	磐石市牛心镇牛心村	4.3	4000	3000	2009年5月	
17	冀东水泥磐石有限责任公司	熟料线3	磐石市牛心镇牛心村		4500			置换方案已公告，正在谋划
18	吉林亚泰水泥有限公司	1号线	长春市双阳区山河街道羊圈村	4.0	2000	2500	1993年6月	产能指标已出让，置换项目建成前关停
19	吉林亚泰水泥有限公司	2号线	长春市双阳区山河街道羊圈村	4.0	2500	2500	1999年8月	产能指标已出让，置换项目建成前关停
20	吉林亚泰水泥有限公司	3号线	长春市双阳区山河街道羊圈村	4.0	2500	2500	2001年6月	产能指标已出让，置换项目建成前关停
21	吉林亚泰水泥有限公司	4号线	长春市双阳区山河街道羊圈村	4.0	4000	2500	2005年12月	产能指标已出让，置换项目建成前关停
22	吉林亚泰水泥有限公司	5号线	长春市双阳区山河街道羊圈村	4.8	5000	5000	2009年2月	
23	吉林亚泰水泥有限公司	6号线	长春市双阳区山河街道羊圈村	4.8	5000	5000	2010年8月	
24	吉林亚泰水泥有限公司	7号线	长春市双阳区山河街道羊圈村		7500			置换方案已公告，正在谋划
25	吉林省华达水泥有限公司	熟料线	长春市九台区营城镇	3.3	2000	1167	2005年4月	产能指标已出让，置换项目建成前关停
26	吉林亚泰明城水泥有限公司	1号线	磐石市明城镇矿山街	4.8	5000	5000	2003年6月	
27	吉林亚泰明城水泥有限公司	2号线	磐石市明城镇矿山街	4.8	5000	5000	2009年2月	

黑龙江省 2020 年度水泥熟料生产线清单（截至 2020 年 12 月 31 日）

序号	所在市	企业名称	生产线名称	建设地点	投产时间	批复建设产能（t/d）	按窑径计算产能（t/d）	水泥窑规格（窑径×长度）	生产许可证/（有效期）	备注
1	哈尔滨	冀东水泥黑龙江有限公司	日产 7200 吨水泥熟料生产线	哈尔滨市阿城区玉泉街道河南大街	2017 年 1 月	7200	7200	ϕ5. 4m×82m	XK08-001-01591/2024-09-28	
2	哈尔滨	亚泰集团哈尔滨水泥（阿城）有限公司	日产 4000 吨水泥熟料生产线	哈尔滨市阿城区松峰山镇新明矿	2009 年 12 月	4000	5000	ϕ4. 8m×72m	XK08-001-05102/2026-02-28	
3	哈尔滨	哈尔滨太行兴隆水泥有限公司	日产 1200 吨水泥熟料生产线	黑龙江省巴彦县兴隆镇铁东街 138 号	2005 年 3 月	1200	800	ϕ3. 0m×58. 5m	XK08-001-01451/2024-01-21	
4	哈尔滨	黑龙江省宾州水泥有限公司	日产 5000 吨水泥熟料生产线	宾县宾西镇	2005 年 9 月	5000	5000	ϕ4. 8m×72m	XK08-001-05066/2021-07-14	
			日产 4500 吨水泥熟料生产线	宾县宾西镇	2010 年 8 月	4500	5000	ϕ4. 8m×72m	XK08-001-05066/2021-07-14	
5	哈尔滨	哈尔滨小岭水泥有限责任公司	日产 2500 吨水泥熟料生产线	哈尔滨市阿城区小岭镇石发街	2010 年 6 月	2500	1700	ϕ3. 6m×57m	XK08-001-00534/2023-08-07	产能指标已出让，置换项目建成前关停
6	哈尔滨	亚泰集团哈尔滨水泥有限公司	日产 2500 吨水泥熟料生产线	哈尔滨市道外区水泥路 102 号	2003 年	2500	2500	ϕ4. 0m×60m	XK08-001-01457/2024-01-21	
			日产 1000 吨水泥熟料生产线	哈尔滨市道外区水泥路 102 号	1993 年	1000	1000	ϕ3. 2m×44m	XK08-001-01457/2024-01-21	产能指标已出让，设备已拆除
7	哈尔滨	哈尔滨金山实业集团有限公司	日产 1000 吨水泥熟料生产线	哈尔滨市阿城区小岭镇	2002 年 3 月	1000	1000	ϕ3. 2m×52m	许可证办理中	产能指标已出让，设备已拆除
8	牡丹江	牡丹江丹林水泥有限公司	日产 1000 吨水泥熟料生产线	黑龙江省牡丹江市宁安市马河乡五道	1992 年	1000	800	ϕ3. 0m×48m	XK08-001-06279/2026-05-04	
9	牡丹江	大庆油田水泥有限责任公司牡丹江分公司	日产 2000 吨水泥熟料生产线	牡丹江市西安区温春镇水泥街道永安街 9 号	2001 年 1 月	2000	2000	ϕ4. 0m×60m	Xk08-001-06977/2024-12-29	

续表

序号	所在市	企业名称	生产线名称	建设地点	投产时间	批复建设产能（t/d）	按窑径计算产能（t/d）	水泥窑规格（窑径×长度）	生产许可证/（有效期）	备注
10	牡丹江	牡丹江北方水泥有限公司	日产 2000 吨水泥熟料生产线	牡丹江市西安区温春镇水泥街道永安街 9 号	1984 年 5 月	2000	2000	ϕ4. 0m×60m	Xk08-001-03014/2024-08-19	产能指标已出让，置换项目建成前关停
11	牡丹江	牡丹江天马水泥有限公司	日产 2500 吨水泥熟料生产线	黑龙江省牡丹江市宁安市工业路 33 号	2008 年 12 月	2500	1500	ϕ3. 5m×50m	XK08-001-04053/2025-01-11	产能指标已出让，置换项目建成前关停
12	佳木斯	佳木斯北方水泥有限公司桦南分公司	日产 4500 吨水泥熟料生产线	黑龙江省佳木斯市桦南县石头河子镇向阳村东	2011 年 6 月	4500	5000	ϕ4. 8m×72m	XK08-001-07006/2025-02-10	
			日产 2000 吨水泥熟料生产线	黑龙江省佳木斯市桦南县桦南镇太和村西侧铁路南	2006 年 3 月	2000	2500	ϕ4. 0m×56m	XK08-001-07006/2025-02-10	
13	佳木斯	佳木斯北方水泥有限公司桦南兴隆分公司	日产 1000 吨水泥熟料生产线	黑龙江省佳木斯市桦南县桦南镇城东	2005 年 6 月	1000	800	ϕ3. 0m×48m	企业变更，许可证办理中	
14	鹤岗	鹤岗鑫塔水泥有限责任公司	日产 2500 吨水泥熟料生产线	鹤岗市新华工业园区 B 区	2011 年 6 月	2500	2500	ϕ4. 0m×60m	XK08-001-05949/2025-01-03	
15	双鸭山	双鸭山新时代水泥有限责任公司	日产 4000 吨水泥熟料生产线	双鸭山市岭东区富园社区石灰窑西南 500 米	2013 年 8 月	4000	4000	ϕ4. 6m×68m	XK08-001-06016/2025-09-12	
16	鸡西	鸡西市城海水泥有限责任公司	日产 2000 吨水泥熟料生产线	鸡西市城子河区城海委	2008 年 1 月	2000	1700	ϕ3. 6m×70m	Xk08-001-01685/2024-03-17	产能指标已出让，置换项目建成前关停
17	鸡西	鸡西赛龙水泥制造有限公司	日产 2500 吨水泥熟料生产线	城子河区永丰乡	2015 年 4 月	2500	2500	ϕ4. 0m×60m	XK08-001-06921/2024-10-13	

续表

序号	所在市	企业名称	生产线名称	建设地点	投产时间	批复建设产能（t/d）	按窑径计算产能（t/d）	水泥窑规格（窑径×长度）	生产许可证/（有效期）	备注
18	伊春	伊春北方水泥有限公司	日产 2000 吨水泥熟料生产线	黑龙江省伊春市南岔县浩良河镇	1995 年 6 月	2000	2500	ϕ3.95m×56m	XK08-001-05954/2025-01-11	
			日产 4000 吨水泥熟料生产线	黑龙江省伊春市南岔县浩良河镇	2010 年 9 月	4000	5000	ϕ4.8m×72m	XK08-001-05954/2025-01-11	
19	齐齐哈尔	齐齐哈尔浩源水泥有限责任公司	日产 2500 吨水泥熟料生产线	黑龙江省齐齐哈尔市昂昂溪区榆树屯镇	2012 年 7 月	2500	2500	ϕ4.0m×60m	许可证办理中	
20	黑河	黑河市恒基水泥有限责任公司	日产 1000 吨水泥熟料生产线	黑河市合作区新兴基础材料加工区	2005 年 8 月	1000	1000	ϕ3.2m×52m	XK08-001-01593/2024-01-22	产能指标已出让，置换项目建成前关停
21	黑河	黑河关鸟河水泥有限责任公司	日产 2500 吨水泥熟料生产线	黑龙江省黑河市嫩江市多宝山镇先富村	2008 年	2500	2500	ϕ4.0m×60m	XK08-001-03395/2024-07-03	

江苏省水泥熟料生产线清单（截至2021年12月31日）

序号	企业名称	生产线名称	建设地址	建成投产时间	设计产能（t/d）	实际产能（t/d）	水泥窑（直径×长度）
1	江苏信宁新型建材有限公司	4800t/d熟料生产线	南京市浦口区星甸街道星绰路88号	2013年6月	4800	5000	φ4.8m×74m
2	南京中联水泥有限公司	4500t/d熟料生产线	南京市江宁区淳化街道青山社区	2011年7月	4500	5000	φ4.8m×72m
3	溧水天山水泥有限公司	4500t/d熟料生产线	南京市溧水区晶桥镇芝山村	2009年10月	4500	5000	φ4.8m×74m
4	中国水泥厂有限公司	2000t/d熟料生产线	南京市栖霞区龙潭街道水泥厂路185号	1997年12月	2000	2500	φ4.0m×43m
5		5000t/d熟料生产线		2004年11月	5000	5000	φ4.8m×72m
6		5000t/d熟料生产线		2005年5月	5000	5000	φ4.8m×72m
7	江南—小野田水泥有限公司	4000t/d熟料生产线	南京市栖霞区栖霞街道摄山镇88号	1996年5月	4000	4000	φ4.6m×72m
8	江苏新街南方水泥有限公司	5000t/d熟料生产线	宜兴市新街街道归经村	2008年1月	5000	5000	φ4.8m×74m
9	江苏徐舍南方水泥有限公司	2000t/d熟料生产线	宜兴市徐舍镇埝头	2004年4月	2000	2500	φ4.0m×60m
10	江苏宜城南方水泥有限公司	2000t/d熟料生产线	宜兴市杨巷镇东马村	2004年3月	2000	2500	φ4.0m×60m
11	宜兴市天山水泥有限公司	2000t/d熟料生产线	宜兴市杨巷镇西溪村	2003年	2000	2500	φ4.0m×60m
12		5000t/d熟料生产线		2005年	5000	5000	φ4.8m×72m
13	宜兴市金墅水泥有限公司	2000t/d熟料生产线	宜兴市新街街道归经村	2004年7月	2000	2500	φ4.0m×60m
14	江苏阳羡南方水泥有限公司	2000t/d熟料生产线	宜兴市湖汶镇	2004年	2000	2500	φ4.0m×60m
15		5000t/d熟料生产线		2007年12月	5000	5000	φ4.8m×74m
16	淮海中联水泥有限公司	5000t/d熟料生产线	徐州市铜山区茅村镇	2004年11月	5000	5000	φ4.8m×72m
17		4800t/d熟料生产线		2009年12月	4800	5000	φ4.8m×72m
18	江苏久久水泥有限公司	JT窑熟料生产线	徐州市铜山区三堡街道	1994年	年产10万吨	50万吨/年	φ3.6m×8.5m
19		JT窑熟料生产线		1994年	年产10万吨		φ3.6m×8.5m
20		JT窑熟料生产线		1995年	年产10万吨		φ3.6m×8.5m
21		JT窑熟料生产线		1995年	年产10万吨		φ3.6m×8.5m
22	徐州中联水泥有限公司	10000t/d熟料生产线	徐州市贾汪区工业园	2004年9月	10000	10000	φ6m/6.4m×90m
23		10000t/d熟料生产线		2012年1月	10000	10000	φ6.2m/6.4m×90m

续表

序号	企业名称	生产线名称	建设地址	建成投产时间	设计产能（t/d）	实际产能（t/d）	水泥窑（直径×长度）
24	徐州龙山水泥有限公司	4500t/d 熟料生产线	徐州市贾汪区江庄镇	2011 年 2 月	4500	5000	ϕ4. 8m×70m
25		5000t/d 熟料生产线		2012 年 4 月	5000	5000	ϕ4. 8m×72m
26	溧阳天山水泥有限公司	5000t/d 熟料生产线	溧阳市上兴镇上沛集镇	2004 年 6 月	5000	5000	ϕ4. 8m×72m
27	江苏溧阳南方水泥有限公司	5000t/d 熟料生产线	江苏省溧阳市社渚镇周城	2005 年	5000	5000	ϕ4. 8m×74m
28	溧阳东方水泥有限公司	2500t/d 熟料生产线	江苏省溧阳市上黄镇	2003 年	2500	2500	ϕ4. 0m×60m
29	江苏扬子水泥有限公司	2500t/d 熟料生产线	江苏省溧阳市上黄镇	2003 年	2500	2500	ϕ4. 0m×60m
30		2500t/d 熟料生产线		2007 年	2500	2500	ϕ4. 0m×60m
31	江苏金峰水泥集团有限公司	2000t/d 熟料生产线	溧阳市社渚镇金庄村	2004 年 5 月	2000	2500	ϕ4. 0m×60m
32		5000t/d 熟料生产线		2005 年 12 月	5000	5000	ϕ4. 8m×74m
33		5000t/d 熟料生产线		2005 年 12 月	5000	5000	ϕ4. 8m×74m
34		4500t/d 熟料生产线		2007 年 5 月	4500	5000	ϕ4. 8m×74m
35	溧阳市宏峰水泥有限公司	4500t/d 熟料生产线	溧阳市社渚镇金庄村谷山	2009 年 5 月	4500	5000	ϕ4. 8m×74m
36		4500t/d 熟料生产线		2009 年 5 月	4500	5000	ϕ4. 8m×74m
37		4500t/d 熟料生产线		2009 年 5 月	4500	5000	ϕ4. 8m×74m
38	溧阳市新金峰水泥有限公司	4500t/d 熟料生产线	溧阳市社渚镇金庄村谷山	2011 年 2 月	4500	5000	ϕ4. 8m×74m
39		4500t/d 熟料生产线		2011 年 2 月	4500	5000	ϕ4. 8m×74m
40	盘固水泥集团有限公司	5000t/d 熟料生产线	金坛区薛埠镇盘古路 46 号	2004 年 5 月	5000	5000	ϕ4. 8m×72m
41	苏州东吴水泥有限公司	2500t/d 熟料生产线	苏州市吴江区黎里镇	2005 年 1 月	2500	2500	ϕ4. 0m×60m
42	江苏磊达股份有限公司	2000t/d 熟料生产线	东台市梁垛镇梁北村	2003 年 10 月	2000	2500	ϕ4. 0m×60m
43		2000t/d 熟料生产线		2004 年 10 月	2000	2500	ϕ4. 0m×60m
44	句容台泥水泥有限公司	5250t/d 熟料生产线	江苏省句容市下蜀镇	1997 年 12 月	5000	6000	ϕ5. 2m×61m
45		6000t/d 熟料生产线		2009 年 12 月	6000	5500	ϕ5. 0m×74m
46	江苏鹤林水泥有限公司	2500t/d 熟料生产线	镇江市丹徒区高资街道	2005 年 6 月	2500	2500	ϕ4. 0m×60m
47		4500t/d 熟料生产线		2008 年 11 月	4500	5500	ϕ5. 0m×68m
48		4500t/d 熟料生产线		2013 年 12 月	4500	5000	ϕ4. 8m×74m

浙江省 2021 年度水泥熟料生产线清单（截至 2021 年 12 月 31 日）

序号	所在市	企业名称	统一社会信用代码	生产线名称	建设地点	投产时间	批复建设产能（t/d）	按窑规格计算产能（t/d）	水泥窑规格（窑径×长度）	生产许可证/（有效期）	备注
1	杭州市（13 条）	桐庐南方水泥有限公司	91330122740505784A	日产 2500 吨熟料新型干法回转窑生产一线	桐庐县桐君街道梓芳坞村	2003. 7	2500	2500	ϕ4. 0m×60m	XK08-001-03282（2024. 04. 13）	
2				日产 2500 吨熟料新型干法回转窑生产二线	桐庐县桐君街道梓芳坞村	2004. 4	2500	2500	ϕ4. 0m×60m		
3		桐庐红狮水泥有限公司	91330122757230094C	日产 4000 吨熟料新型干法水泥生产线	桐庐县桐君街道坞泥口村	2004. 1	4000	5000	ϕ4. 8m×74m	XK08-001-04621（2025. 09. 02）	
4		建德南方水泥有限公司	913301827463436161	日产 5000 吨熟料新型干法水泥生产线	建德市更楼街道岩源村石码头自然村	2021. 12	5000	5000	ϕ5. 0m×60m	申请中	经专家论证并公示公告 ϕ5. 0m×60m 两档窑产能为 5000t/d，等同于 ϕ4. 8m×72m 窑型产能
5		建德海螺水泥有限责任公司	913301827338233119	日产 4000 吨熟料新型干法水泥生产一线	建德市李家镇诸家村	2003. 5	4000	5000	ϕ4. 8m×72m	XK08-001-03749（2024. 06. 05）	
6				日产 4000 吨熟料新型干法水泥生产二线		2010. 1	4000	5000	ϕ4. 8m×74m		
7		建德红狮水泥有限公司	91330182749451786C	日产 4000 吨熟料新型干法水泥生产一线	建德市寿昌镇西华村	2004. 5	4000	5000	ϕ4. 8m×72m	（浙）XK08-001-00002（2025. 11. 17）	
8				日产 4000 吨熟料新型干法水泥生产二线		2004. 11	4000	5000	ϕ4. 8m×72m		
9		杭州山亚南方水泥有限公司	9133018374052154M	5000t/d 水泥熟料生产线	富阳区渌渚镇上港码头	2004. 5	5000	5000	ϕ4. 8m×72m	XK08-001-04648（2025. 06. 22）	
10				5000t/d 水泥熟料生产线（2#线）		2021. 12	5000	5000	ϕ5. 0m×60m	投运后申请	经专家论证并公示公告 ϕ5. 0m×60m 两档窑产能为 5000t/d，等同于 ϕ4. 8m×72m 窑型产能。待相关生产条件成熟完善后投产

续表

序号	所在市	企业名称	统一社会信用代码	生产线名称	建设地点	投产时间	批复建设产能（t/d）	按窑规格计算产能（t/d）	水泥窑规格（窑径×长度）	生产许可证/（有效期）	备注
11	杭州市（13条）	杭州胥口南方水泥有限公司	9133018375170644W	2500t/d熟料生产线	富阳区胥口镇葛溪村帮坎	2005.6	4000	2500	ϕ4.0m×60m	（浙）XK08-001-00025（2026.8.15）	产能指标已出让，置换项目建成投产前关停
12	杭州市（13条）	杭州富阳南方水泥有限公司	91330183747152969G	日产4000吨新型干法水泥熟料生产线	富阳区新桐乡新桐村	2004.1	4000	5000	ϕ4.8m×72m	（浙）XK08-001-00019（2026.3.17）	产能指标已出让，置换项目建成投产前关停
13	杭州市（13条）	杭州临安南方水泥有限公司	913301857544204076	日产4000吨水泥熟料生产线	临安区板桥镇灵溪村	2006.2	4000	5000	ϕ4.8m×72m	（浙）XK08-001-00031（2025.6.22）	原浙江杭州大马水泥有限公司更名，产能指标已出让，置换项目建成投产前关停
14	嘉兴市	浙江新都水泥有限公司	91330483733831434H	日产2500吨熟料生产线	嘉兴市桐乡市崇福镇	2009.1	2500	1700	ϕ3.6m×55m	XK08-001-00891（2023.11.13）	
15	湖州市（10条）	安吉南方水泥有限公司	91330523744131732T	日产2000吨新型干法水泥熟料生产一线	安吉县递铺镇马家渡	2003.1	2000	2500	ϕ4.0m×60m	XK08-001-04132（2025.03.12）	
16	湖州市（10条）	安吉南方水泥有限公司	91330523744131732T	日产2500吨新型干法水泥熟料生产二线	安吉县递铺镇马家渡	2007.9	2500	2500	ϕ4.0m×60m	XK08-001-04132（2025.03.12）	
17	湖州市（10条）	湖州白岘南方水泥有限公司	913305227044652878	4000t/d新型干法水泥熟料生产线	湖州市长兴县煤山镇柴界岭	2004.4	4000	5000	ϕ4.8m×72m	（浙）XK08-001-00008（2025.12.29）	
18	湖州市（10条）	湖州槐坎南方水泥有限公司	91330522755918709Y	日产4000吨新型干法水泥熟料生产一线	湖州市长兴县煤山镇煤槐路1668号	2005.3	4000	5000	ϕ4.8m×74m	（浙）XK08-001-00003（2025.11.22）	
19	湖州市（10条）	湖州槐坎南方水泥有限公司	91330522755918709Y	日产4000吨新型干法水泥熟料生产二线	湖州市长兴县煤山镇煤槐路1668号	2008.3	4000	5000	ϕ4.8m×72m	（浙）XK08-001-00003（2025.11.22）	
20	湖州市（10条）	湖州槐坎南方水泥有限公司	91330522755918709Y	日产7500吨水泥熟料生产三线	湖州市长兴县煤山镇煤槐路1666号	2020.3	7500	7500	ϕ5.5m×78m	（浙）XK08-001-00003（2025.11.22）	

续表

序号	所在市	企业名称	统一社会信用代码	生产线名称	建设地点	投产时间	批复建设产能（t/d）	按窑规格计算产能（t/d）	水泥窑规格（窑径×长度）	生产许可证/（有效期）	备注
21	湖州市（10条）	长兴南方水泥有限公司	91330522704200350D	2500吨熟料生产线	湖州市长兴县煤山镇	2002.5	2500	2500	ϕ4.0m×60m	XK08-001-05824（2024.08.19）	
22				5000吨熟料生产线		2003.11	5000	5000	ϕ4.8m×72m		
23		湖州小浦南方水泥有限公司	913305227044637081	2000t/d熟料新型干法水泥生产线	湖州市长兴县小浦镇合溪村	2003.5	2000	2500	ϕ4.0m×60m	（浙）XK08-001-00009（2025.12.19）	
24		浙江新明华特种水泥有限公司	91330522724526972E	400t/d白水泥熟料水泥生产线	李家巷杨家山	2010.6	400	400	ϕ3.6m×54m	XK08-001-01909（2024.04.25）	
25	绍兴市（2条）	兆山集团诸暨水泥有限公司	9133068175590469XF	日产2500吨新型干法回转窑	诸暨市浣东街道	2004.11	2500	2500	ϕ4.0m×60	XK08-001-04710（2025.07.29）	
26		浙江上峰建材有限公司	91330681747740154Q	日产2500t熟料新型干法回转窑生产线	诸暨市次坞镇	2002.5	2500	2500	ϕ4.0m×60m	XK08-001-03538（2023.03.01）	产能指标已出让浙江上峰科环建材有限公司
27	金华市（9条）	浙江金圆水泥有限公司	913307027345075642	日产2000吨熟料新型干法水泥生产线一线	金华市婺城区竹马乡	2002.9	2000	2500	ϕ4.0m×60m	XK08-001-00915（2023.11.13）	
28				日产2000吨熟料新型干法水泥生产线二线		2003.12	2000	2500	ϕ4.0m×60m		
29		浙江虎鹰水泥有限公司	91330702759089151K	日产2500吨熟料新型干法回转窑生产线	金华市婺城区竹马乡	2005.1	2500	2500	ϕ4.0m×60m	（浙）XK08-001-00024（2026.06.10）	产能指标已出让
30		浙江双狮建材有限公司	913307817530270216	日产2000吨熟料新型干法水泥生产线	金华市兰溪市灵洞乡	2004.8	2000	2500	ϕ4.0m×60m	（浙）XK08-001-00018（2026.01.21）	
31		兰溪诸葛南方水泥有限公司	91330781704568833R	4000t/d新型干法窑外分解熟料生产线	金华市兰溪市诸葛镇	2005.7	4000	5000	ϕ4.8m×72m	XK08-001-00675（2022.09.25）	

续表

序号	所在市	企业名称	统一社会信用代码	生产线名称	建设地点	投产时间	批复建设产能（t/d）	按窑规格计算产能（t/d）	水泥窑规格（窑径×长度）	生产许可证/（有效期）	备注
32	金华市（9条）	兰溪南方水泥有限公司	91330781704568788Q	日产2000吨熟料生产线	金华市兰溪市灵洞乡甘露源村	2002.6	2000	2500	ϕ4.0m×60m	（浙）XK08-001-00032（2023.09.16）	
33		浙江红狮水泥股份有限公司	91330000739918063R	日产2000吨熟料生产线（一线）	金华市兰溪市灵洞乡	2002.4	2000	2500	ϕ4.0m×60m	XK08-001-01910（2023.11.28）	
34				日产2000吨熟料生产线（二线）		2002.12	2000	2500	ϕ4.0m×60m		
35				日产4000吨熟料生产线（三线）		2005.5	4000	5000	ϕ4.8m×72m		
36	衢州市（12条）	浙江衢州巨泰建材有限公司	91330800668315889L	42万吨/年固体废渣综合利用项目	柯城区巨化北一道216号	2010.8	2000	1700	ϕ3.6m×54m	XK08-001-00912（2022.10.21）	
37		浙江青龙山建材有限公司	91330825704630211З	日产2000吨干法回转窑	龙游县横山镇下宅村	2005.9	2000	2500	ϕ4.0m×60m	XK08-001-02041（2024.03.03）	
38		浙江杜山集团有限公司	913308251478152554	日产2000吨水泥熟料生产线	龙游县塔石镇杜山徐村	2005.3	2000	2500	ϕ4.0m×60m	XK08-001-02141（2024.03.03）	
39		浙江豪龙建材有限公司	913308037399446084	综合利用固体工业废渣日产4000吨水泥熟料新型干法水泥生产线	衢江区上方镇	2017.6	4000	5000	ϕ4.8m×72m	（浙）XK08-001-00001（2023.11.13）	
40		江山南方水泥有限公司	913308817046335436	日产4000吨水泥熟料生产线	江山市虎山街道上铺村	2008.7	4000	5000	ϕ4.8m×72m	XK08-001-04446（2025.07.29）	
41				日产2000吨水泥熟料生产线		2003.4	2000	2500	ϕ4.0m×60m		
42		衢州南方水泥有限公司	913308811478745627	日产2000吨水泥熟料生产线	江山市贺村镇	2003.7	2000	2400	ϕ3.95m×56m	XK08-001-06757（2024.01.30）	
43				日产4000吨水泥熟料生产线		2005.12	4000	5000	ϕ4.8m×74m		

续表

序号	所在市	企业名称	统一社会信用代码	生产线名称	建设地点	投产时间	批复建设产能（t/d）	按窑规格计算产能（t/d）	水泥窑规格（窑径×长度）	生产许可证/（有效期）	备注
44	衢州市（12条）	江山市何家山水泥有限公司	9133088114789378XG	2000t/d水泥熟料新型干法回转窑生产线	江山市虎山街道下南塘58号	2004.03	2000	2500	ϕ4.0m×60m	XK08-001-00795（2023.08.27）	
45		常山江山虎水泥有限公司	91330822660592777F	4500t/d水泥熟料生产线	常山辉埠新区	2009.02	4500	5000	ϕ4.8m×72m	XK08-001-03654（2024.09.14）	
46		常山南方水泥有限公司	913308227530414052	4000t/d水泥熟料生产线1#	衢州市常山县辉埠镇石姆岭村	2004.09	4000	5000	ϕ4.8m×74m	XK08-001-06835（2024.06.11）	
47				4000t/d水泥熟料生产线2#		2008.09	4000	5000	ϕ4.8m×74m		

安徽省水泥熟料生产线清单（截至 2021 年 12 月 31 日）

序号	所在地	企业名称	生产线名称	建设地址	设计产能规模（t/d）	实际产能（t/d）	建设投产日期	备注
一、在产和待退出产能								
1	合肥市	合肥南方水泥有限公司	1 # ϕ4.0m × 60m 回转窑	庐江县冶父山镇	2500	2500	2005 年 8 月	产能置换，搬迁建设 6000t 线
2	合肥市	合肥南方水泥有限公司	2 # ϕ4.5m × 64m 回转窑	庐江县冶父山镇	4500	3677	2012 年 7 月	
3	合肥市	中材安徽水泥有限公司	1 # ϕ4.8m × 72m 回转窑	巢湖市散兵镇	4500	5000	2008 年 9 月	
4	合肥市	中材安徽水泥有限公司	2 # ϕ4.8m × 72m 回转窑	巢湖市散兵镇	4500	5000	2009 年 4 月	
5	合肥市	中材安徽水泥有限公司	3 # ϕ4.8m × 74m 回转窑	巢湖市散兵镇	4500	5000	2012 年 6 月	
6	合肥市	巢湖海螺水泥有限责任公司	1 # ϕ4.8m × 74m 回转窑	安徽省合肥市巢湖市银屏镇	5000	5000	2009 年 1 月	
7	合肥市	巢湖海螺水泥有限责任公司	2 # ϕ4.8m × 74m 回转窑	安徽省合肥市巢湖市银屏镇	5000	5000	2010 年 10 月	
8	合肥市	巢湖海螺水泥有限责任公司	3 # ϕ4.8m × 74m 回转窑	安徽省合肥市巢湖市银屏镇	5000	5000	2012 年 7 月	
9	合肥市	安徽皖维高新材料股份有限公司	1 # ϕ5.0m × 80m 回转窑	安徽省巢湖市巢维路 56 号	6000	6000	2005 年 7 月	
10	淮北市	淮北矿业相山水泥有限责任公司	ϕ4m×60m 回转窑	安徽省淮北市东山路 189 号	2000	2500	2004 年 6 月	产能已置换
11	淮北市	淮北众城水泥有限责任公司	1 # ϕ4.8m × 74m 回转窑	安徽省淮北市东山路 202 号	5000	5000	2012 年 4 月	
12	淮北市	淮北众城水泥有限责任公司	2 # ϕ4.8m × 74m 回转窑	安徽省淮北市东山路 202 号	4500	5000	2017 年 8 月	
13	宿州市	宿州海螺水泥有限责任公司	1 # ϕ4.8m × 74m 回转窑	安徽省宿州市埇桥区曹村镇闵贤村	4500	5000	2012 年 6 月	
14	宿州市	宿州海螺水泥有限责任公司	2 # ϕ4.8m × 74m 回转窑	安徽省宿州市埇桥区曹村镇闵贤村	4500	5000	2013 年 7 月	
15	宿州市	天瑞集团萧县水泥有限公司	ϕ4.8m×74m 回转窑	安徽省萧县经济开发区	4500	5000	2010 年 11 月	
16	蚌埠市	蚌埠中联水泥有限公司	ϕ4.8mm × 72m 回转窑	安徽省蚌埠市高新区天河科技园国电大道南侧	4500	5000	2014 年 4 月	
17	淮南市	淮南舜岳水泥有限责任公司	1 # ϕ4.0m × 60m 回转窑	淮南市八公山区	2000	2500	2004 年 6 月	
18	淮南市	淮南舜岳水泥有限责任公司	2 # ϕ4.0m × 60m 回转窑	淮南市八公山区	2500	2500	2005 年 4 月	
19	滁州市	凤阳中都水泥有限公司	1 # ϕ4.8m × 74m 回转窑	滁州市凤阳县刘府镇刺山	4500	5000	2009 年 7 月	

续表

序号	所在地	企业名称	生产线名称	建设地址	设计产能规模（t/d）	实际产能（t/d）	建设投产日期	备注
20	滁州市	凤阳中都水泥有限公司	2＃φ4.8m×74m 回转窑	滁州市凤阳县刘府镇刺山	4500	5000	2010年6月	
21	滁州市	凤阳中都水泥有限公司	3＃φ5.0m×74m 回转窑	滁州市凤阳县刘府镇刺山	4500	5000	2012年6月	
22	滁州市	凤阳中都水泥有限公司	4＃φ5.0m×74m 回转窑	滁州市凤阳县刘府镇刺山	4500	5000	2012年9月	
23	滁州市	安徽珍珠水泥集团股份有限公司	φ4.0m×60m 回转窑	滁州市凤阳县刘府镇茶山	2000	2500	2000年8月	产能置换，厂区内建设4000t/d线
24	滁州市	安徽东方水泥有限公司	φ5.6m×10m JT窑	凤阳县西泉镇姚郢村	1650	1320	2012年4月	产能已出让
25	滁州市	安徽省胜利水泥有限公司	φ3.8m×52m 回转窑	凤阳县西泉镇	2000	2000	2010年6月	产能司法拍卖，置换
26	滁州市	全椒海螺水泥责任有限公司	1＃φ4.8m×74m 回转窑	全椒县十字镇华龙村	4500	5000	2010年5月	
27	滁州市	全椒海螺水泥责任有限公司	2＃φ4.8m×74m 回转窑	全椒县十字镇华龙村	4500	5000	2012年5月	
28	滁州市	滁州中联水泥有限公司	1＃φ4.0m×60m 回转窑	安徽省滁州市腰铺镇	2500	2500	2004年8月	产能已置换，厂区内建设4000t/d线
29	滁州市	滁州中联水泥有限公司	2＃φ4.0m×60m 回转窑	安徽省滁州市腰铺镇	2500	2500	2008年7月	
30	滁州市	安徽华塑股份有限公司	φ4.3m×64m 回转窑	滁州市定远县炉桥镇盐化工业园	2500	2500	2013年9月	电石渣综合利用
31	六安市	霍邱县新中天水泥有限公司	φ4.2m × 8.9mJT窑2座	霍邱县马店镇四平山村	1500	1334	2013年10月	
32	马鞍山市	中国铁路物资安徽铁鹏水泥有限公司	2＃φ4.8m×72m 回转窑	含山县林头镇	4500	5000	2011年4月	
33	马鞍山市	安徽铁鹏海豹水泥有限公司	φ4.0m×60m 回转窑	含山县林头镇	2500	2500	2005年10月	
34	马鞍山市	马鞍山铁鹏水泥有限公司	φ4.6m×68m 回转窑	含山县林头镇	4000	4000	2022年12月	产能置换项目投产
35	马鞍山市	含山南方水泥有限责任公司	1＃φ4.0m×60m 回转窑	含山县仙踪镇	2500	2500	2005年8月	
36	马鞍山市	含山南方水泥有限责任公司	2＃φ4.0m×60m 回转窑	含山县仙踪镇	2500	2500	2008年8月	
37	马鞍山市	安徽盘景水泥有限公司	1＃φ4.8m×74m 回转窑	和县石杨镇金城村	4500	5000	2008年12月	
38	马鞍山市	安徽盘景水泥有限公司	2＃φ4.8m×74m 回转窑	和县石杨镇金城村	4500	5000	2009年8月	

续表

序号	所在地	企业名称	生产线名称	建设地址	设计产能规模（t/d）	实际产能（t/d）	建设投产日期	备注
39	马鞍山市	安徽盘景水泥有限公司	3＃ϕ4.8m×74m 回转窑	和县石杨镇金城村	4500	5000	2014 年 3 月	
40	芜湖市	无为磊达水泥有限公司	1＃ϕ4.8m×74m 回转窑	安徽省芜湖市无为县石涧镇黄龙岗	4500	5000	2011 年 12 月	
41	芜湖市	无为磊达水泥有限公司	2＃ϕ4.8m×74m 回转窑	安徽省芜湖市无为县石涧镇黄龙岗	4500	5000	2013 年 1 月	
42	芜湖市	无为磊达水泥有限公司	3＃ϕ4.8m×74m 回转窑	安徽省芜湖市无为县石涧镇黄龙岗	4500	5000	2013 年 12 月	
43	芜湖市	安徽荻港海螺水泥股份有限公司	1#ϕ4m×60m 干法回转窑	芜湖市繁昌县荻港镇杨湾村	2000	2500	2000 年 1 月	产能已置换
44	芜湖市	安徽荻港海螺水泥股份有限公司	2#ϕ4m×60m 干法回转窑	芜湖市繁昌县荻港镇杨湾村	2000	2500	2000 年 5 月	
45	芜湖市	安徽荻港海螺水泥股份有限公司	3#ϕ4.8m×74m 干法回转窑	芜湖市繁昌县荻港镇杨湾村	5000	5000	2003 年 3 月	
46	芜湖市	安徽荻港海螺水泥股份有限公司	4#ϕ4.8m×72m 干法回转窑	芜湖市繁昌县荻港镇杨湾村	4500	5000	2008 年 5 月	
47	芜湖市	安徽荻港海螺水泥股份有限公司	5#ϕ4.8m×72m 干法回转窑	芜湖市繁昌县荻港镇杨湾村	4500	5000	2008 年 1 月	
48	芜湖市	芜湖海螺水泥有限公司	1＃ϕ4.8m×74m 回转窑	芜湖市繁昌县繁阳镇	4500	5000	2006 年 9 月	
49	芜湖市	芜湖海螺水泥有限公司	2＃ϕ4.8m×74m 回转窑	芜湖市繁昌县繁阳镇	4500	5000	2006 年 10 月	
50	芜湖市	芜湖海螺水泥有限公司	3＃ϕ4.8m×74m 回转窑	芜湖市繁昌县繁阳镇	4500	5000	2007 年 1 月	
51	芜湖市	芜湖海螺水泥有限公司	4＃ϕ4.8m×74m 回转窑	芜湖市繁昌县繁阳镇	4500	5000	2007 年 5 月	
52	芜湖市	芜湖海螺水泥有限公司	5＃ϕ7.2m/6.2m/6m×96m 回转窑	芜湖市繁昌县繁阳镇	12000	12000	2011 年 11 月	变径窑
53	芜湖市	芜湖海螺水泥有限公司	6＃ϕ7.2m/6.2m/6m×96m 回转窑	芜湖市繁昌县繁阳镇	12000	12000	2012 年 5 月	变径窑
54	芜湖市	芜湖市华杨水泥有限责任公司	ϕ3.3m×50m 回转窑	芜湖市繁昌县荻港镇杨湾村	1250	1167	2005 年 8 月	
55	芜湖市	芜湖瑞信水泥有限公司	ϕ3.3m×50m 回转窑	芜湖市繁昌县荻港镇鹊江村	1250	1167	2005 年 8 月	产能已置换
56	芜湖市	芜湖南方水泥有限公司	1#ϕ4m×60m 新型干法回转窑	芜湖市繁昌县荻港镇新河村	2500	2500	2006 年 3 月	
57	芜湖市	芜湖南方水泥有限公司	2＃ϕ4.8m×74m 新型干法回转窑	芜湖市繁昌县荻港镇新河村	4500	5000	2010 年 1 月	

续表

序号	所在地	企业名称	生产线名称	建设地址	设计产能规模（t/d）	实际产能（t/d）	建设投产日期	备注
58	芜湖市	芜湖南方水泥有限公司	3＃ϕ4.8m×74m回转窑	芜湖市繁昌县荻港镇	4500	5000	2019年4月	
59	芜湖市	安徽海螺水泥股份有限公司白马山水泥厂	1＃ϕ4.0m×60m回转窑	安徽省芜湖市白马山	2000	2500	1998年10月	产能已置换
60	芜湖市	安徽海螺水泥股份有限公司白马山水泥厂	2＃ϕ4.8m×74m回转窑	安徽省芜湖市白马山	5000	5000	2005年1月	
61	宣城市	安徽宣城海螺水泥有限公司	1＃ϕ4.8m×74m回转窑	宣城市宣州区水东镇	4500	5000	2007年7月	
62	宣城市	安徽宣城海螺水泥有限公司	2＃ϕ4.8m×74m回转窑	宣城市宣州区水东镇	4500	5000	2007年9月	
63	宣城市	安徽郎溪南方水泥有限公司	ϕ4.0m×60m回转窑	宣城市郎溪县伍牙山林场	2500	2500	2008年1月	
64	宣城市	安徽海螺水泥股份有限公司宁国水泥厂	1＃ϕ4.7m×75m回转窑	宁国市港口镇	4500	4500	1985年4月	
65	宣城市	安徽海螺水泥股份有限公司宁国水泥厂	2＃ϕ4.0m×60m回转窑	宁国市港口镇	2000	2500	1996年10月	产能已置换
66	宣城市	安徽海螺水泥股份有限公司宁国水泥厂	3＃ϕ4.8m×74m回转窑	宁国市港口镇	5000	5000	2002年12月	
67	铜陵市	安徽铜陵海螺水泥有限公司	1＃ϕ4.75m×74m回转窑	铜陵市郊区办古圣村	4000	4750	1996年7月	
68	铜陵市	安徽铜陵海螺水泥有限公司	2＃ϕ4.8m×74m回转窑	铜陵市郊区办古圣村	5000	5000	2002年10月	
69	铜陵市	安徽铜陵海螺水泥有限公司	3＃ϕ6m×95m回转窑	铜陵市郊区黎明村	10000	10000	2004年10月	
70	铜陵市	安徽铜陵海螺水泥有限公司	4＃ϕ6m×95m回转窑	铜陵市郊区黎明村	10000	10000	2004年11月	
71	铜陵市	安徽铜陵海螺水泥有限公司	5＃ϕ6.3m×98m回转窑	铜陵市郊区黎明村	12000	12000	2012年1月	变径窑
72	铜陵市	安徽枞阳海螺水泥股份有限公司	1＃ϕ4m×60m回转窑	枞阳县藕山镇	2500	2500	2001年9月	
73	铜陵市	安徽枞阳海螺水泥股份有限公司	2＃ϕ4m×60m回转窑	枞阳县藕山镇	2500	2500	2001年9月	
74	铜陵市	安徽枞阳海螺水泥股份有限公司	3＃ϕ4.8m×72m回转窑	枞阳县藕山镇	5000	5000	2002年9月	

续表

序号	所在地	企业名称	生产线名称	建设地址	设计产能规模（t/d）	实际产能（t/d）	建设投产日期	备注
75	铜陵市	安徽枞阳海螺水泥股份有限公司	4＃ϕ6.4m/6.0m×90m 回转窑	枞阳县藕山镇	10000	10000	2004 年 6 月	
76	铜陵市	安徽枞阳海螺水泥股份有限公司	5＃ϕ4.8m×74m 回转窑	枞阳县藕山镇	5000	5000	2009 年 9 月	
77	铜陵市	安徽枞阳海螺水泥股份有限公司	6＃ϕ4.8m×74m 回转窑	枞阳县藕山镇	5000	5000	2009 年 12 月	
78	铜陵市	铜陵上峰水泥股份有限公司	1＃ϕ4.8m×74m 回转窑	铜陵市义安区天门镇板桥村	4500	5000	2005 年 7 月	
79	铜陵市	铜陵上峰水泥股份有限公司	2＃ϕ4.8m×74m 回转窑	铜陵市义安区天门镇板桥村	4500	5000	2006 年 10 月	
80	铜陵市	铜陵上峰水泥股份有限公司	3＃ϕ4.8m×74m 回转窑	铜陵市义安区天门镇板桥村	4500	5000	2009 年 8 月	
81	池州市	安徽池州海螺水泥股份有限公司	1＃ϕ5.6m×87m 回转窑	贵池区牛头山镇	8000	8000	2003 年 8 月	
82	池州市	安徽池州海螺水泥股份有限公司	2＃ϕ4.8m×72m 回转窑	贵池区牛头山镇	4500	5000	2002 年 10 月	
83	池州市	安徽池州海螺水泥股份有限公司	3＃ϕ4.8m×72m 回转窑	贵池区牛头山镇	4500	5000	2002 年 7 月	
84	池州市	安徽池州海螺水泥股份有限公司	4＃ϕ4.8m×74m 回转窑	贵池区牛头山镇	4500	5000	2007 年 12 月	
85	池州市	安徽池州海螺水泥股份有限公司	5＃ϕ4.8m×74m 回转窑	贵池区牛头山镇	4500	5000	2008 年 3 月	
86	池州市	安徽池州海螺水泥股份有限公司	6＃ϕ4.8m×74m 回转窑	贵池区牛头山镇	4500	5000	2012 年 5 月	
87	池州市	安徽池州海螺水泥股份有限公司	7＃ϕ4.8m×74m 回转窑	贵池区牛头山镇	4500	5000	2011 年 11 月	
88	池州市	青阳县汇成水泥有限责任公司	ϕ1.7m/1.9m×39m 回转窑 2 台	青阳县木镇	140	140	1994 年	白水泥
89	安庆市	阿尔博波特兰（安庆）有限公司	ϕ4m×60m 回转窑	安庆市宜秀区杨桥镇官兵村	1600	1600	2009 年 11 月	白水泥
90	安庆市	安徽怀宁海螺水泥有限公司	1＃ϕ4.8m×72m 回转窑	怀宁县石镜乡甘露村	4500	5000	2004 年 3 月	
91	安庆市	安徽怀宁海螺水泥有限公司	2＃ϕ4.8m×72m 回转窑	怀宁县石镜乡甘露村	4500	5000	2005 年 4 月	
92	安庆市	怀宁上峰水泥有限公司	1＃ϕ4.8m×74m 回转窑	安庆市怀宁县月山镇奇隆村	4500	5000	2010 年 10 月	

续表

序号	所在地	企业名称	生产线名称	建设地址	设计产能规模(t/d)	实际产能(t/d)	建设投产日期	备注
93	安庆市	怀宁上峰水泥有限公司	2#φ4.8m×74m 回转窑	安庆市怀宁县月山镇奇隆村	4500	5000	2011年5月	
94	广德县	广德独山南方水泥有限公司	1#φ4.0m×60m 回转窑	广德县新杭镇牛头山村	2500	2500	2006年	
95	广德县	广德独山南方水泥有限公司	2#φ4.0m×60m 回转窑	广德县新杭镇牛头山村	2500	2500	2004年	
96	广德县	广德新杭南方水泥有限公司	φ4.0m×60m 回转窑	广德县新杭镇箭穿村	2500	2500	2004年9月	
97	广德县	安徽广德南方水泥有限公司	φ4.8m×72m 回转窑	广德县新杭镇青岭村	5000	5000	2004年11月	
98	广德县	广德洪山南方水泥有限公司	φ4.8m×74m 回转窑	广德县新杭镇洪山村	5000	5000	2009年6月	
二、退出产能								
1	合肥市	安徽皖维高新材料股份有限公司	2#φ3.2m×52m 回转窑	安徽省巢湖市巢维路56号	1000	1000	2002年12月	产能出让，停产，旋窑破拆
2	合肥市	巢湖威力水泥有限公司	φ4m×60m 回转窑	巢湖市银屏镇岱山行政村	2500	2500	2008年3月	产能置换，停产待拆
3	马鞍山市	中国铁路物资安徽铁鹏水泥有限公司	1#φ3.5m×54m 回转窑	含山县林头镇	1500	1500	1992年10月	产能置换，已拆除验收，原址建设马鞍山铁鹏4000t/d线
4	铜陵市	铜陵市荣伟水泥有限责任公司	1#φ4m×8.6mJT 窑	铜陵市义安区钟鸣镇	年产20万吨	667	2010年6月	产能已出让，拆除待验收
5	铜陵市	铜陵市荣伟水泥有限责任公司	2#φ4m×8.6mJT 窑	铜陵市义安区钟鸣镇	年产20万吨	667	2010年9月	
6	芜湖市	安徽天井山水泥有限公司	φ4.2m×8.6mJT 窑	芜湖市无为县蜀山镇百胜街道103号	年产20万吨	667	2010年9月	
7	芜湖市	南陵县中奔水泥有限公司	1#φ4m×8.6mJT 窑	南陵县家发镇永林村	年产20万吨	667	2013年2月	
8	芜湖市	南陵县中奔水泥有限公司	2#φ4m×8.6mJT 窑	南陵县家发镇永林村	年产20万吨	667	2013年2月	
9	宣城市	宣城市南漪湖水泥有限公司	φ4.0m×8.6mJT 窑	宣城市宣州区狸桥	年产20万吨	667	2011年5月	
10	淮北市	淮北市松山水泥有限责任公司	φ4.2m×8.5mJT 窑1座	淮北市烈山区宋疃镇马场	660	660	2009年11月	产能已出让，拆除验收

注：以上数据根据各市、直管市经信局组织企业填报整理而成，其中实际产能根据窑径对照《工业和信息化部关于印发水泥玻璃行业产能置换实施办法的通知》（工信部原〔2021〕80号）规定进行换算，更新时间截止2021年12月31日

2020 年福建省水泥熟料生产线清单

序号	企业名称	生产线名称	备案或核准产能规模（t/d）	实际产能规模（t/d）	建成投产时间	备注
1	福建省泉州美岭水泥有限公司	ϕ4.0m×60m 回转窑生产线	2500	2500	2008 年 12 月	
2		ϕ4.0m×60m 回转窑生产线	2500	2500	2012 年 1 月	
3	福建安溪三元集发水泥有限公司	ϕ4.8m×74m 回转窑生产线	4500	5000	2013 年 9 月	
4	福建省海峡水泥股份有限公司	ϕ4.8m×74m 回转窑生产线	4500	5000	2014 年 11 月	
5	福建省永安金银湖水泥有限公司	ϕ4.0m×60m 回转窑生产线	2500	2500	2005 年 7 月	
6	福建金牛水泥有限公司	ϕ4.0m×60m 回转窑生产线	2500	2500	2007 年 6 月	
7		ϕ4.0m×60m 回转窑生产线	2500	2500	2007 年 6 月	
8	福建省谋成水泥发展有限公司	ϕ4.0m×60m 回转窑生产线	2500	2500	2007 年 6 月	
9		ϕ4.0m×60m 回转窑生产线	2500	2500	2012 年 4 月	
10	福建省大田县新岩水泥有限公司	ϕ4.0m×60m 回转窑生产线	2500	2500	2008 年 9 月	
11	福建省永安万年水泥有限公司	ϕ4.0m×60m 回转窑生产线	2500	2500	2008 年 7 月	
12		ϕ4.8m×74m 回转窑生产线	4500	5000	2010 年 12 月	
13	将乐金牛水泥有限公司	ϕ4.8m×74m 回转窑生产线	4500	5000	2009 年 8 月	
14	福建三明南方水泥有限公司	ϕ4.8m×74m 回转窑生产线	4500	5000	2009 年 12 月	
15	大田红狮水泥有限公司	ϕ4.8m×74m 回转窑生产线	4500	5000	2010 年 9 月	
16	三明金牛水泥有限公司	ϕ4.8m×74m 回转窑生产线	4500	5000	2010 年 11 月	
17	福建安砂建福水泥有限公司	ϕ4.8m×74m 回转窑生产线	4500	5000	2010 年 12 月	
18	福建明狮水泥有限公司	ϕ4.0m×60m 回转窑生产线	2500	2500	2011 年 9 月	
19	福建省大田县鑫城水泥工业有限公司	ϕ4.3m×62m 回转窑生产线	2500	3000	2012 年 7 月	
20	福建永安建福水泥有限公司	ϕ4.8m×74m 回转窑生产线	4500	5000	2012 年 8 月	
21	永安金牛水泥有限公司	ϕ4.8m×74m 回转窑生产线	4500	5000	2019 年 8 月	
22	福建水泥股份有限公司炼石水泥厂	ϕ4.0m×60m 回转窑生产线	2500	2500	2009 年 1 月	
23		ϕ4.8m×74m 回转窑生产线	4500	5000	2020 年 11 月	
24	华润水泥（龙岩曹溪）有限公司	ϕ4.0m×47m 回转窑生产线	2000	2500	1997 年 5 月	
25		ϕ4.0m×60m 回转窑生产线	2500	2500	2004 年 12 月	
26	福建省永定闽福建材有限公司	ϕ4.0m×60m 回转窑生产线	2500	2500	2004 年 11 月	
27		ϕ4.0m×60m 回转窑生产线	2500	2500	2007 年 1 月	
28	国产实业（福建）水泥有限公司	ϕ4.8m×74m 回转窑生产线	5000	5000	2006 年 1 月	
29	福建春驰集团新丰水泥有限公司	ϕ4.0m×60m 回转窑生产线	2500	2500	2006 年 12 月	
30		ϕ4.0m×60m 回转窑生产线	2500	2500	2008 年 9 月	
31	漳平红狮水泥有限公司	ϕ4.8m×74m 回转窑生产线	5000	5000	2007 年 5 月	
32		ϕ4.8m×74m 回转窑生产线	4500	5000	2009 年 5 月	
33		ϕ4.8m×74m 回转窑生产线	4500	5000	2016 年 1 月	
34	福建龙麟集团有限公司	ϕ4.8m×74m 回转窑生产线	5000	5000	2007 年 11 月	
35		ϕ5.0m×74m 回转窑生产线	4500	5500	2012 年 3 月	
36	华润水泥（漳平）有限公司	ϕ4.0m×60m 回转窑生产线	2500	2500	2008 年 3 月	
37	福建蓝田水泥有限公司	ϕ4.0m×60m 回转窑生产线	2500	2500	2008 年 6 月	
38	福建塔牌水泥有限公司	ϕ4.8m×74m 回转窑生产线	4500	5000	2009 年 5 月	
39		ϕ4.8m×74m 回转窑生产线	4500	5000	2010 年 12 月	

续表

序号	企业名称	生产线名称	备案或核准产能规模（t/d）	实际产能规模（t/d）	建成投产时间	备注
40	华润水泥（龙岩）有限公司	ϕ4.8m×74m 回转窑生产线	4500	5000	2011 年 8 月	
41	华润水泥（永定）有限公司	ϕ4.8m×74m 回转窑生产线	4500	5000	2011 年 8 月	
42	华润水泥（龙岩雁石）有限公司	ϕ4.8m×74m 回转窑生产线	4500	5000	2012 年 4 月	
43	福建龙麟环境工程有限公司	ϕ5.0m×74m 回转窑生产线	4500	5500	2017 年 1 月	

备注：截至 2020 年 12 月 31 日

江西省水泥熟料生产线情况表（截止 2021 年 12 月 31 日）

序号	企业名称	生产线名称（水泥厂、熟料厂、粉磨站、配制厂）	建设地址	建成投产时间	水泥窑（直径×长度）
1	江西上高南方水泥有限公司	水泥厂	江西省宜春市上高县墨山镇、塔下乡	2010.6	ϕ4.8m×72m ϕ3.5m×52m
2	高安红狮水泥有限公司	水泥厂	江西省宜春市高安市八景镇	2008.8 2005.5	ϕ4.8m×72m ϕ4.3m×66m
3	江西丰城南方水泥有限公司	水泥厂	江西宜春市丰城市高新技术园	2011.9	ϕ4.8m×72m
4	宜春红狮水泥有限公司	水泥厂	宜春市袁州区柏木乡	2019.12	ϕ4.8m×74m
5	分宜海螺水泥有限责任公司	水泥厂	江西省新余市分宜县湖泽镇	2003.7 2008.11	ϕ4.0m×60m（2 条）
6	江西南城南方水泥有限公司	水泥厂	江西省抚州市南城县上塘镇蒋源	2011.9	ϕ4.8m×74m
7	江西德安万年青水泥有限公司	水泥厂	江西省九江市德安县	2020.11	ϕ5.2m×74m
8	九江鑫山水泥有限公司	水泥厂	江西省九江市九江县沙河街镇双瑞西路 398 号	2004.9 2009.9	ϕ4.0m×60m（2 条）
9	江西省九江南方水泥有限公司	水泥厂	江西省九江市彭泽县龙城镇茅店村	2006.1	ϕ4.0m×60m（2 条）
10	江西亚东水泥有限公司	水泥厂	江西省九江市瑞昌市码头镇亚东大道六号		ϕ4.8m×52m（4 条） ϕ5.2m×61m（2 条）
11	江西万年青水泥股份有限公司万年水泥厂	水泥厂	江西省上饶市万年县马家工业园区	2021.12	ϕ4.8m×72m（2 条）
12	弋阳海螺水泥有限责任公司	水泥厂	江西省上饶市弋阳县三县岭乡姚畈村	2008.8 2010.10 2016.12	ϕ4.8m×74m（3 条）
13	江西三清水泥有限公司	水泥厂	江西省上饶市玉山县岩瑞镇	2004	ϕ3.5m×56m
14	江西玉山万年青水泥有限公司	水泥厂	江西省上饶市玉山县岩瑞镇	2003.5 2004.5	ϕ4.0m×60m（2 条）
15	江西玉山南方水泥有限公司	水泥厂	江西上饶市玉山岩瑞镇（上饶玉山南方水泥熟料厂）	2004 2008	ϕ4.0m×60m（2 条）
16	江西乐平万年青水泥有限公司	水泥厂	江西省景德镇市乐平市涌山镇叶家村	2005.11	ϕ4m×60m（2 条）
17	萍乡市昌盛水泥厂有限公司	水泥厂	江西省萍乡市莲花县升坊镇工业园 D 区	2013.11	ϕ4.0m×60m
18	江西芦溪南方水泥有限公司	水泥厂	江西省萍乡市芦溪县芦溪镇新力埠	2006.9	ϕ4.0m×60m

续表

序号	企业名称	生产线名称（水泥厂、熟料厂、粉磨站、配制厂）	建设地址	建成投产时间	水泥窑（直径×长度）
19	江西印山台水泥有限公司	水泥厂	江西省萍乡市上栗县鸡冠山乡鸡冠村	2010 2014	ϕ4.8m×74m ϕ4.8m×72m
20	中材萍乡水泥有限公司	水泥厂	1-江西省萍乡市上栗县福田镇连坡村 2-萍乡市湘东区老关镇老关村	2004 2011	ϕ4.0m×60m ϕ4.8m×72m
21	江西于都南方万年青水泥有限公司	水泥厂	江西省赣州市于都县科镇	2014	ϕ4.8m×72m
22	会昌红狮水泥有限公司	水泥厂	江西省赣州市会昌县两江镇莲石村	2011.7	ϕ4.8m×72m
23	江西瑞金万年青水泥有限责任公司	水泥厂	江西省瑞金市云石山乡	2006 2009	ϕ4.8m×74m（2条）
24	江西万基水泥有限公司	水泥厂	江西省赣州市信丰县中端工业园迎宾大道69号	2003	ϕ3.3m×52m
25	赣州海螺水泥有限责任公司	水泥厂	江西省赣州市信丰县工业园迎宾大道71号	2010 2014	ϕ4.3m×66m（1条） ϕ4.8m×74m（2条）
26	江西兴国南方水泥有限公司	水泥厂	赣州市兴国县梅窖镇	2003 2012	ϕ3.2m×52m ϕ4.8m×74m
27	江西赣州南方万年青水泥有限公司	水泥厂	江西省赣州市于都县	2008	ϕ4.0m×60m
28	江西安福南方水泥有限公司	水泥厂	安福县城北枫田镇彭家村	2015.11	ϕ4.3m×60m
29	江西泰和南方水泥有限公司	水泥厂	江西省吉安市泰和县澄江镇上田黄岗	2014	ϕ3.5m×56m ϕ3.3m×52m
30	江西鹰鹏水泥有限公司	水泥厂	江西省吉安市永丰县陶唐乡	2018	ϕ4.8m×72m
31	江西永丰南方水泥有限公司	水泥厂	江西省吉安市永丰县陶唐乡谢坊金溪	2014	ϕ4.8m×72m
32	樟树市新型建筑材料有限公司	水泥厂（特种水泥）	江西省宜春市樟树市经楼镇	2008	ϕ3.0/2.5m×60m
33	江西上高县中林白水泥有限责任公司	水泥厂（特种水泥）	江西省宜春市上高县塔下乡雪林路	2000.5	ϕ3.5m×60m
34	江西赣英新材料有限公司	水泥厂（特种水泥）	江西省宜春市高安市建山镇	1995.6	ϕ2.6m×40m
35	江西赣珠水泥厂	水泥厂	江西省宜春市高安市新街镇		ϕ3.2m×48m
36	江西仙鹤白水泥有限责任公司	水泥厂（特种水泥）	江西省分宜县南林路	2007.1	ϕ2.5m×40m
37	江西坤邦白水泥有限公司	水泥厂（特种水泥）	新余市经济开发区水西南岭	2020.12	ϕ3.0m×54m
38	江西玉兔新材料有限公司	水泥厂（特种水泥）	新余市经济开发区	2011.8	ϕ3.2m×60m
39	江西银杉白水泥股份有限公司）	水泥厂（特种水泥）	江西省吉安市安福县工业园区	2016.8	ϕ4.0m×60m
40	江西大圣水泥有限责任公司	水泥厂（特种水泥）	新余市下村镇	2008.9	ϕ2.5m×42m

备注：江西赣珠水泥厂等生产线由于用于江西玉山南方水泥有限公司产能置换，虽已实际拆除，但因截止2021年12月31日尚未经现场核查，因此仍然保留。

山东省水泥熟料生产线清单（截至2021年12月31日）

地市	序号	企业名称	生产线名称	建设地址	建成投产时间	设计产能（t/d）	水泥窑（直径×长度）	备注
济南	1	济南世纪创新水泥有限公司	2000t/d新型干法熟料生产线	山东省济南市长清区崮云湖街道办事处山水工业园	2002年8月	2000	ϕ4m×56m	
	2	山东水泥厂有限公司	1700t/d熟料生产线	市中区党家镇党东村山东水泥厂有限公司厂内	1984年12月	1700	ϕ4m×60m	
			2000t/d熟料生产线	市中区党家镇党东村山东水泥厂有限公司厂内	1999年8月	2000	ϕ4m×56m	
	3	平阴山水水泥有限公司	1#5000t/d熟料生产线	平阴县安城镇东毛铺村	2004年3月	5000	ϕ4.8m×74m	
			2#5000t/d熟料生产线	平阴县安城镇东毛铺村	2005年11月	5000	ϕ4.8m×74m	
	4	章丘华明水泥有限公司	600t/d新型干法水泥熟料生产线	章丘区官庄街道办事处济王路南	2001年6月	600	ϕ3.2m×52m	
	5	山东鲁碧建材有限公司	1000t/d水泥熟料生产线	济南市钢城区颜庄镇	1997年10月	1000	ϕ3.2m×46m	
			5000t/d水泥熟料生产线	济南市钢城区双泉路268号莱钢银山工业区	2011年3月	5000	ϕ4.8m×72m	
淄博	6	淄博鲁中水泥有限公司	4500t/d新型干法水泥熟料生产线	淄川区罗村镇南韩村	2009年10月	4500	ϕ4.8m×74m	
			1#建通窑（新型半干法水泥熟料建通窑生产线）	淄川区罗村镇南韩村	2005年2月	1080	ϕ4.8m×11m	
			2#建通窑（新型半干法水泥熟料建通窑生产线）	淄川区罗村镇南韩村	1996年8月	500	ϕ3.2m×11m	
			3#建通窑（新型半干法水泥熟料建通窑生产线）	淄川区罗村镇南韩村	2000年12月	660	ϕ4m×11m	
			4#建通窑（新型半干法水泥熟料建通窑生产线）	淄川区罗村镇南韩村	1996年8月	500	ϕ3.2m×11m	
			5#建通窑（新型半干法水泥熟料建通窑生产线）	淄川区罗村镇南韩村	2005年2月	1080	ϕ4.8m×11m	
	7	山东宝山科技有限公司	4000t/d新型干法水泥熟料生产线	淄川区岭子镇宋家村566号	2010年1月	4000	ϕ4.8m×74m	
	8	山东崇正特种水泥有限公司	3000t/d新型干法熟料生产线	淄博市淄川区洪山镇车宋村村委南50米	2009年5月	3000	ϕ4.3m×50m	
	9	山东东华水泥有限公司	5000t/d新型干法水泥熟料生产线	淄博市淄川区龙泉镇泉子村东首	2005年1月	5000	ϕ4.8m×74m	
			4500t/d新型干法水泥熟料生产线	淄博市淄川区龙泉镇泉子村东首	2008年9月	4500	ϕ4.8m×74m	

续表

地市	序号	企业名称	生产线名称	建设地址	建成投产时间	设计产能（t/d）	水泥窑（直径×长度）	备注
淄博	10	淄博山水水泥有限公司	4000t/d 新型干法水泥熟料生产线	淄川区岭子镇宋家村南	2004 年 5 月	4000	ϕ4. 8m×72m	
			5000t/d 新型干法水泥熟料生产线	淄川区岭子镇宋家村南	2005 年 8 月	5000	ϕ4. 8m×72m	
	11	山东山铝环境新材料有限公司	2500t/d 新型干法水泥熟料生产线	淄博经济开发区沣水镇建材工业园	2003 年 9 月	2500	ϕ4. 3m×66m	
			5000t/d 新型干法水泥熟料生产线	淄博经济开发区沣水镇建材工业园	2008 年 11 月	5000	ϕ4. 3m×66m	
	12	淄博绿源建材有限责任公司	1000t/d 新型干法水泥熟料生产线	张店区湖田镇	2012 年 3 月	1000	ϕ3. 5m×42m	
	13	淄博中昌特种水泥有限公司	年产 10 万吨特种水泥新型干法水泥熟料生产线	淄博经济开发区沣水镇建材工业园	2004 年 6 月	10 万吨/年	ϕ2. 7m×42m	
	14	山东华银特种水泥股份有限公司	年产 42 万吨新型干法特种水泥熟料回转窑生产线	淄博市临淄区金山镇博临路 57 公路处路东	2009 年 9 月	42 万吨/年	ϕ3. 3m×50m	
	15	淄博云鹤彩色水泥有限公司	年产 9 万吨彩色水泥熟料生产线	淄川区昆仑镇磁村	1993 年 8 月	9 万吨/年	ϕ2. 5m/2. 2m×50m	
			年产 5 万吨彩色水泥熟料生产线		1991 年 11 月	5 万吨/年	ϕ1. 6m/1. 9m×39m	
枣庄	16	山东联合王晁水泥有限公司	2500t/d 熟料生产线	台儿庄区涧头集镇顿庄村	2005 年 3 月	2500	ϕ4m×60m	
	17	枣庄创新山水水泥有限公司	4000t/d 新型干法式熟料生产线	台儿庄区涧头集镇薛庄村	2010 年 5 月	4000	ϕ4. 8m×74m	
	18	枣庄山水水泥有限公司	4000t/d 熟料生产线	台儿庄区涧头集镇薛庄村	2006 年 3 月	4000	ϕ4. 3m×62m	
	19	山东泉兴水泥有限公司	2500t/d 熟料生产线一线	山东省枣庄市台儿庄区张山子	2004 年 10 月	2500	ϕ4m×60m	
			2500t/d 熟料生产线二线		2005 年 8 月	2500	ϕ4m×60m	
			5000t/d 熟料生产线		2009 年 8 月	5000	ϕ4. 8m×74m	
	20	枣庄中联水泥有限公司	1#2000t/d 熟料生产线	枣庄市市中区齐村镇韩庄村驻地	2004 年 6 月	2000	ϕ4m×60m	
			2#2000t/d 熟料生产线		2007 年 9 月	2000	ϕ4m×60m	
			3#5000t/d 熟料生产线		2009 年 1 月	5000	ϕ4. 8m×72m	
	21	枣庄市沃丰水泥有限公司	4000t/d 新型干法熟料生产线	枣庄市市中区西王庄镇宋楼村驻地	2008 年 4 月	4000	ϕ4. 8m×74m	
	22	泉头集团枣庄金桥旋窑水泥有限公司	4000t/d 熟料新型干法水泥	枣庄市市中区税郭镇驻地	2010 年 5 月	4000	ϕ4. 8m×72m	

续表

地市	序号	企业名称	生产线名称	建设地址	建成投产时间	设计产能（t/d）	水泥窑（直径×长度）	备注
枣庄	23	山东顺兴水泥股份有限公司	1200t/d 新型干法回转窑（特种水泥）	枣庄市薛城区邹坞镇	2005 年 5 月	1200	ϕ3. 2m×50m	
	24	华沃（山东）水泥有限公司	1#2500t/d 新型干法熟料	枣庄市峄城区榴园镇匡四村	2003 年 12 月	2500	ϕ4m×60m	
			2#2500t/d 新型干法熟料		2004 年 5 月	2500	ϕ4m×60m	
	25	山东申丰水泥集团有限公司	1#5000t/d 熟料干法旋窑生产线	枣庄市峄城区阴平镇黄庄村	2006 年 10 月	5000	ϕ4. 8m×74m	
			2#4000t/d 熟料干法旋窑生产线		2012 年 2 月	4000	ϕ4. 8m×74m	
	26	华沃（枣庄）水泥有限公司	5000t/d 水泥熟料线	枣庄市凫城镇马头村	2010 年 3 月	5000	ϕ4. 8m×72m	
	27	滕州中联水泥有限公司	4600t/d 新型干法水泥生产线	滕州市羊庄镇中顶山村	2012 年 7 月	4600	ϕ4. 8m×72m	
	28	鲁南中联水泥有限公司	2500t/d 熟料生产线	山东省滕州市界河镇驻地	2011 年 8 月	2500	ϕ4m×60m	
			2500t/d 熟料生产线		2010 年 12 月	2500	ϕ4m×60m	
			5000t/d 熟料生产线		2005 年 4 月	5000	ϕ4. 8m×72m	
	29	滕州市东郭水泥有限公司	新型半干法建通（JT）窑生产线	滕州市东郭镇山前村南	2007 年 7 月	880	ϕ4. 2m×9. 5m	
						880	ϕ4. 2m×9. 5m	
						880	ϕ4. 2m×9. 5m	
						880	ϕ4. 2m×9. 5m	
						500	ϕ3. 2mm×9. 5m	
						500	ϕ3. 2mm×9. 5m	
						500	ϕ3. 2mm×9. 5m	
烟台	30	冀东水泥（烟台）有限责任公司	5000t/d 新型干法水泥生产线	福山区张格庄镇黄连墅村南	2011 年 4 月	5000	ϕ5. 2m×78m	
	31	烟台海洋水泥有限公司	年产 29 万吨特种水泥熟料生产线	海阳市徐家店镇驻地	2008 年 3 月	29 万吨/年	ϕ2. 8m×35m	
	32	烟台山水水泥有限公司	1#4000t/d 水泥熟料生产线	福山经济开发区 802 省道南	2003 年 12 月	4000	ϕ4. 3m×62m	
			2#5000t/d 水泥熟料生产线		2005 年 5 月	5000	ϕ4. 8m×72m	
	33	烟台栖霞中联水泥有限公司	2500t/d 水泥熟料生产线	福山经济开发区江苏路 3 号	1995 年 5 月	2500	ϕ4. 35m×67m	
	34	栖霞白洋河水泥有限公司	3000t/d 新型干法熟料水泥生产线	福山区臧家庄镇大栾家	2010 年 4 月	3000	ϕ4m×56m	
	35	烟台宝桥锦宏水泥有限公司	3000t/d 新型干法水泥熟料生产线	福山区经济开发区中桥村村委东 100 米	2016 年 4 月	3000	ϕ4m×60m	
	36	烟台兴昊山水水泥有限公司	4000t/d 水泥熟料生产线	山东省烟台市福山区臧家庄镇政府驻地南 1500 米	2012 年 6 月	4000	ϕ4. 3m×62m	

续表

地市	序号	企业名称	生产线名称	建设地址	建成投产时间	设计产能（t/d）	水泥窑（直径×长度）	备注
烟台	37	康达（山东）水泥有限公司	4000t/d 熟料水泥生产线	烟台市蓬莱区大辛店镇	2005 年 5 月	4000	ϕ4. 2m×66m	
	38	蓬莱蔚阳水泥有限公司	4000t/d 熟料水泥生产线	蓬莱市北沟镇孙陶村西北	2009 年 8 月	4000	ϕ4. 3m×66m	
	39	龙口市泛林水泥有限公司	2500t/d 熟料水泥生产线	龙口市丛林工业区	2005 年 6 月	2500	ϕ4m×60m	
			4000t/d 熟料水泥生产线	龙口市诸由观镇田家村南	2008 年 4 月	4000	ϕ4. 8m×72m	
潍坊	40	青州中联水泥有限公司	6000t/d 水泥熟料生产线（1）	青州市邵庄镇	2007 年 2 月	6000	ϕ5. 2m×74m	
			6000t/d 水泥熟料生产线（2）	青州市邵庄镇	2014 年 5 月	6000	ϕ5. 2m×74m	
	41	安丘山水水泥有限公司	4000t/d 熟料生产线 1#	安丘市石埠子镇召忽村	2004 年 11 月	4000	ϕ4. 8m×74m	
			4000t/d 熟料生产线 2#	安丘市石埠子镇召忽村	2008 年 5 月	4000	ϕ4. 8m×74m	
	42	山东临朐胜潍特种水泥有限公司	年产 12 万吨特种水泥生产线	临朐县冶源街道冶泉路 6299 号	1994 年 9 月	12 万吨/年	ϕ2. 7m×42m	
	43	临朐山水水泥有限公司	4000t/d 熟料生产线 1#	临朐县五井镇五井中村工业路 6 号	2010 年 10 月	4000	ϕ4. 8m×74m	
			4000t/d 熟料生产线 2#		2016 年 9 月	4000	ϕ4. 6m×74m	
	44	潍坊鲁元建材有限公司	2500t/d 水泥熟料技术改造工程	潍坊市坊子区荆山洼镇	2012 年 6 月	2500	ϕ4m×60m	
济宁	45	曲阜中联水泥有限公司	2500t/d 新型干法水泥熟料生产线（1# 线）	曲阜市书院街道办事处陶瓷路 16 号	2003 年 11 月	2500	ϕ4m×60m	
			2500t/d 新型十法水泥熟料生产线（2# 线）		2004 年 11 月	2500	ϕ4m×60m	
	46	济宁海螺水泥有限责任公司	4500t/d 新型干法熟料水泥生产线	山东省济宁市泗水县苗馆镇	2012 年 5 月	4500	ϕ4. 8m×74m	
	47	济宁中联水泥有限公司	7200t/d 新型干法熟料生产线	山东省济宁市泗水县城济河街道办事处	1999 年 12 月	7200	ϕ5. 6m×87m	
	48	曲阜中联工程材料分公司（特种水泥）	700t/d 特种水泥熟料生产线	山东省泗水县济河街道	2002 年 4 月	700	ϕ3m×48m	
	49	济宁山水水泥有限公司	2500t/d 熟料水泥生产线	山东省济宁市嘉祥县马集乡马集村	2005 年 10 月	2500	ϕ4m×60m	
	50	微山山水水泥有限公司	4500t/d 新型干法熟料水泥生产线	山东省济宁市微山县两城镇	2011 年 6 月	4500	ϕ4. 8m×74m	
	51	山东鲁泰环保建材有限公司	利用电石渣 2500t/d 熟料新型干法水泥生产线	鱼台县张黄镇工业园	2017 年 4 月	2500	ϕ4m×60m	

续表

地市	序号	企业名称	生产线名称	建设地址	建成投产时间	设计产能（t/d）	水泥窑（直径×长度）	备注
泰安	52	泰山中联水泥有限公司	2000t/d 熟料水泥生产线	山东省泰安市宁阳县华丰镇	2003 年 6 月	2000	ϕ4m×60m	
			5000t/d 熟料水泥生产线		2004 年 11 月	5000	ϕ4. 8m×72m	
	53	新泰中联泰丰水泥有限公司	4000t/d 新型干法水泥熟料生产线	山东省泰安市新泰市汶南镇	2014 年 3 月	4000	ϕ4. 8m×72m	
	54	泰安中联水泥有限公司	5000t/d 熟料水泥生产线	山东省泰安市岱岳区道朗镇鱼东村驻地	2015 年 3 月	5000	ϕ5m×61m	
	55	东平中联水泥有限公司	4000t/d 新型干法水泥熟料生产线	山东省泰安市东平县梯门镇驻地	2012 年 5 月	4000	ϕ5m×60m	
	56	山东泰西水泥有限公司	2000t/d 熟料新型干法生产线	山东省泰安市肥城市王瓜店街道办事处	2006 年 4 月	2000	ϕ3. 3m×52m	
			4000t/d 熟料新型干法生产线		2014 年 4 月	4000	ϕ4. 3m×64m	
	57	山东鲁珠水泥有限公司	4000t/d 新型干法水泥熟料生产线	山东省泰安市宁阳县伏山镇	2009 年 9 月	4000	ϕ4. 5m×66m	
	58	泰安鲁润水泥有限公司	年产 30 万吨旋窑水泥生产线	山东省泰安市徂徕镇河西村	1998 年 7 月	1000	ϕ3. 2m×53m	
日照	59	日照中联水泥有限公司	1#2500t/d 水泥熟料生产线	日照市莒县闫庄镇	2005 年 1 月	2500	ϕ4m×60m	
			2#2500t/d 水泥熟料生产线		2005 年 10 月	2500	ϕ4m×60m	
	60	莒县中联水泥有限公司	4000t/d 水泥熟料生产线	山东省日照市莒县东莞镇	2010 年 1 月	4000	ϕ4. 8m×74m	
	61	山东莒州水泥有限公司	4000t/d 水泥熟料生产线	山东省日照市莒县招贤镇	2013 年 6 月	4000	ϕ4. 8m×72m	
	62	山东彼那尼荣安水泥有限公司	4000t/d 水泥熟料生产线	山东省日照市莒县东莞镇	2011 年 10 月	4000	ϕ5. 2m×74m	
临沂	63	临沂中联水泥有限公司	5000t/d 水泥熟料生产线	山东省临沂市兰陵县车辋镇蒙台公路西侧	2006 年 6 月	5000	ϕ4. 8m×74m	
	64	蒙阴广汇建材有限公司	1#4500t/d 水泥熟料线	山东省蒙阴县坦埠镇沙沟村	2017 年 2 月	4500	ϕ4. 7m×74m	
			1#4500t/d 水泥熟料线		2018 年 10 月	4500	ϕ4. 7m×74m	
	65	平邑中联水泥有限公司	4500t/d 熟料水泥生产线	山东省临沂市平邑县红泉村	2011 年 7 月	4500	ϕ4. 8m×72m	
	66	沂南中联水泥有限公司	4500t/d 新型干法水泥熟料生产线	临沂市沂南县马牧池乡	2013 年 7 月	4500	ϕ4. 8m×72m	
	67	沂水山水水泥有限公司	4600t/d 新型干法水泥熟料生产线	沂水县富官庄镇徕庄村东 500 米	2009 年 3 月	4600	ϕ4. 8m×74m	

续表

地市	序号	企业名称	生产线名称	建设地址	建成投产时间	设计产能（t/d）	水泥窑（直径×长度）	备注
临沂	68	费县沂州水泥有限公司	4000t/d 水泥熟料生产线（1#）	费县费城街道办事处广丰村南	2009 年 2 月	4000	ϕ4. 8mm×74m	
			4000t/d 水泥熟料生产线（2#）		2010 年 12 月	4000	ϕ4. 8mm×74m	
德州	69	德州中联大坝水泥有限公司	2000t/d 熟料水泥生产线（1#线）	德州市运河经济开发区中联大道 1 号	2003 年 8 月	2000	ϕ4m×60m	
			4000t/d 熟料水泥生产线（2#线）		2005 年 9 月	4000	ϕ4. 3m×62m	
聊城	70	东阿山水东昌水泥有限公司	2500t/d 水泥熟料生产线	东阿县大桥镇驻地	2011 年 9 月	2500	ϕ4. 0m×60m	
滨州	71	山东鲁北化工股份有限公司	工业石膏制硫酸副产水泥熟料生产线	鲁北高新技术开发区	1999 年 12 月	30 万吨/年	ϕ4m×75m	
						30 万吨/年	ϕ4m×75m	
	72	山东汇泰再生资源有限公司	磷石膏制酸联产水泥	北海经济开发区疏港路以东，北海大街以北	2015 年 11 月	8 万吨/年	ϕ3m×3. 6m×100. 9m	

2021 年河南省水泥熟料生产线清单（截至 2021 年 12 月 31 日）

序号	地区	企业名称	生产线名称	回转窑规格及数量	批复（备案）产能（t/d）	实际产能（t/d）	投产时间	备注
1	郑州市登封市	登封市嵩基水泥有限公司	4500t/d 新型干法水泥生产线	ϕ4. 8m×72m	4500	5000	2010 年	
2	郑州市登封市	登封中联登电水泥有限公司	5000t/d 新型干法水泥生产线	ϕ4. 8m×74m	5000	5000	2009 年 7 月	
3	郑州市登封市	天瑞新登郑州水泥有限公司	4500t/d 新型干法水泥生产线	ϕ4. 8m×72m	4500	5000	2008 年 3 月	
4	郑州市登封市	登封市宏昌水泥有限公司	4500t/d 新型干法水泥生产线	ϕ4. 8m×74m	4500	5000	2009 年 1 月	
5	郑州市登封市	郑州登峰熔料有限公司	铝酸盐水泥生产线	ϕ1. 6m×36m	50	50	1992 年 8 月	
6			铝酸盐水泥生产线	ϕ1. 6m×36m	50	50	1992 年 8 月	
7			铝酸盐水泥生产线	ϕ2. 2m×50m	100	100	1992 年 8 月	
8	郑州市登封市	登电集团水泥有限公司	1000t/d 新型干法特种水泥生产线	ϕ3. 2m×48m	1000	1000	2005 年 2 月	
9	郑州市登封市	郑州市王楼水泥工业有限公司	硫铝酸盐水泥新型干法生产线	ϕ3. 2m/2. 5m×55m	1000	1000	1993 年	
10	郑州市登封市	郑州市菁华特种水泥有限公司	铝酸盐水泥生产线	ϕ2. 2m×50m	160	160	2005 年	
11			铝酸盐水泥生产线（五级预热器）	ϕ2. 2m×50m	240	240	2005 年	
12	郑州市登封市	郑州市新兴特种水泥厂	1#铝酸盐特种水泥生产线（五级预热器）	ϕ2. 3m×55m	260	260	1993 年 11 月	
13			2#铝酸盐特种水泥生产线（五级预热器）	ϕ2. 5m×60m	300	300	1993 年 11 月	

续表

序号	地区	企业名称	生产线名称	回转窑规格及数量	批复(备案)产能(t/d)	实际产能(t/d)	投产时间	备注
14	郑州市巩义市	河南永安水泥有限责任公司	4000t/d 新型干法水泥生产线	ϕ4.8m×74m	4000	5000	2011 年 9 月	
15	郑州市荥阳市	天瑞集团郑州水泥有限公司	10000t/d 新型干法水泥生产线	ϕ6.2m×92m	10000	9500	2009 年 7 月	
16	郑州市新密市	郑州煤炭工业集团龙力水泥有限责任公司	4500t/d 新型干法水泥生产线	ϕ4.8m×72m	4500	5000	2009 年 5 月	
17	洛阳市新安县	新安中联万基水泥有限公司	2500t/d 新型干法水泥生产线	ϕ4.2m×60m	2500	2833	2007 年 12 月	
18			4500t/d 新型干法水泥生产线	ϕ4.8m×72m	4500	5000	2011 年 1 月	
19	洛阳市伊川县	洛阳市金顺水泥有限公司	特种水泥新型干法生产线	ϕ3.6m×54m	500	1700	2014 年 9 月	
20	洛阳市宜阳县	洛阳黄河同力水泥有限责任公司	5000t/d 新型干法水泥生产线	ϕ4.8m×72m	5000	5000	2006 年 3 月	
21			4500t/d 新型干法水泥生产线	ϕ4.8m×72m	4500	5000	2010 年 12 月	
22	洛阳市汝阳县	洛阳中联水泥有限公司	4500t/d 新型干法水泥生产线	ϕ4.8m×72m	4500	5000	2015 年 4 月	
23	平顶山市宝丰县	河南省大地水泥有限公司	1#4500t/d 新型干法水泥生产线	ϕ4.8m×74m	4500	5000	2007 年 3 月	
24			2#4500t/d 新型干法水泥生产线	ϕ4.8m×74m	4500	5000	2010 年 6 月	
25	平顶山市郏县	郏县中联天广水泥有限公司	2500t/d 水泥熟料生产线	ϕ4.0m×60m	2500	2500	2006 年	技改重建一条 4500t/d 新型干法水泥窑技术改造协同处置城市污泥建设项目
26			2000t/d 水泥熟料生产线	ϕ4.0m×60m	2000	2500	2007 年	
27	平顶山市石龙区	平顶山瑞平石龙水泥有限公司	1#4500t/d 新型干法水泥生产线	ϕ4.8m×72m	4500	5000	2006 年 12 月	
28			2#4500t/d 新型干法水泥生产线	ϕ4.8m×72m	4500	5000	2006 年 12 月	
29	安阳市龙安区	安阳市湖波熟料有限公司	4500t/d 新型干法水泥生产线	ϕ4.8m×72m	4500	5000	2013 年 9 月	
30	安阳市殷都区	安阳中联水泥有限公司	4500t/d 新型干法水泥生产线	ϕ4.8m×72m	4500	5000	2011 年 9 月	
31	安阳市殷都区	安阳中联水泥有限公司龙安分公司	4500t/d 新型干法水泥生产线	ϕ4.6m×66m	4500	4000	2008 年 5 月	

续表

序号	地区	企业名称	生产线名称	回转窑规格及数量	批复（备案）产能（t/d）	实际产能（t/d）	投产时间	备注
32	安阳市殷都区	湖波集团安阳市新天河水泥有限责任公司	4500t/d 新型干法水泥生产线	ϕ4.7m×68m	4500	4500	2007 年	
33	鹤壁市宝山区	河南省同力水泥有限公司	1#2000t/d 特种水泥新型干法生产线	ϕ4.0m×60m	2000	2000	1998 年 12 月	“拆二合一”技术改造建设一条 4500t/d 新型干法水泥熟料生产线建设项目
34			2#2500t/d 新型干法水泥生产线	ϕ4.0m×60m	2500	2500	2003 年 12 月	
35	鹤壁市宝山区	河南省豫鹤同力水泥有限公司	5000t/d 新型干法水泥熟料生产线	ϕ4.8m×72m	5000	5000	2005 年 6 月	
36	新乡市辉县市	河南孟电集团水泥有限公司	1#5500t/d 新型干法水泥生产线	ϕ5.0m×60m	5500	5500	2016 年 7 月	
37			2#5500t/d 新型干法水泥生产线	ϕ5.0m×60m	5500	5500	2017 年 2 月	
38			3#4500t/d 新型干法水泥生产线	ϕ4.8m×70m	4500	5000	2011 年	
39	新乡市辉县市	辉县市山水水泥有限公司	4500t/d 新型干法水泥熟料生产线	ϕ4.8m×70m	4500	5000	2014 年 1 月	
40	新乡市辉县市	新乡市振新水泥有限公司	2500t/d 新型干法水泥生产线	ϕ4.2m×60m	2500	2833	2011 年 5 月	
41	新乡市辉县市	新乡市李固水泥有限公司	1000t/d 特种水泥新型干法生产线（二级预热器）	ϕ3.6m×58m	1000	1000	2013 年 6 月	
42	新乡市辉县市	新乡市黄河白水泥有限责任公司	2000t/d 特种新型干法水泥生产线一期	ϕ3.2m×48m	2000	1000	2015 年 6 月	
43	新乡市凤泉区	新乡平原同力水泥有限责任公司	5000t/d 新型干法水泥生产线	ϕ4.8m×72m	5000	5000	2004 年	
44	新乡市卫辉市	河南世纪新峰水泥有限公司	3000t/d 新型干法水泥生产线	ϕ4.3m/4.0m×73m	5000	3000	2007 年	
45	新乡市卫辉市	卫辉市春江水泥有限公司	1#4500t/d 新型干法水泥生产线	ϕ4.6m×66m	4500	4000	2008 年	
46			2#4500t/d 新型干法水泥生产线	ϕ4.6m×66m	4500	4000	2009 年	
47	新乡市卫辉市	卫辉市天瑞水泥有限公司	1#5000t/d 新型干法水泥生产线	ϕ4.8m×72m	5000	5000	2006 年 4 月	
48			1#5000t/d 新型干法水泥生产线	ϕ4.8m×72m	5000	5000	2008 年 9 月	
49	焦作市博爱县	博爱金隅水泥有限公司	2500t/d 新型干法水泥生产线	ϕ4.0m×60m	2500	2500	2006 年	

续表

序号	地区	企业名称	生产线名称	回转窑规格及数量	批复(备案)产能(t/d)	实际产能(t/d)	投产时间	备注
50	焦作市马村区	焦作千业水泥有限责任公司	5000t/d 新型干法水泥生产线	φ4.8m×74m	5000	5000	2007 年 2 月	
51			4500t/d 新型干法水泥生产线	φ4.8m×74m	4500	4500	2011 年 3 月	
52	焦作市山阳区	焦作市赛雪白水泥有限公司	500t/d 新型干法白水泥生产线	φ3.2m×52m	500	1000	2014 年 7 月	
53	焦作市山阳区	焦作市中晶水泥有限责任公司	1000t/d 新型干法水泥生产线	φ3.2m×48m	1000	1000	2003 年	
54	焦作市山阳区	焦作坚固水泥有限公司	3000t/d 新型干法水泥生产线	φ4.3m×65m	3500	3000	2005 年	
55	焦作市沁阳市	沁阳金隅冀东环保科技有限公司	2500t/d 新型干法水泥生产线	φ4.0m×60m	2500	2500	2012 年 3 月	
56	许昌市禹州市	天瑞集团禹州水泥有限公司	5000t/d 新型干法水泥生产线	φ4.8m×74m	5000	5000	2007 年 9 月	
57	许昌市禹州市	禹州市锦信水泥有限公司	4500t/d 新型干法水泥生产线	φ4.8m×72m	4500	5000	2012 年	
58	许昌市禹州市	河南省湖波灵威水泥集团有限责任公司	1#4500t/d 新型干法水泥生产线	φ4.8m×70m	4500	5000	2009 年	
59			2#4500t/d 新型干法水泥生产线	φ4.8m×72m	4500	5000	2015 年	
60	许昌市禹州市	天瑞集团禹州水泥有限公司浅井分公司	4500t/d 新型干法水泥生产线	φ4.8m×72m	4500	5000	2012 年	
61	三门峡市陕州区	河南锦荣水泥有限公司	1#4500t/d 新型干法水泥生产线	φ4.8m×74m	4500	5000	2008 年 10 月	
62			2#4500t/d 新型干法水泥生产线	φ4.8m×74m	4500	5000	2012 年 12 月	
63	三门峡市渑池县	渑池仰韶水泥有限公司	特种水泥生产线（五级预热器）	φ3.2m×52m	600	600	1994 年 11 月	
64			高强水泥生产线（五级预热器）	φ3.2m×52m	600	600	1997 年 9 月	
65	三门峡市渑池县	三门峡腾跃同力水泥有限公司	5000t/d 新型干法水泥生产线	φ4.8m×72m	5000	5000	2006 年 7 月	
66	南阳市卧龙区	南阳中联卧龙水泥有限公司	4500t/d 新型干法水泥生产线	φ4.3m×66m	4500	3000	2007 年 10 月	

续表

序号	地区	企业名称	生产线名称	回转窑规格及数量	批复（备案）产能（t/d）	实际产能（t/d）	投产时间	备注
67	南阳市镇平县	南阳中联水泥有限公司	3000t/d 新型干法水泥生产线	ϕ4.3m×64m	3000	3000	2004 年 4 月	
68			6000t/d 新型干法水泥生产线	ϕ5.2m×78m	6000	6000	2007 年 6 月	
69	南阳市淅川县	淅川中联水泥有限公司	4500t/d 新型干法水泥生产线	ϕ4.3m×62m	4500	3000	2008 年 9 月	
70	南阳市唐河县	唐河泰隆水泥有限公司	4500t/d 新型干法水泥生产线	ϕ4.7m×68m	4500	4500	2011 年 6 月	
71	南阳市南召县	天瑞集团南召水泥有限公司	4500t/d 新型干法水泥生产线	ϕ4.8m×72m	4500	5000	2010 年 3 月	
72	南阳市方城县	方城县宛北水泥有限责任公司	1200t/d 特种水泥新型干法生产线	ϕ3.5m×54m	1200	1500	2009 年 3 月	
73			4500t/d 新型干法水泥生产线	ϕ4.6m×66m	4500	4000	2013 年 5 月	
74	南阳市内乡县	内乡宝天曼水泥有限公司	新型干法水泥熟料生产线	ϕ4.6m×66m	4500	4000	2007 年 10 月	
75	南阳市内乡县	内乡县泰隆建材有限公司	3200t/d 新型干法特种水泥生产线	ϕ4.3m×48m	3200	3000	1996 年 4 月	
76	信阳市光山县	天瑞集团光山水泥有限公司	4500t/d 新型干法水泥生产线	ϕ4.8m×72m	4500	5000	2008 年 11 月	
77	信阳市浉河区	华新水泥（河南信阳）有限公司	4500t/d 新型干法水泥生产线	ϕ4.7m/5.0m×72m	4500	5500	2008 年 8 月	
78	驻马店市确山县	驻马店市豫龙同力水泥有限公司	5000t/d 新型干法水泥生产线	ϕ4.8m×72m	5000	5000	2005 年 5 月	
79			4500t/d 新型干法水泥生产线	ϕ4.8m×72m	4500	5000	2011 年 1 月	
80	济源市	济源中联水泥有限公司	4500t/d 新型干法水泥生产线	ϕ4.6m×67.4m	4500	4500	2013 年 7 月	
81	汝州市	天瑞集团汝州水泥有限公司	5000t/d 新型干法水泥生产线	ϕ4.8m×72m	5000	5000	2005 年 7 月	
82	汝州市	天瑞集团汝州水泥有限公司	2000t/d 新型干法特种水泥生产线	ϕ4.0m×60m	2000	2500	2003 年 1 月	技改重建一条 6000t/d 水泥熟料生产线协同处置工业固废项目
83	汝州市	天瑞水泥集团有限公司	4000t/d 新型干法水泥生产线	ϕ4.6m×60m	4000	4000	2006 年 6 月	
84	邓州市	邓州中联水泥有限公司	4500t/d 新型干法水泥熟料生产线	ϕ4.3m×66m	4500	3000	2008 年 8 月	

2020 年度湖北省水泥熟料生产线清单（截至 2020 年 12 月 31 日）

序号	市州	企业名称	生产线名称	建设地址	建成投产时间	设计产能（t/d）	实测窑径换算产能（t/d）	水泥窑（直径×长度）	生产许可证	备注
1	武汉	湖北亚东水泥有限公司	4200t/d 新型干法水泥生产线（一线）	新洲区阳逻经济开发区	2009 年 3 月	4200	5000	ϕ4. 8m×52m	XK08-001-00021	
2	武汉	湖北亚东水泥有限公司	4200t/d 新型干法水泥生产线（二线）	新洲区阳逻经济开发区	2010 年 10 月	4200	5000	ϕ4. 8m×52m	XK08-001-00021	
3	武汉	武汉亚鑫水泥有限公司	4000t/d 新型干法	江夏区纸坊街林港村将军山北	2007 年 11 月	4000	2500	ϕ4. 0m×60m	XK08-001-05151	
4	咸宁	华新水泥（赤壁）有限公司	4000t/d 新型干法水泥熟料生产线	湖北省赤壁市中伙铺镇南山村	2007 年 7 月	4000	4000	ϕ4. 4m/4. 6m×60m	XK08-001-00037	
5	咸宁	葛洲坝嘉鱼水泥有限公司	4800t/d 水泥熟料生产线	湖北省咸宁市嘉鱼县高铁岭镇石泉村	2009 年 9 月	4800	5000	ϕ4. 8m×74m	XK08-001-03113	
6	咸宁	湖北嘉鱼春祥矿业股份有限公司	特种水泥（白水泥）熟料 280t/d 生产线	湖北省咸宁市嘉鱼县高铁镇杨山村	2012 年 4 月	280	300	ϕ3. 0m×48m	XK08-001-05685	
7	咸宁	崇阳县昌华实业有限公司	2500t/d 新型干法水泥熟料生产线	湖北省咸宁市崇阳县天城镇城北六公里鲶鱼泉	2009 年 8 月	2500	3800	ϕ4. 6m×54m	鄂 XK08-001-00015	
8	十堰	竹溪瑞城水泥有限公司	2500t/d 水泥熟料生产线	十堰市竹溪县水坪镇金铜岭村	2009 年 6 月	2500	1500	ϕ3. 5m×54m	XK08-001-03764	
9	十堰	华新金龙水泥（郧县）有限公司	2500t/d 新型干法水泥熟料生产线（1#回转窑）	十堰市郧阳区茶店镇	2005 年 9 月	2500	1167	ϕ3. 3m×52m	XK08-001-05093	
10	十堰	华新金龙水泥（郧县）有限公司	4000t/d 新型干法水泥熟料生产线（2#协同处置窑）	十堰市郧阳区茶店镇	2009 年 5 月	4000	3000	ϕ4. 3m×64m	XK08-001-05093	
11	十堰	华新水泥（房县）有限公司	2500t/d 新型干法水泥熟料生产线	十堰市房县化龙堰镇高川村	2008 年 4 月	2500	2500	ϕ4. 0m×60m	XK08-001-03471	
12	十堰	湖北武当水泥有限公司	2500t/d 水泥熟料生产线	湖北省十堰市郧西县城关镇	2009 年 10 月	2500	3667	ϕ4. 5m×50m	鄂 XK08-001-00009	
13	孝感	湖北省白兆山水泥有限公司	2500t/d 水泥熟料生产线	安陆市李畈镇二岭村	2009 年 8 月	2500	2500	ϕ4. 0m×60m	XK08-001-04239	

续表

序号	市州	企业名称	生产线名称	建设地址	建成投产时间	设计产能（t/d）	实测窑径换算产能（t/d）	水泥窑（直径×长度）	生产许可证	备注
14	襄阳	葛洲坝老河口水泥有限公司	4800t/d 新型干法水泥生产线	湖北省老河口市洪山咀	2009 年 12 月	4800	5000	ϕ4. 8m×74m	XK08-001-03420	
15	襄阳	宜城安达特种水泥有限公司	硫铝酸盐系列水泥生产线	湖北省宜城市板桥店镇板桥村	2010 年 5 月	200	200	ϕ1. 9m×39m	XK08-001-04893	
16	襄阳	葛洲坝宜城水泥有限公司	4800t/d 新型干法水泥窑生产线	湖北省宜城市板桥店镇	2009 年 9 月	4800	5000	ϕ4. 8m×74m	XK08-001-03229	
17	襄阳	湖北谷城泰隆水泥有限公司	4800t/d 水泥熟料生产线	湖北省谷城县石花镇平川村	2017 年 6 月	4800	5000	ϕ4. 8m×72m	XK08-001-06512	
18	襄阳	华新水泥（襄阳）有限公司	4000t/d 水泥熟料生产线一线	南漳县华新大道 1 号	2006 年 6 月	4000	4000	ϕ4. 4m×60m	XK08-001-05325	变径窑：由 ϕ4. 4m 变径 ϕ4. 6m
19	襄阳	华新水泥（襄阳）有限公司	4000t/d 水泥熟料生产线二线	南漳县华新大道 1 号	2009 年 3 月	4000	4000	ϕ4. 4m×60m	XK08-001-05325	变径窑：由 ϕ4. 4m 变径 ϕ4. 6m
20	荆门	葛洲坝荆门水泥有限公司	4800t/d 新型水泥熟料干法生产线	荆门市东宝区子陵铺镇建泉村	2008 年 10 月	4800	5000	ϕ4. 8m×74m	XK08-001-01381	
21	荆门	葛洲坝钟祥水泥有限公司	2000t/d 新型干法水泥生产线（3 号窑）	湖北省钟祥市双河镇	2006 年 8 月	2000	1500	ϕ3. 5m×54m	XK08-001-02254	产能指标已被置换（2020 年 12 月公告）
22	荆门	葛洲坝钟祥水泥有限公司	4000t/d 新型干法水泥生产线（1 号窑）	湖北省钟祥市双河镇	2011 年 9 月	4000	5000	ϕ4. 8m×74m	XK08-001-02254	
23	荆门	葛洲坝钟祥水泥有限公司	4500t/d 新型干法水泥生产线（2 号窑）	湖北省钟祥市双河镇	2016 年 9 月	4500	5000	ϕ4. 8m×74m	XK08-001-02254	
24	荆门	湖北京兰水泥集团有限公司	产能置换新型干法水泥熟料生产线 4000t/d	湖北省荆门市京山市钱场镇榨屋村	2019 年 1 月	4000	4000	ϕ4. 6m×72m	鄂 XK08-001-00005	
25	荆门	湖北京兰水泥集团有限公司	永兴公司二线新型干法水泥熟料生产线 4000t/d	湖北省荆门市京山市钱场镇榨屋村	2007 年 9 月	4000	3000	ϕ4. 3m×66m	鄂 XK08-001-00005	
26	荆门	湖北京兰水泥集团有限公司	永兴公司三线新型干法水泥熟料生产线 4000t/d	湖北省荆门市京山市钱场镇榨屋村	2010 年 10 月	4000	5000	ϕ4. 8m×72m	鄂 XK08-001-00005	
27	黄石	华新水泥（大冶）有限公司	4500t/d 新型干法水泥熟料生产线（二线）	湖北省大冶市还地桥屏山村 68 号	2010 年 4 月	4500	5000	ϕ4. 8m×74m	XK08-001-04995	

续表

序号	市州	企业名称	生产线名称	建设地址	建成投产时间	设计产能（t/d）	实测窑径换算产能（t/d）	水泥窑（直径×长度）	生产许可证	备注
28	黄石	华新水泥（阳新）有限公司	6000t/d 新型干法水泥熟料生产线（一线）	阳新县韦源口镇华新路 1 号	2004 年 4 月	5000	5500	ϕ5. 0m×72m	XK08-001-03949	
29	黄石	华新水泥（阳新）有限公司	4800t/d 新型干法水泥熟料生产线（二线）	阳新县韦源口镇华新路 1 号	2006 年 9 月	4800	5500	ϕ5. 0m×72m	XK08-001-03949	
30	黄石	大冶尖峰水泥有限公司	4000t/d 新型干法水泥熟料生产线	湖北省大冶市保安镇永光村	2008 年 5 月	4000	5000	ϕ4. 8m×72m	XK08-001-01380	
31	黄石	黄石市四棵水泥厂	4000t/d 新型干法水泥熟料生产线	大冶市汪仁镇百花村	2011 年 1 月	4000	2500	ϕ4. 0m×60m	XK08-001-04818	产能指标已被置换（2020 年 12 月公告）
32	黄石	阳新娲石水泥有限公司	4000t/d 新型干法水泥熟料生产线	阳新县富池镇老渡口	2012 年 3 月	4000	5000	ϕ4. 8m×74m	XK08-001-05600	
33	黄石	华新水泥（黄石）有限公司	华新水泥股份有限公司年产 285 万吨水泥熟料生产线	阳新县富池镇袁广村	2020 年 12 月	9500	待定	ϕ6. 2m×98m	办理中	
34	黄石	黄石市成美建材有限公司	4000t/d 新型干法水泥熟料生产线	大冶市金湖街道办事处范铺村	2010 年 3 月	4000	3000	ϕ4. 3m×64m	XK08-001-04556	
35	宜昌	华新水泥（宜昌）有限公司	3500t/d 新型干法水泥熟料生产线（1 号窑）	宜都市华新路 1 号	2003 年 3 月	3500	3000	ϕ4. 3m×60m	XK08-001-00709	
36	宜昌	华新水泥（宜昌）有限公司	2500t/d 新型干法水泥熟料生产线（2 号窑）	宜都市华新路 1 号	2005 年 10 月	2500	2500	ϕ3. 6m/4. 0m×50m	XK08-001-00709	
37	宜昌	华新水泥（长阳）有限公司	4000t/d 新型干法熟料水泥生产线	长阳县白氏坪村	2008 年 10 月	4000	3500	ϕ4. 3m×64m	XK08-001-04484	
38	宜昌	华新水泥（秭归）有限公司	4000t/d 新型干法回转窑水泥生产线	宜昌市秭归县郭家坝镇郭家坝村	2009 年 7 月	4000	5500	ϕ4. 7m/5m×72m	XK08-001-03880	
39	宜昌	葛洲坝当阳水泥有限公司	4000t/d 新型干法熟料水泥生产线	当阳玉泉三桥村	2009 年 3 月	4000	5000	ϕ4. 8m×74m	XK08-001-03631	
40	宜昌	葛洲坝当阳水泥有限公司	4500t/d 新型干法熟料水泥生产线	当阳玉泉三桥村	2017 年 5 月	4500	5000	ϕ4. 8m×74m	XK08-001-03631	

续表

序号	市州	企业名称	生产线名称	建设地址	建成投产时间	设计产能（t/d）	实测窑径换算产能（t/d）	水泥窑（直径×长度）	生产许可证	备注
41	宜昌	葛洲坝兴山水泥有限公司	2500t/d 新型干法熟料水泥生产线	兴山县峡口镇平邑口工业园	2009 年 3 月	2500	2500	ϕ4. 0m×60m	XK08-001-03114	
42		宜昌花林水泥有限公司	2500t/d 新型干法水泥熟料生产线	远安县花林寺镇三孔村三组（麻阳河）	2008 年 10 月	2500	2500	ϕ4. 0m×60m	XK08-001-01425	
43		宜昌骏王集团水泥有限公司	2500t/d 新型干法水泥熟料生产线	五峰土家族自治县渔洋关镇桥河村七组	2016 年 6 月	2500	2500	ϕ4. 0m×60m	XK08-001-06503	
44	荆州	葛洲坝松滋水泥有限公司	2500t/d 新型干法熟料水泥生产线	松滋市刘家场镇洛河大道 8 号	2008 年 12 月	2500	2500	ϕ4. 0m×60m	XK08-001-03813	
45			4500t/d 新型干法熟料水泥生产线	松滋市刘家场镇河田坪村	2016 年 4 月	4500	4000	ϕ4. 6m×72m	XK08-001-03813	
46	黄冈	华新水泥（武穴）有限公司	6000t/d 新型干法水泥生产线	湖北武穴市田镇上郭村华新路 1 号	2005 年 4 月	6000	5500	ϕ5. 0m×72m	XK08-001-04661	
47		黄冈亚东水泥有限公司	4800t/d 新型干法水泥生产线	湖北武穴市田镇上郭村华新路 1 号	2007 年 10 月	4800	5500	ϕ5. 0m×72m	XK08-001-04661	
48			4200t/d 新型干法水泥生产线	湖北省黄冈市武穴市田镇新街 13 号	2010 年 5 月	4200	5000	ϕ4. 8m×52m	鄂 XK08-001-00011	
49	鄂州	湖北世纪新峰雷山水泥有限公司	一线	湖北省鄂州市鄂城区碧石渡镇虹桥村	2004 年 10 月	2500	2500	ϕ4. 0m×60m	鄂 XK08-001-00002	产能指标已被置换（2020 年 12 月公告）
50			二线	湖北省鄂州市鄂城区碧石渡镇虹桥村	2010 年 3 月	4000	6000	ϕ5. 2m×61m	XK08-001-04719	
51	恩施州	华新水泥（恩施）有限公司	2500t/d 新型干法旋窑水泥熟料生产线	恩施市高桥坝	2004 年 9 月	2000	1700	ϕ3. 6m×50m	XK08-001-04062	

续表

序号	市州	企业名称	生产线名称	建设地址	建成投产时间	设计产能（t/d）	实测窑径换算产能（t/d）	水泥窑（直径×长度）	生产许可证	备注
52	恩施州	恩施州腾龙水泥有限责任公司	2500t/d 新型干法旋窑水泥熟料生产线及配套 4.5MW 纯低温余热发电项目	恩施市芭蕉乡天桥村沙子坡	2009 年 3 月	2500	2833	ϕ4.2m×60m	XK08-001-04290	
53	恩施州	来凤县金凤建材工业有限责任公司	来凤县金凤建材工业有限责任公司新型干法熟料水泥生产线	湖北省来凤县翔凤镇中华山	2016 年 5 月	3000	3000	ϕ4.3m×64m	XK08-001-06468	
54	恩施州	建始县泰丰水泥有限责任公司	2500t/d（熟料）新型干法水泥生产线	建始县长梁镇黄土坎村 4 组	2012 年 5 月	2500	2500	ϕ4.0m×60m	XK08-001-01630	
55	恩施州	华新水泥（鹤峰）民族建材有限公司	2500t/d 新型干法旋窑水泥熟料生产线	鹤峰县太平镇肖家坪	2008 年 12 月	1500	1167	ϕ3.3m×52m	XK08-001-03314	

说明：设计产能是项目申请核准或报送备案文件上标注的产能，实测窑径换算产能是按照实际窑径依据水泥熟料产能换算表换算的产能。

2020 年度湖南省水泥熟料生产线清单

序号	企业名称	生产线名称	所在市州	建设地址	建成投产时间	备案或核准产能（t/d）	水泥回转窑外径	实际产能（t/d）	备注
1	湖南坪塘南方水泥有限公司	新型干法	长沙市	湖南省长沙市岳麓区坪塘街道莲花山村	2006 年 7 月	2500	ϕ4.0m	2500	已于 2019 年 12 月公告置出，2020 年 2 月 28 日生产许可证变更为水泥粉磨站
2	湖南坪塘南方水泥有限公司	新型干法	长沙市	湖南省长沙市岳麓区坪塘街道莲花山村	2009 年 2 月	2500	ϕ4.0m	2500	已于 2019 年 12 月公告置出，2020 年 2 月 28 日生产许可证变更为水泥粉磨站
3	湖南宁乡南方水泥有限公司	新型干法	湖南省长沙市宁乡县夏铎铺镇天马新村 4 组	湖南省长沙市宁乡县夏铎铺镇天马新村 4 组	2004 年 12 月	2500	ϕ4.0m	2500	已于 2019 年 12 月公告置出，2021 年 1 月 18 日生产许可证变更后无此条水泥窑生产设备信息
4	湖南宁乡南方水泥有限公司	新型干法	长沙市	湖南省长沙市宁乡县夏铎铺镇天马新村 4 组	2009 年 6 月	4000	ϕ4.3m	3000	

续表

序号	企业名称	生产线名称	所在市州	建设地址	建成投产时间	备案或核准产能（t/d）	水泥回转窑外径	实际产能（t/d）	备注
5	湖南浏阳南方水泥有限公司	新型干法	长沙市	湖南省浏阳市高新技术产业开发区南园	2006年9月	5000	ϕ4.8m	5000	
6	湖南印山实业集团印山台水泥有限公司	新型干法	长沙市	湖南省长沙县江背镇印山村	2004年6月	2500	ϕ4.0m	2500	已于2020年5月公告置出，2021年8月进行了拆除，现为水泥粉磨站
7	湖南印山实业集团印山台水泥有限公司	新型干法	长沙市	湖南省长沙县江背镇印山村	2006年8月	2500	ϕ4.0m	2500	已于2020年5月公告置出，2021年8月进行了拆除，现为水泥粉磨站
8	长沙河田白石建材有限公司	新型干法	长沙市	湖南省长沙市长沙县江背镇	2009年10月	4000	ϕ4.3m	3000	
9	中材株洲水泥有限责任公司	新型干法	株洲市	湖南省株洲市荷塘区仙庾镇黄塘双泉村	2009年11月	5000	ϕ4.8m	5000	
10	华新水泥（株洲）有限公司	新型干法	株洲市	湖南省株洲市绿口区龙船镇黄竹村	2009年12月	4500	ϕ5.0m	5500	
11	湖南远大水泥有限责任公司	新型干法	株洲市	株洲市攸县网岭镇北联村南竹山组	2012年5月	4500	ϕ4.3m	3000	
12	炎陵县长兴水泥厂	JT窑	株洲市	湖南省株洲市炎陵县九龙工业园（三河镇石鼓村花椒垅）	2010年11月	600	ϕ4.2m	600	已于2020年7月公告置出
13	湖南韶峰南方水泥有限公司	新型干法	湘潭市	湖南省湘潭市湘乡市棋梓镇	2006年9月	2500	ϕ4.0m	2500	已于2019年12月公告置出
14	湖南韶峰南方水泥有限公司	新型干法	湘潭市	湖南省湘潭市湘乡市棋梓镇	2009年12月	5000	ϕ4.8m	5000	
15	中材湘潭水泥有限责任公司	新型干法	湘潭市	湖南省湘潭市雨湖区鹤岭镇立新村	2009年6月	5000	ϕ4.8m	5000	已于2021年1月公告置出
16	湖南耒阳南方水泥有限公司	新型干法	衡阳市	湖南省湘潭市雨湖区鹤岭镇立新村	2007年4月	2500	ϕ4.0m	2500	已于2020年11月公告置出
17	湖南耒阳南方水泥有限公司	新型干法	衡阳市	湖南省衡阳市耒阳市小水镇江坡村	2010年11月	4000	ϕ4.8m	5000	

续表

序号	企业名称	生产线名称	所在市州	建设地址	建成投产时间	备案或核准产能（t/d）	水泥回转窑外径	实际产能（t/d）	备注
18	湖南耒阳南方水泥有限公司花桥分公司	新型干法	衡阳市	湖南省衡阳市衡南县花桥镇畔塘村	2011年4月	4500	ϕ4.8m	5000	已于2020年11月公告置出
19	湖南祁东南方水泥有限公司	新型干法	衡阳市	湖南省衡阳市祁东县永昌街道洪塘町村	2007年5月	1166	ϕ3.3m	1166	已于2019年12月公告置出，水泥熟料窑线停止运行，保留粉磨设备运行
20	湖南金山水泥有限公司	新型干法	衡阳市	湖南省衡阳市松木经开区化工路12号	2011年9月	2500	ϕ4.0m	2500	
21	湖南金山环保建材有限公司	新型干法	衡阳市	湖南省衡阳市松木经开区松枫路11号	2012年8月	2000	ϕ4.3m	3000	
22	衡阳红狮水泥有限公司	新型干法	衡阳市	湖南省衡阳市衡东县荣桓镇清泉村	2013年1月	4000	ϕ4.3m	3000	
23	邵阳南方水泥有限公司	新型干法	邵阳市	湖南省邵阳市邵阳县谷洲镇决荣村	2010年10月	4500	ϕ4.8m	5000	
24	湖南隆回南方水泥有限公司	新型干法	邵阳市	湖南省邵阳市隆回县北山乡抱溪村	2007年12月	2500	ϕ4.0m	2500	
25	湖南省云峰水泥有限公司	新型干法	邵阳市	湖南省邵阳市武冈市龙溪镇连山坪村	2007年7月	2500	ϕ4.0m	2500	
26	邵阳市云峰新能源科技有限公司	新型干法	邵阳市	湖南省邵阳市大祥区雨溪镇唐四村	2013年12月	4500	ϕ4.8m	5000	
27	洞口县为百水泥厂	新型干法	邵阳市	湖南省邵阳市洞口县高沙镇双合村石井组	2017年6月	4000	ϕ4.6m	4000	
28	临湘海螺水泥有限责任公司	新型干法	岳阳市	湖南省岳阳市临湘市白云镇灰山村	2010年4月	4500	ϕ4.8m	5000	
29	湖南常德南方水泥有限公司	新型干法	常德市	湖南省常德市鼎城区石板滩镇荷花堰社区井堰组	2010年12月	4500	ϕ4.8m	5000	
30	中材常德水泥有限责任公司	新型干法	常德市	湖南省常德市桃源县热市镇温泉村红旗组	2008年12月	2500	ϕ4.0m	2500	

续表

序号	企业名称	生产线名称	所在市州	建设地址	建成投产时间	备案或核准产能（t/d）	水泥回转窑外径	实际产能（t/d）	备注
31	石门海螺水泥有限责任公司	新型干法	常德市	湖南省常德市石门县宝峰街道办事处七松村一组	2008 年 9 月	5000	ϕ4. 8m	5000	
32	石门海螺水泥有限责任公司	新型干法	常德市	湖南省常德市石门县宝峰街道办事处七松村一组	2010 年 10 月	4500	ϕ4. 8m	5000	
33	临澧冀东水泥有限公司	新型干法	常德市	湖南省常德市临澧县新安镇龙凤村	2009 年 7 月	4500	ϕ4. 8m	5000	
34	葛洲坝石门特种水泥有限公司	新型干法	常德市	湖南省常德市石门县新关镇新关居委会双桥路 28 号	2011 年 10 月	500（年产 15 万吨）	ϕ3. 2m	1000	2018 年 5 月企业自行拆除该生产线水泥窑，已不具备水泥熟料生产能力
35	葛洲坝石门特种水泥有限公司	新型干法	常德市	湖南省常德市石门县新关镇新关居委会双桥路 28 号	2009 年 1 月	2500	ϕ4. 0m	2500	
36	葛洲坝石门特种水泥有限公司	新型干法	常德市	湖南省常德市石门县新关镇新关居委会双桥路 28 号	2017 年 11 月	2000（年产 60 万吨白色硅酸盐水泥）	ϕ4. 3m	3000	
37	常德市鼎城武陵水泥有限公司	JT 窑	常德市	湖南省常德市鼎城区灌溪镇五里村八组	2013 年 7 月	980	ϕ5. 6m	980	已于 2021 年 6 月公告置出，部分设备拆除，不具备水泥熟料生产的条件，保留粉磨设备运行
38	湖南张家界南方水泥有限公司	新型干法	张家界市	湖南省张家界市永定区后坪镇边岩村	2008 年 4 月	2500	ϕ3. 5m	1500	
39	华新水泥（桑植）有限公司	新型干法	张家界市	湖南省张家界市桑植县瑞塔铺镇（二垭工业园）	2014 年 11 月	2500	ϕ4. 0m	2500	
40	湖南益阳海螺水泥有限责任公司	新型干法	益阳市	湖南省益阳市安化县仙溪镇大境村	2014 年 5 月	4500	ϕ4. 8m	5000	
41	湖南桃江南方水泥有限公司	新型干法	益阳市	湖南省益阳市桃江县灰山港镇	2009 年 12 月	4500	ϕ4. 8m	5000	
42	湖南桃江南方水泥有限公司	新型干法	益阳市	湖南省益阳市桃江县灰山港镇	2020 年 12 月	4000	ϕ4. 8m	5000	尚未取得生产许可证

续表

序号	企业名称	生产线名称	所在市州	建设地址	建成投产时间	备案或核准产能（t/d）	水泥回转窑外径	实际产能（t/d）	备注
43	益阳市东方水泥有限公司	新型干法	益阳市	湖南省益阳市桃江县灰山港镇万功塘村孙家湾一组	2019年6月	3700	ϕ4.4m	3333	
44	湖南安仁南方水泥有限公司	新型干法	郴州市	湖南省郴州市安仁县平背乡朴塘村	2012年10月	2500	ϕ4.0m	2500	
45	湖南金磊南方水泥有限公司	新型干法	郴州市	湖南省郴州市资兴市天宇路1号	2004年11月	2500	ϕ4.0m	2500	已于2019年12月公告置出
46	湖南金磊南方水泥有限公司	新型干法	郴州市	湖南省郴州市资兴市天宇路1号	2006年11月	2500	ϕ4.0m	2500	已于2019年12月公告置出
47	湖南苏仙南方水泥有限公司	新型干法	郴州市	湖南省郴州市苏仙区良田镇连溪村	2008年10月	4000	ϕ4.0m	2500	已于2021年1月公告置出
48	华新水泥（郴州）有限公司	新型干法	郴州市	湖南省郴州市北湖区保和乡顶上村	2009年12月	4500	ϕ4.7m	4500	
49	吉港康达（湖南）水泥有限公司	新型干法	郴州市	湖南省郴州市宜章县五岭镇	2013年6月	4000	ϕ4.3m	3000	
50	湖南良田水泥有限公司	新型干法	郴州市	湖南省郴州市苏仙区良田镇麦田村三组	2005年10月	2500	ϕ4.0m	2500	已于2021年1月公告升级改造
51	湖南良田水泥有限公司	新型干法	郴州市	湖南省郴州市苏仙区良田镇麦田村三组	2010年1月	2500	ϕ4.0m	2500	已于2021年1月公告升级改造
52	湖南省嘉禾县南岭水泥有限公司	新型干法	郴州市	湖南省郴州市嘉禾县车头镇荫溪村	2013年2月	4000	ϕ4.8m	5000	
53	台泥（怀化）水泥有限公司	新型干法	怀化市	湖南省怀化市中方县泸阳镇五里村	2005年12月	2500	ϕ4.0m	2500	已于2021年5月公告升级改造
54	台泥（怀化）水泥有限公司	新型干法	怀化市	湖南省怀化市中方县泸阳镇五里村	2010年6月	2500	ϕ4.0m	2500	已于2021年5月公告升级改造
55	靖州台泥水泥有限公司	新型干法	怀化市	湖南省怀化市靖州县铺口乡	2011年6月	3000	ϕ4.0m	2500	
56	湖南省湘维有限公司	新型干法	怀化市	湖南省怀化市溆浦县大江口镇江维街408号	2009年3月	1200	ϕ3.2m	1000	

续表

序号	企业名称	生产线名称	所在市州	建设地址	建成投产时间	备案或核准产能（t/d）	水泥回转窑外径	实际产能（t/d）	备注
57	沅陵县华益水泥有限责任公司	JT 窑	湖南省怀化市沅陵县凉水井镇云丛洞村云丛洞组	湖南省怀化市沅陵县凉水井镇云丛洞村云丛洞组	1995 年 7 月	600	ϕ4.2m	600	已于 2021 年 5 月公告置出，2020 年 9 月 3 日生产许可证变更为水泥粉磨站
58	永州市九嶷骄阳水泥有限责任公司	新型干法	永州市	湖南省永州市冷水滩区仁湾镇黄甸组	2009 年 3 月	2500	ϕ4.0m	2500	
59	江华海螺水泥有限责任公司	新型干法	永州市	湖南省永州市江华瑶族自治县沱江镇工业园区北环路	2012 年 10 月	4500	ϕ4.8m	5000	
60	永州红狮水泥有限公司	新型干法	永州市	湖南省永州市芦洪市工业园	2017 年 9 月	6500	ϕ5.6m	6500	
61	湖南万安达集团普华实业有限责任公司	新型干法	永州市	湖南省永州市白牙市工业园	1997 年 11 月	600	ϕ3.2m	1000	已于 2021 年 6 月公告置出
62	新田县南峰水泥有限公司	JT 窑	永州市	湖南省永州市新田县龙泉镇龙脉塘村（新嘉公路旁）	2010 年 10 月	667	ϕ4.8m	800	已于 2021 年 6 月公告置出
63	永州莲花水泥有限责任公司	新型干法	永州市	湖南省永州市宁远县逍遥岩工业区	2012 年 8 月	4000	ϕ4.6m	4000	已于 2017 年 12 月公告置出
64	永州莲花水泥有限责任公司	新型干法	永州市	湖南省永州市宁远县逍遥岩工业区	2012 年 8 月	2500	ϕ4.0m	2500	已于 2017 年 7 月公告置出，已按规定拆除，其中 1500t/d 产能指标转让至已投产的永州红狮水泥，另外 1000t/d 产能指标转让至在建的宁远红狮水泥
65	祁阳海螺水泥有限公司	新型干法	永州市	湖南省永州市祁阳县黎家坪镇朝主山村	2011 年 6 月	4500	ϕ4.8m	5000	
66	祁阳海螺水泥有限公司	新型干法	永州市	湖南省永州市祁阳县黎家坪镇朝主山村	2015 年 6 月	4500	ϕ4.8m	5000	
67	华新水泥（道县）有限公司	新型干法	永州市	湖南省永州市道县寿雁镇豪福村	2010 年 10 月	4000	ϕ4.4m	3333	
68	双峰海螺水泥有限公司	新型干法	娄底市	湖南省娄底市双峰县三塘铺镇	2004 年 9 月	4000	ϕ4.8m	5000	
69	双峰海螺水泥有限公司	新型干法	娄底市	湖南省娄底市双峰县三塘铺镇	2009 年 3 月	4500	ϕ4.8m	5000	
70	湖南海螺水泥有限公司	新型干法	娄底市	湖南省娄底市新化县西河镇	2009 年 3 月	4000	ϕ4.6m	4000	

续表

序号	企业名称	生产线名称	所在市州	建设地址	建成投产时间	备案或核准产能（t/d）	水泥回转窑外径	实际产能（t/d）	备注
71	湖南海螺水泥有限公司	新型干法	娄底市	湖南省娄底市新化县西河镇	2014 年 10 月	4000	ϕ4.6m	4000	
72	华新水泥（冷水江）有限公司	新型干法	娄底市	湖南省娄底市冷水江市禾青镇黄泥村	2012 年 12 月	4500	ϕ5.0m	5500	
73	涟源海螺水泥有限公司	新型干法	娄底市	湖南省娄底市涟源市斗笠山镇丰瑞村	2011 年 10 月	4500	ϕ5.0m	5500	
74	湖南古丈南方水泥有限公司	新型干法	湘西州	湖南省湘西州古丈县红石林镇茄通村	2012 年 9 月	2500	ϕ4.0m	2500	
75	湘西自治州成美建材有限公司	新型干法	湘西州	湖南省湘西土家族苗族自治州龙山县民安街道办事处红星村	2011 年 10 月	2500	ϕ4.0m	2500	
76	湘西自治州天源建材有限公司	新型干法	湘西州	湖南省湘西高新区吉凤街道办事处长潭路 1 号	2009 年 9 月	2000	ϕ4.0m	2500	

备注：本表“实际产能”是按照《水泥玻璃行业产能置换实施办法》（工信部原〔2021〕80 号）规定的《水泥熟料产能换算表》，根据窑径推算确定的产能。

广东省水泥熟料生产线清单（截至 2020 年 12 月 31 日）

序号	企业名称	生产线名称	建设地址	建成投产时间	设计产能（t/d）	实际产能（t/d）	水泥窑（直径×长度）	与 2019 年 12 月 31 日相比，生产线、产能的变化	备注
1	广州市珠江水泥有限公司	新型干法水泥生产线 1#回转窑	广州市白云区神山珠水一路 498 号	1989 年 2 月	4000	5000	ϕ4.75m×75m	不变	
2	广州市越堡水泥有限公司	新型干法水泥生产线 1#回转窑	广州市花都区新华街溪秀路 5 号	2005 年 4 月	6000	6000	ϕ5.2m×70m	不变	
3	广东北江实业集团有限公司	熟料新型干法旋窑水泥生产线	佛山市三水区大塘镇埠街村	2009 年 3 月	2500	2500	ϕ4.0m×60m	不变	
4	河源和兴水泥有限公司	4000t/d 新型干法旋窑水泥熟料生产线	河源市东源县上莞镇江田村	2012 年 11 月	4000	4000	ϕ4.8m×72m	不变	
5	河源市金杰环保建材有限公司	4500t/d 新型干法水泥熟料生产线	河源市东源县漳溪乡上蓝村	2014 年 10 月	4500	5000	ϕ4.8m/5.2m/4.6m×72m	不变	

续表

序号	企业名称	生产线名称	建设地址	建成投产时间	设计产能（t/d）	实际产能（t/d）	水泥窑（直径×长度）	与2019年12月31日相比，生产线、产能的变化	备注
6	东源辉科建材发展有限公司	新型干法旋窑熟料白水泥生产线	河源市东源县漳溪乡上蓝村	2013年9月	800	800	ϕ4.0m/3.6m×60m	不变	特种水泥
7	华润水泥（惠州）有限公司	预分解窑新型干法水泥熟料生产线	广东省惠州市龙门县平陵镇隘子村	2005年11月	2500	3000	ϕ4.3m×63m	不变	
8	惠州市光大水泥企业有限公司	龙华水泥厂A线	惠州市龙门县龙华镇	2007年3月	5000	5000	ϕ4.8m×72m	不变	
		龙华水泥厂B线	惠州市龙门县龙华镇	2008年9月	5000	5000	ϕ4.8m×72m	不变	
		光华水泥厂A线	惠州市龙门县龙江镇罗洞村	2012年1月	4500	5000	ϕ4.8m×72m	不变	
		光华水泥厂B线	惠州市龙门县龙江镇罗洞村	2012年9月	4500	5000	ϕ4.8m×72m	不变	
9	惠州固力水泥集团有限公司	日产600吨新型干法旋窑水泥熟料生产线	惠州市博罗县公庄镇尖石角	2003年10月	600	600	ϕ3.2m×52m	不变	2020年9月点火复产
		日产2500吨新型干法旋窑水泥熟料生产线	博罗分公司：惠州市博罗县公庄镇鹊楼村双良组塘斜	2007年6月	2500	2500	ϕ4m×60m	不变	
10	惠州市塔牌水泥有限公司	4500t/d熟料新型水泥生产线	惠州市龙门县平陵镇长塘水库边	2006年8月	4500	5000	ϕ4.8m×74m	不变	
		4500t/d熟料新型水泥生产线	惠州市龙门县平陵镇长塘水库边	2008年8月	4500	5000	ϕ4.8m×74m	不变	
11	梅州金塔水泥有限公司	2500t/d新干法水泥生产线	梅州市蕉岭县华侨农场	2005年8月	2500	2500	ϕ4.0m×60m	不变	
12	蕉岭县龙腾旋窑水泥有限公司	4500t/d新干法水泥生产线	梅州市蕉岭县新铺镇油坑村	2013年6月	4500	5000	ϕ4.8m×72m	不变	
		4500t/d新干法水泥生产线	梅州市蕉岭县新铺镇油坑村	2017年11月	4500	4500	ϕ4.7m×74m	不变	
13	梅州宁江水泥有限公司	4000t/d新干法水泥生产线	梅州市平远县大柘镇田兴村	2011年1月	4000	4000	ϕ4.3m×64m	不变	
14	梅州皇马水泥有限公司	2500t/d新干法水泥生产线	梅州市蕉岭县新铺镇北方村	2006年12月	2500	2500	ϕ4.0m×60m	不变	
		5000t/d新干法熟料水泥生产线	梅州市蕉岭县新铺镇北方村	2019年3月	5000	5000	ϕ4.8m×74m	新建	工信部公告（2015年第21号）在建项目

续表

序号	企业名称	生产线名称	建设地址	建成投产时间	设计产能（t/d）	实际产能（t/d）	水泥窑（直径×长度）	与2019年12月31日相比，生产线、产能的变化	备注
15	梅州市塔牌集团蕉岭鑫达旋窑水泥有限公司	5000t/d新干法水泥生产线	梅州市蕉岭县文福镇	2003年6月	5000	5500	ϕ4.8m×72m	不变	
16	梅州市梅雁旋窑水泥有限公司	2000t/d新干法熟料生产线	梅州市梅县区雁洋镇鹧鸪村	2005年2月	2000	2000	ϕ3.95m×56m	不变	梅州市梅县区泰山建材有限公司以租赁的方式从2016年7月1日至2026年6月30日止承租梅州市梅雁旋窑水泥有限公司厂房、设备，并于2016年7月21日正式投入生产。梅州市梅县区泰山建材有限公司负责维护承租期间与生产有关联的所有事项及有关证照申报和延续
17	广东塔牌集团股份有限公司蕉岭分公司	10000t/d新干法水泥生产线一期	梅州市蕉岭县文福镇白湖村	2017年11月	10000	10000	ϕ6.2m×92m	不变	
		10000t/d新干法水泥生产线二期	梅州市蕉岭县文福镇白湖村	2020年5月	10000	10000	ϕ6.2m×92m	新增	产能置换方案详见工信部公告（2015年第21号）
18	广东清新水泥有限公司	1#5000t/d熟料生产线	广东省清远市清新区石潭镇联滘中所村	2009年12月	5000	5000	ϕ4.8m×74m	不变	
		1#5000t/d熟料生产线	广东省清远市清新区石潭镇联滘中所村	2009年11月	5000	5000	ϕ4.8m×74m	不变	

续表

序号	企业名称	生产线名称	建设地址	建成投产时间	设计产能（t/d）	实际产能（t/d）	水泥窑（直径×长度）	与2019年12月31日相比，生产线、产能的变化	备注
19	英德海螺水泥有限责任公司	1#窑熟料生产线	广东省英德市望埠镇龙尾山	2006年4月	4500	5000	φ4.8m×72m	不变	
		2#窑熟料生产线	广东省英德市望埠镇龙尾山	2006年3月	4500	5000	φ4.8m×72m	不变	
		3#窑熟料生产线	广东省英德市望埠镇龙尾山	2006年1月	5000	5000	φ4.8m×72m	不变	
		4#窑熟料生产线	广东省英德市望埠镇龙尾山	2005年12月	5000	5000	φ4.8m×72m	不变	
20	英德龙山水泥有限责任公司	1#窑熟料生产线	广东省英德市望埠镇龙尾山	2004年9月	5000	5000	φ4.8m×72m	不变	
		2#窑熟料生产线	广东省英德市望埠镇龙尾山	2004年9月	5000	5000	φ4.8m×72m	不变	
		3#窑熟料生产线	广东省英德市望埠镇龙尾山	2005年9月	5000	5000	φ4.8m×72m	不变	
21	台泥（英德）水泥有限公司	A熟料生产线	英德市英城镇观音山	2006年1月	5000	5500	φ5.0m×74m	不变	
		B熟料生产线	英德市英城镇观音山	2006年1月	5000	5500	φ5.0m×74m	不变	
		C熟料生产线	英德市英城镇观音山	2008年1月	6000	6000	φ5.0m×74m	不变	
		D熟料生产线	英德市英城镇观音山	2008年1月	6000	6000	φ5.0m×74m	不变	
22	广东新南华水泥有限公司	2000t/d新型干法熟料水泥生产线	广东省清远市英德市望埠镇龙头山南华西街47号	2012年4月	2000	2000	φ3.5m×47m	不变	
23	广东清远广英水泥有限公司	1000t/d熟料生产线	广东省清远市清新区石潭镇大洛管理区	2003年3月	1000	1200	φ3.3m×54m	不变	2015年6月停产至今
		2500t/d熟料生产线	广东省清远市清新区石潭镇大洛管理区	2005年11月	2500	2500	φ4.0m×60m	不变	
		4000t/d熟料生产线	广东省清远市清新区石潭镇大洛管理区	2012年1月	4000	5000	φ4.8m×72m	不变	
24	英德市宝江水泥材料有限公司	日产2500t新型干法旋窑水泥熟料生产线	英德市石灰铺镇	2006年5月	2500	2500	φ4.0m×60m	不变	
25	英德市英马水泥有限公司	带五级旋风预热器干法回转窑	英德市英城镇浈阳二路	1995年6月	600	700	φ3.2m×52m	不变	

续表

序号	企业名称	生产线名称	建设地址	建成投产时间	设计产能（t/d）	实际产能（t/d）	水泥窑（直径×长度）	与2019年12月31日相比，生产线、产能的变化	备注
26	英德市英金旋转窑水泥厂	干法窑外分解水泥熟料生产线	英德市英城镇宝晶路	1999年5月	500	500	ϕ3.0m×48m	不变	该生产线2018年10月停产，2019年7月生产许可证到期，2019年10月企业自行拆除水泥窑，已不具备水泥熟料生产能力
27	乐昌市中建材水泥有限公司	2500t/d熟料新型干法水泥生产线	韶关市乐昌市长来镇	2005年4月	2500	2500	ϕ4.0m×60m	不变	
28	翁源县中源发展有限公司	5000吨/日熟料水泥生产线	韶关市翁源县铁龙林场龙体工区	2011年6月	5000	5000	ϕ4.8m×72m	不变	
29	广东鸿丰水泥有限公司	一号生产线4500t/d熟料新型干法旋窑水泥生产线	韶关市新丰县回龙镇新村村	2012年12月	4500	5000	ϕ4.8m×72m	不变	
		二号生产线4500t/d熟料新型干法旋窑水泥生产线	韶关市新丰县回龙镇新村村	2012年12月	4500	5000	ϕ4.8m×72m	不变	
30	南雄市彤置富水泥建材投资有限公司	日产熟料5000吨新型干法水泥生产线	广东省南雄市珠玑镇梅岭坪山	2018年1月	5000	5000	ϕ4.8m×72m	不变	
31	韶关市晶彩建材有限公司	白色硅酸盐水泥生产线	仁化县仁化镇麻塘村	1994年5月	54.5	54.5	ϕ1.6m/1.9m×39m	不变	该公司自2016年10月以来一直停产，生产线还未拆除，公司已无人运营
		白色硅酸盐水泥生产线	仁化县仁化镇麻塘村	1994年5月	54.5	54.5	ϕ1.6m/1.9m×39m	不变	
32	郁南县鸿运水泥有限公司（原中材亨达水泥有限公司郁南分公司）	新干法水泥生产线	云浮市郁南县南江口镇南渡村经济社	2006年4月	2500	2500	ϕ4.0m×60m	不变	

续表

序号	企业名称	生产线名称	建设地址	建成投产时间	设计产能（t/d）	实际产能（t/d）	水泥窑（直径×长度）	与2019年12月31日相比，生产线、产能的变化	备注
33	中材亨达水泥有限公司	新干法水泥生产线1线	广东省云安区六都镇南丰工业区	2006年6月	5000	5000	ϕ4.8m×72m	不变	
		新干法水泥生产线2线	广东省云安区六都镇南丰工业区	2010年1月	4500	5000	ϕ4.8m×72m	不变	
34	中材天山（云浮）水泥有限公司	新型干法窑	广东省云浮市云安区白沙塘工业区	2006年3月	5000	5000	ϕ4.8m×74m	不变	
35	广东亨达利水泥厂有限公司（委托云浮市云安区九洲建筑材料有限公司经营）	新干法水泥生产线	云浮市云安区六都开发试验区	2003年1月	2500	2500	ϕ4.0m×60m	不变	云浮市云安区九洲建筑材料有限公司对云浮市亨达利水泥制品有限公司进行统一管理。经营管理期为从2017年4月1日至2023年9月10日
36	中材罗定水泥有限公司	新干法水泥生产线1线	广东省云浮市罗定市苹塘镇墩仔村	2011年11月	4500	5000	ϕ4.8m×74m	不变	
37	青洲水泥（云浮）有限公司	新干法水泥生产线1线	云浮市云安区六都镇冬城村	2013年6月	4500	5000	ϕ4.8m×72m	不变	
38	华润水泥（罗定）有限公司	新干法水泥生产线1线	广东省罗定市莆塘镇流溪塘工业园	2012年10月	4500	5000	ϕ4.8m×72m	不变	
39	广东广信青洲水泥有限公司	新干法水泥生产线	广东省云浮市高峰镇洞殿管理区	1997年10月	2500	2500	ϕ4.0m×58m	不变	
40	罗定市银雀特种水泥有限公司	干法中空窑白水泥生产线	广东省罗定市罗平镇雀儿顶	1994年5月	50	50	ϕ1.6m/1.9m×39m	不变	该生产线自2017年5月以来一直停产
		干法中空窑白水泥生产线	广东省罗定市罗平镇雀儿顶	1994年5月	50	50	ϕ1.6m/1.9m×39m	不变	
41	罗定市金昌白水泥有限公司	干法预热器窑白水泥生产线	广东省罗定市金鸡镇大岗村	2010年9月	330	330	ϕ2.8m/2.5m×46m	不变	该企业于2018年10月以来停产

续表

序号	企业名称	生产线名称	建设地址	建成投产时间	设计产能（t/d）	实际产能（t/d）	水泥窑（直径×长度）	与2019年12月31日相比，生产线、产能的变化	备注
42	四会市骏马水泥有限公司	新型干法旋窑熟料生产线	四会市大沙镇南江工业园	2004年10月	3000	3000	ϕ4.3m×66m	不变	
43	广州石井德庆水泥厂有限公司	1#2500t/d新型干法水泥熟料生产线	肇庆市德庆县悦城镇龙珠	2008年5月	2500	2500	ϕ4.0m×60m	不变	
		2#3000t/d新型干法水泥熟料生产线	肇庆市德庆县悦城镇龙珠	2012年10月	3000	3000	ϕ4.0m×60m	不变	
44	肇庆市金岗水泥有限公司	新型干法熟料生产线	肇庆市高要区金利镇金洲村	2007年5月	2500	2500	ϕ4.0m×60m	不变	
45	华润水泥（封开）有限公司	1#熟料生产线	肇庆市封开县长岗镇长岗工业园内	2010年1月	4500	5000	ϕ4.8m×74m	不变	
		2#熟料生产线		2010年4月	4500	5000	ϕ4.8m×74m	不变	
		3#熟料生产线		2010年12月	4500	5000	ϕ4.8m×74m	不变	
		4#熟料生产线		2011年4月	4500	5000	ϕ4.8m×74m	不变	
		5#熟料生产线		2015年12月	4500	5000	ϕ4.8m×74m	不变	
		6#熟料生产线		2016年7月	4500	5000	ϕ4.8m×74m	不变	
46	德庆县盈启建筑材料有限公司	850t/d白水泥熟料生产线	肇庆市德庆县悦城镇西郊	2016年12月	850	850	ϕ3.5m×45m	不变	特种水泥
47	华润水泥（阳春）有限公司	2500t/d熟料新型干法旋窑水泥生产线	广东省阳春市春湾镇自由村	2010年7月	2500	2500	ϕ4.0m×60m	不变	
48	阳春海螺水泥有限责任公司	5500t/d熟料新型干法旋窑水泥生产线	广东省阳春市春湾镇自由村	2013年9月	5500	5500	ϕ4.8m×74m	不变	
		12000t/d熟料新型干法旋窑水泥生产线	广东省阳春市春湾镇自由村	2015年7月	12000	12000	ϕ6.0m/6.2m/7.2m×96m	不变	
49	广东春潭水泥制造有限公司	5000t/d新干法水泥熟料生产线	阳春市潭水镇马头山	2018年12月	5000	5000	ϕ4.8m×72m	不变	

续表

序号	企业名称	生产线名称	建设地址	建成投产时间	设计产能（t/d）	实际产能（t/d）	水泥窑（直径×长度）	与2019年12月31日相比，生产线、产能的变化	备注
50	华新水泥（恩平）有限公司	日产4000吨熟料新型干法水泥生产线	江门市恩平市横陂镇横板和尚山前	2014年10月	4000	5000	ϕ4.8m×74m	不变	
51	茂名石化胜利水泥有限公司	4000t/d新型干法水泥熟料生产线	茂名市茂南区环市北矿西路1号	2013年4月	4000	4000	ϕ4.6m×66m	不变	
52	廉江市丰诚水泥有限公司	6000t/d新型干法熟料水泥生产线	廉江市石岭镇沙塘工业区南面	2016年7月	6000	6000	ϕ5.2m×78m	不变	

广西水泥熟料生产线清单（截至2020年12月31日）

序号	企业名称	生产线名称	建设地址	建成投产时间	设计产能（t/d）	实际产能（t/d）	水泥窑（直径×长度）	生产许可证号	备注
一、南宁市									
1	华润水泥（南宁）有限公司	4000t/d水泥熟料新型干法生产线（一期）	南宁市西乡塘区双定镇致富路108号	2008年1月	4000	5000	ϕ4.8m×72m	XK08-001-00292	
2		4000t/d水泥熟料新型干法生产线（二期）		2009年3月	4000	5000	ϕ4.8m×72m		
3	广西华润红水河水泥有限公司	2000t/d熟料新型干法生产线	广西宾阳县黎塘镇永安东路268号	2003年12月	2000	2500	ϕ4.0m×60m	XK08-001-06616	
4		3200t/d熟料新型干法生产线		2005年12月	3200	3000	ϕ4.3m×66m		
5	隆安海螺水泥有限责任公司	4000t/d新型干法水泥熟料生产线	广西南宁市隆安县南圩镇	2011年1月	4000	5000	ϕ4.8m×74m	XK08-001-06462	
6	南宁红狮水泥有限公司	4500t/d熟料新型干法生产线	南宁市伊岭工业集中区城西工业园	2011年11月	4500	5500	ϕ5.0m×74m	XK08-001-05483	
7	广西金鲤水泥有限公司	4500t/d熟料新型干法水泥生产线	广西南宁市横县横州镇周塘村	2013年5月	4500	5000	ϕ4.8m×72m	XK08-001-05597	
8		4500t/d熟料新型干法水泥生产线并配套纯低温余热发电二期工程		2013年5月	4500	5000	ϕ4.8m×72m		

续表

序号	企业名称	生产线名称	建设地址	建成投产时间	设计产能（t/d）	实际产能（t/d）	水泥窑（直径×长度）	生产许可证号	备注
9	广西马山集新实业有限公司	2500t/d 熟料新型干法水泥生产线	马山县苏博工业园	2013 年 5 月	2500	2500	ϕ4. 0m×60m	XK08-001-06617	
10	广西云燕特种水泥建材有限公司	1#生产线	广西南宁市横县横州镇宁浦大道 178 号	1995 年 6 月	年产 15 万吨白水泥		ϕ2. 7m/2. 5m×48m	XK08-001-00011	
11		2#生产线		1995 年 6 月			ϕ2. 7m/2. 5m×54m		
12		3#生产线		1996 年 1 月		400	ϕ3. 0m/2. 5m×50m		
二、柳州市									
13	广西鱼峰水泥股份有限公司	2000t/d 熟料生产线（1#线）	广西柳州市柳南区柳太路 62 号	1964 年 9 月	2000	2500	ϕ4. 0m×56m	XK08-001-01851	广西鱼峰水泥股份有限公司通过淘汰自身 2000t/d 熟料生产线（1#线）、3200t/d 熟料生产线（2#线），技改建设 1 条 5500t/d 熟料新型干法水泥生产线，其中 2#线已拆除完毕，1#线将在新线建成投产前关停、建成投产 1 年内拆除退出
14		2500t/d 熟料新型干法水泥生产线（3#线）		2006 年 1 月	2500	2500	ϕ4. 0m×60m		
15		2800t/d 熟料新型干法水泥生产线（4#线）		2008 年 10 月	2800	2500	ϕ4. 0m×60m		
16	广西柳州鹿寨金利水泥有限公司	2500t/d 新型干法水泥熟料生产线	广西柳州市鹿寨县鹿寨镇对亭	2010 年 11 月	2500	3000	ϕ4. 3m×60m	XK08-001-02555	
17	广西融水东立水泥有限公司	3200t/d 新型干法水泥熟料生产线	广西柳州市融水县融水镇西廓岭	2014 年 10 月	3200	3667	ϕ4. 5m×64m	XK08-001-06982	
18	柳州正菱鹿寨水泥有限公司	2500t/d 熟料新型干法水泥生产线	鹿寨县俄洲村对亭屯	2010 年 7 月	2500	2500	ϕ4. 0m×60m	XK08-001-02832	
19	融安县万德七星水泥有限责任公司	4000t/d 熟料新型干法旋窑水泥生产线	融安县浮石镇七星坡	2019 年 8 月	4000	4000	ϕ4. 6m×68m	XK08-001-07059	

续表

序号	企业名称	生产线名称	建设地址	建成投产时间	设计产能（t/d）	实际产能（t/d）	水泥窑（直径×长度）	生产许可证号	备注
三、桂林市									
20	桂林南方水泥有限公司	4000t/d 熟料新型干法水泥生产线	广西壮族自治区桂林市恭城瑶族自治县西岭乡虎尾村工业园	2010 年 2 月	4000	5000	ϕ4. 8m×72m	XK08-001-04732	
21	兴安海螺水泥有限责任公司	兴安海螺 4000t/d 水泥熟料生产线（一期）	广西桂林兴安县兴安镇	2004 年 7 月	4000	5000	ϕ4. 8m×72m	XK08-001-04074	
22		兴安海螺 4000t/d 水泥熟料生产线（二期）		2009 年 4 月	4000	5000	ϕ4. 8m×72m		
四、梧州市									
23	广西蒙山广晋水泥有限公司	2000t/d 熟料新型干法旋窑水泥生产线	广西蒙山县蒙山镇北楼村	2005 年 3 月	2000	1500	ϕ3. 5m×52m	XK08-001-04428	
五、北海市									
24	华润水泥（合浦）有限公司	4500t/d 熟料新型干法水泥生产线	北海市合浦县公馆镇盐田村	2017 年 12 月	4500	5000	ϕ4. 8m×72m	XK08-001-06654	
六、防城港市									
25	华润水泥（上思）有限公司	4500t/d 新型干法水泥生产线（一期）	防城港市上思县思阳镇计怀村	2010 年 4 月	4500	5000	ϕ4. 8m×74m	XK08-001-04849	
26		4500t/d 新型干法水泥生产线（二期）		2011 年 10 月	4500	5000	ϕ4. 8m×74m		
七、贵港市									
27	华润水泥（平南）有限公司	4000t/d 新型干法水泥熟料生产线（一线）	广西平南县丹竹镇三河工业区	2004 年 10 月	4000	5000	ϕ4. 8m×72m	XK08-001-04500	
28		4000t/d 新型干法水泥熟料生产线（二线）		2006 年 4 月	4000	5000	ϕ4. 8m×72m		
29		4000t/d 新型干法水泥熟料生产线（三线）		2007 年 8 月	4000	5000	ϕ4. 8m×72m		

续表

序号	企业名称	生产线名称	建设地址	建成投产时间	设计产能（t/d）	实际产能（t/d）	水泥窑（直径×长度）	生产许可证号	备注
30	华润水泥（平南）有限公司	4500t/d 新型干法水泥熟料生产线（四线）	广西平南县丹竹镇三河工业区	2009 年 3 月	4500	5000	ϕ4. 8m×74m	XK08-001-04500	
31		4500t/d 新型干法水泥熟料生产线（五线）		2009 年 6 月	4500	5000	ϕ4. 8m×74m		
32	华润水泥（贵港）有限公司	4000t/d 熟料新型干法水泥生产线（一期）	贵港市覃塘区石卡镇华润路 1 号	2005 年 12 月	4000	5000	ϕ4. 8m×74m	XK08-001-05114	
33		4000t/d 熟料新型干法水泥生产线（二期）		2006 年 9 月	4000	5000	ϕ4. 8m×74m		
34	台泥（贵港）水泥有限公司	6000t/d 熟料新型干法水泥生产线（A 线）	广西贵港市覃塘区黄练镇黄练峡	2008 年 6 月	6000	5500	ϕ5. 0m×74m	XK08-001-02973	
35		6000t/d 熟料新型干法水泥生产线（B 线）		2008 年 7 月	6000	5500			
36		6000t/d 熟料新型干法水泥生产线（C 线）		2008 年 11 月	6000	5500			
37		6000t/d 熟料新型干法水泥生产线（D 线）		2008 年 11 月	6000	5500			
38	广西名燕特种水泥股份有限公司	2000t/d 白色硅酸盐水泥熟料生产线	广西桂平市蒙圩镇罗容村	2008 年 11 月	2000	1250	ϕ4. 0m×60m	XK08-001-04153	
八、玉林市									
39	北流海螺水泥有限责任公司	北流海螺水泥有限责任公司 4000t/d 新型干法水泥熟料生产线	北流市民安工业园区	2007 年 6 月	4000	5000	ϕ4. 8m×74m	XK08-001-00023	
40		北流海螺水泥有限责任公司 4500t/d 新型干法水泥熟料生产线		2009 年 8 月	4500	5000	ϕ4. 8m×74m		

续表

序号	企业名称	生产线名称	建设地址	建成投产时间	设计产能（t/d）	实际产能（t/d）	水泥窑（直径×长度）	生产许可证号	备注
41	兴业葵阳海螺水泥有限责任公司	5000t/d 新型干法熟料水泥生产线（一期）	兴业县葵阳工业区	2005 年 7 月	5000	5000	ϕ4. 8m×74m	XK08-001-04820	
42		5000t/d 新型干法熟料水泥生产线（二期）		2011 年 10 月	5000	5000	ϕ4. 8m×74m		
43	华润水泥（陆川）有限公司	4500t/d 熟料新型干法水泥项目	玉林市陆川县珊罗镇（北部工业区内）	2011 年 10 月	4500	5000	ϕ4. 8m×74m	XK08-001-05417	
44	北流市路宝水泥有限公司	北流市路宝水泥有限公司 4500t/d 新型干法水泥熟料生产线	北流市民乐镇新旺村	2019 年 6 月	4500	5000	ϕ4. 8m×74m	XK08-001-07060	
45	广西恒庆建材有限公司	年产 150 万度新型干法熟料水泥技改工程项目	兴业县葵阳镇新材料产业园	2018 年 9 月	5000	5000	ϕ4. 8m×74m	XK08-001-00008	2021 年 1 月 22 日取得新生产许可证
九、百色市									
46	广西登高（集团）田东水泥有限公司	4000t/d 熟料新型干法旋窑水泥项目（1 线）	百色市田东县平马镇游昌村	2010 年 1 月	4000	5000	ϕ4. 8m×74m	XK08-001-06604	
47		4000t/d 熟料新型干法旋窑水泥项目（2 线）		2007 年 7 月	4000	5000	ϕ4. 8m×74m		
48		1000t/d 熟料新型干法旋窑水泥项目（3 线）		2002 年 11 月	1000	1000	ϕ3. 2m×50m		
49	广西凌云通鸿水泥有限公司	2500t/d 熟料新型干法水泥生产线	百色市凌云县伶站乡工业园	2009 年 12 月	2500	2833	ϕ4. 2m×60m	XK08-001-04610	
50	华润水泥（田阳）有限公司	4500t/d 新型干法水泥生产线	百色市田阳区那坡镇那音村	2010 年 12 月	4500	5000	ϕ4. 8m×72m	XK08-001-05251	
十、贺州市									
51	华润水泥（富川）有限公司	4500t/d 新型干法水泥熟料生产线	广西贺州市富川瑶族自治县白沙镇井山村委黑山村	2010 年 5 月	4500	5000	ϕ4. 8m×72m	XK08-001-04848	

续表

序号	企业名称	生产线名称	建设地址	建成投产时间	设计产能（t/d）	实际产能（t/d）	水泥窑（直径×长度）	生产许可证号	备注
十一、河池市									
52	广西虎鹰水泥有限公司	4000t/d 熟料新型干法水泥生产线（一线）	河池市城区工业园区	2010 年 4 月	4000	3000	ϕ4. 3m×64m	XK08-001-04843	
53		4000t/d 熟料新型干法水泥生产线（二线）		2011 年 11 月	4000	3000	ϕ4. 3m×64m		
54	广西都安西江鱼峰水泥有限公司	6000t/d 熟料新型干法水泥生产线	广西河池市都安县澄江乡红渡村临港工业园区	2016 年 7 月	6000	5500	ϕ5. 0m×74m	XK08-001-06501	
55	广西河池国投鱼峰水泥有限公司	2500t/d 熟料新型干法水泥生产线技改项目	广西河池市金城江区六甲镇高功村	2016 年 2 月	2500	2500	ϕ4. 0m×60m	Xk08-001-06430	
十二、来宾市									
56	华润水泥（武宣）有限公司	4500t/d 熟料新型干法水泥项目一期	广西来宾市武宣县桐岭镇四安村工业园	2011 年 4 月	4500	5000	ϕ4. 8m×72m	XK08-001-05312	
57	广西合山虎鹰建材有限公司	循环经济综合利用项目一期工程	广西壮族自治区来宾市合山市转型工业园马安片区	2018 年 7 月	5500	5500	ϕ5. 0m×74m	XK08-001-06854	
58		循环经济综合利用项目二期工程	广西壮族自治区来宾市合山市转型工业园马安片区	2020 年 11 月	5500	5500	ϕ5. 0m×74m	XK08-001-06854	新建成投产生产线
十三、崇左市									
59	广西东泥天等水泥有限公司	4000t/d 熟料新型干法水泥生产线并配套 7. 5 兆瓦纯低温余热发电工程	天等县天等镇大隆村	2016 年 6 月	4000	5000	ϕ4. 8m×74m	XK08-001-05974	
60	崇左南方水泥有限公司	4500t/d 熟料水泥生产线带配套纯低温余热发电节能环保综合工程	崇左市江州区太平街道办公益村（崇左市城市工业园区内）	2015 年 3 月	4500	5500	ϕ5. 0m×61m	XK08-001-06109	

续表

序号	企业名称	生产线名称	建设地址	建成投产时间	设计产能（t/d）	实际产能（t/d）	水泥窑（直径×长度）	生产许可证号	备注
61	崇左红狮水泥有限公司	4500t/d 熟料新型干法水泥生产线	崇左市江州区江南街道办渠显村	2015 年 6 月	4500	5000	ϕ4.8m×74m	XK08-001-06207	
62		4000t/d 熟料新型干法水泥生产线（一期）		2005 年 8 月	4000	5000	ϕ4.8m×74m		
63	扶绥新宁海螺水泥有限责任公司	4000t/d 熟料新型干法水泥生产线（二期）	广西崇左市扶绥县新宁镇东环路 5 号	2007 年 12 月	4000	5000	ϕ4.8m×74m	XK08-001-04973	
64		4500t/d 新型干法水泥熟料生产线（三期）		2010 年 12 月	4500	5000	ϕ4.8m×74m		
十四、钦州市无									

注：本表“设计产能”根据项目备案或核准文件确定，“实际产能”根据《工业和信息化部关于印发水泥玻璃行业产能置换实施办法的通知》（工信部原〔2021〕80 号）。

海南省水泥熟料生产线清单（截至2020年12月31日）

序号	企业名称	生产线名称	建设地址	建成投产时间	设计产能（t/d）	生产许可证号	水泥窑（直径×长度）	备注
1	华润水泥（昌江）有限公司	熟料生产线	昌江县石碌镇	1997.12	2000	XK08-001-06963	ϕ3.95m×56m	
2		熟料生产线		2005.11	2500		ϕ4.0m×60m	
3		熟料生产线		2009.8	5000		ϕ5.2m×74m	严格执行工信部原材料工业司的复函（工原函〔2019〕292号），加强监督管理
4	昌江华盛天涯水泥有限公司	5000t/d水泥熟料生产线	昌江县石碌镇	2005.6	5000	XK08-001-05253	ϕ4.8m×72m	
5		5000t/d水泥熟料生产线		2008.7	5000		ϕ4.8m×72m	
6		5000t/d水泥熟料生产线		2010.1	5000		ϕ4.8m×72m	
7		10000t/d水泥熟料生产线		2012.6	10000		ϕ7.2m/6.2m×96m	
8	海南昌江海螺水泥公司（原昌江鸿启实业有限公司叉河水泥分公司）	1#水泥熟料生产线	昌江县叉河镇	2009.9	2500	XK08-001-01760	ϕ4.0m×60m	
9		2#水泥熟料生产线		2010.11	2500		ϕ4.0m×60m	
10	儋州华盛天涯水泥有限公司	2500t/d新型干法旋窑水泥熟料生产线	儋州市八一老根	2012.5	2500	XK08-001-01510	ϕ4.0m×60m	

重庆市水泥熟料生产线清单（截至 2020 年 12 月 31 日）

序号	企业名称	生产线名称	建设地址	建成投产时间	设计产能（t/d）	实际产能（t/d）	水泥窑（直径×长度）	生产许可证	备注
1	东方希望重庆水泥有限公司	1#新型干法水泥熟料生产线	重庆市丰都县湛普镇燕子村	2011 年 1 月	4800	5500	ϕ5. 0m×68m	XK08-001-05136	
2		2#新型干法水泥熟料生产线	重庆市丰都县湛普镇燕子村	2011 年 3 月	4800	5500	ϕ5. 0m×68m	XK08-001-05136	
3		3#新型干法水泥熟料生产线	重庆市丰都县湛普镇燕子村	2012 年 8 月	4800	5500	ϕ5. 0m×68m	XK08-001-05136	
4		4#新型干法水泥熟料生产线	重庆市丰都县湛普镇燕子村	2012 年 2 月	4800	5500	ϕ5. 0m×68m	XK08-001-05136	
5		5#新型干法水泥熟料生产线	重庆市丰都县湛普镇燕子村	2013 年 7 月	4800	5500	ϕ5. 0m×68m	XK08-001-05136	
6	重庆海螺水泥有限责任公司	1#新型干法水泥熟料生产线	重庆市忠县乌杨街道青岭村	2010 年 6 月	4500	5000	ϕ4. 8m×74m	XK08-001-04821	
7		2#新型干法水泥熟料生产线	重庆市忠县乌杨街道青岭村	2011 年 4 月	4500	5000	ϕ4. 8m×74m	XK08-001-04821	
8		3#新型干法水泥熟料生产线	重庆市忠县乌杨街道青岭村	2014 年 11 月	4500	5000	ϕ4. 8m×74m	XK08-001-04821	
9	重庆小南海水泥厂	新型干法水泥熟料生产线	重庆市大渡口区跳蹬镇白沙沱	2007 年 8 月	3000	3000	ϕ4. 3m×62m	XK08-001-00534	
10	台泥（重庆）水泥有限公司	1#新型干法水泥熟料生产线	重庆市合川区盐井街道办事处建梁村	2010 年 10 月	4600	5000	ϕ4. 8m×74m	XK08-001-00006	
11		2#新型干法水泥熟料生产线	重庆市合川区盐井街道办事处建梁村	2011 年 9 月	4600	5000	ϕ4. 8m×74m	XK08-001-00006	
12	重庆铜梁西南水泥有限公司	1#新型干法水泥熟料生产线	重庆市铜梁区渝西科技工业园区	2005 年 3 月	2500	2500	ϕ4. 0m×60m		
13		2#新型干法水泥熟料生产线	重庆市铜梁区渝西科技工业园区	2008 年 12 月	4800	5000	ϕ4. 8m×72m	XK08-001-05355	
14	重庆长寿西南水泥有限公司	1#新型干法水泥熟料生产线	重庆市长寿区化北路 7 号	2005 年 6 月	2500	2500	ϕ4. 0m×60m	（渝）XK08-001-00003	生产线已公告将搬迁
15		2#新型干法水泥熟料生产线	重庆市长寿区化北路 7 号	2009 年 10 月	4800	4500	ϕ4. 5m×64m	（渝）XK08-001-00003	
16	重庆万州西南水泥有限公司	1#新型干法水泥熟料生产线	重庆市万州区百安坝街道三洲村	2005 年 8 月	2500	2500	ϕ4. 0m×60m	（渝）XK08-001-00016	生产线已公告将搬迁
17		2#新型干法水泥熟料生产线	重庆市万州区百安坝街道三洲村	2009 年 7 月	4134	5000	ϕ4. 8m×74m	（渝）XK08-001-00016	

续表

序号	企业名称	生产线名称	建设地址	建成投产时间	设计产能（t/d）	实际产能（t/d）	水泥窑（直径×长度）	生产许可证	备注
18	冀东水泥重庆江津有限责任公司	1#新型干法水泥熟料生产线	重庆市江津区油溪镇丹凤社区	2009年12月	3200	3200	ϕ4.3m×64m	（渝）XK08-001-00005	
19		2#新型干法水泥熟料生产线	重庆市江津区油溪镇丹凤社区	2011年3月	3200	3200	ϕ4.3m×64m	（渝）XK08-001-00005	
20	重庆富皇建材有限公司	新型干法水泥熟料生产线	重庆市北碚区水土街道大地村	2009年	4000	4600	ϕ4.3m×64m	XK08-001-00430	置换项目尚在建设中
21	重庆金九建材集团有限公司	1#新型干法水泥熟料生产线	重庆市合川区盐井街道办事处糖坝村	2007年1月	2500	2500	ϕ4.0m×60m	XK08-001-00017	生产线产能已公告将搬迁
22		2#新型干法水泥熟料生产线	重庆市合川区盐井街道办事处糖坝村	2009年12月	2500	2500	ϕ4.0m×60m	XK08-001-00017	
23	重庆市富丰水泥集团特种水泥有限公司	1#新型干法水泥熟料生产线	重庆市合川区三汇镇刘家堡	2010年1月	4500	4300	ϕ4.3m×60m	XK08-001-01022	置换项目尚在建设中
24	重庆天助水泥（集团）有限公司	1#新型干法水泥熟料生产线	重庆市江津区珞璜工业园A区	2004年8月	2500	2500	ϕ4.0m×60m	XK08-001-04345	
25		2#新型干法水泥熟料生产线	重庆市江津区珞璜工业园A区	2007年10月	2500	2500	ϕ4.0m×60m	XK08-001-04345	
26	重庆綦江西南水泥有限公司	1#新型干法水泥熟料生产线	重庆市綦江区永城镇温泉村	2004年12月	2500	2500	ϕ4.0m×60m	（渝）XK08-001-00012	生产线已公告将搬迁
27		2#新型干法水泥熟料生产线	重庆市綦江区永城镇温泉村	2010年3月	2500	2500	ϕ4.0m×60m	（渝）XK08-001-00012	
28	彭水县茂田能源开发有限公司	1#新型干法水泥熟料生产线	重庆市彭水县新田乡马蜂村1组	2007年	2500	2500	ϕ4.0m×60m	XK08-001-06611	
29		2#新型干法水泥熟料生产线	重庆市彭水县新田乡马蜂村1组	2012年	2500	2500	ϕ4.0m×60m	XK08-001-06611	
30	冀东水泥璧山有限责任公司	新型干法水泥熟料生产线	重庆市璧山区河边镇浸口村	2011年6月	4500	5000	ϕ4.8m×72m	XK08-001-05270	

续表

序号	企业名称	生产线名称	建设地址	建成投产时间	设计产能（t/d）	实际产能（t/d）	水泥窑（直径×长度）	生产许可证	备注
31	重庆华新参天水泥有限公司	新型干法水泥熟料生产线	重庆市永川区红炉镇龙井口村	2010年9月	4600	6000	ϕ5. 0m×74m	（渝）XK08-001-00002	
32	冀东水泥重庆合川有限责任公司	新型干法水泥熟料生产线	重庆市合川区草街街道办事处大庙村	2011年6月	4600	5000	ϕ4. 8m×72m	（渝）XK08-001-00015	
33	华新水泥重庆涪陵有限公司	新型干法水泥熟料生产线	重庆市涪陵区白涛街道办事处三门子村	2010年1月	4600	5000	ϕ4. 7m×72m	XK08-001-04529	
34	重庆市南桐特种水泥有限责任公司	新型干法水泥熟料生产线	重庆市万盛经开区南桐镇	2010年6月	4500	6000	ϕ4. 8m×72m	XK08-001-04789	
35	梁平海螺水泥有限责任公司	新型干法水泥熟料生产线	重庆市梁平区回龙镇安居村	2014年8月	4800	4800	ϕ4. 8m×74m	XK08-001-06934	
36	重庆石柱西南水泥有限公司	新型干法水泥熟料生产线	重庆市石柱县大歇镇双会村团堡组	2011年3月	4800	4182	ϕ4. 3m×64m	XK08-001-05117	
37	重庆华新盐井水泥有限公司	新型干法水泥熟料生产线	重庆市合川区草街街道办事处蔡家湾	2006年6月	3200	3200	ϕ4. 3m×66m	XK08-001-01411	
38	重庆永荣青鹏水泥有限公司	新型干法水泥熟料生产线	重庆市沙坪坝区青木关镇关口20号	2014年6月	3200	3600	ϕ4. 3m×64m	XK08-001-06018	
39	重庆华新地维水泥有限公司	新型干法水泥熟料生产线	重庆市江津区珞璜镇	2004年	2500	3150	ϕ4. 0m×60m	XK08-001-01412	
40	重庆市新嘉南建材有限责任公司	新型干法水泥熟料生产线	重庆市南川区东城街道办事处大铺子	2009年8月	2500	2650	ϕ4. 0m×60m	（渝）XK08-001-00007	
41	重庆九鑫水泥（集团）有限公司	新型干法水泥熟料生产线	重庆市酉阳县龙潭镇龙江重化工业园区	2011年6月	2500	2800	ϕ4. 0m×60m	XK08-001-05285	
42	重庆正阳新材料有限公司	新型干法水泥熟料生产线	重庆市黔江区正阳工业园区青杠拓展区	2012年3月	2500	2500	ϕ4. 0m×60m	XK08-001-05709	

续表

序号	企业名称	生产线名称	建设地址	建成投产时间	设计产能（t/d）	实际产能（t/d）	水泥窑（直径×长度）	生产许可证	备注
43	重庆秀山西南水泥有限公司	新型干法水泥熟料生产线	重庆市秀山县石耶镇余庆居委会	2009 年	2500	2500	ϕ4. 0m×60m	（渝）XK08-001-00001	
	重庆弘扬建材集团弘龙水泥有限公司	新型干法水泥熟料生产线	重庆市黔江区正阳工业园区群力居委	2009 年 4 月	2500	3200	ϕ4. 5m×54m	XK08-001-04243	
45	开县开州水泥有限公司	新型干法水泥熟料生产线	重庆市开州区温泉镇县坝村一社	2020 年 12 月	3200	3200	ϕ4. 3m×60m	XK08-001-05194	
46	重庆市山拔尔桑水泥有限责任公司	新型干法水泥熟料生产线	重庆市武隆区白马镇希望街 38 号	2009 年 7 月	2000	2000	ϕ3. 8m×54m	（渝）XK08-001-00014	

备注：本表设计产能以批文为准。

2021 年度四川省水泥熟料生产线清单（截至 2021 年 12 月 31 日）

序号	市（州）	企业名称	生产线名称	建设地址	建成投产日期	核准或备案产能（t/d）	实际产能（t/d）	水泥窑（直径×长度）	生产许可证号	生产许可证有效期	生产状态（在产、停产）	备注
1	成都市	四川亚东水泥有限公司	4200t/d 新型干法水泥生产线（一线）	彭州市天彭镇安彭路 66 号	2006 年 9 月	4200	5000	ϕ4. 8m×52m	XK08-001-05340	2022 年 1 月 28 日	在产	
2			4200t/d 新型干法水泥生产线（二线）	彭州市天彭镇安彭路 66 号	2008 年 12 月	4200	5000	ϕ4. 8m×52m	XK08-001-05340	2022 年 1 月 28 日	在产	
3			4200t/d 新型干法水泥生产线（三线）	彭州市天彭镇安彭路 66 号	2010 年 3 月	4200	5000	ϕ4. 8m×52m	XK08-001-05340	2022 年 1 月 28 日	在产	
4		四川兰丰水泥有限公司	4500t/d 新型干法水泥生产线（一线）	彭州市桂花镇庆桂路中段	2010 年 6 月	4500	5000	ϕ4. 8m×74m	XK08-001-04736	2025 年 5 年 7 日	在产	
5			4500t/d 新型干法水泥生产线（二线）	彭州市桂花镇庆桂路中段	2012 年 12 月	4500	5000	ϕ4. 8m×74m	XK08-001-04736	2025 年 5 年 7 日	在产	

续表

序号	市（州）	企业名称	生产线名称	建设地址	建成投产日期	核准或备案产能（t/d）	实际产能（t/d）	水泥窑（直径×长度）	生产许可证号	生产许可证有效期	生产状态（在产、停产）	备注
6	成都市	都江堰拉法基水泥有限公司	3200t/d 新型干法水泥生产线	都江堰市经济开发区九鼎大道 21 号	2002 年 2 月	3200	3800	ϕ4. 8m×52m	XK08-001-06863	2024 年 7 月 2 日	在产	
7			4000t/d 新型干法水泥生产线	都江堰市经济开发区九鼎大道 21 号	2006 年 10 月	4000	3800	ϕ4. 3m×66m	XK08-001-06863	2024 年 7 月 2 日	在产	
8			4600t/d 新型干法水泥生产线	都江堰市经济开发区九鼎大道 21 号	2010 年 11 月	4600	5000	ϕ4. 8m×72m	XK08-001-06863	2024 年 7 月 2 日	在产	
9		大邑显明西岭水泥有限公司	2500t/d 新型干法水泥生产线	大邑县晋原镇光华村	2010 年 7 月	2500	—	ϕ4. 0m×60m	已过期	已过期	停产	2015 年 3 月停产
10	自贡市	荣县自力水泥有限公司	2000t/d 新型干法水泥生产线	荣县旭阳镇余家岩村 8 组	2009 年 9 月	2000	2000	ϕ3. 6m×54m	XK08-001-00023	2024 年 1 月 21 日	在产	
11		自贡金龙水泥有限公司	4600t/d 新型干法水泥生产线	荣县双石镇燕子村	2010 年 10 月	4600	3000	ϕ4. 3m×62m	XK08-001-00013	2025 年 12 月 20 日	在产	
12	攀枝花市	攀枝花瑞峰水泥有限公司	2500t/d 新型干法水泥生产线	西区龙洞	2008 年 8 月	2500	2500	ϕ4. 0m×60m	XK08-001-02243	2024 年 1 月 21 日	在产	
13		攀枝花瑞达水泥有限公司	2500t/d 新型干法水泥生产线	米易县湾丘彝族乡热水村	2009 年 11 月	2500	3000	ϕ4. 3m×60m	XK08-001-04393	2025 年 4 月 23 日	在产	
14	泸州市	泸州赛德水泥有限公司	4600t/d 新型干法水泥生产线	叙永县正东镇伏龙村	2013 年 7 月	4600	5000	ϕ4. 8m×72m	XK08-001-05765	2023 年 12 月 4 日	在产	
15		四川省泸州沱江水泥有限公司	2500t/d 新型干法水泥生产线	江阳区通滩镇凤龙村二社	2011 年 4 月	2500	2500	ϕ4. 0m×60m	（川）XK08-001-00034	2026 年 11 月 7 日	在产	
16		四川省古蔺铁桥水泥有限责任公司	2500t/d 新型干法水泥生产线	古蔺县古蔺镇沙坝村	2012 年 7 月	2500	2500	ϕ4. 0m×60m	XK08-001-01006	2023 年 3 月 7 日	在产	

续表

序号	市（州）	企业名称	生产线名称	建设地址	建成投产日期	核准或备案产能（t/d）	实际产能（t/d）	水泥窑（直径×长度）	生产许可证号	生产许可证有效期	生产状态（在产、停产）	备注
17	泸州市	泸州兰良水泥有限公司	2000t/d 新型干法水泥生产线	泸县福镇工况区泸州兰良水泥厂	2009年10月	2000	2000	ϕ3. 75mm×52m	XK08-001-02626	2024年4月13日	停产	2021年1月停产，2020年10月产能已置换至叙永红狮水泥有限公司，并于2021年9月完成拆除
18	德阳市	四川省绵竹澳东水泥有限责任公司	2500t/d 新型干法水泥生产线（一线）	绵竹市汉旺镇祥柳村	2009年5月	2500	2500	ϕ4. 0m×60m	（川）XK08-001-00018	2025年8月30日	在产	
19			2500t/d 新型干法水泥生产线（二线）	绵竹市汉旺镇祥柳村	2011年5月	2500	2500	ϕ4. 0m×60m	（川）xk08-001-00018	2025年8月30日	在产	
20		四川宗盛特种水泥有限公司	1000t/d 新型干法白水泥生产线	绵竹县新市镇白庙村	2014年9月	1000	1000	ϕ3. 5m×54m	XK08-001-06045	2025年5月7日	在产	
21		四川利森建材集团有限公司	2500t/d 新型干法水泥生产线	什邡市洛水镇洛城村	2007年7月	2500	3000	ϕ4. 3m×64m	XK08-001-00045	2022年12月21日	在产	
22			4500t/d 新型干法水泥生产线	什邡市洛水镇洛城村	2011年3月	4500	5000	ϕ4. 8m×72m	XK08-001-00045	2022年12月21日	在产	
23		罗江利森水泥有限公司	2500t/d 新型干法水泥生产线	罗江区万安镇五里村四组	2010年3月	2500	2500	ϕ4. 0m×60m	XK08-001-04589	2025年8月30日	停产	2020年7月停产，2020年7月产能已置换至四川利森建材集团有限公司

续表

序号	市（州）	企业名称	生产线名称	建设地址	建成投产日期	核准或备案产能（t/d）	实际产能（t/d）	水泥窑（直径×长度）	生产许可证号	生产许可证有效期	生产状态（在产、停产）	备注
24	德阳市	广汉三星堆水泥有限公司	2500t/d 新型干法水泥生产线	广汉市高坪镇金九村	2010 年 5 月	2500	2500	ϕ4. 0m×60m	已过期	已过期	停产	2016 年 9 月停产，2021 年 1 月产能已置换至叙永红狮水泥有限公司
25	德阳市	四川德阳金八角水泥有限公司	1600t/d 新型干法水泥生产线	罗江区万安镇五里村一组	2008 年 5 月	1600	1600	ϕ3. 6m×54m	XK08-001-02881	2024 年 6 月 15 日	在产	
26	绵阳市	四川省女娲建材有限公司	2500t/d 新型干法水泥生产线	安州区睢水镇青云村	2010 年 1 月	2500	2500	ϕ4. 0m×60m	（川）XK08-001-00041	2027 年 1 月 16 日	在产	
27	绵阳市	安县中联水泥有限公司	4500t/d 新型干法水泥生产线	安州区桑枣镇云丰村	2010 年 6 月	4500	5000	ϕ4. 8m×72m	XK08-001-04770	2025 年 10 月 25 日	在产	
28	绵阳市	北川中联水泥有限公司	4800t/d 新型干法水泥生产线	北川羌族自治县擂鼓镇	2009 年 12 月	4800	5000	ϕ4. 8m×74m	（川）XK08-001-00037	2025 年 5 月 7 日	在产	
29	绵阳市	北川四星水泥有限公司	2500t/d 新型干法水泥生产线	北川羌族自治县永安镇后庄村	2010 年 7 月	2500	2500	ϕ4. 0m×60m	（川）XK08-001-00022	2026 年 5 月 19 日	在产	
30	绵阳市	江油拉豪双马水泥有限公司	2500t/d 新型干法水泥生产线	江油市二郎庙镇	2001 年 7 月	2500	1500	ϕ3. 5m×54m	XK08-001-03557	2022 年 8 月 6 日	在产	
31	绵阳市	四川国大水泥有限公司	4000t/d 新型干法水泥生产线	江油市含增镇界池村	2009 年 12 月	4000	5000	ϕ4. 8m×72m	XK08-001-04527	2025 年 5 月 24 日	在产	
32	绵阳市	江油红狮水泥有限公司	4000t/d 新型干法水泥生产线	江油市武都镇中武路	2010 年 8 月	4000	5000	ϕ4. 8m×74m	XK08-001-00024	2026 年 4 月 27 日	在产	
33	广元市	四川匡山水泥有限公司	2500t/d 新型干法水泥生产线	旺苍县普济镇中江村	2010 年 10 月	2500	2500	ϕ4. 0m×60m	XK08-001-04897	2025 年 11 月 18 日	在产	

续表

序号	市（州）	企业名称	生产线名称	建设地址	建成投产日期	核准或备案产能（t/d）	实际产能（t/d）	水泥窑（直径×长度）	生产许可证号	生产许可证有效期	生产状态（在产、停产）	备注
34	广元市	四川川煤水泥股份有限公司	2500t/d 新型干法水泥生产线	剑阁县下寺镇大桥村剑门工业园区	2010 年 3 月	2500	2500	φ4. 0m×60m	XK08-001-04528	2024 年 4 月 13 日	停产	2016 年 4 月停产，2019 年 8 月产能已置换至旺苍川煤水泥有限责任公司
35	广元市	广元市高力水泥实业有限公司	3200t/d 新型干法水泥生产线	利州区三堆镇高桥村	2010 年 11 月	3200	3000	φ4. 3m×60m	（川）XK08-001-00030	2026 年 6 月 13 日	在产	
36	广元市	旺苍川煤水泥有限责任公司	2500t/d 新型干法水泥生产线	旺苍县白水镇卢家坝村	2009 年 4 月	2500	2500	φ4. 0m×60m	XK08-001-05742	2025 年 4 月 23 日	在产	
37	广元市	广元海螺水泥有限责任公司	4500t/d 新型干法水泥生产线（一线）	朝天区朝天镇	2010 年 3 月	4500	5000	φ4. 8m×74m	XK-08-001-04612	2025 年 7 月 12 日	在产	
38	广元市	广元海螺水泥有限责任公司	4500t/d 新型干法水泥生产线（二线）	朝天区朝天镇	2011 年 7 月	4500	5000	φ4. 8m×74m	XK-08-001-04612	2025 年 7 月 12 日	在产	
39	内江市	四川威远西南水泥有限公司	2500t/d 新型干法水泥生产线	威远县严陵镇	2010 年 1 月	2500	3000	φ4. 3m×64m	（川）XK08-001-00009	2025 年 11 月 18 日	在产	
40	内江市	四川省星船城水泥股份有限公司	4000t/d 新型干法水泥生产线（一线）	资中县铁佛镇石关村	2011 年 10 月	4000	5000	φ4. 8m×74m	XK08-001-03987	2025 年 2 月 11 日	在产	
41	内江市	四川省星船城水泥股份有限公司	2500t/d 新型干法水泥生产线（二线）	资中县铁佛镇高荣村	2009 年 5 月	2500	3000	φ4. 3m×62m	XK08-001-03987	2025 年 2 月 11 日	在产	
42	内江市	四川资中西南水泥有限公司	2500t/d 新型干法水泥生产线	资中县新桥镇三皇庙村 6 组	2010 年 5 月	2500	3000	φ4. 3m×62m	（川）XK08-001-00028	2026 年 6 月 13 日	在产	
43	内江市	四川成实天鹰水泥有限公司	2500t/d 新型干法水泥生产线	资中县球溪镇天鹰大道	2009 年 9 月	2500	3000	φ4. 3m×62m	（川）XK08-001-04505	2025 年 6 月 22 日	在产	

续表

序号	市（州）	企业名称	生产线名称	建设地址	建成投产日期	核准或备案产能（t/d）	实际产能（t/d）	水泥窑（直径×长度）	生产许可证号	生产许可证有效期	生产状态（在产、停产）	备注
44	乐山市	四川峨边西南水泥有限公司	2500t/d 新型干法特种水泥生产线	峨边彝族自治县沙坪镇马嘶溪村	2010 年 7 月	2500	2500	ϕ4. 0m×60m	（川）XK08-001-01519	2023 年 11 月 28 日	在产	
45		峨眉山强华特种水泥有限责任公司	500t/d 新型干法水泥生产线	峨眉山市龙池镇马坪村	1984 年 1 月	500	500	ϕ2. 5m/2. 7m×42m	（川）XK08-001-00026	2024 年 6 月 15 日	在产	
46		四川峨眉山西南水泥有限公司	4500t/d 新型干法水泥生产线	峨眉山市乐都镇新堰村	2009 年 9 月	4500	5000	ϕ4. 8m×72m	（川）XK08-001-00044	2024 年 4 月 25 日	在产	
47			2000t/d 新型干法水泥生产线	峨眉山市乐都镇新堰村	2003 年 12 月	2000	2000	ϕ4. 0m×58m	（川）XK08-001-00044	2024 年 4 月 25 日	停产	2020 年 4 月停产，2021 年 1 月产能已置换至四川利万步森水泥有限公司
48		四川峨胜水泥集团股份有限公司	4600t/d 新型干法水泥生产线（一线）	峨眉山市九里镇	2008 年 10 月	4600	5000	ϕ4. 8m×74m	XK08-001-00642	2023 年 8 月 27 日	在产	
49			4600t/d 新型干法水泥生产线（二线）	峨眉山市九里镇	2009 年 8 月	4600	5000	ϕ4. 8m×74m	XK08-001-00642	2023 年 8 月 27 日	在产	
50			4600t/d 新型干法水泥生产线（三线）	峨眉山市九里镇	2010 年 1 月	4600	5000	ϕ4. 8m×74m	XK08-001-00642	2023 年 8 月 27 日	在产	
51			4600t/d 新型干法水泥生产线（四线）	峨眉山市九里镇	2010 年 9 月	4600	5000	ϕ4. 8m×74m	XK08-001-00642	2023 年 8 月 27 日	在产	
52			4600t/d 新型干法水泥生产线（五线）	峨眉山市九里镇	2010 年 9 月	4600	5000	ϕ4. 8m×74m	XK08-001-00642	2023 年 8 月 27 日	在产	
53			3000t/d 新型干法水泥生产线	峨眉山市罗目镇	2016 年 11 月	3000	4000	ϕ4. 6m×68m	XK08-001-00642	2023 年 8 月 27 日	在产	

续表

序号	市（州）	企业名称	生产线名称	建设地址	建成投产日期	核准或备案产能（t/d）	实际产能（t/d）	水泥窑（直径×长度）	生产许可证号	生产许可证有效期	生产状态（在产、停产）	备注
54	乐山市	四川峨眉山佛光水泥有限公司	4500t/d 新型干法水泥生产线	峨眉山市九里镇顺江村	2010 年 5 月	4500	5000	ϕ4.8m×74m	（川）XK08-001-00001	2024 年 4 月 25 日	在产	
55		四川省犍为宝马水泥有限责任公司	2500t/d 新型干法水泥生产线	犍为县玉津镇向坪村	2009 年 11 月	2500	2500	ϕ4.0m×60m	XK08-001-03366	2024 年 6 月 15 日	在产	
56		四川德胜水泥集团有限公司	4600t/d 新型干法水泥生产线	沙湾区沙湾镇顺河村	2010 年 5 月	4600	5000	ϕ4.8m×74m	XK08-001-04720	2025 年 7 月 28 日	在产	
57		嘉华特种水泥股份有限公司嘉华水泥总厂	2000t/d 特种水泥新型干法水泥生产线	沙湾区嘉农镇燎原村五组	2009 年 9 月	2000	2000	ϕ3.7m×54m	XK08-001-06846	2024 年 6 月 23 日	在产	
58		四川峨眉山西南水泥有限公司嘉华分公司	2000t/d 新型干法水泥生产线	峨眉山市罗目镇阳光村	2009 年 12 月	2500	2000	ϕ4.0m×60m	已过期	已过期	停产	2016 年 5 月停产，产能分别于 2021 年 1 月置换到南江县南江海螺水泥有限公司、2020 年 2 月置换到天全县西南水泥下属二郎山喇叭河水泥、2021 年 1 月置换到四川利万步森水泥有限公司
59		四川永祥新材料有限公司	综合利用电石渣建设 2000t/d 熟料干磨干烧水泥生产线	五通桥区竹根镇永祥路 102 号	2008 年 10 月	2000	2500	ϕ4.0m×60m	XK08-001-06628	2023 年 6 月 25 日	在产	

续表

序号	市（州）	企业名称	生产线名称	建设地址	建成投产日期	核准或备案产能（t/d）	实际产能（t/d）	水泥窑（直径×长度）	生产许可证号	生产许可证有效期	生产状态（在产、停产）	备注
60	眉山市	仁寿县人民特种水泥有限公司	2500t/d 新型干法水泥生产线	仁寿县宝飞镇花湾村	2007 年 7 月	2500	2500	ϕ4. 0m×60m	（川）XK08-001-06865	2024 年 7 月 10 日	在产	
61	眉山市	仁寿县汪洋建宝水泥有限公司	2500t/d 新型干法水泥生产线	仁寿县汪洋镇广石村	2009 年 9 月	2500	3300	ϕ4. 3m×64m	（川）XK08-001-01529	2022 年 10 月 8 日	在产	
62	眉山市	洪雅西南水泥有限公司	2500t/d 新型干法水泥生产线	洪雅县洪川镇曲沿村	2009 年 5 月	2500	/	ϕ4. 0m×60m	已过期	已过期	停产	2017 年 11 月停产，2019 年 8 月产能已置换至二郎山喇叭河水泥有限公司
63	眉山市	四川明坤建材有限责任公司	2500t/d 新型干法水泥生产线	彭山区青龙镇先锋村六组	2013 年 6 月	2500	2500	ϕ4. 0m×60m	（川）XK08-001-00031	2026 年 5 月 21 日	在产	2021 年 7 月产能已置换至江油红狮水泥有限公司
64	宜宾市	四川双马宜宾水泥制造有限公司	2500t/d 新型干法水泥生产线 1#线	珙县巡场镇塘坝村	2007 年 7 月	2500	2500	ϕ4. 0m×60	（川）XK08-001-00003	2026 年 1 月 27 日	在产	
65	宜宾市	四川双马宜宾水泥制造有限公司	2500t/d 新型干法水泥生产线 2#线	珙县巡场镇塘坝村	2012 年 6 月	2500	2500	ϕ4. 0m×60	（川）XK08-001-00003	2026 年 1 月 27 日	在产	
66	宜宾市	宜宾华福双三水泥建材有限责任公司	4000t/d 新型干法水泥生产线	珙县巡场镇白岩村	2012 年 7 月	4000	3000	ϕ4. 3m×63m	XK08-001-03558	2024 年 2 月 9 日	在产	
67	宜宾市	长宁红狮水泥有限公司	4000t/d 新型干法水泥生产线	长宁县硐底镇治平村	2011 年 12 月	4000	5500	ϕ5. 0m×74m	XK08-001-05366	2022 年 1 月 28 日	在产	
68	宜宾市	宜宾瑞兴实业有限公司	4000t/d 新型干法水泥生产线	兴文县古宋镇桃子坪村	2010 年 12 月	4000	5000	ϕ4. 8m×74m	（川）XK08-001-00025	2026 年 5 月 19 日	在产	

续表

序号	市（州）	企业名称	生产线名称	建设地址	建成投产日期	核准或备案产能（t/d）	实际产能（t/d）	水泥窑（直径×长度）	生产许可证号	生产许可证有效期	生产状态（在产、停产）	备注
69	宜宾市	四川筠连西南水泥有限公司	4000t/d 新型干法水泥生产线	筠连县巡司镇盐井村	2010 年 10 月	4000	5000	ϕ4. 8m×72m	XK08-001-05120	2023 年 9 月 23 日	在产	
70	宜宾市	宜宾海丰和锐有限公司水泥分公司	2500t/d 全电石渣制水泥生产线	江安县工业园区	2010 年 8 月	2500	2500	ϕ4. 0m×60m	（川）XK08-001-00014（04769）	2025 年 12 月 10 日	在产	
71	宜宾市	四川省长宁县金龙彩色水泥有限责任公司	干法旋窑	长宁县竹海镇竹园街 38 号	1989 年 9 月	500	/	ϕ2. 6m×40m	已过期	已过期	停产	2018 年 6 月停产
72	广安市	四川利万步森水泥有限公司	2500t/d 新型干法生产线	邻水县高滩镇石马河村	2005 年 3 月	2500	2500	ϕ4. 0m×60m	XK08-001-03453	2024 年 8 月 19 日	在产	
73	广安市	邻水红狮水泥有限公司	4000t/d 新型干法水泥生产线（一线）	邻水县合流镇四海社区	2009 年 12 月	4000	5000	ϕ4. 8m×74m	XK08-001-04503	2025 年 6 月 14 日	在产	
74	广安市	邻水红狮水泥有限公司	4000t/d 新型干法水泥生产线（二线）	邻水县合流镇四海社区	2010 年 4 月	4000	5000	ϕ4. 8m×74m	XK08-001-04503	2025 年 6 月 14 日	在产	
75	广安市	四川省广安腾飞华峰水泥有限公司	2500t/d 新型干法水泥生产线	前锋区桂兴镇桂南路路 88 号	2011 年 4 月	2500	3000	ϕ4. 3m×64m	XK08-001-06949	2024 年 11 月 19 日	停产	2021 年 11 月停产
76	广安市	四川省广安桂兴水泥有限公司	2500t/d 新型干法水泥生产线	前锋区桂兴镇桂南路 2 号	2009 年 8 月	2500	2500	ϕ4. 0m×60m	XK08-001-03771	2024 年 11 月 4 日	在产	
77	广安市	广安昌兴水泥有限公司	4500t/d 新型干法水泥生产线	前锋区三墩坎路 9 号	2011 年 6 月	4500	5000	ϕ4. 8m×74m	XK08-001-05284	2021 年 12 月 7 日	在产	
78	广安市	四川广建水泥有限公司	2500t/d 新型干法水泥生产线	华蓥市高兴镇李子垭村	2019 年 1 月	2500	2500	ϕ4. 0m×60m	XK08-001-06732	2024 年 1 月 8 日	停产	2021 年 1 月停产

续表

序号	市（州）	企业名称	生产线名称	建设地址	建成投产日期	核准或备案产能（t/d）	实际产能（t/d）	水泥窑（直径×长度）	生产许可证号	生产许可证有效期	生产状态（在产、停产）	备注
79	广安市	四川宏云建材有限公司	2800t/d 新型干法水泥生产线	华蓥市古桥街道古桥村	2014 年 1 月	2800	3000	φ4.3m×63m	（川）XK08-001-00004	2026 年 5 月 19 日	在产	
80			1200t/d 新型干法水泥生产线	华蓥市古桥街道古桥村	2005 年 11 月	1200	1200	φ3.3m×50m	（川）XK08-001-00004	2026 年 5 月 19 日	停产	2014 年 6 月停产，2021 年 1 月产能已置换至叙永红狮水泥有限公司
81		华蓥台泥水泥有限公司	4000t/d 新型干法水泥生产线	华蓥市溪口镇回龙村	2011 年 3 月	4000	5000	φ4.8m×72m	（川）XK08-001-00007	2026 年 2 月 18 日	在产	
82		四川华蓥西南水泥有限公司	4000t/d 新型干法水泥生产线	华蓥市天池镇白坝村	2009 年 11 月	4000	5000	φ4.8m×72m	（川）XK08-001-00045	2024 年 1 月 21 日	在产	
83	达州市	华新水泥（渠县）有限公司	4000t/d 新型干法水泥生产线（一线）	渠县卷硐镇	2009 年 10 月	4000	5500	φ5.0m×72m	XK08-001-04196	2025 年 1 月 11 日	在产	
84		四川亿鑫联水泥有限公司	2500t/d 新型干法水泥生产线	渠县三汇镇川水路 7 号	2009 年 7 月	2500	2500	φ4.0m×60m	XK08-001-06857	2024 年 7 月 2 日	在产	
85		达州海螺水泥有限责任公司	4500t/d 新型干法水泥生产线（一线）	大竹县石河镇	2009 年 3 月	4500	5000	φ4.8m×74m	XK08-001-04563	2025 年 7 月 6 日	在产	
86			4500t/d 新型干法水泥生产线（二线）	大竹县石河镇	2010 年 5 月	4500	5000	φ4.8m×74m	XK08-001-04563	2025 年 7 月 6 日	在产	
87		达州利森水泥有限公司	4000t/d 新型干法水泥生产线	大竹县双拱镇江水桥村	2009 年 9 月	4000	3000	φ4.3m×64m	XK08-001-04292	2025 年 3 月 12 日	在产	
88		达州利森水泥有限公司大竹分公司	2500t/d 新型干法水泥生产线	大竹县朝阳乡竹园村	2007 年 1 月	2500	2500	φ4.0m×60m	XK08-001-06613	2023 年 5 月 17 日	停产	2021 年 7 月停产，2020 年 11 月产能已置换至四川利万步森水泥有限公司二期项目

续表

序号	市（州）	企业名称	生产线名称	建设地址	建成投产日期	核准或备案产能（t/d）	实际产能（t/d）	水泥窑（直径×长度）	生产许可证号	生产许可证有效期	生产状态（在产、停产）	备注
89	达州市	华新水泥（万源）有限公司	2500t/d 新型干法水泥生产线	万源市官渡镇玛瑙溪村 128 号	2010 年 10 月	2500	2500	ϕ4.0m×56m	（川）XK08-001-04944	2024 年 6 月 15 日	在产	
90	雅安市	四川省二郎山喇叭河水泥有限公司	2500t/d 熟料新型干法水泥生产线	天全县工业集中区	2011 年 3 月	2500	2500	ϕ4.0m×60m	（川）XK08-001-00029	2026 年 6 月 5 日	在产	
91		四川省皓宇水泥有限责任公司	3000t/d 新型干法水泥生产线	天全县始阳镇新村村	2009 年 6 月	3000	2500	ϕ4.0m×60m	（川）XK08-001-00012	2025 年 11 月 29 日	在产	
92		四川雅安西南水泥有限公司	4000t/d 新型干法水泥生产线	天全县小河镇沙坪村	2011 年 1 月	4000	4000	ϕ4.5m×64m	（川）XK08-001-00002	2026 年 1 月 19 日	在产	
93		四川泰昌建材集团有限公司	2500t/d 熟料新型干法水泥生产线	汉源县河西乡香林村	2009 年 8 月	2500	2500	ϕ4.0m×60m	（川）XK08-001-00010	2025 年 12 月 23 日	在产	
94	巴中市	巴中海螺水泥有限责任公司	4500t/d 新型干法水泥生产线	南江县集州街道海螺社区	2015 年 1 月	4500	5000	ϕ4.8m×74m	XK08-001-06070	2025 年 6 月 14 日	在产	
95		南江县水泥集团有限公司	立改旋 30 万吨熟料生产线	南江县公山镇永红村	2009 年 3 月	1000	1000	ϕ3.2m×52m	（川）XK08-001-00017	2024 年 06 月 05 日	在产	
96		四川南威水泥有限公司	2500t/d 熟料新型干法水泥生产线	南江县东榆镇跃进村、华光村	2009 年 4 月	2500	2500	ϕ4.0m×60m	XK-08-001-06925	2028 年 1 月 1 日	停产	2020 年 12 月停产，2021 年 1 月产能已置换至南江海螺水泥有限责任公司
97	资阳市	四川成实天鹰水泥有限公司资阳分公司	2500t/d 新型干法水泥生产线	雁江区丰裕镇护耳村	2009 年 9 月	2500	2500	ϕ4.0m×60m	（川）XK08-001-00048	2024 年 10 月 13 日	在产	
98	阿坝州	四川省兆迪水泥有限责任公司	2500t/d 新型干法水泥生产线	汶川县漩口镇	2010 年 1 月	2500	2500	ϕ4.0m×60m	XK08-001-05985	2025 年 2 月 14 日	在产	

续表

序号	市（州）	企业名称	生产线名称	建设地址	建成投产日期	核准或备案产能（t/d）	实际产能（t/d）	水泥窑（直径×长度）	生产许可证号	生产许可证有效期	生产状态（在产、停产）	备注
99	甘孜州	康定跑马山水泥有限责任公司	2500t/d 新型干法水泥生产线	康定市雅拉乡蒙庆村	2020 年 5 月	2500	2500	ϕ4. 5m×50m	XK08-001-06948	2024 年 11 月 19 日	在产	
100		四川泸定山盛水泥有限公司	2000t/d 新型水泥干法生产线	泸定县兴隆镇兴隆村	2010 年 3 月	2000	1500	ϕ3. 5m×56m	XK08-001-00008	2025 年 9 月 7 日	在产	
101		巴塘卓帆水泥有限责任公司	2500t/d 新型干法水泥生产线	甘孜藏族自治州巴塘县莫多乡桑龙西村	在建	2500	—	ϕ4. 0m×60m	—	—	在建	
102	凉山州	四川省盐源金冠水泥有限公司	2500t/d 新型干法水泥生产线	盐源县龙塘镇下海村	2010 年 6 月	2500	2500	ϕ4. 0m×60m	XK08-001-04429	2025 年 5 月 24 日	在产	
103		四川省乃托特种水泥有限公司	2000t/d 新型干法水泥生产线	越西县越城镇乃托村	2009 年 11 月	2000	1500	ϕ3. 5mm×54m	XK08-001-01521	2024 年 3 月 17 日	在产	
104		四川省宁南县白鹤滩水泥有限责任公司	2500t/d 新型干法水泥生产线	宁南县松新镇三岔河街	2013 年 3 月	2500	2500	ϕ4. 0m×60m	XK08-001-06791	2024 年 4 月 25 日	在产	
105		四川嘉华锦屏特种水泥有限责任公司	2500t/d 新型干法水泥生产线	冕宁县泸沽镇	2007 年 10 月	2500	2500	ϕ4. 0m×60m	（川）XK08-001-00016	2025 年 12 月 21 日	在产	
106			2500t/d 新型干法水泥生产线	冕宁县泸沽镇	2011 年 3 月	2500	2500	ϕ4. 0m×60m	（川）XK08-001-00016	2025 年 12 月 21 日	在产	
107		西昌航天水泥有限责任公司	2000t/d 新型干法水泥生产线	西昌市经久乡周屯村	2007 年 2 月	2000	2500	ϕ4. 0m×60m	XK08-001-05522	2022 年 7 月 19 日	在产	
108		昭觉金鑫水泥有限责任公司	2500t/d 新型干法水泥生产线	昭觉县竹核镇大温泉村	2012 年 5 月	2500	2500	ϕ4. 0m×60m	XK08-001-02638	2023 年 5 月 7 日	在产	
109		会东利森水泥有限公司	2500t/d 新型干法水泥生产线	会东县小岔河村	2010 年 11 月	2500	2500	ϕ4. 0m×60m	（川）XK08-001-00011	2026 年 5 月 19 日	在产	

贵州省水泥熟料生产线清单（截止 2020 年 12 月 31 日）

序号	企业名称	生产线名称	建设地址	建成投产时间	设计产能（t/d）	水泥窑（直径×长度）
一、贵阳市（10 户企业，共 12 条生产线）						
1	贵州麟山水泥有限责任公司	日产 2500 吨熟料新型干法水泥生产线	贵阳市花溪区燕楼乡蒙谷村羊洞	2014 年 7 月	2500	ϕ4m×60m
2	贵州开阳紫江水泥有限公司	日产 2500 吨熟料新型干法水泥生产线	开阳县城关镇鱼上村	2010 年 10 月	2500	ϕ4m×60m
3	贵阳海螺盘江水泥有限责任公司	日产 4500 吨熟料新型干法水泥生产线（1 线）	清镇市站街镇茶林村	2010 年 6 月	4500	ϕ4. 8m×74m
		日产 4500 吨熟料新型干法水泥生产线（2 线）	清镇市站街镇茶林村	2012 年 4 月	4500	ϕ4. 8m×74m
		日产 4500 吨熟料新型干法水泥生产线（3 线）	清镇市站街镇茶林村	2015 年 5 月	4500	ϕ4. 8m×74m
4	贵州清镇西南水泥有限公司	日产 2500 吨熟料新型干法水泥生产线	清镇市站街镇站南路	2008 年	2500	ϕ4m×60m
5	贵州息烽仁都建材有限公司	年产 16 万吨硫铝酸盐特种水泥生产线	息烽县永靖镇马当田村	2013 年 5 月	438	ϕ2. 5m×45m
6	贵州宇丰熔料有限公司	铝酸钙粉、铝酸盐水泥生产线	修文县扎佐镇兴红村	2005 年 3 月	273	ϕ2. 5m×45m
7	贵州金久水泥有限公司	日产 4000 吨熟料水泥生产线	修文县久长镇金桥村	2010 年 6 月	4000	ϕ4. 8m×72m
8	贵州奇峰工贸有限责任公司	铝酸钙粉、铝酸盐水泥生产线	修文县久长镇兴隆村	1997 年 1 月	465	ϕ2. 5m×43. 3m
9	贵州苗岭建材有限公司	日产 2500 吨熟料新型干法水泥生产线	清镇市红枫湖镇	2011 年	2500	ϕ4m×60m
10	贵州水泥厂（贵州乌江水泥有限责任公司）	日产 2500 吨熟料新型干法水泥生产线	贵阳市观山湖区金华镇上铺村	2010 年	2500	ϕ4. 3m×60m
二、遵义市（13 户企业，共 14 条生产线）						
1	凤冈县西部水泥有限公司	日产 2000 吨熟料新型干法水泥生产线	凤冈县龙泉镇三坝村	2009 年 6 月	2000	ϕ4. 3m×60m
2	仁怀市建台水泥厂	日产 2000 吨熟料新型干法水泥生产线	仁怀市五马镇建台水泥厂区内	2009 年 9 月	2000	ϕ3. 8m×54m
3	国家电投集团贵州金元绥阳产业有限公司	日产 3000 吨熟料新型干法水泥生产线	绥阳县蒲场镇沿河村	2012 年 4 月	3000	ϕ4. 3m×64m
4	遵义海螺盘江水泥有限责任公司	日产 4500 吨熟料新型干法水泥生产线（1 线）	遵义市汇川区董公寺镇割麻村	2012 年 9 月	4500	ϕ4. 8m×74m
		日产 4500 吨熟料新型干法水泥生产线（2 线）	遵义市汇川区董公寺镇割麻村	2013 年 1 月	4500	ϕ4. 8m×74m
5	遵义赛德水泥有限公司	日产 4500 吨熟料新型干法水泥生产线	遵义市南部新区深溪镇	2019 年 6 月	4500	ϕ4. 7m×72m
6	习水赛德水泥有限公司	日产 2500 吨熟料新型干法水泥生产线	习水县九龙街道图书村	2014 年 6 月	2500	ϕ4m×60m

续表

序号	企业名称	生产线名称	建设地址	建成投产时间	设计产能（t/d）	水泥窑（直径×长度）
7	道真仡佬苗族自治县宏业水泥有限责任公司	日产2000吨熟料新型干法水泥生产线	道真县上坝五星村	2011年3月	2000	ϕ3.5m×56m
8	贵州瑞溪水泥发展有限公司	日产2000吨熟料新型干法水泥生产线	正安县瑞溪镇燕子坝村燕子坝组	2011年6月	2000	ϕ4m×60m
9	播州西南水泥有限公司（原遵义砺锋水泥有限公司）	日产4600吨熟料新型干法水泥生产线	遵义市播州区三岔镇	2010年1月	4600	ϕ4.8m×72m
10	贵州源锦水泥有限公司（原贵州永福贵水泥有限公司）	日产5000吨熟料新型干法水泥生产线	桐梓县茅石镇幸福路10号	2014年3月	5000	ϕ4.8m×72m
11	贵州新双龙水泥有限责任公司	日产2000吨熟料新型干法水泥生产线	遵义市播州区乌江镇董家坪	2009年9月	2000	ϕ4m×60m
12	遵义恒聚水泥有限公司	日产2000吨熟料新型干法水泥生产线	遵义市播州区三合镇阁庄村	2014年12月	2000	ϕ4m×60m
13	贵州江葛水泥有限责任公司	日产2500吨熟料新型干法水泥生产线	湄潭县黄家坝镇岩孔坝村	2016年4月	2500	ϕ4.3m×52m
三、六盘水市（7户企业，共9条生产线）						
1	贵州六矿瑞安水泥有限公司	日产2500吨熟料新型干法水泥生产线	六枝特区木岗镇	2008年10月	2500	ϕ4m×60m
		日产4500吨熟料新型干法水泥生产线	六枝特区木岗镇	2014年5月	4500	ϕ4.8m×74m
2	贵州黔桂三合水泥有限责任公司	日产2500吨熟料新型干法水泥生产线	盘州市两河街道办	2009年9月	2500	ϕ4.2m×60m
3	贵州博宏实业有限责任公司水泥分公司	日产2000吨熟料新型干法水泥生产线	水城县老鹰山街道	2009年3月	2000	ϕ4m×60m
4	水城海螺盘江水泥有限责任公司	日产2500吨熟料新型干法水泥生产线	水城县老鹰山街道	2011年3月	2500	ϕ4m×60m
		日产3200吨熟料新型干法水泥生产线	水城县老鹰山街道	2013年4月	3200	ϕ4.3m×64m
5	贵州水城瑞安水泥有限公司	日产2000吨熟料新型干法水泥生产线	钟山区响水河	2004年10月	2000	ϕ4m×60m
6	贵州六盘水豪龙水泥有限公司	日产4800吨熟料新型干法水泥生产线	钟山区双戛乡	2013年6月	4800	ϕ4.8m×72m
7	贵州昊龙胜境建材有限责任公司	日产4500吨熟料新型干法水泥生产线	盘州市鸡场坪镇	2018年6月	4500	ϕ4.8m×72m
四、安顺市（5户企业，共6条生产线）						
1	贵州超宇水泥有限责任公司	日产2500吨熟料新型干法水泥生产线	普定县马官镇	2009年12月	2500	ϕ4m×60m
2	普定明达水泥有限公司	日产1000吨熟料新型干法水泥生产线	普定县白岩镇	2005年9月	1000	ϕ3m×50m

续表

序号	企业名称	生产线名称	建设地址	建成投产时间	设计产能（t/d）	水泥窑（直径×长度）
3	贵州紫云西南水泥有限公司	日产3200吨熟料新型干法水泥生产线	紫云县猫营镇	2014年9月	3200	ϕ4.3m×64m
4	台泥（安顺）水泥有限公司	日产4000吨熟料新型干法水泥生产线（1线）	安顺市平坝区城东南郊	2011年5月	4000	ϕ4.8m×74m
		日产4000吨熟料新型干法水泥生产线（2线）	安顺市平坝区城东南郊	2012年6月	4000	ϕ4.8m×74m
5	贵州港安水泥有限公司	日产3000吨熟料新型干法水泥生产线	关岭自治县顶云乡	2011年10月	3000	ϕ4m×60m
五、毕节市（10户企业，共10条生产线）						
1	毕节赛德水泥有限公司	日产2500吨熟料新型干法水泥生产线	毕节市七星关区鸭池镇哈啷村	2010年8月	2500	ϕ4m×60m
2	贵州毕节江天水泥有限公司	日产3200吨熟料新型干法水泥生产线	毕节市梨树镇红菠萝村	2012年5月	3200	ϕ4.3m×64m
3	贵州省毕节市水泥厂	日产2000吨熟料新型干法水泥生产线	毕节市七星关区观音桥办事处白家湾组	2010年1月	2000	ϕ3.8m×54m
4	贵州纳雍隆庆乌江水泥有限公司	日产3200吨熟料新型干法水泥生产线	纳雍县寨乐镇雍后村	2010年9月	3200	ϕ4.2m×60m
5	赫章县黔沪水泥有限责任公司	日产1000吨熟料新型干法水泥生产线	赫章县妈姑镇砂石村	2011年4月	1000	ϕ3.5m×54m
6	贵州威宁西南水泥有限公司	日产3200吨熟料新型干法水泥生产线	威宁县金钟村镇冒水村	2011年4月	3200	ϕ4.3m×64m
7	贵州织金西南水泥有限公司	日产2500吨熟料新型干法水泥生产线	织金县三甲街道木噶村	2011年4月	2500	ϕ4m×60m
8	贵州黔西西南水泥有限公司	日产2500吨熟料新型干法水泥生产线	黔西县绿化乡丰收村	2010年8月	2500	ϕ4.3m×60m
9	华润水泥（金沙）有限公司	日产2500吨熟料新型干法水泥生产线	金沙县木孔镇关渡村	2014年7月	4500	ϕ4.8m×72m
10	大方永贵建材有限公司	日产2500吨熟料新型干法水泥生产线	大方县东关乡岩下村	2011年3月	2500	ϕ4.3m×60m
六、铜仁市（8户企业，共9条生产线）						
1	铜仁海螺盘江水泥有限公司	日产4500吨熟料水泥生产线（1线）	铜仁市碧江区河西办事处	2015年1月	4500	ϕ4.8m×74m
		日产4500吨熟料水泥生产线（2线）	铜仁市碧江区河西办事处	2015年10月	4500	ϕ4.8m×74m
2	德江资兆建材有限公司	日产2500吨熟料水泥生产线	德江县共和镇	2009年10月	2500	ϕ4m×60m
3	贵州科特林水混有限公司	日产2500吨熟料水泥生产线	玉屏县田坪镇	2008年8月	2500	ϕ4m×60m
4	贵州省松桃县高力水泥实业有限公司	日产2500吨熟料水泥生产线	松桃县寨英镇	2009年9月	2500	ϕ4m×60m

续表

序号	企业名称	生产线名称	建设地址	建成投产时间	设计产能（t/d）	水泥窑（直径×长度）
5	贵州沿河西南水泥有限公司	日产3200吨熟料水泥生产线	沿河县淇滩镇	2014年12月	3200	ϕ4.3m×64m
6	贵州思南西南水泥有限公司	日产2500吨熟料水泥生产线	思南县邵家桥镇	2010年6月	2500	ϕ4m×60m
7	贵州佛顶山水泥有限公司	日产3200吨熟料水泥生产线	石阡县坪山乡	2018年11月	3200	ϕ4.3m×64m
8	贵州梵净山金顶水泥有限公司	日产2500吨熟料水泥生产线	印江县郎溪镇	2009年9月	2500	ϕ4m×60m
七、黔东南州（8户企业，共9条生产线）						
1	贵州凯里瑞安建材有限公司	日产2500吨熟料新型干法水泥生产线（1线）	凯里市洗马河街道新苕村	2008年12月	2500	ϕ4m×60m
		日产2500吨熟料新型干法水泥生产线（2线）	凯里市洗马河街道新苕村	2013年3月	2500	ϕ4m×60m
2	麻江明达水泥有限公司	日产2500吨熟料新型干法水泥生产线	麻江县杏山街道谷羊村	2009年	2500	ϕ4m×60m
3	贵州从江明达水泥有限公司	日产2500吨熟料新型丁法水泥生产线	从江县贯洞镇腊阳村	2012年10月	2500	ϕ4m×60m
4	黎平县华新建材有限公司	日产2500吨熟料新型干法水泥生产线	黎平县高屯小里建材产业园	2013年10月	2500	ϕ4.0m×64m
5	贵州锦屏和泰水泥有限公司	日产2500吨熟料新型干法水泥生产线	锦屏县敦寨镇敦寨村梨子坪	2013年9年	2500	ϕ4m×60m
6	贵州茂鑫水泥有限责任公司	日产4500吨熟料新型干法水泥生产线	岑巩县水尾镇新场村	2016年1月	7500	ϕ5.4m/5.6m×78m
7	贵州东立水泥有限公司	日产2500吨熟料新型干法水泥生产线	镇远县青溪镇五里牌王家地	2010年3月	2500	4m×60m
8	贵州黄平尖峰水泥有限公司	日产4500吨熟料新型干法水泥生产线	贵州省黄平县谷陇镇工业园区	2020年11月	4500	ϕ4.8m×74m
八、黔南州（11户企业，共13条生产线）						
1	瓮安县玉山水泥（厂）有限公司	日产2000吨熟料新型干法水泥生产线	瓮安县玉山镇北街	2012年7月	2000	ϕ4m×60m
2	黔南州宏安建材有限公司（原名长顺凯峰水泥有限责任公司）	日产2500吨熟料新型干法水泥生产线	长顺县威远工业园区	2013年4月	2500	ϕ4m×60m
3	贵州福泉西南水泥有限公司	日产3200吨熟料新型干法水泥生产线	福泉市马场坪办事处甘巴哨村	2011年9月	3200	ϕ4.3m×64m
4	贵州中诚水泥有限公司	日产2500吨熟料新型干法水泥生产线	独山县百泉镇羊凤村	2010年10月	2500	ϕ4m×60m
5	贵州惠水西南水泥有限公司	日产4500吨熟料新型干法水泥生产线	惠水县长田工业园区（大坝D区）	2011年5月	4500	ϕ5.4m/5.8m×78m

续表

序号	企业名称	生产线名称	建设地址	建成投产时间	设计产能（t/d）	水泥窑（直径×长度）
6	贵州豪龙水泥有限公司	日产3200吨熟料新型干法水泥生产线	惠水县长田工业园区	2008年6月	3200	ϕ4.3m×66m
7	贵州都匀豪龙水泥有限公司	日产4000吨熟料新型干法水泥生产线	都匀市墨冲镇	2010年4月	4000	ϕ4.3m×66m
8	龙里红狮水泥有限公司	日产4000吨熟料新型干法水泥生产线（1线）	龙里县谷脚镇岩后村	2010年9月	4000	ϕ4.8m×72m
		日产4000吨熟料新型干法水泥生产线（2线）	龙里县谷脚镇岩后村	2013年12月	4000	ϕ5.6m×76m
9	贵定海螺盘江水泥有限责任公司	日产4500吨熟料新型干法水泥生产线（1线）	贵定县德新镇	2010年4月	4500	ϕ4.8m×74m
		日产4500吨熟料新型干法水泥生产线（2线）	贵定县德新镇	2013年6月	4500	ϕ4.8m×74m
10	贵州三都西南水泥有限公司	日产2500吨熟料新型干法水泥生产线	三都县中和镇塘州社区	2010年10月	2500	ϕ4m×60m
11	贵州金兴实业投资有限公司	日产4500吨熟料新型干法水泥生产线	独山县麻尾镇兴隆村甲腾	2020年10月	4500	ϕ4.8m×72m
九、黔西南州（8户企业，共8条生产线）						
1	贵州黔桂金州建材有限公司	日产4500吨熟料新型干法水泥生产线	兴义市清水河镇金星村	2013年3月	4500	ϕ5m×74m
2	贵州晴隆盘江水泥有限责任公司	日产2500吨熟料新型干法水泥生产线	晴隆县光照镇孟寨村	2014年3月	2500	ϕ5.2m×74m
3	贵州森垚水泥有限公司	日产2500吨熟料新型干法水泥生产线	望谟县平绕村弄劳坡	2013年6月	2500	ϕ4m×60m
4	贵州德隆水泥有限公司	日产3000吨熟料新型干法水泥生产线	册亨县者楼镇红旗村	2013年6月	3000	ϕ4.3m×64m
5	贵州兴义西南水泥有限公司	日产2000吨熟料新型干法水泥生产线	兴义市郑屯镇前丰村	2008年7月	2000	ϕ4.3m×60m
6	黔西南州发展资源开发有限公司	日产2000吨熟料新型干法水泥生产线	安龙县新桥镇海子坝村	2013年10月	2000	ϕ4.3m×64m
7	华新贵州顶效特种水泥有限公司	日产1000吨熟料新型干法水泥生产线	黔西南州义龙新区合心村	2002年10月	1000	ϕ3.3m×50m
8	贵州荣盛（集团）建材有限公司	日产4500吨熟料新型干法水泥生产线	兴义市郑屯镇绒泥村团结组	2013年12月	4500	ϕ5.4m×78m

填写说明：1. 每户企业每条生产线填写一行，1户企业若有多条生产线请填写多行；2. 已淘汰的落后产能、已拆除且获得奖补资金的产能不再填写；3. 设计产能是指项目申请核准或报送备案文件上标注的产能；4. 实际产能指实际建成投产的产能。

附件 1

2021 年云南省水泥熟料生产线清单

序号	州市	地址	企业名称	生产线名称	水泥回转窑规格和产能		建成投产日期	设计（批复）产能（t/d）	备注
					规格（直径×长度）	产能（t/d）			
1	昆明市	安宁区	云南昆钢嘉华水泥建材有限公司	5000t/d 熟料新型干法水泥生产线	φ4.8m×72m	5000	2006 年 9 月	4000	
2				2500t/d 熟料新型干法水泥生产线	φ4.0m×58m	2500	2003 年 6 月	2000	
3		富民县	华新水泥（富民）有限公司	2500t/d 熟料新型干法水泥生产线	φ4.0m×58m	2500	2009 年 4 月	2000	
4		石林县	昆明海螺水泥有限公司	2500t/d 熟料新型干法水泥生产线	φ4.0m×60m	2500	2010 年 10 月	2500	
5		东川区	华新水泥（昆明东川）有限公司	2500t/d 熟料新型干法水泥生产线	φ4.0m×56m	2500	2010 年 11 月	2000	
6		空港区	云南华新东骏水泥有限公司	5000t/d 熟料新型干法水泥生产线	φ4.8m×74m	5000	2005 年 6 月	4000	
7		寻甸县	云南建工云岭水泥有限公司	1167t/d 熟料新型干法水泥生产线	φ3.3m×52m	1167	2009 年 10 月	2000	
8		西山区	云南高翔特种水泥有限公司	特种水泥生产线	φ1.8m/2m×38m		1997 年 1 月		
9		宜良县	宜良红狮水泥有限公司	5000t/d 熟料新型干法水泥生产线	φ4.8m×74m	5000	2009 年 12 月	4000	
10				5000t/d 熟料新型干法水泥生产线	φ4.8m×74m	5000	2012 年 5 月	4000	
11		宜良县	云南宜良西南水泥有限公司	2500t/d 熟料新型干法水泥生产线	φ4.0m×60m	2500	2008 年 6 月	2500	
12				2500t/d 熟料新型干法水泥生产线	φ4.0m×60m	2500	2010 年 6 月	2500	
13		富民县	富民金锐水泥建材有限责任公司	2500t/d 熟料新型干法水泥生产线	φ4.0m×60m	2500	2011 年 1 月	2000	
14		禄劝县	昆明崇德水泥有限公司	4000t/d 熟料新型干法水泥生产线	φ4.6m×72m	4000	2019 年 8 月	4000	
15		寻甸县	昆明东山水泥生产有限公司	2500t/d 熟料新型干法水泥生产线	φ4.0m×60m	2500	2017 年 12 月	2500	
16		阳宗海	明良汇江水泥制造有限公司	2500t/d 熟料新型干法水泥生产线	φ4.0m×60m	2500	2019 年 12 月	2500	
17	曲靖市	麒麟区	云南曲靖雄业水泥有限责任公司	2500t/d 熟料新型干法水泥生产线	φ4.0m×60m	2500	2010 年 7 月	2000	
18				2500t/d 熟料新型干法水泥生产线	φ4.0m×60m	2500	2013 年 6 月	2500	
19		宣威市	曲靖市宣威宇恒水泥有限公司	1167t/d 熟料新型干法水泥生产线	φ3.3m×50m	1167	2004 年 9 月	1000	
20				2500t/d 熟料新型干法水泥生产线	φ4.0m×60m	2500	2007 年 12 日	3000	

续表

序号	州市	地址	企业名称	生产线名称	水泥回转窑规格和产能		建成投产日期	设计（批复）产能（t/d）	备注
					规格（直径×长度）	产能（t/d）			
21	曲靖市	宣威市	曲靖市宣威宇恒水泥有限公司宣峰分公司	2500t/d 熟料新型干法水泥生产线	ϕ4.0m×60m	2500	2009年4月	2500	
22	曲靖市	会泽县	会泽金塬水泥有限公司	3000t/d 熟料新型干法水泥生产线	ϕ4.3m×64m	3000	2012年5月	3000	
23	曲靖市	会泽县	会泽滇北工贸有限公司	2500t/d 熟料新型干法水泥生产线	ϕ4.0m×56m	2500	2007年12月	2000	
24	曲靖市	陆良县	云南滇东水泥有限公司	2500t/d 熟料新型干法水泥生产线	ϕ4.0m×60m	2500	2007年1月	2000	
25	曲靖市	陆良县	云南远东水泥有限责任公司	2500t/d 熟料新型干法水泥生产线	ϕ4.0m×60m	2500	2007年5月	2500	
26	曲靖市	陆良县	云南远东水泥有限责任公司	2500t/d 熟料新型干法水泥生产线	ϕ4.0m×60m	2500	2010年1日	2500	
27	曲靖市	宣威市	云南远东亚鑫水泥有限责任公司	2500t/d 熟料新型干法水泥生产线	ϕ4.0m×60m	2500	2011年12日	3000	
28	曲靖市	师宗县	云南师宗西南水泥有限公司	2500t/d 熟料新型干法水泥生产线	ϕ4.0m×60m	2500	2011年9月	2000	
29	曲靖市	师宗县	曲靖昆钢嘉华水泥建材有限公司	5000t/d 熟料新型干法水泥生产线	ϕ4.8m×72m	5000	2009年2月	4000	
30	曲靖市	马龙县	曲靖天恒工业有限公司	1167t/d 熟料新型干法水泥生产线	ϕ3.3m×50m	1167	2007年7月	2000	
31	曲靖市	富源县	富源县宏发恒际水泥有限公司	2500t/d 熟料新型干法水泥生产线	ϕ4.0m×60m	2500	2011年2月	2000	
32	曲靖市	陆良县	云南宇东水泥有限公司	2500t/d 熟料新型干法水泥生产线	ϕ4.0m×60m	2500	2012年10月	2500	
33	曲靖市	罗平县	曲靖际丰水泥有限公司	2833t/d 熟料新型干法水泥生产线	ϕ4.2m×60m	2833	2007年8月	2000	
34	昭通市	昭阳区	华新水泥（昭通）有限公司	4000t/d 熟料新型干法水泥生产线	ϕ4.4m/4.6m×60m	4000	2006年5月	4000	
35	昭通市	大关县	昭通昆钢嘉华水泥建材有限公司	2500t/d 熟料新型干法水泥生产线	ϕ4.0m×60m	2500	2012年12月	2500	
36	昭通市	绥江县	绥江县永固水泥有限责任公司	2500t/d 熟料新型干法水泥生产线	ϕ4.0m×60m	2500	2009年4月	2000	
37	昭通市	镇雄县	镇雄县三和建材有限公司	2500t/d 熟料新型干法水泥生产线	ϕ4.0m×60m	2500	2013年6月	2000	
38	昭通市	鲁甸县	云南昊龙实业集团有限公司水泥厂	2500t/d 熟料新型干法水泥生产线	ϕ4.0m×54m	2500	2008年7月	2500	
39	昭通市	巧家县	云南昊龙实业集团巧家白鹤滩建材有限公司	2500t/d 熟料新型干法水泥生产线	ϕ4.0m×60m	2500	2011年5月	2500	

续表

序号	州市	地址	企业名称	生产线名称	水泥回转窑规格和产能		建成投产日期	设计（批复）产能（t/d）	备注
					规格（直径×长度）	产能（t/d）			
40	昭通市	昭阳区	昭通得云建材有限责任公司	4000t/d 熟料新型干法水泥生产线	ϕ4.6m×64m	4000	2013 年 10 月	4000	
41	昭通市	威信县	威信得云建材有限责任公司	2500t/d 熟料新型干法水泥生产线	ϕ4.0m×60m	2500	2020 年 11 月	2500	
42	普洱市	思茅区	云南尖峰水泥有限公司	3000t/d 熟料新型干法水泥生产线	ϕ4.3m×64m	3000	2012 年 8 月	3000	
43	普洱市	思茅区	云南普洱西南水泥有限公司	2500t/d 熟料新型干法水泥生产线	ϕ4.0m×60m	2500	2010 年 12 月	2500	
44	普洱市	澜沧县	澜沧三环建材有限公司	3000t/d 熟料新型干法水泥生产线	ϕ4.3m×64m	3000	2015 年 3 月	3000	
45	普洱市	宁洱县	云南普洱天恒水泥有限责任公司	5000t/d 熟料新型干法水泥生产线	ϕ4.8m×72m	5000	2013 年 6 月	4000	
46	普洱市	镇沅县	普洱昆钢嘉华水泥建材有限公司	4000t/d 熟料新型干法水泥生产线	ϕ4.6m×72m	4000	2016 年 9 月 30	4000	
47	普洱市	景谷县	景谷红狮水泥有限公司	3000t/d 熟料新型干洪水泥生产线	ϕ4.3m×64m	3000	2020 年 6 月	3000	
48	玉溪市	元江县	元江县永发水泥有限公司	1167t/d 熟料新型干法水泥生产线	ϕ3.3m×50m	1167	2008 年 4 月	1000	
49	玉溪市	元江县	元江县永发水泥有限公司	2500t/d 熟料新型干法水泥生产线	ϕ4.0m×60m	2500	2012 年 7 月	2500	
50	玉溪市	峨山县	峨山宏峰建材有限责任公司	3000t/d 熟料新型干法水泥生产线	ϕ4.3m×66m	3000	2012 年 4 月	2000	
51	玉溪市	易门县	云南中瑞（集团）建材有限公司	2500t/d 熟料新型干法水泥生产线	ϕ4.0m×54m	2500	2008 年 9 月	2000	
52	玉溪市	易门县	云南中瑞（集团）建材有限公司	2500t/d 熟料新型干法水泥生产线	ϕ4.0m×54m	2500	2012 年 10 月	2000	
53	玉溪市	易门县	云南易门大椿树水泥有限责任公司	4000t/d 熟料新型干法水泥生产线	ϕ4.6m×70m	4000	2021 年 1 月	4000	
54	玉溪市	华宁县	华宁玉珠水泥有限公司	3333t/d 熟料新型干法水泥生产线	ϕ4.4m×66m	3333	2011 年 4 月	3000	
55	玉溪市	华宁县	华宁玉珠水泥有限公司	5000t/d 熟料新型干法水泥生产线	ϕ4.8m×74m	5000	2019 年 2 月	5000	
56	玉溪市	红塔区	云南省活发集团刘总旗水泥有限公司	5000t/d 熟料新型干法水泥生产线	ϕ4.8m×74m	5000	2019 年 11 月	5000	
57	玉溪市	红塔区	玉溪市桥龙水泥有限公司	2500t/d 熟料新型干法水泥生产线	ϕ4.0m×60m	2500	2014 年 6 月	2500	
58	玉溪市	澄江县	云南澄江华荣水泥有限责任公司	2500t/d 熟料新型干法水泥生产线	ϕ4.0m×60m	2500	2009 年 3 月	2000	
59	玉溪市	澄江县	云南澄江华荣水泥有限责任公司	2500t/d 熟料新型干法水泥生产线	ϕ4.0m×60m	2500	2011 年 6 月	2000	

续表

序号	州市	地址	企业名称	生产线名称	水泥回转窑规格和产能		建成投产日期	设计（批复）产能（t/d）	备注
					规格（直径×长度）	产能（t/d）			
60	玉溪市	新平县	新平县瀛洲水泥有限责任公司	2500t/d 熟料新型干法水泥生产线	φ4.0m×60m	2500	2011 年 11 月	2000	
61	玉溪市	通海县	云南省通海秀山水泥有限责任公司	1167t/d 熟料新型干法水泥生产线	φ3.3m×50m	1167	2003 年 10 月	1000	
62	玉溪市	江川县	云南江川翠峰水泥有限公司	2100t/d 熟料新型干法水泥生产线	φ3.8m×54m	2100	2010 年	2000	
63	玉溪市	江川县	云南江川翠峰水泥有限公司	1167t/d 熟料新型干法水泥生产线	φ3.3m×50m	1167	2005 年 12 日	1000	
64	文山州	广南县	云南壮乡水泥股份有限公司	1500t/d 熟料新型干法水泥生产线	φ3.5m×60m	1500	2010 年 1 日	2000	
65	文山州	砚山县	云南兴建水泥有限公司	3667t/d 熟料新型干法水泥生产线	φ4.5m×62m	3667	2010 年 10 月	4000	
66	文山州	砚山县	云南兴建水泥有限公司	2500t/d 熟料新型干法水泥生产线	φ4.0m×60m	2500	2006 年 12 月	2000	
67	文山州	文山市	云南壮山实业股份有限公司	4500t/d 熟料新型干法水泥生产线	φ4.7m×74m	4500	2020 年 3 月	4500	
68	文山州	富宁县	云南富州水泥有限公司	2100t/d 熟料新型干法水泥生产线	φ3.8m×60m	2100	2014 年 6 月	2000	
69	文山州	砚山县	文山海螺水泥有限责任公司	4500t/d 熟料新型干法水泥生产线	φ4.7m×74m	4500	2015 年 1 月	4500	
70	文山州	砚山县	文山海螺水泥有限责任公司	4500t/d 熟料新型干法水泥生产线	φ4.7m×74m	4500	2018 年 1 月	4500	
71	临沧市	镇康县	镇康水泥建材有限公司	2500t/d 熟料新型干法水泥生产线	φ4.0m×60m	2500	2010 年 7 月	2000	
72	临沧市	沧源县	云南金江沧源水泥工业有限公司	2500t/d 熟料新型干法水泥生产线	φ4.0m×60m	2500	2014 年 7 月	2500	
73	临沧市	耿马县	华新水泥（临沧）有限公司	2500t/d 熟料新型干法水泥生产线	φ4.0m×60m	2500	2013 年 10 月	2000	
74	临沧市	凤庆县	凤庆县习谦水泥有限责任公司	4000t/d 熟料新型干法水泥生产线	φ4.6m×72m	4000	2015 年 1 月	4000	
75	红河州	建水县	红河州紫燕水泥有限责任公司	2500t/d 熟料新型干法水泥生产线	φ4.0m×60m	2500	2012 年 2 月	2000	
76	红河州	开远市	华新水泥（红河）有限公司	2500t/d 熟料新型干法水泥生产线	φ4.0m×58m	2500	2004 年 6 月	2000	
77	红河州	开远市	华新水泥（红河）有限公司	2500t/d 熟料新型干法水泥生产线	φ4.0m×58m	2500	2008 年 1 月	2000	
78	红河州	蒙自市	蒙自瀛洲水泥有限责任公司	2500t/d 熟料新型干法水泥生产线	φ4.0m×60m	2500	2009 年 9 月	2000	
79	红河州	弥勒县	弥勒市河湾水泥制造有限责任公司	2500t/d 熟料新型干法水泥生产线	φ4.0m×60m	2500	2012 年 8 月	2000	

续表

序号	州市	地址	企业名称	生产线名称	水泥回转窑规格和产能		建成投产日期	设计（批复）产能（t/d）	备注
					规格（直径×长度）	产能（t/d）			
80	红河州	泸西县	红河天宝水泥有限公司	2500t/d 熟料新型干法水泥生产线	ϕ4.0m×60m	2500	2014 年 2 月	2500	
81	红河州	绿春县	绿春县共达水泥有限公司	2100t/d 熟料新型干法水泥生产线	ϕ3.8m×60m	2100	2020 年 6 月	2000	
82	保山市	施甸县	保山昆钢嘉华水泥建材有限公司	3000t/d 熟料新型干法水泥生产线	ϕ4.3m×62m	3000	2007 年 7 月	3000	
83	保山市	施甸县	保山昆钢嘉华水泥建材有限公司	5000t/d 熟料新型干法水泥生产线	ϕ4.8m×74m	5000	2014 年 8 月	4000	
84	保山市	腾冲县	腾冲市腾越水泥有限公司	2500t/d 熟料新型干法水泥生产线	ϕ4.0m×60m	2500	2010 年 3 月	2500	
85	保山市	隆阳区	保山海螺水泥有限责任公司	4500t/d 熟料新型干法水泥生产线	ϕ4.7m×74m	4500	2014 年 3 月	4500	
86	保山市	龙陵县	龙陵海螺水泥有限责任公司	3000t/d 熟料新型干法水泥生产线	ϕ4.3m×64m	3000	2012 年 3 月	2500	
87	保山市	施甸县	云维保山有机化工有限公司	4000t/d 熟料新型干法水泥生产线	ϕ4.6m×68m	4000	2020 年 3 月	3000	
88	大理州	云龙县	华新水泥（云龙）有限公司	2500t/d 熟料新型干法水泥生产线	ϕ4.0m×58m	2500	2008 年 1 月	2000	
89	大理州	宾川县	云南红塔滇西水泥股份有限公司宾川分公司	6000t/d 熟料新型干法水泥生产线	ϕ5.2m×74m	6000	2019 年 12 月	6000	
90	大理州	鹤庆县	华润水泥（鹤庆）有限公司	3000t/d 熟料新型干法水泥生产线	ϕ4.3m×60m	3000	2008 年 5 月	2500	
91	大理州	鹤庆县	华润水泥（鹤庆）有限公司	3000t/d 熟料新型干法水泥生产线	ϕ4.3m×62m	3000	2011 年 7 月	2500	
92	大理州	弥渡县	华润水泥（弥渡）有限公司	2500t/d 熟料新型干法水泥生产线	ϕ4.0m×60m	2500	2011 年 6 月	2300	
93	大理州	弥渡县	华润水泥（弥渡）有限公司	5000t/d 熟料新型干法水泥生产线	ϕ4.8m×72m	5000	2014 年 7 月	4000	
94	大理州	祥云县	祥云县建材（集团）有限责任公司	1167t/d 熟料新型干法水泥生产线	ϕ3.3m×50m	1167	2002 年 10 月	1000	
95	大理州	祥云县	祥云建云水泥有限公司	4750t/d 熟料新型干法水泥生产线	ϕ4.75m×74m	4750	2020 年 6 月	4800	
96	大理州	剑川县	华新水泥（剑川）有限公司	2500t/d 熟料新型干法水泥生产线	ϕ4.0m×58m	2500	2007 年 2 月	2000	
97	大理州	永平县	永平无量山水泥有限责任公司	3667t/d 熟料新型干法水泥生产线	ϕ4.5m×64m	3667	2014 年 10 月	4000	

续表

序号	州市	地址	企业名称	生产线名称	水泥回转窑规格和产能		建成投产日期	设计（批复）产能（t/d）	备注
					规格（直径×长度）	产能（t/d）			
98	丽江市	永胜县	云南永保特种水泥有限责任公司	3000t/d 熟料新型干法水泥生产线	ϕ4.3m×64m	3000	2013年5月	3000	
99				1500t/d 熟料新型干法水泥生产线	ϕ3.5m×52m	1500	2002年6月	1500	
100				1500t/d 熟料新型干法水泥生产线	ϕ3.5m×52m	1500	2005年12日	1500	
101		古城区	云南永保特种水泥有限责任公司金山分公司	1167t/d 熟料新型干法水泥生产线	ϕ3.3m×52m	1167	2005年7月	2000	
102			丽江古城西南水泥有限公司	5000t/d 熟料新型干法水泥生产线	ϕ4.8m×72m	5000	2021年5月	5000	
103		宁浪县	丽江巨龙交通能源投资有限公司	2500t/d 熟料新型干法水泥生产线	ϕ4.0m×60m	2500	2021年8月	2500	
104		华坪县	华坪县定华能源建材有限责任公司	2500t/d 熟料新型干法水泥生产线	ϕ4.0m×60m	2500	2010年8月	2500	
105			华新水泥（丽江）有限公司	2500t/d 熟料新型干法水泥生产线	ϕ4.0m×58m	2500	2007年12月	2000	
106	德宏州	潞西市	云南芒市西南水泥有限公司	2500t/d 熟料新型干法水泥生产线	ϕ4.0m×60m	2500	2011年10月	2500	
107		盈江县	盈江县允罕水泥有限责任公司	4000t/d 熟料新型干法水泥生产线	ϕ4.6m×72m	4000	2016年6月	4000	
108		盈江县	盈江昆钢榕全水泥有限公司	2100t/d 熟料新型干法水泥生产线	ϕ3.8m×60m	2100	2015年7月	2000	
109	版纳州	景洪市	华新红塔水泥（景洪）有限公司	2500t/d 熟料新型干法水泥生产线	ϕ4.0m×56m	2500	2011年12月	2000	
110	迪庆州	香格里拉县	华新水泥（迪庆）有限公司	2500t/d 熟料新型干法水泥生产线	ϕ3.6m/4.0m×50m	2500	2011年1月	2000	
111			迪庆香格里拉昆钢鸿达水泥有限公司	2500t/d 熟料新型干法水泥生产线	ϕ4.0m×58m	2500	2016年3月	2500	
112	怒江州	泸水县	怒江昆钢水泥有限公司	2500t/d 熟料新型干法水泥生产线	ϕ4.0m×60m	2500	2015年5月	2500	

备注：1. 表中回转窑规格一栏是依据企业购买设备时的购买合同、设备铭牌、生产许可证等证明材料进行填写。2. 表中产能一栏是依据《工业和信息化部关于印发钢铁水泥玻璃行业产能置换实施办法的通知》（工信部原〔2017〕337号）中水泥熟料产能换算表进行换算填写。3. 统计截止日期2021年12月31日。

附件 2

2021 年云南省在建新建水泥熟料生产线清单

序号	州市	地址	企业名称	生产线名称	水泥回转窑规格和产能		在建或新建	设计（批复）产能（t/d）	备注
					规格（直径×长度）	产能（t/d）			
1	昆明市	宜良县	昆明宜良西南水泥有限公司	5000t/d 熟料新型干法水泥生产线	ϕ4. 8m×72m	5000	新建	5000	省工信厅公告（2021 年第 5 号）
2	曲靖市	富源县	云南富源西南水泥有限公司	7000t/d 熟料新型干法水泥生产线	ϕ5. 4m×72m	7000	在建	7000	省工信厅公告（2020 年第 18 号）
3		宣威市	曲靖市宣威宇恒水泥有限公司	6000t/d 熟料新型干法水泥生产线	ϕ5. 2m×78m	6000	新建	6000	省工信厅公告（2020 年第 19 号）
4	昭通市	彝良县	彝良晨狮建材有限公司	2500t/d 熟料新型干法水泥生产线	ϕ4. 0m×60m	2500	在建	2500	省工信厅公告（2017 年第 7 号）
5	大理州	祥云县	祥云建云水泥有限公司	3000t/d 熟料新型干法水泥生产线	ϕ4. 3m×74m	3000	在建	3000	省工信厅公告（2017 年第 19 号）
6	红河州	建水县	红河州紫燕水泥有限责任公司	4000t/d 熟料新型干法水泥生产线	ϕ4. 6m×70m	4000	新建	4000	省工信厅公告（2021 年第 6 号）
7		弥勒县	弥勒红狮水泥有限公司	4628t/d 熟料新型干法水泥生产线	ϕ4. 72m×78m	4628	在建	4628	省工信厅公告（2020 年第 20 号）
8	玉溪市	易门县	云南典集水泥有限公司	5000t/d 熟料新型干法水泥生产线	ϕ4. 8m×74m	5000	新建	5000	省工信厅公告（2021 年第 1 号）
9		弥勒县	云南玉昆永发水泥有限公司	4000t/d 熟料新型干法水泥生产线	ϕ4. 6m×70m	4000	新建	4000	省工信厅公告（2021 年第 7 号）

注：统计截止日期为 2021 年 12 月 31 日。

西藏自治区水泥熟料生产线清单（截至日期 2021 年 3 月 25 日）

填报处室：原材料工业处

序号	企业名称	生产线名称	建设地址	建成投产日期	设计产能（t/d）	实际产能（t/d）	窑规格（直径×长度）	生产许可证号	备注
1	西藏高争建材股份有限公司	一线	拉萨市堆龙德庆区乃琼镇加木村	2002 年 4 月	2000	2500	ϕ4. 0m×60m	XK08-001-03224	
2		二线	拉萨市堆龙德庆区乃琼镇加木村	2009 年 3 月	2000	2500	ϕ4. 0m×60m		
3	西藏藏中建材股份有限公司	一线	拉萨市堆龙德庆区乃琼镇加木村	2017 年 4 月	4000	4500	ϕ4. 8m×74m		
4	西藏昌都高争建材股份有限公司	一线	卡若区特贡村经济技术开发区 D 坝区	2015 年 3 月	2000	2500	ϕ4. 3m×64m	XK08-001-06246	
5		二线	卡若区特贡村经济技术开发区 D 坝区	2020 年 12 月	2000	2500	ϕ4. 3m×64m	正在办理中	
6	西藏日喀则高新雪莲水泥有限公司	一线	萨迦县吉定镇加木村	2015 年 9 月	2000	2500	ϕ4. 0m×60m	XK08-001-06391	
7		二线	萨迦县吉定镇加木村	2018 年 9 月	2500	3000	ϕ4. 0m×60m		

续表

序号	企业名称	生产线名称	建设地址	建成投产日期	设计产能（t/d）	实际产能（t/d）	窑规格（直径×长度）	生产许可证号	备注
8	华新水泥（西藏）有限公司	一线	山南市桑日县绒乡冲达村	2004年10月	1000	1150	ϕ3.3m×50m	XK08-001-00092	
9		二线	山南市桑日县绒乡冲达村	2008年12月	2000	2200	ϕ3.6m×50m		
10	华新水泥（西藏）有限公司	三线	山南市桑日县绒乡冲达村	2018年8月	3000	3000	ϕ4.0m×60m	XK08-001-00092	
11	八宿海螺水泥有限责任公司	一线	八宿县白玛镇西巴村	2020年8月	2500	2500	ϕ4.3m×60m	XK08-001-00001（藏发）	
12	昌都开投海通水泥有限责任公司	一线	芒康县宗西乡海通沟	2020年9月	2000	2000	ϕ4.3m×64m	正在办理中	
13	拉萨城投祁连山水泥有限责任公司	一线	达孜区章多乡尊木采村	2020年7月	4000	4500	ϕ4.8m×72m	正在办理中	

陕西省水泥熟料生产线清单（截至2021年12月31日）

序号	企业名称	生产线名称	建设地址	建成投产时间	设计产能（t/d）	实际产能（t/d）	水泥窑（直径×长度）	备注
西安市								
1	西安蓝田尧柏水泥有限公司	日产2500吨熟料新型干法水泥生产线	蓝田县小寨镇西坡村	2007年4月	2500	2500	ϕ4.0m×60m	项目迁建已完成，正在拆除
2	西安蓝田尧柏水泥有限公司	日产2500吨熟料新型干法水泥生产线	蓝田县小寨镇西坡村	2007年8月	2500	2500	ϕ4.0m×60m	项目迁障已完成，正在拆除
3	西安西京水泥有限责任公司	1200t/d熟料生产线	西安市高陵区鹿苑街办银王村	2006年7月	1200	1000	、ϕ3.2m×50m	产能置换中，2019年12月已拆除
宝鸡市								
4	冀东海德堡（扶风）水泥有限公司	一线4000t/d新型干法水泥生产线	宝鸡扶风天度镇	2003年10月	4000	4500	ϕ4.7m×74m	
5	冀东海德堡（扶风）水泥有限公司	二线4000t/d新型干法水泥生产线	宝鸡扶风天度镇	2008年9月	4500	5000	ϕ4.8m×74m	
6	陕西社会水泥有限责任公司	2500t/d新型干法水泥熟料生产线	眉县金渠镇	2005年	2500	2500	ϕ4.0m×60m	产能置换中，尚未拆除
7	凤县声威建材有限公司	2000t/d新型干法特种水泥熟料生产线	凤县凤州镇马鞍山村青岩沟	2011年11月	2000	1500	ϕ3.5m×50m	
8	冀东水泥凤翔有限责任公司	4500t/d熟料水泥生产线	凤翔县田家庄镇河北村村北	2010年9月	4500	5000	ϕ4.8m×72m	

续表

序号	企业名称	生产线名称	建设地址	建成投产时间	设计产能（t/d）	实际产能（t/d）	水泥窑（直径×长度）	备注
9	宝鸡众喜凤凰山水泥有限公司	4500t/d 水泥熟料生产线	岐山县建材工业园	2010 年 5 月	4500	5000	ϕ4. 8m×74m	
10	宝众喜凤凰山水泥有限公司	250d 水泥熟料生产线	岐星工业园	2007 年 4 月	2500	2500	ϕ4. 0m×60m	2020 年 10 月已拆除
11	陕西石头河水泥有限公司	新型干法水泥熟料生产线	岐山县蔡家坡落星堡村	2000 年 3 月	1000	600	ϕ2. 7m×42m	白水泥
12	千阳海螺水泥有限责任公司	4500t/d 熟料生产线	宝鸡市千阳县水沟镇新中村三组	2010 年 11 月	4500	5000	ϕ4. 8m×74m	
13	宝鸡市众喜金陵河水泥有限公司	4500t/d 熟料水泥生产线	宝鸡市陈仓区县功镇	2009 年 10 月	4500	5000	ϕ4. 8m×74m	
14	宝鸡市秦星白水泥有限责任公司	真空干法特种白水泥熟料生产线	陈仓区阳平镇新泰村	1988 年 12 月	80	150	ϕ2. 5m×42m	白水泥
咸阳市								
15	乾县海螺水泥有限责任公司	4500t/d 新型干法熟料水泥生产线	乾县阳峪镇冯东村	2013 年 6 月	4500	5000	ϕ4. 8m×74m	
16	礼泉海螺水泥有限责任公司	水泥熟料生产线 1#	礼泉县烟霞镇下韩村	2011 年 1 月	4500	5000	ϕ4. 8m×74m	
17	礼泉海蛔水泥有限责任公司	水泥熟料生产线 2#	礼泉昙烟霞镇下韩村	2011 年 5 月	4500）	5000	ϕ4. 8m×74m	
18	陕西声威水泥有限公司	一号生产线	泾阳县云阳镇	2004 年 3 月	2000	2500	ϕ4. 0m×60m	
19	陕西声威水泥有限公司	二号生产线	泾阳县云阳镇	2007 年 9 月	2500	2500	ϕ4. 0m×60m	
20	冀东海德堡（泾阳）水泥有限公司	1#窑	泾阳县王桥镇	2007 年 6 月	5000	5000	ϕ4. 8m×72m	
21	冀东海德堡（泾阳）水泥有限公司	2#窑	泾阳县王桥镇	2009 年 4 月	44500	5000	ϕ4. 8m×72m	
22	陕西永寿水泥有限公司	62 万吨水泥生产线	永寿县能化园区	1986 年 10 月	2070	2500	ϕ4. 0m×60m	
铜川市								
23	铜川尧柏特种水泥有限公司	10000t/d 熟料水泥生产线	铜川市耀州区惠塬工业园区	2021 年 11 月	10000	10000	ϕ6. 4m×96m	
24	翼东水泥铜川有限公司	10000t/d 熟料水泥生产线	铜川市耀州区惠塬工业园区	2021 年 11 月	10000	10000	ϕ6. 2m/6. 4m×90m	

续表

序号	企业名称	生产线名称	建设地址	建成投产时间	设计产能（t/d）	实际产能（t/d）	水泥窑（直径×长度）	备注
25	冀东水泥铜川有限公司	2000t/d 熟料生产A线	陕西省铜川市耀州区东关	1991 年	2000	2500	ϕ4. 0m×60m	产能置换已完成，正在拆除
26	冀东水泥铜川有限公司	2000t/d 熟料生产B线	陕西省铜川市耀州区东关	2001 年	2000	2500	ϕ4. 0m×56m	产能置换已完成，正在拆除
27	冀东水泥铜川有限公司	4000t/d 熟料生产C线	陕西省铜川市耀州区东关	2006 年	4000	5000	ϕ4. 8m×72m	项目迁建已完成，正在拆除
28	冀东水泥铜川有限公司	4500t/d 熟料生产D线	陕西省铜川市耀州区东关	2012 年	4500	5000	ϕ4. 8m×72m	项目迁建已完成，正在拆除
29	陕西满意水泥有限责任公司	4500t/d 熟料新型干法水生产线	铜川市耀州区孙塬镇	2009 年 8 月	4500	5000	ϕ4. 8m×74m	
30	陕西铜川凤凰建材有限公司	4500t/d 生产线	铜川市耀州区董家河镇凤凰沟	2013 年 11 月	4500	5000	ϕ4. 8m×74m	
31	铜川药王山生态水泥有限公司	一线 2500t/d 生产线	铜川市耀州区惠塬工业园区	2006 年 5 月	2500	2500	ϕ4. 0m×60m	
32	铜川药王山生态水泥有限公司	二线 2500t/d 生产线	铜川市耀州区惠塬工业园区	2010 年 10 月	2500	2500	ϕ4. 0m×60m	产能置换已完成，正在拆除
33	铜川声威建材有限责任公司	1#生产线	黄堡镇李家沟	2005 年 7 月	5000	5000	ϕ4. 8m×74m	
34	铜川声威建材有限责任公司	2#生产线	黄堡镇李家沟	2009 年 9 月	4500	5000	ϕ4. 8m×74m	
35	铜川声威建材有限责任公司	3#生产线	黄堡镇李家沟	2013 年 6 月	4500	6000	ϕ5. 2m×74m	
36	铜川声威特种水泥有限公司	新型干法特种熟料生产线	铜川新宜北路 2 号	2011 年 8 月	2500	3000	ϕ4. 3m×60m	
渭南市								
37	陕西实丰水泥股份有公司	熟料生产线	陕西渭南富平县曹村镇	2010 年	4500	5000	ϕ4. 8m×74m	
38	陕西富平生态水泥有限公司	熟料生产线	陕西渭南富平县底店管区下庄村	2015 年	4500	6000	ϕ5. 2m×61m	
39	陕西富平生态水泥有限公司	熟料生产线	陕西渭南富平县底店管区下庄村	2015 年	4500	6000	ϕ5. 2m×61m	

续表

序号	企业名称	生产线名称	建设地址	建成投产时间	设计产能（t/d）	实际产能（t/d）	水泥窑（直径×长度）	备注
40	陕西富平水泥有限公司	熟料生产线	陕西渭南富平县庄里镇张唐村	2006年	5000	5000	ϕ4.8m×72m	
41	蒲城尧拍特种水泥有限公司	熟料生产线	陕西渭南蒲城县罕井镇高埝村	2003年	2500	2500	ϕ4.0m×60m	产能置换已完成，正在拆除
42	蒲城尧柏特种水泥有限公司	熟料生产线	陕西渭南蒲城县罕井镇高埝村	2003年	2500	2500	ϕ4.0m×60m	
43	陕西蒲城洛东水泥有限公司	熟料生产线	陕西渭南蒲城县永丰镇石马村	2009年	800	800	ϕ3.2m×42m	产能置换中，2018年6月已拆除
榆林市								
44	陕西北元集团水泥有公司	3000t/d熟料新型干法水泥1#生产线	神木市锦界工业园区	2010年9月	3000	3000	ϕ4.3m×66m	
45	陕西北元集团水泥有公司	3000t/d熟料新型干法水泥2#生产线	神木市锦界工业园区	2011年12月	3000	3000	ϕ4.3m×66m	
46	神木市锦龙水泥有限责任公司	30万吨/年回转窑水泥熟料生产线	神木市锦界工业园区	2005年1月	800	0	ϕ4.0m×145m	2017年6月回转窑已拆除
47	吴堡冀东特种水泥有限公司	2500t/d新型干法水泥熟料生产线	吴堡县宋家川镇王家川村	2011年11月	2500	2500	ϕ4.0m×60m	
48	米脂冀东水泥有限公司	2000t/d新型干法电石渣水泥生产线	米脂县东山梁工业园区	2016年12月	2000	2500	ϕ4.0m×60m	
49	陕西省府谷县天桥水泥厂	10万吨旋转窑水泥生产线	陕西省府谷县府谷镇东山村	2004年6月	350	300	ϕ2.4m×30m	2018年4月19日技改为20万吨/年脱硫脱硝剂生产线，不在生产熟料。
50	府谷县长城矿业有限公司	10万吨旋转窑水泥生产线	府谷县孤山镇刘家沟村	2003年8月	300	200	ϕ2.8m×45m	
51	府谷县华府特种水泥厂（特种）	5万吨旋转窑水泥生产线	府谷县海则庙乡浪湾	1990年	166	100	ϕ2.5m×45m	2019年10月已拆除
52	神东天隆集团府谷天桥水泥有限责任公司	400t/d新型干法熟料生产线	陕西省榆林市府谷县林英会	2003年	400	400	ϕ2.7m×45m	产能置换已完成，正在拆除
53	神东天隆集团府谷天桥水泥有限责任公司	800t/d新型干法熟料生产线	陕西省榆林市府谷县林英会	2004年	800	800	ϕ3.0m×45m	置换已完成，正在拆除
汉中市								
54	中材汉江水泥股份有限公司	2000t/d熟料新型干法水泥生产线	汉中市汉台区舒家营	2002年4月	2000	2500	ϕ4.0m×56m	产能置换中，尚未拆除

续表

序号	企业名称	生产线名称	建设地址	建成投产时间	设计产能（t/d）	实际产能（t/d）	水泥窑（直径×长度）	备注
55	中材汉江水泥股份有限公司	2500t/d熟料新型干法水泥生产线	汉中市汉台区舒家营	2010年1月	2500	2500	ϕ4.0m×60m	产能置换中，尚未诉除
56	汉中尧柏水泥有限公司	4000t/d熟料新型干法水泥生产线	汉中市洋县谢村镇	2009年12月	4000	2500	ϕ4.0m×60m	
57	汉中西乡尧拍水泥有限公司	2500t/d熟料新型干法水泥生产线	汉中市西乡县杨河镇	2011年4月	2500	2500	ϕ4.0m×60m	
58	汉中勉县尧拍水泥有限公司	2500t/d熟料新型干法水泥生产线	汉中市勉县金泉镇	2010年6月	2500	2500	ϕ4.0m×60m	
59	略阳县象山水泥有限公司	600t/d熟料新型干法水泥生产线	汉中市略阳县横现河镇	2002年5月	600	500	ϕ2.7m×42m	低热微膨胀、中热水泥等特种水泥熟料生产线，新型干法工艺
安康市								
60	安康市尧拍水泥有公司	4000t/d水泥熟料	旬阳县白柳镇	2008年12月	4000	4000	ϕ4.6m×68m	
61	安康市尧拍江华水泥有公司	2500t/d水泥熟料	安康市高新区	2009年4月	2500	2500	ϕ4.0m×60m	产能置换已完成，正在拆除
62	陕西金龙水泥有限公司	4000t/d水泥熟料	平利县长安镇石牛村	2010年10月	4000	5000	ϕ4.8m×72m	
商洛市								
63	商洛尧柏龙桥水泥有公司	丹凤二线	商洛市丹凤县棣花镇两岭村	2012年4月	4000	2830	ϕ4.2m×50m	
64	商洛尧柏龙桥水泥有公司	留仙坪分厂	商洛市丹凤县商镇油坊街村	2007年8月	2500	1500	ϕ3.5m×52m	
65	商洛尧柏秀山水泥有限公司	1000t/d熟料水泥生产线	商洛市镇安县永乐镇青河村	2005年3月	1000	1000	ϕ3.2m×50m	
韩城市								
66	韩城尧柏阳山庄有限公司	2500t/d新型干法熟科生产线	韩城市龙门镇阳山庄村	2010年	2500	2500	ϕ4.0m×60m	
67	韩城韩禹建材矿业有限责任公司	2500t/d新型干法熟科生产线	韩城市龙门镇阳山庄	2009年	2500	2500	ϕ4.0m×60m	

备注：1. 设计产能是指项目备案或核准文件上的设计产能；2. 实际产能指实际建成投产的产能（按工信部原〔2021〕80号折算）.

甘肃省水泥熟料生产线现状清单（截至 2021 年 12 月 31 日）

序号	企业名称	生产线名称	建设地址	建成投产时间	设计产能（t/d）	实际产能（t/d）	水泥窑（直径×长度）	全国工业产品生产许可证编号	备注
一、兰州市									
1	永登祁连山水泥有限公司	2000t/d 新型干法水泥熟料生产线	兰州市永登县中堡镇	2001 年 12 月	2000	2500	ϕ4. 0m×60m	XK08-001-01559	
		2500t/d 新型干法水泥熟料生产线		2002 年 12 月	2500	2500	ϕ4. 0m×60m		
		4500t/d 新型干法水泥熟料生产线		2010 年 11 月	4500	5000	ϕ4. 8m×72m		
2	兰州红狮水泥公司	4600t/d 熟料生产线配套纯低温 9MW 余热发电项目	兰州市永登县武胜驿屯沟湾	2014 年 7 月	4600	5000	ϕ4. 8m×72m	XK08-001-00004	
3	甘肃京兰水泥有限公司	4600t/d 新型干法水泥熟料生产线	兰州市榆中县小康营乡窑坡村	2011 年 5 月	4600	5000	ϕ4. 8m×72m	XK08-001-05368	
4	兰州甘草环保建材公司	2000t/d 新型干法水泥熟料生产线	兰州市榆中县甘草店 98 号	2011 年 5 月	2000	2833	ϕ4. 2m×60m		
		4500t/d 新型干法水泥熟料生产线		2018 年 8 月	4500	6000	ϕ5. 2m×61m	（甘）XK08-001-00012	
5	高崖金城水泥有限公司	1000t/d 窑外预分解回转窑生产线	兰州市榆中县高崖镇沙河村汪家窑社	1992 年	1000	800	ϕ3. 0m×48m	XK08-001-01550	已转出，拟拆除
6	甘肃永固特种水泥有限公司	2500t/d 熟料特种水泥生产线	兰州市永登县民乐乡铁丰村	2013 年 9 月	2500	2500	ϕ4. 0m×60m	XK08-001-06065	
二、白银市									
7	白银寿鹿山水泥有限责任公司	4500t/d 水泥熟料生产线及配套 9AW 低温余热发电项目	甘肃省白银市景泰县正路工业园区	2013 年 1 月	4500	5000	ϕ4. 8m×74m	XK08-001-06933	
8	中材甘肃水泥有限责任公司	4500t/d 新型干法水泥配套 9AW 纯低温发电生产线	白银市白银区新建西路 88 号	2010 年 11 月	4500	5000	ϕ4. 8m×74m	XK08-001-05082	
9	白银王岘水泥有限公司	2000t/d 新型干法水泥熟料生产线及配套 4AW 低温余热发电项目	白银市白银区王岘镇东台村东台路 103 号	2010 年 7 月	2000	2500	ϕ4. 0m×54m	XK08-001-01657	
10	景泰景顺特种水泥有限公司	新型干法旋窑水泥生产线	白银市景泰县喜泉镇	2009 年 8 月	200	200	ϕ1. 6m/1. 9m×39m	XK08-001-00007	特种水泥

续表

序号	企业名称	生产线名称	建设地址	建成投产时间	设计产能（t/d）	实际产能（t/d）	水泥窑（直径×长度）	全国工业产品生产许可证编号	备注
三、嘉峪关市									
11	酒钢集团宏达建材有限责任公司	4000t/d 熟料生产线	嘉峪关市嘉北工业园区	2012 年 9 月	4000	5000	ϕ4. 8m×72m	XK08-001-06634	
		1000t/d 熟料生产线		1995 年 3 月	1000	1166	ϕ3. 3m×48m		已置换，拟拆除
		2000t/d 熟料生产线		2007 年 12 月	2000	1500	ϕ3. 5m×54. 2m		已置换，拟拆除
四、酒泉市									
12	敦煌荣兴水泥有限公司	2500t/d 新型干法水泥生产线协同处置城市废弃物及工业废渣循环经济项目	甘肃省敦煌市工业园区	2015 年 8 月	2500	2500	ϕ4. 0m×60m	XK08-001-00006	
13	酒泉万象建材有限公司	2m×2500t/d 废渣综合利用新型干法水泥生产线一期	甘肃省酒泉市肃州区工业园（南园）神五路 1 号	2016 年 10 月	2500	2833	ϕ4. 2m×60m	XK08-001-00022	
14	甘肃恒亚水泥有限公司	2000t/d 新型干法水泥生产线	酒泉市阿克塞县工业园区	2013 年 12 月	2000	2500	ϕ4. 0m×60m	XK08-001-05803	
		2000t/d 新型干法水泥生产线（二期）及配套余热发电项目	酒泉市阿克塞县工业园区	2015 年 6 月	2000	2500	ϕ4. 0m×60m		
15	甘肃西部水泥有限责任公司	1000t/d 普通硅酸盐水泥熟料生产线	玉门市酒泉循环经济产业园	2005 年	1000	1166	ϕ3. 3m×50m	XK08-001-00018	
五、张掖市									
16	张掖祁连山水泥有限公司（原甘肃张掖巨龙建材有限责任公司）	2500t/d 新型干法水泥熟料生产线	张掖经济技术开发区农产品产业园冶金建材产业区	2010 年 7 月	2500	2500	ϕ4. 0m×60m	XK08-001-00003	已置换，拟拆除
17	张掖市山丹铁骑水泥有限公司	2500t/d 水泥熟料生产线	张掖市山丹城北工业园区	2012 年	2500	2500	ϕ4. 0m×60m	XK08-001-06983	已置换，拟拆除
六、金昌市									
18	金昌水泥（集团）有限责任公司	1000t/d 新型干法水泥生产线	甘肃省金昌市永昌县河西堡镇东大山路	2001 年	1000	1166	ϕ3. 3m×50m	XK08-001-03220	
		2500t/d 电石废渣综合利用带低温余热发电新型干法水泥生产线	甘肃省金昌市开发区新华大道以南、金武公路以西	2009 年	2500	2500	ϕ4. 0m×60m		

续表

序号	企业名称	生产线名称	建设地址	建成投产时间	设计产能（t/d）	实际产能（t/d）	水泥窑（直径×长度）	全国工业产品生产许可证编号	备注
七、武威市									
19	古浪祁连山水泥有限公司	4500t/d 新型干法水泥生产线	古浪县老火车站	2013 年 5 月	4500	5000	ϕ4.8m×72m	XK08-001-00015	
20	古浪鑫森精细化工（集团）有限公司	利用电石渣改扩建 4500t/d 新型干法水泥熟料生产线	古浪工业集中区（土门）	2017 年 12 月	4500	2500	ϕ4m×60m		基本建成，未投产
八、定西市									
21	漳县祁连山水泥有限公司	4500t/d 新型干法水泥生产线	甘肃省漳县盐井乡盐井村	2013 年 5 月	4500	5000	ϕ4.8m×72m	XK08-001-05467	
		3000t/d 新型干法水泥生产线	甘肃省漳县盐井乡盐井村	2011 年 3 月	3000	3000	ϕ4.3m×62m		
22	甘肃三易水泥有限责任公司	3000t/d 熟料新型干法水泥生产线	甘肃省定西市临洮县中铺循环经济产业园区	2011 年 3 月	3000	3000	ϕ4.3m×66m	XK08-001-00014	
九、天水市									
23	天水祁连山水泥有限公司	4500t/d 新型干法水泥熟料生产线	天水市武山县马力镇	2019 年 7 月	4500	5000	ϕ4.8m×68m	XK08-001-06960	
24	天水中材水泥有限公司	2500t/d 新型干法水泥熟料生产线	天水市秦州区关子镇七十里铺村	2009 年 12 月	2500	2500	ϕ4.0m×60m	（甘）XK08-001-00002	
		2500t/d 新型干法水泥熟料生产线	天水市秦州区关子镇七十里铺村	2010 年 12 月	2500	2500	ϕ4.0m×60m		
25	天水市天祥水泥（集团）有限责任公司	2500t/d 水泥生产线配套 4.5MW 低温余热发电项目	天水市麦积区花牛镇张家河村	2016 年 3 月	2500	2500	ϕ4.5m×50m	XK08-001-06953	
26	甘谷祁连山水泥有限公司	3000t/d 新型干法水泥熟料生产线	天水市甘谷县大像山镇二十里铺村	2010 年 2 月	3000	2500	ϕ4.0m×60m	XK08-001-05774	
十、陇南市									
27	陇南祁连山水泥有限公司	2500t/d 新型干法水泥生产线	武都区钟楼滩街道灰崖子社区	2009 年 12 月	2500	2500	ϕ4.0m×60m	XK08-001-04352	

续表

序号	企业名称	生产线名称	建设地址	建成投产时间	设计产能（t/d）	实际产能（t/d）	水泥窑（直径×长度）	全国工业产品生产许可证编号	备注
28	成县祁连山水泥有限公司	4500t/d 新型干法水泥生产线	成县抛沙镇陇南西成经济开发区抛沙工业园区	2014 年 5 月	4500	5000	ϕ4. 8m×72m	XK08-001-04924	
		3000t/d 新型干法水泥生产线		2010 年 2 月	3000	3000	ϕ4. 3m×62m		
29	文县祁连山水泥有限公司	2500t/d 新型干法水泥生产线	文县石鸡坝乡新关村	2011 年 12 月	2500	2500	ϕ4. 0m×60m	XK08-001-05596	
十一、甘南州									
30	夏河祁连山安多水泥有限公司	2500t/d 新型干法水泥熟料生产线	夏河县麻当镇麻当村	2010 年	2500	2500	ϕ4. 0m×60m	XK08-001-02682	已置换，拟拆除
十二、平凉市									
31	平凉祁连山水泥有限公司	2500t/d 新型干法熟料水泥生产线	平凉市崆峒区四十里铺镇洪岳村	2004 年 12 月	2500	2500	ϕ4. 0m×60m	XK08-001-00005	
32	平凉海螺水泥有限责任公司	4500t/d 新型干法熟料水泥生产线	平凉市崆峒区峡门乡贤太村	2009 年 10 月	4500	5000	ϕ4. 8m×74m	XK08-001-04543	
		4500t/d 新型干法熟料水泥生产线		2011 年 6 月	4500	5000	ϕ4. 8m×74m		
十三、临夏州									
33	临夏海螺水泥有限责任公司	2500t/d 新型干法熟料生产线	临夏州和政县买家集镇寺营村	2010 年 5 月	2500	2833	ϕ4. 2m×60m	（甘）XK08-001-00017	已转出，拟拆除
		4500t/d 新型干法水泥熟料生产线	临夏州和政县新营乡大庄村	2015 年 4 月	4500	5000	ϕ4. 8m×74m		
十四、庆阳市									
34	甘肃省九连山水泥有限责任公司	新型干法熟料水泥生产线	庆阳市环县甜水镇 21 号	1970 年	550	450	ϕ2. 5m/2. 8m×41m	XK08-001-01764	已转出，拟拆除
		新型干法熟料水泥生产线	庆阳市环县甜水镇 21 号	1970 年	420	360	ϕ2. 5m×41m		

备注：1. 设计产能是项目核准或备案文件上标注的产能，实际产能按照工信部水泥玻璃行业产能置换办法换算确定。2. 对比 2019 年 6 月 30 日清单，已进行产能置换且拆除设备的生产线已删除。

青海省水泥熟料生产线清单（截至 2020 年 12 月 31 日）

序号	企业名称		生产线名称及设计（审批）产能	批复文件号	建成投产时间（年月）	生产许可证号	企业地点	法定代表人（总经理）	联系人及联系电话	备注
1	盐湖集团水泥公司	青海水泥（大通）股份有限公司	2000t/d 新型干法水泥熟料 1#生产线	青建设〔2000〕416 号	2001. 11	XK08-001-03203	西宁市大通县桥头镇黎明路 19 号	叶发旺	叶积东 0971-2769002	2014 年在工业和信息化部网站公告
			1000t/d 新型干法水泥熟料生产线	计原材（经贸）〔1995〕2262 号	1998. 11	XK08-001-03203				
2		青海盐湖海纳化工有限公司	4600t/d 新型干法水泥熟料生产线	青经投〔2009〕305 号	2012. 6	XK08-001-00002	西宁市经济技术开发区甘河工业园区	叶发旺	胡朝华 0971-2268057	
			2500t/d 新型干法水泥熟料生产线	青经投〔2014〕161 号	2015. 1	XK08-001-00002				
3	祁连山集团	青海祁连山水泥有限公司	一期 2500t/d 新型干法水泥熟料生产线	青经投〔2007〕192 号	2009. 5	XK08-001-04353	西宁市湟中县上新庄镇海湖北路 62 号	张世英	王超 15897181658	2013 年在工业和信息化部网站公告
			二期 2500t/d 新型干法水泥熟料生产线	青经投〔2009〕306 号	2011. 5	XK08-001-04353				
4		民和祁连山水泥有限公司	2000t/d 新型干法水泥熟料生产线	青经贸投资〔2002〕569 号	2003. 11	XK08-001-04641	海东市民和县川口镇享堂村	王旺军	张童升 0972-8523441	2014 年在工业和信息化部网站公告
5	青海互助金圆水泥有限集团	青海互助金圆水泥有限公司	一期 3200t/d 新型干法水泥熟料生产线	青经投〔2007〕343 号	2009. 5	XK08-001-03973	海东市互助县塘川镇工业集中区	唐远平	徐富奎 13519723778	2013 年在工业和信息化部网站公告
			二期 3000t/d 新型干法水泥熟料生产线	青经投〔2009〕319 号	2011. 3	XK08-001-03973				
6		青海宏扬水泥有限责任公司	4000t/d 新型干法水泥熟料生产线	青经投〔2013〕394 号	2012. 12	XK08-001-05780	格尔木市郭勒木德镇小甘沟 109 国道 K2796 公里处	李龙	蔡国庆 15202528880	2017 年在工业和信息化部网站公告
7	青海金鼎水泥有限公司		1#线 2500t/d 新型干法水泥熟料生产线	青发改工业〔2009〕1032 号	2010. 8	XK08-001-04997	海东市乐都区雨润镇汉庄村	陈尚义	郭晓宁 18009722668	2017 年在工业和信息化部网站公告
			2#线 2500t/d 新型干法水泥熟料生产线	青发改工业〔2009〕1032 号	2011. 9	XK08-001-04997				

续表

序号	企业名称	生产线名称及设计（审批）产能	批复文件号	建成投产时间（年月）	生产许可证号	企业地点	法定代表人（总经理）	联系人及联系电话	备注
8	青海海西化工建材股份有限公司	一期2500t/d新型干法水泥熟料生产线	青经投〔2008〕179号	2009.3	XK08-001-05059	海西州德令哈市德令哈工业园区	张剑影	白元文 0977-8201748	
		二期2500t/d新型干法水泥熟料生产线	青发改工业〔2009〕929号	2010.3	XK08-001-05059				2016年在工业和信息化部网站公告
9	青海省新型建材工贸有限责任公司	2000t/d新型干法水泥熟料生产线	青经投〔2007〕32号	2010.7	XK08-001-06367	西宁市大通县桥头镇	韩高升	崇永武 13897678901	
10	共和县祁连山金河水泥有限责任公司	2000t/d新型干法水泥熟料生产线	青经投〔2009〕366号	2011.9	XK08-001-06418	海南州共和县恰卜恰工业园区	俞利群	吴伟 17697788999	
11	青海乐都华夏水泥有限公司	1#线 ϕ5.6m×8.8m新型半干法JT窑	青经资〔2011〕488号项目验收批复	2010.5	XK08-001-02101	海东市乐都县高店镇湾子村	徐占理	徐森 18597108336	
		2#线 ϕ5.6m×8.8m新型半干法JT窑							
12	青海泰宁水泥有限公司	2000t/d新型干法水泥熟料生产线	青经贸投资〔2001〕035号	2016.6	XK08-001-03202	海东市乐都区高店镇马营湾	钟阳君	钟华润 13713606097	
13	青海江河源水泥有限公司	1000t/d新型干法水泥熟料生产线	源计〔2001〕139号	2012.6	XK08-001-03105	青海省湟源县大华镇拉拉口村	何秉胜	何秉胜 13997013839	

备注：1. 每户企业每条生产线填写一行，多条生产线则填写多行；

2. 已淘汰的落后产能、已拆除且获得奖补资金的产能不再填写；

3. 设计（审批）产能指：项目核准批复文件上标注的产能；实际产能指：实际建成投产的产能。

宁夏回族自治区水泥熟料生产线清单（截至 2021 年 12 月 31 日）

地市	序号		企业名称	生产线名称	建设地址	建成投产时间	设计产能（t/d）	实际产能（t/d）	水泥窑规格（直径×长度）	备注
银川市	1	1	宁夏赛马水泥有限公司	2000t/d 水泥熟料生产线(1#窑)	银川市西夏区新小线二公里处	2009	2000	2300	φ4. 0m×56m	
		2		2500t/d 水泥熟料生产线(2#窑)	银川市西夏区贺兰山套门沟	2006	2500	2500	φ4. 0m×60m	
		3		2500t/d 水泥熟料生产线(3#窑)	银川市西夏区贺兰山套门沟	2010	2500	2500	φ4. 0m×60m	
		4		4500t/d 水泥熟料生产线(4#窑)	银川市西夏区贺兰山套门沟	2012	4500	5000	φ4. 8m×72m	
	2	5	宁夏瀛海天琛建材有限公司	4500t/d 水泥熟料生产线	银川市永宁县闽宁镇	2011	4500	5000	φ4. 8m×72m	
	3	6	中国石化长城能源化工（宁夏）有限公司	2500t/d 水泥熟料生产线	宁东能源化工基地	2014 年	2500	2500	φ4. 3m×60m	
石嘴山市	4	7	宁夏坤水水泥有限公司	2500t/d 水泥熟料生产线	平罗工业园区	2014	2500	2500	φ4. 3m×64m	
	5	8	宁夏滨河海利建材有限公司（原平罗恒达公司）	2000t/d 水泥熟料生产线	平罗工业园区	2011	2000	2500	φ3. 8m×56m	
	6	9	石嘴山市惠磊建材公司	年处理 160 万吨工业固废生产 100 万吨硅酸盐熟料生产线	石嘴山市惠农区红果子工业园	2011	3200		2 条 φ5. 6m×8. 7m 建通窑	企业停产，资产现被法院查封
	7	10	宁夏石嘴山金力实业集团有限公司	5 万吨特种水泥生产线（白水泥）	石嘴山市惠农区河滨工业园区	1984	5	—	φ1. 6m/1. 9m×36m（变径）1 条 φ1. 6m/1. 9m×39m（变径）1 条	长期停产
	8	11	宁夏腾升特种环保装饰材料有限公司	年产 10 万吨特种白水泥生产线	惠农区河滨工业园区	2008	300		φ3. 2m×52m	2020 年停产至今
吴忠市	9	12	宁夏青铜峡水泥股份有限公司	2500t/d 干法水泥熟料生产线	青铜峡市	2009	2500	2500	φ4. 0m×60m	
		13		2000t/d 干法水泥熟料生产线		2004	2000	2500	φ4. 0m×60m	
		14	宁夏青铜峡水泥股份有限公司太阳山分厂	2000t/d 水泥熟料生产线	太阳山开发区	2010	2000	2500	φ4. 0m×60m	
		15		2000t/d 水泥熟料生产线		2012	2000	2500	φ4. 0m×60m	
	10	16	宁夏西夏天杰水泥有限公司	2500t/d 干法水泥熟料生产线	青铜峡市	2010	2500	3000	φ4. 2m×60m	
	11	17	宁夏金昱元资源再生有限公司	1500t/d 干法水泥熟料生产线	青铜峡市	2005	1500	1400	φ4. 0m×150m	

续表

地市	序号		企业名称	生产线名称	建设地址	建成投产时间	设计产能（t/d）	实际产能（t/d）	水泥窑规格（直径×长度）	备注
吴忠市	12	18	宁夏上峰萌生建材有限公司	2500t/d 干法水泥熟料生产线	盐池县	2008	2500	3000	ϕ4. 2m×60m	
		19		4500t/d 干法水泥熟料生产线		2010	4500	5500	ϕ5. 0m×78m	水泥窑协同处置固废利用
	13	20	吴忠赛马新型建材有限公司	5000t/d 干法水泥熟料生产线	吴忠市红寺堡区	2020	5000	5300	ϕ4. 8m×72m	
	14	21	宁夏豪龙建材有限公司	4500t/d 干法水泥熟料生产线	同心县	2020	4500	5000	ϕ5. 2m×74m	
中卫市	15	22	宁夏天元建材有限公司	4500t/d 水泥熟料生产线	中卫市中宁县宁新工业园区	2014	4500	5000	ϕ5. 2m×74m	
	16	23	宁夏瀛海天祥建材有限公司	2500t/d 水泥熟料生产线（1 号线）	中卫市中宁县宁新工业园区	2009	2500	3000	ϕ4. 2m×60m	
		24		2500t/d 水泥熟料生产线（2 号线）		2014	2500	3000	ϕ4. 3m×64m	
	17	25	宁夏胜金水泥有限公司	2500t/d 水泥熟料生产线（1 号线）	中卫市沙坡头区宣和镇	2009	2500	2500	ϕ4. 0m×60m	
		26		2500t/d 水泥熟料生产线（2 号线）		2010	2500	2500	ϕ4. 0m×60m	
固原市	18	27	宁夏金昱元资源循环有限公司	2500t/d 水泥熟料生产线	固原市原州区固原经济开发区新材料产业园	2018	2500	2500	ϕ4. 0m×60m	

新疆水泥熟料生产线清单（截至 2021 年 12 月 31 日）

序号	所在地州市	企业名称	水泥回转窑规格和实际产能		建成投产日期	核准、备案文件产能（t/d）	备注
			窑型规格	产能（t/d）			
1	乌鲁木齐	新疆米东天山水泥有限责任公司	ϕ3.6m×56m	1600	2008 年	1600	全电石渣
2			ϕ4.0m×60m	2000	2010 年	2000	全电石渣
3			ϕ4.0m×60m	2000	2010 年	2000	全电石渣
4		新疆天山水泥股份有限公司	ϕ5.2m/5.6m/5.0m×76m	5000	2013 年 6 月	5000	
5							
6		新疆青松建材有限责任公司	ϕ5.6m/6m/5.4m×78m	7500	2013 年 6 月	7500	
		新疆新光建材有限责任公司	ϕ3.2m×50m	1000	2002 年 12 月	1000	产能置换情况说明：置换 30 万吨熟料指标到梅州皇马水泥有限公司，置换时间 2021 年 7 月 1 日。 计划拆除时间：计划 2023 年 3 月拆除完毕
7	吐鲁番	吐鲁番天山水泥有限责任公司	ϕ4.0m×60m	2500	2012 年 6 月	3000	
8		新疆维吾尔自治区东湖水泥厂	ϕ3.0m×56m	800	2010 年 8 月	1200	
9		新疆中泰化学托克逊能化有限公司绿色建材厂	ϕ4.0m×60m	2500	2013 年	2500	全电石渣
10		新疆圣雄水泥有限公司	ϕ4.8m×74m	5000	2012 年 5 月	5000	全电石渣
11	哈密市	哈密天山水泥有限责任公司	ϕ4.8m×74m	5000	2012 年 4 月	5000	
12		哈密青松建材有限责任公司	ϕ4.0m×60m	2000	2009 年 12 月	2000	兵团系统
13		哈密弘毅建材有限责任公司	ϕ4.2m×60m	2500	2012 年 5 月	2500	兵团系统
14	昌吉回族自治州	新疆大唐鼎旺水泥有限公司	ϕ4.3m×64m	3000	2010 年	3000	产能置换情况说明：置换 90 万吨熟料指标到广西义来建材有限公司，置换时间 2020 年 4 月 8 日。 计划拆除时间：计划 2022 年 12 月拆除完毕
15		新疆蒙鑫水泥有限公司奇台分公司	ϕ4.8m×72m	4500	2012 年 6 月	4500	兵团系统
16		新疆中建西部建设水泥制造有限公司	ϕ4.3m×60m	3000	2012 年 8 月	3000	
17		新疆阜康天山水泥有限责任公司	ϕ4.0m×60m	2500	2012 年 9 月	2500	全电石渣
18			ϕ4.0m×60m	2500	2013 年 5 月	2500	全电石渣
19		新疆宜化化工有限公司水泥公司	ϕ4.3m×64m	2500	2012 年 10 月	2500	全电石渣

续表

序号	所在地州市	企业名称	水泥回转窑规格和实际产能		建成投产日期	核准、备案文件产能（t/d）	备注
			窑型规格	产能（t/d）			
20	昌吉回族自治州	新疆屯河水泥有限责任公司	ϕ4.6m×68m	4000	2013年5月	4000	产能置换情况说明：置换120万吨熟料指标到崇左南方水泥有限公司，置换时间2020年9月18日。 计划拆除时间：计划2022年12月拆除
21	博尔塔拉蒙古自治州	精河县昆仑水泥有限公司	ϕ4.0m×60m	2500	2012年4月	2500	
22		博乐市上峰水泥有限公司	ϕ4.8m×74m	4000	2013年	4000	
23		新疆博海水泥有限公司	ϕ5.0m×74m	5000	2015年	5000	
24	巴音郭楞蒙古自治州	新疆天山水泥股份有限公司塔什店分公司	ϕ4.0m×60m	2500	2009年	2500	
25		库尔勒鲁岳三川建材有限公司	ϕ4.3m×60m	3000	2010年	3200	
26		新疆和静天山水泥有限责任公司	ϕ3.2m×50m	1000	2001年12月	1000	
27		新疆华诚水泥有限公司	ϕ4.2m×60m	2834	2012年7月	3000	
28		巴州青松绿原建材有限责任公司	ϕ4.0m×58m	2500	2010年5月	2500	兵团系统
29		若羌天山水泥有限责任公司	ϕ4.3m×62m	3000	2013年	3000	
30	阿克苏地区	新疆青松建材化工（集团）股份有限公司水泥分公司	ϕ4.3m×64m	3000	2008年12月	3000	兵团系统
31			ϕ4.0m×60m	2500	2011年5月	2500	兵团系统
32		库车天山水泥有限责任公司	ϕ4.8m×72m	5000	2012年5月	5000	
33		阿克苏天山多浪水泥有限责任公司	ϕ4.6m×68m	3200	2011年	3200	
34		库车青松水泥有限责任公司	ϕ4.8m×74m	5000	2012年5月	5000	兵团系统
35		新疆天基水泥有限公司	ϕ4.3m×62m	3000	2011年	3000	
36		新疆金晖兆丰能源股份有限公司	ϕ4.2m×60m	2500	2012年8月	2500	
37		库车红狮水泥有限公司	ϕ4.8m×72m	4500	2013年	4500	
38		新疆兴悦化工有限公司	ϕ4.3m×60m	3000	2014年	3200	
39	克孜勒苏柯尔克孜自治州	克州青松水泥有限责任公司	ϕ5.2m×74m	6000	2012年7月	6000	
40			ϕ4.0m×58m	2500	2010年2月	2500	
41		克州天山水泥有限责任公司	ϕ5.0m×74m	5000	2014年4月	5000	

续表

序号	所在地州市	企业名称	水泥回转窑规格和实际产能		建成投产日期	核准、备案文件产能（t/d）	备注
			窑型规格	产能（t/d）			
42	喀什地区	喀什飞龙水泥有限责任公司	ϕ4.0m×60m	2000	2011年	2000	
43	喀什地区	疏勒县新森水泥有限责任公司	ϕ4.0m×60m	2500	2011年	2500	
44	喀什地区	图木舒克市前海建材有限公司	ϕ4.0m×52m	2000	2011年	2000	兵团系统，产能置换情况说明：置换60万吨熟料指标到图木舒克市中科建材股份有限公司，置换时间2021年8月9日。 计划拆除时间：计划2023年8月前拆除完毕
45	喀什地区	喀什红旗水泥有限责任公司	ϕ4.0m×60m	2500	2012年8月	2500	
46	喀什地区	莎车上海建材隆基水泥有限公司	ϕ4.0m×54m	2500	2011年	2500	
47	喀什地区	喀什天山水泥有限责任公司	ϕ4.6m×68m	4000	2011年	4000	
48	喀什地区	叶城天山水泥有限责任公司	ϕ4.6m×68m	4000	2011年	4000	
49	喀什地区	英吉沙山水水泥有限公司	ϕ4.8m×74m	5000	2012年5月	5000	
50	和田地区	皮山县杜瓦玉山水泥有限责任公司	ϕ3.0m×48m	800	2010年	1000	产能置换情况说明：置换24万吨熟料指标到图木舒克市中科建材股份有限公司，置换时间2021年8月9日。 计划拆除时间：计划2023年8月前拆除完毕
51	和田地区	和田青松建材有限责任公司	ϕ4.0m×58m	2000	2007年12月	2000	兵团系统
52	和田地区	墨玉尧柏水泥有限公司	ϕ4.4m×52m	3333	2020年12月	4500	
53	和田地区	洛浦天山水泥有限责任公司	ϕ4.7m×72m	4500	2013年	4500	
54	伊犁哈萨克自治州	伊犁尧柏水泥有限公司	ϕ4.0m×60m	2500	2014年	3000	
55	伊犁哈萨克自治州	伊犁天山水泥有限责任公司	ϕ4.8m×74m	4500	2011年	4500	
56	伊犁哈萨克自治州	特克斯鑫疆水泥有限责任公司	ϕ4.0m×60m	2500	2011年	2500	
57	伊犁哈萨克自治州	伊犁青松南岗建材有限责任公司伊犁水泥厂	ϕ4.0m×60m	2500	2009年5月	2500	兵团系统

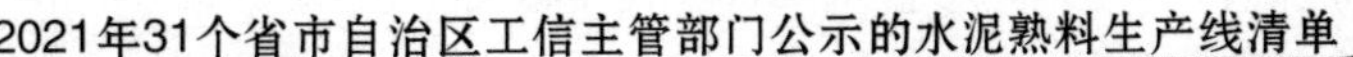

续表

序号	所在地州市	企业名称	水泥回转窑规格和实际产能		建成投产日期	核准、备案文件产能（t/d）	备注
			窑型规格	产能（t/d）			
58	伊犁哈萨克自治州	新疆金龙水泥有限公司	φ4.8m×68m	4000	2011年	4000	
59		伊犁青松南岗建材有限责任公司霍城水泥厂	φ3.2m×52m	1000	2006年12月	1600	兵团系统
60		霍城县三山水泥有限责任公司	φ4.3m×64m	3000	2011年	3000	
61	塔城地区	和布克赛尔县青松南岗屯南建材有限责任公司	φ3.2m×50m	1000	2004年5月	1000	兵团系统
62		沙湾天山水泥有限责任公司	φ3.3m×50m	1000	2005年3月	1000	
63		新疆锦塔水泥有限公司	φ4.3m×64m	3000	2012年9月	3200	兵团系统
64		乌苏青松水泥有限责任公司	φ4.3m×66m	3000	2011年6月	3000	兵团系统
65		新疆天盾特种水泥有限公司	φ3.3m×50m	1200	2009年	1200	
66		和布克赛尔蒙古族自治县全荣有限责任公司	φ4.0m×60m	2500	2013年	2500	
67	阿勒泰地区	布尔津天山水泥有限责任公司	φ4.0m×60m	2000	2010年	2000	
68		富蕴天山水泥有限责任公司	φ4.0m×60m	2500	2013年4月	3000	
69		哈巴河县阿山水泥有限公司	φ4.0m×60m	2500	2010年	2500	
70	石河子市	天伟水泥有限公司	φ4.3m×64m	2500	2014年	2500	兵团系统，全电石渣
71		天伟水泥有限公司	φ4.3m×64m	2500	2014年	2500	兵团系统，全电石渣
72		天能水泥有限公司	φ4.3m×64m	3000	2010年	3000	兵团系统，全电石渣
73		天能水泥有限公司	φ4.3m×64m	2500	2010年	2500	兵团系统，全电石渣
74		天辰水泥有限责任公司	φ4.0m×60m	2000	2008年5月	2000	兵团系统，全电石渣
75		天辰水泥有限责任公司	φ4.0m×60m	2000	2007年12月	2000	兵团系统，全电石渣

2021年北京水泥行业发展改革概述

北京水泥行业协会　执笔人　王小民

一、2021年北京水泥环保企业基本情况

北京市目前仅有北京金隅琉水环保科技有限公司和北京金隅北水环保科技有限公司两家利用水泥窑协同处置城市固体废弃物的环保型企业。两企业熟料产能275万吨/年；水泥总产能400万吨/年。2021年共产熟料约186.63万吨/年，共产水泥约258.06万吨/年。协同处置危险废弃物12.82万吨/年，建筑垃圾2.64万吨/年，城市污泥2.23万吨/年，其他一般固体废弃物16.4万吨/年。

北京水泥行业协会根据中国水泥协会要求开展错峰生产、行业抗疫自律倡议等行业管理；职能从两个服务向四个服务转型升级。并初步确定为会员单位全方位服务的方向；企业积极开展技改技措项目，节能减排、双碳减排。近几年已提前实现碳达峰，现单位熟料综合能耗111.13kgce/t。

二、2021年抗击新冠肺炎疫情、服务冬奥会、冬残奥会等方面的情况

（一）北京金隅北水环保科技有限公司

2022年1月20日下午，北京金隅北水下属的生态岛科技有限责任公司（以下简称“生态岛公司”）举办了“服务冬奥·垃圾清运保障工作”启动仪式。受北京市石景山区生态环境局及城市管理委员会委托，生态岛公司承接了北京赛区首钢滑雪大跳台场馆和石景山区域内服务冬奥会的10个酒店的垃圾清运工作。为保障服务工作有序顺利进行，生态岛公司制订了《冬奥会垃圾清运方案》，组建了一支由13辆清运车和20余名司机及押运员的服务保障队，预计进行3个月的服务工作。3月29日，金隅集团所属企业生态岛公司收到北京2022年冬奥会和冬残奥会石景山区运行保障指挥部城市运行及环境保障组的感谢信，对生态岛公司顾全大局、团结一致、勇于担当，工作人员满怀热情、团结协作、无私奉献，表示由衷的感谢。在冬奥会和冬残奥会举办期间，妥善处理比赛场馆、涉奥酒店产生的各类垃圾是保障比赛顺利进行的重要一环。自2022年1月1日起，生态岛公司受北京市石景山区生态环境局及城市管理委员会委托，先后承接了北京赛区首钢滑雪大跳台场馆和石景山区域内服务冬奥会的14个酒店的重点管控垃圾清运服务保障工作。截至2月22日，共计清运首钢滑雪大跳台重点管控垃圾31.13t，出动清运车辆50车次、服务保障人员100人次；截至3月25日，共计清运石景山区涉奥酒店重点管控垃圾293.32t，出动清运车辆274车次、服务保障人员548人次。生态岛公司高标准高质量完成涉奥重点管控垃圾清运服务保障工作。

（二）北京金隅琉水环保科技有限公司

2021年，北京金隅琉水集成创新开发了首台套水泥窑烟气碳捕集及其应用于协同处置飞灰成套

技术装备，实现了水泥窑烟气 CO_2 工业化捕集及利用。该技术经中国建材联合会鉴定，达到国内领先水平，为助力“2030 碳达峰、2060 碳中和”目标提供了技术支撑，形成技术储备和名片效应。

三、北京水泥行业协会工作概况

（一）协会发展概况

北京水泥工业协会（以下简称“协会”）于 1986 年 11 月 16 日成立。相继于 1989 年、1992 年、1994 年、1998 年、2002 年、2007 年、2012 年分别召开了第二届、第三届、第四届、第五届、第六届、第七届、第八届北京水泥工业协会会员大会。30 多年来，协会严格按国家有关法律、法规、协会章程和北京市社团办有关规章，开展各种活动，依法纳税、勤俭办会，对北京水泥行业的发展起到了积极的作用。

根据市场经济发展的需要，为更好地为企业服务，于 2005 年 4 月 7 日召开的北京水泥工业协会六届三次会员大会上提出、通过，并经北京市民政局 2005 年 4 月 22 日批准将北京水泥工业协会更名为北京水泥行业协会。业务主管单位是北京市经济与信息化局，挂靠北京金隅集团。

协会发展的过程大致可分 7 个阶段：①北京工业发展五小工业，小水泥迅速发展；②质量整顿水泥在当时不但是建设的基础材料也是重要的战备物资，供应紧张，质量要求严格；③淘汰落后产能，2005 年底北京率先淘汰关停了全部立窑水泥生产线；④规范北京地区水泥市场，2005 年水泥随着申奥北京建设规模不断加大，出现水泥供应紧张，外埠水泥低价冲击市场，协会在原有市场协作会的基础上，建立了北京水泥市场营销例会制度整顿市场；⑤北京新型干法大发展；⑥企业承担社会责任积极节能减排，向双型企业转化；⑦随着非首都功能的疏解，北京水泥企业逐渐全部转型退出水泥生产行业。

协会行业管理具备的 5 个特点：①专业性强、产品单一；②行业覆盖率 100%，北京所有水泥企业全都是协会会员；③与政府有关部门有着广泛的联系（工业生产由经信局管；使用过程归建委管；质量管理是质监局）；④区域性广，随着北京金隅集团的发展和营销例会的影响力不断扩大，京津冀地区主要水泥企业集团也加入了北京水泥行业协会；⑤协会管理较为规范，有完善的管理制度，再教育的培训机制、坚定的党组织和不断创新的机构。

北京水泥行业协会的宗旨是：遵守宪法、法律、法规和国家政策，不反对宪法确定的基本原则，不危害国家的统一、安全和民族的团结，不损害国家利益、社会公共利益以及其他组织和公民的合法权益，不违背社会道德风尚。坚持共建、共管、民主办会、接受监督，服务于会员、行业、社会和政府的原则。

（二）协会工作的开展

2021 年以来协会根据中国水泥协会和金隅集团“十四五”期间发展纲要的精神，及时修改、调整了北京水泥行业协会“十四五”发展目标，重点开展了以下工作：

1. 做好北京水泥行业协会“十四五”发展规划

协会初步确定了“十四五”期间发展的指导思想、基本原则和发展目标。

（1）指导思想：协会逐步向服务会员、服务行业、服务政府、服务社会的方向转型，搭建社会化服务平台。

（2）基本原则：以服务为宗旨，以三个平台为基础，提升高质量全方位的服务水平。

（3）发展目标：将协会发展成为产、学、研、协一体化的全产业链的都市环保型服务体系的社会组织。

2. 搭建完善为会员企业服务的平台

（1）以金隅冀东水泥五个销售公司为基础，吸收了金隅冀东混凝土集团、水泥砂浆、水泥外加剂、耐火材料营销为一体，搭建的水泥市场营销平台。

（2）加强与金隅科研院、科技学校和大型企业的联系与合作，完善搭建起技术交流与成果推广平台。

（3）协助中国水泥协会企业文化研究会搭建协会企业文化交流平台。

（4）发挥平台作用，推广音频疏堵设备、热盘炉焚烧垃圾、悬浮风机，上述设备已在多家会员企业使用。

3. 继续积极参与公益活动，逐步向“四个服务”的转型

（1）服务会员：引导企业节能降耗，采用永磁电机、悬浮风机、变频技术；行业设备改造开始推广工艺改造设备大型化、二代水泥技术、淘汰落后产能、以质代量成为热门。

（2）服务行业：发挥行业协调管理职能：使错峰生产形成长效机制，产能严重过剩初步得到控制。

（3）服务政府：协助成立联合营销公司缓解了市场的无序竞争，稳定水泥市场价格；进行水泥产能置换、结构调整使企业布局更加合理。

（4）服务社会：水泥窑废弃物处置大大缓解了垃圾围城的大城市管理的顽疾；边开采，边修复的绿色矿山建设已全面铺开，改善美化生态环境。

4. 在免费为会员服务的基础上形成了“五免一服务”的方式

（1）免费为会员企业转发信息。协会搭建了集行业四大媒体，八大专业微信群为一体的微信传播平台。每日必转的微信有：每日新闻、华哥读报、水泥版的天天微信、行业新闻、技术大讲堂。

（2）继续免费为会员企业赠阅水泥行业专刊《中国水泥》杂志。

（3）全部会员单位代表免费参加协会召开的会员大会、理事会、常务理事会和研讨会。

（4）在建党百年之际为协会会员单位的先进党支部免费赠送《百年历程》党史资料。

（5）免费接待外埠会员单位来京办事人员为他们工作、生活提供方便。“一服务”即技术信息咨询服务。

（6）继续利用《中国建材报》、《水泥》杂志、水泥网、水泥信息、建立微信群、工业年鉴编制等为企业进行宣传。为中国水泥协会蓝皮书编制北京水泥篇，为工经联编制北京工业年鉴提供北京水泥工业组稿；牵头促进金隅鼎鑫在《中国水泥》杂志刊登广告宣传；利用协会微信群宣传金隅冀东水泥新闻、水泥技术信息和社会新闻宣传正能量。

5. 开展与会员企业所在地方协会的密切合作

多年来，协会已与京、津、冀、辽、晋、豫等多个会员企业所在地的地方水泥协会建立了良好的工作关系。协助企业与地方协会进行沟通，使很多问题较为顺利地得到了解决。如为外埠企业向地方协会推荐参加全国评选、协会之间互访、利用地方协会的影响力为企业与政府进行沟通等。

6. 继续保质保量完成各项先进评选推荐工作

配合中国建筑材料联合会开展水泥行业的诚信企业、产品质量登录、绿色环保水泥产品的推荐工作。完成为会员单位向中国水泥协会推荐北水高鹏飞、砼集团张全贵当选为2021年中国水泥企业优秀总工程师。

7. 创新会议形式，改集中开会为分散调研

从务虚向务实转变：根据金隅冀东水泥对协会的建议和新冠防疫形势的要求，今年尝试调整会

员大会会议形式：

（1）会议形式：为减小召开会员大会开会聚集防范新冠疫情传播的风险，会议形式由召开大会改为分区域召开区域性小型会议。

（2）会议时间：根据季节和地域的特点分不同时间召开。每季度在区域党委所在地，召开一次由周边地区会员参加的会员会议。

（3）会议内容：将总结性的会议改变为以针对解决区域问题的专题研讨会为主，行业情况通报、经验交流、政策解读为辅的会议。改由协会报告为会员相互沟通的群言堂，使会议研究的问题更有针对性。

8. 坚持良好的工作作风

坚持协会周例会制度：水泥协会的周例会是及时通报行业新动向、会员单位出现的新变化，以及协会工作人员在所开展的工作中遇到的问题、创新工作的想法、对需要协调配合解决的难点进行分析，提出解决的方法；并对下一阶段的工作做出计划、指定人员进行落实，在落实过程中随时总结汇报，这样使得协会日常工作变得十分顺畅。

9. 行业合作共谋发展

为中国水泥协会矿产分会与矿业协会牵线搭桥促进水泥绿色矿山发展；配合中国水泥协会采购云部门与金隅冀东水泥采购中心联系合作；与北京包装协会合作共谋行业碳中和碳减排技术路线的可研调查；与工经联合作配合有关部门开展打假活动的信息通报，净化水泥市场，保护企业合法权益。

10. 协会积极参与社会活动，接受新事物，吸取新经验，为全方位服务会员打好基础

（1）积极参加联合会组织的各项活动，完成联合会党委交办的各项任务。按时缴纳会费。

（2）参加中国水泥协会举办的会长、秘书长联系会，与各地方协会进行交流，取长补短；参加中国水泥协会理事会、国际水泥装备展、绿色矿山峰会、水泥环境资源会、水泥行业经济论坛、优秀总工程师论坛等多种参观、展览和会议。主动为会员企业收集新政策、新技术、新工艺、新装备、新动向等信息。

（3）组织会员企业参加中国工业经济联合会召开的中国工业经济形势报告会、参加北京工经联召开的理事会、会员大会、北京市工经联落实“十四五”规划的宣贯会、配合工经联编制工业年鉴等会议和组织的各种活动，收集信息、扩大协会影响力，寻求发展会员的新途径。

（4）组织召开北京地区会员企业座谈会，向企业汇报协会所做的工作，虚心听取企业的意见和建议、发现存在的问题，及时研究解决的办法。

2022 年水泥协会将按照既定目标，继续做好“四个服务”，携手会员企业努力为水泥行业绿色、低碳、安全健康发展贡献协会力量，以优异成绩迎接党的二十大胜利召开。

河北省水泥行业发展改革报告

河北省建筑材料工业协会　执行人　彭拥军　张成鑫

2021年，我国经济发展面临需求收缩、供给冲击、预期转弱三重压力，工业经济稳定增长的困难和挑战明显增多。在河北省委、省政府坚强领导下，全省水泥行业认真贯彻中央经济工作会议精神和省委省政府工作部署，坚持创新驱动发展，坚持绿色低碳发展，不断推动水泥行业高质量发展。

一、经济运行

2021年，在新冠肺炎疫情防控、环境保护管控以及房地产调控的大背景下，水泥市场需求减弱。产量、行业经济效益不同程度下降，全省水泥工业经济下行压力增大。

（一）产量同比下降

2021年，河北省水泥熟料产量7302万吨，同比下降9.8%。水泥产量11125万吨，同比下降4.2%。河北省水泥产量占全国产量比重的4.71%，较上年低0.22个百分点；全国排名第十一名，较上年退后一名。河北省水泥产业主要集中在燕山—太行山一线。2021年，唐山、石家庄、承德、保定、邯郸水泥产量排名全省前五，产量分别为3141万吨、1543万吨、1288万吨、1164万吨、1126万吨，占全省产量的比重分别为：28.2%、13.9%、11.6%、10.5%、10.1%，五市水泥产量合计占全省产量的比重为74.3%。

（二）价格探底反弹

2021年初，市场需求疲弱，水泥价格不断走低，到7月份跌至最低点。8月份，受“能耗双控”影响，叠加煤炭价格持续攀高、需求走强以及水泥产量降低等因素，水泥价格止跌回升，到12月份达到年内最高点，完成探低反弹。据不完全统计，12月份河北省水泥平均价格为446.0元/吨（含税），较去年同期增长42.7元/吨，同比增速10.6%。全年平均价格为389.5元/吨，相比2020年平均价格下降15.2元，增速为-3.8%。2021年水泥平均价格走势如图1所示。

（三）效益大幅下降

2021年全省水泥行业完成营业收入480.0亿元，同比增速-2%；实现利润总额32.1亿元，同比增速-50.1%，大幅下降。煤炭价格大幅上涨以及水泥平均价格低于上年，双向挤压了行业利润，导致水泥行业效益大幅下降。

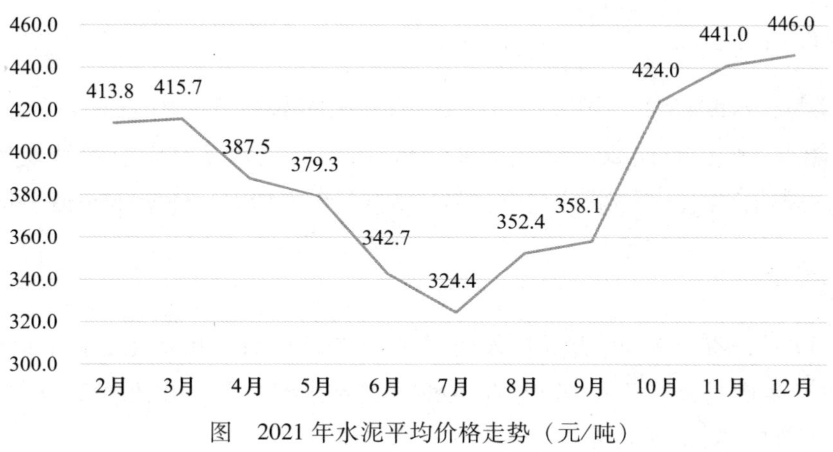

图　2021 年水泥平均价格走势（元/吨）

二、产能置换

根据工业和信息化部《关于印发水泥玻璃行业产能置换实施办法的通知》（工信部原〔2021〕80 号）文件精神，河北省多家水泥企业实施了产能置换。

（一）唐县冀东水泥有限责任公司

冀东水泥丰润有限责任公司 1 台 ϕ4m×56m 回转窑（产能：2000t/d）、唐山冀东水泥三友有限公司 1 台 ϕ4. 3m×64m 回转窑（产能：2500t/d）和河北金隅鼎鑫水泥有限公司 2 台 ϕ4m×60m 回转窑（产能合计：4000t/d）按 1. 5：1 置换产能，由唐县冀东水泥有限责任公司建设 1 条 ϕ5. 0m×78m 回转窑生产线（产能：5500t/d），富余 250t/d 产能由唐县冀东水泥有限责任公司后续调剂使用。公告日期 2021 年 7 月 9 日。

（二）河北武山水泥有限公司

河北武山水泥有限公司 1 条 2000t/d 新型干法水泥熟料生产线（ϕ4. 0m×60m 回转窑 1 台）和河北武山水泥有限公司 1 条 1000t/d 新型干法水泥熟料生产线（ϕ3. 2m×50m 回转窑 1 台）按 1：1 置换产能，由河北武山水泥有限公司建设 1 条 3000t/d 新型干法水泥熟料生产线（ϕ4. 3×60m 回转窑 1 台）。公告日期 2022 年 1 月 26 日。

（三）邢台金隅咏宁水泥有限公司

邢台金隅咏宁水泥有限公司 1 条 2000t/d 新型干法水泥生产线（ϕ4m×60m 回转窑）和邢台金隅咏宁水泥有限公司 1 条 2000t/d 新型干法水泥生产线（ϕ4m×60m 回转窑）按 1：1 置换产能，由邢台金隅咏宁水泥有限公司建设 1 条 4000t/d 水泥熟料生产线（ϕ4. 6m×68m 回转窑）。公告日期 2022 年 2 月 15 日。

（四）赞皇金隅水泥有限公司

赞皇金隅水泥有限公司 2000t/d 新型干法水泥熟料生产线（ϕ4m×56m 回转窑一台）和赞皇金隅水泥有限公司 2000t/d 新型干法水泥熟料生产线（带余热发电）（ϕ4. 4m×52m 回转窑一台）按 1：1 置换产能，由赞皇金隅水泥有限公司建设 1 条 4000t/d 水泥熟料生产线（ϕ4. 6m×52m）及配套设施。公告日期 2022 年 4 月 7 日。

（五）生产线拆除

石家庄市迅塔特种水泥有限公司用于出让的一条 ϕ3. 0m×48m 新型干法回转窑已全部拆除完毕，不具备恢复生产能力，公告日期 2021 年 3 月 15 日；唐山弘也水泥有限公司涉及产能转移的 1 条 1500t/d 新型干法熟料生产线已全部拆除完毕，不具备恢复生产能力。公告日期 2021 年 11 月 18 日。

（六）水泥产能

2022 年 3 月 11 日，省工业和信息化厅发布《关于 2021 年度全省水泥熟料平板玻璃生产线清单的公告》。水泥熟料生产线清单显示，河北省共 68 家带窑水泥企业（相比 2020 年减少 2 家），96 条熟料生产线（相比 2020 年减少 3 条）。

三、错峰生产

（一）文件颁布

工业和信息化部、生态环境部《关于进一步做好水泥常态化错峰生产的通知》（工信部联原〔2020〕201 号）文件颁布后，2021 年 9 月 10 日，《河北省工业和信息化厅河北省生态环境厅关于印发<河北省水泥行业常态化错峰生产工作方案>的通知》（冀工信原函〔2021〕730 号）颁布。河北省年度错峰生产基准天数 150 天左右，其中采暖季 120 天左右、非采暖季 30 天左右。明确了承担居民供暖、协同处置城市生活垃圾污泥、协同处置有毒有害废弃物熟料生产线的错峰规则，对列入《水泥行业规范条件》熟料生产线、4000t/d 及以上熟料生产线、环境绩效评级 A 级熟料生产线制定了相应的优惠产业政策。

（二）计划制订

2021 年 11 月 26 日，河北省建筑材料工业协会发布《河北省水泥熟料企业 2021—2022 年常态化错峰生产计划公开信息》（冀建协发〔2021〕48 号）。明确了 2021—2022 年度全省水泥熟料生产线错峰时间，作为督导全省水泥熟料企业错峰生产的重要依据。

（三）执行良好

2021—2022 采暖季，河北省水泥熟料企业错峰生产完成率达到 104%（按停窑天数计算），超出原计划 4 个百分点。共减少熟料产量 2256. 3 万吨、减少标煤消耗 237 万吨、减少石灰石消耗 3384. 5 万吨、减少 CO_2 排放 1951. 72 万吨、减少 NO_x 排放 25045. 3t、减少 SO_2 排放 16245. 6t、减少粉尘排放 3384. 5t。

四、技术创新

（一）CCUS 试点

2021 年 5 月 13 日，河北省应对气候变化领导小组办公室印发《关于公布河北省第一批二氧化碳捕集利用封存试点项目的通知》（冀气候领办〔2021〕8 号），共 6 家企业列入试点项目名单，其中电力 3 家、钢铁 2 家、水泥 1 家。邢台金隅冀东水泥有限公司列入名单，二氧化碳捕集、利用和

封存（CCUS）主要技术路线为化学吸收捕集水泥窑烟气尾气二氧化碳，设计规模为5万吨/年。

（二）低碳技术

2021年12月23日，河北省生态环境厅公布《河北省低碳技术推广目录（2021年）》，其中建材低碳技术1项，为“基于冶金基固废胶凝材料的全固废高性能混凝土制备及应用技术”。该技术原材料使用100%工业固体废弃物（铁尾矿、脱硫石膏、冶金渣等）。混凝土骨料100%采用铁尾矿和废石，根据“粒级与活性的双重协同优化”原理，利用工业废渣整体胶凝材料，与高性能减水剂（或超塑化剂）优化配合，制备较低水化热、较高耐久性的全固废混凝土，完全替代水泥。

五、协会工作

（一）化验室管理

2021年7—10月，省建材协会对全省143家水泥企业化验室开展了年度审核。抽调了30名水泥行业化验室评审员，按照《水泥生产企业质量管理规程》对其中34家水泥企业化验室进行了现场督导检查，重点检查了机构设置、人员素质、规章制度、仪器设备、实验环境、过程控制、出厂控制等7大项29款92条内容，核查结果为33家合格，1家不合格，责令整改。

（二）优秀总工程师推荐

2021年8月2日，中国水泥协会下发《关于授予董建松等32人“2021年全国水泥企业优秀总工程师”称号的决定》（中水协字〔2021〕72号）。河北省5名水泥（混凝土）企业总工程师荣获全国水泥行业优秀总工程师称号，分别是：魏金华（灵寿冀东水泥有限责任公司）、杨建宁（石家庄金隅混凝土有限公司）、韩韶辉（河北金隅鼎鑫水泥有限公司）、张宏健（临城中联水泥有限公司）、韩小龙（邯郸涉县金隅水泥有限公司）。

（三）绿色工厂推荐

2022年2月22日，中国水泥协会下发《关于表彰海盐秦山南方水泥有限公司等16家企业为水泥行业粉磨企业绿色工厂的决定》文件，河北省深州冀东水泥有限责任公司荣获“水泥行业粉磨企业绿色工厂”荣誉称号。

六、重点企业

（一）金隅冀东

金隅冀东水泥公司高效统筹疫情防控和经营发展各项工作，坚持深化改革、创新驱动、数智赋能，带头做好供给侧结构性改革，不断提升高质量发展水平。一是完善党委领导下的区域化管理。区域党委统筹负责区域内各企业党的领导和党的建设，形成了区域宏观有合力、工厂微观有活力的良性发展局面。关于区域党委管理的党建调研课题，荣获北京市国企党建研究会优秀调研课题二等奖。二是系统推进“培优”工程。各工厂更加注重内涵式发展，追求卓越意识、精益运营意识、对标赶超意识持续增强，涌现了一批指标优异、核心竞争力强的单体企业，呈现高质量发展态势，共有36家企业达到优秀企业标准。三是推进国企改革三年行动。在构建现代化管理体系方面，健全完善了法人治理结构，把党的领导融入公司治理各环节，动态调整区域化管理模式以及总部部门、营销公司等组织设置，显著提高了决策效率和管理水平；在完善市场化激励和约束机制方面，着重调整管控模式，全面实施经理层成员任期制和契约化管理。拓宽员工职业发展路径，进一步健全以岗位价值为依据、以业绩为导向的薪酬分配制度，提升员工创造价值积极性。四是坚持创新驱动。依托"互联网+"，构建现代化供应链体系，大力实施数智化改造，推进产业基础高级化。建成国内水泥行业第一条全域智能化万吨生产线（冀东水泥铜川公司万吨线），引领行业升级，获评"国家智能制造试点示范工厂"。冀东水泥、赞皇金隅成功入围国家"2021 年新一代信息技术与制造业融合发展试点示范"。五是推动绿色低碳发展。积极响应"碳达峰、碳中和"号召，围绕产能结构调整、工艺技术改造、清洁能源替代等方面持续攻坚，建立全流程节能降耗减碳机制。2022 年专门成立了绿色低碳推进部门，启动了"碳达峰、碳中和"三年行动计划，编制碳减排工作清单。

（二）金隅鼎鑫

一是整合发展。在遵循市场基本规律、深刻理解市场变化、紧贴市场发展脉搏的基础上，与区域水泥企业形成良性市场协同互补机制。充分发挥北京金隅集团在水泥窑协同处置综合固废、污泥的综合优势，深入开展燃料替代研究，助力金隅环保产业做大做强。依托二级管理平台技术支持，建设具有"环境生态化、开采科学化、资源利用高效化、管理数字化、矿区和谐化"为特征的数智化矿山。二是契合发展。以水泥博物馆、环保科普馆、中国教育摇篮陈列馆三大展馆为工业旅游精品主体，拓展新的价值空间，实现"工业+旅游"转型发展新常态；三分公司协同处置污泥环保技改项目顺利建成投运，持续扩大"工业+环保"转型成果；集成配料在线监测、能源管理、专家控制、质量管理等系统模块，加大设备在线监测等系统建设，完成智能实验室项目，推动"工业+智能"转型提速升级。三是创新发展。开展天然气煤炭耦合燃烧促进"减污降碳"。综合评价木屑、树皮、橡胶粉、皮革下脚料、石油焦等生物质作为替代燃料，替代使用率达到 12. 39%。取得一种皮带廊道喷淋抑尘装置、污泥预焚烧阶梯炉、一种新型负压虹吸清油器装置、一种新型的导流板装置等 30 项实用新型专利，一种立式圆筒形钢制焊接储罐自动排污装置和高台阶大孔径光面爆破技术获得发明专利。

（三）曲寨集团

曲寨集团建设建筑垃圾和装修垃圾处理生产线，以建筑、装修垃圾废弃物为主要原料，实现资源化利用。开展"公转铁"的建设，部分原材料已经实现铁路运输，降低了运输成本。建设 SCR 深度治理的项目，氮氧化物排放小于 $50mg/m^3$，氨逃逸小于 $3mg/m^3$。开展矿山绿化建设，累计投入资金逾 8000 多万元，绿化面积达到了 15 万平方米以上，路面硬化约 8. 0km。引进了国内外先进的植生袋技术，对矿界边坡区域进行修复治理，治理面积约 3 万平方米。建设矿山智能管控软件平台，对矿山生产及日常管理实现数字化集成。建设以设备状态监测、视频监控图像智能分析和设备运行信息化三部分组成的设备在线监测与智能诊断系统。建立特种水泥实验室，先后开发了道路基层缓凝硅酸盐水泥、中、低热硅酸盐水泥、抗硫酸盐硅酸盐水泥 3 个特种水泥品种。

1. 矿峰水泥

矿峰水泥正在建设的"水泥窑电炉灰协同处置项目"将与水泥窑生活垃圾协同处置和污泥协同处置，形成三位一体的水泥窑综合协同处置。

2. 鼎星水泥

河北首条水泥窑无害化、资源化、综合利用生活垃圾焚烧飞灰项目，年资源化利用 9 万吨/年，将彻底解决石家庄地区飞灰难题，2021 年 12 月 28 日通过了专家验收。

2021—2022 上半年辽宁省水泥行业概述

辽宁省建筑材料工业协会水泥分会　执笔人　马世义

一、水泥行业基本概况

辽宁省工业和信息厅 2021 年公布的《辽宁省工业和信息化厅关于更新水泥熟料及平板玻璃生产线清单的通告》中包括水泥熟料生产线 49 条，年设计能力 5200 万吨。

2021 年 6 月—2022 年 4 月辽宁省水泥产量 3855 万吨，同比下降 24%。

2022 年 1—4 月辽宁大连、盘锦、葫芦岛、营口等 11 个港口累计南运水泥和熟料 237 万吨，其中：水泥 155 万吨，熟料 82 万吨，仅相当于 2020 年平均单月量。

由于本地水泥市场需求下滑，南运水泥、熟料大幅度减少，全省水泥窑在 2021 年冬季、2022 年春季错峰生产后于 4 月初启动生产都出现不正常现象，尤其是辽宁中部地区 12 条回转窑因库满逼停 8 条，只有 4 条维持运转。2022 年全年预计水泥产量比去年将进一步减少（去年总产量同比已下降 9.6%）。

下一步采取措施：①坚持错峰生产，严格执行国家和省关于水泥行业错峰生产的相关规定，做到自觉遵守相互监督。②加强企业集团间的联合重组，提高集中度，推进辽宁大鹰集团和中建材北方公司、金隅冀东等企业间的联合重组；总结推广辽宁台泥和金隅冀东间的战略合作成果。③加快企业数字化智能化进程，提质降耗、节能减排发展循环经济、加强环境保护，逐步实现成为绿色工厂。

二、台泥水泥金隅冀东合作　委托管理成效显著

台泥集团与北京金隅集团于 2019 年 11 月在“南京 2019 两岸企业家紫金山峰会”上签署了战略合作框架协议，成为战略合作伙伴，双方决定在转型升级发展、绿色矿山建设、发展循环经济环保事业等多方面的合作，金隅冀东水泥自 2020 年 7 月起托管台泥（辽宁）水泥有限公司金隅集团在双方签署战略合作框架协议，由金隅冀东集团托管台泥（辽宁）水泥有限公司。在闫海峰总经理带领下企业在转型升级、绿色矿山改造、发展循环等方面都取得了骄人成绩。

（一）提质增效，生产管理迈上新台阶

公司通过积极推进汰换矿山工程车辆、袋装水泥智能装车、篦冷机锤式破碎机汰换辊式破碎机、窑头罗茨风机汰换气悬浮风机、数字化矿山工程建设等硬件装备汰换升级项目，不断提升装备水平；通过一系列的技术升级，窑、磨台产大幅提升，各能耗指标显著下降，熟料台产、标煤耗、生料工序电耗、单月余热发电量、熟料单月产量、42.5 等级水泥台产等多项经济技术指标屡次突破

辽宁厂历史纪录。

熟料分厂通过优化配煤配料，窑头燃烧器汰换、窑头密封改造、鹅颈管技改等改造项目及加强生产精细化管理等措施，熟料台产从托管前日产5400t提升至6200t；通过四通道燃烧器更换、篦冷机供风方式及风机叶轮的升级改造等技改措施，2021年7月份标煤耗降至100kg/t以下。

通过对原料立磨回转下料器汰换，补焊窑尾收尘器净气室及部分壳体，重新制作立磨磨辊密封，更换新式人孔门密封，最终窑尾氧含量由10%降至5%，窑尾排风机转速下降约30r/min；通过对脱硝系统改造，2021年氨水单耗较2020年降低了1.85kg/t，降幅达41.6%，年节约氨水费用约54.72万元。

通过对水泥磨辊压机斜插板角度调整、选粉机内部密封环间隙调整、优化研磨体级配，并在磨头进料端增加了料幕等技改措施，水泥磨台产较前期大幅提升，P·O42.5水泥台产最高达205.68t/h；矿山分厂通过铲装设备升级，长皮带维修改造及加强日常管控，破碎机台产从900t/h提高到1200t/h并稳定运行，石灰石工序电耗最低降至1.49kW·h/t，均突破历史最好纪录。

品质管理部通过选用湿矿渣代替部分矿渣粉、生料三组分配料、湿粉煤灰替代燃煤炉渣及利用煤矸石减少燃煤消耗等多项措施持续降低配料成本，水泥综合配料成本同比下降3.5元/t。

（二）优质高效，项目建设结硕果

坚持高质量高标准建设工程项目。公司坚持建设经得起历史检验的高质量项目标准，强化项目责任落实，通过技术部门召开前期论证会，经理办公会审议，建设过程中主管部门专业管理与分厂属地管理相结合的方式，全力保障项目建设高质高效有序推进。2020年至今，高质量完成道路维修工程、彩钢密封环保工程、雨水收集系统、智能化装车系统、数字化矿山建设等资本支出和专案维修项目，全面助推公司高质量赶超发展。

转型升级启新程。秉承两大集团循环经济和绿色发展理念，利用水泥窑无害化资源化处置污泥项目于2021年8月8日正式开工建设，目前已正式建成。项目采用目前国际领先的新型干法工艺技术，利用公司现有厂区、办公楼、水泥窑，新建一座530m^{2}钢结构全封闭式厂房，设计建造两套污泥预处理系统，具备实现每年12万吨的市政污泥处置能力，真正实现城市污泥处置的“减量化、资源化、无害化”目标，力争成为“城市净化器，政府好帮手”。

（三）强基固本，厚植绿色发展开新篇

公司坚持“环境也是生产力”的理念，通过环境提升带动公司整体管理水平的提升。自托管以来，在厂内及生活区累计覆盖绿化土4.2万吨，绿化面积约3.3万平方米。员工自行种植各类乔灌花木5万多棵，播种草籽、花籽900多公斤。各分厂自行硬化厂区路面3000多平方米，粉刷亮化维修间和值班室6000余平方米，现场护栏刷漆20000余米，设备及钢结构防腐刷漆约4000多平。通过道路维修工程、预热器防腐刷漆、熟料库及斜拉链彩瓦密封刷漆、水泥发运系统密封改造项目、大型广告亮化字、新建道路标识牌等多项厂区亮化美化工程及开展全员“净厂”活动，使厂区环境焕然一新，“日日新”的理念已深入人心，人人爱护环境、人人美化环境的氛围正在形成，员工的成就感、荣誉感、归属感逐步增强，一个生机盎然的新企业正展现在全体员工面前。2021年12月，公司通过工业和信息化部2021年度绿色制造名单公示，光荣跻身国家级绿色工厂行列。

绿色矿山、智慧矿山建设成效斐然。公司深入贯彻“绿水青山就是金山银山”的理念，不断加

大绿色矿山建设投入：①切实履行“边开采、边治理、边恢复”的企业主体责任。通过合理配矿、优化爆破等途径，彻底消缺了前期采场底根较多、采台不规整的状况。②不断推进矿区硬化、绿化、美化工程。2021 年公司完成了矿区道路硬化、挡墙砌筑、排水系统修建、办公区域美化亮化等基础设施建设工程，对矿区 10 块开采区域进行削坡、平整、客土、栽种刺槐、播撒草籽等绿化恢复治理工作，总绿化面积约为 4 万平方米，并先后完成了廊道噪声治理、破碎机卸料口密封、破碎线取料机洒水降尘系统改造等环保工程，使整个矿山旧貌换新颜，呈现出了绿水青山生态之美。③加快推进数字化矿山建设。通过建立综合指挥中心、调度对讲、产量统计、视频监控、边坡监测和环保在线监测组成的数字矿山集成系统，实现了矿山各系统间、各业务模块间的数据共享，为矿山全面提升安全环保水平，资源优化配置及可持续发展打下坚实基础，一座崭新的现代化、智能化绿色矿山正在崛起。

（四）以人为本，持续推进企业文化建设

公司坚持“人文企业”理念，为员工搭建员工成长和成才的平台，打造和谐的“家”文化，形成“台泥是我家，幸福靠大家”的良好企业文化氛围。公司通过元宵节拔河比赛，“三八”节女员工踢毽子、跳绳比赛，员工亲子家庭日，组织员工学雷锋团建，观看爱国主义电影，参加金隅冀东辽宁区域篮球赛等一系列活动的开展，不仅丰富了员工业余文化生活，还营造出温馨、和谐、欢乐的节日氛围，并且通过活动提升了员工的集体荣誉感和凝聚力，进一步激发了员工的工作热情和积极性，打造了健康向上的企业文化。

情系员工，全力打造暖心工程。公司积极开展女员工代表、青年骨干、基层员工、退伍军人等各层次员工座谈会，及时了解员工诉求，用心、用情为员工解决困难、办实事、办好事，一年来，公司通过发放节日福利、节日走访慰问、夏日送清凉、退休员工欢送会、员工活动室配置健身器材、食堂配置自动料理设备和音乐餐厅、矿山和中控室员工更换保温环保饭盒、新建室外公厕、值班室加装空调、配备应急物资和 AED 设备、洗手池加装速热水龙头等一系列举措，真正用心关爱员工，全力打造“暖心工程”。

公司将秉持台泥集团“环保是责任，不是成本”的理念和“零废弃、零污染、零排放”的信仰，积极践行金隅“干事文化”和“四个发展”战略理念，紧紧围绕“高质量赶超发展，打造节能、环保、绿色、人文台泥”的目标，认真履行环保责任和企业社会责任，积极探索资源综合利用和环境保护相辅相成的高质量发展之路，确保绿色生产理念贯穿落实到水泥产品制造的每一环节，以更加优质的产品和服务，竭诚与社会各界朋友真诚合作，互惠共赢，推动水泥行业发展，服务经济建设，携手并进，共同开创更加美好的未来。

公司近三年所获荣誉：

2020 年 10 月，公司被中国建筑材料联合会评为优秀级水泥生产企业标准化化验室。

2021 年 5 月，公司取得省级企业技术中心资格。

2020 年 5 月，公司石灰石矿山取得辽宁省级绿色矿山资格。

2021 年 9 月，公司荣获环渤海地区建材行业“诚信企业”和“知名品牌”荣誉称号。

2021 年 7 月，公司荣获“2020—2021 年度全国建材企业文化建设优秀成果一等奖”及“全国建材企业文化建设经典案例”称号。

2021 年 12 月，公司荣获中国建筑材料企业管理协会颁发的“2021 年度中国和谐建材企业”荣誉称号。

2022 年 1 月，公司光荣跻身“国家级绿色工厂”的行列。

2021年黑龙江省水泥行业发展概述

黑龙江省水泥协会　执笔人　史延田

一、黑龙江省水泥行业概况及业绩

截至2021年底，黑龙江省在产的熟料生产线有15条，设计产能1632万吨。其他生产线均已置换。其中北方集团熟料产能810万吨，占50%；亚泰集团熟料产能255万吨，占13.8%；金隅冀东熟料产能216万吨，占13.2%。其他企业合计熟料产能351万吨，占23%。获证企业106家，粉磨产能8500万吨。

北方宾州水泥和双鸭山新时代水泥2021年被认定为绿色工厂；冀东水泥黑龙江有限公司水泥熟料能耗达到98.57kgce/t，低于国家能耗标杆值。2021年整体装备水平没有变化，但是水泥企业通过更新改造，技术水平、环保水平、能耗情况等均有所提升。

二、经济运行概况

从2021年黑龙江省水泥行业的运行状况来看，受房地产投资下滑及新冠肺炎疫情的影响，水泥需求下降幅度较大。根据中国建筑材料联合会发布数据，2021年黑龙江省水泥产量2170.8万吨，同比下降8.3%。2021年整个泛东北地区错峰生产执行得相对较好，同时受上游原材料价格涨价、国家限电政策等方面影响，水泥价格涨幅较大，全年42.5等级散装水泥平均价格达到450元/t左右，同比上涨近50%；90%以上水泥企业盈利，运行质量向好。目前的主要矛盾依然是需求不足与产能严重过剩的矛盾。

存在的主要问题：①泛东北市场需求不足，产能过剩，造成单位产品固定成本增加，导致盈利水平下降，市场竞争更加激烈，变相赊销较为普遍。②外埠熟料、水泥冲击黑龙江省市场。由于辽宁、吉林、内蒙古地区水泥产能过剩严重，错峰生产执行不力，再加上运费优惠，使外埠的熟料、水泥长驱直入黑龙江省市场，直接冲击到黑龙江西南部，甚至进入中东部地区。

三、错峰生产、产能置换概况

（一）错峰生产

2021年初国家常态化错峰生产出台后，黑龙江省政府部门短期内出台黑龙江省常态化错峰生产文件，保证错峰生产的连续性，黑龙江省错峰生产执行严格，对减轻冬季供暖期间叠加排放和调节水泥供需关系起到了积极的促进作用。但是行政有界，市场无界，周边省份错峰生产执行程度直接影响我省水泥市场，每年都有大量的外省水泥和熟料冲击黑龙江省，造成不公平竞争局面。

（二）产能置换

2021 年黑龙江省仅对部分产能置换进行了调整，没有新增和退出产能，目前主要问题是跨省置换和实际产能远大于设计产能问题。

四、行业展望与预测

水泥行业目前面临的主要矛盾是产能过剩与需求不足的矛盾，各区域市场需求不平衡。通过错峰生产政策和减量置换政策的实施，能够阶段性缓解供需矛盾，但去产能和提高产业集中度任务依然十分艰巨。“十四五”期间，预计水泥需求达到平台期，“十四五”末需求将会大幅下滑，市场竞争会更加激烈，优胜劣汰将成为必然趋势。

五、协会主要工作

黑龙江省水泥协会（以下简称“协会”）主要工作是配合政府部门出台政策、编制标准、各种培训工作、协调会员之间的各种问题。2021 年初国家常态化错峰生产出台后，协会主动与省工业和信息化厅和生态环境厅对接，短期内出台黑龙江省常态化错峰生产文件，以此保证错峰生产的连续性。协会多次召开水泥企业座谈会，召开碳中和碳达峰会议，组织专家评审标准、进行质量标准宣贯学习等活动。工作建议：目前水泥行业属于全国过剩，需求会逐步减少，过剩程度会逐步加大，因此需要推动重点企业联合重组，进一步提高产业集中度，然后进行同比例关停，做到真正去产能，保证水泥行业健康持续发展。

2021 年黑龙江省水泥行业大事记

◎1 月 4 日，按照国家常态化错峰生产文件要求，协会配合黑龙江省工业和信息化厅、生态环境厅组织有窑企业进行政策制订征求意见，讨论黑龙江省错峰生产政策，短时间出台地方政策，保证了错峰生产的连续性。

◎3 月 3 日，召开哈尔滨市有窑企业座谈会，赵秋辉会长及各企业负责人参加了会议，会议确定了开窑日期为 4 月 1 日，了解了各企业的水泥价格，确定了与粉磨站的合作大致方案。

◎3 月 9 日，协会赴佳木斯解决鹤岗鑫塔水泥抹账问题，鹤岗鑫塔水泥隶属于鹤岗矿务局，抹账水泥困扰区域水泥市场多年。10 日召集新时代和佳木斯北方负责人共同研究抹账水泥的解决方案。初步达成一致意见。

◎3 月 18 日，省人事考试中心领导来协会指导建材行业能力评价问题，省建材院、黑龙江建职院领导参加座谈。考试中心领导对协会的工作给予高度认可，希望协会在技能人才培养和评价方面作出更大的贡献。

◎3 月 22 日，中国建材研究总院首席水泥专家张文生来协会座谈，针对水泥发展方向、存在问题、解决方案及碳中和进行了深入交流。

◎4 月 16 日，下午召开《水泥企业化验室记录及报告编制规程》标准审定会，设计院及企业专家提出意见，省市场局领导线上进行指导。该项标准一致通过，该标准对水泥企业化验室记录管理工作具有规范指导作用。

◎5 月 13 日，协会与中建材佳兴玻璃签订科技成果鉴定合同，帮助企业进行科技成果鉴定。

5 月 28 日召开科技成果鉴定会，邀请了 7 位业内专家参加鉴定。

◎6 月 7 日，召开哈尔滨地区水泥企业座谈会，会议主题：①分析泛东北整体形势，共同探讨水泥行业高质量发展途径。②落实七部委文件、确定常态化错峰生产时间。会议邀请了三大集团主要领导参会。

◎6 月 10 日，召开“黑龙江省建材行业碳达峰、碳中和知识讲座暨高质量发展培训班”，会议邀请了邀请 6 位著名专家从多个方面多角度讲解碳减排途径，全省建材行业近 100 人参加会，效果良好。

◎7 月 1 日，召开黑龙江省防水分会工作会议，共有 18 家单位参会，会议推荐吴晓强为分会秘书长，张志峰会长对近一段工作做了总结，吴晓强对下一步工作计划进行了汇报，各单位发言提出意见和建议。

◎7 月 8 日，协会陪同中国建材科学总院张文生、叶家元前往鹤岗华升石墨有限公司调研，针对石墨烯混凝土方面进行现场指导，对该企业的研究方向进行了肯定，双方初步达成战略合作协议。

◎7 月 16 日—20 日，协会前往省建投 PC 构建中心、亚泰集团建材产业园、宇辉集团、建华建材黑龙江省公司调研，了解目前装配式住宅发展现状、遇到的瓶颈、下一步工作重点，为成立装配式分会打下基础。

◎8 月 24 日，省直机关工委党建工作领导小组来协会调研，行业协会商会工作部秦晓明部长带队，了解协会党建工作，如何发展，省直机关工委如何助力，确定史延田为黑龙江省建筑材料行业协会党建工作指导员。同时对协会开展的各项工作给予肯定。

◎8 月 26 日，下午市工业和信息化局产业处张秀巍处长、杨怀亮副处长来协会咨询淘汰落后产能问题，建材院王继祥院长、协会史延田会长介绍了建材行业基本情况。对建材产业政策、目前实际情况进行了细致的介绍，建议政府加大淘汰落后产能力度。

◎9 月 2 日，黑龙江省市场局、民政厅领导来协会检查指导工作，对协会的工作内容、收费项目等进行了检查，针对协会如何进一步规范管理提出建设性意见。

◎9 月 9 日，协会在哈尔滨组织召开三大集团内部会议，肖家祥、翟怀宇、李晓明等领导参加，各区域负责人及销售经理参会，主要研究错峰生产和高质量发展问题，会议决定 9 月 10 日吉、黑两省继续错峰生产 7 天。

◎9 月 10 日，协会史延田与小岭水泥李维勇、冀东水泥齐长权参加省发展改革委关于熟料能耗方面政策制定征求意见会议，协会及企业向省发改委汇报了目前黑龙江省水泥行业整体的能耗水平、设备装备水平，建议政府部门在制定政策方面结合当地实际情况，使政策顺利实施。

◎9 月 26 日，针对黑龙江省 23 日开始的限电政策，协会及时向政府部门汇报限电对水泥企业的影响，并提出若干建议。该建议得到政府部门的高度认可，28 日水泥企业恢复正常供电。

2021—2022年上半年上海市水泥行业发展改革报告

上海市水泥行业协会　执笔人　匡　鸿　余　斌　汪如意

一、上海市水泥市场发展综述

（一）上海市水泥类产品完成情况

2021年尤其是2022年上半年面对新冠肺炎疫情严重干扰下的国内外经济严峻复杂局面，各位理事、会长单位和会员单位经受住了考验，在进沪水泥量及混凝土掺合料供应量、确保上海建设市场使用方面均取得较好的业绩。

据2021年1—12月统计，上海市共使用水泥2776.96万吨，同比上升21.82%。其中，本市生产水泥336.48万吨，同比上升13.17%；外省市进沪水泥2440.48万吨，同比上升23.69%。本市共中转水泥643.91万吨，同比上升40.75%；生产掺合料950.69万吨，同比上升27.03%；其中矿粉483.81万吨，粉煤灰466.88万吨。2021年1—12月完成预拌混凝土6007.1万立方米，同比上升14.8%。

据2022年1—4月统计，上海市共使用水泥498.18万吨，同比下降33.79%。其中，本市生产水泥53.16万吨，同比下降39.52%；外省市进沪水泥16万吨，同比下降93.78%。本市共中转水泥117.22万吨，同比下降30.62%；生产掺合料218.09万吨，同比下降2.75%；其中矿粉88.3万吨，粉煤灰129.78万吨。

据不完全统计，2021年1—12月上海市粉煤灰排放量327.21万吨，利用量319.37万吨，利用率107%；上海市脱硫废渣排放量111.74万吨，利用量111.93万吨，利用率100%。

（二）上海水泥市场需求情况

据统计，2021年上海水泥总消费量约2776万吨，同比增加22%，全年仅10月销量低于2020年同期，如图1所示。2021年1—2月临近春节，水泥需求在淡季，故销量下滑，3—4月迅速回升；2021年下滑拐点“提前”，5月市场资金压力显现；6—7月受梅雨、中高考等影响，项目施工进度放缓，水泥需求随之减弱；8月水泥需求有所回升；9—10月受原材料价格大幅上涨影响，施工单位资金压力较大，项目进度放缓，水泥需求量在旺季出现回落；11—12月，随着原材料价格逐步回归合理价位，且临近年底，项目赶工期，施工单位加快项目进度，水泥需求明显回升；12月销量超300万吨，与历史同期的销量月份持平。

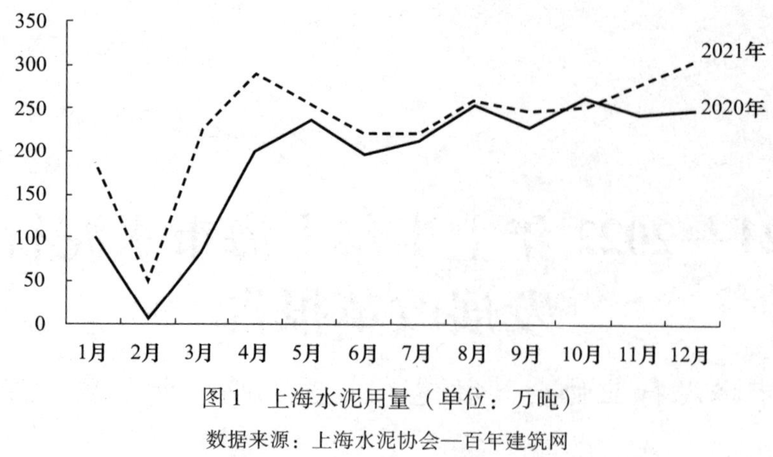

图1　上海水泥用量（单位：万吨）

数据来源：上海水泥协会—百年建筑网

2022 年上半年上海水泥市场受疫情影响，水泥需求或将下降 50%。截至 4 月份，上海市水泥行业协会跟踪统计进沪及本地共 64 家水泥企业，1—4 月累计在沪销量 498 万吨，同比下降 33.8%。2022 年春节较早，1 月份项目已陆续收尾，水泥在沪销量同比下降 9%，2 月份同比增加 129%，一方面因为 2 月中下旬项目已陆续开工，水泥需求逐步恢复，另一方面，节后跌价较去年提前，且水泥价格下跌后，原材料熟料价格快速上涨，刺激中转库积极备货。但到 3 月份水泥在沪销量同比下降 14%，因为下游搅拌站及施工单位资金回收不及预期，项目开工缓慢，到中旬起，受疫情影响，部分项目停工，水泥需求下滑。4—5 月，上海实施全域静态管控，除了建设方舱医院及保供部分重点工程尚有少量销量外，其余工程工地均被按下了暂停键。预测进入 6 月份，随着疫情得到控制，政府加大复工复产力度，会提升水泥需求用量，但疫情防控形势不容乐观，加之梅雨季节影响，对水泥需求不会有恢复性增长。预计上半年整体水泥消费量同比或将下降 50%左右。

（三）上海水泥市场价格变化情况

据统计，截至 2021 年 12 月 31 日，上海主流品牌 P·O42.5 散装水泥报价 560 元/t，较 2020 年同期高 45 元/t，基本持平；全年均价 522 元/t，较 2020 年 475 元/t，增长 10%；从价差来看，2021 年全年价差 245 元/t，同比扩大 44%。2021 年上海水泥收尾价格基本与去年同期持平，但价差明显扩大，全年水泥均价小幅上移，如图 2 所示。

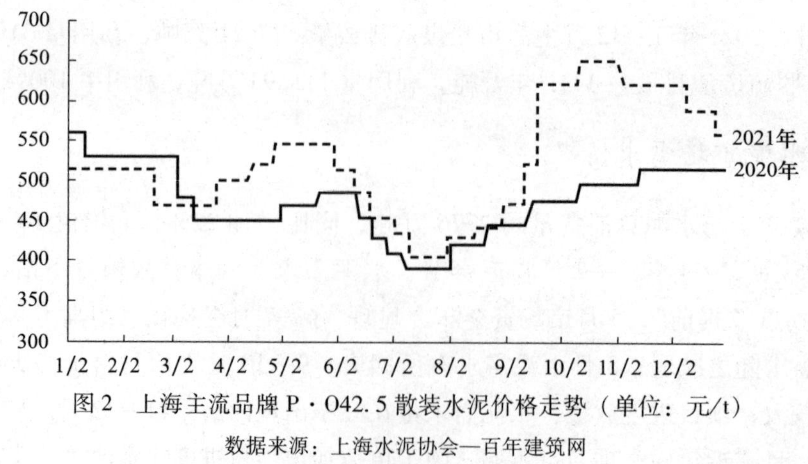

图2　上海主流品牌 P·O42.5 散装水泥价格走势（单位：元/t）

数据来源：上海水泥协会—百年建筑网

2021 年上海水泥价格走势与 2020 年基本大同小异，前三季度基本符合水泥淡旺季规律，四季度出现相反趋势，如图 3 所示。1—3 月，受低温天气、春节放假等因素影响，项目施工进度缓慢，

水泥需求低迷，价格随之回落；4月初，水泥价格开始上涨，较2020年提前近1个月，主要因为春节提倡就地过年，企业复工复产时间较早，水泥需求启动提前，涨价“拐点”有所提前；5月底，水泥开始回落，市场资金问题突出，项目开工后劲不足，加之高温雨水天气等影响，水泥迎来“超长淡季”；5—7月，上海水泥价格累积下跌140元/吨；8月市场需求逐步好转，水泥价格止跌回升；到9月，多地限电限产，尤其是江苏一带水泥企业大面积停产，上海水泥供应短缺，价格大幅上涨，9月中旬单日上涨100元/t，也是让很多人“见证历史”了；四季度为水泥的传统旺季，但价格却出现持续回落的情况，主要是因为各地限电政策有所放松，水泥企业陆续恢复生产，供应紧张情况缓解，且受原材料价格大幅上涨影响，下游工地放缓施工进度，需求有所下滑，供大于求，水泥价格合理回归。据统计，截至2022年5月20日，上海水泥P·O42.5散装水泥市场报价390~420元/t，较年初下跌145元/t，跌幅26%。

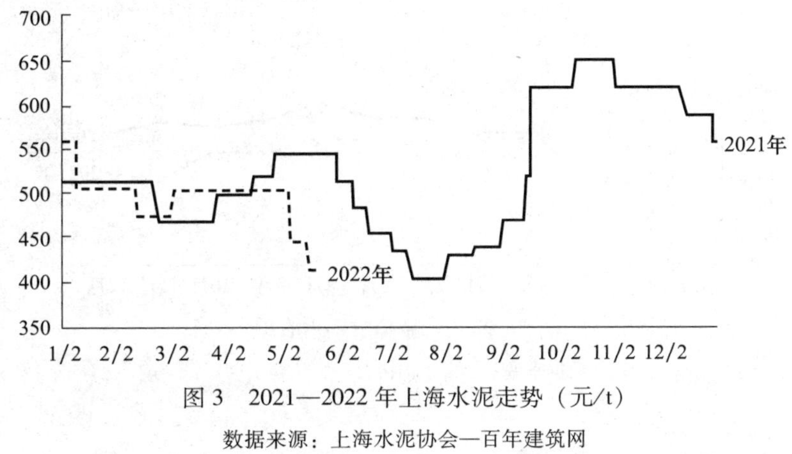

图3　2021—2022年上海水泥走势（元/t）

数据来源：上海水泥协会—百年建筑网

1月份，临近春节，项目陆续收尾，水泥价格持续下跌。2月份春节刚过，市场未启动，商家库存低位，为刺激拿货，厂家价格下跌30元/t。3月初受原材料煤炭、熟料价格大幅上涨影响，水泥价格止跌回升，上涨30元/t。3月中旬，上海疫情暴发，水泥需求开始下滑，价格持稳过渡。4月1日起，上海实施全域静态管控，水泥有价无市。进入五月份，少量重点工程因需复工复产，企业提前布局，降价保市场份额，累计下调水泥价格90元/t。目前上海周边区域的苏南、浙北等市场水泥价格已下跌超百元，与上海价差达30~50元/t，且市场预期仍然看跌，预计后期上海水泥价格大概率跟进下跌，跌幅20~40元/t，上半年收盘价或将在360~410元/t，跌破去年最低价。

（四）上海水泥市场主流品牌占有率

从海螺、南方和金峰前三名品牌市场占有率看，2021年前三名品牌市场占有率有所下降，一方面受“限电限产”、新冠肺炎疫情、企业自身生产状况影响，另一方面由于主流品牌价格偏高，价差最大时，部分外来水泥价格比在沪市场较高价格的水泥便宜50~80元/t。

市场竞争加剧，主流品牌市场占有率下降。2021年上海本地3家粉磨站销量占比12.1%，下降1.3%；外围输入占比增加，增长区域主要为安徽、湖北、重庆、辽宁等长江中上游省市及沿海地区，而周边江浙沪供应量累积下降3.6%。一方面，主要因为江苏、浙江区域9、10月严格执行限电限产，水泥供应紧张，外围水泥补充为主。另一方面，长三角水泥价格处全国高位，上半年全国水泥“超长淡季”，多地价格跌至历史低位，为提升销量，除皖、鄂、渝、辽等省份的地产水泥在沪销量增加外，湖南、福建等地的少量水泥也有销往上海。上海水泥来源占比如图4所示，前三名品牌市场占有率如图5所示。

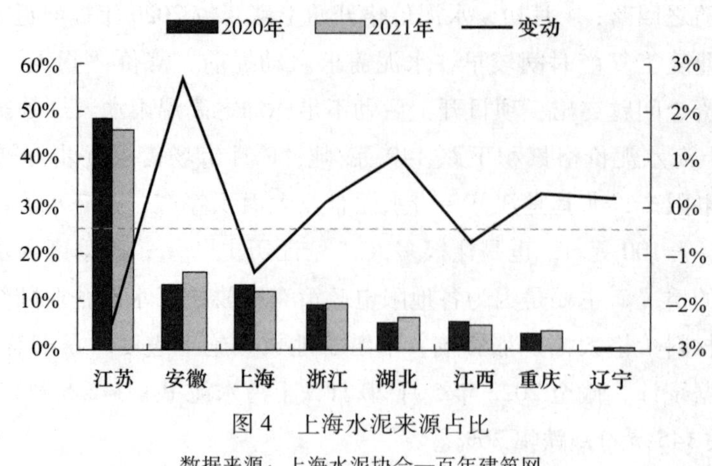

图 4　上海水泥来源占比

数据来源：上海水泥协会—百年建筑网

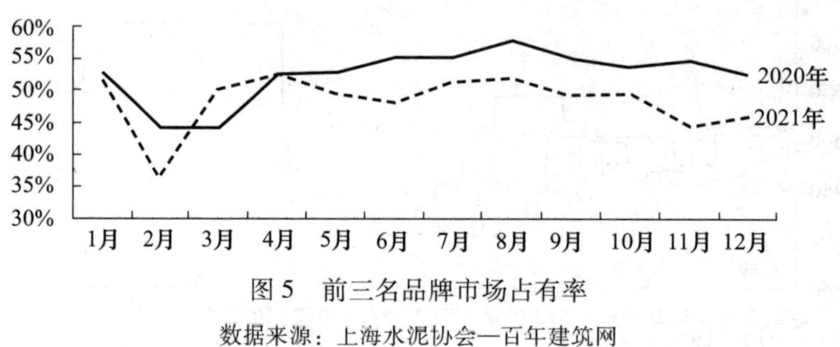

图 5　前三名品牌市场占有率

数据来源：上海水泥协会—百年建筑网

2021 年水泥需求量提升，得益于混凝土产量的提高。据统计，2021 年上海市共使用水泥 2776.96 万吨，同比上升 21.82%；完成预拌混凝土 6007.1 万立方米，同比上升 14.8%。2021 年，上海水泥协会与百年建筑网跟踪调研了上海 22 家混凝土搅拌站企业，各搅拌站混凝土产能利用率均高于 2020 年同期，二、四季度表现比较明显，春节后项目开工时间提前，3—5 月混凝土产能利用率快速提升，四季度项目赶工期，利用率高位运行。上海混凝土产能利用率走势如图 6 所示。

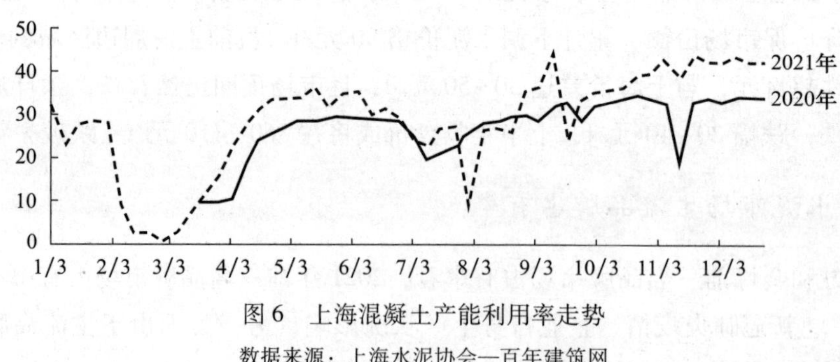

图 6　上海混凝土产能利用率走势

数据来源：上海水泥协会—百年建筑网

据上海市混凝土行业协会统计，2021 年上海市混凝土产量达 6007.1 万立方米，同比增加 14.8%，为近 5 年产量最高，给上海水泥消费量带来一定支撑，另外据搅拌站反馈，因对混凝土早期强度要求提高，混凝土配料时水泥配比有所提高，也一定程度增加了水泥的用量。

2022 年上半年，受春节放假尤其是受疫情影响，工程工地停工、混凝土搅拌站停摆，上海水泥市场除中转库存量销售外，基本处于静默状态。

二、2022年上海水泥市场展望

2022年上半年上海水泥市场总体受新冠肺炎疫情影响，呈现量价齐降。当前疫情虽在逐步好转，但影响尚在，加之梅雨、中高考等影响，预计建筑项目全面复工复产在7月中旬左右。“后疫情”时期，资金情况、零星疫情的暴发成为不确定因素。总体来看，下半年积压水泥需求得到释放，同比上升，但全年需求量低于去年，供应端可能会出现阶段性紧张，但整体供应充足，下半年上海水泥销量、价格或将双双回升。

（一）下半年水泥需求触底反弹，同比或将高于去年同期

1. 基建、重大产业项目支撑

2022年初上海市发展改革委公布2022年上海市重大建设项目清单，计划安排正式项目173项，计划完成投资2000亿元以上，其中科技产业类67项，社会民生类24项，生态文明建设类17项，城市基础设施类56项，城乡融合与乡村振兴类9项；另计划安排预备项目43项。新冠肺炎疫情期间，在严防疫情的前提下，部分重点工程已经开始积极推进复工复产，但整体用量较少。下半年随着疫情结束，工地全面复工复产，前期积压的需求也将逐步释放，对下半年水泥需求量有较大支撑。

2. 搅拌站业务下半年需求看好

2022年5月20日，据跟踪调研上海22家搅拌站，平均混凝土产能利用率14%（正常生产为30%），同比下降5个百分点。春节后，搅拌站恢复至七成左右，3月中旬起，受疫情影响，工地、搅拌站停工，混凝土产量降至冰点。下半年疫情得到控制后，混凝土产量将触底反弹，据本地几家大型搅拌站企业反馈，上海地区有重大项目支持，尤其是临港周边，混凝土整体需求量大，疫情之后需要赶工期，可能会出现一个暴发期。另外，部分搅拌站表示，疫情之前的在手订单超过去年同期，对下半年的市场需求有信心，但对疫情后项目的资金情况表示了担忧。春节期间，搅拌站回款不及预期，部分款项延期到一季度回收，但受疫情影响，目前回款目标仍未完成，搅拌站反馈，对部分欠款项目可能会实施断供。

（二）下半年供应端整体竞争加剧，阶段性水泥紧张

从上半年市场表现看，全国多地受新冠肺炎疫情、资金等影响，项目新开工及施工速度均有放缓，水泥需求低迷，产销下滑明显，全国水泥产能过剩矛盾突出，贵州、湖南、湖北、江苏等多地水泥企业错峰生产、停窑检修计划提前或加码。部分水泥企业一季度营收、净利润同比出现下滑，下半年压力较大，为提高市场占有率，部分企业或将发挥产能优势，降价保量，市场竞争关系加剧。

上海地理位置优越，下半年也会成为水泥输入的热门城市，周边及沿江、沿海多地水泥输入上海市场，保证供应充足。但在积压水泥需求集中暴发的过程中，可能会出现物流资源紧张，企业错峰限产等情况，水泥供应出现阶段性紧张。

三、协会做好信息动态跟踪统计　为政府和企业提供信息服务

（一）上海水泥供应四大板块统

上海市水泥行业协会为厘清进入上海市场的水泥来源，控制源头水泥质量，便于行业自律和行

业监管，将进入上海水泥市场的水泥来源地按四大板块划分统计。以 2021 年度 1—12 月有水泥供应上海市场的企业统计，大集团在上海地区有集中销售模式的有如下方面。

（1）海螺水泥板块（含 10 家企业，同比增加 1 家；供应水泥 614.3 万吨，同比提高 11.7%，占本市供应总量的 22.1%）。

（2）南方水泥板块（含 11 家企业，同比增加 2 家；供应水泥 517.2 万吨，同比提高 18%，占本市供应总量的 18.6%）。

（3）苏南水泥板块（含金峰、盘固、金墅、鹤林等 23 家企业，同比增加 2 家；供应水泥 930.5 万吨，同比提高 21.2%，占本市供应总量的 33.5%）。

（4）其他水泥板块（含湖北华新、重庆东方希望、江西亚东等 19 家企业，同比增加 3 家；供应水泥 715 万吨，同比提高 36.6%，占本市供应总量的 25.7%）。

2021 年四大板块供应上海水泥量均有二位数增长，尤其是往年居于末位的“其他水泥板块”，不仅供应量首次超越海螺和南方水泥，占本市供应总量的比例也在四板块中占据第二位，据统计分析，本市 2021 年增加的 500 万吨水泥使用量中，约 50% 的水泥来自于“其他水泥板块”。

2022 年度 1—4 月有水泥供应上海市场的企业统计：海螺水泥板块供应水泥 93.48 万吨（同比下降 49.2%），占上海市供应总量的 18.7%；南方水泥板块供应水泥 83.86 万吨（同比下降 36.8%），占上海市供应总量的 16.7%；苏南水泥板块供应水泥 167.69 万吨（同比下降 31.2%），占上海市供应总量的 33.6%；其他水泥板块供应水泥 153.15 万吨（同比下降 20.3%），占上海市供应总量的 31%。2022 年 1—4 月四大水泥板块供应上海水泥量同比均有二位数不同比例下降，尤其是往年在沪水泥销量居于领先地位的苏南、海螺和南方水泥，同比下降均超过 30%。

（二）发布“上海水泥价格指数”和“上海水泥价格信息”

通过上海市水泥产品备案证受理和混凝土组成材料（矿渣粉及粉煤灰）信息入库登记，上海市水泥行业协会（以下简称“协会”）将掌握的水泥类企业有关产品价格信息，如出厂价（库底价）、到岸价、现金买入价、垫资价（赊账价）等，定时通过发布“上海水泥价格指数”，并在政府及相关网站发布行业公允价格（也称“上海水泥价格信息”），及时为建设施工管理部门的定额管理、生产企业和用户提供参考。由于协会发布的水泥类企业产品水泥价格指数和价格信息，贴近市场价格实际，在保护生产企业利益的同时也顾及用户的承受能力，受到了相关方面的关注和好评，有利于维护和改善市场竞争秩序。

（三）建立大数据平台，确保数据采集的及时性和正确性

协会是上海市统计部门对水泥类数据收集归档的指定单位，“上海水泥价格指数”又是协会与中国水泥协会数字水泥网合作发布。为此，坚持收集、统计汇总和加工行业市场信息数据，提供本会会员单位和政府主管部门参考是协会的职责和义务。

为顺应大数据时代对基础数据的需求和要求，协会联合百年建筑网（专业性网站，本协会战略合作伙伴）制订了改进数据收集统计的方法和流程，在收集统计数据工作中改变以往传统的票据传送和电话报送方法，通过建立微信小程序的填报，基本保证数据的准确，并具有可追溯性，杜绝虚假数据。

图 7~14 为协会定期所做的大数据统计（图表）。

（单位：吨）

省份	1月	2月	3月	4月	5月	6月	7月	8月	9月	10月	11月	12月	年累计
上海	269235	39306	250024	320303	339593	269077	240861	336722	314090	328750	324814	331991	3364766
安徽省	262897	79590	352169	470975	420326	359132	369548	494390	425932	451829	396609	422842	4506239
江苏省	898502	226708	1059099	1407618	1206916	1080446	1020278	1088878	1036752	1131694	1234393	1382953	12774237
江西省	94213	52575	114987	153213	107467	82679	128354	144996	101022	111592	157791	168680	1417569
浙江省	173387	18887	178539	276729	224481	180347	231622	274911	268506	190280	300325	350272	2668286
湖北省	94602	30464	108647	169386	151742	160362	131328	160403	195023	193402	213412	229727	1838498
重庆市	72000	57000	163000	81500	85300	62800	64800	72800	123500	79600	111800	120700	1094800
辽宁省	10000	6000	20000	13000	4000	5000	8800	13000	9000	5207	6007	5178	105192
总量	1874836	510530	2246465	2892724	2539824	2199844	2195591	2586100	2473825	2492354	2745151	3012343	27769587
其中，外省进沪量	1605601	471224	1996441	2572421	2200231	1930767	1954730	2249378	2159735	2163604	2420337	2680352	24404821

图7　2021年度上海市水泥分月消费量（分省）统计表

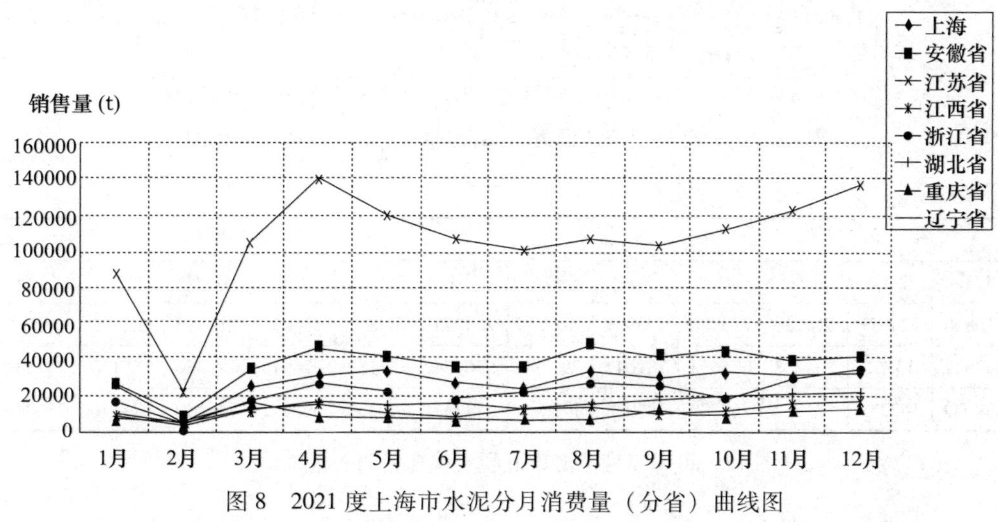

图8　2021度上海市水泥分月消费量（分省）曲线图

（单位：t）

时间	1月	2月	3月	4月	5月	6月	7月	8月	9月	10月	11月	12月	年累计
2021年	1874836	510530	2246465	2892724	2539824	2199844	2195591	2586100	2473825	2492354	2745151	3012343	27769587
2020年	1005140	87294	854311	2039893	2376562	1982073	2134264	2520525	2291465	2594432	2432147	2477858	22795964
2019年	1877568	734074	2080314	2443522	2408959	2158935	1980695	1928561	1886928	2072086	2038674	2211160	23821476

图9　2021年度上海市水泥消费量统计表

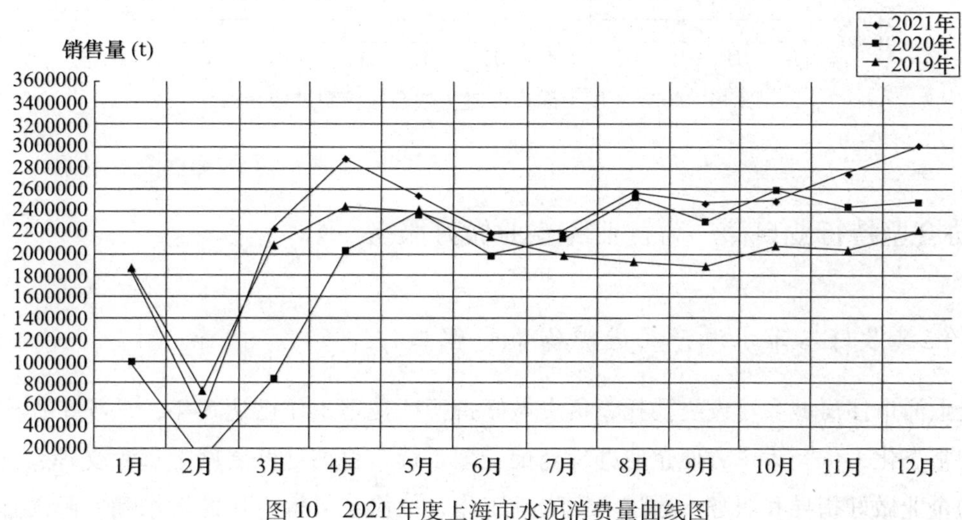

图10　2021年度上海市水泥消费量曲线图

（单位：t）

品种	1月	2月	3月	4月	5月	6月	7月	8月	9月	10月	11月	12月	年累计
矿粉	388711	87922	319834	460537	463316	389847	365733	417122	448824	483226	495592	517477	4838141
粉煤灰	328089	137029	194886	325449	246642	717770	398315	426703	409212	448192	466813	569657	4668757
总量	716800	224951	514720	785986	709958	1107617	764048	843825	858036	931418	962405	1087134	9506898

图 11　2021 年度上海市混凝土掺合料（分品种）消费量统计表

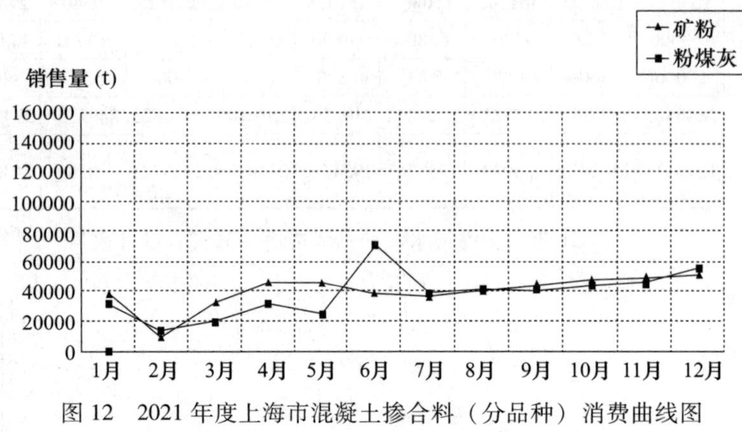

图 12　2021 年度上海市混凝土掺合料（分品种）消费曲线图

（单位：t）

时间	1月	2月	3月	4月	5月	6月	7月	8月	9月	10月	11月	12月	年累计
2021 年	716800	224951	514720	785986	709958	1107617	764048	843825	858036	931418	962405	1087134	9506898
2020 年	493547	13161	204288	675634	781647	791791	676754	757187	774619	789360	785160	741331	7484479
2019 年	689079	142387	523652	768709	784938	715486	674237	740339	692692	720100	674646	776046	7902311

图 13　2021 年度上海市混凝土掺合料消费量统计表

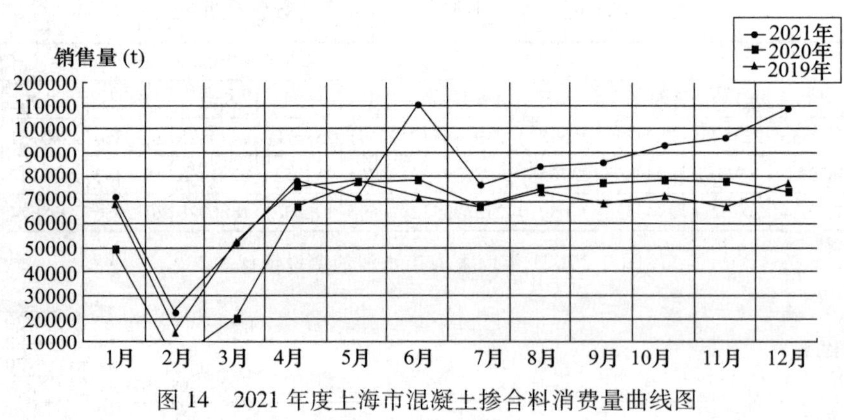

图 14　2021 年度上海市混凝土掺合料消费量曲线图

四、协会坚持行业自律，为行业和企业做好服务

（一）继续做好本市水泥产品进沪备案受理工作

协会受上海市住房城乡建设委委托，负责做好备案证受理工作已达 5 年，该项工作现已纳入协会秘书处的常态化工作。为了方便企业办理登记受理手续，秘书处开展网上远程受理，并为网上办理有困难的企业做好指导和服务。通过备案受理工作，使协会了解企业的诉求和实际质量的诚信情

况，增强了会员企业对进沪水泥产品的品质意识和服务意识，融洽了协会和企业的关系；通过备案企业质量诚信检查及质量检测不合格前置处理等工作，提高了已备案企业行业自律的自觉性，促进了企业质量诚信体系建设，对促进建设工程产品质量，实行产品使用可追溯和减少假冒次劣质产品起到积极的作用。

（二）简化备案管理，把好信息入库关

根据《上海市住房和城乡建设管理委员会关于进一步深化建材备案“放管服”改革工作的通知》（沪建建材〔2021〕318号），明确协会委托受理的混凝土掺合料持“备案证明”生产企业，从2021年9月1日起改为混凝土组成材料办理信息入库管理。为此本协会会同上海市混凝土行业协会、上海市工程建设质量管理协会、上海市石材行业协会联合印发了《关于建立上海市预拌混凝土与混凝土预制构件主要组成材料信息库的管理办法》（沪砼协联〔2021〕4号）。为方便由原备案受理的各混凝土掺合料供应商，在本市经销混凝土掺合料前，办理完成有关管理规定所需要的相关材料信息入库手续，协会印发了《关于办理混凝土掺合料供应商信息入库的通知》（沪水协〔2021〕19号），通知明确了具体经办要求及流程：①办理材料信息入库的混凝土掺合料供应商范畴；②办理信息入库的混凝土掺合料供应商需提供的资料；③办理材料信息入库流程；④推进质量诚信体系建设和行业自律公约。为便利信息入库企业顺利办理入库手续，通知还以附件形式录入混凝土掺合料信息入库申请表、混凝土掺合料信息入库申请表、授权经销商证明等，以方便企业登录。经积极沟通、磨合协调，做到了平稳过渡、无缝衔接，顺利完成备案受理转为信息入库登记的一系列工作。协会2021年备案受理和信息入库登记见表1。

表1　2021年协会备案受理和信息入库登记汇总

<table>
<tr><th>产品名称</th><th>所属区域</th><th>区域统计（张）</th><th>产品合计（张）</th><th>总计（张）</th></tr>
<tr><td rowspan="2">生产水泥</td><td>上海地区</td><td>4</td><td rowspan="2">87</td><td rowspan="8">113</td></tr>
<tr><td>外省市</td><td>83</td></tr>
<tr><td rowspan="2">中转水泥</td><td>上海地区</td><td></td><td rowspan="2">27</td></tr>
<tr><td>外省市</td><td></td></tr>
<tr><td rowspan="2">粉煤灰</td><td>上海地区</td><td>22</td><td rowspan="2">30</td></tr>
<tr><td>外省市</td><td>8</td></tr>
<tr><td rowspan="2">矿粉、钢碴粉</td><td>上海地区</td><td>6</td><td rowspan="2">17</td></tr>
<tr><td>外省市</td><td>11</td></tr>
<tr><td>备注说明</td><td colspan="4">已办理备案证的水泥生产及中转企业114家；办理信息入库登记的粉煤灰、矿粉企业47家</td></tr>
<tr><td>授权经销商</td><td colspan="4">办理备案证的经销商85家；办理信息入库登记的经销商88家（其中粉煤灰75家，矿粉17家）</td></tr>
</table>

注：以上数据统计截至2021年12月31日。

（三）做好水泥类产品授权经销商管理工作，规范市场营销行为

为规范水泥类产品在流通领域内的经营程序，引导和约束水泥类产品经销商经营行为，维护知名品牌（企业）的利益和声誉，使优质水泥类产品继续占据主体市场。协会在市建设行政主管部门的支持下，实行水泥类产品授权经销商的工作。此举完善了工程使用中水泥产品质量的市场监管手段，有利于遏止本市建设工程中出现的假冒伪劣水泥乱象；同时也保证了水泥类产品在建设工程使用过程中的完整性。

（四）坚持星级企业考评，促进行业自律和诚信体系建设

为确保本市建设工程施工建材产品质量、实施差别化管理而推行的《上海市水泥类企业合格供应商优先推荐》（两年度一次）星级企业考评工作，经八届二次理事会和会员大会审议通过，从2020—2021 年度起，采用修订后的考评方法。协会秘书处在企业自查后自愿申报的基础上，按新考评办法有关规定进行筛选，拟出初选名单共 83 家，其中水泥生产企业 40 家、水泥中转企业 15 家、掺合料生产企业 28 家。按评审程序，对初选名单由协会秘书处组织专家进行现场核查；并结合近两年来水泥类产品质量监管情况、进沪水泥类产品使用量等综合考评后，提交由市建设行政管理部门、相关行业协会、市建设工程使用单位及质量监督、检验部门等专家组成的评审委员会评审，在公示后确定正式名单，在 2022 年会员大会上对获奖企业分别授予星级奖牌。

（五）发挥协会平台功能，组织开展各类研讨和技术服务

由本协会和相关省市水泥协会、省混凝土行业协会共同主办、百年建筑网承办的 2021 年相关省水泥、混凝土、砂石行业论坛在上海市及浙江省杭州市、湖北省武汉市、安徽省合肥市召开，论坛内容主要就现阶段相关省市及国内水泥、混凝土、砂石等市场行情走势、原材料成本、供需环境变化、产能置换及错峰生产等多维度行业热点进行讨论和研究；论坛热点是围绕长三角一体化，强化行业自律，优化市场布局，创造良好的行业生态环境，增强企业竞争力，助推建材行业实现高质量、可持续发展。

协会秘书处邀请太平洋水泥（中国）投资有限公司上海分公司及相关专家，就水泥窑协同处置污泥等废弃物事宜进行深一步研讨；配合上海“宝山再生资源利用中心”项目的需要，组织行业专家或参与业主方组织的项目评审、论证等会议，积极建言献策。

由中国建材市场协会矿渣粉应用分会主办，上海宝钢新型建林科技有限公司、本协会协办的全国矿渣粉生产与应用技术论坛，就《矿渣粉减碳功能分析和展望》《矿渣粉行业发展历程及应用技术革新》《矿渣粉智慧工厂建设实践》等进行了研讨。

协会秘书处积极筹备二次论坛（研讨会），一是由本协会会同上海市混凝土行业协会、上海石材行业协会砂石分会及上海领建网络有限公司合作主办“2021 第一届百年建筑材料产业链年会暨水泥、混凝土、砂石及水泥制品专项论坛”；二是由本协会主办，博威展览公司（本会合作伙伴）承办的“水泥行业碳达峰、碳中和节能减排技术研讨会”。上述会议因新冠肺炎疫情关系，现均通知将延期举办。

五、2022 年协会工作安排

坚持以“服务、协同、引导、自律”为宗旨，在理事会和会长的决策领导下，发挥主观能动性，创造性开展工作。

（一）按照“一网通办”思路，发挥好网上交流、服务和办公的功能

一是，行业信息统计方法采用微信小程序报送，及时并精准掌握水泥类建材产品在沪使用数量及流向，将统计信息归纳整理后上网发布，以提高信息数据的准确性、及时性和代表性；二是，通过对水泥（含中转水泥）备案受理和混凝土掺合料（矿粉、粉煤灰）信息入库管理，搭建和完善与管理部门及会员企业信息沟通大数据平台，为大数据管理打下扎实的基础；三是，继续发挥会员单位与上海相关政府管理部门的桥梁纽带和办事处的作用，通过网上受理会员单位反映诉求、传达

政策、合法维权；四是，利用网站继续开展各类活动，为会员单位搭建信息展示平台，促进行业企业之间交流，扩大行业在社会上的影响，推动水泥类市场的健康发展。

（二）根据行业热点难点，针对性开展相关调研

面对2021年水泥类产品市场供求量提升，2022年上半年受疫情影响，价格处于明显震荡起伏态势。要保证供求市场的稳定，同时也要抵制假冒伪劣产品对市场的冲击，协会将有针对性地开展相关调研，包括对无备案证中转库纳入有序管理的调研。通过行业自律、行业监管、有序竞争等，使水泥类建材产品质量始终处于可控状态，确保市政建设工程质量。

（三）持续做好相关水泥类产品的质量诚信行业监管工作

第一，进沪备案登记（现改为入库信息登记）的掺合料企业质量诚信监管。协会将继续会同市建材监管部门和市建科院，组织专家，对粉煤灰、矿渣粉生产企业进行质量诚信抽查（2020年因疫情关系，仅对矿粉生产企业进行抽查）。此项工作已纳入我协会秘书处重要工作之一。2021年抽查总体情况良好，已将检查的结果进行汇总分析，反馈相关企业和登录持证企业《质量诚信手册》及归档。

第二，坚持开展对中转水泥企业产品质量诚信行业监管。在协会对中转企业开展行业自律和行业监管时发现，本市大部分中转企业能遵守相关管理规定开展中转业务，但也有些中转企业在进出库水泥质量管理等方面问题较大，有的检测人员不到位，检测记录不全；甚至有的企业检测设备残缺，检测设备没有年度鉴定证明，质量管控形同虚设的严重问题。所以本协会和中转专委会根据水泥国标和水泥用户的呼声，将会同质量检测部门，对持备案证的中转水泥会员企业参照混凝土掺合料企业进行现场抽检，作为中转水泥企业按国标要求送检（这样既不增加企业负担，对使用方也更有公信力和权威性）；同时做好相关企业《质量诚信手册》登录及归档工作。

（四）拟建立水泥类产品质量诚信工作从源头和使用地两头齐抓共管的协作机制

上海水泥类产品消耗量大，但绝大部分来自外省的供给，本协会在进一步和兄弟省协会沟通协调、相互支持的基础上，继续探讨长三角一体化的合作互动、互惠互利的运作机制；水泥类产品质量诚信工作从源头和使用地两头齐抓共管，采用表彰和惩戒联动等相关举措，确保上海水泥类产品市场需求稳定供给、供求市场健康有序发展。

（五）坚持秘书长联席会议制度

上海创建秘书长联席会议制度（简称联席会议）以来，协会专、兼职秘书长在各自岗位上，积极为协会工作和行业自律出谋划策，都发挥了积极的作用。2020年以来因新冠疫情影响，联席会议未能正常进行。在新的一年协会要改变方式，通过“建群冒泡上网热线”，争取以网络通话、视频会议形式召开联席会议；并将联席会议上提出的建议，提交理事会决策和供政府部门参考。

（六）开展团体标准的制定和发布，以提高行业的话语权

第一，拟制订《污泥灰渣资源综合利用》团体标准。目前上海在资源综合利用领域，尤其是污泥处置和利用，如何化废为宝等工作还处于待研发阶段。本协会将利用自身针对性、专业性强的特点，会同上海建筑科学研究院做好制订《污泥灰渣资源综合利用》社团标准的工作，使这项污泥灰渣利用工作按照行业标准规范研发，在条件成熟后全面推广。

第二，拟制订《上海市中转散装水泥类产品建设和运营管理》团体标准。上海市每年数千万吨水泥、矿粉、粉煤灰等建材产品输入均需通过中转库来解决。中转设施的重要性和作用日益凸现，但中转企业在质量管控方面，本市乃至全国至今都没有一个办法进行有序管理。所以协会拟在进一步调研的基础上，结合本市实际情况制订《上海市中转散装水泥类产品建设和运营管理》团体标准。

第三，拟制定《复合矿粉掺合料》团体标准。钢厂生产过程中的产生的废弃物如高炉矿渣和钢渣以及电厂的粉煤灰，作为水泥重要的混合材或混凝土掺合料，如何能有效开展资源化利用，协会将牵头组织研讨，并在条件成熟后制定《复合矿粉掺合料》团体标准。

2022 年协会工作任重道远，协会将在上海市住房和城乡建设委员会和理事会的领导下，以习近平新时代中国特色社会主义思想为指导，本着为会员单位服务的初心，坚定行业自律管理理念，坚持党建引领，结合上海水泥行业实际，做好协会各项工作。

2021年江苏水泥行业发展改革工作报告

江苏省建材行业协会　执笔人　庄毅敏

一、水泥行业运行情况

统计到2021年底，江苏省在运行的水泥企业共有141家，其中有窑企业23家（3家熟料企业，20家水泥全线生产企业），有新型干法回转窑生产线39条，全省年熟料产能约6000万吨；有水泥粉磨企业118家，年水泥粉磨产能约2.1亿吨。2021年江苏熟料产能利用率约90%，水泥产能利用率超过70%。

2021年江苏省全年水泥生产总量为15374万吨，占全国水泥总量的6.51%，居全国第三位，与2020年相比水泥产量增长0.65%；全年生产硅酸盐水泥熟料5406万吨，占全国熟料总量的3.53%，与2020年相比熟料产量下降2.41%；水泥产品主要为42.5等级，占全年水泥产量的75%以上。由于地区不同，P·O42.5等级水泥价格有所差别，全省全年平均价格大约在400元/t左右。全省水泥总产值约637亿元，基本与去年持平，总利税约102亿元，比2020年和2019年均呈下降态势。

2022年由于受新一轮大规模新冠肺炎疫情冲击，市场需求出现断崖式下滑，物流运输严重受阻，水泥企业出货量不足，多处于高库位运行。仅在4月份，江苏水泥和熟料的单月产量与2021年相比，均下滑了30%以上，其幅度远高于全国平均水平，成为全国水泥、熟料产量下降幅度最大的地区之一；累计到4月底，江苏水泥产量为3888.77万吨，占全国6.69%，居全国第三位，同比下降16.74%。价格水平与2021年相比平均低80~120元/t，目前更是同比低了130元/t，P·O42.5的散装出厂价大约320元/t，呈现出水泥市场旺季不旺的现象。

二、行业协会主要工作情况

（一）围绕质量提升主题坚持产品质量自律

水泥企业的化验室是对水泥生产从源头到终端进行质量把控的具体实施部门，监督考核化验室的管理质量是行业质量管理的必要环节，水泥产品质量自律检查是江苏省水泥协会的一项重要工作。通过从人、机、料、法、环各个方面对企业质量工作实施全方位检查，一方面使企业始终绷紧质量这根弦，另一方面可对发现的管理缺陷给予技术性的建议和帮助。2021年江苏省水泥协会继续组织开展了一年一度的水泥产品质量自律检查工作。

自律检查工作由现场检查和现场实物质量抽检两个内容组成。去年参加自律检查的企业共140家。通过现场评审考核，有80%以上的企业获得优良，无不合格企业。样品抽检（包括熟料）结果均符合GB 175—2007《通用硅酸盐水泥》标准要求，有1个水泥样品（P·F32.5）不满足

T/CBMF 17—2017《水泥生产企业质量管理规程》对水泥富裕强度的要求，对此，协会跟踪查找原因并进行复抽直至企业整改到位。

针对检查发现的共性问题和重点问题，结合 2021 年 11 月 1 日实施的 GB/T 39698—2020《通用硅酸盐水泥出厂确认方法》，对企业质量管理人员进行专题培训，使大家持续形成在干中学、在学中分析总结的良性循环。2021 年共培训 210 余人。通过一年一度的自律检查并配合行业诸方面的质量管理，企业的质量意识越来越强，管理水平也有较大幅度提高，江苏水泥行业保持了企业质量管理和产品实物质量两个方面的稳定健康发展。

（二）促进水泥行业错峰生产常态化

工业和信息化部、生态环境部联合印发的《关于进一步做好水泥常态化错峰生产的通知》是对 2016 年工业和信息化部、生态环境部关于进一步做好水泥错峰生产的通知精神的延续和加强，旨在通过明确导向的产业政策形成水泥常态化错峰生产机制，成为水泥行业防治污染、推进生态文明建设、化解产能过剩矛盾、提前实现碳达峰的“助推器”；是科学把握和正确处理政府与市场的关系，为水泥市场提供稳定、公平、透明和可预期的施策环境，激发市场主体活力，弘扬企业家精神，推动企业发挥更大作用，成为水泥行业治理体系和治理能力现代化的有机组成。目前江苏水泥行业错峰生产已步入常态化。

按照省工业和信息化厅、省生态环境厅《关于在水泥行业开展错峰生产的通知》要求，2021 年江苏水泥行业继续实施了春节期间、高温梅雨季节、11—12 月份期间三个时段错峰生产停窑方案，全年计划停窑不得少于 60 天，统计至 2021 年底完成计划停窑率为 160. 27%。通过水泥行业错峰生产的实施，为缓解江苏及周边地区水泥过剩产能释放、降低水泥行业污染物排放、改善水泥市场竞争环境、促进产业结构调整和完成节能减排目标、提前实现碳达峰、稳定和提高水泥行业效益产生了重要作用。

2022 年，结合落实江苏“能耗双控”目标任务，持续推动水泥行业节能减排有序开展，营造良好的水泥市场运营秩序，促进水泥行业加快实现绿色低碳高质量发展，协会制定了《2022 年江苏省水泥行业错峰生产停窑及核查方案》，安排全年停窑任务为 70 天的计划。

（三）为政府部门政策规划的制定提供依据

环境治理保护生态、“绿水青山就是金山银山”的发展理念，是当今社会进步的主题。协会积极配合省生态环境厅加强对水泥行业污染物排放的管控。2021 年江苏省生态环境厅、市场监管局联合发布了江苏省地方标准 DB32/4041—2021《大气污染物综合排放标准》和 DB32/4049—2021《江苏省水泥行业大气污染物排放标准》。为了确保此两个标准在水泥行业的科学性和适宜性，协会数次发函征询相关企业意见建议，派出专家参与标准的讨论与审核，从行业和专业的角度对关键内容和指标提出意见，有的建议已被纳入标准内容。

把碳达峰、碳中和纳入生态文明建设整体布局，如期实现“3060”的目标，是国家经济社会绿色发展的重要任务。对此，协会多次参加了省工业和信息化厅组织的关于“十四五”期间原材料行业节能减排、促进重点行业率先实现碳达峰、江苏省碳达峰行动方案制订等调研工作及会议，从江苏水泥行业现状、能源消耗、碳排放、碳减排、达峰路径等方面阐述了实现碳达峰的观点，并对完善政策保障、财政资金扶持和人才队伍培育等提出建议；对江苏建材行业碳排放总量进行了测算，提出了省内水泥、玻璃行业碳达峰峰值和达峰时间，并起草了《江苏省建材行业碳达峰方案》征求意见稿，为江苏省制订合理的、可行的碳达峰行动实施规划提供了依据。

（四）积极推动水泥工业智能化

为贯彻落实工业和信息化部下发的《建材工业智能制造数字转型行动计划（2021—2023年）》，协会在数次召开骨干企业座谈会的基础上，2021年9月份与省工业和信息化厅联合在南京朗坤智慧科技有限公司举办了全省建材行业“两化融合”标准化体系宣贯培训班，江苏水泥行业的大部分骨干企业负责人参加了学习交流；2021年7月利用水泥会长办公会之机，组织企业代表参观了上海南方水泥有限公司旗下的湖州南方物流有限公司35公里皮带长廊及智能控制系统、老企业改造的花园式工厂长兴南方水泥有限公司、利用二代技术新建的槐坎南方7500t/d智能化熟料生产示范线。通过组织行业企业培训学习、参观交流，为江苏水泥行业智能制造数字转型升级做好引领服务工作，以此推进智能制造数字转型行动3年计划实施。

（五）推进精品培育和标准制定工作

2020年江苏省市场监管局组织开展的“江苏精品”重点企业培育，明确指出团体标准是评价“江苏精品”先进性的重要要素。为促进江苏水泥行业打造“江苏精品”，逐步推荐执行水泥行业团体标准的水泥产品进入重点工程领域，协会积极组织徐州中联、鹤林等部分水泥企业开展水泥团体标准的编制工作。通过前期咨询、调研、参加培训学习等，目前徐州中联、鹤林两家企业已向省市场监管局递交“江苏精品”培育企业的申报材料，协会对团体标准制定工作编制了《江苏省建材行业协会团体标准管理办法》和程序性文件，成立了团体标准委员会，先后发布了水泥行业团体标准《水泥工业用回转窑》《高性能混凝土用通用硅酸盐水泥》，协会主导并被省市场监管局列入2021年第一批江苏地方标准项目计划的《水泥厂设备标识系统数据规范》，也已进入标准送审稿阶段，该规范出台后，将为水泥制造智能化提供便捷条件。

（六）充分发挥政府与企业间的桥梁作用

随着政府部门职能的进一步转变，协会承担着越来越多行业管理职能方面的相关任务。因此，协会首先要充分了解行业发展现状，掌握行业现行政策要求，从引导市场有序发展和技术进步两方面促进行业健康发展。

2021年9—10月，在贯彻遏制“两高”工作中，出现全行业由于“双控”限电拉闸停产“一刀切”现象，企业呼声较高，反响较大，对此协会先后两次通过腾讯会议的形式召开各市协会秘书长会议，详细了解省内在遏制“两高”执行工作中存在的具体问题，充分分析行业经济运行情况，及时向相关政府部门提出了《关于做好江苏省建材行业“双控”和遏制“两高”工作的建议》。

2022年3月中旬开始，随着上海地区突然暴发的新冠肺炎疫情加剧，江苏也随之出现了多点扩散的局面，各市均受到不同程度的冲击，由此造成了交通运输受阻、水泥原材料供应不及时、材料和运输成本大幅度上涨、下游市场需求低迷、水泥企业出货量不足、处于高库位运行等，致使企业复工难、复工不复产状况，协会借助微信平台与中国建筑材料联合会、各市行业协会和企业建立上下联通渠道，调查企业抗击疫情的措施、生产运行、复工复产及存在问题和困难，分析整理形成报告，及时上报至省工业和信息化厅和中国建筑材料联合会，为企业和政府及上级部门的信息传递做好服务工作。

（七）宣传江苏水泥行业典范

在江苏水泥行业转型升级创新发展的进程中，树立典型、宣传模范是营造良好行业氛围、引导行业向好的重要手段。为了鼓励在标准化化验室建设工作中成绩突出的单位和个人，协会开展了“标准化化验室示范单位”“优秀化验室主任”“优秀评审员”的评选活动，江苏信宁、苏州天山等10家企业的化验室被评为“标准化化验室示范单位”，江苏鹤林唐鸿芳等24名主任、南京中联杨祥和等10名评审员分别被评为“优秀化验室主任”和“优秀评审员”，与此同时，协会还组织全省化验室主任实地参观获评企业化验室，请获评化验室主任介绍工作经验。

为了鼓励技艺精湛、在行业发挥示范引领作用的青年技术员工，水泥行业的多名技术人才参加了省建材行业协会组织的“第二届江苏建材行业青年技术能手”评选活动，中国水泥厂翟宝、溧水天山公司潘小平、宿迁项王公司丁治三人榜上有名。

为了营造企业家健康成长环境，弘扬优秀企业家精神，省建材行业协会组织对在创新发展、专注品质、诚信守约、勇于担当、服务社会等方面有突出贡献的优秀企业家进行评比表彰。徐州中联总经理毕可良、横山南方总经理沈宝明等12名水泥企业主要负责人获得优秀企业家称号。

为庆祝建党100周年，展示建材行业的卓越成就，中国建筑材料联合会征集历史上获得全国劳动模范和国家科技进步奖等先进集体和个人名单，分会积极查阅史料，搜集相关信息，把江苏地区获得以上荣誉的单位和个人统计整理，提供了详实的资料。

为了宣传江苏水泥企业，分会充分利用《江苏建材》杂志、协会网站、微信公众号等平台，及时通报行业动态，发布行业信息。2021年《江苏建材》杂志刊登了江苏金峰集团董事长徐贵生、南京中联总经理王盛伟的专题访谈，并制作了杂志封面，还刊登了江苏鹤林公司唐鸿芳等技术人员的多篇论文，展示了企业风采和技术能力，留存了珍贵的史料。

2021年浙江省水泥行业发展改革工作报告

浙江省水泥协会　执笔人　金　磊

在国家供给侧结构性改革的不断深化使我国经济总体处于稳中向好、长期向好的基本态势中。浙江省经济也在持续稳定增长，各投资指标均呈明显上涨，拉动了水泥需求向好。虽然这两年受到新冠肺炎疫情和极端天气等冲击，但浙江省水泥协会在政府、行业、企业的共同努力下，整体还是呈发展态势，在节能、减排、社会责任、为政府和企业提供服务等方面做出了一些贡献。

一、浙江省水泥行业概况

截至2021年底，浙江省水泥企业共132家，其中新型干法企业33家（含白水泥企业1家），粉磨企业99家，水泥企业总数逐年减少，5年内减少了20家水泥企业。

（一）产量及生产能力变动不大

1. 水泥产量上升，熟料产量下降

2021年，水泥生产开年即高速增长，直到三季度能耗“双控”政策实施，水泥生产才缓慢下降。全年浙江省水泥总量达13605万吨，比上年增长了2.09%，占全国比重5.76%，排名第6位，水泥产量再创历史新高。水泥熟料产量5421万吨，同比下降了2.46%。散装水泥数量为11489.45万吨，散装率达83.0%，比上年增加近3个百分点。

2. 熟料产能无变动，粉磨能力有所上升

浙江省新型干法水泥熟料生产线没有增加，仍然45条，其中：2000t/d以下3条，2500t/d20条，5000t/d21条，7500t/d1条，熟料设计产能为5214.5万吨。2021年，水泥磨总台数为247台，企业淘汰了一些高耗能低效率的水泥磨，因此总台数略有减少。虽然总台数减少，但粉磨能力有所提高，产能为16178万吨，与2020年相比增加了294万吨，这是因为很多企业对水泥磨进行了技术改造，使水泥磨台时产量有所增加。

（二）产品质量依然稳定

2021浙江省各品种等级水泥实物质量持续稳定，各项指标均符合国家标准要求，大部分品种28d抗压强度有不同程度的提高。这与行业与企业重视产品质量密切相关。

新型干法窑企业生产的水泥熟料3d抗压强度2021年平均值为32.1MPa，28d抗压强度为59.2MPa。水泥粉磨企业使用的外购水泥熟料28d抗压强度略低，平均为57.0MPa。

2021年水泥28d抗压强度平均值为49.0MPa，28d抗压强度标准偏差S为0.92MPa，均匀性试验变异系数C_v为1.16%。水泥产品自检出厂水泥合格率、富裕强度合格率、自检袋重合格率均为100%。数据说明浙江省出厂水泥富裕强度是充足的，强度波动较小，水泥的均匀性良好。

（三）能耗小幅下降

随着我国“双碳”工作的持续推进，水泥行业将全面进入低碳绿色的高质量发展阶段，促进了产业升级改造，推动了行业节能降碳。浙江省水泥企业在数字化、智能化、新材料、新装备等方面，尤其是节能减排方面做了很大努力，使得各项能源单耗较上年又有不同程度的下降。2021 年，浙江省水泥企业平均熟料能耗为 103. 4kgce/t、水泥综合能耗为 81. 8kgce/t，水泥综合电耗为 71. 7kW · h/t。

按浙江省发展改革委等五部门制定的《严格能效约束推动重点领域节能降碳工作的实施方案》要求，2023 年 100%产能达能效基准水平（水泥制造业吨水泥熟料综合能耗基准水平为 117kgce/t）。2025 年 50%产能达能效标杆水平（100kgce/t）。目前，浙江省水泥熟料综合能耗已全部优于基准水平，但还没有一家企业达标杆水平，因此这几年企业在节能技改方面还需要加大资金的投入，并进一步提高管理水平，同时也希望政府相关部门对于达标企业在电费、税收等方面要出台相关激励政策。

（四）加快超低排放进程

2020 年浙江省生态环境厅下发了《关于印发浙江省水泥行业超低排放改造实施方案的通知》（浙环函〔2020〕260 号），要求水泥企业对配套原料矿山开采、水泥（熟料）制造以及大宗物料产品运输的全流程进行超低排放改造，对大气污染物有组织排放、无组织排放及清洁运输提出了较高的要求。

特别是有组织排放，根据我省水泥行业实际情况，分二阶段进行：第一阶段是在 2022 年底前，水泥窑及窑尾余热利用系统烟气颗粒物、二氧化硫、氮氧化物排放浓度分别不高于 $10mg/m^3$、$35mg/m^3$、$100mg/m^3$；第二阶段是 2025 年 6 月底前，水泥窑及窑尾余热利用系统烟气颗粒物、二氧化硫、氮氧化物排放浓度分别不高于 $10mg/m^3$、$35mg/m^3$、$50mg/m^3$。水泥企业为达到超低排放目标，在有组织排放、无组织排放、清洁运输方面投入了大量资金，将在 2022 年底前全部达到第一阶段目标。

二、经济运行情况

2021 年，浙江省水泥行业克服了需求波动大，环保压力大，成本大幅上升等诸多困难，努力稳价保产，使得水泥行业经济运行保持平稳较好发展态势。经过全行业的共同努力，全省水泥行业实现工业总产值共 660. 54 亿元，工业销售产值 660. 60 亿元，最终实现的利润总额和 2020 年相比增长了 32. 7%。盈利企业共 125 家，其中有窑企业 32 家盈利，水泥粉磨企业 93 家盈利。有 7 家规模较小或关停后新开的企业出现亏损，亏损面为 5. 3%，上年为 4. 5%。

全省水泥企业平均水泥单位成本为 328. 4 元，其中新型干法窑企业为 285. 9 元，水泥粉磨企业为 353. 9 元。纯熟料企业的水泥熟料单位成本为 254. 1 元。由于受原燃材料涨价和技改投入的加大，使水泥企业产品成本与上年相比均有不同程度的上升。

全员水泥实物劳动生产率平均为 16975t/（人 · 年），上年为 14638t/（人 · 年），其中新型干法窑企业劳动生产率为 8548t/（人 · 年）［上年为 7876t/（人 · 年）］，水泥粉磨企业的为 22190t/（人 · 年）［上年为 18712t/（人 · 年）］，其他回转窑企业为 902t/（人 · 年）。纯熟料生产企业熟料实物劳动生产率平均为 17331t/（人 · 年）［上年为 15077t/（人 · 年）］。

三、错峰生产工作

从“十四五”起，工业和信息化部和生态环境部将对水泥错峰生产提升为“常态化”。是水泥行业供给侧结构性改革的最大亮点，是一项重大的产业政策创新成果，对进一步缓解水泥行业产能过剩矛盾、调节供需关系、减轻环境承载压力具有重要意义。

2021 年初，协会结合 2020 年浙江省实施水泥行业错峰生产的实际情况，以及对 2021 年行业趋势的预测，制订了《2021 年浙江省水泥行业错峰生产实施方案》。2021 年错峰生产时间定为 65d，分三个时段，即春节、高温梅雨、四季度。其中，春节期间停窑 35d（企业必须确保春节期间错峰生产时间不得少于 35d，多停的天数可冲减后续错峰生产时间），梅雨高温季节停窑 20d，四季度停窑 10d。错峰生产不搞“一刀切”，停窑采取限期限产和企业申报相结合，以确保市场供应。

“常态化错峰生产”能促进行业自律诚信，形成先进的行业文化。浙江省水泥企业深刻认识到错峰生产能带来行业效益、环境效益、经济效益等方面的多赢局面，因此都能自觉自律按错峰生产实施方案执行，使协会圆满完成了 2021 年错峰生产工作。

四、浙江省水泥产业发展特点

（一）产能过剩大有好转

近几年，浙江省水泥行业加速淘汰落后产能，注重企业内部优化重组和企业间的强强联合，推动集中集约集效发展，提高企业运营效力，扩大企业营收增长空间。省内多家水泥企业以降低单位产品能耗、提高劳动生产率为目标，经过分期建设，优化规模结构，形成规模效益，提高了资源的转化效率。使产能过剩情况有所缓解。目前熟料产能与市场需求基本匹配。

（二）产业集中度相对较高

这些年是浙江省水泥行业产业结构调整的高峰期，不仅企业间兼并重组，同时大型集团内部也不断进行整合，加之地方政府对区域的整体规划，加速了产业结构的调整，使浙江省水泥产业集中度进一步得以提高。目前，产业集中度经过几年的快速增长后趋于稳定，2021 年，南方、红狮、海螺、江山虎四家集团熟料产能、水泥产能占比分别为 83. 13%、57. 87%，与之前相比有轻微波动，但产业集中度仍然较高。

（三）经济效益保持稳定

这两年经历的新冠肺炎疫情、超长梅雨天气使得水泥市场需求波动大，加之不断增加的环保压力以及煤价的上涨，生产成本大幅上升。经过全行业的共同努力，使得水泥行业经济运行保持了平稳较好的发展态势，利润总额同比增长，行业亏损面较小。经济效益的稳定是行业发展的基本保证。

（四）产品结构持续优化

2021 年各水泥强度等级中，42. 5 等级的水泥为 10187. 05 万吨，占出厂水泥总量的 73. 59%；52. 5 强度等级的水泥为 560. 23 万吨，占出厂水泥总量的 4. 05%；32. 5 等级水泥共有 3044. 16 万吨，占出厂水泥总量的 21. 99%。浙江省 42. 5 等级及以上的高等级水泥占比达到了 77. 64%，比上年又增加了近 4 个百分点，处于主导地位，这说明水泥企业对提高产品等级的意识在逐步增强。

在取消了 32. 5R 等级复合硅酸盐水泥后，不少企业改为生产 32. 5 等级砌筑水泥，但砌筑水泥属于低强度等级水泥，一般存在着水泥熟料含量较少、混合材掺入量较多、耐久性差的缺陷，对结构有安全隐患，正常情况下不得用于结构工程。2021 年砌筑水泥总量有较大幅度下降，比 2020 年减少生产 416 万吨，说明浙江省水泥企业认识到用 M32. 5 替代 P · C32. 5R 在保证产品使用中存在一定风险，为确保标准（取消 P · C32. 5R）的平稳过渡，浙江省水泥行业正在努力中。

五、水泥行业展望与预测

预测，近两年浙江省水泥需求依旧处于平台期，行业运行总体平稳。目前，虽然亚运会场馆项目基本完工，但按中央经济工作会议精神，将适当超前开展基础设施投资，以增强发展内动力，随着浙江省新增地铁、城市轻轨等项目的开建，水泥需求基本稳定。同时，受政策影响，低碳要求，用能限制，供给偏弱，产能总量发挥继续受控，主流市场价格有望在波动中保持平衡，行业效益或继续保持稳定。

2021 年安徽省水泥行业改革发展工作综述

安徽省水泥协会　执笔人　徐明霞

水泥是支撑工农业生产、基础设施建设等国民经济发展的重要基础建筑材料，也是安徽省的支柱产业，尤其是安徽省的水泥产业，在全国享有举足轻重地位。安徽地跨长江、淮河南北，处在“一带一路”和长江经济带的重要节点，具有沿江近海、居中靠东的区域优势。作为华东地区水泥熟料主要输出地（年输出水泥、熟料约 8000 万吨），对全国水泥工业的发展有着重大影响。截至 2021 年 12 月，全省水泥熟料企业 42 家，共有 94 条水泥窑生产线，熟料产能 1.5 亿吨，2021 年水泥熟料产量为：1.437 亿吨，占全国水泥熟料 9.3%，位列全国第一。水泥粉磨企业 122 家，2021 年产量为 1.499 亿吨，占全国水泥 6.3%，位居全国第五。

一、产能置换情况

2021 年，全省公告水泥熟料产能置换项目 2 例，新建 2 条水泥熟料生产线，合计产能 8000t/d；累计淘汰 6 条（含外省 1 条）熟料生产线，淘汰产能共计 10000t/d。按照产能置换文件要求，萧县海螺水泥有限公司在公告前召开了产能置换方案听证会，听取建设方、利害关系人、社会普通公众、人大代表和政协委员、行业专家、法律工作者和媒体等方面的意见并投票表决。两例置换项目方案都按照要求对社会公众进行了公示和公告。安徽省水泥熟料产能利用率已经连续 5 年超过 95%，高于国家强制性标准 GB 50295—2016《水泥工厂设计规范》规定的水泥回转窑运转率至少 85%。全省前 10 名企业产能占总产能 93.5%，集中度位居全国前列（按集团排）。

二、错峰生产情况

按照《安徽省经济和信息化厅省生态环境厅关于进一步做好水泥常态化错峰生产的通知》要求，安徽省对水泥企业实行分级管控错峰停窑。重污染天气重点行业绩效评级为 A 级企业可在要求时间段内自行安排错峰时段，B 级企业错峰生产时间不得少于 30d，C 级企业不得少于 60d，D 级企业不得少于 90d，参与水泥窑协同处置的企业采用降低负荷方式错峰。截至 2021 年 12 月 31 日，安徽省错峰生产工作宣告结束。

从核查结果看，安徽省水泥行业站位高，水泥熟料企业深刻领悟错峰生产的意义，坚决贯彻习近平生态文明思想，自觉落实省委、省政府环保管控要求，圆满完成了 2021 年错峰生产任务。1—6 月全省水泥熟料企业错峰停窑共计 1726.89d，完成全年计划停窑天数的 74.4%。下半年企业为了响应省委、省政府能耗管控要求，加大技术改造投入，积极停窑改造。7—12 月全省水泥熟料企业错峰停窑共计 2052.4d。全年完成错峰生产停窑时间为 3779.2d，平均每台水泥回转窑错峰停窑 40.63d，完成了全年计划的 164.5%。通过错峰生产，全年共减少生产水泥熟料 1514.85 万吨（按安徽省经济和信息化厅水泥熟料企业公示产能统计），减少煤炭消耗 161.03 万吨标煤，减少二氧化碳排放 1457.24 万吨，为全省节能降耗、减污降碳做出了贡献，取得了良好的社会效益。

三、推广绿色清洁能源，发挥水泥窑协同处置功能

为了响应国家“双碳”战略，安徽省积极出台相关鼓励政策，支持水泥企业加大清洁能源使用比例，利用自有设施、场地实施余热余压利用、分布式发电等，努力提升企业能源“自给”能力，减少对化石能源及外部电力依赖。自有矿山的水泥企业，可利用矿区和厂区空间，利用分布式光伏发电技术，利用太阳能绿色能源，取代火电能源使用。加大替代燃料运用，2021 年海螺集团投资 30 亿元人民币，在宣城海螺投建年产 60 万吨生物质制煤项目，上述生物质制煤项目建成投产后，年消耗竹材 100 万吨，不仅能够缓解当地竹业发展滞销瓶颈，增加林农收入，更有望加快海螺水泥厂能源结构调整，绿色可持续发展的步伐。该项目预计 2022 年末投入使用。

推广大比例替代燃料技术，利用生活垃圾、固体废弃物和生物质燃料等替代煤炭，减少化石燃料的消耗量，提高水泥窑协同处置生产线比例。全国建材行业工业固体废弃物年综合利用量超过 15 亿吨，160 余条水泥熟料生产线配套建设了协同处置生活垃圾、污泥、危险废弃物等装备，水泥熟料生产线余热发电达到可装生产线的 95%。截至 2021 年末，安徽省已建成水泥窑协同处置生活垃圾生产线 26 条，日处理生活垃圾 5200t。

四、安徽省“十四五”节能减排相关政策

安徽省发展和改革委员会近期出台了《安徽省“十四五”减煤工作方案》等相关节能降耗文件，按照完成国家下达的 5% 目标，安徽省非电行业用煤要降 28%，火电要保供，还要增加煤炭 1000 多万吨。

安徽省经济和信息化厅发布了《安徽省材料及新材料产业“十四五”发展规划》。规划推动以高炉矿渣、粉煤灰等工业固体废物为主要原料的超细粉替代普通混合材，提高水泥粉磨过程中固废资源替代熟料比重，降低水泥产品中熟料系数，减少水泥熟料消耗量，提升固废利用水平。合理推动高贝特水泥、石灰石煅烧黏土低碳水泥等产品的应用。对原材料产业坚持走绿色低碳发展方向，重点推进粉煤灰、煤矸石、矿渣、尾矿、河（湖）淤（污）泥、脱硫石膏等为主要原料的综合利用。安徽省科技厅已经出台了“安徽省水泥行业碳中和路线图”，生态环境部门正在准备出台安徽省碳排放配额相关文件，使水泥行业能够按时进入碳交易市场。

五、相关工作建议

建议中国水泥协会组织技术攻关团队，制定水泥碳排放限额标准，推动减碳关键技术突破，积极开展水泥行业节能低碳技术发展路线研究，加快研发窑炉尾气二氧化碳利用关键技术、水泥窑炉烟气二氧化碳捕集等重大关键性节能低碳技术。

加大污染大、能耗高、乱采乱伐等落后产能、小窑小磨的退出力度。建议国家加大能耗、环保、质量、安全等管控执法力度，提高电耗、能耗指标限制门槛，对达不到强制性标准的产能，执行阶梯电价、惩罚性电价等差别化能源、资源价格措施，逐年提高技术标准和收费标准，用市场化手段，加速落后产能退出。

2021 年福建省水泥行业经济运行及协会工作概述

福建省建筑材料工业协会　执笔人　吕妙雄

一、水泥行业经济运行基本情况

2021 年度全省熟料产量为 5780.75 万吨，较上年度增长 5.5%；水泥产量为 10096.4 万吨，较上年度增长 4.0%。熟料和水泥产量均创新高。全省现拥有新型干法熟料生产线 44 条，其中 4500~5000t/d 熟料生产线 27 条，2500~3200t/d 熟料生产线 17 条。单线平均熟料产能高于全国平均水平。

2021 年，全年每台水泥窑错峰共计约 70d，累计减少熟料产量 1200 万吨。全年生产指标基本平稳，经济效益指标有所下降，行业运行基本平稳。

2021 年，水泥产品出厂价格波动较大。在大宗原燃材料价格频繁波动、能耗"双控"政策实施等因素影响下，增加了行业经济运行的波动性，市场需求减弱等增加了水泥行业下行压力。

2021 年水泥用煤价格快速上涨，最高价格超过 2000 元/t，水泥企业用煤成本成倍增长，直接推高水泥原料成本，水泥行业利润同比明显下降。

预计"双碳"政策的出台和快速实施将加快转变水泥行业运行环境。

二、协会主要工作概况

（一）加强理论学习，提高政治站位

坚持加强党的领导，加快协会自身改革和发展，不断增强指导、协调、服务功能。坚持不断强化政治理论学习，切实提高政治理论水平。使福建省建筑材料工业协会形成了学习宣传贯彻落实习近平新时代中国特色社会主义思想的长效机制，认真学习领会习近平新时代中国特色社会主义思想和党的十九届五中、六中全会精神，有效提高了广大会员单位践行初心使命的责任感和自觉性。

（二）贯彻落实产业政策，推动供给侧结构性改革

2021 年，根据国家工业和信息化部、生态环境部《关于进一步做好水泥常态化错峰生产的通知》（工信部联原〔2020〕201 号），促成福建省工业和信息化厅、福建省生态环境厅出台《关于做好 2021 年度全省水泥行业错峰生产的通知》（闽工信新材〔2021〕11 号），为进一步推动水泥行业供给侧结构性改革，巩固去产能成果，促进水泥行业绿色低碳发展和质量效益的提升，福建省水泥行业在春季、酷暑伏天、雨季和重大活动期间开展错峰生产。

省工业和信息化厅、生态环境厅关于常态化错峰生产政策出台后，协会精心研究部署，认真组织实施，把推进错峰生产作为协会的核心工作，印发《2021 年福建省水泥行业错峰生产工作方

案》，同时组织执行情况的督促检查，及时总结错峰过程存在的问题，定期发布实施进度，并每旬向省工业和信息化厅和生态环境厅报告错峰情况，引导全省水泥企业自觉承担社会和行业责任。

2021 年，全年每台水泥窑共计停窑约 70d。全省熟料企业错峰生产停窑折算成日产熟料 5000t 窑约为 2300d，累计减少熟料产量 1200 万吨，不仅缓解了因产能过剩造成的市场压力，也产生了显著的节能减排效果。按照熟料产量每减少 1 万吨，减少二氧化碳排放量 0. 85 万吨、减少氮氧化物排放量 12t、减少二氧化硫排放量 4t 计算，2021 年错峰生产福建省水泥行业约减少排放 1000 万吨的二氧化碳，1. 4 万吨的氮氧化物，4800 吨的二氧化硫，取得了良好的生态环境效益。

2021 年 12 月协会总结了全年错峰生产经验成果，向省工业和信息化厅提交了《关于开展 2022 年错峰生产工作的建议》，促成省工业和信息化厅、省生态环境厅继续出台《关于开展 2022 年度水泥行业错峰生产工作的通知》（闽工信联函新材〔2022〕99 号）文件。协会通过总结 2021 年错峰生产经验，精心研究部署，认真组织实施 2022 年错峰生产工作，春季错峰生产有序开展。

（三）坚持绿色低碳发展，全力推进节能减排

1. 推进水泥行业碳达峰、碳中和工作

中央经济工作会议将“做好碳达峰、碳中和工作”作为 2021 年的重点任务，水泥行业是二氧化碳排放的重点行业，实现低碳减排至关重要。协会第一时间召开研讨会，对中央经济工作会议中有关“碳达峰、碳中和”工作进行研究部署和宣贯，促进形成行业共识，加快行业结构调整和企业转型升级。要求企业提前谋划与布局碳减排工作，从自身实际出发，制定切实有力措施，推进水泥行业碳达峰目标的提前实现。如福建龙麟集团新型干法旋窑 CO_2 碳捕集纯化示范项目，年捕集纯化 15 万吨 CO_2 气，其中即将投产的一期项目设计年捕集纯化（即减排）5 万吨 CO_2 气能力，产品为食品级 CO_2（干冰）5 万吨/年。

2021 年度推荐福建三明南方水泥有限公司、永安金牛水泥有限公司 2 家企业在“碳达峰、碳中和”工作典型经验做法上报省“碳达峰、碳中和”工作领导小组办公室。

2. 推进行业生态文明建设

主动响应国家生态文明建设、践行节约资源和环境保护的基本理念，推动企业创建清洁工厂、实现低碳绿色发展，成为行业自觉行为和企业自我约束的重要内容。在政府主管部门评定绿色工厂、绿色矿山、能效“领跑者”等工作中，福建省水泥行业都走在了全省前列。一是以节煤、节电、污染物减排、5S 清洁化生产为重点，组织企业领导到先进企业参观、学习，现场进行经验交流；推动企业实施技改，构建资源节约型、环境友好型企业，做好绿色生产。截至 2021 年，全省 20 家水泥企业获得省级绿色工厂示范企业，3 家水泥企业获得国家级绿色工厂示范企业。二是推动福建省相关建材研究检测机构，积极试验、为企业开发储量大、价格低的工业废渣非活性混合材提供技术支持，提高固废资源利用率，实现资源循环利用。三是推动行业加快推进超低排放改造，引导、鼓励金牛水泥、南方水泥等企业实施超低排放技改试点，受到政府生态环境等部门的一致好评，实现企业绿色转型，可持续发展。

（四）服务行业，搭建平台，促进行业发展

1. 强化行业自律，维护行业整体利益和消费者利益

紧紧围绕协会的办会宗旨，认真贯彻执行《中国建筑材料行业协会系统行业自律公约》，加强行业自律建设，强化行业自律，建立健全行业自律的运行机制。引导和宣传企业责任和行业诚信，推动全省行业诚信体系建设和企业社会责任建设，为维护行业整体利益和消费者利益奠定基础，促

进福建省水泥工业持续健康发展。

为适应新形势、新任务的需要，2021 年邀请行业专家到会进行讲座，就行业高质量发展、绿色发展以及双碳工作信息，全行业错峰生产等进行了讲解，促进并提高了会员单位的对高质量发展、绿色发展以及双碳工作的认识。

2. 建立信息平台，服务会员，服务行业

2021 年协会出版《福建省建筑材料工业协会会刊》共 6 期。先后刊登建材行业法律、法规、政策性文件 38 份，刊登建材行业新标准和年度新标准目录 16 个。

2021 年协会网站及时更新和发布行业最新信息，跟踪发布行业发展最新动态，抓住行业“双碳”工作热点，促进行业信息交流。

此外，协会通过福建水泥信息群、错峰工作群等微信工作群，及时将行业重要政策、最新标准、本省行业最新动态进行发布，使行业企业第一时间收集到最新政策、标准。

2021—2022 年山东省水泥行业经济运行情况及展望分析报告

山东省水泥行业协会　执笔人　尹群豪　禹　涛

一、山东省水泥行业概况

山东是水泥工业大省，全省熟料总产能 1.04 亿吨，居全国第二位；水泥总产能约 3.6 亿吨，居全国第一位。而全省近五年水泥实际平均需求量在 1.4 亿吨左右，产能严重过剩。近年来行业加快结构调整和转型升级，所取得的成效如下。

（一）规模和产能总体保持平稳

自 2015—2022 年 5 月，山东省没有新增熟料生产线，也没有接受任何外省的产能向本省置换，全省现有熟料生产企业 74 家、114 条熟料生产线（含建通窑）。

（二）质量和效益稳步提升

近年来，山东水泥企业通过提升装备水平、优化工艺流程、加强内部管控等措施，水泥产品质量不断提升。同时，针对高铁、核电、管桩等特殊市场水泥需求，积极研发了低碱水泥、核电水泥、管桩水泥。目前，全省高标号水泥市场占比达到 50%以上。水泥质量管控水平和产品质量稳步提升。同时，水泥行业积极实施错峰生产，既改善了空气质量，又合理控制了过剩产能，有效平衡了供需关系，市场秩序显著改善，促进了水泥价格稳步回升，行业效益明显好转，全行业从 2017 年实现了扭亏为盈且连续保持盈利。2021 年全省水泥行业利润总额突破 140 亿元。

（三）智能制造和绿色工厂建设取得新突破

截至目前已有 20 家水泥熟料企业被工业和信息化部评为绿色工厂，占全省水泥企业的 6%。此外，还有一批重点水泥熟料企业正在积极申报绿色工厂建设。全国首条世界级低能耗新型干法水泥全智能生产线落户泰安中联水泥有限公司，成为水泥行业智能制造示范引领基地。济宁中联水泥有限公司的智能实验室和山东东华水泥的工业大脑项目运转良好，并在全省推广应用。

（四）产业链上下游不断延伸

山水水泥集团、中国联合水泥集团等大企业集团在全力做好水泥主业的同时，积极打造“水泥+”的产业发展模式，向上游发展骨料业务，向下游发展商品混凝土、水泥制品等业务。目前，中国联合水泥集团骨料年产能 3260 万吨、商混年产能超 1 亿立方米；山水水泥集团骨料年产能超 1200 万吨、商混年产能超 1900 万立方米；山东鲁碧水泥的商混年产能超过 800 万立方米。

二、2021 年经济运行情况

2021 年，在山东省新旧动能转换政策的指引下、在山东省有关政府部门的大力支持下，山东省水泥行业协会团结带领全体会员企业以加快推动供给侧结构性改革为行动纲领，全面落实“规范协会管理，提升行业服务”宗旨，坚持“去产能调结构强自律稳效益”的工作主线，全年市场秩序整体平稳，价格理性运行，行业总体效益平稳，行业高质量发展保持稳健步伐。

2021 年，山东省水泥、熟料产量保持稳定。全省水泥产量 16445 万吨，同比增加 3. 98%，占全国 6. 96%，排名第 2 位；全省熟料产量 8759 万吨，同比减少 4. 24%，占全国 5. 72%，排名第 4 位；虽然全年水泥产品价格同比略有上涨，但受煤炭价格暴涨、煤电双控等因素影响，全行业单位产品成本上涨值超过产品价格上涨值，预计利润总额同比下降 10%左右。

三、工作成绩亮点、存在困难与问题

（一）工作亮点

1. 充分发挥了政府和企业沟通的桥梁纽带作用

坚持与省工业和信息化厅、省生态环境厅、省社会组织管理局、省市场监督管理局的定期交流机制，及时反馈行业动态和企业诉求，提报行业经营信息，在错峰生产、环保综合治理等方面提出行业建议，为政府部门决策提供信息支持。

充分利用协会理事监事群、普通会员群和协会日常工作群三大微信交流群和协会网站，及时向会员单位传达产业政策。

2. 及时向政府主管部门反馈行业建议

一是，配合省发展改革委、工业和信息化厅出台水泥行业淘汰落后、转型升级政策、研究两高行业产能减量置换项目要素配置意见；二是，配合省工业和信息化厅出台常态化错峰生产文件、加快推进水泥产业链发展打造“领航型”企业方案、山东建材行业“十四五”发展规划；三是，配合省生态环境厅研究推进水泥行业“超低排放”实施意见；四是，参与省自然资源厅对全省矿山企业“十四五”开采规划的调研，提出了如何解决水泥行业“石灰石资源荒”的建议。

3. 严格落实错峰生产，积极推动供给侧结构性改革

在当前产能严重过剩的形势下，实施错峰生产是推动供给侧结构性改革最有效的途径，也是协会的核心工作。一是，5 月份组织召开了山东水泥行业“十三五”错峰生产总结会，邀请工业和信息化、生态环境部等部门负责人参加了会议，会上总结了山东水泥行业“十三五”错峰生产经验、表彰了先进企业；二是，组织山东水泥熟料企业 2021 年夏季错峰生产，省工业和信息化厅、省生态环境厅备案虽未出文，但同意协会制订具体方案抄报两部门并公开信息，为夏季错峰生产的有效落实提供了保障；三是，坚决落实水泥常态化错峰生产，按照省工业和信息化厅、省生态环境厅《关于严格落实水泥常态化错峰生产的通知》（鲁工信原〔2021〕212 号）部署，结合山东省行业运行实际情况，制定印发《山东水泥熟料企业 2021—2022 年采暖季错峰生产实施方案》（鲁水协字〔2021〕18 号）并监督落实。2021 年协会组织全省熟料企业错峰生产 168d 任务得到全面落实，总体停窑率达到 95%以上，有效控制了产能发挥，保持了山东市场秩序的平稳。

错峰生产期间，协会及时将全省企业落实情况报省工业和信息化厅和省生态环境厅备案，对未经政府审批擅自保持运转的企业，提请两部门协调地方工业和信息化和生态环境部门给予督促落

实，保证了整体错峰效果。全年共压减熟料产量突破4100万吨，全年减少煤炭消耗533万吨，减少二氧化碳排放量3545万吨，减少氮氧化物排放量492万吨，减少粉尘排放0.36万吨，为美丽山东建设做出了应有贡献。

山东水泥行业经过近几年的实践，全省水泥企业对落实错峰生产、助力环境治理、推进供给侧结构性改革的重要意义有了深刻认识，主动参与意识显著提高，全省错峰生产停窑率明显高于周边省份。

4. 多措并举，积极推动行业生态建设

一是，及时召集协会领导和重点企业负责人会议，组织召开全省行业生态建设会议；二是，坚持大企业引领担当和众企业积极跟随的“众人拾材火焰高”的行业生态建设机制；三是，进一步加大了对督导大队的错峰生产督导工作的协调和支持，完善人员配置和制度建设，提升督导工作公信力；四是，始终坚持与会员企业主要负责人的日常联系和沟通，适时登企拜访，增强彼此理解和支持。

（二）存在的困难与问题

1. 化解过剩产能历时较长，当前供需矛盾依然突出

山东省已排出2500t/d及以下熟料线和直径3.2m及以下磨机淘汰时间表，但尚需时日，全省产能过剩严重问题在“十四五”期间乃至更长时间内仍然存在。

2. 落实错峰生产不彻底问题依然存在

采暖季错峰生产为国家产业政策，夏季错峰生产为行业协会组织的行业自律措施，虽然都得到有关政府部门支持，但均未纳入行政执法处罚范围，对不严格落实错峰生产的企业没能采取有效制裁措施，出现错峰生产区域之间不平衡。同时，随着水泥市场好转，部分水泥企业因申请保民生任务而调整或缩短采暖季错峰生产时间，虽然进行了补停窑但仍有部分企业未补足错峰时间，这也在一定程度上影响了错峰生产政策的落实。

3. 产品结构有待优化

尽管全国已全面取消复合32.5等级水泥，但全省多数纯粉磨企业仍在生产其他品种的32.5等级水泥，低端水泥仍占一定市场份额。特别是个别企业质量控制难以达到国家强制性标准，存在质量隐患。

4. 绿色工厂和智能化建设整体推进缓慢

绿色工厂建设方面，一部分企业对绿色发展认识不够，对绿色工厂建设工作不重视，整体推进缓慢；智能制造方面，受企业本身现有装备条件影响，普遍对智能制造投入不足，政府对行业智能化政策和资金支持力度不够。

四、行业形势展望及相关建议

（一）形势展望

2022年，是中国共产党第二十次全国代表大会召开之年，是“十四五”规划全面落实、新发展格局全面布局的一年。整体预判宏观经济形势将呈现“稳字当头、稳中有进”的态势，延续2021年经济复苏的动力和基础，经济下行压力有望得到有效缓解。中央经济工作会议提出的适度超前基础设施建设，因城施策促进房地产业良性循环和健康发展，引导金融机构加大对实体经济的支持，全面推进乡村振兴等政策，都将对水泥行业稳定高效发展带来利好。

与此同时，新冠肺炎疫情反弹给市场需求释放带来不确定性，受俄乌战争影响大宗原燃材料价格大幅飙升，造成生产成本持续升高，也使水泥企业生产运营压力进一步增加。整体预判，2022年机遇与挑战并存，下半年市场需求将好于上半年。

（二）政策建议

为保障水泥行业平稳有序运行、促进行业持续健康发展，建议严禁新增、淘汰落后，加快推动去产能工作。

1. 严禁新增产能

建立水泥、熟料总产能目标控制和动态平衡机制，严禁通过除产能减量置换外的任何形式的新增水泥和熟料产能，包括新上设备、扩能改造等；严控产能置换，严格执行产能减量置换标准。

2. 清理不合规产能

未经国家和省级工业和信息化或发展改革等部门公告的产能，应一律视为违规产能予以关停；对无证生产水泥熟料的生产线、水泥粉磨装备和对借生产矿粉等其他产品之名违规生产水泥的企业坚决予以取缔并进行严格处罚。

3. 淘汰落后产能

制定严格的落后产能淘汰政策标准，列入淘汰的产能要限期拆除主机设备；对应该淘汰而转型生产特种水泥熟料的设备禁止生产普通水泥熟料，违规生产的按普通水泥熟料淘汰标准坚决予以淘汰。

4. 将错峰生产纳入环境综合治理行政处罚范畴，实现高效的减排效果

在当前水泥行业去产能任重道远的形势下，错峰生产政策尊重了市场规律和发展阶段，是推进水泥行业供给侧结构性改革的好政策，是优化存量资源配置、改善市场秩序、实现供需动态平衡的有效手段；同时，作为资源消耗型产业，应主动践行碳减排社会责任，有效减少污染排放叠加。建议中国水泥协会积极协调国家生态环境部、工业和信息化部等职能部门，把水泥熟料企业错峰生产纳入环境综合治理行政处罚范畴，建立严格的处罚机制，切实实现“避免污染物排放叠加、节能降耗”的目的。

5. 加大进口水泥、熟料产品检验，构建完善的质量控制体系

建议中国水泥协会积极协调国家市场监督管理总局、海关、商务部等相关部门，加大进口水泥、熟料产品的质量检验，保证水泥熟料产品质量，一旦出现质量问题也便于追根溯源。

6. 加快取消32.5级水泥，推动产品提档升级

建议中国水泥协会积极协调国家市场监督管理总局、住房城乡建设部等相关部门尽快制订方案，加快取消32.5级水泥，推动产品提档升级，提升自然资源综合利用水平和建筑工程质量水平。

7. 政府主导，有序推进行业谈达峰碳中和工作

一是，要引领全行业全体企业共同参与；二是，各省要参考全国及周边省份的标准制定统一的碳减排标准；三是，要制订奖惩办法，奖优罚劣，做到公平公正；四是，时间安排上可以积极推进，但不能冒进；五是，建立碳交易市场，优化碳减排结构；六是，出台项目建设鼓励政策，支持企业建设碳捕集项目，提升碳再利用价值。

2021年度河南省水泥行业改革发展情况综述

河南省建筑材料工业协会　执笔人　桑彩玲

2021年是“十四五”开局之年，也是充满挑战的一年，我国经济发展面临需求收缩、供给冲击、预期转弱三重压力，就河南省建材行业而言，2021年以来，面对新冠肺炎疫情的数次反复、洪涝灾害、大宗商品价格暴涨、市场需求减弱等多重不利因素的冲击，全行业凝心聚力、团结拼搏，克服多重困难，在加快科技创新、推动双碳目标、加强行业自律等各方面成效显著，谱写了河南省建材行业高质量发展的新篇章。

一、河南省水泥工业概况

（一）全省水泥熟料产能情况

全省2000t/d以上的水泥熟料生产线65条，其中5000t/d及其以上水泥熟料生产线的产能占70%以上，通用熟料设计产能9300万吨，实际熟料产能1.10亿吨。全省熟料需求约7500万吨，过剩率为46%。前三家中联同力、天瑞、湖波熟料产能占总产能的60%。

（二）全省水泥产能情况

目前全省窑磨一体企业水泥粉磨生产线120台套，水泥设计产能1.04亿吨，河南省主要粉磨站企业水泥粉磨生产线257台套，水泥设计产能1.58亿吨，全省水泥粉磨总能力2.62亿吨，全省水泥需求量在1.2亿吨左右，水泥产能过剩率超过50%。

（三）全省水泥分布情况

从水泥企业分布来看，水泥熟料生产基地主要分布在京广铁路沿线及其以西区域，安阳、新乡、郑州、平顶山、南阳地区水泥熟料产能占全省的64%，生产线布局重叠，产能过剩矛盾突出，竞争较为激烈。豫东地区没有熟料生产线，水泥供应主要来自于新乡、登封和禹州。豫东南地区由于只有三家水泥熟料生产企业和为数不多的水泥粉磨站，基本处于供小于求的状态，价格波动幅度较小。

二、2021年河南省水泥行业经济运行情况

河南省2021年水泥累计产量1.13亿吨，同比下降2.16%，排名全国第10位，增速排名第15位。2021年1—12月水泥累计产量排名（前十位）如图1所示，同一统计时间内，河南周边省份的水泥产量情况见表1。12月份全省水泥单月产量963万吨，同比下降9.04%，全省单月水泥产量自

5月份以来，仅11月份产量略有增长，其他月份水泥产量均出现负增长。行业整体运行质量低于2020年，效益有所收缩。

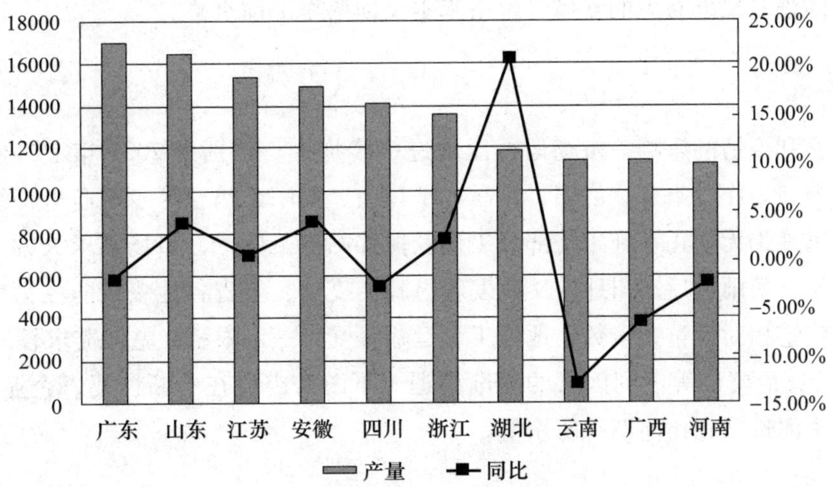

图1　2021年1—12月水泥累计产量排名前十位的省份

表1　2021年1—12月河南周边省份的水泥产量情况

省份	产量（万吨）	增长率（%）
河南省	11347.43	-2.16
河北省	11124.62	-4.15
陕西省	6678.82	-4.97
山西省	5537.29	1.75
湖北省	11870.75	21.12
山东省	16444.73	3.98

（一）一季度

根据我省发布《关于做好河南省水泥和砖瓦窑企业错峰生产工作的通知》，水泥熟料绩效分级A级企业和粉磨站绩效引领企业结合企业生产实际实施自主减排。水泥熟料绩效分级B级企业按照重污染天气应急管控措施实施限（停）产。其他水泥熟料企业和粉磨站2021年1月和3月停产，2月生产（生产期间执行重污染天气应急管控要求的限、停产措施）。但从3月16日开始，全省水泥企业按照《关于调整河南省水泥和砖瓦窑企业错峰生产工作的通知》要求，对C级及其他水泥熟料企业和粉磨站提前至3月16日恢复生产。

根据文件要求，2月大部分企业保持正常生产，库存充盈。3月中旬后大部分窑线恢复生产，但从下游需求端来看，元宵节后大部分地区的工地、搅拌站等尚在恢复阶段，加之一季度全省局部地区雨雪天气的影响，市场需求恢复有限，整体销量不高，企业库存升高，价格一路下滑，部分地区水泥价格低至300元/t。

（二）二季度

4月份后天气好转，企业受环保因素压力减小，市场需求稳步回升，行业库存压力有所释放，全省P·O42.5水泥价格恢复至380元/t左右。

5—6月份受煤炭原燃材料价格大幅上涨影响，水泥企业生产成本压力增大，部分企业也多次尝试恢复水泥价格，但由于市场需求不旺，下游房地产行业资金较紧张，加上高涨的大宗商品价格，农忙麦收、高温、雨水及中高考等因素影响，进一步降低工程项目施工积极性，导致市场需求恢复较慢，水泥价格的恢复缺乏有力的支撑，价格基本又回落至涨前水平。

（三）三季度

受到洪涝灾害和疫情的影响，市场运行压力进一步加大。特别是2021年7月份，河南多地遭遇暴雨天气，郑州、焦作、新乡、洛阳、许昌、平顶山、安阳、鹤壁等多地迎来持续暴雨天气，豫北一些重灾地区工地仍无法正常施工，部分工地及搅拌站停工停产，市场需求大幅下滑，水泥产销受限。到了8月份，暴雨过后郑州地区又突发新冠肺炎疫情，全省各地疫情防控力度加强，特别是郑州及周边市场疫情相对严重，多数工地施工、运输等受到一定限制，整体需求较差。

9月份后随着灾情疫情等不利因素的逐渐消退，下游需求也在不断恢复，企业心态有所调整，重拾信心，全省水泥价格相比前期有所恢复。

（四）四季度

需求环比虽有改善，但整体态势疲软运行，企业出货量不达预期，库存压力较大，部分地区为提升销量下调水泥价格。11月中旬后，全省水泥企业按照河南省工业和信息化厅、河南省生态环境厅《关于实施2021—2022年度全省水泥企业秋冬季错峰生产工作的通知》要求实施错峰生产，并按照绩效分级明确了错峰生产时间如下：

1. 绩效分级A级水泥熟料企业

2021年12月1日—12月31日、2022年1月27日—3月15日实施错峰停产；2022年1月1日—1月26日实施自主减排。

2. 绩效分级B、C级水泥熟料企业

2021年11月15日—12月31日，2022年1月27日—3月15日实施错峰停产；2022年1月1日—1月26日按照重污染天气应急管控措施实施限（停）产。

3. 绩效分级D级水泥熟料企

绩效分级D级水泥熟料企业及没有完成超低排放改造的水泥企业（含粉磨工序及独立粉磨站），2021年11月15日—2022年3月15日实施错峰停产。

水泥粉磨工序（含独立粉磨站）按照重污染天气应急管控措施实施限（停）产。

承担居民供暖任务的水泥熟料生产企业，实施“以热定产”，同时在2022年3月16日起补足错峰时间；协同处置有毒有害废弃物的水泥熟料生产企业全部执行错峰生产，协同处置城市生活垃圾及污泥的水泥熟料生产企业可以依据实际处置量部分参与错峰生产，实际处置量以专家现场核实为准。

截至12月中旬，全省68条水泥熟料线，其中错峰停窑62条，运行6条生产线，停窑率达到91%。供给受限，但下游需求依旧偏弱。

错峰停窑措施在一定程度上缓解企业的库存压力，但因下游房地产市场不景气，工程及搅拌站开工率同比下滑，加之冬期环保管控加严等多重因素导致终端市场需求不佳，企业出货量偏弱，水泥价格整体也是跌势为主。

三、行业发展建议

河南省水泥工业产能依然严重过剩，进一步淘汰落后产能，全面提升建材高质量发展水平是我们当前主要任务。“十四五”期间，建材行业要进一步加快淘汰落后的步伐，推进建材行业产能利用率的稳步提升。

（一）错峰生产保持常态化

严格执行工业和信息化部、生态环境部两部委联合下发《关于进一步做好水泥常态化错峰生产的通知》，并结合河南省水泥行业发展实际，建议继续执行水泥行业秋冬季错峰生产工作，增加夏季错峰生产助力国家电网迎峰度夏。

（二）压减过剩产能促进降碳减排

压减过剩产能是水泥行业实现碳达峰的关键。错峰生产和产能减量置换政策已经成为压减水泥过剩产能的两大政策抓手。实施产能减量置换政策，有效压减现有产能，同时有利于企业自主配套先进工艺和高水平装备，优化产业布局、优化运输物流环境、减少运输排放污染，提高整体行业的节能降耗和绿色低碳水平。

（三）加快联合重组的步伐

支持水泥骨干企业搭建产能整合平台，利用市场化手段推进联合重组、优化产能布局、提高生产集中度。支持骨干企业结合联合重组、产能合作、技术改造，优化生产要素配置，主动压减竞争乏力的过剩产能。

（四）延伸水泥产业链

围绕建设绿色建材全产业园，支持水泥骨干企业充分发挥资金、资源、规模、技术等优势，向下游商品混凝土、水泥制品和建筑部品延伸，向上游对石灰石矿山开采和骨料开采上游产业进行整合，鼓励有条件的省辖市对砂石骨料企业实施整合，打造绿色环保砂石骨料基地。

四、2021年度协会主要工作

一年来，河南省建筑材料工业协会（以下简称“协会”）在各级政府部门的关心和领导下，在会员单位的大力支持下，遵循协会章程和理事会确定的思路目标，努力开展工作，充分发挥作用，积极沟通政府，服务会员，完善功能，对推动行业发展以及转型升级做出了积极贡献。

（一）调查研究反映行情，为会员服务做政府助手

协会深入企业调研，掌握准确资料，积极为政府建言献策、提供服务，配合政府部门完成好相关的行业管理工作，为政府的宏观调控反映真实有效情况，为行业市场分析掌握详实数据。

2021年，为坚决落实工业和信息化部、生态环境部的文件精神，推动行业供给侧结构性改革，有效缓解全省水泥行业产能严重过剩矛盾，减少大气污染排放、实现全行业降碳绿色发展，协会向省政府提交《关于在全省水泥行业严格执行错峰生产政策的请示》，建议政府相关部门尽快研究制订全省水泥行业常态化错峰生产的相关政策举措；并积极向政府部门提交了《关于对水泥行业错峰生产执行情况的汇报》，将错峰生产开停窑情况向政府相关部门做了如实的反映汇报。

协会组织全省水泥行业进行充分研究讨论，向省工业和信息化厅、省生态环境厅提交了《关于对〈重点区域2021—2022年秋冬季大气污染综合治理攻坚方案（征求意见稿）〉的反馈意见》，建议将重点区域水泥行业错峰生产明确写入方案，相关生产线严格实行错峰停产管控政策，并提出

执行夏季错峰生产计划等相关建议。文件的提交，对政府制订产业政策起到了积极的影响和作用，同时反映会员诉求，为建材行业平稳运行创造了良好的发展环境。

协会编写产业链分析报告、建材行业运行报告，对行业每个月、每季度主要产品的产量数据、运行中存在的突出问题及措施、发展趋势等形成报告，上报省工业和信息化厅、省发展改革委相关处室，受到政府部门的信任和好评。

（二）提高产品质量，提升管理水平

水泥企业质量管理工作也是协会一项非常重要的工作。为提升质量管理人员的综合素质及管理水平，协会于4月21日在济源市召开了2021年全省水泥企业质量管理工作会议。全省近200多名企业代表参加了会议。会议上，河南省市场监督管理局质量监督处领导通报了河南省水泥产品质量监督抽查情况，指出抽查中所存在的问题和不足，并就下一步的质量管理工作提出新的要求；中国建筑材料联合会质量办公室领导介绍水泥产品生产许可证延续及证后质量监督抽查情况；通报水泥企业化验室原始记录台账修订及水泥质量检验用标准砂使用情况，全省水泥企业标准化化验室创建情况；表彰2020年度全省水泥企业优秀化验室及优秀化验室主任，南阳中联水泥有限公司等26家获得“优秀化验室企业”称号及王辉等39名主任获得“优秀化验室主任”称号。

（三）开展2021年度全省建材行业技术革新奖评选工作

根据豫机冶建工协〔2021〕1号文件精神和《建材行业技术革新奖管理办法》等有关规定，各单位经过认真评审、层层筛选，全省共有40家企业参加了此次申报活动。协会组织专家对申报技术革新项目进行认真评审筛选，共评选获奖项目151项，其中，一等奖47项、二等奖61项、三等奖43项。省机冶建工会委员会、省建材工业协会对以上获奖项目正式发文表彰并颁发证书。

（四）开展全省建材行业职业技能竞赛活动

为提高企业自主创新能力，不断增强广大职工和管理人员的科技创新意识，促使企业持续健康发展，省机械冶金建材工会委员会和省建筑材料工业协会联合举办“国泰杯”河南省建材行业职业技能竞赛活动，全省41家企业180名选手以公开、公正、公平的原则参加了决赛考试。

经考评委考核评定，省机械冶金建材工会委员会和省建筑材料工业协会决定对竞赛活动中取得优异成绩的李冬等30名选手、天瑞水泥集团有限公司等5家组织单位进行表彰。获得各工种决赛第一名的选手，由河南省总工会授予河南省“五一劳动奖章”；获得前十五名的选手，由省机械冶金建材工会和省建材协会授予“河南省建材行业技术能手”称号；参加决赛选手总成绩60分以上者，省建材工业协会颁发建材行业职业能力证书。

（五）坚持绿色低碳发展理念，助推水泥行业高质量发展

1. 组织召开全省水泥行业高质量发展研讨会

为贯彻落实国家“碳达峰、碳中和”重大决策部署，学习2021年中央经济工作会议精神，进一步推动全省水泥行业高质量绿色低碳发展。12月21日协会组织召开全省水泥行业高质量发展研讨会，全省20家重点水泥企业的28位领导参加此次会议。

会议旨在研判当前形势，提振行业发展信心，总结2021年全省水泥行业在发展中存在问题，共同探讨2022年行业将面临的市场环境。各水泥企业领导就河南省水泥工业目前遇到的突出问题进行了深刻讨论分析，坚决认真落实错峰生产政策和相关要求，积极开展错峰生产工作，有效缓解

产能过剩矛盾，推动水泥企业降碳减排，为建设美丽河南做出积极贡献。

2. 组织召开特种水泥行业政策宣贯会议

为了能够准确研判特种水泥未来的发展趋势，研讨落实省工业和信息化厅、省生态环境厅《关于实施2021—2022年度全省水泥企业秋冬季错峰生产工作的通知》的文件精神，协会于10月16日组织召开全省特种水泥行政策宣贯会议。

（六）坚持标准提升，促进行业高质量发展

为促进全省建材行业标准的进步与发展，提高行业标准化水平，促进产品质量提升，经全国团体信息平台注册核准，协会成立标准化工作委员会。

2021年，协会开启《建筑楼板高抗裂混凝土保温隔声系统应用技术标准》《河南省砂石骨料行业碳排放限值》《耐火材料单位产品碳排放限额》《耐火材料生产企业温室气体排放核算和报告要求》《砖瓦窑单位产品碳排放限额》《砖瓦窑生产企业温室气体排放核算与报告要求》六个项目的立项工作，并完成通过协会标委会成立以来的首个团体标准项目《建筑楼面高抗裂石膏基混凝土保温隔声系统应用技术标准》的技术审查。

团体标准制修订工作的开展，标志着河南省建材行业标准化体系的完善和制标能力的提升，标志着行业标准化体系建设迈进了一个新时代，具有行业“里程碑”式的意义，实现协会工作的新突破，开创协会为会员、为行业服务的新天地。

（七）开展全省建材行业企业安全生产标准化咨询和组织评审工作

2021年协会继续对全省建材企业开展安全生产标准化创建评审工作。协会通过达标方案制定、前期安全培训、各项规章制度整理落实、现场危险源排查治理等方式，先后对信阳天瑞水泥有限公司、淅川水泥有限公司、淅水混凝土有限公司、驻马店豫龙同力水泥有限公司、天瑞集团许昌水泥有限公司、天瑞集团禹州水泥有限公司浅井分公司、天瑞集团禹州水泥有限公司7家企业的安全生产标准化创建（换发）工作进行现场辅导、培训，这7家企业顺利通过了二级安全生产标准化评审。

回望这一年，因艰辛似长又短，因拼搏而难以忘怀，面对挑战，协会克服重重困难，在行业的坚持和努力下，行业发展成效显著，所有的成绩离不开上级领导部门的关心、指导，离不开会员单位的帮助和支持，让我们携起手来，奋进新征程，一起向未来，续写河南建材新辉煌！

2021年湖北省水泥行业发展改革情况报告

湖北省水泥工业协会　执笔人　张　兵

一、湖北水泥行业基本概况

截至2022年5月份，湖北共有水泥熟料生产线55条（含产能指标已置换生产线3条），熟料设计产能19.87万吨/d（未剔除产能置换生产线），熟料年产能6159.70万吨（按310d计算），约占全国熟料产能（18.16亿吨）的3.4%；4000t/d及以上规模水泥熟料熟料生产线34条，占比61.82%，4000t/d以下规模水泥熟料生产线21条，占比38.18%，平均每条生产线的设计产能为3612t/d。全省水泥企业109家，其中窑线企业42家，粉磨企业67家，粉磨企业占比61.47%。全省前四大水泥企业产能集中度达到75.19%，全年熟料产能利用率84%。

二、湖北水泥行业运行情况

2021年以来，面对新冠肺炎疫情不断反复、原燃材料价格大幅上涨、电力供应持续紧张、水泥市场需求下行等诸多挑战，湖北省水泥行业全面贯彻新发展理念和中央疫情防控要求，一手抓生产经营不松劲，一手抓疫情防控不懈怠，坚持两手抓两手硬，为“十四五”高质量发展赢得了良好开局。

（一）经营状况相对平稳

2021年湖北省水泥产量1.187亿吨，较2020年和2019年分别增长17.52%、2.15%；产量规模位居全国第七位，同比上升六位，较2019年上升两位；水泥产量占全国水泥总产量5.02%，分别较2020年和2019年增长0.77%、0.04%。

2022年1—5月份，湖北省水泥产量4372万吨，同比下降1.58%。受新冠肺炎疫情影响，水泥均价小幅回落，但燃煤价格持续上涨，企业利润大幅下滑。

（二）绿色发展蹄疾步稳

1. 低碳发展走深走实

全省水泥企业深入践行“碳达峰、碳中和”战略，在节能降碳方面取得初步成效，尤其是华新水泥、葛洲坝水泥等大企业积极发挥引领示范作用，已经制订了路径清晰的碳达峰碳中和实施方案，绿色低碳发展理念成为了行业的政治自觉、思想自觉、行动自觉。省内骨干企业全力参与湖北碳市场建设，探索发展新能源发电业务，厚植了低碳发展优势。华新水泥与湖南大学联合研发的“水泥窑烟气CO_2吸碳制砖自动化生产线”在武穴团山工业园基地成功投产运行，这是世界首条利

用水泥窑尾烟气生产混凝土制品的生产线。

2. 执行错峰生产政策成效显著

省内各水泥企业坚持政治站位和行业利益至上，认真贯彻落实湖北省错峰生产政策，实现了企业效益与生态效益共同提升。2021 年和 2022 年前五个月累计错峰生产 6637.57 天，减产熟料 2188.33 万吨，减少氮氧化物排放量 21860t，减少二氧化硫排放量 4355t，减少二氧化碳排放量 1882 万吨，减少标煤消耗量 236 万吨，有效化解了产能过剩，为“减排降碳”作出了水泥行业贡献。

3. 环保建设加速推进

全省水泥企业进一步加大环保建设投入，深入实施环保综合治理、设施设备升级改造，厂区面容面貌更加优美，节能降耗水平得到较大提升，部分生产线实现了超低排放。大力推进“绿色工厂”“绿色矿山”建设，部分工厂入选国家“2021 年度绿色制造名单”“绿色矿山”名录、重点用能行业能效“领跑者”企业名单。

4. 协同发展效应突出

继续抢抓国家环保政策机遇，加快发展水泥窑协同处置业务，全省水泥窑协同处置生活垃圾、漂浮物、污染土、工业危废、市政污泥等生产线已达 23 条，数量与处置规模位居全国前列。通过处置大量的生活垃圾、一般固废、污染土、漂浮物、市政污泥等，为缓解城市“垃圾围城”、净化水土、节约土地资源等作出了重要贡献。

（三）产业结构不断优化

1. 产业升级步伐加快

全省水泥行业深化行业供给侧结构性改革，通过减量置换方式关小建大、关弱建强，进一步改善了生产线质量，扩大优势产能占比，推动产业提档升级。省内首条万吨线（华新水泥黄石工厂）正式投产运营，娲石水泥 6200t/d 水泥熟料生产线项目投产在即，华新水泥迁建的恩施 2500t/d 水泥熟料生产线项目开工建设。

2. 产业链条加速延伸

省内水泥企业积极延伸上下游产业链，大力拓展砂石骨料、商品混凝土、预拌砂浆、装配式建筑、墙体材料、智慧物流、建材装备制造、技术服务等“水泥+”业务，不断挖掘产业附加值。华新水泥阳新年产亿吨机制砂一期、娲石年产 2000 万吨机制砂项目开工建设，一批一体化商混站和预拌砂浆项目落实落地。华新水泥、葛洲坝水泥等行业骨干企业通过大力发展“园区+”模式，签约了一批高端绿色建材产业园项目，有效发挥了产业集群效应和规模效应，创造更佳的经济效益和社会效益。

3. 海外发展成绩斐然

省内骨干水泥企业积极适应国内国际双循环相互促进的新发展格局，充分利用国内国际两个市场、两种资源优势，抢抓国际产能合作及市场机遇，成为湖北省和全国水泥行业“走出去”标杆。葛洲坝水泥缅甸项目和乌兹别克斯坦项目正式落地，产能布局进一步完善。华新水泥尼泊尔纳拉亚尼 2800t/d 水泥熟料生产线项目顺利点火投产，完成豪瑞赞比亚、马拉维水泥的收购工作，塔吉克斯坦骨料、混凝土一体化项目开工；成为上交所首家 B 股转 H 股案例，国际化进程加速推进。目前华新水泥和葛洲坝水泥海外产能达 1000 余万吨，规模位居全国第二。

（四）科技工作亮点纷呈

广大水泥企业积极响应国家创新驱动发展战略，强化科技创新引领，深化“产、学、研、合作”和科研成果转化，积极探索智能化、数字化建设，取得丰硕成果。葛洲坝水泥参编的“室内装修用水泥基胶结料”等一批国家标准发布实施；华新水泥牵头编制《基于项目的二氧化碳排量评估技术规范生产水泥熟料的燃料替代项目》《水泥窑协同处置技术规范生活垃圾预处理可燃物》《水泥窑用生活垃圾预处理可燃物制备技术规范》等三项工业和信息化部低碳行业标准。华新水泥旗下首家智能工厂交付运行，《水泥制造一体化管控平台创新应用》入围工业和信息化部2021年工业互联网平台创新领航应用案例名单，“水泥企业运营数字化系统开发与创新”项目获得国家“建筑材料科学技术奖”科技进步类一等奖；部分企业进一步加大信息化建设投资，建立智慧物流系统、智能巡检系统、数管中心平台系统等，构建了业务数字化生态，为企业发展进一步赋能升级。

（五）社会责任充分彰显

各水泥企业力积极履行社会责任，全力参与省内疫后重振、乡村振兴工作，通过产业扶贫、消费扶贫、属地化招聘等多种方式，助力地方经济社会发展，展现了担责任、顾大局、重情怀、有温度的企业形象与行业形象。华新水泥向社会定向捐款超过1000万元，利用危废设施处置新冠医疗废弃物近200t，协助完成武汉医疗废弃物转运近9000桶；葛洲坝水泥、京兰水泥、娲石水泥等企业通过向社会捐款、捐赠医疗物资、救灾物资、水泥产品等，用实际行动彰显了水泥行业的责任担当。

华新水泥和葛洲坝水泥的境外项目通过增加就业、产业带动、建立慈善基金、捐建学校、开展多样化志愿服务等方式履行社会责任，树立了“一带一路”倡议合作新典范。

（六）行业治理见行见效

1. 强化党建引领

湖北省水泥工业协会（以下简称“协会”）始终坚持党建引领，主动联系和指导各会员企业围绕中国共产党成立100周年、党史学习教育等重大主题积极开展党史学习教育，将党建转化为行业发展的引领力，为行业高质量发展提供政治保证和强大动力。各水泥企业紧扣党史学习教育各阶段重点任务，全面深入开展“我为群众办实事”活动，用心用情为职工群众服务，切实把党史学习教育成效转化为服务职工群众的实招硬招，扎实有效为职工群众解决了一批堵点、难点、痛点问题。

2. 积极发挥桥梁纽带作用

协会严格落实全省常态化错峰生产工作要求，引导督促全省水泥企业严格执行错峰生产计划，有效调节了供需矛盾，也为生态环境改善贡献了力量；加强同各地水泥协会、大型重点企业沟通，承办长江水泥发展论坛，协助筹办第十届中国水泥行业环资高峰论坛暨水泥企业绿色发展研讨会，营造了良好的外部环境；加强协会议事平台规范化建设，提高会议召开频次与质量，协会职能进一步强化。

三、关于发展形势

（一）从宏观经济形势看

当今世界百年变局与新冠肺炎疫情交织，全球进入动荡变革期，在一定时期内，人类将与疫情共存，发展不确定性、不稳定性显著上升。国内方面，随着我国疫情防控取得重大战略性成果，宏观经济保持稳中加固的恢复态势，尽管短期内经济面临下行压力，但中央经济工作会议明确提出明年将继续做好“六稳”“六保”工作，着力稳定宏观经济大盘，保持经济运行在合理区间。“继续实施积极的财政政策和稳健的货币政策”“适度超前开展基础设施投资”“着力畅通国民经济循环，增强供应链韧性”。随着国家加快构建双循环新发展格局，不断激发经济增长新动能，这将为水泥行业持续健康发展提供有力保障。

（二）从水泥行业形势看

2022年，水泥行业将面临市场需求下行、成本居高不下、能耗管控等诸多挑战和压力。基建方面，“十四五”期间湖北省总投资约2.3万亿实施疫后重振“十大工程”，《新型城镇化规划（2021—2035年）》提出到2035年湖北省在中部地区率先基本实现新型城镇化，常住人口城镇化率达到75%以上，5年改造1.5万个以上老旧小区；《湖北省综合交通运输发展“十四五”规划》提出，“十四五”期间全省综合交通固定资产投资8200亿元，加快建设交通强省，这些都将有效拉动水泥需求。房地产方面，国家继续坚持“房住不炒”定位，坚持租售并举，加快发展长租房市场，推动保障性住房建设，稳地价、稳房价、稳预期，因城施策促进房地产良性循环和健康发展，但短期内房地产投资下行趋势难以扭转，将对水泥需求产生不利影响。同时，国家加强生态环境综合治理，有序推进“双碳”战略，推动碳排放总量和强度“双控”，完善减污降碳激励约束政策，水泥行业错峰生产延续畅谈，对供给收缩和化解产能过剩具有积极作用。因此，预计供求关系或可维持相对平衡。

四、关于工作建议

（一）着力提升绿色低碳发展水平

协会将积极协助政府部门研究编制水泥行业碳达峰方案，明确碳减排实施路径。引导各会员企业统筹好发展与减排的关系，编制本单位践行“碳达峰、碳中和”方案，明确减碳目标与措施。围绕工艺装备、绿色环保、低碳水泥等开展技术研究与集成应用，加快实施节能降碳升级改造，确保存量生产线能耗指标不低于二级能耗水平；扩大水泥窑协同处置范围和规模，减少煤炭等化石燃料燃烧碳排放，大幅提高燃料替代率。加大固体废弃物的资源综合利用力度，稳步提高磷石膏等工业固废替代天然矿产原材料比重；因地制宜发展光伏发电，提高绿电使用比例，积极打造能效领跑者；大企业要带头推进，大力开发低碳产品，积极跟进碳捕集、利用与封存技术的研究与应用，多措并举厚植绿色低碳发展优势。

（二）着力深化供给侧结构性改革

1. 坚定不移去产能

从严执行置换条件和置换比例，杜绝批小建大、虚假置换、重复置换等违规行为；对标行业一流，加快改造升级存量项目，通过能效倒逼淘汰落后产能；推进并购重组，加大市场整合力度，进一步提高产能集中度，助推行业结构调整。

2. 积极推行精准错峰、全面错峰

建立跨省、跨区域的错峰生产联动机制，增强错峰生产的协调性、一致性；立足能耗指标、环保排放指标、协同处置类型等分层分类制订错峰计划，力求实现精准错峰，并逐步将水泥粉磨工序（含独立粉磨站）纳入错峰生产，调节好供需平衡，实现企业利益、行业利益与社会利益的相互协调。

3. 大力延伸产业链条

强化需求牵引和创新驱动的协同效应，推进产业链上下游贯通融合，不断拓展混凝土、砂石骨料、环保墙材、水泥装备与工程、水泥基高新建材材料等产业，提升上下游全产业链一体化的协同竞争能力，深挖产业附加值，着力打造新型绿色建材产业链，实现行业由传统制造业向服务型制造业转型。

4. 加快“走出去”步伐

继续挖掘国际产能合作机会和市场空间，主动适应并融入国内国际双循环格局，加快“走出去”步伐，不断提升国际业务规模及水平。

（三）着力推动科技创新与数字化智能化转型

大力研发应用各类减污降碳新工艺、新技术、新产品，加快部署推进新型胶凝材料、化石燃料替代、资源综合利用等低碳前沿技术的研究、储备和应用，不断挖掘行业减污降碳的技术潜力。

积极顺应数字化、智能化发展趋势，加快建立产学研深度融合的技术创新体系，大力开展数字车间、智能工厂试点及推广工作，探索涵盖“原料—生产—出厂”全过程的智能化生产模式，实现数字化、智能化引领行业创新创效。

（四）着力加强协会建设

深化党建引领，将加强党的领导党的建设与协会依法自治相统一，突出政治功能与强化服务功能相统一，以党建作为引领点、发力点，构建和完善权责明确、运转协调、制衡有效的现代社团组织运行机制。加强自身能力建设，完善内部制度和机制，更好地发挥好桥梁纽带作用。

2021年广东省水泥行业发展改革工作综述

广东省水泥行业协会　执笔人　林　强

一、广东省水泥行业概况

（一）生产规模

截至2021年12月，广东省共有水泥生产企业178家，其中，具备熟料生产能力的企业53家，熟料设计总生产能力9731万吨。水泥粉磨企业125家，水泥粉磨生产能力12320万吨。

（二）产业分布

广东水泥工业主要分布在粤北、粤西和粤东三个水泥生产基地，分别约占全省水泥熟料总生产能力的32.74%、33.53%和28.64%。而水泥粉磨站主要分布在珠三角地区，占粉磨站总生产能力的48.9%。

（三）主要产品产量

2021年广东省水泥产量17005.20万吨，居全国第1位。

（四）主要产品能源消耗

2021年度广东省可比熟料综合能耗平均约107kgce/t、可比水泥综合能耗平均约87kgce/t。

（五）产能变化情况

台泥（韶关）水泥有限公司1条6000t/d新型干法水泥熟料生产线于2021年11月投产，新增熟料产能180万吨/年。

（六）在建项目产能

目前，广东省在建水泥项目3个，预计增加产能345万吨。其中，国家工业和信息化部公告认定的广东在建水泥项目2个，共2条生产线，分别为华润水泥（罗定）有限公司1条5000t/d、化州海螺水泥有限责任公司1条5000t/d（建设地址已变更至广东清新水泥有限公司），熟料产能300万吨；梅州皇马水泥有限公司1条4600t/d产能减量置换生产线，增加产能45万吨。

二、经济运行情况

2021年是广东省水泥行业激荡难忘的一年，新冠肺炎疫情袭扰，台风、雨水和酷暑伏天自然条件制约，能耗双控和错峰用电政策发力，原燃材料成本攀升，外来水泥竞争加剧，市场预期差强人意。全行业在骨干企业的引领下，加强自律、团结合作，努力克服困难，在错峰生产、节能减排、调整结构、创新发展，提高行业发展质量等方面做了许多有益的工作，取得较好成效。

（一）产量情况

据统计，2021 年广东省水泥累计产量 17005.20 万吨，同比下降 2.10%。

（二）市场走势

全年广东省水泥行业波动较大，市场整体偏弱，旺季短、淡季长，市场受政策面影响波动较大。全年有两个明显的水泥旺季期，一是 3—5 月底。随着年初疫情得以有效控制、重点工程的有序推进，水泥需求恢复迅速，3 月下旬，广东省重点水泥企业出货率达到九成以上，个别区域实现销大于产，市场呈现供需两旺之态势。此波行情延续至 5 月中下旬疫情反弹之前。二是 10 月份随着能耗双控力度趋严、煤价攀升导致电力短缺等因素影响，水泥市场供给受到严重制约，水泥熟料生产线开工率不足 50%，水泥产量同比下降幅度超过 40%，叠加煤炭等原材料价格的大幅攀升，水泥价格也在 10 月初创下历史新高。部分水泥市场出现断供现象，短期市场形势一片大好。但是过高的价格导致需求端大幅萎缩，建筑工程和搅拌站开工率大幅下降。水泥市场行情有价无市，而且过高的水泥价格还造成省外、国外低价水泥、熟料大量涌入，严重冲击了广东省水泥市场，出现“水泥需求旺季不旺”的局面。

（三）重点企业库存情况

2021 年广东省重点企业综合库存在高位运行。省内 15 家重点企业年平均综合库存 63.44%，比 2020 年下降 7.11%（2020 年由于疫情影响，库存全年偏高），但比 2019 年上涨了 3.24%。2021 年全年库存率波动反复，从年初高库存时的 86%，至 5 月中旬第一阶段错峰生产完成时，综合库存下降至 47.53%。之后受新冠肺炎疫情的反弹以及酷暑伏天淡季的影响，综合库存又逐步上升。进入三季度平均库存为 68.50%，并长时间维持在高位运行。四季度由于实施“能效双控”和限电政策，大部分重点企业停窑整改，库存平稳下降。至 12 月底，重点企业综合库存徘徊在 55%左右，处于历年来较高库存。

1. 水泥价格

据珠三角水泥价格指数显示，我省水泥价格在年初 3 月份水泥市场小阳春期间，上调 60 元/吨左右。至 6 月份需求淡季，水泥价格重新回落至年初水平。8 月底，市场走出酷暑伏天淡季，水泥价格开始试探性的小幅上扬。9 月份随着“能效双控”、限电限产力度不断加大，叠加煤价攀升。成本的增加以及产能发挥受限，导致水泥价格屡创新高，至 10 月初，水泥价格累计涨幅超过 200 元/t，水泥市场价格最高时超过 800 元/t，创下历史新高。至 12 月，随着各企业“能效双控”整改陆续完成，大部分水泥企业恢复正常生产，水泥供应量充足，价格也随之回落。12 月底，P·O42.5 水泥市场价格回落至 520 元/t 左右，但仍比去年同期高 50 元/t 左右。

2. 重点水泥企业销量情况

2021 年，广东省 15 家重点水泥企业水泥、熟料累计销量 11685.54 万吨，比 2020 年下降 7.42%，比 2019 年下降 9.25%。重点水泥企业月销量从 5 月份开始，连续 8 个月下滑。第四季度下降幅度最大，同比销量降幅达到 40%。主要原因是“能耗双控”、限电限产导致重点水泥企业供应受限，省外、国外水泥、熟料的大量涌入，导致重点水泥企业的市场份额受到影响。2020、2021 年

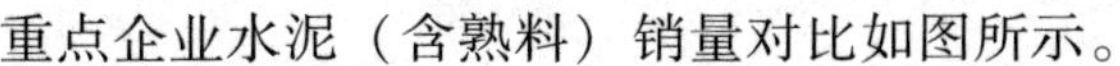

重点企业水泥（含熟料）销量对比如图所示。

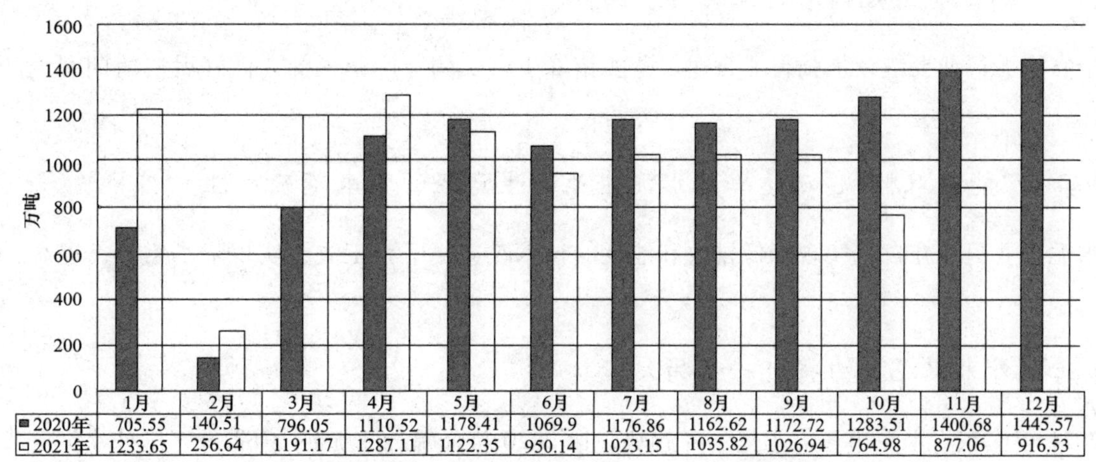

	1月	2月	3月	4月	5月	6月	7月	8月	9月	10月	11月	12月
■2020年	705.55	140.51	796.05	1110.52	1178.41	1069.9	1176.86	1162.62	1172.72	1283.51	1400.68	1445.57
□2021年	1233.65	256.64	1191.17	1287.11	1122.35	950.14	1023.15	1035.82	1026.94	764.98	877.06	916.53

图　2020、2021 年重点企业水泥（含熟料）销量对比

三、错峰生产与双控停窑情况

2021 年，广东省所有通用硅酸盐水泥熟料生产企业全部实行错峰生产，按每条窑计划停窑 30d/窑计算，共需要停窑 2145d（折合 5000t 窑）。截至 8 月底，所有水泥熟料生产企业共计实施错峰停窑 2919. 2 天（折合 5000t 窑），完成计划的 136. 1%。削减熟料产量约 1703 万吨，有效调控了产需平衡，维护了疫情常态化下我省水泥市场的稳定。

四季度由于能耗双控、限电限产导致广东省水泥熟料企业限产停窑，共计停窑约为 2810d（折合 5000t 窑），压减熟料约为 1545 万吨。2021 年全省水泥熟料生产企业共计停窑约为 5729d（折合 5000 吨窑），平均每条窑停窑时间超过 80d/窑，远超 2020 年的 44. 55d/窑。

四、技术创新取得的成绩

水泥窑熟料煅烧工艺装备水平明显提升。目前，广东省共有新型干法水泥熟料生产线 72 条，占总生产能力的 99. 46%。其中 4000t/d（含）以上新干法窑约占总生产能力的 85%，10000t/d（含）以上新干法窑有 3 条。全省水泥粉磨设备中配置较先进预粉碎设备的粉磨系统占粉磨设备总台数的近 70%。

资源综合利用水平和水泥窑协同处置固废节能效果显现。到 2021 年，全省共有 8 条水泥窑协同处置城乡废弃物生产线投入了运营，约占日产 2000 吨以上新型干法水泥熟料生产线的 11%。

五、水泥行业形势预测

2022 年在“稳字当头，稳中求进”的总基调下，2021 年财政会“靠前发力”，稳住一季度经济下行压力。2022 年地方政府专项债也将保持较大力度，全年基建增速将有亮眼表现。预计，随着一季度重大项目集中开工以及房地产投资环境的改善，行业需求端会迅速拉动。不过行业仍面临后疫情时期和能耗双控政策的市场不确定性，《水泥单位产品能源消耗限额》新标准发布实施，行业面临产能过剩、节能降耗、碳达峰、严控质量等多重压力，行业发展依然面临着巨大挑战。

（一）新冠肺炎疫情对行业将持续影响

全省水泥行业要继续加强行业自律、落实错峰生产、调节产销平衡，做好后疫情期间生产经营常态化。

（二）“能耗双控”、碳达峰给水泥企业的生产经营带来不确定性

水泥企业只有在自身实现降低排放和能耗的技术改造要下狠工夫，实现降本增效，提高行业竞争力。

（三）外来水泥压力将进一步加大

2021 年广东省水泥市场需求呈下降趋势，比 2020 年降幅约 3.5%。但省外、国外水泥流入量增幅较大，且有稳步增长的趋势。这为 2022 年广东省水泥市场带来巨大的压力。

（四）原料成本的攀升

电价、煤炭及原材料的上涨，增加了企业的成本。预计 2022 年企业电价增幅将会超过 20%。煤炭及原材料都有不同幅度的上涨。企业生产经营较为严峻。

六、协会主要工作

（一）坚持做好党建工作

结合庆祝建党 100 周年，广东省水泥行业协会（以下简称“协会”）开展“不忘初心、牢记使命”党史学习主题教育系列活动。协会通过专题党课、红色教育主题党日和观看庆祝建党 100 周年大会直播等多种形式，引导党员同志们学习党史与中华人民共和国史、改革开放史、社会主义发展史，做到学史明理、学史增信、学史崇德、学史力行，从而增强“四个意识”、坚定“四个自信”、做到“两个维护”，不断提高政治判断力、政治领悟力、政治执行力，积极推进行业高质量发展。

（二）积极对接乡村振兴项目

2021 年 11 月 18 日，中共广东省水泥行业协会联合支部委员会书记房先宜、广东省水泥行业协会副会长兼秘书长许日昌，与广东省工业和信息化厅驻点帮扶工作队对接，积极参与乡村振兴活动。经过发动和动员，华润水泥、梅州皇马水泥和蕉岭县龙腾水泥累计捐赠水泥 300t，价值约 20 万元。

（三）广东省水泥行业理事会按期成功换届

协会第七届理事会于 2021 年任期届满，遵照《广东省行业协会商会条例》《全省性行业协会商会换届选举指引》（粤民间函〔2011〕53 号）和《广东省水泥行业协会章程》（以下简称“《章程》”）的规定，于 2021 年 7 月 15 日在惠州市召开协会七届五次暨八届一次会员大会，总结七届理事会和监事的工作，选举产生第八届理事会领导机构和监事。全省会员单位共有 155 位代表出席会议。大会通过无记名投票等额选举，张量同志当选八届理事会会长、李黎为常务副会长，潘忠虹、武新贤、何坤皇、蒋政道为执行会长，陈灿辉等 17 位为副会长，华万征等 38 位当选为理事；

采用差额方式选举刘会根同志为协会第八届监事。大会还表决通过协会《章程》修订议案。

（四）持续开展行业节能减排工作

召开年度能效对标总结会，表彰能效先进企业。2021年7月15—16日，协会在惠州市召开2020年度广东省水泥行业能效对标总结会，总结行业2020年能效对标工作、部署2021年能效对标、表彰行业能效先进企业和能效“领跑者”企业、举行相关节能生产和管理技术讲座等。

（五）完成对32家水泥企业质量检验保障能力进行抽查

为夯实水泥企业质量管理基础，提升水泥产品质量，强化水泥市场秩序治理，推动行业高质量发展。按照国家市场监管总局、工业和信息化部等七部门《关于提升水泥产品质量规范水泥市场秩序的意见》（国市监质监发〔2021〕30号）和《广东省市场监督管理局等七部门转发关于提升水泥产品质量规范水泥市场秩序意见的通知》精神，协会于2021年11月，组织开展水泥企业标准化化验室质量检验保障能力抽查工作。本次共抽查32家水泥企业化验室，重点是中小型水泥粉磨企业，分布于梅州、惠州、清远、韶关、湛江、肇庆6市。对照《广东省水泥生产企业标准化化验室评价办法》规定的现场检查内容，重点检查企业化验室人力资源配备、仪器设备配置、试验环境条件、检验原始记录、出厂质量管理等。对存在缺陷企业提出整改要求，存在严重缺陷者将撤销化验室评价证书。

（六）编制《梅州水泥产业集群发展规划》

根据当地实际情况，协会按期完成《梅州市绿色建材（水泥）产业集群发展规划（2021—2025）》编制工作，并由梅州市政府发布。

（七）积极开展行业碳排放配额评估工作

根据广东省主管部门的规定，积极配合地方政府，开展广东省水泥行业碳排放配额技术评估小组的日常工作。以通讯形式召开小组会议，对广东省生态环境厅征求《广东省2021、2022年度碳排放配额分配实施方案（征求意见稿）》提意见和建议。

（八）制订协会团体标准

完成协会团体标准《水泥企业能源管理中心技术规范》制订工作，经专家评审通过后，于2021年11月颁布，并将于2022年3月1日实施。

（九）开展信用评价及培训活动

2021年，协会首次开展水泥企业信用评价工作，已完成13家水泥企业信用评价，获得3A等级的有11家，2A等级的2家。协会于2021年7月、9月、12月共开展了3场次有关节能减排技术、质量管理和新标准的培训，参加人员约380人次。

2021年广西水泥经济运行及2022年展望

广西水泥协会　执笔人　赖广辉

一、行业综述

2021年广西水泥行业经受了严峻考验，上半年供需较为平稳，项目工程陆续恢复运营，整体市场回暖，受二季度雨水天气影响，水泥市场需求有所走弱，工程进度放缓，行情走势略显平稳，总体需求量稳中向好。下半年供应端面临能耗双控、限电限产，叠加煤价飙升，水泥价格涨至高位，后期限电限产政策有所放宽，加之房地产行业爆雷影响，部分项目工程停滞，新开工项目减少，市场需求下滑，价格随之走低。

展望2022年，广西区域内基建投资增加，基建和重点工程对水泥需求的拉动或将进一步释放。综合来看，预计2022年前期水泥需求较弱，后期发力，行业效益或将得到一定修复提升。

二、水泥产销情况分析

（一）水泥产量

2021年全区水泥总产量10357.22万吨，其中47家旋窑企业产量9479.19万吨，52家粉磨企业产量878.03万吨，总产量与2020年相比下降8.9%。整体来看，全区水泥产量集中度较高，华润、海螺、鱼峰、南方、红狮等集团企业，共占全区水泥产量的71.86%。

（二）水泥销量

2021年全区水泥总销量10328.05万吨，与2020年相比下降8.7%；水泥区外销量2036.59万吨，出口水泥15.96万吨，全部用于香港机场建设。

三、水泥效益有所收缩，总体利润仍向好运行

受新冠肺炎疫情反复、产能过剩、外来水泥低价冲击、政府双控以及煤炭价格暴涨等因素的影响，2021年广西水泥市场经受了巨大考验，但面对复杂的经济环境和当前经济形势下行的巨大压力，全区各水泥企业迎难而上、外拓市场、内增动力，处难不惊、临危不惧，以顽强毅力破解难题，加强自身管理，开展技术革新，努力降本、提质、增效，经过共同的努力，经营总体实现销售收入343.44亿元，利润总额88.07亿元，利税总额120.66亿元。但与2020年同比，销售收入下降26.52%，利润下降25.43%，利税下降27.45%。

四、水泥价格呈现“先抑后扬”走势

2021 年在生产成本大幅上涨和供给收缩的背景下，水泥价格整体上移，价位创历史新高。一、二季度总体价格稳步运行，行业暂时处于“量升价稳”的表现，价格总体稳定在 350~450 元/t。进入下半年以来，煤炭价格高位运行叠加限电限产影响，水泥价格一路攀升，广西地区水泥一度破六冲七，相较 2020 年，2021 年的广西水泥价格波动幅度较大，一定程度给企业带来经济效益。2020、2021 广西 P·O42.5 散装水泥均价走势对比如图 1 所示。

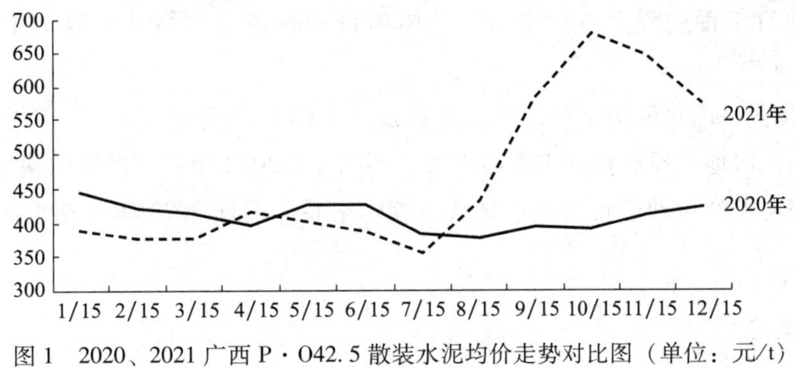

图 1　2020、2021 广西 P·O42.5 散装水泥均价走势对比图（单位：元/t）

五、广西水泥行业面临的风险和挑战

（一）产能过剩

产能过剩依旧是当前广西水泥行业面临的主要问题，良好的市场环境是提升水泥行业效益的重要因素，抓好当前复工复产，增强上下游复工复产协同性，推动下游建筑工程开工复工加快进度；其次各水泥企业严格执行错峰生产，有效控制产能释放，严格执行产能减量置换政策，确保总产能只减不增；充分发挥行业协会作用，加强行业运行监测分析，及时发现苗头性、全局性问题，提出解决办法和政策措施建议，促进广西水泥行业平稳健康高质量发展。

（二）碳政策的实施

国家发展和改革委员会发布了《高耗能行业重点领域节能降碳改造升级实施指南（2022 年版）》的重要通知，其中包括《水泥行业节能降碳改造升级实制指南》，通知中强调，到 2025 年，水泥行业能效标杆水平以上的熟料产能比例需要达到 30%，能效基准水平以下的熟料产能基本清零，绿色低碳发展能力需大幅增强。广西水泥工业开展“节能降耗，清洁生产”已是大势所趋，龙头企业以及优秀产能企业更应发挥市场示范性作用，促进广西水泥市场优质发展。

（三）煤炭、电价等成本因素

水泥行业是能源依赖性产业，煤炭和电价的大幅上涨，将大幅度增加水泥生产成本。在国家合理管控力度下，煤炭供需格局一定上会发生逆转，煤炭价格回归理性是大概率事件，不必过分担忧高煤价对水泥生产成本的不利影响；同时，国家启动电价限产机制改革，允许扩大电价波动幅度，高耗能企业实现高电价，针对广西地区改革方案来看，提高尖峰和高峰时段电价，降低峰谷时段电价，有效控制成本因素影响。

六、2022水泥市场展望

（一）需求端分析

房地产方面，2021年房地产板块受政策调控过紧冲击，行业基本面数据处于下降期。以往高竣工对投资的支撑效应明显减弱，楼市市场继续降温，当月房产销售面积和销售额同比增速均处于负增长。自6月份开始，已经连续4个月处于负增趋势。四季度建筑材料价格高位，加之房地产债务危机不断，大量项目工程受资金方面影响，整体项目工程进度放缓或暂停开工，市场需求有待提振。

结合2021年情况，国家经济下行，政府调控及房企信贷环境持续收紧、资金承压，房地产开发商土地投资减弱，房地产投资拉动水泥需求增长不明显；2022年广西区域内基建投资增加，基建和重点工程对水泥需求的拉动或将进一步释放。综合来看，预计2022年前期水泥需求较弱，后期发力。

（二）供应端分析

从供给端看，产能置换热潮带来的新产线点火仍将持续，继续影响局部市场竞争格局，但随着能耗管控和置换政策趋严，后续产能置换进度可能放缓。据悉，预计2022年在建项目共有8个，分布在南宁、来宾、河池等地区，合计熟料年产能1760万吨，8个项目均属于产能置换，2022年新项目的涌现，水泥市场竞争或将加剧，具体项目介绍见表1。

表1　广西预计2022年在建的8个产能置换项目

企业名称	熟料线规模（t/d）	熟料产能（万吨/年）	预计投产时间
崇左市汇鑫建材有限公司	6000	220	12月
广西和泰置业投资集团有限公司	5000	180	3月
广西新东运矿业有限公司（二期）	5000	180	4月
广西锦象水泥	2*6000	440	10月
来宾北江水泥	5000	180	6月
来宾桂民投珍珠	5500	200	4月
武宣华润二期	5000	180	12月
都安上峰水泥	5000	180	10月

数据来源：百年建筑网

一方面，在“双碳”目标的背景下，各地能耗管控、环保督察以及错峰政策执行力度将继续增加，对水泥供给形成压力；另一方面，煤炭价格波动幅度或将小于2021年，但煤炭长协价格大幅上调，预计全年煤价将高于以往。整体看，预计2022年供应仍呈季节性分化，均价下移，预计2022年广西整体水泥行业效益或将弱于2021年。

2021 年重庆市水泥行业概况及错峰生产情况

重庆市水泥协会　执笔人　熊　科

一、水泥行业现状

截至 2021 年底，重庆市在产水泥企业 51 家，水泥产能 8088 万吨（其中新型干法企业 31 家，46 条生产线，熟料产能 5127 万吨，水泥产能 6968 万吨；粉磨站 20 家，1120 万吨水泥产能），人均水泥产能 2.6t。

2021 年，重庆水泥产量：6233 万吨，同比下降 3.9%（其中主城都市圈 3767 万吨，同比下降 3.6%；渝东北区域 1850 万吨，下降 3.8%；渝东南区域 616 万吨，同比下降 6.4%），水泥消费量约 5160 万吨。2006—2021 年重庆水泥产能、产量、消费量比较如图 1 所示。

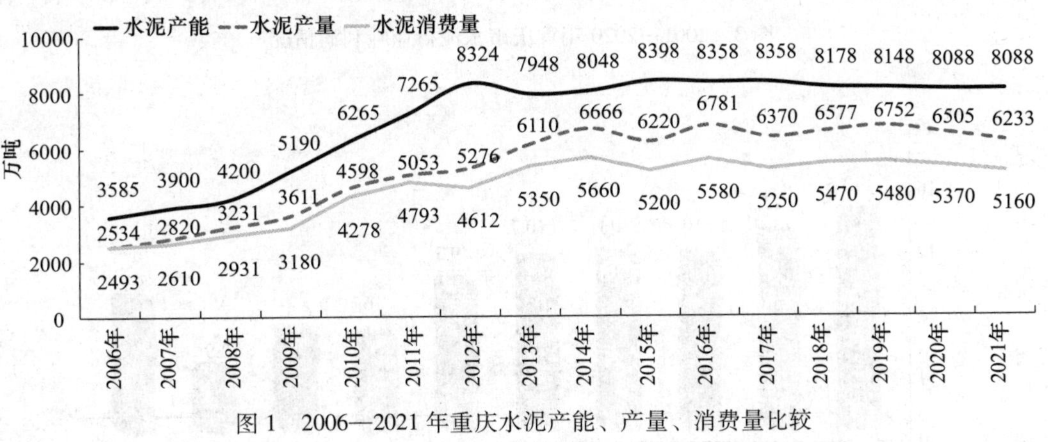

图 1　2006—2021 年重庆水泥产能、产量、消费量比较

2021 年，重庆市实现营业收入 255 亿元，同比增长 3.6%；实现利润 44 亿元，同比下降 10.9%。(其中主城区都市圈营业收入 141 亿元，同比增长 0.7%，利润 22 亿元，同比下降 0.1%；渝东北区域营业收入 93.6 亿元，增长 6.6%，利润 22.7 亿元，同比下降 18.4%；渝东南区域营收收入 20 亿元，同比增长 11%，利润-0.41 亿元，较 2020 年亏损 0.12 亿元)。营业收入增加，利润下降，反映出水泥行业成本在推高，主要为燃煤价格的上涨。图 2、图 3 分别为 2001—2020 年重庆市水泥行业利润情况、吨利润情况，仅供参考。

二、经济现状与市场

2021 年重庆 GDP 和固定资产投资增速分别为 8.3%和 6.1%，从数据上看，2021 年相比 2020 年，GDP 和固定资产投资有大幅回升，增速分别回升 112.8%和 56.4%，但反映到水泥行业中，确是产量和效益双下滑的局面。图 4、图 5 分别是 2012—2021 年重庆市 GDP 增速、固定资产投资增速情况。

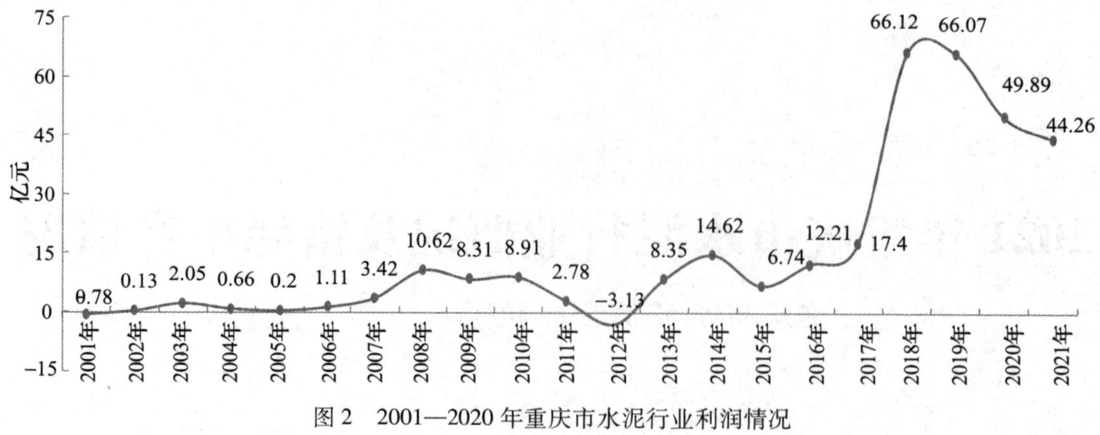

图 2　2001—2020 年重庆市水泥行业利润情况

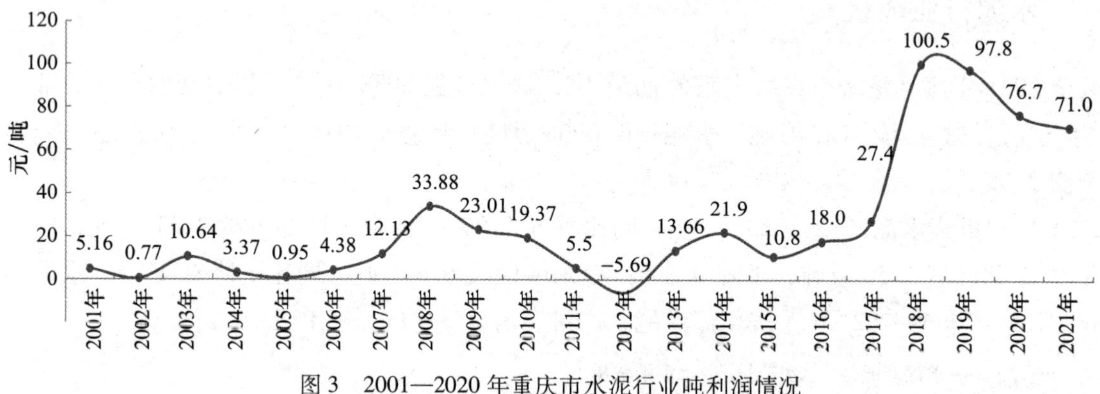

图 3　2001—2020 年重庆市水泥行业吨利润情况

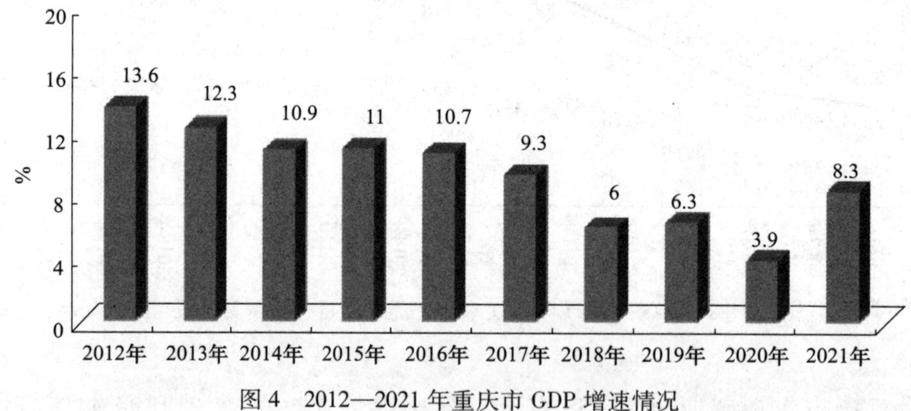

图 4　2012—2021 年重庆市 GDP 增速情况

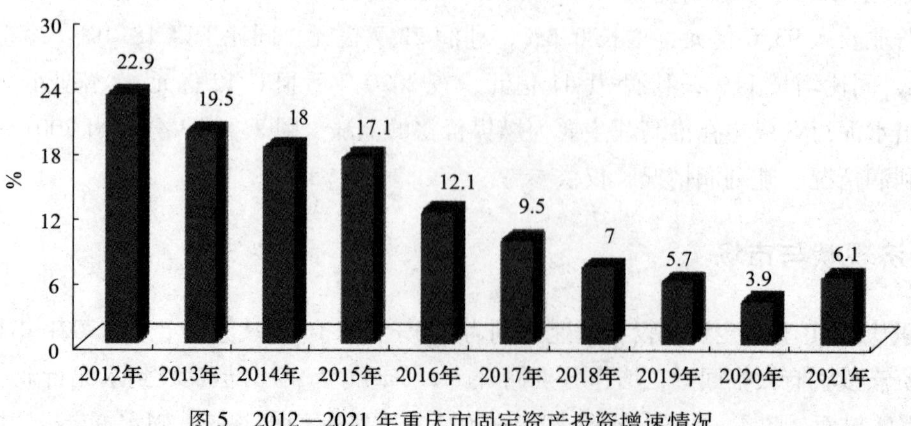

图 5　2012—2021 年重庆市固定资产投资增速情况

从与水泥行业密切相关的房地产和基础设施投资看：2021 年房地产施工面积和新开工面积均为负增长，分别为-1.7%和-18.1%，施工面积连续 2 年负增长，新开工面积连续 3 年负增长，预测 2022 年房地产施工面仍将持续负增长。再看基础建设投资，从 2020 年开始基础设施投资持续加码，至 2021 年 8 月增速出现回落，从 1—8 月的 12.7%增速，回落至全年 7.4%，9—12 月基础设施投资较低的增速，无法有效冲抵房地产持续下滑带来的市场影响，是 2021 年四季度重庆水泥市场低迷的主要原因。2017—2021 年重庆市施工面积增幅、新开工面积同比增幅、基础设施投资增速情况如图 6~图 8 所示。

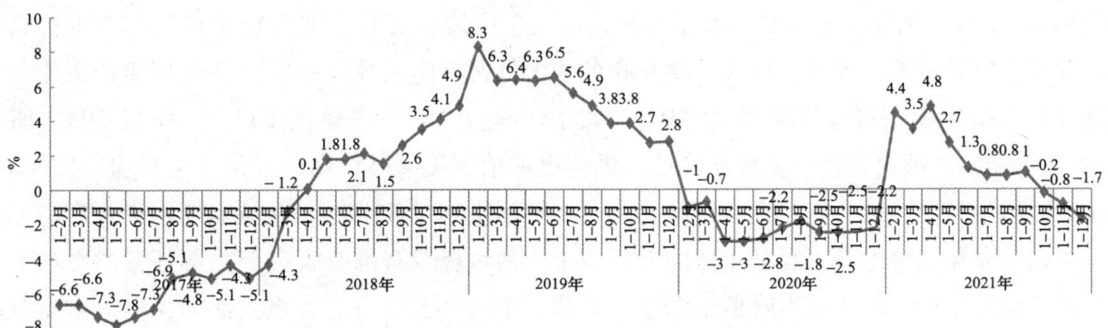

图 6　2017—2021 年重庆市施工面积增幅情况

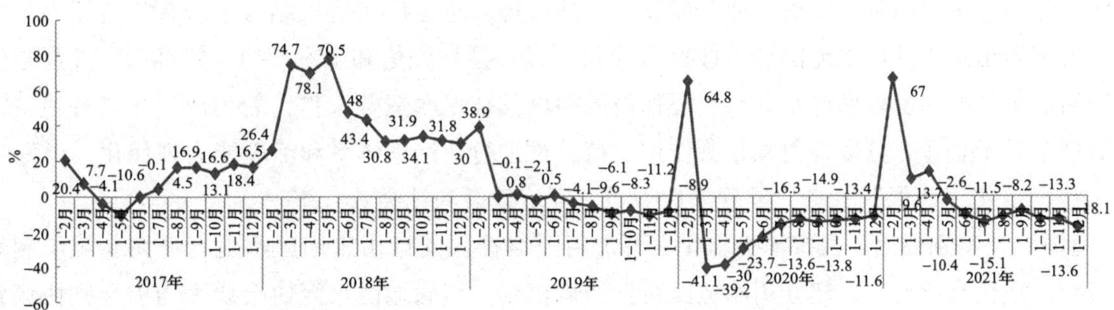

图 7　2017—2021 年重庆市新开工面积同比增幅情况

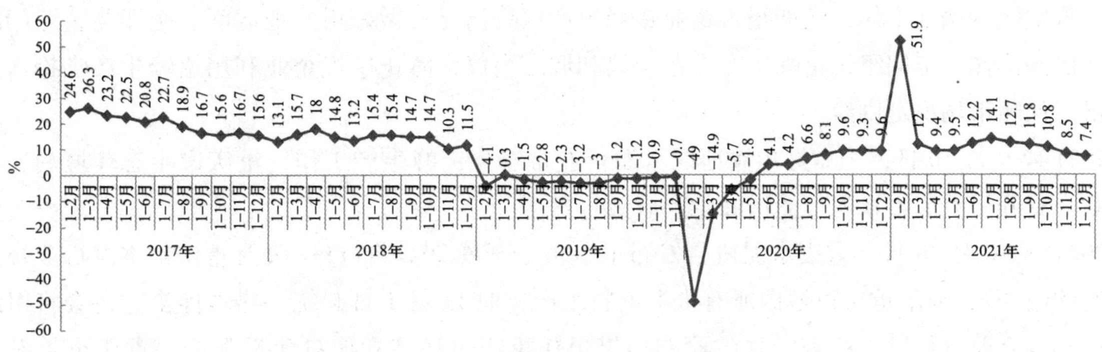

图 8　2017—2021 年重庆市基础设施投资增速情况

三、行业错峰情况

2021 年重庆水泥行业 46 条生产线，实际错峰停窑 5333d，平均每条生产线实际错峰停窑 115.9d；计算错峰停窑 6121d，平均每条生产线计算错峰停窑 133d。

2021 年 8 月 6 日，四川省经济和信息化厅、四川省生态环境厅、重庆市经济和信息化委员会、重庆市生态环境局 4 部门联合下发《关于做好川渝地区水泥常态化错峰生产工作的通知》（以下简称“《通知》”）。《通知》指出，提高政治站位，强化责任担当。川渝地区水泥行业产能严重过剩的结构性矛盾和风险依然存在，大气污染防治攻坚战任务仍然艰巨，各地工业和信息化、生态环境部门要引导广大水泥企业切实提高思想认识，认真贯彻落实习近平生态文明思想，牢固树立新发展理念，适应水泥错峰生产常态化要求，科学谋划、分类指导、差异管控、落实责任，加强川渝地区联动，合理缩短水泥熟料装置运转时间，有效压减过剩产能，促进水泥行业提高绿色生产水平，加快实现绿色低碳、高质量发展。

《通知》要求，加强统筹谋划，有序组织错峰。川渝地区所有水泥熟料生产线都应进行错峰生产。在春节、酷暑伏天、雨季、重大活动和秋冬季大气污染防治攻坚期间开展错峰生产工作。每条水泥熟料生产线年度错峰基准天数为 110d，其中一季度 40d、二季度 20d、三季度 30d、四季度 20d。坚持错峰生产绩效分级、差异化管控，做到更加精细化、科学化，避免“一刀切”。根据各地区大气环境质量状况，结合水泥企业协同处置、大气污染物排放情况，兼顾能耗水平、产品品种等因素，实施差异化错峰生产。有全年协同处置城市生活垃圾及有毒有害废弃物等任务的熟料生产线可以不进行错峰生产，但要适当降低水泥生产负荷。重污染天气应急、重大活动保障等重点时段另有要求的，按地方政府要求执行，停产时间计入错峰生产时间。

《通知》强调，强化企业担当，落实主体责任。各水泥企业要提前谋划、科学组织，保障水泥市场供应和员工工资福利，实现企业产能发挥、环保排放总量控制有机结合，合理安排错峰生产时间，每季度做出承诺并报水泥协会、抄报市（州、区、县）经信和生态环境主管部门，并严格组织实施。错峰生产期间统筹做好水泥窑、环保设施检修及技术改造等工作，着力改善生产环境，深化环境治理。骨干企业充分发挥引领带头作用，持续推进行业治理体系和治理能力现代化，做好“六稳”工作、落实“六保”任务，实现环保效益、经济效益和社会效益统一。

《通知》还特别提出，发挥协会作用，开展行业自律。支持川渝地区水泥行业协会组织制修订行规行约，强化行业自律，建立川渝地区行业协调机制。川渝地区水泥协会要大力引导和协调督促相关企业加强自律，认真落实工业和信息化、生态环境主管部门的工作部署，根据实际需要制订错峰生产数据核实、监督检查和差异化错峰生产管理等办法，向社会公开企业错峰生产承诺；做好错峰生产日常运行调度工作，定期报告企业错峰生产执行情况；做好川渝地区间、企业与企业间的错峰生产协同协作，定期组织错峰生产专题会议和调度会议，防止违规企业利用错峰生产哄抬水泥产品价格，保障市场稳定供给。

2021 年 9 月 10 日，为做好川渝地区水泥行业常态化错峰生产工作，重庆市生态环境局、市经信委联合召开了重庆市水泥行业错峰生产政策宣贯会。

2021 年 10 月 28 日，重庆水泥协会发布了《关于开展 2021 年 11—12 月重庆市水泥行业统一错峰生产的通知》，要求重庆市境内所有水泥熟料生产企业 11 月 1 日起统一错峰停窑。协会将组织检查小组到各企业进行错峰检查，并将检查结果报送重庆市经济和信息化委员会、重庆市生态环境局、重庆市住房和城乡建设委员会。

2021 年四川省水泥行业发展改革工作报告

四川省水泥协会　执笔人　白　彦

一、四川水泥行业概况

（一）行业发展概述

四川省水泥工业的发展伴随着 2008 年灾后重建，其发展突飞猛进，为四川省及西南地区建设发展做出巨大贡献，但与此同时，水泥行业也进入了产能过剩状态。截至 2021 年底，四川省所有的水泥全能生产线都采用了先进的新型干法水泥生产技术，并且不断优化转型升级、自主创新、装备提升、低碳节能减排技术应用等，全面提升了新型干法水泥生产线的产品制造、协同处置废弃物、综合利用资源和减少二氧化碳排放等绿色产业功能。

（二）熟料产能情况

目前，四川省水泥企业共计 153 家，其中水泥全能线企业 89 家，旋窑 109 条，水泥熟料批复备案产能为 334800t/d，水泥熟料设计产能 350400t/d，分布在 19 个市（州），仅南充和遂宁未建有水泥全能线；粉磨站企业合计有 64 家，分布于 17 个市（州），广安、广元、雅安和自贡未建有水泥粉磨站。

（三）水泥产品结构

四川省主要水泥产品包括 M32.5R、P·O42.5、P·C42.5R、P·O42.5R、P·O52.5、低热高贝利特水泥、特种水泥、油井水泥、道路水泥、中低热硅酸盐水泥等水泥，前 6 种主要水泥产品占总量 98%以上。

（四）碳排放强度

据不完全统计，近几年来四川省水泥行业的碳排放强度呈逐年降低趋势，表明行业企业持续开展的节能、降碳举措取得了一定成效，据不完全统计，熟料碳排放强度在 0.8689tCO_2/t 左右。但距国内外水泥行业熟料碳排放基准值 0.8534tCO_2/t，还有一定差距。

二、行业经济运行情况

（一）水泥生产情况

2021 年 1—12 月，四川省累计生产水泥 14147.1 万吨，同比减少 2.7%，占我国水泥产量

5.55%，全国排名第5名，增速排名16名。其中，P·O42.5、P·O42.5R水泥8261.6万吨，同比增加0.8%；P·O52.5水泥234万吨，同比增加18.6%。

2022年1—3月，全省累计生产水泥2967.51万吨，同比减少12.42%，全国排名第2。全国平均下滑12.08%，高于全国下滑速度0.34%。

（二）行业运行情况

1. 错峰生产情况

2021年，全省89家企业109条生产线，其中有12条生产线属于长期停窑状态，5条生产线享受错峰全免政策。其余93条生产线（剑门川煤水泥参与置换纳入错峰统计）合计停窑12092d，按照算术平均统计每条线停窑130d，与110d计划相比超20d。按照加权平均统计每条线停窑122.3d，与110天计划相比超12.3d。

2022年1—3月，四川省89家水泥企业109条新型干法熟料生产线进行错峰生产。其中，12条生产线属于长期停窑状态，5条生产线享受协同处置及特种水泥错峰生产全免政策，2条线（巴塘卓帆水泥、海丰和锐水泥）因未安装在线监测未纳入错峰数据汇总，剩余90条生产线纳入错峰生产数据统计，1—3月合计停窑3855d，按照算术平均每条线停窑43.2d。按照加权平均每条线停窑42.1d。一季度整体错峰较往年有所增加。

2. 行业运行情况

2021年四川水泥市场价格低开高走，相较2020年整体保持高位运行。一是受煤炭、燃油等大宗商品原料价格上涨，水泥生产成本大幅提升；二是受能耗“双控”及“双碳”政策等影响及新冠肺炎疫情影响，个别地区供需一度失衡，水泥市场一段时间内呈现供不应求的局面。一季度受疫情影响，基建项目开工率恢复不及预期，节后市场需求恢复缓慢，水泥企业库存高位，市场竞争加剧，整体水泥价格低于上年同期。二季度由于原燃材料煤炭供应紧张，水泥价格呈现上涨趋势，加上限电影响，水泥、熟料产量均有所下降，市场需求较好，库存持续走低，出现供不应求状态，价格有所提升。三季度前期受高温雨水气候因素影响，各基建工程进度缓慢，水泥需求降低，价格低于2020年同期。进入九月，国家实施能耗双控政策，个别区域内水泥企业全面停产限产，水泥市场供应骤减。此外，煤炭、燃油等原燃材料价格暴涨，熟料成本大幅提升，多数厂家处于亏损状态，支撑水泥价格上涨。至10月底除凉山州区域外，绝大多数市（州）水泥价格上涨达到近年来历史高位。四季度前期水泥价格一度达到年度峰值，11月中旬以来市场需求不及往年同期，且下游资金压力普遍较大，应收账目回款周期较长，水泥需求端反馈下游需求端持续低迷，外发水泥较多，且四川部分城市受橙、黄色污染预警影响，产能受限，12月底价格下滑约150元/t。

进入2022年，行业水泥熟料库存开始上升，从元月中旬的50%到3月底行业整体库存超过60%，2月中旬一度超过了80%。到四月份，因受疫情和市场原因，加上阴雨天气增多及错峰生产天气减少，水泥熟料库位快速提高。四川省水泥熟料库位走势如图1所示。

3. 存在的困难

（1）企业成本大幅度上涨。自2021年下半年开始，大宗材料尤其是煤炭价格大幅度上行且供应偏紧，各企业煤炭库存偏低面临断供风险。煤炭在水泥成本中占比较高，至10月份煤炭采购价格超过2500元/t（有水泥企业反馈到厂价格超过3000元/t），较2020年平均煤炭价格高约1500元/t。石灰石、铁矿石、石膏采购成本均出现大幅度上涨，因各种材料成本上涨导致10月份水泥成本同比增长150~200元/t。同时，企业节能、环保、智能技术升级改造需要，管理成本也在大幅增加。

2022 年一季度，受房地产等建设工程需求下滑和新冠肺炎疫情影响，整体水泥行业需求疲软，1—2 月份下滑幅度超过 20%，3 月份市场环境逐步好转，但仍低于 2020 年同期。水泥销售价格持续下行，较上年四季度价格下滑近 100 元/t；同比虽有上升，但是低于成本上涨幅度。

图 1　四川省水泥熟料库存走势

（2）错峰生产矛盾依然突出。按照《四川省经济和信息化厅等 4 部门关于做好川渝地区水泥常态化错峰生产工作的通知》（川经信材料〔2021〕149 号）（以下简称“149 号文件”），四川省水泥协会下发《常态化错峰生产管理办法》，部分企业政治站位不高、行业自律不好，没有按错峰文件要求执行，严重影响行业公平，加剧了产能过剩矛盾。2021 年长宁红狮水泥、广元海螺水泥等 6 家企业没有完成错峰生产任务，2022 年一季度有 23 家企业未完成错峰任务。因各水泥企业进行了技术升级改造，熟料及水泥产量均有提升，149 号文件规定的每条线每年停窑 110d 扣除差异化减免天数，实际停窑天数不足 80d，行业去产量虽有缓解，但未得到彻底解决，经过分析刚性停窑 110d 更为合理。结合“双碳”和“双控”政策，以及水泥行业碳排放和单位产品综合能耗新标准的实施，现在执行的差异化错峰管理办法明不能适合当前形势，修订工作势在必行。

（3）能耗“双控”影响行业运行。“双碳”和能耗“双控”政策推行，触发四川省部分市州及周边省份限电措施实施，包括水泥在内建筑材料价格快速上涨，建设项目成本大幅度提高，导致水泥产销严重失衡。

（4）需求不足市场价格总体下滑。进入 2022 年煤炭价格有一定下降，但仍大幅度高于往年同期价格。加之电力等其他成本增加，叠加销售量下降幅度较大影响，水泥企业生产成本长期处于高位，较上年同期增加 20%以上。据不完全统计，水泥行业效益下滑幅度 20%以上，超过 30%水泥企业处于经营亏损状态。川南、川东北水泥行业亏损尤其严重，多数企业对本年度行业发展持悲观态度。同时估计国家会出台相应稳价格、稳经济和保市场政策，下半年会对水泥市场起到一定提振和托底作用。

三、实施绿色低碳转型升级

（一）继续推进深度治理

四川省水泥行业积极贯彻国家、省、市各级政府出台的蓝天保卫战相关政策和措施，继续推进大气污染物深度治理，打造绿色工厂，助力打赢蓝天保卫战。水泥企业积极实施深度治理，颗粒物、二氧化硫、氮氧化物等污染物均实现达标排放，61 条水泥熟料生产线完成深度治理改造，氮氧化物排放浓度为 100mg/m^3 以下、二氧化硫排放浓度为 35mg/m^3 以下。2021 年 12 月四川省发布《四川省水泥工业大气污染物排放标准》（DB 51/2864—2021）以来，部分企业启动升级改造，预计 2022 年底又有一大批企业达到新标准排放。另外。海螺水泥、亚东水泥、都江堰拉豪水泥、西南水泥等企业正在开展超低排放深度治理 A 级改造，有的已进入调试运行阶段，氮氧化物排放浓度将实现 50mg/m^3 以下。

（二）实施绿色工厂建设

发展绿色矿山。坚定走生态优先、绿色发展之路，大力推进资源节约集约利用和废弃土地生态修复，加大矿山生态环境综合治理力度，持续开展绿色矿山文化与和谐矿地关系建设。巴中海螺水泥有限责任公司南江县谭家山水泥用石灰岩矿、都江堰拉法基水泥有限公司白依庵泥岩矿、都江堰拉法基水泥有限公司大尖包西段石灰岩矿、四川峨胜水泥集团股份有限公司峨胜采矿场等 4 座矿山被自然资源部评定为“国家级绿色矿山”。

（三）创建绿色工厂

四川省水泥行业积极创建绿色工厂，提升绿色制造水平。截至 2021 年底，共有 22 家水泥全能线企业创建成省级及以上绿色工厂（其中国家级绿色工厂 4 家，分别是峨胜水泥、国大水泥、拉法基水泥和邻水红狮水泥），占全省水泥全能线企业的四分之一。四川省金桂兰水泥有限责任公司建成中国水泥协会粉磨企业绿色工厂。其他水泥企业正积极向绿色工厂方向发展，加大力度提升环保治理水平，为全省打赢蓝天保卫战贡献力量。

（四）实施降碳节能改造

水泥企业继续实施降碳节能技术升级改造。利用 SCR、LCR 脱硝技术、低阻高效预热预分解系统、第四代篦冷机、模块化节能或多层复合窑衬、气凝胶纳米板绝热技术、窑炉专家优化智能控制系统、建筑节能技术、高效能烧成技术、系统降阻技术、变频节电技术、全域增效量子霍尔效应节能技术、密封锁风节能技术、空压机节能技术、永磁电机节电技术、磁耦合器节能技术、磁悬浮轴承技术、高效终粉磨等改造措施，提升了水泥企业节能减排降耗水平，有力地推动了行业企业单位综合能耗降低。5000t/d 水泥熟料生产线熟料单位产品综合能耗均小于 107kgce/t，部分水泥企业熟料单位产品综合能耗小于 100kgce/t 达到《水泥单位产品能源消耗限额》（GB 16780—2012）能耗标杆水平。能耗“双控”指引下，更多水泥企业开展节能升级改造，预计 2022 年末达到能耗标杆水平企业不少于 5 家。

（五）实施协同处置固废

截至 2021 年底，四川省 12 家水泥企业 14 条生产线完成协同处置固废技术改造，设计年处置生活垃圾 26.5 万吨、城市污泥 6 万吨、危废 20.96 万吨、电石渣 175 万吨。据不完全统计，5 家水泥企业建成综合利用矿山废石的机制砂生产线，设计年产能达到 1400 万吨。广安台泥久远环保科技有限公司投资 15736.18 万元的广安市水泥窑协同处置危险废物项目，计划 2022 年 10 月建成，可实现处置一般固废 15 万吨/年、危废 10 万吨/年。自贡金龙水泥 2022 年初进行窑协同处置项目升级改造，可实现处置一般固废 10 万吨/年。

四、存在主要问题

（一）产能过剩没有缓解

四川水泥行业水泥熟料实际产能在1.37亿吨以上，熟料产能过剩率在30%以上。近8年来，受长江经济带负面清单影响，产能置换项目没有落地，未实现减量置换目标。

（二）结构矛盾十分突出

①产能规模不合理，小于5000t/d及以下熟料生产线73条，占比66.97%；2500t/d及以下的熟料生产线有57条，占比52.29%。②产品结构不合理，低强度等级水泥占比仍较大，复合硅酸盐水泥32.5R、32.5等级水泥淘汰后大部分企业转产低标号M32.5水泥，低端淘汰不彻底。③行业集中度依然偏低。

（三）行业发展不均衡

①行业产能不集中，资源综合利用率不高，规模效应不足。根据四川省统计局网上数据，大中型企业综合达产率93.54%，最高达到了125.23%；而小型企业普遍较低，综合达产率46.92%，最低的只有15.83%。②行业转型升级项目难以落地。受《长江经济带发展负面清单指南》影响，已经公示的产能置换项目长期搁置无法实质性启动实施。协会和企业现在正积极协调相关部门，推动水泥生产线不入园工作，但愿有所突破。

（四）创新发展能力不足

行业应对国家政策调整和市场需求侧变化能力不足，产品结构调整力度不大。“产、学、研”融合程度不高，科研投入较少，高新技术研发和成果转化较低。绿色转型升级能力不强，超低排放、降低能耗、碳达峰碳中和、绿色矿山建设等方面协同创新机制不完善。生产智能化程度不高，缺乏先进技术装备和生产工艺，产业链延伸不足。

（五）节能减污压力仍然较大

近四成的生产线没有进行深度治理或是治理没有达到B级要求。

（六）水泥窑协同处置固废率不高

固废协同处置生产线只有12条，占总生产线11.01%。大宗工业固废在水泥中资源化利用的潜力并未完全被挖掘和利用，一些高性能化和高值化利用的技术路线和创新创意还未在水泥中得到实践和应用。

五、行业发展措施

（一）实施减量置换，继续淘汰落后

在“减”上下功夫，继续推动大企业大集团实施内部优化整合，坚定1.5：1比例减量置换；继续稳妥有序淘汰能耗和碳排放不达标的水泥粉磨站；加大能耗限额、环境保护、产品质量和安全

生产的执法监督力度，倒逼不达标产能关停退出。

（二）继续加强协同处置和资源综合利用

大力推广新型干法水泥窑协同处置生活垃圾、污泥、危险废物等，资源综合利用磷石膏、冶炼废渣、电石渣、天然气钻井岩屑等固废，全面提升四川省固废处置和资源综合利用水平。

（三）持续推进深度治理

引导行业企业大幅削减主要大气污染物排放量，鼓励有条件企业和地区实现更高标准的排放标准，促进环境空气质量持续改善。

（四）推动建设智能制造

持续推动水泥产业的工业化和信息化融合发展，建设智能制造生产线。鼓励新建水泥项目采用二代新型干法生产线，以智能生产为核心，打造智能工厂和智能物流，全面提升四川省水泥工业装备技术水平。

（五）优化水泥品种结构

支持生产和使用42.5及以上等级水泥，坚持以市场需求为导向，发展满足特定需求的工程高性能水泥和特种水泥、专用水泥。

（六）引导企业延伸产业链条

充分发挥水泥企业的集聚带动作用，紧密围绕“绿色、环保、科技、循环”发展方向，合理延伸水泥产业链条。引导和支持优势水泥企业将业务范围进一步向砂石骨料、高性能预拌混凝土、高性能预拌砂浆、装配式建筑部品等全产业链延伸。

六、行业发展预测

（一）水泥价格或将呈现震荡下行

2021年以来，受宏观货币调控、大宗商品原材料上涨、市场供需失衡、新冠肺炎疫情等影响，基建、房建投资增速双双放缓，导致施工资金压力普遍较大。从四川省统计局发布相关数据来看，四川地区房建基建投资增速仍保持正增长趋势。对省水泥市场需求起到一定托底作用。

2022年5月初，四川省公布《成德眉资同城化发展暨成都都市圈建设2022年重大项目清单》有项目194个，总投资12241.3亿元，年度计划投资1060.1亿元，其中涉及基础设施领域的项目共有72个，总投资7393亿元，加上其他已实施的基建项目，将对四川省水泥行业起到提振作用。但大宗原材料价格受宏观政策调控，能耗双控等政策常态化实施，新冠肺炎疫情零星暴发，错峰生产常态化，水泥供应紧俏等情况或将时有体现。因此，2022年水泥供给或将小幅压缩，市场需求仍不乐观，预计2022年四川水泥价格或将呈现震荡下行趋势。

（二）水泥行业纳入碳交易

全国碳市场扩容在即，2022年将水泥行业纳入全国碳市场为大概率事件，且大概率会采用行业基准线法核定配额。通过经济及市场化手段推动碳减排，将对四川省水泥工业发展与运行产

生重大而深远影响，水泥企业须提前布局，尽早谋划碳资产（市场）管理、运营（评估碳资产现状、平衡碳配额、挖潜潜力、布局碳金融）等，积极参与碳（核算核查、监测）标准制定，赢得先机。

（三）产能置换项目落地仍存在不确定性

四川水泥行业受《长江经济带发展负面清单指南（2022年版）》（试行）第9条“禁止在合规园区外新建、扩建钢铁、石化、化工、焦化、建材、有色、制浆造纸等高污染项目”的限制，置换项目落地仍在不确定性。必须加大向地方政府汇报沟通力度，确保项目早日落地。

2021年贵州省水泥行业改革发展概况及政策建议

贵州省水泥工业协会　执笔人　孟　磊

2021年以来，在贵州省委、省政府的领导下，在省发展改革委、省工业和信息化厅、省生态环境厅、省市场监管局及相关政府部门的指导下，全省水泥工业努力克服新冠肺炎疫情和错峰用电等不利因素影响，坚持以习近平新时代中国特色社会主义思想为指引，深入贯彻党的十九大和历次中央全会的精神，牢固树立和落实新发展理念，全面推进由高速增长向高质量发展转型。坚持创新驱动，实现新旧动能转换及绿色发展转型。

一、贵州省水泥工业概况

现贵州省水泥企业75家，已建生产线85条，从业人数约15万人，熟料设计产能9799.1万吨，实际水泥产能约为1.52亿吨/年（不包括粉磨产能），人均拥有水泥产能4.2t，超过贵州省需求高峰期人均需求量1t以上，超过全国需求高峰期人均需求量2t以上。已建成14条水泥窑协同处置城市生活垃圾、污泥和工业固体废弃物生产线，日处理量4050t，处理能力位居全国第1位。当前，正在根据省委政府提高磷石膏资源化利用水泥的决策部署，着力攻克利用水泥窑生产磷建筑石膏粉的产业化技术难题，盘活产能存量，提高水泥窑绿色生产水平，为磷石膏制品生产提供急需磷建筑石膏粉体。

二、经济运行情况

根据贵州省统计局统计，截至2021年12月贵州省累计水泥产量9328.35t，较2020年累计下降13.4%。第一、二季度，水泥行业在市场宏观经济环境趋弱，资金来源不足，房地产业及基础设施项目有效开工率低等因素影响下，导致需求下滑严重，企业库存持续高位运行，大部分企业价格降至较低水平相互冲击，行业整体盈利能力不断下滑；进入第三季度，原（燃）材料价格持续高涨，加之企业用电紧张，生产成本进一步加大，市场供给不足，水泥价格受上述原因传导影响有所上涨。截至12月底，水泥产品均价由二季度200元/t左右上调至500元/t左右，环比上涨150%，同比上涨170%。但需求持续下滑。2021年12月贵州省水泥产量汇总见表1。

表1　贵州水泥产量汇总表（2021年12月）　　（单位：万吨）

汇总单位名称	本月	本月止累计	本月比同月增长（%）	累计增长（%）
贵州省（2000万口径）	747.38	9328.35	−28.5	−13.4
贵阳市	58.83	797.27	−38.0	−24.3
六盘水市	51.84	680.45	−26.3	−25.5

续表

汇总单位名称	本月	本月止累计	本月比同月增长（%）	累计增长（%）
遵义市	121.93	1663.08	-31.5	-10.0
安顺市	53.40	841.84	-39.8	-9.8
毕节市	59.50	836.18	-33.7	-27.9
铜仁市	59.34	748.77	-41.5	-21.7
黔西南州	90.98	945.07	-18.4	-2.4
黔东南州	99.98	1012.07	-13.9	3.2
黔南州	151.59	1803.62	-22.3	-8.0

2022 年 1—4 月，贵州省水泥行业一是受宏观经济环境趋弱，资金来源不足，房地产业及基础设施项目有效开工率低影响，导致水泥需求进一步降低；二是外在因素叠加影响，钢材、水泥等大宗基础建材价格大幅上涨，下游施工单位成本增加，导致部分工程项目主动放慢施工进度或放假停工，水泥实际需求疲软。根据贵州省统计局统计，截至 2022 年 4 月贵州省累计水泥产量 2032.41t，较 2021 年累计下降 30%。2022 年 4 月贵州省水泥产量汇总见表 2。

表 2　贵州省水泥产量汇总表（2022 年 4 月）　（单位：万吨）

汇总单位名称	本月	本月止累计	本月比同月增长（%）	累计增长（%）
贵州省（2000 万口径）	636.37	2032.41	-28.6	-30.0
贵阳市	61.47	179.63	-20.9	-28.9
六盘水市	44.79	139.75	-34.5	-36.0
遵义市	112.98	369.19	-35.0	-30.3
安顺市	44.54	142.22	-40.3	-43.7
毕节市	63.73	202.22	-25.1	-17.3
铜仁市	42.99	137.68	-35.1	-45.4
黔西南州	71.21	201.94	-18.2	-32.5
黔东南州	72.86	231.61	-15.6	-22.7
黔南州	121.80	428.16	-29.3	-22.5

三、协会重点工作

第一，贵州省水泥工业协会（以下简称“协会”）发挥政企衔接纽带作用，助推产业政策落实和细化协会广泛听取行业意见，反映广大水泥企业诉求，加强对错峰生产所存在共性问题的研究，协助配合省工业和信息化厅开展水泥错峰生产宣贯、监督与执行情况调度统计工作，向相关政府主管部门上报了《2022 年度贵州省水泥错峰生产政策建议》及实施细则建议，推动水泥错峰产业政策落地和细化。同时，协会持续提升行业发展分析研究水平，为工业和信息化厅提供水泥行业“十四五”规划谋局，为政府决策提供全面、准确的依据，加强政策的研究和政策的拓展与转换，靠政策推进解决行业突出矛盾，为贵州省水泥行业战略目标如期实现奠定基础。

第二，建立 C2+3 及各区域交流机制，保障行业健康发展 2020 年，协会常态化组织召开省内大企业 C2+3 交流会议，大企业形成行业发展共识，取得了良好的行业效益。同时，协会通过组织各区域企业座谈交流，以及建立跨省联动机制，为协会在服务市场协调工作中，起到了不可或缺的作用。通过交流机制的运行，发挥了大型集团企业的市场主导作用，引导全行业诚信自律、守法经营、公平竞争，为行业健康发展提供必要保障。

第三，开展生产经营监测，为行业经济运行服务近几年以来，受新冠肺炎疫情影响，贵州省水泥工业面临诸多风险和挑战，协会密切跟踪全省宏观水泥市场变化，建立精准的行业经济运行和生产经营监测、预警体系，为包括省委、省政府、省发展改革委、省工业和信息化厅等在内的政府相关部门按月度及时提供今年以来水泥行业错峰生产、库存、生产、销售等相关信息和基建项目建设复工复产动态情况。

第四，不断推进科技创新与质量提升，引领行业高质量发展协会以推进科技创新，引领行业开展结构调整、节能减排、质量提升等工作，牵头组织协会专委会相关专家对全省水泥企业全年多期开展《通用硅酸盐水泥》（GB 175）标准培训、水泥生产企业化验室质量管理提升培训和水泥生产企业化验室检验人员质量基础提升星光培训，全年累计培训 881 人次。协会同时积极宣贯《水泥行业节能监察技术规范》《水泥行业阶梯电价》；开展工业节能诊断服务计划、能效领跑者工作；配合国家工业和信息化部、省工业和信息化厅开展国家级、省级绿色工厂、绿色制造体系等评选工作，引领行业向高质量发展全面迈进。

第五，助力提高资源综合利用水平，为建设生态贵州贡献力量协会组织专委会推动先进污染治理技术在行业的应用，重点关注并开展水泥窑协同处置废弃物相关研究，广泛开展水泥窑协同处置磷石膏、电解锰渣、钡渣、金矿尾渣、黄磷渣、电石渣、脱硫石膏、燃煤炉渣、萤石渣、重金属污染土壤、有机污染土壤、综合危废、市政垃圾、市政污泥等废弃物。2020 年，推动贵州省及周边水泥企业消纳磷石膏和脱硫石膏超 500 万吨/年，并助力产业企业实现工业废渣零排放。

第六，发挥媒体作用，加强舆论导向《贵州建材》杂志、协会公众号作为协会的宣传窗口，有效传递政府和协会的声音，增进政府、协会和企业的联系，反映水泥企业的需求，引导行业舆论的方向，发挥着主流媒体的作用，得到行业和企业的认同和支持。协会通过积极树立传播行业先进文化的理念，积极宣传行业企业创新进取、光辉事迹、荣誉表彰等正向价值观，明确水泥行业文化建设的核心内容，引导行业有序健康发展。

四、政策建议

（一）综合标准抓手，推动落后淘汰

实行差别化政策，倒逼落后和过剩产能退出。严格执行能耗限额标准，依法依规淘汰能耗、环保不达标水泥熟料产能。强化依法行政和标准实施，对经整改达不到环保、能耗、安全、质量、工艺等强制性标准要求的熟料产能，依法有序关停与退出。开展能耗、排放等对标达标，贯彻落实高耗能行业差别电价、阶梯电价等政策。发挥市场配置资源的决定性作用，利用市场倒逼机制淘汰落后产能和压减过剩产能。优化供给结构，增加有效供给，促进优胜劣汰。引导企业加速过剩产能化解和落后产能淘汰步伐，进一步提高资源配置效率，促进产能规模、产能结构与环境承载力、市场需求、资源保障相适应。

（二）控制产能总量，推动结构调整，实现产业持续优化升

严控备案和新建扩大产能的水泥熟料项目。坚持区域统筹发展理念，优化区域产业布局，支持

贵州省水泥企业通过省内减量置换的方式淘汰规模小、能耗高、缺乏竞争力的熟料产能，建设大规模新型干法水泥熟料生产线，以实现产业优化升级和规模化生产。减量置换必须严格执行工业和信息化部发布的《水泥玻璃行业产能置换实施办法》、长期停产无效产能不得作为置换指标。严格控制产能总量，严禁批小建大。产能置换原则上在地市州区城内置换，制订省内水泥行业产能置换实施细则，不接受异地产能置换入黔，防止加剧区域内产生产能过剩矛盾。

（三）实施创新驱动，推进高质量发展

（1）支持企业加大环保技术改造投入，推进节能减排，开展清洁能源开发替代、清洁生产和资源综合利用、智能制造、新材料开发、产品深加工等转型升级改造。降低综合能耗，减少污染物排放。

（2）加强矿产资源的科学开发与保护。鼓励水泥企业拥有自备矿山，稳定矿产资源保障，加大矿产资源综合利用，提高低品位矿和尾矿利用水平。实施矿山生态、地质环境恢复治理和矿区土地复垦.

（3）贯彻落实《中国制造 2025》，通过政策引导和鼓励，进一步加快推动水泥行业两化融合工作，提升水平全面推广，实现大数据、智能化制造、控制、管理。重点推进水泥企业信息技术的综合集成应用，实现生产制造、经营管理等过程的信息贯通。促进信息技术在节能降耗减排和循环经济等全方位应用，加快企业能源管控中心项目建设，推广水泥企业能效管理优化技术等。

（四）推进联合重组，提高产业集中度

支持优势企业通过成立联合公司等形式搭建产能整合平台，建立产业结构调整资金，优化产能布局，提高产业集中度，至 2021 年和 2025 年前 5 家企业产业集中度分别达 70%和 75%。利用市场化手段推进联合重组，并结合联合重组、技术改造，优化生产要素配置，主动压减竞争乏力的过剩产能。改变水泥行业企业规模小、数量多、资源能源利用效率及劳动生产率低、企业和行业效益差的局面。

鼓励创新营销模式。在合理的区域市场范围组建联合销售公司或投资管理公司。由企业共同出资、共同参股组建联合销售公司或联合投资管理公司，根据市场需求情况统一组织经营生产和销售，扩大规模优势，减少无序竞争。优化资源配置，降低经营成本，稳定市场价格，实现行业在区域市场的效益提升。

（五）发展特种水泥，优化产品结构

大力发展和推广应用特种水泥，优先发展并规范使用海洋、港口、核电、道路等工程专用水泥、水泥基材料。采用工业副产石膏生产高强度胶凝材料代替水泥用于建筑物墙体内的抹面和找平水泥砂浆，其技术已经成熟，不但能满足性能要求，而且是节能减排的好路径。鼓励水泥企业发展砂石骨料、高性能预拌混凝土、预拌砂浆及混凝土制品等产业。延伸水泥上下游产业链，发挥产业协同效应，提升行业竞争力。

（六）强化社会责任，推进效益提升，保护生态环境

落实《国务院办公厅关于促进建材工业稳增长调结构增效益的指导意见》（国办发〔2016〕34 号）文件精神，水泥熟料生产企业在冬春节期间和酷暑伏天适度执行错峰生产，减少大气污染排放总量，合理缩短水泥熟料装置运转时间，有效压减过剩熟料产量，化解水泥行业产能严重过剩矛

盾。加强诚信体系建设，促进企业积极承担社会责任、营造竞争共赢的市场环境。

（七）加快推进水泥窑协同处置，增强环境治理能力

实现水泥工业可持续发展，应大力发展循环经济，提高资源综合利用水平。推进工业副产石膏、电厂脱硫石膏、电石渣、建筑垃圾等在水泥生产中的应用，扩大工业固体废弃物的利用范围。贵州省每年产生大量的工业废渣、建筑垃圾及生活垃圾等，如每年产生的磷石膏固体废渣达上千万吨，大部分采取堆放处理，对环境造成污染。

加快推进水泥窑协同处置，根据需要，在城市周边，依托并适应性改造现有水泥熟料生产线，配套建设城市生活垃圾、污泥和工业固体废弃物的预处理设施、开展协同处置试点示范和推广应用。利用新型干法水泥窑缓解城市生活垃圾处置压力，减少土地占用，实现无害化、减量化和资源化，加快水泥工业向绿色功能产业转变。

2021 年西藏自治区水泥行业发展工作概况

西藏自治区建材工业协会　执笔人　任　李

进入“十四五”，特别是 2021 年下半年以来，西藏水泥发展出现了历史性拐点，由原来的市场“过度短缺”转向市场“严重疲软”，行业发展遇到了前所未有的挑战，行业管理及行业自律协调发展提到了重要的议事日程。现就有关情况报告如下。

一、水泥行业基本情况

（一）西藏水泥市场现状

下行压力巨大，市场有进一步萎缩的可能。与此同时，西藏水泥市场又出现了一种新的情况，产生了藏东与藏中地区间的不平衡，由于产能匹配的问题，某种程度上加剧了西藏水泥市场的复杂性和不确定性。

（二）水泥企业生产线情况

根据西藏自治区“十三五”水泥发展规划，截至 2021 年，西藏共有 9 家水泥熟料生产企业，15 条生产线，1155 万吨/年熟料产能，其中有 2 条生产线已建设完成，尚未投产。

（三）水泥企业生产经营情况

2021 年下半年，西藏水泥企业陡然出现量、价、利齐跌的现象，水泥价格一度成为全国最低，行业盈利水平断崖式下降，甚或某些企业出现巨亏。2022 年，在西藏自治区建材工业协会（以下简称“协会”）的大力推动下，西藏水泥企业开展了自律错峰生产，有效缓解了供需矛盾，避免了恶性竞争。从目前情况看，市场疲软依然，而企业的生产经营活动井然有序，市场“稳”的特征比较突出，2022 年下半年行业扭亏增盈值得期待。

二、协会改革发展概况

（一）积极吸纳水泥企业入会

协会是 2017 年元月份成立的，当时入会的水泥企业仅有 4 家，随着西藏水泥产业的发展，在建和建成的水泥生产线的增多，重新吸纳这些新的企业入会成了一个迫切需要解决的问题。经过协会 2021 年下半年的艰苦不懈努力，水泥板块全区 9 家会员企业成为协会的中坚力量。从此，协会中心工作和重要事务亦随之转向水泥领域。

（二）制定《西藏水泥行业自律与协调公约》

为促进西藏水泥行业“供给侧”结构性改革，优化产业结构和市场有序发展，提高行业的创新、绿色、安全、协调、高质量发展的能力，有力推动行业互信建设，建立企业行为的自律与他律的管理约束机制，维护市场公平竞争，维护行业利益及企业自身利益，全区9家水泥（熟料）生产企业全部入会之后，协会于2021年10月制订出台了《西藏水泥行业自律与协调公约》。从目前情况看，公约的制订和实施大大促进了西藏现行开展的自律错峰生产，增加了企业之间平常的联系和沟通，自律成为企业的一种自觉，协调成为行业工作的一种常态。

（三）倡议并开展自律错峰生产工作

经过协会2021年下半年的协调，2022年，西藏水泥行业正式开展了自律错峰生产。全行业9家水泥熟料生产企业在遵守《西藏水泥行业自律错峰生产公约》的前提下，按照西藏自治区建材工业协会出台的《关于西藏水泥企业2022年错峰生产的工作安排》的有关要求，一致接受全年停窑180d（第一季度停窑75d，第二、第三季度分别停窑30d，第四季度停窑45d）的行业自律错峰生产计划。停窑期间，停窑企业积极向协会报备，并自觉接受监督。半年来，自律错峰生产成效显著，全区水泥有效产能得到发挥，供给保障，价格稳定，市场有序发展。同时，协会根据全区地域性市场的变化，对错峰生产进行了及时调整，增加了藏中企业的停窑天数，并将与藏东进行错峰生产置换提供熟料或水泥，以此保障川藏铁路等重点工程项目的水泥需求。

（四）建言献策支持“批小建大”整改工作

针对中央环保督察发现的西藏水泥行业出现的“批小建大”问题，协会自觉接受、配合中央环保督察的调查，并主动向自治区经信厅提出整改方面的意见和建议。同时，配合工业和信息化部和自治区经济和信息化厅（以下简称“经信厅”）对全区水泥企业窑线进行查验评估。协会的工作得到了自治区经信厅等有关部门的认可，特别是一些合理化并切实可行的建议得到了充分尊重。

（五）积极协调相关部门加大水泥“治超”力度

有鉴于水泥运输当中出现的超限超载现象，尤其是区外水泥长期违规进入，严重扰乱了区内水泥市场，经协会报请自治区经信厅，提请自治区交通厅加大“治超”力度以来，从严“治超”行动迅速在全区展开，收效显著。

（六）今年下半年的工作打算

协会将在原有工作的基础上，继续深入推进自律错峰生产，从全局的角度处理好市场供需之间的矛盾，解决好地域间的生产与供给不平衡问题；坚决支持配合好中央环保督察对西藏水泥“批小建大”的整改工作，协调好“限能限产”与水泥供给保障的悖论关系；积极推动在全区范围内全面取消32.5等级水泥的生产、销售、运输和使用工作，为西藏高原经济高质量发展和高原生态建设做出更多的努力和贡献。

2021年陕西水泥行业发展改革情况概述

陕西省水泥协会　执笔人　李　琥　董艾琴

2021是“十四五”规划的开局之年，也是“双碳”目标启动元年。一年来，陕西省水泥协会（以下简称“协会”）深入学习贯彻党的十九大和十九届历次全会精神，坚持以习近平新时代中国特色社会主义思想为指导，以新发展理念为指引，围绕国家产业政策，立足行业发展现状，充分发挥协会引领、指导、协调、服务职能，引导企业诚信自律，组织开展错峰生产、减量置换、节能减排、技术创新等工作，行业“去产能、调结构、转方式、稳增长”等方面取得明显成效。

一、陕西水泥工业概况及经济运行情况

陕西省现有2000t/d以上水泥熟料生产线43条。目前形成了关中、陕南、陕北三大熟料生产地区和区域市场。其中，关中地区产能约占全省总产能的80%。陕西省内主导的水泥企业有尧柏、海螺、冀东、声威和陕煤生态等五大水泥集团，五大水泥集团产量占全省水泥产量的81%。陕西省水泥产能严重过剩，特别是关中地区产能利用率仅为50%左右。

2021年，陕西省水泥工业总产值316.33亿元，较2020年增加45.24亿元；水泥利润总额55.6亿元，较2020年减少2.77亿元；水泥产量6678.82万吨，较2020年减少120.06万吨；熟料产量4640.74万吨，较2020年减少36.62万吨。

2022年1—5月，陕西省水泥产量2393.37万吨，同比下降11.25%，占全国比重3.05%。

二、陕西水泥行业展望与预测

水泥工业是国民经济发展的重要基础产业，在现代化建设中有举足轻重的作用。当前能耗“双控”和“双碳”目标要求持续推进，水泥生产中需要消耗电、煤炭等资源，水泥行业被列为高耗能行业，围绕行业节能降碳任务，立足产能过剩实际，陕西水泥行业今后将会从以下几个方面重点发力，推动行业持续健康绿色发展。

（1）陕西水泥产能主要集中在关中地区，关中地区地处汾渭平原，是国家大气污染防治的重点地区。根据汾渭平原大气污染防治和黄河流域生态环境保护的需要，按照陕西省工业和信息化厅、陕西省生态环境厅《关于做好水泥行业常态化错峰生产的通知》（陕工信发〔2021〕92号）要求，陕西水泥行业将常态化开展错峰生产去产能；同时为持续打好蓝天保卫战，陕西水泥企业会结合各自实际情况，逐步实施超低排放改造。

（2）随着能耗“双控”和“双碳”理念等绿色发展观念的深入推广，企业逐步认识到实施节能降碳是大势所趋，绿色理念从被企业认可更多会转化为企业的自觉行动。陕西水泥企业将根据《水泥行业节能降碳改造升级实施指南》，从节能技术应用、清洁能源原燃材料替代、降低单位水泥

熟料用量等方面深入探索，推动节能降碳工作取得实效。

（3）围绕水泥行业转方式、调结构等需要，陕西水泥企业将推进新一代信息技术和水泥制造的深度融合，实施智能化工厂创建和改造，推动生产、管理、服务方式变革，有效降低水泥生产过程的能源消耗和碳排放，进一步降低经营成本，提高生产效率，提升服务水平，全面提升行业信息化、数字化、智能化水平。

三、陕西水泥行业改革发展工作成效

（一）落实错峰生产政策，去产能步伐加快

为有效化解产能过剩矛盾，深入打好污染防治攻坚战，持续巩固近年来错峰生产和蓝天保卫战成果。2021 年，按照工业和信息化部、生态环境部《关于进一步做好水泥常态化错峰生产的通知》（工信部联原〔2020〕201 号）和陕西省工业和信息化厅、陕西省生态环境厅《关于做好陕西水泥行业常态化错峰生产的通知》（陕工信发〔2021〕92 号）精神，以及陕西水泥行业历年季节性运行规律和大气污染防治惯例，陕西省水泥协会在夏季和冬季分别制订了错峰生产方案，组织全省水泥企业有序开展错峰生产。在陕西省工业和信息化厅、省生态环境厅的正确领导和相关各级政府部门的大力支持下，在全省水泥熟料企业的积极参与和配合下，圆满完成错峰生产任务。2021 年，陕西冬季错峰生产覆盖范围扩大至省内全域，加快了陕西水泥行业去产能步伐，也减轻了大气污染防治压力。同时，协会还引导会员单位落实自律公约，多次与毗邻省份行业协会沟通，确保了全省及毗邻地区水泥市场秩序稳定。

（二）落实产能置换政策，产业布局逐渐优化

2021 年，陕西省水泥协会从推进行业技术进步、产业布局优化及行业健康发展的角度出发，积极沟通、广泛征求企业意见，推进落后产能的置换。2021 年 11 月，向陕西省工业和信息化厅函复“同意吴堡冀东特种水泥有限公司水泥熟料产能置换（出让）事宜”。截至 2021 年底，陕西多年来已将 8 条落后生产线产能减量置换至外省新建新型干法水泥熟料生产线。2021 年 6 月 28 日，尧柏、冀东两家企业通过产能减量置换新建的万吨水泥熟料生产线建成点火。新建成的两条万吨线具有高标准、智能化、超低排放的特点，可有效减少空气污染物的排放、降低能源消耗，实现了水泥企业退城入园，建设绿色环保现代化水泥产业基地的目标，促进了陕西水泥产业布局和产业结构的优化。

（三）落实节能减排政策，绿色发展成果凸显

为加快推进行业绿色发展，2021 年，陕西省水泥协会通过组织“座谈交流”“‘碳达峰、碳中和’政策宣讲”“绿色工厂创建培训”等积极引导企业落实节能减排政策和“双碳”目标要求，广泛开展环境治理和绿色工厂创建活动。目前，陕西共有 15 家水泥企业入选国家级“绿色工厂”，其中 2021 年入选 3 家；11 家水泥企业入选省级“绿色工厂”，其中 2021 年入选 4 家。在中国水泥协会水泥粉磨企业绿色工厂评选启动后，陕西省水泥协会积极引导企业进行申报，4 家水泥粉磨企业获评“2021 年全国水泥粉磨企业绿色工厂”。为做好重污染天气应急减排工作，协会积极引导企业争取国家政策资金支持，进行超低排放改造。目前，被认定为重污染天气应急减排绩效引领性等级以上企业 3 家，保障类企业 1 家；其中，陕西富平生态水泥有限公司被认定为“2021—2022 年秋冬季重污染天气应急减排绩效等级 A 级”企业。

（四）积极推进技术创新，发展方式明显转变

为推进陕西水泥工业技术进步和产业升级，陕西省水泥协会大力倡导企业进行技术创新和攻关，通过开展赴外省参观学习交流、政策宣讲、专题培训、技能大赛等多种途径，为行业创新发展持续"赋能"。2021 年，协会联合陕西省冶金钢铁建材工会、陕西经济联合会、陕西省建筑材料联合会开展了"金隅冀东杯"水泥检验工职业技能大赛，组织水泥企业去外省参观了智能化生产线、水泥行业矿山植被恢复和智能化建设示范样板企业，组织开展了水泥企业化验室主任、统计员培训会，推荐优秀专业人士参与"2021 年水泥行业优秀总工程师"评选，在行业内营造了追赶超越、攻坚克难的创新发展氛围，创新人才、创新成果竞相涌现。2021 年，冀东海德堡（泾阳）水泥有限公司杨勇等 3 人获得"2021 年水泥行业优秀总工程师"称号；"陕西省建材行业技术革新奖"第十五届评选活动中，52 项获奖项目，其中水泥企业获奖 33 项。企业对于新一代信息技术应用的积极性提高，陕煤生态水泥富平公司频山矿已建成"绿色数字化矿山"，部分水泥企业正进行智能化和水泥制造融合改造。

四、陕西省水泥大事记

◎陕西省水泥协会组织开展"全省水泥企业化验室主任、统计员培训会"，提高从业人员素质水平。

◎在省工业和信息化厅、省生态环境厅的正确领导和相关各级政府部门的大力支持下，圆满完成错峰生产任务。

◎6 月 28 日，陕西省尧柏、冀东两条万吨线成功点火。两条万吨水泥熟料生产线项目是通过产能置换引进落地的重大招商引资项目，利用金隅和尧柏国际最先进的二代水泥工艺技术和设备，打造成国内领先、国际一流、世界级全智能化、同步规划实施危险废弃物处置系统的万吨花园式工厂。项目建成后，将有效减少空气污染物排放、降低能源消耗，为陕西实现碳达峰、碳中和贡献铜川力量，成为西部地区水泥行业结构优化调整的技术引领和典型示范。

◎陕西省水泥协会配合陕西经济联合会完成"陕西水泥工业数字化、智能化转型发展"调研工作。

◎陕西省水泥协会与陕西经济联合会、陕西省建筑材料联合会共同协办，由陕西省机械冶金建材工会主办的"2021 年陕西建材行业'金隅冀东杯'水泥检验工职业技能大赛"。

◎经陕西省水泥协会推荐，冀东海德堡（泾阳）水泥有限公司杨勇、陕西富平生态水泥有限公司庞龙、黄陵生态水泥有限公司杨超等 3 人获得"2021 年水泥行业优秀总工程师"称号。

◎安康尧柏江华水泥有限公司、黄陵生态水泥有限公司、汉中汉钢新型建材有限公司西寨分公司、合阳县惠新型建材有限公司等 4 家单位入选"2021 年全国水泥粉磨企业绿色工厂名单"。

◎尧柏特种水泥集团有限公司、陕西声威建材集团有限公司、陕西生态水泥股份有限公司等 3 家企业入选"2022 年全国水泥熟料产能前 50 排名"名单。

◎陕西富平生态水泥有限公司入选"陕西省 2021—2022 年秋冬季重污染天气应急减排清单"中第二批 A 级绩效企业名单；冀东海德堡扶风水泥有限公司入选"陕西省 2021—2022 年秋冬季重污染天气应急减清单中第一批保障类企业"名单。

2021年新疆水泥行业经济运行情况及展望分析报告

新疆建材行业协会　执笔人　王生文　饶乐珺

新疆维吾尔自治区地处西北，是我国陆地面积最大的省级行政区，常住人口约2500万人，主要分布在山麓和盆地边缘区域。新疆地形轮廓是“三山夹两盆”，天山横亘中央，天山以南为南疆，以北为北疆。由于特殊的地理环境，各城镇间距离较远，交通运输以公路和铁路等陆运为主，呈明显的分隔性。

新疆水泥分布不均衡，熟料产能主要临近市场布局，各区域产能利用率差异较大。南疆的和田、喀什、克州等地是高价水泥区，北疆属于低价水泥区。新疆水泥市场具备区域性特点，较高的进入成本使其具有较强的封闭性，外部水泥对其干扰较小。

一、新疆水泥行业概况

截至2021年底，全疆共有水泥生产企业97家，其中水泥厂67家，熟料生产线75条，全部为新型干法生产线，全区水泥熟料总设计产能7000万吨，实际产能超过8000万吨。其中2500t/d（不含）以下的熟料生产线13条，占总产能的8.2%，4000t/d以上的熟料生产线20条，占总产能的42.5%；电石渣水泥熟料生产线14条，占总产能的15.5%，平均单线生产规模3012t/d。

二、新疆水泥行业经济运行情况

（一）宏观经济环境：主要投资指标增强

2021年新疆维吾尔自治区各地州各部门认真贯彻落实自治区党委决策部署，统筹常态化疫情防控和经济社会发展，着力做好补短板稳投资相关工作，固定资产投资较快增长，结构不断优化。根据自治区统计局统计，全区固定资产投资（不含农户）比2020年增长15.0%，增速比2020年回落1.2个百分点，以2019年1—12月为基期，两年平均增速为15.6%。2021年，全区房地产开发投资1501.43亿元，比2020年增长19.1%，增速呈现逐月回落态势，但仍比上年提高1.7个百分点，两年平均增长18.2%，保持较快的增长水平。其中，住宅投资1067.67亿元，增长21.5%。从分地区投资看，全区除乌鲁木齐市、吐鲁番市、昌吉州、博州的房地产开发投资增速下降外，生产建设兵团及其他10个地州市都呈现较快增长态势。其中，和田地区增长1.5倍，克州增长1.5倍，巴州增长49.4%，喀什地区增长48.3%，阿克苏地区增长33.8%。房屋施工面积16454万平方米，比去年同期增长15.3%，房屋新开工面积4035万平方米，较去年同期减少10.8%。总体来说，基础建设投资和房地产投资的持续增长支撑全年水泥需求保持稳步增长。

（二）水泥产销：稳步增长

2021 年水泥需求总体表现为“稳步增长”的特征，根据自治区统计局统计，2021 年全疆水泥产量 4648 万吨，同比增长 15. 5%。2015—2021 年新疆水泥产量如图 1 所示。

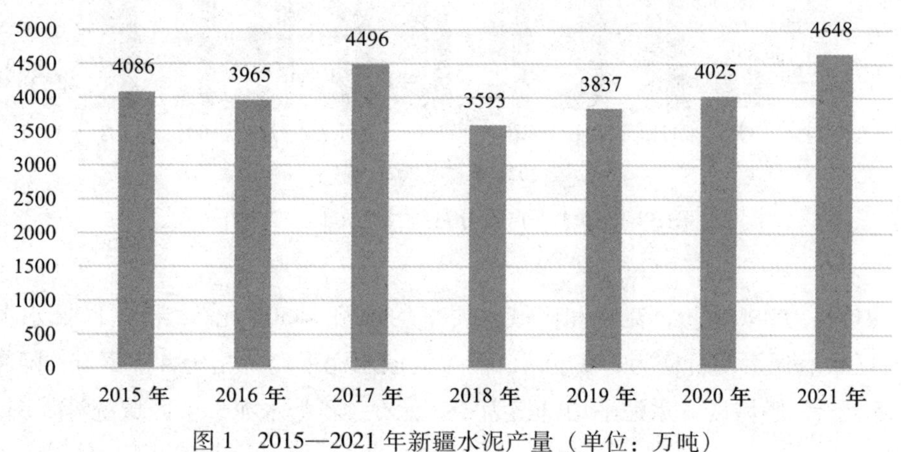

图 1　2015—2021 年新疆水泥产量（单位：万吨）

1. 分区域看

全疆八个区域中，除阿克苏区域保持一位数增长外，乌昌吐石区域（含沙湾和乌苏）、克喀和区域、巴州区域、哈密区域、伊犁区域、阿勒泰区域、塔城区域（不含沙湾和乌苏）均为两位数增长，其中哈密区域较上一年增长 32%、伊犁区域增长 27. 3%、塔城区域增长 22. 3%，增长幅度较大。新疆水泥销量分区域统计如图 2 所示。

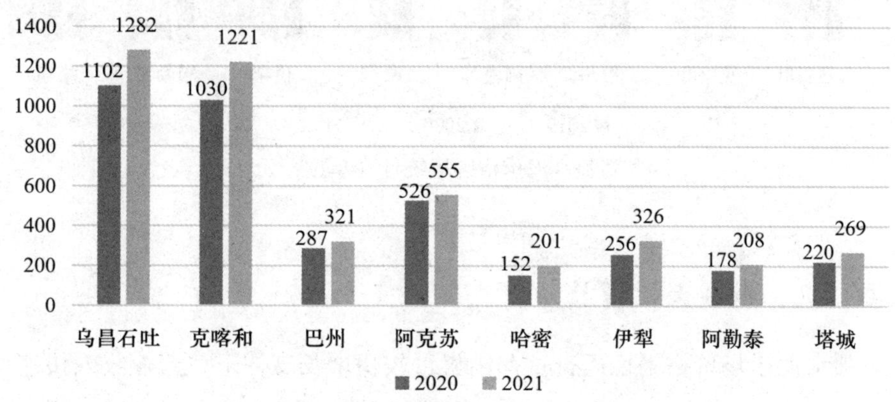

图 2　新疆水泥销量分区域统计（单位：万吨）

2. 分月看

6 月、10 月全区水泥产量较 2020 年同期有所下降；1 月、2 月、3 月、8 月、9 月全区水泥产量较 2020 年同期有较大幅度的增长，其中 3 月增长 107. 9%，8 月增长 97. 9%，其主要原因是 2020 年 3 月、8 月、9 月受新冠肺炎疫情管控的影响，水泥产销量较常年同期降低所致。新疆水泥产量分月统计如图 3 所示。

（三）水泥价格：平稳运行

2021 年，水泥产品价格保持小幅波动平稳运行，全年变动不大。2021 年全疆水泥市场平均价格 440 元/t，同比 2020 年基本维持不变。分区域看，乌昌石吐区域水泥平均价格为 365 元/t，阿克

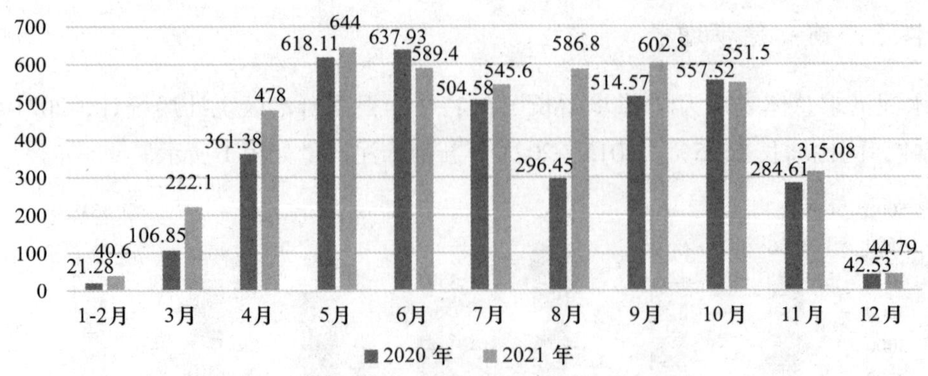

图 3　新疆水泥产量分月统计（单位：万吨）

苏区域水泥平均价格为 490 元/t，克喀和区域水泥平均价格为 505 元/t，巴州区域水泥平均价格为 425 元/t，哈密区域水泥平均价格为 345 元/t，伊犁区域水泥平均价格为 425 元/t，阿勒泰区域水泥平均价格为 425 元/t，塔城区域水泥平均价格为 385 元/t。新疆水泥价格区域统计如图 4 所示。

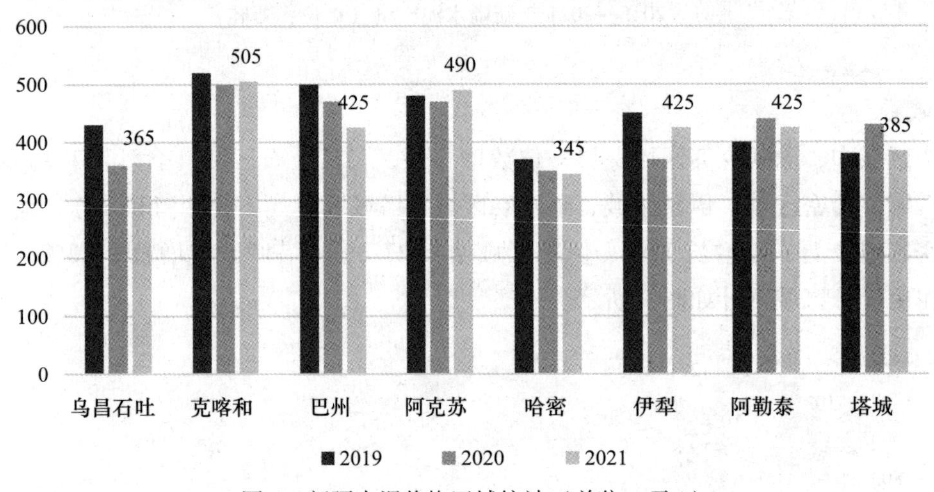

图 4　新疆水泥价格区域统计（单位：元/t）

（四）效益情况：效益大幅增长

2021 年，全疆水泥市场价格平稳运行、在销售量较快增长支撑下，营业收入快速增长，经济效益明显提升。全区水泥企业实现营业收入约 197 亿元，同比增长 17%；利润总额约 46 亿元，同比增长 15.5%。

三、水泥行业工作成绩亮点、存在的困难与问题

（一）工作成绩亮点

1. 提高认识、强化行业自律，有效推动行业生态建设

产能过剩是摆在水泥行业面前一个客观的、不可忽视的问题。在客观条件制约下，推动行业整体健康发展，对于每一个从业个体而言，都具有重要意义。实践反复证明，仅靠低价循环恶性竞争，个体企业既无法长期有效提升销量，反而使企业陷入更大的亏损。因此，在当前市场环境下，任何一家企业都不能独善其身，合作共赢才是企业走向持续、稳健发展的正道。只有将行业做好、

做大，企业的路才能越走越远，越走越宽。

2021 年，新疆建材行业协会（以下简称“协会”）根据行业的实际情况，分片区召开行业协调会议 20 余次，积极推行行业健康长效发展，这不仅是政府的事情，也不能单纯依靠大企业集团，应该是每个个体企业的责任和义务。政府在整体的运作过程中起到行政助推的作用，而真正确立方案、协调资源、有效落实还需要企业之间的有效配合。大企业要有责任和担当，小企业要守底线、守规矩。只有各企业之间保持充分信任，高效落实方案中的每个环节，区域市场合作才能取得实效，共赢也将是必然结果。

2. 积极开展错峰生产，去产能增效益取得良好效果

新疆水泥工业由于绿洲经济及地处偏远、市场相对独立的特点，水泥工业的发展受国家政策影响较大。2010 年中央新疆工作座谈会以后，迎来“大开发、大发展、大建设”高潮，新疆水泥工业短时期内高速发展，迅速形成大面积产能过剩，是全国水泥产能过剩最严重的省区，并且是先进产能过剩。针对新疆水泥产能过剩十分严重，又没有足够的财政资金支持产能退出的实际情况，自治区自加压力，敢于创新。2014 年开始尝试冬季错峰生产，使以前的行业自律更规范化制度化。新疆水泥的错峰生产一般是整体停窑 4~5 个月，从当年的 11 月 1 日到第二年的 3 月 1 日或 4 月 1 日，但即便这样产能依然过剩，达不到合理的利用率水平，于是在错峰生产的基础上，又推行了小错峰，也就是间歇性停窑，按照行业自律和市场需求，再次减压生产天数，增加停窑时间，这样错峰生产的时间加上间歇性停窑的时间，每年的停产时间就远远大于 5 个月，基本上达到了 7~8 个月，有效缓解了产能过剩带来的矛盾。

2021 年度新疆水泥错峰生产工作平稳有序，整体停窑率达 96%，绝大部分地区都根据市场供需情况，主动延长了停窑时间，停窑时间基本在 220d 以上，尤其是乌昌石吐区域传统水泥企业停窑时间达到 301d。按照水泥熟料实际产能测算，仅 2020 年 11 月 1 日—2021 年 10 月 31 日期间全疆水泥熟料生产企业执行错峰生产减少熟料产量 3500 万吨。水泥错峰生产的有效推进，既实现了保供稳价，也实现了污染减排，同时企业也取得了较好的经济效益。

3. 将电石渣水泥熟料错峰置换常态化，实现传统水泥与电石渣水泥企业共赢

新疆作为我国 PVC 生产大省，电石渣水泥熟料在乌鲁木齐—昌吉—石河子—吐鲁番片区产能规模达到 1100 万吨，占该区域水泥熟料总产能的 46%。而近几年该区域水泥消费总量维持在 1200 万吨左右。由于上游 PVC 企业生产线必须连续运行，而电石渣水泥企业为消纳电石废渣也必须连续生产，致使电石渣水泥参与错峰生产执行难度大。电石渣水泥产能与传统水泥产能双重释放，造成区域水泥供给严重放大，市场矛盾恶化；且电石渣水泥在成本上具有显著优势，这也给传统水泥的正常生产销售提出严重挑战。为有效解决电石渣水泥与传统水泥矛盾，毫不动摇坚持电石渣水泥熟料错峰置换的常态化。

该举措以“错峰生产+协同合作”为抓手，以市场需求倒推熟料需求，进一步压缩传统企业开窑时间，以协助消化电石渣熟料。对于传统水泥企业而言，其购入电石渣熟料价格等于自产熟料变动成本，

成本环节未出现增加。而市场供给明显缩减，供需矛盾有效改善，水泥价格明显回升，确保企业水泥销售盈利；对于电石渣企业而言，由于传统水泥企业全力协助其消化废渣，环保压力减弱，此外企业在水

泥环节盈利增强，弥补熟料销售损失。由于该政策在补偿机制方面统筹考虑双方利益诉求，保证方案实现“双赢”。

连续 6 年以来，该方案的实施使电石渣水泥企业通过“错峰置换”间接参与错峰生产，有效解

决了电石渣水泥企业难以参与错峰生产的难题，既保证了电石法 PVC 企业的连续生产，能够及时处置电石废渣，减少各类废弃物排放，又化解了电石渣水泥集中区域的产能过剩，改善了乌鲁木齐及周边水泥市场环境，供需矛盾得到有效缓解，PVC 行业与水泥行业均取得良好经营效果，使新疆效益洼地保持稳定盈利，为稳定北疆、东疆、南疆水泥价格做出了积极贡献。

4. 优化产品结构，鼓励生产和使用高性能水泥

“错峰生产”只是阶段性缓和水泥市场供需矛盾，难以从根本上去除过剩产能。为有效落实行业供给侧改革政策精神，结合我区水泥产品结构现状，新疆水泥行业终率先出台“全面取消 32.5 等级水泥”政策。从实施效果来看，新疆全面取消 32.5 等级水泥相当于压减产能 500 万吨，在一定程度上缓解了区域市场供需矛盾，对改善新疆水泥市场竞争环境具有积极作用，显著提升行业经营。

为认真贯彻落实《市场监管总局、工业和信息化部、国家发展改革委、生态环境部、商务部、海关总署、国家知识产权局关于提升水泥产品质量规范水泥市场秩序的意见》（国市监质监发〔2021〕30 号）精神，强化自治区水泥市场秩序治理，有效化解过剩产能，推动水泥行业高质量发展，自治区工业和信息化厅下发《关于提升自治区水泥产品质量规范水泥市场的通知》（新工信建材〔2021〕4 号文），文件要求优化产品结构，鼓励生产和使用高性能水泥，重点生产普通硅酸盐水泥 42.5 及以上等级产品。水泥企业要严格按照标准要求控制水泥用混合材种类和参量，促进高性能水泥的发展。

目前，全区水泥产品全部为 42.5 及以上等级的水泥，且基本上为普通硅酸盐水泥 42.5 及以上等级水泥，只有极个别粉磨站针对特殊市场生产少量的 42.5 矿渣硅酸盐水泥，新疆水泥产品的整体性能得到了极大的提升。

（二）存在的困难与问题

1. 产能过剩的问题十分突出

根据自治区工业和信息化厅公告，2019 年以来全疆共有 13 条水泥生产线进行了产能置换，其中 7 条熟料生产线置换到外省，6 条生产线在自治区范围内进行了产能置换，共去水泥熟料产能 622 万吨（按备案产能计算），但产能过剩的问题仍然十分突出，截至 2021 年底，全区水泥熟料总设计产能 7000 万吨，实际产能超过 8000 万吨，近两年水泥熟料产量基本维持在 3500 万吨左右，水泥熟料产能利用率约为 45%，较“十三五”期间提高 5 个百分点，较全国平均产能利用率低 29 个百分点（全国水泥熟料产能利用率为 74%），远低于国家强制性标准《水泥工厂设计规范》（GB 50295—2016）规定的水泥回转窑运转率至少 85% 的要求，是全国水泥产能过剩最为严重的省区。乌昌石吐片区水泥产能 3000 万吨，电石渣水泥和传统水泥各占一半，总需求约 1200 万吨，由于电石渣水泥具有连续性生产的特点，产能过剩尤为突出。

2. 水泥产能集中度不高

截至目前，天山股份、青松建化、天业集团新疆前三大企业水泥熟料总产能 3871 万吨/年，占全区总产能的 55.3%，其中天山股份 30.7%，青松建化 18.2%，天业集团 6.4%。相比内地部分省区产能集中度，新疆产能集中度比较低，如果能提高产业集中度，整合部分低效产能，将有利于行业健康发展。

3. 水泥错峰生产缺少惩戒措施

水泥错峰生产缺少具有威慑力的、行之有效的监管手段和惩戒措施，普遍靠企业自觉、行业自律和生态环境部门环保执法等保障错峰生产政策的执行，导致错峰过程中部分企业存在私自提前开

窑生产，不按期停窑，瞒报、谎报错峰生产时间等现象，制约了错峰生产政策全面落实。

4. 绿色工厂和数字化、智能化建设整体推进缓慢

2019 年后新疆水泥企业盈利能力普遍较好，但在绿色工厂和数字化、智能化建设中投入较少。绿色工厂建设方面，一部分企业对绿色发展认识不够，对绿色工厂建设工作不重视，整体推进缓慢；数字化、智能化建设方面，企业受现有装备条件的限制，普遍对数字化、智能化建设投资意愿不强，而政府对行业数字化、智能化建设政策和资金支持力度不足。总体来说，新疆水泥行业在绿色工厂和数字化、智能化建设方面与发达省份存在一定的差距。

四、展望与预测

（一）从需求层面看

2022 年水泥需求总体平稳，稳中趋增。2022 年新疆维吾尔自治区经济社会发展的主要预期目标是：全区生产总值增长 6%左右，固定资产投资增长 10%以上。大力发展劳动密集型产业，稳步发展资源密集型产业，深入实施旅游兴疆战略，加快旅游基础设施建设，加快推进综合立体交通建设，加快推进水利建设，加快新型城镇化建设，加快推进乡村建设，实施安居保障工程，更好满足群众住房需求等措施将带动基建、房产市场活跃。

2022 年开年之初，自治区发展改革委开展了全区项目建设“冬季打基础行动”，自治区工业和信息化厅牵头自治区多部门制订了《关于支持实体经济发展减税降费若干政策举措》，自治区一系列利好政策和措施进一步强化预期、提振信心，为做好全年项目建设工作争取时间、打好基础、赢得主动，确保全区项目建设实现稳健开局。基建项目和房地产投资的持续推进将对水泥的需求提供良好的支撑，预计全年水泥需求稳中趋增，水泥产量将保持平稳或略有增长。

（二）从供给层面看

环保低碳预期依旧保持“持续加码”态势，“错峰生产常态化”“碳达峰”等因素对自治区水泥供给压缩产生明显制约。此外，政府对包括水泥在内“两高”新增项目进行严格的管控，产能结构将进一步优化，节能挖潜增效将迈出新的步伐。

（三）从价格角度看

在认真执行产能减量置换和常态化错峰生产产业政策的前提下，加强行业自律，全区水泥市场供需保持平衡，预计 2022 年水泥行情走势趋于平稳，受原料、燃料价格上涨影响，水泥价格中枢抬升。

总体来说，基建项目和房地产投资的持续推进对水泥的需求提供良好的支撑，水泥产量将保持平稳的态势，但产能过剩的矛盾依旧存在，错峰生产常态化、“双碳”、限产等一系列政策的推行有利于压减过剩产能，优化行业供给格局，但水泥企业在减碳降耗方面面临的成本压力有所增加，同时燃料、原材料、维修、人力等成本大幅上升，将导致水泥的生产成本进一步上升。预计 2022 年，新疆水泥需求稳中趋增，价格中枢抬升，行业整体利益将延续 2021 年较好的盈利态势，保持在较高水平。

低碳技术篇

中国水泥行业二氧化碳排放达峰路径研究

贺晋瑜[1] 何 捷[2] 王郁涛[3] 范永斌[3] 石红卫[4] 蔡博峰[1] 严 刚[1]
1. 生态环境部环境规划院 2. 中国建材学研究总院
3. 中国水泥协会 4. 中国建材联合会

2020 年 9 月 22 日，习近平总书记在第 75 届联合国大会一般性辩论会上提出，中国将提高国家自主贡献力度，二氧化碳排放力争于 2030 年前达到峰值，努力争取 2060 年前实现碳中和。水泥行业是国民经济重要基础行业，为国家建设提供了重要的原材料保障，在工业化、城镇化、现代化进程中发挥了重要作用。水泥行业也是 CO_2 排放的重点行业之一，其直接碳排放量占全球工业碳排放总量的 1/4 左右。我国是世界上生产水泥最多的国家，2020 年我国水泥产量为 24×10^8t，占全球水泥总产量的一半以上。研究表明，我国水泥行业 CO_2 直接排放占全国 CO_2 排放总量的 12%左右，其中工业过程排放占全国工业过程排放的 60%以上。

近年来，我国水泥行业科技研发投入不断增加，企业向装备大型化、生产集约化、智能化、清洁化方向转变。但随着水泥熟料产量的增加，我国水泥行业 CO_2 排放量仍持续增长。目前，我国水泥熟料产能过剩局面仍未改变，西北、华北、东北地区产能利用率不足 50%；日产 2500t 及以下的水泥熟料生产线产能占比约 30%，规模结构仍有提升空间；20%左右的水泥熟料产能达不到 GB 16780—2012《水泥单位产品能源消耗限额》中可比熟料综合煤耗限定值，仍需挖潜改造；此外，水泥行业是主要的耗煤行业之一，我国水泥行业采用的替代燃料种类较少，替代燃料应用不足。面对气候变化、环境风险挑战、能源资源约束等问题，水泥行业仍需持续推动清洁低碳发展。开展我国水泥行业碳达峰路径研究，对推动产业结构调整和行业绿色低碳高质量发展具有重要意义。

科学预测未来水泥需求，是开展水泥行业碳达峰路径研究的基础。已有研究采用的预测方法有两类：①基于计量经济学的趋势外推法，包括经济发展同步法、固定资产投资法等，但这种方法只适用于短期预测，且现有研究对水泥需求的影响因素考虑较为单一；②通过类比分析的方法研究发达国家水泥消费趋势，提出人均水泥需求增长规律，模拟中国未来水泥需求，但由于国情等差异，预测结果可能出现偏差。对于水泥行业 CO_2 排放控制的研究多从碳减排技术的减排潜力以及对大气污染物的协同减排效益等方面开展，针对中国水泥行业碳达峰路径的系统研究还较为鲜见。鉴于此，笔者提出使用多因素拟合分析模型和下游需求法对 2021—2035 年中国水泥需求进行预测，并统筹考虑水泥熟料消费需求、技术进步等因素，设计水泥行业 CO_2 排放情景，对水泥行业开展全链条、分阶段的行业发展与碳排放趋势分析，研究水泥行业碳达峰路径。

一、方法与数据

（一）技术路线

为系统开展我国水泥行业碳达峰路径研究，基于重点行业（领域）碳达峰路径研究方法（CA-EP-CP-Sectors），结合行业技术特点，构建了水泥及水泥熟料产量预测、碳排放情景设计、碳排放趋势分析为主要内容的研究框架，对不同阶段水泥行业发展和 CO_2 排放趋势进行预测分析。综合分析水泥行业碳达峰的具体路径，并在此基础上提出推进水泥行业碳达峰的主要政策建议。水泥行业碳达峰路径研究技术路线如图 1 所示。

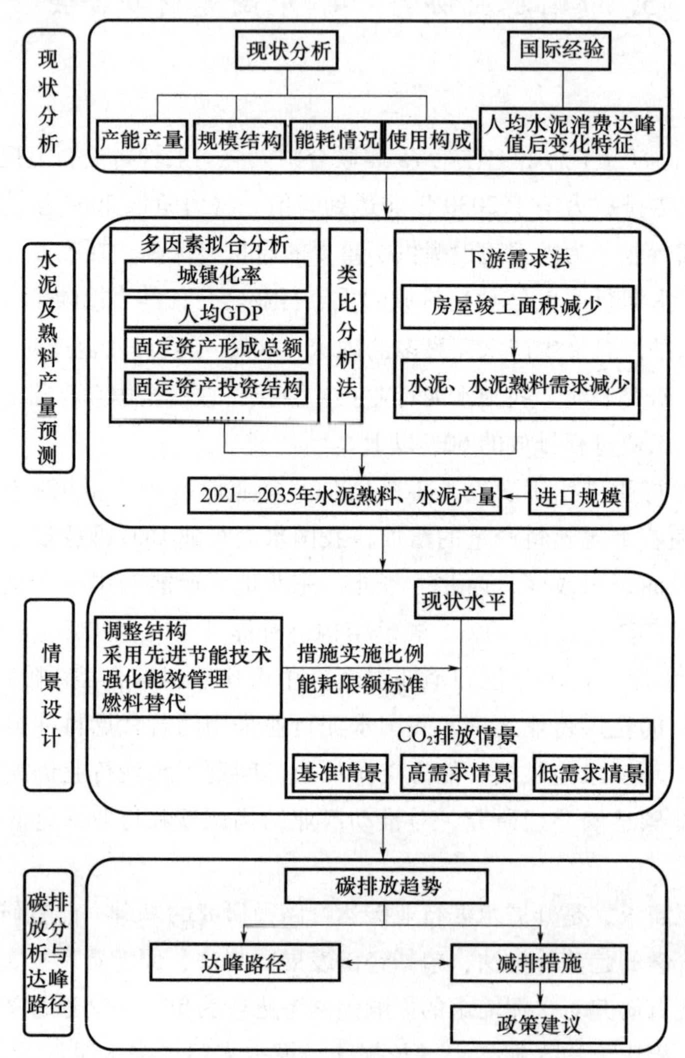

图 1　我国水泥行业碳达峰路径研究框架

（二）行业发展预测方法

采用多因素拟合分析法、类比分析法和下游需求预测法分别预测水泥熟料消费量，并基于消费量预测，在水泥熟料进口量不低于现有水平的预期下，对水泥熟料产量进行测算。依据水泥熟料系数，计算水泥产量。

多因素拟合分析法。经济发展模式和结构变化对水泥熟料需求会产生较大影响，主要的影响因素包括城镇化率、人均 GDP、固定资产形成总额、三次产业结构、固定资产投资结构等。分析水泥熟料消费与上述影响因素的相关关系，建立多因素拟合分析模型，预测我国水泥熟料和水泥消费量。多因素拟合分析计算公式：

$$Y = \sum_{n=1}^{5} A_n f(X_n) = 0.2f(X_1) + 0.26f(X_2) + 0.32f(X_3) + 0.1f(X_4) + 0.12f(X_5) \quad (1)$$

式中：Y——熟料消费量，10^8t；

A_n——模型赋权；

$f(X_1)$——水泥熟料消费量与城镇化率的相关函数；

$f(X_2)$——人均水泥熟料消费量与人均 GDP 的相关函数；

$f(X_3)$——水泥熟料消费量与固定资本形成总额的相关函数；

$f(X_4)$——水泥熟料消费量与三次产业结构的多元线性函数；

$f(X_5)$——水泥熟料消费与投资结构的多元线性函数。

类比分析法。发达国家或地区水泥消费达到峰值后，虽然会有不同程度的波动，但消费量总体呈下降趋势，直至达到基本稳定的状态。英国、法国、日本等国家和地区水泥消费达到峰值 5 年后人均水泥消费量约为峰值的 83%；10 年后人均水泥消费量为峰值的 73.2%，日本、韩国等亚洲国家仍保持在峰值的 80%左右。参考发达国家或地区水泥消费达峰后人均年水泥消费量的变化情况，基于我国经济平稳发展，无内外部因素导致水泥消费发生突变的假设，对我国中长期水泥消费量进行预测。

下游需求预测法。从水泥需求构成来看，房地产和基础设施建设在水泥需求中占主要部分，其中，在“十四五”及今后较长时期内，投资趋势存在最大不确定性的是房地产业，其投资走势对水泥需求的影响起主要作用。在房地产政策平稳持续的假设下，依据房屋竣工面积的预测，对水泥熟料和水泥消费量进行测算，计算公式：

$$Y = A_f \times C_a / P_f \quad (2)$$

式中：A_f——房屋竣工面积，$10^8 m^2$；

C_a——单位建筑面积的水泥消耗量，t/m^2；

P_f——房屋建设水泥需求占水泥总需求的比例，%。

水泥熟料系数分析。目前，国外多数国家水泥熟料系数为 70%~80%，美国等国家水泥熟料系数已超过 80%。我国水泥熟料系数自 2014 年的 56.7%提至 2020 年的 67.5%，但与国外大部分国家相比仍然较低。结合近年来我国水泥熟料系数的变化趋势以及世界主要国家和地区水泥熟料系数水平，预测 2025 年、2030 年我国水泥熟料系数将分别提至 72%和 75%左右。

（三）情景设置

结合水泥熟料及水泥产量的预测，考虑结构调整、节能技术改造、原燃料替代等措施，设置了水泥行业 2021—2035 年 CO_2 排放情景。其中，基准情景仅考虑社会、经济发展等对水泥熟料及水泥需求的影响（即采用多因素拟合分析+类比分析法预测结果），单位产品能耗水平、原燃料结构保持 2020 年现状；高需求情景和低需求情景则分别采用多因素拟合分析+类比分析法和下游需求预测法的产量预测结果，同时考虑水泥行业现状排放特征、单位产品能源消耗限额标准要求及减碳措施可行性等，设计了 2025 年、2030 年和 2035 年的 CO_2 排放控制措施（见表 1）。

表 1　水泥行业 2021—2035 年 CO_2 排放情景

<table>
<tr><th colspan="2">项目</th><th>年份</th><th>基准情景（BAU）</th><th>高需求情景</th><th>低需求情景</th></tr>
<tr><td colspan="2" rowspan="3">水泥熟料产量</td><td>2025</td><td rowspan="3">多因素拟合分析+类比分析法预测结果</td><td rowspan="3">多因素拟合分析+类比分析法预测结果</td><td rowspan="3">下游需求预测法预测结果</td></tr>
<tr><td>2030</td></tr>
<tr><td>2035</td></tr>
<tr><td rowspan="15">控制措施</td><td rowspan="3">落后产能淘汰</td><td>2025</td><td rowspan="3">淘汰干法中空窑（除生产铝酸盐水泥等特种水泥外）、水泥机立窑、立波尔窑、湿法窑（现状要求）</td><td colspan="2">淘汰规模 2000t/d 下硅酸盐水泥熟料生产线约 5000×10^4t</td></tr>
<tr><td>2030</td><td colspan="2">根据能耗水平淘汰低效产能</td></tr>
<tr><td>2035</td><td colspan="2">根据能耗水平淘汰低效产能</td></tr>
<tr><td rowspan="3">熟料烧成系统节能改造</td><td>2025</td><td rowspan="3">单位熟料煤耗保持现状</td><td colspan="2">对单位熟料煤耗大于 112kg/t（以标准煤计）的生产线实施技术改造</td></tr>
<tr><td>2030</td><td colspan="2">对单位熟料煤耗大于 109kg/t（以标准煤计）的生产线实施技术改造</td></tr>
<tr><td>2035</td><td colspan="2">对单位熟料煤耗大于 105kg/t（以标准煤计）的生产线实施技术改造</td></tr>
<tr><td rowspan="3">推广高效粉磨技术</td><td>2025</td><td rowspan="3">30%企业采用高效粉磨技术（现状）</td><td colspan="2">40%企业采用高效粉磨技术</td></tr>
<tr><td>2030</td><td colspan="2">60%企业采用高效粉磨技术</td></tr>
<tr><td>2035</td><td colspan="2">80%企业采用高效粉磨技术</td></tr>
<tr><td rowspan="3">推进替代燃料使用</td><td>2025</td><td rowspan="3">5%生产线采用燃料替代技术（现状）</td><td colspan="2">20%生产线采用燃料替代技术</td></tr>
<tr><td>2030</td><td colspan="2">40%生产线采用燃料替代技术</td></tr>
<tr><td>2035</td><td colspan="2">60%生产线采用燃料替代技术</td></tr>
<tr><td rowspan="3">工业废料替代石灰质原料</td><td>2025</td><td rowspan="3">—</td><td colspan="2">—</td></tr>
<tr><td>2030</td><td colspan="2">工业固废在原料中的替代比例达 5%</td></tr>
<tr><td>2035</td><td colspan="2">工业固废在原料中的替代比例达 5%</td></tr>
</table>

（四）碳排放分析方法

根据水泥及水泥熟料产量的预测，测算 2021—2035 年水泥行业 CO_2 排放量。水泥行业 CO_2 排放包括工业过程的 CO_2 直接排放（主要由石灰质原料在熟料煅烧过程中受热分解产生），能源活动导致的 CO_2 直接排放（主要为燃料燃烧产生），以及外购电力消耗引起的 CO_2 间接排放。根据 2006 年《IPCC 国家温室气体清单编制指南》《中国水泥生产企业温室气体排放核算方法与报告指南（试行）》，水泥行业 CO_2 排放量计算公式：

$$E_{CO_2}=E_P+E_c+E_i \tag{3}$$

$$E_P=Q_{Cl}\times\left(FR_{CaO}\times\frac{44}{56}+FR_{MgO}\times\frac{44}{40}\right) \tag{4}$$

$$E_c=Q_{Cl}\times C_{Cl}\times EF_c \tag{5}$$

$$E_i=Q_{Cl}\times E_{Cl}\times E_{Fc}+Q_{ce}\times E_{ce}\times E_{Fe} \tag{6}$$

式中：E_{CO_2}——水泥行业 CO_2 排放量，t；

E_P——工业过程 CO_2 排放量，t；

E_c——能源活动 CO_2 排放量，t；

E_i——CO_2 间接排放量，t；

Q_{Cl}——熟料产量，t；

FR_{CaO}——熟料中 CaO 的含量，%；

FR_{MgO}——熟料中 MgO 的含量，%；

C_{Cl}——吨熟料煤耗，t/t（以标准煤计）；

E_{Fc}——燃料燃烧的 CO_2 排放因子，t/t（以标准煤计）；

E_{Cl}——吨熟料电耗，(kW·h)/t；

E_{Fe}——网电 CO_2 排放因子，t/(kW·h)；

Q_{ce}——水泥产量，t；

E_{ce}——吨水泥电耗，(kW·h)/t。

（五）数据来源

1. 需求预测参数

参考国内外权威机构预测，结合国内外疫情防控和经济发展现状，并综合有关机构的研究对2021—2035 年我国城镇化率、人均 GDP、固定资产形成总额、三次产业结构、固定资产投资结构等进行赋值。

2. 排放因子

熟料中 CaO 和 MgO 的含量采用水泥企业调研数据。CO_2 排放因子参考《中国水泥生产企业温室气体排放核算方法与报告指南（试行）》《省级温室气体排放清单编制指南》。

二、结果与讨论

（一）行业排放现状和特征

1. 水泥及水泥熟料产量

自 1985 年以来，我国水泥产量已连续 35 年稳居世界第一位。2014 年我国水泥产量达到阶段性高点 24.8×10^8t，2015—2020 年水泥产量基本在 22×10^8~24×10^8t 的范围内波动。2020 年全国水泥产量为 23.8×10^8t，人均水泥消费量约 1700kg。近年来，我国水泥产品结构发生了变化，高标号水泥使用比例增长，在水泥消费量进入平台期的同时，水泥熟料消费量仍持续增加。2020 年全国水泥熟料产量创历史新高，达 15.8×10^8t，较 2010 年增长约 37.1%，总体呈年均 3%的增长趋势（见图 2）。

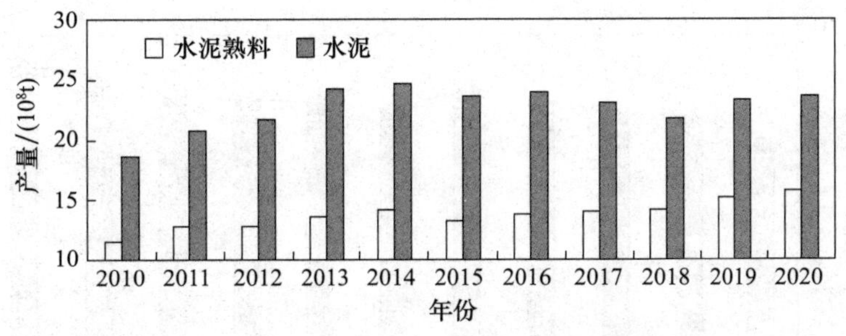

图 2　2010—2020 年我国水泥与水泥熟料产量

2. 水泥熟料产能分布

我国设计水泥熟料产能约 18.2×10^8t，实际年产能超过 20×10^8t。从区域分布来看，水泥熟料产能排名前 5 位的省份分别为安徽省、山东省、四川省、广东省、河南省，其中安徽省、山东省、四川省水泥熟料产能均大于 1×10^8t。水泥熟料产能利用率的区域差异较大，全国产能利用率约为

75%，其中，华东、中南、西南地区产能利用率在80%左右，而西北、华北、东北地区不足50%，产能过剩局面依然没有改变。

3. 水泥生产线规模结构

近年来，我国水泥熟料生产线单线规模逐年上升，平均规模从2013年的3205t/d升至2019年的3610t/d。目前，2500t/d及以下水泥熟料生产线产能约占总产能的28%（见图3），从行业结构调整和技术发展预测，“十四五”期间仍有进一步提升的空间。

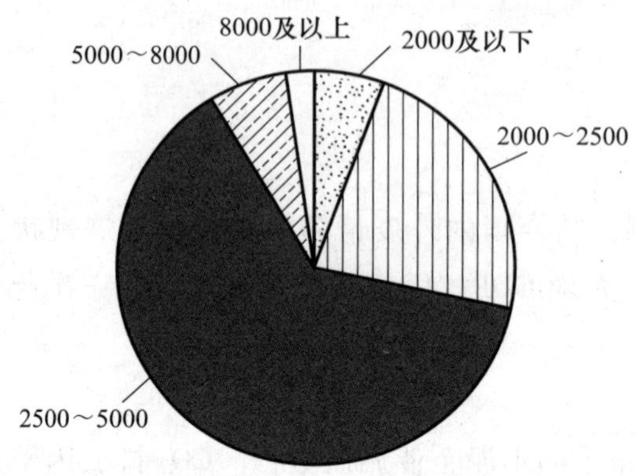

图3　我国不同规模水泥熟料新型干法生产线产能占比（单位：t/d）

4. 水泥行业能源结构及单位产品能耗

水泥生产能耗主要包括热耗和电耗两部分，能源结构以燃煤为主，煤炭占水泥生产所消耗能源的80%~85%。根据900余条水泥熟料生产线实际运行情况分析，正常运行的熟料生产线熟料烧成煤耗在92~128kg/t（以标准煤计）之间，熟料综合电耗在45~66（kW·h）/t的范围内，熟料综合能耗在98~136kg/t（以标准煤计）的范围内。综合考虑窑系统余热发电折算对单位产品煤耗的影响，目前仍有20%左右的水泥熟料产能达不到GB 16780—2012《水泥单位产品能源消耗限额》中现有企业可比熟料综合煤耗限定值，仍需挖潜改造。

5. 水泥行业 CO_2 排放现状

随着水泥熟料产量的增加，我国水泥行业 CO_2 排放量持续增长（见图4）。根据计算，2020年我国水泥行业 CO_2 排放量为 13.7×10^8t，较2010年增长了29.2%。其中，CO_2 直接排放 13.0×10^8t（工业过程 CO_2 排放 8.3×10^8t，能源活动 CO_2 排放 4.7×10^8t），CO_2 间接排放为 0.7×10^8t。

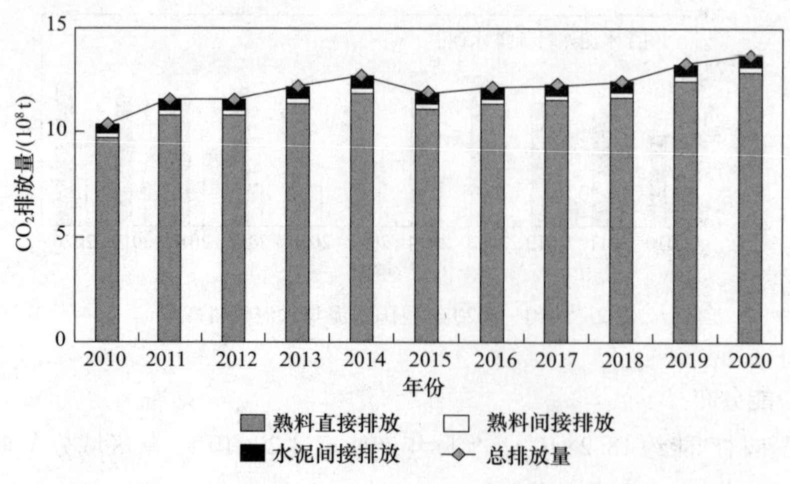

图4　2010—2020年我国水泥行业 CO_2 排放情况

（二）行业发展预测结果

1. 水泥熟料及水泥产量

采用多因素拟合分析+类比分析法和下游需求预测法对2021—2035年我国水泥熟料及水泥产量进行预测（见图5）。由图5可见：中国水泥熟料产量在“十四五”期间仍有一定上升空间，“十四五”之后我国经济进入平稳阶段，经历一个规划周期的建设高峰，投资需求在“十五五”时期将趋于平缓，水泥市场需求下降。多因素拟合分析+类比分析法预测我国水泥熟料产量将在2023年达到峰值16.5×10^8t，“十四五”期间将保持在16.2×10^8～16.5×10^8t的范围内，2025年、2030年和2035年水泥熟料产量分别为16.2×10^8、14.2×10^8和13.0×10^8t；下游需求预测法预测我国水泥熟料产量将在2022年达到峰值16.0×10^8t，2025年、2030年和2035年水泥熟料产量分别为15.2×10^8、13.6×10^8和12.7×10^8t。

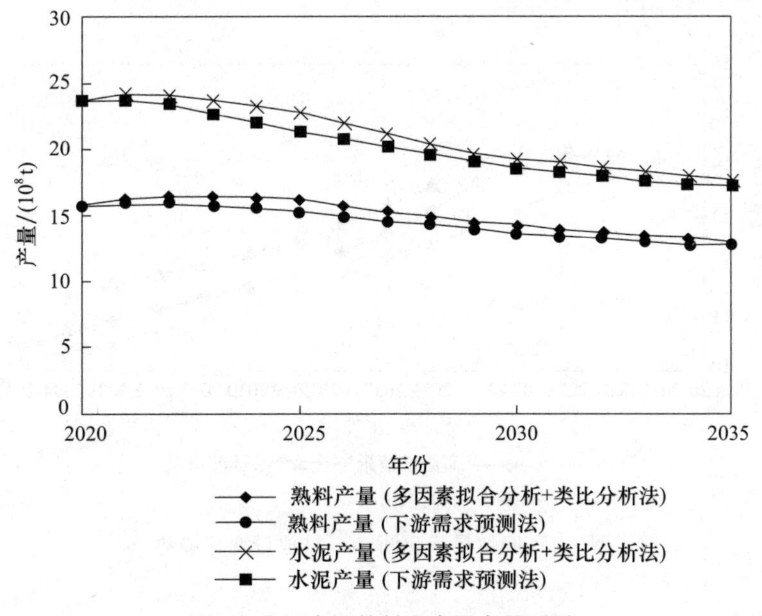

图5　我国水泥熟料和水泥产量预测

2. 单位产品能耗分析

基于水泥单位产品能耗现状，依据所设计的情景中落后产能淘汰、熟料烧成系统节能改造等措施要求以及高效粉磨等技术的推广进度，计算2025年、2030年和2035年水泥单位产品平均能耗（见图6）。随着落后产能的淘汰和高效节能技术的推广，我国水泥单位产品的平均能耗将进一步降低。到2030年，单位熟料平均煤耗将较2020年下降7%，单位熟料和单位水泥平均电耗将分别较2020年下降13%和15%左右。

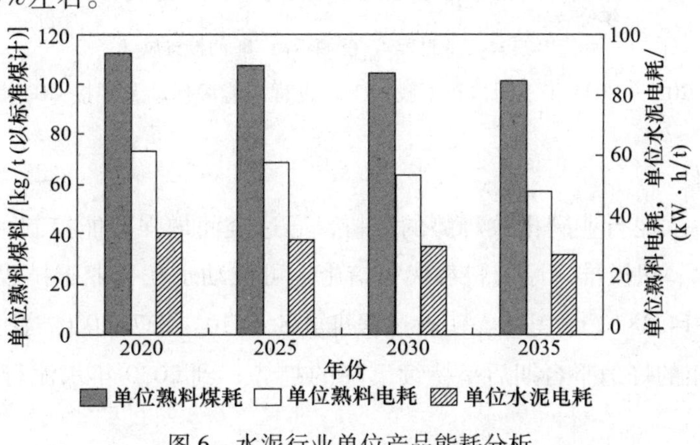

图6　水泥行业单位产品能耗分析

（三）行业碳排放预测及达峰路径

1. 2021—2035 年 CO_2 排放趋势

基于设计的排放情景，计算 2021—2035 年我国水泥行业 CO_2 排放量，结果如图 7、图 8 所示。由图 7、8 可见：基准情景下水泥行业 2030 年 CO_2 排放量为 12.3×10^8t，比 2020 年减少 1.4×10^8t。在高需求情景下，水泥行业 CO_2 排放量在 2023 年达到峰值，为 14.2×10^8t，其中，能源活动 CO_2 排放量为 4.9×10^8t，工业过程 CO_2 排放量为 8.7×10^8t；2030 年 CO_2 排放量为 11.7×10^8t，比 2020 年减少 2×10^8t。在低需求情景下，水泥行业 CO_2 排放量将在 2022 年达到峰值，为 13.8×10^8t，其中，能源活动 CO_2 排放量为 4.8×10^8t，工业过程 CO_2 排放量为 8.4×10^8t；2030 年 CO_2 排放量为 11.2×10^8t，比 2020 年减少 2.5×10^8t。

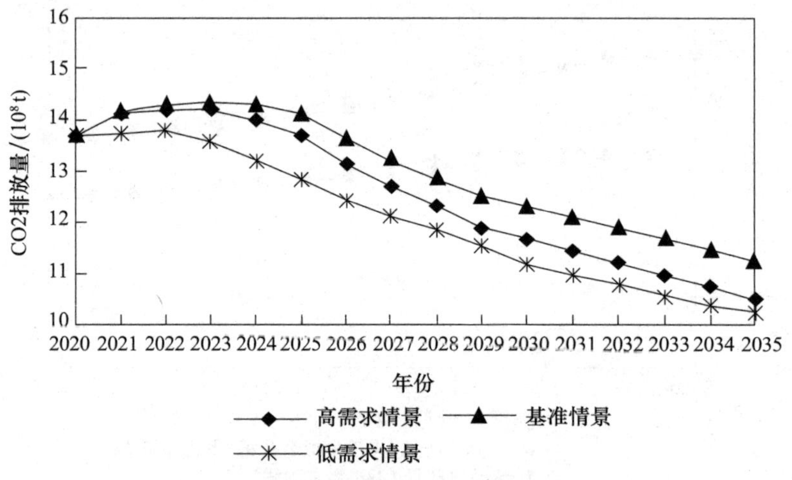

图 7 不同情景下我国 CO_2 排放量变化趋势

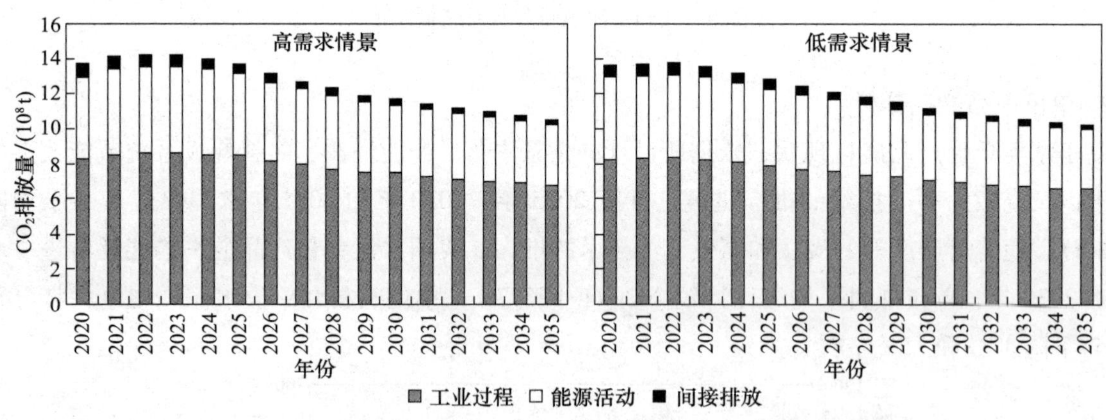

图 8 2021—2035 年不同情景下我国工业过程、能源活动及间接 CO_2 排放量

2. 行业碳达峰路径

基于对不同情景下水泥行业碳排放趋势的分析，通过全面加强产能控制、加大落后产能淘汰力度、推广高效节能技术、积极推进原燃料替代等措施，可推动水泥行业碳排放于“十四五”中期达峰，峰值为 13.8×10^8~14.2×10^8t，其中，工业过程排放 8.4×10^8~8.7×10^8t，能源活动排放 4.8×10^8~4.9×10^8t；经过 2~3 年的峰值平台期后呈持续下降的趋势，到 2030 年水泥行业碳排放量将较 2020 年下降 15%~18%。

随着经济社会的绿色转型，我国水泥熟料产量将下降并带动行业碳排放量的减少。在单位产品能耗、原燃料结构等保持现状的情况下，仅考虑水泥熟料及水泥产量的变化，2030 年水泥行业 CO_2 排放量（基准情景排放量）将较 2020 年减少 1.4×10^8t；在低需求情景下，水泥熟料及水泥需求进一步减少，将使水泥行业峰值排放量及 2030 年排放量分别较高需求情景减少 0.4×10^8 和 0.5×10^8t。从各项控制措施对减排的贡献（见图 9）来看：节能改造将是水泥行业 CO_2 减排潜力最大的措施，到 2030 年节能改造措施（含淘汰落后产能带来的能效提升）可带动水泥行业 CO_2 排放量较基准情景减少 0.38×10^8t；其次是燃料替代，到 2030 年该措施可带动行业 CO_2 排放量较基准情景减少 0.17×10^8t；此外，原料替代可使水泥行业工艺过程 CO_2 排放减少 0.07×10^8t。

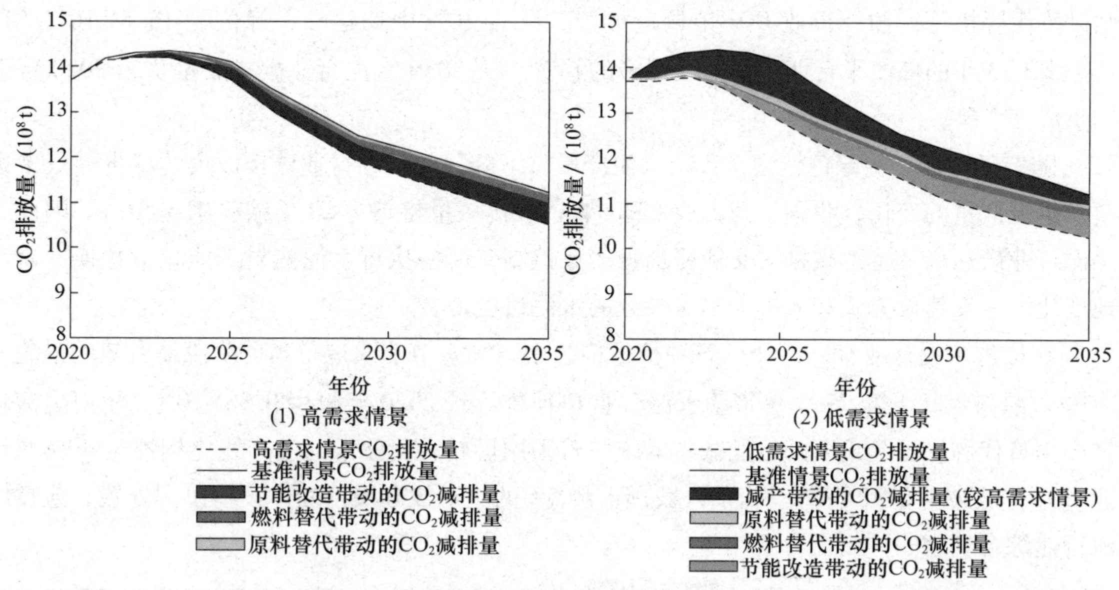

图 9　水泥行业碳达峰路径和主要减排措施的贡献

（四）行业碳达峰路径政策建议

1. 完善相关产业政策

建议研究修订《产业结构调整指导目录》，提高水泥熟料落后产能和过剩产能淘汰标准，将 2000t/d 及以下普通水泥熟料、1000t/d 及以下特种水泥生产线列入“淘汰类”。鼓励大型骨干水泥企业联合设立产业结构调整专项资金，促进水泥熟料过剩产能的退出。支持各类社会资本参与水泥企业并购重组，提升水泥产业集中度，充分发挥大型骨干企业的示范引领作用。

2. 强化节能约束机制

建议加强节能执法监管，开展水泥单位产品能耗限额标准执行情况的专项节能监察。依据企业能效水平实施差别电价政策，促进企业技术进步和绿色发展。建议将水泥企业单位产品能耗纳入重污染天气行业绩效分级管控体系，实施差别化低碳环保管理，对单位熟料生产煤耗大于 3 级能耗限额的水泥熟料生产企业全面加严环保分级管控要求。

3. 加大税收金融政策支持力度

建议研究调整资源综合利用税目录，将生活垃圾或生活垃圾预处理可燃物纳入资源综合利用水泥产品的废渣目录范围，推动提高行业原燃料替代比例。鼓励金融机构出台政策对水泥企业低碳技术研发及低碳改造项目给予优惠信贷支持。支持水泥企业发行企业债券进行直接融资，募集资金用于实施低碳技术改造。建议地方政府固定资产投资项目优先选用低碳水泥产品。

4. 推动实施行业碳排放控制及碳排放权交易

建议有关部门制定“十四五”“十五五”水泥行业碳排放总量控制目标，对于大气污染重点区域、水泥碳排放较大的地区，积极实施行业碳排放减量控制试点。推动行业全面进入碳排放权交易市场，充分发挥市场机制，开展水泥行业碳盘查，推进企业碳减排。

三、结论

（1）我国水泥行业 2020 年碳排放量为 13.7×10^8t，其中工业过程排放占 60%，能源活动排放占 35%，间接排放占 5%。通过全面加强产能控制、加大落后产能淘汰力度、推广高效节能技术、积极推进原燃料替代等措施，预计行业 CO_2 排放量可于“十四五”中期达峰，峰值为 $13.8\times10^8\sim14.2\times10^8$t，经过 2~3 年的峰值平台期后呈持续下降的趋势，到 2030 水泥行业碳排放量将较 2020 年下降 15%~18%。

（2）随着经济社会的绿色转型，我国水泥产量将下降，并带动行业碳排放量的减少。仅考虑水泥熟料及水泥产量的变化，我国水泥行业 2030 年 CO_2 排放量将较 2020 年减少 1.4×10^8t。因此，要推进水泥行业碳达峰及持续减排，必须要加强产量控制，严格执行水泥熟料产能减量置换；避免过度房地产化的开发建设方式和大拆大建等导致的水泥过度消费。

（3）在推进水泥行业 CO_2 减排的各项技术措施中，高效节能改造是当前阶段最有效的措施，到 2030 年单位熟料煤耗下降 7%，可带动水泥行业 CO_2 排放较 2020 年减少 0.38×10^8t。使用生活垃圾等固体废物替代燃煤也是重要的行业减碳措施，若采用燃料替代技术的生产线比例提至 40%，可带动行业 CO_2 排放减少 0.17×10^8t。目前，我国仅约 5%的生产线开展了固体废物协同处置，应持续加大水泥行业综合利用固体废物力度。

浙江省水泥行业超低排放改造技术与政策深化研究

袁海英　周　荣　詹　杰　王丹丹　颜　洋

自火电、钢铁行业全面执行超低排放改造以来，水泥工业大气污染物排放总量跃居首位，是非电行业管控重点。位于重点区域的河北、河南、安徽、浙江等水泥大省在开展水泥行业超低排放改造工作方面走在全国前列，出台有组织废气超低排放指标、无组织废气超低排放控制技术要求，并整合提出清洁方式运输要求等。

通过梳理水泥超低排放改造的政策起源和发展，特别是针对火电和钢铁尚不成熟的无组织排放改造的尺度和要求，有利于对标自查，明确水泥行业改造的目标、技术方法、投资、运行管理手段，有利于健全后期的长效管理制度，对于完善政策体系、指导企业实施改造、引导行业转型升级具有重大意义。

一、水泥行业超低排放改造起源与进展

超低排放概念起源于火电行业，2014 年浙江嘉华电厂超低排放成功投运，是我国首个实现超低排放改造的企业。此后，在钢铁行业得以推广，国家出台了钢铁行业超低排放改造实施计划和评估监测技术指南等系列文件。自火电全面完成超低排放改造、钢铁行业全面推进超低排放改造以来，水泥工业大气污染物排放总量跃居首位，是非电行业管控重点行业。为加快水泥企业超低排放的力度与进度，国家及地方相继出台了超低排放的政策性文件。

首先在国家层面上，2017 年发布了水泥工业排污许可证申请与核发技术规范，提出了系统而全面的无组织管控措施和要求，2019 年发布了《工业炉窑大气污染综合治理方案》，针对水泥行业有组织、无组织技术要求，2020 年发布了《重污染天气重点行业应急减排措施制定技术指南》（2020 年修订版），将水泥行业超低排放与重污染天气企业停限产相关联，借此调动水泥企业超低排放改造积极性。河南、河北、山西、四川等水泥大省率先启动水泥行业污染物深度减排，出台了系列政策和标准。

浙江省 2019 年在结合地方特点的基础上出台了《浙江省工业炉窑综合治理方案》，针对水泥行业提出了具有引导意义的拔高性要求，鼓励执行超低排放限值。2020 年出台了《水泥行业超低排放实施方案》《水泥行业超低排放评估监测技术指南》，正在编制浙江省《水泥工业大气污染物排放标准》，这一系列文件全面规定了技术指标，规范了技术措施和清洁方式运输比例要求，水泥行业超低排放的概念得以深化和发展，除了对燃烧系统废气颗粒物、二氧化硫、氮氧化物等排放限值持续收严外，还结合水泥行业无组织废气排放点多面广的特点，提出了更具针对性的无组织废气排放改造系列要求。此外，还将清洁方式运输纳入超低排放改造，是对《浙江省工业炉窑综合治理方案》《水泥工业排污许可证技术规范》等系列技术文件的深化和延续。水泥行业实施超低排放改造，需从有组织排放、无组织排放、清洁方式运输全面提升，还需要加强台账建设、监测监控措施、环

境管理体系用以佐证，相关提升整治完成后需编制评估监测报告。

二、有组织废气超低排放改造

（一）有组织废气超低限值和技术

有组织废气包括窑头窑尾、独立热源等主要排放口和数量众多的小除尘器的一般排放口。其中窑头、窑尾废气的超低排放改造一直是水泥行业超低排放改造重点，因为减排投资大、污染物减排成效显著，水泥企业、技术单位和管理部门都非常重视。针对窑尾和窑头废气，各省市提出了不同尺度的管控指标，典型省市水泥行业超低排放的标准见表1。

表1　典型省份水泥行业超低排放标准及政策要求

省份	污染物排放深度限值（mg/m^3）			成时间
	颗粒物	二氧化硫	氮氧化物	
浙江	10	50	100	2022年底
	10	35	50	2025年6月底
河北	10	30	100	2021年10月1日
河南	10	35	100	2020年底力争实现
	10	20	50	
海南	10	100	200	2021年底
四川	10	35	100	2022年前
山西	10	35	50	2024年底前
宁夏	10	50	100	2022年底

由此可见，对于颗粒物的指标，各省市一致将指标收严到10mg/m³，技术方案采用覆膜滤袋。对于二氧化硫，超低限值跨度较大，剔除非重点区域的海南，限值范围在20~50mg/m³，虽然数值上有差异，但是要严格控制在50mg/m³以下，基本需配套石灰石-石膏湿法等高效脱硫技术才能稳定可靠达标排放，对于深度脱硫技术的引导基本一致。对于NO_x（氮氧化物），其合理限值的确定一直是水泥行业的难点，在导向性指标和预期性指标方面，都期望收严至50mg/m³以下，但是河北、河南等省份最后颁布具有法律效力的地方标准时，又放松到了100mg/m³。主要是因为深度脱硝技术相对多样，目前经过广泛的试验示范，形成的主流技术有智能SNCR脱硝、高效脱氮管技术和SCR脱硝技术，另外还有尘硝一体化技术、LCR技术等相对小众技术。SCR脱硝技术作为火电行业的传统技术，各方面技术指标能全面达到超低限值，以河北新安新峰水泥为例：1#线熟料产能2500t/d，2#线熟料产能4800t/d，全部采用"高温电除尘器+SCR脱硝一体化技术"进行提标改造。改造后，1#线烟气入口氮氧化物浓度值为268.2mg/m³，出口浓度值为22.0mg/m³；2#线入口氮氧化物浓度值为450.9mg/m³，出口浓度值为29.2mg/m³，脱硝率均在90%以上，出口浓度值均低于50mg/m³。但是SCR脱硝因占地大、投资大、运行费用高、对主生产系统有影响等诸多原因，导致行业接受度偏低。智能SNCR脱硝和高效脱氮管相对于传统的SNCR脱硝和分级燃烧技术在技术手段上有质的提升，实现NO_x<100mg/m³综合性能较好，实现NO_x<50mg/m³技术可达，但是经济性显著下降，氨水消耗量大幅增加，综合性能不佳，对于本底氨的排放无法削减，无法保证氨达标排放。

（二）有组织超低排放改造成本效益分析

有组织废气治理投资大。分别以典型的2500t/d和5000t/d的生产线各污染物执行不同排放限值进行技术选配和投资估算，详见表2~表4。再以浙江省为例，计算不同排放限值将对应的区域性污染物减排及对应的总投资，详见表5。截至2020年底浙江省在役水泥熟料线46条，其中5000t/d级熟料线23条，2500t/d级熟料线23条。依现行排放标准GB 4915—2013《水泥工业大气污染物排放标准》规定的特别排放限值，全省减排成本为7.78亿元。执行Ⅰ阶段排放标准，除尘升级为覆膜袋除尘，脱硫仍采用半干法脱硫，脱硝选配最经济可行技术智能SNCR脱硝技术，投资取中位数，全省减排成本合计为17.09亿元，除尘和脱硝设备全部需要新增，即新增投资为16亿元。进一步收严到Ⅱ阶段排放标准，仅脱硝技术需要进一步升级，若采用目前相对成熟的SCR脱硝技术，全省实施改造新增投资约为18.85亿元；若采用相对经济可行技术高效低氮改造+智能SNCR脱硝技术，全省实施改造投资约为15.3亿元。可见执行Ⅱ阶段排放标准，投资大幅增加，技术选配需慎重。

表2　颗粒物执行不同限值的适用技术及投资估算

项目	浓度限值（mg/m^3）	适用技术	投资估算（万元）	
			2500t/d级	5000t/d级
现行标准	20	袋除尘	800	1000
Ⅰ阶段限值	10	覆膜滤袋	1200	1500
Ⅱ阶段限值	10	覆膜滤袋	1200	1500

表3　二氧化硫执行不同限值的适用技术及投资估算

项目	浓度限值（mg/m^3）	适用技术	投资估算（万元）	
			2500t/d级	5000t/d级
现行标准	100	半干法	200	300
Ⅰ阶段限值	50	石灰石-石膏湿法	1500	2000
Ⅱ阶段限值	10	石灰石-石膏湿法	1500	2000

表4　氮氧化物执行不同限值的适用技术及投资估算

项目	浓度限值（mg/m^3）	适用技术	投资估算（万元）	
			2500t/d级	5000t/d级
现行标准	320	传统SNCR脱硝	400	600
Ⅰ阶段限值	100	传统SNCR脱硝	350~550	500~700
Ⅱ阶段限值	50	SNCR脱硝	3500	4500
		高效脱氮+智能SNCR脱硝	3000	3500

表5　执行不同限值对应的污染物排放和投资（以浙江省为例）

项目		颗粒物	二氧化硫	氮氧化物	总投资
浓度限值（mg/m^3）	现行标准	20	100	320	—
	Ⅰ阶段限值	10	50	100	—
	Ⅱ阶段限值	10	35	50	—

续表

项目		颗粒物	二氧化硫	氮氧化物	总投资
污染物排放量（万吨/年）	现行标准	0.12	1.28	3.93	—
	Ⅰ阶段限值	0.06	0.58	1.28	—
	Ⅱ阶段限值	0.06	0.41	0.58	—
项目投资（亿元）	现行标准	4.24	1.18	2.36	7.78
	Ⅰ阶段限值	6.36	1.18	2.48	17.09
	Ⅱ阶段限值	6.36	8.25	18.85[1]	33.46[1]
				15.3[2]	29.91[2]

注：1. 采用SCR脱硝技术；

2. 采用高效脱氮+智能SNCR脱硝技术。

三、无组织废气清洁化改造

（一）无组织排放技术要求和现状

《浙江省水泥行业超低排放改造实施方案》（以下简称“《方案》”）中关于无组织排放，主要有四个方面：一是密闭封闭，粉状物料要求做到密闭储存、密闭输送，块状物料要求封闭储存、封闭输送，针对主要的产尘点的具体细化要求主要来源于《水泥工业排污许可证技术规范》；二是要求水泥企业建立无组织排放清单；三是要求企业对产尘点设置高清视频监控和颗粒物监测；四是要求水泥企业建立无组织集中控制系统，实现主生产设施和环保治理设施的同步运行。

（二）密闭和封闭

关于密闭和封闭，水泥企业一直在持续改进，整体情况距离技术规范要求还有较大差距。以完整的“生料磨—回转窑—水泥磨”分析，主要问题分三个层级：一是未密闭（封闭），突出的环节在石灰石、砂页岩下料口，目前基本采用箱式货车直接卸载，仅有简单的围挡，部分企业会适当增加软帘，除尘器也仅仅配置在下料点下方的破碎机，下料点未配套除尘设施。此处建议实行整体封闭改造，整个卸载车关门作业，必要时在门口配置喷雾抑尘。二是具备良好的密闭（封闭）条件，但封闭不全，主要是皮带运输机，存在老旧破损、检修孔未及时封闭的问题，皮带输送机起点、终点和中间的转运站存在较多封闭不全的状态。三是具备良好的密闭（封闭）条件，但作业时未做到密闭（封闭），主要是原料均化库、筒状库配料秤和皮带输送机。

（三）无组织排放清单

目前尚无水泥企业建立无组织排放清单。根据钢铁行业推进超低排放改造，是要明确每一个储库、每个转运设施，鉴于水泥行业已经有较多的斜槽、溜子等，基本从配料秤进入传输带至磨机提升设施开始为全密闭态，至包装环节才会有产尘点。因此，无组织清单从原料进厂开始至磨机提升设施之前的环节、包装环节需按储存和运输分类建立清单，物料储存注明物料名称、种类、储库尺寸（长宽高、平面库面积、筒状库体积）、平面库通道数、物料堆取方式、生产设施、治理设施、监控设施，成对应关系；运输注明物料种类、名称、起点、终点、皮带长度，生产设施及主要参数、治理设施及主要参数、监测监控配置情况。从预热器熟料提升机—预热器—回转窑—篦冷机，需逐一排查，符合密闭条件注明密闭，并附图即可。其他行业通用的密闭输送环节，如“水泥磨提升机—水泥磨—包装机（水泥库）”，可简化信息。对于不符合密闭条件，封闭不全的区域则应全面列明。

（四）高清视频和PM监控

高清视频和PM监控目前在水泥行业用于服务超低排放监管的也几乎没有。《方案》中仅提及主要产尘点，尺度上比较难以把控，根据前期调研情况，应设置视屏监控和PM监测的主要产尘点有：①通过汽车运送进厂的物料的卸料口、石灰石卸料口、砂页岩卸料口、燃煤卸料口、石膏卸料口、混合材卸料口等；②水泥包装车间及码货车间；③散装水泥物流通道；④所有涉及平面库的物流通道；⑤水运码头。

（五）无组织集中控制系统

无组织集中控制系统在水泥行业也是空白。建议无组织集中控制系统至少应包括三个模块：清洁方式运输模块，同步运行监控，主要产尘点PM监测和视频监控。清洁方式运输模块，需要将门禁系统和产销系统整合升级，核算的对象是进出厂物料的运输情况，包括车辆、船舶、皮带运输机和管道输送数据，水泥企业现在是对进出厂物料“一磅一单”，基本符合核查要求。同步运行，主要结合无组织排放清单进行设计，有除尘器、喷雾的环节，均应将主生产系统纳入集中控制。主要产尘点PM监测和视频监控，除了实现记录功能外，PM监测还能连锁喷雾抑尘设施自动启动。

四、清洁方式运输提升

各地市提出的超低排放改造政策中，浙江省对运输方式也提出了要求：进出企业的煤炭及其制品、石灰质原料、校正原料、协同处置涉及的固体废物、缓凝剂、混合材、熟料、水泥等大宗物料和产品采用铁路、水路、管道或带式输送机等清洁方式运输量比例应不低于80%；达不到的，2022年底前，汽车运输部分应采用达到国Ⅴ及以上排放标准的汽车或新能源汽车。燃油运输车辆应使用合格油品、安装远程排放监控设备并联网。

清洁方式运输量比例应不低于80%，有三个方面需要厘清：①什么是清洁方式运输，方案中专指列明的铁路、水路、管道或带式输送机，罐装车、国Ⅴ以上燃油车和其他清洁能源车，是常规意义上的清洁方式运输，但不能计入清洁方式运输车辆。主要是因为方案的目的是引导企业使用铁路、水路、管道或带式输送机实现长距离输送，减少燃油运输车辆使用率。②计算的对象须明确，是针对进出厂物料，进来的燃原料和辅料，出去的成品主要有熟料、散装水泥和包装水泥，均应计算在内，但不包括厂内短拨运输。③针对厂内转运车有什么样的具体要求。依据密闭（封闭）转运要求，具备条件的企业应优先改造为皮带运输机，确需使用燃油运输车辆的，燃油运输车辆应使用合格油品、安装远程排放监控设备并联网，根据燃油货车攻坚方案，具备条件安装远程排放监控设备并联网的，需达到国Ⅲ以上标准。

清洁方式运输比例达80%以上难度非常大，首先从整个省级层面宏观角度来看，具备清洁方式运输或高比例清洁方式运输条件的企业非常少：浙江省34家熟料线企业、102家独立粉磨线企业，具备火车运输条件的，仅有长兴南方、浙江巨泰建材2家企业，企业数量占比为1.5%。具备皮带运输条件的，浙江省内仅长兴境内建设有大物流通道，仅有上海南方旗下5家企业可以使用，企业数量占比为3.7%。浙江省水系发达，整体水运条件较好，具备水运条件的企业数占比可达50%以上。

具体到企业，符合清洁方式运输可达80%及以上的企业非常少：含熟料线企业以长兴某运输条件较好的企业为例，具备火车运输条件，主要限于运煤和散装水泥，火车运输量占进出厂运输量的5%以下；具备皮带运输机，但主要限于石灰石矿和水泥熟料，占进出厂运输量50%以下；不具备水运条件；综合清洁运输比例在55%以下。独立粉磨站以嘉兴某运输条件较好的企业为例：具备水运条件，可实现水泥熟料、粉煤灰等所有原辅材水运，但是所有包装水泥和散装水泥基本为企业运输，清洁方式运输比例初步统计也在55%以下。大部分企业初步测算清洁方式运输比例为20%~47%，运输条件较差的企业，清洁方式运输比例甚至低于10%。这与水泥行业特点有关，运输条件较好的企业，也仅仅是燃原料等进项可以部分或全部采用清洁方式运输，但是产品基本都是采用汽车运输，特别是包装水泥，全部为汽车运输，散装水泥也仅有小比例采用水运。不同于钢铁行业产品主要是进入下游金属制品业进行二次加工，水泥行业的产品直接面向客户，汽车运输是最高效的运输方式。

在达不到80%的清洁方式运输比例的，企业需满足所有运输车辆为国Ⅴ以上或是新能源汽车，但是目前社会车辆国Ⅴ以上比例约为48%。企业可以去争取好的社会车辆，但是落到实施层面仍然难度很大，尤其以包装水泥为甚，大多数车辆为提货单位车辆，不受企业控制。企业运输原料的自有车辆和外包车辆还能有一定比例的提升。

要完成水泥行业清洁方式运输的任务，需要多方面同时发力：首先企业层面，需要企业切实承担起主体责任，针对不同来源的车辆采取不同的手段：对于自有车辆，积极安排车辆更新，对于委托外部的车辆，切实对运输公司提出要求，对于自提货客户单位的运输车辆，出具提货告知书，国Ⅴ以下的运输车辆将不得入内。此外，从硬件设施方面，将车辆信息纳入门禁系统，不满足清洁方式运输的车辆不得入内。其次是政府层面，加快推动社会车辆的整体升级，社会车辆国Ⅴ以上车辆比例大幅提升；此外，管控手段上需保持一致。

五、浙江省水泥行业超低排放政策深化研究

从水泥行业超低排放改造完成情况来看，河南生态环境厅率先公示了“完成超低排放改造评估监测钢铁水泥企业名单”，截至2021年5月底，河南省135家水泥企业“有组织排放、无组织排放”完成了超低排放改造评估监测，其中熟料线企业50家。河北省邯郸市大力推进水泥行业粉尘治理，全市4家水泥厂完成超低排放改造。浙江省长兴县要求在2021年10月完成水泥熟料企业和独立粉磨站超低排放改造，兰溪市要求在2021年完成7条水泥（熟料）制造企业（生产线）、8家独立粉磨站的超低排放清洁技术改造，提升环保管理水平。

水泥行业超低排放改造经济政策积极跟进电厂超低排放改造电价补贴、钢铁行业超低排放改造差别化电价政策。河北、河南、青海、福建等地曾下发对水泥企业超低排放差别化电价政策的通知。其中，以河南为例，河南地区要求一项未达到超低排放要求的用电价格每千瓦时加价0.01元（含税）；两项未达到超低排放要求的单位电价加价0.03元；三项均未达到超低排放要求的单位电价加价0.06元。完成全部超低排放改造的企业，则用电不再加价。于水泥企业而言，阶梯电价的实施只是作为一种方式促进行业超低排放改造、节能降耗技术升级，在水泥行业节能减排、绿色发展的大趋势下，水泥企业应认识到绿色转型的紧迫性和意义，抓紧时间进行转型升级。

水泥行业超低排放改造作为一项系统工程，涉及大量的人力、物力投入，差别化电价可以作为一个长效监管手段，应结合年度执法检查、超低排放企业名单动态化更新和执行加价企业名单定期公示等举措，巩固超低排放成果和环境效益。此外，浙江省正在编制《水泥工业大气污染物排放标准》，将从执法层面全面收严有组织废气排放指标，并且还对无组织排放增加了行为规范。

六、结论

（1）水泥行业实施超低排放改造是一项系统的工程，有组织废气超低排放改造是重点，无组织排放改造是痛点，提升清洁方式运输比例是难点。

（2）有组织废气注意指标稳定可靠达标排放，针对PM应采用覆膜滤袋，针对二氧化硫应采用石灰石—石膏湿法等高效技术，针对氮氧化物采用多技术组合使用，做到源头控制—过程控制—末端治理相结合。此外，加强CEMS安装、调试、验收、运行维护的规范性，监测点和监测平台的规范性。

（3）无组织废气从物料进厂到出厂进行全流程排查，优先做好密闭、封闭，对主要产尘点建立清单，主要下料口布设高清视频和PM监控，并建立无组织集中控制系统，实现无组织废气抑尘除尘的控制可视化展示和历史记录的查询。

（4）清洁方式运输，需要水泥企业、运输公司和政府部门协作，水泥企业自有车辆的更新，运输公司提升国Ⅴ及以上车辆的比例，政府部门通过强化监管和淘汰补贴，加快社会车辆的更新频次。

（5）全面做好水泥行业超低排放改造，涉及大量的投资和运行维护，通过信息公示、执法检查、差别化电价等手段加强长效管理，巩固超低排放成效。

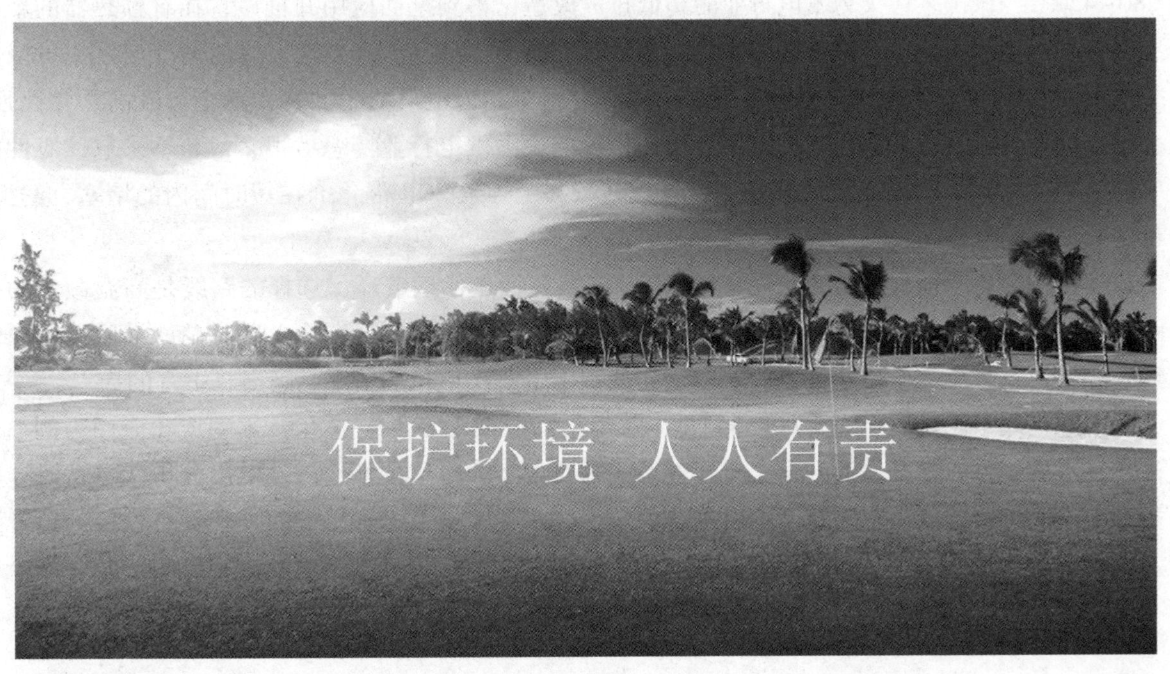

高温微尘 SCR 一体化技术在 5000t 水泥窑的成功应用

福建远致环保科技有限公司　赖永花　罗祥波　李　元　沈国庆

近年来，随着水泥行业在环保领域的升级发展，排放标准日益提高，氮氧化物减排问题一直困扰业内，氮氧化物排放治理可谓当前水泥行业大气污染物减排面临的最大难题。目前，国内脱硝技术方案可以分为两大类，一是过程控制（即低氮燃烧，分级燃烧等改造方案）；二是末端治理，主要包括 SNCR 和 SCR，在实际应用中部分企业也采用了过程控制加 SNCR 脱硝的模式，取得了良好的效果，但是要实现超低排放要求，SCR 脱硝更具可行性也更具潜力。高温 SCR 脱硝反应温度一般为 280~420℃，该工艺在火力发电行业的超低排放改造已得到全面应用并推广，在有预热器的新型干法熟料水泥生产线上，该温度区间正好对应水泥窑尾预热器 C1 筒废气出口的烟气温度，可以满足 SCR 所需要的反应温度窗口，但由于水泥窑粉尘相对燃煤电厂粉尘而言，粉尘浓度高、黏性强、碱金属含量高、毒性大，催化剂的使用环境比传统的火力发电行业要恶劣很多，若不采取针对性的技术措施解决，完全按燃煤电厂 SCR 的设计模式，必定导致 SCR 催化剂在短时间内的堵塞、磨损、中毒失效，从而导致项目整体失败。

根据水泥窑生产情况，结合水泥窑尾 C1 出口烟气特点，远致环保选择的路线是高温微尘的技术路线，即在水泥窑 C1 出口后布置一台尘硝一体化设备对烟气进行先除尘后脱硝，最后接回原烟道经余热锅炉及窑尾收尘后达标排放。该工艺从根本上解决催化剂堵塞、磨损、中毒的痛点。

本文以华润水泥（长治）5000t/d 新型干法炉窑高温微尘 SCR 一体化技术的成功应用为例，介绍该项技术的技术原理、设计方案、实施效果，并对方案的应用技术经济性做出分析。本文对今后同类新型干法炉窑的氮氧化物超低排放改造以及该技术在大型水泥炉窑上的推广具有积极的参考和借鉴作用。

一、项目概况

（一）总体情况

根据长治市大气污染防治工作领导组办公室《关于印发长治市工业炉窑专项整治实施方案的通知》要求：从 2020 年 10 月 1 日起，全市水泥行业颗粒物、二氧化硫、氮氧化物排放要达到超低排放限值，分别为 10mg/Nm^3、50mg/Nm^3、100mg/Nm^3；长治市人民政府办公室文件《关于印发长治市打赢蓝天保卫战 2020 年决战计划的通知》要求，加强氨排放管控，采用 SCR 和 SNCR 工艺的脱硝设施全部安装氨逃逸监控仪表，氨逃逸指标分别控制在 2. 5mg/Nm^3、8mg/Nm^3。华润水泥（长治）有限公司现有分级燃烧及 SNCR 脱硝系统虽达到氮氧化物排放浓度低于 100mg/Nm^3 的要求，但在生料磨停机时不能满足氨逃逸不大于 8mg/m^3 的排放要求，且氨水耗量极大，运行成本高。为

降低环保排放风险，履行社会环保责任，华润水泥（长治）有限公司提出对系统实施 SCR 脱硝项目技改。

华润水泥（长治）5000t/d 新型干法炉窑为全国首个 5000t/d 水泥生产线采用高温微尘 SCR 一体化技术的项目，该项目由福建远致环保科技有限公司 EPC 总承包，项目于 2022 年 3 月 20 日投运，项目投运后，各项指标优于合同技术指标要求，粉尘浓度不大于 10mg/Nm^3，NO_x 不大于 35mg/Nm^3，氨逃逸不大于 2.5mg/Nm^3。且改造后，氨水耗量大大降低，节省了运行经济费用。

（二）改造前情况

本项目为一条额定 5000t/d 熟料生产线，实际产能为 6000t/d，采用新型干法炉窑生产工艺，分解窑配置 5 级旋风筒，总体工艺流程如图 1 所示。

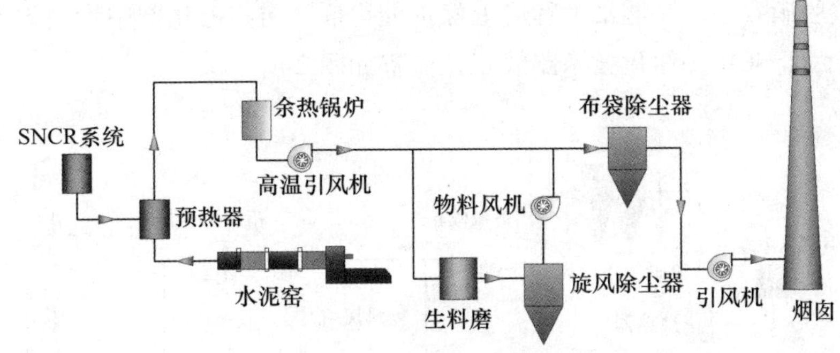

图 1　改造前总体工艺流程

改造前环保设施情况：脱硝采用 SNCR 技术，在窑尾预热器 C5 出口及分解炉喷入氨水；C1 出口出来的烟气进 SP 炉，烟气从 SP 炉出来后经高温风机去生料磨、旋风分离器；出口烟气最后进入布袋除尘器，除尘后经引风机由到烟囱排入大气中。本项目未设置增湿塔，降温采用管道增湿的方式。

本项目改造前突出问题表现在：一是 NO_x 排放无法满足 50mg/Nm^3 的超低排放要求；二是氨水用量大，运行经济性较差；三是氨逃逸超标。

改造提资参数见表 1。

表 1　改造前提资参数

名称	单位	数值
烟气量	Nm^3/h	420000
C1 出口烟温	℃	310±10
C1 出口粉尘浓度	g/Nm^3	100
SNCR 脱硝前 NO_x 浓度	mg/Nm^3	800
SNCR 脱硝氨水耗量（20%浓度）	kg/h	1135

本项目改造后总体性能要求见表 2。

表 2　改造后总体性能要求

名称	单位	数值
烟囱 NO_x	mg/Nm^3	≤50
烟囱粉尘	mg/Nm^3	≤10

续表

名称	单位	数值
烟囱氨逃逸	mg/Nm^3	≤2.5
20%氨水耗量	kg/h	≤500
系统阻力增加	Pa	≤800

（三）总体改造技术路线

目前水泥行业脱硝超低排放改造技术路线众多，按 SCR 催化剂工作所处的烟温和粉尘浓度场合，可分为高温高尘、高温中尘、高温微尘、中温中尘、低温低尘等多种技术路线。

通过多方调研和论证，投资方认为高温微尘 SCR 一体化技术是最适合本项目实际工况的，既能保证高温 SCR 高效脱硝效率，又能最大程度上保护催化剂、防止催化剂中毒失效的成熟技术。本项目最终确定的高温微尘 SCR 一体化技术路线工艺流程如图 2 所示。

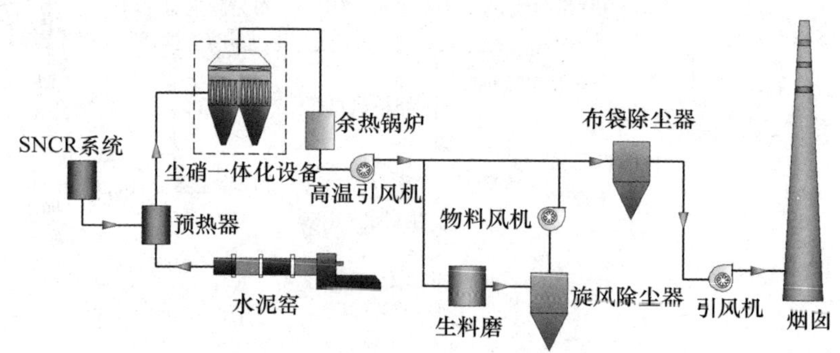

图 2　改造后总体工艺流程

如图 2 所示，本项目远致环保采用高温微尘 SCR 尘硝一体化的技术路线。即在现有水泥窑预热器 C1 出口与余热锅炉进口之间位置新建一套高温微尘 SCR 尘硝一体设备，同时实现 NO_x 和粉尘的治理。从水泥窑预热器 C1 出口引出高温高尘烟气进入尘硝一体化设备，烟气首先至上而下经过尘硝一体的进口喇叭和多孔板，通过自由沉降和机械作用实现预除尘，之后进入高温电除尘器进行二级收尘，再经过高温金属滤袋进行三级收尘。经过三级高效收尘之后可将烟气中的含尘量降到 $10mg/Nm^3$ 以下。低尘/微尘烟气再至下而上流经设置在滤袋净气室顶部的 SCR 催化剂层（仅设置一层催化剂），实现 NO_x 的脱除，由于催化剂始终处于高温微尘工作环境之下，活性和寿命得到有效保证，出口氮氧化物排放浓度可稳定在 $50mg/m^3$ 以下。

二、高温微尘 SCR 脱硝一体化技术

（一）技术开发背景

高温 SCR 脱硝工艺在燃煤电厂上已成为一项成熟的技术，但在水泥生产线上直接应用将面临着一些突出的问题，有效解决这些问题是高温 SCR 脱硝在水泥行业应用中首先也是最为关键的前提条件。相对燃煤电厂，水泥窑烟尘具有如下特性：

（1）NO_x 含量高，为 300~1300mg/Nm^3；

（2）SO_2 含量差异大；

（3）粉尘含量高，C1 出口含尘浓度 80~130g/Nm^3；

（4）粉尘粒径小（小于 10μm 的颗粒约占 75%）；

（5）粉尘中碱金属氧化物 CaO、K_2O、Na_2O 等含量高，其中 CaO 达到 60%以上；

（6）粉尘黏性大。

可见，水泥窑应用高温 SCR 脱硝催化剂，极易造成催化剂堵塞、磨损、中毒、失效；为防止催化剂堵塞，通常高温高尘、高温中尘技术需要采用低孔数例如 13 孔催化剂，加之水泥窑原始 NO_x 浓度通常较高，势必造成催化剂用量大大增加，从已实施的高温高尘或高温中尘 SCR 技术来看，通常 SCR 反应器设置了 4+1 层催化剂。尽管如此，在实际应用中，仍然造成了催化剂不同程度的物理破坏和化学失活，催化剂使用寿命通常低于设计值。且在实际应用中，为防止催化剂层的积灰堵塞，每层催化剂均配置了耙式吹灰器和声波吹灰器，运行能耗极高。

针对水泥行业特殊工况，远致环保开发出一种高温微尘 SCR 脱硝一体化的技术，采用高效电除尘+金属滤袋复合除尘进行高效除尘，保证进入 SCR 脱硝催化剂的粉尘浓度处于微尘（不大于 10mg/Nm^3），为催化剂的运行创造类似天然气机组烟气的微尘洁净状态。如此，一方面保证催化剂良好的工作状态，大大延长催化剂的使用寿命；另一方面，洁净环境为使用高孔数例如 40 孔、高比表面积催化剂创造条件，催化剂用量可大大减少，催化剂寿命长达 5 年以上。

（二）技术功能

高温微尘 SCR 尘硝一体化设备，集高温电除尘器、高温金属滤袋除尘器和高温 SCR 脱硝反应器结构设计为一体，先除尘、后脱硝，实现烟气高效治理。

（三）远致环保高温微尘 SCR 一体化结构特点

远致环保自主开发的高温微尘 SCR 一体化设备结构如图 3 所示。其结构特点如下：

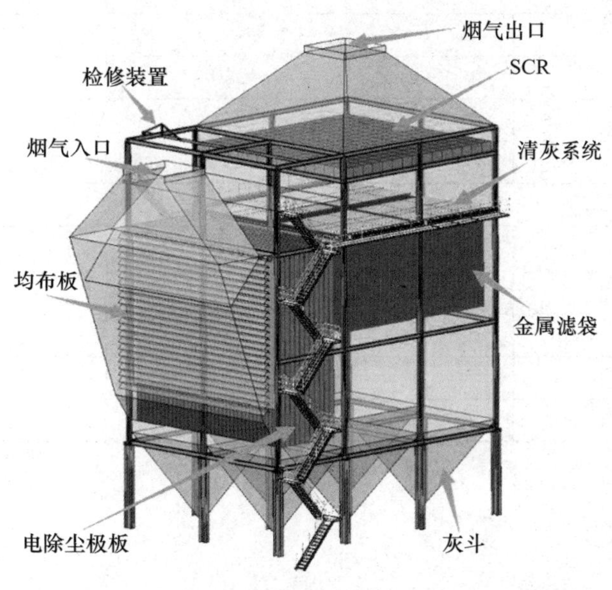

图 3　远致环保高温微尘 SCR 一体化结构

三级高效除尘：上进风进口喇叭、槽形板装置进行物理沉降实现第一级除尘；设置一电场除尘实现第二级除尘，可降低后续袋区含尘浓度；且粉尘荷电后，可有效降低续金属滤袋运行和清灰阻力；设置高温金属滤袋实现第三级高效除尘，有效保证粉尘超低排放。

高度一体化：高温除尘和高温 SCR 集中在一个反应器内，实现真正一体化；占地面积小。

微尘 SCR、高孔数催化剂、单层催化剂：高温 SCR 脱硝催化剂层置于金属滤袋区净气室之上，处于微尘环境（不大于 10mg/Nm^3），可使用高孔数（40 孔以上）催化剂，比表面积大，催化剂用量小，有效解决催化剂堵塞、磨损、中毒等不利因素。一般水泥炉窑烟气 SCR 脱硝仅设置一层催化剂即可满足超低排放要求，因此系统阻力低。

（四）本工程改造设计参数

本工程高温微尘 SCR 脱硝一体化设备设计参数见表 3。

表 3 高温微尘 SCR 脱硝一体化设备设计参数

名称	单位	数值
一、总体设计性能		
处理风量	m^3/h	420000
正常气体温度	℃	310
入口含尘浓度	g/Nm^3	≤100
除尘效率	%	99.99
保证出口浓度	mg/Nm^3	≤10
NO_x 入口浓度	mg/Nm^3	800
NO_x 出口浓度	mg/Nm^3	≤50
氨逃逸	mg/Nm^3	≤2.5
漏风率	%	≤1
设计阻力	Pa	≤1200
二、电除尘区设计参数		
通道数	个	40
极板高度	m	9.5
极板型式	—	百叶板
阴极线型式	—	针刺线
高压电源	台	1
高压电源参数	kV/A	90/0.8
三、金属滤袋区设计参数		
总过滤面积	m^2	15755
过滤风速	m/min	0.95
滤袋材质	—	316L 金属滤袋
滤袋规格	—	ϕ160×7000
滤袋数量	条	4480

三、工程实施效果

高温微尘 SCR 脱硝一体化投运后，各项指标均达到超低排放改造标准。本项目工程实施后运行指标见表 4。

表 4 工程实施后运行指标

序号	项目	单位	数据
1	NO_x 浓度	mg/Nm^3	≤50
2	氨逃逸	mg/Nm^3	≤2.5

续表

序号	项目	单位	数据
3	电耗（含高温风机新增电耗）	（kW·h）/t. cl	≤0.6
4	SNCR+SCR 氨水耗量	kg/t. cl	≤2.0
5	系统阻力	Pa	≤800
6	温降	℃	≤7

四、应用技术经济性分析

（一）技术应用优势

与同类技术（高温高尘 SCR、高温中尘 SCR）相比，远致环保高温微尘 SCR 具有如下技术优势：

1. 系统长期稳定、可靠运行

采用先除尘后脱硝工艺，催化剂长期处于接近无尘环境，催化剂不会因高浓度粉尘造成堵塞、磨损、中毒，因此催化剂始终处于高活性状态，NO_x 排放、氨逃逸、氨水耗量长期稳定。

2. 催化剂用量少，寿命长，阻力低

本项目将高浓度粉尘收集后，无粉尘堵塞问题，因此可选用高孔数（30 孔以上）催化剂，催化剂比表面积是传统低孔数催化剂（13 孔）比表面积的 3 倍，催化剂体积仅为高温高尘或高温微尘催化剂用量的 1/3，仅需布置一层催化剂，危废处理量少；催化剂寿命长达 5 年及以上，且催化剂处于低流速状态，催化层阻力不大于 60Pa 以内。

3. 荷载及结构安全可靠

除尘和 SCR 催化剂合二为一只设置一个箱体，设备可采用低位布置。布置灵活，可靠性和安全性较高。

4. 系统阻力小

采用高温微尘 SCR 一体化设备，烟气采用上进风上出风的方式，烟道流程较短、布置科学，且整体设备烟气处于均流状态，设备机械本体加烟道阻力不大于 200Pa，金属滤袋采用高透气低阻滤袋，且在金属滤袋前面设置了辅助设备电除尘，进一步降低金属滤袋阻力，袋区的阻力可长期稳定在 600Pa 以内。

5. 副反应小

高温微尘 SCR 仅设置一层催化剂，相对于其他设置 4+1 层催化剂的高温高尘或高温中尘技术而言，其氧化率可控制在 0.2%以下，不必担心后端设备由于硫酸氢胺导致的不良运行故障。

（二）应用经济性

本项目采用高温微尘 SCR 一体化技术进行提效改造后，经济性分析包含运行费用的节省、直接运行费增加、寿命期内更新费用三方面。运行费用节省是指采用 SCR 脱硝后，由于 NSR（氨氮摩尔比）较改造前的 SNCR 脱硝大幅度降低，氨水运行耗量也大幅度降低。经统计，本项目改造前氨水耗量为 1230L/h（NO_x 控制在 100mg/Nm^3 以内），改造后耗量仅为 530L/h，节省 57%氨水耗量。直接运行费用包括高温风机电耗、一体化设备电耗（含高压电源、空压机等），本项目的高温风机由原有的普通风机改为高效风机，高温风机节能降耗效益明显突出，改造前后高温风机能耗分析对比如表 5 所示。SCR 催化剂和高温金属滤袋按 5 年更换一次和现行市场价格折摊，本项目改造后运行综合费用分析如表 6 所示。

表 5　高温风机改造前后运行电耗

序号	名称	吨熟料电耗［（kW·h）/t.cl）］	备注
1	高温风机改造前电耗	6.807	—
2	SCR 技改后高温风机电耗	6.607	高温风机改造为高效节能风机
ΔT	SCR 技改后高温风机新增电耗	−0.200	$\Delta T=1-2$

表 6　本项目改造后运行综合费用分析

序号	项目	耗量	单位	单价（元）	每日运行费用（元/天）
1	高温风机新增电耗	−50	kW	0.35	−425
2	设备电耗（不含高温风机）	182	kW	0.35	1529
3	原氨水耗量	1135	kg/h	800	21798
4	改造后 SNCR+SCR 氨水耗量	492	kg/h	800	9446
Ⅰ	每天节省直接运行成本	—	—	—	−11248
Ⅱ	每吨熟料节省直接运行成本	—	元/t.cl	—	−1.851
5	催化剂	79.38	m^3	25000	1087
6	金属滤袋	15755	m^2	550	4748
7	滤袋回收	4480	条	325	798
Ⅲ	每天综合运行成本	—	元/天	—	−6211
Ⅳ	每吨熟料综合运行成本	—	元/天	—	−1.022

由表 4 分析可知，由于氨水耗量大幅度降低，考虑催化剂和金属滤袋更换的折摊费用，本项目实施改造后，每天可节省运行费用 6211 元，按实际熟料产能 5076t/d 计算，每吨熟料可节省运行费用 1.02 元。可见，改造后，不但满足污染物超低排放要求，还带来的一定的经济效益。

五、结束语

高温微尘一体化技术从根本上解决了水泥行业高粉尘浓度对催化剂的堵塞、磨损、中毒等一系列问题，在解决环保问题的同时，还带来了一定的经济效益，该技术入选了生态环境部办公厅印发 2021 年《国家先进污染防治技术目录（大气污染防治、噪声与振动控制领域）》示范项目，同时也获得了 2021 年度全国建材机械行业科技进步二等奖。与传统的 SCR 相比，实现了除尘脱硝一体化，显著降低氨水使用量，大幅减少氨逃逸的同时，实现 NO_x 排放浓度低于 $50mg/Nm^3$ 的超低排放。与其他 SCR 工艺路线相比，该项目技术集高温电除尘器、金属滤袋除尘器和 SCR 脱硝反应器设计为一体，通过机电袋三级复合除尘新技术，创新采用耐高温金属滤袋，保证烟气进入脱硝系统前的粉尘浓度低，实现低尘工况下的高效脱硝，解决了 SCR 脱硝催化剂易堵塞、磨损、中毒、寿命短、氨逃逸大的问题，延长催化剂的使用寿命，降低运行成本。这一技术路线是目前氮氧化物超低排放有效途径，具有全面推广意义。

5000t/d 水泥生产线
依托高效智能 He-SNCR 系统实现超低排放

湖南常德南方水泥有限公司　全必刚　张业春　吴　波　廖华贵　申元湘

一、原 SNCR 系统现状及存在的问题

（一）原 SNCR 系统现状

常德南方水泥厂原脱硝系统是由氨水泵、输送氨水管道、空压机、输送压缩空气管道、氨水压力表、压缩空气压力表及喷枪构成。工作原理为使用氨水泵对氨水进行打压，通过管道将氨水输送至鹅颈管层，由空压机对空气进行压缩，通过管道输送至鹅颈管层，再通过挠性管将氨水和压缩空气连接至喷枪，使氨水和压缩空气在喷枪喷嘴处混合，利用压缩空气的压力使氨水产生雾化，喷入鹅颈管中，与 NO_x 气体反应，将 NO_x 气体还原成 N_2 的过程。原 SNCR 系统控制原理为将烟囱 NO_x 折算值作为控制目标，使用 PID 控制器对氨水泵变频进行调节，当烟囱 NO_x 折算值高于控制目标值时，氨水泵变频上调，增加氨水喷入量，降低烟囱 NO_x 折算值；当烟囱 NO_x 折算值低于控制目标值时，氨水泵变频下调，减少氨水喷入量，最终实现环保数据达标的目的。

（一）原 SNCR 系统存在的问题

1. 氨水喷入点过于单一

原 SNCR 系统喷射点位于鹅颈管上升管道和下降管道，脱硝反应主要位于鹅颈管层。脱硝反应受温度、一氧化碳含量和氧气含量的影响较大。若鹅颈管温度出现较大的变化、一氧化碳浓度过高和分解炉缺氧的情况，就会导致脱硝效率降低，无论喷再多氨水也无法实现降低 NO_x 的目的。

2. 喷枪雾化效果不可控和喷枪穿透能力太弱

在脱硝反应中，雾化效果和穿透能力是很重要的。由于管道的风速较大，使得氨水与 NO_x 气体反应的时间很短。原 SNCR 系统使用的喷枪喷射形状为扇形，喷射距离太短，且压缩空气压力几乎为定值，无法随着氨水的喷量变化而变化，使得雾化效果不能稳定，会造成氨水用量少时雾化效果正常，氨水用量大时雾化效果较差的情况。

3. 控制逻辑过于简单

在正常的生产过程中，窑系统处在不停变化的过程，窑况出现变化到烟囱 NO_x 数据呈现变化是存在滞后性的，因此仅通过烟囱 NO_x 数据作为控制目标是不能实现较高效地跟随控制调整。

4. 无法针对单一喷枪进行流量调整

由于管道气体分布是不均匀的，盲目对喷射点进行统一流量喷射，会出现氨水未完全反应产生氨逃逸，NO_x 未充分反应而致环保数据超标的情况。

5. 不能实时监控窑况波动

原 SNCR 系统只针对烟囱 NO_x 折算值进行数据采集控制，未对三次风温、二次风温、窑头窑尾喂煤量、生料喂料量和烟室与 Cl 气体分析仪数据进行采集监控，无法实时提前预测 NO_x 数据的波动变化，存在控制滞后等问题。

二、上海万澄高效智能 He-SNCR 系统介绍

（一）系统结构

上海万澄高效智能 He-SNCR 系统硬件由分配装置、系统服务器、小电脑、显示器、喷枪和软管构成。高效智能 He-SNCR 系统网络拓扑图如图 1 所示。高效智能 He-SNCR 系统是通过氨水泵和空压机提供足够的压力给分配装置，氨水和压缩空气进入分配装置后，通过气动调节阀对氨水和压缩空气再分配，实现对每一支喷枪的精准控制。

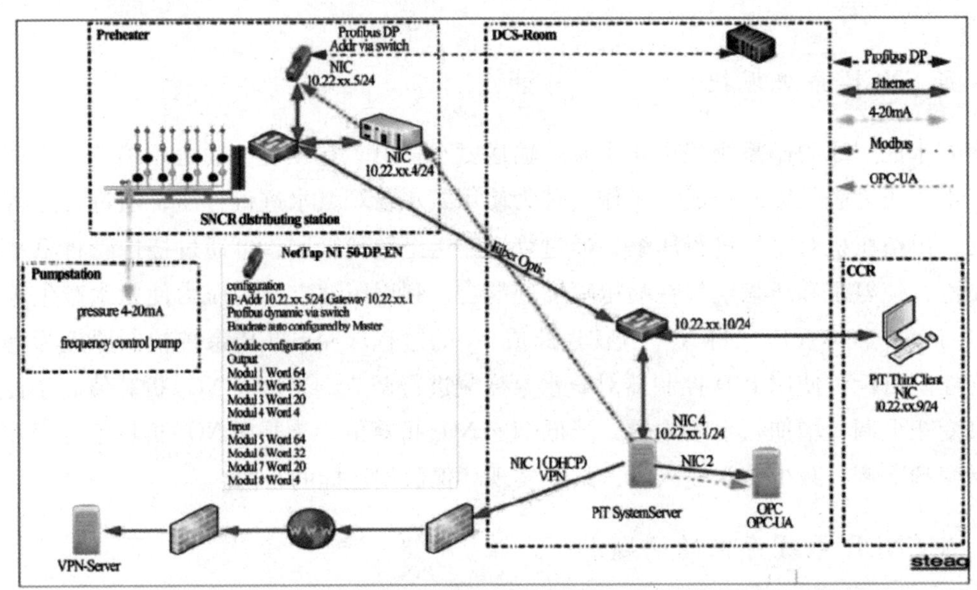

图 1　高效智能 He-SNCR 系统网络拓扑

（二）系统的控制原理

高效智能 He-SNCR 系统有两层控制逻辑，第一层为基础 SNCR 模式；第二层为高效 He-SNCR 模式。

1. 基础 SNCR 模式

基础 SNCR 模式为系统最底层的控制逻辑，由 PLC 模块直接发出控制指令进行控制，是通过获取烟囱 NO_x 数据作为目标值，通过串级 PID 控制来对氨水和压缩空气的再分配。

2. 高效 He-SNCR 模式

高效 He-SNCR 模式为系统智能算法逻辑，智能算法逻辑由前馈控制、自适应程序和预测算法程序构成。

（1）前馈控制：根据烟囱 NO_x 浓度数值、Cl 气体分析仪 NO_x 浓度数值等参数，计算出所需还原剂氨水的流量，并将其作为前馈信号控制分配装置对应喷枪的氨水和压缩空气控制阀门，完成脱硝喷射。

（2）自适应程序：通过通信采集窑系统温度、喂料量、压力和气体成分等参数，对这些参数进

行训练建模。可实现在不同窑况下，系统找出脱硝反应的最佳位置，并控制喷枪进行加量喷射。

（3）预测算法程序：在采集的窑系统参数中，根据数据变化呈现将影响烟囱 NO_x 波动的变量参数进行人工神经网络训练建模，并通过实时数据对模型进行修改验证。最终的模型能根据实时的窑系统参数波动预测呈现出未来几分钟烟囱 NO_x 的趋势，系统可提前做出反应，弥补烟囱 NO_x 数据的滞后性。

预测系统通过分析生产过程数据，建立神经网络与机理模型，该模型能够迅速准确地预测并在线输出预测结果，包括 NO_x/NH_3 含量等。同时预测模型实时智能分析历史数据，实时优化预测模型，保持预测模型持续更新，降低工艺参数变化带来的影响。在常德南方水泥厂生产线上，在上海万澄环保的高效智能 He-SNCR 模式下，从采集的窑系统参数中，系统根据数据变化呈现将影响烟囱 NO_x 波动的变量参数进行人工神经网络训练建模，并通过实时数据对模型进行修改验证。最终的模型能根据实时的窑系统参数波动预测呈现出未来几分钟烟囱 NO_x 的趋势，高效智能 He-SNCR 系统可提前精准喷氨，实现前馈控制，有效地克服了仪器检测存在的数据缺损和滞后问题，为优化控制提供数据支撑。

（三）喷枪介绍

上海万澄的高效智能 He-SNCR 系统采用的是德国进口的莱克勒喷枪，配合分配装置使用，可通过调节对进入喷枪的氨水和压缩空气的控制，实现调节喷枪的穿透性能和雾化性能的控制。喷枪结构如图 2 所示，喷枪雾化穿透性能如图 3 所示。

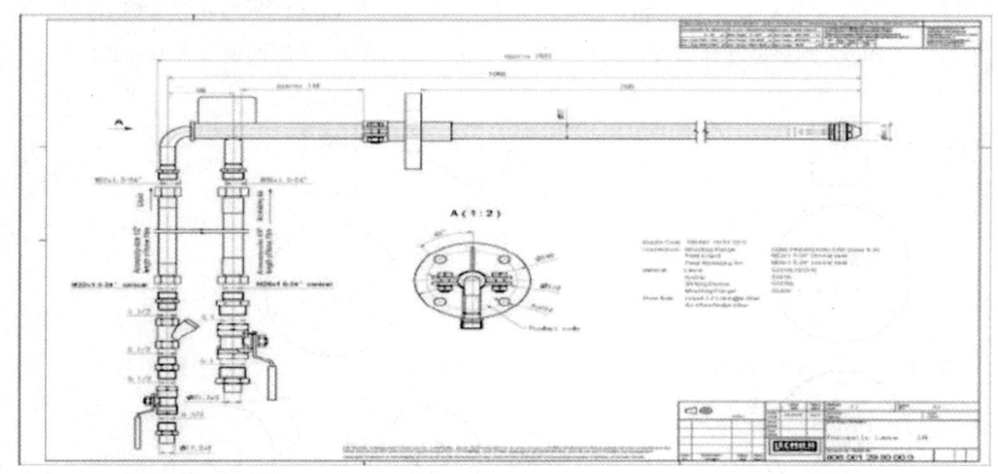

图 2　喷枪结构

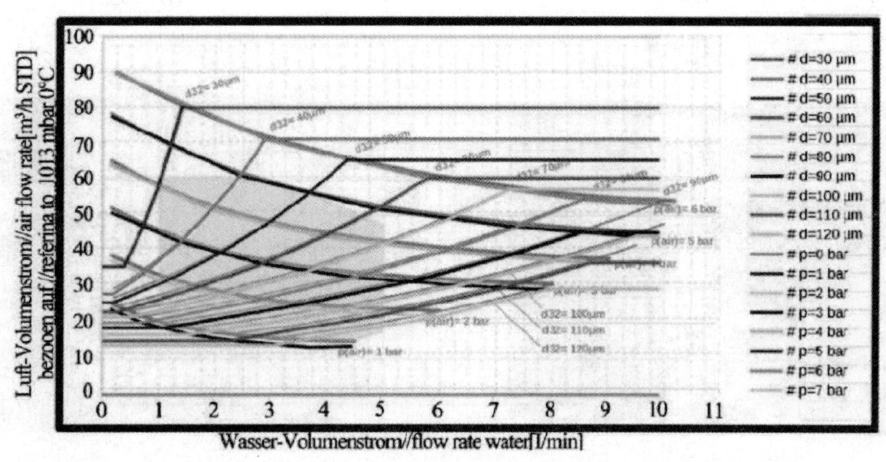

图 3　喷枪雾化穿透性能

三、高效智能 He-SNCR 现场改造方案

针对预热器的结构，从鹅颈管层至 C5 出口层进行重新定位开孔，如图 4、图 5、图 6、图 7。预热器 7 层鹅颈管上升管道与下降管道各开 4 个法兰孔，预热器 5 层下降管道开 4 个法兰孔，C5 进出口平台和 C5 锥部 A 列与 B 列各开 4 个法兰孔，共开 20 个法兰孔。

在上海万澄智能 He-SNCR 脱硝技改过程中，保留了原系统氨水泵为分配装置提供氨水压力，从窑尾压缩空气管路接出一路管道为分配装置提供压缩空气压力。通过八根氨水管道和八根压缩空气管道将氨水和压缩空气从分配装置顶部连接至法兰孔附近，如图 8 所示；使用挠性管接上管道并连上喷枪插入法兰孔，如图 9 所示。

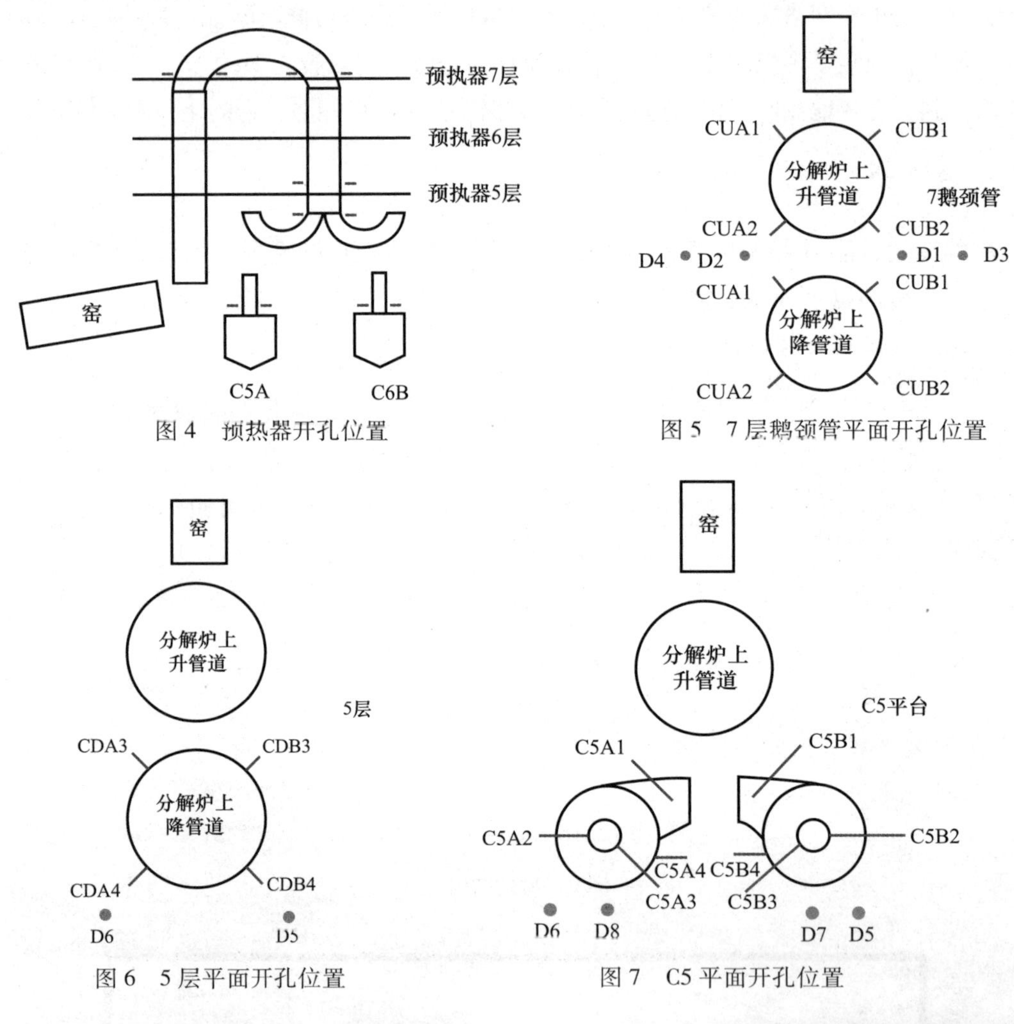

图 4　预热器开孔位置

图 5　7 层鹅颈管平面开孔位置

图 6　5 层平面开孔位置

图 7　C5 平面开孔位置

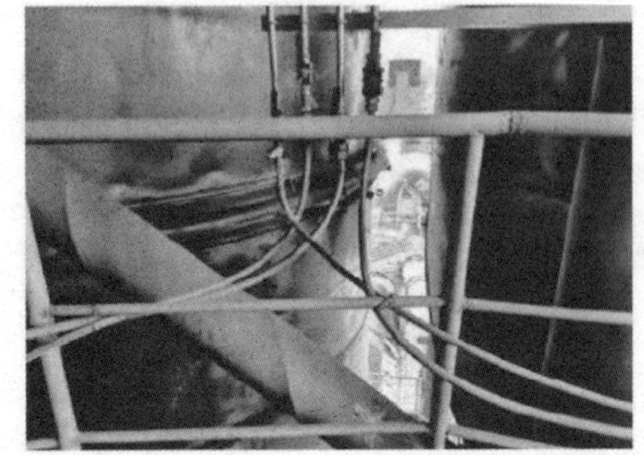

图 8　硬管道与挠性管连接处

图 9　喷枪插入法兰孔

四、调试过程

（一）高效智能 He-SNCR 系统调试过程

现场设备安装完成后进行基础 SNCR 系统上线，首先根据原 SNCR 系统喷氨水孔位进行氨水喷射，收集系统运行数据。完成 3 日的数据量收集，将高效 SNCR 系统程序上线。在高效 SNCR 系统运行的情况下，固定氨水用量喷射，将 8 支喷枪通过排列组合安装至现场 20 个法兰孔进行自适应程序数据收集，并开启自适应程序对 20 个法兰孔进行对应的数据分析，最终选取出脱硝效率最好的 8 个法兰孔，并将 8 支喷枪固定至此 8 个孔位进行喷氨。在高效智能 He-SNCR 系统运行的过程中，人工对 8 支喷枪依次进行停喷分析，在不同窑况下，标记出不同位置的脱硝效率，将其输入至程序，由程序进行自适应训练。完成高效 SNCR 系统调试后，根据积攒的窑系统的变量参数，将其输入至人工神经网络中进行训练预测模型，最终的模型通过测试后上线用于系统控制。

（二）超低排放控制调试

为了深度挖掘 He-SNCR 的潜力，达到 50mg/Nm^3 的控制指标，又做出了以下的调试。

（1）高效智能 He-SNCR 系统进行了控制逻辑的优化，对现场 C5 锥部进行气体分析测量，分解炉氧气含量偏低，分解炉预热不充分，使得出现 5 级筒后燃的现象，调整 5 号、6 号喷枪移动至 C5 锥部位置进行脱硝喷射，配合位于 C5 出口的 7 号和 8 号喷枪使用，使得脱硝效率提升。

（2）对现场各级旋风筒下料口翻板阀进行检查，发现翻板阀在闭合时还存在漏风的情况如图 10 所示，使得有一部分 NO_x 未经过脱硝反应处直接通过翻板阀进入 3 级筒和 4 级筒，导致烟囱 NO_x 数据中含有一部分未进行脱硝反应的 NO_x，修复翻板阀损坏部位，防止 NO_x 从损坏部位跑气。

图 10　翻板阀漏风处

（3）分析分解炉内气体成分对脱硝反应的影响，在生产过程中防止 CO 含量高于 250ppm，氧含量低于 1.2%。在 CO 含量低于 250ppm 和氧含量高于 1.1%时，脱硝效率为最佳。CO 与 O_2 对烟囱 NO_x 的影响如图 11 所示。

（4）停窑期间对分解炉煤管进行检查，发现分解炉煤管出现结皮。煤管结皮会使得喷入分解炉内的煤不连贯，出现分解炉内局部燃烧以及温度波动较大的情况，最终导致 NO_x 数据波动。对分解炉煤管结皮进行清理，如图 12 所示；让煤稳定连贯喷入分解炉，改善了分解炉内的火焰以及避免出现局部燃烧，减少分解炉内温度的波动，并减少 NO_x 数据波动，使得高效智能 He-SNCR 系统可稳定将 NO_x 控制在 50mg/Nm^3 以下。

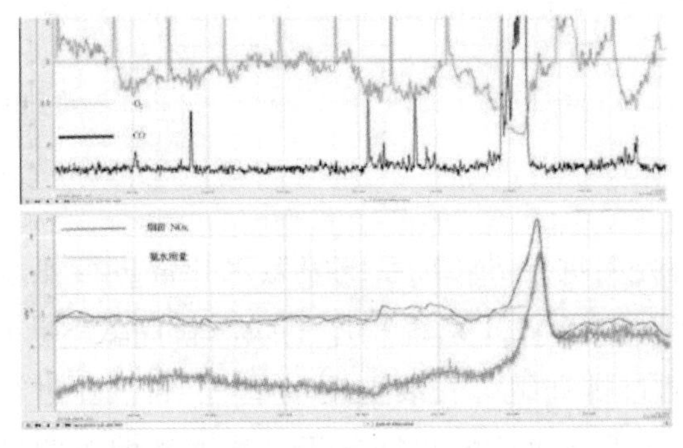

图 11　CO 与 O_2 对烟囱 NO_x 的影响

图 12　分解炉煤管位置

五、高效智能 He-SNCR 系统技改效果

（一）NO_x 控制目标为 100mg/Nm^3

改造前后氨水用量对比见表 1。

表 1　改造前后氨水用量对比

<table>
<tr><th>时间</th><th>氨水用量小时均值（m^3/h）</th><th>节约氨水率（%）</th></tr>
<tr><td>改造前</td><td>1.2</td><td rowspan="2">39.08</td></tr>
<tr><td>改造后</td><td>0.731</td></tr>
</table>

（二）改造后脱硝效率

改造后脱硝效率见表 2。

表 2　改造后脱硝效率表

控制目标（mg/Nm^3）	烟囱 NO_x 原始深度（mg/Nm^3）	脱销效率（%）
50	580~670	91.90~92.99

六、结束语

湖南常德南方水泥有限公司 5000t/d 生产线通过上海万澄环保的高效智能 He-SNCR 系统技术改造后，使用高效智能 He-SNCR 系统替代了原 SNCR 系统。对现场进行新的氨水管路布置和进行新的法兰开孔，使用德国进口的莱克勒喷枪实现雾化喷射。结合智能系统的算法，解决了 SNCR 技术低脱硝效率的问题。在此项目中，高效智能 He-SNCR 系统与原 SNCR 系统相比，不仅实现了 39.08% 的氨水节约率，并且实现了超低排放控制，将脱硝效率提升至 91.9%~92.99%，达到了节能减排的最终目的。

新型高能效低氮预热预分解技术特点与工程应用

中国中材国际工程股份有限公司（南京）周　斌　孙德群　黄巧丽

预热、预分解系统是新型干法水泥熟料烧成系统的核心，其性能对整个烧成系统的稳定运行、热耗以及电耗等技术指标的影响至关重要。中国中材国际工程股份有限公司（南京）［以下简称“中材国际（南京）”］经过多年的理论研究、生产实践和对比分析，研发、设计出不同规模（300~14000t/d）、适应不同原、燃料和应用工况的预热、预分解系统，逐步形成了具有 Sinoma 特色的，以大蜗壳、低风速、低阻、高效旋风筒和对原燃料适应性强的低氮、喷旋管道分解炉等为主要特征的预热、预分解系统。近年来，为满足以节能高效、绿色低碳为主要特征的第二代新型干法水泥技术标准的要求，中材国际（南京）通过自主创新优化，研发了新型高能效低氮预热预分解系统，已应用于吴忠赛马、墨玉尧柏 5000t/d 生产线等项目。

一、中材国际（南京）新型预热预分解系统技术特点

（一）新型高能效低氮预热预分解系统的目标

预热、预分解系统作为烧成系统的核心，必须具备如下四个方面的特点：①低动力消耗；②低系统能耗；③对原燃料及生产操作控制过程要有较宽的适应性；④较高的自脱硝效率。除此之外，对于燃烧替代燃料的烧成系统，还必须针对替代燃料的具体情况进行特殊设计，以适应系统的工况变化。

系统的动力消耗是指为了维系正常生产所必须的电耗。对于以气固两相流为依托的生产系统，其功耗主要表现在系统处理的气体流量和结构造成的压力降两个方面。因此，对于预分解系统，要降低系统的动力消耗，最为直接的方法是降低系统的阻力损耗（ΔP）和气体流量（Q），只有这样才能达到降低功耗的目的（$N=k\cdot\Delta P\cdot Q$）。系统的能耗，取决于系统内部的混合和“三传一反”过程，最为直接有效的方法是强化燃料的燃烧和系统内气固两相流的混合及分离，确保系统各物理场的均匀性；提高系统对原燃料的适应性和操作参数的控制范围，主要在保证上述过程有效性的基础上，适当延长固体物料的停留时间、减少系统内固体物料的返混程度、增强气体的湍流强度等措施加以解决；对于燃烧替代燃料的烧成系统，在开发设计过程中，必须全面检测分析替代燃料的物理化学性能及燃烧特性，针对其可能的过程进行特殊的结构设计，以实现整体性设计目标。

为达到高能效低氮预热预分解系统的设计目标及要求，中材国际（南京）多年来专注于预热、预分解系统的理论研究和实践，依托现代流体力学、现代燃烧学和气固两相流等理论，利用冷模实验、CFD 等多种手段，综合研究流场、压力损失、分离效率、停留时间、返混度、漏风、固气比、物料助流、旋流强度等方面对预热、预分解系统单体设备和整个系统的影响，综合考虑平衡单体与整体的关系，达到控制系统技术性能的目的。现结合预热预分解系统的控制要点，简要介绍新型高

能效低氮预热预分解系统技术特点。

（二）高能效、低氮预热预分解技术与装备特点概述

中材国际（南京）新型超低阻、高能效的预热、预分解系统（三维结构见图1，规格参数见表1），在结构设计上有以下特点：

1. 低阻、高效旋风筒

（1）结构特征：采用近似阿基米德螺旋线结构的四心渐扩大蜗壳、歪锥、入口导流板、整流器、不积料尾涡隔离装置。

（2）运行特征：低进出口风速、弱内涡旋、合理的旋转动量矩。

（3）性能特征：各级旋风筒进、出口和截面风速采取差异化设计，超低阻、高分离效率、防堵、无积料。

2. 高效、低氮型分解炉

（1）结构特征：喷旋结合、大容积、煤粉分散分级入炉、脱硝旋流燃烧器、入炉物料分散控制。

（2）性能特征：气流场、浓度场、温度场均匀；料气停留时间长，燃料适应性好；压损小；结构简单，易于操作控制；自脱硝效率达到50%以上。

图1　预热预分解系统

表1　5000t/d新型预热预分解系统规格

六级双系列旋风预热器带分解炉	型号、规格性能
C1旋风筒	4-ϕ5200mm
C2旋风筒	2-ϕ6900mm
C3旋风筒	2-ϕ6900mm
C4旋风筒	2-ϕ7200mm
C5旋风筒	2-ϕ7400mm
C6旋风筒	2-ϕ7400mm
在线分解炉	ϕ7500mm×49000mm

（三）提高预热预分解系统的热效率的措施

新型预热预分解系统主要通过改善各级旋风筒连接管道内的气固换热、提高各级旋风筒的分离效率等一系列技术措施，来提高其热效率。此外，通过控制进入系统空气（冷风）、控制系统表面散热等烧成系统配套技术的优化，以提高系统的固气比及热效率。

1. 改善旋风筒连接管道中气固换热

强化旋风筒连接管道内物料的分散，延长气固换热时间，以提高气固换热效率，采取的具体措施如下：

（1）优化旋风筒连接管道设计（图2）。控制合理的旋风筒连接管道风速，以达到气固换热时间与效果之间的平衡；连接管道顺畅设计，以保证浓度场及流场均匀。

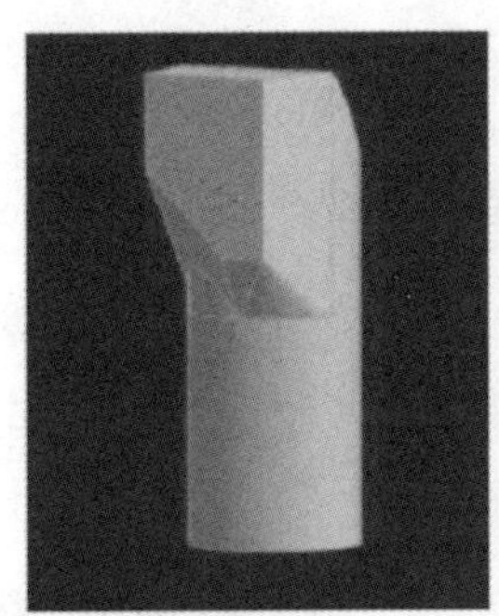
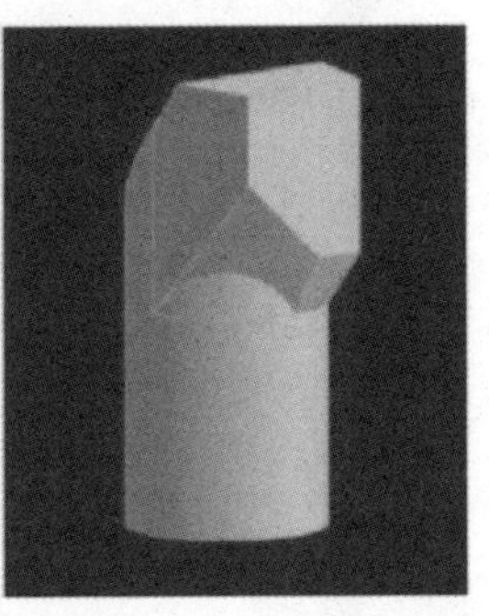

图2　优化后的旋风筒连接管道

（2）优化撒料装置（图3）。在总结国内外实践经验的基础上，根据不同级别旋风筒物料的性质特点，设置适合物料性质的撒料板角度，使撒料箱内物料的动量损失低、冲力大，既具有防堵功能又可确保系统内物料在换热管道内的均匀、充分分散，强化了管道内物料分散均匀性，有利于提高系统的换热效率。

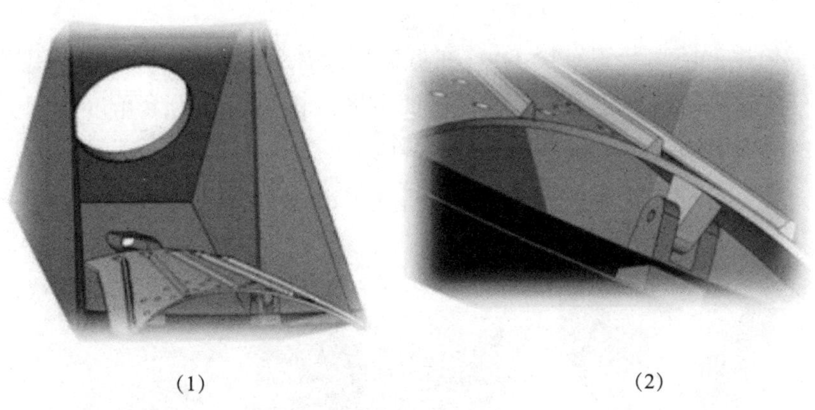

(1)　　(2)

图3　优化后撒料装置

（3）优化料点布置。结合撒料装置的结构改进，合理设置物料下料点位置。

2. 提高旋风筒的分离效率

采用高能效、结构形式合理的旋风筒，通过理论分析、数值模拟分析和工程实践经验，优化旋风筒结构，从而进一步提高其分离效率。具体措施如下：

（1）优化C1旋风筒蜗壳结构（图4）。C1旋风筒采用上旋式大蜗壳、高柱体、五边形进口的结构型式，以进一步提高其分离效率。

（2）优化 C2～C5 预热器旋风筒蜗壳。优化旋风筒蜗壳各偏心距，蜗壳接近阿基米德螺旋线，气流更顺畅，为了保证预热器各级旋风筒有较高的分离效率，其进口气体动量矩（$\Omega=\rho \cdot U_t \cdot R$）必须达到一定的要求，因此在可能的空间内，适当增大旋风筒的蜗壳，在控制较低的进、出口风速下，以保证进旋风筒气体的旋转动量矩，从而达到旋风筒低阻和高分离效率的控制要求。

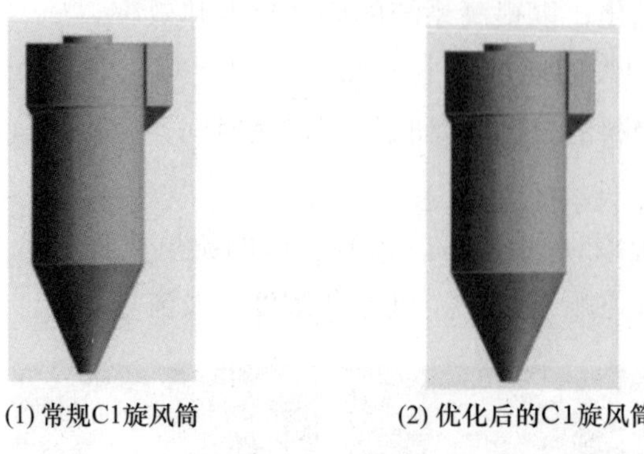

图 4　优化 C1 旋风筒蜗壳结构

（3）旋风筒进风口采用单边旋切的方式（图 5）。以强化物料尽早靠壁，尤其对于大型旋风筒，有利于提高物料的分离效率。

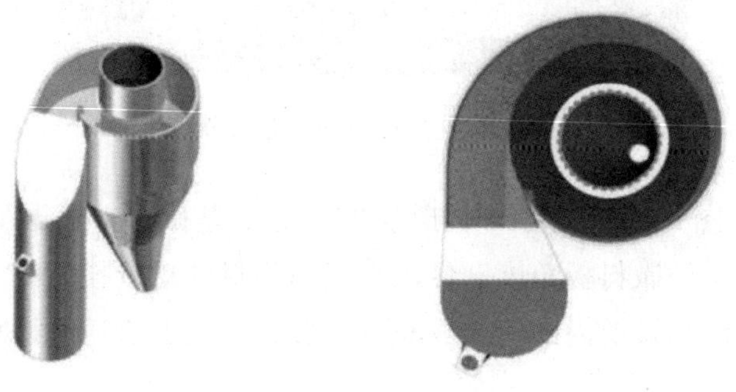

图 5　单边旋切旋风筒进口

（4）优化旋风筒尾涡隔离装置（图 6）。在低温区旋风筒锥部合适位置采用尾涡隔离装置能有效提高旋风筒的分离效率。新型尾涡隔离装置由原有的圆盘结构改为大角度倒圆锥，避免了尾涡隔离装置的积料及被“龙卷风”又带回气流所造成的返混。

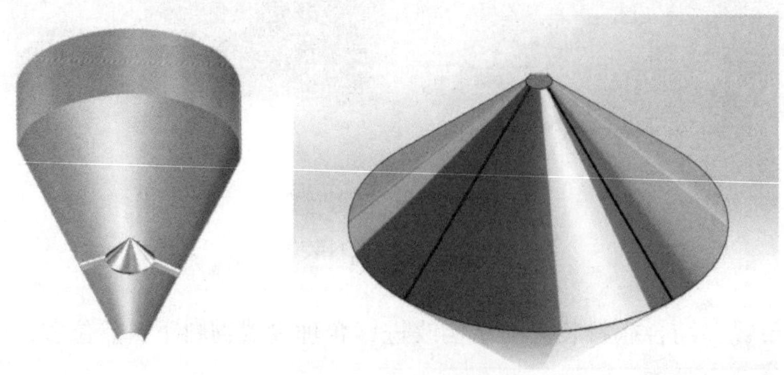

图 6　优化后的旋风筒尾涡隔离装置

（5）适当加高预热器 C5/C6 旋风筒柱体。适当加高的旋风筒柱体，以进一步减少“龙卷风”的风尾进入旋风筒的锥部集料管口处，将收集下来的物料再次卷起，并随着中心气流带出旋风筒，减少“二次卷吸”，以提高旋风筒的分离效率。

（6）翻板阀。采用锁风性能良好、动作灵活且频繁的双翻板阀，C1 旋风筒采用双道双翻板阀，以减少各级旋风筒的内窜风，提高旋风筒分离效率及系统热效率。

（四）降低预热预

离效率的前提下，在新型预热预分解系统开发设计中，采取以下措施来进一步降低系统阻力：

1. 优化旋风筒结构

采用低进、出口风速设计；旋风筒进风口设置斜板，消除水平段，减少积料，以减少阻力。众所周知，在其他条件不变的情况下，旋风筒压力损失与风速的平方成正比，因此降低风速是降低压力损失的有效途径。通过冷模实验及 CFD 仿真技术，中材国际（南京）深入研究了风速对分离效率、返混度等各方面的影响，合理选择风速设计及操作控制，降低了系统的压力损失。在设计过程中，结合优化的蜗壳结构型式，最终在控制较低的进、出口风速下，同时达到旋风筒低阻和高分离效率的控制要求。

2. 加大旋风筒内筒直径

控制旋风筒内筒风速，从而减少对物料分离不起作用的内旋气流以及内外旋气流相互作用引起的阻力损失。

3. 优化预热预分解系统结构细节

在旋风筒出口与连接风管处选取合理的结构形式，减少局部阻力损失。

（五）降低系统表面散热损失

1. 采用纳米隔热材料

部分高温段设备采用低导热系数新型纳米隔热材料，替代部分传统的硅酸钙板，包括：预热器 C2（C4）~C6 及相应的连接风管、料管；分解炉及烟室；三次风管、窑头罩、篦冷机前段部分。采用新型纳米材料，降低设备表面温度，单位熟料系统表面散热可降低 15×4. 12kJ/kg。

2. 回转窑采用低导热耐火砖

采用低导热耐火砖，降低窑筒体表面温度，单位熟料系统表面散热可降低 7×4. 12kJ/kg。

二、新型预热预分解系统的工程应用

（一）概况

宁夏建材集团产业扶贫产能置换建设 5000t/d 新型干法水泥资源综合利用环保示范生产线项目（以下简称“吴忠赛马项目”），位于宁夏回族自治区吴忠市红寺堡区；和田尧柏水泥有限公司“异地搬迁”技改项目（以下简称“墨玉尧柏项目”），位于新疆和田地区墨玉县工业园区。

两个项目设计规模均为 5000t/d，由中材国际（南京）以工程总承包（EPC）形式实施，采用新型预热、预分解系统，并结合了第四代篦冷机、低一次风量、大推力煤粉燃烧器、耐火及隔热材料配置等技术及装备的优化。

（二）项目原燃料

吴忠赛马项目原料化学成分见表 2，煤的工业分析见表 3。

表 2　吴忠赛马项目原料化学成分（单位：%）

试样	烧失量	$w(SiO_2)$	$w(Al_2O_3)$	$w(Fe_2O_3)$	$w(CaO)$	$w(MgO)$	$w(R_2O)$	$w(SO_3)$	$w(Cl^-)$	总计
石灰石	38.48	10.59	1.27	0.65	45.67	2.37	0.121	0.01	0.02	99.29
砂岩	2.69	87.01	5.58	2.68	0.70	0.25	0.06	0	0	99.27
粉煤灰	9.36	48.84	22.15	7.19	7.05	1.75	2.38	0.72	0.002	99.65
铁尾矿渣	4.76	47.54	9.37	32.58	0.55	0.64	0.273	0.00	0.003	96.35

表 3　吴忠赛马项目煤的工业分析

M_{ad}（%）	A_{ad}（%）	V_{ad}（%）	FC_{ad}（%）	$S_{t,ad}$（%）	$Q_{net,ad}$（$kJ \cdot kg^{-1}$）
6.15	8.57	25.72	59.56	0.81	26095

从表 2、表 3 数据可以看出，吴忠赛马项目石灰石中 CaO 含量偏低，Cl^-含量偏高，实际生产过程中，生料中 Cl^-含量在 0.015%~0.03%范围内波动，如果设计或操作控制不好，易导致系统结皮。煤粉中内水含量偏高，会增加 10%以上的着火热及废气量，这一方面也会增加黑火头的长度，另一方面会降低煤粉燃烧的火焰温度。

墨玉尧柏项目原燃料化学成分见表 4，配料方案见表 5，生料熟料化学成分见表 6。由表 4 和表 6 可以看出所有原料中的 Cl^-含量均较高，导致生料中 Cl^-含量达到 0.051%，远超小于 0.015%控制指标要求，预热预分解系统配套设计了旁路放风系统。

表 4　墨玉项目原料化学成分（单位：%）

试样	烧失量	$w(SiO_2)$	$w(Al_2O_3)$	$w(Fe_2O_3)$	$w(CaO)$	$w(MgO)$	$w(K_2O)$	$w(Na_2O)$	$w(SO_3)$	$w(Cl^-)$
石灰石	40.54	4.24	1.87	0.60	50.50	0.84	0.18	0.09	0.74	0.016
风积沙	3.55	67.71	11.37	3.38	5.33	2.01	2.80	2.99	0.08	0.018
铁矿石	12.11	19.28	3.03	53.86	2.60	2.86	0.82	0.20	0.40	0.240
红岩土	8.88	59.39	12.75	4.08	5.76	2.91	2.28	3.04	0.39	0.450
白砂岩	4.73	74.71	7.90	2.43	3.07	1.61	2.48	0.27	2.56	0.072
煤灰	0.00	43.45	26.35	3.89	10.84	1.96	1.48	3.21	6.22	

表 5　配料方案（单位：%）

物料	石灰石	红岩土	风积沙	铁矿石	白砂岩
百分比	82.93	5.79	1.02	2.54	7.72

表 6　无旁路放风下的生料、熟料成分（单位：%）

物料	烧失量	$w(SiO_2)$	$w(Al_2O_3)$	$w(Fe_2O_3)$	$w(CaO)$	$w(MgO)$	$w(K_2O)$	$w(Na_2O)$	$w(SO_3)$	$w(Cl^-)$
生料	34.84	13.91	3.09	2.33	42.57	1.08	0.52	0.31	0.84	0.051
熟料		21.71	5.11	3.57	64.41	1.67	0.81	0.52	1.46	0.077

（三）预热预分解系统实际运行情况

吴忠赛马、墨玉尧柏项目自2020年7月及11月分别投产以来，烧成系统运行及熟料质量稳定，表明新型预热预分解系统对原燃料的适应性强，旁路放风系统运行稳定，预热器阻力及C1出口废气温度低。吴忠赛马项目C1出口废气温度约260℃，C1出口压力约-4600Pa，墨玉尧柏项目C1出口废气温度约250℃，C1出口压力约-5000Pa，预热预分解系统成功实现了高热效率、低压力损失的整体目标，助力烧成系统顺利完成了合同的履约。

三、结语

中材国际（南京）自主创新研发的高能效低氮预热预分解系统，经工程实际应用验证，技术及装备成熟可靠，对原燃料适应性强，水泥熟料烧成系统技术及装备的主要技术指标达到行业内国际先进水平，实现了节能高效、绿色低碳的研发目标。

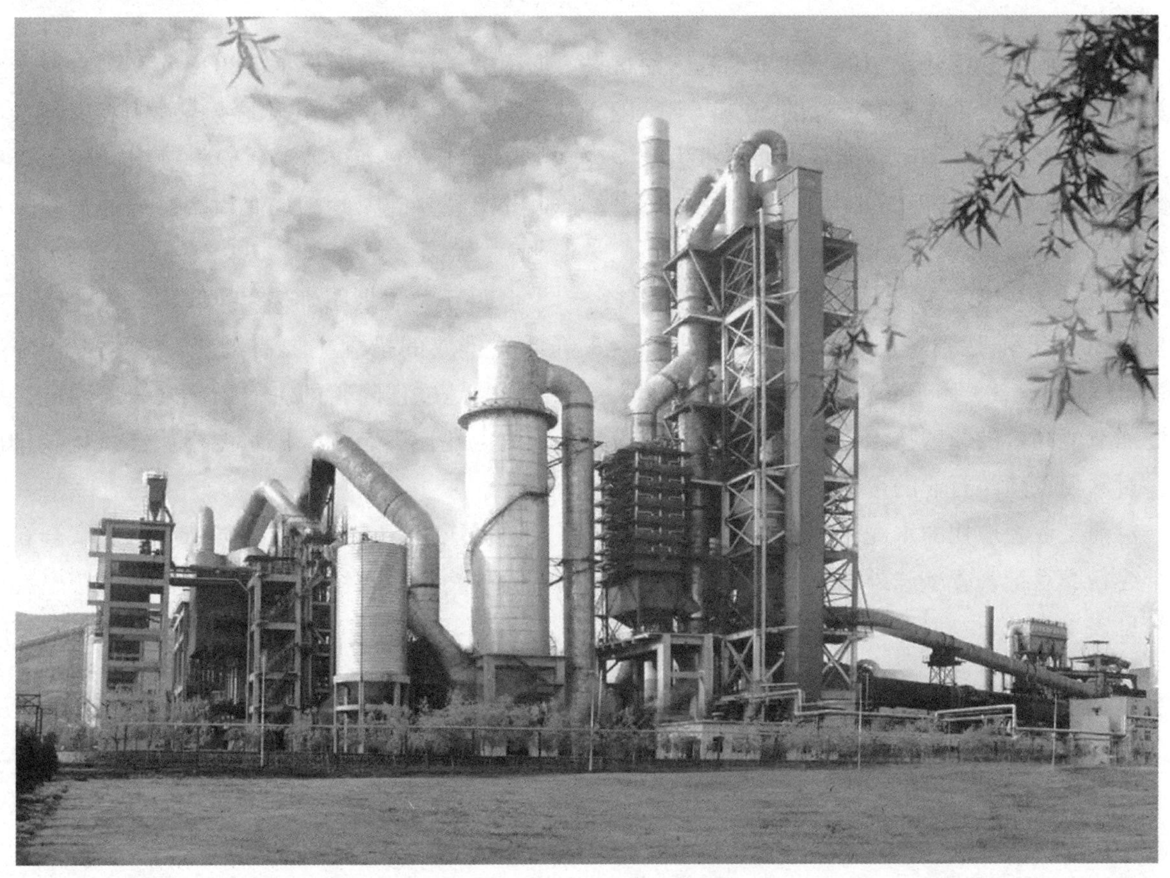

国内外水泥料床终粉磨系统的工业应用现状

天津水泥工业设计研究院有限公司

李铭哲　杜　鑫　聂文海　石国平　秦中华

一、引言

水泥是国民经济建设中的一种重要基础原材料。据国家统计局数据显示，2020年我国水泥产量为23.77亿吨，占世界水泥产量的50%以上。随着社会的不断发展进步，水泥生产中的高能耗、高排放问题日益受到关注。在能耗方面，每生产一吨水泥需耗电70~80（kW·h），其中，粉磨工序耗电量占60%~70%，而在粉磨工序中，水泥粉磨电耗占比最大，因此，水泥粉磨系统的节能降耗对水泥行业的可持续发展至关重要。

碳达峰是我国“十四五”规划的重点工作之一，“十四五”规划明确提出，我国二氧化碳排放力争于2030年前达到峰值。对于水泥行业而言，降低碳排放的措施主要有源头减碳、过程降碳（降低电耗、煤耗）和碳捕集，其中，水泥粉磨系统的节电是过程降碳的主要措施之一。因此，探索更加节能高效的粉磨技术，进一步降低水泥粉磨系统的电耗，可有效降低水泥行业二氧化碳排放量，对水泥及建筑行业的可持续发展具有重要意义。

目前工业上应用的水泥粉磨系统有，纯球磨机系统，辊压机、外循环辊磨与球磨机的联合粉磨或半终粉磨系统，辊磨、外循环辊磨、辊压机以及筒辊磨的终粉磨系统。不同水泥粉磨系统电耗的比较见表1。

表1　不同水泥粉磨系统电耗比较［单位：（kW·h）/t］

球磨机系统	辊压机+球磨机联合粉磨系统	辊压机+球磨机半终粉磨系统	辊磨终粉磨系统	筒辊磨终粉磨系统	外循环辊磨终粉磨系统	辊压机终粉磨系统
40~42	26~28	24~27	24~27	25~34	23~25	22~24

由表1可知，纯球磨机系统电耗最高，这是由于球磨机对物料进行粉磨时，研磨体的作用力只在一定概率上对某个单体颗粒起到破碎或粉磨作用，大部分能量转化为热损失和系统噪声，粉磨效率较低，目前这种系统已基本不再使用。

不同于球磨机单体颗粒破碎的粉磨原理，料床粉磨则是将被破碎的颗粒聚集在一起，在一定压力作用下，颗粒与颗粒相互作用传递压力完成粉碎，是目前能量利用率更高的粉磨方式，料床粉磨的典型设备有辊压机、辊磨和筒辊磨。料床终粉磨系统不仅能量利用率高、碳排放量少，还具有工艺流程简单、水泥成品温度低和产品切换灵活等优点，是目前最具发展前景的水泥粉磨系统。笔者综合归纳了国内外水泥料床终粉磨系统的工业应用情况，并对水泥料床终粉磨系统未来的发展前景进行了展望。

二、粉磨设备工作原理及系统介绍

水泥料床终粉磨系统主要由料床粉磨设备、提升机、选粉机、收尘设备、风机及辅助机械等组成。物料经磨机研磨后，由提升机送入选粉机进行气力分选，分选出来的粗颗粒返回磨机再次研磨，符合要求的细颗粒通过收尘设备收集，作为成品输送至水泥库。

辊压机的工作原理为，物料在两个相向转动的压辊带动下向下运动，被两辊挤压粉碎形成料饼，排出辊压机。在辊压机水泥终粉磨系统中，需采用特殊形式的动态选粉机，以保证选粉机的选粉效率和水泥的产品性能，其工艺流程如图 1 所示。

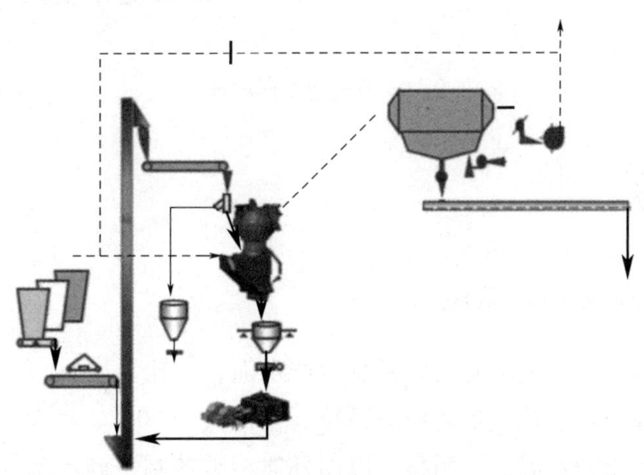

图 1　辊压机水泥终粉磨系统工艺流程

辊磨主要是靠磨辊与磨盘之间的挤压、剪切，实现对物料的粉碎。根据选粉机是否内置，辊磨分为传统辊磨和外循环辊磨。传统辊磨又称内循环辊磨，是在辊磨内部设置选粉机，利用气力将物料提升至选粉机进行分选；外循环辊磨的选粉机设置在辊磨外部，采用机械方式将物料提升至选粉机进行分选。传统辊磨水泥终粉磨系统工艺流程如图 2 所示。外循环辊磨水泥终粉磨系统工艺流程与辊压机水泥终粉磨系统基本一致。

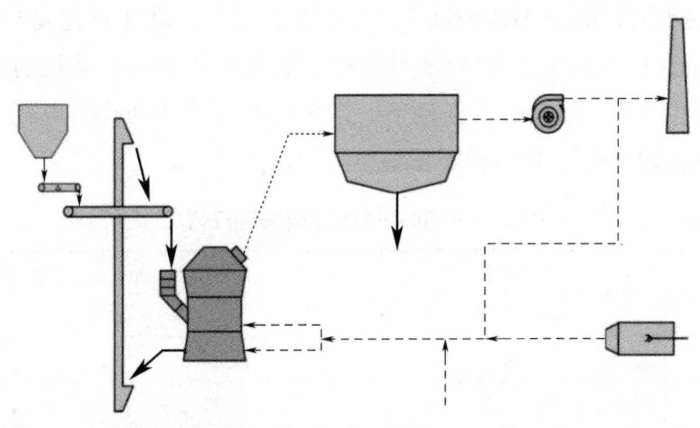

图 2　传统辊磨水泥终粉磨系统工艺流程

筒辊磨由法国 FCB 公司研发，入磨物料在圆柱辊与旋转筒体之间形成料床，压力由圆柱辊施加在料床上。与辊压机和辊磨水泥终粉磨系统相比，筒辊磨系统的磨辊挤压压力中等。与球磨机系统类似，筒辊磨需要磨内通风，使磨机在负压状态下工作。筒辊磨工作原理如图 3 所示。

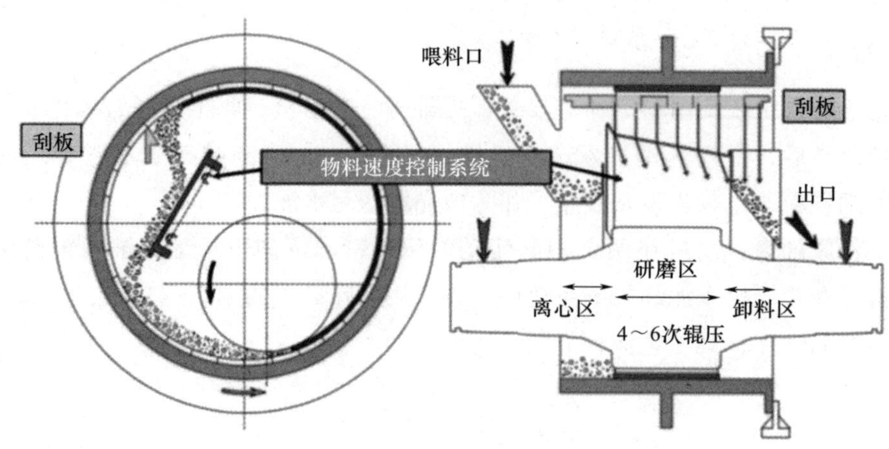

图3　筒辊磨工作原理

三、工业应用现状

（一）传统辊磨水泥终粉磨系统

目前，国际上普遍采用传统辊磨终粉磨系统生产水泥，占比大于60%；国内普遍采用料床粉磨装备与球磨机组成的联合粉磨系统或半终粉磨系统，占比大于70%。

国际上传统辊磨大型化的发展趋势明显，以国外典型装备制造商为例，各公司投产的最大规格辊磨为：莱歇公司LM72. 4+4，磨盘直径ϕ7. 2m，装机功率10000kW；非凡公司MVR6700C-6，磨盘直径ϕ6. 7m，装机功率9125kW；史密斯公司OK81-6，磨盘直径ϕ8. 1m，装机功率11000kW。

其中，莱歇公司LM70. 4+4水泥辊磨于2016年9月在尼日利亚Unicem水泥公司的Mafmosing工厂投产，配套6250t/d水泥熟料生产线，2016年11月系统产量达到合同指标，2017年1月系统电耗达到合同指标。

莱歇公司LM70. 4+4水泥辊磨运行情况见表2。从表2数据可以看出，该系统产量、比表面积、电耗均达到或优于合同指标。

目前，国产最大的水泥辊磨是TRMK60. 3，由天津水泥工业设计研究院有限公司（以下简称天津水泥院）设计并供货。该系统于2020年3月投产，磨盘直径ϕ6m，装机功率6300kW。在熟料占比90%、成品比表面积370m²/kg的运行条件下，系统产量可达280t/h，电耗27～28（kW·h）/t，较同水泥厂内“辊压机+球磨机”联合粉磨系统节电10%以上。

表2　LM70. 4+4水泥辊磨运行情况

项目	保证值	考核结果	优化后运行情况
产量（t/h）	373（干基）	379	377
比表面积（m²/kg）	470	488	527
水泥温度（℃）	最大85	72	—
成品水分（%）	<0. 5	0. 32	0. 34
系统电耗［（kW·h）/t］	最大36. 5	35. 8	34. 2
磨机电耗［（kW·h）/t］	最大20. 9	19. 2	19. 1
风机电耗［（kW·h）/t］	最大8. 8	13. 5	11. 7
助磨剂（L/t）	最大0. 1	0	0

2018 年，海螺水泥公司投产了两套水泥辊磨终粉磨系统，辊磨规格为 CK-490，装机功率 5100kW。在熟料占比 87%、成品比表面积 350m^2/kg 的运行条件下，系统产量达 250～260t/h，电耗约 26（kW·h）/t。水泥标准稠度需水量为 25%～27%，凝结时间、强度与球磨机水泥成品相当。

传统水泥辊磨终粉磨系统工艺流程简单、操作维护方便，系统电耗基本在 24～27（kW·h）/t，水泥性能与联合粉磨、半终粉磨系统相当，装备大型化优势显著，在国际上已被广泛认可。

（二）外循环水泥辊磨终粉磨系统

外循环水泥辊磨是将传统水泥辊磨的研磨和分选功能分开，物料经研磨后全部排到磨机外，即物料全部通过辊磨的外部进行循环。研磨后的物料由提升机提升进入组合式选粉机分选，分选后合格的物料由收尘器收集为成品，粗粉回到辊磨再次研磨。相比传统辊磨，外循环辊磨研磨后的物料不再通过气力提升进入选粉机，而是采用机械提升送入选粉机，辊磨内仅少量通风起收尘作用，系统通风压力损失降低、风量降低，从而实现节能降耗。外循环水泥辊磨终粉磨系统工艺流程如图 4 所示。

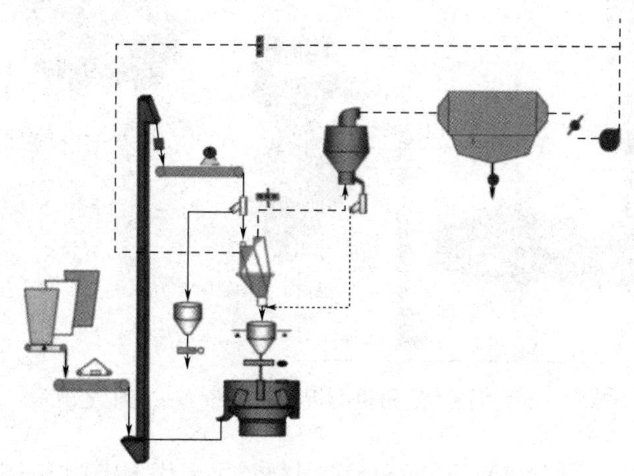

图 4　外循环水泥辊磨终粉磨系统工艺流程

近年来，国内对外循环水泥辊磨技术的研究较多，主要以天津水泥院、合肥水泥院、南京凯盛等为代表，系统方案多为联合粉磨系统和半终粉磨系统；国外对此方面的研究较少，原因是国外对辊磨技术的发展思路与国内不同。国外的发展思路是：规模更大、可靠性更高、系统更简单、粉磨能耗更低，这也是国外传统水泥辊磨单机规模越来越大（最大 550t/h）、辊磨系统占比高于联合粉磨系统的原因之一。而外循环水泥辊磨系统虽具有能耗更低的优势，但目前能做到的最大规模是 300t/h，且外循环水泥辊磨系统工艺比传统辊磨略复杂。

2014 年，辽宁某水泥厂投产了一台 TRM31.3 外循环水泥辊磨，装机功率 1600kW，系统配置了 ϕ3.2m×13m 球磨机（装机功率 1600kW），既可实现外循环水泥辊磨终粉磨，也可实现半终粉磨和联合粉磨，系统切换灵活。采用终粉磨系统生产低碱水泥时，成品比表面积 340m^2/kg 左右，粉磨系统电耗约为 24（kW·h）/t。

2015 年，山东某水泥厂采用 KVM46.4-C 外循环辊磨用于水泥终粉磨，装机功率 4000kW，生产 P·O42.5R 水泥时，熟料占比 75.6%，成品比表面积为 360m^2/kg，产量 180t/h，系统电耗 23.6（kW·h）/t。水泥细度及颗粒分布与已有球磨机系统接近，成品比表面积可在 300～400m^2/kg 的范围内调节，水泥标准稠度需水量为 26.9%，低于相同原料配比的球磨机成品需水量。

从不同厂家外循环水泥辊磨系统运行情况看，外循环水泥辊磨终粉磨系统通风电耗较低，水泥粉磨系统电耗为23~25（kW·h）/t，系统节能优势明显。

（三）辊压机水泥终粉磨系统

天津水泥院有限公司从2012年开始进行水泥辊压机终粉磨技术研究工作，经过不断探索，开发了多转子选粉机，达到了水泥成品粒度分布灵活调控的效果，并取得了实际工业应用业绩。从生产情况来看，辊压机规格为TRP180-140，装机功率为2×1400kW，多转子选粉机风量为180000~260000m^3/h，生产P·O42.5水泥，系统运行稳定，成品比表面积370~400m^2/kg，系统产量140~150t/h，电耗23~24（kW·h）/t，较原有联合粉磨系统降低20%左右；在水泥性能方面，对比辊压机终粉磨系统与联合粉磨系统两种系统生产的成品，终粉磨系统成品粒度分布更宽，从而保证了其生产的水泥及制备的混凝土性能与联合粉磨系统成品相当。配置多转子选粉机的辊压机终粉磨系统工艺流程如图5所示。

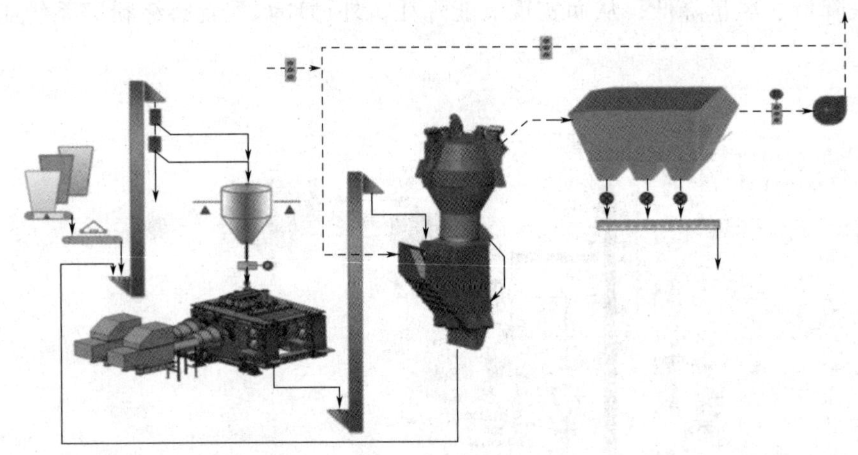

图5　配置多转子选粉机的辊压机终粉磨系统工艺流程

2018年，在德国VDZ会议上，NuhÇimento公司介绍了采用KHD辊压机进行终粉磨的情况。该公司系统配置了两套COMFLEX辊压机粉磨系统，辊压机规格为RPM170-180，装机功率3500kW，经考核，终粉磨系统产量为148t/h（比表面积415m^2/kg），系统电耗32.9（kW·h）/t，折合到比表面积350m^2/kg，系统电耗25.9（kW·h）/t。COM-FLEX辊压机终粉磨系统工艺流程如图6所示。

2020年，四川峨胜水泥也进行了辊压机终粉磨系统的生产尝试。辊压机规格为ϕ160-120，装机功率2×900kW，产量为110~115t/h，系统电耗24.9（kW·h）/t，相比联合粉磨及半终粉磨模式，电耗降低约4~5（kW·h）/t。水泥性能方面，辊压机终粉磨成品与球磨机成品相比，标准稠度需水量略微上升，凝结时间缩短约30min。终粉磨系统水泥颗粒粒径分布较球磨机系统生产的水泥更集中，终粉磨系统水泥成品粒径3~32μm颗粒含量占68.54%，球磨机系统约为63.33%。辊压机水泥终粉磨系统所生产水泥用于制备混凝土时，混凝土性能能够符合使用标准。对辊压机终粉磨系统和球磨机系统水泥样品进行X光衍射分析发现，由于终粉磨系统成品温度低，水泥中石膏脱水程度较低，导致水泥中二水石膏含量偏高。

与外循环水泥辊磨终粉磨系统相似，辊压机终粉磨系统通风电耗较低，水泥粉磨系统电耗为22~24（kW·h）/t。目前国内外对该系统的研究主要以选粉机为核心，希望通过调整成品粒度级配提升产品性能。

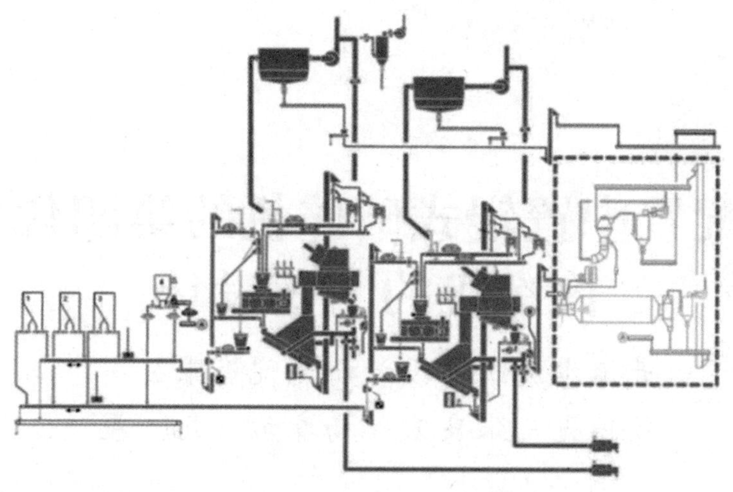

图 6　COMFLEX 辊压机终粉磨系统工艺流程

（四）筒辊磨水泥终粉磨系统

2003 年，北方水泥曾采用筒辊磨 HORO-mill3800 进行水泥终粉磨，装机功率 2400kW，选粉机型号 TSV4500，装机功率 132kW，生产 P·O42.5 水泥，成品比表面积 349m^2/kg，产量 119t/h，系统电耗 25（kW·h）/t，较球磨机系统电耗低 40%。水泥性能方面，经检测水泥成品的粒度分布情况，筒辊磨系统水泥成品均匀性系数为 1.12，水泥成品标准稠度需水量为 29.9%，略高于球磨机系统。

2005 年，中材汉江水泥公司同样采用筒辊磨 HOROmill3800 生产 P·O42.5 水泥，成品比表面积 353m^2/kg，产量 87.9t/h，系统电耗 33.18（kW·h）/t，与联合粉磨系统相比，电耗降低 4.19（kW·h）/t。水泥性能方面，筒辊磨系统水泥均匀性系数为 1.19，比联合粉磨系统低 20%，标准稠度需水量为 26.3%，低于联合粉磨系统，水泥强度与联合粉磨系统成品相当。

从早期的运行数据及设备运行状态来看，筒辊磨系统电耗在 25（kW·h）/t 以上，机械可靠性有待提升，该装备系统暂未大面积推广应用。

四、结语

从国内外水泥料床终粉磨系统的工业应用可以看出，与联合粉磨系统和半终粉磨系统相比，料床终粉磨系统具有明显的能耗优势，值得深入研究。由于粉磨原理、物料配比、混合材种类等不同，水泥性能可能会存在差异，需要在实际应用中不断改善。

配置中置辊式破碎机的第四代篦冷机的工艺设计

天津水泥工业设计研究院有限公司

侯振光　张良宏　杨春孟　凡　星

一、引言

2008年以前建设的水泥生产线，大都采用了第三代往复推动篦式冷却机，由于系统运行时间已久，第三代篦冷机普遍存在出篦冷机熟料温度高、机械故障率高、电耗高及备品备件更换频繁等问题。我公司研发的第四代步进式稳流篦冷机具有热交换率高、冷却效果好、电耗低、余热发电量高等优点，已广泛应用在新建及改造水泥生产线项目中。水泥厂篦冷机系统的改造一般通过局部优化（如更换篦床、更换破碎机、调整部分配风等）和全面升级（如更换为带中置或尾置辊式破碎机第四代步进式篦冷机）进行，本文仅探讨整机更换为冷却效果更好的带中置辊式破碎机的第四代步进式篦冷机（以下简称中置第四代篦冷机）的工艺设计。

二、改造设计内容

中置第四代篦冷机的技改项目涵盖结构框架利旧、基础更新、设备及风管更换或利旧等，改造难度较大，对工艺设计的要求较高。

在中置第四代篦冷机改造项目中，工艺设计的主要任务是将新设备布置于原有的结构框架内，重新实现料流、气流的连通，实现系统改造的目标。工艺设计时，还应加强与结构、电气、设备等各专业的沟通，保证新设备或风管与现有电缆桥架、电缆沟及结构基础等不会产生碰撞，使设计的方案更具合理性、可操作性及经济性。

整机更换为中置第四代篦冷机改造项目工艺设计的主要内容如图1、图2所示，主要包括：

（1）拆除原篦冷机、破碎机、传动装置等，布置新的中置第四代篦冷机。

（2）拆除原风机群，布置新的风机群。

（3）拆除原液压装置，布置新的液压系统。

（4）设计新篦冷机与原有窑门罩、至煤磨取风管、至余热发电取风管、至废气处理取风管等的衔接。

（5）设计与篦冷机相连接的溜子。

（6）布置篦冷机上壳体检修门、一段双重门及检视窗等的检修平台。

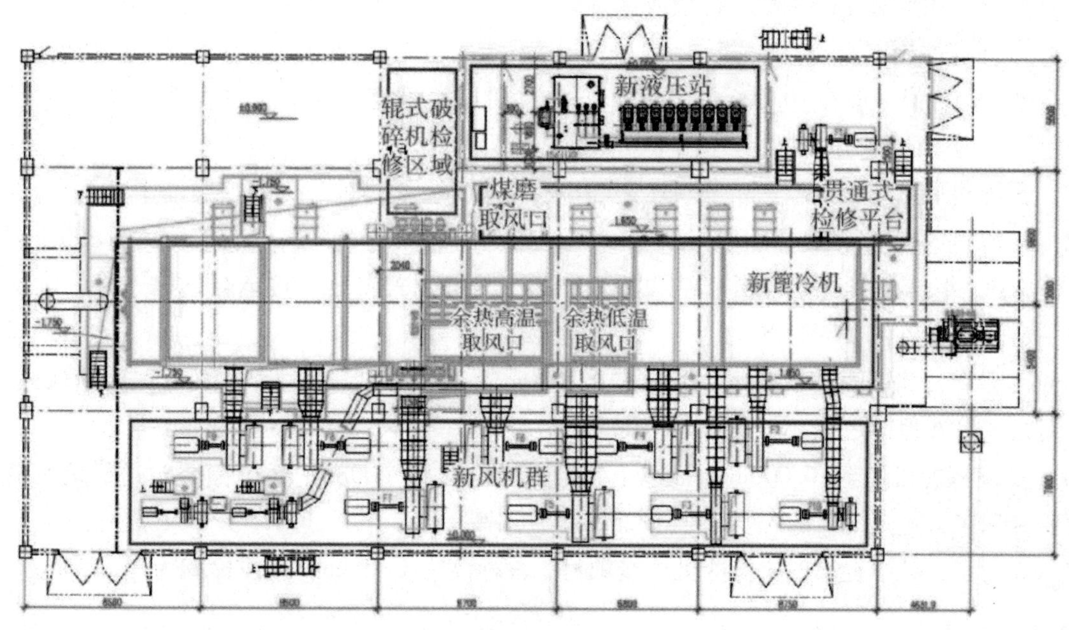

图 1　某中置第四代篦冷机改造项目平面布置

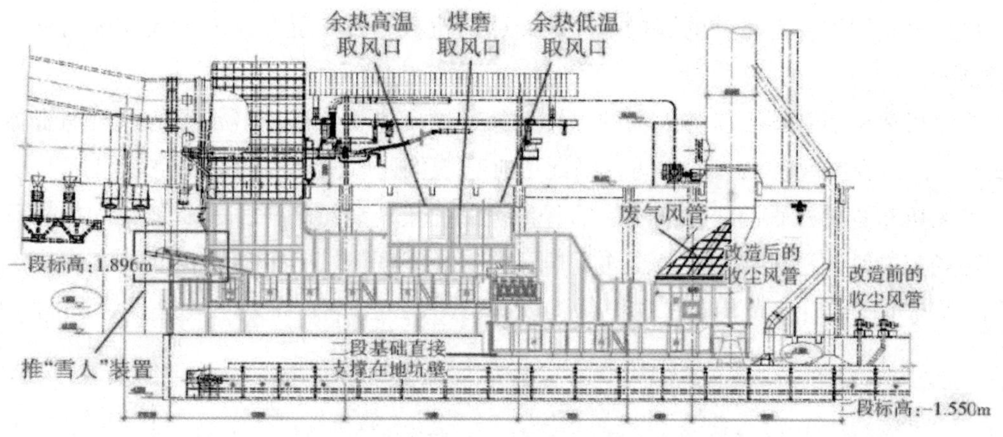

图 2　某中置第四代篦冷机改造项目剖面布置

三、改造设计要点

（一）篦冷机一、二段标高的确定

中置第四代篦冷机的辊式破碎机位于中部，将篦冷机分为两段，两段之间的高差为 3.1~3.4m。篦冷机二段的大部分改造项目位于±0.000m 平面以下，而槽式输送机所在地坑标高在-4.500~-5.000m，这决定了篦冷机二段的标高范围。篦冷机一、二段标高的确定需要综合考虑篦冷机与其上下游设备、风管及溜子等的合理连接。

1. 一段标高的确定

篦冷机一段标高一般在 0.500~3.000m，其确定原则如下：

（1）保证篦冷机上壳体与窑头平台的梁不发生碰撞。

（2）保证窑门罩下部的篦冷机接口角度不小于 45°。

（3）保证篦冷机与余热发电、煤磨取风等热风管道的对接角度不小于 40°。

（4）尽量利用原有篦冷机的底框架或基础墩。

2. 二段标高的确定

篦冷机二段标高一般在±0.000~-2.900m，设计时应尽可能抬高二段篦冷机所在标高，以减少土建费用。确定二段标高应重点考虑以下几点：

（1）篦冷机底部与槽式输送机导料槽之间应有足够的安装高度，方便安装溜子。

（2）篦冷机的两侧都有结构柱，结构柱基础有桩基承台、天然地基承台等形式，其大小与埋深不同。篦冷机二段基础顶面不应低于结构柱承台的上表面，若将结构柱承台暴露于外，既不美观，也存在一定的安全风险。

（3）二段篦冷机下壳体进风口一般都在±0.000m平面以下，需注意结构的地梁，确保风机与篦冷机之间的风管在地梁之上。

（4）二段篦冷机降至±0.000m平面以下，会影响原有±0.000m平面至槽式输送机地坑的梯子，设计时要确保工人进入地坑的净空不小于2.2m。

如图2所示，某中置第四代篦冷机改造项目一段标高为1.896m，二段标高为-1.550m。

（二）篦冷机风机群的布置

（1）保证风机至篦冷机的风管尽可能平顺，风机出口与风管之间要有足够的过渡段。

（2）每台风机四周要有足够的巡检空间，新的风机群一般布置在宽度为6~8m的框架一侧，如图1~图3所示。

（3）篦冷机风机消音器不能与现场的电缆桥架、原有风管等碰撞。常见的风机消音器有矩形与圆形两种形式，前者比后者更节省空间，因此更有利于保证风机周边的巡检空间。

（4）当风机布置在柱轴网线之间时，需仔细查阅原生产线结构图，查看地梁的标高及位置。

（5）现场查看时，还需特别注意是否有电缆沟穿越车间内部，如有则需实测其宽度、位置及走向。设计前需与电气设计人员沟通，如电缆沟要保留，风机布置时应避开电缆沟，如图3所示。

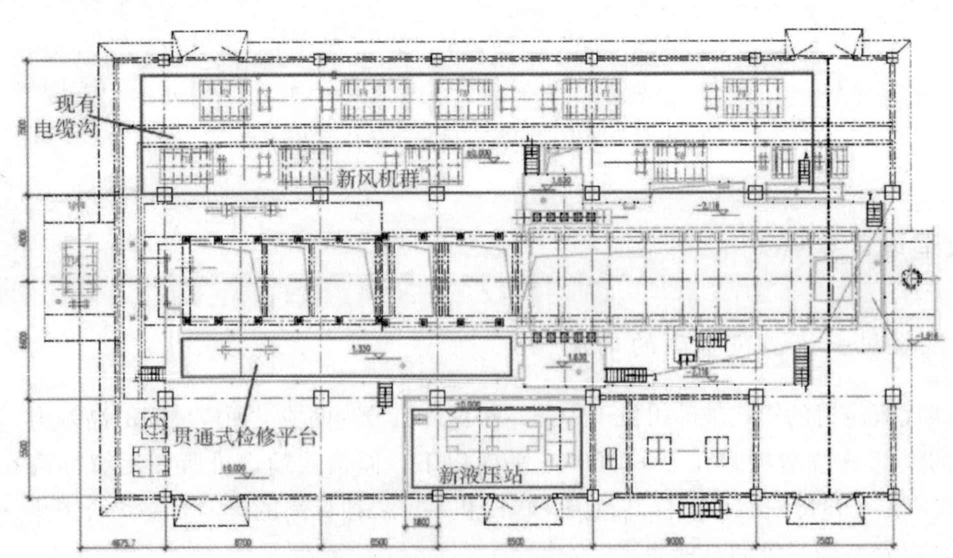

图3　某中置第四代篦冷机改造项目±0.000m平面基础图

（三）篦冷机液压站的布置

大多数篦冷机改造项目仍利用原有液压站房，当长度不足时，可适当加长原液压站房，如图3

所示。但也有部分现场没有液压站房，或原有液压站房影响风机的布置，或影响巡检，则需要新建液压站房，如图 1 所示。液压站房的大小确定及布置原则如下：

（1）液压站房应尽量布置在篦冷机设备中部的位置，兼顾篦冷机一、二段的液压油管的布置。

（2）保证液压站设备四周留出不小于 800mm 的巡检空间。

（3）液压站油泵电机一般朝向外侧门，出油管一般朝向篦冷机设备，既方便液压油泵电机的检修，又可减少液压油管的总长度。

（4）液压站的出油软管应该设置在-0.300m～-0.500m 的地沟内，如图 4 所示。如布置在±0.000m 平面之上，液压油管会铺满地，既不美观，也影响巡检通道，如图 5 所示。

（5）液压油站的控制柜及辊式破碎机的控制柜一般放置于液压站房内，确定液压站房的大小时需考虑放置控制柜的空间。

（6）液压油管管路的布置与设计，需兼顾油管走向顺畅、美观及方便巡检。

图 4　液压管路铺设在地沟内

图 5　液压管路铺设在地面上

（四）其他设计细节

1. 与热风管道的对接

与篦冷机相连接的热风取风口包括余热发电高温及低温取风口、煤磨取风口及废气风口。改造项目大多是实现篦冷机与原有热风管道的局部对接。工艺设计时应尽量保证连接风管的角度不小于 40°，否则应采取增加空气炮等措施，防止风管内积灰，如图 6 所示。

新增的热风管道应根据其所处温度段，在管道内采取合适的耐高温、耐磨、保温措施，并尽可能与改造项目现场措施保持一致。无特殊要求时，可按如下原则设计：

（1）余热高温取风口（温度范围 350～450℃），使用 50～70mm 隔热材料+（50～100）mm 耐高温耐磨浇筑料，如图 6 所示。

（2）余热低温及煤磨取风口（温度范围 250～350℃），使用 25mm 耐磨、耐高温陶瓷涂层。

（3）废气风口（温度范围 200～250℃）不做处理，仅做外保温。

新增热风管道需穿过原有楼层时，应综合考虑原有结构梁的布置。风管的走向、大小按“不能破坏主梁、尽量不破坏次梁、只凿除部分楼板”的原则确定，如图 6 所示。

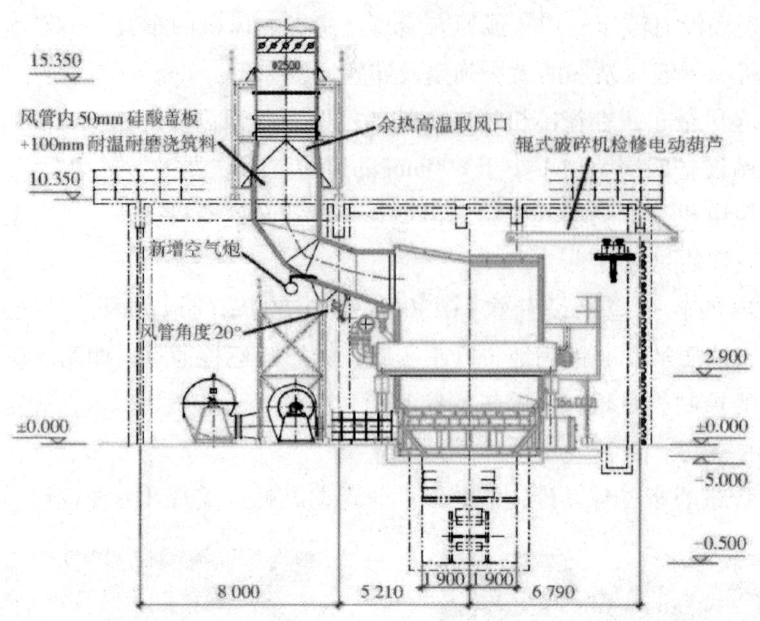

图 6　某中置第四代篦冷机改造项目剖面

2. 推“雪人”装置的布置

篦冷机推“雪人”装置一般布置在窑头车间的第一根轴网处，其所在高度一般为 4~7m，需注意避免推“雪人”装置与结构梁柱相碰。

推“雪人”装置运行时，如遇较大“雪人”，“雪人”会产生较大的水平推力，可能会对推“雪人”装置的钢支架产生破坏，可考虑将推“雪人”装置的尾部支在 1 号窑墩面上，如图 7 所示。

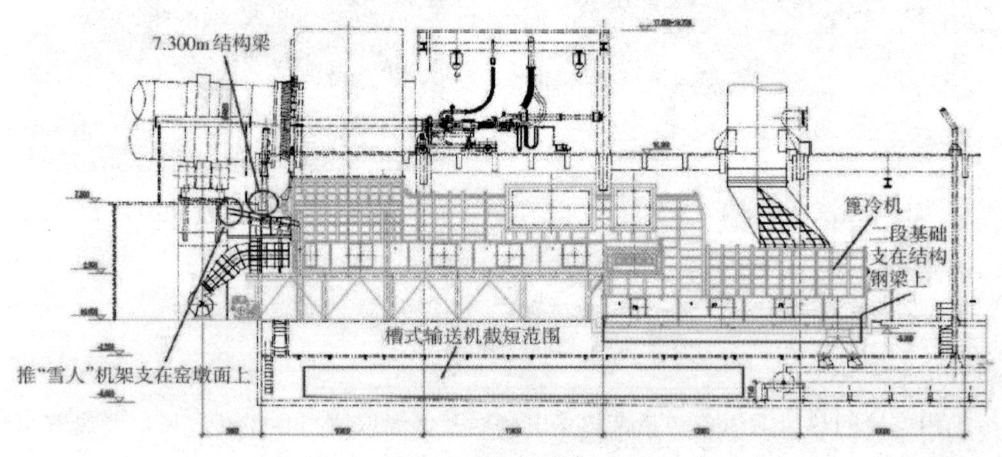

图 7　某中置第四代篦冷机改造项目剖面图

3. 辊式破碎机检修的安排

一般辊式破碎机有 4 支破碎辊，不同规格的篦冷机辊式破碎机检修空间需求不同，设计时需留有检修空间。改造项目如空间不足，应至少保证留有能抽出 1~2 支破碎辊的空间，其余破碎辊可在篦冷机内移至相同位置后抽出。

辊式破碎机从非电机侧更易抽出，因此设计时应尽量考虑将辊式破碎机非电机侧布置于预留检修区域侧。检修区域上方宜设置 1~2 台 10t 的电动葫芦，如图 6 所示。

4. 槽式输送机的改造

中置第四代篦冷机仅在设备尾部有卸料口，因此原槽式输送机尾部长度多余部分可截掉，如图

7 所示。

5. 篦冷机卸料溜子的改造

不同的改造项目，篦冷机出料口与槽式输送机导料槽之间的高度不同。当此高度不小于 1m 时，应考虑使用阶梯溜子或靴型溜子，如图 8 所示，以减少磨损与扬尘；溜子材料应选用耐磨板，以提高使用寿命。

6. 回灰溜子的改造

回篦冷机的熟料灰包括窑头密封护罩的回灰及在篦冷机与煤磨之间新增的旋风筒的回灰。前者位于篦冷机的前端面，该回灰的溜子在进入篦冷机前端面的内衬材料后，底部应高于固定篦床 1.1m 以上；后者一般位于篦冷机二段，该回灰的溜子在进入篦冷机二段的内衬材料后，底部应高于固定篦床 0.8m 以上，同时回灰溜子的角度宜不小于 45°。

7. 篦冷机卸料处收尘风管的改造

收尘点的位置应尽可能靠近篦冷机的落料点，否则易引起扬尘。部分现场新篦冷机的长度比原有篦冷机短，新篦冷机安装后，落料点与原收尘风管距离较远，此种情况下，必须同时对收尘风管进行改造。

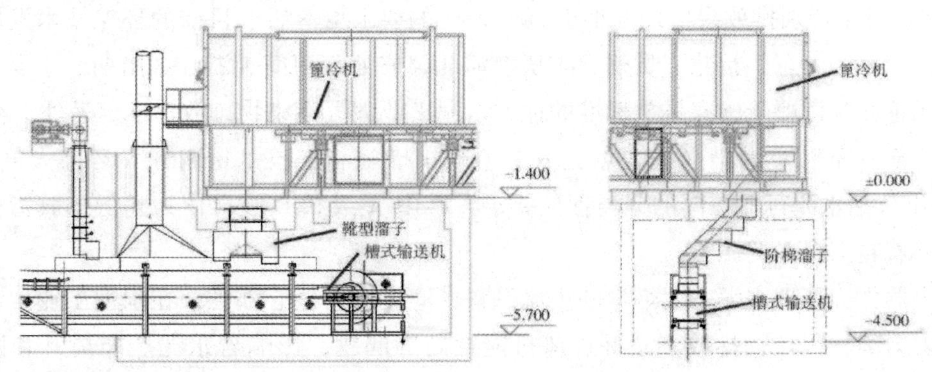

图 8　篦冷机与槽式输送机连接溜子形式

8. 篦冷机周边检修平台的设计

篦冷机周边检修平台包括上壳体与下壳体的检修平台，上壳体检修平台主要用于巡检一段空气炮、头端检视窗、侧部工业电视、侧检视窗、侧检修门以及二段侧检修门、尾端检视窗等。下壳体检修平台主要用于一段双重门进出、下壳体检视窗观察等。检修平台的设计宜采用整体连通形式（图 1），既美观又方便工人巡检。

四、结语

带中置辊式破碎机第四代步进式稳流篦冷机改造项目的改造内容多，工艺设计难度大。在工艺设计前期，现场查勘阶段应注重收集图纸资料，注意现场电缆桥架与电缆沟的位置及走向等；在设计阶段应合理布置风机群、液压站及各检修平台，注意避开梁柱结构；在项目实施后，应验证改造的效果，对出现的问题及时进行整改，以保证改造项目的技术经济指标最优。

EGS™ 节能超净滤料新技术在水泥工业窑尾袋式除尘器的研究

清源创新实验室，厦门格锐特环保科技有限公司

魏伟明　蔡伟龙　耿占吉　康述旻　蒋　英

目前，水泥工业的颗粒物排放浓度的国家标准略显宽松，国家现行标准《水泥工业大气污染排放标准》（GB 4915）为 2013 年版本，要求新建和现有项目：在 2015 年 7 月 1 日起颗粒物浓度小于 30mg/m^3，并且对于特别排放限值地方小于 20mg/m^3 的要求更落后于目前的环保技术发展水平和环境管理要求。北京、山东、福建、贵州、重庆、河北、安徽、河南、浙江、山西、宁夏、四川等省市已经发布或正在制订严于国家排放标准的地方水泥工业大气污染物排放标准。另外，在 2020 年 7 月，生态环境部发布《重污染天气重点行业应急减排措施制定技术指南》（环办大气函〔2020〕340 号），提出包括水泥行业在内的分类管控要求，其中 A 级和 B 级可作为超低排放指标，水泥工业环保正面临着越来越大的压力。

袋式除尘器作为处理水泥工业烟尘的主流设备，滤袋作为核心部件，在水泥工业生产运行中常常出现运行阻力高、颗粒物排放不达标、风机能耗高等问题，影响着水泥产能提升和协同处置产能，限制着客户难于达到 A 类企业。这些都与滤料性能和质量有直接和间接的关系，滤料过滤性能和质量的优劣，影响着袋式除尘器后续运行的环保节能性、净化效率及稳定性，因此亟需开发出一种高效超净低阻滤料满足水泥工业生产企业的环保要求。

一、水泥工业烟气特点及工艺流程

（一）水泥工业烟气特点

对于新型干法水泥生产而言，水泥工业不同工业环节烟气差异较大，特别是窑尾烟气工况有着高粉尘、高碱性、烟温及烟气波动大等特点。一是在水泥生产过程中，在原料破碎、原料和燃料的预均化、生料粉磨、煤磨粉磨、水泥粉磨、熟料的输送及储存、水泥包装和散装等，这些环节主要处理烟气中的颗粒物为主且烟气温度基本在常温条件下，但粉尘浓度波动较大；二是对于窑头颗粒物而言，其来源于熟料粉尘，粒径分布 0.1～10μm 的占比 15%，10～45μm 占比 35%，大于 45μm 占比 50%。粉尘形态大都为不规则型，具有较大的磨损性；三是窑尾粉尘来源于窑灰及生料粉尘，粉尘具有高尘、粒径小、高碱性。尤其对于协同处置固体废物时，生料磨开停对于粉尘的浓度及温度变化有较大影响。

（二）水泥工业烟尘治理主要工艺流程——以窑尾为例

水泥工业回转窑窑尾主要工艺流程为含尘烟气从预热器出口排出，进入布袋除尘器、磨机循环

系统，然后经风机至排气筒排入大气。整体工艺系统较复杂，影响袋式除尘器运行稳定的因素有预热器发生异常、磨机启停、SP炉异常、窑炉工况烟气波动、除尘器本身软硬件的运行情况等。三风机、双风机系统如图1、图2所示。

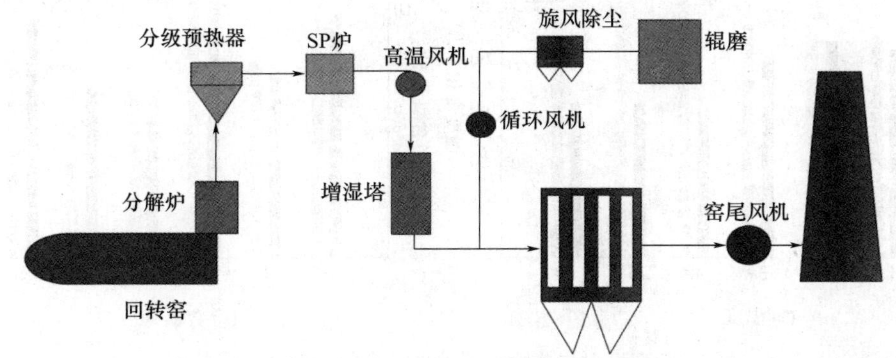

图1　窑尾烟尘治理简要工艺流程（三风机系统）

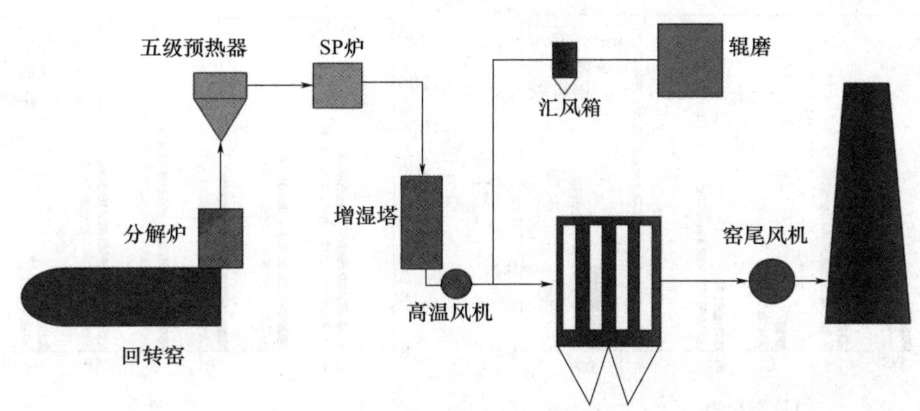

图2　窑尾烟尘治理简要工艺流程（双风机系统）

二、生料磨启停对窑尾袋式除尘器的影响

对水泥工业的窑尾而言，在正常工况的运行时，生料磨的启停是频繁的，为了更好地研究启停磨对窑尾袋式除尘器的影响，选择6处水泥窑尾袋式除尘器为研究对象，分别编号为1#、2#、3#、4#、5#、6#，其中4#、5#、6#为协同固体废物，记录启停磨前后运行参数的平均值。

（一）启停磨对窑尾袋式除尘器温度、含氧量变化的影响

由图3（1）图可知，开磨时，不同水泥厂的温度基本在100～150℃；当停磨时，常规水泥厂温度波动5～25℃，但对于协同固体废物的温度波动可达100℃。

由图3（2）图可知，开磨时，不同水泥厂的含氧量基本在6%～12%，体现不同水泥窑尾系统漏风率的差异。当停磨时，不同水泥厂的含氧量差在0.5%～2%，由于生料磨的不同，产生的漏风率略有不同。

（二）启停磨对窑尾袋式除尘器颗粒物、阻力变化的影响

由图4（1）图可知，开磨时，不同水泥厂的颗粒物基本在10mg/m^{3}以下，基本满足超净排放的要求。当停磨时，不同水泥厂的颗粒物增长明显。由图4（2）图可知，开停磨时，大部分阻力

波动在 900~1000Pa，对于 6#阻力过低的原因有过滤风速小于 0.6m/min，并且调大清灰频率。

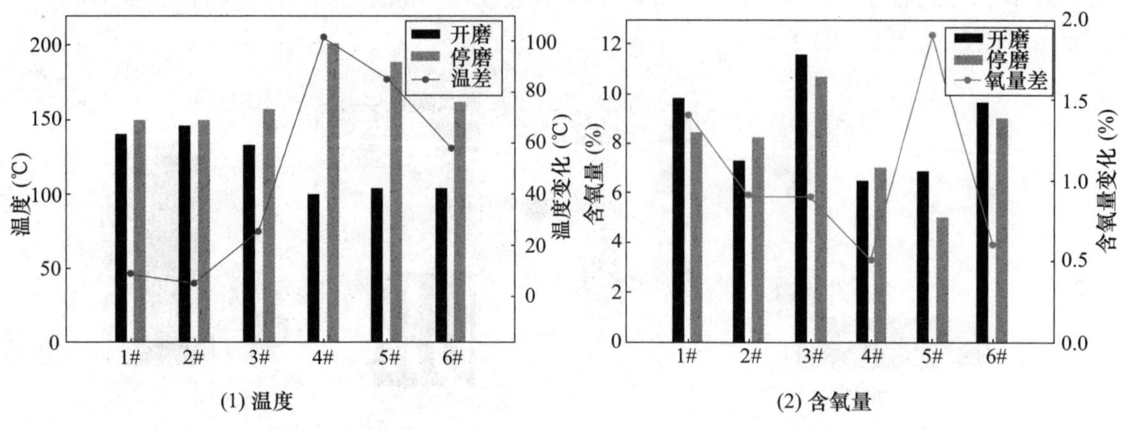

图 3　启停磨对袋式除尘器温度、含氧量变化的影响图

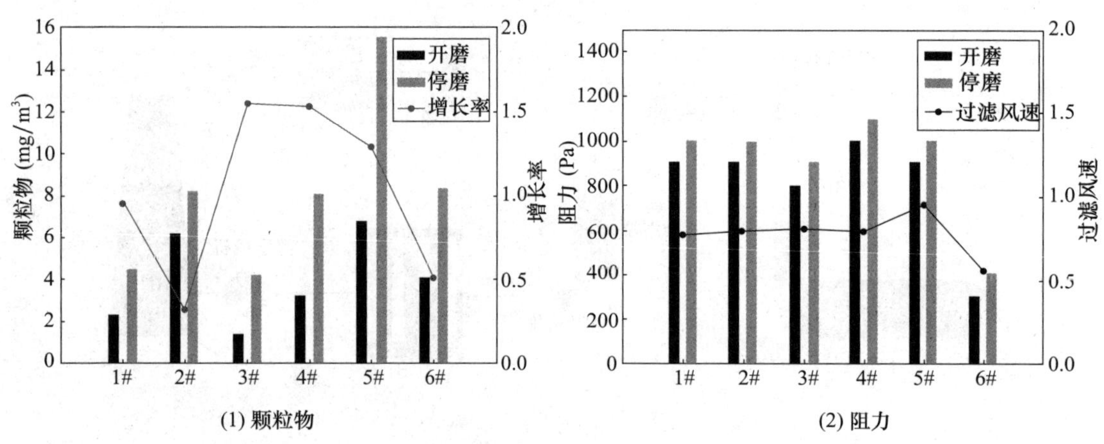

图 4　启停磨对袋式除尘器颗粒物、阻力变化的影响图

（三）启停磨对窑尾袋式除尘器滤袋的影响

分析启停磨对窑尾袋式除尘器的影响，窑尾常用材质有 P84、P84 复合、PI 复合、玻纤、玻纤复合、PTFE 等，都具备抗氧化、耐高温特点，基本满足温度和含量变化的要求，但对于在过滤风速在 0.8m/min 的情况下，常常出现颗粒物大幅度的排放超标和阻力居高不下，清灰效果基本表现为 100Pa 左右，阻力偏高，无法适应启停磨等工况波动、节能减排的综合需求，迫切寻求一种适应性强、节能降耗的高技术滤料替代现有产品。水泥工况烟气对滤袋的影响见表 1。

表 1　水泥工况烟气对滤袋的影响

特点	可能对滤袋的影响
粉尘颗粒细，湿度变化较大	滤袋的粘附，阻力的上升
烟气成分差异	滤袋腐蚀，性能下降
除尘器进口粉尘特性波动	粉尘排放增加
阻力高	能耗上升，窑炉负压异常
清灰频率大	滤袋机械性能下降

三、EGS™ 节能超净滤料新技术

基于水泥窑尾主要工艺流程、烟气工况、启停磨的影响因素分析，研发出一款具有高通量（即节能）超净排放（减排）的长寿命的覆膜型滤料（简称 EGS™ 滤料）。其与常规滤料或水刺滤料相比，具有较小的孔径，适应更低的排放要求。而对于 EGS™ 滤料而言，透气量是常规覆膜滤袋的 2~4 倍，详见表 2。

表 2　EGS™ 滤料与常规滤料技术指标对比

参数	克重（g/m^2）	断裂强度（N）	透气量［L/（dm^2·min）］	孔径（μm）	过滤类型
针刺滤料及水刺滤料	相同	相同	80~180	15~40	深层或类表面过滤
常规覆膜滤料	相同	相同	20~50	0.1~10	表面过滤
EGS™ 滤料	相同	相同	45~75	0.1~8	表面过滤

（一）深度原纤化膜技术

深度原纤化膜技术体现在两方面：一是微观方面来说，常规膜的膜孔径分布占比与可原纤化膜相比，具有细微孔径占比多的特点；二是宏观方面看，深度原纤化膜的通量大，透气量是传统双向拉伸膜的 2~7 倍，追求更低的运行阻力。不同种膜孔径指标对比如图 5 所示。

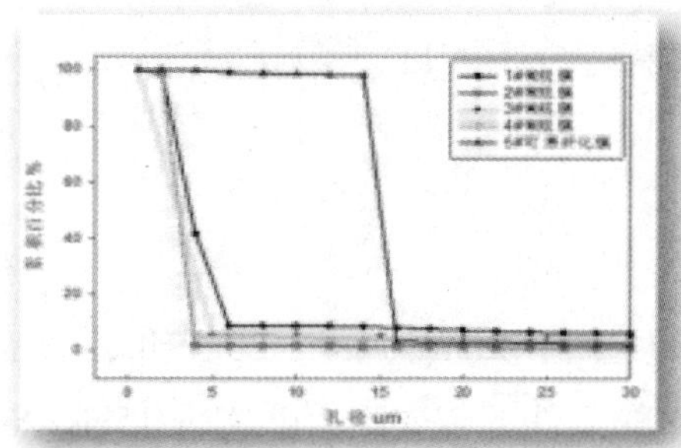

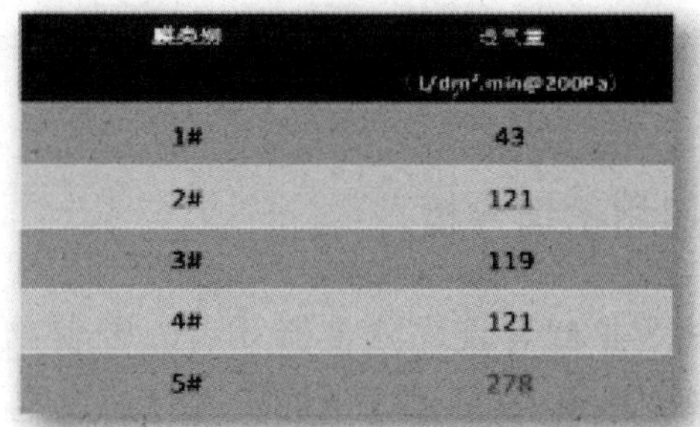

膜类别	透气量 L/dm²·min@200Pa
1#	43
2#	121
3#	119
4#	121
5#	278

图 5　不同种膜孔径指标对比

（二）深度原纤化覆膜技术

深度原纤化覆膜技术与常规的覆膜技术相比，经深度原纤化覆膜技术后，整体滤料的孔径减小，能够高效率过滤微细粉尘（过滤粉尘粒径 0.1~8μm），并且产生的滤料孔数量多，提高了过滤气流通量。与市场常规覆膜产品相比，EGS™ 滤料的平均透气量达到 50L/（m^2·min）@200Pa，突破了现有覆膜技术低通量的技术瓶颈，是覆膜滤料革命性的进步。常规覆膜滤料和 EGS™ 滤料如图 6、图 7 所示。

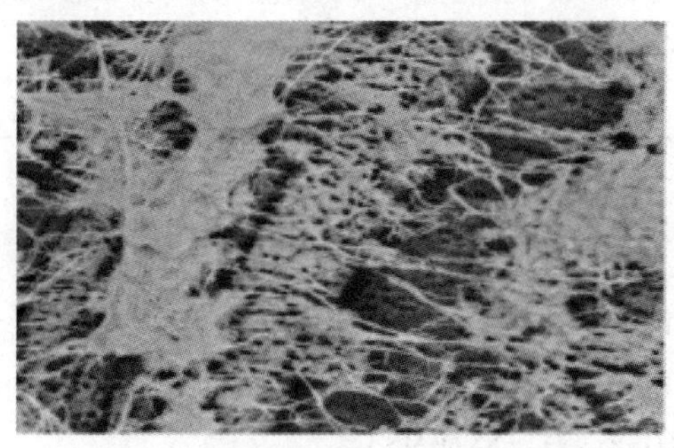

图 6　常规覆膜滤料（放大 9500 倍）

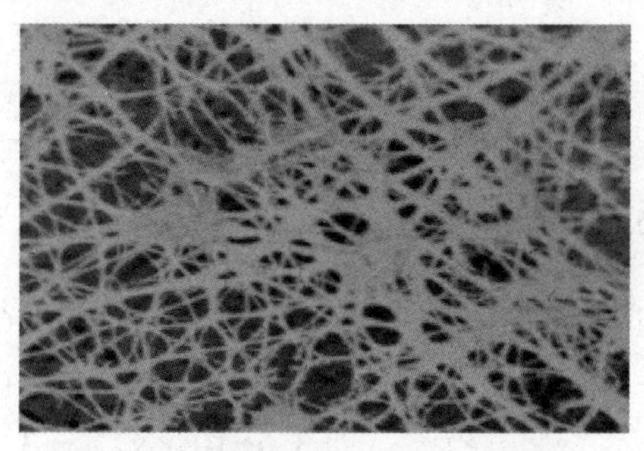

图 7　EGS™ 滤料（放大 9500 倍）

（三）EGS™ 滤料与常规覆膜滤料过滤性能对比

图 8 数据显示，对比常规产品来说，EGS™ 滤料比常规覆膜滤料运行阻力低 30%，清灰周期延长 130%，排放浓度降低超 30%。

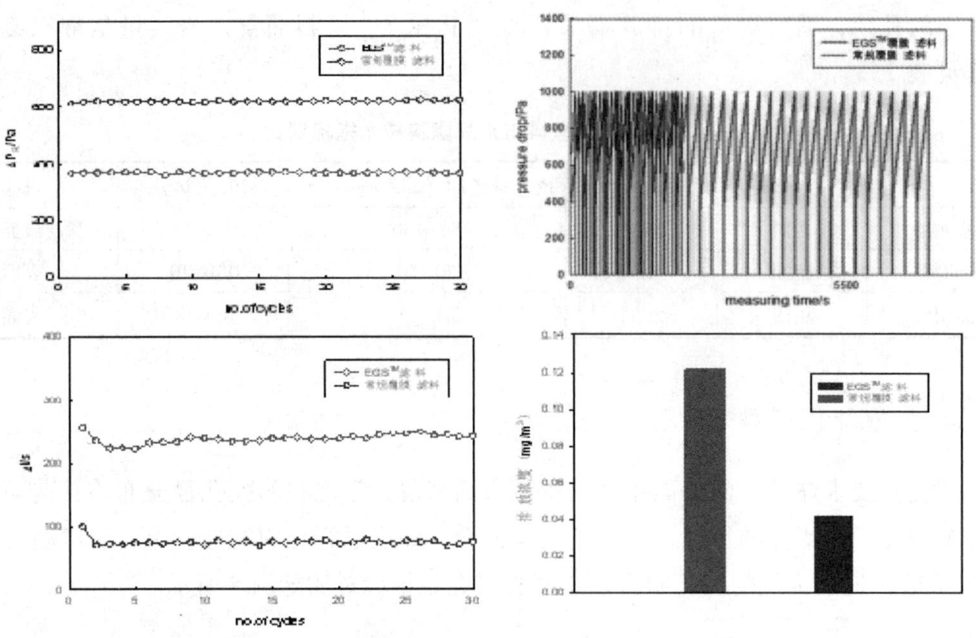

图 8　EGS™ 滤料与常规覆膜滤料过滤性能对比

四、应用价值分析

山东某企业拥有袋式除尘器 3 台，颗粒物排放浓度大于 20mg/Nm³。2021 年，该企业选用 EGS™ 滤料，达到了粉尘排放标准，在过滤风速 1m/min 的条件下袋式除尘器实现 15mg/Nm³ 以内，且除尘设备未做任何改造。EGS™ 滤料与常规滤料应用效果对比见表 3。

表 3　EGS™ 滤料与常规滤料应用效果对比

参数	常规滤料	EGS™ 滤料
烟气量	260000m³/h	260000m³/h
过滤风速	1. 0m/min	1. 0m/min
入口粉尘浓度	36g/Nm³	36g/Nm³
出口粉尘浓度	20mg/Nm³	5mg/Nm³
运行压差	平均 700Pa	平均 400Pa
清灰周期	2760s	4800s
风机出力	33A/69A（额定）	26A/69A（额定）

（一）节能价值分析

实际运行参数 0. 65 元/kWh，烟气流量 235676m³/h，平均压降 300Pa。

$$风机电耗\ \Delta C=\frac{P\times Q\times T\times S}{3.6\times10^{6}\times\&}=\frac{300\times0.235676\times10^{6}\times8000\times0.65}{3.6\times10^{6}\times(0.75\times0.95)}=143335\ 元$$

滤袋使用周期内（3 年）可节省电费约：430005 元。

（二）减碳价值分析

1（kW·h）电需耗标准煤：320g。

1tce 产生的二氧化碳量：据资料可知 1 吨标煤排放二氧化碳估算 2.66~2.72t。

由此可计算出 CO_2 年减排量：（143335/0.65）$\times 320\times 10^{-6}\times 2.66=188$t。

（三）减排价值分析

常规滤料超洁净排放标准按 20mg/m³，则升级 EGS™ 滤袋可减排至 5mg/m³，年运行 7500h。

年减排粉尘量 $\Delta D=1.0\times 10^{6}\times 15\times 10^{-9}\times 7500=112.5$t。

五、结语

综合 EGS™ 节能超净滤袋的性能表征及工程化应用效果及水泥窑尾烟气的特点及工艺特殊性，EGS™ 各项性能极为适合水泥窑工况对滤袋的要求，能够确保袋式除尘器的稳定高效运行，实现水泥工业环保稳定达标排放，在水泥行业具有推广价值和应用前景。

水泥窑富氧燃烧废气循环碳捕集技术

海螺水泥股份有限公司　吴铁军　孔取和　马　明　范警卫

引言

随着经济的发展，二氧化碳的排放量不断增加，二氧化碳是温室气体中最主要的成分，其引发的全球变暖成为全球普遍关注的问题。

水泥工业因为其特殊的工艺要求，煤炭类化石燃料是其主要能源消费结构，煅烧过程中碳酸盐分解的气体产物主要为CO_2，水泥工业被认为是仅次于煤电、钢铁行业的主要碳排放来源。因此，开展水泥行业新型燃烧技术开发，改变行业目前碳排放现状具有十分重要的意义。富氧燃烧技术被认为是最具大规模商业化应用潜力的碳捕集技术之一。

一、水泥窑富氧方式

（一）氧源的选择

目前，富氧气体制备技术主要有三种，即深冷法、变压吸附法、膜分离法。水泥工业富氧气体需求量大，最经济可行的商业技术主要是深冷空气分离技术（CAS），即低温精馏的分离方式。

（二）富氧分类

富氧燃烧技术在工业上的应用，按照不同的分类方式，可以分为不同类型，见表1。

表1　富氧燃烧技术分类

分类方式	类型
按氧气浓度	低浓度或微富氧（21%~30%）； 高浓度富氧（30%~90%）； 全氧（90%~95%）； 纯氧（95%~100%）
按富氧方式	整体富氧； 局部富氧
按阻燃剂类型	O_2/N_2； $O_2/N_2/CO_2$； O_2/CO_2

根据相关研究，富氧燃烧条件下，CO_2替代N_2作为阻燃介质。双原子气体N_2与三原子气体

CO_2 的热物理性质差别较大，燃烧过程中煤粉挥发分在 CO_2 中的扩散系数是氮气中的 8~10 倍，并且氧气在 CO_2 气氛中的扩散系数是 N_2 中的 8~10 倍。富氧燃烧工况下要达到与空气燃烧同样的绝热火焰温度和烟气辐射，富氧下的氧气浓度需要控制在 30%左右。

根据上述分析，水泥窑系统富氧燃烧技术应用属于高浓度富氧（不小于 30%，按氧气浓度）、局部富氧（按富氧方式）、$O_2/N_2/CO_2$（按阻燃剂）模式。

二、水泥窑富氧效果

海螺水泥按照上述的富氧空气制备和应用方法，选取了一条 4500t/d 生产线试点运用富氧燃烧技术。生料、熟料、煤灰化学成分见表 2。

表 2　生料、熟料、煤灰化学成分

项目	烧失量（%）	SiO_2（%）	Al_2O_3（%）	Fe_2O_3（%）	CaO（%）	MgO（%）	Σ（%）	KH	SM	IM	fCaO
生料	34.15	13.28	3.30	2.23	43.51	0.83	97.31	1.00	2.40	1.48	—
熟料	0.20	22.13	5.28	3.53	65.03	1.13	97.30	0.89	2.51	1.50	0.68
煤灰	—	48.09	35.69	5.60	4.56	0.73	94.67	—	—	—	—

富氧投用期间，入窑生料、熟料、煤质成分整体稳定，系统工况整体受控，见表 3。

表 3 对比了富氧投用前后，系统主要参数的变化，表明：

（1）富氧条件下，火焰温度高，煤粉燃烧效果好，水泥窑烧成带温度高，入冷却机熟料温度高，经换热后系统二、三次风温显著提高；

（2）富氧燃烧投用后，系统烟气量降低；

（3）富氧燃烧条件下，系统 NO_x 生成量减少。

表 3　富氧投用后系统主要参数

项目	投用前	投用后	备注
预热器出口风量（Nm^3·kg 熟料）	1.350	1.306	-0.044
预热器出口 NO_x（$mg·Nm^{-3}$）	132	39	-93
二次风温（℃）	1090	1180	90
三次风温（℃）	980	1050	70

根据上述分析，水泥窑系统富氧燃烧技术应用属于高浓度富氧（不小于 30%，按氧气浓度）、局部富氧（按富氧方式）、$O_2/N_2/CO_2$（按阻燃剂）模式。

这也验证了郑楚光等人研究结论。基于上述参数变化，笔者统计了系统煤粉消耗情况，见表 4。

表 4　富氧投用后系统主要参数

项目	投用前	投用后	备注
标准煤耗（$kg·t^{-1}$ 熟料）	108.33	101.66	-6.67

富氧燃烧技术投用后，系统标准煤耗下降 6.67kg/t 熟料，这与系统参数变化保持一致。

三、富氧燃烧与碳捕集

（一）传统 CO_2 捕集（CCS）技术

目前水泥工业 CO_2 捕集属于燃烧后分离 CO_2 方法，是水泥工业集成 CO_2 回收的最简单方式。

这种方法的优势在于对水泥生产线改造少、稳定性好、影响小，但是由于窑尾 CO_2 浓度通常较低（20%左右），且需要处理的烟气量较大，同时，适合低浓度 CO_2 分离的化学吸收工艺需要消耗较多的中低温饱和蒸汽用于吸收剂再生，能源消耗大。

（二）高浓度 CO_2 捕集

有研究表明，富氧燃烧是用纯氧或富氧代替空气作为化石燃料燃烧介质，燃烧产物为 CO_2 和 H_2O，经过冷凝后烟气中 CO_2 含量在 80%以上。CO_2 浓度对压缩纯化影响如图 1、图 2 所示。

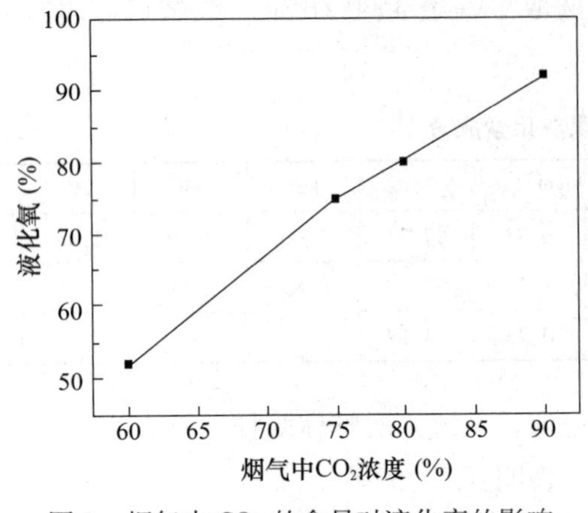

图 1　烟气中 CO_2 的含量对液化率的影响

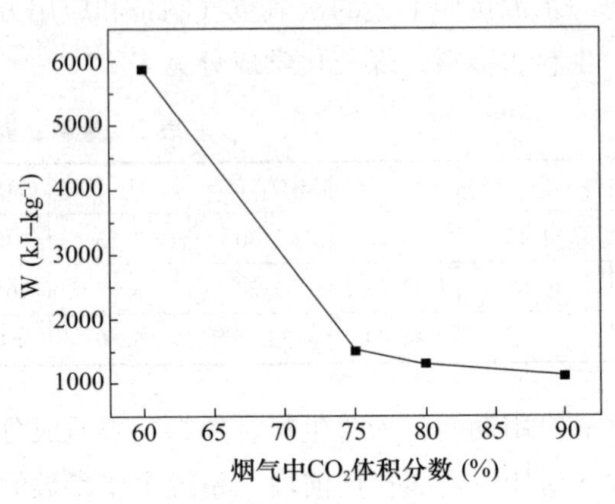

图 2　CO_2 含量对液体 CO_2 功耗的影响

在液化温度和液化压力一定的情况下，原料气中 CO_2 含量越高，CO_2 的液化率越高，液体 CO_2 消耗的单位功耗越低。

（三）窑尾烟气循环富集

根据上述分析，笔者认为，80%左右 CO_2 浓度是较为经济的 CO_2 捕集纯化浓度，在窑尾形成高浓度的 CO_2 烟气（80%以上），技术上具备可行性。

（1）预热器系统主要是碳酸盐分解，生成大量的 CO_2，不掺入杂质气体，只需减少系统漏风。

（2）目前局部富氧燃烧，来自窑头的二次风、三次风为正常空气，利用部分窑尾烟气搭配纯氧，制备正常氧含量气体取代二次风、三次风。

（3）常氧下，一次循环，预热器出口废气 CO_2 浓度在 18%左右，经历 4 次循环，预热器出口 CO_2 浓度在 72%左右，出预热器废气直接经历 CCS 系统，取部分废气经历上述制备常氧空气过程。

上述过程的实现，需要对富氧气体制备系统进行改造，窑尾烟气输送进行改造，取气位置、取气量需要进行设计计算。

四、结束语

富氧燃烧技术显著降低了水泥窑系统煤粉消耗，对于水泥工业减少 CO_2 排放具有一定意义。同步对窑尾烟气进行循环富集，提高窑尾烟气 CO_2 浓度，大幅降低 CO_2 捕集纯化环节成本投入、能源消耗，使 CO_2 捕集纯化在水泥行业的大范围推广成为可能。

笔者认为，富氧燃烧碳捕集技术在水泥行业具有广阔的应用前景，只要富氧制备工艺进一步完善，O_2/CO_2 环境下传热机理进一步明确，富氧燃烧碳捕集技术将是水泥行业实现碳减排碳中和的关键技术。

企业发展篇

再次入选2022年的《财富》中国500强排行榜贺信

中国建材股份有限公司、安徽海螺水泥股份有限公司、北京金隅集团股份有限公司、华润水泥控股有限公司、冀东水泥股份有限公司、华新水泥股份有限公司、中国山水水泥集团有限公司：

喜闻你们7家公司再次入选2022年的《财富》中国500强排行榜。这充分体现了公司企业规模、信誉、实力和国际化发展迈上新台阶。特别是海螺水泥还名列2022年《财富》中国500强最赚钱公司榜单第27位。这一荣誉不仅是你们的骄傲，也是全行业的荣誉与骄傲！

中国水泥协会代表全行业向你们及企业全体员工表示最热烈的祝贺！

宝剑锋从磨砺出。多年来，中国建材股份积极进行结构调整，重组水泥板块，新天山水泥公司成为全球最大水泥企业，正朝着世界一流水泥公司，引领全球水泥产业发展方向奋进；海螺水泥被资本市场称之为行业翘楚"泥茅"，公司秉持"创新引领、数字赋能、绿色转型"的发展理念，推动企业加速实现高质量发展，努力创建具有核心竞争力的世界一流企业；金隅股份与冀东水泥联合重组，成为中国水泥发展史上的经典案例，推动产业集中度明显提升，公司已经跃升为中国第三，世界第五的水泥公司；华润水泥巩固拓展已有战略市场，积极开拓新兴市场，培育业务发展新动能，为"再造一个华润水泥"开好局、起好步，向具有科技含量的新型建材企业迈进；华新水泥坚持以恒心办恒业，以创新促转型，使百年老厂持续迸发活力，谱写绿色转型高质量发展新篇章；山水水泥注重夯实基础、优化布局、稳健发展，积极推进规范化管理和科学运营，多措并举降本增效，不断提高发展质量和效益，取得喜人业绩。

多年来，你们与全行业广大企业在习近平同志为核心的党中央引领下，在各级政府主管部门的指导下，始终坚持新发展理念，构建行业新发展格局，推动行业高质量发展，始终坚持供给侧结构性改革，错峰生产、减量置换，担当起大企业维护行业利益的重任；秉承"行业利益大于企业利益，企业利益孕育于行业利益之中"的行业文化责任，致力于做强做优做大的终极目标。尤其是近几年来，创新实施了一系列超常规、突破性、颠覆式的工作举措，取得了优异成绩，成为了中国水泥行业的领军企业，连续进入中国企业500强之列。

潮平岸阔催人进，风正扬帆正当时。让我们携起手来，树信心，促发展，共同为实现中国水泥行业的高质量发展而奋斗！

中国水泥协会

2022年7月15日

新天山水泥的战略定位

中国建材集团

作为全球最大水泥企业，新天山水泥的战略定位是建设世界一流水泥公司，引领全球水泥产业发展方向，做到经济技术指标一流、综合竞争力一流、可持续发展能力一流，能够输出管理、输出标准，全方位成为业界标杆。

全球最大的水泥企业诞生了，市值超过1000亿元。

2021年年底，中国建材集团有限公司（以下简称中国建材）在北京总部举行了水泥板块业务整合大会。历时15个月零6天，中国建材终于把旗下主要水泥资产注入到上市公司天山水泥中，其中包括中联水泥100%股权、南方水泥99.93%股权、西南水泥95.72%股权、中材水泥100%股权。这笔高达981亿元的购买资产交易，创造了A股历史上交易规模之最。

中国建材集团董事长兼上市公司中国建材股份董事长周育先说，这次水泥板块业务整合，是2016年中国建材集团与中国中材集团合并重组“三步走”规划当中的第三步。这一步完成后，中国建材水泥板块将诞生一家全球业务规模最大、千亿市值的水泥上市公司。此举同时也意味着中国建材将开启水泥行业新一轮的深度整合。

一、为何整合

2006年在香港上市后，中国建材即对市场集中度低、产能高度过剩、竞争无序的水泥行业开展了一场声势浩大的联合重组：从2006年收购徐州海螺为起点，到2007年顺利联合浙江四大水泥巨头，并以此为基础组建南方水泥，中国建材“战略整合、区域合作、联合发展”的发展战略初见雏形。以此为模板快速复制，2009年组建北方水泥，2011年成立西南水泥……短短几年间，中国建材迅速重组近千家企业，一跃成为全球规模最大的水泥供应商。这场跨省跨区域的“合纵连横”，推动了我国水泥行业的结构调整和健康发展。

这其中，2016 年中国建筑材料集团有限公司与中国中材集团公司（以下简称中材集团）实施重组，是中国建材发展史上的标志性事件。

彼时，两家央企重组的重要背景是，从两大集团旗下上市公司的主业来看，中国建材集团旗下的中国建材和中国中材集团旗下的天山股份、宁夏建材、祁连山、中材股份等多家上市公司的主营业务均为水泥。特别是中国中材集团旗下的天山股份、宁夏建材、祁连山主营业务均为水泥生产，在区域覆盖上也存在一定的重合。

随着国家供给侧结构性改革和去产能改革力度加大，国内水泥产业也进入了加速去产能的阶段。

“两材”重组后的中国建材制定了“三步走”规划。

历经了前两步规划，中国建材这次把旗下主要水泥资产注入上市公司天山水泥后，将要完成“两材”深度重组的历史使命。

二、如何整合

“重组后新天山的水泥、商混（编者注：商混即商品混凝土）业务规模已经是世界第一。”中国建材股份副总裁、新天山水泥总裁肖家祥曾经在接受媒体采访时这样说。

市值约 1200 亿元，拥有熟料产能约 3 亿吨、商品混凝土产能约 4 亿立方米……整合后的新天山水泥，已成为“巨无霸”，将同时拥有下属法人单位 540 家、员工约 7.2 万人，市场范围覆盖华北、华东、华中、华南、西南、西北地区 20 余个省、自治区、直辖市；设有 10 个水泥、商品混凝土及骨料业务一体化公司，4 个商品混凝土、骨料和特种水泥业务专业化公司，是全球产业链最完整的水泥公司。

（一）整合如此庞大的业务体系绝非易事

整合的具体工作包括产能减量置换、产业链布局调整、节能减排和打造绿色工厂，主要方法是落实以“组织精健化、管理精细化、经营精益化”为内涵的“三精管理”。

肖家祥为“三精管理”举了几个例子：比如，通过提升装备工艺、优化组织结构和岗位设置、培训提升人员素质等，使人员结构日趋合理，实现人工总成本可控、劳动生产率提高。比如，根据行业形势和竞争压力每年安排人员优化计划，一般设定在 5%~8%，而优化升级项目的定编则更为激进，通过岗位撤并、规范劳务工等手段，将主力 5000t/d 全能水泥企业定编压缩至 180 人以内，甚至涌现出了实际编制仅 60 人的 7500t/d 水泥熟料生产线。

“三精管理”的重点是对标管理和辅导员制。所谓对标管理，即各家企业的指标都透明公开，互相对比，自发学习借鉴彼此的先进经验，形成“先进更先进、先进带后进、后进追先进”的氛围。中国建材还通过总结归纳，将经验模式化，使一些原本专属于少部分企业的管理秘诀推广到更多企业，在更大范围产生经济效益。辅导员制是对对标管理的补充，即采取人才交流辅导的方式来实现先进带后进。要求从先进企业抽调专业人员组成辅导小组，到落后企业开展长期有针对性的专业业绩提升辅导工作，因地制宜将先进企业的管理理念、诀窍复制到落后企业，在较短时间内有效提升落后企业整体管理水平。

中国建材是“央企市营”和混改的标杆企业。在市场化改革和人才队伍建设上，新天山作为一家上市公司，运用了更加灵活的资本市场股权激励方式，充分激发员工和企业活力；同时借助资本市场的力量，实现再融资与再投资的良性轮动，为股东创造持续稳定的投资回报。为树立良好的央企上市公司形象，创造价值，新天山承诺公司三年分红比例不低于可供分配的50%。

中国建材较早便开始探索中国水泥产业链的扩张延伸。在周育先看来，这些年一路走来，以中联水泥、南方水泥、西南水泥、中材水泥、天山水泥为代表的集团各大水泥企业稳步推动联合重组、管理整合、改革创新和优化升级，实现了跨越式发展；同时倡导并践行“行业利益高于企业利益、企业利益孕于行业利益之中”的经营理念，积极引领水泥行业供给侧结构性改革。

“我们的水泥板块对中国建材集团、对中国水泥行业都作出了重大贡献。这次对水泥业务的整合是集团的重要战略决定，是集团深化国有企业改革、推进国有经济布局结构调整、打造具有国际竞争力的世界一流企业的重要举措，对公司、行业的发展都意义非凡。”周育先说。

（二）完全重组以后的中国建材水泥业务将会是怎样的？

在周育先看来，水泥板块是中国建材集团非常重要的业务板块，利润贡献占比最大，是集团的压舱石业务。而此次重组，是要实现中国建材水泥业务板块产业价值的提升。整合后新天山水泥的协同效应和核心竞争优势将进一步凸显，盈利能力、综合竞争力和可持续发展能力将进一步增强。

作为全球最大水泥企业，新天山水泥的战略定位是建设世界一流水泥公司，引领全球水泥产业发展方向，做到经济技术指标一流、综合竞争力一流、可持续发展能力一流，能够输出管理、输出标准，全方位成为业界标杆。

三、下一步

周育先为中国建材水泥板块定下了中长期发展的三个具体目标：一是推动高端化、智能化、绿色化“三化”转型，通过优化升级努力打造环境友好型产业、现代城市标配。二是强化“三精管理”，通过内外兼修持续提升经营管理水平。三是抓住“水泥+”、国际化、“双碳”三大翘尾因素，通过精心发展新业务不断超越平台期。

这其中，“水泥+”是水泥产业链上从点思维到线思维的一种思维方式上的创新与转变。中国建材在“水泥+”方面进行了重要探索，并已取得了阶段性成果。

对此，中国建材股份总裁、新天山水泥董事长常张利表示，中国建材从2011年起探索“水泥+”业务，2019年初正式提出“水泥+”战略，已在探索“水泥+”的道路上走过了10年，在产业链向上延展出“水泥+骨料”“水泥+商混”“水泥+预制品”等业务，同时利用水泥制作过程的高温特性进行了水泥窑协同处置和余热发电，让传统产业发挥新价值。

“水泥+”思路也为中国建材水泥产业向“高端化、智能化、绿色化”转型提供了如下发展路径：

第一，高端化方面，应用在乌东德水电站、白鹤滩水电站大坝上的中国建材低热水泥，创造了世界水坝建造史上的奇迹。

第二，智能化方面，15条水泥智能化生产线的建成投产，标志着中国建材水泥产业数字化的持续升级。

第三，绿色发展方面，中国建材实现了水泥窑协同处置城市垃圾、危废的技术突破，如今中国建材已建成协同处置生产线44条，危废、固废、生活垃圾年处置规模超过400万吨，减少填埋用地超过1000亩。水泥厂的余热发电装机容量达到2197MW。2021年，余热发电量89亿千瓦时，相当于节约标煤109万吨，减排二氧化碳286万吨，间接实现经济效益37亿元。

按照中国建材的计划，下一步，中国建材的特种水泥要在产能、市场占有率、产品结构和竞争力上实现高端化新突破。

重组后的新天山将继续秉承中国建材集团“材料创造美好世界”的企业使命、“善用资源、服务建设”的核心理念和“创新、绩效、和谐、责任”的核心价值观，推动“集约化、绿色化、高端化、智能化”发展，对标国际一流，聚力打好提质增效和优化升级两大攻坚战，着力抓好行业生态建设、“三精管理”、绿色低碳转型、数字化和智能化转型、市场化改革和人才队伍建设，把新天山水泥努力建设成为国际一流的专业化水泥公司。

加强“高端化、智能化、绿色化”建设 促进企业高质量发展

安徽海螺集团

作为全球最大的水泥建材企业之一，海螺集团目前控股经营海螺水泥和海螺新材两家上市公司，产业涉及水泥制造、绿色建材、国际贸易、新能源新材料、工程建设、现代服务业等领域，在全国和世界范围内拥有430多家子公司。2021年，海螺集团位列世界500强第315位，海螺水泥位列《财富》中国上市公司500强第66位。

近年来，围绕“高端化、智能化、绿色化”建设，海螺集团持续加大研发创新投入，激发创新活力，提升创新能力，打造具有全球竞争力的世界一流企业，实现企业转型升级和高质量发展。

一、行业率先“试水”水泥智能工厂，打造双跨工业互联网平台取得显著成效

水泥制造是典型的流程型工业，工艺生产流程可以简单归纳为“两磨一烧”，涵盖了从矿山原材料开采到水泥粉磨成品的主要过程。海螺集团利用信息化智能化技术，融合水泥生产工艺机理，2018年在安徽全椒海螺水泥股份有限公司建成了世界首条全流程水泥智能化工厂，解决了传统水泥生产运行过程中存在资源能源利用率不高、质量控制难、劳动生产率偏低等问题，形成了“以智能生产为核心、以运行维护做保障、以智慧管理促经营”的水泥智能制造新模式。

集团以建设智能工厂为依托，在内部形成各类智能化系统并推广应用，劳动生产率提升19.9%、资源利用率提升5%、能源消耗下降1.2%、二氧化碳减排1.0%、质量稳定性提升3.7%，年增效逾10亿元。2019年荣获国家首批“智能制造标杆企业”、2021年荣获“安徽省科技进步一等奖”。

海螺集团按照“开放+创新、科创+产业”的发展思路，以“建设智能工厂，打造智慧海螺，引领行业数字转型”为主要目标，深度应用水泥全流程智能制造、智能机器人、矿车无人驾驶、智慧绿色矿山等产业数字化应用场景，开发智能化应用技术解决方案，推动“人工智能+”应用示范，打造工业互联网双跨平台，构建大规模数字产业集群。

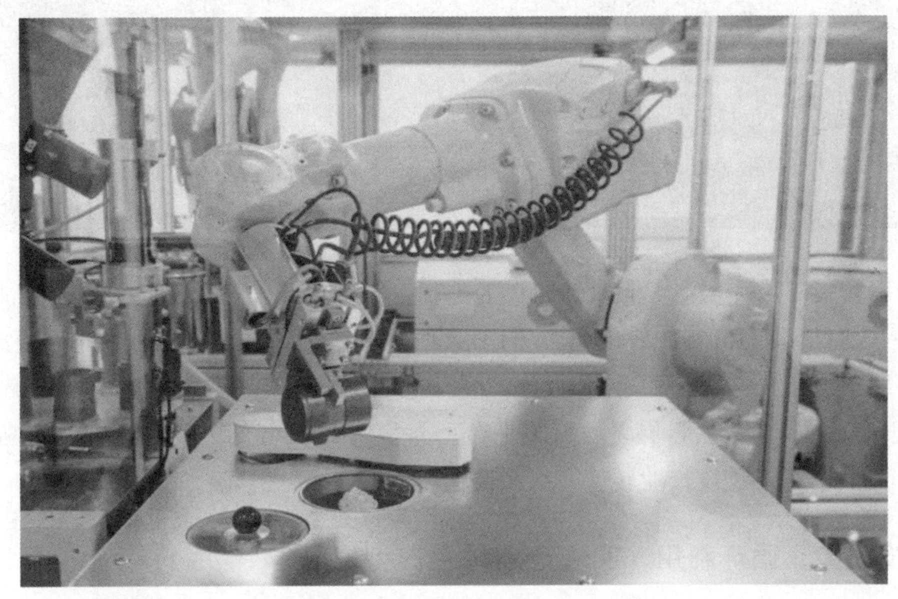

2022年6月，海螺集团“水泥智能矿山矿车无人驾驶系统的开发与应用项目”顺利通过验收，这标志着全球露天矿山行业首个石灰石无人运输项目在海螺集团正式建成投运。目前无人驾驶矿车已实现连续无事故运行400余天，累计装运矿石超百万吨。

海螺集团现有水泥熟料生产线100余条，分布在我国18个省市自治区，乃至印尼、缅甸、柬埔寨等国家和地区。在智能工厂建设的基础上，海螺集团围绕主业发展需求，打造了以生产运行管理为核心的智能生产协同体系和以财务为中心的智慧管理体系，构建了“水泥工业大脑”，实现生产智能化和经营管理智慧化的有机融合，进一步提高智能化信息化管控水平。

智能生产管理是“左脑”，由点到面，打造“设备—产线—工厂—区域—集团”五级智能生产协同体系，通过沉淀生产运行经验，加强专业协同，生产运行自动寻优等，提升智能生产能力；智慧运营管理是“右脑”，以“财务”为核心，实现业务和财务的深度融合，支撑高效的经营决策分析。

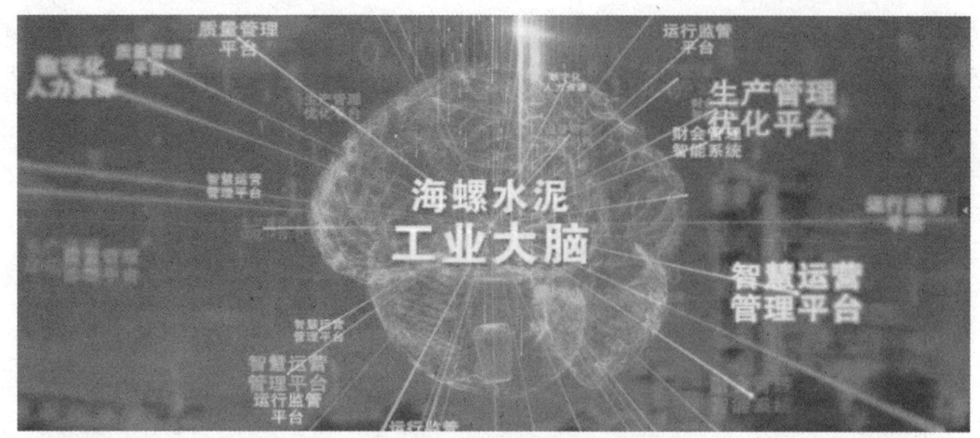

海螺集团以智能工厂和水泥工业大脑建设为基础，融合生产和业务实际需求，着力打造具有海螺特色的“一云、两网、五平台、N 场景”的工业互联网平台，2022 年 6 月底计划建成型材工业互联网平台，9 月建成水泥工业互联网平台；12 月初步建成安徽省工业互联网“双跨”平台；到 2023 年 6 月建成省内具有较强影响力的双跨平台；力争用 2～3 年时间打造成具有较强影响力的国家级“双跨”平台，推动传统产业转型升级和高质量发展。

二、科技赋能，循环利用，实现产业绿色转型发展

海螺集团始终秉承绿色发展先进理念，在宁国厂建成中国首套水泥纯低温余热发电机组，成为行业建厂标准。同时，不断加大环保投入，研究开发了国内首套国产化高温高尘 SCR 脱硝系统、国内首条袋装水泥无人包装发运机器人系统、国内首个日处理 600t 城市生活垃圾示范项目、首个年处置 30 万吨生物质替代燃料项目、首套水泥窑烟气碳捕集纯化项目等，致力打造首个“零外购电水泥示范工厂”，进一步推动绿色技术创新发展。海螺集团“水泥纯低温余热发电机组”获安徽省科技进步一等奖、中国工业大奖表彰奖，“水泥窑协同处置技术”曾获联合国全球可再生能源领域“蓝天奖”提名奖、“安徽省科学技术一等奖”等多项荣誉。

海螺集团从构筑国家竞争新优势的战略高度出发，制订了碳达峰、碳中和行动方案和路线图，明确中长期碳减排目标与实现路径，于 2021 年 11 月 3 日，成立海螺集团三碳（安徽）科技研究院，致力于水泥行业碳减排技术的研究和开发，同时设立了碳科技公司、碳资产管理公司等新型绿

色产业，联合高校、企业、政府等多方资源，协同发力，助力推动社会发展全面绿色转型，用实际行动积极践行"双碳"战略。

三、对标战新产业布局，创新驱动，向高端化迈进

海螺集团按照"高端化、智能化、绿色化"发展要求，围绕安徽省十大战略性新兴产业布局，"十四五"期间重点发展人工智能、新材料、高端装备制造、新能源和节能环保四大新兴产业，推动产业结构升级和转型。

海螺集团围绕碳减排技术，建立联合实验室，协力研发高效碳捕集材料技术，推广应用水泥生产、垃圾焚烧、SCR 脱硝等高效节能环保装备，开发垃圾焚烧炉、装车机器人、智能质量检测分析仪器设备，促进高端装备产业链纵向发展，进一步壮大海螺高端装备制造产业规模。围绕绿色低碳节能降耗目标，深度拓展新能源、节能环保领域，大力发展风光储一体化，加速 RDF 燃料、生物质碳化技术研发，加强氢能利用技术成果跟踪，探索节能环保新技术、新材料、新工艺、新装备，建立完备的节能环保产业体系。通过平台创新、企业创新、技术创新之间相互协调、密切配合，切实提高企业核心竞争力。在此过程中，海螺集团孕育孵化出了海螺信息工程、海汇智慧物流供应链科技、海博智能科技、上海智质科技、海螺中南智能机器人、中碳（安徽）环境科技公司多家子公司，为企业发展蓄能。力争在"十四五"末期建成百亿级数字产业集群，形成新的利润增长点。

除了布局新产业外，海螺集团还对新型建材这个"老"主业进行了升级。启动甲醇 SCR 脱硝技术项目，加快环保新材料产业布局，为建设美丽中国贡献力量。同时，以产业基金助力新材料产业发展，在首届国际新材料产业大会上，海螺水泥、中国建材等 14 家单位出资设立的新材料产业投资基金合作协议正式签署，金融赋能新材料产业生态圈。

金隅冀东水泥战略重组圆满收官

北京金隅集团

2022年初，冀东水泥公告了吸收合并金隅冀东水泥（唐山）有限责任公司并募集配套资金暨关联交易项目（“127项目”）非公开发行股票发行情况报告书。报告书显示，本次发行价格为11.20元/股，发行股数为178571428股，募集资金总额约20亿元，发行对象共13家。本次新增股份将于1月14日上市。至此，金隅集团2021年资本市场“一号工程”胜利收官，更标志着历时五年的金隅冀东水泥战略重组画上圆满句号。

一、吸收合并终达成

2016年启动的金隅冀东战略重组，由股权重组和资产重组两部分组成，其中股权重组于当年完成，金隅集团以增资和存量股权收购的方式成为冀东发展集团的控股股东，并间接控制上市公司冀东水泥和冀东装备；资产重组原方案为冀东水泥发行股份购买金隅集团持有的水泥及相关业务资产，因当时中国证监会关于“重复上市”的监管要求变化，方案迟迟未能推进。

为解决同业竞争的问题，2017年，在证监会上市部指导下，资产重组方案做出调整，金隅集团、冀东水泥采用设立合资公司的方式，将旗下水泥资产分两批注入合资公司。两次资产重组分别于2018年7月和2019年3月实施完毕。

“合资公司”方案基本解决了同业竞争问题，为2020年冀东水泥成功发行28.2亿元可转债创造了必要条件，但终究为过渡方案，并未实现集团水泥资产全部注入冀东水泥的初衷。此后随着中国证监会相关监管导向改变，“重复上市”的政策障碍消除，冀东水泥发行股份购买金隅集团水泥资产的方案具备了政策可行性。2020年下半年，公司即开始探讨、筹划资产进一步整合的框架方案，并与证监会进行了深入沟通，在此基础上形成冀东水泥吸收合并合资公司并募集配套资金方案。方案于2021年1月27日获集团专题会原则通过，“127项目”由此得名。后经党委常委会审议，项目抵御新冠肺炎疫情等不利因素影响全速推进——3月17日，冀东水泥股票及可转债停牌；3月29日，取得联交所关于金隅集团无需履行分拆上市程序的回复；3月31日，金隅集团、冀东水泥同步召开董事会审议通过重组预案，同日发布复牌公告；4月下旬，方案获冀东水泥债权人会议同意；6月23日，标的资产评估结果获得市国资委核准；6月25日，金隅集团、冀东水泥同步召开董事会，审议通过重组方案、重组报告书（草案）等，次日冀东水泥公告重组方案、重组报告书（草案）等相关文件；7月13日，冀东水泥答复深交所重组问询函；7月27日，本次交易获得市国资委批准；7月29日，交易方案获冀东水泥股东大会通过；9月—10月，完成中国证监会两次反馈意见的回复；10月20日，获得中国证监会并购重组审核委员会无条件通过；11月3日，获得中国证监会核准批文；12月15日，冀东水泥吸收合并合资公司，金隅集团对冀东水泥直接持股达47.53%，成为冀东水泥直接控股股东。

二、配套融资破坚冰

成功实施吸收合并是配套融资的前提条件。12 月 16 日，项目来到“十字路口”——非公开发行是 2022 年进行，还是明年实施？近年来，水泥行业并非是资本市场追逐的热点行业，尤其 2021 年全行业经历了煤炭价格暴涨、“能耗双控”施压、市场需求下滑等多重不利因素，遭到机构投资者冷遇，多轮路演下来明确表达购买意向的寥寥。同时由于时间来到年底，常态化的年末资金紧张更使本次发行雪上加霜。面对这种前所未有的困难，高层领导综合判断市场形势后果断决定迎难而上，并要求确保项目年内完成发行并且要高质量发行。

为在有限的时间内达成目标，考虑股东和市场的诉求，公司决定提高冀东水泥分红比例，本次发行的销售推介也更多转向注重稳定收益的长期投资者、战略投资者以及部分偏债型投资者。经过项目组大量耐心、细致的工作，特别是集团高层领导亲自协调并锁定主要战略投资者后，市场机构投资者申购热情被充分调动，原来“凑不够”的份额变得稀缺。根据 12 月 22 日簿记的情况，最终总申购量达到 33.72 亿元，不计大股东认购的 5 亿元份额，对应市场化申购量 2.25 倍；发行价格 11.20 元/股，较 8 折的市场化发行底价溢价 17.6%，较每股净资产溢价 5.8%。尤其值得一提的是，参与认购股东的结构非常优质，其中既有与公司合作密切的产业投资机构，如中国建材集团和京能集团；又有与公司建立战略合作的金融机构，如中国信达、北创投等；还有市场上的头部公募基金，如易方达、泰康资产、嘉实基金、诺德基金等；同时还吸引了瑞银、国泰君安香港等头部外资机构参与，发行效果十分理想。2021 年 12 月 28 日，20 亿元募集资金到账。

三、收官之作亮点多

“127 项目”是 2021 年中国资本市场唯一一个当年公告预案、当年实施完成的百亿以上规模的资产重组，同时也是 2021 年北京市属企业最大规模的并购。“127 项目”的成功是方案设计巧妙、形势研判准确、决策迅速果断、团队执行高效的综合结果。

（一）从方案看

“发行股份吸收合并并募集配套资金”的设计，实现了战略重组的初衷，确立了金隅集团的控股地位，减少了管理层级，理顺了管理权和产权的关系，同时为冀东水泥未来发展筹集所需资金；发行股份购买资产与吸收合并“一步走”，虽然增加了债权人沟通、现金选择权等吸收合并相关的工作程序，提高了资产交易的复杂程度和技术操作要求，但本次交易标的净资产规模高达 136 亿，“一步走”可以满足特殊性税务处理的相关要求，节省税务成本，有利于集团和冀东水泥的利益。

（二）从过程看

执行中先后遭遇冀东水泥股东大会审批、“两高”行业强化监管、配套融资销售推介等层层难关，在项目领导小组的指挥下，公司工作组、各中介机构敢想敢拼，以 2 月 20 日正式启动起算，仅用时八个多月就先后完成了尽职调查、审计评估、评估结果核准、董事会审批、深交所问询、国资委批复、股东大会通过、证监会核准等一系列工作，连同后续完成非公开发行，“127 项目”总共历时不到一年，展现出了良好的执行效率和项目管理水平。

（三）从应对看

2021 年 8 月初，本项目申报中国证监会并获受理。由于国家相关部委对“两高”监管政策不断趋严，而水泥行业是“两高”重点监管行业，证监会审核压力较大。为充分应对“两高”监管要求下的层层阻力，项目团队早在4、5月份便着手研究同类型案例的证监会反馈意见及回复，把握其中“两高”问题的应对思路和答题方法，提早安排相关尽调、数据收集、合规证明开具等工作。收到证监会反馈意见后，仅用时约两周即完成一次反馈意见回复，不到两周完成二次反馈意见回复。项目在审期间，与证监会上市部始终保持密切沟通，细致解答上市部审核员重点关注的问题，最终获得证监会并购重组委审核无条件通过。

（四）从应变看

“127项目”原计划配套融资50亿元，用于邯郸太行水泥、磐石水泥的建设项目以及补充流动资金。项目进入证监会审核阶段后，由于受“两高”监管政策不断加码的影响，太行水泥的环评以及磐石水泥的能评迟迟未能取得批复，审核推进难度很大。为确保“127项目”尽早过审，避免“两高”政策的不可预期性造成全局性风险，经与证监会上市部沟通后，集团高层领导果断决策，调整配套融资方案，将太行水泥、磐石水泥建设项目从募投项目中剔除，融资金额相应调减为20亿元。调整后方案迅速获得证监会认可。经公司争取，配套融资方案调整后，证监会仅间隔一周时间便安排并购重组委员会会议，本项目于10月20日经并购重组委审核无条件通过。

（五）从数据看

“127项目”资产交易规模136.2亿元，配套融资规模20亿元；尽调及审计评估涉及主体76家，总资产超过400亿元，底稿4600余份，询证函842封；评估报告及评估说明57份、矿业权专项评估说明41份；重组预案及报告书近1000页、50万字；深交所问询函回复意见143页、8.1万字；回复两次证监会意见反馈215页、13万字；金隅集团和冀东水泥累计发布公告近200个；召开项目例会、各类专题会、沟通会近80场。

通过本次交易，冀东水泥的权益产能、归母净资产、归母净利润等股东权益指标大幅增长，总股本、市值迈上一个新台阶；同时，随着20亿募集资金到位，冀东水泥的资产负债结构进一步改善，经营发展获得充裕的资金支持。整个交易完成后，金隅集团对冀东水泥直接、间接控股比例合计约62%，成为冀东水泥直接控股股东，对冀东水泥的控股关系得到巩固和强化，为今后水泥板块的持续健康发展奠定了扎实基础。

华新水泥勇攀高质量发展新高峰

华新水泥集团

1921 年 7 月，中国共产党诞生，犹如黑夜里擎起的一把熊熊火炬，给饱受“三座大山”压迫的中国人民带来光明和希望。

1922 年 3 月，中国水泥工业的摇篮——华新，点燃了革命的火种。从此，在近百年峥嵘岁月里，红色基因薪火相传，历久弥新，引领着华新人一路披荆斩棘、创新开拓，不断书写坚守初心、实业报国的壮丽篇章。

一、革命火种生生不息

1921 年 9 月，著名工人运动领袖林育英受党组织委派，化名李福生，从武汉来到黄石组织开展工人运动，在华记湖北水泥厂（华新水泥前身，以下简称“华记厂”）等工矿企业建立了工人马列主义学习小组。1922 年 3 月，林育英发展了周良芳、吕子枭、梁士卿三位青年工人为中共党员，成立了以周良芳为组长的“中共华记水泥厂组”，这是湖北产业工人队伍中最早建立的地下党组织之一。

党组成立后，以经营茶馆为掩护，向工人群众宣传马列主义。1923 年 5 月，为适应新的斗争形势，中共武汉区委决定将华记厂党组改建成党支部，党员发展到 21 人。1925 年 11 月，华记厂工会成立，吸纳会员 153 人，占职工人数的一半，同时还成立了共青团支部，发展团员 20 多人。

在党的领导下，华记工人群众开展了一系列斗争，声援“二七”大罢工，支援北伐等。1927 年 6 月，国民革命军独立第十四师师长夏斗寅叛变革命，率残部窜犯到黄石下陆，周良芳率领华记厂 150 多名工人武装纠察队配合迎战，打退敌人数次进攻，朱缩五等四人英勇献出了年轻生命。

1927 年 7 月，国民革命军第二十军军长贺龙率部“东征讨蒋”抵达黄石整军，军部就设在华记厂办公楼。贺龙与先期到达的周恩来在此长谈后，提高了思想觉悟，认清了国民党反动派的本质，积极为南昌起义做准备。

大革命失败后，黄石处于白色恐怖之中，党组织遭到严重破坏，华记厂部分同志跟随贺龙参加了南昌起义，而周良芳、乔福祥、吕子枭和胡金山等人留下坚持地下斗争。后来，乔福祥参加了大冶“刘仁八”起义，吕子枭惨遭国民党杀害。

抗日战争爆发后，华记厂于 1938 年被迫迁到湖南辰溪县，但党的火种没有熄灭。抗战胜利后，“华中厂”和“昆明厂”合并成立华新水泥股份有限公司，从昆明迁至武汉，开始筹建大冶水泥厂。

中华人民共和国成立前夕，国民党政权摇摇欲坠。为保护工厂，迎接成立，中共地下党员、电气技师陈学构团结了一批进步工人，在总经理王涛的支持下，组成护厂队严密防护，挫败了国民党特务炸毁工厂的企图。

在新民主主义革命时期，华新革命先驱，经受住血与火、生与死的考验，谱写出产业工人坚定理想信念可歌可泣的英雄赞歌。

二、接续奋斗屡创辉煌

1949年5月15日，黄石解放。当月，中共华新水泥厂支部委员会宣告成立，1951年7月升格为党委，1956年12月27日，华新第一次党的代表大会召开。

在党的领导下，华新干部职工以振兴中国工业为己任，发扬“艰苦奋斗，创优夺牌”精神，自力更生，扩大规模，在生产工艺技术、质量管理等方面树立行业标准，“华新型窑”作为定型产品在国内外推广，并向全国各地输出1500余名专业人才。在社会主义革命和建设时期，华新为中国水泥工业的发展起到奠基性作用。

1958年9月5日，毛主席视察黄石，在海观山宾馆接见时任华新党委书记的李秉范时，风趣地说：“你们是‘远东第一’嘛！年产八十万吨，了不起呀。”

1959年国庆前夕，人民大会堂、革命军事博物馆等北京十大建筑成功建成，充分展示了中华人民共和国成立十周年的伟大成就。这批工程选用的就是华新水泥。

华新水泥还源源不断供应于武汉长江大桥、南京长江大桥等长江中下游沿线数十座长江大桥以及葛洲坝、三峡大坝、丹江口水库、黄河青铜峡、金沙江溪洛渡水利枢纽等国家重点工程，在祖国的大江南北筑起了座座丰碑。

20世纪90年代，面对设备老化、规模小、竞争力不足的窘境。1993年，华新在行业内率先实施股份制改造，为国有老企业改革发展探索出一条可行之路；通过吸收消化国外先进技术，华新建设了两条干法生产线4号、5号窑，为我国新型干法水泥生产线建设和装备国产化积累了宝贵经验。

21世纪初，面对经济全球化大潮的冲击，华新新领导班子果断决策，制定“十字型”发展战略，从黄石起步，布点荆楚、落子全国，在十多个省市投资建厂，再到建业高原、挺进海外，为促进我国产业结构调整和经济社会发展作出突出贡献。

2003年，华新积极响应省委省政府号召，将资金、技术、管理等注入西藏，实施政治意义大于经济意义的产业援藏项目，开创了闻名全国的由“输血”变“造血”的援藏“华新模式”。

而作为践行国家“一带一路”倡议的先行者，截至2020年底，华新在海外6个国家兴建和运营7家工厂，水泥总产能超过1000万吨，经济效益和社会效益显著，成为中国建材行业“走出去”的标杆……

在改革开放和社会主义现代化建设新时期，华新发展一处，造福一方，谱写了接续奋斗、实业报国的奋进乐章。

三、初心引领精彩嬗变

回眸华新114年发展历程，传承红色基因，百年初心不改。特别是进入21世纪的20年，从一家仅生产单一水泥产品的传统老厂，变身为水泥产能超过1.1亿吨、全产业链、一体化，拥有200余家分子公司的全球化环保建材集团。

华新高质量发展的每一步，都离不开党组织的定向引航。

20年来，华新坚持党的领导制度化。党组织在合资公司的董事会、经理层“双向进入”，党委书记与总裁“一肩挑”，将党的方针政策在企业的落实中，提供坚强组织保证。

以党委书记、总裁李叶青为班长的管理团队，深入贯彻落实新发展理念，制定并实施四大转型升级前瞻性战略，不仅彻底改变传统水泥厂“光灰”形象，而且使华新水泥实现从“中国水泥工业摇篮”向“行业绿色转型的引领者、一带一路的先行者、高新建材的开拓者、社会责任的倡导者”精彩嬗变。

20年来，华新瞄准世界最前沿和最先进技术，在水泥工业技术、产品、装备、工程、新材料及可替代原燃料等领域，完成了国家重点科技攻关和省部级科技攻关项目20余项，先后荣获国家科技进步二等奖2项、省部级科技进步一等奖5项，授权发明专利42项，重大科技成果21项，实现华新制造向华新创造的历史跨越。

兼任华新技术中心主任的李叶青，率团队经十多年研发实践，“水泥窑高效生态化协同处置固废物成套技术与应用”荣获国家科技进步二等奖，该成果在国内40多条生产线应用，安全生态化处置废弃物1402万吨，生活垃圾处置占全国行业总量50%以上，开创了中国水泥工业把环保处置废料与水泥生产高度契合的生态发展模式。

华新还围绕管理数字化、生产智能化、网络协同化，业内率先探索出了一条水泥工业绿色智能、高质量发展创新之路，获得国家建筑材料科技进步一等奖，获评“2020年智能制造示范企业”。

20年来，华新坚持企业发展到哪里、党组织就建到哪里。目前华新设置党组织230个，在“一带一路”倡议沿线的海外工厂建立7个党支部。特别是在企业并购过程中，实施党员“安家”工程，3120名党员全部编入组织管理。

2015年，因经营亏损，华新收购了某大型集团在云南、四川和重庆的15家濒临倒闭的水泥厂。过去，这些工厂历经多次并购，基层党组织逐渐弱化、虚化。

“抓党建就是为了搞好生产经营，形成合力向心力”。华新党委迅速健全了15家工厂党组织机构，恢复党组织生活，强化党员示范带头，全面激发员工主人翁意识。

效果立竿见影。2016年，15家水泥工厂全部扭亏为盈，2017年实现利税近10亿元，上交税收4.99亿元。该工作经验荣获“2018年度湖北十大党建案例”提名奖。

进入中国特色社会主义新时代，华新公司党委坚持以恒心办恒业，以创新促转型，推动党的建设与企业发展同频共振，使百年老厂持续迸发活力，谱写绿色转型高质量发展新篇章。

四、急难险重勇当先锋

一个党员一面旗。在中华人民共和国成立前，华新革命先驱抛头颅、洒热血；在新时期，华新党员骨干履职尽责、勇于担当。

庚子年春，面对突如其来的新冠肺炎疫情，华新党员英勇逆行，贡献硬核力量。

疫情初期，防护物资十分急缺。公司党委书记、总裁李叶青夜不能寐。“不要管花多少钱，医疗物资比金钱更重要。”他指示采购团队一定要锁定货源、锁定交货时间、确保质量。

华新采购团队日夜连续奋战，最终锁定总价值500余万元的口罩、防护服等物资，以最快速度送到正翘首以盼的医护人员手中。在疫情阻击战中，华新捐款捐物价值高达千万元。

华新环境公司抗疫党员突击队连续50多天穿梭在武汉20余家医疗单位，转运医疗废物9000余桶，车辆行程5万多公里；阳新、武穴、宜昌、昭通的处置团队，党员带头，连续奋战，共处置医疗废物170余吨……

华新在黄石、武汉等地357名党员干部员工下沉到居住地社区或村党组织，让党旗在疫情防控一线高高飘扬。

在加强自身防控外，华新海内外工厂有序复工复产，取得疫情防控和生产运行两不误、双胜利。

华新人的责任与担当，得到各方肯定。中央指导组发来感谢信，武汉、黄石、宜昌、鄂州等地纷纷通报嘉奖和表彰。

“平常时候看得出来、关键时刻站得出来、危急关头豁得出来”，是华新党员的共同追求。

“最美华新人”党员干部李茂新，缺氧不缺精神，坚守雪域高原十余年，先后参与三条新型水泥生产线的建设和运行，被评为“黄石市优秀共产党员”。

“最美华新人集体”海外事业部海外项目发展团队，党员骨干作为“开路先锋队”，在世界各地常年奔波、默默付出，获评“黄石市产业发展先锋”。

“红旗型党支部”阳新公司熟料综合党支部14名党员在一线构筑坚强堡垒，战胜疫情、汛情连续冲击，出色完成业绩目标。

“十佳行动支部”华新技术研究院党支部的19名党员，在研发工作中带头作为，成果丰硕，在全国技能大赛荣获团队第1名，3人获金奖……

全国五一劳动奖状、全国思想政治工作先进集体、全国和谐劳动关系优秀企业、中国社会责任典范企业、湖北省优秀基层党组织、湖北省“四好”领导班子……

一项项荣誉，是华新传承红色基因、百年初心不改的真实写照。

2022年，在中共“二十大”即将召开之际，华新人将继续高擎习近平新时代中国特色社会主义思想伟大旗帜，站在新的起点上，为实现中华民族伟大复兴的中国梦，以时不我待的奋进姿态，围绕公司“五年倍增”新目标，勇攀高质量发展新高峰，再创百年新辉煌！

打造主业突出、行业领先、绿色智能的百年水泥建材企业

山东山水水泥集团

成立于1997年的山东山水水泥集团有限公司（全文简称“山水集团”）是国家重点支持的大型水泥企业集团，目前业务遍及鲁、晋、豫、辽、新及内蒙古等地。凭借企业独有的资源布局优势、价值链模式和公司发展战略，依托山水东岳为主导品牌，公司已发展成为江北区域最具竞争力的水泥和商品混凝土供应商，在中国水泥行业中具有重要地位。面对新形势、新任务、新目标，山水集团将秉承“促企业发展、使员工获得、让客户满意、对社会负责”的企业使命，牢固树立“以人为本绿色发展，依规守法规范发展，合作共赢持续发展”的核心价值观，着力推进“四大战略”建设和“集约化、绿色化、高端化、智能化”发展，把山水努力建设成为主业突出、行业领先、绿色智能的百年水泥建材企业。

山水集团前身是1997年成立的济南建材工业集团有限公司，于2008年在香港联交所上市，是中国首家在香港红筹股上市的水泥企业。经过多年的发展，集团在核心区形成了山东和东北“南北互动”、山东和山西“东西呼应”的市场格局，发挥了较好的市场优势。凭借良好的经营业绩，山水集团已连续多年入选《财富》中国500强。

“十三五”期间，面对复杂多变的发展环境，山水集团高举习近平新时代中国特色社会主义思想伟大旗帜，坚持科学发展、和谐发展理念，认真贯彻落实党中央、国务院的决策部署，在优化产能布局、引领错峰生产、落实绿色发展等方面取得了良好的成绩，为构建水泥行业健康生态做出了山水贡献。

一、提升产业集中度，进一步优化产业链布局

在水泥行业区域产能过剩情况日益凸显，行业内市场竞争暗流涌动的背景下，产业链延伸成为企业转型升级的主要方式之一，同时，也是集团发展的筋骨血脉和重要支撑。山水集团高位谋划、超前布局，以“增强发展动力、优化发展布局、夯实发展基础”为主线，以打造全产业链为目标，主动适应市场需求新变化，整合自身资源优势，紧紧围绕水泥主业，积极向商品混凝土、砂石骨料、装配式建筑等产业拓展。经过多年努力，集团在行业、区域等方面形成了较为完整的布局。

一是实施新旧动能转换。2017年以来，各省陆续实施新旧动能转换，产能置换、绿色转型、智能制造等成为摆在集团面前的新课题。伴随着环保政策的持续升级，行业集中度的持续提升，以及日趋激烈的产品竞争，集团率先垂范，坚决执行国家产业政策，推进供给侧结构性改革，在深耕主业的基础上积极谋求企业高质量发展，努力做好企业转型的加减法，对山东水泥厂1700t/d、2000t/d熟料线及济南世纪创新2000t/d熟料线，赤峰公司2000t/d、2500t/d熟料线进行等量及减量置换；对新材、乳山等水泥粉磨生产线进行

减量置换。并积极推动平阴绿色建材产业园和赤峰新型建材产业园建设，有效促进了技术进步

和资源要素合理配置。

二是助力城市发展。为配合济南中央活力区建设，山水集团主动将山水厂多条水泥粉磨生产线搬迁至平阴；主动将青岛恒泰公司搬迁，助力莱西高铁新城建设；同时，为配合潍坊市城市发展规划，主动将潍坊山水两条年产100万吨水泥粉磨生产线分别搬迁至昌乐和安丘。有效助力了驻地政府城市发展规划，优化调整了集团内部产能布局，为区域经济高质量发展做出了贡献。

三是全产业链协同发展。以熟料、水泥生产为轴心，提升做优熟料、整合做大水泥，推动骨料、商混、装配式建筑、新型建筑材料等产业链“一体化”协同发展；立足产业规模优势和技术优势，打造了水泥装备制造、物流等配套产业链；加大新技术与环保技术的研发与应用，积极探索碳达峰、碳中和的路径，形成了具有更强创新力、更高附加值的产业链。经过多年的探索和实践，集团“一体两翼”战略布局已具雏形，“一体”与“两翼”相互联系、相辅而成、相互促进，全产业链协同发展。

二、强化产业链协同创新，构建绿色生态

山水集团秉承“低碳环保绿色发展”的环保管理理念，把集团发展和加快转变经济增长方式结合起来，将绿色环保视作企业发展的“生命线”。多年来，集团严格遵循保护生态环境和发展循环经济的准则，努力打造资源节约型、环境友好型、绿色环保型企业，追求利润之外有境界的增长，以体现山水的责任感和使命感。

一是推进绿色工厂建设。绿色工厂建设是水泥行业实现结构优化、绿色低碳发展、加快转型升级的必由之路。多年来，集团持续推行“用地集约化、原料无害化、生产洁净化、废物资源化、能源低碳化”的绿色工厂建设。积极革新节能降耗技术，多项技术指标取得明显进步，氮氧化物排放量、排放浓度，窑尾颗粒排放浓度连续六年持续下降，生产用水循环利用率达97%以上。赤峰远航、辽阳千山公司等6家企业获得中国低碳产品认证，青岛基安、潍坊商混等6家企业通过绿色建材评价标识认证，临朐山水、平阴山水等19家企业获得绿色工厂认证，安丘山水获得全球能源管理洞察力奖，山水合聚、临汾公司通过Ⅲ型环境声明认证，青岛创新被评为山东省重污染天气重点行业绩效评级引领型企业。

二是积极创建绿色矿山。集团积极推行“矿山开采规范化、科学化、环保无尘化，资源综合利用最大化，绿色矿山建设规范化”建设，以保护生态环境和促进矿地和谐为原则组织矿山生产；绿色矿山建设、矿山恢复治理等工作，取得显著的效果，9个矿区被评为国家级绿色矿山，8个矿区被评为省级绿色矿山。

三是实施水泥窑协同处置。近年来，随着城市的发展和城市污水处理厂的增多，生活垃圾及污泥处置成为各级政府面临的新难题。集团积极参与社会系统的大循环，履行企业公民的绿色发展责任，致力于水泥窑系统“无害化、安全化、资源化、减量化、稳定化”处置城市废弃物有效方法的研究与运用。山水喀左公司每天可有效处理市政污泥160t（含水率80%），基本满足辽宁省朝阳市区的污泥处理需求，实现了污泥的“无害化、减量化、资源化”安全处理；平阴公司5000t/d熟料生产线暨协同处理城市垃圾项目已经开始建设，是山东省第一个协同处置城市生活垃圾和工业固废的项目。利用水泥窑协同处置城市污泥、生活垃圾和工业危险废弃物等，为驻地的城市环境和人民生活环境改善发挥了巨大作用，也为企业打造了一张新的“环保名片”。

面对新形势、新任务、新目标，山水集团将秉承“促企业发展、使员工获得、让客户满意、对社会负责”的企业使命，牢固树立“以人为本绿色发展，依规守法规范发展，合作共赢持续发展”的核心价值观，着力推进“四大战略”建设和“集约化、绿色化、高端化、智能化”发展，把山水努力建设成为主业突出、行业领先、绿色智能的百年水泥建材企业。

华润水泥 20 年转型升级侧记

鲁　瑾

同时拥有生活垃圾、市政污泥及工业危废三类固废协同处置能力，标志着如今的华润水泥，不止能“换地”，也能“换天”。

始终怀揣危机意识，持续推动产业优化，一直坚持创新求变。“灵活”是华润水泥从小到大、从单一业务到上下游一体化的发展秘籍。“绿色”是华润水泥换“地”换“天”最鲜明的底色。

一、争上游，转战红水河畔

2000 年，全国水泥行业进入大力发展新型干法水泥生产线的时期，而此时的华润水泥还停留在产业链的最末端——粉磨站。

当时，华润水泥只有东莞一家水泥粉磨站，主要依靠购入熟料进行加工产出水泥进行包装销售。因为熟料长期依赖于日本进口，企业发展困难重重。企业管理者意识到，要想在行业里真正有所作为，必须拥有一套完整的生产线。于是，他们便将目光投向石灰石资源丰富且靠近珠三角大市场的广西。

地处广西壮族自治区宾阳县黎塘镇的红水河水泥股份有限公司是自治区第二大水泥生产企业，主打产品“红水河”牌水泥是当地“名牌”。但是，外人不知道的是，此时这家老国企已是风雨飘摇，产销渠道不畅、流动资金严重不足、材料款拖欠严重，债主天天上门讨债。

拥有的 5 条湿法回转窑生产线工艺落后、能耗高、成本高，年生产能力 125 万吨的水泥生产设备，只能达到 60 多万吨的年产量。

更为严重的是企业机构设置重叠，员工队伍臃肿，生产效率低下，有时工资都难以按时发出，等着张嘴吃饭的 2000 多名工人情绪极不稳定。

寻求外力帮助，成了广西红水河水泥股份有限公司当时唯一的出路。

2001 年 12 月，华润水泥“迎娶”了“红水河”，成立了广西华润红水河水泥有限公司。在稳定原有管理层和员工队伍的基础上，开始对这家老国企进行大刀阔斧的改造。

为了快速提升企业竞争力和盈利能力，华润水泥立即着手建设新型干法水泥生产线，逐步淘汰原有的 5 条湿法窑生产线。

2002 年 7 月，华润红水河水泥 2000t/d 新型干法水泥生产线（一线）动工建设，次年 6 月建成投产，终于圆了“干法梦”。

2004 年 12 月，3200t/d 新型干法水泥生产线（二线）动工建设，2006 年 1 月建成投产。

原有的 5 条湿法线于 2005 年 10 月正式停止生产，彻底退出历史舞台。

随着两条新型干法生产线相继投产，华润红水河水泥竞争力显著增强，市场地位不断提升，经营状况逐年好转。完成收购的第二年，经营利润即达到 1300 万元，较上年增长 50%；在干法一线建成投产的2003年，经营利润达到3300万元，是收购前2001年的4倍。至今，华润红水河水泥已累计实现经营利润13亿元、创税8亿元，稳居当地第一纳税大户。

二、“3+2”，一路高歌猛进

成功收购红水河水泥奠定了华润水泥发展的基础，也拉开了华润水泥高歌猛进的序幕。

2003年，华润水泥“两点一线”战略浮出水面——以广西“黄金水道”西江为“线”，将广西建设生产基地和珠三角地区“两点”贯通，以此来打开珠三角市场。

很快，这一战略被证明极为有效，珠三角地区迅速成为华润水泥利润贡献大区。在此基础上，华润水泥总结发展经验，深入分析区域市场发展趋势，经过反复研讨，全面实施了更为成熟的“3+2”战略。“3”即资源掌控、资源转化、资源分销；“2”是系统成本最低、区域市场领先。

接下来的5年间，凭借“3+2”战略，在平南一线、贵港一线、红水河二线、平南二线、贵港二线、南宁一线、南宁二线等地，多条熟料生产线陆续建成投产，华润水泥驶入快速扩张的轨道。

2007—2008年，华润水泥再次大手笔战略布局，与广西多个市县签订了投资协议，上思、富川等水泥项目相继建成投产，广西水泥行业的龙头地位进一步稳固。

同时，华润水泥凭借西江水道，纵横珠三角，布局华南，并向西向北拓展，开始实施全国战略：

2008年1月，进入福建；12月，进入海南；

2009年12月，广东封开第一条日产5000吨干法生产线投产；

2010年6月，收购山西福龙水泥，进入山西；

2011年6月，收购蒙西水泥40.6%权益，间接进入内蒙古市场；

2011年8月，收购云南三德水泥93.79%股权，进入云南；

2012年12月，成立华润水泥（安顺）有限公司，进入贵州……

如今，华润水泥已成为华南区域最具竞争力的水泥和商品混凝土供应商，在港珠澳大桥、香港国际金融中心，在深圳机场、广深高速公路、广州塔，在文昌卫星发射基地、海南环岛高速公路，处处都有其身影。

截至目前，华润水泥的熟料、水泥及混凝土年产能分别达到了7280万吨、10060万吨及4040万立方米，水泥、混凝土产能位居全国前列，盈利能力位列行业第二，综合实力在中国水泥上市公司中排名第三。

三、大转型，破解“垃圾围城”

作为传统的“三高”行业，随着国家经济结构的调整，绿色转型升级成为每一家水泥企业的头等大事。

从2010年开始，华润水泥就开始寻找绿色转型的方向和契机，并为此专门成立华润环保工程投资有限公司，专注于绿色环保项目，稳步推进水泥窑协同处置的技术创新与工程应用。很快，公司发现并抓住了难得的机遇。

广西宾阳县，是全国有名的民营经济强县，人口超过百万。随着城镇化水平的不断提高，城市生活垃圾处理成为一大难题。

当时，宾阳县日产垃圾超过300t，原有垃圾填埋场相继告急，邻近市县的垃圾处理设施亦基本满负荷运转，如果找不到妥善的处置办法，全县每年需新征0.75hm^2土地用于填埋生活垃圾。

一个偶然的机会，宾阳县有关领导了解到利用水泥窑可以协同处置生活垃圾，且在国内外都有成功案例。于是，他们把希望放在华润红水河水泥两条干法水泥生产线上。

然而，当时国内已建成的利用水泥窑协同处置生活垃圾项目或处置不够彻底，或处置过程中有异味逸出，效果不佳。

经过反复摸索实践，华润水泥从丹麦史密斯公司引进了热盘炉焚烧设备，从德国引进了垃圾破碎机和污水处理技术，通过优化集成创新，成功开发了“机械生物法预处理+热盘炉焚烧”的全新技术路线。这一新技术新成果可以充分适应国内生活垃圾不分类的实际情况，将原生态生活垃圾“吃干榨净”，实现“废气、废水、废渣”零外排，全面优于焚烧发电、机械分解、分类处理等传统垃圾处理技术和途径，被誉为行业内“第四条技术路线”。

图 2010年开始，公司就开始寻找绿色转型的方向和契机，并为此专门成立华润环保工程投资有限公司

2015年1月，华润水泥宾阳协同处置项目开工建设，同年12月项目建成试生产，当月即处置生活垃圾6000t。截至目前，项目总共处理宾阳县生活垃圾近20万吨，不仅彻底解决了宾阳县“垃圾围城”困局，更解决了当地生活垃圾填埋占地、焚烧二次污染和残渣处理等社会性生态环保问题。

宾阳项目的成功投产，坚定了华润水泥开展利用水泥窑协同处置的信心和决心，此后，公司在生活垃圾、市政污泥、危险废物三个领域同步推进，环保转型、绿色发展之路全面起航。

广西富川协同处置贺州市石材产业工业固废项目2015年下半年投入使用；2016年6月，广西南宁协同处置城市污泥项目建成投入使用；2017年12月，广西田阳、云南凤庆协同处置生活垃圾项目建成投产……随着一个个协同处置项目在全国各地落地开花，华润水泥也借此开拓出一体化绿色方案提供商的全新道路。

四、跑在前，一体化大发展

为应对水泥行业日益严峻的产能过剩、竞争加剧、经营承压的局面，“十二五”期间，华润水泥即对“系统成本最低、区域市场领先”战略进行解码，提出了“水泥+混凝土+骨料”一体化发展新战略。

根据华润水泥的总体部署，凭借此前的发展基础和良好的区位、市场优势，华润红水河水泥被列入一体化发展试点单位，由此又进入了新一轮蓬勃发展期。

2013 年 2 月，年产 60 万吨的红水河骨料生产线开工建设，同年 8 月投产；2016 年 4 月对原有骨料生产线进行提产改造，年产能规模增加至 100 万吨，2016 年 12 月建成投产。

2016 年 12 月，年产 30 万方的红水河混凝土项目开工建设，2017 年 6 月建成投产。

2017 年 3 月，年产 60 万方的宾阳混凝土项目开工建设，2017 年 10 月建成投产。

2017 年 6 月，红水河矿物掺合料项目开工建设，预计 2018 年 6 月建成投产。

至此，华润红水河水泥“水混+混凝土+骨料+协同处置+掺合料”一体化格局已经形成，成为目前国内水泥行业产业链最为完整的基地，新的盈利增长点不断形成。

在不断总结经验的基础上，华润水泥现已大规模进军骨料市场，仅在广西，至今已有富川、贵港、武宣、红水河、南宁 5 个骨料项目建成投产，南宁千万吨级、田阳 500 万吨级、武宣 500 万吨级等大型骨料项目已落地签约、全面启动。

此外，华润水泥积极响应国家提出的大力发展装配式建筑、加快供给侧结构性改革、推动新型城镇化发展的要求，全面进军装配式建筑行业。2017 年完成广西南宁武鸣 PC 构件生产基地的改造并具备生产条件；2018 年广东东莞润阳、广西南宁五合项目建成投产；广西贵港项目与地方政府成功签约，成为两广地区装配式建筑行业的“领跑者”。

从东莞蹒跚起步，从红水河出发，一步步成为行业引领者，改天换地的背后，是敏锐求变的胆识、深入骨髓的危机意识和永不停歇的脚步。下一个 20 年，华润水泥依旧值得期待。

从东莞一个小小的粉磨站走来，如今的华润水泥，熟料、水泥和混凝土年产能分别达到 7390 万吨、1.06 亿吨和 4010 万立方米，骨料年产能预计超 6300 万吨。‘十四五’开局之年，华润水泥营业额达 376 亿元。

将原生态生活垃圾“吃干榨净”，实现“废气、废水、废渣”零外排，华润水泥开发的“机械生物法预处理+热盘炉焚烧”的全新技术全面优于传统垃圾处理技术，被誉为行业“第四条技术路线”。借此，华润水泥成功转型城市生活垃圾处理一体化绿色方案提供商。从东莞蹒跚起步，从红水河出发，一步步成为行业引领者，改天换地的背后，是敏锐求变的胆识、深入骨髓的危机意识和永不停歇的脚步。下一个 20 年，华润水泥依旧值得期待。

建设环境友好资源节约智慧工厂
为人类创造美好生活空间

亚洲水泥（中国）控股公司

亚洲水泥（中国）控股公司（本文简称“亚洲水泥”或“亚泥”）遵行集团“诚、勤、朴、慎、创新”之立业精神，持续追求高品质、高效率、高环保、低成本，创新求变，面对外在环境及产业结构的变化，持续转向新动能，坚持以营造永续绿色家园的首选伙伴为使命，成为水泥行业的典范。

“十三五”期间，公司旗下各公司从环保、技术、管理、能源等各方面全方位升级，建设“环境友好型、资源节约型”智慧工厂，深耕水泥主业，为人类创造美好生活空间。

一、环保篇

（一）发展循环经济

“十三五”期间，亚洲水泥大力发展循环经济，认真落实国家关于绿色发展、推进循环经济的一系列政策，以节约资源和循环利用为导向，开展各类工业废弃物在水泥生产中的应用，并不断研发新技术、新工艺、新产品配方来加大废弃物利用量，拓展废弃物使用，有效减少各类废弃物因长期堆存对土壤、水源、空气及周围环境的污染，减轻对自然资源的过度依赖，创造经济发展与自然生态和谐共进。“十三五”期间亚泥工业废渣综合利用统计见表1。

表1　“十三五”期间亚泥工业废渣综合利用统计表　　（单位：万吨）

年份	2016	2017	2018	2019	2020
数量	621	696	615	673	545

亚洲水泥以资源再利用、替代化、节约能源与天然资源为宗旨，提高资源综合利用，促进资源利用由“资源→产品→废物”的模式转向“资源→产品→废物→再生资源”的循环模式，实现循环经济再利用，每年并透过CSR报告持续追踪目标达成情形。

亚洲水泥利用特有生产技术与工艺，提升废弃物替代原料的比例与类别，减少矿山开采面，达到废弃物资源化。在生料生产阶段使用石灰石粉末、转炉渣、有色金属灰渣、电炉渣、硫酸渣、尾矿、钻井岩屑等工业废渣配料，减少生料中石灰石、砂岩、铁矿石等的使用量，降低对自然矿产资源的依赖；在水泥生产中使用粉煤灰、燃煤炉渣、石灰石粉末、有色金属灰渣、脱硫石膏、磷石膏、建筑垃圾等工业废渣代替部分熟料及天然石膏，生产高品质、低能耗的绿色水泥，创造最大化的循环经济效益。

二、水泥窑协同处置

积极响应国家环保政策，亚泥利用完整的水泥制造体系，协同解决工业废弃物与生活固体废弃物。利用水泥窑烧成温度极高的制程优势，扮演去化废弃物与资源再循环、再制造、节约天然资源的推动角色，将相关废弃物作为水泥制程之替代原料与化石燃料的一部分，协助政府尽一份企业社会责任，有效提升资源的使用效率，体现水泥产业资源循环的新经济价值。“十三五”期间亚泥水泥窑协同处置废弃物统计见表2。

表2 “十三五”期间亚泥水泥窑协同处置废弃物统计表 （单位：万吨）

年份	2016	2017	2018	2019	2020
数量	1.06	1.12	0.89	4.10	4.31

（一）已经建成水泥窑协同处置废弃物项目

（1）江西亚东水泥窑处理一般工业废弃物：化工纸业工业固废压制成燃料棒入窑焚烧；

（2）湖北亚东水泥窑处理污染石灰石粉：汽车产业油漆吸附剂石灰石粉入窑焚烧；

（3）湖北亚东水泥窑处理城市污泥：民生用水污水处理厂污泥经压滤后入窑焚烧；

（4）四川亚东水泥窑处理城市污泥；

（5）四川亚东水泥窑处理钻井岩屑；

（6）四川亚东水泥窑处理冰箱废保温材料；

（7）四川兰丰水泥窑处理城市污泥。

（二）建设及规划水泥窑协同处置废弃物项目

（1）江西亚东水泥窑处理危险废弃物；

（2）湖北亚东水泥窑处理重金属污染土。

三、超低排放升级改造

亚洲水泥采用高标准建厂，所有生产线污染物排放均低于国家及地方标准。“十三五”期间积极推动所辖各水泥公司达到污染物超低排放改造，环保治理水平迈上新台阶。

采用先进的收尘设备及广泛使用袋收尘，收集原燃料与水泥等微细颗粒，如窑头窑尾收尘机选用耐高温袋式收尘机，将所有电收尘机更换为袋收尘机，实现颗粒物超低排放。此外，亚泥（中国）自行设计安装包装水泥装车收尘罩与收尘设备，控制袋泥装车系统粉尘无组织排放浓度小于1.5mg/m^3，大幅改善作业环境，达成包装车间清洁生产。

亚泥所辖六家一贯化水泥公司皆采用低氮燃烧脱硝工艺及选择性非催化脱硝（SNCR）工艺，使窑烟气中的NO_x排放浓度大幅降低。低氮燃烧脱硝工艺为旋窑系统采用低氮燃烧器、低氮分解炉或煤粉分级燃烧设备等，利用低氮燃烧产生大量CO气体与NO_x发生化学反应，降低废气中NO_x含量，辅以SNCR于窑上升通道喷入氨水与窑尾尾气中的NO_x发生还原反应，以控制NO_x排放，上述措施可明显节约氨水消耗量，各公司NO_x排放优于国家及地方标准。再者，为达到超低排放目标，规划进行选择性催化脱硝（SCR）或KHD低氮燃烧脱硝改造，完成后将有效减少NO_x排放，同时进一步减少氨水用量，降低氨逃逸量。

硫氧化物是形成酸雨的主要原因之一，2013 年国家针对当前严峻的环境问题，推出了《水泥工业大气污染物排放标准》（GB 4915—2013）。其中，规定水泥工业领域 SO_2 排放不大于 200mg/m^3，部分区域甚至有更严格的排放标准，显示政府对污染物排放之重视。亚泥针对各生产线原材料特点，制订不同的脱硫方案，确保每家公司皆低于国家及地方标准，尤其江西亚东 SO_2 排放治理效果显著：

（1）尽量采用低硫原燃料，在源头上控制 SO_2 排放。

（2）运用熟石灰粉适量加入窑系统一段预热器，辅以生料适量加入窑尾大袋收尘机，大幅吸收窑废气中 SO_2。

（3）引进复合脱硫技术，采用粉剂与水剂相结合，粉剂使用钙基加氧化剂、催化剂，增加钙基反应活性，加快了脱硫速率。

江西亚东二厂建立湿法（窑灰-石膏法）烟气脱硫工艺，烟气从吸收塔下侧进入，与吸收浆液逆流接触，在塔内 SO_2 与 H_2O、脱硫剂进行反应，生成 $CaSO_3 \cdot 1/2H_2O$；落入吸收塔浆池的 $CaSO_3 \cdot 1/2H_2O$ 和 O_2、H_2O 再进行氧化反应，得到脱硫副产品二水石膏，既实现烟气中 SO_2 超低排放，同时副产品可以用于水泥研磨的缓凝剂，具有显著的经济和环保效益。江西亚东二厂的湿法脱硫工艺流程示意如图 1 所示。

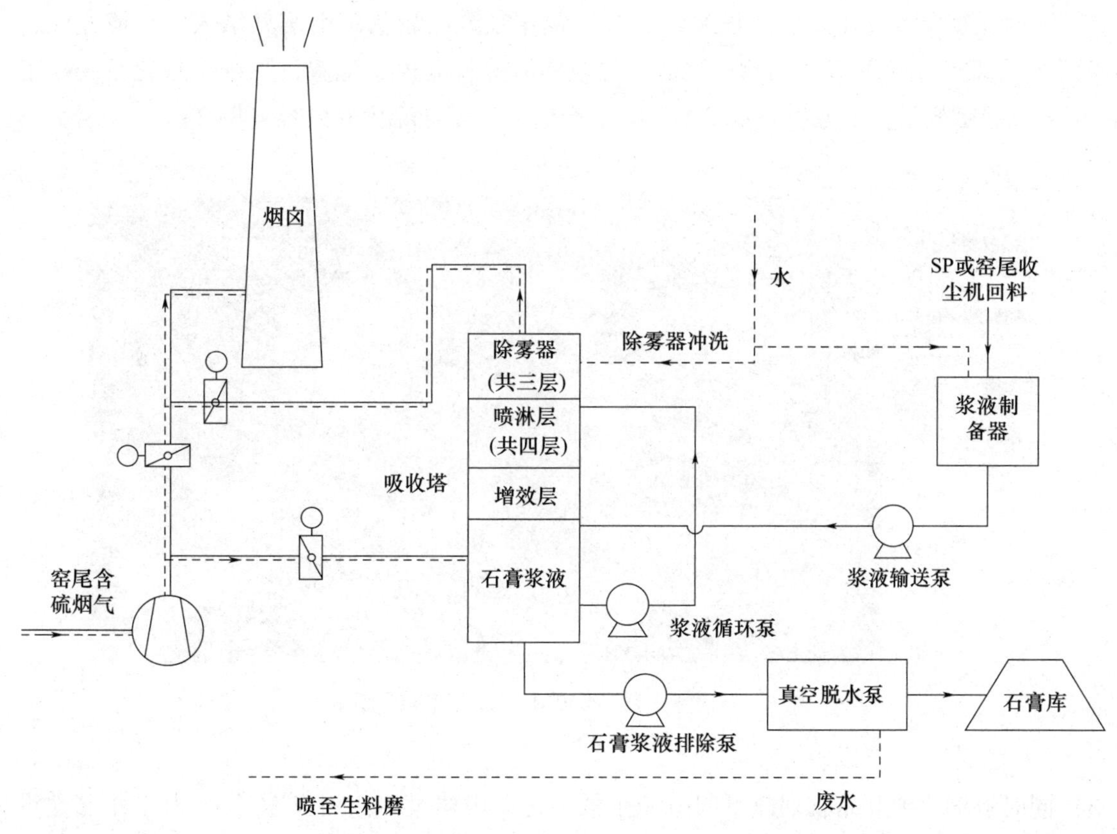

图 1　江西亚东二厂的湿法脱硫工艺流程示意

推动热生料脱硫改造，借助水泥窑自身特点，利用分解炉中受热分解生料中的高活性 $Ca(OH)_2$ 吸收烟气中 SO_2，有效降低 SO_2 排放，避免因使用熟石灰脱硫对窑况及熟料品质的影响。

二、创新篇

“十三五”期间，水泥工业积极践行习近平总书记提出的“科技创新是提高社会生产力和综合国力的战略支撑”科技创新思想，把科技创新作为引领行业发展的第一动力。亚洲水泥在工艺创新、技术研发、智能制造、数字化矿山、污染物深度治理等领域取得一系列科技创新成果，为水泥行业实现绿色可持续高质量发展奠定坚实基础。

（一）绿色矿山之智能化管控关键技术

持续依据《关于加快建设绿色矿山的实施意见》（国土资规〔2017〕4号）文件精神及《水泥灰岩绿色矿山建设规范》（DZ/T 0318—2018）的实施标准，全面开展亚泥各矿山符合生态文明建设要求的矿业发展新模式，从矿区环境、资源开发方式、资源综合利用、节能减排、科技创新与数字化矿山、企业管理与企业形象等六方面，依照各矿场特点编制绿色矿山建设规划及实施方案，以促进资源合理利用、节能减排、保护生态环境和矿地和谐为主要方针，最终实现资源开发的经济、生态和社会效益协调统一。

（1）在数字化矿山智能化管控领域，借助5G物联网技术的发展，以数据应用为中心，逐层架构及时管理系统、数据判断系统及决策分析系统，最终达到矿场生产最佳化运作。

（2）江西亚东及黄冈亚东已建设实景三维可视化系统、绿色矿山信息录入、环境监测、集成“矿山远程综合监管系统”及矿山物联网数据接收中心等五套模组配置，三维可视化系统模组提供矿山的可视化展示效果，全方位展示矿山采区生产信息、复垦绿化等内容（图2）。

图2　黄冈亚东数字化矿山三维管控平台图示

（3）同时亚洲水泥开始规划旗下四川亚东数字化矿山建设。四川亚东计划2021年底建设完成第一阶段及时管理系统，包括实景三维可视化系统、环境在线监测系统、智能视频监控系统、生产信息管理、生产调度电子化、产量计量系统、油料供应管理、设备健康模组等模组。

亚泥此矿山规划项目实现水泥原料矿山数字智能化开采，以矿产资源开发过程数字化信息为基础，对资源、规划、设计、生产和管理进行数字化的建模、仿真、评估和优化，并持续应用于矿山生产全过程的新型矿山技术体系和生产组织方式。实现采矿设计、计划、生产、调度和决策等过程智能化，是现代水泥原料矿山信息化、智能化发展的新阶段。

（二）低碳制程智慧制造

企业遵照国家政策，全力落实低碳绿色环保，生产优质洋房牌水泥，积极推动绿色工厂建设与节能环保改造，利用自动化、智能化设备提高生产效率、产品品质，不断收集完善各项生产数据，藉由大数据分析完善生产操作参数以增加产量、降低能耗、优化品质，制造高质量、高环保、高效率、低成本绿色洋房牌水泥，不断推陈创新。为达成中国水泥行业2023年前碳达峰、2060年前碳中和的目标作出最大贡献。

亚泥（中国）“十三五”期间低碳绿色智慧制造水泥4.0执行情形：

（1）建设预知保养系统，及时判断生产设备运行状态，实现重要设备预知维修，降低成本及故障率，确保高效安全生产。

（2）研究使用水泥在线粒度分析仪，优化水泥颗粒级配、降低粉磨电耗、提升水泥性能。

（3）研究特种水泥品质、特性，推动集团特种水泥生产。

（4）研究提高水泥中改性磷石膏使用量，将磷石膏变废为宝改善社会环境、降低水泥配料成本。

（5）建设预均化煤仓进料卡车自动卸货装置，提高卸货效率、降低能源损耗。

（6）水泥包装发货增设自动插包机，提高发货效率、减少环境污染。

（7）研究使用水泥助磨剂来提高水泥磨台时产量、增加水泥强度、节约水泥中熟料配比以混合材替代、优化水泥品质。

（8）建设ISO 50001能源管理体系，各水泥厂落实管控煤耗、电耗、油耗、水耗等，不断研究节能减碳新措施，且互相学习精进。

亚泥（中国）“十三五”期间通过智慧制造，水泥生产系统改造，改善水泥品质、降低水泥能耗、改善生产条件、提高客户满意度，为生产绿色低碳水泥提供有力保障。

三、文化篇

文化为魂，丰富品牌内涵。“十三五”期间，亚洲水泥持之以恒深化品牌创建，发挥品牌引领作用，以品牌力量激发新的增长动能，以高质量供给赢得更多市场青睐，创建一流企业。

亚泥将“诚信”作为经营发展的最高指导原则，凡事但求确确实实，不作假、不隐瞒，并推而广之。坚持以市场为导向、以客户为中心，把优秀的企业文化融入品牌建设之中，赋予品牌丰富的文化内涵，不断提升品牌附加值和美誉度。

亚泥始终坚持“以人为本”人力资源管理观念，员工便是企业财富。始终贯彻“诚、勤、朴、慎、创新”的企业文化，以提升员工幸福感为目标，加强薪资、奖金等福利为方向，建立个人价值创造和能力结合、共享企业发展成果的薪酬机制。一方面关注员工职业发展与薪资提升空间，另一方面也积极为员工提供优质、健康、安全的工作环境，关爱员工，以暖心、贴心、聚心的方式提高员工获得感、幸福感。

为使公司薪酬优于当地及同业水准，公司一直以来定期调薪，2020年全体员工全薪调增22%。疫情防控期间，员工在工作日期间可申请公假（带薪假）、疫情假，请假期间薪资照常支付，疫情初期留守人员可支领双倍薪资。

“十三五”期间，贯彻集团董事长所指示之“年轻化、本土化”政策，因应国内市场环境的快速变迁，强化组织人力运用以提升竞争力，集团调整人力部署，进行组织变革，形成专业、高效的管理团队。为使员工薪资渐能全面与市场接轨，特聘请专业顾问公司进行规划，对原有人事制度、组织架构进行大胆变革，实施以岗位、编制为核心的人事制度，并配套制订薪资、考绩、奖惩等规范。

群众力量是组织建设的基石，为满足公司营运需要，促进员工与公司共同成长，公司持续进行阶层别及职能别培训，建构完善培训体系，形成管理职能和专业技术并行的人才队伍，培养全方面人才，适应未来转型发展需求。

四、公益篇

亚洲水泥坚持把社会责任融入到企业经营、发展战略和核心价值中，在不断追求企业发展的同时，践行企业社会责任回报社会，努力实现企业发展与员工成长、生态环保、资源利用、社会和谐的协调统一，将履行社会责任作为企业永续发展和提升核心竞争力的重要举措。

企业基于“打造幸福职场、扶植弱势群体、厚植文化薪传、创造共融社会”之永续发展策略，透过回馈社区活动、捐助弱势群体、人文科学教育及生态环境保护等，提升社会正能量，并持续传承下去。“十三五”期间亚泥稳定社会面支出统计见表3。

表3　“十三五”期间亚泥稳定社会面支出统计表　　（单位：万元）

年份	2016	2017	2018	2019	2020
数量	162	210	158	167	1187

五、成就篇

“十三五”期间，亚洲水泥连续保持全国熟料产能TOP10。

（一）2016年

2016年5月，黄冈亚东参加“首届中国绿色矿业发展大会”以《利用高镁废石烧制优质熟料、提高矿山资源综合利用率》项目，分别获得单位及个人三等奖技术证书。

（二）2018年

2018年5月，江西亚东在瑞昌市经济联合会、企业家协会联合举办的2018年度企业联合会年会暨先进表彰大会上荣获“2018年度优秀企业”奖牌。

（三）2019年

2019年5月，江西亚东以“利用工业场地复垦综合生态园绿色矿山建设项目”获得中关村绿色矿山产业联盟颁发的绿色矿山科学技术二等奖及个人二等奖。

2019年10月，四川亚东、黄冈亚东荣获国家水泥质量监督检验中心举办2019年“葛洲坝水泥杯”全国第十七次水泥品质指标检验大对比工作“全优奖”。

2019年10月，江西省人民政府新闻办、江西省工商联主办“2019赣商创新发展论坛暨江西民营企业100强发布会”，江西亚东分别荣获2019年“江西民营企业制造业100强”第15位及“江西民营企业100强”第30位荣誉称号。

2019年12月，黄冈亚东响应国家绿色发展、绿色制造的号召，积极开展原料无害化、生产洁净化、废物资源化、能源低碳化工作，公司顺利入选“湖北省2019年绿色工厂名单”。

亚泥辖下矿山获2019年度全国绿色矿山遴选上榜，其中获公示通过共计四个矿场，公示编码

分别为：250（江西亚东码头灰岩矿）；357（黄冈亚东畚箕山灰岩矿）；366（黄冈亚东园椅山-薛家冲灰岩矿）；359（黄冈亚东中间湾矿区砂页岩矿）

（四）2020 年

江西亚东下张灰岩矿获 2020 年度全国绿色矿山遴选上榜并公告。

江西亚东新屋田灰岩矿获 2020 年度全国绿色矿山遴选上榜并公告。

黄冈亚东继 2019 年入选“湖北省绿色工厂名单”和“全国绿色矿山名单”后，2020 年成功入选国家“第五批绿色工厂名单”。

高标谋划育先机　勇立潮头开新局

陕煤生态水泥公司

从积极响应国家“淘汰落后产能，发展循环经济”政策号召，到陕西省单厂生产规模最大的两条熟料生产线全面建成；从坚持以水泥生产为主业、持续探索产业链延伸，到走出“兼并重组扩增量、砂石骨料提产能、固废利用全链条、5G 智能新引领、物流贸易增动能”发展路径；十年征途，在“十四五”开局之际，陕煤生态水泥公司“以核心技术引领行业变革的绿色建材、环保服务与新材料供应商”，推进“绿色建材与循环经济双核联动，新材料与智能制造两级支撑”的新发展战略蓝图已绘就，起航新征程，未来更可期。

一组组数字见证着陕煤生态水泥公司的腾跃，从主要经济指标对比中可以看出，截至 2020 年末，相较投产首年，实物量增长 5.4 倍；营业收入增长 14.5 倍；利润增幅显著，增收 2.37 亿元。尤其 2018 年起公司连续三年在陕煤集团年度追赶超越点评中被评为“突出”单位，并授予“年度目标责任考核优秀企业”。2019 年由 2018 年“中国建材企业 500 强”278 位跃升至 200 强 189 位；2020 年再次前移 74 名，位居 115 位。

时间的刻度，记录奋斗的足迹；成功的里程，镌刻前行的坐标。初心如磐，十年蝶变，如何在建材行业转型升级中激活动力，陕煤生态水泥公司锚定打造陕西循环经济产业集团奋斗目标，用实际行动书写了从“零到无穷”的连续性突破，迈上高质量发展新征程。

一、创立：从敢于探索到初具雏形

时针拨回到陕煤生态水泥公司成立之初的 2011 年，陕煤集团承载着推动陕西工业经济实现绿色发展、护卫美丽三秦使命，严格落实国家对新型建材的改革方向和发展要求，陕煤生态水泥公司应时而生，因势而为。告别过去传统建材企业经营模式，凝聚拥有 60 余年发展史的华山、尧峰、华峰三大建材企业，以及陕钢集团和陕西循环经济工程研究院三方合力，大力推广环保节能新技术、新设备，低消耗、低排放、低污染、高效益的低碳循环建材产业在时代的召唤下全新出发。

历经三年艰苦建设，采用原中国工程院院士、副院长徐德龙教授团队研发的具有独立自主知识产权的“高固气比水泥悬浮预热分解技术”，两条年产 4500t/d 熟料新型干法水泥生产线；两条年产合计 170 万吨水泥粉磨生产线；一条年产 30 万吨超细粉煤灰生产线；三条年产合计 160 万吨矿渣微粉生产线；三条年产 5000 万吨石灰石矿产开采、骨料加工点，相继在富平、黄陵、铜川、乾县、泾阳、汉中等地投产运营，同时最大限度发挥技术、设备优势，专注于固体废弃物综合利用、科学进行市场布点、优化物流运输方案、降低制造成本等，节能减排效应、降成本优势逐步显现。2014 年 1 月 10 日点火试生产，2014 年 3 月，第一车满载水泥的发运车辆从厂区缓缓驶出，标志着承载着三代人汗水和期望的“华山牌”水泥以崭新的面貌再次屹立于行业发展浪潮中，自信迎接着一个

个新机遇、新挑战。加强经营管理，严把产品质量关，迅速占领中心市场，陕煤生态水泥公司渐渐崭露头角。2015 年、2016 年，收获了全国第十五次“瑞泰科技杯”水泥品质指标检验大对比和“CTC”杯水泥化学分析大对比全优单位，获评陕西省名牌产品，短短几年“华山牌”水泥成为了活跃关中、陕北、汉中及周边省外区域炙手可热的建材产品。

二、创新：从砥砺奋进到谱写新篇

创新，是陕煤生态水泥公司实现高质量发展的灵魂。十载春秋，谱写华章。该公司用好创新“金钥匙”，不断在树立新发展理念、企业管理创新、产业优化升级、研发能力提升、营造创新氛围等方面“注氧”，打通企业效益提升“大动脉”。

思想认识是行动转化的指南。该公司把思路创新作为汇聚发展合力的第一要务，以党建机制科学化、组织管理规范化、党建活动品牌化，激活企业党建对生产经营高质量发展的引领力。2018 年，该公司党委紧盯发展瓶颈，进行一场“五破五立”思想讨论推进自我革命；2019 年组织开展“双想三听创四一”主题实践活动，用“想、听、创”奏稳思想强音，凝聚干事正能量；2020 年起严格落实陕煤集团“党建+经营”双百考核机制，明确了“双树双标三加”工作要求，大力实施“三低三高”生态党建综合体品牌创建，在新冠肺炎疫情防控、生产经营“两不误”的紧要关头，党员干部以身作则、争当表率，普通员工主动作为、坚守岗位，无偿保供西安市公共卫生中心项目建设，全力支持重点项目建设，受到陕煤集团、西安市人民政府的表彰嘉奖，并圆满完成全年总体任务指标，再创历史新绩。2021 年，科学运用“两学三比四个一”聚合力促发展，深化党建融入中心嵌入管理力度，更加突出生态优先、绿色发展，走出了节约增效、循环发展新路。

人才建设是强企兴企的根本。该公司锁定“人才”第一资源，优化人员结构，打通人才培养渠道，做到唯才是举、择才善用。在守正创新中推进校企强强联合，与西北大学、西安建筑科技大学、西安电子科技大学等建立战略关系，在人才引进培养上硬核发力，依托公司“华山大讲堂”开办“青年业务骨干能力提升班”；“研究生实习基地”“博士后科研基地”“循环应用研发中心”先后落地；围绕“一流 5G 专用网络解决方案提供商、一流大数据平台运营商、一流工业化智能工程服务商”，成立“博士后流动工作站”，建成工业固废综合利用科技成果转化平台。全方位启动线上线下模式，面向重点院校公开招聘，广泛吸纳硅酸盐工艺、无机非金属材料、通信工程、计算机、人工智能等高端人才，打通引才、育才、用才通道，在强化建材主业，“绿色循环”大格局引导下，力争成为陕煤集团工业固废消纳中心，激发 5G 工业化转型“科技+人才”新动能。

科技创新是引领行业的关键。“一种袋装水泥装车机收尘装置”获国家实用新型专利，是该公司首个提高科技创新水平、主动推进知识产权成果转化的优秀成果。截至 2020 年底，袋装装车道伸缩式登车平台、散装罐车闭盖安全防护框架、一种中水重复利用装置等 10 项发明陆续获得国家专利认证，实现了国家级专利从无到有、从有到优的转变；加之工业固体废物在水泥生产中的综合利用、矿渣磨改水泥磨技术改造等多项科技创新成果荣获省科学技术奖、省建材行业技术革新奖，更是让“华山牌”水泥这一建国初期首批注册的老字号产品焕发了新生机。除此之外，紧扣“新基建”“5G 工业化”脉搏，2019 年把握先机，与中国联通、中兴通讯、陕煤黄陵矿业公司共建“5G”创新推进中心；通过嫁接高校优势资源，深化“产学研用”融合，借助陕煤集团及西安交通大学优势，2020 年陕西能源行业首个 5G 生态联盟、2021 年西部首个能源行业 5G+工业互联网研究院先后成立。当前，随着全国第一张企业 5G 专网建成、西部首个智能机器人及矿用 5G 生产线在高陵投产，5G+在工业领域的应用新篇已经翻开。

三、创优：从践行使命到勇立潮头

坚守不易，突围而出更不易；超越很难，不被超越更难。奋勇拼搏的陕煤生态水泥人，十年守望初心、乘风破浪，以肩负国企使命担当为己任，以创下行业标杆为目标，在“立”中求“新”，在“变”中创“优”，促进了社会、经济效益的双升。

陕煤生态水泥公司自成立之初就致力于矿渣、粉煤灰、钢渣、煤矸石等工业固体废弃物应用于水泥生产，尤其2017年公司新一届领导班子高标站位、科学谋划，在抢抓机遇、加快发展、乘势而上的关键期，以“创新、协调、绿色、开放、共享”五大发展理念为引领，聚焦经营指标、管理水平、过程管控、科技创新、党的建设“五个提升”，把“生态”融入发展血脉，2018年一举跃入陕煤集团“优等生”发展序列，2020年把5G工业化与“五型企业”“六化工厂”相融合，推进了传统制造业向着工业智能化转变，企业绿色“智造”破茧蝶变进入“加速度”。

循环经济助力绿色发展。陕煤生态水泥公司坚守“美丽陕西”建设重任，持续践行低碳发展、循环发展、绿色发展，立足开采与保护齐抓共管，固废综合利用和提质增效共同推进，突出产品质量第一、效益为先、全要素信息化、智慧化和数字化管理，实施生产系统全链条的固废技术创新、固废循环利用节能、绿色环保企业建设、生态环保标准引领四大工程，在行业中率先做到超低排放、破解了“固废是放错地方的资源”。成立固废利用中心，培育稳定的利废和资源再生能力，固废利用由“低效、分散”利用向“高效、规模”利用转变，截至2020年底，共消纳20余种固废约1046万吨。以此为基，建设固废利用产业园，加快水泥、矿粉新线开工，建立研发中心，开展钢渣代替冶炼弃渣、水泥掺加矿渣粉、中热水泥生产、工业垃圾利用、水泥窑协同处置城市污泥等技术革新，启动“重晶石废渣在水泥生产中的综合利用”“城市建筑垃圾、页岩混合材开发、多类型固体废弃物在水泥工艺中的协同处理”等项目研究，联合北京科技大学、武汉理工大学，深推气化渣余热利用分析及应用试验，产品广泛应用至高速、高铁、机场、国防工程等国家重点项目。2020年，所属富平公司获评中国工业和信息化部第五批“绿色制造”企业、陕西省第一批“绿色工厂”称号。同年，建起了陕煤5G企业网核心控制平台，在所属富平公司、黄陵矿业、榆北煤业等完成试点场景5G专用网络搭建，目前所属富平公司、黄陵矿业、陕焦公司智慧化工厂建设正稳步推进。相信，投入使用后，在“建材+固废+5G智能”多产业格局下，达到传统煤炭、建材行业生产运行决策智能化、管理可视化、故障预控化、操作标准化指日可待。循环经济助力绿色发展。陕煤生态水泥公司坚守“美丽陕西”建设重任，持续践行低碳发展、循环发展、绿色发展，立足开采与保护齐抓共管，固废综合利用和提质增效共同推进，突出产品质量第一、效益为先、全要素信息化、智慧化和数字化管理，实施生产系统全链条的固废技术创新、固废循环利用节能、绿色环保企业建设、生态环保标准引领四大工程，在行业中率先做到超低排放。成立固废利用中心，培育稳定的利废和资源再生能力，固废利用由“低效、分散”利用向“高效、规模”利用转变，截至2020年底，共消纳20余种固废约1046万吨。以此为基，建设固废利用产业园，加快水泥、矿粉新线开工，建立研发中心，开展钢渣代替冶炼弃渣、水泥掺加矿渣粉、中热水泥生产、工业垃圾利用、水泥窑协同处置城市污泥等技术革新，启动“重晶石废渣在水泥生产中的综合利用”“城市建筑垃圾、页岩混合材开发、多类型固体废弃物在水泥工艺中的协同处理”等项目研究，联合北京科技大学、武汉理工大学，深推气化渣余热利用分析及应用试验，产品广泛应用至高速、高铁、机场、国防工程等国家重点项目。2020年，所属富平公司获评中国工信部第五批“绿色制造”企业、陕西省第一批“绿色工厂”称号。同年，建起了陕煤5G企业网核心控制平台，在所属富平公司、黄陵矿业、榆北煤业等完成试点场景5G专用网络搭建，目前所属富平公司、黄陵矿业、陕焦公司智慧化工厂建设正稳步推进。相信，投入使用后，在“建材+固废+5G 智能”多产业格局下，达到传统煤炭、建材行业生产运行决策智能化、管理可视化、故障预控化、操作标准化指日可待。

以人为本共享发展成果。该公司在跨越式发展过程中，清晰认识到提升员工幸福感、获得感的重要性，竭尽全力满足员工物质、精神需求，共享企业发展成果。为了让广大员工真切感受到企业给予的关心关爱，深化人文关怀，建立畅通的沟通渠道，开设公开的董事长邮箱、微信号，基层领导班子定期接访，认真聆听员工心声，从根本上为员工排忧解难。2021 年，在开展党史学习教育之际，紧抓“我为群众办实事”实践活动契机，利用电话访问、问卷调查、会议座谈等真实了解员工所想、所愿。近几年，通过加快文体设施建设，建立职工之家活动室和休闲水吧，新建宿舍楼、职工食堂，成立“自驾游俱乐部”“职工作家协会”“文学艺术联合会”等，改善员工生活环境，丰富员工精神生活，“家”文化氛围日渐浓厚。搭建员工成长成才平台，线上线下培养人才，自主建设培训基地，采用“以干代培”夯实传帮带实效，融合运用“学习强国”“华山学堂 App”“公司综合管理小程序”推动学习常态化，基层单位因地制宜开办员工夜校，并以理论实践评比检验学习成果，确保员工综合素质提升与企业高质量发展齐头并进。

一切过往，皆为序曲。2021 年，是“十四五”开局、实现第二个百年奋斗目标的基础之年，是陕煤生态水泥公司成立十周年，也是乘势而上、加快动能转换、健步实现高质量发展新目标的重要一年。陕煤生态水泥公司将继续深入贯彻新发展理念，为打造陕西循环经济产业集团、在全国建材行业“争一流、创一流、做一流”作出新的更大贡献。

2021年度智能制造示范工厂揭榜（水泥工厂）名单

工业和信息化部、国家发展和改革委员会、财政部、国家市场监督管理总局公告

2022年第5号

为贯彻落实《“十四五”智能制造发展规划》，经省级有关部门推荐、专家评审、网上公示等程序，现将2021年度智能制造示范工厂揭榜单位和优秀场景名单予以公告。

工业和信息化部
国家发展和改革委员会
财政部
国家市场监督管理总局
2022年2月14日

枞阳海螺、冀东铜川、吴忠赛马三家水泥工厂上榜

45	安徽省	安徽枞阳海螺水泥股份有限公司	水泥全流程智能制造示范工厂	1. 智能在线检测； 2. 自动巡检； 3. 资源动态组织； 4. 工艺流程/参数动态调优； 5. 先进过程控制； 6. 能耗数据监测； 7. 安全风险实时监测与识别； 8. 污染源管理与环境监测； 9. 排放预警与管控
88	陕西省	冀东水泥铜川有限公司	水泥熟料智能制造示范工厂	1. 智能在线检测； 2. 工艺流程/参数动态调优； 3. 在线运行监测与故障诊断； 4. 安全风险实时监测与识别； 5. 能源平衡与调度； 6. 污染源管理与环境监测； 7. 先进过程控制； 8. 预测性维护与运行优化； 9. 自动巡检

续表

94	宁夏回族自治区	吴忠赛马新型建材有限公司	水泥熟料及配套矿山开采智能制造示范工厂	1. 智能在线检测; 2. 工艺流程/参数动态调优; 3. 人机协同作业; 4. 能耗数据监测; 5. 物流实时监测与优化; 6. 危险作业自动化; 7. 污染源管理与环境监测; 8. 在线运行监测与故障诊断

2021年重点用能行业能效“领跑者”企业名单（水泥行业）

工业和信息化部　国家市场监督管理总局公告

2022年第3号

按照《工业和信息化部办公厅 市场监管总局办公厅关于组织开展2021年度重点用能行业能效“领跑者”遴选工作的通知》（工信厅联节函〔2021〕268号）要求，现将确定的钢铁、焦化、铜冶炼、铅冶炼、锌冶炼、水泥、原油加工、乙烯、合成氨、甲醇、电石、烧碱、纯碱、对二甲苯等行业能效“领跑者”企业名单予以公告。

附件：2021年重点用能行业能效“领跑者”企业名单

工业和信息化部　国家市场监督管理总局

2022年1月19日

附件

2021年重点用能行业能效“领跑者”企业名单（水泥行业）

序号	企业	可比熟料综合能耗（kgce/t）
1	华新水泥（河南信阳）有限公司	87.95
2	华新水泥（株洲）有限公司	89.66
3	河南孟电集团水泥有限公司	92.50
4	山东东华水泥有限公司	92.60
5	文山海螺水泥有限责任公司	92.84
6	辉县市山水水泥有限公司	92.94
7	晋城山水合聚水泥有限公司	93.22
8	凤庆县习谦水泥有限责任公司	93.32
9	唐县冀东水泥有限责任公司	93.81

2021年度绿色制造名单（水泥行业）

工业和信息化部办公厅关于公布2021年度绿色制造名单的通知

工信厅节函〔2022〕7号

为贯彻落实《“十四五”工业绿色发展规划》，强化绿色制造标杆引领，经申报单位自评价、第三方评价、地方工业和信息化主管部门评估确认及专家论证、公示等程序，现将2021年度绿色制造名单予以公布。其中，绿色工厂662家、绿色设计产品989种、绿色工业园区52家、绿色供应链管理企业107家。有关事项通知如下：

一、各地工业和信息化主管部门要加强绿色制造名单与相关产业政策的衔接，发挥以点带面示范作用，引领本地区制造业绿色转型。

二、列入我部绿色制造名单的单位，应于每年4月底前通过公开渠道展示宣传绿色制造先进技术和典型做法，鼓励按年度发布企业绿色低碳发展报告。

三、列入我部绿色工厂名单的企业，应于2022年3月15日前在“绿色制造公共服务平台”上对绿色制造水平指标进行自我声明，并于今后每年1月15日前对上一年度、7月15日前对半年度绿色制造水平指标进行自我声明（更新），展示绿色制造先进经验和典型做法。

四、我部将进一步加强对绿色制造名单的监督管理，适时对绿色制造名单单位进行复核，完善名单动态管理机制，对不再符合绿色制造评价要求的单位予以除名。对第三方机构的评价工作进行抽查，经核实存在严重不良行为的评价机构，一定时间内我部将不再采信其出具的评价报告。

附件1：绿色工厂名单

附件2：绿色设计产品名单

附件3：绿色工业园区名单

附件4：绿色供应链管理企业名单

工业和信息化部办公厅

2022年1月15日

1. 绿色工厂名单（水泥行业）

山水泥有限公司
唐涞水金隅冀东环保科技有限公司
保定太行和益环保科技有限公司
奎山冀东水泥三友有限公司
邯郸涉县金隅水泥有限公司
唐县冀东水泥有限责任公司
唐山泓泰水泥有限公司
陵川金隅冀东环保科技有限公司
临汾山水水泥有限公司
阳泉海天水泥闻喜有限责任公司
华润冀东水泥有限责任公司
冀东水泥（长治）有限公司
晋城山水水泥有限公司
威顿水泥集团有限责任公司
左权金隅水泥有限公司
内蒙古伊东冀东水泥有限公司
台泥（辽宁）水泥有限公司
辽阳天瑞水泥有限公司
辽阳冀东水泥有限公司
沈阳山水工源水泥有限公司
双鸭山新时代水泥有限责任公司
黑龙江省宾州水泥有限公司
徐州中联水泥有限公司
福建龙麟集团有限公司
江西黄金埠万年青水泥有限责任公司
江西兴国南方万年青水泥有限公司
江西瑞金万年青水泥有限责任公司
江西银杉白水泥股份有限公司
济源中联水泥有限公司
天瑞新登郑州水泥有限公司
河南省大地水泥有限公司
安阳市湖波熟料有限公司
华新水泥（赤壁）有限公司
襄阳华壁新型建材有限公司
广西华润红水河水泥有限公司
华润水泥（富川）有限公司
东方希望重庆水泥有限公司
冀东水泥璧山有限责任公司
台泥（重庆）水泥有限公司
巴中海螺水泥有限责任公司
四川利森建材集团有限公司
邻水红狮水泥有限公司
习水赛德水泥有限公司
华润水泥（金沙）有限公司
贵州威宁西南水泥有限公司
华新水泥（西藏）有限公司
陕西声威建材集团有限公司
安康市尧柏水泥有限公司
陕西实丰水泥股份有限公司
古浪祁连山水泥有限公司
甘谷祁连山水泥有限公司
民和祁连山水泥有限公司
宁夏青铜峡水泥股份有限公司
宁夏石嘴山赛马水泥有限责任公司
阿克苏天山多浪水泥有限责任公司
哈密天山水泥有限责任公司
克州青松水泥有限责任公司
叶城天山水泥有限责任公司
洛浦天山水泥有限责任公司
大连水泥集团有限公司
大连山水水泥有限公司

2. 绿色供应链管理企业名单（水泥行业）

广灵金隅水泥有限公司
阳泉冀东水泥有限责任公司

2021 年度安全生产标准化一级企业名单（水泥行业）

中华人民共和国应急管理部公告

2022 年　第 4 号

按照《应急管理部关于印发企业安全生产标准化建设定级办法的通知》（应急〔2021〕83 号）规定，经过企业自评、申请、评审、公示，确定宝钢湛江钢铁有限公司冷轧厂（轧钢）等 74 家企业为 2021 年度工贸行业安全生产标准化一级企业，现予以公告，自公告发布之日起 3 年内有效。

74 家企业在有效期内享受以下 8 项激励措施：一是以执法抽查为主，减少执法检查频次；二是原则上不纳入因安全生产政策性原因实施的区域限产、停产范围；三是原则上优先进行停产后的复产验收；四是符合工伤保险费率下浮条件的，按规定下浮工伤保险费率；五是企业的安全生产责任保险，按有关政策规定给予支持；六是符合条件的，优先提供金融信贷服务；七是企业申报国家和地方质量奖励、优秀品牌等资格和荣誉的，予以优先支持或推荐；八是优先推荐符合条件的企业参加所属地区、行业及领域的先进单位（集体）、安全文化示范企业等评选。

附件：2021 年度工贸行业安全生产标准化一级企业名单

应急管理部

2022 年 3 月 18 日

2021 年度工贸行业安全生产标准化一级企业名单

建材行业（17 家）

1. 安丘山水水泥有限公司（水泥）
2. 蚌埠中联水泥有限公司（水泥）
3. 保山昆钢嘉华水泥建材有限公司（水泥）
4. 贵州黔桂金州建材有限公司（水泥）
5. 杭州山亚南方水泥有限公司（水泥）
6. 华润水泥（南宁）有限公司（水泥）
7. 华润水泥（田阳）有限公司（水泥）
8. 华新水泥（秭归）有限公司（水泥）
9. 冀东海德堡（扶风）水泥有限公司（水泥）
10. 江西于都南方万年青水泥有限公司（水泥）
11. 喀喇沁草原水泥有限责任公司（水泥）
12. 内蒙古亿利冀东水泥有限责任公司（水泥）
13. 泉头集团枣庄金桥旋窑水泥有限公司（水泥）
14. 泰安中联水泥有限公司（水泥）
15. 天瑞新登郑州水泥有限公司（水泥）
16. 新安中联万基水泥有限公司（水泥）
17. 昭通昆钢嘉华水泥建材有限公司（水泥）

2021年度水泥行业能效“领跑者”企业实践经验

2021年水泥行业能效“领跑者”企业共9家，包括华新水泥（河南信阳）有限公司、华新水泥（株洲）有限公司、河南孟电集团水泥有限公司、山东东华水泥有限公司、文山海螺水泥有限责任公司、辉县市山水水泥有限公司、晋城山水合聚水泥有限公司、凤庆县习谦水泥有限责任公司、唐县冀东水泥有限责任公司，可比熟料综合能耗均低于94kgce/t，优于行业能效标杆水平。

一、华新水泥（河南信阳）有限公司

华新水泥（河南信阳）有限公司拥有4500t/d熟料生产线，采用新型干法预分解窑生产工艺。2020年，生产熟料112.56万吨、水泥132.06万吨，可比熟料综合能耗87.95kgce/t，比标准先进值能效提升20%。

（一）技术装备升级改造

熟料冷却采用第四代篦冷机，热回收效率达75%以上。大型风机、水泵等拖动电机全部变频控制，拖动电机75%更新为YE3系列节能电机。煤磨沟槽衬板更换为阶梯衬板，实现主电机功率下降210kW，年节约206tce。

（二）强化余热余能利用

建设9MW余热发电系统回收烟气余热，年发电超过5000万千瓦时，吨熟料发电量达到35千瓦时。同时，高温烟气作为原料粉磨、煤磨的烘干热源，进一步提高热能利用率。

（三）建设能源管理中心

自主研发集过程监控、能源管理、能源调度为一体的信息管理平台，实现生产消耗、能源消耗、生产运行参数的实时监控及数据的统计分析和预警，精细化分析能源使用，减少15%能源消耗。

（四）协同处置生活垃圾

建设水泥窑日协同处理800t城市生活垃圾项目，燃料替代率超过20%，最高可达31%，年节能约4万吨标准煤、减少二氧化碳排放近10万吨。

二、华新水泥（株洲）有限公司

华新水泥（株洲）有限公司拥有一条4500t/d新型干法水泥熟料生产线，配套9MW纯低温余热发电机组。2020年生产熟料162.94万吨、水泥189.01万吨，可比熟料综合能耗89.66kgce/t，比标准先进值能效提升18.5%，主要做法有：

采用单段双转子锤式破碎机、辊式原料粉磨系统、五级旋风预热器、第四代篦式冷却机等先进工艺装备。大型工艺风机均采用高效节能风机，如原料磨循环风机采用三元高效节能风机，年节电336万千瓦时；冷却机风机采用高效节能风机，余热发电量每小时提升1000kW，年节电720万千瓦时。大型工艺风机均采用变频控制，较传统风机节电约20%~25%，年节电约864万千瓦时。利用水泥窑烧成系统余热发电，年发电5631万千瓦时，年供电5010万千瓦时，折合年节能2.11万吨标准煤，减少二氧化碳排放5.6万吨。

三、河南孟电集团水泥有限公司

河南孟电集团水泥有限公司拥有1条4500t/d熟料水泥生产线带1台10MW纯低温余热发电机组、2条5500t/d熟料水泥生产线带2台7.5MW纯低温余热发电机组、1条10000吨骨料生产线。2020年生产熟料322万吨、水泥552.8万吨，可比熟料综合能耗92.5kgce/t，比标准先进值能效提升16%，主要做法如下。

（一）应用先进节能技术工艺装备

采用新型高能效低氮预热预分解及先进烧成技术，新型六级预热器预分解炉系统、二挡支撑短回转窑、高性能大推力燃烧器、带中置辊破第四代行进式稳流冷却机，大幅度降低能耗和氮氧化物排放量。水泥粉磨系统采用辊压机和管磨机联合粉磨系统，电耗降低20%~50%，产量提高25%~100%，大幅提高水泥生料和水泥成品产量。对55kW以上电机全部采用变频调速节电技术，节电率超过22%。采用赛默飞世尔CB-OMNI在线分析配料系统，实现生料自动智能配料，生料合格率由65%提高到90%以上，降低熟料烧成煤耗。

（二）大力实施节能技术改造

对生料粉磨进行辊式立磨技术改造，增加中壳体补风技术，磨机系统通风阻力下降约300Pa，粉磨工序吨生料电耗降低1.0（kW·h）/t，选粉效率提升5%。将煤磨管磨改造成立磨，电耗较传统煤磨降低20%，吨煤粉电耗降低6kW·h，吨熟料电耗降低1.5kW·h。将外置流态化分解炉改造成在线TDF分解炉，提高分解炉内煤粉燃尽率，熟料煤耗降低8.2kgce/t。

（三）充分回收利用余热

回收篦冷机、窑尾余热，通过配套7.5MW机组余热发电，吨熟料发电量约25kW·h。

（四）提升能源信息化管控

建设能源管理中心、“智慧能源”管理平台，实现能源生产消耗数据全流程信息化和可视化，能效、工艺、电气、品质多维数据融合智能分析优化和辅助决策，综合节电率达2%~5%。

四、山东东华水泥有限公司

山东东华水泥有限公司现有5000t/d、4500t/d熟料生产线各1条，年产100万吨水泥生产线1条，9MW和6MW纯低温余热发电站各1座。2020年生产熟料292.08万吨、水泥28.77万吨，可比熟料综合能耗 92.6kgce/t，比标准先进值能效提升 16%，主要做法有：

（一）加强智能化管控

开发应用水泥“工业大脑”，利用大数据、人工智能等技术与水泥熟料生产工艺深度融合，实现高产量、低能耗、质量稳定，年节能约 1.3 万吨标准煤。

（二）强化资源综合利用

生料配比中增加低质粉煤灰、炉渣替代铝矾土，年节能 1247tce。

（三）持续提升能源管理水平

建立并实施能源管理体系，将能源绩效指标、节能产品和服务等纳入设计和采购活动，实现节能 3153tce。

五、文山海螺水泥有限责任公司

文山海螺水泥有限责任公司拥有 2 条 4500t/d 熟料生产线配套 2 套 9MW 纯低温余热发电系统、1 条 400 万吨水泥粉磨生产线。2020 年生产熟料 360.02 万吨、水泥 433.95 万吨，可比熟料综合能耗 92.84kgce/t，比标准先进值能效提升 15.6%，主要做法有：

实施窑头、窑尾收尘电改袋，吨熟料综合电耗下降 8~9kW·h，年节电 2400~2700 万千瓦时。利用废气余热发电，吨熟料发电量达到 36kW·h。利用水泥窑协同处置一般固废、危废、废液和废物，节约 45%左右水泥熟料生产用电量。

六、辉县市山水水泥有限公司

辉县市山水水泥有限公司拥有一条 4500t/d 熟料带纯低温余热发电生产线。2020 年生产熟料 105.3 万吨，可比熟料综合能耗 92.9kgce/t，比标准先进值能效提升 15.5%，主要做法有：

实施“煤粉搅拌稳流系统+分解炉智能喂煤系统”技术改造，实现煤粉计量转子秤稳定精确喂煤，配合预热器工艺系统优化改造，熟料单位煤耗下降 5.2kgce/t。推进空压机技术改造，将原单杆螺杆空压机升级改造为永磁变频两级压缩螺杆空压机，电机功率下降 66kW、电机电流下降 63A。开展煤粉鼓风机技术改造，将原有煤粉罗茨风机改造为空气悬浮鼓风机，电机功率下降 55.0kW。生产线配套 1 条 9MW 余热发电系统，年发电 3377.3 万千瓦时，吨熟料发电量达到 32kW·h，可供水泥熟料生产用电的 61%左右。

七、晋城山水合聚水泥有限公司

晋城山水合聚水泥有限公司拥有一条 4500t/d 新型干法水泥熟料生产线，配套建设 7.5MW 纯低温余热发电站和年产 200 万吨的水泥生产线。2020 年生产熟料 123.3 万吨、水泥 102.8 万吨，可比熟料综合能耗 93.2kgce/t，比标准先进值能效提升 15.3%，主要做法有：

实施 B 线水泥磨辊压机液压系统改造，辊压机台时稳定提高 10t/h、水泥生产电耗降低 1.5（kW·h）/t。开展窑头及窑尾风机改造，年节约用电 115.5 万千瓦时。增设生料跨带式在线分析仪，实现动态调整，生、熟料三率值合格率均达到 90%以上，熟料煤耗降低 1.0kgce/t。建设装机容量 7.5MW 的纯低温余热电站，回收窑尾废气余热，2020 年发电 3604 万千瓦时，节能 4429tce。

建立能耗在线监测系统，实现生产重点能耗设备在线监测、数字能耗集中报表、集中显示监控指挥，年节约1200tce。

八、凤庆县习谦水泥有限责任公司

凤庆县习谦水泥有限责任公司拥有一条4000t/d熟料、年产180万吨水泥新型干法水泥熟料生产线，同时配建300t/d水泥窑协同处置生活垃圾项目。2020年生产熟料153.1万吨、水泥174.5万吨，可比熟料综合能耗93.3kgce/t，比标准先进值能效提升15.2%，主要做法有：

窑头一次风机技改为磁悬浮风机后节电率24%，头尾煤送煤罗茨风机改为空气悬浮风机，分别节电16.5%和23.8%。改造生料磨锁风阀下料器，降低回转下料器卡料停磨次数，有效改善磨机的运行质量、减少漏风，降低无功消耗；采用“节油点火升温系统”，节油率不小于30%；水泥磨合金辊技改为柱钉辊，台产提升15t/h，工序电耗下降3.64（kW·h）/t；使用纳米隔热新材料代替窑系统中硅酸钙板，能耗降低1kgce/t。配套9MW余热发电系统，回收窑头与窑尾余热发电，余热发电后排出的热量用于生料立磨物料烘干、煤烘干，2020年节能约4760tce。

九、唐县冀东水泥有限责任公司

唐县冀东水泥有限责任公司拥有1条4500t/d熟料水泥生产线和1条年产180万吨水泥粉磨生产线。2020年生产熟料约161.6万吨、水泥211.8万吨，可比熟料综合能耗93.8kgce/t，比标准先进值能效提升14.7%，主要做法有：

采用四代篦冷机，吨熟料节能2.34kgce。开展熟料空压机变频改造，实现闭环控制、压力恒定，压缩空气压力下降0.3MPa，节电约50（kW·h）/t。实施电气室低压电容改造，实现自动无功补偿，各系统功率因数均在0.95以上，节电84.7（kW·h）/h。实施分解炉应用纳米隔热材料扩容节能改造，采用950型纳米隔热板代替硅酸钙板，进行扩容节能改造，年节约600tce。采用史密斯热盘炉技术，协同处置生活垃圾、污泥以及其他废弃物，2020年，处置生活垃圾6.4万吨、下脚料1.9万吨，年节能2.6万吨标准煤。

经典案例篇

◎经典案例◎

保山海螺：建立绿色供应链战略

一、企业概况

保山海螺水泥有限责任公司成立于2011年6月27日，是安徽海螺水泥股份有限公司全资子公司，项目规划建设1条4500t/d新型干法水泥熟料生产线，年产220万吨水泥粉磨并配套9MW余热发电系统，项目同步规划，分步实施，工程于2012年12月19日开工建设，2014年3月9日点火投产，并通过72h达产达标验收，系统运行稳定。企业水泥生产线使用目前国际最先进的新型干法水泥生产技术，采用集散式自动化控制系统及一流的质量检测，环保设备配置先进，环保指标、生产技术指标均达到国际先进水平，在实现就业和当地相关行业社会经济发展、消化利用工业废渣方面产生较大的社会效益和经济效益。

企业以符合国家及地方法律法规为基础，制订了水泥绿色供应链方针、目标，以绿色采购、绿色生产、绿色销售运输、绿色处置为核心，制订符合企业运营特色的绿色供应链运行流程。在进行采购时，注重原材料及设备的绿色指标，通过对供应商的逐级筛选，对采购物料中的有害物质含量进行严格控制，积极采买绿色物料；厂内生产过程以节能、减排、产品优质为目标，实施了大批技术改造及工艺提升工作；在销售及运输过程中，注重推广散装水泥的使用，减少废弃包装袋对环境的污染。

能耗指标处于行业先进水平：2021年年度单位产品可比熟料综合能耗91.69kgce/t、可比水泥综合能耗74.64kgce/t，达到了GB 16780—2012《水泥单位产品能源消耗限额》的先进值标准。工厂生产线的NO_x、粉尘和SO_2排放均低于国家最低限值。

保山海螺凭借海螺集团在水泥中低温余热发电自主开发、工业废弃物循环再利用、环保治理等方面取得的重大突破，综合运行最先进的节能环保设计理念、水泥生产装备、工艺技术，积极打造生态环保型水泥产业。公司于2011年入驻保山，现拥有1条4500t/d熟料生产线，配套9MW纯低温余热发电系统和2套ϕ4.2m×13m带辊压机水泥粉磨系统，年产熟料135万吨、水泥200万吨。作为一个负责任的企业，坚持高标准，严要求，注重保护环境，加大在环保方面的投入，主要用于粉尘污染源治理、噪声控制、大窑尾气脱硝治理、厂区绿化及矿山生态恢复等。生产、生活用水进行循环再利用，污水做到零排放，在取得良好经济效益的同时，还将产生良好的社会效益和环境效益。

二、绿色发展的战略与举措

（一）实施绿色采购原料无害化

持续做好原料及辅材备品备件调研招投标，制订供应商绩效评价标准，对供应商分级评价和管理，优化优化供应渠道。

初次使用原燃材料时向第三方检测机构检测有害物质，结合检测情况召开专题研讨会评审确认符合试用条件，试用结束后形成试用总结，论证后续正式使用的可行性；在用原材料每年进行检测。

利用供应商绩效评价时对供应商进行绿色供应链管理意识、知识和能力培训，及时将绿色供应链相关知识传达给供应商。

（二）实施废物资源化、能源低碳化

混合材火山灰岩输送通道技改，避免二次倒运，提高劳动生产率，降低倒运期间扬尘污染环境。

危废集中储存并登记规范，定期委托有资质的单位进行处理，提高回收效率。

定期召开水客户座谈会，将绿色供应链管理意识、知识和能力对客户进行培训，使绿色供应链管理要求得到客户理解和支持。

（三）开展绿色生产

完成水泥包装粉尘治理方案制订及技改工作，降低现场无组织排放。

落实做好年度检修期间各环保设备的大修和维护保养工作，确保废气、NO_x 等达标排放。

持续维护好污水处理、在线监测环保设施、设备及绿化喷灌设施，确保废水零排放，进一步加大在线监测运行管理，确保年度 NO_x 排放在控制范围内。

窑头、窑尾电收尘升级改造为袋收尘，降低粉尘排放量至 $8mg/m^3$ 以内。

对原料磨入磨皮带、煤磨入磨皮带、熟料出库皮带、包装栈台及袋装车道等进行封闭，颗粒物排放浓度进一步下降，有效减少了粉尘向大气中扩散，降低了作业场所粉尘浓度。

三、主要成效与示范意义

参考 GB/T 33635—2017《绿色制造 制造企业绿色供应链管理 导则》中对于产绿色设计的指标及要求，对其产品进行了绿色设计。

（一）水泥产品生产过程节能措施

生产控制系统全部采用中央控制室计算机控制系统，实现整个生产流程自动化，生产现场实行巡检制度，大大提高了劳动生产率，提高了智能化水平，降低了作业人员的劳动强度，提高了设备、人身安全的可控程度。

充分利用水泥生产线余热资源，配套建设一条 9MW 纯低温发电机组，利用窑头、窑尾排出的废气进行发电。

实现年发电量为 5658 万千瓦，相当于节约标准煤 17654t，减少 CO_2 排放量 47663t，满足生产线用电量的 30%。

（二）利用新技术升级改造，降低能源消耗

认真落实国家节能降耗政策，通过不断技术改进，技术创新，实现产品的高产低耗。不断探索水泥制造科技前沿，积极采用新技术、新工艺，推动工厂能源管理和节能工作。

（1）利用窑系统淡季检修对预热器进行降阻技改工作，技改后窑系统工况运行稳定，预热器出口负压达-6200Pa，环比下降-1300Pa，出口温度321℃，下降10℃，高温风机转速800r/min，下降50r/min，技改后高温风机工序电耗8.01（kW·h）/t，环比下降1.08（kW·h）/t，熟料工序电耗环比下降2.2（kW·h）/t，下降1.0kgce/t。

（2）对磨辊软连接漏风技改，对原装帆布使用硅胶进行更换，技改后漏风明显减少，原料磨指标得到明显优化。

（3）积极推广使用工业废渣，积极推进新材料使用，提高系统运行效率。对黄磷渣进行配料使用，使用后成效明显，降低生产综合成本，熟料、水泥质量改善明显，熟料3d强度同比上升2~3MPa，混合材掺量上升3%~4%，窑喂料量提升10t/h，下降1~2kgce/t，水泥综合成本同比下降3~4元/t。

（4）循环水池远程控制技改，实现了现场设备运行参数时时监控，并完成循环水泵变频技改，可根据现场用水量，自由调节电机频率，达到节能降耗的目标。

（5）利用销售淡季完成年度综合能效技改任务，对原料磨选粉机和磨机壳体进行扩容技改，原料磨工序电耗下降1.5（kW·h）/t，对预热器进行整体节能改造，对预热器溜管旋风筒进行更换，对蓖冷机系统进行节能改造，对蓖冷机液压缸，所有风机变频改造，技改后熟料工序电耗下降3（kW·h）/t，下降3kgce/t。

（6）对1#、2#磨尾袋收尘物料进行取样分析，经检测比表面积、细度、SO_3均已达到成品水泥指标控制要求，对此在1#、2#磨尾袋收尘下料溜管增加分流管入成品斜槽，同时在入成品斜槽溜管、磨尾溜管增加气动闸板，使得尾袋收尘物料直接入成品斜槽，减少回粉物料，降低系统循环负荷，提高磨机粉磨效率，优化系统运行参数，技改后磨机台产上升2~3t/h，磨机综合电耗下降0.16（kW·h）/t，最终达到提产降耗要求。

（7）水泥磨辊压机侧挡板、原始辊缝调整。由于辊压机运行电流控制不合理，导致动辊、定辊电流频繁超75A，使得动辊用电量超9000kW，定辊用电量超8000kW，造成设备单耗达到7.33（kW·h）/t，造成磨机综合电耗上升，对此组织对辊压机侧挡板位置及原始辊缝进行调整，进一步稳定辊压机运行，调整后辊压机运行电流控制在60~68A，动辊用电流降为8500kW，定辊用电量降为7500kW·h，设备单耗为6.93（kW·h）/t，与未调整前降低了0.4（kW·h）/t。

（8）通过对水泥磨磨机钢球级配调整来提高磨机粉磨效率，降低设备单耗。针对2#磨机运行期间磨机质量偏差，出磨物料细度偏粗问题，且运行电流偏高现象，对此为提高磨机研磨效率，降低入磨物料细度及磨机运行电流，对磨机一仓钢球级配进行调整，提高磨机平均球径1.11mm（调整前为28.16mm，调整后为29.27mm），降低填充率2.81%（调整前为：28.39%，调整后为：25.58%），钢球级配调整后出磨水泥细度下降2.02%，系统循环负荷下降74.50%，选粉效率上升12.10%，台产上升3t/h，电耗下降0.17（kW·h）/t，同时使得磨机运行电流下降2~3A，用电量由未调整前的226200kW下降为25830kW，设备单耗下降0.4（kW·h）/t。

◎经典案例◎

中国建材：水泥板块业务深度整合

2021 年 12 月 11 日，中国建材水泥板块业务整合大会在北京市召开，水泥板块业务完成深度整合千亿市值新天山水泥全新亮相。本次整合，中国建材集团将旗下优质水泥企业的中联水泥 100%股权、南方水泥 99. 93%股权、西南水泥 95. 72%股权、中材水泥 100%股权注入上市公司天山水泥（目前天山水泥正在申请更名），交易规模达 981 亿元，为 A 股历史上交易规模最大的发行股份购买资产项目。本次业务整合于 2020 年 7 月启动，增发的 73 亿新股于 2021 年 11 月在深圳证券交易所上市。

水泥板块业务整合是中国建材集团落实国务院国资委和证监会批复要求、解决同业竞争、兑现资本市场承诺的具体行动，是进一步优化基础建材业务布局、推动高质量发展的战略部署，是深化国企改革、建设具有国际竞争力的世界一流企业的重要举措，也高度契合供给侧结构性改革等时代主题。完成整合后的新天山水泥市值约1200 亿元，拥有熟料产能约 3 亿吨、商品混凝土产能约 4 亿立方米、骨料产能约 1. 5 亿吨，下属法人单位 540 家、员工约 7. 2 万人，市场范围覆盖华北、华东、华中、华南、西南、西北地区 20 余个省、自治区、直辖市。设有 10 个水泥、商品混凝土及骨料业务一体化公司，4 个商品混凝土及骨料和特种水泥业务专业化公司，是业务规模最大、产业链完整、全国性布局的水泥公司。

水泥板块是中国建材集团非常重要的业务板块，利润贡献占比最大，是集团的压舱石业务。以原中联水泥、南方水泥、西南水泥、中材水泥、天山水泥为代表的各集团水泥企业稳步推动联合重组、管理整合、改革创新和优化升级，取得了自身的跨越式发展，也促进了行业健康发展。整合后，新天山水泥的协同效应和核心竞争优势将进一步凸显，盈利能力、综合竞争力和可持续发展能力将进一步增强。新天山水泥的战略定位是建设世界一流的水泥公司，引领全球水泥产业发展方向，做到经济技术指标一流、综合竞争力一流、可持续发展能力一流，能够输出管理、输出标准，全方位成为业界标杆。

就水泥业务板块深度整合和产业价值提升，中国建材集团提出，一是推动高端化、智能化、绿色化“三化”转型，通过优化升级努力打造环境友好型产业、现代城市标配。中国建材水泥板块在工艺、技术、装备、产品方面具备齐全的生产要素，要进一步发挥好规模、技术、产业链优势，通过整合生产力要素、布局特种水泥产能等实现高端化，通过以智能制造为导向、推进产业数字化等实现智能化，通过推广“双碳”达标、节能减排、协同处置等技术实现绿色化。二是强化经营精益化、管理精细化和组织精健化“三精管理”，通过内外兼修持续提升经营管理水平。内部各区域运营指标“比、学、赶、帮”努力降本提质增效，外部倡导“行业利益高于企业利益，企业利益蕴于行业利益之中”提升行业价值维护行业生态。三是抓住“水泥+”、国际化、“双碳”三大翘尾因素，通过精心发展新业务不断超越平台期。延伸产业链，通过“水泥+”完成从产品的点思维到产

业链的线思维的转变，进一步整合和集中存量资源，打造一批“水泥+”绿色智能制造基地；扩大视野，统筹做好国际化工作，积极围绕健康、绿色、数字、创新等新领域，与行业内和上下游企业携手“出海”，以自主新建和投资并购“两条腿”走路，打造新的增长极；在" 双碳" 达标的过程中，加大力度做好节电、节煤和原料替代，应用碳捕集利用与封存等技术，用巨量应用场景创造新价值。

◎经典案例◎

海螺集团：5G智慧水泥综合体

一、案例背景

水泥行业作为我国国民经济的重要基础产业，也构成了现代城市建筑的躯干。放眼全球，水泥行业贡献了碳排放总量的7%。我国生产全球近六成水泥，水泥行业碳排放量也逾全球水泥产业碳排放总量的一半。安徽海螺集团是全球水泥行业的第二大企业，也是我国最大的建材企业集团之一，旗下拥有近两百家水泥厂。当前水泥行业的发展正处于新旧动能更迭的关键阶段，自动化、智能化和信息化水平参差不齐，急需采用融合工艺机理的智能化和信息化技术，推动生产、管理和营销模式从局部、粗放向全流程、精细化和绿色低碳发展方向变革，解决资源、能源与环境的约束问题，提高生产制造水平和效能，实现水泥行业高质量发展。

二、案例详情

5G智慧水泥综合体目围绕“端+网+云+用”为核心体系，“共性技术作支撑保障、规模应用拉动产业发展”的指导思想开展工作。

（一）终端侧

终端侧主要包括：摄像头、无人机、PLC自动控制系统、传感器等。相比4G、NBIoT、Wi-Fi和蓝牙等无线网络技术，5G网络拥有更低时延、更高速率和更好体验，相应的5G终端能够更好地配合MEC及网络切片等技术。

（二）网络

面对工业网络需求（如带宽、时延与安全等），传统网络部署方案无法高效经济地满足垂直行业需求。本次项目中采用5G特有的“MEC+切片”技术方案，一个物理网络切分为多个专用的、虚拟的、隔离的逻辑网络，实现一网多用，多网融合效果，保护用户数据安全可靠。

（三）云侧

对于水泥制造企业而言，每天都会产生大量的数据，大量数据因为没有处理而处于荒废状态。本项目中，将监控平台、VR平台、AI分析平台部署在天翼云，充分利用先进的深度学习和机器学习等先进的技术，实时检测相应设施状态，通过人机协同实现预测预防和流程闭环，并支持云服务管理、设备联网、大数据分析等功能，实现云网融合的体系架构。

（四）应用侧

主要是在智慧矿山、智能工厂等场景开展示范研发。主要分为展示、控制和采集三大类业务，其中展示业务包含 VR 工业辅助、各场景 AI 监测分析等；控制类业务包含智能安防、设备控制等；采集类业务包含各类生产数据等。

三、应用场景

基于“5G+工业互联网”思路和降低碳排放的需求，进一步改善海螺水泥现有系统的自动程度与能耗优化能力，在现有 MPC 系统之上建设水泥烧成及原料粉磨能耗优化系统（RTO）。该系统是一个基于原水泥窑、磨 MPC 系统之上的工艺参数优化系统，是对现有成熟 MPC 系统的进一步优化，最终实现对窑、磨系统的稳定且低耗的自动驾驶。该系统的技术方案广泛采用了将机理知识与数据融合策略，增加了方案的可解释性，具体在数据预处理（例如时滞对齐，滤波参数选取等）、工况判断（例如启停磨、窑尾堆料等）、模型构建（例如历史系统状态、未来 CV 设定值和标签的构造方式），优化推荐值合理性判断（例如 CV 内在制约关系的梳理）等方面，同时该方案考虑了针对设备长期工况渐变情况下能够同步进行模型演进适配的终身学习策略，形成与 MPC 融合的控制优化一体化融合技术体系。能够通过预测生产系统运行工况，以生产稳定与经济性能最优为目标计算底层控制回路设定值，通过不断积累数据、挖掘工艺知识，具备不断提升优化空间的自学习能力。

四、应用价值

与实验室测试环境不同的是，本项目在真实的工厂进行场景测试，由于工厂环境、工厂机器，工人技术水平因素，与 5G 的融合应用更加复杂。因此本项目测试环境真实可靠，在测试过程中实事求是，项目推广性强。同时，本项目与“海螺智能工厂”目标相吻合，可以提供多场景的 5G 接入测试，目前已实现了 4K 视频监控、VR 参观、矿区爆破无人机巡检、堆料口阻塞 AI 分析监测、水泵房远程控制、MEC 平台搭建、装船机溜桶居中等场景，随着相关技术的成熟，将进一步降低数据传输时延和保障数据安全。在智能生产场景，将根据生产需求和网络条件，适时对生产设备进行 5G 网络接入，可以在水泥、矿山行业内进行规模复制。

五、实践效果

本项目通过引入 5G 网络，借助 5G 大带宽、低时延、高可靠的通信特点，融合 AR、图像识别等新技术能力，其经济效益显著，帮助海螺水泥节约电力 4 亿千瓦时、CO_2 减排 74.77 万吨、污染物减排 3 万吨、SCR 脱硝效率达 90%，同时员工劳动强度降低 21%。该应用是非常典型的 5G 企业网整体解决方案，为大中型企业提供通用的、可复制的解决方案。

◎经典案例◎

华润控股：百万吨特种水泥撑起港珠澳大桥

港珠澳大桥——一座连接香港、广东珠海和澳门的桥梁，位于广东省珠江口伶仃洋海域内，为珠江三角洲地区环线高速公路南环段。大桥 2009 年 12 月 15 日动工建设，2017 年 7 月 7 日实现主体工程全线贯通，2018 年 2 月 6 日完成主体工程验收；同年 10 月 24 日上午 9 时开通运营。大桥东起香港国际机场附近的香港口岸人工岛，向西横跨南海伶仃洋水域接珠海和澳门人工岛，止于珠海洪湾立交；桥隧全长 55km，其中主桥 29. 6km、香港口岸至珠澳口岸 41. 6km；桥面为双向六车道高速公路，设计速度 100km/h；工程项目总投资额 1269 亿元。港珠澳大桥因其超大的建筑规模、空前的施工难度和顶尖的建造技术而闻名世界。在港珠澳大桥建设过程中，凝聚了广大建设者的智慧与心血。建设者们的辛勤付出，成就了举世瞩目的超级工程。

华润水泥控股有限公司（股份代码：1313. HK）成立于 2003 年，是央企华润集团旗下香港上市公司。依托独特的资源布局优势及水泥和商品混凝土纵向一体化的生意模式，以“润丰水泥”为全国统一品牌，公司发展成为华南地区颇具规模及竞争力的水泥、熟料和混凝土生产商，业务覆盖广东、广西、福建、海南、云南、贵州、山西、内蒙古及香港等省市地区。截至 2021 年 6 月底，通过控股及参股企业，熟料、水泥及混凝土年产能分别达到 7480 万吨、1. 07 亿吨及 4020 万立方米。

据权威数据统计，建造港珠澳这样的一座大桥共计水泥使用量约 198 万吨，而从 2011 年起，华润水泥便开始供应港珠澳大桥项目大陆段工程水泥产品，其中包含“润丰牌”P · Ⅱ42. 5（R）、P · O42. 5（R）、P · Ⅱ52. 5（R）等级的高性能硅酸盐水泥。用于主体工程、岛隧沉管预制工程等多项主要工程。

华润水泥对症下药，根据工程要求，对港珠澳大桥不同部位如岛隧工程、沉管预制件、桩基混凝土等采取定制化的生产控制流程和原料质量监控。除此之外，华润的混凝土采用了最新工艺和配比，设计出满足供应项目特定要求的高性能海工水泥。海工水泥性能特点，抗氯离子侵蚀能力强，是普通硅酸盐水泥的 2~3 倍；抗硫酸盐侵蚀能力强，明显优于普通硅酸盐水泥；水化热低，可达到中热或低热硅酸盐水泥水平；后期强度高且持续增长，可显著提高混凝土的耐久性。正是因为海工水泥具有刚刚提到的这些“优点”，才能确保满足港珠澳大桥 120 年使用寿命的要求。其实不仅是港珠澳大桥，在国家的一系列基础设施建设中，我们总能看到华润水泥的身影！

港珠澳大桥打破“百年惯例”，制订了 120 年使用寿命的设计标准。大桥位于珠三角伶仃洋与珠江流域交汇口，处在洋流、航道、海床、气候等自然条件极其复杂、需重度防腐的海域，对基础钢筋混凝土结构的耐久性提出了更高的要求。

华润水泥根据工程要求，对港珠澳大桥不同部位如岛隧工程、沉管预制件、桩基混凝土等部位混凝土采取定制化的生产控制流程和原料质量监控，采用最新工艺和配比，设计出满足供应项目特定要求的高性能海工水泥；在优化配方、预制生产等方面，最大限度地防止混凝土裂缝的产生，在高抗渗性、高抗冻性、高抗钢筋锈蚀、耐腐蚀能力等方面均达到业内新高；同时，对施工质量进行严格控制、加强后期养护，最大限度地提高混凝土的密实性，使混凝土构件的性能得到数倍提升，达到抵抗氯离子侵蚀腐蚀钢筋的目的，确保满足120年使用寿命的要求。

华润水泥在2011年开始供应港珠澳大桥项目大陆段工程水泥产品，包括主体工程、岛隧沉管预制工程等多项主要工程，实际供应水泥量约130万吨，实际供应量占港珠澳大桥大陆段水泥使用量的86.7%。供应的水泥产品里，华润水泥采用了“润丰牌”P·Ⅱ42.5（R）、P·O42.5（R）、P·Ⅱ52.5（R）等级的高性能硅酸盐水泥。港珠澳大桥分大陆段和香港段，据港珠澳大桥管理局的权威数据统计，大陆段共计水泥使用量大约为150万吨；香港段香港连接线项目水泥使用量约48万吨；整个港珠澳大桥项目共计水泥使用量约198万吨。

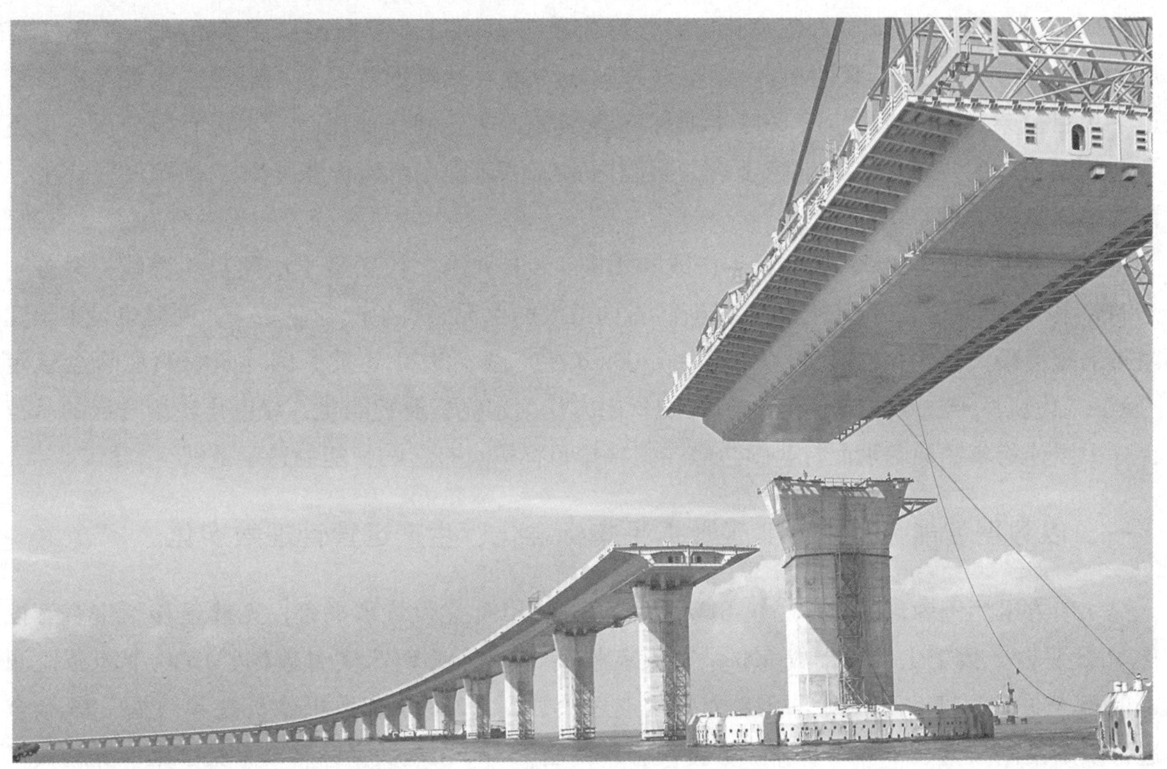

槐坎南方：水泥生产管控智能化

2022 年 2 月 15 日，工业和信息化部办公厅公布 2021 年工业互联网试点示范项目名单。其中，“湖州槐坎南方水泥工业互联网平台+质量管理解决方案”试点示范入选，同时“水泥生产管控智能化”项目也荣获中国建材集团 2021 年技术革新奖一等奖。湖州槐坎南方水泥有限公司（以下简称“槐坎南方”）荣获浙江省绿色工厂，入围国家工信部重点用能行业能效“领跑者”企业，也被评为中国建材“六星企业”。

槐坎南方现有 2 条 4000t/d 熟料生产线和 1 条 7500t/d 第二代新型干法熟料生产线，并分别配套 18MW 和 15MW 纯低温余热电站，是浙江省内最大的水泥熟料生产企业之一，同时也是中国建材集团旗下规模最大的水泥企业之一，其中 7500t/d 生产线，2020 年被中国建筑材料联合会认定为“中国第二代新型干法水泥技术示范线”。槐坎南方作为水泥行业智能化、绿色化转型升级的示范项目，是中国建材集团面向水泥行业碳达峰、碳减排目标重点打造的智能制造示范线。

一、以数据智能为基础，实现数据采集标准化、生产运营管理数字化

槐坎南方采用国内自主知识产权 BIM 三维设计和 EPC 建设管理平台，无缝迁移到生产管控数字化 MES 平台，数字化平台集成 500 余套设备模型、6687 点 DCS 实时数据、1620 个能源监测数据、1596 个振动温度在线数据、2918 个离线点巡检数据、258 个高清摄像头视频数据、26 个全自动过程质量控制数据、18 个环保排放数据，合计使用 13800 余项数据，自动采集多维度异构数据数据，形成南方水泥集团数据采集标准体系，实现生产数据自动采集率 100%，整合子系统数据 100%互联互通。

通过配置先进的在线分析检测设备，实现关键设备数控化率达到 96%以上、生产数据自动采集率达到 98%以上，烧成工序关键指标实时量化检测、过程质量数据高频检测、实现质量的预测和闭环控制；全面对接整合原有一卡通、办公系统等 7 个存量信息化系统，为智能控制系统、设备管理、能源管控、质量管控等 21 个新上子系统提供统一大数据仓库支撑，实现生产、能源、质量、设备、运维、备件、绩效、成本、采购等全生产运营流程的异构数据整合，生产数字化整合率达到 98%。数据采集标准化、生产过程数字化、运营管理可视化，为精益生产、三精管理充分落实奠定基础。

二、以智能生产提效益，实现生产操作智能化、生产决策科学化

建立基于“流程工业专家知识库+大数据+AI 技术”的全流程智能生产实时优化控制平台，借助先进过程控制技术、在线寻优技术、大数据深度挖掘、深度学习技术建立工艺优化控制及智能决

策体系，使水泥生产专家经验和工业互联网、先进过程控制、人工智能、机器学习等新技术深度融合，逐步实现窑况智能识别，全局自主寻优控制，游离氧化钙和熟料28d强度实时预测，生产线实时优化控制，AI替代率达到98%以上，窑系统异常工况识别率90%以上，实现生产效益最大化。

建设全流程的能源管控平台，通过对生产过程中的能源介质生产消耗数据实时采集统计，实现了能源生产消耗数据实时监测，全流程信息化、可视化、数字化，通过能效KPI指标实时计算、超标报警，查漏补缺，杜绝能源空耗、低效环节。提供企业能效、成本对标、绩效考核管理工具，能耗数据纵向横向对比、诊断，协助生产管理者形成最佳生产调度、能源消耗、工艺操作方案。通过主机设备综合能效实时监测，强化设备预知性维护，提高设备连续运转率，为生产管理运营实施精细化管理和生产运营调度提供有效决策辅助。

通过生产线信息化、数字化、智能化建设，全面赋能各级生产管理者，生产一线人员工作方式大幅改变，整体生产模式发生“质变”，操作人员从原先的“操作者”变为“监管者”，巡检人员从原先的“固定巡检”变为“目标巡检”，统计人员从原先的“制表者”变为“核对者”，通过数字技术有效打通员工、管理者、现场之间的“信息壁垒”。

槐坎南方的智能化、数字化转型升级实践，实现了生产的优质、高效、低耗，提高了整体能源利用效率，深化了人工智能、工业互联网、大数据等新一代信息技术与水泥工业在装备、工艺、生产、管理、服务等方面的深度融合，体现了生产制造模式向数字化、绿色化、智能化的具体转变，不仅大幅提高了企业自身竞争力，还对水泥行业的智能化发展和探索，具有示范引领和广泛推广意义。

◎经典案例◎

金隅红树林：城市净化器　政府好帮手

一、企业基本情况

北京金隅红树林环保技术有限责任公司（以下简称“金隅红树林”）隶属于北京金隅集团（股份）公司，成立于1999年4月，是北京市最大的工业危险废物专业处置单位，国内首家利用水泥窑开展工业废物处置的环保型企业。依托金隅北水环保示范线和金隅在京水泥生产线，可完成来自工业企业、大专院校实验室、研究院所的28大类危险废物的处置任务，年处置能力10万吨。

践行国企责任，打造精细化服务水平，提升“金隅环保”在京品牌形象，于2020年4月，成立北京金隅红树林北京事业部，主要负责北京工业危险废物专业处置业务，同时承担北京市突发环境事件应急救援工作。经过多年的不懈探索与创新，金隅红树林确立了现场服务体系架构，形成了保姆式驻厂服务、钟点工式上门服务和环境应急服务三种服务模式，基本满足了北京地区危险废物和工业废物的各种处置需求，提供了多元化的服务形式，构建了环保服务的盈利新模式。

金隅红树林高度重视应急服务体系建设，严格落实各项环境突发事件的应急保障工作，坚持24小时应急值守制度，圆满完成了北京奥运会、APEC会议、中华人民共和国成立七十周年、“两会”“十九大”会议、冬奥、冬残奥保障等重大活动和敏感时期的环境安全保障任务，为首都的环境安全做出了积极贡献，得到了有关政府部门的一致好评。

二、主要做法和成效

（一）规范经营，提升社会服务水平方面

（1）取消小微客户服务年费，全年减少收入2312万元。

（2）取消业务分部，及时化解了存在10余年之久的经营风险。

（3）推进园区集中收集点建设，中关村生命科学园、大兴医药园等具备运营条件。

（4）扩展驻场服务范围，新开拓奔驰北厂、大兴新机场、环球影城等重点单位驻场服务。

（5）打造环保管家服务，针对小微客户人力、经验、精力不足，对固废法了解不透、容易产生误解等特点，推出危险废物管家服务。

（6）与延庆区建立有害垃圾处置战略合作，打造清洁冬奥，率先打通有害垃圾处置全路径。西城、丰台、密云以全区签订合同，海淀、大兴委托区内第三方部分签订，其他区县对接合作方式。

（二）强化服务意识，推动企业良性发展方面

（1）建立分区管理模式，对客户划分为片区管理，明确客户代表专门服务。

（2）对有分拣需求的客户分为区域管理，组建分拣队伍。

（3）对北汽、机场等点位派出专门驻场分拣人员45人。

（4）区域协同更加顺畅，各企业相互参加对方生产运营会和调度会，建立定期沟通机制。

（5）建立客户接诉即办服务热线，并建立快速反应和办理机制。

（6）强化基础管理，建章立制，强化员工的规矩意识、纪律意识。

（三）立行立改，推动依法合规经营方面

（1）配合市场监管局完成反垄断调查及整改，并以此为契机，规范了合同管理、流程管理。

（2）积极应对市场监管局价格监察，及时化解价格违法风险。

（3）推动市发改委开展成本监审和政府定价研究，进一步规范价格体系。

三、打造新型环境服务体系

根据《关于积极发挥环境保护作用促进供给侧结构性改革的指导意见》鼓励发展环境服务业，坚持污染者付费、损害者担责，第三方运营治理，鼓励各企业、工业园区委托第三方环境保护服务公司进行服务的指导意见。金隅红树林携手百度及百度生态西安晨云灵雨信息科技有限公司共同打造了“底层支撑、两端整合、溯源管理”的新型环保智能服务平台。通过以安全管理为基础，环境服务为核心的设计理念，将软件工具、管理制度、业务培训、三方服务等全面应用推广，具备了更加完善的环境服务能力，从而为产废单位提供保姆式的环境服务。包括管理计划、应急管理、日常清运、台账管理、高效物流等。让处置企业提升市场竞争力，让产废企业真正系上了“环境安全纽带”，保障产废企业的正常运转。

该平台基于百度的AI、地图、区块链、云计算、物联网等核心技术融合了晨云灵雨的集成和业务能力，共同打造出了以人工智能为基础的智能派单、智能知识库、智能标签、智能客服、智能油桶、智能预警等功能。配套市场化的管理制度及业务培训，全面赋能产废、运输、仓储、处置全回收链条。形成了“服务、预警、智能、安全”的新型服务体系。促进危废行业大中小企业、产业链上下游、跨行业跨领域的融通发展。

（一）服务升级

平台以产废企业为入口，提供一站式危废业务支撑，基于数字技术完善场景应用，增加业务服务面、提高业务便捷性。可有力有效地帮助产废企业纾困解难，留出更多时间关注自身专业；同时利用数字化平台特性为产废企业与处置企业间搭建桥梁，通过用户使用习惯培养，增加黏度、降低客户流失率。平台针对产废企业、处置单位的差异性分别提供不同的服务内容：

1. 产废单位——保姆式服务

服务涉及平台软件、物联硬件及日常管理三部分。平台软件包括危险废物年度申报、危险废物管理计划、应急预案、台账、转移联单、政策解读、知识库、智能客服等；物联硬件包括暂存库美化、暂存间卫生、标识标牌、包装容器、微型消防站、智能设备等；日常管理包括固危废日清日结、分类管理、日产台账、转移管理、日常检查等。

2. 处置企业——运营及管理服务

内容包含客服、知识库、考试培训、服务超市、管家服务、业务溯源查看、车辆智能调度、电子围栏、客户关系管理、客户行为分析、人员绩效考核等。

（二）预警升级

平台提供预警分析模块，针对“产、运、储、处”环节横向打通业务，纵向打通数据，实现实

时动态分析，建立“发现—告警—处理”操作闭环。打通业务数据链，运用视频监测、边缘分析、建模、电子围栏、数据可视化等技术打造总控驾驶舱，实现经营管理可视化、透明化，形成数据驱动搞笑运行的管理模式，提升决策和服务能力。

1. 产废单位——业务预警

提供台账数据、拉运数据、合同数据、危废数据、价格分析等信息预警，不仅在一手掌握自身状况的同时还了解行业市场大环境。

2. 处废企业——业务预警

为处置企业提供客户预警、台账、合同、仓储、运输等预警，把握危废“产—运—贮—处”全链条状态信息，提高发现问题的敏感度、解决问题的准确度。

（三）智慧化升级

平台围绕业务应用和实际用户需求，发挥人工智能技术优势，引入视觉识别技术、自主学习、综合推理、群体智能、特征识别等技术建立业务服务智能化，推动人力服务到数字服务的跃升。

1. 智能知识库

通过 NLP（Natural Language Processing，自然语言处理）、大数据分析技术，用户可对入库知识首页和搜索查看。

2. 智能派单

利用机器学习中的算法对订单分析，根据等待时间、空闲状态等情况合理进行分配。

3. 智能标签

平台根据客户查看的信息提炼关键字创建智能标签，以便于为客户提供更精准的内容推荐。

4. 智能客服

平台经过北京和陕西市场海量数据训练出来的客服算法模型建立精准满意的客户服务信息。

5. 智能硬件

通过智能分拣、智能油桶等硬件设备，为危废收集提供标准化、便利性。

6. 智能预警

包含不同场景下的智能提醒，如车辆场景下的安全电子围栏规范车辆行驶范围；仓库场景下的机器视觉识别潜在环境危险；客户签单场景下的数据分析提醒优劣客户风险等。

（四）安全升级

各类用户企业因角色不同，日常准备记录的相关资料的方向与重点均有所不同，平台根据不同的需求提供相应内容保障市场主体各自的营业安全及人员安全意识，更好地为其保驾护航，提升企业自身运营效率和综合竞争力，促进危废行业规范健康发展。

1. 产废单位——安全提升

提供交管（交管执法大队、交管服务中心）、环保（生态环境局、街办环保所）、综合执法（城管）等领导要求所需资料的指导建议模块、在线安全培训、行业政策解读等内容。

2. 处置企业——安全提升

通过智能硬件设备自动分拣确保分拣安全。基于视觉识别技术对车辆驾驶和运输过程进行安全提升、通过物联网技术提升仓储安全。全面赋能全场景下客观环境、运行状态、人员行为等产生的安全隐患排查。

◎经典案例◎

漳县祁连山：数字化转型之路

漳县祁连山水泥有限公司（以下简称“漳县祁连山”）2021 年度水泥窑运行质量相比历史同期明显提升，在年度综合煤质历史最差的情况下，两窑综合台时、产量均创历史新高，同时两窑连续运行时间创历史最好水平。除此之外，企业各项主要电耗指标明显下降，水泥综合电耗，熟料综合电耗及工序电耗、生料工序电耗等，均有较大幅度的下降，创下历史新低。这些成绩的背后是漳县祁连山走数字化转型之路、领导层狠抓“三精管理”、重视创新驱动，是公司全体员工勤勉、敬业、积极、主动、勤于思考总结，勇于承担责任等多方面因素共同努力的结果。

“工欲善其事其，必先利其器”。2019 年初漳县祁连山投资六百余万元，围绕企业生产管理、能源管理、质量管理、设备管理、安全环保管理等五大核心生产管控领域开展了工厂级生产管理信息化系统建设工作，开工四个月完成上线，试运行半年后实现全功能验收。

系统投入运行以来，漳县祁连山各级岗位对工厂级生产过程信息化管控从好奇到迷茫，从排斥到逐步接纳，从逐步接纳到积极主动地应用，乃至最终不断地围绕企业生产过程精细化管控提出新想法、新思路、新的解决方案，最终在公司内部形成“全流程覆盖、全指标覆盖、全员覆盖、全业务闭环”的“四全”工厂级信息化管理应用新模式。

对标世界一流，水泥企业智能工厂建设理想目标是实现机器代人、计算机代人，但受制于装备智能化水平仍存在不足、大数据智能建模应用体系尚未完全覆盖各种管控场景等条件的约束，在未来相当长的一段时间内人的主观能动性因素仍然是推进智能化建设应用落地的核心要素。所以漳县祁连山在系统建设之初，就树立了坚持“以人为本，以信息化技术为手段，以企业经济指标提升为目标”的核心建设理念，并且订下了“信息化—数字化—智能化”三步走的建设战略。

2019 年 1 月份生产管理信息系统项目建设启动后，漳县祁连山生产管理处、熟料部、水泥部，质量部、安全环保处、党群工作处、财务处、综合办公室等各个部室围绕信息化系统采集统计的指标数据，“以用促思，以思促精，以精促细，以细促变，以变促优”，通过不断优化完善各项指标合理性，最终搭建了工厂级生产管理调度体系，能源消耗优化管理体系，化验质量管控体系，设备运维管理体系、厂级、部门级协同管控体系、企业关键指标管控体系、知识经验管理体系、员工综合绩效考核体系等 8 个维度的应用管理体系。

自系统上线运行以来，全体员工群策群力，与项目承建方团队围绕着企业生产管理做了大量的探索性的应用，提出了大量的创新性的管理理念，其中生产管理处主导设计的“流程驱动与中控对标型综合管理信息系统研发与应用”入选 2019—2020 年度全国建材企业经典案例。系统中类似这种创新性的应用非常多，从关键指标异常的自动判断，到紧随其后的异常状况处理的标准化管控流程流转，企业已经初步搭建起各个生产过程管控领域的信息化闭环管控体系，并且正在随着系统的深入应用，不断完善扩充新的功能应用，并逐步探索某些领域的智能化模型构建。

水泥企业智能化建设任重而道远，这个过程离不开全体水泥人的不断努力，千年的碑文会变得斑驳，但依托信息化系统记录下的数据、指标、知识、经验将永远不会消亡，并且会随着新应用、新模型的构建不断焕发出新的生命力。

“经年栽下梧桐树，为求高贤踏歌来”，漳县祁连山的每一位员工正在透过千百万次的应用，积聚经验，归纳需求、探索创新，也正在敞开怀抱欢迎各大水泥设计院、科研院所、高校、大数据分析建模团队一起参与进来，依托系统所积累的大量数据、指标、需求，构建各类智能化应用模型，解决企业生产经营管控的难点、痛点，积极推进各种智能化应用场景的落地。漳县祁连山愿携起手来，一起为提升水泥行业信息化能力、促数字化转型而共同努力！一起推进水泥行业智能制造事业不断前进！一起创造水泥行业智能制造的新时代！

◎经典案例◎

永安金牛：能效标杆企业

一、企业基本情况

永安金牛水泥有限公司（以下简称“永安金牛”或“金牛水泥”）成立于2015年11月，为福建金牛水泥（集团）有限公司下属企业。金牛水泥是一家以专业生产高标号水泥为主的大型建材集团企业，拥有6家水泥生产企业和5家混凝土公司及环保科技公司，总资产50亿元，水泥产能1000万吨，被列入中国建材百强、福建省百家重点工业企业、省百强民营企业和省级龙头企业，居全省前3强。2021年被评为福建省优秀民营企业。

永安金牛坐落于福建省永安市槐南镇，于2019年7月建成投产。该条生产线总投资7.5亿元，占地面积约280亩，年产熟料150万吨、水泥200万吨；采用当今世界先进的水泥制造技术，装备一流的热工、粉磨、均化、储运、环保、DCS在线控制、信息智能化、工业自动化等设备，同时配套建设纯低温余热发电、脱硝脱硫等工程项目。永安金牛主动顺应国家节能环保产业发展的要求，走高质量发展之路，积极推进绿色工厂、绿色矿山建设，着力打造绿色环保、低碳节能的自动化智能工厂。

永安金牛于2021年4月荣获福建省第一批“能效领跑者”标杆企业称号，其中可比熟料综合电耗为46.71（kW·h）/t，为全省同行业最优。同年9月份公司又被评为省级“绿色工厂”。2021年，永安金牛被纳入福建省碳市场配额管理，2020年度碳交易配额为1572816t，实际履约1565280t，剩余持有7536t。

二、主要做法和成效

（一）电耗方面

永安金牛的这条水泥生产线充分利用窑尾预热器、窑头熟料冷却机排放的废气热量，通过10WM纯低温余热汽轮发电机组进行发电，回用于企业生产；2021年度，余热发电总供电量达4728.22万千瓦时，减少CO_2排放量33286.7t。

该生产线采用先进的技术装备提升节能效果：石灰石破碎使用引进技术制造的单段双转子锤式破碎机，生产能力达1200t/h；原料粉磨采用先进的辊式磨系统，生产能力达550t/h；水泥粉磨采用“两套辊压机+球磨+高效选粉机圈流系统”，生产能力达500t/h，每吨水泥可节电约57kW/h；它们在提高台产的同时简化了工艺流程，降低了单位产品电耗，减少了CO_2排放量。

熟料烧成采用“NST型五级双系列预热器+在线分解炉”系统，通过低压损技术设计，其旋风筒的主要结构特征表现为大蜗壳、短柱体，同时又设置了导流板、整流器等，因而系统阻力大大减低，在2021年，又对预热器鹅颈管及C5“裤衩”进行降阻改造，使系统负压下降500Pa左右，高温风机转速下降30r/min，熟料电耗下降2（kW·h）/t，单此一项即可节约用电300万千瓦时/年、减少CO_2排放量2112t。

该生产线全部采用节能高效的YE3、YX3系列新型电机，部分则采用更为高效的三相同步永磁电机，所有风机均采用变频电机并配套各类高、低压变频器，节电效率达3040%。

在矿山与厂区间架设1km多长的输送廊道，将破碎石灰石经由带式输送机直接输送至厂区，代替了传统的汽运方式，按年运载量200万吨计算，每年可节省柴油10.2万吨，减少CO_2排放量32.5万吨。另外，该输送廊道利用自然的下坡地势，在输送机上采用“四象限重载变频器”，将物料的势能逆变转化为电能、实现自发电，每小时可发电70kW·h，进一步实现了减排降耗。

（二）热耗方面

熟料烧成采用“低阻高效分解炉和带五级旋风预热器预分解窑型干法水泥”生产工艺，把生料的预热和部分分解由预热器来完成，代替回转窑部分功能，达到缩短回转窑长度，同时使窑内以堆积状态进行气料换热过程，移到预热器内在悬浮状态下进行，使生料能够同窑内排出的炽热气体充分混合，增大气料接触面积，传热速度快，热交换效率高，达到提高窑系统生产效率、降低烧成热耗的目的。

新增一套窑尾高温气体分析仪，实时监测窑内煅烧及通风情况，操作员通过数据可以在第一时间内对用煤量、风量进行调整，保障系统热工稳定的同时，降低了热耗和电耗。

原料配料系统采用“中子活化水泥元素在线分析仪”，实时分析原料化学成分并根据配比设定值进行自动调节，大大提高了出磨生料的稳定性，确保了烧成系统的稳产高产，系统热耗明显下降。

水泥熟料冷却采用第四代LANE型推动篦冷机，它接受来自回转窑约1400℃的高温熟料，在其受料区和热回收区采用先进的新型控制流篦板新技术，提高熟料的分布效果、均匀冷却效果和换热效率，有效提高了二、三次风温度并降低了出料温度，使篦冷机冷却风机和废气排风机的电耗分别降低20%以上，同时大幅度提高了热回收效率和余热利用率，降低了系统热耗和电耗。

推进精细化管理、强化日常巡检工作，尤其是要稳定窑炉系统的热工况，比如：及时对窑尾密封装置内套和接触摩擦式密封板进行维护，并新增一套润滑装置，从而增大摩擦润滑降低磨损，减少系统的漏风现象，降低了燃煤的热耗损失。

永安金牛2021年度的煤炭用量为172566.48tce，比2020年的191984.28t降低了19417.8t，减少CO2排放量53836t。

（三）物耗方面

研究探索降低原料分解中产生的碳排放，永安金牛合理控制水泥熟料的富余强度，对游离钙控制指标进行略微提升，适当降低熟料中的CaO含量；2021年度，熟料中的CaO含量同比降低了0.5%，减少CO_2排放量约7465t。

◎经典案例◎

三明南方——水泥企业节能减排先锋

一、企业简介

福建三明南方水泥有限公司（以下简称“三明南方”）创办于2008年4月，是大型央企中国建材集团下属水泥版块上市公司天山水泥控股子公司，目前拥有员工230人，其中专业技术人员70多人。拥有一条4500t/d熟料新型干法水泥生产线及配套9MW纯低温余热发电机组，年产水泥250万吨，年发电量6000万千瓦/时。三明南方先后荣获“国家工信部第一批绿色工厂示范企业”“中国和谐建材企业”“2021中国最具成长性建材企业100强”“全国水泥企业优秀化验室”“福建省质量管理先进企业”“三明市十佳环保企业”“三明市生态文明建设先进集体”等称号。

二、项目背景

2020年9月22日，我国在第75届联合国大会一般性辩论上向世界宣布了中国力争2030年前达到峰值，努力争取2060年前实现碳中和的目标和愿景。为深入贯彻会议精神，全面贯彻生态文明思想，认真落实党中央、国务院和国资委决策部署，坚定不移贯彻新发展理念，使发展建立在高效利用资源、严格保护生态环境，充分履行央企社会责任，实现碳达峰碳中和目标。公司主动对标海螺水泥、拉法基水泥等国内外先进水泥企业，近年来公司派出30余批次专业人才到全国各地同行业参观考察，制订了碳达峰碳中和实施方案。

三、主要做法及成效

（一）分解任务，落实目标责任

三明南方成立了以总经理为组长的碳达峰碳中和工作领导小组，每年与各部门签订“目标管理责任书”，有针对性地将目标责任进行分解，落实到各车间班组，并由各部门负责人全面负责本部门碳达峰碳中和工作的指导、管理、检查、督促和落实工作。

（二）全面有效推进节能技改工作，确保碳达峰碳中和工作顺利完成

三明南方自投产以来，每年制订节能减碳计划，利用春季大修期间对生产线进行升级节能改造，近年来窑系统节煤技改项目投入8000余万元，主要有：四代篦冷机升级改造、高效喷煤管更换、预热器分级燃烧改造、窑尾烟室改造、预热器降阻改造等，通过上述技改吨产品煤耗降低8kgce/t，年节标煤1.3万吨标准煤。

三明南方在节电技改方面投入1.2亿余元，进行先进工艺设备改造，主要改造项目有：智能专家系统、生料立磨改辊压机、水泥磨辊压机更换铸钉辊等；同时淘低效汰落后设备，更换智能变频设备及高效节能风机，提高设备使用效能；通过以上技改，吨熟料电耗同比降低20%，吨水泥电耗同比降低15%，综合年节电1500万千瓦时，折合标煤4545tce，达到行业先进水平。

经过历年逐步技改，全面提升了三明南方水泥生产线的节能环保及自动化、智能化水平，公司能耗水平逐年持续稳步降低，近几年以来吨熟料可比综合能耗从120kgce/t降低至现在吨熟料可比综合能耗94kgce/t以内，能耗指标已达行业先进水平，年可节约标煤1.75万吨，减少碳排放4.7万吨。

（三）积极推进生产替代燃料，废弃资源综合利用

三明南方配套9MW纯低温余热发电机组及危废协同处置项目，通过对窑头、窑尾低温余热回收利用，年发电量6000万千瓦时；通过对危废协同处置利用，年处置各类危废5万吨，其中含废油及橡胶等可替代燃料，有效地降低煤消耗，年可节约2000tce，减少吨碳排放5400t。

在产品制造过程中三明南方始终奉行“绿色制造”的理念，尽可能地减少天然资源的使用，用固体废弃物或低碳原料予以代替。三明南方自去年以来积极通过对青州造纸厂废弃资源造纸白泥优化利用，年消耗处置造纸白泥30万吨，可替代石灰石资源近22万吨，有效地减少矿山资源开采，而造纸白泥在高温煅烧中分解速率较快，产生二氧化碳较低，年可减少二氧化碳排放5万吨/年；同时年消耗煤矸石、氟石膏、有色金属灰渣等各种固体废弃物50万吨，为实现碳达峰作出应有的贡献。

（四）全面推进美丽工厂、绿色矿山创建工作

深入推进美丽工厂创建，通过跑、冒、滴、漏治理以及美化，三明南方开展了星级岗位达标活动，引导各岗位各部门积极开展车间岗位美化、设备防腐美化等，对厂区进行园林景观提升和绿化升级，全厂区绿化覆盖率达三分之一，绿化面积12余万平方米，树木种植1万余棵。

近年来三明南方在矿山生态恢复治理方面加大了资金投入，先后投入3000余万元对矿山边坡和排土场进行生态恢复治理。增加绿地面积200亩。运输道路安装喷淋系统、购买洒水雾炮车、修建沉淀池等基础设施来抑制扬尘无组织排放。公司始终践行习近平总书记提出的“两山”理念，积

极响应国家绿色矿山建设政策要求，根据矿山开采进度，边开采边治理的原则，争创国家级绿色矿山。

通过创建提升，建成了国内有一定知名度的美丽工厂，2021 年三明市环境保护局组织的三明市水泥行业规范化管理现场会在三明南方成功召开，成功举办了中国建材集团“善用资源日”开放活动，全年接待各类参观人员 50 余批次，共接待 600 余人次。力争 2022 年底前打造三明市旅游观光工厂。

（五）积极推进智慧节能、环境保护、碳计量研究

2022 年以来，三明南方将对生产线进一步节能优化，通过节能技改，淘汰落后设备升级，提高危固废使用量替代部分燃料。确保能耗水平逐年降低；持续投入资金创建美丽工厂，进一步推进节能减排、厂区的粉尘排放治理、植树造林、厂区绿化美化提升。

第一，大气超低排放计划投资 4300 万元对水泥炉窑烟气除尘、脱硝超低排放改造工程，目前项目处前期立项审批阶段，预计 2022 年 9 月完成改造，改造后氮氧化物排放将小于 $50mg/m^3$，达到全国超低排放水平。

第二，投入 1500 余万元创建三维可视化数字工厂，将围绕智能装备、智能控制、智能运维、智能运营、智能决策等五方面的核心赋能，实现系统层级的生产线智能决策、智能实时自主寻优控制。最终实现解放双手，减少人为操作，精简人员，节能降耗，降低排放。

第三，计划投入 1600 万元，对厂区屋面及空旷地进行光伏发电项目建设，计划建设 3.9 万平方米光伏发电，预计年发电量 500 万千瓦时。年可减少碳排放 4000t。

第四，三明南方与天津中材工程研究中心有限公司合作开展水泥工业在线碳计量技术与方法学研究，开展监测仪表适用性研究，调研国内外主流技术的浓度、流量监测仪表，确定适用于水泥生产线二氧化碳在线监测计量的仪器设备，形成水泥行业二氧化碳在线监测计量的标准参考装置和技术方案，完成至少 2 套二氧化碳在线监测示范性应用，形成在线监测标准技术规范，为促进我国水泥工业实现双碳目标而贡献力量。

三明南方将以新的历史起点，立足于“十四五”发展目标，树立并切实贯彻“创新、协调、绿色、开放、共享”的发展理念。努力创建“创新绩效型、资源节约型、环境友好型、社会责任型”的“四型”企业，为早日实现碳达峰、碳中和和绿色生态文明建设作出行业应有的贡献。

◎经典案例◎

南玻院：高温收尘滤袋的创新

一、企业概况

南京玻璃纤维研究设计院有限公司（以下简称“南玻院”）成立于1964年，是服务于国家“两弹一星”战略工程而成立的国家级科研院所，是玻璃纤维工业技术的策源地和辐射源，是玻璃纤维、绝热材料和碳纤维国家和行业标准的制订者，国际标准化活动的参与者和贡献者。南京玻纤院主要从事玻璃纤维及制品的研发、设计、制造和测试评价，为国防军工配套、行业技术进步和新材料产业升级做出了重要贡献。1999年7月，作为全国首批改制的科研院所之一，南玻院转制为科技型企业，隶属于世界500强中国建材集团有限公司。

二、荣获奖励

南玻院成立于1964年，现隶属于世界500强中国建材集团有限公司。从事环保过滤材料的研发、生产、销售和系统集成方案优化技术服务，系列滤料产品曾荣获2019年中国专利金奖、2019年中国环境保护产业协会环境技术进步奖特等奖、2020年国家科学技术进步奖（一等奖）和国家技术发明奖（二等奖）、2020年建材行业科技进步一等奖（科技进步类）等多项国家及省部级科技进步奖。技术水平是国内行业发展的引领者。南玻院荣获中国水泥协会“2021年度水泥行业高温收尘滤袋优秀供应商”称号。

三、产品特点

南玻院在工业除尘方面近几年取得了新的突破成果，产品性能出色，保持行业领先，针对水泥行业超低排放要求开发了高效低阻PTFE覆膜系列滤料具有以下特性：一是，更低的排放：研制出高匀度PTFE膜制备的关键装备及工艺，新一代覆膜滤料产品进一步提升了微细粉尘的拦截效率，使其能够更易实现超净排放的要求。二是，更低的阻力：自主开发出一种新型低损化覆膜技术，充分还原覆膜滤料迎尘面过滤膜的高透气本性，降低了除尘器系统的运行阻力，实现袋式除尘器风机能耗降低的目的。三是，更长的使用寿命：研发出两相流化学后处理技术，提升了处理剂的包覆性及均匀性，并针对水泥窑协同处置、高硫烟气、高湿烟气等特殊工况，重点开发了高耐腐蚀后处理配方技术，提高滤料的易清灰、抗结露、水解、抗腐蚀等性能，加大了平均清灰周期，降低了喷吹次数，延长了滤袋使用寿命。

四、经济效益

某水泥厂 5000t/d 新型干法旋窑生产线窑头窑尾收尘器升级改造项目，通过采用过滤材料升级、系统优化、设备消缺等技术手段，达到超净排放的要求，安装调试完成并于 2018 年 6 月底开始投运后一个月，第三方环保检测机构标定数值窑头窑尾收尘系统分别为 3.1mg/m^3 和 3.7mg/m^3、系统压差分别低于 600Pa 和 750Pa，满足收尘器出口粉尘超净排放及低阻力的要求。目前该项目投入使用近四年，出口粉尘排放浓度均连续低于 5mg/m^3，年减少粉尘排放量约 45.6t（年生产时间按 300d）；目前系统阻力分别不大于 900Pa、不大于 1000Pa，风机年节约电量约 152 万千瓦时（按系统降低平均压差 400Pa 计算），吨熟料节电量为 0.84（kW·h）/t。实现了良好的社会效益和经济效益。

南玻院长期专业从事袋式除尘用过滤材料产品的研究、开发和生产，是中国玻璃纤维滤料技术的发源地。近年来，公司凭借着雄厚的人才、技术优势，持续开展技术攻关，在高温滤料等相关领域形成系列化自主知识产权和多项国家级科技成果，建成高性能高温滤料生产基地，具有拉丝、纺织、针刺、表面处理、滤袋缝制和膜制造等全产业链工艺技术和完备的生产、检测手段，综合技术能力居于国内先进水平。高性能覆膜滤料等产品已在水泥 100 多条新型干法生产线除尘系统中规模化使用，同时产品也广泛用于钢铁、电力、炭黑、垃圾焚烧、化工等行业的烟尘净化及物料回收领域，得到用户的认可和好评。

◎经典案例◎

金士顿：悬浮离心鼓风机在水泥行业的应用

一、企业概况

河北金士顿科技有限责任公司（以下简称“金士顿”）成立于2010年，注册资本6100万元，是一家专业从事箔片式动压空气轴承、高速流体机械研发设计、生产制造、销售服务为一体的环保型高新技术企业。依托企业河北省空气轴承及应用工程技术研究中心、企业技术中心等研发平台先后与哈尔滨工业大学（深圳）、东北大学、大连理工大学建立了联合实验室，有力推动了公司技术创新水平的提升。

金士顿空气悬浮离心鼓风，2019年11月1日被工业和信息化部纳入《“能效之星”产品目录（2019）》。2019年12月27日由金士顿作为标准起草单位编写了国内首个空气悬浮离心鼓风机地方标准——DB13/T 5160—2019《空气悬浮离心鼓风机设计要求》。2020年1月13日，金士顿被河北省工业和信息化厅纳入2019年首批河北省制造业单项产品冠军，2021年12月，荣获中国水泥协会优秀供应商奖牌。

二、设备特点

ZCJSD空气悬浮离心鼓风机打破了韩国长年对全球技术市场的垄断，成为国内首家实现国产空浮风机系列化、批量化的生产制造商，现已在海螺集团、金隅冀东、祁连山、南方水泥、中联水泥、华新水泥、华润水泥、西南水泥、宁夏建材等集团应用。传统鼓风机是容积式或通过齿轮加速方式使用的，它需要齿轮，轴承和润滑系统，且机械摩擦产生有极大的能量耗损，机房地面污染，噪声等问题。ZCJSD空气悬浮离心鼓风机，不需要齿轮箱增速器及联轴器，由高速电机直接驱动，电机采用变频器来进行调速驱动。鼓风机离心叶轮与电机直连结合，因为没有物理接触和无需润滑油系统，所以空气悬浮离心鼓风机具有高效、节能、低噪声、运行可靠和长期无需维修保养的特点。

ZCJSD空气悬浮离心鼓风机采用一体化紧凑型设计。叶轮、高速电机、变频器、空气轴承及其控制系统配有CPU微处理器的控制面板集于一体，提高了安装与操作的便利性。

（一）节能高效

空气悬浮离心鼓风机使用了动压空气轴承，直联技术，高效叶轮，高速永磁电机，无额外的摩擦。风机根据输出的（风量最大可调范围50%～100%）自动调整电机功率的消耗，保持设备运行的高效率。

（二）无振动，低噪声

采用空气轴承及直联技术，无振动产生，风机不需要另外设置隔声装置；设备重量轻，不需设置特别基础，安装布置简单灵活。

（三）无润滑油

风机采用了空气悬浮轴承技术，系统不需要润滑油系统，油性轴承系统的所有弊端已成功解决。

（四）无保养

没有传统风机所必需齿轮箱及油性轴承，金士顿所采用叶轮与电机直接连接，通过智能控制系统，保证了设备无需保养，降低了用户的维护成本。

（五）运转控制便利

可在个人 PC 及上位系统中对风机转数、压力、温度、流量等进行自检并定压运转，负荷/无负荷运转，超负荷控制，通过防喘振控制等实现无人操作。风机通过调整叶轮的转数调节流量。根据吸入空气的温度和压力变化，调整转数可以轻易地调节流量。可以自动和手动调整流量。

（六）设备安装空间小

ZCJSD 空气悬浮离心鼓风机设备质量轻、设备尺寸小、安装简便，可以大量地节省用户的建筑及辅助电气控制系统投资。节省空间，实现最小的风机房面积；设备重量轻，基础施工简单，安装时不需起吊装置；同时，可以根据需要选用方便的布置方式，比如可以直接在曝气池上设鼓风机房，可节省管道投资，减少管道阻力损失。

（七）可远程监控

主控制柜（协调柜）可以选配各种通信协议，提供通信口，可实现与工厂自控系统并网运行，操控设备投入生产，配合工厂自控系统完成上位机画面程序编写，提供相应的程序数据或数据。

三、节能效果

空气悬浮离心鼓风机具有节能（与传统风机相比节能率达到 20%~40%，节能效果显著）、低噪声、无油、运行可靠、操作维护简便和半永久性寿命特点。以一条 5000t/d 的回转窑为例，窑头一次风机、送煤风机总共 3 台功率分别为 185kW，110kW，185kW，更换空气悬浮离心鼓风机后按节能率 20%计算，每小时可节省（185+110+185）×20%=96kW·h，一年按 320d 运转计算，一年可节省 96×24×320=737280kW·h，一年可为企业节省电费（0.65 元/度）：737280×0.65=479232 元（约 48 万元）。

根据专家统计，每节约 1 度电，就相应节约了 0.4kgce，减少污染排放 0.272 千克碳粉尘、0.997kgCO_2、0.03kgSO_2、0.015kgNO_x。节约 1 度电等于减排 0.997kgCO_2 等于减排 0.272kg “碳”。一条 5000t/d 的回转窑更换空气悬浮鼓风机后一年可减排 737280×0.272=200540kg “碳”。

◎经典案例◎

萨震空压机：节能降碳绿色领跑

一、企业简介

萨震压缩机（上海）有限公司（以下简称“萨震”），2009 年成立于中国上海，新工厂坐落在金山工业区。公司定位节能技术，主要研发节能空压机，萨震产品以高效节能、高可靠性、高性价比、低噪声著称，公司响应全球低碳主题，提升空气压缩机行业节能环保科技水平，致力于为全球制造业提供压缩空气解决方案，为用户降低空压机的能耗，从而降低成本，为地球降低碳排放，引领了全球节能技术的浪潮，萨震是首家大规模替换进口品牌的节能空压机品牌。

萨震拥有行业唯一的“节能空压机”及“节能螺杆型线”双发明专利。公司集研发、制造、营销、服务于一体，是专注于节能空压机的品牌制造商。公司拥有国家级能效实验室，具备世界上超精确的三坐标测量仪、检测设备、专用机床与世界一流品牌专用磨床等，以确保对核心技术的研发不断取得突破。

萨震是上海高新技术及专精特新企业，产品全线超越国家 1 级能效标准，多款产品获得国家能效之星，金山区专利示范企业，荣获行业领跑者。公司拥有 50 多项专利，多项发明专利，通过了 ISO9001、ISO14001、ISO45001 职业健康安全管理体系认证、GCCA 认证、CE 认证等，获得行业首批获得“能效之星”的品牌，证书编号 001。

萨震拥有 300 名员工，国内外拥有 100 多个销售服务网点，是首家大规模替换进口品牌的节能空压机厂家，截至目前，萨震全球累计销售节能空压机超过 2 万台，累计销售节能空压机功率超过 200 万千瓦，给用户累计节省了约 100 亿元的电费，累计为地球降低约 1000 万吨碳排放。

萨震作为节能空压机行业的领军品牌，已经在节能空压机这个行业深耕了多年，满怀激情与理想，不断探索空压机行业的维度与深度，也始终秉持“为社会节能环保做贡献”的理念。公司一直十分注重科研技术成果的发展，尤其是专业技术人才的培养和团队建设，大力发展具有自主知识产权项目，提高产品的核心竞争力。公司设有企业研发中心，助力用户“节能降碳，绿色发展”，为“成为全球节能空压机一流品牌”而奋斗！

二、设备特点

第一，萨震产品可靠性高，大机头，低转速，可靠性好，经久耐用；主机效率高；整机硬管连接，无泄漏点；空滤过滤面积大，圆周进气均匀；内置油细，分离效果好；采用 WEG IE4 等级的电机，一级能效，防护等级 IP55，电机加装独立冷却风扇。

第二，萨震产品高效节能。一体轴，效率高出 3%～5%；频节省，去除空载消耗（平均约

30%）；采用永磁变频，效率高出5%~7%；消除多余压力浪费，效率节省7%~8%；风机采用变频，节省风机功率的7%~8%。

第三，萨震产品低噪声。大机头低转速，保证噪声低；风机采用离心式，噪声低；风机采用变频，使主机恒温，并且噪声低。

第四，萨震产品更省电。萨震永磁电机冷却结构专利设计，效率高，平均效率在94.6%；超静音设计，让您享受非一般的静音体验；萨震节能空压机，可比同类目产品节省30%。

主机方面，采用萨震自主专利技术，双级压缩，大机头，更节能、更耐用，噪声更低，拥有快速润滑专利，效率衰减小；电机方面，采用永磁变频，能效高；系统方面，采用压力定制、双重进气过滤、冷却系统及油分系统放大，更节能，耐高温环境，含油量更低，更能应对水泥行业的高粉尘及环境。零部件配置高，并采用放大余量，质量更稳定。

三、行业应用

目前萨震合作的水泥行业客户有：即墨中联、菏泽中联、平邑中联、西江鱼峰、印山台水泥、湖南红狮、蚌埠中联、祁连山水泥、阜阳中联、天山水泥6个基地（米东天山、阜康天山、阿克苏天山、克州天山、洛浦天山、叶城天山）、山水（山东颐和峻岭生态）、华润水泥11个基地（惠州子库、上思子库、阳春子库、平南子库、封开子库、贵港子库、弥渡子库、龙岩雁石子库、龙岩漕溪子库、龙岩子库、永定子库）、天皓水泥、威顿水泥、英马水泥、江苏上峰、草原水泥、葛洲坝荆门、华新阳新、金圆水泥等。2020年，萨震节能空压机荣获企业标准“领跑者”证书，荣获中国水泥协会颁发的“水泥行业优秀供应商”称号。

在“双碳”形势下，空压机作为电老虎，是节能减排所针对的关键设备之一，在水泥企业降本增效，绿色发展的背景下，降低压缩空气成本是主要措施之一。在空压机行业，萨震在市场上率先做到了节能超越进口，为水泥企业降低压缩空气成本，助力水泥企业节能降碳，绿色发展作出了贡献！

◎经典案例◎

金隅鼎鑫：水泥厂里搞旅游

2022年2月，央视《新闻直播间》介绍了金隅集团所属金隅鼎鑫传统产业在转型升级中觅得新生机。直观展示了河北金隅鼎鑫水泥有限公司（以下简称“金隅鼎鑫”）实现了工业旅游，并展现金隅集团实施“四个发展”战略理念带来的新变化。

金隅鼎鑫地处河北省石家庄市鹿泉区，建于2000年，2007年加入金隅集团，实现凤凰涅槃重生，一路走来在于不断的理念创新。

金隅鼎鑫建在曾经是“水泥窝子”的鹿泉东焦，这里许多人都是“水泥父子兵”，他们用两代水泥人的眼光见证了企业的转型发展。2007年加入金隅集团后，鼎鑫公司积极转变发展理念，主动对接河北省会“4+4”现代产业发展格局，融入鹿泉区全域旅游新规划，走出了一条由“建材供应商”向“都市生活服务商”转型发展之路。“工业+旅游”带动企业走上新的发展之路。

水泥厂里搞旅游，以公司现代先进工艺为依托，与解读水泥发展史相结合，打造中国水泥活态博物院，述说水泥与人类文明的相伴；以让游客近距离感知认知现代化水泥工业的魅力为方向，开发水泥生产“工艺流程参观、环保科技应用、生态文化创意”三大旅游主题，向社会传递水泥制造业的极大变化，告诉公众水泥生产不再是“傻大笨粗脏乱差”；以建设“水泥文化展厅、环保科普展厅、创新成果展厅、红色教育展厅”等景点为载体，扩大工业旅游的内涵，使游客不但能体验现代化水泥企业外在形象之美，还能体会到现代水泥企业内在之美。

如今，金隅鼎鑫成为鹿泉区的一处靓丽景点，成为践行金隅集团整合发展、契合发展、创新发展、高质量发展“四个发展”战略理念的生动实践。在厂区里，随手一拍都是一张“风景大片”。这里年接待社会各界参观万余人次，成为工业文化、红色教育打卡地，被授予全国“生态环境宣传教育基地项目示范点”“全国青少年工业文化教育基地”“河北省生态环境教育基地”“石家庄市爱国主义教育基地”。游客们纷纷表示来到金隅鼎鑫颠覆了他们对水泥企业的认识，因为水泥厂之前给人的印象可能就是很脏，空气环境不好，现在天气好的时候处处是风景，特别颠覆他们的认知。

金隅鼎鑫的发展转变历程，镌刻着中国水泥史话，承载着转型发展梦想，为传统水泥企业转型发展注入无穷的力量。创建工业转型新业态传统产业变得智能、绿色、环保这种变化是由内而外的变化。

◎经典案例◎

金隅兴发：改造项目荣膺全球地产界大奖

由金隅集团所属金隅地产集团主导设计的金隅兴发科技园从全球诸多优秀项目中脱颖而出，荣膺2022年度TITAN地产大奖（TITAN Property Awards）最佳设计创新类（BEST Design Innovation）铂金奖。

TITAN地产大奖是全球性赛事之一，该奖项面向建筑、室内、房地产开发和房地产营销等领域征集设计作品，由屡获该奖项殊荣的专家组成评委。美国国际奖项协会通过对全球创意专业人才的表彰认可，使其设计成果得到社会各界的持续关注，从而促使整个行业向前进阶发展。TITAN地产大奖以其影响力与权威性，为引领时代的全球作品加冕，是房地产行业的最高设计成就。

金隅集团积极落实“疏解非首都功能”重大战略要求，主动关停兴发水泥厂，聚焦“四个中心”建设，主动融入新发展格局，对接怀柔科学城整体规划，以“国家战略、世界一流、国际引领”为目标，将北京兴发水泥有限公司转型升级为金隅兴发科技园，打造形成国家标志、世界顶尖的以北京雁栖湖应用数学研究院为代表的高等研究机构聚集区，搭建数学科学与数学应用领域的交流平台，构建与怀柔科学城相配套的创新体系。金隅兴发科技园将成为怀柔区“两区”建设的重要承载地，为服务首都“四个中心”建设贡献力量。

金隅地产集团科学谋划、统筹安排，全面推进兴发水泥厂的改造升级工作。在项目规划设计时，充分尊重原水泥厂工业建筑整体风貌，保留并利用好具有显著历史人文价值、典型工业符号特点的建筑54处，当工业、历史和艺术融合在一起时，既可保留时间的痕迹，又可培养、造就新的文化语境，赋予其新的生命。同时，对所属的1600多亩矿区实施生态修复，依托山势地貌打造立体式绿色休闲空间。

粗碎车间是原生材料到水泥生产工艺过程的首要场所，是联系原生态矿山和工业化工厂的主要纽带。车间高大粗犷，与山形地貌浑然一体，又可俯视项目全貌，对望河防口长城。金隅地产集团精心研究该建筑的空间设计和实施，完整保留了一台历经千万吨石料冲击的碎石设备，将其改造为服务公众的开放性艺术中心，赋予其展览展示、小型会议、沙龙活动等新价值，在尊重工业遗迹的同时，完成工业建筑向零碳建筑的转变，打造高精尖，旧貌换新颜，展现新生命。

金隅地产集团将继续严格贯彻金隅集团党委的工作要求，准确把握首都发展的本质要求，深入落实北京市“疏解整治促提升”行动计划，践行“四个发展”战略理念，积极利用疏解腾退出的土地等资源发展培养符合首都功能定位的新业态，努力构建“高精尖”产业结构，实现“腾笼换鸟”与转型升级的有机结合。

装备服务篇

助力头部水泥企业智能运维转型

安徽容知日新科技股份有限公司

安徽容知日新科技股份有限公司（以下简称“容知日新”）是一家提供设备智能运维平台和设备预测性维护服务的高新技术企业。容知日新现有员工600余名，其中研发团队占比达到37%，容知日新在设备远程监测诊断、智能运维方面拥有核心技术，具备软硬件产品开发、平台搭建、模型开发、远程诊断等技术能力。产品和服务目前已覆盖包括水泥行业在内，石化、电力、冶金、煤炭、煤化工、轨道交通、市政、水务、港口等十多个行业的1000多家大型企业。依托于近几年的快速发展，2021年7月26日容知日新登陆上交所科创板，股票代码为688768，成为国内在线监测与故障诊断第一股。

深耕水泥，更懂行业。容知日新近年来在水泥行业不断深耕，目前已经覆盖20个省市的25家大型水泥集团，上线项目超60个，目前容知日新远程诊断中心后台实时看护的水泥主机设备数量超5300余台，目前已经闭环故障案例（包括诊断结论、检修建议、企业实际检修结果验证和检修后评估）超550例。其中更帮助诸多头部水泥集团实现智能运维转型。

一、海螺水泥长期应用价值介绍

海螺集团以“两化融合”为主线，历时两年，于2018年建成投运了国内首个水泥生产全流程智能制造示范线，其中包含“三大平台”和“七大系统”，形成了“以智能生产为核心、以运行维护作保障、以智慧管理促经营”的水泥智能制造新模式，通过更少的资源消耗和环境代价，满足了社会经济建设的需求。

其中三大平台中的运行维护平台，旨在为智能生产平台提供高效、节能、安全、环保的运行环境。运维平台下含设备管理及辅助巡检系统、能源管理和安全生产管理三大系统。而设备管理及辅助巡检系统又包含主机智能诊断、设备在线监测和移动互联点检。

容知日新通过参与海螺智能工厂运行维护平台的主机诊断建设，为海螺A水泥基地19台主机设备构建了主机诊断（图1），通过四年的实践和不断论证，主机诊断系统的实际效果得到了海螺水泥的认可，于是在2021年推动了海螺水泥B水泥基地主机诊断系统的落地，累计监测了68台主机设备（图2）。

（一）直接价值成果

截至2022年6月，两大水泥基地共有效预警475次，形成闭环故障案例（包括诊断结论、检修建议、企业实际检修结果验证和检修后评估）36起，成果显著。

部分典型故障案例如图4所示。

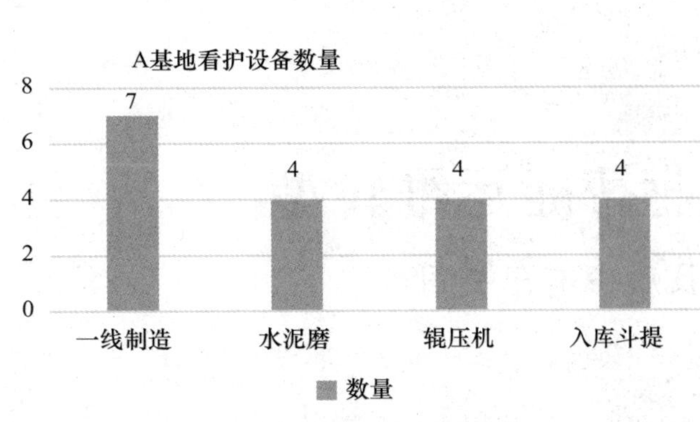

图 1　A 基地看护设备情况

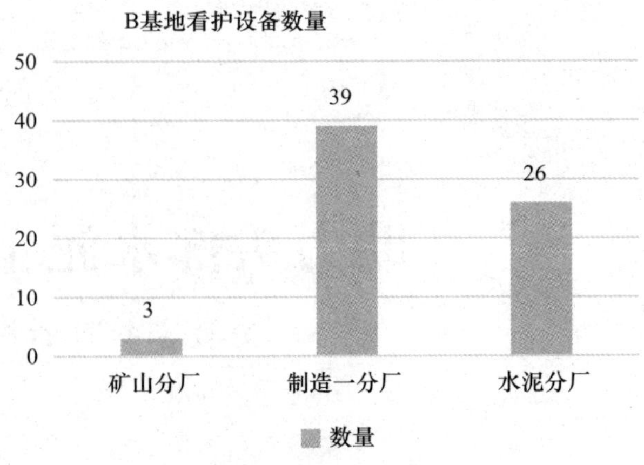

图 3　B 基地看护设备情况

池州：7*24h看护避免突发故障

- 2021年10月27日凌晨6点左右，容知日新诊断一起1#辊压机动辊电机驱动端轴轴承因润滑不良快速劣化的故障。
- 通过容知专家知现场值班人员的快速协作，现场通过快速加油30g，成功避免了设备因凌晨快速劣化发现不及时导致出现机械损伤或非计划停机，保证了企业全天候安全生产。

全椒：早计划早备件，结合企业检修计划精准维修

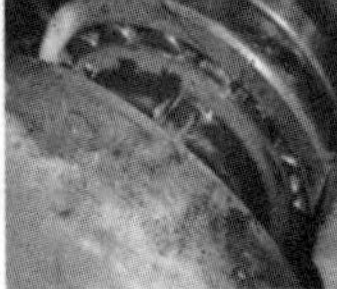

- 2020年8月6日，诊断一起煤磨风机端轴承早期损伤，8月24日，现场反馈风机轴承已更换，风机弹簧减振垫也进行了更换。
- 本次案例虽然轴承故障入于早期，但是由于设备持续劣化且近期有大修计划，考虑到设备如果持续劣化，错过大修后再进行检修费用成本可能更高，因此未雨绸缪，在大修时更换了轴承和弹簧减振垫。

池州：设备换新安装评估确保工程实施质量

- 2020年2月16日，水泥分厂2#选粉机减速机换新，但启机后诊断系统发现设备振动较高，分析发现设备基础刚度变化、电机及减速机间联轴器状态异常。
- 随后现场反馈对选粉机减速机输入，输出轴重新找正，并对基础进行加固，系统振动恢复正常。若非本次及时诊断，不仅新换设备很快故障，还会异致重复安装、临时停机关，在短时间内就会造成较高经济损失。

全椒：长期追踪，持续推送，跨越三年的案例最大化设备寿命

- 2017年12月18日，诊断一起水泥磨二级齿齿面严重损伤（局部断齿）案例，但其损伤特征稳定，近期未见明显劣化，建议可继续监控运行，现场做好更换二级齿的准备。
- 时间来到2020年1月，水泥磨报警等级突然提高，分析发现水泥磨二级齿开始出现快速劣化迹象，现场反馈开始安排检修计划。
- 2020年2月17日现场进行了检维修工作，这个跨越了三年的故障终于迎来了闭环。

图 4　部分典型故障案例

（二）A 水泥基地监测结果

1. 现场运维水平整体提高，主机设备总体健康状态逐年向好

通过主机诊断系统对设备进行长期预测性维护，现场主机整体运维水平和主机诊断系统可靠性有了明显提升，首先是设备有效报警总数量，设备有效报警数量反应了所有主机设备整体健康情况，从近四年的数据来看，设备有效报警数量呈现出逐年下降的趋势，说明了设备整体健康状态逐年向好，所以才会有设备报警数量的不断降低（图 5）。

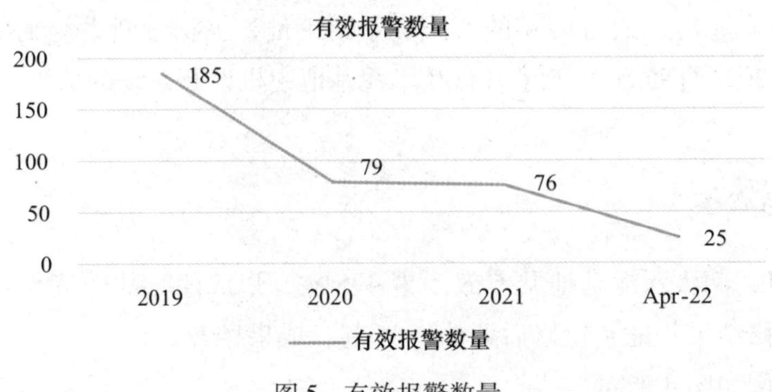

图 5　有效报警数量

2. 设备检修数量明显降低，现场运维人员角色转型

A 水泥基地系统自投运以来，从 19 年、20 年、21 年、22 年 4 月这近 4 年的设备整体状态对比结果可以看出：现场设备出现高等级报警的情况逐年降低，结合设备报警总数的降低可以看出，现场主机设备除了整体状态变好、报警总数降低以外，设备高等级报警的降低也反映了现场带病运行设备数量逐年降低（图 6）。

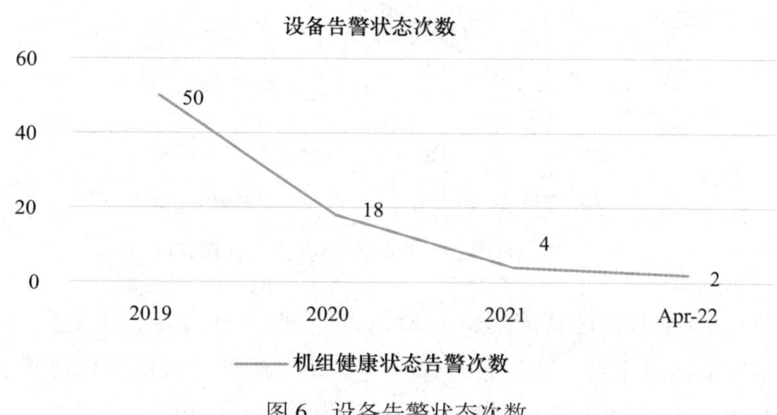

图 6　设备告警状态次数

2019 年现场设备的案例全部为检修案例，2020 年现场预测性维护 3 起，占比 33%，数据到了 2021 年预测性维护案例占比来到了 66%，到了 2022 年，目前的 3 起故障案例全部为预测性维护案例，占比 100%，随着双方各方面能力逐步提升，配合及信任互通有无，从 2021 年开始，双方紧密配合，现场没有再出现过事后维修案例，现场人员真正实现了从“救火队长”到“保健医生”的角色转型（图 7、图 8）。

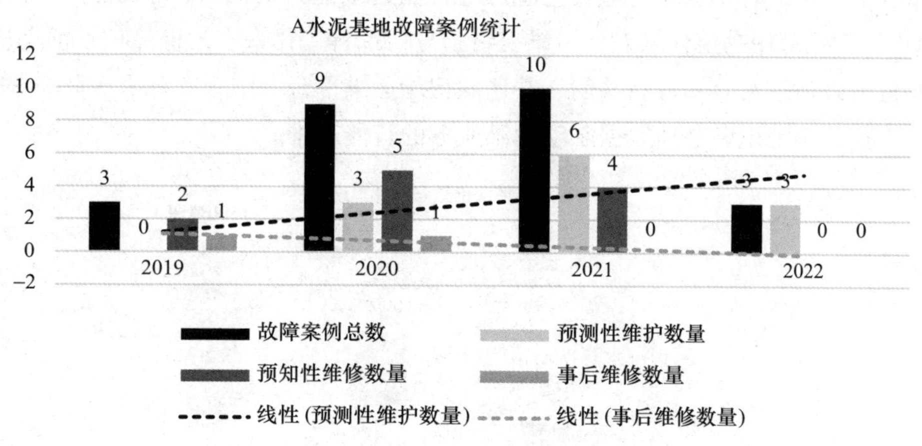

图 7　A 水泥基地故障案例统计

3. 全员重视参与、互相促进转变认知

两大水泥基地系统上线以后，由于整体监测效果明显，现场也对在线监测系统越发重视，容知日新和海螺水泥也形成了良好的沟通机制，定期组织沟通交流、诊断培训、看护小组专家交流咨询等各项互动服务，为企业营造了良性沟通、全员参与、互相促进的工作习惯和机制。

当前针对主机监测系统，通过长期配合和沟通，企业目前也形成了较为完善的运维、处理制度，运维更高效、更精准，真正实现认知变革。

二、其他水泥企业智能运维转型成果介绍

2020 年，通过某头部水泥集团开始试点，由于成果突出，2021 年容知日新与其达成战略合作，

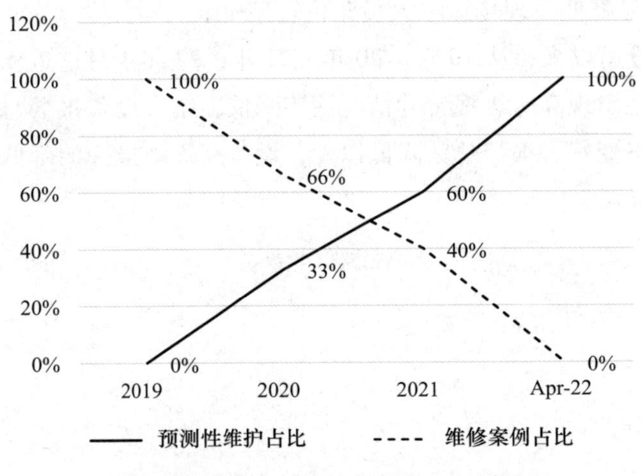

图 8　预测性维护和维修案例占比（同图 7）

容知日新合作开展超过 10 个基地的智能运维建设，将超过 1000 台各类设备纳入实时看护。同时，为了协助其构建完整智能运维平台，容知日新通过与其现有运维平台进行深度融合，结合集团现有业务逻辑体系合作共建，最终共同打造了设备智能运维平台（SEMP）。

2022 年，容知日新与集团再进一步，将 10 大基地的 15 条产线纳入二期项目，预计项目建成后，将会实现超 2600 台设备的智能运维（图 9）。

除了构建智能运维平台，接入基地主机设备，为了实现企业认知、技术、组织流程的全面变革转型，企业抽调专家组成立设备智能运维项目组，容知日新则通过专家培养、诊断体系构建等方式将设备运维看护能力完整赋能。

为了保障项目效果，容知日新在培养企业自身智能运维能力的同时，也通过“现场专家+远程专家联合看护”、智能应用功能代开发、运维交付指导协助等工作来有效保障项目前期应用效果。

未来企业将可以通过与容知日新共创、共建的智能运维平台，结合资深专家构建的专业团队实现集团级统一管控，实现以各基地数据驱动运维业务的智能运维。

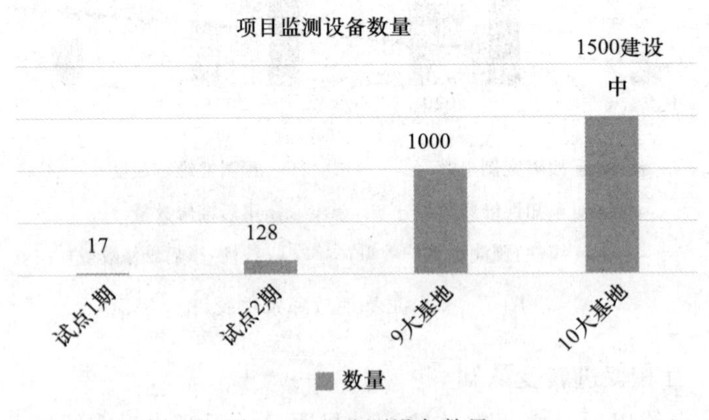

图 9　企业监测设备数量

（一）项目直接成果介绍

该企业各基地系统上线以后已经取得了良好的成效，目前累计闭环故障案例 83 起，成果显著，以其中一个基地为例，在出具首期体检报告的时候即有效预警两起主机设备故障，包括水泥磨选粉机立轴轴承损伤和立磨减速机大齿圈损伤，有效避免了水泥磨和立磨因为设备损坏带来的非计划停机损失，通过及时发现故障问题，为计划性维修提供精准的预测建议，争取了宝贵的备件时间。具体案例解读如下：

设备——立磨

诊断结论：减速箱行星轮齿面存在明显损伤，损伤形式为剥落或断齿，近期有劣化趋势。

检修建议：需尽快安排检查现场设备实际情况，设备长期在此状态下运行存在失效风险。检查减速机行星轮齿面损伤情况，关注润滑油滤芯中金属碎屑含量情况。

检修过程：2022 年 1 月 25 日推送诊断结论，现场检查后认为可能确实存在损失，将制定计划进行拆解检修。2022 年 2 月 19 日现场反馈，现场根据报告对立磨进行拆解，发现行星齿轮开裂，检查结果与报告内容相符，避免了较长停机的设备故障。

现场检修后发现行星齿轮存在明显的开裂（图 10）。

图 10　立磨故障——齿轮开裂

（二）现场运维人员减负增效

1. 大幅降低巡检人员压力

同样以该基地为例，随着智能运维平台的成功上线，以往 1h/检，4h/检的 A 类设备，1 天/检的 B 类设备，环境恶劣或者偏远的设备现在不仅可以大幅降低巡检次数还比以前更快发现设备故障问题，有效降低了岗位工程师巡检压力。

例如其矿山区域的浮船排水泵，所在位置偏远，从矿山办公区域到浮船排水泵区域需要步行近半小时，且周边道路路况较差，开车过来也同样十分不便（图 11）。

由于矿山排水泵十分重要，设备又要求 1h/检，整个巡检工作十分辛苦。类似的设备在该企业还有很多（图 12）。

2. 科学考核、管理升级

在线监测系统除了对设备故障进行实时预警之外，通过对现场设备的监测和统计分析，可以实现对现场关键考核指标的提取和准确计算，例如窑、磨停机时间，窑、磨故障次数，平均故障间隔，一般、较大、重大故障次数统计等指标统计，实现精准科学考核，管理更便捷、更准确、更具有说服力。

图 11　某水泥矿山区域浮船排水泵

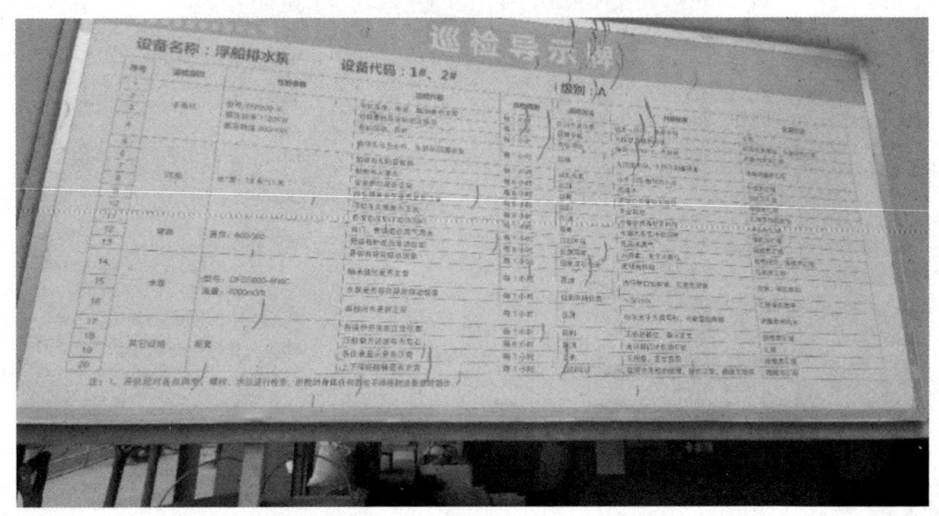

图 12　浮船排水泵巡检导示牌

3. 全员重视、全员参与、互相促进、认知变革

系统上线以后，由于整体监测效果明显，现场也对在线监测系统越发重视，容知日新和集团各基地也形成了良好的沟通机制，定期组织沟通交流、诊断工程师培训、看护小组专家交流咨询等各项互动服务，为企业营造了良性沟通、全员参与、互相促进的工作习惯和机制。

随着整体监测效果的体现，现场对系统的报警也越来越重视，现已形成报警审核管理机制，要求岗位人员随时关注报警、机电部门直接负责人每天查看系统，部门主管每周查看系统，系统报警实时提醒，有三级的以上报警的如果在 3 小时以内不上报、不现场排查的会在管理大群中进行通报，一旦发生报警之后，负责人将直接在系统中进行确认处置并上报云诊断中心诊断专家，结合现场巡查结果和专家诊断结论进行精准的故障处置。由此，在大幅降低了岗位巡检工作的同时，形成了全新的“报警触发巡检”，结合智能算法和专家精密诊断为依据故障处置体系。

4. 共创、共建、共赢

为了满足该水泥集团未来的长远规划，在现有项目建设的情况下，企业未雨绸缪，积极与容知日新探讨未来新技术应用合作，积极合作试点 5G、冲击、油液、C 类设备监测系统，积极提供意

见，共同推动新技术应用，也为企业相关运维人员认知提升，新技术提前储备打下基础，为实现设备状态数据全面监测、智能运维多源数据融合提供助推力（图13）。

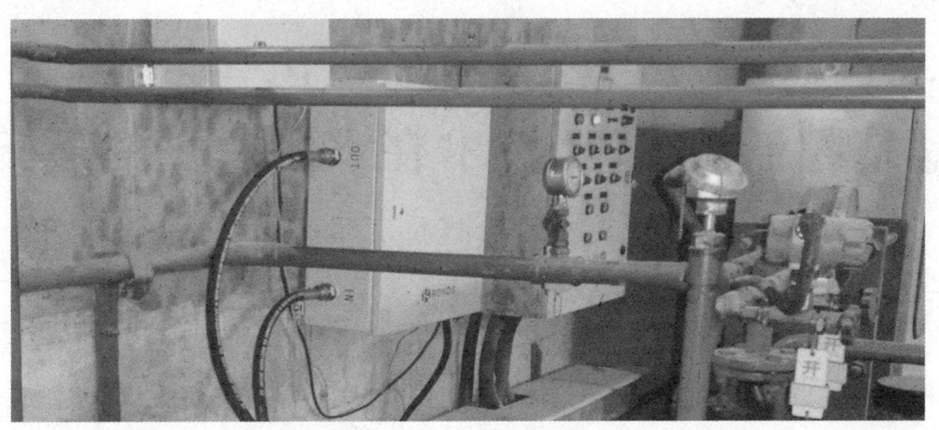

图13　试点油液监测系统

新型锰基超低温 SCR 技术在水泥窑炉的运行优势

安徽晨晰洁净科技有限公司

由中国科学院过程研究所和安徽晨晰洁净科技有限公司联合研发的超低温 SCR 脱硝催化剂及配套的超低温 SCR 脱硝技术，应用于水泥行业复杂工况下的烟气低氮治理，从脱硝效率、运行稳定性、运行经济性等指标均有较大优势。

一、引言

选择性催化还原（SCR）脱硝是世界范围被广泛应用的 NO_x 深度控制技术，最早由美国 Engelhard 公司开发，并于 20 世纪 70 年代由日本公司完成中温钒钛商业化催化剂的应用。我国自 2003 年由电力行业通过消化国外技术，逐步实现了电力行业中温 SCR 催化剂及工程应用技术的国产化。然而，钢铁、建材、石化、化工等非电力行业中各种窑炉烟气温度多低于 200℃，且可能含有使催化剂中毒的复杂成分。借鉴使用中温 SCR 催化剂，需耗费大量的能源用于烟气升温，造成很大的能源和经济负担。而且，很多工业窑炉在结构和空间布置上，难以提供空间用以增设 GGH，因此，开发尾端低温脱硝催化剂成为必然的选择。

目前，低温脱硝与烟气净化技术处于“边应用、边成熟”的发展状态，烟气特性对催化剂影响机制的认识也在逐渐深化，低温 SCR 脱硝技术仍有较大提升空间。国内外对中低温 SCR 脱硝催化剂的研发始于 2012 年，在 2015—2016 年达到鼎盛，现阶段国内研发的有清华、北工大、北科大、浙大、南大、川大、西南院、福州大学、中科院大连物化所、中科院兰化所、中科院过程所等等，国外有托普所、壳牌、日化学等，但绝大部分均未突破钒钛体系及蜂窝结构，所以大部分的研发改变方向为除尘脱硝一体化方面，最低脱硝温度为 180℃左右。

催化剂配方研发团队中科院过程所余剑博士团队：脱硝部分主要研发方向有中低温钒钛体系催化剂，脱硝滤袋，陶瓷管脱硝过滤器，锰基超低温脱硝催化剂。工程化团队：安徽晨晰董事长卢昊，高级工程师，国内最早一批从事低温脱硝研发工程化的团队，国内焦化行业第一套低温脱硝工程化装置及配套催化剂生产的主要负责人，国内第一套超低温脱硝催化剂生产及配套工程技术的主要负责人。

二、水泥行业市场需求

水泥窑炉的烟气脱硝治理工艺目前主要有低氮燃烧、SNCR 脱硝、高温 SCR 脱硝工艺路线，几种方案均存在综合能耗高、氨逃逸严重及脱硝效率不高等情况，无法满足日益严峻的环保治理需求。

(一) 低氮燃烧

该技术投资较低，实施简单；但脱硝效率低，无法达到有效降低排放要求，且改造后会造成窑炉一定的热损失，只能是一种辅助技术。

(二) SNCR 脱硝

系统流程简单，投资造价低；但脱硝效率较低，一般只有50%左右，且大量喷氨水在一定程度上降低了窑炉燃烧的热效率，作为前端治理技术，存在效率低氨逃逸严重及影响窑炉工况等情况。

(三) 高温 SCR 脱硝

相对技术成熟脱硝效率高，但系统运行稳定性受到水泥灰尘影响波动性大，进一步降低排放指标具有难度；且系统投资高、脱硝系统 10~15℃的烟气温损造成水泥行业脱硝系统综合能耗及运行成本高。

(四) 超低温 SCR 脱硝

脱硝效率高，满足超低排放需求且系统运行稳定，投资相对高温 SCR 脱硝系统低；但是对运行工况要求较高，需要在脱硝前配置除尘及脱硫系统，超低温催化剂的活性组分为氧化锰，会与烟气中的酸性气发生化学反应生成锰盐造成催化剂失活，因此需要在低硫工况下运行，催化剂的使用周期与烟气中酸性气含量直接相关，该脱硝工艺可以有效降低综合能耗，解决脱硝效率低氨逃逸严重问题，具备全面替代的能力，也符合国家双碳政策及环保超低排放要求。

三、项目创新点及创新内容

(1) 降低 SCR 脱硝使用温度至 120~180℃，填补现有钒钛体系催化剂的市场应用空白；

(2) 将脱硝温度置于附加值低的温度下进行，大大降低了 SCR 脱硝系统的综合能耗，降低运行成本减少了碳排放；

(3) 采用移动床设计，催化剂可以在不停产状态下更换，对各类异常工况均有预案可以解决，降低了对主生产装置的影响；

(4) 改变催化剂结构形式，提高 SCR 的脱硝效率，满足日益严峻的环保排放压力及指标；改变现有催化剂的危废特性，降低后期无害化处置废旧催化剂的社会成本；

(5) 考虑失活后催化剂通过化工方式处置后，转化成催化剂的生产原料，做到资源循环利用；

(6) 符合双碳政策及资源循环利用政策。

四、主要研究内容

(1) 充分利用锰基的强氧化性及低温高活性能达到降低脱硝温度的需求，着重关注 125~150℃温区的催化剂性能，满足水泥窑大布袋出口实际工况下的脱硝效率，通过中石化催化剂研究院的实际产品性能检测，125℃以上温度满足脱硝效率 95%以上的性能指标；

(2) 通过提高催化剂的比表面积来提高催化剂的综合性能，通过改变催化剂结构形式及装填方式，从工程方面弥补传统蜂窝体催化剂的脱硝效率不高的问题，满足 95%脱硝效率甚至更高；

(3) 催化剂所有原材料不选用环保名录中属于危废的原料，故催化剂属于无毒物质；

（4）废旧催化剂通过现场机械摩擦处置及水洗处理，可以再生重复使用两次，延长催化剂使用周期，无法现场再生的废旧催化剂通过回收后，化学方式提炼出锰元素，再生产出催化剂的原料锰盐，最终做到资源循环利用；

（5）结合水泥回转窑烟气的温度、湿度、粉尘特性、NO_x 浓度、SO_2 浓度、风量、风压等参数实际，对技术进行创新、研究，形成水泥窑炉烟气脱硝的自有技术和工程化数据及各类有害物质对催化剂性能影响曲线。

五、关键理论、核心技术指标等研究目标

（1）锰基催化剂配方研究；

（2）催化剂配方调整，加入稀土，提升催化剂耐酸性气性能及热稳定性能；

（3）颗粒体催化剂生产，综合考虑催化剂强度及脱硝性能情况下，考虑耐水性能，满足移动床工况下催化剂不粉化及短时间水洗后催化剂强度不骤减，具备循环使用能力；

（4）做好失活催化剂回收后资源循环利用的问题；

（5）采用移动床反应器，提升催化剂在低硫环境下的使用周期，并能应对各种复杂工况。

六、预期经济效益和社会效益

（1）大大降低生产装置为了脱硝引起的综合能耗上升，降低综合运行成本及碳排放指标；

（2）催化剂无毒，可资源循环利用，大大降低了无害化处置传统催化剂的社会成本；

（3）满足日益严峻的环保排放要求，NO_x 排放指标可以稳定控制在 $30mg/m^3$ 以下，氨逃逸满足 3ppm 指标。

七、项目实施的风险分析及主要对策措施

（一）市场风险分

该产品填补了 SCR 脱硝市场在超低温区域的一个空白，有着潜在的巨大市场，可能存在的市场风险在于目前行业内普遍认知的 SCR 脱硝催化剂均为蜂窝体或者板式体，而本案例采用的是颗粒体形式，有一个市场认可认知的过程，不过在催化剂领域，SCR 脱硝催化剂只是非常小的一个分支，其他行业的催化剂目前均采用颗粒体形式，且最近几年国内外采用颗粒体形式 SCR 脱硝催化剂的应用案例越来越多，此技术的优势也越来越明显，随着时间的推移，颗粒体 SCR 脱硝催化剂及其配套的反应器技术会更加深入地被市场行业认可。

（二）技术风险分析

（1）低于 280℃的低温 SCR 脱硝，技术风险方面，催化剂普遍怕粉尘和酸性气。

（2）粉尘的问题，一般规避措施为，在除尘器后低尘工况下运行，催化剂形式为蜂窝体板式体或颗粒体，同时脱硝装置可以选择性设置吹灰器，满足催化剂的使用工况。

（3）酸性气问题，一般考虑的是 ABS（硫酸铵盐）在 280℃以下对催化剂的毒害作用，通常采用的方法是脱硝装置前设置脱硫装置，把 SO_2 脱除至较低浓度，来降低 ABS 的生成量，提高催化剂的运行时间，同时配套加热解析系统，在催化剂中毒情况下解析以达到延长使用周期目的。

（4）超低温 SCR 脱硝催化剂及配套技术，同时存在上述风险，一般情况下，选择在低温低硫

低尘工况下运行，运行温度120~180℃，干法脱硫除尘后，水泥窑炉烟气中的SO_2浓度低于10mg；粉尘浓度低于10mg下运行，从工况角度，可以有效规避ABS及粉尘对催化剂的影响，理论上酸性气含量越低催化剂性能越稳定使用周期越长，同时通过增加催化剂中氧化锰含量及增加部分稀土，来增强SO_2对氧化锰的影响，来达到规避技术风险增加运行周期的目的。

（三）社会风险方面

超低温SCR脱硝催化剂，采用无毒原料，催化剂本身不属于危废，且立项初期就考虑了失活催化剂回收资源循环利用问题，目前也具备失活催化剂返厂复活条件，不过使用后的催化剂是否属于危废还有待相关管理部门的鉴定，并给出相关处理意见。

八、针对水泥窑炉烟气治理方案：

（一）水泥窑简易流程图

水泥窑简易流程如图1所示。

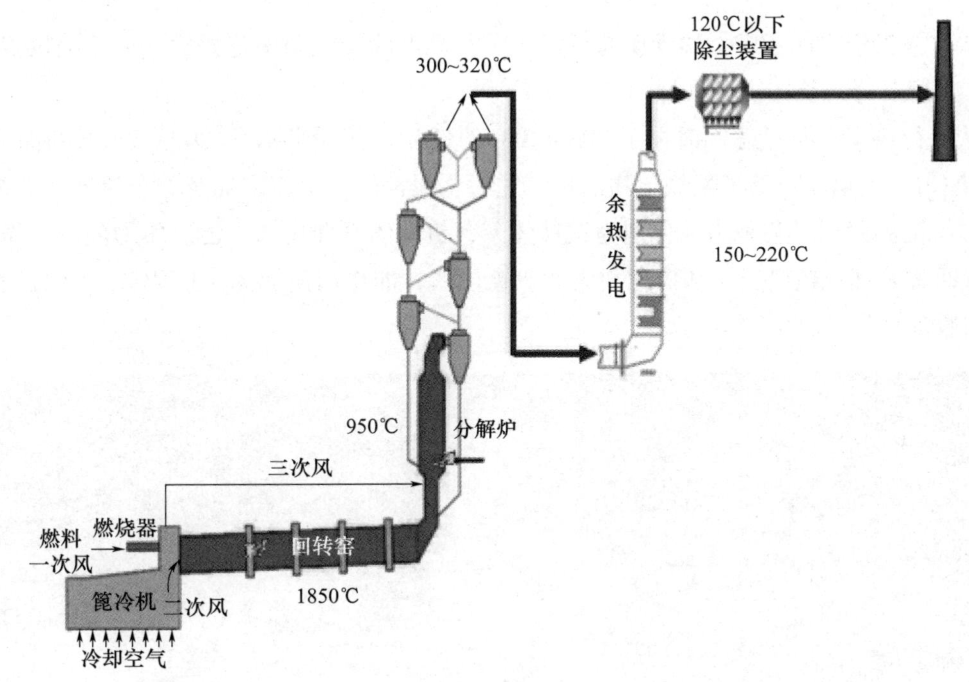

图1 水泥窑简易流程图

（二）目前市面水泥窑SCR脱硝主要工艺路线

“烟气（300~320℃）+高温SCR脱硝（290~300℃）+余热锅炉（150~220℃）+布袋除尘器（130℃）+引风机+直排烟囱”，在此工艺路线基础上，为了更有效回收余热，目前的主流工艺均增加了生料磨加热工序，主要流程为：

“烟气（300~320℃）+高温SCR脱硝（290~300℃）+余热锅炉（150~220℃）+生料磨+布袋除尘器（90℃）+引风机+直排烟囱”，这种工艺路线运行较为稳定，规避了脱硝过程中硫酸铵盐对催化剂的毒害，热量回收梯次较好，但是也存在一定问题，主要表现为两方面：①虽然高温脱硝保证了SCR脱硝催化剂在最适宜温度下发挥作用，但损失高位热能10℃，造成脱硝装置整体综合能耗较高，增加了运行成本也不符合双碳政策；②催化剂长期的高粉尘含量下运行，导致催化剂磨损、堵塞、中毒等，不利于催化剂长期稳定运行。

SNCR 的运行，有效降低一半的 NO_x 浓度，但是对水泥窑炉整体生产及能效还是有一定影响。

（三）新推出的超低温 SCR 催化剂应用于水泥窑市场，使用温度 125~180℃，根据一般水泥窑现场条件，暂定两种超低温脱硝路线：

（1）现有水泥窑未上生料磨的，采用“烟气（300~320℃）+余热锅炉（150℃）+布袋除尘器（130℃）+超低温 SCR 脱硝（120℃）+引风机+直排烟囱”，

此工艺路线最为简单，只需要在业主已有布袋除尘器后新增超低温 SCR 脱硝反应器，增加了高品位能量回收。

（2）现有水泥窑已上生料磨的，采用“烟气（300~320℃）+余热锅炉（180~220℃）+生料磨（140℃）+布袋除尘器（130℃）+超低温 SCR 脱硝（120℃）+引风机+直排烟囱”，此工艺路线对业主烟气温度热量回收较为理想，亦不需要对其他设备进行改造，只是将回收温度附加值提高了，增加了余热发电的能力。

（四）超低温脱硝在运行费用、后期维护上都具有较大优势：

（1）从直接投资方面考虑，移动床超低温工艺与高温除尘脱硝工艺相比，催化剂投资增加，但设备投资大幅度下降，总体投资降低 10%~15%。

（2）从运行成本方面考虑，损失了 90~120℃的低品位热量回收了 300~320℃的高品位热量，同时取消 SNCR，大幅度降低了氮氧化物治理工艺对水泥窑炉的生产影响及综合热效率的损失。

（3）传统高温脱硝工艺采用催化剂为钒钛体系，钒钛体系催化剂失活后作为危废，需要有资质的厂家进行回收处理；超低温锰基催化剂为非钒钛体系，催化剂失活为一般固废，并且失活催化剂可以免费回收处理。

HJ 节能燃烧器在云贵高原的应用实践

刘延辉[1]　何　刚[1]　江　超[2]

1. 玉昆桥龙水泥有限公司　2. 河南汇金智能装备有限公司

一、基本情况简介

F 公司 2014 年投产的 2500t/d 线位于海拔 2000m 的云贵高原，投产后窑产量在 2600t/d 左右。因原燃烧器使用时间久导致磨损严重，窑产量低（2600t/d 左右），质量不稳定，一次风用量（包括窑头送煤风机风量）偏大，煤耗、电耗偏高，火焰调节不灵活，适应原材料变化的能力偏弱，2017 年更换为 HJ 高动能型五通道节能燃烧器后，熟料煅烧状况有很大改善。

（一）煤粉质量

F 公司入窑煤粉工业分析见表 1，入窑煤粉硫含量为 1.55%，0.08mm 筛余细度为 1.9%。

表 1　煤粉工业分析

M_{ad}（%）	A_{ad}（%）	V_{ad}（%）	$Q_{net,ad}$（kJ/kg）
2.16	23~24	24~26	24255.66

（二）熟料三率值、MgO 含量及熟料强度

F 公司熟料三率值：*KH* 为 0.900~0.940、*SM* 为 2.60~2.70、*IM* 为 1.50~1.55，MgO 含量为 4.12%~4.50%。F 公司熟料中 MgO 含量较高，熟料结粒存在大小不均、有一部分结粒偏大而熟料内部几乎是半生料（图 1），这部分没有充分煅烧的料，f-CaO 偏高，强度偏低。（熟料强度：3d 抗压强度 29~31MPa、28d 抗压强度 52~54MPa。）

天津院白波、陈友德教授等人经测试发现石灰石中 MgO 的含量对熟料强度有一定的影响，总的趋势是石灰石中 MgO 含量越高，则熟料强度越低。南京院教授级高级工程师、全国工程设计大师蔡玉良指出，MgO 在水泥熟料矿物固溶体总量只能在 1.5%~2.0%，过多的 MgO 导致熟料烧成范围变窄，易造成窑内结长、厚窑皮，结圈，结大球等问题。

（三）原燃烧器生产情况

原燃烧器存在的主要问题有：

（1）原燃烧器使用时间久、磨损严重、窑产量低（2600t/d 左右）、质量不稳定。在正常生产时，窑电流突然下降，出现窑温走低，二次风温偏低且波动大（1040~1120℃）。氨水用量从正常

0.5m^3/h 下降到 0.2m^3/h，系统处于不正常状态，检查烧成系统也没发现异常情况。

（2）窑头燃烧器推力小，煤-风混合不均匀，煤粉燃烧不充分，火力强度不够，火焰不集中，有时候出现窑尾烟室温度比二次风温还高的现象，熟料结粒差，出窑熟料黄心料多。

（3）火焰刚性差、烧成带温度分布不均，烧成带偏长。窑筒体温度低于 250℃，窑皮长、厚，现场测量最低有 150℃（图 2）。

（4）一次风用量（包括窑头送煤风机风量）偏大，入窑冷风多，煤耗、电耗偏高。

（5）火焰调节不灵活，适应原材料变化的能力偏弱。

图 1　熟料结粒大小不均

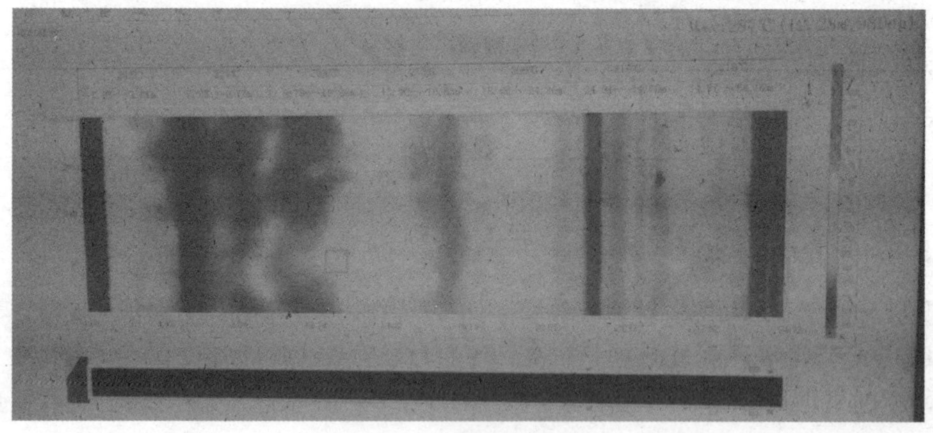

图 2　窑筒体温度扫描

二、HJ 高动能型五通道节能燃烧器使用情况

（一）节能原理及优势

（1）一次风量（包括窑头送煤风机风量）减小，入窑冷空气量少，能够利用更多的高温二次风。采用 HJ 高动能型五通道节能燃烧器，在保证煤粉充分燃烧的情况下可以有效减少多余一次风进入窑内，有利于加快煤粉着火速度。一次风量下降，煤粉混合均匀，煅烧稳定，降低了火焰的峰值温度，减少 NO_x 的产生，降低脱硝费用。

（2）节电：较少的一次风用量和窑头送煤风用量可以降低电耗。

（3）降低煤耗，提高熟料产质量：采用较高一次风速、较低一次风量、大推力、大速差设计理念，能够强化煤-风混合，火焰强度高、刚性好、稳定性强，使煤粉燃尽率高，能够提高熟料产量，降低煤耗，提高熟料产质量。

（4）调节方便、适应性广：燃烧器净风各通道安装蜗轮蜗杆调节机构，能够灵活调节各风道的截面积；同时各风道设置调节风量的阀门，使火焰粗细和长度可调，能够形成理想的温度场和热工制度，对煤质、物料的波动变化适应性强，能更好地保护窑皮和耐火砖，提高窑的运转率。

（5）燃烧器整机管层布局合理，各风道气体流动过程中沿程阻力系数最小。头部零件采用螺纹连接，拆装便捷，便于检修和更换。

（6）售后服务好：河南汇金智能装备有限公司有技术能力过硬、责任心强的售后服务团队，能够在甲方需要技术服务时及时到位，开展优质服务；同时能够有针对性地进行技术培训，并且随时可以通过电话或微信指导解决生产技术问题。

（二）窑头用HJ节能燃烧器的结构

采用五通道四风道结构形式（图3），由外到内依次分为：外轴流风道、煤粉风道、旋流风道、涡流风道、点火油枪（清焦器）通道。

图3　HJ窑头节能燃烧器

（1）外轴流风道：外轴流风道喷嘴采用带有一定倾斜锥度的半圆孔结构，降低了风阻，提高了射流强度，外轴流风由间断布置的半圆锥形孔喷射，喷出的高速风可以充分卷吸高温二次风。外轴流风道的出口面积可以无级调节，进而可以调节外轴流风的出口风速。

（2）煤粉风道：煤粉风道设置在外轴流风道和旋流风道之间。在外轴流风和旋流风作用下煤粉迅速扩散、快速着火燃烧；同时外轴流风和旋流风能够控制煤粉在窑内的走向和分布，可以有效调节火焰形状和火焰温度的分布。

（3）旋流风道：旋流风道设置在煤粉风道的内侧。旋流风通过多个带锥度的半圆形螺旋槽的旋流器喷出多个高速旋流风，产生旋流效应，使煤粉在出燃烧器后迅速散开，降低了煤粉浓度，提高了煤粉与空气的接触时间和接触面积，使煤粉能够快速燃烧，提高了煤粉燃烧效率。旋流风风道的出口面积可以无级调节，进而可以调节外旋流风的出口风速。

（4）涡流风道：涡流风道设置在旋流风道的内侧，涡流风由多个带螺旋角度的旋流器喷出，通过调整轴向位移可以调整涡流风喷出的角度，以调整火焰形状。配合旋流风，使燃烧火焰更加集中，稳定火焰。

（三）技术改造方案

（1）窑头送煤风机：利用现有窑头送煤风机，增加变频器，采用变频调节方式减少入窑冷风量。（风机铭牌参数：流量 95.4m^3/min；压力 39.2kPa；功率 90kW。）

（2）窑头一次风机：利用现有窑头一次风机，增加变频器，采用变频调节减少入窑冷风量。（风机铭牌参数：流量 76.1m^3/min；压力 68.6kPa；功率 110kW。）

（3）窑头送煤管道：将原来的 ϕ203（外径）mm×7mm 改为 ϕ146（外径）mm×8mm。

（4）更换 HJ 高动能型五通道节能旋涡流燃烧器。

（四）HJ 节能燃烧器使用情况

在熟料 MgO 含量高的情况下，应适当缩短火焰，开大燃烧器内风（兼顾窑筒体温度），使用“高温爆炒”效果较好，尽量避免“小火慢炖”，防止出现过长火焰，使物料提前结粒而内部煅烧不致密造成熟料强度降低。中国建筑材料科学研究总院王文义教授在谈到高强熟料的配料及煅烧时指出，在阿利特形成的烧成带，应集中火力、高热力强度、短时间完成阿利特的烧成，使阿利特晶体发育完整、尺寸较小（在 20~40μm），活性、强度更高。

F 公司更换 HJ 高动能型五通道节能燃烧器后，在窑内断面上下左右的位置为（0，0），开窑后窑况稳定，出料正常，质量也趋于正常。外风截面积标尺刻度 30mm，阀门开度 90°，现场压力表 58.5kPa；内风截面积标尺刻度 20mm，阀门开度 90°，现场压力表 57.0kPa；中心风截面积标尺刻度 5mm，阀门开度 20°，现场压力表 12.0kPa（图 4）。但窑皮稍微偏长，因此做了以下调整：

图 4　HJ 节能燃烧器现场压力表

（1）根据窑皮状况，及时调整燃烧器位置：左右向偏空位置调整 200mm、上下向偏上位置调整 20mm（图 5），调整后经过两天时间，窑皮恢复正常，整个系统也恢复正常。

（2）窑速的调整：F 公司的回转窑规格为 ϕ4mm×60m，原设计产量 2500t/d，实际窑产量提高到 2850t/d。窑产量提高后必然会导致窑内物料填充率升高，压缩了窑内燃烧空间，同时在高温风机拉风和三次风开度不变的情况下，相当于增大了窑内风速。窑速过慢、窑内物料填充率升高，减少了物料与高温气体的接触面积，降低了传热效率，使窑物料受热不均匀，增加了结厚窑皮的几率，出窑熟料不致密，粒径两极分化，影响熟料质量。F 公司更换 HJ 高动能型五通道节能燃烧器后，熟料煅烧能力明显增强，烧成带温度较高，具备提高窑速的条件，窑速由原来的 4.0r/min 提高到 4.20r/min，增加了物料与高温气体的接触面积，提高了传热效率，使窑物料受热更加均匀，减小了结厚窑皮的几率，出窑熟料结构致密，熟料质量得到明显改善，产量提高到 3000t/d（图 6、图 7）。

图 5　HJ 窑头节能燃烧器安装图

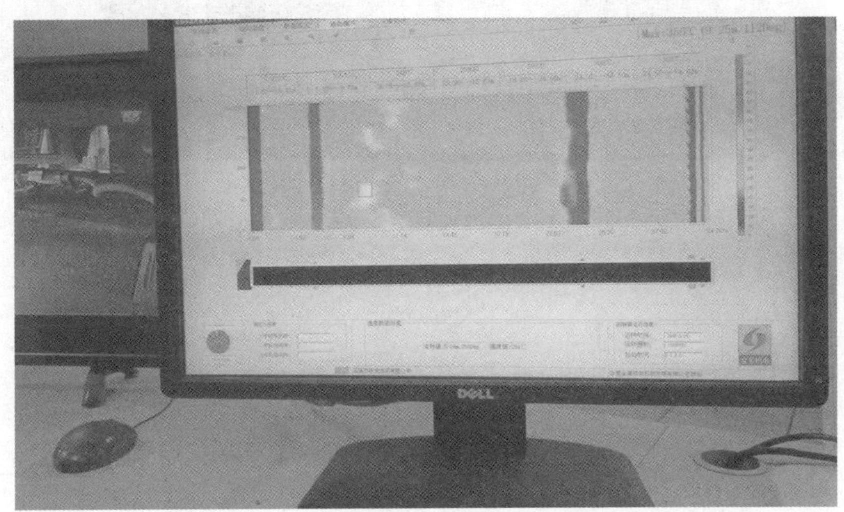

图 6　更换燃烧器后窑筒体温度扫描

图 7　更换燃烧器后的熟料外观

三、应用效果

在熟料三率值、原料成分和煤粉各项指标保持基本不变的情况下，使用 HJ 节能燃烧器后，熟料产量由原来 2600t/d 左右提高并稳定在 2800t/d，窑皮长 20m 左右，熟料 3d 抗压强度由 29~31MPa 提高到 32MPa 以上，28d 抗压强度由 52~54MPa 提高到 55MPa 以上，标准煤耗由 115kg/t 降低到 112kg/t，节能效果显著（目前仍在继续正常运行）。

浪潮智能制造助力水泥行业数字化转型

浪潮通用软件有限公司制造业事业部

我国是水泥生产和消费大国，水泥产量占世界水泥总产量的60%左右。当前，受新冠肺炎疫情多点传播、国际形势复杂多变等多重因素影响，水泥行业正处于新旧动能更迭的关键阶段，需求下降，供需矛盾突出，成本居高不下，价格快速回落，行业效益下滑，行业稳增长面临挑战，亟须提高生产制造水平和效能，实现水泥行业“调结构、降成本、补短板、增效益”的高质量发展。

浪潮通用软件有限公司（以下简称“浪潮公司”）作为国内领先的云计算、大数据服务商和领先的企业管理软件和云服务提供商，始终站在这个时代转型的最前沿，不断深化企业数字化转型方法、工具，重构领域及行业应用，成为数字化转型中最坚定的赋能者和推动者。浪潮公司积极探索水泥行业数字化转型之路，对国内水泥企业数字化转型的现状进行了调研分析，国内水泥企业都开始了自己的数字化转型之旅，在数字化转型方面具有一定的共性，呈现了“管理数字化、产业数字化、数字产业化”的发展特征。在数字化转型的切入点上，则出现技术切入和业务切入两个方向，但是不论是技术切入还是业务切入，在转型过程中，都需要保证业务和技术的充分融合。

国内水泥企业数字化转型领先者取得了一定的成绩，但在数字化转型过程中也遇到了不少的挑战和困难，为了将数字化转型的成本降低、风险降低，企业亟需一套行之有效的数字化转型方法和工具。

一、浪潮数字化转型框架

浪潮公司结合大量水泥企业的数字化转型实践经验，总结提炼了一套行之有效的水泥行业数字化转型框架和操作方法，通过对水泥行业数字化转型框架的介绍，希望能对国内水泥企业在考虑数字化转型时给予一定的启发作用。

浪潮在大量水泥企业数字化转型实践过程中，结合水泥行业的特点，总结形成了一整套行之有效的企业数字化转型框架和操作方法。其中，包含数字化战略、数字化运营、数字化技术三个层面的数字化转型框架，其核心理念为：

（1）坚持两大战略融合。将数字化战略纳入到企业战略规划体系中，并为之制订详细的执行细则，确定数字化转型路径。

（2）抓住一条变革主线。对大多数企业而言，数字化转型的过程，就是从业务管理模式到商业逻辑、从组织结构到企业文化的一次变革。

（3）把握两大关键因素。打造强大的技术平台、建立广泛链接的生态圈是决定企业数字化转型效率的关键因素。

（4）遵循一个基本原则。数字化转型是一个循序渐进的过程，需要企业在转型过程中，瞄准目标、持续迭代、不断优化，最终实现企业的全面数字化。

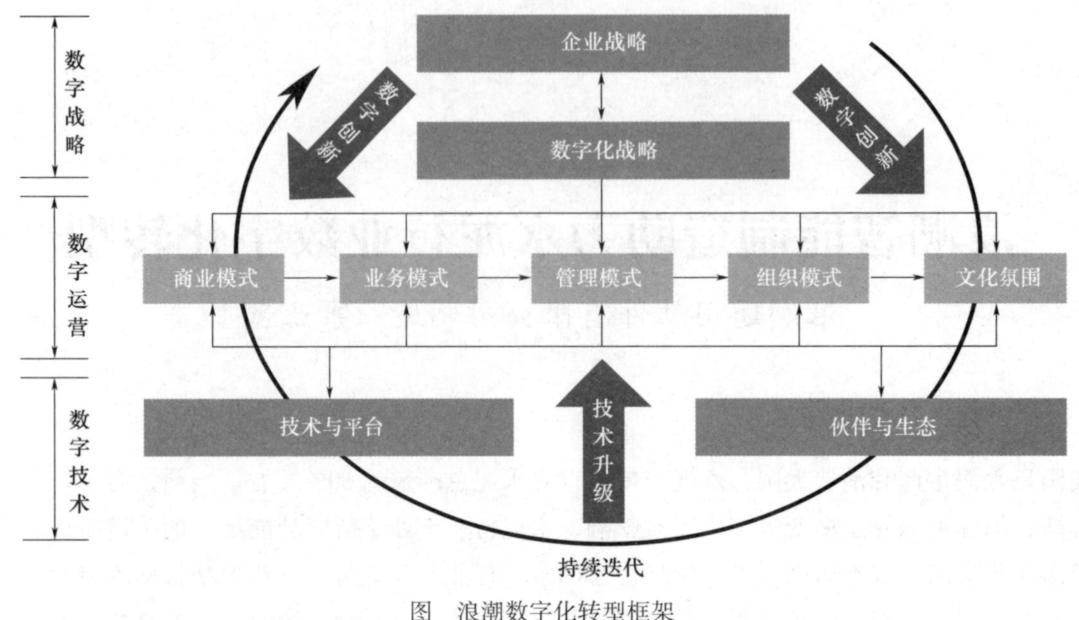

图　浪潮数字化转型框架

二、浪潮数字化转型经验

随着水泥行业数字化转型程度的不断深入，当前水泥企业数字化转型已经从引导期进入成熟和推广期。根据国内水泥企业数字化转型先行者的经验总结来看，浪潮认为水泥企业的数字化转型包含管理数字化、产业数字化、数字产业化三个层面。

（一）管理数字化

管理数字化聚焦于实现企业内部经营管理的数字化，现在大部分水泥企业都是体量较大的集团型企业，集团下存在多个业务板块，各自采取的管控模式也不相同，亟须通过数字化做好“放管服”的集团管控。在数字化过程中按照企业的管控模式、业务条线的管理定位特点，进行管理模式调整、业务流程优化，甚至配合一定的组织结构调整来实现管理数字化。比如在智能化集团管控领域进行财务共享模式转型，资本性支出、全面预算、资金管理等方面进行数字化管理；在数字化企业运营领域进行业财资税一体化管理等。

（二）产业数字化

产业数字化聚焦于实现水泥企业生产业务及相关领域的数字化，深化信息技术在水泥生产流程、运行维护、经营管理、企业决策等环节的全方位应用，重点培育科学生产运营管理模式，比如在智能管控与决策领域进行水泥企业大脑建设支撑企业智慧决策，打造智慧供应链、智慧物流等应用；在智能生产与制造方面进行智能工厂、专家优化控制的建设，实现设备、安全、能源等方面的全流程数字化管理等。

（三）数字产业化

数字产业化是在企业实现管理数字化、产业数字化的基础上，充分利用自身在行业内的优势，利用数字技术对外赋能。比如通过企业在产业链上的比较优势地位，整合产业链上下游资源，通过搭建电子商务平台、水泥产业互联网平台提供服务，撮合交易；基于水泥行业大数据应用进行数字

化业务创新，实现设备健康管理、企业经营预测等。

三、山水集团数字化转型实践

山水集团，国内最早从事新型干法水泥生产的企业之一，也是国家重点支持的12户全国性大型水泥企业之一。基于浪潮智能制造解决方案打造“智慧山水”，以智能生产、智慧物流、智慧管控、智慧决策、智慧云中心为核心，将人、机、物、数据、服务等多要素进行互联互通和融合共享，实现了生产管理可视化、过程控制自动化、生产现场无人化、质量检测实时化、运营管控精细化、故障预控化、全要素协同化和决策智慧化等建设成果，实现了新旧动能转换和绿色智能高质量发展。

山水集团利用“互联网+赋能传统产业”充分发挥信息化对经营管理的支撑作用；着重推动信息系统融合和数据共享，实现横向到边、纵向到底、业务全面融合的“互联山水”；不断强化信息化创新能力，逐步向“数字山水”愿景迈进，为山水集团业务发展创造价值，实现“数字山水”“智慧山水”。未来，山水集团将继续以智能、协同、绿色、安全发展为突破口，构建行业级的工业互联网平台，助力行业高质量发展。

水泥窑烟气 SCR 脱硝技术和工程应用最新进展

西安龙净环保科技有限公司　李海波　雷　华

一、前言

SCR 脱硝技术在我国电力行业应用成熟，氮氧化物排放可达到 50mg/Nm^3 以下。在煤电行业实行“超低排放”的背景下，水泥烟气污染物排放总量大，特别是氮氧化物占全国工业排放总量的 10%~12%。《水泥工业大气污染物排放标准》（GB 4915—2013）要求氮氧化物排放限值 320mg/Nm^3，远高于煤电行业超低排放限值 50mg/Nm^3。2019 年，河北省邯郸市要求不高于 50mg/Nm^3 的氮氧化物排放要求。2020 年，河北省、河南省、安徽省出台地方标准，要求水泥窑烟气氮氧化物排放浓度不高于 100mg/Nm^3 的“超低排放”要求。2020 年，国家生态环境部《办公厅关于印发〈重污染天气重点行业应急减排措施制定技术指南（2020 年修订版）〉的函》（环办大气函〔2020〕340 号），实行 ABCD 分级绩效分级，水泥行业 A 类企业要求 NO_x 排放浓度收严至 50mg/Nm^3 以下，氨逃逸小于 5mg/m^3 以下。国家环保要求日趋严厉，水泥行业面临巨大的氮氧化物减排压力，排放标准进一步收紧是未来发展的大趋势。

SCR 脱硝技术作为全世界应用最广泛高效的氮氧化物脱除技术，是水泥行业氮氧化物治理最理想的技术路线之一。欧洲水泥行业氮氧化物深度治理技术主要是在 SCR 脱硝技术方面展开研究应用，取得了一定的试验和运行经验。国内水泥生产规模和工艺特点相较于欧洲有较大差异，需消化改进。

西安龙净作为水泥行业烟气治理的领军企业，自主研发的“高温电除尘器+SCR 脱硝一体化技术”，在水泥行业开展首台 5000t/d 水泥窑全烟气工程示范应用，顺利通过环保检测验收，且已稳定运行近 4 年时间。2018 年至今，西安龙净已经实施了 30 个水泥 SCR 脱硝工程，为我国水泥行业氮氧化物深度减排提供技术支撑和工程示范。

二、水泥 SCR 脱硝技术路线

对于 SCR 脱硝技术来说要使反应效率高效稳定，保证反应器温度窗口尤为重要。根据水泥工艺特点，水泥窑尾预热器 C1 出口温度 260~330℃，是应用 SCR 脱硝最佳工艺温度段，可获得较高的脱硝效率。但工况条件恶劣，须采取改善措施，以保障 SCR 脱硝系统长期稳定运行。（表 1 中的氧气含量表述不明请作者确认）（排版时表格重画，补全表格线）

表 1 水泥 SCR 脱硝技术工艺路线方案对比表

项目	高温高尘	高温中尘	高温低尘	中温中尘
布置位置	C1 与余热锅炉间	C1 与余热锅炉间	C1 与余热锅炉间	高温风机前/后
配置形式	SCR	高温电除尘器+SCR	金属滤袋除尘器+SCR	SCR
温度（℃）	260~350	260~350	260~350	180~220
O_2 含量（%）	~3（表述不明，是大于还是小于））	3	5	5
粉尘浓度（g/Nm^3）	100	20~40	0. 01~0. 02	30~50
SO2 允许浓度（mg/Nm^3）	>200	>200	>200	<50
建议	备选	优选方案	备选	备选

通过多项工程实践证明，选择“高温电除尘器+SCR 脱硝一体化技术”相较于其他工艺路线具有高效、稳定与运行费用低等特点，是目前水泥行业 SCR 脱硝的最佳选择。

特别是在水泥窑低负荷运转时，烟气流量降低导致脱硝塔内烟气流速降低，催化剂堵塞问题更为严重。在此情况下，高温电除尘器内烟气流速降低，降尘效果进一步升高，进入脱硝塔的粉尘浓度进一步降低，可有效解决水泥窑低负荷运转时催化剂堵塞的风险，提高脱硝系统运行稳定性。

三、水泥 SCR 脱硝关键技术

（一）降尘防堵

水泥烟气中的粉尘具有浓度大、粒径小、钙质成分高的特点，降低粉尘浓度是水泥高温 SCR 脱硝的关键技术之一。西安龙净环保科技有限公司（以下简称“西安龙净”）凭借多年在水泥和电力行业烟气治理实践经验，研发出适用水泥高温工况的电除尘器技术，有效改善催化剂冲刷和堵塞风险。高温电除尘器相对比其他除尘方式，具有低阻高效的特点。

西安龙净高温电除尘器采用耐高温的阳极板、阴极线等专利技术，有效提高除尘器的稳定性，通过对高温放电性能、绝缘性能、机械结构等方面进行研究改进，使其在经受高温工况仍有较高除尘效率。保证 SCR 脱硝系统的可靠稳定运行，选用大孔径蜂窝催化剂，同时选择合适的催化剂高度，提升清灰效果，有效降低粉尘对催化剂堵塞的几率，其工艺流程如图 1 所示。

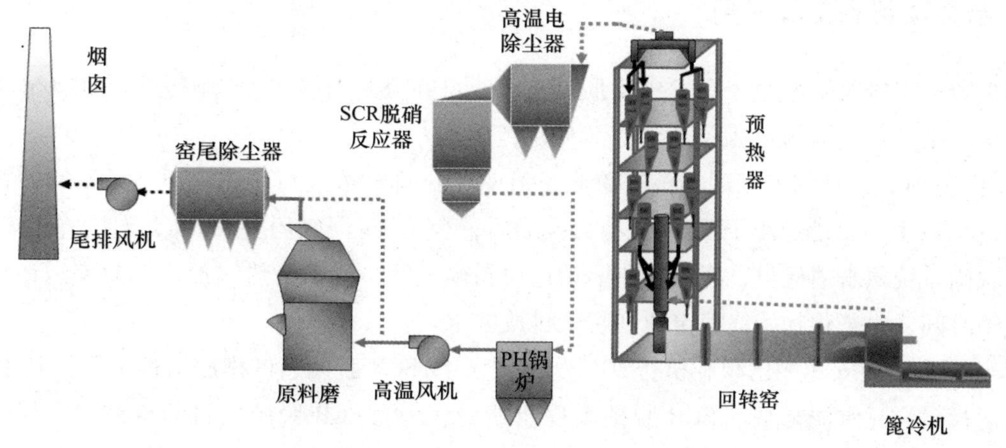

图 1 水泥 SCR 脱硝工艺流程

（二）高效清灰

经过高温电除尘器预除尘之后，进入反应器的烟气仍含一定的粉尘。相对于燃煤电厂粉尘黏性较大，会在催化剂的表面和孔道内堆积，造成脱硝效率降低，阻力不断上升，甚至造成催化剂堵塞风险。为保障催化剂长期运行，采用声波吹灰器和耙式吹灰器组合吹灰方式。西安龙净经过多项工程实践，对声波吹灰器和耙式吹灰器进行技术优化，掌握核心关键技术，大幅提升组合吹灰系统的清灰性能和稳定性。

声波吹灰器是将压缩空气蓄能转化为高强度声波，使沉积的粉尘产生震荡并处于悬浮流化状态，部分粉尘随烟气带走。耙式吹灰器是将压缩空气利用专用换热器加热后，通过可伸缩耙管的喷嘴喷出，对沉积的粉尘进行移动吹扫，保持催化剂孔道畅通，热态压缩空气可避免低温对催化剂的冷脆损坏。

（三）水泥 SCR 催化剂研发

水泥窑烟气粉尘中 CaO 等碱金属氧化物含量高，会造成催化剂产生碱金属中毒，活性大幅降低，导致脱硝效率低下。此外，水泥窑烟气脱硝温度区间较窄，且相对电厂脱硝温度，水泥窑烟气温度偏低。西安龙净与清华大学国家工程实验室开展课题研究，致力适用于水泥行业烟气脱硝的国产催化剂研发。目前应用水泥行业首台套 SCR 烟气脱硝示范工程的催化剂已运行 4 年，脱硝运行效果良好。

（四）还原剂直喷蒸发混合技术

目前水泥企业均已建成 SNCR 脱硝系统，可以利用现有氨站系统。SCR 脱硝技术常采用蒸汽或热风将氨水蒸发为氨气，再经稀释风机稀释后利用喷氨格栅在烟道内均匀喷射，通过混合器使氨气与烟气中氮氧化物充分混合。水泥窑工艺热源短缺，没有洁净热风或富裕蒸汽等热源，电加热器能耗过大。

结合在水泥工艺特点，西安龙净开发出氨水直接喷入工艺以及专用双流体喷枪技术，将氨水喷射和氨氮混合技术与高温除尘有机结合。适用水泥窑工艺特点的氨水蒸发与混合技术，可大幅简化工艺流程，具有降低投资成本，运行维护简便，运行能耗低等显著优势。

西安龙净始终坚持技术创新，针对水泥污染物减排需求，全面开展水泥 SCR 脱硝各类关键技术的研究和应用优化，保障系统可靠运行，脱硝效率稳定，系统能耗降低。

四、示范项目和工程应用

西安龙净自主研发的水泥窑烟气 SCR 脱硝技术，已在登封宏昌水泥有限公司 5000t/d 水泥熟料生产线成功应用，是全国首台套水泥 SCR 脱硝示范工程。

2018 年 10 月，经环保专家现场核查验收，氮氧化物排放浓度可稳定实现 $50mg/Nm^3$ 以下，脱硝率可达 90%以上，氨逃逸小于 3ppm。项目投运后，全系统阻力小于 1000Pa，温度降小于 5~6℃，大幅降低脱硝系统氨水消耗量，降低余热锅炉进口粉尘浓度，改善余热锅炉换热效率。该项运行至今已近 4 年时间，氮氧化物始终稳定达到超低排放要求。

2019 年至今，西安龙净已顺利执行 30 个水泥生产线 SCR 脱硝超低排放治理工程，其中 17 个项目已投入运行，详见水泥窑烟气 SCR 脱硝工程业绩表。水泥 SCR 脱硝项目的持续成功投运，将会进一步推动全国水泥环保产业的发展，显著降低水泥工业氮氧化物排放总量，改善我国生态环境质量。SCR 脱销工程业绩如图 2~11 所示，并见表 1。

图 2　全国水泥行业首台套 SCR 脱硝示范工程

图 3　武安新峰水泥 SCR 脱硝工程

图 4　河南大地水泥 SCR 脱硝工程

图 5　江西万年青水泥 SCR 脱硝工程

图 6　安阳湖波水泥 SCR 脱硝工程

图 7　河北矿峰水泥 2#线 SCR 脱硝工程

图 8　河北矿峰水泥 1#线 SCR 脱硝工程

图 9　江苏鹤林水泥 3#线 SCR 脱硝工程

图 10　徐州龙山水泥 2#线 SCR 脱硝工程

图 11　台泥（贵港）水泥 3#线 SCR 脱硝工程

表 2　水泥窑烟气 SCR 脱硝工程业绩表

序号	客户单位	生产线规模	投产时间
1	登封宏昌水泥有限公司	5000t/d	2018 年
2	武安市新峰水泥有限责任公司 1#线	2500t/d	2019 年
3	武安市新峰水泥有限责任公司 2#线	5000t/d	2020 年
4	武安市新峰水泥有限责任公司 3#线	5000t/d	2020 年
5	江西万年青股份有限公司万年水泥厂 A 线	5100t/d	2021 年
6	江西万年青股份有限公司万年水泥厂 B 线	5100t/d	2020 年
7	河南省大地水泥有限公司 1#线	5000t/d	2020 年
8	安阳湖波熟料有限公司	4500t/d	2021 年

续表

序号	客户单位	生产线规模	投产时间
9	河北曲寨矿峰水泥有限公司 2#线	4500t/d	2021 年
10	山东章丘华明 SCR 脱硝改造项目	1000t/d	2021 年
11	江苏鹤林水泥有限公司 2#线	5000t/d	2021 年
12	江苏鹤林水泥有限公司 3#线	5000t/d	2021 年
13	河北曲寨矿峰水泥有限公司 1#线	4500t/d	2021 年
14	徐州市龙山水泥有限公司 1#线	5000t/d	建设中
15	徐州市龙山水泥有限公司 2#线	5000t/d	2022 年
16	台泥（贵港）水泥有限公司 3#线	5000t/d	2022 年
17	华润（南宁）水泥有限公司 2#线	5000t/d	2022 年
18	浙江豪龙建材有限公司	5000t/d	建设中
19	东台磊达水泥有限公司 1#线	2500t/d	建设中
20	山东东华水泥有限公司 2#线	5000t/d	2022 年
21	江苏金峰水泥集团有限公司 1#线	2500t/d	建设中
22	江苏金峰水泥集团有限公司 2#线	5000t/d	建设中
23	江苏金峰水泥集团有限公司 3#线	5000t/d	建设中
24	江苏金峰水泥集团有限公司 4#线	5000t/d	建设中
25	江苏金峰水泥集团有限公司 5#线	5000t/d	建设中
26	江苏金峰水泥集团有限公司 6#线	5000t/d	建设中
27	江苏金峰水泥集团有限公司 7#线	5000t/d	建设中
28	江苏金峰水泥集团有限公司 8#线	5000t/d	建设中
29	江苏金峰水泥集团有限公司 9#线	5000t/d	建设中
30	福建龙麟环境工程有限公司	5000t/d	建设中

五、技术成果鉴定

2021 年 6 月 25 日，中国建筑材料联合会、中国水泥协会在北京联合组织召开了由西安龙净完成的“水泥窑烟气 SCR 脱硝技术及工程应用”项目成果鉴定会。

经专家质询和讨论后，鉴定委员会一致认为该项目开发了具有自主知识产权的水泥窑烟气高温中尘 SCR 脱硝工艺技术及成套装备，并率先应用于 5000t/d 水泥熟料生产线，建设了全国水泥行业首台套 SCR 脱硝工程项目，连续稳定运行 2 年以上；研制了专用耙式吹灰器及组合清灰技术，开发出适用于水泥窑 SCR 脱硝工况的吹灰系统；基于工况特点和流场测试结果，提出了多种孔径蜂窝式催化剂组合模式及催化剂选型控制技术，提升了脱硝系统的抗堵塞、抗磨损、抗中毒性能。

项目成果已获授权专利 20 余项，其中发明专利 3 项，推动了水泥行业烟气 NO_x 深度治理技术的进步，经济和社会效益显著，市场前景广阔。鉴定委员会一致认定：该项目成果整体处于国际领先水平，建议加快推广应用。

图 12　“水泥窑烟气 SCR 脱硝技术及工程应用”项目成果鉴定会现场

六、总结和展望

（一）总结

（1）水泥窑出口烟气粉尘浓度高，可达 80~100g/Nm^3，甚至至 150g/Nm^3 以上，高温电除尘器可有效降低水泥窑烟气粉尘含量，保证 SCR 脱硝反应器高效、稳定运行。

（2）水泥窑烟气粉尘中 CaO 含量高，粉尘粒径小且黏度大，对 SCR 脱硝催化剂有特殊要求，选用大孔抗中毒耐冲刷催化剂及高效组合吹灰，可保障反应器系统稳定可靠运行。

（3）水泥窑烟气 SCR 脱硝技术及氨水蒸发混合技术，脱硝效率可达 90%以上，同时降低了余热锅炉入口粉尘浓度及系统喷氨量，提高余热锅炉利用效率并减少对系统末端设备的腐蚀，降低系统运行成本。

（4）在水泥窑低负荷运转时，高温电除尘器降尘效果明显提升，可消除脱硝塔在烟气流速较低时催化剂堵塞的风险，大幅提高脱硝系统运行稳定性。

（二）展望

2018 年至今，登封宏昌水泥高温中尘 SCR 脱硝工程已成功运行近 4 年时间，标志着 SCR 脱硝技术在水泥行业成功应用。西安龙净一直致力于各类水泥脱硝技术的研究和开发，在众多水泥 SCR 脱硝工程实践过程中，积累了丰富的技术和工程经验，已成功研发出适应不同水泥窑工况的各类 SCR 脱硝成套技术，掌握各项核心技术。随着各项水泥 SCR 脱硝技术的发展，西安龙净可提供满足不同水泥生产线需求的 SCR 脱硝产品，为水泥行业 NO_x 超低排放贡献力量。

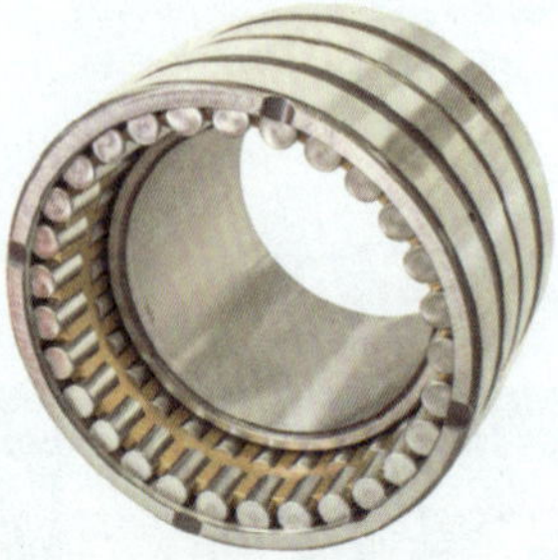

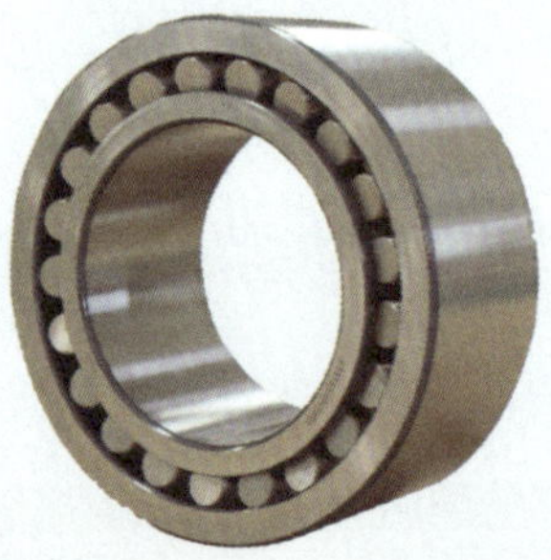

Cementtech